中國考古學會

1979

中国哲学社会科学学科年鉴
CHINESE ACADEMIC ALMANAC

ALMANAC OF ARCHAEOLOGY IN CHINA

中国考古学会 编

中国考古学年鉴 2022

中国社会科学出版社

图书在版编目（CIP）数据

中国考古学年鉴．2022／中国考古学会编．—北京：中国社会科学出版社，2023.10
ISBN 978－7－5227－2702－8

Ⅰ．①中…　Ⅱ．①中…　Ⅲ．①考古学—中国—2022—年鉴　Ⅳ．①K87－54

中国国家版本馆 CIP 数据核字（2023）第 206306 号

出 版 人　赵剑英
责任编辑　王鸣迪
责任校对　高　俐
责任印制　张雪娇

出　　版　中国社会科学出版社
社　　址　北京鼓楼西大街甲 158 号
邮　　编　100720
网　　址　http：//www. csspw. cn
发 行 部　010－84083685
门 市 部　010－84029450
经　　销　新华书店及其他书店

印刷装订　北京君升印刷有限公司
版　　次　2023 年 10 月第 1 版
印　　次　2023 年 10 月第 1 次印刷

开　　本　787×1092　1/16
印　　张　56.5
插　　页　13
字　　数　1448 千字
定　　价　488.00 元

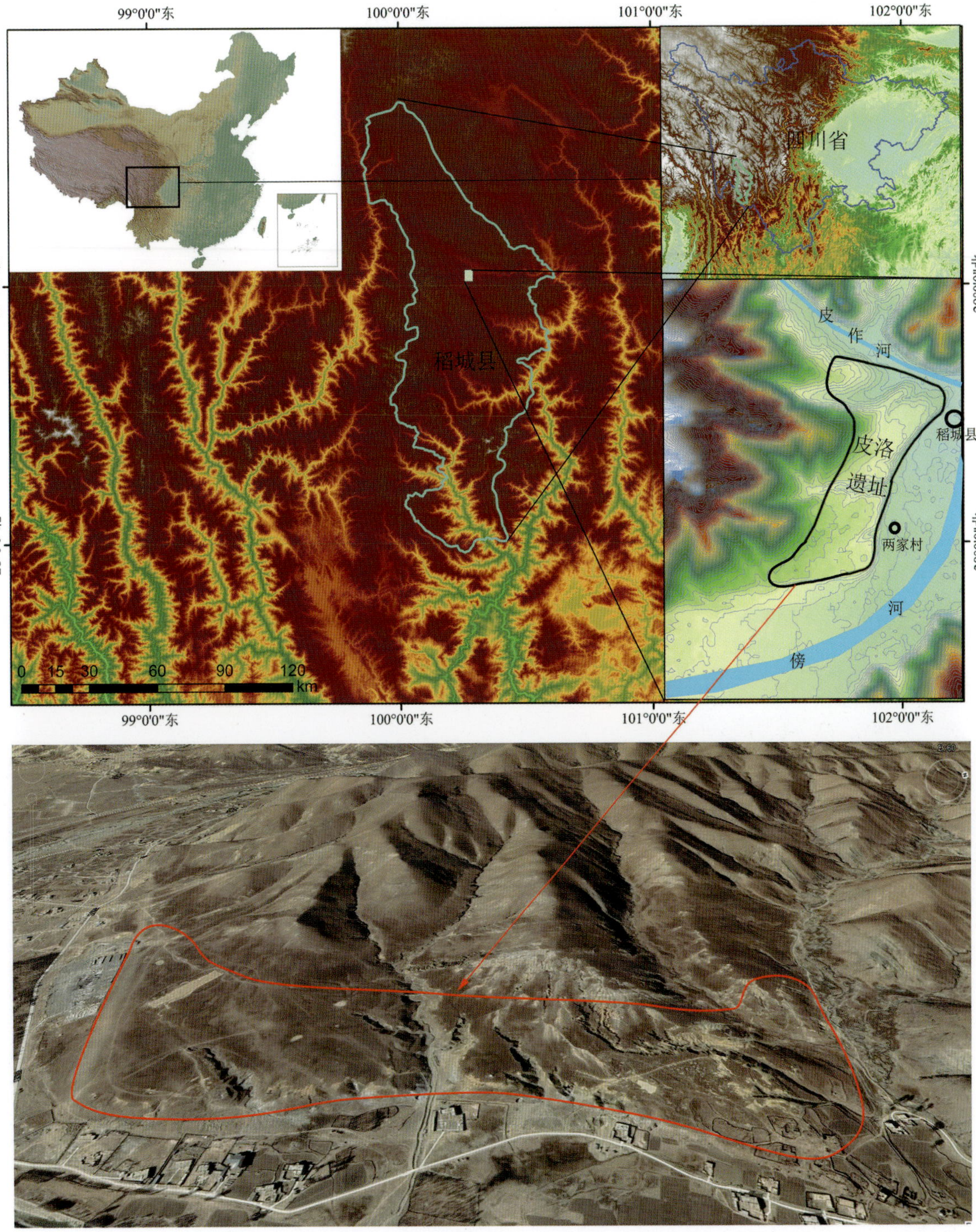

四川稻城皮洛遗址——地理位置图

BT5052③层底部　　“石圈”

四川稻城皮洛遗址——半环状石圈

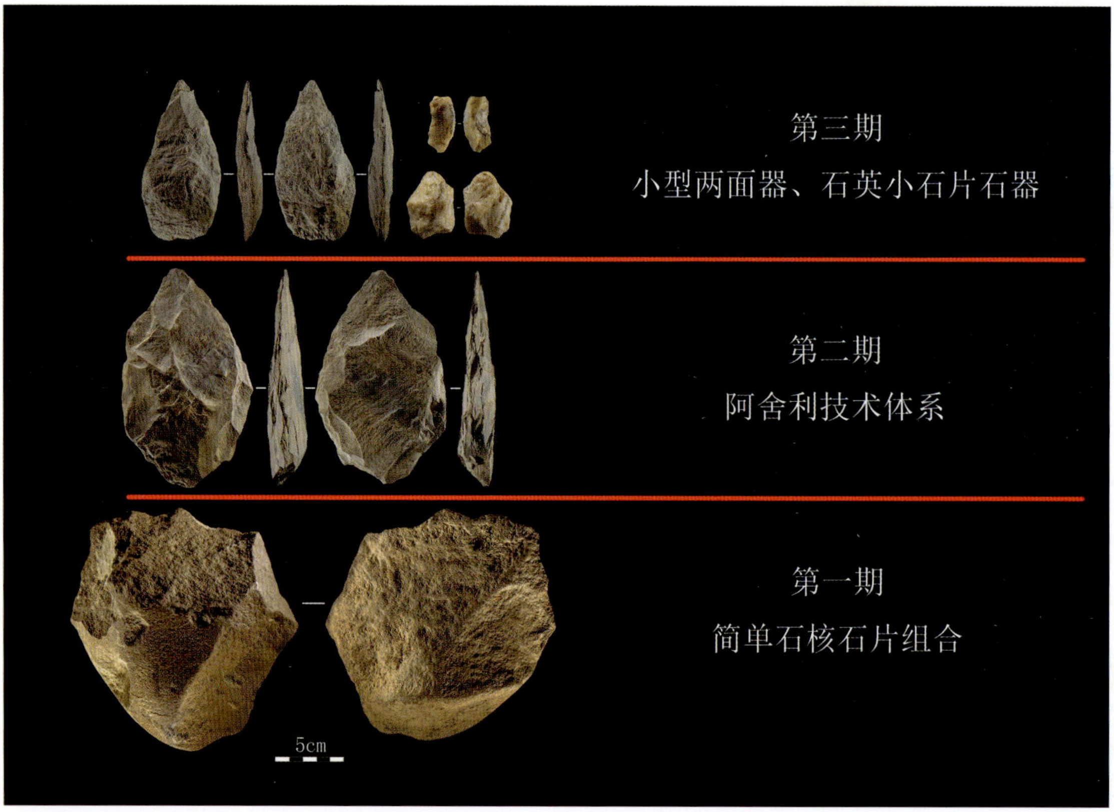

四川稻城皮洛遗址——遗物三期变化过程

河南南阳黄山遗址——黄山遗址发掘区全与独山鸟瞰 2（东北向西南）

河南南阳黄山遗址——F2 部分陶器修好后全景（东南向西北）

河南南阳黄山遗址——屈家岭大墓 M77 全景

河南南阳黄山遗址——璜系列

河南南阳黄山遗址——F2 出土部分陶器

河南南阳黄山遗址——屈家岭文化墓葬玉钺系列

湖南澧县鸡叫城遗址——鸡叫城聚落群布局图

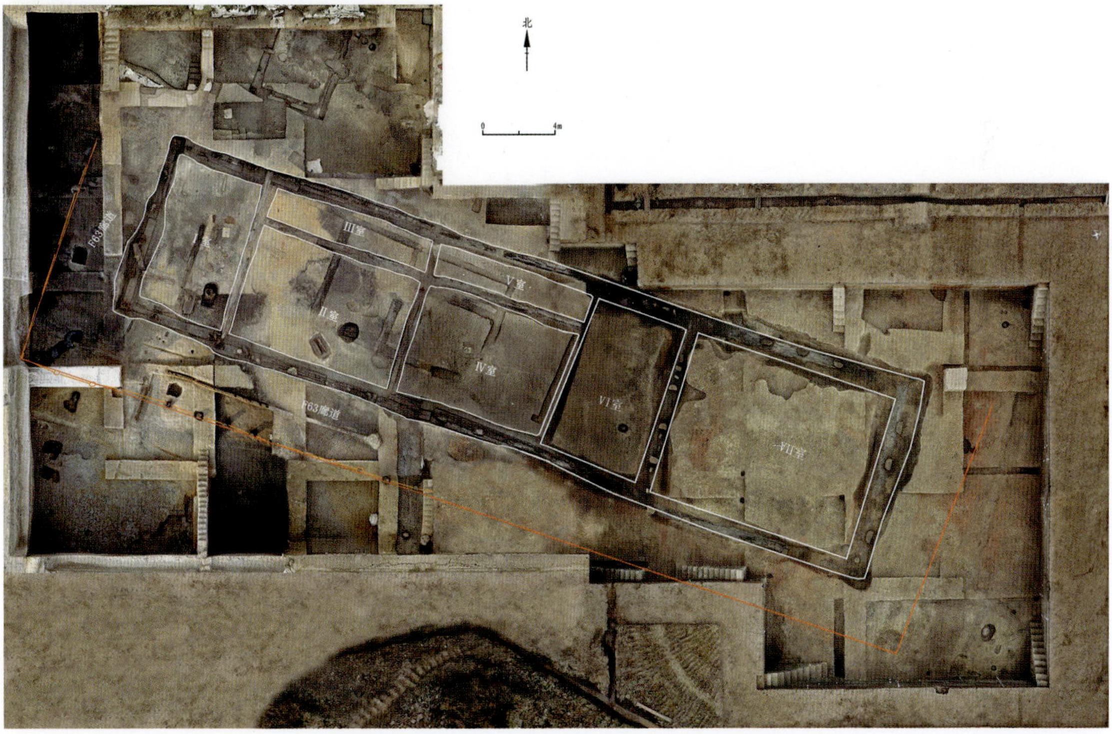

湖南澧县鸡叫城遗址——F63 正射影像

湖南澧县鸡叫城遗址——基槽内铺垫木板

湖南澧县鸡叫城遗址——南区壕沟出土陶器

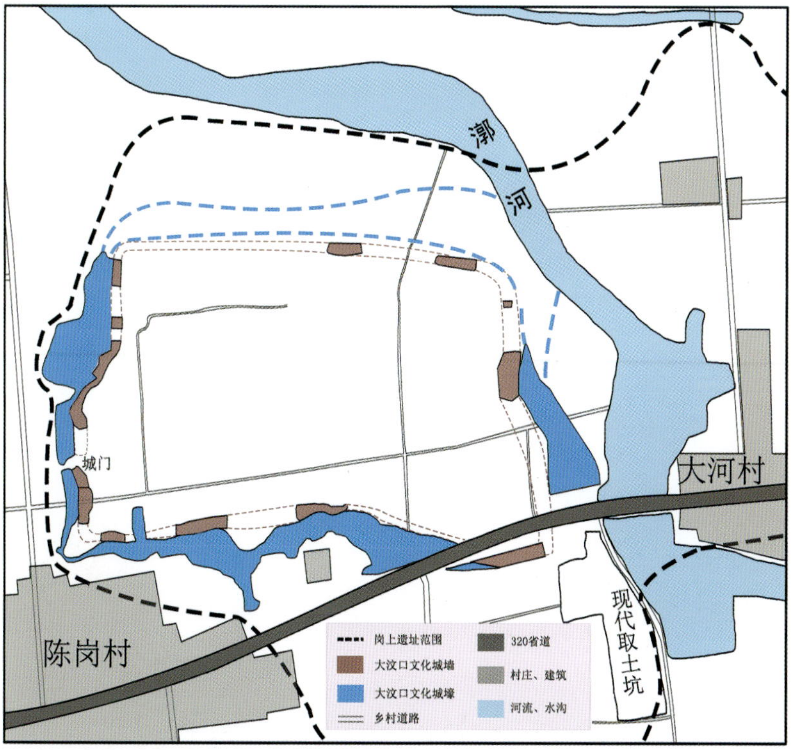

山东滕州岗上遗址——岗上遗址图

基槽式房址F1

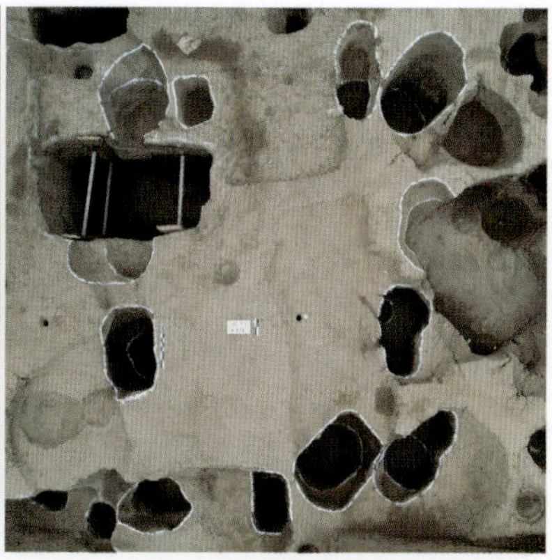

柱坑式房址F12

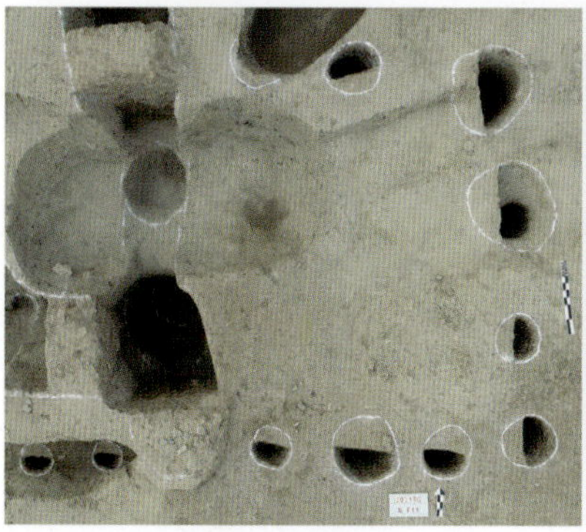

柱洞式房址F11

基槽与柱坑结合式房址F8

山东滕州岗上遗址——北区大汶口文化中期房址

M4

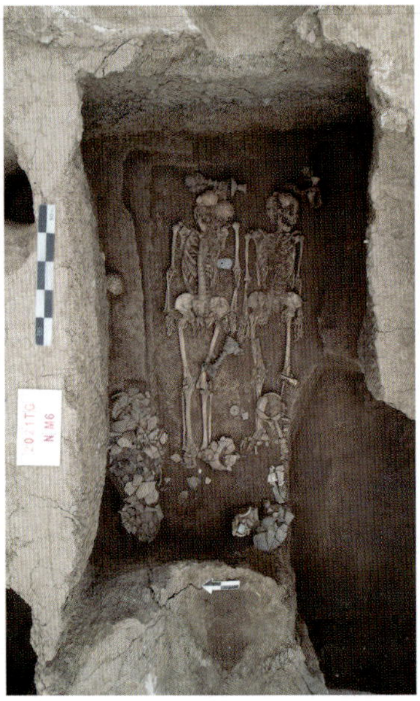

M6

M8

山东滕州岗上遗址——北区大汶口文化中期成年男女双人合葬墓举例

山东滕州岗上遗址——南区大汶口文化晚期墓地出土典型玉器

四川广汉三星堆遗址——发掘区平面图

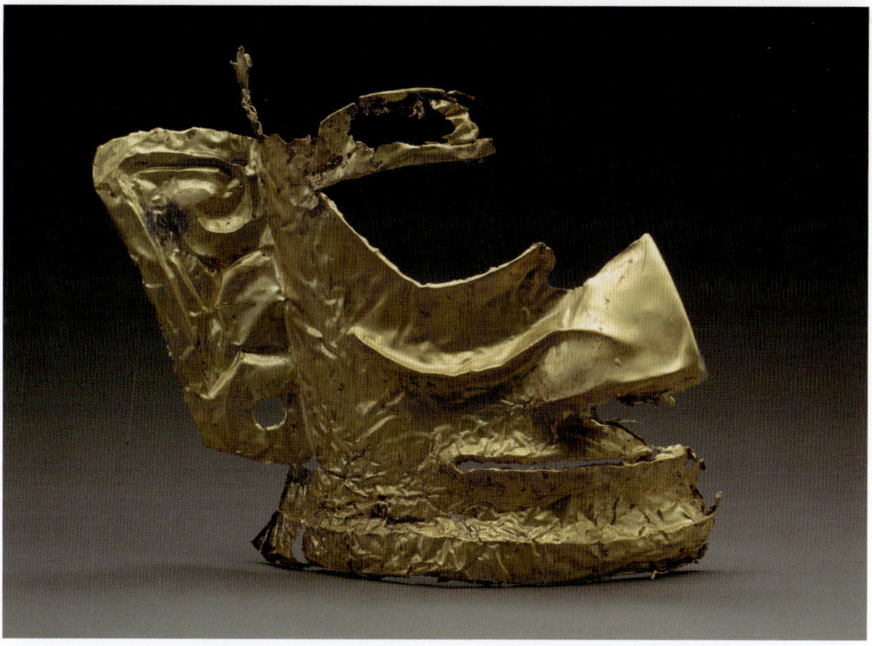

四川广汉三星堆遗址——五号坑出土金面具

四川广汉三星堆遗址——三号坑出土铜尊

四川广汉三星堆遗址——四号坑出土扭头跪坐铜人像

四川广汉三星堆遗址——八号坑中象牙的密集堆积

湖北云梦郑家湖墓地——M234 板门绘画

湖北云梦郑家湖墓地——M225 板门绘画

湖北云梦郑家湖墓地——M277M276 漆扁壶

湖北云梦郑家湖墓地——M346 漆奁漆盂

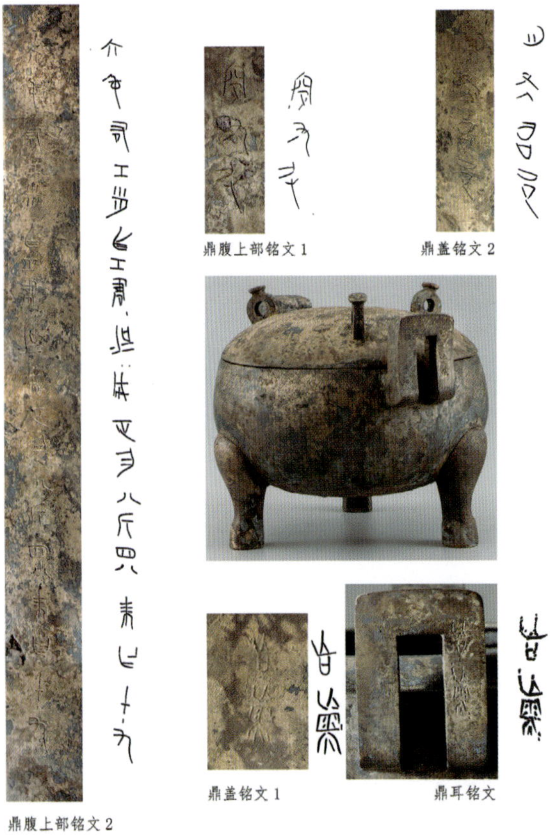

湖北云梦郑家湖墓地——M277 铭文鼎图版

湖北云梦郑家湖墓地——M257 虎头枕

陕西西安江村大墓——白鹿原西部地三维形图

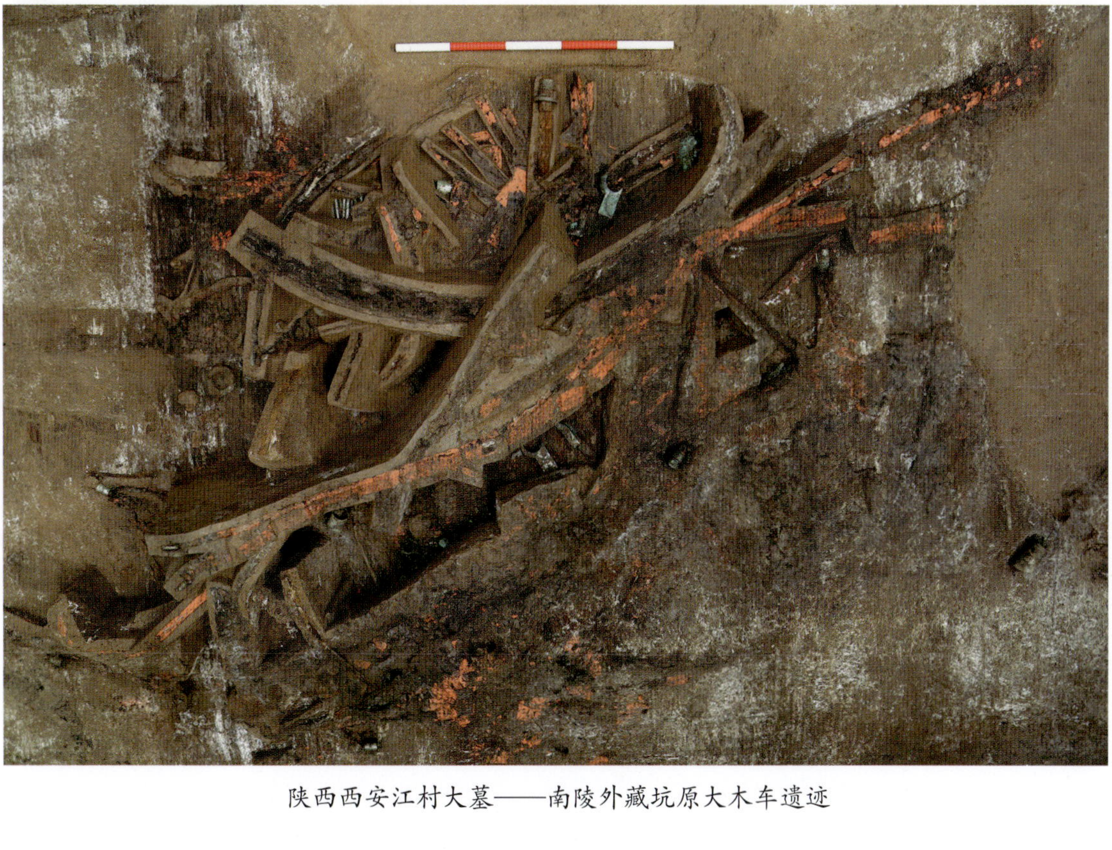

陕西西安江村大墓——南陵外藏坑原大木车遗迹

陕西西安江村大墓——外藏坑出土部分铜器

陕西西安江村大墓——南陵外藏坑出土银器

陕西西安江村大墓——外藏坑出土刑徒俑

陕西西安江村大墓——外藏坑出土铜印

甘肃武威唐代吐谷浑王族墓葬群——甘肃武威吐谷浑王族墓葬群位置及分布图

甘肃武威唐代吐谷浑王族墓葬群——慕容智墓墓室甬道三维影像图

甘肃武威唐代吐谷浑王族墓葬群——马场滩 M1 全景（东南—西北）

甘肃武威唐代吐谷浑王族墓葬群——慕容智墓出土金银餐饮器具

甘肃武威唐代吐谷浑王族墓葬群——慕容智墓出土木镇墓兽

甘肃武威唐代吐谷浑王族墓葬群——马场滩 M2 出土墓志

甘肃武威唐代吐谷浑王族墓葬群——马场滩 M1 墓道底部殉马

新疆尉犁克亚克库都克烽燧遗址——克亚克库都克烽燧西立面 2 西至东

新疆尉犁克亚克库都克烽燧遗址——克亚克库都克烽燧遗址俯视 2 上为西

新疆尉犁克亚克库都克烽燧遗址——铠甲残片

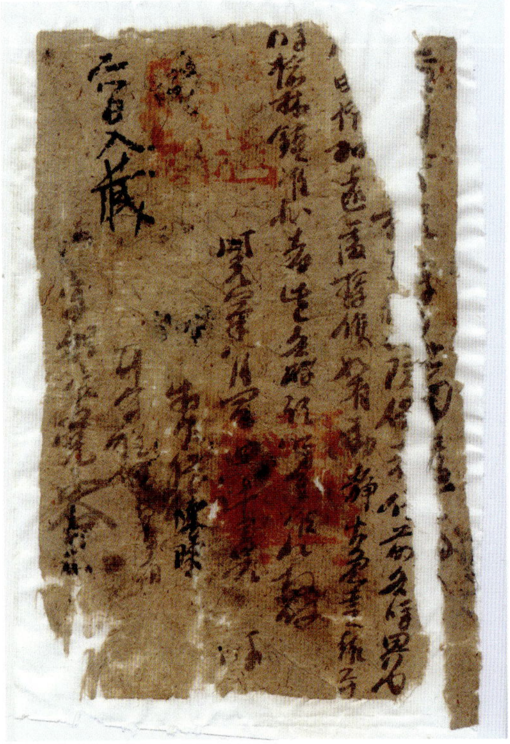

新疆尉犁克亚克库都克烽燧遗址——文书 1
开元四年八月四日牒下界内所由为加远番探候防备等事

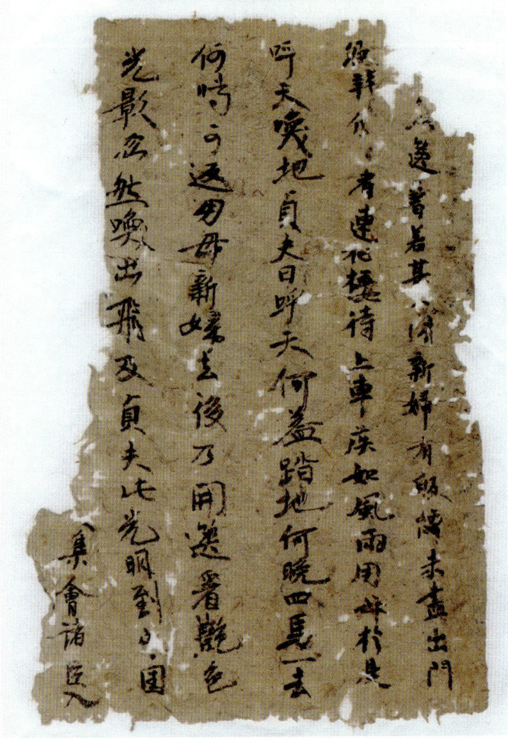

新疆尉犁克亚克库都克烽燧遗址——文书 2
韩朋赋

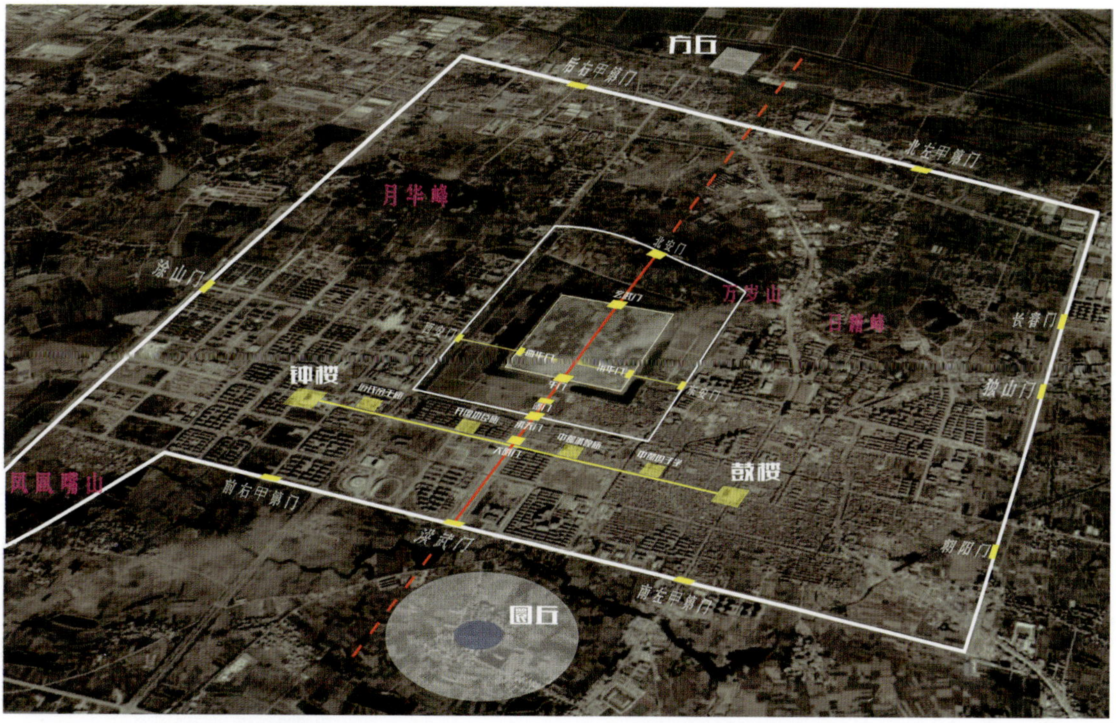

安徽凤阳明中都遗址——明中都城址的基本布局

安徽凤阳明中都遗址——前朝宫殿基址发掘区鸟瞰（镜向东南）

安徽凤阳明中都遗址——宫殿基址内出土的巨型石础

筒 瓦

龙柱头

龙纹瓦当

龙纹滴水

明代石栏板

宫殿基址出土螭首

安徽凤阳明中都遗址——宫殿基址部分出土遗物

目　录

中国考古学研究综述

考古文物新发现

学术会议

考古教学

逝世考古学家

考古学文献资料目录

序　言

为中国特色哲学社会科学事业立传

——写在《中国哲学社会科学学科年鉴》系列出版之际

（一）

2016年5月17日，习近平总书记《在哲学社会科学工作座谈会上的讲话》中正式作出了加快构建中国特色哲学社会科学的重大战略部署。自此，中国特色哲学社会科学学科体系、学术体系、话语体系的构建进入攻坚期。

2022年4月25日，习近平总书记在中国人民大学考察时强调指出，"加快构建中国特色哲学社会科学，归根结底是建构中国自主的知识体系"。这为我们加快构建中国特色哲学社会科学进一步指明了方向。

2022年4月，中共中央办公厅正式印发《国家哲学社会科学"十四五"规划》。作为第一部国家层面的哲学社会科学发展规划，其中的一项重要内容，就是以加快中国特色哲学社会科学为主题，将"中国哲学社会科学学科年鉴编纂"定位为"哲学社会科学学科基础建设"，从而赋予了哲学社会科学学科年鉴编纂工作新的内涵、新的要求。

从加快构建中国特色哲学社会科学到归根结底是建构中国自主的知识体系，再到制定第一部国家层面的哲学社会科学发展规划，至少向我们清晰揭示了这样一个基本事实：中国特色社会主义事业离不开中国特色哲学社会科学的支撑，必须加快构建中国特色哲学社会科学、建构中国自主的知识体系。加快构建中国特色哲学社会科学、建构中国自主的知识体系是一个长期的历史任务，必须持之以恒，实打实地把一件件事情办好。

作为其间的一项十分重要且异常关键的基础建设，就是编纂好哲学社会科学学科年鉴，将中国特色哲学社会科学事业的发展动态、变化历程记录下来，呈现出来。以接续奋斗的精神，年复一年，一茬接着一茬干，一棒接着一棒跑。就此而论，编纂哲学社会科学学科年鉴，其最基本、最核心、最重要的意义，就在于为中国特色哲学社会科学事业立传。

呈现在读者面前的这一《中国哲学社会科学学科年鉴》系列，就是在这样的背景之下，由中国社会科学院集全院之力、组织精锐力量编纂而成的。

（二）

作为年鉴的一个重要类型，学科年鉴是以全面、系统、准确地记述上一年度特定学科或学科分支发展变化为主要内容的资料性工具书。编纂学科年鉴，是哲学社会科学发展到一定阶段的产物。

追溯起来，我国最早的哲学社会科学年鉴——《中国文艺年鉴》，诞生于上个世纪30年代。

党的十一届三中全会之后，伴随着改革开放的进程，我国哲学社会科学年鉴不断发展壮大。40多年来，哲学社会科学年鉴在展示研究成果、积累学术资料、加强学科建设、开展学术评价、凝聚学术共同体等方面，发挥着不可替代的作用，为繁荣发展中国特色哲学社会科学作出了重要贡献。

1. 为学科和学者立传的重要载体

学科年鉴汇集某一学科领域的专业学科信息，是服务于学术研究的资料性工具书。不论是学科建设、学术研究，还是学术评价、对外交流等，都离不开学科知识的积累、学术方向的辨析、学术共同体的凝聚。

要回答学术往何处去的问题，首先要了解学术从哪里来，以及学科领域的现状，这就离不开学科年鉴提供的信息。学科年鉴记录与反映年度内哲学社会科学某个学科领域的研究进展、学术成果、重大事件等，既为学科和学者立传，也为学术共同体的研究提供知识基础和方向指引，为学术创新、学派形成、学科巩固创造条件、奠定基础。学科年鉴编纂的历史越悠久，学术积淀就越厚重，其学术价值就越突出。

通过编纂学科年鉴，将中国哲学社会科学界推进学科体系、学术体系、话语体系建设以及建构中国自主知识体系的历史进程准确、生动地记录下来，并且，立此存照，是一件非常有意义的事情。可以说，学科年鉴如同学术研究的白皮书，承载着记录、反映学术研究进程的历史任务。

2. 掌握学术评价权的有力抓手

为学界提供一个学科领域的专业信息、权威信息，这是学科年鉴的基本功能。一个学科领域年度的信息十分庞杂，浩如烟海，不可能全部收入学科年鉴。学科年鉴所收录的，只能是重要的、有价值的学术信息。这就要经历一个提炼和总结的过程。学科年鉴的栏目，如重要文献（特载）、学科述评、学术成果、学术动态、统计资料与数据、人物、大事记等，所收录的信息和资料都是进行筛选和加工的基础上形成的。

进一步说，什么样的学术信息是重要的、有价值的，是由学科年鉴的编纂机构来决定。这就赋予了学科年鉴学术评价的功能，所谓“入鉴即评价”，指的就是这个逻辑。特别是学科综述，要对年度研究进展、重要成果、学术观点等作出评析，是学科年鉴学术评价功能的集中体现。

学科年鉴蕴含的学术评价权，既是一种权力，更是一种责任。只有将学科、学术的评价权用好，把有代表性的优秀成果和学术观点评选出来，分析各学科发展面临的形势和任务、成绩和短板、重点和难点，才能更好引导中国特色哲学社会科学的健康发展。

3. 提升学术影响力的交流平台

学科年鉴按照学科领域编纂，既是该领域所有学者共同的精神家园，也是该学科领域最权威的交流平台。目前公认的世界上首部学术年鉴，是由吕西安·费弗尔和马克·布洛赫在1929年初创办的《经济社会史年鉴》。由一群有着共同学术信仰和学术观点的历史学家主持编纂的这部年鉴，把年鉴作为宣传新理念和新方法的学术阵地，在年鉴中刊发多篇重要的理论成果，催发了史学研究范式的演化，形成了法国“年鉴学派”，对整个西方现代史学的创新发展产生了深远影响。

随着学科年鉴的发展和演化，其功能也在不断深化。除了记载学术共同体的研究进展，还提供了学术研究的基本参考、学术成果发表的重要渠道，充当了链接学术网络的重要载体。特别是学科年鉴刊载的综述性、评论性和展望性的文章，除了为同一范式下的学者提供知识积累或索引外，还能够对学科发展趋势动向作出总结，乃至为学科未来发展指明方向。

4. 中国学术走向世界的重要舞台

在世界范围内，学科年鉴都是作为权威学术出版物而被广泛接受的。高质量的学科年鉴，不仅能够成为国内学界重要的学术资源、引领学术方向的标识，而且也会产生十分显著的国际影响。

中国每年产出的哲学社会科学研究成果数量极其庞大，如何向国际学术界系统介绍中国哲学社会科学研究成果，做到既全面准确，又重点突出？这几乎是不可能完成的任务。学科年鉴的出现，则使不可能变成了可能。高质量的学科年鉴，汇总一个学科全年最重要、最有代表性的研究成果、资料和信息，既是展示中国哲学社会科学研究成果与现状的最佳舞台，也为中外学术交流搭建了最好平台。

事实上，国内编纂的学科年鉴一直受到国外学术机构的重视，也是各类学术图书馆收藏的重点。如果能够站在通观学术界全貌之高度，编纂好哲学社会科学各学科年鉴，以学科年鉴为载体向世界讲好中国学术故事，当然有助于让世界知道“学术中的中国”、“理论中的中国”、“哲学社会科学中的中国”，也就能够相应提升中国哲学社会科学的国际影响力和话语权。

（三）

作为中国哲学社会科学研究的“国家队”，早在上世纪70年代末，中国社会科学院就启动了学科年鉴编纂工作。诸如《世界经济年鉴》《中国历史学年鉴》《中国哲学年鉴》《中国文学年鉴》等读者广为传阅的学科年鉴，迄今已有40多年的历史。

2013年，以国家哲学社会科学创新工程为依托，中国社会科学院实施了“中国社会科学年鉴工程”，学科年鉴编纂工作由此驶入快车道。至2021下半年，全院组织编纂的学科年鉴达到26部。

进入2022年以来，在加快构建中国特色哲学社会科学、贯彻落实《国家哲学社会科学“十四五”规划》的背景下，立足于更高站位、更广视野、更大格局，中国社会科学院进一步加大了学科年鉴编纂的工作力度，学科年鉴编纂工作迈上了一个大台阶，呈现出一幅全新的学科年鉴事业发展格局。

1. 哲学社会科学学科年鉴群

截至2023年5月，中国社会科学院组织编纂的哲学社会科学学科年鉴系列已有36部之多，覆盖了15个一级学科、13个二三级学科以及4个有重要影响力的学术领域，形成了国内规模最大、覆盖学科最多、也是唯一成体系的哲学社会科学学科年鉴群。

其中，《中国语言学年鉴》《中国金融学年鉴》《当代中国史研究年鉴》等10部，系2022年新启动编纂。目前还有将近10部学科年鉴在编纂或酝酿之中。到“十四五”末期，中国社会科学院组织编纂的学科年鉴总规模，有望超越50部。

2. 学科年鉴的高质量编纂

从总体上看，在坚持正确的政治方向、学术导向和价值取向方面，各部学科年鉴都有明显提高，体现了立场坚定、内容客观、思想厚重的导向作用。围绕学科建设、话语权建设等设置栏目，各部学科年鉴都较好地反映了本学科领域的发展建设情况，发挥了学术存史、服务科研的独特作用。文字质量较好，文风端正，装帧精美，体现了学科年鉴的严肃性和权威性。

与此同时，为提高年鉴编纂质量，围绕学科年鉴编纂的规范性，印发了《中国哲学社会科学学科年鉴编纂出版规定》，专门举办了年鉴编纂人员培训班。

3. 学科年鉴品牌

经过多年努力，无论在学术界还是年鉴出版界，中国社会科学院组织编纂的哲学社会科学学科年鉴系列得到了广泛认可，学术年鉴品牌已经形成。不仅成功主办了学术年鉴主编论坛和多场年鉴出版发布会，许多年鉴也在各类评奖中获得重要奖项。在数字化方面，学科年鉴数据库已经建成并投入使用，目前试用单位二百多家，学科年鉴编纂平台在继续推进中。

4. 学科年鉴工作机制

中国社会科学院科研局负责学科年鉴管理，制定发展规划，提供经费资助；院属研究单位负责年鉴编纂；中国社会科学出版社负责出版。通过调整创新工程科研评价考核指标体系，赋予年鉴编纂及优秀学科综述相应的分值，调动院属单位参与年鉴编纂的积极性。

学科年鉴是哲学社会科学界的学术公共产品。作为哲学社会科学研究的“国家队”，编纂、提供学科年鉴这一学术公共产品，无疑是中国社会科学院的职责所在、使命所系。中国社会科学院具备编纂好学科年鉴的有利条件：一是学科较为齐全；二是研究力量较为雄厚；三是具有“国家队”的权威性；四是与学界联系广泛，主管 120 家全国学会，便于组织全国学界力量共同参与年鉴编纂。

（四）

当然，在肯定成绩的同时，还要看到，当前哲学社会科学学科年鉴编纂工作仍有较大的提升空间，我们还有很长的路要走。

1. 逐步扩大学科年鉴编纂规模

经过 40 多年的发展，特别是“中国社会科学年鉴工程”实施 10 年来的努力，哲学社会科学系列学科年鉴已经形成了一定的规模，覆盖了 90% 的一级学科和部分重点的二三级学科。但是，也不容忽视，目前还存在一些学科年鉴空白之地。如法学、政治学、国际政治、区域国别研究等重要的一级学科，目前还没有学科年鉴。

中国自主知识体系的基础是学科体系，完整的学科年鉴体系有助于完善的学科体系和知识体系的形成。尽快启动相关领域的学科年鉴编纂，抓紧填补相关领域的学科年鉴空白，使哲学社会科学年鉴覆盖所有一级学科以及重要的二三级学科，显然是当下哲学社会科学界应当着力推进的一项重要工作。

2. 持续提高学科年鉴编纂质量

在扩张规模、填补空白的同时，还应当以加快构建中国特色哲学社会科学、建构中国自主的知识体系为目标，下大力气提高学科年鉴编纂质量，实现高质量发展。

一是统一学科年鉴的体例规范。学科年鉴必须是成体系的，而不是凌乱的；是规范的，而不是随意的。大型丛书的编纂靠的是组织严密，条例清楚，文字谨严。学科年鉴的体例要更加侧重于存史内容的发掘，对关乎学术成果、学术人物、重要数据、学术机构评价的内容，要通过体例加以强调和规范。哲学社会科学所有学科年鉴，应当做到“四个基本统一”：名称基本统一，体例基本统一，篇幅基本统一，出版时间、发布时间基本统一。

二是增强学科年鉴的权威性。年鉴的权威性，说到底取决于内容的权威性。学科年鉴是在对大量原始信息、文献进行筛选、整理、分析、加工的基础上，以高密度的方式将各类学术信息、情报传递给读者的权威工具书。权威的内容需要权威的机构来编纂，来撰写，来审定。学科综述是学科年鉴的灵魂，也是年鉴学术评价功能的集中体现，必须由权威学者来撰写学科综述。

三是要提高学科年鉴的时效性。学科年鉴虽然有存史功能，但更多学者希望将其作为学术工具书，从中获取对当下研究有价值的资料。这就需要增强年鉴的时效性，前一年的年鉴内容，第二年上半年要完成编纂，下半年完成出版。除了加快编纂和出版进度，年鉴的时效性还体现在编写的频度上。一级学科的年鉴，原则上都应当一年一鉴。

3. 不断扩大学科年鉴影响力

学科年鉴的价值在于应用，应用的前提是具有影响力。要通过各种途径，让学界了解学科年鉴，接受学科年鉴，使用学科年鉴，使学科年鉴真正成为学术研究的好帮手。

一是加强对学科年鉴的宣传。“酒香也怕巷子深”。每部学科年鉴出版之后，要及时举行发布会，正式向学界介绍和推出，提高学科年鉴的知名度。编纂单位也要加大对学科年鉴的宣传，结合学会年会、学术会议、年度优秀成果评选等活动，既加强对学科年鉴的宣传，又发挥学科年鉴的学术评价作用。

二要在使用中提高学科年鉴的影响力。要让学界使用学科年鉴，必须让学科年鉴贴近学界的需求，真正做到有用、能用、管用。因此，不能关起门来编学科年鉴，而是要根据学界的需求来编纂，为他们了解学术动态、掌握学科前沿、开展学术研究提供便利。要确保学科年鉴内容的原创性、独特性，提供其他渠道提供不了学术信息。实现这个目标，就需要在学科年鉴内容创新上下功夫，不仅是筛选和转载，更多的内容需要用心策划、加工和提炼。实际上，编纂学科年鉴不仅是整理、汇编资料，更是一项学术研究工作。

三是提高学科年鉴使用的便捷性。当今网络时代，要让学科年鉴走进千万学者中间，必须重视学科年鉴的网络传播，提高学科年鉴阅读与获取的便捷性。出版社要重视学科年鉴数据库产品的开发。同时，要注重同知识资源平台的合作，利用一切途径扩大学科年鉴的传播力、影响力。在做好国内出版的同时，还要做好学科年鉴的海外发行，向国际学术界推广我国的学科年鉴。

4. 注重完善学科年鉴编纂工作机制

实现学科年鉴的高质量发展，是一项系统工程，需要哲学社会科学界的集思广益，共同努力，形成推动学科年鉴工作高质量发展的工作机制。哲学社会科学学科年鉴编纂，中国社会科学院当然要当主力军，但并不能包打天下，应当充分调动哲学社会科学界的力量，开展协调创新，与广大同仁一道，共同编纂好学科年鉴。

学科年鉴管理部门和编纂单位不仅要逐渐加大对学科年鉴的经费投入，而且要创新学科年鉴出版形式，探索纸本与网络相结合的新型出版模式，适当压缩纸本内容，增加网络传播内容。这样做，一方面可提高经费使用效益，另一方面，也有利于提升学科年鉴的传播力，进一步调动相关单位、科研人员参与学科年鉴编纂的积极性。

随着学科年鉴规模的扩大和质量的提升，可适时启动优秀学科年鉴的评奖活动，加强对优秀年鉴和优秀年鉴编辑人员的激励，形成学科年鉴工作良性发展的机制。要加强年鉴工作机制和编辑队伍建设，有条件的要成立专门的学科年鉴编辑部，或者由相对固定人员负责学科年鉴编纂，确保学科年鉴工作的连续性和编纂质量。

出版社要做好学科年鉴出版的服务工作，协调好学科年鉴编纂中的技术问题，提高学科年鉴质量和工作效率。除此之外，还要下大力气做好学科年鉴的市场推广和数字产品发行。

说到这里，可将本文的结论做如下归结：学科年鉴在加快构建中国特色哲学社会科学、建构中国自主知识体系中的地位和作用既十分重要，又异常关键，我们必须高度重视学科年鉴的编纂出版工作，奋力谱写哲学社会科学学科年鉴编纂工作新篇章。

中国考古学研究综述

旧石器时代考古与古人类学研究

陈宥成　赵云啸

在中国现代考古学诞生100周年之际，2021年中国旧石器时代考古与古人类学研究领域研究成果达到百余篇（部），多发表于海内外知名考古学、人类学与第四纪环境学等专业期刊，国际学术影响力持续增强。本领域研究人员数量、成果数量、研究深度和视野广度均有稳步提升。各级考古科研单位、高等院校相关学科领域的中青年学者科研成果丰硕，显示出强劲的学术活力与良好发展态势。华北地区依然是我国旧石器考古研究的重镇，东北、西北、华南、西南以及青藏高原地区的研究力度有所增强，研究视野辐射范围涵盖东北亚、东南亚、西伯利亚以及旧大陆西部。

2021年本领域研究成果以石器技术与人类行为为主体，在古人类化石、古DNA、年代学、环境学与埋藏学等领域均有建树。旧石器田野调查成果突出，显示我国旧石器文化遗产存在相当大的发现与研究潜力。多学科交叉与合作意识在田野考古与研究中不断提升，学者们仍需要面对与解决的问题是如何深化传统基础研究与新兴科学技术之间的协作关系。在中国考古百年之际，学界在东亚人群技术行为演化、文化根系、文化适应、基因谱系与年代测定等研究领域发表多篇宏观性总结成果，为未来我国旧石器时代考古与古人类学研究工作的持续深入发展奠定了坚实基础。

一　考古调查与发掘收获

（一）东北地区

李有骞（《人类学学报》第1期）发表黑龙江海林小龙头山遗址发掘简报。小龙头山遗址出土石制品82件，原料以玄武岩为主，还有黑曜岩、凝灰岩、安山岩和英安岩等。剥片技术以石叶、细石叶技术为特点，石器类型有雕刻器、尖状器、两面器和大型的斧形器。在文化层中的炭粒测得的^{14}C数据校正后为距今1.4万年，为末次盛冰期后的转暖阶段。小龙头山遗址地层、年代与石器工业组合为认识黑龙江海浪河流域旧石器时代人类文化提供了重要新资料。

关莹等（《人类学学报》第2期）报道了黑龙江甘南县旧石器地点的新发现。甘南县环太平湖地区分布着面积广大的旧石器时代晚期地层，其中石制品数量丰富，包括石核、石片、石叶和细石叶等。甘南广合屯第1地点剖面地点下部风化壳中炭屑的^{14}C测年结果表明，石制品的年代应晚于距今3万年。

徐廷等（《人类学学报》第5期）报道了吉林汪清新兴遗址第1地点的调查和试掘收获。该遗址位于河流2级阶地，采集和出土标本131件，以石制品为主，包括石核、石片、石叶、细石叶、刮削器、砍砸器、尖状器、手斧和磨制石器。石制品原料以硅质页岩和黑曜岩为主，根据石制品技术特征和地层堆积情况判断，年代与临近的黑龙江穆棱市康乐遗址年代相近，为距今 1 万年前后。

陈全家团队发表黑龙江东宁旧石器专项调查系列成果。陈全家等（《北方文物》第 2 期）发表黑龙江东宁五排南山地点新发现。该地点位于3级阶地，在地表共获得石器42件，包括石核、石片、工具和断块。石器工业属石叶工业，推测应为旧石器时代晚期。陈全家等（《文物春秋》第 2 期）报道了黑龙江东宁蔬菜村 3 个地点新发现的石制品。3 个地点均属于石核—石片工业，推测为旧石器时代晚期早段。魏天旭等（《边疆考古研究》第 1 期）报道了黑龙江东宁老黑山地点新发现的石制品。该地点发现于 2 级堆积阶地上，采集石制品 106 件，工具包括刮削器、凹缺器、两面器和砍砸器等，初步推测遗址的年代为旧石器时代晚期或稍晚。

万晨晨等（《文物春秋》第 4 期）发表关于辽宁新民羊草沟南山旧石器地点新发现。该地点采集石制品 22 件，原料以英安岩为主，石英次之。石制品以小型为主，工具最多，石核次之，是东北典型的小石器工业类型，推测年代为旧石器时代晚期。

（二）华北地区

马东东等（《人类学学报》第 1 期）报道了河北蔚县盆地旧石器考古调查新发现的 27 处旧石器地点。相关地貌、地层对比显示，新地点年代可大致分为中更新世和晚更新世晚期两个阶段，文化遗物分别埋藏于泥河湾河湖相堆积和黄土堆积中。中更新世地点 18 处，石制品类型包括石核、石片、石器和断块等，原料以火山岩为主。晚更新世晚期遗址 9 处，石制品类型包括石核、石片和细石叶等，原料以白云岩和燧石居多，火山岩次之。

赵海龙等（《第四纪研究》第 1 期）发表了河北阳原泥河湾盆地油房北旧石器地点的试掘新收获。该地点石器工业面貌整体上承袭了我国华北地区的小石片石器文化传统。光释光方法测得其年代在 8.6 万 ~ 10.8 万年，处于末次间冰期。油房北地点的考古发现增添了末次间冰期古人类活动的新证据。

袁文明等（《人类学学报》第 6 期）发表了山西襄汾洞门遗址的发掘收获。该遗址西距丁村遗址 5.1 千米，包括石制品、动物化石碎片、炭屑等在内的文化遗物均出土于 S1 古土壤层中，处于末次间冰期。石制品原料以角页岩为主，类型包括石核、石片、工具、断块等。与此同时，在沙女沟村东黄土台塬的 S1 地层中发现多个类似的石器地点，说明在末次间冰期丁村遗址群附近汾河东岸至大崮堆山之间的黄土塬区的人类活动十分频繁。

杨紫衣等（《人类学学报》第 4 期）报道山西运城平路旧石器考古调查新发现 10 处地点。据地层和石制品特征推测，这些地点主要属于中更新世晚期和晚更新世。采集石制品共 45 件，石制品个体较小，原料以石英为主，打片方法以锤击法和砸击法为主，石制品类型包括石核、石片、断块和石器等，石器类型只见刮削器。平陆新发现石器工业体现了“石核—石片”技术从中更新世至晚更新世的继承和发展。

杜水生等（《考古》第 4 期）发表了山西沁水下川遗址富益河圪梁地点的最新发掘收获。本次发掘新发现简单石核—石片技术，具有中国北方简单石核—石片技术的普遍特征。石核—石片工业原料选择上既有遗址附近的石英砂岩，也有远距离输入的黑色燧石，剥片和修理都为硬锤直接打片技术，石器类型以刮削器为主，尖状器和锯齿刃器数量少且不典型，但大量出现的楔形析器、双面加工的石斧及单面加工的锛状器，在其他遗址中并不多见。以大的扁平砾石（研磨盘）和小砾石（磨锤）组合而成的研磨工具与火塘、赤铁矿常常伴生出现，这表明下川遗址富益河圪梁地点可能与加工赤铁矿粉有关。发掘的层位校正后年代为距今 33070 ± 330 年，属于旧石器时代晚期早段。

关莹等（《人类学学报》第 1 期）对河北阳原泥河湾盆地籍箕滩遗址第 1、3 地点进行了复查及剖面清理。光释光和 ^{14}C 测年结果表明，该地有人类活动遗迹的堆积物形成年代为距今 1.6 万余年至全新世初期，与河对岸虎头梁遗址群中的马鞍山、于家沟相当，表明了当时古人类的活动范围同时覆盖了桑干河南北两岸。

李罡等（《四川文物》第 6 期）报道了山东泰安宁阳汶、泗河流域调查新发现的张阁老地点。该地点采集石制品共计 51 件，原料以石英为主，剥片技术可见锤击、砸击技术。类型包括石核、石片及工具等，尺寸以小型为主。工具发现数量少，其中刮削器所占比例稍重。研究者指出，以宁阳县为代表的汶、泗河流域应至少包括石核—石片工业和细石器工业两个旧石器时代文化期。

宋家兴等（《边疆考古研究》第 1 期）报道了天津蓟州调查新发现的小港旧石器地点。该地点采集石制品 52 件，原料全部为石英砂岩且采自河漫滩砾石。石制品类型包括石片和工具，工具有石锤和刮削器等。作者指出，该地点的工具几乎都以大石片加工而成，符合大石器工业类型的特点，推测为旧石器时代晚期。

（三）西北地区

中国社会科学院考古研究所等著《龙王辿遗址第一地点旧石器时代晚期遗址发掘报告》系统公布了陕西宜川龙王辿遗址 2005—2008 年的 6 次发掘资料。该书详细公布了龙王辿遗址的概况、发掘经过、区域地貌、遗址剖面沉积特征、原料来源、地层堆积、第④ ~ ⑥文化层的石制品特征、石器微痕、石磨盘残留物微体植物遗存、动物化石等信息，为研究中国细石器工业的起源、晚更新世末期人类行为方式与环境背景提供了丰富且重要的科学依据。

刘扬等（《人类学学报》第 4 期）发表了内蒙古鄂尔多斯乌兰木伦河第 10 地点初步研究成果。石制品大部分存在一定程度的磨蚀。原料主要为石英岩，此外还有少量的石英和燧石，它们均来源于附近老第三纪基岩砾石层。工具类型包括锯齿刃器、刮削器、凹缺器和带铤石镞等，毛坯以片状为主，大部分可分辨出石片特征，均采用锤击法修理。初步判断该地点地层堆积性质为二次埋藏，石制品年代约为旧石器时代中期偏晚阶段。该地点出土的 2 件带铤石镞，是对乌兰木伦遗址出土同类标本的材料补充。

战世佳等（《人类学学报》第 1 期）报道陕西泾河流域中下游新发现旧石器地点 16 处。调查发现石制品 63 件，其中埋藏于黄土堆积中有 25 件，地表采集获得 38 件，石制品类型包括石核、石片和刮削器等，以使用硬锤的锤击法剥片为主，有少量砸击品发现，属于北方地区石片石器工业。根据石制品埋藏层位及泾河流域地貌发育和地层对比，初步推测这些地点时代为晚更新世。

冯玥等（《人类学学报》第 6 期）发表新疆哈密七角井遗址的最新调查收获。调查首次在该遗址发现原生地层和一处保存较完整的活动面遗迹，遗址出土石制品 847 件，地层光释光年代为距今约 1.1 万年。研究认为，该遗址为一处打制石器的临时性活动场所。发现有两面修理的楔形细石核，为典型的涌别技法产品，该发现为探讨更新世末到全新世初中亚干旱区古人类适应方式与文化交流提供了重要材料。

马宁等（《古代文明（辑刊）》第 15 卷）报道了新疆克拉玛依市乌尔禾区考古调查新发现的 7 处石器地点。该调查采集 51 件石制品，包含了砾石砍砸器、盘状石核、石叶石核等，说明该区域地表石制品并非同一时代的产物，年代可能跨越了旧石器时代早期至晚期，甚至更晚的阶段。该调查在克拉玛依市乌尔禾区发现的石制品类型组合，在新疆地区属首次发现。

（四）南方地区

李大伟等（《第四纪研究》第 1 期）发表了对广西百色盆地澄碧河下游的澄碧河库区的调查发现与研究成果。该调查在澄碧河第 4 级阶地上发现旧石器时代早期遗址 18 处，其中 14 处都发现了类似西方阿舍利技术的手斧工具，共计 88 件。从毛坯来看，大多数手斧采用河滩砾石直接加工，但也有一部分以大石片为毛坯加工而成。在加工方面，澄碧河库区手斧主要采用两面加工的方式。横截面形态方面，手斧远端横截面形态以平凸形和双凸形为主。调查还采集到 60 件玻璃陨石，表明澄碧河库区含手斧遗址年代与目前已知的右江干流地区含手斧遗址的年代相近，处于早—中更新世过渡阶段。

赵清坡等（《人类学学报》第 1 期）报道了河南淅川坑南遗址调查发现的石制品。该调查发现石制品 209 件，类型包括石核、石片、石叶和工具等，初步判断其时代最早能到旧石器时代中期。研究者认为坑南遗址石器工业类型很可能融合了南北方文化因素。

宋博等（《中原文物》第 5 期）报道了河南南阳西峡仓房坡头地点调查获得的 23 件石制品。石制品原料均使用本地石英，石核台面以自然台面为主，可见有疤台面，不存在石核预制技术，以多台面石核居多，石核剥片效率较低，剥片技术为硬锤直接锤击，石制品组合和技术特征显示出该地点具有小石器文化传统。结合地貌、地层及石制品工业特点，推测该地点形成于晚更新世早期。

叶灿阳等（《江汉考古》第 5 期）报道了湖北京山大小富水流域旧石器时代考古专项调查新发现的 18 处旧石器地点。该调查发现的遗址点基本均位于富水河中游的二级阶地上，根据汉水流域相关阶地发育研究的年代数据，这些遗址的年代应在旧石器时代晚期或稍早。从石器技术面貌上来看，新发现石制品大致可分为三类：以使用尖部或刃部的大型石核 / 石片工具为代表的砾石工业，以生产中型石片为目标的砾石石片工业，以优质石英岩或玛瑙石原料生产小型薄锐石片和利用锐棱砸击法生产宽型大石片为代表的石器工业。

（五）西南地区

陈苇等（《四川文物》第 6 期）发表四川眉山东坡区坛罐山旧石器遗址发掘简报。该遗址清理面积 600 平方米，出土及采集石制品 246 件。石制品大多以砾石为原料，岩性以石英砂岩为主。坛罐山遗址为成都平原首次发现并经科学发掘的旧石器时代遗址，整体上属于中国南方旧石器时代主工业，将四川盆地古人类活动推进至中更新世中期。

陈苇等（《人类学学报》第 6 期）发表四川简阳龙垭旧石器遗址发掘与研究成果。该遗址位于沱江二级支流康家河西岸的一级阶地，出土石制品 559 件、动物骨骼化石数千件。石制品原料多选用砾石，岩性以石英岩为主，其次有硅化木、石英等。从石制品面貌上看，古人类能够剥取大石片、以之加工石器，两面器技术不典型，初步呈现出似阿舍利技术特征。光释光测年显示，遗址年代不晚于旧石器时代中期。

阮齐军等（《南方文物》第 1 期）发布了云南鹤庆财丰河流域龙潭旧石器遗址发掘简报。该遗址位于财丰河右岸 2 级阶地后缘的山前缓坡区域，出土石制品 3487 件，属小石片石器传统。石核包括有普通锤击石核、盘状石核、窄长片疤石核、似—细石核和砸击石核等类型，以剥片强度较高的普通锤击石核为主。石片包括有普通锤击石片、长石片、盘状石核石片和三角形石片，以剥片活动中晚期阶段的小型石片为主。出土工具包括普通刮削器、陡刃刮削器、锯齿刃器、凹缺器和钻具等，以陡刃刮削器最具特色。遗址新发现的石制品材料总体表现出多样化、进步性的石核剥片技术，稳定成熟的工具加工技术，以及类型丰富的工具组合等技术特点，推测遗址的功能为短期活动的石器制作场，时代可能处于晚更新世中晚期阶段。

郑喆轩等（《四川文物》第 4 期）发表了四川攀枝花回龙湾洞穴遗址发掘出土石制品的整理简报。遗址上下文化层的剥片技术均包括锤击、砸击和锐棱砸击技术，但上文化层的砸击和锐棱砸击技术的比例略高。上下文化层的工具均较为简单，以刮削器为主，上文化层的工具尺寸要略大于下文化层。该遗址上文化层 ^{14}C 年代为校正后距今约 2.3 万年，下文化层目前尚无年代数据，根据其石器技术特征推测应同样属于旧石器时代晚期。

（六）青藏高原

Ting Cheng（成婷）等（《第四纪科学评论》第 265 卷）报道了甘肃省永登县奖俊埠 01 遗址的研究成果。遗址石器工业属于小型石核—石片工业，原料均为石英和石英岩，就近采自附近河流砾石。工具类型包括石钻、刮削器、锯齿刃器等，主要为片状毛坯。动物化石的分析显示，主要为中型到大型动物化石。光释光测年结果显示，文化层的年代为距今 12 万 ~ 9 万年，处于 MIS5 阶段。古环境重建利用粒度分析、磁化率、全有机（TOC）和碳酸钙含量指标，结果显示，古人类占据的时期东亚夏季风增强，气候温暖湿润，利于人类生存。奖俊埠 01 遗址是目前青藏高原东北部年代较早的旷野遗址之一。

Youcheng Chen（陈宥成）等（《古物》第 381 卷）等发表了关于青藏高原东南部腹地首次发现的典型的石核—石片工业研究成果。研究者在青海省玉树州玉树县通天河玉树—称多河谷段海拔 3500 米以上区域的河流阶地上发现 2 处含有较丰富打制石器的遗址，分别命名为塘达遗址和歇格遗址。两处遗址新发现的石器工业特征鲜明，均属于石核—石片石器工业，以近距离的优质绿色硅质岩砾石为主体原料，石核以双面剥片和单面剥片模式为主，石制品尺寸较大，工具类型以刮削器为主体，存在少量砾石砍砸器。研究者基于该发现提出了晚更新世东亚人群从“东南路线”向青藏高原扩散的假说。

郑喆轩等（《四川文物》第 6 期）发表了四川甘孜州旧石器时代遗存调查简报。该调查新发现旧石器遗址点 23 处，共采集包括手斧在内的各类石制品 110 件。新发现的遗址点均位于三级及以上的河流阶地，石制品毛坯以砾石为主，以锤击法为主要剥片和工具修理方式。石器类型丰富多样，包括石核、石片、砍砸器、刮削器、手斧等。这些发现填补了川西高原的旧石器时代考古空白，为研究东亚地区手斧的分布与源流、高海拔地区早期人类演化等重大学术问题提供了丰富的线索。

吕红亮等（《考古》第 10 期）发表青海玉树参雄尕朔遗址发掘简报。遗址两个文化层的石制品类型与技术特征较一致，包括简单石片—石核技术和细石叶工艺体系产品。研究者认为，该遗址为古人类反复使用的石器制造场，细石叶生产在遗址中占有重要的地位。年代学研究显示，该遗址属于中全新世，古人类在此活动的时间集中在距今 8000—7000 年。参雄尕朔遗址是青藏高原东北部高海拔区域第一个经过系统发掘的狩猎采集者遗址，为进一步认识全新世早中期高海拔区域人群的占据模式提供了新的视角和材料。

陈宥成等（《人类学学报》第 1 期）对青海玛多冬给措纳湖畔新发现的海拔超过 4000 米的全新世中期细石器进行了报道和研究。该遗址石核均为细石核，可以大体分为楔形细石核和柱形细石核两大类，但不见船形细石核。工具组合中端刮器和圆刮器加工精细，修理程度高，但不见小型两面器。研究者发现青海高原细石叶工业缺乏典型船形细石核和小型两面器，显示出青海高原细石器与华北旧石器晚期细石器之间的不同，而与邻近的西北与西南地区细石器存在更为密切的渊源关系。

王潇玉等（《人类学学报》第 5 期）报道西藏阿里改则县若热沟与革吉县麦多得布地点的石制品。若热沟地点细石核包括锥形和柱形两类，没有发现楔形细石核。工具以各类小型刮削器为主，其中拇指盖形刮削器占很大比例。工具基本都是单面加工而成，不见两面修整。见有 1 件单面加工尖状器，器身修长，两侧对称，修疤极为规整，呈阶梯状分布，体现出极高的石器修理水平。

二　专题研究

（一）石器研究

Meng Zhang（张萌）专著《东北亚晚更新世至早全新世细石叶工业研究：觅食社会的宏观生态学视角》运用路易斯·宾福德（Lewis Binford）的宏观生态学方法，尝试解释东北亚地区晚更新世和全新世早期以细石叶为基础的石器工业之间的变化。该书用了六个案例研究来讨论与细石叶技术起源和旧—新过渡相关的两次文化变革浪潮，其中包括基于细石叶生产的遗址（MIS 3 到 MIS 2）的形成和融合，涉及了西伯利亚和中国北部的案例研究，以及基于细石叶生产的遗址（MIS 2 到 MIS 1）的发展和最终分化，涉及了日本群岛、东西伯利亚、中国北部和青藏高原的案例研究。

Hao Li（李浩）等（《古地理学，古气候学，古生态学》第 562 卷）通过利用 R 语言中的 Geomorph 程序包和 AGMT3—D（Artifact GeoMorph Toolbox 3D，即人工制品三维几何形态工具箱）等软件，对广西百色盆地发现的手斧等大型工具进行了详细的三维几何形态特征分析。百色盆地手斧和手镐整体几何形态变异的热力图结果显示，中部和近端两侧边的形态表现出显著的变异，而作为使用功能单元的远端（即尖部）的形态相对最为稳定，并且尖部平视形态普遍趋向于弧形或舌形（主要受到尖部平行于器身长轴的纵向修疤的影响），呈现出明显的区域性形态特色。

Jianping Yue（岳健平）等（《古地理学，古气候学，古生态学》第 567 卷）从东亚与东北亚视角探究“北方系细石叶工业”（Northern Microblade Industry）的起源、发展与扩散。该研究通过考察我国东北及周边地区细石叶工业的分布与年代，创新性地提出以两面预制的楔形细石叶石核和压制剥片为特征的细石叶工业传统，即“北方系细石叶工业”起源自我国东北地区。在末次盛冰期相对较暖阶段，北方系细石叶工业逐渐由环日本海北部地区向外扩散，西至西伯利亚南部，北至俄罗斯远东和亚库特地区，并最终经白令海峡进入北美大陆。

Chao Zhao（赵潮）等（《考古学与人类学科学》第 13 卷）以华北腹地新发现的河南登封西施和东施遗址为例，探讨了细石叶技术在华北地区的产生过程。^{14}C 测年表明这两处遗址细石叶遗存距今约 2.6 万年，是中国北方发现的最早的细石叶遗址之一。该研究认为，早期细石叶技术组合与石叶技术组合表现出密切的技术亲缘关系，但早期细石叶技术经常使用压制法，由小的石核生产更小的终端产品。该研究指出，华北地区细石叶技术的出现是在西伯利亚—蒙古地区石叶技术的扩散基础上进行的本地技术创新，它的出现反映了末次冰期最盛期时期人类应对环境变化的技术适应。

Li Yinghua（李英华）等（《亚洲视角》第 60 卷）对越南河内国立大学社会科学与人文学院的人类学博物馆中保存的和平文化石制品进行了新的技术分析，并将其与柬埔寨莱昂斯宾洞穴遗址的典型和平文化石器工业和中国海南三亚落笔洞遗址砾石石器工业进行了比较。结果表明，我国华南地区与东南亚和平文化在石器工业操作序列上存在显著差异（最大的差异是在海南三亚落笔洞不见典型的单面器—苏门答腊式石器），而且在东南亚和平文化内部不同组合之间也存在显著差异。该研究对揭示我国华南与东南亚石器工业的均一性和变异性具有重要意义。

李三灵等（《人类学学报》第 2 期）对中国旧石器时代早期石核类型划分进行回顾，并对目前国际同行所建立和使用的石核分类体系进行评述和比较。作者认为 Ignacio de la Torre 所建立的石核分类体系更加客观和严谨，更具包容性，因此在对中国旧石器时代早期石核进行类型学划分时可以借鉴这一分类体系。在石核剥片阶段，借鉴 Ignacio de la Torre 的石核分类体系，首先根据剥片面数量（单面、双面和多面）进行第一层级的划分。在此基础上，根据剥片方向（单向、双向、多向和向心）的特点，进行第二层级的划分。最后，根据台面的利用程度（局部或全部、台面角小于或大于 45 度），进行第三层级的划分。

Ignacio de la Torre 等（《人类学学报》第 4 期）提出一种应用于旧石器时代早期石制品研究的分析方案。该方案以宏观分析方法为主，主要应用于旧石器时代早期石制品的技术—类型学分析。在旧大陆旧石器时代早期石器研究中，鉴于学者们使用的技术学与类型学分析方案总体相似，作者认为在研究中使用标准化的分析方案会提高地区间石器面貌的可比性，并有助于理解旧石器时代早期旧大陆古人类的技术行为模式。该研究回顾旧石器时代早期石器研究的主要理论和方法，并提出分析视角和术语建议，希望有助于研究中对描述剥片类、废片类、锤击工具、拼合工具和传统石制品的测量与绘图惯例。

卢立群等（《人类学学报》第 4 期）基于目前国内出土的旧石器时代早中期石球材料，展开了实验研究，显示石球生产是一项时间成本高昂的活动。旧石器时代早中期石球的大小与质量存在明显的偏向性，与成年男性手掌大小一致，这支持石球可能是直接握持使用的推论。文章指出，投掷使用实验结合考古材料中石球集中发现的状况与伴生动物化石进一步支持石球很可能是一种狩猎工具，采用石球狩猎距离较短，杀伤力有限，且更依赖机会，有较高风险。

战世佳等（《人类学学报》第 6 期）以石制品生产技术组织的研究理念为出发点，强调了精致加工代表人群的高投入技术与行为，在中国境内以模式 2、3 为代表，其产品可在一定程度上作为文化标识反映外来人群的扩散，体现了东、西方文化有限交流。权宜技术则多为低投入的技术与行为活动，以石核—石片技术体系为代表，表明本地古人类对一种比较成功的适应策略的坚持和继承。

任文勋等（《人类学学报》第 5 期）系统梳理了河南南水北调中线工程的水源地 30 余处旧

石器时代遗址。研究者将该地区旧石器时代遗址分为丹江下游河谷区、丹江峡谷区和丹江口水库淅川盆地区，指出该区域绝对年代数据相对缺乏的主要原因可能是受堆积物的酸性以及后期淋滤的影响，合适的测年样品很难找到。新的测年工作显示，坑南遗址北区文化层年代在距今 13.7 万 ~ 8.7 万年，南区文化层获得了 18.2 万 ~ 3.8 万年的连续年代数据。

薛峰等（《人类学学报》第 4 期）对河北张家口怀来西沟湾 1 号地点试掘出土的 218 件石制品进行了拼合研究。该遗址 AMS—14C 测年显示，其年代为距今 4.1 万 ~ 3.4 万年，属旧石器时代晚期。拼合研究显示，该遗址 41 件石制品可以拼合为 14 个拼合组，拼合成功率为 18.8%；其拼合关系可分为拼对（conjoin）和拼接（join）两大类型；其中的组合形式主要包括石核与石片、石片与石片、石片与断块以及石锤与断块四大类。石制品的打击特征以及部分拼合组的剥片序列分析显示，西沟湾 1 号地点剥片方法为硬锤锤击法，石核剥片主要通过台面或剥片面的转向以实现对原料的多次开发和利用，剥片程度较高。

靳英帅等（《人类学学报》第 2 期）对楔形石核概念内涵与细石核分类进行了探讨。作者指出，船形石核与楔形石核一样，其剥片首选的都是窄面，最根本的差别在于对片状毛坯的开发方式不同。船形石核是有限利用毛坯的厚度，而楔形石核目的在于利用毛坯的长或宽。作者进一步指出，选用片状毛坯加工细石叶是细石叶技术得以大发展的原因，船形石核、楔形石核和半锥形石核都是建立在片状毛坯的基础之上发展起来的，毛坯选择与技术选择更加稳定，很快就以燎原之势扩散到东亚—北美的大片区域。

赵海龙等（《人类学学报》第 4 期）通过模拟打制与使用实验，结合微痕分析方法对河北泥河湾盆地下卜庄遗址出土的端刮器的功能进行了探索，结果表明下卜庄遗址的端刮器可能主要用来加工兽皮，且加工湿皮较多。端刮器也可能直接用来加工木材，部分端刮器微痕之间的关系表明，一些端刮器在使用过程中会对刃缘进行重新修理，当它们不再适合处理兽皮时会被用来加工木材，而后废弃。

阮齐军等（《南方文物》第 1 期）对云南怒江流域旧—新石器过渡时期石器文化面貌进行了系统研究。云南怒江流域的旧—新石器时代过渡阶段遗存主要分布于怒江中下游地区，以保山塘子沟遗址为代表，目前共发现遗址和地点十余处，在时代上属于晚更新世末至早全新世阶段，石器工业上砾石石器和小石片石器并重发展，并形成以陡刃砍砸器、研磨器、穿孔石器和中小型石片石器为主要工具组合的石器文化面貌。相关证据显示，怒江流域旧—新过渡阶段的古人类对动植物资源充分利用，表现出广谱化的维生手段和生计方式，以及以狩猎、渔猎和采集为主的生产方式。

阮齐军（《四川文物》第 6 期）指出，目前在澜沧江下游地区发现的属于旧—新过渡阶段的遗址和地点共 8 处，在时代上属于晚更新世末至早全新世阶段，这些遗存以景洪娜咪囡洞穴遗址为代表，在石器技术面貌上表现出明显的一致性、复合性和区域性特点，主要表现为在剥片技术上采用锤击法、砸击法和锐棱砸击法等多种方法，在工具类型上以砾石石器为主，小石片石器和局部磨光石器为辅，并形成以陡刃砍砸器和砸研器为主要类型的工具组合，从而在旧—新过渡阶段形成了一类极具时代性和地域性的石器工业体系。经初步分析和研究，这类石器工业的形成是晚更新世以来古人类对热带和亚热带地区资源环境适应的结果，也与区域内多种技术和文化传统的影响和交流相关。

陈宥成等（《北方文物》第 4 期）指出，琢背刀是我国北方地区旧石器时代晚期细石叶工业中存在的一类精致石器工具，技术要义在于“修背”技术。作者广泛搜集旧大陆东西方出现修背工具的遗址，通过对比分析总结出修背刀距今 7 万 ~ 6 万年出现于南非，在距今 6 万 ~ 4 万年影响至东非，随后旧石器时代晚期在西亚、西欧和南亚等地区广泛出现，并相对快速波及黑海北部和东西伯利亚贝加尔湖地区。中国东北和华北琢背刀出现于距今 3 万 ~ 2 万年，应当是更新世晚期现代人在旧大陆扩散历史事件的产物。旧大陆视野下修背工具可能具备多种功能，但主要应当是被镶嵌至骨柄和木柄上作为复合工具使用。

（二）古人类化石研究

Xiujie Wu（吴秀杰）等（《人类进化杂志》第 161 卷）报道了对安徽东至华龙洞古人类面骨化石研究的最新成果。通过铀系测年、动物群组成分析及地层对比，确定古人类化石年代为距今 33.1 万 ~ 27.5 万年之间。该研究发现，30 万年前的华龙洞古人类面部呈现镶嵌性形态特征，除部分眶上部和颧部特征与周口店、南京、大荔、金牛山等更新世中期直立人及古老型人类相似外，多数面部特征位于早期现代人及现代人类变异范围。这项研究进一步证明，东亚中更新世晚期人类演化多样性，提出东亚地区人类从古老形态向现代形态的演化过渡 30 万年前已经发生，比以往认识提早了 8 万 ~ 10 万年。

Xiujie Wu（吴秀杰）等（《国际骨质考古学杂志》第 31 卷）对安徽和县人头盖骨表面异常痕迹进行系统研究。研究发现，距今约 40 万年的和县头盖骨表面有三种类型的异常痕迹，包括地层挤压导致的裂痕、埋藏环境侵蚀痕迹和创伤痕迹。排除各种可能导致外板层病变的因素（肿瘤、微量元素缺乏、感染性疾病、骨膜炎），导致创伤的最大可能因素是暴力性头皮拉伤或烧伤。该研究首次聚焦和县头骨表面的异常痕迹，为探讨中更新世古人类生存环境和行为方式提供了新证据。

Song Xing（邢松）等（《人类进化杂志》第 151 卷）使用 micro—CT 和几何形态测量等方法重新研究了湖北郧县梅铺的 4 颗人类牙齿化石形态。梅铺古人类地点地处秦岭山脉东段南麓。结合最新古地磁分析，研究人员将化石层年代厘定为距今 78 万 ~ 99 万年。研究发现，梅铺古人类牙齿表现部分出与早期人属成员的近似特征，又表现出部分与东亚晚期直立人接近的特征。梅铺古人类牙齿表现出来的特征使其处于早期人属或早期直立人和东亚晚更新世直立人的中间状态。该研究将梅铺古人类与欧亚大陆早期直立人甚至非洲早期人属成员、东亚发现的晚期直立人联系起来，在一定程度上弥补了因材料的稀缺和保存状况不佳而导致的以往对东亚早更新世古人类形态特点和演化地位的认识不足。

Song Xing（邢松）等（《美国体质人类学杂志》第 174 卷）对安徽东至华龙洞出土的 3 件股骨编号为 HLD11、15、16 进行了形态和生物力学参数研究。根据动物群组成和年代测试分析，华龙洞古人类生存年代在 30 万年前。HLD 11 股骨在整体尺寸、生物力学指标、外轮廓形状上位于中更新世和晚更新世古老人群（尼安德特人）变异范围。肢骨具有可塑性，在人类生活过程中根据外力而改变自身形态，所以通过化石形态可以在一定程度上推断古人类的行为方式。研究发现，华龙洞股骨在保留中更新世股骨特征的同时，在另外一组性状上已经与早期现代人接近，这对追溯现代人肢骨形态的出现模式具有重要意义。

刘武等（《人类学学报》第 5 期）指出，从更新世早期到更新世晚期，门齿孔位置在中国古人类呈现由后向前的总体变化趋势。更新世早期和中期直立人（郧县曲远河口、周口店）的门齿孔位置都比较靠后，中更新世晚期的部分中国古人类（大荔、长阳、华龙洞）的门齿孔位置前移，并与现代人接近，而金牛山和巢县门齿孔位置比较靠后，位于直立人范围。更新世晚期，所有中国古人类都比较靠前，位于现代人变异范围。

魏偏偏等（《人类学学报》第 6 期）发表对辽宁建平古人类肱骨形态结构分析成果。该研究在进行线性测量数据的对比之外，通过计算机断层扫描技术，结合生物力学和形态示量图分析对建平古人类右侧肱骨化石 PA103 进行了分析，研究发现其骨干横断面的生物力学粗壮度和力学形状指数明显小于尼安德特人，而与同时期欧亚大陆古人类不利手侧最为接近，说明建平人右侧肱骨可能不是惯用手。PA103 骨干骨密质厚度和截面惯性矩与近现代人的分布模式较为接近，除局部数值增大外，其整体数值小于近现代人的平均水平，这可能与遗传或行为活动有关，目前由于缺少古人类化石对比数据，还需后期开展更多相关的研究。

郭林等（《人类学学报》第 6 期）发表贵州毕节韦家洞古人类遗址年代测定结果及人牙的形态学意义。贵州毕节韦家洞遗址 ^{14}C 年代测定结果为距今 1.2 万 ~ 2.7 万年前，属于晚更新世末期。该研究对其中出土的一枚古人类上颌第四前臼齿化石形态测量进行了研究，发现其测量值落在现代中国人变异范围内，牙冠咬合面及釉质—齿质交界面 EDJ 形态简单，牙根短，根管简单纤细，与现代人相似。综合比较国内外出土的古人类上颌第四前臼齿的形态特点及其演化趋势，结合遗址年代测定结果，研究者认为韦家洞出土的人类上颌第四前臼齿形态特点体现了古人类牙齿演化的镶嵌性，为晚更新世东亚早期现代人的形态变异及其演化增添了新证据。

（三）人类行为、文化与社会研究

Yuchao Zhao（赵宇超）等（《第四纪研究》第 103 卷）通过对甘肃张家川杨上遗址石制品技术特征的统计分析与层位间历时性演变的研究，揭示出了间冰期（MIS7）—冰期（MIS6）气候转变时期黄土高原古人类为应对环境资源压力所采取的技术组织策略与流动适应行为。属于 MIS7 间冰期晚段的第⑧层表明，黄土高原温暖湿润的气候与丰富的资源保证了遗址所在区域的古人类维持其相对低频流动的生活模式，古人类在杨上遗址遗留的石制品组合体现出石制品“装备地点”技术组织策略的特征，对于原料的开发利用程度也相对较低。属于 MIS6 冰期阶段的第⑦和第⑥层表明，石制品组合体现了石制品“装备个人”的技术组织特征，对于原料的开发利用程度增加，优质原料占比也有显著增加。

Francesco d’Errico 等（《人类进化杂志》第 161 卷）对北京周口店山顶洞遗址出土的装饰品进行了再研究。研究者运用动物考古学、技术工艺分析和使用微痕分析的研究方法来记录装饰品在整个遗址地层中的变化，指出獾牙、狐狸牙、马鹿牙、梅花鹿牙、貂牙、虎牙、鲤鱼骨、鸟骨、阿纳达拉贝壳、石灰石珠子和穿孔卵石都是山顶洞人偏爱的装饰品。重新发现的三个獾犬齿的特征表明，它们是缝在衣服上，而不是挂在项链或手镯上。重新发现的牙齿上的红色残留物经扫描电镜结合拉曼光谱、X 射线荧光光谱等技术分析为赭石。该研究进一步指出，旧石器时代晚期中国北方以东经 112° 为界可以大体分为东西两区，存在不同的装饰行为。以山顶洞遗址为代表的北方东部地区人群习惯利用哺乳动物牙齿制作装饰品，而北方西部地区人群偏爱利用鸵鸟蛋壳和淡水贝壳制作装饰品。该研究对于理解东亚现代人行为的出现和现代人群的扩散具有重要意义。

Mingjie Yi（仪明洁）等（《古物》第 380 卷）发表了关于水洞沟第 12 地点 2007 年出土的

石制品、烧骨、骨制品等考古遗存的科研成果。文章根据行为生态学理论，认为旧—新石器过渡阶段中国北方地区人口增多，超出环境载能，当时资源的强化除广谱革命外，还表现为对不同资源斑块的深度开发。当时狩猎采集者为了深度开发斑块状分布的资源、提升资源获取的效率，采取群体低频率流动、个体高频率流动为弥补的形式。在优势资源斑块建立大本营，相对长期地停留，生产和维护工具、深度加工和消费资源，同时任务小组或个体外出完成获食、采集石料、收集信息等。该研究判断水洞沟第 12 地点的性质是大本营，显示出旧—新石器过渡阶段狩猎采集群体相对高效的组织模式，古人类在大本营相对长期的停留，为最终的定居和新石器化进程奠定社会组织基础。

Youcheng Chen（陈宥成）等（《国际第四纪》第 574 卷）报道了青海省玛多县冬给措纳湖畔的新发现。研究者在 DJCN 3—2—2 地点发现了原地埋藏的 10 处火塘（H1—H10），这 10 个火塘相互之间没有叠压打破关系，均为规则的圆形，并且每个火塘边缘都有石块围合迹象，显示出较为统一的规划性和相对共时性。此前青藏高原发现的火塘多为个别零星分布或圈状分布，而 DJCN 3—2—2 地点线状分布多个火塘代表了高原狩猎采集者的一种新型空间利用模式。该遗址的大量细石器没有分布在火塘周围，而是分布在火塘西南 10 米之外的区域。火塘的数量多很可能表明了人群规模的扩大，石器打制区域远离火塘也间接证明了火塘周围曾存在更为多样复杂的活动。DJCN 3—2—2 地点文化层烧土、H5 和 H8 的保留堆积中炭屑 ^{14}C 测年结果校正后为距今 5400 ~ 5000 年，为认识青藏高原最后的狩猎采集者的人群、技术、社会与行为提供了宝贵的信息。

[英]克里夫·甘博（Clive Gamble）著《欧洲旧石器时代社会》（陈胜前、张萌译，上海古籍出版社）试图从社会学的视角运用社会网络分析来研究欧洲旧石器时代人类社会的变迁。该书综合了石器、狩猎与营地遗址的考古证据，探讨社会交往以及社会生活的形式，重点关注了距今 50 万 ~ 30 万年前的最早欧洲社会、距今 30 万 ~ 6 万年前的尼安德特人社会、距今 6 万 ~ 2.1 万年前欧洲旧石器时代中期向晚期的过渡等。该书较为创新性地提出，解剖学意义上的现代人摆脱了灵长类祖先继承下来的需要“面对面交往才能维系社会关系”的束缚，现代人可以通过符号资源扩展社会网络，从而更有效地积累知识、传递基因，获得进化上的优势。

杜水生（《第四纪研究》第 1 期）探讨了山西沁水下川遗址的“连续与断裂”问题及意义。研究者近年来对下川遗址富益河圪梁地点、小白桦圪梁地点、牛路地点、水井背地点、流水腰地点进行了考古发掘，确认下川遗址包含了旧石器中期简单石核—石片文化（相当于 MIS5）、旧石器晚期早段简单石核—石片文化（4.4 万 ~ 3.0 万年）、旧石器晚期中段石叶—细石叶文化（2.7 万 ~ 2.5 万年）和旧石器晚期晚段石叶—细石叶文化（1.7 万 ~ 1.6 万年）共四个文化发展阶段，经历了三次文化转变，即从旧石器中期向晚期的转变、简单的石核—石片技术向石叶—细石叶技术的转变以及末次冰盛期前后石叶—细石叶技术的变化。在这些转变过程中，并没有表现出完全、持续的连续性，无论在时间上还是技术上都存在明显的断裂现象。

王益人（《文物春秋》第 5 期）对山西襄汾丁村遗址群东部黄土台塬区的洞门遗址进行了旧石器遗址性质及史前觅食行为研究。该研究认为，洞门遗址不是临时性营地，而是汾河东岸黄土塬区狩猎采集区域内的一个停留点；洞门遗址发掘出土的石制品并非一次活动留下来的，而是 10 万年前后相当长的一段时间（约 2.99 万年）内所有在此活动过的人类行为轨迹的集合；洞门遗址附近存在更大范围的黄土塬区，可将 S1 地层看作一个更大的狩猎采集流动作业区或

“广泛活动区”，洞门遗址只是这一流动作业区域内的一个行为轨迹点。

王幼平（《南方文物》第 1 期）对中国南方旧石器时代考古的进展与相关问题进行了总结与探讨。该研究指出，目前南方发现的建始龙骨洞、巫山龙骨坡和元谋人化石等化石材料都在分类属性上存在所争议；伴随出土的人工性质清楚的石制品，以及与人类活动确切相关的其他遗物遗迹，也还有待进一步辨别确认。关于现代人起源的考古学证据与阐释，云南鹤庆天华洞与龙潭遗址等出土的盘状石核、基纳型陡刃刮削器等类莫斯特技术特点石器组合属于晚更新世较早阶段，与该地区早期现代人出现的时间相近，暗示两者之间有相关性。作者还指出，虽然和平文化与中国南方旧石器时代晚期文化发展的关系讨论还十分有限，但早于和平文化的山韦文化的陡刃砍砸器在华南地区有更典型的发现与更广泛的分布。

王幼平（《南方文物》第 1 期）对华南地区砾石工业传统与旧石器时代晚期的考古材料进行了系统梳理，认为该地区旧石器时代晚期文化发展至少可分为三期。距今 4 万年前后开始，持续到距今 3 万年左右为初期，仍是以砾石石器占主导地位阶段。从距今 3 万年前后起，以远距离输入硅质岩原料加工的小型石片石器成为石器组合主体，砾石石器减少或不见，成为第二阶段的发展特点。从距今 2 万年开始到晚更新世结束为第三阶段，陡刃砾石砍砸器等重新成为主导石器类型，并相继出现磨制石器与陶器等新技术。尽管有上述阶段性特点，但砾石石器传统始终保持显著影响。华南旧石器时代晚期文化发展三阶段及其与该地区长期流行的砾石工业传统之间关系的厘定，不但为重新认识中国境内旧石器技术发展复杂性奠定了坚实基础，也为研究东南亚地区更新世人类与文化提供了可资对比的框架。

李意愿(《南方文物》第 1 期》)通过对湖南澧水流域及华南地区晚更新世早中期遗址的分析，认为这一阶段旧石器文化有了新的发展。距今 10 万年左右的条头岗遗址与更早期的旧石器文化遗存出现较大差异，石器生产以剥坯为主、修型为辅，距今 10 万 ~ 5 万年的乌鸦山遗址石制品也展现出小型化、石片化的发展趋势。此外，在条头岗遗址，燧石原料比例占了绝对优势地位，体现了古人类对区域资源认知能力的提高和行为的转变。在聚落文化方面，晚更新世早中期澧水流域遗址数量、文化层厚度及石制品密度增加，显示出中心营地的强化。这些新的文化特点在一定程度上也可以划分为一个考古学文化时期，反映了华南地区特别是长江中下游古人类文化发展的一段特殊历程。

李文成等（《南方文物》第 1 期）运用跨区域比较研究的视角探讨了晚更新世晚期云贵与中原的现代人扩散与文化交流问题。该研究认为骨化石的测年往往偏年轻，因此猫猫洞的年代并不完全可信，故而贵州锐棱砸击技术为主体的文化遗存应以普定穿洞遗址上层最新测年为准，^{14}C 年代校正后距今 12.5 万 ~ 11.5 万年。作者指出，云贵地区山川纵横，局部地区较为封闭，因此其石器工业的面貌也更加多样，古人类化石的发现也表明这一地区人类进化的复杂性。

邓婉文（《南方文物》第 1 期）介绍越南北部晚更新世末—全新世初的代表性遗址，并以最近岭南地区同时期遗址的新发现为契机作初步比较和讨论。从青塘遗址黄门岩 2 号洞的情况可看出，周边陡刃的砾石器类型出现晚于典型的单边长刃类型（边刃砍砸器），而在越南北部较普遍认为苏门答腊器等典型和平文化遗存的出现亦晚于山韦类型砾石器。作者推测，两地在晚更新世末均大致同时流行单面打制的陡刃砾石器，而后出现沿砾石周围边缘单面打制一圈的石器类型。

冯玥（《南方文物》第 1 期）指出，晚更新世晚期以来，岭南地区的旧石器文化面貌发生了一系列转变，先后经历了砾石石器—小石片石器—局部磨制石器和陶器的发展演变过程，洞穴遗址数量显著增加，人群流动性下降，生计方式开始向广谱化方向发展。通常认为，这些转变与末次冰期以来生态环境的变化有关，但地处低纬度低海拔的岭南地区受冰期的影响一直存在争议。该研究以分类栖息地指数为主要分析方法，评估了岭南地区从晚更新世晚期之前到全新世的 13 处洞穴遗址的动物所反映的生态环境，认为当地的水热资源状况在晚更新世保持稳定，动植物资源种类和数量都很丰富，并未受到末次冰期等气候事件的强烈影响，人群流动性和生计方式的变化应当与环境因素无关，而更可能是人群迁徙造成的人口密度变化的结果。

崔哲慜等（《人类学学报》第 1 期）通过分析有柄尖刃器的出现时间与分布范围，以及 MIS2 时期长白山产地黑曜岩石制品遗物的分布范围，推测了晚更新世时期中国东北地区和朝鲜半岛的现代人的基本活动范围，认为当时现代人在广阔的地域范围内进行了直接或间接的交流。同时，作者根据朝鲜半岛南部遗址中出土的长白山黑曜岩石制品，判断现代人群可能是从朝鲜半岛的北部向南部进行直接迁移，而非南、北两地人群间简单交流。该研究认为，对现代人迁移性的研究不仅为区域石器制作技术的对比分析提供了便利，也为了解古人类的生存环境及适应策略提供了重要资料。

李有骞（《考古与文物》第 5 期）根据地层埋藏序列，将嫩江流域距今 2.8 万 ~ 0.4 万年的细石器遗存分为旧石器时代晚期、过渡时期和新石器时代三个时期六个阶段，并总结出该地区细石器的技术发展脉络：1）旧石器晚期早段，以龙江县西山头遗址为代表，石叶技术小型化，细石叶技术萌芽；2）旧石器晚期晚段，处于 LGM 之后，以富裕县林富遗址为代表，细石叶技术成熟，以船形细石核为特点；3）过渡时期早段，为 Bølling—Allerød 暖期和 Younger Dryas 冷期，以大安后套木嘎遗址为代表，细石叶技术进一步发展，以楔形石核（峠下型和涌别型）为特点；4）过渡时期晚段，为全新世早期，以白城双塔遗址和昂昂溪滕家岗遗址为代表，在原有细石叶预制技术的基础上开始用复杂的装置压制生产小石叶；5）新石器时代早段，相当于全新世中期早段，以泰来东明嘎遗址为代表，小石叶生产更为普遍，早期只修理小石叶边缘制成工具，晚期采用通体压制修理技术修理小石叶；6）新石器时代晚段，以齐齐哈尔洪河和昂昂溪遗址为代表，小石叶技术开始衰落，通体压制修理技术繁荣，早期小石叶仍被当作工具的毛坯，晚期被石片技术完全取代，细石叶技术终结。

李有骞（《边疆考古研究》第 1 期）发表对黑龙江下游更新世末期的奥西波夫卡文化研究成果。该研究指出，奥西波夫卡文化的年代距今 1.4 万 ~ 1.2 万年（校正后），遗址大多临近黑龙江或乌苏里江，主要遗址有贡恰尔卡—1 遗址、加夏遗址和胡米遗址等。各遗址地层在层序和岩性上具有很好的一致性，文化遗物集中出自黏土与砂质黏土层交界的上下位置，两个土层分别与阿布罗德暖期和新仙女木冷期相联系。奥西波夫卡文化剥片技术最主要的特点是细石叶技术，涌别技法较多但各遗址的存在比例不同。在奥西波夫卡文化的所有遗址中，两面器都占有很大比例，端刮器也是常见类型，有的端刮器与锛形器相似。锛形器比端刮器更厚些，但二者接线有时模糊。奥西波夫卡文化还有磨制石器（局部磨制的两面器、磨制较好的斧或锛、通体磨制的石镞及磨成凹槽的大型砾石网坠等）和陶器等。

（四）古 DNA、年代学、环境考古与埋藏学研究

Yichen Liu（刘逸宸）等（《科学》第 373 卷）在人类全基因组草图发表 20 周年之际，发表

关于古 DNA 领域的发展以及前沿研究综述。该综述系统梳理了过去十余年古人类基因组学研究的发展。在中国发现的田园洞人、在比利时发现的 Goyet Q116—1 和俄罗斯发现的 Kostenki 14 个体、在俄罗斯发现的 Mal’ta 和 Yana 个体分别代表了古东亚人、古欧洲人和古北西伯利亚人。目前，古基因组数据已达到六千余个，但这些数据也只能让我们初步了解人类演化史。受限于保存状况，目前大部分古基因组数据来源于寒冷干燥的地区，而亚洲南方、非洲、美洲、大洋洲等地区的古基因组数据还较为有限，这个问题在超过 3 万年的个体基因组上尤为突出。

Xiaowei Mao（毛晓伟）等（《细胞》第 184 卷）对东亚北部人群的古基因组开展了研究。该研究获取我国东北地区黑龙江省距今 3.3 万 ~ 3400 年的 25 个早期人类样本的古基因组数据（其中 11 例个体超过 1 万年），涵盖了整个末次盛冰期，填补了东亚北部人群遗传历史的相关时间断层。该研究指出，生活在末次盛冰期前、距今约 3.3 万年的 AR33K 个体与距今 4 万年田园洞人的遗传成分相似，这表明在末次盛冰期之前，田园洞人相关人群在东亚北部广泛存在。同时，在末次盛冰期前后（1.9 万年）东亚北部人群发生了特殊变化，之前广泛存在的田园洞人相关人群可能消失，东亚古北方人群此时已在黑龙江出现，这一结果将此前研究所发现的东亚南北方人群遗传分化的时间（9500 年前）前推了近万年。

Shixia Yang（杨石霞）等（《国家科学评论》第 8 卷）基于对河北泥河湾盆地距今约 110 万年岑家湾遗址石器拼合研究和剥片序列分析，系统比较了泥河湾盆地早更新世小长梁、东古坨和岑家湾三个遗址的石器组合。该研究发现，距今 110 万 ~ 100 万年泥河湾盆地的工具制造技术和技术创新明显增加，集中体现在相同原料情况下石片尺寸的减小、不带石皮的石片比例增加、工具的比例与类型增加（如钻具、凹缺刮器出现）等。研究者提出，上述石器技术的发展与距今约 120 万年开始的中更新世气候转型密切相关，该阶段环境的干冷化和剧烈波动可能促使人群技术的革新以提高环境适应性。该研究对于认识我国泥河湾盆地早更新世人类石器技术与环境演化关系提供了新的认识。

Véronique Michel 等（《人类进化杂志》第 153 卷）运用激光熔融 39Ar/40Ar 测年技术对广西百色盆地那赖遗址与手斧共存的玻璃陨石进行测年，结果显示该遗址 4 级阶地上部第④层和第⑤层红色沉积物中与手斧共存的玻璃陨石的 39Ar/40 Ar 加权平均年龄为 80.9 ± 1.2 万年，与其他研究者最近发表的澳大利亚碰撞陨石的精确年龄 78.81 ± 0.28 万年一致。那赖遗址④、⑤层的阿舍利工业组合与百色盆地其他遗址的阿舍利工业组合十分相似，主要包括手斧和手镐，这些大型切割工具尖部多为舌形，伸长指数低，底部宽而厚。该研究认为，百色盆地阿舍利工业是本地石器技术传统受到缓慢外来人群或思想影响的结果。

Hao Li（李浩）等（《古地理学，古气候学，古生态学》第 562 卷）指出，东南亚与东亚最早期阿舍利出现于距今约 80 万年，并且该地区阿舍利大型切割工具在遗址中的数量和密度都相当低，在我国百色盆地也有显著体现。该研究关注了在百色盆地阿舍利时期人群活动与自然灾害事件之间的关系。距今约 80 万年前，存在两个大体同时的地质事件，分别是澳大拉西亚玻璃陨石降落与多巴火山超级大爆发，二者在东南亚与我国华南地区对森林环境造成比较严重的影响。该研究认为，环境的破坏会对当地造成人口瓶颈效应，阿舍利人群很可能在灾难发生的同一时间占据了百色盆地。当时该地区环境的承载能力较低，限制了人口规模与密度。该研究拓宽了我们对东南亚和东亚地区阿舍利人群区域特征的认识，并提供了一个有趣的案例研究，突出了阿舍利人群活动与突然环境变化之间的潜在关系。

Junyi Ge（葛俊逸）等（《第四纪研究》第 103 卷）对内蒙古大窑旧石器时代遗址进行了最新的年代学研究。大窑遗址地处中国广阔的西北干旱区的东部边缘，是一处石料采集加工场，学界对于该遗址的年代认识一直存在争议。该研究对大窑遗址的古地磁和光释光测年结果表明，大窑遗址上部包含石器的两个古土壤层处于 MIS5 和 MIS7 阶段，遗址下部包含石器的两个砂砾层大概形成于 MIS9 至 MIS11 之间。该测年结果表明，大窑遗址最早的人类活动发生在约 40 万年以前，处于相对温暖和潮湿的间冰期，记录了中国干旱的西北地区迄今为止最早和最北的考古遗存。该研究认为，东亚夏季风雨带在过去的间冰期—冰期旋回中向北和向南的移动是造成大窑遗址人类活动不连续的原因。这种降水机制通过黄河流域渗透到旱地生态系统，有效地为古人类向中国干旱的西北地区迁移创造了通道。

Fagang Wang（王法岗）等（《人类进化杂志》第 157 卷）利用粗颗粒钾长石多步红外后高温红外释光测年方法（MET—pIRIR）对新庙庄遗址第 1 地点进行光释光年代学研究，结果显示该遗址文化层的年代距今 6.3 万 ~ 7.5 万年，对应于深海氧同位素 4 阶段早期，该遗址在形成过程中可能经历了剧烈的古气候波动。研究者认为，该遗址盘状石核的存在显示人类石器技术发展的进步性，并基于我国晚更新世盘状石核的分布，提出了沿雪峰山—巫山—太行山—大兴安岭的古人类南北迁徙的潜在通道。

杨石霞等（《人类学学报》第 3 期）选取中更新世气候转型期（距今 120 万 ~ 70 万年）和中布容事件（距今约 40 万年）作为时间节点，从遗址分布、石器技术变化、早期人类化石特征等方面探讨早—中更新世中国古人类演化与气候环境的关系。研究指出，中更新世转型期，石器加工技术上，一方面中国北方泥河湾盆地的“小石器”加工技术发生了明显的变化（如麻地沟遗址对原料的选择性利用、东古坨遗址工具加工突出等），另一方面含阿舍利文化元素的大型切割工具开始在中国南方地区出现。中布容事件中，随着一个显著超长间冰期的出现，石器技术和早期人类体质特征均指向新一轮的“革命”，无论中国北方地区还是南方地区的石器技术都出现了更多样化和复杂化的特征。

丁馨等（《第四纪研究》第 5 期）以中国境内已发表的 2110 处旧石器遗址的坐标和年代信息为基础，采用统计学和空间分析的方法，对遗址的时间分布进行以蒙特卡洛模拟为基础的时间不定性模拟，对遗址的空间分布进行核密度估计和聚类分析。研究结果表明，在旧石器时代，随着时间的推移，中国境内的遗址数量不断增多，分布范围也逐渐从中部、南部和东部地区向条件较恶劣的北部和西部扩张。其中，距今 60 万年和 5.7 万年这一变化的两个关键时间点，距今 60 万年之前遗址数量较少，分布也较为局限。在距今 60 万 ~ 5.7 万年，遗址数量缓慢增加，分布范围也在季风区内逐渐扩大。距今 5.7 万年之后，遗址数量迅速增长，分布遍布中国境内的大部分地区。

陆莹等（《人类学学报》第 3 期）探讨了早、中更新世中国古人类年代序列与区域演化特征。作者分析了目前我国已发表的 95 个有独立测年数据的早、中更新世遗址，将其纳入黄土—古土壤年代框架，指出这些遗址在泥河湾—周口店、秦岭山地、长江下游及长江流域以南（南方）四大区域呈现聚集分布的特征。区域古人类活动强度主要表现在从早更新世的泥河湾—周口店、中更新世的秦岭山地，到中更新世晚期的长江中下游和南方区域的时空序列上。

同号文等（《人类学学报》第 3 期）发表对河北阳原泥河湾盆地早更新世山神庙咀遗址动物群化石的研究成果。泥河湾动物群化石主要产自桑干河北岸的下沙沟村周边，被认为我国北方早更新世的代表，但绝对年代一直饱受争议，最新古地磁测年数据是距今 220 万 ~ 170 万年。作者指出，桑干河南岸的岑家湾台地发现的山神庙咀化石点做过 9 次正规发掘，出土哺乳动物化石 1526 件，鉴定出 25 个种（含未定种），其中 23 种属于狭义泥河湾动物群的成员。由此看出，山神庙咀动物群的时代应当与狭义泥河湾动物群的时代接近，其地质年代应当不晚于距今 170 万年。山神庙咀遗址与小长梁遗址隔沟相望，但其化石层稍高于小长梁文化层，小长梁遗址年代要比先前所测得的距今 136 万年要早，可见小长梁遗址及周边史前遗址的地质年代应当再做深入研究。

姬昊等（《人类学学报》第 3 期）发表了河北阳原泥河湾盆地三棵树遗址电子自旋共振（ESR）年代学研究成果。作者指出，对于中更新世遗址年龄的测定，ESR 测年法具有明显的优势，但在对沉积物进行 ESR 测年之前，判断所用测年信号在最后一次沉积前是否已完全“回零”是至关重要的。该研究利用石英 Ti—Li 心 ESR 法对三棵树遗址沉积物样品进行了独立年代测定，得到三棵树遗址文化层的年龄为距今 59.9 ± 7 万年。

任进成等（《人类学学报》第 3 期）以板井子遗址（光释光年代距今 9 万 ~ 8 万年）2015 年出土的考古材料为研究对象，从地层的沉积环境、考古材料本体的埋藏特点两个角度，对板井子遗址的形成过程进行分析。结果表明，主文化层第⑤层为近原地埋藏类型，水流作用对小尺寸标本的保存及标本的空间集聚特征影响较大，但石制品技术类型组合等基本的人类行为信息仍较为完整。第④、⑥层均为水流搬运产生的异地埋藏，蕴含的人类行为信息有所缺失。

武仙竹等（《人类学学报》第 6 期）对俄罗斯西伯利亚叶尼塞河上游旧石器时代晚期的李斯特文卡遗址第 7 层（距今 1.5 万 ~ 1.35 万年）中出土的大缺齿鼹化石进行了研究。该批材料的发现表明，该遗址古环境是属于大陆性季风气候，降水量比较充足且分布由泰加林和阔叶林组成的混交林地，具有软体动物、小哺乳动物、大哺乳动物等属种多样的良好生态环境。该研究认为，古人类在西伯利亚地区严寒而漫长的冬天里可能把大缺齿鼹作为重要的食物补充。

王运辅等（《第四纪研究》第 5 期）发表了对重庆巨梁沱遗址啮齿类动物遗存的研究成果。该遗址第④层年代校正后为距今约 1.1 万年，文化层中鼯鼠科及松鼠科遗存是三峡地区旧石器晚期考古中的首次报道。骨骼表面的切割痕迹与烧灼痕迹表明，史前居民已经形成了较成熟的啮齿类资源开发利用策略，根据不同啮齿类的特性或是利用鼯鼠皮毛，或是食用鼠肉，这为探索三峡地区旧石器晚期以来的广谱化狩猎生计演变过程提供了重要线索。此外，啮齿类动物群反映了一种以热湿为主，兼有寒湿 / 温湿因素的复杂气候环境。

（五）理论与方法研究

高星（《历史研究》第 1 期）将中华民族及其文明的根基溯源至旧石器时代，将对华夏根系的研讨引向深入，将薪火相传的华夏旧石器文化的创造主体——中国、东亚古人类的生存方式表述为“旧石器时代东方行为模式”，其涵盖的主要内容包括：1）因地制宜，因陋就简；2）低限开发资源，与环境和谐发展；3）不断迁徙，趋利避害；4）机动灵活，简便务实；5）开放包容，兼收并蓄；6）进取创新，发展增益。该研究以宏大的视野将 5000 年连续发展的中华文明根系追溯至 200 多万年前的旧石器时代，有助于更好地认识源远流长、博大精深的中华文明，展示中华文明起源和发展的历史轨迹，彰显华夏民族及其文化对世界的重大贡献。

葛俊逸等（《人类学学报》第 3 期）探讨了中国古人类遗址年代学研究的理论与方法。作者在理论层面强调，旧石器时代遗址古地磁测年多适用于沉积稳定、无明显间断的沉积序列，^{14}C测年中沉积物全有机质和碳酸盐易受含碳物质的后期混入和同位素交换导致年龄低估，热释光测年常出现信号残留和年龄低估，石英热转移释光（TT—OSL）对于部分多于20万年的样品可能存在明显低估，光释光测年应尽量避开物质组成复杂或碳酸盐含量较高层位。该研究提出改善我国古人类年代学研究现状的可能措施，包括加强针对性测年平台和人才队伍建设、开展遗址精细地层学研究和系统考古发掘、进行同/原位年代学样品采集、多手段综合年代测定和交叉验证等。

裴树文（《人类学学报》第3期）发表对中国古人类活动遗址形成过程研究的梳理研究。该文结合古人类活动遗址保存的地貌和主要沉积物类型，依据河湖相盆地、黄土分布区、红土分布区和洞穴发育区回顾了近10年来我国在遗址形成过程领域的研究进展。文章指出，古人类活动遗址形成过程（或成因）属于交叉学科研究，强调以地学手段或从人类行为角度解释古人类活动的科学问题。目前国内研究大都聚焦于遗址的自然或非文化的形成过程，尚未就人类文化行为作为遗址形成过程的主要参与因素进行探讨。就未来该领域的发展前景来看，随着新技术和方法的进步，GIS技术、模拟实验、遗物拼合与空间分析等方法和手段将不断完善并在该领域研究中发挥重要作用。

李浩等（《人类学学报》第3期）在介绍遗址堆积与改造过程相关背景知识的基础上，对沉积物及其常用分析指标（粒度、磁化率、地球化学元素、矿物组成和土壤微形态）进行阐述，并以许昌人遗址和伞顶盖遗址的地层沉积物性质分析研究为例，说明了相关指标的应用情况。作者呼吁，采用多种方法相结合的研究思路，制定合理的发掘方案，构建从野外观察分析、科学采样，再到实验室分析的完整流程和多学科紧密合作，以推动中国旧石器遗址形成过程研究的深化与普及。

仪明洁等（《考古》第5期）对周口店第一地点发掘方法进行了回顾，从中发现不断革新的发掘方法源于发掘者和研究者理念的变化。最早关注周口店遗址的是古生物学者和研究化石的古人类学者，其目的在于获得古生物和古人类化石，缺乏对古人类行为的思考，漫掘式发掘是最经济有效的。随着对古人类制造石质和骨质工具、用火、利用洞穴等问题的深入研究，相对规范的“打格分方”法发掘得以应用，并在实践中逐步改进。20世纪60年代以来兴起的新考古学促使考古学者关注考古遗存反映的人类行为信息，在这样的背景下自然层与水平层相结合的精细化发掘得以实践。

张月书等（《人类学学报》第2期）对旧石器时代遗址发掘与记录方法进行了讨论，以周口店遗址和泥河湾盆地旧石器遗址群的发掘历史为主线，简要回顾旧石器时代考古发掘、记录方法的演变过程，并介绍了东谷坨遗址实行的发掘和记录方法。该文章为建立中国旧石器时代考古遗址发掘和记录的一般规则提供了材料，有助于今后共同制定一个具有科学性、包容性的旧石器遗址考古发掘野外操作规程。

周玉端等（《考古》第2期）通过对石器的类型学和技术学这两大研究方法的历史、贡献及操作方式进行梳理和比较，明晰了二者的异同。作者指出，“操作链”理念并非技术学本身，技术学的优点主要体现在对生产和加工阶段的研究，技术学是对石器打制者大脑中不同层次的知识系统探索的过程，这种知识会在特定的人群中传递。文章强调，类型学与技术学各自想要解决的问题不同，技术学家要根据实际材料对研究方法和流程进行适当调整，以更好地揭示该石器工业的技术特征。

[日]田中英司著《石器绘图》(王春雪、王家琪、刘妍译)主要介绍了东亚地区特别是日本石器绘图的发展简史，阐释了打制石器的基本原理。书中有相当篇幅讲述了不同石器打制技术及修理技术在绘图上的不同表现方法，详细讲述了石器绘图中石器的定位、点线的使用、光线的表现、视图的布局等方面，举例介绍了细石叶、石叶石核剥片的基本原理和画法。

赵海龙等(《人类学学报》第1期)详细介绍了使用 Agisoft Photo Scan 对石器进行三维建模的方法，并将其运用于标本的测量、观察与绘图工作，不仅便于石器的形态、技术特征转化为数据，以及对向公众普及旧石器考古知识等方面有所促进，而且便于通过数据库平台与同行共享有关石器的客观信息。

雷蕾等(《人类学学报》第6期)介绍了三维几何形态测量方法的概念与其在石制品分析中的应用，详细介绍了石制品三维模型的获取和基于维模型的几何形态特征分析所需使用的软件与流程，并以广西百色盆地南坡山遗址发现的手斧为例，利用三维几何形态测量方法对这些手斧的几何形态特征进行了初步探讨。

徐哲等(《人类学学报》第3期)梳理了环境变化与早期人类演化关系研究中牙釉质碳氧稳定同位素分析的研究历史、原理以及取样方法，介绍了不同学者利用哺乳动物牙釉质碳氧稳定同位素分析在早期人类演化与环境关系探索的相关研究进展，并对东非早期人类奥杜威技术向阿舍利技术转变过程的环境机制探索做了阐述。作者认为，运用哺乳动物牙釉质稳定同位素分析探讨环境变化与早期人类技术演化关系，在我国具有广阔的前景。

黄超等(《人类学学报》第3期)探讨了X射线衍射技术在烧骨实验研究中的初步应用。该研究为了了解骨骼在焚烧前的初始状态会对其内部晶体产生何种影响，利用56件现生羊骨进行了烧骨实验。实验设置了带肉骨、剔肉骨和干骨三种不同初始状态的骨骼，并在前人的研究基础上进一步细化了焚烧温度和时间参数，焚烧完成后，利用X射线衍射技术对所有样品进行了分析并观察其衍射图的差异。实验结果显示，骨骼有机质含量的多少、骨骼内部元素的不同，在一定的温度和时间条件下会对骨骼内晶体的形成产生不同的影响。

戴静雯等(《人类学学报》第3期)强调，动物骨骼油脂的开发和利用是史前人类生存活动的重要组成部分。西方学者的研究表明，这一过程可能包含了敲骨取髓和骨脂提取两种不同的人类行为。相较于敲骨取髓，骨脂提取更为复杂，不仅要将骨骼砸碎成较小尺寸，还要加水煮沸骨骼碎片、不断添冷水使水保持温和沸腾的状态，才能获得浮于水面的骨脂。目前，国内学者在该领域的研究多关注前一行为而对后者鲜有论述。该文通过对相关科学文献的全面梳理，系统介绍了史前人类骨脂提取行为的鉴定分析手段和方法，进而探讨了这一行为在古人类资源利用程度、流动性、用火方式和烹饪技术等方面的指示意义与价值。

(首都师范大学历史学院)

新石器时代考古

韩建业

2021年发表的有关新石器时代的考古报告（简报）和论文等400多篇，出版的以新石器时代遗存为主体的田野考古报告有《广西左江花山考古（2013—2016）》（文物出版社）、《龙州舍巴遗址》（文物出版社）、《桥村遗址调查与研究（2018—2019）》（文物出版社）等。出版大型图书《中国考古学百年史（1921—2021）》（12册，中国社会科学出版社）、《中国出土彩陶全集》（10册，科学出版社）。出版《考古学家眼中的中华文明》（文物出版社）、《光被四表　格于上下：早期都邑文明的发现研究与保护传承暨陶寺四十年发掘与研究国际论坛论文集》（科学出版社）、《石家河发现与研究》（科学出版社）等论文集，以及《考古中国重大项目成果（2018—2020）》（文物出版社）、《2020中国重要考古发现》（文物出版社）等。

2021年正值中国考古学百年诞辰，召开了"仰韶文化发现暨中国现代考古学诞生100周年纪念大会"及"第三届中国考古学大会"，会议内容主要集中在仰韶文化、中华文明起源和形成方面，公布了"百年百大考古发现"。国家文物局召开多次"'考古中国'重大项目重要进展工作会"，总结了仰韶文化百年考古成果，通报了仰韶文化考古与研究的最新进展，还发布了浙江余姚施岙、甘肃张家川圪垯川、甘肃庆阳南佐、河北张家口邓槽沟梁、广东英德岩山寨等遗址考古发掘的重大成果。此外还召开了"北京大学考古百年 新中国考古专业教育七十年纪念大会""纪念中国考古100周年暨西阴遗址考古发掘95周年学术研讨会""纪念牛河梁遗址发现40周年学术研讨会暨首届红山文化牛河梁论坛""中国社会科学院考古学论坛·2021年中国考古新发现""纪念中国考古学诞生100年暨《江汉考古》创刊40年学术研讨会""良渚与中华文明起源学术研讨会暨公众分享会""彩陶的世界：仰韶与库库特尼—特里波利文化比较研究学术研讨会"等学术会议，以及多次新石器时代遗址的考古发掘现场研讨会。

和以往相比，除文化谱系、聚落形态、科技考古等方面的研究之外，百年中国考古学的回顾展望和中国文明起源形成的研究成为本年度学术热点，考古学理论方法和认知考古学领域的研究数量显著增多。

一　考古发现

（一）东北地区

研究者在2017年对吉林洮南鱼种场东岗遗址、西大坡遗址、小敖包东南岗遗址进行了调查，所获陶片被分为六类遗存，其中一至三类遗存属于新石器时代，第一类遗存与后套木嘎二期相似；第二类遗存与后套木嘎三期、左家山下层、农安元宝沟遗存相似，年代可能在距今7000 ~ 5500年;第三类遗存与哈民忙哈遗存相似，距今5500 ~ 5000年(《北方文物》第1期)。吉林抚松大青川遗址于2018年进行了考古发掘，同时对黄家崴子遗址进行清理。大青川发现圆角方形半地穴式石板灶房址、灰坑，石器包括打制刮削器、端刮器、尖状器，压制或打制石镞，石网坠、磨制石铲等。大青川遗址陶筒形罐上装饰的平行窄条附加堆纹和后套木嘎二期陶器接近，测年距今约 6500 年；黄家崴子陶筒形罐上的横向“人”字纹、梳齿纹、短斜线纹与金谷文化、西浦项四组遗存接近，年代在距今 5300 年左右（《边疆考古研究》第 1 期）。吉林和龙莱营子沟遗址于 2020 年进行了试掘，并采集到较多打制石器和磨制石锄等，以及“人”字纹、平行连线纹陶片，与金谷、兴城遗存相近（《文物春秋》第 5 期）。

内蒙古敖汉敖东遗址第二地点于 2014 年进行发掘，发现新石器时代房址 2 座，以及灰坑、壕沟等，出土陶器有筒形罐、钵、碗、杯等，石器有磨盘、磨棒、耜、斧、锄等，以赵宝沟文化为主，包括少量红山文化遗存（《边疆考古研究》第 1 期）。辽宁凌源下台子遗址于 2017 年进行发掘，发现红山文化灰坑、灶址，出土的陶器与牛河梁第五地点下层遗存中的生活陶器较为接近，进一步证明牛河梁积石冢阶段之前红山人就已经在大凌河上游地区生活，大量细石器的发现表明狩猎采集经济方式在红山文化的重要性（《边疆考古研究》第 1 期）。

（二）黄河上中游和北方地区

内蒙古化德裕民遗址于 2010 ~ 2016 年发掘，发现圆形半地穴式房址 14 座、灰沟 1 条、墓葬 1 座。石制品主要有石核、石叶、石片、端刮器、刮削器、尖状器、镞、钻、砍砸器、锛状器等打制石器和细石器，锛、斧、凿、锄、刀、石球、杵、磨盘、磨棒、磨石、箭杆整直器等磨制或研磨石器。陶器主要是尖圜底罐、板状器、杯等，尖圜底罐上装饰“编织纹”或麻点纹，与贝加尔湖沿岸新石器文化有相近之处，测年可早到距今约 8400 年。发掘者提出裕民文化的命名，填补了坝上地区新石器时代中期文化的空白（《考古》第 1 期）。内蒙古化德四麻沟遗址在 2017 ~ 2019 年进行发掘，发现房址 19 座、室外灶 21 个。半地穴房址成排分布，有圆形、圆角长方形、长方形三种。石、骨、陶器和裕民遗存近似，只是主要陶器变为小平底筒形罐，和西辽河流域的兴隆洼文化有一定的相似性。发掘者将房址分为早、中、晚三段，早段为圆形，中段为圆角长方形，晚段为长方形或接近方形，室外灶及用火遗迹的发现说明存在夏季室外用炊的现象，推测曾可能为夏季营地，测年显示中、晚段距今 7500 ~ 7000 年（《考古》第 1 期）。河北康保兴隆遗址于 2018 ~ 2019 年进行发掘，发现新石器时代壕沟、房址等，发掘者将其分为五期。第一期遗存包括 4 座圆角方形或长方形半地穴式房址，中部有石灶，出土麻点纹圜底陶器、陶板状器、细石器、打制石器、研磨石器，以及刀、骨梗石刃刀的刀梗、锥、匕等骨器。第二期遗存也包括 4 座半地穴房址，多边形石板灶较具特色，陶器变为麻点纹平底罐筒形罐，发现残玉饰一件。第三期的 4 座半地穴式房址面积扩大至四五十平方米，有梯形石锄，总体和第二期类似。第四期也有半地穴式房屋，出土素面圜底陶釜。第五期包括位于第③层表的石灶、细石片堆，以及打破第③层的圆形竖穴墓，报告仅介绍了前两类遗迹，发现遗物主要为大量细石器和少量石锄等。该遗址新石器时代第一期遗存与内蒙古裕民遗存相似，测年数据距今 8700 ~ 8100 年；第二、三期遗存的文化面貌整体接近，文化面貌接近四麻沟，测年距今 8000 ~ 7150 年；第四期遗存的圜底陶釜，与镇江营一期、北福地二期同类器物相似，推测其年代应为距今 7000 ~ 6000 年。第五期遗存未发现明确共存陶器，根据圆坑墓葬的测年数据，其时代为距今 5800 ~ 5200 年，相当于雪山一期文化时期。兴隆遗址第一期可能与外贝加尔等地存在文化联系，第二、三期与西辽河流域联系增多，第四、五期与太行山以东地区关系密切（《考古》第 1 期）。河北阳原姜家梁遗址于 2020 年进行考古调查，发现遗址面积约 13 万平方米，清理的两座残灰坑中的陶器有折腹盆、壶、豆、罐等，测年结果距今 4900 年左右，与姜家梁墓地年代一致，属于小河沿文化或雪山一期文化（《边疆考古研究》第 2 期）。河北涿鹿煤沟梁遗址 2006 年采集到一批新石器时代的陶器、石器，陶器包括双耳鼓腹陶罐、双耳筒形陶罐、直领鋬耳陶罐、陶盆、陶壶和陶豆等，调查者认为这批器物属于雪山一期文化（《发现黄帝城：涿鹿故城及周边遗址考古工作报告（2014 ~ 2018）》，上海古籍出版社）。内蒙古清水河后城咀石城址于 2020 年发掘，揭露出属于老虎山文化的城垣、城门、墙垛、墩台、马面、壕沟等，发现北方地区具有完整防御体系的瓮城结构（《2020 中国重要考古发现》，文物出版社）。内蒙古伊金霍洛旗白敖包遗址于 1989 年进行发掘，发现 66 座龙山末期的墓葬，以及少量房址、灰坑。房址为"凸"字形，可能是窑洞式建筑。墓葬中竖穴土坑墓稍多于偏洞室墓，有的竖穴土坑墓带二层台或壁龛，多数单人仰身直肢葬，个别墓有木棺，多数随葬数件陶器，有的墓葬底部有狗、羊、猪等殉牲，个别墓葬附近有殉牲坑。最大的墓葬 M23 木棺内双人合葬，棺外殉葬三人二狗。随葬陶器有单耳罐、双耳罐、折肩罐、花边罐、鬲、盉、斝、甗、豆、尊等。报告将其分为三段，称之为白敖包文化，实际上属于老虎山文化末期或者大口文化范畴（《考古学报》第 2 期）。

山西夏县师村遗址于 2019 ~ 2020 年进行发掘，发现了较为丰富的仰韶早期遗存，偏早属于仰韶文化枣园类型晚期或枣园文化的遗存较少，主要是偏晚的属于东庄类型的遗存，发现夯土围墙、夯土台基、房址和多人二次合葬墓，聚落面积约 3.5 万平方米。陶器有小口尖底瓶、瓮、钵、碗、盆、罐、鼎等，彩陶均为黑彩，图案有直边和弧线三角形、圆形、圆点、平行四边形等，还有陶纺轮、小口尖底瓶模型。石器中最引人瞩目的是石雕蚕蛹，同类石器早在河北正定南杨庄遗址就出土过，对探讨家蚕驯养的起源有参考价值。此外还有绿松石坠饰（《文物世界》第 2 期）。山西离石德岗遗址于 2019 年进行发掘，发现 7 座仰韶中期庙底沟类型的房址以及灰坑、灶址。保存较完整的房址门道一侧凸出呈五边形，最大的 F1 面积达上百平方米，其余在 20 平方米左右。出土陶器有葫芦口平底瓶、双唇小口尖底瓶、敛口钵、夹砂罐、曲腹盆等。^{14}C 测年距今 5200 ~ 5000 年（《文物世界》第 2 期）。山西临汾桃园遗址于 2016 年发掘，发现了仰韶文化庙底沟类型、西王村类型等时期遗存，庙底沟类型的五边形半地穴式房址残存面积约 30 平方米。房址和灰坑出土彩陶纹饰多见弧边三角和窄带纹（《中原文物》第 5 期）。山西襄汾小王遗址于 2016 年进行发掘，发现仰韶中期庙底沟类型和仰韶晚期西王类型灰坑等。该遗址距离桃园遗址仅 2 千米，之间或有主次关系（《文物世界》第 2 期）。山西高平西李门遗址于 2017 年进行调查，遗址面积约 50 万平方米，存在仰韶文化中晚期和龙山后期遗存（《华夏考古》第 5 期）。山西襄汾陶寺遗址 2018 ~ 2020 年进行发掘，在宫城内大型宫殿基址 IFJT3 内发现一面积 540 平方米的大型宫室建筑 D1，附近还有上百平方米的房址 F37、有花纹装饰的白灰面房址 F40，可能都始建于陶寺文化中期。附近还发现人头骨坑。出土带 28 个镂孔的铜璧形器、玉笄等珍贵遗物（《2020 中国重要考古发现》，文物出版社；《考古中国重大项目成果（2018 ~ 2020）》，文物出版社）。山西绛县周家庄遗址西北部的崔村南堡于 2017 年发掘，发现龙山后期的方形窑洞式房址、陶窑、袋状窖穴、灰坑等，陶器有双鋬鬲、单把鬲、甗、甑、敛口斝、圈足罐、花边口罐、大口罐、折肩罐、扁壶、折腹盆、深腹盆、单耳罐等，还发现一件铜刀（《中国国家博物馆馆刊》第 8 期）。

河南舞阳张王庄遗址于 2015 ~ 2016 年进行发掘，发现仰韶文化初、早期的房址 34 座、灰坑 300 余个，房址一类为圆形或椭圆形半地穴式，另一类为长方形地面柱列式，陶器有旋纹、指甲纹、附加堆纹、按窝纹等纹饰，个别陶器在口沿处饰红彩横带纹，器类有鼎、罐、红顶钵、盆、碗和带勾鋬鼓等，还有一件玉璜。发掘者将其分为四段，第一段与下王岗一期接近，属仰韶文化初期偏晚至早期偏早；后三段与大河村前二期、下王岗二期遗存接近，属于仰韶文化早期偏晚，测年距今 6300 ~ 5600 年（《华夏考古》第 4 期）。河南宝丰小店遗址于 2008 年、2017 年进行发掘，发现仰韶文化早、中期的房址、壕沟、灰坑、窖穴、瓮棺等，有较多规整的圆形、方形和长方形窖穴。陶器有折腹和圆腹鼎、深鼓腹罐、大口瓮、钵、小口平底壶、杯、豆、甑、盆、鼓等，有的盆上装饰庙底沟式的圆点、勾叶、弧边三角纹黑彩。可分两期，第一期属于仰韶文化早期或后岗期，第二期属于仰韶文化中期阎村类型的偏早阶段（《中原文物》第 3 期、《考古》第 4 期）。河南三门峡庙底沟遗址于 2002 年进行发掘，发掘面积 2 万多平方米，发现大量仰韶文化庙底沟类型以及西王村类型、庙底沟二期文化等时期的灰坑、窖穴遗存，出土陶器非常丰富。属于庙底沟类型的 H408 可辨器形陶器 351 件，有彩陶钵、彩陶盆、小口尖底瓶、素面盆、素面钵、鼓腹罐、橄榄形罐、器盖和器座等，彩陶以黑彩为主，也有褐彩，少量饰白衣或红衣，流行圆点、勾叶、弧边三角纹，有个别蜥蜴纹、火焰纹彩陶。还出土一残石璧形器。同样属于庙底沟类型的 H770 可辨器形陶器 161 件，有个别“十”字纹彩陶，还出土 4 万多粒炭化种子，绝大部分为粟，少量黍和水稻。四个测年校正数据偏差较大，三个炭化种子样品年代集中在公元前 2700 年左右，1 个兽骨年代在公元前 3200 年左右（《华夏考古》第 4 期）。庙底沟遗址西王村类型的灰坑 H212、H556、H717，出土陶器器表装饰篮纹、附加堆纹，有盆形鼎、深腹罐、喇叭口尖底瓶和平底瓶、钵、网格纹彩陶罐等器类。农作物以粟为主，黍少量，出土家养动物猪、狗。发掘者推测其绝对年代在公元前 3100 ~前 2800 年，应当基本可信（《华夏考古》第 4 期）。河南巩义双槐树遗址于 2013 ~ 2020 年进行考古调查、勘探与发掘，确认遗址面积 117 万平方米，发现仰韶文化中、晚期三道环壕，四处墓地共 1700 余座墓葬，发掘出院落式夯土基址、大型夯土建筑群基址、瓮城结构围墙、大型版筑遗迹等，另有数量众多的房址、灰坑、人祭坑及兽骨坑等。其中围墙以北有面积一二百平方米的带廊道的大型长方形木骨泥墙房屋，围墙以南的一、二号院落面积都有 1000 多平方米。一号院落主体建筑 F76 面阔 13 间，面积达 308 平方米；二号院落发现“一门三道”现象。大型版筑遗迹面积约 700 平方米。在三处墓地发现夯土祭坛，其中一处祭坛平面呈圆角长方形，面积 240 多平方米，上有柱洞。发掘者将双槐树遗存分为五期七组，最早为裴李岗文化遗存，主体是庙底沟期至仰韶晚期遗存，也有庙底沟二期阶段遗存。以双槐树为核心的郑洛地区聚落群的发现，为探讨中原地区文明社会和早期国家形成提供了非常重要的资料（《考古》第 7 期）。河南渑池仰韶遗址于 2020 年进行发掘，发现房址、壕沟、墓葬、灰坑葬、窖穴、灰坑、灰沟、道路等遗迹，其中 H18、H34、H61、H88 和 HG1 等灰坑、窖穴和灰沟属于仰韶文化晚期，也包含仰韶文化早、中陶器。有的灰坑中出土烧过的房屋地面或墙壁残块，表面涂层类似现在的“混凝土”，还有玉环、玉钺残片，显示该遗址级别较高，测年在公元前 3000 ~前 2900 年（《华夏考古》第 4 期）。河南宜阳苏羊遗址面积约 60 万平方米，2016 年在下村区进行发掘。发现新石器时代的壕沟、灰坑等，可分为三期，分别属于仰韶文化晚期、屈家岭文化和王湾三期文化。其中仰韶文化晚期遗存和洛阳王湾二期、大河村四期偏早阶段遗存近似，屈家岭文化遗存和邓州八里岗等同期遗存近似。这项发现反映了仰韶晚期以后中原地区和长江中游文化的消长变化态势（《中原文物》第5期）。河南许昌宋庄遗址于2018年、2020年进行发掘，发现仰韶文化晚期和龙山后期遗存。仰韶晚期发现房址7处以及灰坑等，其中F1为地面式木骨泥墙三连间房，最大的中间一间有方形灶，出土陶器与大河村四期相似，测年在公元前3000年左右。龙山后期仅发现1座灰坑，从陶器看属于王湾三期文化后期（《华夏考古》第4期）。河南禹州瓦店遗址于2020年进行发掘，发现了面积约800平方米的大型长方形建筑基址（区）WD2F1，包括基础夯土遗存、建筑边界浅沟和夯层内可能用于奠基的人、兽骨骼。建筑周围发现包含陶、石、骨器、动植物遗存和人骨残肢的灰沟、红烧土面、黄土浅坑等，以及瓮棺葬、竖穴土坑小墓等。出土陶鼎、罐、矮领瓮、圈足盘、豆、碗、杯、瓶等王湾三期文化后期陶器。发掘者认为，WD2F1建筑始建于瓦店龙山二期晚段，鼎盛时期在瓦店龙山三期早段，测年在公元前2109～前1811年（《华夏考古》第6期）。河南叶县余庄遗址于2020～2021年进行发掘。发现王湾三期文化煤山类型竖穴土坑墓50多座，有大小差异，大墓面积3平方米以上，有二层台，多单棺单人葬，个别有殉人，随葬30多件陶明器，有的有彩绘，包括罐、鼎、高柄杯、鬶、瓮、甑、盘、豆、壶、觚，有的墓还随葬石钺、獐牙等。文化层中还发现一铜片（《考古中国重大项目成果（2018～2020）》，文物出版社）。河南周口淮阳时庄遗址2019～2020年发掘，发现在面积5600平方米的人工垫筑台地外围有围壕，台上集中分布着仓储建筑，分地上和地面建筑两类。地上建筑由多个高出地面的“土墩柱”和“柱间墙”围合成圆形基础，之上铺垫木板；地面建筑以土坯垒砌墙体。出土陶器和王湾三期文化新砦期接近，测年距今4000～3750年，为研究夏朝早期的粮食储备和管理提供了重要资料（《考古中国重大项目成果（2018～2020）》，文物出版社）。

陕西旬邑西头遗址南部的南头村地点在2019年的发掘中，发现仰韶文化半坡类型和庙底沟类型时期的灰坑、陶片等（《文博》第5期）。陕西吴起李拐沟遗址在2019年的调查中，发现仰韶文化中、晚期和龙山时代后期遗存。其中仰韶中期H2的小口尖底瓶双唇口趋于退化，可见其年代在庙底沟期晚期，深腹盆、绳纹罐等有自身特色，炭化的黍测年校正数据距今5196～5050年（《文博》第5期）。陕西高陵马家湾遗址于2015年进行发掘，发现仰韶文化晚期半坡晚期类型和客省庄二期文化的窖穴、陶器等，客省庄二期文化H4中出土的穿孔石板形器比较特殊（《考古与文物》第4期）。陕西府谷寨山遗址于2019～2020年进行发掘，发现仰韶文化晚期和龙山时代后期遗存。仰韶文化晚期一残房址为圆角长方形，中部有圆形地面灶，有篮纹外画白彩带的喇叭口尖底瓶、花边绳纹罐等陶器，当属于仰韶文化晚期晚段，和南佐、半坡晚期、海生不浪类型都有一定的相似之处。龙山时代后期的石峁文化（老虎山文化）房址为长方形或圆形白灰面建筑，存在“灰坑埋人”现象。石峁文化墓葬多为长方形竖穴土坑墓，个别为石棺葬，发掘者将其分为四个等级，最高等级墓葬面积10平方米左右，有木棺、壁龛、殉人，壁龛内一般放置五六件带盖陶器（《文博》第5期，《2020中国重要考古发现》，文物出版社）。陕西神木寨峁遗址于1993年进行发掘，可分为三期，前两期属于庙底沟二期和龙山后期阶段。第二期也就是龙山后期阶段遗存属于老虎山文化或石峁文化，发现房子11座，有窑洞式和地面式石墙建筑两种，居住面有白灰面和夯土硬面两类。墓葬22座，均为竖穴土坑墓，以仰身直肢为主，另有侧身屈肢、俯身葬等，绝大多数没有随葬品，个别随葬猪下颌骨等。出土陶器包括双鋬鬲、单耳鬲、敛口甗、斝、盉、三足瓮、豆、大口尊、圈足盘、折肩罐、卷沿鼓腹罐、单耳罐、双耳罐等（《考古学报》第3期）。

宁夏隆德渝河流域新石器时代遗存的考古调查，共发现仰韶和龙山时期遗址 31 处，代表性遗址有页河子、阳洼山、鸦儿沟、车道沟、沙塘北塬、许沟、清泉、庞家沟、神林上堡子、周家嘴头等。31 处遗址中，单纯的仰韶文化遗址 2 处，仰韶、龙山遗存都有的遗址 3 处，其他均为龙山时代遗址。其中仰韶文化遗存早、中、晚期都有，仰韶早期遗存与大地湾二期面貌接近，属半坡类型晚期；仰韶中期遗存与大地湾三期遗存接近。调查者认为，龙山时代遗存是由菜园文化发展而来的一种新的考古学文化，实际仍属齐家文化范畴（《考古与文物》第 3 期）。甘肃灵台桥村遗址于 2018 ~ 2019 年进行系统调查，确认聚落核心区面积达 103 万平方米。共发现灰坑 155 个、白灰面房址 71 座、墓葬 22 座和陶窑址 17 座，并在其中的 136 处遗迹采集到陶片，器类包括罐、三足器、豆、盆、碗、杯、缸、甑等，和龙山时代的客省庄二期文化面貌接近，也有自身特色。其中较多陶瓦的发现很重要，表明该聚落可能存在高等级建筑。调查者在此基础上对桥村遗址进行了陶器、炭化植物遗存、聚落形态等方面的研究（《桥村遗址调查与研究（2018 ~ 2019），文物出版社》）。青海民和喇家遗址于 2013 ~ 2019 年进行考古发掘，发现少量马家窑文化偏晚阶段的灰坑、彩陶，大量齐家文化的窑洞式房址、墓葬、壕沟、祭祀坑、陶窑、灰坑、灰沟，较多灾难迹象、地震裂缝等。齐家文化遗物除陶、石器外，还有钺、璧、环等玉器，较多卜骨、青铜器残件，有的房址地面还有漆器残片（《南方民族考古》第 21 辑，科学出版社）。

（三）黄河下游与淮北地区

江苏泗洪雪南遗址于 2017 年进行勘探和发掘，发现新石器时代中期顺山集文化的壕沟 G2，出土陶器釜、罐、钵、碗、器盖、支脚等，以釜为主，石器有锛、斧、磨石、绿松石珠等，浮选出炭化水稻，文化面貌与顺山集和韩井遗存接近，测年距今 8500 ~ 7600 年（《中国国家博物馆馆刊》第 8 期）。

山东滕州岗上遗址于 2020 ~ 2021 年的发掘，发现大汶口文化晚期早段墓葬 16 座，多数墓葬带二层台，有木棺甚至带头箱、脚箱或边箱，有明显的大小等级之分。其中大墓 M1 为四人合葬墓，墓圹边长 3.2 米左右，有三联棺、头箱、边箱，随葬陶明器等 300 多件，也有玉钺等，测年公元前 2706 ~ 前 2570 年。另一座墓葬 M12 测年公元前 2708 ~ 前 2573 年（《考古中国重大项目成果（2018 ~ 2020）》，文物出版社）。山东龙口薛家遗址于 2005 年进行发掘，发现灰坑、房址、水井、墓葬等新石器时代遗存，出土鼎、鬶、罐、盆、壶、钵等陶器，主体属于龙山文化早期，与杨家圈二期年代相近（《东方考古》第 18 集，科学出版社）。山东日照两城镇遗址于 2018 年进行发掘，发现龙山文化房址 31 座、灰坑 384 个、墓葬 10 座、灰沟 14 条，属龙山文化中期，可分为早、中、晚三段。早段房址两组 11 座，平面有圆、方之分，墙为土坯垒砌或夯筑，陶器有鼎、鬶、罐、盆、杯和器盖等，还有 2 座无随葬品的竖穴土坑墓。中段房址 10 座多为方形，有 8 座小墓。晚段房址 3 座，均为木骨泥墙结构方形房屋，陶器有鼎、鬶、甗、罐、罍、豆、杯、碗和器盖等（《考古》第 10 期）。

安徽蚌埠禹会村遗址于 2020 年的发掘，初步揭示了北、东城垣的堆筑过程，以及城垣内、外壕沟的结构，由此判断之前所谓“祭祀台基”实为东城垣局部。发掘者称这类遗存为龙山文化禹会村类型，也可归入造律台文化范畴（《考古中国重大项目成果（2018 ~ 2020）》，文物出版社）。

（四）长江上游和西南地区

青海玉树参雄尕朔遗址于2013年进行发掘，清理了2个文化层、15处火塘，出土了大量石制品和少量的动物骨骼。火塘多为石构，周边散落石制品和动物碎骨，夹杂大量炭屑。石制品包括废片、石片石核、细石叶石核、石叶、细石叶、刮削器、有使用痕迹的石片等，显示出细石叶工业和简单石片工业的共存。第一文化层测年距今7265～7160年，第二文化层距今8170～7431年。该遗址是青藏高原东北部高海拔区第一个经过系统发掘的狩猎采集者生活过的遗址，表明距今七八千年的时候该地区仍处于中石器时代（《考古》第10期）。

四川金川刘家寨遗址于2011年进行发掘，清理遗迹共156处，包括房址6座、灶5座、陶窑11座、灰坑134个。房址分为长方形和圆形两种，木骨泥墙或石块垒墙，个别为连间房。陶器有罐、盆、钵、尖底瓶、平底瓶（壶）等，尖底瓶多为喇叭口，也有退化双唇口，有少量马家窑式黑彩陶。石器多数为磨制的刀、斧、锛、环等，有一种长头石笄比较特别，也有相当数量的细石器。发掘者将其分为三段，测年距今5300～4700年，属于仰韶文化晚期到马家窑类型时期，与茂县营盘山、汶川姜维城等遗存面貌一致，也与甘肃大李家坪二、三期、东乡林家遗存相似，当属甘青地区文化南下与当地文化结合的产物（《考古》第3期）。四川新津宝墩遗址朱林盘地点于2016年进行发掘，发现宝墩文化房址5座、灰坑5个、墓葬17座。房址有4座为长方形基槽式建筑，1座干栏式建筑。墓葬除最大的M94随葬一件陶壶外，其余都没有随葬品。出土陶器有喇叭口高领罐、壶、宽沿尊、敞口圈足尊、豆、绳纹罐等。发掘者认为属于宝墩文化二期（《四川文物》第5期）。四川成都星火村遗址于2012～2013年的发掘中也发现宝墩文化的灰坑等遗存（《四川文物》第1期）。

（五）长江中游地区

湖北松滋关洲遗址于2015年、2016年进行发掘，发现新石器时代中晚期的灰坑等遗存，出土较多绳纹釜、双耳罐、绳纹盆、圈足盘、支脚等陶器。石器数量较多，绝大多数为打制，可分为玛瑙石器和砾石石器两类。玛瑙石器多为刮削器、尖状器、雕刻器等小型石器，砾石石器总体偏大。磨制石器有斧、铲、锛、凿等，以石斧数量最多。还发现大量鱼骨、兽骨，有的密集成层分布，说明渔猎经济在食物来源中仍占有重要地位。发掘者将其分为四期，认为前三期属于城背溪文化，第四期稍晚。第⑨～⑪层的测年范围在公元前5900～前5500年之间，属于关洲遗址第一、二期（《江汉考古》第5期）。湖南桂阳千家坪遗址于2011～2012年进行发掘，在北区发现高庙文化的壕沟、房址、灰坑、墓葬等。有些坑底部瘗埋完整白陶、动物骨架，部分还有烧烤痕迹，当为祭祀坑。墓葬为长方形竖穴土坑墓，仰身直肢葬，与彭头山文化等的屈肢葬有显著差异。陶器有些涂有红衣、白衣，以白衣陶、刻纹白陶最具特色，见有太阳、八角星、凤鸟、獠牙飞龙、山峰、“天梯”等题材，而且多由两类或多类题材组成复合图像。器类有圜底釜、圜底罐、圈足盘、圈足杯、圈足碗、钵、支座等。石器以打制为主，磨制的有斧、锛、凿等，有骨玦形饰。发掘者将其分为两期，测年在公元前5700～前4800年之间。报告认为此类遗存属于高庙文化千家坪类型（《湖南考古辑刊》第15集，科学出版社）。湖南澧县鲁家山遗址2010年进行试掘，发现皂市下层文化的房址、灰坑、灰沟等，出土罐、釜、盘、盆等陶器，砍砸器、刮削器、凿等石器（《湖南考古辑刊》第15集，科学出版社）。湖南宁乡花草坪遗址于2001年、2014年进行了两次发掘，发现所谓堆子岭文化的灰坑、墓葬等，2座墓葬为宽短的长方形土坑墓，人骨腐朽无存，推测属于屈肢葬。陶器以鼎、釜、罐、豆、圈足盘为主，还有少量大口缸、杯、纺轮、器盖等。石器多为磨制的斧、凿、锛、网坠等，也有少量打制石器，还见有残玉镯。报告将其分为早晚两期，认为早期年代在大溪文化三、四期之间，晚期与城头山遗址大溪文化四期相当或略晚，测年在公元前3600～前3100年之间（《江汉考古》第5期）。河南南阳黄山遗址于2018～2021年进行发掘，发现仰韶文化早期、仰韶文化晚期、屈家岭文化、石家河文化的房址、墓葬、作坊址等，最引人关注的是仰韶文化晚期的"前坊后居"式排房，以及屈家岭文化随葬的200多件猪下颌骨（加上陪葬坑内的可达400多件）和玉钺的大墓M77，出土大量玉石器、玉料、陶器等，被认为是仰韶文化晚期和屈家岭文化时期以加工、交流玉石器为主的大型聚落遗址，面积30余万平方米（《考古中国重大项目成果（2018～2020）》，文物出版社）。湖北荆门屈家岭遗址于2018年进行发掘，发掘地点位于殷家岭遗址点中部岗地、屈家岭遗址点的北部和中部岗地，发现油子岭文化和屈家岭文化的房址、土坑竖穴墓、瓮棺葬、灰坑等遗存。油子岭文化的房址有近圆形和方形两种，都有墙基槽。还发现带盖鼎扣合竖置现象，可能与祭祀有关。屈家岭文化墓葬均为长方形竖穴土坑墓，最多的随葬近20件陶器（《江汉考古》第1期）。屈家岭遗址土地山遗址点于2020年进行勘探和发掘，发现屈家岭文化灰坑、灰沟等，出土屈家岭文化陶、石器等（《江汉考古》第1期）。

湖南宁乡罗家冲遗址于2013～2017年进行发掘，发现石家河文化的房址、灰沟、灰坑等。其中房址F2是由较大柱洞构成的回廊式建筑。有的长方形坑内填黑色灰烬等，可能与祭祀有关。陶器有盆形宽扁式足鼎、折腹豆、圈足杯、斜腹杯、鬶、大口缸等，有斧、锛、凿、钺、刀、镞等磨制石器。表面刻划对称四分弧线纹的纺轮、敛口束颈罐、喇叭口罐、凸背凸刃双孔石刀等有特色。测年在公元前2500～前2200年（《考古》第5期）。湖南华容七星墩遗址于2018年开展考古调查、勘探和发掘，发现内外城垣与城壕。内城垣长方形，面积约6万平方米；外城垣圆角长方形，复原后约25万平方米（含壕沟）。对内城南垣进行解剖发掘，发现屈家岭文化至肖家屋脊文化时期遗存，最早测年在公元前3100年左右。这次发掘还发现灰坑、瓮棺葬等。发掘者将这些遗存分为三期，分属屈家岭文化、石家河文化和肖家屋脊文化，屈家岭文化测年在公元前3100～前2600年，肖家屋脊文化测年在公元前2100～前1740年。发掘者认为，"外圆内方"的双城布局结构在长江中游地区尚属首次发现，有其独特性，但实际上外城垣也大致呈圆角长方形（《考古》第2期）。

（六）长江下游地区

浙江余姚井头山遗址于2019年进行发掘，文化层深达5～10米，发现新石器时代的灰坑、食物储藏坑、密集贝壳堆积上面局部的烧土堆以及器物加工、食物处理场所等。遗物包括陶器、石器、骨角器、贝器、木器、编织物等，其中潮湿缺氧环境保存下来的木器与编织物最具特色，炭化水稻以及大量水生动物和野生植物遗存对了解古人的经济生业很有帮助。陶器夹砂或夹炭，多装饰细绳纹、浅方格纹，有红衣、黑衣，有的盆内有"十"字形红彩，主要是釜和与其配套使用的支脚，还有盆、碗、豆、罐、杯等。磨制石器有斧、锛、凿、镞等，骨角器有镞、锥、鱼镖、凿、钻、锯齿形器、针、匕、哨、器柄等，木器有木棍、勾形木柄、刀形木柄、双尖木器、带销钉木器、桨、碗、杵、矛、耜、单尖长棍、扁担形木器等。测年距今8300～7800年，早于河姆渡文化。该遗址的发现和发掘，是浙江沿海贝丘遗址考古的重大突破(《考古》第7期)。浙江余姚施岙遗址2020年的发掘，发现河姆渡文化早、晚期和良渚文化时期的大规模水稻田，勘探表明附近古稻田面积约90万平方米。河姆渡文化水稻田田埂长100米以上，间距20 ~ 45米。良渚文化田块面积最大的有1300平方米（《2020中国重要考古发现》，文物出版社）。浙江奉化下王渡遗址第Ⅲ区于2017 ~ 2019年发掘，新石器时代遗存包括灰坑、灰沟、墓葬等，可分为两期。第一期出土侈口夹炭釜等陶器，属于河姆渡文化。第二期有两座墓葬，其中一座随葬玉玦、玉珠等。第二期出土鼎、罐、盆等陶器，主体属于良渚文化，下限可能已经进入钱山漾文化时期（《江汉考古》第1期）。

安徽含山凌家滩遗址于2000年进行发掘，发现凌家滩文化墓葬21座，共随葬玉器43件、石器42件、陶器106件。玉器有小玉璧、璜、斧、钺、镯等，陶器有鼎、鬶、豆、壶、钵等，最多的一座墓有30多件随葬品。还发现少量灰坑，H5比较特殊。村南的红烧土密集区面积近3000平方米，最厚处1.5米，应属某种重要建筑遗存（《东南文化》第5期）。江苏句容城上村遗址于2014年进行勘探和发掘，在最底部发现崧泽文化少量灰坑、灰沟、墓葬等。墓葬为长方形竖穴土坑墓，随葬壶、盆等陶器，以及石锛、玉坠饰（《东南文化》第1期）。浙江海宁朱家兜遗址于2014年进行发掘，共清理19座长方形竖穴土坑墓，随葬陶器有鼎、壶、簋、盆、盘、尊、豆、罐、纺轮，石器有钺、镞、锛、镰、纺轮和刀等，玉器有锥形器、珠、珠串、牌饰、觿饰件等。年代上从崧泽文化晚期延续至良渚文化晚期（《东南文化》第3期）。浙江杭州黄路头遗址于2016 ~ 2017年进行考古发掘，清理崧泽文化晚期墓葬12座、良渚文化墓葬22座。崧泽文化墓葬随葬鼎、豆、罐、杯、壶、盆、甗鼎、过滤器、塔形壶等陶器，陶质较好，偶见小件玉器。良渚文化墓葬多有锥形器、冠状饰、珠、管等小件玉器随葬，陶器多见鼎、豆、罐组合，陶质差、火候低。随葬石器以石钺为主，偶见石镞、石锛（《东南文化》第5期）。浙江杭州余杭区良渚古城姜家山墓地，在2015 ~ 2018年进行了四次发掘，共清理墓葬17座，均为长方形竖穴土坑墓，仅部分墓葬残存少量人骨渣，保存极差。根据遗物判断男女头向存在明显的差异，除出土玉璜的女性墓M7头朝南外，所有女性墓均头朝北或北略偏东，而男性墓均头朝南或南略偏西。随葬品出土452件（组），以玉器为主，种类有琮、璧、冠状器、三叉形器、璜、锥形器、柱形器、镯、端饰、管、珠等；陶器有鼎、豆、圈足罐、盆、过滤器、甗等，石器仅钺一种，另出少量鲨鱼牙。随葬品最丰富的男性墓葬M1随葬品65件组（以单件计175件），其中玉石器55件组（以单件计165件），属良渚文化贵族大墓。发掘者认为，姜家山墓地属良渚文化早期晚段至良渚文化晚期早段，是较高等级的贵族墓地（《考古》第6期）。浙江杭州良渚古城钟家港中段于2016 ~ 2018年发掘，发现从良渚文化早期到晚期五个阶段的台地营建与垃圾堆积的连续过程，首次明确了莫角山东坡最早堆筑的年代为良渚文化早期晚段。河道内发现大量经过加工的各类木构件和废弃木料，表明此区域可能是一处木构件加工场，有的木构件长达15 ~ 17米，上有多个均匀排列的长方形卯孔，是目前中国新石器时代发现体量最大的木构件，反映出莫角山宫庙区建筑的宏大。同时，该区域离莫角山台地很近，很可能是木料等各种物资运往莫角山的码头之一。还发掘出良渚文化的房址、土台、灰坑、灰沟、木桩护岸遗迹，出土了陶器以及红漆觚、红漆鸟形器、黑漆杯等（《考古》第6期）。浙江杭州余杭良渚古城外围水利系统老虎岭水坝于2015 ~ 2016年进行勘探和发掘，勘探发现老虎岭水坝长约135米、残高13.5米。对大坝的发掘较为明确地揭示了老虎岭水坝的结构和营建方式，也就是在青膏泥之上以草裹泥层层堆筑的方式。发掘发现少量良渚文化遗物，包括石耘田器残件、陶鼎、盉等的残片。最重要的是发现了良渚文化晚期的遗迹 T1G3 打破水坝坝体堆积，从而为确定老虎岭水坝建造的年代提供了关键证据（《考古》第 6 期）。浙江杭州金花池遗址于 2009 年发掘，清理良渚文化早期偏晚阶段墓葬 2 座、灰坑 4 座。M1 随葬琮、钺等 9 件玉器，以及石钺、陶器。另在该墓已遭破坏的坑内填土中发现冠状器、三叉形器等玉石器。M2 随葬 13 件玉器，以及石钺、陶器(《东南文化》第 5 期)。浙江德清中初鸣遗址群于 2017 ~ 2019 年进行调查、勘探，并对其中的木鱼桥、保安桥、王家里遗址进行发掘。调查、勘探共发现良渚文化人工营建土台 23 处，明确该区域存在大规模制玉作坊遗址群，总面积超过 100 万平方米。保安桥遗址发现良渚文化的土台、红烧土堆积、灰坑、灰沟、水井、墓葬等，在土台边坡、灰沟、灰坑的废弃堆积中发现了大量和制玉有关的边角玉料、玉器半成品、残件以及石质工具等。墓葬位于土台顶部，大部分随葬鼎、罐、尊、圈足盘、双鼻壶等陶器和玉锥形器等小件玉器。王家里遗址发现良渚文化土台、房址、灰坑、墓葬等，土台边坡废弃堆积中发现大量制玉遗存。报告将中初鸣墓葬分为两段，均属于良渚文化晚期，王家里遗址测年距今 4800 ~ 4500 年。发掘者认为中初鸣遗址群是一处良渚文化的大型蛇纹石玉器作坊群，可能是小型家庭作坊模式（《考古》第 6 期）。安徽芜湖计村大城子遗址 2013 年的发掘，发现良渚文化晚期的墓葬、灰坑、灰沟等（《文物》第 7 期）。

江苏东台开庄遗址于 2018 年进行发掘，发现各类遗迹 51 个（组），其中建筑遗存 2 组、水井 3 眼、灰坑 43 个、灰沟 3 条。出土陶、石、玉、骨角牙器，以及大量带有砍砸、切割、磨制和钻孔等加工痕迹的动物骨角料。分为良渚文化晚期和龙山时代两个阶段，良渚文化遗存中发现粗篮纹尖底陶缸这类典型的大汶口文化晚期因素，测年距今 4800 ~ 4400 年。龙山时代遗存总体与南荡、周邶墩遗存内涵相近，也有长江下游钱山漾、广富林文化因素。龙山阶段玉器及玉料的出土在江淮东部地区尚属首次（《东南文化》第 3 期）。

（七）华南地区

广西龙州舍巴遗址于 2010 年发掘，发现的新石器时代遗存被发掘者分为两期。第一期属贝丘堆积，发现大量水生动物和哺乳动物遗骸，文化遗物以石制品为主，还有少量骨器。石制品包括打制石器、砍砸器、刮削器、石片，以及磨制和研磨石器斧、锛、砺石等，测年约距今 8000 年。第二期出土大量动物骨骼和石器，基本不含螺壳，石器和第一期类似，新见磨制石凿，说明人类生业经济可能由依赖捕捞水生动物资源向陆地采集狩猎转变。磨制斧、锛、凿的发现说明当时存在砍伐加工树木盖房的情况（《龙州舍巴遗址》，文物出版社）。广西左江流域尤其是花山岩画周围于 2013 ~ 2016 年进行调查和试掘，在龙州宝剑山 A 洞、无名山、根村、大湾、坡叫环和庭城遗址试掘发现新石器时代遗存。宝剑山 A 洞遗址发现屈肢葬和红烧土堆积等，出土石核、石片、砍砸器、刮削器等打制石制品，斧、锛、砺石等磨制和研磨石器，以及有肩铲、刀、鱼头形穿孔蚌器、锯齿刃蚌器等蚌器。发掘者将其分为早、晚两段，早段距今 7000 ~ 6000 年，晚段距今 6000 ~ 4000 年。文化面貌和年代都与舍巴新石器遗存接近。无名山、根村、大湾遗址石、蚌器和宝剑山 A 洞遗址接近，无名山还见有极少量夹砂绳纹粗陶片，根村有屈肢葬，大湾有灰坑、屈肢葬和红烧土堆积，无名山有一个测年数据为公元前 3338 ~ 前 3208 年。坡叫环遗址与前面几个遗址面貌也接近，但磨制石器较少，测年更早。庭城遗址第一期出土有肩石斧、陶片等，当为新石器时代晚期遗存。报告还对左江流域新石器时代贝丘遗址动植物遗存和石器工艺技术进行了研究（《广西左江花山考古（2013 ~ 2016）》，文物出版社）。

福建浦城牛鼻山、上东坪遗址于 2018 年进行调查和试掘，发现新石器时代灰坑，出土夹粗砂和泥质簋、盆形鼎、罐等陶器及石凿、石镞，浮选出炭化水稻种子，测年距今 5280 ~ 4880 年（《东南文化》第 1 期）。

广东龙川山中埂遗址于 2017 年进行发掘，发掘者认为第一组第一段遗存属新石器时代晚期，发现灰坑、灰沟、窑址等，出土矮圈足罐、釜、豆、白陶环等陶器，钺、锛、刀、镞、璜等石器（《考古与文物》第 2 期）。

二　专题研究

（一）分期年代、文化谱系和文化交流

首先是关于各地区分期年代、文化谱系和文化交流的论述。

侯静波和陈国庆分析了魏家窝铺红山文化遗存的文化因素，认为很多陶器，以及房址中灶与火塘相结合的先进方式是受到所谓半坡文化、后冈一期文化和庙底沟文化的渗透与影响而产生的（《边疆考古研究》第 1 期）。高云逸通过对出土陶器的分析，认为“女神庙”年代处于牛河梁遗址下层积石冢阶段，即红山文化中期阶段，绝对年代在公元前 3700 年左右（《地域文化研究》第 3 期）。杜战伟和赵宾福综合各遗址材料将小珠山上层文化遗存分为早、中、晚三期，认为该文化要晚于偏堡子文化和小珠山中层文化，而早于双坨子跎一期文化，其早、中期的年代分别与龙山文化的早、中期相对应，晚期的年代相当于龙山文化晚期早、中段，绝对年代在公元前 2500 ~ 前 2000 年（《考古学报》第 3 期）。赵宾福关于中国东北地区考古研究的专题论文集较多涉及东北地区新石器时代考古学文化的年代特征、时空关系、亲缘关系、演进格局以及与周邻地区考古学文化的交流互动等内容（《东北考古学研究（二）》，科学出版社）。

蔡金英将磁山文化分为三期，认为第一期时磁山文化的南下导致了所谓贾湖文化向裴李岗文化的转变，第二期时兴隆洼文化南下，第三期时裴李岗文化对磁山文化造成了强烈影响（《华夏考古》第 1 期）。李彦英对裴李岗文化和磁山文化的关系进行探讨，认为两者互相交流，但裴李岗文化对磁山文化的影响更甚，这与新石器时代中期形成以裴李岗文化为中心的文化格局的观点相合（《南方文物》第 2 期）。崔宗亮分析认为，距今 7300 年左右裴李岗文化的一支沿济水迁徙到鲁西、鲁中南一带，形成“北辛早期类型”，并对鲁北地区的后李文化产生了极大影响。距今 7000 年左右，初期仰韶文化从西、北两个方向向海岱地区扩张，使北辛早期类型递变为初期仰韶文化北辛遗存（《南方文物》第 2 期）。韩建业分析认为，距今 7000 年左右，关中和汉中地区的白家文化发展为仰韶文化初期的零口类型，并迅即东向扩展至晋西南、豫西地区，形成与零口类型大同小异的仰韶文化枣园类型，其影响至少见于华北平原、内蒙古中南部和豫中等地区，是黄河中游一次非常重要的文化整合，继裴李岗文化之后再次确立了黄河中游文化的中心地位，为文化上早期中国的形成奠定了基础（《文物春秋》第 2 期）。贾领将上宅遗址分为三期，认为该遗址主要包含上宅文化的一、二期，年代可能为公元前 5500 ~ 前 4500 年。而刘白塔遗存叠压在上宅文化第二期之上，大致相当于上宅文化第三期或略晚，为公元前 4500 年左右（《边疆考古研究》第 2 期）。索秀芬对燕山南北地区新石器时代考古学文化进行了全面梳理，把

燕山南北地区分为燕山以北和燕山及其以南两个地区，在对两个地区遗址详细分期的基础上，又将其划分为十八段，七期，三个发展阶段，并对十四种考古学文化的分布、特征、类型、分期、年代、谱系、聚落形态进行了讨论（《燕山南北地区新石器时代考古学文化研究》，科学出版社）。官士刚、王峰对内蒙古中南部所谓白泥窑文化火种炉的年代和器形演变进行分析，认为火种炉由仰韶文化东庄类型的火种器发展而来（《南方文物》第 6 期）。王仁湘对仰韶文化进行综合论述，涉及仰韶文化的发现、命名、范围，半坡和庙底沟的早晚，仰韶文化的聚落、建筑和埋葬习俗，仰韶居民的性别构成、平均寿命和死亡率、婚姻形式，仰韶时代的农业与手工业、崇拜对象与信仰方式、彩陶文化等内容（《大仰韶：黄土高原的文化根脉》，巴蜀书社）。戴向明的文集对黄河中游等地新石器时代文化谱系、聚落形态等有综合性研究（《黄河流域史前时代》，科学出版社）。

张光辉对山西定襄青石等遗址仰韶晚期遗存进行分析，认为在晋东北存在一个所谓义井文化的地方类型，即“阳白类型”（《文物世界》第 2 期）。张海和赵晓军从文化谱系、社会发展和绝对年代三个方面对公元前 3 千纪前半叶这一过渡阶段进行综述，认为庙底沟期晚期，仰韶文化内部开始发生变化，大汶口文化的礼制从各个方面对中原社会形成潜移默化的影响；仰韶晚期，整个中原地区形成了东、西、西南和东南四个大的文化片区，秦王寨文化与关中西部的仰韶晚期文化的社会复杂化程度最高，屈家岭文化和大汶口文化共同对中原产生强烈影响；龙山早期，中原形成大汶口文化晚期与庙底沟二期文化东西对峙的新局面（《中原文物》第 6 期）。栾丰实认为，在大汶口和龙山文化之间确实存在着以杭头遗址 B 组为代表的过渡期遗存，多数陶器的器形是从大汶口文化晚期晚段延袭下来的，可将这一组遗存放在大汶口文化晚期最后一个阶段（《江汉考古》第 6 期）。

韩建业认为，包括新疆在内的中国广大地区，和亚欧大陆西部一样存在铜石并用时代和青铜时代。其中铜石并用时代大致在公元前 3000 ~ 前 2500 年，青铜时代大致在公元前 2500 ~ 前 1000 年，青铜时代本身还有早、中、晚之分。而仰韶文化晚期至庙底沟二期基本属于铜石并用时代，龙山时代属于青铜时代早期（《西域研究》第 3 期）。马明、梁中合将河北境内龙山时代遗存分为三期五段，认为龙山时代早期早段仅在冀西北地区发现少量老虎山文化遗存，龙山时代早期晚段形成后冈二期文化涧沟类型，并在龙山时代中期进入繁荣期，龙山时代晚期山东龙山文化的影响显著增强（《中国国家博物馆馆刊》第 5 期）。董霄雷从单把鬲入手，以《岱海考古（一）》发表的老虎山遗址相关材料为基础，将岱海地区龙山时代遗存分为三期，认为其中第二期以单把鬲为代表的遗存属于老虎山文化，根据侧装双鋬鬲和正装双鋬鬲分别来自所谓杏花文化和永兴店文化，以及根据宽弧裆侧装双鋬鬲早于宽平裆正装双鋬鬲，推断老虎山文化在发展过程中先后受到了杏花文化和永兴店文化的影响（《北方文物》第 3 期）。李鹏珍、曹建恩对先秦时期内蒙古地区陶甗的分布特征和来源问题进行探讨，认为内蒙古中南部与内蒙古东南部的陶甗来源有异，不属同一文化系统。有腰隔陶甗源头在太行山西侧的晋中与内蒙古中南部地区，无腰隔陶甗源头在太行山东麓的豫北冀南地区（《北方文物》第 2 期）。谷向乐、盛越浦对主要分布在豫南皖西淮河上游一带以及大别山南北麓地区的杨庄二期类遗存进行分析，认为杨庄二期类型以王湾三期文化因素为主体，兼有部分石家河文化因素，认为这为证实“禹征三苗”的真实性提供了直接证据（《洛阳考古》第 2 期）。罗诗谦注意到山东地区龙山文化晚期素面陶鬲出土位置大致沿古“济水”流域呈带状分布，认为或许与气候突变导致的大规模族群迁移有关（《中原文物》第 2 期）。

蒋辉、胡佳琪将柳湾墓地齐家文化墓葬分为四段，认为第一、二段相当于齐家文化总分期的第一、二期，第三、四段相当于齐家文化总分期的第三期。指出柳湾齐家文化墓葬年代上限不早于马厂类型中期，齐家文化在柳湾地区的发展过程中，曾受到马厂类型的强烈影响（《边疆考古研究》第 1 期）。卢超、郭永利将齐家文化陶盉分为二类四型，认为其早期斝形盉和袋足鬲形盉来自新华文化与客省庄文化，晚期瘦足鬲形盉、壶形盉来自中原地区二里头文化二期，而罐形盉是改制中原地区陶盉的产物（《四川文物》第 1 期）。李默然将安宁河流域西昌新庄墓地分为四类四期，认为 A 类墓葬是该地区目前可见最早的墓葬，可能来自盐源盆地；B 类墓葬与齐家文化有较明显的关系，但晚期受到 C 类墓葬的影响；C 类墓葬可能是本地早期横栏山文化的延续（《四川文物》第 4 期）。

郭伟民通过对长江中游地区新石器时代文化研究的梳理，认为长江中游新石器时代文化是本土文化吸收融合周边文化而产生的。其文化谱系及其发展进程，总体而言存在以南北二元结构为主的多样性系统。油子岭文化之后，这种结构差异被打破，文化多样性迅速转变为一体性，社会复杂化随之而来（《江汉考古》第 6 期）。王良智综合考察典型遗址分段和典型陶器的演化规律，将油子岭文化分为四期六段，推定绝对年代为公元前 4000 ~ 前 3100 年，划分为汉东地区的油子岭类型和洞庭湖区的城头山类型（《湖南考古辑刊》第 15 集，科学出版社）。单思伟将所谓屈家岭下层文化分为四期，划分为汉东平原的屈家岭类型、鄂东南的放鹰台类型和澧阳平原及峡江地区的城头山类型，并讨论了其与大溪文化、油子岭文化等的关系问题（《四川文物》第 4 期）。何强对汉水中游地区石家河文化青龙泉三期类型遗存进行分析，将其分为早、晚两期，估计其年代在公元前 2600 ~ 前 2200 年（《华夏考古》第 1 期）。王良智将湖南地区石家河文化分为早、晚两期和三个地方类型，早期以太山庙遗址、划城岗遗址早段、城头山遗址早段、车轱山遗址早段、岱子坪遗址早段为代表，晚期以划城岗遗址晚段、城头山遗址晚段、岱子坪遗址晚段为代表。三个地方类型，分别是澧阳平原的划城岗类型、洞庭湖西北岸的车轱山类型和湘中地区的岱子坪类型（《湖南省博物馆馆刊》第十七辑，岳麓书院）。张海分析认为，所谓“后石家河文化”与淮系龙山文化的互动更多，并可分为东西两个区域，东部更多受到造律台文化影响，西部晚期则出现大量新砦—二里头文化因素；提出以“后石家河时代”替代“后石家河文化”的表述，并继续沿用“肖家屋脊文化”和“乱石滩文化”的命名（《江汉考古》第 6 期）。方勤等主编的《石家河发现与研究》（科学出版社）一书收录了参与石家河遗址发掘的相关学者的代表性论著 40 多篇。

张枫林、林森对荷花山遗址东区上山文化遗存进行分析，并与上山、桥头、湖西、长城里等遗址进行比较，认为荷花山遗存可分三期，从上山文化早期后段延续至中期前段，距今 9200 ~ 8800 年（《江汉考古》第 1 期）。陶志远将黄鳝嘴文化分为三期，认为大汶口文化对长江下游西部地区的影响始于黄鳝嘴文化早期，盛于薛家岗文化时期，并最终导致了薛家岗文化的解体与该地区新文化的诞生（《东南文化》第 5 期）。赵今分析了后良渚时期考古学文化的纵横向关系，认为良渚文化晚期与钱山漾文化有着不可分割的关系，属于同一族群在环太湖地区的延续。随后环太湖地区遭受到外来文化更猛烈的冲击，在文化间的碰撞和融合中，广富林文化顺势而生。后良渚时期北邻地区对环太湖地区单方面、持续地施加影响，直接造成了该地区文化面貌的改变（《边疆考古研究》第 2 期）。陈伟驹认为，华南石灰岩地区同一层位的螺蚌壳测年比兽骨偏老数千年的现象，可能是由于骨骼受到污染和未完全排除污染物的预处理方式所导致。但即使剔除偏晚的兽骨数据，“水生螺蚌壳 14C 测年比陆生动植物样品偏老 1000 ~ 2000 年”的结论还不能被推翻，但是否适用于华南地区所有史前遗址，还有待验证（《文博》第 4 期）。

其次是关于中国境内的远距离文化交流。

田建文、张星德从玫瑰花图案“一枝花”、双唇口尖底瓶、葫芦口平底瓶、五边形房子等方面对苏秉琦提出的“Y”字形文化带是“中国文化总根系中一个重要直根系”的观点进行了阐释（《文物世界》第 2 期）。徐昭峰和王凯凯分析认为，海岱地区大口尊的传播路径是通过海陆两条路线传播到太湖地区的，并通过中原地区传播到了江汉地区。大口尊传播反映出的新石器时代晚期海岱、太湖、中原和江汉地区文化间的交流，在一定程度上可以与古史传说中东夷、华夏、苗蛮等集团的活动相对应（《中原文化研究》第 6 期）。邵晶分析认为，距今 4000 年前后，处在黄土高原的石峁文化和江汉平原的后石家河文化之间存在文化因素交流互动迹象，在牙璋、鹰笄、虎头等典型玉器上表现得尤为突出，两者交流互动的路线或为河套地区、关中地区、南阳盆地、江汉平原间的“走廊”地带（《中原文物》第 3 期）。刘学堂、侯明明从彩陶艺术、粟黍类农作物、服饰文化等方面讨论了史前中原文化因素传入天山地区的问题，指出文化因素传播的背后是中国西北地区人群的东西向运动过程，是中国西北史前彩陶文化人群不断拓展生存空间的结果，是史前黄河流域文化与西域文化交往交流交融的历史见证（《新疆师范大学学报（哲学社会科学版）》第 6 期）。周志清分析认为，横断山区在新石器时代晚期就成为中国西南与西北地区乃至东南亚文化交流与族群移动的重要走廊，来自西北地区的马家窑和仰韶文化传统深度影响并参与了当地新石器文化的构建。横断山区新时器时代文化奠定了西南地区龙山时代新石器文化图景和西南丝绸之路的史前基础（《中华文化论坛》第 3 期）。吴卫、王银平、李福生分析认为，台湾海峡地区新石器时代的生业经济长期依赖渔猎、采集，直至距今 5000 年左右才在闽江下游流域出现初具形态的农业生产。此区域先后经历了三次较显著的南岛语族跨海峡扩散的活跃期，且各时期扩散路线也有所变迁，可见原南岛语族离开中国东南沿海大陆向台湾岛的扩散是一个持续数千年的、呈波次的过程（《东南文化》第 5 期）。周振宇对南岛语族人群早期文化交流的研究进行了综述，认为中国大陆东南区很有可能是南岛语族原乡文化的孕育地，福建和台湾地区尤其值得关注，南岛语族的起源过程可能具有多元扩散路径，考古学文化交流线索反映出他们迁徙的方向不仅是面向海洋，沿大陆扩散可能也是路径之一（《南方文物》第 6 期）。

最后是亚欧大陆早期文化格局和早期中外文化交流。

韩建业以陶容器为主要依据，结合其他遗存，将全新世大部时段的亚欧大陆分为三大文化圈，分别为以中国黄河和长江“大两河流域”为中心的“早期东方文化圈”，以底格里斯河和幼发拉底河“小两河流域”为中心的“早期西方文化圈”，以及东、西两大文化圈以北的“早期北方文化圈”。三大文化圈之间还存在较大范围的交汇区域，认为这些区域是文化交流的结果，也是文化碰撞和人群冲突的前沿（《考古》第 11 期）。还认为在亚欧大陆的中纬度地区，绚烂的彩陶时代大致对应于前文明社会。虽然不是每个流行过彩陶的社会都发展为文明社会，但几乎所有早期文明社会都经历过彩陶时代。究其原因，彩陶时代和前文明社会在经济上基本都以农业为基础，彩陶技术和前文明社会的技术水平恰好相适应，彩陶的功能和前文明社会的社会习俗、宗教观念及艺术风格亦相适应。彩陶可谓是前文明时期最杰出的大众的艺术，彩陶时代拓开了文明社会的先河（《社会科学》第 6 期）。还通过对陶器（彩陶）、金属器、农作物、家畜等物质文化遗存的考古学分析，按照时间顺序，对早期东西文化交流的大致脉络进行梳理，认为早期东西文化交流开始于公元前 3500 年左右，恰好经历了铜石并用时代、青铜时代和早期铁器时代三大阶段，形成草原北道、绿洲中道和高原南道三大通道。铜石并用时代中亚南部和中国西北地区彩陶的相互交流，形成最初的“彩陶之路”；青铜时代通过草原北道的“金属之路”和绿洲南道的“彩陶之路”，先是“西风东渐”，然后“东风西渐”，终于使青铜时代的亚欧大陆逐渐联系为一个整体，引发了中国的“青铜时代革命”（《考古学报》第 3 期）。赵春光将公元前 3 千纪晚期以空三足斝为特征的泰国班考遗址墓葬遗存分为甲、乙两类，认为甲类墓葬与我国岭南地区石峡文化有很强的相关性，此时黄河与长江流域的粟作和稻作农业伴随着新石器时代文化的生活方式和技术体系进入东南亚地区（《江汉考古》第 1 期）。

（二）文明起源形成和聚落形态

关于早期国家和文明起源形成总论。

陈星灿主编的《考古学家眼中的中华文明起源》（文物出版社）一书收集了 20 世纪 80 年代中期以来关于中国文明起源研究的 40 篇文章，反映了中国考古学界有关中国文明起源探索的基本过程和样貌。裴安平主要依据新石器时代考古资料，对中国史前以来有关家庭起源、私有制起源、文明起源、国家起源和城市起源等五个方面的问题做了有一定理论价值的论述(《中国的家庭、私有制、文明、国家和城市起源》，上海古籍出版社）。韩建业从多个方面论述了中华文明起源、形成和早期发展的过程，认为中华文明起源于距今 8000 年以前，形成于距今 5000 年左右，至少存在北方、中原和东方三种起源模式，环境演变和战争冲突在文明演进过程中起到过重要作用，中西文化交流为文明起源和早期发展增添了新鲜血液，早期中华文明有着独特的文化基因和绵长的历史记忆（《中华文明的起源》，中国社会科学出版社）。韩建业还在梳理文明起源研究学术史和对“文明”概念重新界定的基础上论证了在距今 8200 ~ 7000 年之间的裴李岗时代，黄河、长江和西辽河流域聚落和人口增多，物质文化显著发展，已出现较为先进和复杂思想观念、知识系统和社会形态，迈开了中国文明起源的第一步（《江汉考古》第 1 期）。李伯谦通过对东山村、半拉山、焦家、良渚、石家河、陶寺、禹会村、王城岗、新砦等考古遗址的分析，结合文献记载，揭示了从古国到王国的中国早期文明起源、形成和早期发展的历程（《从古国到王国：中国早期文明历程散论》，上海古籍出版社）。李伯谦还和申娟综合论述了中国文明之源问题，坚持中华文明本土起源说，提出文明起源具有多地域性与文化多元性的特点，认为多个区系有各自相对独立的文化传统，各自孕育出文明的因素，中原地区是在军权、王权相结合的基础上，从诸种文化中汲取营养，将多元文化的精华汇为一体，最终脱颖而出，成为中华文明的核心（《中国文明之源》，三秦出版社）。陈胜前结合史前考古成果，对中国文化基因进行了深入探索与思考。首先溯源文化的演化过程，确立文化的三重结构；然后溯源中国文化形成的经济基础，分析中国文明形成的格局；最后深入到文化基因的层面，探索中国文化的渊源，结合历史发展的大趋势探讨当代中国文化的建设问题（《中国文化基因的起源》，中国人民大学出版社）。

何努将中国史前时期不平等的前国家社会定义为“古国”，即高于部落之上，有地缘政治倾向，稳定的、独立的、等级化的血缘政治实体。认为在考古实践中，可以通过对中心聚落及聚落等级制、中心聚落内部的身份等级制、权力或权威的象征物、权力或权威与亲缘关系密切相关等诸多现象的分析，形成指证古国社会性质的考古证据链（《文物春秋》第 3 期）。施劲松探讨了考古的中国与“神性”的中国问题，认为哲学的博弈论和赵汀阳《惠此中国》的“漩涡模型”解释了“神性”的中国，为“中原中心论”提供了一个有效的解释，还证成了“中国”概念的多元性（《南方文物》第 2 期）。许鹏飞认为，文明的标准应为阶级、强制性的权力和“王”，其中“王”是最为关键的一环，可从是否出现“四级聚落结构”，王权的标志物、文献记载、人类学资料，以及王特有的宫殿几个方面进行分析（《东方博物》第 1 期）。李志伟梳理了国内考古学界关于酋邦理论的研究历程，认为“酋邦”与“聚落群（团）”“古国”等概念的基本内涵相近，且能够较为准确地表述我国新石器时代晚期的不平等社会，在中国古代社会研究中具有一定的适用性（《文物春秋》第 5 期）。

关于各地区早期国家和文明社会起源形成的论述。

张星德、田建文认为，红山文化的形成、发展，直至红山区域文明社会的形成，是距今 6500 ~ 5200 年间中国北方三大族群集团在辽西地区碰撞、互动的结果。红山文化范围内族群间不断的文化认同，使基本处于同一生态位的人们从单纯物质层面的认同上升到精神、信仰上的渐趋一致，实现了以宗教权力构建对世俗世界统治的红山区域文明社会的出现（《江汉考古》第 6 期）。郭大顺对辽河区域文明和红山文化等进行研究，尤其对牛河梁红山文化遗址做了深入探索，认为中国 5000 年文明史开始于红山文化（《汇聚与传递——郭大顺考古文集》，文物出版社）。马海玉从自然环境背景、经济模式、遗址聚落、劳动分工、原始信仰、社会形态等角度对所谓红山古国进行了综合研究（《红山古国研究》，上海古籍出版社）。

张海聚焦于以郑洛为中心的中原核心区，从文化和社会的视角讨论了早期社会复杂化和文明起源过程，认为区域之间的文化与社会发展存在不平衡和不同步的特点，仰韶文化以来周边地区考古学文化不断涌入中原，并在局部地区率先产生影响，进而带动整个中原社会的变革，社会发展重心也在区域间转换，诸多文明要素在区域性人口集中的早期城市化过程中不断涌现，最终促成了二里头早期国家的形成（《中原核心区文明起源研究》，上海古籍出版社）。曹建墩认为，史前中原文化不务宗教玄想而务实际、重实用，祖先崇拜和祭祀礼仪更多被赋予了社会和政治功能，宗教祭祀的实用主义和功利主义特征比较明显，在文明演进过程中形成了一种世俗理性与务实致用的价值取向。中原这些文化特质和文化观念，使中原文化具有内聚性、向心力和强大的文化吸附力，更容易形成大范围的政治文化认同，对中原文明优势地位的形成具有重要和积极的作用（《中原文化研究》第 5 期）。何驽对陶寺遗址相关问题进行综述，认为现有考古证据展现出其为中国史前邦国时代政治中心型都城的完整实例，都城功能区划全部齐备，精神文化中的地中观念、正统思想、和合文德统治理念、功能区划宇宙观指导、双城制、礼乐制度、宫室制度、汉字等对后世中国王朝产生了重大而深远的影响（《光被四表　格于上下：早期都邑文明的发现研究与保护传承暨陶寺四十年发掘与研究国际论坛论文集》，科学出版社）。他还认为，陶寺遗址考古发现所反映的美食政治，大致体现在制备与烹饪、菜品和酒品本身、宴饮的排场与仪式感三个方面。陶寺文明社会探索出的“美食政治”影响，在中国传统文化中根深蒂固，成为中国文明的基因之一（《中原文化研究》第 4 期）。宫本一夫则认为，陶寺在强制力政府和保障正统性的共同意识两方面，考古学证据欠缺，因此尚未达到早期国家阶段，处于酋邦社会最发达阶段（《光被四表　格于上下：早期都邑文明的发现研究与保护传承暨陶寺四十年发掘与研究国际论坛论文集》，科学出版社）。

刘俊男认为，距今 18000 ~ 4000 年之间，长江中游地区文化一直是中国的经济、文化、宗教等领先地区之一，并长期向四周尤其是向北传播。长江下游地区也有很高的文化成就，与长江中游、北方地区多有互动。南北两大生业区及区域内部各有其文化特色，相互交流并共同促成了中华民族多元一体格局的形成（《中原文化研究》第 5 期）。吴卫红从凌家滩遗址的考古探索出发，进而拓展到皖南、安徽全境，后到整个中国东南，探索了中国东南地区史前文化的发展脉络，凸显了长江下游地区史前文化的特点，及其在整个中华文明演进过程中的作用（《朔知东南风：从凌家滩到长三角的区域文明探源》，上海古籍出版社）。钟雪将选取的凌家滩墓地 8 座高等级墓葬细分为四个等级、五个群体，探讨了各等级人群的社会身份、权力以及与之相对应的财富占有能力，认为凌家滩墓地时期的社会已具有权力相对集中的领导模式，但由于集权阶层下专职占卜的巫觋阶层和掌握军、政权力的贵族管理阶层的存在，尚未达到权力的绝对统一（《地域文化研究》第 6 期）。陈雍从物质、制度、精神层面揭示了良渚社会组织、经济制度、控制手段和信仰、认知体系的基本特征，认为良渚文化具有三个早期国家特征：按地域组织起来的政治社会、复杂社会分层和权力等级系统，强调良渚文化的发展与夏商文明在一些重要方面存在连续性（《南方文物》第 1 期）。张敏对良渚文化的灭亡原因进行了深入思考，指出资源枯竭、汤汤洪水、涿鹿之战等原因虽然都有可能导致良渚文化在进入华夏国家文明前夕消亡，但“良渚古国”是一个由灵巫统治的神权社会，是一个由先进生产力与落后上层建筑构成的矛盾综合体，社会形态的滞后可能是制约其向方国文明发展演进的最重要原因之一，可能是良渚文化和良渚区域文明在突然繁荣后又突然崩溃的最重要原因之一（《东亚文明》第 2 辑，社会科学文献出版社）。许鹏飞将阶级、强制性的权力和“王”作为“文明三要素”，通过分析良渚墓葬、古城和水利系统，认为良渚文化已经出现四级聚落层级，已具备阶级、强制性权力和“王”，进入国家阶段（《东方博物》第 3 期）。李成和袁圣涛从对墓葬的分析入手讨论了崧泽—良渚时期环太湖地区的社会复杂化进程，认为崧泽文化尚未出现高度社会分化，后由于人群的迁徙导致原先的社会秩序解体并重组，才在环太湖地区形成良渚文化所代表的复杂社会（《西部考古》21 辑，科学出版社）。

聚落形态研究方面。

滕铭予通过田野调查所获信息，将不同时期的聚落分布置于各个时期其他考古信息的背景中，对赤峰地区新石器时代以来聚落分布所反映的社会发展变化的进程进行了分析（《赤峰地区的聚落形态研究》，文物出版社）。张弛以白音长汗二期乙类环壕居址为例，对兴隆洼文化时期的社会结构进行研究，认为白音长汗遗址环壕围合的聚落是兴隆洼文化最小的社会单元。这种聚落人口在百人上下，是氏族公社一类的社会单元，往往还与其他氏族组成部落，因此，兴隆洼文化时期应是氏族—部落社会（《考古》第 9 期）。陈醉认为，查海遗址历经了四个发展阶段，由非稳定性聚落逐步演变为长期使用的中心性聚落。从历时角度观察，查海房址储存功能日渐突出，由西北向东北、东南两个方向发展，遗迹数量增加，聚落规模扩大（《边疆考古研究》第 2 期）。陈雪飞在对聚落空间分布进行分析的基础上，对裴李岗文化的聚落布局、人口规模、生业方式、性别分工、社会分工、社会发展阶段等进行梳理，并总结出裴李岗和贾湖两种聚落模式（《南方文物》第 2 期）。秦存誉对裴李岗文化墓葬的分期、布局和形制特征等进行了分析，并进一步探讨了裴李岗文化的经济和社会形态等问题（《南方文物》第 2 期）。杨菁将鱼化寨仰韶早期聚落分为五期，认为聚落演变尤其是第Ⅱ—Ⅳ期的聚落布局变化体现出关中地区仰韶文化半坡类型凝聚、向心式聚落布局及社会组织结构的动态形成过程（《草原文物》第1期）。张剑葳、杨菁介绍了长岛北庄遗址F16房屋复原搭建实验，认为该房屋在空间与结构上具有明显的进步性，不同的筑墙方法在墙体厚度和木骨密度等方面体现出的差异对探究木骨泥墙的建造方法提供了参考，房屋建造对材料、人员、场地、季节等方面都有不同程度的要求，为探究聚落规模与组织、生产与生活等方面提供了新的思路（《北方文物》第5期）。王天艺以芦山峁遗址院落建筑的发现为契机，讨论了黄土高原地区先秦时期“西土类”院落建筑体系的形成过程，并在此基础上分析了中国先秦时期大型院落建筑的东西差异及其产生的内在动因，认为“中原类”与“西土类”两大院落建筑体系的技术来源均可追溯至仰韶文化晚期（《考古》第4期）。葛金根通过对马家浜文化房址形态、建筑技术、空间功能以及聚落营建的综合分析，认为马家浜文化聚落居高而住，依水而居，以居址建筑为核心，形成居住生活区、生产区和丧葬区等功能分区布局（《东方博物》第3期）。

张国硕、张婷和缪小荣对229座新石器时代以来的早期城址，从城墙的形态结构、技术结构、墙基结构三方面进行分析，将早期城址城墙结构划分为中部区、南方区、北方区三大区域，认为中国早期城址既有一定的一致性，也有明显的复杂性、多样性、区域性特点（《考古学报》第1期）。郭立新和郭静云认为，中国最早的城市及古国体系首先出现在长江中游（《南方文物》第1、2期）。吴卫红对距今4500年的孙家城城址的城垣结构和功能进行分析，尝试复原了筑垣的技术过程，认为其采用了斜坡堆筑法，在基础及土料处理、坡度设计等方面具有明显的设计和规划。通过对垣、壕的特点分析并结合现实地形、降水数据，作者推测兼具防洪及防御功能，但垣的防御功能有限（《考古与文物》第3期）。孙金松、党郁对内蒙古中南部南流黄河两岸地区龙山时代石城进行研究，将石城演变划分为单道城垣—单重城垣—双重城垣三个阶段，从早至晚均呈现趋于复杂和扩大的趋势，石城聚落层级演变趋势较为清晰，认为石城聚落层级演变呈现出“一般性龙山遗址—龙山石城—龙山中心石城—龙山核心石城”的社会结构框架（《草原文物》第1期）。

（三）生业经济和动植物考古、人地关系、人类体质

生业经济和动植物考古的综合性研究。

梁琪瑶、张伟、陈全家等对黑龙江齐齐哈尔洪河遗址出土的骨器和动物遗存进行分析，发现该遗址在新石器时代晚期尚未出现较多农业用具和家养动物骨骼，渔捞、狩猎和采集经济应是主要的生业模式（《人类学学报》第5期）。孙永刚在对辽西地区不同考古学文化典型遗址进行植物遗存的获取以及科学分析的基础上，结合动物考古及其他科技手段获取的数据，对辽西地区史前时期生业发展模式进行分析，对辽西地区生态系统与生业方式的关系等问题做了探讨（《辽西地区新石器时代植物考古研究》，上海古籍出版社）。常经宇认为，新石器时代晚期适宜的气候环境和多元的生物种群，使野生动物成为辽西地区肉食资源获取的长期选择，但不稳定的生业保障却限制了遗址规模和聚落层级的发展；新石器时代末期生业环境趋向干冷和沙漠化，但辽西地区并未调整对野生动物的依赖，生业瓶颈成为社会衰落的动因之一（《干旱区资源与环境》第7期）。冯宝通过对内蒙古中南部先秦时期各考古学文化中动植物遗存和生产工具的梳理，认为该地区先秦时期的生业经济可分采猎并重—耕猎互补—种养结合—农牧兼营—牧猎为主五

个发展阶段，其发展变化与该地区独特的生态环境有着密切的联系（《南方文物》第6期）。常经宇对陕西榆林地区新石器时代晚期动物资源的获取和利用进行分析，发现仰韶晚期该地区气候较为优越，生物种群丰富，肉食资源选择多样。龙山时代晚期气候恶化，生物种群减少，家养动物成为榆林地区肉食资源获取的核心。由于家羊和黄牛仅以野生植物为食，不占用农作物资源，且能提供稳定的次级产品，因此成为榆林地区生业补充和促进区域发展的重要因素（《考古》第8期）。陈相龙根据人和动物的碳、氮稳定同位素比值，对中原地区新石器时代中期至末期先民的食物结构和家畜的饲养方式进行了梳理，认为新石器时代中期的贾湖遗址已经开启了向农业迈进的步伐，新石器时代晚期发展成为成熟的农业社会，新石器时代末期生计方式多样化、生业经济复杂化，其中粟作农业的生产是本地生业经济的主体（《南方文物》第1期）。邓振华、张海、李唯等对河南漯河郝家台遗址早期农业结构进行研究，从出土植物大遗存分析入手，揭示出当地在龙山至新砦期一直保持着粟为主、黍为次、兼有少量稻和大豆利用的作物结构（《中国科学：地球科学》第3期）。左豪瑞、李慧萍等通过对新乡前高庄遗址出土的龙山时期动物遗存进行种属鉴定、数量统计、年龄结构分析、肉量估算等，认为家猪饲养是高庄遗址先民获取肉食资源重要途径，狩猎和捕捞活动也占据一定地位（《中原文物》第2期）。张颖分析了田螺山遗址2004～2010年出土的哺乳动物和鱼类遗存，表明该遗址渔猎活动的空间分布得到了较为清晰的划分，其中狩猎活动主要发生在灌丛和草地生境，湿地是主要的捕鱼地点，进一步揭示了湿地是田螺山生业经济的核心区域，既是乌鳢等鱼类的栖息地，菱角和芡实等植物性食物的生境，也是早期水稻种植的地点（《第四纪研究》第1期）。郑晓蕖、邵栋、刘宝山等通过对杨家、马家浜遗址出土植物遗存的分析，推测马家浜文化稻作农业发展的关键阶段应始于马家浜晚期，水稻在此阶段成为主要食物资源，粒型的增大出现飞跃应与耕种技术的进步有关（《江汉考古》第5期）。刘晓迪、王然、胡耀武对桂林市甑皮岩与大岩遗址出土的人和动物骨骼碳氮稳定同位素进行分析，认为新石器时代早中期（距今1.2万～7000年）华南地区处于全新世升温期，气候温暖湿润，生境较为稳定，存在丰富的陆生及淡水类动植物资源。其中新石器时代早期（距今1.2万～9500年）人群组成较为单一，食物来源高度集中，生存策略为食物资源的平均分配。新石器时代中期（距今9500～7000年）人群组成趋于复杂，获取食物的途径较早期广泛，并增加了对陆生资源的利用（《考古》第7期）。张烨昆、黄胜敏等对邕江流域豹子头、石船头和那北咀3个河旁贝丘遗址进行大遗存分析、薄壁组织遗存分析、炭屑分析以及淀粉粒和植硅体等微体遗存分析，发现邕江流域河旁贝丘群体的食谱范围非常广泛，生业模式应为广谱采集。磨石、陶器、炭化食物遗存的发现以及对棕榈的强化利用行为，表明贝丘群体已经具备改造环境、提高多种食物资源回报率的能力，但是对植物资源的强化利用程度仍然较为初级（《第四纪研究》第5期）。赵珍珍、肖永明等通过对青海沙隆卡遗址陶片及石器表面残留淀粉粒的分析，发现了来自禾本科粟、小麦族、壳斗科栎属、块根块茎类植物的淀粉粒，显示了沙隆卡遗址先民植物性食物资源的多样性（《考古与文物》第6期）。

稻作农业研究。

邱振威对上山文化水稻植硅体研究中存在的问题进行梳理，发现一是水稻扇型植硅体所反映的水稻驯化程度在不同研究（者）之间存在差异；二是水稻扇型植硅体与水稻双峰型植硅体反映的水稻驯化程度存在差异；三是上山文化在水稻驯化进程中的位置存疑，并对其原因进行了探讨（《考古》第9期）。唐丽雅、刘嘉祺、单思伟等对湖北石首走马岭遗址史前植物遗存进行研究，发现水稻、粟以及其他野生植物的炭化遗骸，显示两湖平原地区主要为稻作农业，但是在平原边缘地区存在粟类遗存的环状分布带（《江汉考古》第 3 期）。刘兴林根据湖南澧县城头山、浙江余姚施岙和余杭茅山遗址发现的水田中的田埂形态分析，认为我国以方便灌溉为首要目的畦田萌芽于距今 6000 年左右，以生土田埂界隔地下田面为标志；成熟于良渚文化中晚期，以人工田埂规划地面田为标志（《东南文化》第 5 期）。生膨菲和周宜静分析认为，全新世长三角滨海地带的水环境变化深刻影响了这个地区马家浜文化至广富林文化时期稻作农业的演化轨迹。其中，良渚文化时期，浅水湿地的沼泽化过程可能促进了史前稻作农业社会的扩张发展；而距今 4200 年左右的全新世晚期气候干冷事件对太湖以东地区人类稻作农业活动产生了明显不利的影响；良渚至钱山漾—广富林文化时期太湖地区聚落和农业经济发生的转变，显示出史前稻作农业社会的脆弱性与弹性适应（《农业考古》第 6 期）。

粟作农业研究。

易文文、魏兴涛、杨玉璋等对张王庄遗址仰韶文化早期陶器和石器表面提取的植物淀粉粒进行分析，认为该遗址仰韶早期先民的植食资源利用具有显著的多样性特征，旱地农作物粟、黍虽然已在人类生业经济中占据了重要地位，但采集获取的各类野生植物资源仍是人类食物主要组成，其重要性甚至高于农业种植（《人类学学报》第 5 期）。钟华、王涛、朱光华等通过对山东定陶何楼遗址等浮选出土植物遗存的分析认为，北辛晚期至大汶口文化早期，黍粟类旱作农业作物是最为重要的农作物资源，其中又以黍为主导，稻米在大部分遗址中也都有发现，说明其存在一定的普遍性，大豆只在少数遗址中出现。比较而言，这一时期本区域并未形成像中原地区庙底沟类型那样成熟的旱作农业体系，相对粗放且产量较低的黍依旧是最重要的农作物资源（《南方文物》第 1 期）。

家猪驯化和饲养。

赵春燕、吕鹏、袁靖等通过锶同位素分析发现，小珠山遗址出土的猪从小珠山文化第三期开始出现外来个体，小珠山文化第四、五期始终存在外来个体，且后期的猪的来源可能与前期不同。从第三期开始，猪牙釉质的锶同位素比值呈现典型的海洋性特征，说明猪的食物可能包含海产品，是人工饲养的体现（《考古》第 7 期）。王华、张弛对河南邓州八里岗遗址出土仰韶时期动物遗存进行研究，发现从仰韶早期到晚期家猪饲养的地位不断上升，特别是仰韶中期以后，家猪饲养基本在动物生业中占据了主导性地位。猪骨多出于二次葬中，倾向于使用形态或年龄大的猪（《考古学报》第 2 期）。刘一婷、李婷、樊温泉对庙底沟遗址动物遗存进行分析，认为庙底沟期先民的肉食资源获取方式属于开发型，饲养家猪为主，偶尔也狩猎野猪、鹿科动物、鸟类，捕捞软体动物和鱼类。针对不同的动物，先民采取不同的利用策略（《华夏考古》第 5 期）。侯富任、刘斌等对案板遗址出土的动物骨骼进行分析，发现从仰韶文化晚期到龙山时代早期，家猪和鹿科动物是当时先民的肉食结构中最为稳定的两大组成部分，尤其家猪逐渐占据优势地位并不断强化，肉食资源的获取方式逐渐发展为成熟的开发型（《文博》第 2 期）。刘一婷、陶洋、黄文新分析认为，新石器时代大寺遗址已有家猪，但是家猪的驯化处于低水平的状态，同时也存在一部分野猪。此外，对家猪和野猪采取了不同的宰杀策略(《江汉考古》第 3 期)。戴玲玲、张义中对安徽淮北渠沟遗址（公元前 6700 ~ 4000 年）的猪骨的数量、年龄结构等进行分析，发现距今 7000 年前的渠沟遗址已经出现了初期阶段的家猪饲养（《边疆考古研究》第 2 期）。他们还对该渠沟遗址出土的猪等动物骨骼开展碳、氮稳定同位素分析显示，发现猪群构成复杂，既包括家猪，也有部分野猪和家/野杂交等个体，反映饲养管理松散，到晚期对猪的管理趋于强化（《第四纪研究》第5期）。王永笛和蔡大伟从动物考古、古DNA、稳定同位等方面对家猪起源和驯化问题的研究进行了综述，指出我国家猪可能是多地区独立驯化，东北地区可能是我国家猪驯化地之一（《边疆考古研究》第2期）。

家犬驯化和山羊、黄牛起源。

侯亮亮、李君、邓惠等通过对河北徐水南庄头遗址动物骨骼的稳定同位素分析，显示2例家犬样本的年代在距今1万年左右，家犬食物中包含了一定量的粟、黍，认为对家犬的饲喂和先民生活方式的转变促进了粟黍农业的萌芽（《考古》第5期）。宋艳波、孙波从形态学的角度分析，认为在早于后李文化时期的扁扁洞遗址发现的狗有可能正处于驯化早期阶段(《海岱考古》第14辑）。蔡大伟、张乃凡、赵欣认为，家养山羊可能在距今4000年前后的龙山晚期进入甘青地区，在距今3700年左右的二里头文化时期被引入中原地区（《南方文物》第1期）。赵欣、东晓玲、刘铭等认为宁夏德隆沙塘北塬遗址出土的家养黄牛骨骼遗存全部属于普通牛，证实新石器时代中国家养黄牛的遗传结构相对简单，并推测公元前2000年左右甘青地区还处于家养黄牛引入中国境内的早期阶段（《南方文物》第5期）。

野生动物等的利用。

宋艳波、李铭、郭俊峰等对济南张马屯遗址后李文化早期遗存中的动物遗存进行研究，发现哺乳动物中狗为明确的家养动物，猪有可能被驯化。野生的鹿科动物和牛科动物为代表的大中型偶蹄目动物是当时先民最主要的肉食来源（《东方考古》第18集，科学出版社）。宋艳波、王杰等对西河遗址2008年出土的动物遗存进行分析，认为除猪可能为家养动物外，其余均为野生动物。西河以及其他后李文化遗址中都出土数量较多的鱼类遗存，且多为淡水种属，多数遗址中发现的鱼骨大量集中出土于单个遗迹的现象，可能与聚落中部分先民对鱼类食物的特殊喜好有关（《江汉考古》第1期）。王良智、方燕明对禹州瓦店遗址龙山时代的中国圆田螺和铜锈环棱螺的壳高、重量等数据进行测量并作统计分析，解释了采集季节和肉食量及蛋白质含量的问题，并进一步推测大量螺壳堆积可能与宴飨或祭祀活动有关（《华夏考古》第4期）。李志鹏对中原腹地龙山时代到二里头文化时期先民的肉食消费进行研究，认为各个遗址先民的肉食消费情况差异很大（《南方文物》第5期）。杨苗苗对陕西神木木柱柱梁遗址出土的鸟类遗存进行分类、测量和鉴定，共鉴定出4个种属，分别是鹰、雕、环颈雉和雕鸮。作者认为，遗址所在地区以低山丘陵、草原为主要的生态景观，周围有一定面积的森林和荒漠(《中原文物》第6期）。王运辅、杨华、李大地对重庆涪陵大河口遗址第三层出土的鼯鼠类材料进行分析，发现至少在新石器晚期当地自然环境适合多种鼯鼠类动物的栖息，认为大河口鼯鼠材料堆积应该与史前居民开发利用紧密相关（《第四纪研究》第1期）。陈曦、谢广维对广西龙州舍巴遗址进行动物考古学研究，发现先民获取动物资源的方式为广谱性渔猎捕捞，并主要以烧烤的方式加工肉食。在第一期遗存和第二期遗存之间，动物资源发生了从以水生动物为主到以陆生动物为主的显著转变（《东亚文明》第2辑，社会科学文献出版社）。

环境考古和人地关系研究。

邱振威、庄丽娜、林留根对江苏泗洪雪南遗址植物资源与环境景观进行分析，认为顺山集文化时期，遗址周边常绿—落叶阔叶林趋于减少，以禾本科为代表的陆生草本植物发育，水域面积扩大、水体活动加强，气候总体暖湿且有波动，呈现适宜稻作农业发展的湿地景观（《中国国家博物馆馆刊》第 8 期）。王辉、王晓毅、张光辉等对碧村遗址聚落选址的地貌背景进行了考察，从聚落用地、生产生活、安全和交通等方面对不同地貌单元的自然资源条件进行了剖析，进而阐释了聚落选址的合理性（《南方文物》第 5 期）。张兴香、李雍、吴晓桐等通过对黄河流域龙山时代出土的扬子鳄骨板分析，认为出土的鳄鱼骨板所属个体应为本地生长的动物，该地区当时的气候较现在更为温暖湿润。而在距今 4100 年之后晋南地区的墓葬中不再随葬鳄鱼骨板，表明晋南地区的气候环境从温湿转向干凉，不再适宜扬子鳄生存（《人类学学报》第 1 期）。王树芝等对陶寺遗址出土木炭碎块进行鉴定，发现了 25 个木本树种。在陶寺文化中期宫殿区利用最多的是侧柏，其次是栎木和油松，在陶寺文化晚期普通工匠居住区最多的是栎木（《光被四表　格于上下：早期都邑文明的发现研究与保护传承暨陶寺四十年发掘与研究国际论坛论文集》，科学出版社）。袁广阔认为，从新石器时代早期到晚期，河北平原东西两侧文化面貌迥异，西侧属于中原文化系统，东侧属于海岱文化系统，两个文化系统的分界线与《汉志》记载黄河河道高度吻合。正是古黄河下游宽阔的河道以及众多的支流阻隔，使河北平原两侧在新石器时期形成不同的文化系统（《中国社会科学》第 2 期）。

何瑾、刘演、田彦国等基于西辽河流域兴隆洼剖面高精度年代学框架开展多种气候代用指标分析，重建了中晚全新世以来西辽河流域的气候环境演变历史。结果显示，距今 5000 年以来该区经历了冷干—暖湿—冷干的气候演变过程，红山文化衰退。距今 3700 年后夏季风的增强，水热条件的改善促进了旱作农业的发展，为夏家店下层文化的发展提供了有利条件。距今 2800 年后夏季风波动频繁，气候逐渐转冷干，水热条件的衰退可能导致了夏家店上层文化时期旱作农业的退化与游牧业的发展（《地理学报》第 7 期）。侯光良、兰措卓玛、朱燕等人使用 GIS 空间分析和 R 语言方法重建了不同时代人类向高原扩张与交流的可能路线，认为距今 6000 年之后亚洲季风衰弱、植被退化，传统的狩猎采集经济受到挑战，但粟黍农业得到了快速发展（《地理学报》第 5 期）。陈晓良、侯光良、金孙梅等运用迈阿密模型估算青藏高原区域气候生产潜力的分布状况，并与考古遗址中发现的动植物遗存及生产工具组合进行对比分析，认为距今 15000 ~ 6000 年，该区先民以频繁迁移的策略从事狩猎采集活动；距今 6000 ~ 4000 年，生业策略产生二元高低海拔分异适应，即低海拔地区从事粟黍种植农业，而高海拔地区则保持着狩猎采集为主的生业传统；距今 4000 ~ 2000 年，形成麦作农业、畜牧业和狩猎采集等为主的混合经济格局（《山地学报》第 6 期）。王宗礼、曹辉辉等建立了沙隆卡遗址年代序列，发现史前人群在该遗址活动的时间为距今 8500 ~ 7300 年、5300 ~ 4600 年、4100 ~ 3900 年、3200 ~ 2900 年，认为沙隆卡遗址的海拔和地貌特征适合渔猎、粟黍和麦类作物种植，而其所处的群尖盆地海拔高差大的特点也为多种生业模式提供了适宜的自然条件（《第四纪研究》第 1 期）。

人类体质和古人口研究。

雷帅、陈靓、翟霖林观察认为，西安鱼化寨婴幼儿乳齿形态与东北亚人群具有的“中国型牙”接近，同时兼有少量东南亚人群具有的“巽他型牙”特征。这与同时期关中地区其他古代人群颅骨上反映的种族特征基本一致，说明关中地区发现的仰韶时期古人类有相同的人种类型（《人类学学报》第 2 期）。周亚威、张晓冉等对郑州孙庄仰韶文化遗址出土的颅骨进行测量观察，认为孙庄组古代居民颅骨的形态特征与亚洲蒙古人种近代华南组关系最为密切，应属于“古中原类型”居民（《人类学学报》第 2 期）。周亚威、张晓冉、顾万发对郑州汪沟遗址出土的仰韶文化居民的2816枚牙齿进行统计与分析，发现汪沟人群的牙齿磨耗程度总体偏轻，牙齿磨耗程度与河南下王岗组居民接近（《人类学学报》第1期）。雷帅、陈靓、郭智勇对山西临汾下靳A类墓地出土的颅骨进行形态学研究，认为在种族特征上最接近现代亚洲蒙古人种中的东亚类型，与南亚类型也存在较多相似之处。与古代组对比后发现与内蒙古中南部的庙子沟组、冀北地区的姜家梁组以及西辽河流域的夏家店上层组种系关系最为密切（《文博》第5期）。孙蕾、曹艳鹏、张海对河南平粮台和郝家台遗址龙山文化的颅骨进行形态学分析，发现平粮台组颅骨形态与先秦时期的古中原类型居民一致，而郝家台组与古中原类型、古华北类型和古西北类型均有较多相似之处。相对于平粮台遗址单一的粟作农业，郝家台粟作与稻作农业并存，这与郝家台组颅骨多种体质类型的混合特征相吻合（《江汉考古》第5期）。张燕、赵东月、刘化石等对四川会理猴子洞遗址出土的距今5000～4800年的人骨进行鉴定分析，发现该地古代居民的平均预期寿命为27.08岁，属于亚洲蒙古人种，显示出明显的南北方混合型或过渡型体质特征（《四川文物》第6期）。侯侃、林留根、甘恢元等对江苏兴化蒋庄遗址良渚文化墓地进行古人口学分析，发现人口的性别比在正常范围，死亡年龄结构接近正态分布，生育水平较高（《人类学学报》第2期）。涂栋栋运用统计学方法估算查海遗址同时期的人口规模在246～258人之间（《南方文物》第5期）。

（四）陶器、石器、玉器及其他

陶器研究方面。

《中国出土彩陶全集》（科学出版社）首次对中国百年考古出土彩陶进行全国范围普查和全面系统地总结、研究，收录了新石器时代以来的彩陶2460多件，囊括了各个时期和各个地区的典型产品，几乎涵盖了所有与彩陶相关的重要考古发现。王炜林、杨利平梳理了陕西境内彩陶的发现历程，认为半坡彩陶代表一种约束性“礼俗”，而在较大范围和不同文化中流行的庙底沟彩陶则代表一种“礼制”（《文物世界》第2期）。朱彦臻将内蒙古中南部新石器时代彩陶纹饰分为四期，即所谓石虎山类型—白泥窑文化早期、白泥窑文化中晚期、庙子沟文化时期和阿善文化时期（《南方文物》第6期）。卫雪、钱耀鹏从形态演变、制作工艺入手，引入设计学相关概念，对仰韶文化尖底瓶的类型、成型工艺、使用方法进行模拟实验研究，认为尖底瓶是储酒器，中小型尖底瓶兼作饮酒器，尖底的主要功能在于沉淀分离、澄清酒液。尖底瓶的小口结构不适于谷物酒发酵，但便于封盖和开启（《仰韶文化尖底瓶研究》，中国社会科学出版社）。李萌对仰韶文化的陶质酒器进行分析，认为按器形可以分为釜、灶、鼎、甑、盆、大口缸、滤酒器、瓮罐、尖底瓶、漏斗、盉、壶、杯、异形器，按功能可以分为酿酒器、贮酒器、宴饮酒器，按性质可以分为礼仪用器、非礼仪用器（《农业考古》第3期）。富宝财对龙山时代空三足器制作工艺进行研究，以空三足器器形和组合关系为依据，将北方地区细分为五个地区：三北地区以斝、甗、三足瓮，关中地区以瘦高斝和罐形斝，中原地区以平底斝和釜形斝，华北地区以斝和甗，山东地区以甗、鬶等不同器类组合为特征。认为存在以三北地区和山东地区为代表的两个文化系统（《中国国家博物馆馆刊》第11期）。久保田慎二通过实验考古分析，认为距今4300年以后黄河以北地区以鬲为主的空三足器分布范围的扩大，与鬲的高热效率特性和气候干冷化背景有关（《光被四表　格于上下：早期都邑文明的发现研究与保护传承暨陶寺四十年发掘与研究国际论坛论文集》，科学出版社）。

刘莉、王佳静和刘慧芳检验了陕西半坡和姜寨遗址出土的11件仰韶文化早期尖底瓶中的微植物和微生物遗存，表明这些尖底瓶曾用于酿酒，酿酒原料主要包括黍等（粟、稻米、小麦族）、豆类和块根植物（栝楼根、芡实）（《考古与文物》第2期）。赵雅楠和刘莉对秦安大地湾遗址出土的小口尖底瓶、小口平底瓶和彩陶壶进行了残留物分析，在三种器类上均发现了与酿酒过程有关的微体植物和微生物组合，显示酿酒方法包括制作谷芽酒、麴酒和两法并用，原料以粟、黍、薏苡和小麦族等野生或驯化谷物为主，栎属、栝楼根、姜属和未知根茎类植物偶有添加（《中原文物》第1期）。刘莉、李永强、侯建星对河南渑池丁村仰韶文化遗址中9个尖底瓶的残留物（距今6000 ~ 5100年）进行分析，发现丁村的仰韶人用尖底瓶制作谷物发酵酒，酿酒原料主要为黍、大米、薏苡、野生小麦族种子和栝楼根。采用了两种发酵技术，以酒曲或发芽谷物作为发酵剂，主要原料可能为大米（《中原文物》第5期）。刘莉、王佳静、陈星灿等对山东王因和西夏侯遗址出土的4件大汶口文化陶器进行微植物和微生物分析，初步揭示了海岱地区距今6200 ~ 4600年的酿酒技术，即利用麴、根霉和/或毛霉制麴，以粟黍、小麦族、葛根、栝楼根和百合为主要原料酿造麴酒。制作精致的磨光黑陶高柄杯是饮酒器，红陶杯和灰陶瓶也与酒有关（《华夏考古》第1期）。

李鹏辉、王立新对后套木嘎一期文化陶器纹饰与制法进行研究，认为陶器施纹方式有戳压、滚压、刻划三种，绝大多数陶器表面饰栉齿纹，陶胎羼合植物纤维的夹炭陶与东北亚广大地区可能存在一定联系（《考古》第4期）。郭子月认为，裴李岗文化陶器造型的形成运用了三种设计方法，即对自然形态的摹拟、三原形与混合形的运用以及平均比例（《南方文物》第2期）。三阪一德、栾丰实、王强等对辽东半岛和胶东半岛公元前4000 ~前1000年的陶器制作技术进行分析，认为小珠山下层文化时期辽东半岛的陶器主要受到了辽西地区偏堡类型的影响，小珠山上层文化时期主要受到了来自胶东半岛的影响（《东方考古》第18集，科学出版社）。苏明辰、宋海超、董祖权等通过观察分析庙底沟遗址出土陶器制作痕迹，推测庙底沟类型可能存在集中作坊与家庭手工业两种生产组织，西王村类型存在集中作坊、个体手工业，庙底沟二期文化仅有个体作坊手工业（《华夏考古》第5期）。任瑞波、陈苇对四川金川刘家寨遗址制陶工艺进行分析，认为该遗址陶器以泥条盘筑为主、泥片贴筑为辅。小口尖底瓶重唇口的制作方式至少有两种，尖底的制作方式可细分三大类、四小类（《考古学集刊》第24集，社会科学文献出版社）。彭小军认为，陶器成型技术类型在新石器时代中期形成了有规律可循的空间分布特征，经历了连续的调整和变动，由最初的南北分异演变到新石器时代晚期轮制拉坯技术在黄河下游—长江中下游地区的兴起，再到新石器时代末期东西并立格局的出现（《江汉考古》第1期）。

高守雷、熊增珑、张童心分析认为，牛河梁红山文化陶器所用原料均为当地以蒙脱石和伊利石为主的黏土，大型建筑构件和人物塑像材料为当地黏土掺入草本植物混合而成，陶衣使用高铁低锰的原料，黑彩颜料为高铁高锰的矿物（《北方文物》第6期）。王小娟分析发现，陶寺文化早期制陶黏土的微量元素含量与中、晚期存在差异，晋南与晋西地区新石器时代末期陶土微量元素含量存在明显差异（《光被四表　格于上下：早期都邑文明的发现研究与保护传承暨陶寺四十年发掘与研究国际论坛论文集》，科学出版社）。杨真真、夏寅、王丽琴等对青海民和阳山、马牌两座墓地出土的马家窑文化半山类型和马厂类型彩陶进行化学成分检测，结果表明黑彩的呈色物相为磁铁矿和黑锰矿，红彩的呈色物相为赤铁矿，白彩的呈色物相为石英。陶胎岩相主要由石英、长石、角闪石及碳酸钙组成，以强烈铁染为特征，在900℃左右焙烧成器（《文物保护与考古科学》第3期）。郭富、金普军、李婷婷对四川麦坪遗址出土陶器进行化学成分检测，表明该区域陶器采用了高磷含量的原材料，可能与制陶时加入有机物有关（《四川文物》第3期）。

钱耀鹏、穆琼洁对中原地区史前陶窑的演变进行研究，认为可分为四个阶段，即裴李岗文化时期的单体陶窑、裴李岗文化晚期至仰韶文化早期的水平状复合结构陶窑、仰韶文化中期的倾斜状复合结构环形火道陶窑、仰韶文化晚期至龙山时代的倾斜状复合结构并列火道陶窑，其中单体结构对热能积聚的利用和复合结构从水平状到倾斜状的发展，体现了陶窑演变的阶段性差异逐渐减小、烧造技术逐渐提高的特点（《考古学报》第1期）。秦小丽、琚香宁利用民族学、实验考古学方法，对长江下游昆山、新地里和小兜里遗址的陶器平地堆烧技术类型进行分析，认为覆盖型平地堆烧与稻作文化圈具有较大关联性，平地堆烧比陶窑烧制更能适应长江下游的自然地理环境（《故宫博物院院刊》第6期）。

石器研究方面。李有骞对嫩江流域细石器遗存的年代框架、技术发展序列进行梳理，认为该地区的细石器在距今2.8万～0.4万年，经历了石叶小型化→船形细石核技术→楔形细石核技术→复杂压制小石叶技术→被石片技术取代的发展脉络（《考古与文物》第5期）。陈宥成、侯光良、高靖易等对青海玛多冬给措纳湖畔采集的细石器进行技术类型学分析，认为青藏高原在全新世早中期具有相对稳定的“楔形细石核—柱形细石核—锥形细石核”的细石器技术传统，缺乏典型船形细石核和小型两面器等华北地区旧石器晚期常见细石器组合类型，推测青藏高原全新世早中期的细石器工业可能来源于邻近的西北、西南地区（《人类学学报》第1期）。张弛认为，汉水中游多个遗址和地点采集到的大量石叶技术石制品不同于目前已知的旧石器时代石叶技术产品，尤其是石叶石镞和在淅川下王岗和邓州八里岗遗址发掘出土的仰韶文化早中期石镞一样。说明欧亚大陆东部石叶技术同样延续到了新石器时代，年代可以晚到仰韶文化时期，往南到达了汉水中游地区，且以棱柱状石核石叶—细石叶技术系统为发展特征（《江汉考古》第6期）。

吴超明、宋国定对中国新石器时代石器工业研究历程进行回顾，以郑州地区仰韶文化为例对石器生产与社会复杂化进程的关系进行探讨，认为石器研究应以考古学文化背景分析为理论基础，运用类型学、民族志类比与古文献引证等方法，结合微痕观察、模拟实验与残留物分析等技术手段，以解决石器生产、功能复原及相关具体考古问题（《南方文物》第5期）。樊温泉、贺存定、郑立超分析认为，庙底沟遗址石制品的数量和类型从早到晚递减，就近取材，剥片方法以锤击法和锐棱斜向砸击技术为主，修理技术以打制、琢制和磨光等组合技术为主，在工具组合上以农业相关工具为主（《华夏考古》第4期）。刘亦方、魏兴涛、宋国定等对郑州西山城址出土石器进行分析，认为该遗址的石器手工业以日常生活用具为主，并未出现集中化生产的现象，石器手工业专门化程度相对较低，大型石器应是在石料产地制作成形后带入聚落，象征社会分化的礼制性石器并不多见（《南方文物》第5期）。吴超明、魏青利、刘亦方等将郑州地区仰韶文化中晚期的石刀分为三类，认为在形态设计的规整程度、加工技术的选择倾向、类型演进的主导趋势等方面体现出由缺口石刀向穿孔石刀渐变的特点（《南方文物》第5期）。李永强根据考古调查资料，分析认为嵩山北麓近山区域自仰韶时期开始就已经出现少量石铲加工点，并在龙山晚期至二里头时期发展繁荣。产品的分配以交换为主，分配区域可能仅限于洛阳盆地内（《南方文物》第6期）。任文勋、吴超明、李升韬等对郑州地区仰韶文化石环的形态特征、石料岩性、生产技术、聚落背景进行研究，将石环分为三类，认为乙、丙类的精细程度高于甲类，且石环生产与聚落性质关系密切，主要分布流通于具备祭祀神权或军事防御属性的等级较高的聚落中（《南方文物》第 5 期）。金锐、任文勋、信应君等对郑州地区仰韶文化中晚期 3 件石钺和 1 件石斧的红彩进行检测，结果表明红彩颜料为朱砂或铁红。作者认为仰韶文化中晚期颜料研磨工艺已达到很高水平，先民已经掌握“水飞”工艺（《南方文物》第 5 期）。贺成坡、李英华、韦璇等对湖北石首走马岭屈家岭文化早期遗址石器原料做溯源分析，发现其主要的原料类型为板岩和砂岩，推测遗址东部的桃花山可能是石器原料的主要产地(《四川文物》第 6 期）。黄建秋、雷少、王结华对宁波鱼山遗址及其附近的乌龟山遗址的出土石器进行综合研究，对河姆渡文化和良渚文化等的斧与钺、锛、刀、破土器与犁、磨石与砺石，以及戈、镰、镞、镖、饰品、锤等进行观察分析，探讨这些石器的制作工艺与产地、石器组合与功能、石器用材的阶段性变化以及石器与社会等相关问题（《鱼山遗址出土石器综合研究》，科学出版社）。栾丰实、武昊、王芬等从出土数量、制作工具和石料来源等方面对两城镇遗址的龙山文化石制品进行分析，认为两城镇遗址的石器生产已脱离家庭手工业的生产阶段，进入更为复杂的专业化生产时期，且该生产形态广泛存在于其他地区的龙山文化聚落中（《考古》第 8 期）。

玉器研究方面。

段天璟、高云逸分析认为，左家山下层文化“玉龙”的出现的年代和形态特征均早于红山文化同类品，红山文化“玉龙”是在继承左家山下层文化“玉龙”的基础上发展起来的（《边疆考古研究》第 1 期）。钟雪认为，内蒙古南宝力皋吐墓地出土玉石器可划分至松辽分水岭以北的包括哈克文化玉器在内的黑吉地区史前玉器系统（《边疆考古研究》第 2 期）。曹芳芳对中原地区史前用玉特征与进程进行了综述，认为中原地区史前用玉文化开始于裴李岗文化时期，中原地区并非玉文化的原生地，更多是受外来影响而继发出用玉文化（《中原文物》第 3 期）。栾丰实通过对石峁、碧村和陶寺等遗址出土玉器的分析，认为这三处遗址所代表的陕北和晋南地区龙山时代的玉器存在着较强的共性特征，以长方形钺、各种璧环、刀、牙璋、圭和琮等为主要器类的玉器文化，属于同一个大的玉器系统。而这一玉器文化中的主体因素主要来自东方地区以大汶口—龙山文化玉器为代表的海岱系玉器文化（《中原文物》第 2 期）。邓聪分析认为，陶寺玉钺 8 字形孔是在孔形成后，精心计划度量，然后另取相似的玉料，细致研磨出与 8 字形孔大小形制完全相同的嵌片，两者相套严密接合的设计（《光被四表　格于上下：早期都邑文明的发现研究与保护传承暨陶寺四十年发掘与研究国际论坛论文集》，科学出版社）。秦小丽对山西芮城清凉寺墓地出土玉石器的形制、原料、制作技术和文化因素进行分析，认为清凉寺玉器有来自长江中下游地区、江淮地区等地的因素，是与其他地区远距离交流和文化传承的结果（《江汉考古》第 6 期）。邓淑苹对新石器时代以来的“华西系玉器”进行研究，在上篇中讨论了玉器质地和仰韶文化玉器问题，区分出五种较常见的“典型华西玉料”（《中原文物》第 6 期）。她还对自身及学界有关牙璋的研究进行了回顾，认为陕北、川西因为蕴藏闪玉，所以可高度发展牙璋文化，提出必须放弃“牙璋源自中原”的说法（《南方文物》第 1 期）。岳超龙和宋国定对河南淅川申明铺遗址三件仰韶晚期玉石器进行分析，了解到玉石器原料来源于当地，钻孔技术已相当成熟，石钺孔缘部位的刻槽装饰是礼器装饰的一大特色（《南方文物》第 5 期）。张婷婷、赵亚锋、喻燕姣对孙家岗遗址墓地 2017 年新出土玉器进行研究，认为这批玉器大体属于肖家屋脊文化（《湖南考古辑刊》第 15 集，科学出版社）。朱乃诚分析认为，福建光泽县走马岭遗址出土的8件玉器，分别来自兴隆洼文化、红山文化、齐家文化、二里头文化。其中牙璋的制作年代最晚，在公元前1560～前1530年。它们可能是从以牙璋为代表的二里头文化分布区传播出来的（《文博》第4期）。秦小丽通过对绿松石、海贝和红玛瑙制品的发展演变、出土环境、地域间交流等的分析，认为公元前2000年前后三种制品在历时性变化和空间分布密度数量上呈现不平衡状况（《南方文物》第5期）。

骨角器、木器、铜器、盐业研究方面。

李默然梳理了鹿角靴形器的年代和分布，结合民族学资料分析了鹿角靴形器的功能，认为鹿角靴形器起源于淮河中游的双墩文化，在史前时期可能是一种用于皮革加工的刮整工具（《考古》第6期）。许晶晶、周金波、乙海琳对江苏东台开庄遗址骨角料和骨角器的加工流程进行分析，认为该遗址的制骨手工业专业化程度较低，但在原料选材、成品制作加工、生产设施和生产活动等方面已经具备专业化生产的基本特征（《东南文化》第3期）。夏勇对良渚文化的木作工序和各类木作工具进行研究，认为当时的木作工序包括伐木、运输、解料、平木和净材、加工成型等环节（《东亚文明》第2辑）。付强认为良渚文化的漆觚及其中的锥形器可能是祼祭时使用的“同”和瓒（《光被四表　格于上下：早期都邑文明的发现研究与保护传承暨陶寺四十年发掘与研究国际论坛论文集》，科学出版社）。陈国科、杨谊时、张山佳等通过对西城驿遗址文化层沉积物及现代表土沉积物元素地球化学分析，认为距今4200～4000年的所谓马厂文化时期人类活动增强，冶金活动开始出现；距今4000～3700年的西城驿文化时期出现了冶金高峰期；距今3700～3500年的四坝文化时期冶金活动强度相对减弱（《人类学学报》第1期）。戴向明追溯了运城盐池开发、利用的早期历史，探讨了盐池与中原文明化进程可能存在的关系（《中原文物》第4期）。

（五）天文、祭祀、艺术和丧葬观念

天文、祭祀和原始宗教。

曹慧奇从天文考古学的角度解读陶寺城址的测方立向和历法问题，结合《尚书·尧典》关于天文历法的记载，认为陶寺城址北偏东45°的择向主要受古代天文学测向和由此产生的天文历法——四时历法的影响。陶寺遗址确立了中国早期的天文历法体系——“二分二至”历法和初步的“盖天”宇宙观，为后世天文历法的精准化、细致化奠定了基础（《南方文物》第3期）。武家璧认为，陶寺观象台春秋分观测缝对定春秋分日出方位的偏离，与传统历法中平气对定气的偏离本质上是相同的（《光被四表　格于上下：早期都邑文明的发现研究与保护传承暨陶寺四十年发掘与研究国际论坛论文集》，科学出版社）。顾万发认为，陶寺观象台除了观测太阳、定节气、祭祀太阳之外，还可以视为是蕴含天地之中的模型（《光被四表　格于上下：早期都邑文明的发现研究与保护传承暨陶寺四十年发掘与研究国际论坛论文集》，科学出版社）。韩建业以高庙、牛河梁、凌家滩遗址为中心，对中国新石器时代的祀天遗存和敬天观念进行分析，认为中国从8000多年前开始就在高庙、牛河梁和凌家滩等遗址出现低地“天梯”类和山巅“圜丘”类祀天遗迹及其他祀天遗存，表明在新石器时代长江、黄河和西辽河流域就已经有了比较复杂的宇宙观、明确的敬天观念和祀天行为（《江汉考古》第6期）。胡进驻认为兴隆洼文化居室葬是宗庙制度的萌芽，红山文化晚期牛河梁遗址群的“女神庙”是早期宗庙建筑的肇端（《文物春秋》第6期）。方燕明和梁法伟对禹州瓦店龙山时期WD2F1祭祀遗存进行分析，认为该建筑遗存是祭祀之墠，并对其祭祀的形式和季节等相关问题进行了讨论（《华夏考古》第 6 期）。武家璧对天门邓家湾遗址出土的屈家岭文化的陶筒形器遗迹进行解析，认为属于“列祖”祭祀遗存，是举行“祭天告祖”仪式的遗留（《早期中国研究》第 4 辑，上海古籍出版社）。徐峰论述了良渚文化的玉器图像与信仰问题，认为良渚古城是一座“圣城”，祭坛是作为神圣空间而存在的，强调了良渚玉的“显圣物”特性，对玉琮、玉璧及相关图像做了详细的探讨（《建构神圣——良渚文化的玉器图像与信仰》，浙江古籍出版社）。曲枫在萨满教理论框架下对红山文化萨满教问题进行分析，指出按照西方理论，红山文化的大型祭坛的存在或许是不存在萨满教的证据，但对中国满族、西伯利亚楚克奇人和阿拉斯加爱斯基摩人民族学资料的考察发现，公共仪式正是萨满教的中心特征（《北方文物》第 2 期）。

图像艺术的解读。

李新伟至少有 8 篇论文讨论这类问题。他认为，中国史前时代即已经出现对昆虫“蜕变”和“羽化”能力的信仰，涉及的昆虫主要为蚕和蝉，主要内容包括神鸟、神兽及社会上层人物之间的萨满式沟通和转化（《江汉考古》第 1 期）。他对红山文化玉器内涵进行分析，认为红山文化社会上层依托原始宇宙观和信仰昆虫蜕变、羽化能力的传统，创造新的原始宗教和仪式系统，并以制作和使用特殊玉器为“物化”萨满式教的重要形式，因此获得构建规模庞大的复杂社会必需的威望和权力（《中原文物》第 1 期）。对仰韶文化庙底沟类型的彩陶纹饰“回旋勾连纹”进行释读，认为鱼鸟组合是庙底沟时期最重要的彩陶图像主题，此类图像表现的是鸟在鱼体内完成孕育生长，再从鱼口内飞出的萨满式化生，体现的是萨满式鱼鸟化生观念，是仰韶文化分布区特有的信仰传统（《考古》第 8 期）。提出“对鸟”是鸟纹的重要表现方式，源自庙底沟类型对鸟在鱼体内转化状态的表现，被图案化后成为独立的主题（《中原文物》第 5 期）。对庙底沟类型的典型彩陶纹饰“西阴纹”作出解读，认为“西阴纹”表现的是鸟在鱼体或鱼头内的孕育和化生，是自半坡类型晚期开始流行的鱼鸟组合主题的简化表现方式（《文物世界》第 2 期）。对良渚文化“神人兽面”图像进行解读，结合高庙、河姆渡、凌家滩、崧泽、龙山和所谓后石家河文化的相关图像，认为“鸟兽合体”图像表现的是神鸟驮负神兽的形象，并非二者合体，獠牙神兽为天极之神的动物形象；“神人”图像是巫师在萨满仪式中与神鸟沟通结合而成的“人面神鸟”，获得并发挥驮负天极神兽、维护天体正常运转的能力（《文物》第 6 期）。对良渚文化晚期“蜷体鸟纹”的形象、内涵和来源进行研究，认为“蜷体鸟纹”以螺旋重环之体为基本特征，表现的是鸟在水生蛇身动物体内孕育而生，是良渚文化在继承本地文化传统的基础上，结合庙底沟类型、红山文化等相关因素加以创新的结果（《江汉考古》第 6 期）。对陶寺墓地彩绘陶器上的鸟纹进行研究，认为陶寺继承了庙底沟类型的曲线鸟纹彩陶传统，受到良渚文化、大汶口文化晚期和马家窑文化半山类型的影响，与良渚文化崇尚萨满式宗教的“神权”社会存在关联（《考古与文物》第 4 期）。

还有其他学者的研究。

王仁湘对高庙文化白陶艺术的核心主题“神面獠牙”形象进行解读，结合太阳、飞鸟两种主题纹饰，认为獠牙神面是太阳纹饰的灵魂所在，飞鸟形象代表神话传说中的太阳鸟，高庙文化时期已经形成了太阳鸟神话观念（《南方文物》第 3 期）。他还对卞家山等遗址出土陶器上的刻划图案进行分析，认为良渚文化时期已出现四神信仰，猜想当时建立的是以鳄、猪、鸟、龟为组合的四神符号新体系（《南方文物》第 1 期）。何努对良渚文化玉琮的造型和文化内涵进行解读，认为良渚文化的创世神话与楚帛书创世章“伏羲—女娲及其四子”体系基本一致，良渚玉琮体现了以上、中、下三界和宇宙山或宇宙轴为特征的宇宙观念。良渚玉琮不仅是良渚文化的宗教法器，更是良渚国家政体推行的“国家认同”的象征图形符号（《南方文物》第 4 期）。王青依据考古资料对早期中国的神灵崇拜及其演变历程进行了探索，包括对陵阳河、西朱封、新砦等龙山时代遗址玉器和图像的考证解读（《远方图物：早期中国神灵考古探索》，上海古籍出版社）。王先胜对中国远古（新石器时代）纹饰进行了梳理解读，认为远古纹饰是史前人类知识文化（主要是数学、天文历法、易学）、思想观念、宗教信仰的主要载体（《中国远古纹饰》，中国社会科学出版社）。

丧葬观念。

韩建业分析认为，族葬习俗的源头可追溯至公元前 6000 年左右的裴李岗时代，当时在黄河、淮河流域的裴李岗文化、白家文化和后李文化当中，都开始出现有共同葬俗、排列有序的公共墓地——族葬墓地，这种葬俗罕见于同时期的欧亚大陆其他地区，应当是当时黄河流域祖先崇拜观念加强的反映（《华夏考古》第 2 期）。王叶对半坡类型墓葬人骨位置结构异常现象进行研究，认为丧葬过程中的人为因素是导致墓葬人骨位置结构异常的主要原因，并可进一步区分为推挤、扰乱、整体迁出和整体迁入等不同形式（《半坡类型墓葬人骨位置结构异常研究》，上海古籍出版社）。彭小军对汉渭流域史前同圹并穴墓的形制特征、葬仪差异以及功能和社会意义的变迁进行梳理，认为可分仰韶文化和油子岭—屈家岭文化两个大的文化系统，葬仪渐趋复杂，使用者也从普通社群成员演变为社群特殊人物（《考古》第 1 期）。杨月光对内蒙古哈民忙哈遗址房址内人骨埋藏原因进行了分析，认为缺乏非正常死亡的足够证据，“瘟疫说”不能成立，推测这种现象应是居室葬的一种形式（《考古》第 11 期）。徐紫瑾对史前黄河流域随葬鳄鱼骨板的现象进行分析，认为这些鳄鱼骨板一部分可能来自鳄鱼皮（肉）的残骸，一部分可能为鼍鼓鼓皮的残迹。随葬鳄鱼骨板现象起源于大汶口文化晚期，流行于龙山时代，商周之后式微。鳄鱼骨板及鼍鼓应当是社会身份的象征，而鼍鼓更是在礼乐制度的形成过程中发挥了重要作用（《江汉考古》第 1 期）。王天艺对陶寺彩绘陶器在丧葬系统中的功能地位进行分析，认为陶寺文化的彩绘陶器专用于高等级墓葬，具有极强的等级指示性，与大汶口、崧泽、屈家岭等文化差异明显，反映了陶寺文化政治中的制度性、规范性、强制性和礼仪性特点（《考古学集刊》第 24 集，社会科学文献出版社）。罗运兵对陶寺墓地大量葬猪的现象进行分析，认为葬猪主要是为死者提供肉食祭品，有的也与镇墓辟邪有关，这一习俗可能来自海岱地区大汶口文化（《光被四表　格于上下：早期都邑文明的发现研究与保护传承暨陶寺四十年发掘与研究国际论坛论文集》，科学出版社）。钱耀鹏和沈百鸣对清凉寺墓地的人殉、人牲现象进行了辨析，认为将该墓地部分墓葬埋葬多个死者的现象统称为“殉葬”不妥，需要区别看待。其中非墓主的埋葬性质，与墓主同时埋葬、位于墓底一侧或角落、人骨周围发现随葬品的死者为人殉，其余死者为人牲（《西部考古》第 21 辑，科学出版社）。栾丰实分析认为，从北辛文化、大汶口文化到龙山文化，墓主头向基本上以朝东为主。但鲁北地区自后李文化开始就存在墓主头向朝北的文化传统。随着时间的推移，这一传统习俗流行的区域不断缩小，但一直在局部区域顽固地保持着。从墓葬头向的变迁过程可以发现海岱地区新石器时代居民族群迁徙和相互之间融合及文化统一过程（《东方考古》第 18 集，科学出版社）。沈江对江西新余拾年山遗址火烧墓坑葬俗进行分析，认为这种现象是当时的居民用火处理墓葬空间，让死者得到更好的保护以便转生或达到永生，同时也有驱除污秽、净化空间的意义（《湖南考古辑刊》第 15 集，科学出版社）。

（六）考古学史和考古学理论方法

中国百年考古学史。

王巍主编的《中国考古学百年史（1921—2021）》（全 12 册，中国社会科学出版社）把百年来的中国考古学按时代先后分为四部分，是第一部大部头的中国考古学史著作。其中《石器时代考古》卷分上、中、下三册，以新石器时代考古为主，对百年来中国新石器时代考古的发现和研究做了全方位的回顾和总结。赵辉根据考古学科研究体系的三个层次，从中国考古学发展进程的角度，解析了中国新石器考古学的开端、学术定位、发展阶段及相应社会背景与深层因素，提出了中国学术界开始正式接纳考古学这门学问始于安特生仰韶遗址的发掘，是为中国考古学的开端，所肩负的重建中国历史任务和背景，决定了其不可能走人类学之路，在发展过程中也必然性地经历了从物质文化史研究深入到古代社会研究的学术逻辑(《文物世界》第 2 期)。张弛认为，对“文化历史”与“社会历史”的双重追求，是中国考古学的特色所在。前一研究视角试图通过考古学文化的研究解决中国文化和中华民族从哪里来的问题，归根到底是“民族”问题；后一研究视角则大多数时间按照苏联式社会发展史观论证中国古代社会的发展历史，在中国近现代话语体系下乃是“革命”问题（《文物》第 6 期）。赵宾福认为，中国考古学经历的百年发展过程，实际上就是不断努力建设中国特色、中国风格、中国气派考古学的过程。在这一建设过程中必须走中国化道路，必须从中国实情出发，必须以新时代新要求为导向（《考古》第 9 期）。韩建业认为，经过百年努力，我们已初步建成中国特色、中国风格、中国气派的考古学，主要内容有三项。一是中国考古学始终是作为历史学的考古学；二是以考古学文化谱系梳理方法揭示中华文明发展脉络始终是考古学研究的主流；三是 1949 年以后始终以马克思主义作为考古学研究的基本指导思想（《考古》第 4 期）。朱凤瀚认为，中国考古学的中国特色大致可以归纳为三个方面：一是中国考古学在学科归属与研究目标上展现出自身特色，二是考古学家基于考古实践、对考古学理论与方法的发展做出新的贡献，三是中国考古学始终与文献史学(狭义的历史学)、人类学乃至自然科学相关学科相联系，努力实现多学科交叉融通、多元发展(《历史研究》第 1 期)。陈胜前从理论视角对百年中国考古学进行回顾与展望，认为百年中国考古学的成就可以归纳为四个方面：科学考古学的学科体系的形成、中国史前史时空框架的建立、史前史上若干重大问题的解释、考古学应用体系的发展。反思当前中国考古学面临的主要任务，其中包括与透物见人考古推理相关的理论建设、人文视角的研究、世界视野、进一步发展考古学的应用体系等。作者认为，在可以预见的将来，中国考古学最有可能获得突破的三个方向是中华文明探源、人文考古与科技考古（《江汉考古》第 6 期）。他还从生长点的角度，对百年中国考古学的发展路径、现实状况以及未来的发展趋势做了回顾分析，认为过往中国考古学的生长点有田野考古、历史导向和基础理论方法，当代中国考古学的生长点有田野考古、科技考古、中外交流考古、历史考古、水下考古和公众考古，未来中国考古学的生长点有中程理论与中层方法、考古学理论、国外考古、中国文化考古和新综合等（《中原文物》第 6 期）。余西云回顾了百年考古学发展历程，认为 19 世纪的考古学主要在方法上创新，让考古资料成为基于时空联系的系统，进入科学研究的范畴。20 世纪的考古学主要在理论上创新，使考古学研究从具体层面达到抽象层面，根据遗存探索文化与社会。21 世纪的考古学主要在技术上创新，让考古学走向宏观世界，这些研究会不断丰富文化及其历史的内涵（《中原文物》第6期）。张新斌在对比分析相关学者关于考古学概念定义的基础上，认为学界存在将“实物”作为考古学本质特征的共识，提出中国考古学史是由传统考古学、近代考古学与现代考古学三个阶段组成的观点（《中原文物》第6期）。朱乃诚回顾了中国考古学百年历程，将其大致划分为1899 ~ 1920年的萌芽期、1921 ~ 1928年的形成期、1929 ~ 1949年的初步发展期、1950 ~ 1978年的全面发展期、1979 ~ 1999年的成熟发展期、2000 ~ 2020年的继续发展期（《南方文物》第1期）。并认为百年中国考古学尤其是在中国史前史和夏商历史的研究领域中起着主导作用（《文物春秋》第1期）。桑栎梳理了中外考古学阶段性发展的历程，明确了两者在学术发展与学科体系上的差异，认为中国考古学需在实践和研究中总结优势，重新厘定学科发展方向，通过考古学的本体论研究，思考主观与客观间的转化、科学与人文因素的融合、过去与现在“鸿沟”的弥补等核心层次的问题，解决综合研究滞后、学科发展不均衡的问题（《南方文物》第1期）。戴向明回顾了百年仰韶考古发现与研究，对不同时期发掘的重要遗址和主要的研究课题与成果进行了概括总结，认为自20世纪90年代以来最引人注目的变化就是聚落考古理念及实践的兴起(《文物世界》第2期）。魏兴涛回顾了仰韶文化百年研究历程，指出仰韶文化是我国分布地域最广、延续时间最长、影响最深远的史前文化，提出仰韶文化谱系结构和聚落形态等基础性研究仍需加强，对仰韶文化文明化进程的背景、动因，各区域间的互动关系，中原早期区域文明的起伏演进、发展模式和成就，与周边其他史前文化或文明的关系等仍需要大力探索（《华夏考古》第4期）。

袁靖在对中国科技考古各个领域已经取得的主要成果进行概括的基础上，认为发展中国科技考古应该注意如下问题：科技考古要融入考古学研究之中，用区系类型的思路指导科技考古研究，进一步调整、完善科技考古的思路和方法论，加大古DNA研究的力度，开展全方位的科技考古研究，进一步强调科技考古的学科规范，加强中国科技考古与国际学术界的交流，强化科技考古人才的培养（《江汉考古》第6期）。胡清波和袁靖全面收集了陕西地区的动物考古研究成果，对该地区动物考古的研究历程进行了回顾，将研究历程分为形成期（20世纪50年代至90年代末）和发展期（21世纪以来），并提出了未来的研究展望（《南方文物》第4期）。潜伟对中国考古科技史进行梳理，认为中国考古学与科学技术关系经历了从紧密到疏远再到紧密的过程，考古学中的科技应用也经历了实验室考古、科技考古、考古科技等几个阶段，认为考古学的“考古科技”与科技史的“科技考古”从实质性来说有所区别（《南方文物》第3期）。吕鹏系统回顾了碳氮稳定同位素分析、锶同位素分析、古DNA研究和有机残留物分析等自然科学方法在中国动物考古学研究中应用和发展的历史，认为需要深化和细化研究方法，扩展和深入研究内容，从而更好地由资源、生业和技术的角度揭示古代人类与动物相互依存的历史（《南方文物》第1期）。

《夏鼐日记·考古编》（社会科学文献出版社）、《苏秉琦往来书信集》（社会科学文献出版社）是中国现代学术发展史、新中国考古学史和夏鼐、苏秉琦研究的重要参考资料，其中也涉及新石器时代考古史的内容。严文明的新文集包括史前文化谱系、农业和文明起源、古史传说等内容，还有履历表、自传，以及论著编年，呈现了他在考古学领域几十年耕耘之路的细节（《耕耘记——流水年华》，文物出版社）。陈伟驹对夏鼐和苏秉琦的中国文化起源多元说的形成进行比较，认为夏鼐的观念从“中原中心论”转变为“多元说”顺应了世界范围由多地区进化论取代单中心传播论的潮流，苏秉琦通过陶器类型学方法提出中国文化起源和发展的“多元说”，堪称独树一帜，他们都做出了各自独特的贡献，可谓殊途同归（《考古学报》第 2 期）。

各区域文化的考古学史。

赵宾福梳理考古学史，指出安特生 1921 年发掘仰韶村遗址，梁思永 1931 年主持发掘后冈遗址，苏秉琦 1981 年发表“考古学文化区系类型理论”和 1985 年提出“古文化、古城、古国理论”，这些直接影响中国考古学发展和进步的主流事件都是从东北开始酝酿起步，再走向中原、走向全国的（《江汉考古》）第 6 期）。韩建业回顾了庙底沟期仰韶文化的研究，提出需要关注的五个方面的问题：一是庙底沟期的新测年晚了三五百年之多，主要原因可能在于对庙底沟期相对年代的理解不够深入或者存在偏差；二是已有的对于庙底沟类型渊源的意见都有正确的一面，也都不够完善，需要进一步深究；三是东庄—庙底沟期仰韶文化的整合过程非常复杂，不同方向不同区域可能存在不同方式，可能与农业大发展、人口剧增、社会急剧变革、文化软实力加强等有关，更多背后的原因还得从环境变迁等角度去寻找；四是目前揭露出来的较为完整的庙底沟期聚落还很少，大型聚落的整体情况都还不很明晰，需要加强不同层次聚落遗址的发掘研究；五是庙底沟类型的古史对证问题颇为复杂，还不能说已有定论，需要进一步探索（《文物世界》第 2 期）。薛新明回顾了山西地区仰韶文化时期，尤其是庙底沟期的考古发现与研究，认为可以 1949 年和 1990 年为界分为三个大的阶段，并重申了庙底沟文化的源头之一是分布在晋南、豫西地区的枣园文化的观点（《文物世界》第 2 期、《中原文物》第 5 期）。马萧林回顾了河南地区庙底沟期仰韶文化的发现和研究，着重探讨了庙底沟期仰韶文化的生业经济、手工业生产，以及庙底沟期的社会复杂化过程，认为以三门峡为核心的豫西区域是仰韶文化庙底沟期社会复杂化进程的引领者，灵宝西坡等中心聚落从出现到聚落布局发生根本性变化，见证了这一时期社会关系的聚合与分化（《中原文物》第 5 期）。王炜林回顾了仰韶文化和所谓庙底沟文化的发现和研究过程，重点梳理了关中地区庙底沟文化尤其是杨官寨遗址的探索研究，提出关中庙底沟文化考古需要继续探索的问题：一是庙底沟文化起源问题，二是关中庙底沟文化的宏观分布问题，三是继续对杨官寨中心聚落进行深入研究（《中原文物》第 5 期）。贾笑冰回顾了红山文化的发现和研究，提出新时期的红山文化考古工作将打破地域的限制，从整体上规划，集中力量逐步解决红山文化研究中存在的问题（《草原文物》第 1 期）。张弛回顾了严文明《龙山文化和龙山时代》一文的突破性研究成果，并从“龙山时期”“龙山化”和“龙山时代”这三个相互关联的角度深入评述了该文对当下的影响，认为依照《龙山》一文所指引的研究路径，引入经济、聚落和社会变化的视角，龙山化、龙山化的边界以及龙山时代社会文化的格局都可以展开更为深入的讨论（《南方文物》第 1 期）。严文明回顾了石家河文化的发现和研究过程，认为石家河城址的发现，以及受石家河古城发现的启示，在江汉平原和洞庭湖地区陆续发现的约 20 处同时期的城址，对认识长江中游地区文明起源意义重大，进一步指出石家河城址的中心地位最早是从油子岭文化这个时候奠定的，最后到肖家屋脊文化才废弃了，这可能与禹征三苗事件有关（《江汉考古》第 1 期）。韩建业通过对学术史的梳理，肯定了“肖家屋脊文化”的命名，继而对该文化出土的玉器加以考察，认为数百件精美的小件玉器当属于海岱或者中原文化传统，最后通过对聚落、墓葬资料的分析，初步认为肖家屋脊文化社会已有较高的发展水平（《中华文化论坛》第 4 期）。

考古学理论和方法。

陈胜前认为，建设新时代中国考古学理论体系是建设中国特色、中国风格、中国气派考古学的重要组成部分，中国特色是新时代考古学理论的核心标识，基于中国思想、中国学术传统、中国文化与中国实践，建设中国特色的考古学理论体系既是可能的，也是符合学科发展规律的。中国特色的考古学理论体系应该是一个多维的体系，需要进一步丰富当前中国考古学理论的维度（《历史研究》第 1 期）。余西云梳理认为，中国考古学以历史唯物论为基础进行社会历史重建，首先采用五种社会形态说，到 20 世纪 80 年代前期，完成向中国考古学界理解的历史唯物论嬗变，开启实事求是的社会历史重建之路，形成考古学中国学派。考古学中国学派秉持实事求是的实证传统，强调“让材料牵着鼻子走”，在考古实践和考古资料的基础上进行科研创新和理论创新，侧重考古学文化、文化区和文化谱系研究，揭示中国文明及区域文化特色，阐释中国文明起源和发展的独特道路（《中国社会科学》第 9 期）。汤惠生认为，马克思主义不仅是中国考古学的国际标签，也是中国考古学家自我认同的标识。新中国成立以来，马克思主义成为中国考古学体系赖以建立的支柱。中国马克思主义考古学经过从最初的指导古史分期到学科体系的创建、实践和成熟等一系列发展后，其学术体系已经形成，研究范式正在完善。考古类型学研究旨在以历史遗迹遗物为对象，以物论史，透物见人，复原古代社会与社会发展过程，进而达到阐明人类历史和发展规律的目的（《中国社会科学》第 9 期）。陈淳认为，“考古学文化”是文化历史考古学的关键概念，其主要作用是用类型学方法对出土材料进行时空安排，将杂乱无章的物质文化整理得井然有序。但是，它因孤立和静态方式处理考古材料的特点，妨碍了考古学家从动态和人类行为角度重建历史的努力。目前，我国科技考古的超前和考古学文化研究的滞后，使得科技手段与文化分析难以契合，在历史重建的许多关键问题上力不从心。因此，考古学文化的研究需要从理论方法上加以更新，赋予考古学文化以功能、系统和过程的新内涵，以便深入了解物质文化在古代社会中的作用，进而探索古代经济、政治和社会的变迁，并对社会发展的动因进行理论的阐释（《中国社会科学》第 9 期）。韩建业认为，无论是从内涵还是从外延来看，考古学文化都具有一定的客观性；而至少就新石器时代至青铜时代研究而言，考古学文化与不同层次的族群大体存在一定的对应关系。这正是中国考古学尤其是新石器时代和夏商周考古学一直以来十分重视考古学文化研究、将其作为探索中华文明起源和早期发展谱系脉络基本方法的主要原因，考古学文化研究因此也成为中国特色考古学的主要内容之一。如果不承认考古学文化的客观性及其与族群对应的可能性，就等于基本否定了考古学文化研究的意义（《中国社会科学》第 9 期）。徐良高认为，传统历史学与考古学是广义历史学的两个重要组成部分，两者关系密切，可以互为补充。一方面，文献记载为考古发现的阐释提供了理论模式，考古发现证明了文献记载的文本性；另一方面，两者在研究资料、方法、视角和历史学阐释与叙述等方面存在明显差异。随着中国考古学学科体系的日渐成熟和研究成果的飞速积累，对于中国上古史研究来说，唯有认清并摆脱传统的文献导向的“证经补史”思维方式，以考古学为本位，结合可信度和准确性经过严格论证的文献史料、人类学与其他多学科成果，走“考古写史”之路，才能构建科学的中国上古史（《中国社会科学》第 9 期）。焦天龙对当代中国考古学所使用的许多考古学概念进行反思，对涉及的具体问题进行了探讨，涉及考古学文化、聚落考古学、经济考古学、景观考古学、性别考古、公众考古等（《中国考古学概念的反思》，上海古籍出版社）。陈胜前还对“作为人文的考古学”问题进行了多方面的思考和论述（《探索考古：作为人文的考古学》，生活・读书・新知三联书店）。

陈胜前认为，中国文明起源的基本路径是要将科学范畴的以逻辑推理为中心的研究与科学并行的人文路径相结合。在考古学研究领域，以逻辑推理为中心的研究具有绝对垄断地位，人文导向的研究多见于历史考古领域。国家文明起源研究正好是两者的交合地带。在人文导向的研究被忽视、以逻辑推理为中心的研究又存在重要缺环的情况下，有关中国文明起源的研究必定是举步维艰（《史学集刊》第 3 期）。张良仁讨论了中国考古学派的形成、21 世纪中国考古学的大发展、农业与文明起源、村落与社会进化的关系等问题（《东学西问》，中国社会科学出版社）。刘岩对伊恩·霍德提出的“纠缠”理论进行介绍和分析，认为该理论强调物自身的性质及其对人的束缚，主张以人与物在人们日常生活实践中产生的依赖关系与依附关系以及涉及的物质、能量与信息流为视角，对考古材料进行分析，进而对古代社会进行观察与理解；提出纠缠理论若要在中国考古实践中得到深度应用，需要将科技考古同考古学理论相结合，改善研究策略，转变发掘理念并进行理论探索与创新（《东南文化》第 1 期）。陈胜前和王红博通过回顾近代考古学形成过程，发现考古学的源头存在三个明显不同的源头与发展脉络，分别是艺术史研究—古典考古—历史考古，科学古物学及在此基础上发展的新石器—原史考古、旧石器—古人类考古，它们形成了考古学术史的基本结构，并影响到当代考古学理论方法的格局（《南方文物》第 2 期）。

王红博和陈胜前将史前家户考古研究分为六个层次，认为不同层次的考古学理论可以被整合起来：文化历史考古层面的研究可以提供时空框架；过程考古范畴的研究可以帮助分析考古材料的形成过程、了解家户的生计方式；在后过程考古的层面上，实现家户考古的最终目标——深入了解古代社会生活（《东南文化》第 1 期）。李涛、姚帅、贺黎民通过比较分析美洲、中东、欧洲和东亚的家户研究案例，认为家户遗存有直观可见和不可见但可构建两种常见保存状态，可划分为独立、复合和可构建三种遗存类型，分别对应三种不同的研究方法（《江汉考古》第 1 期）。张小虎以埋藏学背景和人类行为模式为基础，对陶器破碎度的影响因素、量化方法进行分析，认为陶器破碎度研究是探讨聚落内部遗迹性质、互动变迁和背后人类行为的重要方法（《南方文物》第 1 期）。吕斌和夏福德以江西抚河流域、鲁东南沿海地区的调查为例，对我国传统考古调查与区域系统调查进行比较，认为两种方法各有所长，实际考古工作中可针对不同的需求和目的，根据目标区域内不同的自然环境选择合理的调查方式（《北方文物》第 2 期）。陆青玉、王琦、王芬对陶器岩相学及其在考古学中的应用进行介绍分析，认为作为一种探讨古代社会问题的常规检测方法，它能提供包括陶器原料制备、胎体成型及烧成乃至使用和废弃等整个陶器生命链的相关信息。它还能够通过对陶器胎体的系统分析，提供一种微观层面的陶器分组方法，一旦将成组陶器的包含物与那些特殊的地质环境或具有明确背景信息的陶器标本相对应，便能较为准确地圈定陶器的原始产地（《江汉考古》第 2 期）。李升韬、刘亦方、宋国定等对石器残留物研究的发展历程和阶段性特征进行归纳，从研究对象、研究方法和研究技术三方面进行思考，认为应当拓宽石器残留物的研究思路和研究对象，加强多种科技手段和研究方法的综合应用（《南方文物》第 5 期）。贺成坡、韦璇、李英华对“新石器”研究方法做了概述，提出从最初的发掘就应注重收集可能反映石器来源、生产过程和用途各方面的证据，以及重视石器在人类行为、社会研究中的重要作用（《江汉考古》第 6 期）。

（七）其他

陈隆文考证了《史记·五帝本纪》中“黄帝淳化虫蛾”的记载，认为双槐树遗址所出牙雕蚕很可能就是仰韶文化时期黄河流域先民养殖家蚕的物证（《中原文化研究》第3期）。王青以山东宁阳于庄东南遗址出土的大汶口文化陶文为出发点，对太昊氏与少昊氏有关问题做了探索，认为大汶口文化晚期“炅（昊）”族首先在鲁中南一带兴起，后来分化出少昊氏与太昊氏两个支族。太昊氏主要分布于鲁中南至豫东皖北一带，后来逐渐融入当地龙山文化之中；少昊氏在大汶口文化晚期主要分布于鲁中南和鲁东南一带，大汶口末期迁入鲁东南，并在龙山文化早中期走向繁荣和强盛，龙山文化晚期少昊氏迁往鲁中南，分裂成皋陶和伯益等分支。宁阳于庄大口尊及其陶文应出自祭祀坑，很可能是太昊氏的遗留（《中原文物》第4期）。赵东升认为，防风氏本属良渚古国的一支力量，但最终取代良渚文化。有虞氏由中原经由江淮平原东部而最终迁居太湖东南部平原，并与防风氏联合创造广富林文化。有虞氏和防风氏均属东夷集团（《光被四表　格于上下：早期都邑文明的发现研究与保护传承暨陶寺四十年发掘与研究国际论坛论文集》，科学出版社）。赵殿增认为，宝墩文化的8座古城址，在两面堆土的筑城技术、形状大小等方面都与长江中游的屈家岭—石家河文化相同，推测该文化可能主要来自于长江中游，其动因或许与中国古史中的“迁三苗于三危”事件有关。而处于成都平原北部的三星堆一期文化主要源于桂圆桥文化，他们没有掌握建城技术，与宝墩文化曾共存于成都平原南北两地。他们可能是两个不同的文化，其主人或许分别是蜀史传说中的蚕丛氏蜀王与柏灌氏蜀王（《四川文物》第1期）。

李成对地中海东部折返式研磨石器的演变过程进行了梳理，认为折返式研磨石器的出现并非农业发展的结果，而应当是狩猎采集经济成熟的表现，并对中国这类器物的特点做了分析（《考古》第5期）。王茜和王建新全面搜集和整理了哈拉帕文化遗址出土的珠子，对其基本特征和发展规律进行了分析，认为哈拉帕的珠子经过了两次比较大的发展变化，第一次发生于哈拉帕城市文明诞生时，第二次发生于哈拉帕城市文明衰落后（《考古与文物》第4期）。

（本文写作得到中国人民大学历史学院张大鹏、冉博文、张嘉欣、王鼎、刘佳、多奕蒙、范菲然、谭立波同学的帮助）

（韩建业，中国人民大学历史学院）

夏商时期考古

方 辉 彭富仁

2021 年考古工作者克服疫情带来的困扰，在夏商考古发现与研究方面取得丰富成果。虽然线下组织的学术会议数量有所下降，但在成果发表方面表现仍然比较突出，并不输于往年，综述如下。

一 夏时期考古

夏时期考古新发现、夏文化探索和夏时期其他考古学文化研究构成了本年度夏时期考古的主流。

考古新发现

夏时期考古新发现主要集中于中原地区，其中以郑州东赵遗址小城最为重要，这是继巩义花地嘴环壕聚落遗址后发现的又一处“新砦期”重要遗址，也是嵩山以北地区发现的第一座“新砦期”城址。小城现存基槽和城壕等，始建于“新砦期”，最晚于二里头文化第一期偏晚阶段废弃，小城的内外遗迹应为“新砦期”早段（《考古》第 5 期）。

中原其他地区的发现也有相关报道。

新密黄寨遗址 1991 年曾出土一枚牛骨刻辞，将甲骨文出现的时代由商文化时期前推至二里头文化，为探讨夏文化提供了文字线索。樊温泉补充介绍了新密黄寨二里头文化牛骨刻辞出土单位 H1 的详细信息（《华夏考古》第 3 期）。正阳铁佛寺遗址发现的二里头文化遗存，年代大致相当于二里头文化二期晚段到第四期晚段。资料的公布丰富了豫南地区的二里头文化资料，为探讨二里头文化向南进入盘龙城地区的路线及年代提供了新线索（《华夏考古》第 5 期）。宝丰小店遗址发现的二里头文化遗存，年代大致相当于二里头文化第二期或略晚，丰富了豫中、豫南交汇地区的二里头文化资料（《文物》第 8 期）。许昌宋庄遗址发现了年代相当于二里头文化第二期的遗存（《华夏考古》第 4 期）。荥阳东柏朵遗址发现了年代相当于二里头文化第三期晚段至第四期的二里头文化遗存，简报刊录了其中 H39 的 3 个 ^{14}C 测年数据(《华夏考古》第 3 期)。济源新峡遗址发现了年代相当于二里头文化第三期至第四期的二里头文化遗存（《华夏考古》第 3 期）。上述新发现或多或少填补了二里头文化空间与时间方面的空白，丰富了对二里头文化和夏文化问题的认识。

关中地区夏时期考古取得重要新发现。

西安老牛坡遗址发现的 3 座墓葬被发掘者认为属夏代早期，随葬陶器中既有浓厚的齐家文化特色，又有客省庄二期文化的特征，同时存在与东龙山夏代早期遗存相似的文化因素（《考古与文物》第 3 期）。客省庄二期文化遗存长时期以来发现不多，其与齐家文化、二里头文化的关系究竟如何？这一发现值得关注。

河北保定容城北张遗址发现了一批先商时期遗存，发掘者认为出土器物与先商文化保北型接近，同时兼具自身特色（《保定容城北张遗址考古发掘报告》，科学出版社）。

夏文化探索

夏文化探索的焦点仍然集中在二里头文化研究方面。贺俊梳理了二里头文化区域类型研究史，对既有文化类型进行辨析后指出，二里头文化类型划分中存在划分“标准不一”“忽略陶器组合”等症结，提出“泛二里头类型”概念，用以指代那些与二里头类型基本接近但其文化属性尚难断定的相关遗存（《三代考古（九）》，科学出版社）。赵海涛和张飞系统梳理了二里头遗址历年发掘积累的与手工业相关的考古遗存，对二里头都邑遗址的手工业布局、生产技术以及生产组织的已有研究成果进行了概括分析，并对研究不足、研究思路与方法进行了总结与展望（《南方文物》第 2 期）。

生业经济方面。

周午昱和孙永刚根据新砦期至二里头文化时期中原地区典型遗址中的动植物遗存数据与研究成果，分析了夏时期先民动植物资源利用情况以及不同地区不同时间段人类生业经济模式的共性与差异性，认为中原地区农业在新砦期至二里头文化时期就表现出粟、黍、稻、大豆、小麦“五谷丰登”的生业经济特点；从空间位置来看，这一时期中原地区不同遗址大多表现出一致性，但是受环境影响，不同地区人类生业经济也有各自的特点（《赤峰学院学报（汉文哲学社会科学版）》第 9 期）。

夏时期北方与南方的关系一直是学界关注的热点问题。庞小霞认为，二里头文化“下王岗类型”命名成立，其主要分布于鄂豫陕交界处的丹淅流域、鄂西北和荆襄地区，并对该区域内若干遗址二里头时代的遗存做了辨析。作者指出，二里头文化进入汉水流域的两条主要路线，一条是经古洛水连接洛阳盆地和商洛地区，进而也可经丹水、淅水而至丹淅下游甚至南阳盆地和江汉平原；另一条是经伊水向南过方城隘口和南襄通道而抵荆襄地区和随枣走廊。二里头文化向这一区域的扩张，与获取绿松石、丹砂等资源有关（《考古》第 3 期）。作者认为，下王岗类型的形成不能单从资源的角度理解，更重要的背景则是对早期交通的开辟和拓展，值得重视。无独有偶，孙卓也关注到夏时期北方与南方的文化交流。但有所不同的是，他认为二里头第三、四期时，中原地区以伊洛河流域二里头文化为中心，和以今豫东地区下七垣文化为中心，均对江汉地区产生了不同的文化影响。其线路也有两条，一是沿伏牛山东侧经南阳盆地至汉水中、上游，再沿汉水而下至长江一线；二是通过今信阳地区，过桐柏山沿今澴水、溠水等流域向南楔入，并由此影响大别山南麓的沿江地带。中原文化对南方两条线路并进的扩张态势一直可见于二里岗时期，并为其后江汉地区的文化格局奠定了基础（《华夏考古》第 5 期）。两位作者均注意到夏时期北方文化对南方的扩张，并试图从道路开发和资源控制等方面加以解释。

朱凤瀚比较了二里头文化晚期和二里岗下层文化一、二期墓葬的陶器组合，提出若干认识，值得注意。例如，二里头文化三、四期是同一种文化类型的延续；二里岗下层文化一期墓葬在器物组合上的重要特征（陶器无盉，以鬲为主要组合成分），已区分于二里头文化晚期墓，而这一组合特征又被二里岗下层文化二期墓所承继，证明了后二者为同一文化延续发展的性质。“这说明，二里岗下层文化并非在总体上与二里头文化有直接的承袭关系”（《中原文物》第 2 期）。

曹大志认为，二里头遗址北部发现的三座圆形建筑并非发掘者所判断的祭祀遗存。他通过对比民族志和考古材料，推测为干栏式粮仓，并根据词义分析和器物自名，认为秦汉时期上层为仓房、下层为粮囷的模型反映的是文献中的“囷京”(《考古与文物》第 5 期)。

朱乃诚认为，二里头绿松石龙的流变存在着两种演变途径，一种是由绿松石龙形器演变为绿松石铜牌饰，另一种是演变至商周时期的龙纹饰。二里头绿松石龙的渊源是石峁皇城台大台基石雕龙(《中原文物》第 2 期)。

张溯认为，二里头遗址 H285 中出土的兽面骨匕像在该遗址属于孤例，而更接近于商代青铜器上的兽面纹，且其年代已属于二里头四期晚段，因此应该属于商人，是商汤灭夏的一件例证(《大众考古》第 4 期)。

夏时期科技考古和实验考古研究有新进展。

先怡衡等利用初步建立的中原地区绿松石产地的判别模型测试了二里头遗址出土绿松石制品，结果表明洛南河口遗址应是二里头绿松石的原料产地之一(《第四纪研究》第 1 期)。田伟等通过实验考古，确认西吴壁遗址发现的一组特殊遗迹应为二里头文化时期的木炭窑(《中原文物》第 2 期)。

夏时期其他考古学文化研究

夏时期其他考古学文化研究方面冷热不均，其中讨论较多的是下七垣文化，其他各考古学文化成果相对较少。

下七垣文化考古的新收获首推河北定州北刘家庄遗址。该遗址发现有一至五期文化堆积，其中的第一期遗存最为丰富，典型陶器主要有绳纹高锥足鬲、绳纹甗、深腹罐、卷沿大平底绳纹盆等，从陶器形制、组合来看，应属于下七垣文化，年代相当于二里头文化二期晚段至四期早段(《北方文物》第 3 期)。

下七垣文化或先商文化研究仍然受到学界的重视，成果较多。段宏振以邯郸附近的先商时期文化遗存为基础，讨论先商文化的概念及与考古学文化的对应、早期商部族在豫东地区的活动方式等问题，尝试厘清先商文化研究途径，探讨先商文化在考古学层面的存在形式。作者将漳河流域先商时期遗存分为七期，其中最早的榆林期约相当于龙山时代晚期晚段，并推测“有可能与最早期的先商文化有关。”文章还对豫东地区发现的先商文化遗存做了分析，得出与主流观点并不一致的认识(《三代考古(九)》，科学出版社)。

陈畅将鹤壁刘庄墓地布局分为东西对称的五个层级，认为体现了先商人群和白燕四期文化人群、东下冯文化人群共建的五个层级的社会关系，并提出刘庄墓地人群社会组织是由亲属关系构建的、有一定地缘性质的、具有社会分层的两合组织，体现了二里头时期亲属关系和礼制同为社会控制的重要手段(《华夏考古》第 1 期)。李鹏辉认为，辉卫型和漳河型文化性质相同，仍应归属于下七垣文化范畴，并将其陶器划分为三期(《边疆考古研究》第 1 期)。

科技考古方面。

侯亮亮等基于磁县南城墓地人和猪的牙本质、牙釉质的锶同位素研究，发现南城墓地先商人群中可能存在着较大比例的迁移个体，认为可能来自北方地区、胶东半岛和山西等地(《第四纪研究》第 1 期)。刘焕等对安阳鄣邓遗址先商文化时期的大植物遗存进行了分析，研究了先商文化时期农业发展状况(《人类学学报》第 6 期)。

夏时期周边其他考古学文化的研究成果相对较少。郭荣臻从城址形态入手，将岳石文化城邑分为围垣城邑和环壕城邑两大类别，认为它们在本文化区龙山时代聚落结构、筑城技术、城防体系、社会组织的基础上有新的发展，是海岱地区早期文明化进程的重要组成部分，在当时的文化演进与社会发展过程中扮演着重要角色，对本区后世城邑的营建产生了影响（《四川文物》第5期）。韩高年探讨了齐家文化的时空范围及特征、创造者、与夏文化的关系、衰亡的原因等，指出其文化形态由于其所处空间位置的“枢纽”地位而具有明显的过渡性特征，既有黄河中下游地区文化的因素，又吸收了欧亚草原的文化因素（《中原文化研究》第4期）。

二　商代考古

商代考古突出的特点是商代早中期亮点较少，而商代晚期文化则是亮点纷呈，尤其是四川广汉三星堆遗址考古成果，成为轰动世界的考古大发现，由其带来的考古热大大促进了公众考古的普及。以下分几个方面介绍。

商代考古新发现

安阳殷墟及邻近地区相关发现仍然是商代晚期考古成果的主角。《三代考古（九）》（科学出版社）集中报道了安阳殷墟系列考古发现。殷墟郭家庄东发现7座墓葬，年代应为殷墟文化三期，首次在殷墟考古发掘中出土“咸”铭青铜器，比较重要。发掘者还与此前出土的商周同类铭文青铜器做了勾连。大司空东地发现的M123，年代应属殷墟第四期偏晚阶段，出土了一套组合完整的仿铜陶礼器，为同时期殷墟仿铜陶礼器提供了典型标准器。位于安阳殷墟以东46千米左右的内黄县河村遗址发现一处保存较好的商代晚期墓地，揭露墓葬19座，年代相当于殷墟二期。因埋藏较深，其木质棺椁保存较好，结构清晰，尤为罕见，也使学者对在黄泛区开展考古发掘工作充满更多的期待。殷墟刘家庄北地J15时代为殷墟三期晚段至四期早段，出土器物中不见常见的汲水器，反而出土大量泥质红陶罐，发掘者推测与祈求井水丰盈有关。

考古工作者在安阳柏庄镇辛店发现一处商代晚期大型铸铜遗址，遗址西南与殷墟宫殿宗庙区直线距离约10千米。发掘者指出，这是除了殷墟范围内铸铜遗址之外发现的唯一一处商代晚期大型铸铜遗址，时代属于殷墟二期至四期，揭露出较为丰富的居住、墓葬和铸铜作坊遗存，体现了殷墟时期“居、葬、生产”三位一体的社会形态，对于了解商代晚期铸铜工艺及流程提供了珍贵资料。从出土的铜器上所铭族徽看，主要集中了以“戈”“天”族为主体的商代晚期族群（《文物》第4期）。

郑州高庄村发现一处商代晚期的聚落遗址，揭露出灰坑、房址、陶窑和墓葬等遗存。墓葬中出土有“舌”铭青铜器，发掘者推测为商代晚期的舌族聚落，且与邻近的郑州荥阳小胡村晚商舌族墓地存在紧密联系（《中原文物》第1期）。

为搞清聚落的结构，2019年底考古工作者对西安老牛坡遗址进行田野调查，再次收获了丰富的商代遗存，掌握了老牛坡遗址确切范围，发现了疑似城墙的线索（《中原文物》第1期）。

山东济南大辛庄遗址商代墓葬M235、M275相关资料刊布，发掘者认为墓葬年代相当于殷墟文化三期。其中M275出土的铜爵、鼎分别铸有构型简单的两种族徽，为研究大辛庄商代墓地族群提供了新资料（《考古》第9期）。

湖北武汉黄陂鲁台山郭元咀遗址发现了商代铸铜遗迹，揭露了一处用于铸铜的人工台基以及台基之上的各类与铸铜有关遗迹，出土坩埚、鼓风管、角形支垫和陶范等器具以及陶器、青铜器等。根据陶器形制和^{14}C测年数据来看，铸造遗存的年代为安阳洹北花园庄期至殷墟一期，可能沿用至殷墟第二期（《考古》第7期）。

湖南宁乡炭河里遗址钟家湾地点的发掘，进一步丰富了炭河里文化的内涵，尤其是由陶器群所反映出其具有多元的文化因素，为研究炭河里文化的来源、形成过程以及湘江下游地区与中原及周边其他地区之间的文化交流等问题提供了新的材料。发掘者认为，钟家湾商周遗存的主体年代应为殷墟四期至西周早期（《考古》第 4 期）。

安徽凤阳县博物馆收藏的一组出土于花园湖一带的商代铜器，其中个别器物铸有族徽铭文，年代相当于殷墟三期偏晚至四期偏早阶段，为研究安徽沿淮地区商代青铜器增添一批新材料（《文物》第 4 期）。

商代周边考古学文化热点无疑首推三星堆遗址考古发掘。自 2019 年秋以来，在 1986 年三星堆遗址发现的两座祭祀坑附近新发现 6 座坑，随着工作的推进和相关材料的披露，三星堆考古吸引了全球范围内公众的关注。三星堆遗址的考古工作，形成了多学科、多团队以及现代科技深度参与的工作模式，代表了当前中国田野考古学发掘、保护、研究的最新探索。

学界联合对四号祭祀坑开展了 ^{14}C 测年分析，得到 6 个 ^{14}C 年代数据，经过贝叶斯统计树轮校正计算得到其埋藏年代有 95.4% 的概率落在距今 3148 ~ 2966 年的时间范围之内，属商代晚期（《四川文物》第 2 期）。三号祭祀坑南部出土了一件铜顶尊跪坐人像，器物由大口尊和跪坐人像两部分组成（《四川文物》第 3 期）。四号祭祀坑出土 3 件铜扭头跪坐人像，大小、造型一致，似同属一件铜器。人像呈跪坐姿态，双手呈半合十状平举于身体左前方。人像所穿衣物以浮雕形式展现，上着外套，下着短裙。发掘者认为，人像所代表人物身份地位应较低下，并非神职人员（《四川文物》第 4 期）。

商代考古综合研究

刘绪于 2019 年在山西大学历史文化学院所作学术专题讲座（六讲）结集出版，全书共分为“夏与夏文化探讨”“商文化的纵横考察”“周代墓地族系分析”“西周疆至的考古学观察”“漫谈夏商周制陶业”“中国青铜铸造业的发生与发展”六个专题。该书内容涉及夏商周考古的主要方面，同时联系田野考古最新成果，是作者学术体系的集中呈现，兼具全面性与深入性（《夏商周考古》，山西人民出版社）。

有关商代前期的考古成果相对较少。刘亦方等认为，郑州商城的外郭城垣形态和功能仍有讨论的余地，郑州商城外郭城垣西南段形态最为明确，但其向北的延伸仍然需要探讨；内城东北部已揭示的“宫殿区”作为高等级贵族居住区，并非宫殿区的全部，内城布局有待深入探讨（《华夏考古》第 2 期）。郑州商城内城中，属于郑州旧城中北部的地区符合“宫城居中”这一规划特征，应是考察郑州商城宫城选址的重点区域（《中原文物》第 1 期）。

刘绪以“商王朝的南土”为题，从陶器、铜器和大型建筑三个方面分享了他对商王朝南方疆至范围中“南土”的一些认识：长江中游地区被纳入中原王朝的考古学文化是从二里岗文化开始的，在二里岗下层时期，南方是商王朝主要的经略方向；从陶器来看商代晚期商文化在南方的分布范围往北退缩了（《江汉考古》第 4 期）。

曹玮认为，汉中盆地出土的商代青铜器及其变化都与盘龙城青铜器具有极大的相似性和同步性。汉中盆地的铜器来源当是盘龙城，汉中盆地的商代青铜器亦是二里岗时期商人向外扩张的结果（《江汉考古》第 3 期）。

吴桐将盘龙城典型陶器重新划分为四期，认为盘龙城除少量器物属二里头四期晚段外，应皆属早商文化，且可能并不存在夏代遗存（《中国国家博物馆馆刊》第 2 期）。

苏荣誉对商代前期青铜双耳簋做了研究，重点对装饰有一对小卷耳的青铜簋进行了分析和讨论，从轮廓结构、装饰结构、装饰纹样等几方面进行风格对比，解析其制作工艺，并论及早期青铜簋风格与工艺的地域性问题（《三代考古（九）》，科学出版社）。孙明认为，三角形加强筋技术起源于商代早期郑州商城陶鼎、铜鼎鼎耳与口沿连接处采用的加强筋技术，商代晚期圈足铜器上使用较多，其功能在于防止铸件连接处因凝固收缩的应力作用而出现裂纹，强化圈足器器底与圈足之间的连接（《四川文物》第 2 期）。

以安阳殷墟为代表的商代晚期考古仍然是研究的焦点，出现一批科研成果。许永杰对新中国成立前安阳殷墟考古发掘做了学术史梳理，将殷墟 15 次发掘分为三个时期，对应中国考古地层学形成起步、成型与提升过程（《边疆考古研究》第 1 期）。

何毓灵梳理了洹北商城与殷墟发现的水系遗存，认为其体现了因地制宜、高效利用的原则。洹北商城的城壕经历了开凿、使用、淤积、清淤、再使用等过程后，到洹北商城晚期之时逐渐废弃不用；殷墟时期的大灰沟在取土之前经过规划，形成有防御性质的城壕，到殷墟晚期大灰沟已被填平。洹北商城与殷墟时期生产生活用水的主要来源还是水井，除了基于防御目的的城壕，主动为一般性生产生活用水修筑大型沟渠的可能性不是很大（《考古》第 9 期）。作者还探讨了殷墟手工业考古相关问题，尤其是对手工业作坊遗存做了较为全面的论述，指出手工业考古中存在着遗址辨识标准不一，作坊种类有限，作坊产品、规模与发掘出土遗物不相称，作坊发掘理念与方法需要进一步明晰，作坊间关系有待研究等诸多问题（《南方文物》第 2 期）。李宏飞的《商末周初文化变迁的考古学研究》（文物出版社）梳理了殷墟文化第三期至西周早期的考古学文化遗存，考察商、周两系文化因素的变动现象，试图归纳总结出各区域不同的文化融合模式。

曹芳芳通过对戚家庄东墓地发展与形成过程、随葬玉石器特征及出土用玉和制玉工具墓葬的分析，认为该墓地当为商代晚期制玉从业者的墓地，伴出有青铜礼器的玉器墓的墓主可能为制玉作坊的管理者，其余墓葬的墓主应为制玉工匠及其家人（《考古》第 4 期）。胡洪琼认为，殷墟墓葬中的陶觚爵组合，一方面说明了陶觚爵是礼制的重要载体，另一方面也反映了以重酒组合为代表的礼制在殷墟得到广泛认同（《江汉考古》第 4 期）。吴桐对殷墟西区的墓地制度进行了探讨，认为在低等级的单位中，地缘关系可能有着更大范围的存在与认同（《西部考古》第 1 期）。

对殷墟考古的研究成果以《三代考古（九）》（科学出版社）比较集中。常怀颖从晚商殷墟小型墓随葬的陶鬲入手，探讨了随葬器物组合的多元和变化所反映的殷墟人群和意识形态的整合过程。作者在对陶鬲所做分类的基础上，从“居址与墓葬共有的陶鬲”和“墓葬不见的陶鬲”出发讨论随葬规律，揭示出殷墟陶鬲随葬的三种倾向，进而探讨其分布的时空规律、组合规律，力图揭示殷墟人群构成和整合过程。孟宪武等对 2002 年在安阳北徐家桥村北发现的“四合院式”夯土建筑基址做了分类研究，并对此前殷墟发现的商代四合院建筑基址相关材料做了梳理，认为这些夯土建筑并非一般的民居，认同发掘者将徐家桥村北“四合院式”夯土建筑基址判定为商代晚期石器生产管理机构所在地的观点。牛世山对一个多世纪以来学界关于殷墟遗址范围和年代分期问题的认识做了梳理，认为现阶段认识到的殷墟范围大致呈椭圆形，约 26 平方千米；分期方面认同四期七段的划分方案。他还对西北冈商王陵被盗年代做了推测，认为最有可能是在春秋中期。岳洪彬结合晚近发掘所获的相关信息梳理了“中研院”史语所第一次大司空村发掘的史迹，有助于对殷墟考古学术史的认识。唐锦琼通过对日本根津美术馆收藏的铭“左”“中”“右”三件方盉的观察，认为其纹样并没有明确的组合关系，纹饰与器型间也看不出显著的对应关系，纹饰仅仅是单纯的图案而已。

常怀颖对晚商时期晋陕冀地区主要考古学文化风格的陶器在殷墟遗址群中的发现情况做了梳理，总结了晋陕冀地区各考古学文化因素在殷墟的出现时间和分布空间上的规律（《文物》第 7 期）。

田伟认为，商代晚期在晋南盆地与晋东南形成了东西对峙的局面。商王朝及其附属势力、李家崖文化、西土集团之间的关系持续变化，直至周人灭商后，东西对峙局面不复存在（《中国国家博物馆馆刊》第 2 期）。

郭明通过对比老牛坡遗址与中原地区的商代建筑，认为二者风格存在很大区别。老牛坡建筑代表周文化传统，与商文化建筑传统一度同时平行发展（《考古与文物》第 3 期）。

段西洋、苏荣誉对商代青铜和白陶象尊进行了研究，力图将造型和纹饰等风格因素与工艺技术相结合，分析它们的相互关系与属性（《南方文物》第 1 期）。黎婉欣认为，青铜器的人兽结合的纹饰或造型可能形成和沿用于淮河流域至长江中游地区，并于殷墟文化二期以前北传（《江汉考古》第 2 期）。苏强对中国国家博物馆馆藏的一件商代饕餮纹提梁卣做了类比分析，指出其形制见于商文化中心区域周边地区，上承二里冈上层二期铜器纹饰，同时具有殷墟铜器纹饰的特点，其年代应相当于殷墟文化一期（《中国国家博物馆馆刊》第 8 期）。陈雪香认为，夷式簋和盔形器代表的有着东方族属标识的人群，参与了海盐由鲁北地区向安阳殷墟的流通（《三代考古（九）》，科学出版社）。

陈絜认为，花东卜辞中“伯或征卲”即是武丁王卜辞中的“沚或征召”，沚地当在今泰安、新泰与莱芜交界地带。以此为例，他认为武丁王卜辞地名系统、花东子卜辞地名系统及商末王卜辞地名系统之间存在大量的重叠现象，对于晚商政治地理的勾画复原以及商代古史的重建具有重要学术价值。此外，卜辞地理的研究亦有助于甲骨疑难文字的考释（《故宫博物院院刊》第 4 期）。

杜金鹏认为，商代“玉”字实指玉质柄形器，主要用作祼礼之瓒的器柄，有的也用作陈设品。柄形器的流行始于二里头文化，则玉之概念的形成或可早至夏代（《中原文物》第 3 期）。张昂将殷墟甲骨文中等形释为“铃”，有助于解答商墓铃器多出而殷墟甲骨文不见“铃”字的问题（《出土文献》第 4 期）。张兴照认为，卜辞中的“丘”证明商代有居址选择高地的“居丘”特征，黄河中下游的商代遗址多数有这样的地貌选择（《殷都学刊》第 2 期）。

商代周边考古学文化研究成果丰硕，其中尤以四川广汉三星堆考古综合研究成绩突出。许丹阳梳理了四十年来对三星堆文化的研究，从器用、居址、墓葬、工艺与信仰五个方面概述了三星堆文化的基本特征，从年代关系、文化分布范围、陶器群演变序列、文化特征四个方面综述了三星堆文化的发展源流（《中国文化研究》第 2 期）。赵殿增认为，三星堆遗址青关山一号建筑基址可能是一座位于高台之上的“神庙”，是举行宗教和政治活动的场所（《四川文物》第 3 期）。雷雨认为，近年来在三星堆遗址的多个地点发现的一组新的文化遗存，文化面貌介于三星堆一期和二期之间，填补了三星堆遗址新石器时代晚期与青铜时代文化遗存的缺环，可以命名为一支新的考古学文化（《四川文物》第 1 期）。冉宏林认为，三星堆城址在“新四期”1 段时尚未废弃，古蜀国都城从三星堆遗址迁至金沙遗址的具体时间很有可能在“新四期”1 段偏晚时期，相当于殷墟二期偏晚阶段（《四川文物》第 1 期）。他还对成都十二桥遗址商周时期遗存重新进行了分期，认为其年代最早可至二里头文化第二期，第一期与第二期属于三星堆文化。该遗址不是供人居住的普通聚落，而是一个码头遗迹（《三代考古（九）》，科学出版社）。朱乃诚认为，三星堆文明形成于三星堆遗址二期，是在传承当地宝墩文化的基础上受到二里头文化、齐家文化的影响下产生的（《三代考古（九）》，科学出版社）。王仁湘认为，铜顶尊跪坐人像头顶重器，尤其是以跪姿表示尊重，这件器物可能显示了三星堆人礼敬神灵的标准姿势（《四川文物》第 3 期）。田剑波认为，三星堆二号祭祀坑出土的圆眼直喙歧冠或无冠的鸟形饰可能是从长江中游输入或仿制于长江中游的同类器（《江汉考古》第 5 期）。董逸岩等以三星堆遗址二号祭祀坑出土的大口折肩尊为例，对其纹饰的填朱工艺进行复原，认为对青铜器呈色的研究有助于增进对青铜器功能和审美理念的认识（《南方文物》第 3 期）。徐诗雨将三星堆遗址出土的石器分为非实用器和实用器两大类，对其历时性变化与制作工艺进行了讨论（《四川文物》第 1 期）。

长江中游地区商代考古也有若干新成果产生。豆海锋《冲击与调适：长江中游商代文化与社会演进的考古学观察》（科学出版社）一书，基于对长江中游商代考古学文化遗存的收集和研究，构建起该区域内的文化序列和谱系关系，认为区域内部发展的差异，除本土地方传统影响之外，更重要的是各单元受中原商文化影响方式和交流程度的区别。赵东升以长江中下游沿江地带青铜时代考古学文化为研究对象，把对陶器、青铜器等文化因素的发展、演变及与中原文化的对比研究作为切入点，对中原文化与地方文化的互动进行宏观的对比，揭示文化互动背后的政治和文化背景（《中原王朝视角下的南方和东南方——青铜时代长江中下游地区中原化进程研究》，文物出版社）。杜杨观察了荆南寺遗址夏商时期聚落的历时性变迁，认为该遗址的兴衰与中原文化南下获取资源密切相关，与盘龙城遗址的产生背景相同，但是江汉土著文化始终为主体（《夏商时期荆南寺聚落历时性演变的考察》，《古代文明（第 15 卷）》，上海古籍出版社）。郭长江和张博重新建立了庙台子遗址商代文化序列，认为该遗址是早商晚期商文化从长江中游大规模收缩至随枣走廊地区的区域性中心聚落，可能是商代曾国地望所在（《庙台子遗址商代陶器遗存辨析及相关问题研究》，《楚文化研究论集（十四）》，上海古籍出版社）。杨华和沈涛梳理了鄂渝地区商代龙窑的考古发现和研究现状，认为探索龙窑的起源应着眼于整个长江流域（《鄂渝地区新石器时代至商时期龙窑的考古发现与研究》，《楚文化与长江中游早期开发国际学术研讨会论文集》，武汉大学出版社）。

商代北方考古方面。

包曙光的《中国北方地区夏至战国时期的殉牲研究》（科学出版社）以长城地带沿线的中国北方夏至战国时期以及新疆和欧亚草原东部区青铜时代至早期铁器时代的动物殉牲资料为研究对象，探讨了中国北方地区殉牲的起源和发展过程以及各地区的差异。

科技考古成果仍然主要集中在冶金考古方面。李延祥等在湖北阳新县发现由至少 14 处遗址构成的炼铅遗址群，并对这些遗址的炉渣样品进行了扫描电镜初步检测，结果表明，14 处遗址皆使用了银山铅锌矿区的伴生有锰砷的铅锌氧化矿石进行还原冶炼，其主产品是含铜的铅及少量黄渣与冰铜，炉渣体系为性能良好的高锰渣。阳新炼铅遗址群的发现，为探讨商周时期的铅料产地提供了重要的线索（《江汉考古》第 2 期）。

王庆铸等研究了济南市刘家庄遗址商代晚期部分青铜器铅同位素数据，发现刘家庄遗址出土铜器主要含有高放射性铅同位素，也有少量含有普通铅同位素，但铅同位素比值与器物类型以及合金类型并没有直接的相关性。刘家庄遗址高放射性铅同位素比值数据比较集中，提供了一个与其他遗址比较的标准。文章认为，商代的高放射性铅同位素可以分为两组，并且两组可能存在一定的交替。早商时期郑州和盘龙城为 A 组，中商到殷墟早期则主要以 B 组为主，从殷墟第二期晚段开始 A 组重新成为主流。只是目前还不能确定两组数据究竟代表了两组不同的高放射性铅同位素的矿源，还是同一矿源但是与其他不同的资源混合所致（《考古》第 7 期）。

丁忠明等应用 X-CT 无损检测方法分析了皿方罍盖钮内盲芯制作技术，罍身附件的连接结构，及加强筋设置特征（《江汉考古》第 4 期）。郭建波等利用工业 CT 分析了部分三星堆青铜器残件标本，讨论了三星堆青铜器的分铸和各种连接工艺等（《四川文物》第 3 期）。田剑波等分析了金沙遗址祭祀区出土的 7 件青铜容器残片，认为其与三星堆遗址出土青铜器为同一体系，年代约为殷墟一、二期（《文物春秋》第 4 期）。

也有学者对商代原始瓷和玉器做了科技考古分析。李文静等通过科技分析发现，至少部分殷墟原始瓷的产地不在吴城和浙江地区，其产地很有可能在北方（《华夏考古》第 3 期）。杨露雅等对殷墟出土有孔玉器的孔道内部微痕情况进行了系统分析，根据特征将其成因分为加工和使用两类，为玉器加工、改制和使用等方面研究提供了科学证据（《人类学学报》第 2 期）。刘建成等以三星堆遗址出土的两件大玉料为研究对象，发现其原岩均属于超基性岩中产出的蛇纹石，产自四川彭州红岩山蛇纹石矿区（《四川文物》第 6 期）。

申亚凡等统计和分析了济南大辛庄遗址商代人群牙齿疾病的基本情况，发现其牙病的罹患率不仅受到性别、年龄、牙位以及齿冠磨耗程度的影响，而且与大辛庄商代人群的食物结构有关（《人类学学报》第 4 期）。

（作者：方辉，山东大学历史文化学院教授）
（彭富仁，山东大学历史文化学院博士研究生）

两周时期考古

刘延常　辛雅琳

2021年度两周考古发现与学术研究成果丰硕，伴随着党中央对考古文博行业的大力支持，社会公众对于考古学术成果的关注也日益增加，新媒体作为载体也使考古成果更多地惠及公众。据不完全统计，出版两周时期考古报告、研究专著、图录50余部，发表考古简报、研究论文200余篇，研究内容涉及都邑、居址、墓地墓葬、区域文化、古国、手工业、制度、社会、艺术、青铜器、古文字、玉石器、漆器、钱币等方面。

一　社会聚焦与重要发现

（一）2021年中国现代考古学迎来百年华诞。1921年秋，河南省三门峡市渑池县的仰韶村遗址第一次发掘，标志着中国现代考古学的诞生。从此，中国考古学进入了以田野发掘为基础的科学、规范的阶段。100年来，几代考古人筚路蓝缕、不懈努力，取得了一系列重大考古发现，展现了中华文明起源、发展脉络、灿烂成就和对世界文明的重大贡献，为更好认识源远流长、博大精深的中华文明发挥了重要作用。仰韶文化发现暨中国现代考古学诞生100周年纪念大会于2021年10月17日在河南省三门峡市开幕，大会设置了旧石器考古、新石器考古、夏商考古和两周考古等23个专委会专业考古论坛，全国考古工作者纷纷作了丰硕的成果汇报。同年11月，王巍主编的《中国考古学百年史：1921—2021》出版。这部著作是中国考古学史上首次全面系统的回顾和总结，具有重要的里程碑式意义。其中夏商周考古卷共收录59篇文章，全面系统地回顾了我国考古百年来夏商周考古的研究脉络及成果（中国社会科学出版社）。

（二）全国十大考古新发现评选是为学界盛事。湖北省文物考古研究院等主持发掘的云梦郑家湖墓地被评为十大考古新发现之一。该墓地为战国晚期以来的楚文化小型墓葬，还清理了一批秦文化饱水墓葬，出土了包括遣策、铜鼎铭文和长文木觚在内的文字材料。觚文不见于传世记载，为学界提供了一篇全新的策问类文献，丰富了战国后期政治史资料。葬具木板画年代为战国末至秦代和秦汉之际，题材均为首见。还出土了一批保存完好的秦文化漆器。郑家湖墓地与楚王城城址及其周围的墓地是一个有机整体，年代均集中在白起拔郢（公元前278年）至汉初，这些材料生动展示了秦文化与楚文化逐渐融合、统一于汉文化并汇入中华文明的历史过程，为研究战国晚期至汉初中国多民族统一国家的形成、中华文明从多元一体到大一统的历史进程及其背后所反映的国家认同提供了典型个案。

两周时期考古发现参评项目较多。山西垣曲北白鹅墓地是一处内涵丰富、保存较为完整的大型墓地，已清理墓葬的时代集中在春秋早期。陶窑及陶拍、陶支钉的发现，证明了制陶手工业的存在，墓葬和灰坑交错混杂且年代相近，为"居葬合一"遗址的探索提供了重要线索。不同墓向和墓主人头向，以及腰坑习俗反映出墓地人群的复杂性。铜虎纹罐、铜甬钟等的发现，反映出中原地区与西北戎族和长江中下游地区间的密切文化交流。最大的一组夫妻异穴合葬墓出土铜器组合为七鼎六簋，达到了诸侯级别，说明墓地人群的高等级和政治地位的重要。据铜器铭文推断，北白鹅墓地应为太保匽仲氏在成周采邑内的家族墓地。

浙江省文物考古研究所发掘的衢江云溪西周土墩墓群气势雄伟，营建方式独特，具有鲜明的地方色彩，是江南地区西周时期规模最大、等级最高的土墩墓群，证明衢江地区是西周早中期百越文化的中心之一，存在一个明确的古代政治实体。结合出土器物、文献，衢江地区极有可能是史书仅有零星记载的姑蔑国所在地，云溪大型高等级贵族墓群可能是姑蔑国的王陵区。出土的青铜车马器是浙江省内首次发现。玉石器以玦形器为主，成组出现，大小相序，具有很强的礼制特征。“人”字形木椁的发现为绍兴印山越王陵等越国高等级墓葬内“人”字形木椁找到了渊源。该墓群为研究越文化因素来源、百越文化发展乃至中华文明多元一体形成提供了关键资料。

浙江余杭跳头遗址是长江下游地区一处重要的史前以及商周时期遗址，堆积连续且演化特征明显，文化层年代从良渚文化时期延续至春秋时期。第六期遗存典型器物有折线纹、回字纹组合的印纹硬陶器，包括罐、瓿、尊等，年代为西周时期。第七期遗存典型器物为原始瓷盅式碗、盅式碗盖以及少量青铜器等，年代为春秋时期。跳头遗址同时是长江下游地区首次发现晚商时期比较清晰的铸铜作坊遗址。

江西樟树国字山战国墓是迄今江西地区考古发掘规模最大的东周时期墓葬。国字山 M1 有围沟环绕，规模宏大，使用双墓道的多室结构，葬具规格高，随葬品种类齐全，表明墓主有着很高的身份地位。根据墓葬的总体特征和出土的铭文资料推测墓主可能与越国王室密切相关。筑卫城是东周时期越文化的区域政治中心。墓葬体现出多种文化因素交融共存的特征。墓葬具有突出的越文化因素，如周围有围沟，椁板覆盖木皮，使用船形棺，以及随葬原始瓷、几何印纹陶器、越式鼎、鸠杖等。同时伴有相当数量的楚文化因素、群舒文化因素，以及自身独特的文化因素，对研究作为“吴头楚尾”的江西地区东周时期吴越楚关系、政治格局演变具有重要价值，更是为该区域“中华文明多元一体”进程的探索提供了直接证据。

广东黄埔陂头岭遗址第二期遗存所发现的战国中晚期至南越国时期墓群是目前岭南地区发现的数量最多、规模最大、封土保存最为完整的高等级越人墓地。大中型墓 M30 是战国晚期墓葬，地表有相对高大的封土、墓葬顺山体走势排列、墓穴埋深较浅、墓坑底铺石床等具有明显江浙土墩墓的遗风，反映出强烈的越文化的族属特征。而由部分大中型墓葬的棺椁设置可看到岭北楚文化的影响，反映出楚越交融的态势。

（以上来自“文博中国”微信公众号）

（三）相关省市区借助新媒体平台公布的两周考古成果。

河北省：涞水张家洼遗址明确了主体遗存是两种不同文化因素的西周时期墓葬。李家庄—古家疃墓群中部的 10 座墓葬年代多为战国中晚期，随葬器物丰富，墓葬与代王城有着紧密联系。邯郸后百家村北墓地多发掘中小型土坑竖穴战国墓，墓葬制度为典型的三晋样式，充分反映了赵都邯郸墓葬形制的演进。雄安新区南阳遗址主体文化面貌由南北并列大小两座战国时期城址构成。

山东省：齐国故城小城西门外夯土建筑遗址极有可能为稷下学宫遗存。曲阜西陈遗址发现了大量的自中商至西周早期的窖穴、房址、祭祀坑等遗迹，聚落规划十分清晰。长清老徐家洼遗址时代跨度两周大部分时期。临淄南马坊东南墓地发掘了22座战国早中期墓葬，结构完整、等级较高。临淄青蓝府墓地主体时代从战国延续至东汉，多为小型平民墓葬。临淄阚家寨遗址发掘区域在战国晚期至西汉早期阶段是一处较为明确的手工业作坊的组成部分。菏泽孙大园堌堆遗址战国时期最初作为居址使用，至战国中期逐渐作为墓地使用。邹城郑国故城遗址揭露了一处战国早期青铜兵器铸造作坊。

河南省：鹤壁辛村遗址为西周时期诸侯国卫国疆域的核心区，清理出淇河古河道、人工水渠、多座铜器墓及玉器墓、制骨作坊。南阳夏庄墓地是战国时期一处高等级别的贵族墓地。

江苏省：高邮佛前墩遗址出土了包括西周时期卜甲在内的各类遗物。无锡市吴家浜遗址现已揭露夯土墙基、壕沟、建筑基址等重要遗迹，是近年发现的东周时期重要遗址。

浙江省：绍兴亭山南区发现了大型的商周时期建筑基址遗存，出土了大量植物遗存和原始瓷器。绍兴大湖头遗址出土了原始瓷乐器和精美的青铜饰件，以及绍兴地区首次出土的东周时期木桨。衢江西周高等级墓群于2018 ~ 2021年发掘了3座土墩墓，首次发现西周时期的青铜车马器。

湖南省：罗城遗址集中于战国中期以后。长沙梅溪湖湄子滩遗址发现东周时期房址，推测作为仓储或其他手工业用房。桃源县桃纺墓群清理大批战国墓葬。汉寿县老坟山墓群以战国晚期楚墓为主体。益阳市十字山墓群均为典型楚墓，年代集中于战国晚期。

重庆市：云阳李家坝遗址出土铜器以铅锡青铜为主，其代表的巴文化与以成都平原为代表的蜀文化铜器生产原料明显不同。

陕西省：周原遗址完整揭露了先周时期大型夯土建筑。镐京遗址十一号建筑基址进一步丰富了镐京遗址大型建筑基址的考古资料。刘家洼遗址发现两排西周晚期的大型下沉式房址，推测这应该是芮国的仓储类建筑。韩城陶渠遗址中一座“甲”字形大墓中出土2件铜戈，其上有铭文“京”字。

甘肃省：宁县石家及遇村遗址是一处两周时期大型聚落，其生业经济主体为农业，兼有一定比例的养殖业。

新疆维吾尔自治区：库尔勒玉孜干遗址距今公元前550 ~前400年之间。和静县霍尔古吐水电站墓地发掘了圆形石围墓、大型石堆墓、小型石堆墓三类墓葬。国道219阿合奇至八盘水磨公路墓葬出土折沿罐、折沿钵等器物，可大体推定墓葬年代为战国—汉代。库车市友谊路墓群春秋战国时期墓葬出有彩陶罐等。

（以上来自各省自治区直辖市文物考古研究所微信公众号年度工作汇报）

二　两周考古综合性研究

（一）涉及两周时期的综论性研究成果。李伯谦先生的《从古国到王国——中国早期文明历程散论》（上海古籍出版社）提出了中国早期文明演进的三阶段说，即古国—王国—帝国。李先生发表的相关文章，既通过对某器类，比如陶器、牙璋、原始瓷、宁乡青铜器等的研究，解读这些器类和中国早期文明演进的时空关系和互动关系，也通过对单个遗址，如良渚、陶寺、王城岗、禹会村、新砦、定陶十里铺北、三星堆、姚河塬、万福垴等遗址的研究，见微知著、抽丝破茧地揭示这些遗址在中国早期文明演进中的地位，进而上升到对古国、王国的研究，从而引发对黄帝时代、大禹事迹如何从考古发掘中寻找证据的阐发和思考。白云翔在《从史前到秦汉：城市排水系统的形成与演进》中选取了洛阳东周王城遗址战国中晚期的陶排水管道、新郑郑韩故城遗址战国后期的五角形陶水管道、邯郸赵都故城遗址圆形陶水管道和排水路沟、秦都咸阳城排水设施、临淄齐国故城排水干渠等例，揭示了两周时期城市排水系统发展演变轨迹（《中国社会科学报》10 月 13 日）。钟华《河济地区先秦时期植物考古初探》选取北辛文化晚期至东周时期近 4000 年的时间范畴，探讨不同农作物的生产结构，得出东周时期以粟麦为主的新型旱作农业模式取代了传统的粟黍旱作农业格局，小麦的重要性大大提升的结论（《科技考古》第六辑）。赵东升《中原王朝视角下的南方和东南方：青铜时代长江中下游地区中原化进程研究》（文物出版社）一书以长江中下游沿江地带青铜考古学文化为研究对象，通过对陶器、青铜器等文化因素与中原文化的对比研究，在大区域内对中原文化与地方文化的互动进行宏观的比对，并尝试揭示文化互动背后的政治和文化背景。李宏飞《商末周初文化变迁的考古学研究》（文物出版社）一书运用考古学文化研究方法及文化因素分析法对商、周两系文化特征进行归纳总结，以西周早期的文化分布为空间范围，以相当于殷墟文化第三期至西周早期为时间范围，对时空范围内的考古学文化遗存进行较为全面系统的梳理，考察商、周两系文化因素的变动现象，归纳总结各区域不同的文化融合模式。刘绪《夏商周考古》（山西人民出版社）梳理中国历史夏商周时期考古发现和研究动态，在深入分析考古材料的基础上提出合理的判断认识，对当今夏商周考古学研究具有学术引领和启示意义。杨权喜《荆楚文化考古探溯与研究：杨权喜论文选集》（上海古籍出版社）一书收录了荆楚地区重大考古发现：江汉文明、商周文化、楚文化渊源与楚丹阳、楚文化的发现与研究等文章 80 余篇。包曙光《中国北方地区夏至战国时期的殉牲研究》（科学出版社）一书全面收集和梳理了中国北方地区夏至战国时期的殉牲资料，在此基础上探讨了中国北方地区殉牲的起源和发展过程以及各地区的差异，讨论殉牲这种特殊的丧葬习俗在这些区域内的发展变化及其背后的原因等问题。

（二）两周时期综合研究。何晓歌对西周早期至春秋中期出土饰棺鱼形饰的墓葬进行了全面梳理，总结了饰棺鱼形饰在形制与地域等方面的特点，并讨论了饰棺串饰在墓中的分布方式与墓葬年代和墓主等级的关系，同时，将包括鱼形饰在内的饰棺串饰的发展分为西周早期偏早至晚期偏早、西周晚期偏晚至春秋中期、春秋中期之后等三个阶段（《鱼跃拂池：周代饰棺鱼形饰研究》,《华夏考古》第 6 期）。吕全义《两周基层地域性居民组织研究》（上海古籍出版社）以先秦时期的两周为范围，以基层地域行政性居民组织为研究对象，探讨了其产生、发展和演变的轨迹。杨坤《两周宗法制度的演变》（上海古籍出版社）利用传世文献和出土材料进一步梳理和探讨了周代宗法制度的内容及演变轨迹，进而对周代宗法制度的演变历程及规律得出了较为明晰的认识。杨广帅提出周代墓葬当有随葬舞器之俗，商周时期墓葬出土的戈、盾、钺等兵器或可与武舞类舞器联系起来（《试论两周时期的武舞类舞器随葬制度》,《东南文化》第 3 期）。林晓雁《西周春秋时期的女性、联姻与政治格局演进研究》（中国社会科学出版社）以历史地理学的视角和理论审视性别考古学资料，以西周春秋时期的女性、婚姻与政治、国家的互动关系为研究对象，以女性研究和历史政治地理的视角，从女性和婚姻角度对西周、春秋时期的政治生态、族群和文化交融、地缘政治以及区域整合问题进行审视，将性别考古学资料用于大尺度、长时段的历史研究，对女性在两周社会中的存在给予充分的剖析，拓展了两周时期女性史研究的空间和纵深，开拓了两周时期历史人文地理的研究范围。

（三）两周时期相关区域考古研究。赵慧群在《滁河流域周代文化遗存分期初探》（《文博》第3期）一文中，选择了吴大墩、蒋城子两个典型遗址进行分期，结合其他文化遗存和烟大古堆、何郢遗址遗存资料，将安徽滁河流域周代文化遗存分为五期两段，为探讨该地区文化因素构成、属性及族属活动范围奠定了基础（《古代文明》第15卷，上海古籍出版社）。吴桐、邹冠男《从墓葬等级看浙北两周社会及其变迁——浙北平原中小型土墩墓的统计研究》一文聚焦以往研究中关注甚少的中小型土墩墓，通过定量手段对浙北平原地区的中小型土墩墓进行了等级划分，并将结果与相关的区域格局、葬俗、社会关系等问题联系讨论，进而梳理出了浙北平原两周时期的社会图景。吴桐在《宁绍平原两周时期陶瓷器生产标准化初步研究》（《东南文化》第1期）中通过对宁绍平原两周时期主要陶瓷器的CV系数统计，可知宁绍平原在西周至春秋时期，陶瓷器的生产标准化程度较低且长期未发生明显变化，规范性不足，表现出一定程度的简单与迟滞状态；至战国时则发生明显变化，陶瓷器的生产标准化程度显著提高，规范性增强，专业化程度明显提高，社会发展迅速并更趋复杂。

三　西周时期考古发现与研究

（一）周原、丰镐地区考古发现与研究。郭士嘉等统计确认在周原遗址西周时期聚落内共61处手工业遗存，按生产规模可分为大型作坊、小型作坊和家庭手工业三类。有些大型作坊集中分布，形成两个“手工业园区”。在供应链形态上，“手工业园区”各作坊生产原料来源统一、产业分工明确、产品流通范围广泛。在社会形态上，大型作坊是地缘组织，工匠群中包括“世工世族”（《周原遗址西周“手工业园区”初探》，《南方文物》第2期）。陕西省考古研究院等发掘的孔头沟遗址M10为一座西周晚期偏早的双墓道大墓。该墓虽遭盗扰，但仍出土铜器、玉石器、骨角器、蚌贝器等随葬品近800件（组），尤以各类车马器最为丰富，其中车轮与铜牌形䡇饰的数量为已知西周墓葬之最。该墓主人为男性，属非姬姓西土族群高级贵族，可能为孔头沟西周采邑的一代采邑主（《陕西岐山县孔头沟遗址西周墓葬M10的发掘》，《考古》第9期）。《陕西宝鸡旭光西周墓葬发掘简报》公布了5座西周墓葬资料，年代属于西周早期，墓葬出土青铜器铸有“伯”“室伯”等铭文。如果墓葬出土的器物就是墓主本人的器物，那么墓主身份应该是“伯”一级的姬姓贵族，原始瓷瓿是中原与东南地区文化交流的一个佐证。M4出土金箔饰是渭河流域出土的西周时期为数不多的金器之一（《文物》第9期）。2018年西北大学文化遗产学院等对陕西旬邑县西头遗址鱼嘴坡地点考古发掘，发掘商周时期房址、墓葬、灰坑等遗迹，出土遗物有陶器、石器、铜器、骨器、角器等。根据遗迹及遗物特点，推断年代为商代晚期至西周中期（《陕西旬邑县西头遗址鱼嘴坡地点商周时期遗存发掘简报》，《考古》第12期）。赵丛苍、祁翔通过对陕西凤翔孙家南头墓群周墓地分区和墓葬特征的分析，认为墓主至少应由周系族群和广义的殷遗民组成，以后者居多。不同亲属集团的墓葬群同处一地，两大族群的文化相互影响。两个人群主体的等级普遍较低，但殷遗民中不乏地位相对稍高者。此外，西周晚期该墓地规模的缩小，很可能与周人对关中西部地区控制力减弱有关（《孙家南头墓群周墓地分析》，《文博》第1期）。

2021年，丰京大原村制陶遗址发掘西周陶窑2座、陶窑操作间等遗迹数座，出土陶簋、陶鬲、陶罐、纺轮、陶丸、骨笄、骨镞等小件百余件。东部两组陶窑密集区之间的灰坑中发现人骨架，且均未发现葬具，只是将灰坑简单修整以后埋入的，其年代也与制陶遗址年代大致相同，推测他们就是从事制陶的陶工（《发掘·收获——中国社会科学院考古研究所 2021 年度田野考古汇报会纪实》，中国社会科学院考古所　中国考古网公众号　2022 年 1 月 7 日）。镐京遗址发现西周大型建筑基址、道路、陶排水管道、祭祀坑等重要遗迹，出土遗物主要为建筑废弃后残留的弧形板瓦、异形板瓦、槽形板瓦、筒瓦、白灰面墙皮以及铜锥、骨笄等小件器物和陶器碎片等。经过发掘，基本搞清该座西周大型建筑基址的规模大小、形制结构、使用年代等，进一步丰富了镐京遗址大型夯土建筑基址的考古资料，对研究西周宫室或礼制建筑的分布、建筑技术、历史考古及都城布局等具有重要意义。西周祭祀坑出土了较多的牛、羊、猪、鹿等动物头骨，与周代天子祭祀天地、祖先、神灵时最高级别的祭品“太牢”用牲种类可对应，推测在该处西周大型建筑的分布区域内可能有国家级的宗庙存在（《中国文物报》12 月 24 日第 8 版）。徐良高总结了近年来丰镐遗址铸铜、制陶、制骨等西周手工业作坊遗址的重要考古发现与研究成果，初步探讨了丰镐手工业生产组织、管理方式，提 出了城市手工业考古今后的发展方向，即由作坊遗址的个别具体遗迹现象发掘和工艺技术研究到聚落考古社会史视野下的整体性发掘和全方位研究（《丰镐手工业作坊遗址的考古发现与研究》，《南方文物》第 2 期）。王迪通过分析西周时期丰镐遗址的陶窑类型、烧制产品和陶窑的空间分布情况，总结了丰镐的陶器生产特点：烧陶传统不同的各小规模制陶家族依附于若干大小不一的贵族家族，在各自的贵族领地范围内从事生产应是丰镐陶器生产的基本组织方式；多数作坊的规模小，主要是为了满足贵族的需要；西周晚期出现大型制陶作坊，可能和人口压力增大有关；丰京和镐京分别烧制夹砂陶和泥质陶，应是丰镐制陶产业的基本布局原则。陶瓦的生产特点应与陶瓦制作技术及与宫殿距离远近有关（《从陶窑看西周时期丰镐的陶器生产》，《南方文物》第 5 期）。

（二）成周地区考古发现与研究。刘余力《西周成周研究》（文物出版社）对成周进行全面地、系统地剖析，重点对成周的位置、营建过程、规划布局、地位与作用及其与东周王城的关系等进行研究，以恢复西周时期成周的历史面貌。桑栎、陈国梁基于聚落视角，研究洛阳盆地西周遗存，认为瀍河两岸西周早、中期的遗存应该是文献所载的西周初年营建的洛邑（成周），韩旗城则应该是西周晚期及东周时期的成周（《宅兹中国：聚落视角下洛阳盆地西周遗存考察》，《考古》第 11 期）。

（三）北京房山琉璃河遗址考古发掘取得重要成果，现存西周时期的夯土城墙、城内遗存和墓葬区。2019 年以来，城内西北侧发现成规模夯土建筑一处，基址建造年代不早于西周早期，废弃年代不晚于西周晚期，时间跨度较大。夯土建筑基址结构明确、层次清晰，基址等级较高，符合西周早期诸侯国的等级地位，印证了文献中关于“周初封燕”的史实（《中国文物报》4 月 2 日第 2 版）。对 M1901（原 IIM253）与 M1903（原 IIM251）两座西周早期墓葬进行了再次发掘。M1901 新出土的铜簋与四十多年前出土的圉簋纹饰相同，M1902 墓内的青铜卣铭文中出现“太保”“墉燕”“燕侯宫”等内容，证明了 3000 余年前，周王重臣召公亲临燕都，也就是今天的琉璃河燕都遗址所在地，建筑了燕国都城城墙，实证了 3000 余年的北京建城史，证明了燕国与中原的密切联系（《中国文物报》12 月 10 日第 2 版、12 月 24 日第 2 版）。

（四）黄河中游山西省与陕西省考古发现与研究。《长子西南呈西周墓地》发表了一批西周墓葬和马坑的发掘资料。该批资料对于探索晋西南西周时期方国演变，尤其是古黎国提供了新的佐证（上海古籍出版社）。牛世山认为，垣曲北白鹅周代墓地已刊发的虢季方甗等 3 件重要青铜器的时代为西周晚期。墓葬有腰坑是商文化墓葬常见的葬俗，结合 M3 出土的虢季为匽（燕）姬所作的媵器方甗，以及匽（燕）仲作器、匽（燕）太子作器等推断，有腰坑的墓主是商人的后裔，其家族居地为北白鹅一带，与姬姓的召公家族无关（《垣曲北白鹅周代墓地的若干问题》，《南方文物》第 5 期）。陕西韩城梁带村芮国贵族墓地为一处保存完好的西周晚期至春秋早期的芮国贵族墓地，埋葬有数位芮国国君和夫人，出土了大量罕见的玉器、金器和青铜器，对研究古芮国文化和复原历史有非常重要的价值，也为研究黄河流域周代诸侯国的历史、科学、文化、艺术增添了丰富而详实的新资料（《梁带村芮国墓地——2005、2006 年度发掘报告》，上海古籍出版社）。

（五）江苏省考古发现。江苏丹阳双眼墩土墩墓现存两座土墩，均为“一墩一墓”形制。两座土墩均遭盗掘，出土遗物包括印纹硬陶坛、印纹硬陶罐、印纹硬陶瓿、夹砂陶鬲、灰陶盆、原始瓷豆等，推测其时代为西周晚期（南京博物院、镇江博物馆《江苏丹阳双眼墩土墩墓考古发掘简报》，《东南文化》第 1 期）。

（六）湖北湖南地区考古发现与研究。《湖北随州叶家山西周墓地 126 号墓的发掘》（《考古学报》第 4 期）进一步丰富了曾国西周墓葬材料。湖北随县周家塝遗址获取了一批西周晚期早段遗存（湖北省文物考古研究所、随县博物馆《湖北随县周家塝遗址发掘简报》，《江汉考古》第 4 期）。西周小国噩国的发现与考古研究引起重视，上海博物馆编《噩国六谈：一个神秘古国的文化面孔》（上海书画出版社）收录有关噩国的六篇不同角度的文章，从其名称、历史、地理变迁谈到考古故事、器物解读、哲学思考，从各个方面呈现出这个神秘古国的文化面孔。湖北省文物考古研究所等在湖北随州张家寨遗址揭露出一批后石家河文化、周代及宋代遗存，以周代遗存最为丰富。根据地层关系及陶器的演变特征，可将周代遗存分为三期，各期遗存具有明显的周文化风格，其年代跨度为西周早期至春秋早期。该次发掘为进一步认识随枣地区两周时期考古学文化面貌提供了重要资料（《湖北随州张家寨周代遗址发掘简报》，《文物》第 5 期）。张昌平从宜昌万福垴遗址出土青铜器谈起西周时期楚国的政治中心转移路线，遗址出土一件甬钟上有“楚季”铭文，这是当代在江汉地区首次发现性质明确为西周时期的楚国青铜器，同时确定了万福垴遗址楚文化遗存的性质。西周时期楚国政治中心应该在江汉地区的南部。从汉水中上游到沮漳河一带西周春秋青铜器和陶器的特征与发展考察可知，楚国不晚于西周中期到达长江沿线的沮漳河一带，并以此作为活动中心。春秋早期楚国重心转移到汉水中上游一带，并延续到春秋晚期（《论西周时期楚国的政治中心——从宜昌万福垴遗址谈起》，《江汉考古》第 6 期）。湖南省文物考古研究所等《湖南省宁乡市炭河里遗址钟家湾地点商周遗存发掘简报》（《考古》第 4 期）通过与西周中原地区对比陶、鼎、簋、鬲、罐等器物，认定钟家湾商周遗存的主体年代应为殷墟四期至西周早期。由陶器群所反映出其具有多元的文化因素，利于研究炭河里文化的来源、形成过程以及湘江下游地区与中原及周边其他地区之间的文化交流。胡子尧与井中伟共同考辨周代申国地望、西申与南阳之申的关系及申国南迁的背景（《周代申国考辨及其相关问题》，《考古》第 3 期）。

（七）山东地区考古发现与研究。山东省文物考古研究院、上海大学文学院发表《山东临淄东古城村北遗址西周墓（M4040）发掘简报》（《文物》第 2 期），M4040 为西周时期中型贵族墓，随葬器物有铜器、陶器、石器等，其中铜器有礼器爵、觯各一件。墓葬发现有人牲、羊牲、殉人、殉狗现象。M4040 可能为西周初年殷遗民的墓葬，墓主可能为中小贵族。曹斌《胶东铜器与西周纪莱》(《考古》第 1 期)以胶东半岛出土西周铜器为载体，与青州寿光同时期铜器比对，论证纪莱两国沿革：西周的前半段莱国强盛，与齐国存在一定程度上的竞争关系；西周后半段纪国得显著发展，继之而起与齐国竞争并向齐地扩大影响。但是在周王实力衰微之后，纪、莱两国均被强大的近邻齐国所灭。杨坤《从亳鼎铭文看西周早期鲁国的经略》指出，亳鼎铭文年代在西周早期,“公侯、公仲”指鲁炀公，亳鼎是西周早期鲁器，铭文反映了鲁炀公镇抚东夷、经略东国的政治意图以及大区域内资源调动整合能力，说明西周早期鲁侯控制的地域不限于曲阜一带(《青铜器与金文》第六辑，上海古籍出版社)。

(八)西南地区考古发现与研究。位于四川省凉山彝族自治州宁南县华弹镇金江村的钟家梁子遗址为一处商周墓葬群，出土遗物较为丰富，以陶器和贝类装饰品为主，另有少量石器、骨器等。发现的一批典型器物组合进一步丰富了该地区商周时期考古学文化内涵，为研究金沙江干流两岸商周时期的考古学文化面貌提供了新的实物材料(《中国文物报》12 月 3 日第 8 版)。

(九)西北地区考古发现与研究。宁夏回族自治区文物考古研究所等对姚河塬遗址开展考古工作，发现城墙、护城壕、高等级墓葬区、宫殿建筑基址、铸铜作坊区等遗迹，出土陶器、青铜器、玉石器、象牙器、刻辞甲骨等重要遗物，确认了姚河塬城址为西周诸侯国获国的都城，对了解西周王朝与西北边陲地区的关系提供了新资料(《宁夏彭阳县姚河塬西周遗址》,《考古》第 8 期)。甘肃省文物考古研究所等《甘肃宁县遇村遗址西周墓(M5、M20)发掘简报》(《文物》第 10 期)对 M5、M20 的墓葬形制和随葬器物进行详细描述，M5 铜戈装饰蝉纹的现象较为少见。腰坑表明该遗址西周时期东西向墓葬可能与殷遗民有关。王洋将甘肃东阳西周墓地划分为不同族属的两类四个墓区，包含殷遗民与东阳主体族群，后者可能原为活动于甘肃东部地区的西土古族，或因灭商有功于周初改封畿内，并被分赐以殷遗民(《华县东阳西周墓地结构研究》,《中国国家博物馆馆刊》第 2 期)。新疆地区公元前一千纪与中原西周同时期，张驰在《公元前一千纪新疆伊犁河谷墓葬的考古学研究》(科学出版社)一书中，对新疆维吾尔自治区伊犁河谷早期铁器时代墓葬形制、器物类型进行研究，并结合出土情境对当地游牧人群的葬式葬俗、经济活动、生活方式、特殊墓葬现象及族属进行分析，进而探讨伊犁河谷早期铁器时代考古学文化的源流演进及与周边区域的联系，为学界研究新疆伊犁河谷早期铁器时代考古学文化提供参考。

(十)西周时期综合性研究。赵丛苍、梁硕通过对西周中期战场遗存变迁的观察，形成对这一时期周人同周边部族的战争的基本认识。西周中期，周王朝的边疆地带随战场的变化而发生变化，总体有收缩趋势，相对应的以防御为主的军事策略则逐渐代替主动进攻，成为此时周王朝应对外部威胁的重要策略。也正是在这样的背景之下，“夷夏”民族关系的对立得以提出并逐步演变(《从战场到边疆：西周中期战争的军事考古学观察》,《华夏考古》第 2 期)。王洋采用寻找“族属代码”的研究方式，将西周墓葬中的陶器组合分为以姬姓周人为主体的西土族群随葬“周系陶器组合”和以殷遗民为主体的商系族群随葬“商系陶器组合”。周系陶器组合形成于先周时期，商系陶器组合也是晚商文化的延续，通过对西周墓葬的族属研究，为东周相关研究的开展奠定了基础(《论西周的商、周两系陶器组合》,《三代考古(九)》，科学出版社)。郜向平《西周墓葬方向及相关问题探讨》依照墓葬方向相对于正方向的偏转情况，对西周墓葬进行分类考察，提供了对西周墓葬方向的一个新的分类角度(《三代考古(九)》，科学出版社)。陈树祥与王定兴考察鄂东南铜矿资源，从采矿及矿料流动等方面入手，认为西周时期，鄂东南铜矿业极有可能为周王室与诸侯共管，冶炼作坊地点由聚落址向铜矿山或五里界城附近迁移，铜料生产规模由小到大，采冶水平不断提高，粗铜流通呈现复杂的方式。铜料所铸造祭祀和宴乐用具、武器及生产工具等多数成为墓葬的随葬品，成为墓主人身份和等级的物化标志（《西周时期鄂东南铜矿业初步观察》,《南方文物》第 3 期）。

四　东周时期考古发现与研究

2021 年度东周考古材料以墓葬为主，墓葬研究多深入在墓地性质与反映不同文化之间的交流融合，为整个东周社会研究提供了大批基础材料。

（一）秦文化区

陕西省考古研究院等联合发掘了雍城秦公一号大墓的一号坑。坑内出土 5 组木车，每组车有挽马两匹，车下有殉人（驭手）坑，出土大量殉牲和各类车马器、车马饰。一号坑位于大墓西南侧，并非秦公陵园布局的“定制”，推测为大墓建成后祭祀秦公时使用，当为祭祀坑（《陕西凤翔雍城秦公一号大墓一号坑考古发掘简报》,《考古与文物》第 6 期）。二号坑位于墓葬东南，平面形状为“凸”字形，由通道、坑体两部分组成。盗洞出土了大量动物骨骼及各种质地的器物（《陕西凤翔雍城秦公一号大墓二号坑 2019 年考古发掘简报》,《考古与文物》第 6 期）。《陕西宝鸡太公庙秦公大墓考古调查勘探简报》报告，探明了宝鸡太公庙村以及周边遗址范围内只分布有 1 座“中”字形大墓，该大墓东南侧有一处“凸”字形车马坑，西南侧为乐器祭祀坑，共同组成一个秦公陵园（《考古与文物》第 1 期）。《陕西高陵米家崖秦墓发掘简报》介绍了西安市高陵区米家崖村战国墓葬的 M3、M9、M14、M49，4 座墓保存较好，出土器物较为丰富。这些墓葬中普遍出土两套随葬品：一套为秦墓常见陶器，另一套为比较少见的低温陶器、低温陶俑。陶俑的出土弥补了东周秦俑的空白，丰富了对战国秦墓和秦服的进一步认识（《考古与文物》第 4 期）。宝鸡郭家崖墓地是一处规模较大、沿革时间长、保存较好的东周秦及汉唐墓葬群，墓地以秦国墓葬为主，规模较大，但规格低，按商周礼制当为邦墓。115 座秦墓，从战国早期一直延续到秦代，发现陶器、铜器、铁器、石器、骨料器等各类型随葬器物。其中出土了 7 件戎式铲足鬲，与秦式鬲反映了两种不同性质的文化。墓地发现的框架结构的棺椁形制在秦人墓葬中也不多见。这批墓葬为研究秦人社会聚落形态、秦戎关系、墓葬习俗、历史沿革以及古代秦岭南北文化交流与传播提供了重要的考古信息（《宝鸡郭家崖考古发掘报告》，科学出版社）。考古人员在陕西塔儿坡区域发掘 3 座秦墓，时代应在战国晚期到秦统一时期。其中一座秦墓出土的金饰品、明器青铜茧形壶、青铜蟾蜍都较为少见。小型金饰具有典型的北方草原文化风格。常见于金饰的金丝和焊珠工艺在甘肃马家塬战国戎人墓地中就有发现，西汉时期这种工艺出现在中原地区的金器上，东汉时向南传播到长江珠江流域。该次金丝焊珠金饰的出土，说明战国时秦人可能已经熟练掌握了这类金器细工制品的制作技术（文博中国公众号 11 月 23 日）。陕北地区《戎与狄：陕北史家河与辛庄战国墓地考古报告》公布了黄陵史家河墓地发掘战国墓葬材料及清涧辛庄战国墓地发掘调查报告。史家河墓地年代从战国早期至秦统一，出土文物包括西戎文化因素、北方系青铜文化因素、晋系文化因素以及少量白狄文化因素，文化面貌、性质与寨头河墓地相同，应是一处战国戎人墓地。其战国早期属魏，中期后属秦。辛庄墓地发掘和调查采集到的双耳罐夹细砂灰陶，陶胎较薄，烧制温度高，手感轻，多素面，偶尔会有附加泥条。以这类陶器为代表的器物群应是东周白狄遗存（陕西省考古研究院等编著，文物出版社）。白冬梅、程艳妮论析陕西出土东周秦代金属农具，指出秦人的金属农具数量和种类较少、起步较晚，但发展势头强劲，分布范围具有明显的地域性。另外，秦人农具在秦人金属器中的地位较低，仅仅是一种工具，不像安阳殷墟出土的青铜工具具有礼器作用（《陕西出土东周秦代金属农具论析》,《北方文物》）。王迪对陕西长安沣西遗址张家坡 Y1 陶鬲封堵火门现象的分析增加了学界对商周时期陶工烧制灰陶时在创造还原气氛和火候监测环节上的技术选择的认识，丰富了对商周时期灰陶烧制活动的了解（《从封堵陶窑火门的陶鬲管窥商周时期烧（灰）陶观火的技术选择》,《三代考古（九）》，科学出版社）。

甘肃省文物考古研究所公布了甘肃宁县石家东周墓地 M30、M32、M35、M38 的详细资料，墓地年代范围集中，以春秋早中期为主，墓地层级结构清晰。石家墓地是首次在甘肃庆阳境内发现的东周时期高等级贵族墓地，对于探索周代西土春秋时期“礼崩乐坏”下的卿、士等诸阶层嬗变提供了重要的考古学资料(《甘肃宁县石家东周墓地 2016 年的发掘》,《考古学报》第 3 期)。甘肃省文物考古研究所等编著《秦与戎：秦文化与西戎文化十年考古成果展》以遗址调查、发掘所获重要遗物、遗迹为线索，以探寻秦祖先来源、把握秦人发展脉络、戎人特征、秦戎关系、文化面貌等（文物出版社）。王安琪以马家塬墓地发现的随葬现象为切入点，对东周西戎文化墓葬中殉牲、车马和特定武器组合的特殊葬俗进行空间结构和随葬品分布位置的分析，认为不同的文化源头造就东周西戎文化面貌的不同，也导致了葬俗上的差异（《春秋战国时期西戎墓葬葬俗初探》,《东方考古》第 18 集，科学出版社）。

（二）三晋两周地区

杜鹃花、史家珍主编《洛阳邙山陵墓群考古报告集》（上海交通大学出版社）收录了东周时期王陵 8 座，其形制结构对于研究我国古代历史尤其是陵寝制度史具有极其重要的价值。刘贤鹏在《洛阳周山大墓年代试探》中认为，该大墓年代上限应不早于战国中期，年代下限应不晚于前 256 年秦灭西周君（《三代考古（九）》，科学出版社）。袁俊杰、葛奇峰著《魏国历史文化的考古学研究》（社会科学文献出版社）依据魏国城址、长城、墓葬及货币的考古材料研究魏国的历史文化，认为魏国大梁城及长城在当时对强秦起到了军事性的防御作用。河南三门峡市文物考古研究所等对义马市上石河墓地进行了抢救性发掘，清理了一批春秋早期墓葬。其中 M18 为长方形竖穴土坑墓，属春秋早中期中型贵族墓葬，出土有铜器、玉器等；马坑 MK4 埋葬 2 匹马和 1 只狗，年代相当，推断墓主生前应为虢国下大夫一级的没落贵族（《河南义马上石河墓地 M18 及祔葬马坑 MK4 发掘简报》,《考古与文物》第 4 期）。河南省三门峡渑池县鹿寺西遗址发现了春秋时期的戎人墓葬，墓葬的器物组合和墓葬形制与洛阳徐阳墓地的中小型墓葬基本一致，再次印证了春秋时期戎人内迁的历史史实（《河南日报》微信公众号 3 月 22 日）。余西云、单思伟《河南淅川魏营墓地发掘报告》(《考古学报》第 1 期）介绍了该墓地东周秦汉墓葬的具体情况，随葬器物有鼎、敦、豆、壶、罐、盘、匜、鬲、盂等。

山西省考古研究院发布了垣曲北白鹅墓地 M3 墓葬出土青铜甗上的全铭文，该甗是虢国为嫁到匽（燕）国的女子铸造的一件用于婚嫁的礼器，结合铜甗铭文虢季嫁女于燕的内容，初步推测北白鹅墓地遗址可能系召公一族随平王东迁后在成周王畿之内的采邑（《光明日报》3 月 27 日第 4 版）。北白鹅墓地 M5 的有铭铜器资料也尽数发表，显示 M5 墓主是春秋早期邵原采邑的一代采邑主，即太保燕仲（《山西垣曲北白鹅墓地 M5 出土有铭铜器》，《考古与文物》第 3 期）。山西省考古研究院发表了《山西闻喜邱家庄墓地战国墓（M5001）发掘简报》，该墓为一座有墓上建筑的大型竖穴土圹墓，由墓上建筑夯土基址、墓上台阶式遗存和凹槽以及墓室构成。墓室口大底小，由上至下为四级小台阶、积炭层、椁室、棺室，椁室与生土墓壁（底）之间有积炭层、积石层。出土器物包括铜、金、铁、陶、玉、石、骨、贝、料器等。M5001 是目前山西地区发掘的规模最大的东周墓葬，年代为战国早期，墓主应为晋国高级贵族夫人(《文物》第 6 期）。山西黎城西关墓地发掘的 M1 和 M10 是该墓地中级别最高的墓葬，时代为春秋早期。结合其他未盗掘墓葬的研究，判断这两座墓葬为黎国楷侯及其夫人墓葬（《山西黎城西关墓地 M1 与 M10 发掘报告》，《中国国家博物馆馆刊》第 4 期）。山西省朔州市后寨墓地出土的东周遗物以陶器数量最多，器型种类丰富，有鼎、豆、壶、盘、匜、豆柄小壶等陶礼器组合，其中以陶带耳罐最具文化特色，应为本地土著文化器物，此类器物年代由春秋晚期延续至战国早期。该地区在战国时期属赵国领土，而豆柄小壶更是具有赵文化特色的陶礼器，因此这批随葬陶礼器的墓葬应为北迁至朔州的赵人墓葬（新华社太原 2022 年 1 月 17 日）。

张渭莲《赵国考古学文化北进的轨迹》将赵国北进分为春秋晚期、战国早中期和战国晚期三个阶段。北上的赵文化中既有中原核心地区晋赵文化的特点，又有北方系文化因素的存在(《三代考古（九）》，科学出版社）。张亮通过对中原地区战国时期洞室墓的类型学划分，结合随葬品、人骨葬式和头向等的特征梳理出这一地区战国时期洞室墓的发展进程。中原地区洞室墓有中原式和秦式两大系统，前者出现时间较早。但随着秦文化的东进，后者更为流行，尤其是头部朝向墓道的正洞室墓被纳入中原文化体系并被后来的汉文化所继承（《中原地区战国时期洞室墓研究》，《考古》第 2 期）。

（三）燕文化区

河北省文物考古研究院编《车出中山：行唐故郡考古发现》（文物出版社），行唐故郡遗址是一处春秋战国时代遗址，报告着重描述了车马坑 CMK2 布局、车辆结构和奢华程度。CMK2 是迄今所见战国早期中山国保存最为完整的车马殉葬坑，完整再现了战国时期车体结构、车舆和马匹装饰、系驾方式，为研究战国早期中山国生产力发展水平和贵族阶层生活方式提供了重要资料。对故郡遗址 M2 的发掘也进一步确认了故郡遗址应与太行山东麓春秋中晚期至战国早期的鲜虞和中山国密切相关（《河北行唐县故郡遗址东周墓 M2 的发掘》，《考古》第 12 期）。北京延庆西屯墓地共发现瓮棺墓 18 座，除了单人儿童葬，还发现了两例儿童合葬和一例成人二次葬。该批瓮棺墓分布较为集中，葬具以 3 件陶釜的组合为主，陶釜的形制体现了燕文化统治区的特色（北京市文物研究所：《北京延庆区西屯墓地瓮棺墓发掘简报》，《北方文物》第 5 期）。张倩《中山国墓葬体现文化交汇融合》（《中国社会科学报》2021 年 4 月 12 日）综合研究了中山国墓葬材料，认为墓地布局具有一定的规划性，可能存在“邦墓”性质的家族墓地和夫妻并穴合葬的“对子墓”。墓葬面积的大小、随葬品的数量与种类、器物的精美程度反映了墓主人生前的阶层与经济状况。此外，战国中晚期的中山国墓葬受到赵国葬俗的影响，体现了东周时期北方民族文化与中原华夏文化的交汇融合。莫阳《考宅惟型：美术史视野下的战国中山王墓》（北京大学出版社）以战国中山国国王的墓葬为研究对象，从美术史的视角切入，围绕出土器物的制作、墓葬的设计以及整个陵园的营建展开讨论，还原特定的时代、地域特点和政治、文化传统。河北定兴杨家庄遗址出土燕式鬲、燕式釜、罐、瓮、豆、簋、盆、量等，能反映战国时期燕文化核心区域的特征。杨家庄遗址年代约为战国中晚期，距离燕下都遗址 22 千米，是燕文化核心区域的重要聚落，遗址出土遗物与燕下都基本一致（《中国文物报》10 月 29 日第 8 版）。

白岩对北京地区战国秦汉瓮棺葬做考古学研究，时代分为五期：大坨头文化时期、战国时期、战国晚期到西汉早期、西汉时期、新莽到东汉早期。瓮棺葬的空间分布情况与北京地区战国秦汉城址的考古发现较为一致。从被葬者的构成和葬具来看，儿童瓮棺葬和成人瓮棺葬有明显的区别，还发现瓮棺葬埋入道路等特殊葬俗（《北京地区战国秦汉瓮棺葬的考古学研究》,《四川文物》第 4 期）。

（四）齐鲁文化区

"临淄齐故城冶铸业考古"项目通过田野调查和对重点遗址的发掘，发现一大批东周秦汉时期的冶铁和铸铜遗存，以此为基础还开展了广泛的以科技考古为重点的多学科合作研究和综合研究，由此不同程度地揭示了东周秦汉时期齐都临淄冶铁、铸镜和铸钱等手工业的工艺技术发展水平，对当时齐都临淄金属冶铸业的产业结构、产业布局及其历时性变迁等有了较深入的认识（《临淄齐故城冶铸业考古的收获与进展》,《南方文物》第 2 期）。临淄徐姚墓地发布 M8 简报，M8 为一座南向墓道的"甲"字形土坑积石木椁墓，时代属于战国早期后段，随葬陶礼器放置于二层台上，二层台上设置 2 座殉人陪葬墓，墓坑内各殉一人，墓中随葬了形制相同、大小相次的 2 件鼎。按周代用鼎制度，墓主的身份应为齐国士一级的贵族（《山东临淄市徐姚墓地战国墓 M8 发掘简报》,《考古学集刊》第 24 集，社会科学文献出版社）。济南市考古院分别发掘了东梁王一村遗址和裴家营东南墓地。东梁王一村遗址发现了 28 座战国时期砖椁墓，裴家营东南墓地发现 7 座东周墓葬。根据出土陶罐初步分析其时代为战国中、晚期，是目前国内发现时代较早的砖椁墓。部分瓮棺墓墓主人为成年人，改变了过去一般认为此类墓为儿童专用墓葬形制的认识。两处遗址时代与东北相距约 500 米的梁王古城时代基本一致，墓主人应为城内居民。此次发现为研究战国中晚期齐文化区域特征、齐国边邑状况、齐国葬俗等提供了重要资料（文博中国公众号 2022 年 1 月 6 日）。印群将新泰周家庄墓地的春秋晚期随葬青铜礼器组合与同属于鲁中地区的长清仙人台 5 号墓以及邹平大省村和淄博磁村墓地随葬青铜礼器组合进行对比，认为食器总体上受到重视，酒器也相对发达，随葬青铜礼器组合在以周文化因素为主，兼有殷商文化因素的前提下，还体现出了齐文化、鲁文化及东夷文化等地方文化风格，其中影响较大的是齐文化因素（《论春秋中晚期鲁中地区随葬青铜礼器组合的文化属性》,《三代考古（九）》，科学出版社）。陈雪香等以阚家寨遗址动植物遗存为核心，研究东周秦汉时期齐都临淄的环境、农业与工匠生活（《南方文物》第 2 期）。

冯峰通过对随葬青铜器的细致分析，判断沂水纪王崮墓葬的时代为春秋中期，公元前 620 ~ 前 600 年是最可能的年代范围。认为纪王崮 M1 与沂水刘家店子莒君墓 M1 在葬俗、规模和随葬器物特征等方面均较接近，墓主应是某位莒君，很可能是莒纪公（卒于公元前 609 年），"纪王崮"之得名或与之有关。刘家店子 M1 墓主则是时代更早的一位莒君（《论沂水纪王崮 M1 的年代和墓主》,《古代文明（第 15 卷）》，上海古籍出版社）。张闻捷、梅依洁初探山东沂水纪王崮春秋墓礼乐制度，纪王崮 M1 使用的列鼎与乐钟等级证明墓主人的身份为仅次于诸侯等级的王室贵族或重臣。但两套列鼎制度和甬、钮、镈三元编钟组合都罕见于鲁东南地区，彰显出墓主人对同时期中原礼制的了解，反映了该地区初步的华夏化进程。与鲁国葬俗相关的陶罐、楚式的铜浴缶等则表明了当时莒国与鲁国、楚国等不同文化区的交往关系（《山东沂水纪王崮春秋墓礼乐制度初探》，《中国国家博物馆馆刊》第 5 期）。

山东大学考古团队发表《山东邹城郏国故城西岗墓地一号战国墓茶叶遗存分析》，公布山东济宁邹城市郏国故城遗址西岗墓地一号战国墓随葬的原始瓷碗中出土的茶叶样品为煮（泡）过的茶叶残渣，为目前已知世界最早茶叶遗存，将世界茶文化起源的实物证据提前了至少 300 年（《考古与文物》第 5 期）。山东省文物考古研究院等《山东滕州市大韩东周墓地第一次发掘简报》选取了 M43、M39、M22 三座典型墓葬进行报告，详细介绍了墓葬形制和随葬器物，通过与中原器物对比，基本确定 M43 年代为春秋晚期，M39 为战国早期，墓葬具有明显的地方特色，也受越文化影响，根据铭文判断或为郳国贵族家族墓葬（《考古》第 2 期）。郝导华以泗水变迁为背景，对春秋晚期、战国时期流域内外的大国趋势及其细节进行了叙述。大国趋势表现为春秋时期的争霸转变为战国时期的兼并战争；泗水流域的宋、薛、邳等诸侯小国除维持着自身传统外，随着楚、齐、吴、越等大国的风云变幻而沉浮，最后终被灭亡（《泗水变迁与春秋晚期、战国时期泗水流域内外的大国趋势——兼论泗上十二诸侯之宋、薛、邳的灭亡》，《东方考古》第 18 集，科学出版社）。

（五）巴蜀文化区

孙俊《战国秦汉西南民族地理的格局与观念研究》（中国社会科学出版社）一书以战国秦汉西南民族地理的格局与观念为研究对象，梳理和研究族群演进格局，在“华夷之辨”思想对族群空间建构影响的基础上揭示民族地理观建构路径，阐明民族地理观与大一统多民族国家空间建构的关联。成都郫都区犀浦街道发现的犀园村遗址，是成都平原少有的从西周中晚期至春秋时期连续发展的遗址，包括多处西周建筑基址和春秋时期大型公共墓地，其春秋时期的墓地是目前成都平原发现的同时期规模最大的墓地，层位关系清楚，可以作为成都平原春秋墓葬考古的标尺。该遗址西周、春秋二叠层的发现意义重大，为建构和完善成都平原先秦考古学文化的时空框架提供了重要材料，有助于深入探讨十二桥文化、新一村文化间的演变关系（《光明日报》8 月 26 日第 10 版）。四川达州宣汉罗家坝遗址是川东地区目前保存最好、墓地规模最大的巴文化遗址，揭露了一批东周时期的墓葬，出土了大量带有典型巴蜀文化和楚文化风格的青铜器，与这一时期巴与楚、蜀、秦频繁交流的历史背景有关。部分墓葬出土了成套的占卜工具，说明使用龟甲占卜的习俗在巴人上层社会较为流行，这与历史文献中“巴人尚巫”的传统相一致。集中在印章和兵器上的巴蜀符号，也向公众集中展示了先秦巴国的文化面貌(《中国文物报》4 月 2 日第 8 版）。

重庆冬笋坝遗址考古发掘收获颇丰，文化因素以巴文化为主体，陶器以圜底罐、釜、豆为主，铜兵器以柳叶剑、钺和弓耳矛为主，铜炊器主要为釜、鍪、釜甑，在墓主人胸部随葬 1 件铜盘或漆盘，除了少量剑、钺等兵器具有异质性文化因素外，其余均为典型的晚期巴文化器物群；较早阶段墓葬以船棺葬、狭长方形土坑墓为主，为研究嘉陵江流域及渝西巴文化船棺葬族属提供了新的资料。战国晚期文化面貌从基本不见或少见其他文化因素的较为单纯的巴文化发展到秦、西汉早期秦文化、楚文化、汉文化因素逐步增多，获取了晚期巴文化逐步融入汉文化历史进程的实证材料（《中国文物报》12 月 3 日第 8 版）。

（六）楚文化区

《曾侯乙墓陪葬坑》复原了曾侯乙墓陪葬坑内的帷帐，复原后结构基本完整，其平面为长方形，为类似房屋的五开间四面坡式结构，面阔约 10 米，进深超过 4 米，顶高约 3 米，规模宏大。帷帐搭建部件结构复杂，但拆装简单，体现了极高的设计水平。曾侯乙墓陪葬坑及帷帐的发现是研究曾国及东周社会、生产的重要材料（湖北省文物考古研究院等编著，科学出版社）。湖北枣阳九连墩楚墓是由 2 座墓葬和 2 座附葬车马坑构成的战国封君级大型楚墓单元，发掘出土了大量精美文物，包括青铜器、漆木器、玉石玛瑙器等（王先福、黄娟编著《九连墩传奇》，武汉大学出版社）。湖北沙洋新村墓地是一处布局完整的楚国贵族家族墓地，包括两座异穴合葬墓及其陪葬车马坑、封土、封墙、祭祀坑，出土虎座鸟架鼓等典型楚国器物，墓主身份推测为下大夫，为目前所发掘的楚国贵族墓地中最晚的一处（《楚天都市报》1 月 26 日 A08 版）。湖北省文物考古研究所等《湖北黄梅刘岳墓地 M1 发掘简报》发表，该墓是一座战国晚期楚国大夫级别的贵族墓葬，同时随葬一批具有吴越风格的器物，有利于研究楚文化在鄂东南地区的发展进程以及楚文化与吴越文化的交流融合（《江汉考古》第 4 期）。湖北随州枣树林墓地 M81 与 M110 号墓简报发表，两墓均为五鼎四簋的铜礼器组合，为中等贵族墓葬。随葬品的差异显示出两墓墓主为异性，出土青铜器为探讨曾文化从周文化向楚文化转变节点提供了关键材料（《湖北随州枣树林墓地 81 与 110 号墓发掘》，《考古学报》第 1 期）。湖南岳阳罗城遗址小洲罗地点获得一批春秋时期典型楚文化陶器等遗物，同时发现了一座大型建筑 F1，可能与作坊类建筑有关（湖南省文物考古研究所、武汉大学历史学院：《湖南岳阳罗城遗址小洲罗地点 2020 年发掘简报》，《江汉考古》第 4 期）。辛礼学等主编，中国（海南）南海博物馆、荆州博物馆编《光融天下——荆楚文化特展》收录了来自荆州博物馆的 200 余件楚文化珍贵文物，反映了楚文化自新石器时代至秦汉时期的整体风貌及其发展概况，以战国楚文化鼎盛时期的青铜器、玉器、漆器、丝织品等物质文化遗存为重点，种类丰富、器形多样、纹饰精美，充分体现了楚文化的艺术风格和水平（科学出版社）。北京科技大学李延祥教授考古团队在湖北黄石阳新银山矿区发现多处商周时期铅冶炼遗址（《黄石日报》7 月 2 日）。印群《试论战国时期的楚墓人殉》纵向比较了战国时期不同阶段的楚国殉人墓，总结了各阶段楚墓人殉的演变过程（《东方考古》第 18 集，科学出版社）。

李宏庆、曾庆硕主编《南水北调中线工程河南省考古发掘报告第 43 号：淅川葛家沟墓地》发掘了战国至西汉时期 79 座墓葬。这批墓葬延续时间较长，且无明显缺环，是淅川地区这一阶段中小型墓葬发展演变情况的最好体现，对研究丹江流域楚、秦、汉文化更替以及中小聚落葬俗、葬制具有重要作用，对揭示该时期南阳盆地政治、经济、文化面貌具有重大意义（科学出版社）。同时，配合南水北调工程，河南漯河固厢墓地也清理了一批战国墓葬（《漯河固厢墓地》，中州古籍出版社）。

安徽省文物考古研究所对六安市战国秦汉墓地进行了抢救性发掘，共发掘中小型墓葬 35 座，随葬器物较为丰富，包括陶器、釉陶器、铜器、铁器、琉璃器等，为了解六安当时的物质文化及社会文化变迁的研究提供了一批新材料（《安徽六安经济开发区碧桂园战国秦汉墓地发掘简报》，《东南文化》第 4 期）。《安徽省淮南市汤家孤堆战国墓》发掘两座战国晚期楚墓，均为墓道东向的“甲”字形竖穴土坑木椁墓，一号墓为积炭墓，二号墓为有附属墓上建筑的积蚌墓。两座墓都为夫妇异穴并葬墓（《江汉考古》）。安徽省合肥市庐江县三板桥遗址是一处西周晚期到春秋早期的台型遗址。2018 年 7 ~ 12 月，厦门大学历史系对该遗址进行了考古发掘。发现了壕沟、房址、灰坑等，出土了陶、石器等众多遗物，还发现了大量动植物遗存（《安徽庐江三板桥周代遗址发掘简报》,《东南文化》第 3 期）。安徽庐江杨家墩遗址年代为周代，出土遗物包括陶器、石器、玉器和铜器等，该遗址的发掘丰富了群舒文化的内涵，为推进江淮地区周代考古学文化的研究提供了新的资料（徐良、左凯文、王志高:《安徽庐江杨家墩周代遗址发掘简报》,《东亚文明》第 2 辑，社会科学文献出版社）。安徽芜湖计村大城子遗址发掘了一批遗迹并出土了陶器、石器、玉器、铜器等。根据出土器物判断，遗存年代分别为新石器时代、周代（《安徽芜湖计村大城子遗址发掘简报》,《文物》第 7 期）。

（七）吴越文化区

安徽寿县古城西圈墓地共清理墓葬 58 座，年代为春秋晚期至战国时期，出土陶器、原始瓷器、印纹硬陶器、铜器、漆木器和玉器等。1 号大墓为安徽地区首次揭示出“亚”字形墓圹的积炭大墓，为研究东周时期江淮地区诸侯国葬制葬俗提供了新材料，完善了西圈墓地下蔡时期墓地的文化内涵，充实了围绕着寿春城遗址下蔡时期墓地的布局，进一步佐证了下蔡地望“寿县说”而非“凤台说”的观点（《中国文物报》9 月 3 日第 8 版）。江苏常州北舍庄遗址发现春秋早中期土墩墓，出土器物丰富，以原始瓷器为主，泥质陶及印纹硬陶很少。原始瓷器多为碗、盘、盖罐，豆基本不见，器物整体与春秋早中期土墩墓出土器物特征相近。墓葬等级相对较高，土墩带有一周环壕，并有进出水口，形制结构完整且较为特殊，为常州地区少见(《中国文物报》9 月 3 日第 8 版)。

浙江宁波北仑新发现的东周时期四顾山遗址，发现了储泥池、沉淀池、烧坑炼炉等遗迹，功能、性质大多与制陶（瓷）、冶炼等手工业活动相关，一些排列较为规整、可能属于房址的柱洞群不排除是工棚一类的简易建筑（《中国文物报》5 月 25 日第 8 版）。浙江安吉上马山 179 号土墩发现了墓葬及建筑遗存，埋葬年代为春秋早期，是典型的越文化墓葬。该地区首次发现由草裹泥堆筑的东周时期大型覆斗状封土的土墩，为研究江南地区先民的丧葬习俗、建筑技术及传承提供了新的线索（浙江考古公众号 2 月 10 日）。

（八）边疆地区

李岩通过对原始瓷及土墩墓等文化因素的比较，认为广西合浦双坟墩土墩墓及大浪古城的年代均为战国中期，双坟墩土墩墓为大浪古城之所属墓地（《广西合浦双坟墩土墩墓年代及相关问题浅析》,《三代考古（九）》，科学出版社）。

新疆巴音郭楞蒙古自治州轮台县奎玉克协海尔古城，经科学考古确认是目前新疆年代最早的城址，古城早在公元前 750 ~ 前 550 年（春秋早期）就已经出现人群活动，并形成了具有低矮围墙的聚落遗址；公元前 550 ~ 前 400 年（春秋中晚期至战国时期），随着聚落人群的不断壮大，开始修筑高大的城墙，墙外因筑墙取土形成壕沟;公元前 400 ~ 前 150 年(战国至汉代初期)，是城址的主要使用和发展时期。此后数十年间，城址逐渐走向衰败并被废弃（《光明日报》1 月 16 日第 4 版）。

内蒙古自治区文物考古研究所等编《盛乐遗珍：内蒙古和林格尔土城子古城遗址出土文物精品》图录选取了和林格尔土城子古城遗址出土的从春秋战国到元代不同历史时期的代表性文物，全方位展示了内蒙古中南部黄河流域两千余年鲜活的历史（文物出版社）。曹建恩对东周时期内蒙古中南部地区三个典型墓地进行考古学研究，划分出两类墓葬：A 类属赵国北上迁移的农业人群，B 类为南下迁徙的牧业人群。反映出经营农、牧业两种经济模式的人群逐渐融合，这与牧业人群南下迁徙以及晋赵经略西北的史实相互印证（《东周时期内蒙古中南部农牧融合现象的考古学观察》,《考古》第 6 期）。

权乾坤、杨建华研究俄罗斯贝加尔斯卡耶 31 号墓地 M1、M3、M5、M8，与中国北方相关遗存类比，将这 4 座墓分为立石的积石墓和无立石的仿积石墓两类，认为其体现了当地文化传统与外来文化传统。中国冀北地区的玉皇庙文化和内蒙古毛庆沟类型都与贝加尔地区有着文化联系，见证了中国北方—蒙古高原冶金区内各种文化因素交织在一起的复杂面貌（《东周时期中国北方与贝加尔地区的文化交往》,《边疆考古研究》第 29 辑，科学出版社）。

五　专题研究

（一）青铜器与铭文

青铜器研究仍是热门，内容涉及器类器形、区域发现研究、纹饰、铭文、铸造工艺、科技分析、保护与修复、著录等方面。

1. **器类器形研究**。李树浪、郭凯等编《商周青铜礼器定名与自名研究》（四川大学出版社）深入地探讨了商周青铜礼器基本的分类名称及其自名，深刻地揭示了青铜礼器的定名原理，为商周青铜礼器定名提供了比较准确的参照标准。青铜盆为两周时期较为少见的礼器，韩文博《西周青铜盆小议》提出了新认识：青铜盆从西周中期以来就自名为盆，东周青铜盆沿用，盂敦仅仅是一种别名。两周青铜盆发展清晰，西周青铜盆是东周青铜盆发展的源头（《青铜器与金文》第六辑，上海古籍出版社）。岳洪彬和王祁研究晚商时期的兽面纹大圆鼎，形体硕大，花纹特征明显，在墓葬中的出土位置特殊，且只出一件，在当时社会生活和丧葬礼仪活动中应扮演着非常重要的角色。西周早期兽面纹大圆鼎也较多见，使用规制延用殷礼。据此判断，此类大圆鼎应为蒸煮牲体之器，与东周时期高级贵族墓中的特大型圆鼎有着渊源关系（《晚商和西周早期兽面纹大圆鼎研究》,《南方文物》第 5 期）。苗凌毅、裴梦斐、王棣考证鸟盖瓠壶应是摹拟北方草原地区皮囊壶而制作的青铜水器，这一类铜瓠壶的出现与春秋战国时期三晋地区和北方草原的文化交流密切相关（《春秋战国时期鸟盖瓠壶功能考辨——兼谈铜瓠壶的来源问题》,《文博》第 5 期）。张闻捷、陈沁菲通过与考古所见两周时期的乐钟发展制度概况相比较，认为画像铜器上的乐悬组合与悬挂方式只见于西周早中期阶段，是对古老的宗周礼制的模拟与追想，与东周时期的礼乐实况并不契合（《回望宗周——从乐悬看东周时期画像铜器的主旨》,《中国美术研究》第 3 期）。徐坚著《时惟礼崇：东周之前青铜兵器的物质文化研究（修订本）》（上海古籍出版社），以考古学文化系统理论为主要框架，从技术—经济、社会和意识形态三个层面重新阐释东周之前的青铜兵器。在技术层面上，提出了青铜兵器形式风格的功能化和美术化两个倾向。

2. **区域研究**。张天宇结合学界不同观点，在《叶家山墓地曾侯墓排序新论》（《江汉考古》第 5 期）中论证了叶家山墓地仅有两座曾侯墓，即 M111 和 M28，墓主分别为曾侯犺和曾侯谏，二者为父子关系。M65 并非曾侯墓，在叶家山墓地三座大墓中年代最晚。张渭莲将焦点放在延怀盆地，讨论了该区域东周时期铜器群的繁盛衰落与行唐铜器群的产生，行唐铜器群的分布区域和存在时间与鲜虞族重合，有可能是包含鲜虞在内的人群创造和使用的（《延怀盆地东周铜器群的播化与行唐铜器群的形成》,《青铜器与金文》第七辑，上海古籍出版社）。盛婧子对枣庄徐楼和襄阳余岗两件东周刻纹铜舟进行个案研究，从技术、纹饰、视觉空间等多层面提取器物所含信息得出余岗舟技术较徐楼舟更先进的结论（《枣庄徐楼和襄阳余岗两件东周刻纹铜舟研究》,《青铜器与金文》第七辑，上海古籍出版社 2022 年版）。郝晓晓通过对横断山区出土双圆饼首铜剑和“T”形茎首铜剑的梳理，认为两类铜剑年代较为接近，不晚于战国晚期。两类短剑与中国北方地区和欧亚草原青铜文化的联系带有明确的时空指向性，双圆饼首短剑与冀北山地春秋至战国早期流行的双圆饼首短剑最为接近，“T”形茎首青铜短剑表现出中国北方青铜时代晚期不同文化的交流或与欧亚草原青铜文化的融合。它们的出现均与半月形文化传播带东端的特定区域及宁夏南部地区存在关联。这两类短剑反映出中国西南地区与北方地区交流机制的复杂性，表现为仿制、局部改造、多元融合等不同形式（《横断山区出土“双圆饼首”与“T 形茎首”青铜短剑研究》,《考古》第 10 期）。杨博指出，江南地区土墩墓葬青铜礼器的器用礼俗偶数用鼎是其中一个突出的表现。无论是墓葬整体器用组合的偶数用鼎，还是用鼎组合内部存在的偶数同形鼎，西周中期以来在宁镇、皖南、江淮以及山东沿海地区均有所见，特别是偶数同形的用鼎礼俗至迟在春秋初期已成为上述地区有别于中原地区列鼎“周制”的显著特色。墓葬青铜礼器用鼎亦揭示出春秋以后广义之“周人”族群内部的诸侯国族在青铜器用文化层面的交融互摄，并最终凝聚成华夏族群的动态历史过程（《江南土墩墓与铜礼器器用的偶数用鼎》,《东南文化》第 1 期）。朱华东将安徽淮河以北地区出土的周代青铜容器分为三个阶段：第一阶段属西周中期偏晚至春秋早期偏早，有五河台子山组、太和胡窑组、宿州谢芦村组，器形有鼎、簋、鬲、盨、匜、盘等；第二阶段主体为春秋中期，有利辛管台子组、泗县组，器形有鼎、鬲、盉等；第三阶段主要为春秋晚期偏早阶段，有蒙城小涧组，器形有鼎、簠、盏、匜等（《安徽淮河以北地区出土周代青铜容器简论》,《考古与文物》第 6 期）。湖南晚商至西周时期青铜器的文化归属和来源问题由来已久。李朵从辨析炭河里文化的青铜器出发，发现湖南及其邻近地区出土的晚商至西周时期青铜器实际上属于两种年代相继、特征不同的青铜器群（《湖南及邻近地区晚商至西周时期青铜器分群研究》,《江汉考古》第 4 期）。湖北宜昌枝江百里洲铜器组属楚系低等贵族墓随葬品，徐少华研究认为，这组青铜器年代应当在春秋中期前段，绝对年代约在公元前 650 年。该器组器类组合、器物形制、纹饰风格、铭文字体等均体现出中原文化的基本特征，从而可见春秋时期楚文化发展的概貌（《枝江百里洲铜器组年代与文化特征补略》,《江汉考古》第 4 期）。

3. **纹饰研究**。王清雷《西周甬钟篆带云纹研究》（文物出版社）对纷繁复杂的云纹名称进行考辨并定名，第一次提出“横 G 形云纹”“螺旋形云纹”“燕尾云纹”三种云纹命名。在此基础上，通过类型学研究，初步构建了一个西周甬钟篆带云纹的发展谱系，为西周编钟断代提供了一个较为可靠的时代标尺。孙华认为，波曲纹的波带是两种鸟纹的简化和模式化，波曲内的填充纹样则来自异化的凤鸟纹和夔龙纹的变体。通过西周时期周文化波曲纹与商代三星堆波曲纹的比较分析，可知周文化波曲纹可能受到了四川盆地青铜文化波曲纹的启发（《铜器波曲纹的构成与来源——三星堆、十二桥文化与周代波曲纹的关系》,《四川文物》第 1 期）。曹玮通过梳理铜器上的纹饰，认为重环纹是鸟羽的抽象化表现（《西周青铜器上的“重环纹”命名探讨》,《文物》第 2 期）。黎婉欣将研究重点放在人兽结合的纹饰或造型上，该类纹饰或造型屡见于商后期和西周早期的青铜器上，通过分析与此纹饰或造型相关的青铜器的年代和地域分布，得出此纹饰有可能形成和沿用于淮河流域至长江中游地区并于殷墟文化二期以前北传的发展脉络。该类纹饰其后在殷墟文化区域得到改造和融合，继而被西周初期的工匠吸收并在车器和兵器上进一步发展（《论商后期与西周早期青铜器的人兽结合纹饰与造型》，《江汉考古》第 2 期）。

4. **铭文研究**。李秀亮对高青陈庄遗址所出诸器铭文内容，考辨出齐太公的另一支系子孙（《山东高青陈庄遗址所出金文与齐史新证》，《青铜器与金文》第七辑，上海古籍出版社 2022 年版）。陈斯鹏对齐侯壶铭文进行进一步释读，指出这一对壶是齐侯在成洹子之妻丧之后，进御天子之事而造的。（《齐侯壶铭文新探》，《青铜器与金文》第七辑，上海古籍出版社 2022 年版）。晁福林《从史墙盘铭文看周人的治国理念》提出，史墙盘是迄今所见记述西周诸王最为系统的彝器。该器铭文代表了周王朝的正统理念。铭文叙述周文王、武王的功勋业迹，主旨是强调周文王得上帝眷顾，膺受大命，堪当完成大命的重任。铭文还强调治理国家要像武王那样刚毅雷厉，要有危机意识。天降大任于周文王的理念，对于树立周人的文化自信心作用巨大。中国传统政治文化中的"文武之道"，肇端于史墙盘铭文出现的时候，反映了当时王朝政治理念的变化（《中国社会科学》第 1 期）。裘锡圭《琱生三器铭文新解》（《中华文史论丛》第 4 期）对五年琱生簋、五年琱生尊和六年琱生簋的铭文进行重新研究，对铭文所记"土田狱讼之事"的具体性质，以及铭文中不少文句的意义都提出了新的看法。黄锦前指出姚季鼎、壶的"姚"应即文献记载的周代子姓姚国，其地望在今山东菏泽一带。金文中常见的作为姓氏"姚"当系文献记载的虞舜的后裔，与姚国之姚无涉等（《探寻湮没已久的周代姚国》，《东方考古》第 18 集，科学出版社）。

5. **铸造工艺研究**。邵安定、李建西等从制作工艺角度对宝鸡石鼓山墓地出土青铜容器表面装饰扉棱进行了系统梳理，发现扉棱的制作工艺包括浑铸扉棱无分范、浑铸扉棱中心分范、浑铸扉棱一侧分范以及扉棱分铸四种，而且扉棱的制作工艺与石鼓山墓地出土青铜容器表面扉棱的形制、大小以及文化属性存在一定的关联性（《宝鸡石鼓山墓地青铜容器扉棱制作工艺研究》，《中原文物》第 5 期）。宋江宁等依托周原庄李铸铜作坊出土銮铃进行了范铸工艺的模拟实验研究，探知了青铜器的设计与技术之间的关系（《周原庄李铸铜遗址西周銮铃的范铸模拟实验研究》，《三代考古（九）》，科学出版社）。蔡友振等将新泰周家庄墓地出土的一批薄壁青铜容器作为研究样本分析，结果表明该批容器为铜锡铅三元合金铸造而成，且铅含量较高，发现了镴焊、补铸及使用加强筋和大量细小垫片等制作特征。这与目前已发现多为锻造而成的薄壁青铜容器有明显区别，为深入研究薄壁青铜器多元化制作工艺提供了新的实物资料（《山东新泰周家庄墓地出土薄壁青铜容器制作特征分析》，《四川文物》第 3 期）。《咸阳龚西战国秦墓出土铜壶制作工艺研究》分析龚西战国晚期秦墓 M8 出土的两件铜壶后得出结论：两件铜壶均为铸造，器底和铜环预先铸好后置于范中，与器身铸为一体。器身和器底均为铅锡青铜（铜锡铅三元合金），但成分有一定差异。镶嵌的装饰金属片为高铅青铜。铜壶的器底分铸工艺和高铅青铜镶嵌工艺为古代青铜器制作工艺研究提供了重要的新材料（《文博》第 1 期）。崔春鹏等基于山东半岛的泰沂山地、胶东、鲁东南 3 个成矿带多金属矿的铅同位素数据，引入最新铜器检测数据。结果显示，齐国货币的矿料产地有多处，不同阶段齐国货币的矿料产地发生着变迁，且有向东、东南移动的走势（《山东半岛所见青铜器及炉渣的矿料产地问题试析》，《南方文物》第 3 期）。《分水岭墓地青铜器的铸造工艺和矿料来源》一文显示，分水岭墓地春秋中期墓葬 M269、M270 铜器合金材质主要为铅锡青铜，与墓地战国早期铜器合金材质和成分特征基本一致。成型工艺为分铸法铸造成型，应为实用器。模印法应用于铜容器和铜钮钟纹饰制作，是主要纹饰制作方法。春秋中期墓葬和战国早期墓葬铜器各自主要分布于不同区域，表明不同时期墓葬铜器具有不同的矿料来源。也说明春秋中期，晋国铜器生产所用铅料均发生较为显著的来源变迁，与晋国侯马铸铜作坊的兴起和发展关系密切（《南方文物》第 3 期）。

6. **科技分析**。马江波等对湖南望城高砂脊遗址出土青铜器进行了科技分析，得出结论：铜器均为铸造成型，合金类型以锡青铜和铅锡青铜为主，技术体系与殷墟第四期差别较大，与西周早期较为接近。越式青铜器的合金技术显示出本地特色，中原型铜器金属资源则是经由随枣走廊和江汉平原输入的（《湖南望城高砂脊遗址出土青铜器科技分析》,《考古》第 10 期）。代全龙等对滕州大韩墓地第一次发掘出土的青铜器进行成分、金相及铅同位素比值分析。青铜容器的材质在春秋晚期主要为锡含量适中的稳定的铅锡青铜；战国早期则多见高锡青铜。金相分析表明墓地出土的薄壁盘、匜等水器均为热锻成型，其中春秋晚期的 M43 刻纹鉴是重要的早期刻纹铜器。大韩墓地青铜器铅同位素比值具有主次分明、类别多样的特征，主要利用的铅料类别与中原及北方地区一致，其余多类铅料资源可能来自长江中下游地区（《山东滕州大韩东周墓地第一次发掘出土青铜器的科学分析研究》,《南方文物》第 3 期）。张吉等对荥阳官庄遗址近年发掘的部分铸铜遗物进行显微物相及成分分析，结果显示铜渣块均为青铜熔炼渣，与春秋早期中原各诸侯国青铜器的合金技术面貌近同。官庄遗址大部分熔炼渣及铜器与同出的纯铅块具有一致的铅同位素比值；铸铜生产最早及最晚阶段的少数实例分别与扶风李家及新郑中行铸铜作坊的铅同位素比值特征一致，填补了春秋早期金属资源序列的缺环（《河南荥阳官庄遗址铸铜技术与金属资源变迁初步研究》,《南方文物》第 3 期）。黄梅刘岳墓地 M1 出土楚、越式青铜容器具有不同的材质特征，越式青铜容器采用了高锡的合金配比，楚式青铜容器锡含量低于越式器物；盒形敦及盘、匜为锻制成型，铅含量较低。越式鼎的铅同位素比值与湖南地区部分东周青铜器较为接近，可能来自长江中游地区。刘岳墓地 M1 出土楚、越式青铜容器在合金技术上差异较大，在铅料来源上又具有密切关联（《湖北黄梅刘岳墓地 M1 出土青铜器的科学分析研究》,《江汉考古》第 4 期）。柏艺萌等《辽宁建昌县东大杖子墓地 M11 出土铜器的科学分析》(《南方文物》第 3 期）提出 M11 出土铜器的制作工艺以铸造为主，合金成分以铅锡青铜为主，仅有一件铜斧是铜锡合金。铜器的合金成分和器物类型之间的关系明显，表明制作者已经能根据青铜器的成型工艺和用途而选择合适的制作材料。铅同位素比值显示 M11 出土铜器虽文化背景各异，但铅料来源却较为相近，反映出辽西与中原地区在物料流通方面存在着密切联系。

7. **保护与修复技术研究**。潘炼、张江、朱黎编著《苏派青铜文物修复技艺研究》（上海科学技术出版社）详细介绍了南京博物院中较有代表性的精品金属文物的具体保护修复过程，全面梳理了苏派青铜文物修复技艺的发展脉络，论述其传统技艺与方法理论，有利于加强我国南北两派青铜器修复工艺与水平之间的交流。张珮琛著《中国古代青铜器保护与修复》（上海人民美术出版社）中提及的理论与实践案例对修复青铜器文物具有指导意义。马菁毓著《浙江瓯海西周土墩墓出土青铜器修复与保护研究》（学苑出版社）则是对温州瓯海西周土墩墓中铙、簋、鼎、矛、戈、剑、镞等青铜礼器和兵器修复工作的汇集，其中 3 把青铜短剑均镶嵌有复杂的绿松石，做工精细。在实验室清理过程中还发现有镶嵌绿松石的剑鞘存在，这些对研究西周时期的制造工艺，尤其是镶嵌工艺的发展和使用情况，无疑提供了重要资料参考。

8. **著录、综合研究**。周亚著《周亚吉金文集》（上海古籍出版社）收录作者有关商周金文及青铜器的论文 26 篇，内容涉及青铜器器形、形制、纹饰、铭文、铸造工艺、相关历史事件、社会文化等多方面。各地也出版了大量青铜器展览的图录，从多个角度介绍了青铜器文物的历史价值、艺术价值等，全面展示了中国古代高超的青铜器铸造技艺及反映的文明。如：陈亮编著《宝鸡青铜器博物院珍品讲读》（西北大学出版社），山西省考古研究院等《山右吉金：襄汾陶寺北两周墓地出土青铜器精粹》（山西人民出版社），临汾市博物馆等《山右吉金：隰县瓦窑坡东周墓地出土青铜器精粹》（山西人民出版社），山东省文物考古研究院编《山东省文物考古研究院藏文物精萃：铜器卷》（文物出版社），湖北省博物馆编《华章重现：曾世家文物》（文物出版社），吴中博物馆编《穆穆曾侯：曾国出土青铜器精品》（江苏凤凰美术出版社），杨志刚主编《汉淮传奇：噩国青铜器精粹》（上海书画出版社），四川博物院《山高水阔　长流天际：长江流域青铜文明特展》（东方出版社），丽水博物馆编《吉金鉴古　丝路瑰宝：一带一路中古铜器特展图录》（浙江古籍出版社），鄂尔多斯青铜器博物馆编著《马背上的青铜帝国》（科学出版社），山西省考古研究院等编著《倗金集萃：山西绛县横水西周墓地出土青铜器》、《霸金集萃：山西翼城大河口西周墓地出土青铜器》（上海古籍出版社），南京市高淳区博物馆编著《高淳出土青铜器》（科学出版社）。

（二）玉石器研究

蔡庆良《规范与设计——晋侯墓地出土玉器的风格特征》（《古代文明（第 15 卷）》，上海古籍出版社）找出与山西天马—曲村遗址北赵晋侯墓地年代相同的玉器，与有明确墓葬次序的晋侯墓地出土玉器来对比西周玉器的风格变化，向上追溯和向下推导，完成了晋侯墓地玉器的风格序列，也辨析早期玉器的风格特征及其所属的文化。河南省文物考古研究院等编《美琼汇魄：河南省文物考古研究院藏玉》（广西美术出版社）与中国科学院光学精密机械研究所考古中心合作，对西周早期鹿邑长子口墓、春秋晚期固始侯古堆一号墓和战国早期淅川徐家岭十号墓所出土的玉器进行了科技分析与概述。虢国作为西周初期的重要诸侯封国，经济发达、实力雄厚。深圳南山博物馆、三门峡虢国博物馆《金玉·王侯：西周虢国贵族的生活》（文物出版社）通过向公众展示虢国贵族精美玉器，还原了贵族奢华生活，展现了虢国灿烂辉煌的历史文化。

（三）古文字研究

刘悦、马国庆编《齐国文字文物品读》（文物出版社）收录齐国铭文青铜器、铭文兵器、货币、玺印、陶文陶器、封泥等文字文物，同类器物按照西周、春秋、战国时代顺序排序，详细介绍了各文字文物的基本情况。

王晓鹏《西周金文词义组合类聚研究》（人民出版社）对西周青铜器铭文（简称器铭）中词义组合关系所呈现的聚合关系及其特点、类别等进行考察与研究，进一步考察了器铭词义组合类聚的语义认知表现，探讨词义在组合类聚关系中的认知系统性，揭示其语义认知体系的历史特性。

吕金成主编、莒县地方史志研究中心编（《印学研究（第十七辑）：莒陶文研究》（文物出版社））对山东莒县莒故城遗址近年出土的战国陶文进行了专题研究。莒陶文的出土填补了战国陶文研究的一项空白，为莒文化研究提供了宝贵的资料，对战国古文字研究、玺印研究、中国古代史研究等均具有重要意义（文物出版社）。徐在国编《新出古陶文文字编》（安徽大学出版社）收录了新出的古陶文，为学者陶文检索提供了便利。

清华大学出版的《清华大学藏战国竹简（拾壹）》（中西书局）收录长篇战国竹书《五纪》，认为《五纪》是先秦时期对天人关系认识的综合与总结，对于古代天文历数、国家治理研究等具有重要意义。刘国忠认为，整理研究清华简，可以加深对西周史相关文献的理解与认识，揭示西周史事真相，推动西周文学史、思想文化史和制度史研究（《清华简与西周史研究》，《中国社会科学》第 1 期）。陈振裕、罗恰编著《云梦睡虎地秦简：让秦国历史“活起来”》（武汉大学出版社）介绍了湖北省云梦县睡虎地秦墓中出土的大量竹简，文字为墨书秦隶，写于战国晚期至秦始皇时期，内容主要是当时的法律制度、行政文书以及关于吉凶时日的说法，对于研究秦国的法律、政治、经济、文化、社会生活等有极为重要的意义。谢雅妍《战国遣策与楚地墓葬所见的赗赙现象新探》（《古代文明（第 15 卷）》，上海古籍出版社）对比已公布的 9 批战国遣策所记的陶、铜、木器与墓葬出土情况，发现遣策记录的种类与数量仅为随葬实物的一小部分，推测随葬的遣策可能与上级监察下级葬制是否合乎礼制有关。而出土实物与遣策不符，不排除是公史的监督与丧家自身政经实力相平衡后的结果。同时在战国墓葬中罕见亲族送葬，异于传世文献所记及前人的西周赗赙现象研究。

严志斌在《冬笋坝墓地出土巴蜀符号探析》（《中国国家博物馆馆刊》第 9 期）中整理归纳了墓地出土战国时期器物上的 60 种巴蜀符号，认为冬笋坝墓地出土巴蜀符号在种类上与峡江地区的巴人区出土巴蜀符号具有较多的共性，同时也有突出的自身特色。冬笋坝墓地与涪陵小田溪墓地、开县余家坝墓地、云阳李家坝墓地、宣汉罗家坝墓地关系紧密，与成都平原交通与文化联系是紧密的，文化上也具有明显的一致性。

（四）其他方面

后晓荣、高寒《战国物质文化考》（黑龙江人民出版社）以满足人类需要所创造的物质产品资料为载体，从服饰、建筑、武备、玺印、货币、农具、铜镜、乐器、漆器、青铜器、金银器以及饮食器等方面对战国物质文化的基本概貌进行了系统考证与论述，从而揭示了战国时期物质文化的特征。

刘芳芳《战国秦汉髹漆妆奁研究》（文物出版社）对出土的战国秦汉时期漆器髹漆妆奁进行综合研究，并对漆器制作中心形成的原因以及妆奁的地域性特点展开探讨。

张立俊编著《燕明刀钱谱》（中华书局）将燕国明刀作为研究对象，展示了先秦异形货币的演化过程及工艺标准。黄娟将关注点放在了泥质冥币上，介绍了战国秦汉时期泥质冥币的发现、类型及制作方法、随葬特点等，指出泥质冥币应属楚文化葬俗的内容（《战国秦汉时期泥质冥币的发现与研究》，《考古》第 6 期）。

严志斌研究成都双元村 154 号大墓出土巴蜀文化印章，骨印背面并立两罍两钟或两罍的形象，是巴蜀文化中具有特殊重要意义的罍与钟的象形。双元村骨印可能处在巴蜀符号创制过程中由实物向符号过渡的阶段，且该墓与马家大墓、成都商业街大墓存在极为密切的联系（《成都双元村 154 号大墓出土巴蜀文化印章研究》，《江汉考古》第 4 期）。

王方《“偏衣”的考古学识读》（《汉江考古》第 3 期）指出，“偏衣”是历史文献记载的先秦服饰，是战国时期对所有“裻在中，左右异”的服装的统称，战国齐墓出土偏衣俑当与西周春秋墓葬发现的木俑在功能上存在前后继承关系，很可能是类似方相氏的巫祝在丧仪中施诅祝祷时所穿着的一类特殊礼服。楚地出土偏衣俑也有特殊用途并与生死观念及墓葬仪式有关（《江汉考古》第 3 期）。

（刘延常　山东省水下考古研究中心　研究馆员）
（辛雅琳　山东省水下考古研究中心　馆员）

秦汉时期考古

洪　石

2021年度的秦汉考古发现与研究成果丰硕，出版发掘报告、报告集、论著、论文集和图录70余部，发表简报和研究文章300余篇，内容涉及城址、墓葬、手工业、封泥、陶文、石刻、铭文、简牍、帛书、画像、丝绸之路考古等诸多方面。

一　秦汉遗址

（一）都城

徐卫民等《秦都邑宫苑研究》（西北大学出版社）是对2000年出版的徐卫民博士学位论文《秦都城研究》的进一步深化与完善，依托近20年的考古新资料，并将秦都邑附近的苑囿、陵墓纳入研究范围，提出了一些新认识。蒋波《秦历史长河中"流动"的"大都城"——读都城研究新成果〈秦都邑宫苑研究〉》（《秦汉研究》第十六辑，西北大学出版社）对徐卫民等《秦都邑宫苑研究》进行了评介。

城郭布局是两汉都城研究的重要内容。张建锋《西汉至北朝时期长安城城郭布局的变化》（《南方文物》第3期）归纳长安城从西汉至北朝时期城郭布局的变化，并分析这些变化产生的原因及其对后代的影响。翟景宣《东汉洛阳城"郭区"性质小议》（《常州文博论丛》第7辑，文物出版社）从东汉洛阳城及周围布局与功能分区入手，探讨东汉洛阳城"郭区"的范围及其与宫城的关系。

徐龙国《西汉上林三官铭文范模研究》（《考古》第12期）对西汉上林三官铸钱遗址出土铭文范模进行研究，根据浇铸口与排气道的不同设置，结合纪年类范模对铭文范模进行分型和分期，并对相关问题进行了探讨，有助于认识上林三官铸钱的分工及技术演变，为无纪年铭文范模及五铢钱的断代提供依据。

高崇文《解"王莽九庙"建制之谜》（《中原文化研究》第6期）结合学界已有观点，对汉长安城城南发现的12座建筑基址群的性质进行分析，认为"王莽九庙"并非王莽为汉室所建之"祧庙"，并对"王莽九庙"的神主排列次序、王莽"起九庙"而建12座之缘由展开讨论。

（二）地方城址、聚落

2017～2018年，郑州大学历史学院等单位对淅川沟湾遗址简营南地点进行了考古勘探与发掘，发现了东周、汉代、宋元及明清等多个时期的遗存，其中尤以汉代遗存最为丰富，包括灰坑、灰沟、墓葬、瓮棺、陶窑、水井等遗迹，以及陶器、石器、铜器等遗物，为深入了解汉水中游地区汉代聚落和社会提供了新材料（《河南淅川沟湾遗址简营南地点汉代遗存发掘简报》，《华夏考古》第2期）。2013年，新乡市文物考古研究所、新乡县博物馆在新乡县焦田庄村东抢救性发掘古黄河大堤两段，年代分别为宋金时期及汉代，宋金时期的大堤北坡叠压在汉代大堤南坡上，印证了文献记载的汉、金修筑黄河大堤之事（《河南新乡焦田庄黄河大堤遗址发掘简报》,《华夏考古》第 2 期）。魏东主编《发现黄帝城——涿鹿故城及周边遗址考古工作报告（2014 ~ 2018）》（上海古籍出版社）是吉林大学考古团队在涿鹿县所做考古工作的阶段性总结，内容以报道基础材料为主，其中部分材料已公开发表。南水北调中线干线工程建设管理局等单位公布了 2006 年保定容城北张遗址的考古发掘资料，共清理各类遗迹 30 余处，其中包括战国至汉代灰坑 4 个，出土遗物有陶质生活用器、制陶工具和建筑构件（《保定容城北张遗址考古发掘报告》，科学出版社）。

2016 ~ 2017 年，荆州博物馆对郢城遗址开展了考古调查、勘探工作，并对城内部分沟渠断面进行了清理，初步了解郢城遗址周边同时期遗址与墓地的分布，基本探明郢城遗址的城垣堆积情况，对郢城城垣的始建年代、使用年代、废弃年代有了新的认识。郢城始建于战国晚期晚段，即白起拔郢纪南城被毁之后，使用年代主要为秦至西汉时期，东汉后逐渐废弃（《荆州郢城遗址：考古调查、勘探与试掘》，科学出版社）。刘建业等《郢城遗址考古工作的收获与思考》（《荆楚文物》第 5 辑，科学出版社）对 2016 ~ 2018 年郢城遗址考古工作收获进行总结，并就城址布局、东门复原等相关问题展开了探讨。

2003 年，长沙简牍博物馆、长沙市文物考古研究所在长沙市中心的五一广场东南侧清理出一批古代水井，其中 8 号井（J8）出土了 2191 件竹木简牍，还有一批陶器和建筑材料。该批简牍主要为汉武帝时期长沙王刘庸在位时的官方行政文书，为研究汉代法律制度的演变，尤其是诸侯王国的法制状况等提供了珍贵资料（《长沙市走马楼西汉古井及简牍发掘简报》,《考古》第 3 期）。2013 年，湖南省文物考古研究所与益阳市文物考古研究所对益阳兔子山遗址进行了发掘，清理古井 16 口、灰坑 56 个、灰沟 7 条、房屋建筑遗存 9 处，其中 11 口井出土有简牍。七号井（编号 J7）出土简牍 2392 枚，其中有字简 2302 枚，多为木简，个别为竹简，内容主要为汉初吴姓长沙国益阳县资料，以簿籍为主，另有私人书信和习字简，对于研究汉初基层政府行政运作和西汉长沙国的历史等具有重要价值（《湖南益阳兔子山遗址七号井发掘简报》《湖南益阳兔子山遗址七号井出土简牍述略》,《文物》第 6 期）。

2020 ~ 2021 年，重庆市文化遗产研究院、九龙坡区文物管理所对冬笋坝遗址进行发掘，共清理墓葬 28 座、砖窑 1 座，时代涵盖战国晚期、秦、西汉早期和新莽时期，为研究晚期巴文化及其融入汉文化的历史进程提供了新资料（《巴文化融入汉文化进程的考古实证——重庆冬笋坝遗址考古发掘取得重要收获》,《中国文物报》12 月 3 日）。陈卫东等《宕渠与賨城——渠县城坝遗址的考古发现与研究》（《四川文物》第 3 期）结合最新的考古资料，就宕渠城的位置、年代、规模及与賨城之间的关系进行了初步探讨，认为战国晚期至西汉初的賨城与两汉的宕渠城应在一起，且均处于现在的渠县城坝遗址。

内蒙古自治区文物考古研究院等编《盛乐遗珍：内蒙古和林格尔土城子古城遗址出土文物精品》（文物出版社）选取了内蒙古和林格尔土城子古城遗址出土的春秋战国至元代不同历史时期的代表性遗物共 287 件（套），以时代为序进行阐释与解读，重点揭示和林格尔土城子古城遗址的重要文化价值。王兴锋《汉代上郡龟兹故城考——兼与〈昫衍抑或龟兹〉商榷》（《文博》第 2 期）根据《汉书》《水经注》中有关龟兹县域范围的记载，以及对昂拜淖尔古城的考古调查，推定汉代上郡龟兹故城在今内蒙古乌审旗北部的昂拜淖尔古城。

张安福等《环塔里木汉唐遗址》（广东人民出版社）在前人考察、发掘的基础上，按河流流域对环塔里木汉唐遗址的类型、布局、分期、形制、保存现状等信息给予全面梳理，并对遗址保护现状与相应的保护对策进行了探讨。陈凌等《汉西域都护府遗址探索》（《文物天地》第7期）根据卓尔库特古城的整体规模，高台城址的建筑体量、建筑用材，以及出土遗物，推测该城应为汉晋时期塔里木盆地北沿一处最高等级的中心城址，对于确定西汉西域都护府治所遗址具有重要意义。李后强等《尼雅古城废弃原因探析》（《中华文化论坛》第2期）认为尼雅遗址处于西昆仑山断裂带和阿尔金断裂带的交汇地区，结合遗址现场呈现的景象和出土文书信息，推断地震是尼雅古城废弃的直接原因。

西汉南越王博物馆编著《寻找夜郎》（岭南美术出版社）对夜郎文明出现之前、文献记载的夜郎时期和夜郎国灭之后的历史进行了探索，公布了对部分青铜器进行取样检测的数据，还发表了对南越和夜郎相关问题进行初步探讨的8篇文章。邱立诚《五华狮雄山遗址的考古收获及其性质——与〈五华狮雄山〉考古报告作者的商榷》（《广州文博》第拾肆辑，文物出版社）对2014年出版的《五华狮雄山》考古报告中的相关认识提出商榷意见。

张勇《先秦至汉晋时期云贵高原乌蒙山区原始农业的变迁》（《农业考古》第4期）从种植业入手，结合考古材料、民族志和历史文献梳理先秦至汉晋时期乌蒙山区各地族群的原始农业发展过程，并对相关问题展开讨论。和奇《石寨山文化农业述略》（《四川文物》第2期）对战国秦汉时期滇池地区石寨山文化的农业面貌进行讨论，认为该文化居民有一套完整的生产工具，以锄、铲、镰、斧等为代表，牛耕尚未运用到农业生产中，稻、麦、粟复种的作物结构已形成，掌握了一定的灌溉以及粮食储存技术，还可能有一套较为完整的农业仪式。

（三）手工业遗存

2018年，河南省文物考古研究院、鲁山县文物保护管理所对鲁山县望城岗冶铁遗址西区进行了考古发掘，不仅发现了较为丰富的冶铸遗存，还发现了东周时期遗存和唐代至清代墓葬。同时，对遗址东区进行了详细调查，采集了一批遗物标本。其中汉代遗迹有灰坑、沟、炉、窑、井、积铁坑等，出土遗物可分为冶铸类遗物和非冶铸类遗物，是一处典型的集冶炼和铸造为一体的大型综合性冶铁作坊，与当时的大型铁官作坊关系密切（《河南鲁山望城岗冶铁遗址2018年度调查发掘简报》，《华夏考古》第1期）。王树芝等《鲁山望城岗冶铁遗址出土燃料鉴定与研究》（《华夏考古》第1期）对鲁山县望城岗冶铁遗址出土炉渣内的木炭进行鉴定与研究，确定燃料种属，探讨了古人对木炭薪柴的采集策略。2019年，河南省文物考古研究院、驻马店市文物考古管理所对泌阳东高庄遗址进行了抢救性考古发掘，发现战国晚期及汉代的灰坑、灰沟、水井等遗迹17处，个别遗迹内出土有与冶铁有关的炉渣和铁矿石，其中4座灰坑为堆积冶炼废弃物炉渣的堆积坑，经检测与冶铁有关，推断该遗址至迟在汉代已出现冶铁活动（《河南泌阳东高庄遗址发掘简报》，《华夏考古》第1期）。

2013年，山东省文物考古研究院对曲阜旧县四街窑址进行抢救性考古发掘，发现汉代及金代陶窑17座，另有少量灰坑、墓葬、道路等遗迹，其中的9座汉代窑址，使用时期为西汉晚期至东汉中晚期，出土大量席纹及素面青砖，应为专门生产墓葬及建筑用砖的专业化陶窑（《山东曲阜旧县四街窑址发掘简报》，《东南文化》第2期）。

“城市手工业考古”是指古代城址范围内外（包括城址本体及其近郊范围在内）手工业遗存

的考古发掘和研究。城市手工业考古既是城市考古的一部分，又是手工业考古的重点之一。白云翔《关于城市手工业考古问题》(《南方文物》第2期)以作者2020年11月7日在“手工业考古·临淄论坛——以城市手工业为中心”上的学术报告为基础修订而成，从城市考古视野下的城市手工业考古、手工业考古视野下的城市手工业考古、城市手工业考古的几个问题等方面对城市手工业考古问题进行系统论述。徐龙国《汉长安城手工业遗存的发现与研究》(《南方文物》第2期)在以往研究成果的基础上，对汉长安城手工业遗存再梳理，从已有的认识出发，将研究范围扩大至都城近郊及上林苑，从而勾勒出比较完整的都城手工业体系。他还结合文献记载及相关的考古发现，就秦汉铸钱机构及钟官职能的变化等问题展开讨论(《秦汉钟官初探》,《四川文物》第5期)。许卫红《从手工业遗存看秦都咸阳城北区布局》(《南方文物》第2期)通过对秦都咸阳城北区手工业遗存的梳理，分析不同地点、相同产业之间的联系与区别，探讨咸阳都城北区的布局，其西南区为东北区提供制骨、冶铸、制陶等生产所需原料以及陶质生活用品和建筑材料，隶属内史机构，而东北区手工业制作均与少府所辖机构有关。

(四)军事防御建筑遗存

洛阳市文物考古研究院等编《函谷关历史考古研究报告集》(黄河水利出版社)对新安函谷关历年来的考古工作进行梳理、总结，内容包括函谷关考古发掘研究、函谷关历史地理与政治军事研究、函谷关保护利用、崤函古道研究、关隘研究，以及历史上关于函谷关的赋与诗词等。张效儒《洛阳新安县汉函谷关文化遗产价值认知》(《南方文物》第3期)通过梳理汉函谷关的研究概况、历史沿革，以及进行考古学认知，进一步明确汉函谷关防御体系的建筑技术价值、军事价值和科学艺术价值。

田小红《新疆奇台县石城子遗址考古发掘及收获》(《文物天地》第7期)概要介绍了2014 ~ 2019年新疆文物考古研究所对石城子遗址连续进行5次考古发掘的主要收获，指出该遗址建筑构筑方法、等级规制、出土遗物组合特征等都明确显示出其是汉代在天山以北设立的一处军事要塞，并推断其为疏勒城旧址。张坤等《哈密地区烽燧的调查与初步研究》(《文博》第1期)根据考古调查资料对哈密烽燧进行研究，区分不同的形制，并就相关问题进行探讨。

王绍东《农牧交辉——多维视角下的战国秦汉时期北方长城》(中华书局)将文献史料、考古资料与实地考察相结合，从多维视角对战国秦汉时期北方长城进行研究。徐卫民等《秦长城研究》(上海古籍出版社)，综合利用文献记载、考古发现与调查资料，力图恢复秦长城的历史原貌，并对秦长城修建的作用和意义，以及“汉承秦制”下的汉长城等相关问题展开讨论。

柏宇亮《东冶候官考》(《东南文化》第2期)以史料为切入点，结合考古资料，发现冶县更名为候官县确如王国维所推测，是因为冶县外有一处军事候官障塞，该候官所在地点可能为今福州市牛头山遗址。汉初冶县与候官为两处城址，逐渐融合为一城，至东汉末三国初时冶县之名被候官取代，反映出两汉时期对东南边疆地区实行羁縻政策已见成效。

(五)祭祀遗存

2020年，甘肃省文物考古研究所、复旦大学文物与博物馆学系联合对礼县四角坪遗址进行了发掘，主要清理了中心台基建筑与南一东附属建筑，推测该遗址是一处秦帝国时期与祭祀相关的礼制性建筑群(《甘肃礼县四角坪遗址》,《2020中国重要考古发现》，文物出版社)。

2020年，中国国家博物馆、陕西省考古研究院、宝鸡市考古研究所、陈仓区博物馆联合对宝鸡陈仓下站遗址进行考古发掘，发现祭祀坑、房址及灰坑等70余处，出土大量马、牛、羊祭祀用牺牲以及铺地砖、瓦、瓦当、玉器、铁器和铜车马器，判断下站祭祀遗址是雍五畤之一秦宣公所建密畤，祭祀青帝，遗址延续使用至西汉时期，至西汉晚期王莽改制后被废（《陕西宝鸡陈仓下站秦汉祭祀遗址》,《2020中国重要考古发现》，文物出版社）。

胡松梅等《陕西凤翔雍山血池遗址2016～2018年祭祀坑出土三牲骨骼研究》(《考古与文物》第4期）对血池遗址祭祀坑出土的马牛羊三牲骨骼进行了鉴定，主要为马，其次为牛，羊最少；战国时期用于祭牲的马均为马驹，对于牛羊祭牲没有严格的年龄限制；西汉时期用于祭牲的马仍为马驹，用于祭牲的牛则为牛犊。

徐卫民等《秦祭祀文化探研》(《秦汉研究》第十五辑，西北大学出版社）从秦祭祀文化的概况和特点及其影响等方面对秦祭祀文化进行了探讨。

二 秦汉墓葬

（一）帝陵

秦汉帝陵是秦汉考古的重心，本年度成果颇丰。秦始皇帝陵博物院编《国际视野下的秦始皇帝陵及秦俑学研究学术研讨会论文集》(西安地图出版社）为2019年举办的同名学术研讨会论文集，刊发了秦始皇帝陵博物院《秦始皇帝陵防洪堤渠调查简报》《秦始皇陵兵马俑一号坑西门道勘探简报》《秦始皇帝陵园东侧道路勘探简报》三篇调查勘探简报，以及王望生、陈洪《秦始皇陵园北侧吴中秦墓地》，高崇文《秦始皇出巡与秦文化的传播》，徐卫民《秦封泥与宫室苑囿研究》，龙天一《秦始皇陵内外城垣比值问题探讨》，吕劲松《秦陵二号铜车润滑考略》等论文，为秦始皇帝陵及秦俑研究的新成果。马琳娜等《秦始皇帝陵出土二号青铜马车彩绘夔龙纹复原方法研究》(《文物保护与考古科学》第1期）采集秦始皇帝陵出土二号铜车马主舆上6个损坏程度不同的彩绘夔龙纹为样本，使用高光谱成像技术，通过对信息的处理与分析，实现文物表面彩绘纹样的数字图像复原。张尚欣等《秦陵建筑基址壁画材质及制作工艺的初步研究》(《文物保护与考古科学》第6期）为了科学认知秦陵建筑基址出土秦代壁画的材质和制作工艺，使用偏光显微镜、拉曼光谱、配有能谱的扫描电镜、红外光谱仪对壁画残块进行了分析研究，结果表明壁画结构由外到内分别是颜料层、底色层、细泥层、粗泥层，黑色颜料为黑铜矿，红色勾边颜料为赤铁矿，白色底层为碳酸钙，粗泥层和细泥层中均添加了生石灰为胶结材料，粗泥层中还添加有植物茎秆。西安赤兔文化艺术传播有限公司编著《秦始皇和他的帝国宝藏》(陕西新华出版传媒集团、三秦出版社）对秦始皇、秦始皇陵、兵马俑和外藏坑等分别进行了介绍。

霍巍《汉文帝霸陵的文献流传与考古发现的江村大墓》(《江汉考古》第6期）从汉文帝霸陵的文献传承与考古调查、江村大墓的考古发现及其启示、汉文帝霸陵营葬观念及其对后世的影响三方面进行阐述，指出汉魏时期由汉文帝首倡的帝陵“薄葬”之礼最为重要的标志就是“因山为藏，不复起坟”。马永嬴《汉文帝霸陵选址研究》(《考古与文物》第1期）认为汉文帝霸陵放弃渭北祖陵区而选址白鹿原不是因为受到“昭穆制度”限制被迫别葬，而是为了解决其母薄太后的丧葬礼仪问题，并兼顾扼守交通要道、防御东方诸侯的政治需要，文帝的个人情感因素也影响到霸陵的选址。

2014 ~ 2016 年，陕西省考古研究院与汉景帝阳陵博物院对汉阳陵东区陪葬墓 M3 的 2 座外藏坑进行发掘，出土陶俑、编磬、陶质生活器具、车马器等随葬品千余件，为研究西汉帝陵陪葬墓的形制结构、随葬品的埋藏以及当时的物质文化生活提供了重要的实物资料（《汉阳陵东区陪葬墓 M3 之外藏坑考古发掘简报》,《考古与文物》第 1 期）。马永嬴《汉阳陵北区陪葬墓归属考辨——兼谈死葬长安之刘氏诸侯王的葬地问题》(《陕西历史博物馆论丛》第 28 辑）认为阳陵北区两座陪葬墓可能分别为临江哀王刘阏于和清河哀王刘乘之墓，陪葬于北区的原因可能与当时的居住理念有关，西汉死葬长安的王爵皇子因病夭亡者可能会陪葬乃父帝陵，但因罪而死者则无此殊荣。

2011 ~ 2013 年，陕西省考古研究院、中国社会科学院考古研究所、西安市文物保护考古研究院对汉宣帝杜陵进行了全面的考古调查和勘探，勘探总面积为 257 万余平方米，基本探明了杜陵陵区范围与布局，明确了杜陵陵园有一重外围沟、一重外园墙，外园墙之内有帝陵陵园、皇后陵园、100 座外藏坑、57 座祔葬墓、6 座建筑遗址、数条道路，陵区东、东北、北部有 75 座陪葬墓，陵区西北有陵邑墙基、围沟，陵邑内有 4 处大型建筑遗址、2 座陶窑等，对全面认识西汉中期帝陵的形制要素与布局及西汉帝陵埋葬制度的演变具有重要意义（《汉宣帝杜陵考古调查勘探简报》,《考古与文物》第 1 期）。王书林《西汉杜陵建筑遗址的尺度、等级和空间初探》(《古代文明》第 15 卷，上海古籍出版社）对杜陵建筑的尺度计算体系、与建筑等级相关的建筑形制、寝殿建筑的内部空间、建筑群的营建特点等方面进行分析，认为从宣帝杜陵建筑群所反映的西汉建筑来看，其具有很强的设计逻辑，主次分明、重点突出，等级制度完善、形制规整统一、功能分区明确。

2009 年，洛阳市文物考古研究院在孟津朱仓村清理 9 座墓葬，其中 2 座东汉墓为长斜坡墓道砖券单室墓，出土陶、铁、铜、玉石器等遗物 70 余件，二墓均处于邙山东汉帝陵陪葬墓区，M9 出土 2000 多片铜缕玉衣片，墓主可能为大贵人、长公主级别的高等级贵族（《河南孟津朱仓村东汉墓 M8、M9 发掘简报》,《考古与文物》第 3 期）。杜鹃花等主编《洛阳邙山陵墓群考古报告集》(上海交通大学出版社）共收录邙山陵墓群相关报告、简报 40 余篇，涉及东周、东汉、曹魏、西晋、北魏各个时代。总论如《洛阳邙山陵墓群的文物普查》，东汉时期的如《洛阳孟津朱仓东汉帝陵陵园遗址》《洛阳孟津朱仓东汉墓园遗址》《偃师市高崖村东汉墓（陵）冢钻探、试掘简报》《洛阳偃师东汉洛南陵区 2008 年考古勘探简报》《偃师白草坡东汉帝陵陵园遗址》《河南偃师市吴家湾东汉封土墓》《偃师阎楼东汉陪葬墓园》等，为研究邙山陵墓群及各时期陵寝制度的发展演变提供了素材，并为更好地保护邙山陵墓群提供了资料支撑。王咸秋《邙山东汉五陵考》(《考古与文物》第 1 期）通过分析邙山东汉五座帝陵分布的群组关系、陵园规模及布局，指出朱仓 M722 和 M707 为光武帝刘秀与阴皇后合葬之原陵，大汉冢（M66）为安帝恭陵，二汉冢（M561）为顺帝宪陵，三汉冢（M560）为冲帝怀陵，刘家井大冢（M67）为灵帝文陵，原陵设置垣墙、帝后异穴合葬的做法体现了两汉陵寝制度的过渡性特点。徐卫民等《东汉帝陵制度研究》(《秦汉研究》第十五辑，西北大学出版社）从文献与考古新资料入手，对东汉时期帝陵的位置以及陵寝制度进行研究，将其与西汉帝陵制度进行对比，找出二者异同并分析其原因。

严辉《秦、两汉帝陵二元式空间结构概说》(《中原文物》第 3 期）从秦汉陵墓遗存的分类和形制要素、文献所载秦汉陵墓空间结构、秦汉时期灵魂观念与帝陵表达的设计理念等方面探讨秦、两汉帝陵的二元式空间结构。朱晨露《西汉帝陵墓道及相关问题刍议》(《常州文博论丛》

第7辑，文物出版社）就西汉帝陵的墓道基本概况和特点、墓葬朝向、祔葬墓朝向、墓道位置的选择与“居中”理念等方面略作探讨。陈正奇等《汉三陵的文化内涵及历史影响》(《秦汉研究》第十六辑，西北大学出版社）就汉文帝霸陵与其母薄太后南陵、窦皇后陵所谓“汉三陵”的文化内涵、传说故事、历史影响等方面进行了阐述。

（二）诸侯王和列侯墓

2018年，南京大学考古队对江苏泗阳西汉泗水王陵墓群进行全面的考古勘探工作，发现陵区共有墓墩及封土遗迹70座，可分为6组墓群，它们从早到晚自南而北有序排列，每个墓群中都各有一座面积最大的墓葬，结合已发掘的大青墩汉墓是某位泗水王陵的考古资料，可知各墓群中面积最大者应为王陵，这与文献所载西汉泗水王国有“五代六王”之说相吻合，勘探资料还表明大青墩汉墓的主人应为第五代泗水戾王刘骏（《江苏泗阳西汉泗水王陵墓群考古勘探报告》，《中原文物》第2期）。

马王堆汉墓出土遗物的研究长期受到学界关注。陈松长《马王堆帛书研究》(商务印书馆)对马王堆帛书形制、性质、分类、帛图、书法艺术及其中的《易传》《刑德》《阴阳五行》等，均进行了深入精辟的释读、考证、辨析和探讨。朱赟斌《马王堆帛书“卦象图”应为“龟兆图”》(《简帛》第二十二辑，上海古籍出版社）认为，马王堆帛书“卦象图”描绘了120个小图形，其为龟卜时用来参照的兆纹图，应命名为“龟兆图”，该图与《周礼》有关内容一致，值得深入研究。郑曙斌《马王堆汉墓帛画研究》(中华书局）从汉代的宇宙观、生死观、灵魂观、超时空观、丧葬观等观念与行为关系的角度，整体观察马王堆汉墓帛画，将帛画作为墓葬的组成部分，按其出土位置分为“覆盖内棺的帛画”和“棺室悬挂的帛画”，探寻其存在形式和丧葬意义，指出这一系列的观念导致产生了帛画的图像构成与空间布局，并与帛画的形状、图像、用途、主题等多个方面发生神秘链结，成为一种以追求重生与永生为目的行为方式，寄托了一种特定的神秘愿望——死而复生，成仙永生。范常喜《马王堆三号汉墓遣册“尧笱”新释》(《中国书法》第1期）认为，马王堆三号汉墓出土遣册所载“尧笱二”应读作“襓钩二”，指佩剑所用带钩，对应墓中出土的两件蟠螭纹铜带钩。萧旭《马王堆汉简遣册、签牌校补》(《秦汉研究》第十六辑，西北大学出版社）对《长沙马王堆汉墓简帛集成》中收录的汉简遣册、签牌进行校补，侧重词语考辨。马永萍《马王堆汉墓竹简〈十问〉“湩酒”释读问题》(《出土文献综合研究集刊》第14辑，巴蜀书社）认为，学界将“禹于是歙（饮）湩，酒食五味，以志治气”中的“湩酒”分开断读是错误的，不符合汉语句法、语用习惯以及医理药理，“湩酒”当释为奶酒，应是西汉时期流行于上层社会的“挏马酒”。程鹏万《马王堆帛书抄写问题研究综述》(《中国书法》第1期)汇集了马王堆帛书研究中有关抄写问题的研究成果。陈松长等《马王堆帛书的书法形态述论》(《中国书法》第1期）从马王堆帛书的众多书体形态中，按篆隶、古隶、汉隶的分类，分别选取各自具有代表性的帛书名篇，从笔法、结构、章法等方面进行具体的分析比较。韦正《马王堆一号汉墓帛画三题》(《故宫博物院院刊》第12期）对马王堆一号汉墓出土帛画进行探讨，认为帛画上部蛇首人身神除了可能为女娲之外，还可能是阴阳合一之神，帛画下部赤蛇主要象征地下世界的勃勃生机，整幅帛画的基本性质是墓主升天、回归祖先，并含有较强烈的生殖崇拜之意。王传明《马王堆汉墓出土T形帛画“人首蛇身”人物形象考——兼谈楚地与燕齐升仙信仰于帛画中的表现》(《四川文物》第6期）对马王堆一号和三号墓出土的T形帛画中的“人首蛇身”形象进行考证，认为他们均是墓主升天成仙后的新生形象，并探讨他们在帛画中的位置差异及其原因。王煜《昆仑与阊阖、天门：长沙汉初漆棺图像整体考察》（《江汉考古》第 3 期）认为，长沙汉墓出土的两具漆棺（砂子塘一号墓外棺、马王堆一号墓第三重棺）各个板面上的图像实际上是一个有机的整体，表达了西汉前期楚地已经形成的以昆仑为中心的“阊阖—昆仑—天门—天界（天帝）”的升天信仰。肖仕煜《马王堆一号汉墓漆棺“鹿形象”研究》（《楚文化研究论集》第十四集，上海古籍出版社）对马王堆一号汉墓漆棺上的鹿形象进行分析，认为其是楚巫的鹿崇拜文化与汉代升仙思想的集中展现。赵娜等《马王堆一号汉墓素纱襌衣研究与复织》（《南方文物》第 4 期）报告了该制作团队对长沙马王堆一号汉墓出土直裾素纱襌衣（重 49 克）进行研究与复织情况，以薄透的纱料为主体，以绒圈锦为领缘和袖缘，复织的直裾素纱襌衣重量仅为 48.6 克。

关于南昌西汉海昏侯墓的研究不断取得新成果。华迪威《海昏侯研究三题》（《秦汉研究》第十五辑，西北大学出版社）对“海昏”名义、汉庭对废帝刘贺的处置、海昏侯墓出土“大刘记印”和铜钱、石范及相关问题进行了探讨。吴方浪《从海昏侯墓出土器物产地看汉代侯国的手工业生产》（《秦汉研究》第十六辑，西北大学出版社）根据出土遗物将海昏侯国手工业分为金器冶炼、青铜铸造、漆器制造、陶瓷制造、纺织与制药六类，认为海昏侯国的手工业发展水平不高，海昏侯刘贺对侯国经营管理不善。黄今言等《西汉海昏侯墓出土铜钱问题祛疑》（《秦汉研究》第十六辑，西北大学出版社）对海昏侯墓出土铜钱的种类、特征、来源及其与金币的比价等问题进行了探讨。恩子健《海昏侯墓“第廿”木楬释文补正——兼谈签牌的性质》（《秦汉研究》第十五辑，西北大学出版社）指出海昏侯墓出土“第廿”木楬记载了七类纺织品的不同颜色、材质、衣物类别、数量等内容，在一定程度上超出标签名牌之作用，具有账簿功能，整理者将其归入“遣策类”具有一定道理。汪华龙《新出扬州蜀秀河 M1 木牍的年代与形制——兼谈海昏侯奏牍的相关问题》（《简帛研究》二〇二〇秋冬卷，广西师范大学出版社）指出，蜀秀河 M1 出土木牍所见“大王”应指江都王刘建，纪年对应汉武帝元朔五年至元狩元年，上书诸侯王时所用文书用语、格式等，是对皇帝诏书制度的因袭与减等，该木牍与海昏侯奏牍的形制或即文献所云“五行之牍”，该木牍或是臣遂与江都王往来文书的直接反映。黄可佳等《海昏侯刘贺酎金、朝请浅考》（《简帛研究》二〇二〇秋冬卷，广西师范大学出版社）指出，《汉书・武五子传》以刘贺受封海昏侯起即“不宜得奉宗庙朝聘之礼”，但出土奏牍、金饼表明刘贺在受封海昏侯之初仍能向长安朝请、酎金，证明《汉书》的相关记载在时间上有误。杨博《西汉海昏侯刘贺墓出土〈海昏侯国除诏书〉》（《文物》第 12 期）根据汉代公文流程与海昏侯史事的相关记载，对海昏侯刘贺墓出土 20 余枚木牍上记述的《海昏侯国除诏书》的结构和内容进行了复原，对于研究刘贺家族与海昏侯国的历史、汉代官文书制度与汉代诸王列侯制度等具有重要价值。王飘《海昏侯墓与满城汉墓的比较研究》（《秦汉研究》第十五辑，西北大学出版社）从墓主身份、墓葬形制、出土遗物等方面分析海昏侯墓与满城汉墓的异同。赵晶《徐州狮子山西汉楚王墓与南昌海昏侯墓的比较研究》（《秦汉研究》第十五辑，西北大学出版社）从墓主身份、墓葬形制、出土遗物等方面分析狮子山西汉楚王墓与海昏侯墓的异同。黄可佳等《孔子图像的构建与流变》（《故宫博物院院刊》第 11 期）以西汉海昏侯刘贺墓出土屏风上所绘孔子像为切入点，通过考辨文献与图像对比，梳理出自两汉至宋元孔子图像的传承脉络与构图结构流变。王有亮等《江西海昏侯刘贺墓出土凤鸟纹提梁卣的修复保护研究》（《南方文物》第 3 期）对海昏侯刘贺墓出土的一件饰凤鸟纹的铜提梁卣进行了分析检测和修复保护研究。胡毅捷等《江西海昏侯墓主椁室出土青铜器制作工艺初步分析》(《南方文物》第3期)利用扫描电镜—能谱(SEM—EDS)及金相显微镜，对海昏侯刘贺墓主椁室出土部分青铜器进行了合金成分及金相分析，结果表明不同器类器物具有不同的合金配比，反映工匠在制作器物时会考虑器物的使用功能及颜色等问题。刘勇等《南昌西汉海昏侯墓园M5出土玻璃席制作工艺及相关问题研究》(《南方文物》第6期)在对南昌西汉海昏侯墓园M5出土玻璃席进行室内清理及相关科学分析研究的基础上，系统揭示其形制与制作工艺，为研究西汉时期玻璃席制作手工业及法赙制度提供了重要材料。黄希等《南昌西汉海昏侯墓车马坑出土车马器研究性保护修复》(《南方文物》第6期)对南昌西汉海昏侯墓车马坑出土的147件车马器进行保护修复，在保护前对文物保存状态进行研究，明确保护修复需要解决的核心问题，针对不同材质、不同腐蚀程度的文物分别制定保护技术路线，并在保护修复过程中进行同步研究。张红燕等《从海昏侯墓外藏椁出土车马饰件的工艺统计看马车类型》(《南方文物》第6期)通过对海昏侯墓外藏椁出土车马饰件的成型与表面装饰工艺方面的研究汇总与统计分析，对车马坑内出土的马车类型进行初步推测，认为其中应有错金银、通体纯色鎏金、银质等几种不同工艺类型的马车。

对于王侯墓葬形制与功能等方面的研究有较多成果，专著首推刘尊志《汉代墓外设施研究：以王侯墓葬与中小型墓葬为参考》(科学出版社)，在广泛收集考古资料的基础上，运用考古学理论和方法，结合文献及其他相关资料，对汉代王侯墓葬及中小型墓葬的墓外设施进行了全面、深入的研究，内容包括汉代墓外设施的内容、类型、功能、作用、等级及其发展演变等，探讨了墓葬及相关内容所体现的两重空间和三维世界，阐述了汉代墓葬所反映丧、葬、祭的有机结合与综合发展。杨懿等《西汉诸侯王崖洞墓的类型学研究》(《文博》第2期)从西汉诸侯王崖洞墓材料入手，厘清崖洞墓各组成部分的定名和定义，根据墓道、回廊、耳室、藏室等发展演变情况对崖洞墓进行类型学研究。刘超等《河南永城保安山二号墓18号墓室功能探析》(《中原文物》第4期)根据保安山二号墓18号墓室的形制结构特点及相关文献记载，认为该室并非发掘报告所认为的“冰凌室”，而应是梁国苑囿中的兽圈，并对汉代苑囿、驯兽等相关问题进行讨论。陈杰等《西汉长沙国诸侯王陵墓制度研究》(《江汉考古》第4期)从园邑、陵园、寝殿、陪葬墓、外藏坑、墓道、墓向、题凑、棺椁等方面对西汉长沙国王陵形制进行考察，归纳西汉长沙国王陵在选址、陵园布局、墓葬制度及丧葬礼俗等方面的特征，进而探讨长沙国王陵葬制。马代忠等《试析汉代长沙王陵墓群的价值》(《南方民族考古》第二十二辑，科学出版社)从历史、艺术、科学、社会、文化、经济、生态七个方面对汉代长沙王陵墓群的价值进行阐述。郭郑瑞《何以安魂：“便房”再研究》(《故宫博物院院刊》第7期)认为，“便房”的形制服务于安魂的功能，并以定陶灵圣湖二号墓为例进行具体分析，推断该墓盛放着缀璧丝袍的竹笥是有意埋藏的“灵位”，该墓内区、顶部凸出一层枋木的建筑营造了安魂的礼仪空间，是迄今发现的最合乎礼制的“便房”。张强禄《论西汉南越国时期的高等级墓葬》(《考古学报》第4期)对岭南秦至西汉南越国时期高等级墓葬资料进行梳理，并对与南越国大致同时期的东瓯国、闽越国、汉初长沙国以及早于南越国的浙江越国等王室贵族墓葬进行分析，从而探讨南越国高等级墓葬的形制特点与族属，借此更深刻地理解秦汉岭南华化的进程。

对于王侯墓葬出土各类遗物的研究也颇有成果。中国美术学院汉字文化研究所、洛阳市文物考古研究院编，史家珍等主编《流眄洛川：洛阳曹魏大墓出土石楬》(上海书画出版社)对洛阳市寇店镇西朱村一座曹魏时期大墓（编号 M1）出土的 325 枚刻铭石楬进行整理分类著录，分为图版、分类注释、字形表以及字形表索引四部分，对了解墓主身份、古代名物制度和随葬习俗等具有重要价值。王子今《曹操高陵“渠枕”考》（《文物》第 10 期）从“渠枕”名实及其与“慰项石”的关系、“渠枕”为“车渠枕”“西国重宝”的可能、“渠国”宝物、曹操用品“渠枕”“胡粉”“绒手巾”的丝路史料意义等方面对曹操高陵出土石牌所载“渠枕”进行考证。庞政《安阳西高穴 M2 出土几件画像石图像考索》（《故宫博物院院刊》第 1 期）结合相关历史文献和考古实物对安阳西高穴 M2 出土画像石的画面内容、榜题以及背后的历史背景作进一步探讨。马铭悦等《汉魏王侯墓随葬度量衡器浅论》（《中原文物》第 2 期）通过梳理两汉曹魏随葬度量衡器的王侯墓葬资料指出，这些墓葬出土的度量衡器并非普通的日用器物，主要是象征物品，不仅象征封邦建国，还象征相应的职司部门。曹休墓出土的铜权则可能是新爵位体系的标志品。刘照建《西汉楚国玉覆面的发现与研究》（《南方民族考古》第二十一辑，科学出版社）对西汉楚国统治中心彭城（今徐州地区）出土的玉覆面进行分析，探讨其形制演变特点、分布区域和使用范围、出现及消失原因。刘蕾等《北洞山西汉楚王墓彩绘仪卫俑身份考辨》（《南方文物》第 3 期）对北洞山西汉楚王墓出土的彩绘仪卫俑身份进行考辨，认为宫门之外六个龛中的俑因部分绘有“中郎”“郎中”的半通印，其身份为楚王的郎官，属于中下层官吏；东 1 龛内的彩绘陶俑均朱唇无须，应为宦者形象，其身份为中黄门冗从，其中高大戴帽拱手俑应是其首领中黄门冗从仆射。左骏《徐州狮子山楚王墓双联管形玉构件的功用研究》（《考古》第 10 期）从出土位置、纹饰布局及器形结构等方面探讨狮子山楚王墓出土玉质双联管的设计理念与功用，认为其应为用于挹酒的长直柄心形勺具的柄饰，此类勺具主要流行于战国晚期至西汉初年，与深腹酒容器（壶、钫）组合搭配使用。焦阳《染山汉墓出土“玉衣”讨论——也谈汉代墓葬中的“玉席”》（《南方文物》第 4 期）对汉墓出土的玉片进行重新辨认，找出以往未识别出的玉席片，并探讨玉席的形制与作用等相关问题。罗小华《“张姬榜槃”小识》（《华夏考古》第 6 期）对长沙风篷岭西汉墓 M1 出土漆盘上的朱书文字“张姬榜槃”进行考释，认为其是姓张的王妃喝酒用的小盘。深圳市南山博物馆编《焕若列星：河北汉代王室文物展》（文物出版社），主要分王室威仪、长乐未央、与天无极三部分展现了河北中山国诸侯王墓出土遗物，主要出自西汉中山靖王刘胜及其妻窦绾墓、中山怀王刘修墓、三盘山汉墓，东汉中山简王刘焉墓、中山穆王刘畅墓等，包括车马、祭祀金器、日常用器、饮食娱乐器具、丧葬仪具和装饰玉器、模型明器等，种类丰富，制作精美。

（三）一般墓葬

本年度公布大量秦汉墓葬资料，下面以地区及墓葬时代为序进行简要介绍。

河南地区。2016 年，河南省文物考古研究院等单位在荥阳鲁庄清理各类遗迹 128 处，其中汉魏时期遗迹有 1 座陶窑和 2 座墓葬，墓葬均为带斜坡墓道的单室砖室墓，出土遗物有陶器、铜器、铁器和铜钱等（《荥阳鲁庄墓地》，科学出版社）。2016 年，南阳市文物考古研究所在淅川葛家沟墓地发掘战国至西汉时期墓葬 79 座，其中秦汉墓葬 51 座，包括土坑墓 41 座、砖室墓 10 座，出土陶、铜、铁、玉石器等遗物 248 件，为研究丹江流域楚、秦、汉文化更替以及中小聚落葬俗、葬制提供了重要资料（《淅川葛家沟墓地》，科学出版社）。2012 ~ 2013 年，漯河市文物考古研究所在临颍县固厢墓地发掘战国、秦汉等不同时期墓葬 159 座，其中汉墓 47

座，包括36座竖穴土坑墓和11座砖室墓，出土各类质地遗物483件，以陶器为主，共计360件，墓主身份为平民，墓葬年代为西汉早期至东汉中期（《漯河固厢墓地》，中州古籍出版社）；该墓地Ⅱ区23座西汉早期墓葬，随葬品可分为仿铜陶礼器组合、仿铜陶礼器与陶俑组合、以罐为核心的日用陶器组合三种形式，仿铜陶礼器组合为鼎、盒、壶加杯、勺，基本成对出现，显示出楚文化对漯河一带西汉早期葬俗的重要影响（《河南漯河临颍固厢墓地Ⅱ区西汉墓葬发掘简报》，《江汉考古》第3期）。2010年，河南省文物考古研究院等单位在禹州酸枣树杨墓地清理128座墓葬，其中汉墓124座，包括竖穴土坑墓3座、竖穴墓道洞室墓120座、斜坡墓道土洞墓1座，出土陶器、铜器、铁器、铅器等遗物695件，墓葬年代跨两汉时期，墓葬规模不大，随葬品等级不高，墓地应为当时社会平民阶层的公共墓地（《河南禹州酸枣树杨汉墓发掘》，《考古学报》第2期）。2010年，河南省文物考古研究院等单位在郏县白庙乡黑庙墓地清理两汉墓葬近250座，《河南郏县黑庙墓地西汉墓发掘简报》报告其中的53座西汉墓。墓葬形制可分为竖穴土坑墓、竖井墓道土洞墓、空心砖墓三类，出土遗物有陶器、铁器、铜器等，以陶器为主。据墓葬形制和随葬器物等推断，应为一处平民墓地（《文物》第1期）。2018年，河南省文物考古研究院等单位在三门峡市后川村发掘两座西汉竖井墓道土洞单室墓，二墓被一近方形的围沟环绕，出土遗物有陶器、铜器、铁器等，其中M247出土秦文化典型器物，铜鍪上刻“赵大官”等铭文，为研究豫西地区秦文化对中原文化的影响以及二者的融合发展等提供了实物材料（《河南三门峡后川村西汉围沟墓发掘简报》，《中国国家博物馆馆刊》第3期）。2007～2008年，南阳市文物考古研究所在淅川县双河镇墓地清理72座墓葬，其中8座墓葬为积石积炭墓，出土遗物以陶器为主，器形包括鼎、盒、壶、瓮、罐、仓、灶、井、釜等，墓葬年代为西汉中期至东汉早中期（《河南淅川县双河镇汉代积石积炭墓的发掘》，《洛阳考古》第3期）。2000年，南阳市文物考古研究所先后两次对南阳市永泰住宅小区项目用地进行考古发掘，共发掘281座墓葬，其中M137是一座保存完好的汉代长方形砖室墓，出土陶器16件、铜钱34枚，陶仓外壁上有用白粉书写的“小麦万石”“小豆万石”“大豆万石”“粱粟□□”“黍粟万石”文字，年代为新莽时期或东汉初期（《河南南阳市永泰住宅小区汉墓发掘简报》，《华夏考古》第5期）。2012年，洛阳市文物考古研究院在孟津县平乐镇平乐村发掘一座东汉中晚期小型单室土洞墓（编号C8M2249），出土陶器1件、石器2件，其中画像石枕和盘龙石砚盖非常少见（《洛阳孟津平乐村C8M2249东汉墓》，《故宫博物院院刊》第12期）。1989年，驻马店市文物保护管理所在物价检查所办公楼项目用地清理一座东汉竖穴砖室合葬墓，出土30余件陶器，其中有4件乐舞杂技俑，为研究当地东汉时期社会形态、丧葬制度等提供了实物资料（《河南驻马店物价检查所东汉墓发掘简报》，《中原文物》第2期）。2017年，周口市文物考古所在港口物流园区发掘3座东汉砖室墓，残存随葬品30余件，主要为陶器（《河南周口港区三座东汉墓发掘简报》，《中原文物》第3期）。

陕西地区。2011年和2017～2018年，陕西省考古研究院等单位在宝鸡郭家崖墓地发掘122座东周秦及汉唐墓葬，其中汉墓5座，包括斜坡墓道洞室墓3座、多室砖室墓2座，出土陶器、铜器、铁器和铜钱等遗物，年代为西汉早期至东汉晚期（《宝鸡郭家崖考古发掘报告》，科学出版社）。2020年，陕西省考古研究院等单位在宝鸡市陈仓区西秦村发掘了5座西汉初期小型墓葬，均为竖穴墓道洞室墓，出土遗物以陶器为主，还有少量金属器和漆器，部分陶器所施彩绘较为精美（《陕西宝鸡西秦村汉墓发掘简报》，《文博》第2期）。2014～2015年，西安市文物保护考古研究院在西安南郊上塔坡村北侧发掘古墓葬223座，其中10座西汉墓为竖穴墓道土洞墓，葬具为单棺或一棺一椁，葬式均为仰身直肢，出土陶器、铜器、铁器等遗物共251件（组），另有铜钱614枚，特别是各墓均出土陶璧，共计59件，应装饰于木棺外壁（《陕西西安南郊上塔坡村西汉墓发掘简报》，《文博》第2期）。2018年，西安市文物保护考古研究院与郑州大学历史学院在西安市南郊缪家寨村东北清理了一批墓葬，其中M37、M39均为竖穴墓道券顶砖室墓，出土陶器、铜器、铜钱等遗物，为西汉晚期家族合葬墓（《西安南郊缪家寨村M37、M39发掘简报》，《中原文物》第2期）。2018～2019年，西安市文物保护考古研究院等单位在西安市马腾空村发掘墓葬20座，包括1座汉墓，为斜坡墓道双室土洞墓，二人合葬，出土陶器、铜器、铁器和铜钱等遗物(《西安马腾空村北汉唐墓葬群考古发掘报告》，科学出版社)。2021年，陕西省考古研究院在咸阳市渭城区北杜街道成任村东南发掘一处东汉家族墓地，其中M3015墓室内出土2尊金铜佛像，为目前国内考古出土的时代最早的金铜佛像，对于佛教文化的传入及中国化研究具有重要价值（《陕西咸阳成任墓地出土中国最早金铜佛像》，《中国文物报》12月10日）。

河北和北京地区。2007年，河北省文物考古研究院等单位在邯郸市复兴区西小屯一号墓及周边地区清理墓葬32座，其中西小屯一号墓为东汉中晚期至曹魏时期的带封土多室砖墓，另外31座小型竖穴墓包括砖椁墓4座、土圹墓27座，年代从战国晚期到西汉中期，出土遗物有陶器、铜器等，为研究河北邯郸地区战国秦汉时期丧葬制度提供了新资料（《河北邯郸西小屯一号墓及周边墓葬发掘报告》，《江汉考古》第3期）。2018年，唐山市文物古建研究所等单位在滦州市孙薛营村发掘两座西汉竖穴土坑双室墓，墓室之间均有生土隔墙，葬具均为一椁一棺，出土陶、铜、玉器等遗物40余件（《河北省滦州市孙薛营汉墓清理简报》，《文物春秋》第6期）。2015～2016年，河北省文物考古研究院等单位对蔚县大德庄墓地M1和M2进行了抢救性发掘，其中M2为东汉中晚期多室砖室墓，出土遗物有陶器、铜器、玉器及铜钱等（《河北蔚县大德庄墓地M2发掘简报》，《北方文物》第2期）。2008～2009年，北京市文物研究所在延庆西屯墓地发掘490座墓葬，其中18座战国晚期至西汉早期瓮棺墓分布较为集中，除了儿童单人葬，还有两例儿童合葬和一例成人二次葬，葬具以3件陶釜的组合为主，陶釜的形制体现了燕文化统治区的特色（《北京延庆区西屯墓地瓮棺墓发掘简报》，《北方文物》第5期）。上述西屯墓地中M100是该墓地东汉砖室墓中规模最大、形制最为特殊的，为双墓道九室砖室墓，结构复杂，出土陶、铜、铅等质地遗物124件、铜钱46枚，为探讨幽燕地区东汉砖室墓的发展和演变提供了重要的新资料(《北京市延庆区西屯墓地东汉墓M100发掘简报》，《文物春秋》第2期)。2020年，北京市文物研究所在通州区潞城镇前北营村发掘古墓31座、窑址5座、水井3口、房址1处，其中3座西汉墓保存较好，均为竖穴土坑墓，葬具为一椁一棺或一椁两棺，出土遗物以陶鼎、盒、罐、壶和铜钱为主（《2020年度北京通州区潞城镇前北营村西汉墓葬考古发掘简报》，《北方民族考古》第11辑，科学出版社）。2019年，北京市文物研究所在房山区窦店镇江村、后街村交界处发掘3座东汉至西晋时期的砖椁墓，出土陶罐2件、陶纺轮1件、铜镜1件，从墓葬形制和随葬品看，应与北方民族有着密切关系（《北京房山区窦店镇东汉至西晋砖椁墓发掘简报》，《北方文物》第4期）。2019年，北京市文物研究所在北京大兴区瀛海镇石太庄村发掘墓葬16座、窑址20座、灰坑7个、水井1口，其中东汉砖室墓2座，包括单室和多室墓各1座，多室墓内残存五铢铜钱；汉代窑址11座，为倒焰式马蹄窑（《北京市大兴区瀛海镇石太庄村墓葬及窑址考古发掘简报》,《北方民族考古》第 11 辑，科学出版社）。

山东地区。2010 ~ 2013 年，山东省文物考古研究院等单位对昌邑辛置墓地进行了 5 次发掘，共清理周代、汉代、明清时期的墓葬 964 座，其中汉墓 791 座，分为土坑墓、砖椁墓、瓦椁墓、瓮棺墓、瓦棺墓、砖室墓，以砖椁墓和土坑墓为主，出土遗物以陶器为主，还有少量铜器、铁器、漆器等（《昌邑辛置——2010 ~ 2013 年墓葬发掘报告》，科学出版社）。2019 年，山东省文物考古研究院等单位在淄博市临淄区齐陵街道淄河店村发掘 12 座墓葬，其中 10 座为西汉墓葬，包括 9 座土坑竖穴墓和 1 座土坑砖椁墓，葬具均为单棺，葬式均为仰身直肢，随葬品主要是陶器和铜镜(《淄博市临淄区齐陵一中墓地 2019 年发掘简报》,《海岱考古》第十四辑，科学出版社）。2014 ~ 2017 年，山东省文物考古研究院等单位在滕州官桥镇官桥三村发掘汉墓 101 座，包括土坑竖穴墓、土坑竖穴石椁墓、石室墓三类，其中画像石墓 39 座，出土各类遗物 460 余件，以陶器为主，墓葬年代为西汉晚期至东汉中晚期（《山东滕州官桥村南墓群 2014 ~ 2017 年发掘简报》,《海岱考古》第十四辑，科学出版社）。2017 年，山东省文物考古研究院等单位在枣庄市山亭区东江村清理 1 座石室墓，出土陶瓷器、铜器及铜钱等遗物，画像石内容为狩猎、捕鱼及出行图等，墓葬建造年代为东汉时期，在北宋以后被利用再葬（《枣庄市山亭区东江村南画像石墓发掘报告》,《海岱考古》第十四辑，科学出版社）。

曾昭燏等《沂南古画像石墓发掘报告（增补本）》（齐鲁书社）据 1956 年版影印，增《沂南北寨汉画像石墓研究综述》一文。沂南北寨汉墓画像石内容丰富，取材广泛，从不同的角度反映了汉代生活、风土人情、典章制度、宗教信仰等，不仅是精美的古代雕刻艺术品，也是研究汉代政治、经济、文化的重要实物资料，是东汉末年画像石极盛时期的代表作。宫德杰等《山东沂水大官庄发现汉画像石》(《文物》第 10 期）对 2017 年在沂水大官庄村一座水渠砌石中发现的 11 块汉画像石残件进行介绍，它们出自附近的墓葬，画像题材主要有亭阙人物、伏羲女娲、龙戏鱼、双龙相逐、双龙嬉戏、建筑物残图等，年代应为东汉中期。

江苏地区。2011 ~ 2013 年，南京博物院等单位在金马高速东阳段发掘 200 余座汉墓，其中 M213、M214 均为西汉竖穴土坑木椁墓，棺椁结构保存基本完整，特别是 M214 椁盖板之下保存有完整的穿壁纹隔板与木构建筑隔板，出土遗物有铜、铁、漆木、陶器等，漆木器组合除了较为常见的耳杯、盘、樽、奁、案、几外，还有较为少见的漆缴、砚盒等，二墓主可能为夫妻关系，该墓地应为东阳豪族棖氏家族墓地（《江苏盱眙县东阳汉墓群 M213、M214 发掘简报》,《南方文物》第 4 期）。上述东阳汉墓群中西汉晚期墓 M114 保存较好，为长方形竖穴土坑墓，一椁双棺，出土铜器、铁器、漆木器、琉璃器、陶器等各类遗物 106 件（组），特别是木刻星象图，为研究汉代天文学提供了珍贵资料(《江苏盱眙东阳汉墓群 M114 发掘简报》,《东南文化》第 6 期）。2018 年，扬州市文物考古研究所在小杨庄清理 59 座汉墓，其中 M28 为带斜坡式墓道的竖穴土坑木椁墓，规模最大，保存较好，双棺并葬，椁外再祔葬一具棺椁，出土釉陶器、铜器、漆木器等遗物共 156 件（组），墓主可能为西汉晚期广陵国庄姓中级官吏(《江苏扬州市小杨庄西汉墓葬 M28 的发掘》,《考古》第 4 期）。2009 年，扬州市文物考古研究所在瘦西湖新苑三期地块发掘墓葬 25 座，其中 3 座保存较好，均为竖穴土坑木椁墓，出土遗物以釉陶器为主，墓葬年代为西汉晚期(《江苏扬州瘦西湖新苑三期汉代墓葬发掘简报》,《东南文化》第 4 期）。2017 ~ 2018 年，淮安市文物保护和考古研究所等单位在大云山景区连接线北区发掘战国墓 2 座、汉墓 43 座、陪葬坑 1 座，墓葬多为长方形竖穴土坑单人墓，出土釉陶器、陶器、铜器、漆器、玉器等遗物 300 余件，墓葬年代从战国晚期延续到东汉早期（《江苏盱眙大云山景区连接线北区战国至两汉墓葬发掘简报》,《东南文化》第 6 期）。2018 年，徐州博物馆等单位对新沂市阿湖镇前沟汉代墓地两个土墩进行考古发掘，共清理汉墓 47 座，包括土坑墓、砖室墓、石椁墓，排列有序，出土陶、铜、铁、滑石器等，墓葬年代为西汉晚期至东汉，为研究徐州地区乃至江苏汉代土墩墓提供了新资料（《江苏新沂前沟汉代墓地 D1、D2 发掘简报》,《东南文化》第 6 期）。

安徽地区。2017 年，安徽省文物考古研究所在六安市碧桂园战国秦汉墓地发掘中小型墓葬 35 座，均为长方形竖穴土坑墓，有的带斜坡墓道和头龛，出土遗物主要为陶器（《安徽六安经济开发区碧桂园战国秦汉墓地发掘简报》,《东南文化》第 4 期）。2020 年，淮北市文物局在淮北市相山动物园清理一处被严重破坏的汉代祠堂基址，残存祠堂石构件 4 块、墓垣石 2 块，其中前堂盖顶石上有"永元八年"（公元 96 年）题刻，具体记载了祠堂营建者的姓名和里籍、祠主去世和下葬时间、祠堂营造时间、营造祠堂费用、营造祠堂雇佣的石工等内容，具有重要学术价值（《安徽省淮北市相山发现"永元八年"汉代画像石祠堂》,《东南文化》第 4 期）。2019 年，安徽省文物考古研究所等单位对宿州金山寨画像石墓进行抢救性发掘，该墓平面大致呈"中"字形，由墓道、甬道、中室、东耳室、西耳室、后室组成，残存随葬品主要是陶器，还有少量铜钱，出土画像石 12 块 14 幅，画像内容包括装饰纹样、神兽祥瑞及人物三类，墓葬年代为东汉中晚期，墓主身份应为六百石左右的官吏或商贾巨富（《安徽宿州金山寨汉代画像石墓发掘简报》,《中原文物》第 1 期）。

浙江、江西地区。2019 年，杭州市文物考古研究所等单位在萧山东蜀山清理战国至清代墓葬 27 座，其中 M3、M5 方向一致，均为西汉时期长方形竖穴土坑墓，出土遗物以陶瓷器为主，据出土铜印章推断二墓可能同属于吴氏家族墓地（《浙江杭州萧山东蜀山西汉墓发掘简报》,《文物》第 7 期）。2009 ~ 2011 年，厦门大学历史系、江西省文物考古研究院等单位对靖安老虎墩遗址进行发掘，清理了汉晋时期墓葬 8 座和小型器物坑 32 个，其中 2 座墓的发掘简报已发表，此次主要报道其余墓葬及器物坑的发掘情况，出土遗物有陶瓷器、铁器、铜钱等，出土印章表明该墓地可能是张氏家族墓地，墓葬周边分布的大量小型器物坑可能是附属于这些墓葬的祭祀坑（《江西靖安老虎墩遗址汉晋墓与器物坑发掘报告》,《考古学报》第 4 期）。

湖北、湖南地区。2012 年，荆州博物馆对贺家草场墓地进行发掘，清理 17 座墓葬，其中 14 座汉墓可分为"甲"字形竖穴土坑墓和长方形竖穴土坑墓两大类，出土遗物 117 件，主要为陶器，还有少量铜器、漆木器，墓葬年代为西汉早期至新莽时期（《荆州贺家草场汉墓发掘简报》,《荆楚文物》第 5 辑，科学出版社）。2012 年，湖南省文物考古研究所等单位在蓝山五里坪发掘 51 座墓葬，以汉墓居多,《湖南蓝山五里坪汉墓考古发掘简报》报道的 4 座汉墓有土坑墓和砖室墓，规模小，出土遗物少，应为平民墓葬，墓葬年代为西汉早期至东汉晚期（《湖南考古辑刊》第 15 集，科学出版社）。2015 年，郴州市博物馆等单位在苏仙区五里牌清理 3 座东汉中晚期单室砖室墓，随葬品多为陶罐，墓砖上有"永平"铭文（《湖南郴州五里牌东汉墓考古发掘简报》,《湖南考古辑刊》第 15 集，科学出版社）。

四川和重庆地区。2009 年，四川省文物考古研究院等单位在茂县城关粮站清理 54 座石棺葬，年代集中在战国中晚期至西汉中期，出土各类遗物 300 余件，为进一步认识岷江上游地区石棺葬文化的年代、内涵及族属等问题提供了重要资料（《四川茂县城关粮站石棺葬墓地发掘简报》,

《考古》第 11 期）。2011 年，四川省文物考古研究院等单位在盐源县梅雨镇八家村清理残墓 20 座，多为竖穴土坑墓，部分墓口覆盖有大石，出土遗物有陶器、铜器、铁器、铜铁复合器、绿松石珠、海贝等，墓葬年代大致为西汉时期，为研究盐源青铜文化提供了新资料（《四川盐源县八家村西汉墓葬发掘简报》,《四川文物》第 3 期）。2017 年，成都文物考古研究所等单位在成都市双流区双合村发掘 9 座汉墓，分为土坑墓和砖室墓两类，出土遗物以陶器为主，墓葬年代为西汉晚期至东汉中期，在墓地周围发现有与其相关的窑址、灶、灰坑等配套设施（《成都市双流区双合村汉代家族墓地发掘简报》,《考古学集刊》第 25 集，社会科学文献出版社）。2012 年，成都文物考古研究所等单位在成都市双流区田家寺墓地发掘 42 座墓葬，其中 28 座为东汉、六朝崖墓，出土遗物有陶器、铜器和铜钱等，以陶器为主(《成都华阳田家寺墓地》，文物出版社）。2016 ~ 2017 年，成都文物考古研究院在金牛区王家碾墓地清理 97 座汉代至宋代砖室墓，其中汉代、六朝墓 4 座，出土遗物有陶钵等（《成都市金牛区王家碾墓地发掘简报》,《成都考古发现（2019），科学出版社》)。2018 年，重庆师范大学西南考古与文物研究中心和重庆市文化遗产研究院在丰都县名山街道镇江村空洞包清理西汉晚期至东汉晚期砖室墓 8 座、土坑墓 1 座，出土釉陶器、陶器、铜器、铁器等遗物 140 余件，墓砖均为重菱形组合的纹饰砖，砖上有疑似人畜踩踏、堆放等痕迹（《重庆丰都空洞包汉代墓群 2018 年发掘简报》,《文物》第 9 期）。2006 年，重庆市文化遗产研究院等单位在武隆区土坎遗址清理战国及汉代墓葬 26 座，其中东汉中晚期砖室墓 2 座、石室墓 1 座，均为带墓道的单室墓，出土陶器、铜器、铁器和铜钱等遗物，对研究渝东南地区汉文化面貌具有重要价值（《重庆市武隆区土坎遗址东汉墓葬发掘简报》,《四川文物》第 2 期）；该遗址 22 座长方形竖穴土坑墓中有 20 座保存较好，年代从战国末期延续至西汉晚期，出土遗物以陶器为主，还有少量铜器、铁器、铜钱等，典型陶器组合演变序列清晰，反映了乌江下游以巴文化因素为主的土著文化不断减弱、中原汉文化逐步确立的历史发展脉络（《重庆市武隆区土坎遗址土坑墓发掘简报》,《南方民族考古》第二十二辑，科学出版社）。

云南、贵州、广东地区。2015 年，云南省文物考古研究所等单位在金砂山墓地清理 31 座墓葬，包括土坑竖穴墓 30 座、砖室墓 1 座，土坑竖穴墓的年代可能为春秋时期或更早，砖室墓出土铜器、陶器、五铢铜钱等遗物 11 件（组），其年代为东汉早中期（《昆明市晋宁区金砂山墓地 2015 年发掘简报》,《考古》第 3 期）。2005 年，贵州省文物考古研究所等单位在沿河县洪渡镇发掘 60 座墓葬，其中汉墓 12 座，包括石室墓 8 座、砖室墓 3 座、土坑墓 1 座，残存少量陶器、铜钱等随葬品，墓葬年代为东汉时期（《贵州省沿河土家族自治县洪渡古墓发掘报告》,《南方民族考古》第二十二辑，科学出版社）。2019 年，广州市文物考古研究院在中山大学北校区医学科研楼 4 号项目工程范围内清理了西汉至清代墓葬、灰坑等遗迹，其中汉代土坑墓 3 座，出土陶器、铜器、铁器等遗物，以陶器为主，墓葬年代为西汉早期（南越国时期），具有典型的越人墓风格（《中山大学北校区医学科研楼 4 号项目西汉早期墓发掘简报》,《广州文博》第拾肆辑，文物出版社）。

宁夏、甘肃、内蒙古地区。2005 ~ 2015 年，宁夏文物考古研究所先后在羊坊村、杨家庄、南郊水厂进行了三次抢救性考古发掘，共清理墓葬 47 座，其中汉墓 17 座，包括西汉墓 12 座、东汉墓 5 座，墓葬形制多样，有带斜坡墓道的单室土洞墓 13 座、土坑墓 1 座、砖室墓 1 座、竖穴土坑洞室墓 2 座，除 1 座为二人异棺合葬外，其余均为单人葬，出土遗物有陶器、铜器、铁器、漆器等，为研究宁夏南部汉代葬制提供了新资料（《固原新区南塬墓地发掘报告》，文物出版社）。2009 年，宁夏文物考古研究所在固原杨家庄清理了 12 座汉墓，以带斜坡墓道的土洞墓为主，均为单人葬，出土陶器、铜器、铁器、玉器等遗物 465 件，墓葬年代为西汉中晚期至东汉中晚期（《宁夏固原杨家庄汉墓发掘简报》，《文博》第 2 期）。2019 年，甘肃省文物考古研究所在张掖甘州黑水国遗址发掘 68 座墓葬，其形制分为长斜坡墓道土洞墓、长斜坡墓道砖室墓、竖穴墓道砖室墓三类，有单人葬、二人葬和三人葬，出土遗物以陶器为主，还有少量铜器、铁器、石器、漆木器等。墓葬年代除了 2 座为曹魏至西晋时期外，余均为西汉晚期至东汉晚期（《张掖甘州黑水国汉代墓葬发掘报告（续）》，甘肃教育出版社）。2019 年，内蒙古自治区文物考古研究所、鄂尔多斯市文物考古研究院在乌审旗巴音温都尔发掘 5 座西汉中晚期墓葬，均开凿在砂岩上，包括洞室墓 4 座、竖穴墓 1 座，均带墓道，出土陶灶、洗、罐等遗物（《鄂尔多斯市乌审旗巴音温都尔汉代墓葬发掘简报》，《草原文物》第 1 期）。2020 年，内蒙古自治区文物考古研究所等单位在乌海市三坝清理 7 座汉墓，多为竖穴木椁墓，出土陶、石、铁、铜、釉陶等质地随葬品 50 余件、铜钱 30 余枚，墓葬的年代为西汉末至东汉初，对了解汉代新地古城居民的丧葬习俗、人口来源具有重要意义（《乌海市三坝汉墓群发掘简报》，《草原文物》第 1 期）。冯永谦《辽阳壁画墓》（辽海出版社）对 20 世纪中后期发掘的辽阳壁画墓资料进行了系统整理和研究，公布了彩色壁画照片，并从建筑材料、建造形制等方面探讨了壁画墓的特点。

新疆地区。2017 ~ 2018 年，新疆文物考古研究所和新疆博物馆联合组队对阜康市黄山河水库墓地进行了抢救性考古发掘，共发掘墓葬 35 座，墓室结构以竖穴土坑和竖穴洞室为主，其中竖穴土坑墓约占已发掘墓葬的三分之一，其年代在战国至西汉时期，出土遗物以陶单耳罐为主（《新疆阜康市黄山河水库墓地考古发掘简报》，《新疆考古》第 1 辑，科学出版社）。2017 年，新疆文物考古研究所等单位对伊犁州 G218 新源段古墓葬进行了抢救性发掘，共发掘墓葬 80 座，分竖穴土坑偏室墓、竖穴土坑石室墓、竖穴土坑墓三类，年代为公元前 8 世纪到汉代前后，其中的竖穴土坑墓以大型土墩墓为代表，墓葬规模较大，一般为多人葬，葬式以仰身直肢为主，陶器以罐、壶为主，年代为汉代前后（《新疆伊犁州 G218 沿线（新源段）墓葬考古发掘简报》，《新疆考古》第 1 辑，科学出版社）。2018 年，新疆文物考古研究所等单位对察布查尔县阿布散特尔墓群进行了考古发掘，共发掘墓葬 87 座、马坑 1 个、石构遗迹 20 处，出土遗物 70 余件（组），其中 A 类墓葬的年代为公元前 5 世纪至汉代前后（《新疆察布查尔县阿布散特尔墓群发掘简报》，《新疆考古》第 1 辑，科学出版社）。2017 年，新疆博物馆考古部在阜康市四工河墓地清理墓葬 57 座，年代分别为春秋战国时期、公元前后和唐代，文化内涵丰富（《阜康市四工河墓地发掘简报》，《新疆考古》第 1 辑，科学出版社）。2018 年，新疆文物考古研究所在石城子遗址发掘 9 座汉晋时期墓葬和 1 座汉代窑址，其中 6 座为长方形竖穴墓，1 座为竖穴二层台墓，2 座为长方形竖穴偏室墓，墓葬出土各类遗物 211 件，包括 2 枚东汉五铢钱，部分墓葬中放置羊头（《新疆奇台县石城子遗址窑址和墓葬考古发掘简报》，《新疆考古》第 1 辑，科学出版社）。2016 年，新疆文物考古研究所在若羌县瓦石峡镇南 10 千米处的沙漠中抢救性发掘墓葬 4 座，形制可分为竖穴土坑墓、竖穴独木棺墓两种，出土遗物有陶、铜、金、木、漆、角器及纺织品等，初步推测为汉晋时期楼兰国至鄯善国的遗存，出土遗物反映出此期中西文化交流频繁，丝绸之路贸易繁盛（《新疆若羌县瓦石峡墓地考古发掘简报》，《文博》第 1 期）。

对于一般墓葬进行综合研究的专著首推刘尊志等《京津冀汉墓研究》（科学出版社），该书对京津冀地区汉墓进行类型与分期研究，对汉墓所反映的政治、经济、思想及日常生活等多方面的内容展开探讨，并对该地区汉墓中较为特殊的墓地、丧葬内容和陪葬品等专题进行论述，多角度分析了京津冀地区汉墓蕴含的地域文化及其所反映汉文化统一的特征与内涵。郑佐一《汉代区域性考古学文化研究力作——读〈京津冀汉墓研究〉》（《文物春秋》第5期）对《京津冀汉墓研究》进行评介，认为该书汇集了汉墓区域性研究的最新成果，对于研究汉代考古、考古学理论与方法的应用等具有重要借鉴意义。白岩《北京地区战国秦汉瓮棺葬的考古学研究》（《四川文物》第4期）对北京地区战国秦汉瓮棺葬考古资料进行梳理，将其大致分为五期：大坨头文化时期、战国时期、战国晚期到西汉早期、西汉时期、新莽到东汉早期，进而对瓮棺用陶器、瓮棺的埋葬方式和墓地的规划及使用等问题展开探讨。余静《湖南地区两汉墓葬初步研究》（《考古学报》第2期）通过系统梳理湖南地区两汉墓葬材料，建立湖南地区两汉墓葬的年代框架，进而对湖南地区两汉墓葬所包含的文化因素进行分析，并对其所反映的汉文化变迁进行探讨。党丰《汉晋时期江西历史地位的变迁——以墓葬材料为中心》（《南方文物》第4期）从墓葬材料入手，结合考古新发现，对江西在从统一走向分裂的汉晋数百年间的社会发展状况与历史地位变迁略作探讨。张翠敏等《辽东半岛花纹砖墓考古学研究》（《东方考古》第18辑，科学出版社）以辽东半岛经考古发掘的东汉晚期至魏晋时期花纹砖墓为研究对象，结合考古调查采集的花纹砖，对辽东半岛花纹砖墓的分布、类型、结构、砌筑方式、年代、花纹砖形制与图案等进行分析与探讨。

对于墓葬形制的研究也有较多成果。赵化成《汉代“横葬制墓”的起源与发展》（《古代文明》第15卷，上海古籍出版社）就“竖葬制墓”与“横葬制墓”的定义及相关问题进行阐释，进而分析西汉大型、次大型、中小型“横葬制墓”的类型与起源、东汉“横葬制墓”的普及与特点，探讨“横葬制墓”从出现到流行的原因及意义。何家欢等《关中战国西汉中小型墓葬形制演变探析——以长安—咸阳地区为例》（《考古与文物》第6期）通过对战国西汉时期长安—咸阳地区中小型墓葬资料的统计与分析，梳理出各阶段墓葬形制演变规律，认为这一时期的墓葬形制存在两次转变，第一次是战国中晚期竖穴墓道洞室墓迅速普及，第二次是西汉中晚期砖室墓及同室、多室合葬兴起，并将长安—咸阳与其他地区墓葬形制进行比较，探讨墓葬形制变化背后的思想观念因素。徐卫民等《西汉高等级木（石）椁墓与崖洞墓布局的相似性研究》（《西部考古》第21辑，科学出版社）通过分析西汉高等级木（石）椁墓与崖洞墓在结构布局上的相似性和差异性，探讨崖洞墓布局的来源、发展规律等问题。王旭旭《论两汉洛阳地区中小型墓葬耳室之演变》（《洛阳考古》第3期）对洛阳地区中小型汉墓中耳室的渊源、型式划分与分期进行分析，进而对汉墓耳室发展演变的原因展开讨论。冯锴《谈空心砖墓、洞室墓及秦墓中的二层台现象》（《常州文博论丛》第7辑，文物出版社）认为，战国秦汉时期，从带生土二层台的竖穴墓葬的出现，到洞室墓和空心砖墓的普及，以至后来的小砖墓的盛行，都是人类因地制宜应对林木资源减少的现实而被动适应的结果。

刘尊志《汉代墓地祠堂研究》（《考古学报》第1期）从祠堂类型、朝向与位置、空间与祭祀、配套设施、祠堂修建等方面对汉代墓地祠堂进行研究，认为汉代以墓祭为代表、祠堂为核心的制度虽不完善，但无论是数量、种类、分布地域，还是朝向、位置、祭祀空间、配套设施、与其他墓外设施的组合及搭配等均获得较大发展，而且内涵丰富，墓外丧葬系统已基本形成，并在较多地区已相对成熟，成为丧葬活动的重要内容；《河北阳原西汉墓葬的两个问题》（《文物春秋》第1期）、《从考古资料谈秦汉家庭的分类》（《中原文化研究》第2期）对阳原地区西汉墓葬墓道上的建筑遗存及墓穴内的木构设施，以及秦汉家庭类型、内容和特点等问题进行研究，深化了相关认识。潘玲、谭文妤《蘑菇山鲜卑墓地断代研究》(《北方民族考古》第 12 辑，科学出版社）对内蒙古满洲里市蘑菇山墓地 11 座墓葬进行年代分析，其中 7 座年代为西汉早中期，4 座年代为西汉晚期至东汉前期，并对该墓地的文化特征等进行了探讨。何金兰《武威汉代墓葬特点简述》(《甘肃简牍》第一辑，西南交通大学出版社）从墓葬结构、丧俗葬制、随葬器物、文化因素等方面对武威汉代墓葬特点作了综述。颜全已《考古视角下的古夜郎族群生活习俗探论》(《农业考古》第 1 期）根据贵州汉代墓葬出土遗物，对古夜郎族群生活习俗进行了探讨。赵振华《考古学名著〈洛阳烧沟汉墓〉的价值与学术影响——纪念著名考古学家、洛阳文物事业的奠基者蒋若是先生诞辰一百周年》(《洛阳考古》第 2 期）从学术成果和社会影响两方面阐述蒋若是先生的重要学术贡献，特别是他编著的《洛阳烧沟汉墓》，不仅为洛阳及中原地区汉墓分期树立了断代标准，而且对于全国汉墓的断代研究亦有重要的参考价值，亦是探讨汉代社会生活、物质文化和丧葬礼仪的重要参考资料。

三　综合研究

《陈直著作选》(西北大学出版社）分上、下两卷。上卷收录《汉书新证》与《史记新证》，下卷收录《两汉经济史料论丛》和《文史考古论丛》。其考据部分，除大量引用传世文献外，还引用了考古出土文物资料，包括简牍、印章、封泥及各类器物等，践行了作者“力求使考古资料与文献资料结合为一家，使考古资料为历史研究服务”的学术主张。

四　专题研究

（一）器物

陶瓷器仍然是器物研究的中心，内容涉及器物形制、断代、生产工艺、纹饰、功能、文化因素分析等各方面。陈根远等《屋檐艺术：中国古代瓦当》(文物出版社）以时代为序，对中国古代瓦当进行了介绍与分析，并探讨了中国古代瓦当的制作与使用等相关问题。《南越国宫署遗址出土瓦当选录》(科学出版社）对南越国宫署遗址出土的秦代至清代 134 件瓦当和 1 件瓦当祖范进行详细介绍，试图通过瓦当这种特殊的建筑构件，反映从秦代至清代广州（番禺城）建筑规格及其样式的发展变化。郑建明《秦汉原始瓷略论》(《故宫博物院院刊》第 12 期）从分期与特征、技术来源与发展、与成熟青瓷的技术关系、生产中心等方面对秦汉原始瓷进行了探讨。张鸿亮《中原地区出土西汉原始青瓷相关问题》(《华夏考古》第 5 期）对中原地区出土西汉原始青瓷器进行了类型学分析，进而对其用途、组合演变、流通地域与传播途径等相关问题进行探讨。陈代玉《丹江库区汉墓陶器研究》(《江汉考古》第 2 期）对丹江库区汉墓出土陶器进行类型学分析，进而分期、断代，并对各期文化因素进行探讨。李福生《试论福州地区出土汉代陶器》(《福建文博》第 2 期）对福州地区出土的汉代陶器进行简要介绍和初步探讨。余雯晶《江汉地区汉代彩绘陶器初步研究》(《江汉考古》第 5 期)、《湘赣地区汉代彩绘陶器初探》(《南方文物》第 5 期)、《岭南地区汉代彩绘陶器初探》(《中国国家博物馆馆刊》第 11 期）分别对江汉地区、湘赣地区、岭南地区出土的汉代彩绘陶器资料进行系统梳理，归纳其在器物组合、器形、表面处理方式、彩绘纹样、色彩等方面的发展演变规律，并对这些彩绘陶器的地域特征、制作、使用、文化因素及其对其他地区的影响进行了分析与研究。陈杰等《试论舟形灶》(《东南文化》第4期）对考古出土的西汉至宋代舟形陶灶进行考古类型学分析，并就其时空分布、形制特点及由来、传播与流布展开讨论。张晓超等《四川地区汉代花纹砖上的玉璧纹图像小考》(《南方文物》第4期）对四川地区出土汉代玉璧纹砖资料进行梳理，进而对砖上玉璧纹图像的类型、年代、装饰艺术、来源及其文化意涵进行分析与探讨。谢广维《试析合浦东汉三国墓中的莲花形器》(《考古与文物》第6期）通过文献记载与器物形态分析，认为合浦东汉三国墓中的陶质莲花形器应为构筑于墓顶的藻井模型，根据藻井在国内外的发现情况，认为藻井在合浦的出现，除了可能受到中原宫殿建筑及丧葬观念的影响之外，也不排除通过海上丝绸之路由西方直接传入合浦的可能。刘鑫《焦作马村汉墓和白庄汉墓出土彩绘陶仓楼的科技分析》(《文物保护与考古科学》第1期）采集了12件白庄汉墓和马村汉墓出土的彩绘陶仓楼残片，及2件焦东汉墓出土的彩绘陶仓楼残片作为对照组，采用X射线衍射分析仪、X射线荧光分析仪、扫描电子显微镜、偏光显微镜、热膨胀仪等对这批彩绘陶仓楼进行了结构、元素、显微、物相、物理性能的科学分析。

对于陶俑的研究也有一些成果。宋蓉《川渝地区胡人吹笛俑研究》(《边疆考古研究》第29辑，科学出版社）通过对墓葬时代、规格、属性的考察，探讨汉晋时期胡人吹笛俑流行的社会群体，并通过对陶俑形制、组合、场面的分析，探讨胡人吹笛俑的寓意内涵，进而探讨川渝胡人吹笛俑的起源和发展。张媛《巴蜀墓葬中的“操蛇神怪”与早期道教》(《华夏考古》第3期）从实物分布与文献记载入手，探讨东汉中后期至成汉时期巴蜀墓葬中的“操蛇神怪”与早期道教的关系：操蛇神怪的集中出现，是早期道教信仰在巴蜀地区墓葬文化中视觉的、物质的、观念的显现。陈云洪等《川渝地区东汉吐舌执兵操蛇俑文化内涵再探讨》(《南方民族考古》第二十二辑，科学出版社）对川渝地区东汉墓葬出土的执兵操蛇吐舌俑进行分析，认为其出现于东汉中期，流行于东汉晚期，其形象来源于傩祭的方相氏，文化内涵表象是驱鬼镇墓，实质是为墓主升仙服务的，与早期道教的尸解信仰有很大关系。

青铜器研究的专著如下。吴小平《岭南地区出土汉代铜器的考古学探索》(浙江大学出版社）梳理了岭南地区出土的汉代铜器资料，在类型学分析的基础上，对其装饰、题铭、构成来源、文化特征等方面进行探讨，尝试复原本土铜器的生产制作，并进一步考察其对外输出状况和影响，以及在本土和内地的使用情况；他在《再论汉代方形铜牌——与〈汉代龙首方身铜器的类型与用途〉商榷》(《华夏考古》第3期）中对《汉代龙首方身铜器的类型与用途》一文提出商榷意见，认为其分析和推论无论在方法和材料上都有值得商榷之处，并阐述了自己的观点和认识。吴小平等《朱提堂狼器考》(《考古学报》第3期）从纪地类朱提堂狼器、与周边地域性铜器的比较、无纪地类器的辨识、总体特征及其源头、衰落原因等方面对东汉时期朱提堂狼铭文青铜器进行了分析与探讨。张翠敏《大连营城子汉墓出土铜承旋及相关问题研究》(《北方文物》第6期）对2003年大连营城子汉墓群M76出土的一件铜承旋进行研究，认为该器不是在大连本地制作，而是源自广西合浦，从而证明大连也是海上丝绸之路的重要枢纽。卢荣俊《羊角纽钟初步研究》(《边疆考古研究》第29辑，科学出版社）在全面收集战国秦汉时期羊角纽铜钟资料的基础上，对其类型、年代、纹饰、组合方式、起源与传播、族属等问题进行综合分析和初步研究。苏奎《东汉鎏金银璧形铜棺饰的图像与信仰》(《四川文物》第5期）对重庆巫山地区东汉晚期砖室墓出土的40余件鎏金银璧形铜棺饰进行类型学分析，进而对其图像组合和象征意义、图像层次和文化内涵、制作背景和使用情况等方面展开讨论。周永强《试析升天主题在东汉天门铜牌上的图像表现——以重庆巫山地区出土天门铜牌为中心》(《南方民族考古》第二十二辑，科学出版社）通过分析天门铜牌图像结构及具体形象等，对重庆巫山地区出土东汉时期天门铜牌的构图逻辑进行探讨。张婕妤《汉晋时期叉形器研究》(《边疆考古研究》第30辑，科学出版社）对汉晋时期叉形器进行类型学分析，并对其分布地域与功能、用法进行探讨，认为其作为绕线器的可能性最大。李云河《再论马镫起源》(《考古》第11期）认为，曾被视为马镫源头的斯基泰“皮脚扣”和印度“趾镫”可能并未存在过，西汉中期云南出现的单侧装配的趾镫能够起到一定的辅助平衡作用，但与魏晋时期出现并发展成熟的马镫之间或无关联。马镫的起源与马鞍结构的改良密切相关，最有可能的发展脉络仍然是从辅助上马的单镫演变为能够在上马和骑行过程中同时发挥作用的双镫。贾小军《“马踏飞燕”铜奔马时代申论》(《甘肃简牍》第一辑，西南交通大学出版社）根据河西出土实物和壁画等资料推断，“马踏飞燕”铜奔马的年代晚于东汉，极有可能是西晋甚至更晚时代的作品。王琦《甘肃武威出土铜奔马铸造工艺初探》(《文物保护与考古科学》第2期）通过现代科学仪器检测及综合分析发现：甘肃武威出土的东汉铜奔马和铜车马仪仗队都是用陶范铸造法铸造的，铸造铜奔马时在铜质马腿内夹铸了卯榫状铁芯骨以增强马腿的强度和支撑力，铜车马仪仗队中甲型马和刻有铭文的乙型马是铸造工艺不同的两批制品。

铜镜和钱币的研究也有较多成果。富霞《东南亚地区发现的汉代铜镜》(《考古与文物》第6期）对历年来在东南亚发现的59面汉代铜镜资料进行梳理。这些铜镜多出自越南北部的汉式墓葬，依形制和纹饰可分为十三型，均可在我国中原汉文化区找到原型，它们与汉王朝在越南北部的统治及海上丝绸之路贸易交往关系密切。黄盼《汉晋时期佛像八凤镜新论》(《文物春秋》第4期）对汉晋时期佛像八凤镜的年代、所饰佛教图案的造型与题材进行分析，进而对当时长江中下游地区的早期佛教信仰等问题进行探讨。马良民《汉皎光镜铭文释考》(《东方考古》第18辑，科学出版社）对西汉皎光镜铭文进行考释，并对其制作时间和制作者予以探讨。张昀《西汉蟠螭纹清质镜铭之考释——兼谈昭明镜的流行背景及时间》(《东方考古》第18辑，科学出版社）对西汉蟠螭纹清质镜的铭文进行释读，并对该类铜镜出现的社会背景和时间等问题进行探讨。赵娜等《汉代铜镜铸造技术相关问题研究——以临淄齐国故城汉代镜范为例》(《江汉考古》第3期）以临淄齐国故城出土汉代镜范为例，对汉代镜范的材质与制法、浇铸技术、铸件加工等问题进行了分析与探讨。王春法主编《镜里千秋：中国古代铜镜文化》(北京时代华文书局）为中国国家博物馆同名展览图录，以孔祥星《关于举办中国古代铜镜展览的几点思考》、白云翔《汉式铜镜在中亚的发现与汉代丝绸之路》、霍宏伟《洛阳西朱村曹魏墓石牌刻铭中的镜鉴考》三篇文章开篇，以馆藏260余件（套）铜镜及相关文物为基础，阐释铜镜在古代中国的发展历史、制作工艺和贸易流通情况等。金华市博物馆编《无穷·镜——古代铜镜中的微观世界》(文物出版社）为该馆同名展览图录，遴选省内外19家文博机构的铜镜152件(套)进行展示介绍。济南市考古研究院编著《济南镜鉴》(文物出版社）对济南地区出土战国至明代铜镜进行了概述和初步分析，详细介绍其中121面铜镜，并配以照片和拓片。

金银《西安地区汉代中小型墓葬随葬钱币研究》(《秦汉研究》第十五辑，西北大学出版社）

对西安地区汉代中小型墓葬随葬钱币的材质、种类、出土位置等进行分析，并探讨其功能与地域特色等相关问题。周炜杰等《内蒙古中南部出土汉代钱币初探》(《中国钱币》第2期）对内蒙古中南部出土汉代钱币及铸钱遗物进行分析，并对这些钱币的产地及来源进行探讨。罗帅《汉佉二体钱新论》(《考古学报》第4期）通过梳理相关考古和文献材料，认为汉佉二体钱确实是一种中介货币，发行年代为公元85 ~ 132年，并对其发行前奏和余波及历史背景展开讨论。黄娟《战国秦汉时期泥质冥币的发现与研究》(《考古》第6期）对考古发掘出土的战国秦汉时期泥质冥币资料进行梳理，并对其类型、制作方法、随葬特点及相关问题进行探讨。

漆木器研究的论文及专著如下。刘芳芳《战国秦汉髹漆妆奁研究》(文物出版社）对考古发掘出土的战国秦汉漆妆奁的形制、纹样、装饰工艺等方面进行分析，并对漆器制作中心形成的原因以及妆奁的地域性特点展开探讨；《汉代玳瑁器初步研究》(《东南文化》第2期）对汉墓出土的玳瑁器进行梳理，将其分为丧葬礼器、梳妆用具、装饰品、饮食器四大类，并对玳瑁来源、玳瑁工艺对犀皮漆器的影响进行探讨。洪石《中国古代漆器百年考古学研究述评》(《南方文物》第4期）依研究内容、研究方法和研究水平等，将中国古代漆器百年考古学研究史大体分为三个阶段进行述评，进而指出现阶段对于中国古代漆器的研究还不够全面和深入，综合性的研究专著很少，存在一些学术研究的空白，尚需加强研究;《西汉饮酒具研究——以漆器为中心(下)》(《故宫博物院院刊》第1期）根据西汉漆器饮酒具型式及组合变化，将其分为西汉早期和中晚期两个发展阶段，在此基础上，论述了酒具的收纳与配套使用、装饰工艺及工官制度，以及使用者等级、性别的差异。阴星月《温明文化属性探讨——从造型与装饰角度分析》(《文博》第3期）从造型结构与装饰角度，对西汉至新莽时期温明类葬具的文化属性等进行了分析。刘晗露等《江西出土两汉漆器金属镶嵌工艺研究》(《南方文物》第5期）对江西出土汉代漆器金属镶嵌工艺釦、贴、镶作了陈述。崔秀琳《江淮地区汉代整木棺的考古发现与研究》(《中原文物》第4期）通过梳理整木棺的时空分布，并结合其制作工艺、材质、装饰、墓主、随葬品等信息，指出大一统汉帝国背景下的整木棺是受到先秦越人独木棺、船棺影响并与江淮本地传统葬具相结合的产物。它因汉初吴国与东瓯、闽越的密切交流而出现，又随着西汉中期越人的内迁扩展到整个江淮地区。杨先云《试析两汉时期“人像木牍”——以湖南和西北地区为例》(《楚文化研究论集》第十四集，上海古籍出版社）对湖南和西北地区出土的汉代“人像木牍”资料进行梳理，并对其功能变化的缘由略作探讨。杨海艳等《四川绵阳双包山汉墓出土部分漆器的制作工艺及老化程度分析》(《文物保护与考古科学》第5期）为保护修复绵阳双包山二号汉墓出土的漆器，利用扫描电子显微镜–能量色散光谱（SEM—EDS)、X射线衍射（XRD)、傅里叶变换红外光谱（FTIR）等分析方法对漆盘、耳杯、钵和仓共4件文物样品的截面形貌、颜料成分等髹漆工艺及漆膜的成分、老化程度等进行了分析。

金银器也有相关研究成果。白宇《金带钩考古学研究》(《文物天地》第8期）对考古发掘出土的东周、秦汉、明代47件金带钩进行分析，就其类型、分布、使用等方面问题进行了讨论。朱超龙等《战国至汉晋时期的金珰》(《北方文物》第2期）对战国秦汉时期墓葬中出土的金珰进行考察、识别，并对早期金珰的形制与戴用组合、两晋十六国时期金珰的类型与使用等级、战国至汉晋时期金珰的演变等问题进行探讨。陈宗瑞《两汉回首式走兽纹马具试析》(《故宫博物院院刊》第2期）对汉代回首式走兽纹马具资料进行梳理，进而对其母题与工艺、时空分布与图像渊源、分布与传播等问题进行探讨。刘德凯《汉晋时期马蹄形带具的考古学研究》

（《东南文化》第 2 期）对汉晋时期以金银材质为主的马蹄形带具进行考古类型学分析和编年分析，对其制作、流通、使用和埋葬这一动态过程展开讨论。

玉石器等的研究也取得较多成果。王煜等《礼俗之变：汉唐时期猪形玉石手握研究》（《南方文物》第 4 期）对汉唐时期猪形玉石手握在时空上的变化情况进行了较为全面的梳理，进一步分析产生这些变化的原因，并在此基础上对此种丧葬习俗的发展变化及其意义进行深入讨论。谢春明等《浅析先秦两汉出廓玉璧》（《楚文化研究论集》第十四集，上海古籍出版社）对先秦两汉出廓玉璧的发展演变关系作了简单梳理，并对其功能略作探讨。韦文嘉《洛阳地区汉代石砚概述》（《洛阳考古》第 2 期）对洛阳地区出土汉代石砚资料进行收集整理并分类介绍。孙诺杨等《新疆吐鲁番胜金店墓地出土煤精制品的科技分析》（《文物保护与考古科学》第 4 期）利用气相色谱–质谱联用、红外光谱及同步辐射显微 CT 技术对新疆吐鲁番胜金店西汉墓地 M33 出土的一枚黑色珠子开展了无损和微损分析，结果表明，珠子为煤精制品，结构均匀，制作时采用了对向钻孔工艺并经过了打磨、修整处理，推测新疆煤精制品的利用很可能是汉文化影响的结果。冯百龄等《中国战汉铅钡玻璃器刍议》（《洛阳考古》第 1 期）对战国秦汉时期铅钡玻璃器的种类、功能、流布与地区差异等方面问题进行了探讨。李斌《先秦至汉晋时期珍珠的考古发现与初步研究》（《农业考古》第 1 期）对先秦至汉晋时期珍珠的考古发现资料进行梳理，考辨其名实及用途，并对其开采与贸易情况进行探讨。

有些器类涉及多种材质。白冬梅等《陕西出土东周秦代金属农具论析》（《北方文物》第 5 期）对陕西出土春秋至秦代金属农具资料进行梳理，主要为馒、铧、臿、锄、铲、镰等铁质农具，总计 94 件，通过类型学分析、分期，进而探讨秦人农具的特点。朱雨薇《中国北方地区出土汉晋时期鸠杖研究》（《草原文物》第 1 期）对我国北方地区出土汉晋时期鸠杖首进行考古类型学分析，并对其形制演化特点及使用者社会地位等问题进行讨论。彭军超等《汉墓出土案的考古学分析》（《文物春秋》第 5 期）对汉墓出土的 181 件案进行类型学分析，并对使用者身份等级和案的摆放位置及功能进行探讨。薛程《秦汉时期夯头研究》（《考古》第 2 期）对秦汉时期石夯头和铁夯头进行形制分析，并对相关问题展开探讨，指出石夯头是秦汉时期使用数量最多且频率最高的夯筑工具，形制变化不大，铁夯头的基本形制应来源于同时期的石夯头，秦汉时期确立了中国古代夯头的基本形制。晋文《从考古发掘看秦及汉初“磨”在徐州地区的使用——兼论小麦种植与小麦面食在西汉时期的推广》（《秦汉研究》第十五辑，西北大学出版社）对徐州地区出土汉代陶磨和石磨进行分析，并对该地区西汉时期小麦种植与小麦面食等相关问题进行探讨。宋歌《从考古资料谈汉代服饰色彩的变化及其原因》（《中原文物》第 5 期）根据考古资料所见汉代服饰色彩，对汉代服饰色彩特点及影响汉代服饰色彩因素进行探讨。刘尊志《秦汉家庭物品存储的考古学观察》（《中原文物》第 6 期）从食品、寝具、衣物、家用器具、钱币、医药、化妆品、薪材、建材及次废品等的存储方面对秦汉家庭物品存储进行了考古学观察。《重庆中国三峡博物馆藏文物选粹：巴蜀汉代雕塑》（四川美术出版社）展示了重庆三峡博物馆收藏的两百余件巴蜀汉代雕塑类文物精品，分别从石雕类和陶塑类作了详实列举，其数量众多、种类繁多，内容风格特色鲜明，艺术形象生动逼真，在一定程度上反映了汉代巴蜀地区的社会面貌和风土人情。

（二）文字

文字材料主要包括封泥、印章、陶文、石刻、铭文、简牍、帛书等，其研究内容涉及文字释读、名物考证、职官体系、历史地理、历史文化及文字学、书法艺术等诸多方面。

周晓陆等《秦文字研究》(西北大学出版社)，结合详实的考古资料和相关历史文献资料，从历史与艺术等方面多角度研究秦系文字及秦文字的发展。

秦封泥研究成果丰硕。刘瑞编著《秦封泥集释》(上海古籍出版社)收录包括部分战国秦在内的秦官印封泥、私印封泥约1800种，封泥图版超过2000幅，分为“中央职官”“地方职官”“私名吉语”三部分，并汇集学者对秦泥封的解说，与图版并列，略加按语，对若干种封泥的考释提出自己意见，最后附以秦封泥索引。“秦封泥与秦文化研究书系”四部著作的出版发行。庞任隆《秦封泥概论》(陕西师范大学出版社)概述了秦封泥的源流、特点、内涵及研究过程，系统梳理封泥与秦文化及其携带的文字所指，并介绍了秦封泥与其他学科、其他艺术形式的关系以及涉及的相关历史故事等。李超《秦封泥与官制研究》(陕西师范大学出版社)通过对皇帝、三公、诸卿等封泥的解读，对秦国职官名称、职责和层级等进行自上而下的分析，从而建构起整个秦国职官体系。徐卫民《秦封泥与宫室苑囿研究》(陕西师范大学出版社)以西安北郊出土的秦封泥为主要资料，结合秦代典籍中的宫室苑囿记载，对秦封泥涉及的都邑、宫殿、苑囿、厩苑、帝王陵园等进行历史文化解读。周世闻等编著《秦封泥与中国书法艺术研究》(陕西师范大学出版社)选取205枚秦代封泥，分析封泥所附文字的内涵、书写字体、位置构图等，解读封泥上的文字字源演变。

石继承《汉印文字研究》(上海古籍出版社)对汉印文字中形体讹变、混同及其他特殊变化现象进行归纳，并分析这些现象产生的原因。魏镇《论汉代臣字印性质》(《中国书法》第8期)通过整理汉墓中随葬的臣字印，发现其有较规范的形制、明显的流行时间，其使用可能受到政府的控制或影响。

张晓超等《云贵高原出土汉晋时期砖铭的考古学观察》(《考古学集刊》第24集，社会科学文献出版社)对云贵高原出土汉晋时期砖铭的分布、内容、种类、组合方式、书法特征、字体、表现方式的变化与发展、载体铭文砖的形制、用途及砖铭所涉相关历史信息进行了考察与解读。钱彦惠《战国秦汉时期的“市”“亭”铭刻考议》(《秦汉研究》第十六辑，西北大学出版社)根据战国秦汉时期的“市”“亭”铭刻资料对“市”“亭”字义、“市”“亭”的联系与区别等问题进行了探讨。杨利娟等《河南新安县洛新产业集聚区出土的东汉曹魏南部君墓志砖》(《北方民族考古》第12辑，科学出版社)对2014年新安县洛新产业集聚区一座墓葬出土5块墓志砖的志文进行分析，指出志主南部君出身仕宦之家，生前任都尉，生活的时代为东汉末年至三国初期。朱歌敏《洛阳地区汉墓出土陶明器上谷物文字的初步研究》(《文博》第1期)对洛阳地区汉墓出土陶明器上书写的谷物文字进行了分类梳理，将其发展过程分为滥觞、鼎盛、衰亡三个阶段，并对各阶段特点加以总结，进而对陶明器上谷物文字反映的汉代洛阳地区的农业生产和社会生活进行探讨。李海荣《也谈“番禺盐官”》(《广州文博》第拾肆辑，文物出版社)认为掌管南海郡盐政的番禺盐官的驻地，最合理的选择是南海郡治或番禺县治，或是靠近这两个治所的盐场，而广东博罗岭嘴头遗址出土戳印有“盐官家”的东汉陶灯(仅存柄部)，应为盐务官署及办公处所专用灯具，说明在该遗址附近很可能有盐官的派出机构。全洪《番禺“盐官厨”释读》(《广州文博》第拾肆辑，文物出版社)对广东博罗岭嘴头遗址H1出土的陶灯柄部戳印文字进行释读，认为当读作“盐官厨”。

赵超《汉魏南北朝墓志汇编(修订本)》(中华书局)初版于1992年，收录墓志的出土年代截至 1986 年，共收入汉魏南北朝墓志 558 方，依据拓本及照片录文，另附疑伪志目录 97 条。王海玉《“竭家所有示子道”——汉代祠堂画像石题记所见汉代孝亲观念》(《文物天地》第 2 期）考察东汉祠堂画像石题记内容，并对题记内容刻写的背景及影响进行探讨。

凡国栋《苏家垄墓地 M88 出土邳夫人瑚考》(《简帛》第二十二辑，上海古籍出版社）认为，苏家垄墓地 M88 出土铜瑚铭文中所谓的“陔夫人”应改释为“邳夫人”，“邳”也作“郧”，该瑚应是（郧）国国君夫人孏克母的自作器，（郧）夫人为 M88 的墓主。霍宏伟《镜上中国：三面汉镜上的“中国”铭文》(《中国书法》第 4 期）对三面汉镜上“中国”镜铭录文释义，并对其书法表现形式等问题进行探讨。倪钰等《从乐浪墓葬出土汉代有铭漆器谈“纻胎”与“夹纻”》(《文物天地》第 8 期）根据乐浪汉墓出土漆器铭文探讨了漆器“纻胎”与“夹纻”的区别与联系。谭生力《沙洋塌冢楚墓漆器文字释读商榷》(《简帛研究》二〇二一春夏卷，广西师范大学出版社）认为，沙冢楚墓出土漆耳杯底部的红漆文字，应读为“县公”，是一种身份。

秦汉简牍资料的整理与释读研究取得较多进展。何有祖《新出秦汉简帛丛考》(科学出版社）收录作者十多年来在秦汉简帛文本解读方面的多篇文章，以文字考释、简牍缀合为主；《成都天回镇老官山汉墓 M1 出土木牍考释》(《考古》第 4 期）对成都天回镇老官山汉墓 M1 出土木牍的字词进行考释，进而探讨牍文的性质。陈振裕等编著《云梦睡虎地秦简：让秦国历史“活起来”》(武汉大学出版社）系统介绍了云梦睡虎地秦简发现、发掘的过程，如何清洗、整理，如何确定是秦简，如何确定秦简主人，并详细阐述了秦简所载的《编年记》《语书》《秦律十八种》等 10 篇文章中涉及秦统一六国的战争史、官吏制度、农业生产、工商业发展、文化面貌以及社会生活等方面内容。王婧凝《论睡虎地秦简编年记的内容和性质——兼论相关以年系事类出土文献》(《秦汉研究》第十六辑，西北大学出版社）以睡虎地秦简编年记为中心，兼及相关以年系事类出土文献，在前人研究基础上，进一步探讨编年记的内容和性质等问题。代思晴《秦汉邮书传递方式“以邮行”考》(《秦汉研究》第十五辑，西北大学出版社）全面搜集“以邮行”的简牍材料，结合传世文献进行探讨，认为“以邮行”的是重要文书，通过步递方式运送，秦代是长距离传递，汉代既有长距离也有短距离传递。李洪财《秦汉简中标识术语“剽”之新证》(《中国农史》第 5 期）认为，秦汉简中标识术语“剽”不能读为“标”，它并非以往所说用刀削、烙印的方法作标记，而是一种用针刺方法在耳部做标记的方式。刘肖睿等《考古资料所见汉代仓颉崇拜》(《秦汉研究》第十六辑，西北大学出版社）整理了考古出土汉代遗物中有关“仓颉”的文字及画像资料，并对汉代仓颉崇拜现象略作探讨。许可《从出土汉代文字材料论“新莽六书”的层次和性质》(《出土文献》第 4 期）认为，《说文解字・叙》里提到的“新莽六书”是汉代学者对当时可见文字书体的归类，其内部可以分为三个层次：古文和奇字、篆书和佐书、缪篆和鸟虫书，介于六国古文和隶书之间的小篆是许慎作书时必然要选择的字形载体。

里耶秦简一直是秦汉简牍研究的重点。长沙博物馆编著《从里耶到长沙——解码简牍中的湖湘史记》(岳麓书社）为同名展览图录，以湖南龙山里耶、长沙等地出土的战国秦汉三国时期的重要简牍，结合与其相关的同时期重要文物，合计 214 件套，呈现湖湘历史。里耶秦简博物馆等编《里耶秦简研究论文选集》(中西书局）精选海内外学者对里耶秦简及秦汉史研究论文 34 篇，内容涉及里耶秦简的文本与形制，简文所见秦代政治、经济、法律、社会、文化等诸多方面，集中反映了里耶秦简的发现和整理对于秦汉史研究的重要价值。谢坤《里耶秦简校读四则》(《江汉考古》第 5 期）为研读里耶秦简的四则札记，具体包括补释一简、缀合三组残简。

何有祖《读〈里耶秦简（壹）〉札记（五则）》(《出土文献》第1期）对《里耶秦简（壹)》中几枚简文提出一些新的考释意见。祁萌《秦代私记人称使用现象初探——以里耶秦简为中心》(《文史》第三辑，中华书局）考察里耶秦简私检、私记中的人称使用现象，重点考察私记中自称、对称、他称场合下如何使用人称，分析其中的自名、讳名现象，进而管窥秦代人际关系与交往的一个侧面。郭涛《秦代洞庭郡治辨正》(《考古》第2期）根据里耶秦简牍所见洞庭郡文书等，对秦代洞庭郡治辨正，认为秦郡实行三府分立制度，洞庭郡治所并未经过频繁迁移而是采取长官分驻的模式，郡守和郡监开府于临沅县，郡尉驻地在新武陵县，洞庭郡的首县为临沅县。黄浩波《秦简私人书信中的“季”与“柏”》(《文史》第四辑，中华书局）对里耶秦简私人书信署与内文中屡见的“季”字与“柏”字进行考释，认为“柏”读作“伯”，“季”与“柏”当是源自排行的称谓，同辈之间年长于己者称之为“柏”，年少于己者则称之为“季”。

长沙汉代简牍的考古新发现不断涌现，相关研究成果随之增加。陈松长《长沙走马楼西汉古井出土简牍概述》(《考古》第3期）根据长沙走马楼西汉古井出土的简牍材料，就西汉中期长沙国的县邑名、职官名、狱案爰书、邮驿管理、赋税征收、文字异写与草化等方面展开论述，初步揭示出该批简牍的重要价值。郑威《新见西汉长沙国简牍地名读札四则》(《江汉考古》第5期）根据文献记载，对长沙走马楼西汉古井和益阳兔子山七号井所出西汉长沙国简牍记载的地名临沩、烝阳、醴陵、观川的地望进行考证。张忠炜《湖南益阳兔子山遗址J7⑦：3木牍考释——兼论“徐偃矫制”》(《文物》第6期）以对兔子山J7⑦：3木牍文字考释为主，讨论文书制度，以及汉初郡国并行的政治体制。刘自稳《逻书新论——基于湖南益阳兔子山遗址J7⑥：6木牍的考察》(《文物》第6期）对兔子山J7⑥：6木牍文字进行考释，认为该木牍内容为西汉初年的逻书，进而探讨逻书的文书形态和功能。李立《西汉时期乐人公职服务问题考论——以走马楼西汉简〈都乡七年垦田租簿〉为中心》(《中原文化研究》第3期）对长沙走马楼西汉简《都乡七年垦田租簿》所反映的享受田不出租豁免的乐人情况、人数、豁免行为的性质等问题进行了讨论。杨小亮《长沙尚德街084号东汉“诏书”木牍补征》(《文物》第3期）对长沙尚德街古井出土东汉简牍中的084号木牍文字重新释读，并对其内容、性质等略作讨论。凌文超《长沙尚德街东汉户口简考释》(《文物》第3期）对长沙尚德街古井J531出土的两枚记录户口信息的木简进行考察，在缀合木简、重新释读简文的基础上，对其内容进行考释。徐畅《再谈汉吴简牍中的“长沙太守中部督邮书掾”》(《文物》第12期）对汉吴简牍中的“长沙太守（兼）中部督邮书掾”进行重新解读，以深入理解督邮一职的性质、与长吏的关系等问题，考察东汉、三国不同时段内，长沙郡下监察区（部）的划分、督邮的设置等情况，观察督邮部建制的延续与变化，并尝试对变化的原因予以解释。

荆州博物馆、武汉大学简帛研究中心编著，李志芳等主编《荆州胡家草场西汉简牍选粹》(文物出版社）收录荆州胡家草场12号墓出土简牍除遣册之外的6类简册（岁纪、律令、历日、日书、医杂方、簿籍）中具有代表性的简牍194枚，公布释文、原大图版及放大图版。周琦等《荆州胡家草场西汉墓医方木牍“已痫方”初探》(《简帛研究》二〇二〇秋冬卷，广西师范大学出版社）认为胡家草场西汉墓M12出土简牍“已痫方”运用了灸法及口服药物两种治法，是目前已知最早的治疗小儿痫病“灸药并施”的医方，虽仍有一定巫术色彩，但其治疗方法已完全摒弃了传统的巫祝手段。高一致《荆州胡家草场M12出土“肥牛方”考释》(《楚文化研究论集》第十四集，上海古籍出版社）、《孔家坡汉简〈日书〉补札五则》(《江汉考古》第5期）分别对胡家草场 M12 出土“肥牛方”简文，以及孔家坡汉简《日书》“星官”篇、“生子”篇、“占”篇中的数枚简文作了补释。马孟龙《张家山汉简〈秩律〉与吕后元年汉朝政区复原》(《出土文献》第 3 期）考察张家山汉简《秩律》记录的县道隶属关系，复原吕后元年朝廷直辖政区面貌。杨槐《重读〈二年律令·钱律〉——试论〈钱律〉中“缺铄”的广义内涵》(《秦汉研究》第十五辑，西北大学出版社）以考古发现的半两钱为主要研究对象，对张家山汉简《二年律令・钱律》中的“缺铄”的广义内涵进行阐述。冯西西《张家山汉简〈二年律令·户律〉所见移徙问题探析》(《江汉考古》第 1 期）对张家山汉简《二年律令・户律》简 328 ~ 330 记录的有关移徙的律令进行分析，对该律令所涉违法行为的实施人及简文中两个“数”字的概念问题进行再讨论。翟昕《张家山汉墓竹简〈引书〉零拾》(《中华文化论坛》第 3 期）对《张家山汉墓竹简〔二四七号墓〕》中《引书》一篇的字词考释和文句断读问题提出了八条补正意见。

山东博物馆、中国文化遗产研究院编，张海波整理《银雀山汉墓简牍集成（贰）》(文物出版社）收录银雀山汉简《孙膑兵法》，包括《擒庞涓》《见威王》《威王问》等 16 篇，均为佚文，共计 223 个简号，分图版、释文注释和附录三大部分。山东博物馆、中国文化遗产研究院编，贾连翔整理《银雀山汉墓简牍集成（叁）》(文物出版社）收录银雀山汉简《尉缭子》，包括《治谈》《守权》等 5 篇，共编联缀合竹简 60 支，分图版、释文注释和附录三大部分。

西北汉简研究成果丰硕。何茂活《河西汉简考论——以肩水金关汉简为中心》(中西书局）收录作者整理和研究河西汉简的重要成果，以肩水金关汉简的整理和研究为重点，内容涉及释文校订、词义考释、散简缀合、历谱考释、名物考证等方面。姚磊《肩水金关汉简释文合校》(中国社会科学出版社）对《肩水金关汉简》中的疑难字词进行了细致的考释、注解，校对错误文字，提出新的释读看法，考订各家观点，共涉及 1400 多条简文。彭浩《肩水金关汉简所见汉景帝初年的一条令文》(《出土文献》第 2 期）对《肩水金关汉简（肆）》编号 73EJT37：1573 的简文释文及相关问题进行探讨。吴方浪《肩水候官属吏规模考——以士吏为考察中心》(《出土文献》第 4 期）以肩水金关汉简为考察中心，对肩水候官士吏设置规模展开探讨。孙占宇等《〈悬泉汉简（壹）〉历表类残册复原——兼谈“历日”与“质日”》(《敦煌研究》第 6 期）从简牍材质、形制、书法风格及抄本特点等方面的一致性入手，对《悬泉汉简（壹）》中 13 枚残简的具体内容进行考证，局部复原 5 件年代可考的册书，并初步指出“历日”主要用于查看日期和时日禁忌，而“质日”则兼具“历日”与“记事簿”的双重功能，二者之别主要在于是否记事或预备记事。姚磊《悬泉置鸡出入簿再认识》(《考古学集刊》第 24 集，社会科学文献出版社）认为悬泉汉简中的“鸡出入簿”定名为“悬泉置鸡出入簿”较为适宜，其性质属于“四时簿”，并对简册做了进一步的排序，对简册记载的鸡价存在虚高的情况进行分析与探讨。刘屹等《悬泉汉简与伊存授经》(《敦煌研究》第 1 期）认为，悬泉汉简“大月氏简”和“小浮屠里简”等可为“伊存授经”的可靠性提供新的印证，并梳理出公元前后大月氏接受佛教的史实。苏海洋《西汉长安通姑臧南道交通线路复原研究——以悬泉汉简Ⅴ 1611 ③：39A、B 为基础》(《敦煌研究》第 1 期）以悬泉汉简Ⅴ 1611 ③：39A、B 记载为基础，复原了西汉长安通姑臧南道的主干道走向，全程实际地面距离 988.8 千米。周艳涛等《西北屯戍汉简中的“居令延印”现象及其相关问题研究》(《江汉考古》第 3 期）指出，西北屯戍汉简中的“居令延印”非正常读序的官印抄记，实际上是文书人员有意为之，其根本原因在于汉武帝时期进行的两次官印改革没有对印文的读序、印文字体及印文的阴阳作出强制性规范，推测原封泥印文为右上起横读形式，但文书人员按主流的右上起竖读的顺序来抄记印文，遂被记作“居令延印”。祁萌《西北汉简家属出入符所见姓的著录——兼论汉代与户籍相关事务中姓的使用》(《出土文献》第 1 期）主要讨论西北汉简中戍卒家属出入关隘所用的家属出入符，并聚焦于其中姓的记录方式。胡永鹏《西北汉简校读丛札》(《出土文献》第 1 期）根据红外线图版，并结合文例对几枚西北汉简的释文提出校读意见，对相关问题进行探讨。李洪财《敦煌马圈湾汉简草书释正》(《出土文献》第 3 期）对马圈湾汉简中的草书误释字作了释读补证。白军鹏《马圈湾汉简“焦党陶圣”章释文、性质及人名互证研究》(《出土文献》第 1 期）对马圈湾汉简“焦党陶圣”章释文进行全面检视，从三个方面论证了该木觚的性质，即其属于习字之作而非范本，通过与《汉书》、汉印以及汉简资料对比，将该章中的三十个名字分为“汉人常用之名”“汉人不常用之名”“汉人稀用之名”“其他”四类。

（三）图像

图像材料包括画像石、画像砖、壁画、帛画、漆画等多种形式，研究内容涉及图像内涵、工艺、艺术等方面。

河南和山东汉画像研究成果较多。王莉娜等编著《汉画像石（砖）与汉代河南社会》(郑州大学出版社）在全面梳理河南出土汉画像石（砖）基础上，对其特点与内容进行了分析与探讨。沈辰等《河南长葛出土汉代“文山”画像砖及其相关问题》(《故宫博物院院刊》第 1 期）通过出土于河南许昌长葛的画像砖资料，确定了“文山”画像砖的出土地点，并对骑马射鸟画像和榜题的内容、意义进行深入探究，认为骑者所射之鸟是妖鸟，代表的是妨碍墓主升仙的不祥之物，骑马射鸟画像兼具升仙和驱凶辟邪双重意义。张卓远《试析南阳地区汉代画像石墓之逆向发展》(《华夏考古》第 6 期）对南阳地区汉画像石墓的产生、演变、特征、结构形态及适用性进行分析，探讨汉代建筑理念对南阳汉画像石墓建设的影响。柴秋霞等《新密打虎亭汉墓壁画中的服饰探析》(《中原文物》第 2 期）通过分析打虎亭汉墓二号墓中男女人物的发髻、发饰、服装、鞋履等，结合文献对东汉服饰进行了探讨。王晓晖《洛阳浅井头西汉壁画墓主人身份探微》(《中原文物》第 1 期）以探讨汉代姓氏前冠名“大”的原因为切入点，将洛阳浅井头西汉壁画墓 CM1231 与相关墓葬及其墓主身份进行对比分析，推断 CM1231 墓主可能为列侯、郡太守及两千石以下官秩的刘氏宗室成员。

刘冠军等主编《汉画总录（43）：安丘》(广西师范大学出版社）参考了郑岩和姜彦文两次著录报告，进行重新编辑，主要是对山东安丘汉画像石墓做了一次三维扫描的实验，以探索现有条件下如何对汉画进行记录。刘中玉主编《汉画中的生活与精神世界》(华夏出版社）为“形象史学特辑”，收录 11 篇鲁中南地区汉画考察报告，通过汉画中保留的丰富历史信息，探讨两汉社会史和民间信仰。戎天佑《邹城卧虎山 M2 南石椁画像新探——兼议汉画中子路与西王母的组合关系》(《故宫博物院院刊》第 8 期）对山东邹城卧虎山 M2 南石椁画像的布局和表现主题进行分析，并对汉画中子路与西王母的组合关系进行探讨，指出子路与西王母并不构成组合。缪哲《从灵光殿到武梁祠：两汉之交帝国艺术的遗影》(《生活・读书・新知三联书店》）主要通过辨认、撷取山东平民墓葬画像中的“皇家因素”，对汉代新兴的帝国艺术的基本轮廓作了可信的复原，并探讨了其背后的政治、礼仪及意识形态动力。李同恩《武梁祠汉画像石“曾母投杼”献疑——兼论“曾子质孝”的文化意义》(《秦汉研究》第十六辑，西北大学出版社）认为，山东嘉祥武梁祠汉画像石上的曾母纺织图表现的并非“曾母投杼”故事，而是“曾子质孝”故事，反映了汉代大力提倡儒家政治、伦理观念。

其他地区汉画像研究侧重于对画像内涵的阐释。刘姝妹《徐州汉画像石中的兰锜图——兼论东汉兵器使用情况》（《中原文物》第5期）对2000年以后发现的徐州汉画像石上的15幅兰锜图进行介绍，分析其兵器种类，进而探讨其他地区汉画像中的兰锜图。颜张奕、刘松林《汉代画像板与画像石产生背景及特点初析——以江苏扬州地区与徐州一带汉墓为例》（《楚文化研究论集》第十四集，上海古籍出版社）对扬州汉墓出土画像板与徐州汉墓出土画像石就质地、特点、年代、源流、文化因素及墓主身份等方面作了比较研究。庞政《试论陕北汉画像中的“仙人六博”式东王公及相关问题》（《考古与文物》第3期）对陕北汉画像石中的“仙人六博”式东王公图像进行梳理、辨析，进而探讨陕北地区早期的东王公和西王母图像及相关问题。彭春艳《汉画像石鞞舞图考辨》（《考古学集刊》第24集，社会科学文献出版社）通过分析传世文献及出土汉代铜镜、画像石、执镜俑等材料，指出安徽宿县褚兰汉墓出土6、8号画像石上的舞蹈图既不是鞞舞图，也不是鼗鼓舞、手鼓舞、圆扇舞图，而是东汉崔琦《七蠲》所记载的镜舞图，与其类似的画像亦是镜舞图，是由单人或多人表演的、手持圆形有缨组无柄铜镜、快速旋转运动铜镜从而利用镜面反射光线制造绚烂光影效果的舞蹈。张宣逸《关于汉魏“摇钱树”图像若干问题的思考》（《广州文博》第拾肆辑，文物出版社）对汉魏“钱树”图像的定名、分类及其象征意义进行了探讨。刘向斌等《论陕北汉画像石中荆轲刺秦王故事的隐喻与象征》（《中原文化研究》第5期）指出，在陕北汉画像石中，荆轲刺秦王故事总居于图像叙事网络的核心位置，象征着过去，连接着现在与未来，并与象征着现在的生活图景、象征着未来的仙界图景一起构建起完整的时间链条和生命循环，具有期盼生命不息、渴望长生永寿的隐喻内涵。崔建华《秦汉人物图画之风兴盛的历史脉络》（《中原文化研究》第4期）认为，至迟在战国时代再现特定人物已成为一种潮流，其形成离不开君主意志、用途可控等因素对形象再现禁忌心态的抵消。伴随着战国秦汉的集权趋势，各级官府越来越多地采用人物图画的方式来引导社会思想，由于成为图画的对象意味着人生价值的实现，人物图画的接受度遂在秦汉时代达到空前的高度。刘克《汉代宗教和谐与形成机制的图像学研究》（《南都学坛（人文社会科学学报）》第6期）通过对汉代画像中宗教之间共存互动情势进行深层次多角度的考察，揭示汉代多元宗教形成的复杂因素，提炼汉代多元宗教和谐相处的动态机制，从而深化对汉代宗教关系的认知。鄂尔多斯青铜器博物馆编著《草原丝路史画——鄂尔多斯汉代墓室臻品图像》（科学出版社）以近年来鄂尔多斯地区出土的汉代墓葬图像为基本材料，分伊金霍洛旗哈拉母河墓葬画像石和鄂托克旗米拉壕壁画墓两大部分，展现并解读画像内容。王春法主编《图画众生——河西画像砖上的古人生活》（山东美术出版社）为中国国家博物馆同名展览图录，首次大规模集中展示了河西走廊地区魏晋彩绘画像砖精品及相关文物，通过图画天地、生活百态、宁平降福三个单元258件（套）彩绘画像砖及相关文物的展示解读，真实反映了古代河西走廊地区各族人民的生活百态和精神面貌。运城博物馆等编《石上千秋——汉画像石赏析》（山西出版传媒集团、三晋出版社）为运城博物馆和山西省考古研究院联合举办的“石上千秋——汉画像石艺术展”的图录，汇集了山东、陕西、江苏、山西等地的部分汉画像石。

汉画像艺术研究方面。罗世平《图像与样式：汉唐佛教美术研究》（文物出版社）为作者多年研究成果汇集之作，主要从图像与样式的角度对汉唐佛教美术进行了研究。贺西林主编《汉唐陵墓视觉文化研究》(高等教育出版社)收录"汉唐陵墓视觉文化学术研讨会"与会学者的优秀论文 29 篇，其主要内容是在汉唐陵墓最新发掘材料与研究成果的基础上，从墓葬形制、陪葬品、壁画等物质层面入手，探索汉唐陵墓视觉构建中展现的思想文化内涵及艺术发展面貌。秦臻主编《图像、田野与研究》(科学出版社)选编海内外学者讲稿共 8 篇，内容主要为大足石刻造像艺术、汉代石刻艺术等，如李林《汉魏辽东壁画墓的发现与研究》、朱浒《汉代艺术与贵霜艺术的互动——以汉画像石为中心》、王煜《永恒之路——汉代升仙信仰的图像考古》、杨爱国《固守家园与远走他乡》和徐婵菲《画为心声——洛阳西汉画像砖研究》等。

马珍珍等《墓葬壁画胶结材料的探讨分析》(《考古与文物》第 5 期)以我国几处不同时代、地域的典型墓葬壁画作为研究对象，运用成熟的 GC—MS 分析技术发现杨桥畔东汉墓、韩休唐墓壁画的颜料层均采用了桐油作胶结材料，湖南明墓壁画地仗层不仅添加桐油，还有淀粉，并对桐油、淀粉作为墓葬壁画胶结物的科学合理性进行了探讨。

(四)人类遗骸与动植物遗存

胡春佰等《内蒙古察右前旗旗杆山东汉晚期鲜卑墓葬颅骨研究》(《文物春秋》第 2 期)对内蒙古乌兰察布市察右前旗旗杆山墓地东汉晚期鲜卑墓葬出土的 6 具人骨进行体质人类学研究。结果显示，该墓地鲜卑男性居民的种族特征总体上与现代亚洲蒙古人种北亚类型最为接近，但在个别项目上又体现出混入了东北亚类型的种系成分，表明早期鲜卑居民可能与大兴安岭北段土著居民发生了基因交流，而鲜卑女性居民则体现出较男性更为鲜明的北亚蒙古人种倾向，鲜卑内部各人群在颅面部形态特征上存在较大的差异可能与鲜卑在发展过程中不断融入新的人群有关。李鹏珍等《宁夏隆德县周家嘴头汉代墓葬人骨研究》(《边疆考古研究》第 30 辑，科学出版社)对宁夏隆德县周家嘴头汉墓出土 5 例人骨进行观察、测量与分析、探讨。

陈雪香等《东周秦汉时期齐都临淄的环境、农业与工匠生活——以阚家寨遗址动植物遗存为核心》(《南方文物》第 2 期)主要分析来自阚家寨 BI—BIII 区浮选的炭化植物种子和果实、BII—BIII 区浮选的木炭、BI—BIII 区系统收集的动物骨骼，对东周秦汉时期齐故城的气候与环境、农作物与家养动物、阚家寨遗址手工业者生活等问题做简要探索。

郑晓蕖《秦汉时期的植物考古学观察》(《南方文物》第 4 期)初步梳理了考古发现的秦汉时期植物遗存，对秦汉时期植物考古学的意义和主要任务及需要注意的问题进行了探讨。刘殷茗等《鲁山望城岗冶铁遗址汉代植物大遗存浮选分析》(《华夏考古》第 1 期)对 2019 年河南鲁山县望城岗冶铁遗址汉代遗迹土样中浮选出的 31 粒炭化植物种子进行分析，其中农作物遗存包括粟和小麦，杂草类种子涉及马齿苋、苋属、藜和蓼属，从一定程度上反映了从事生铁冶铸手工业者的饮食结构以粟与小麦为主。吴瑞静等《汉晋时期湘西地区农业初探——以官田遗址为例》(《农业考古》第 3 期)根据 2015 年湖南桑植县官田遗址发掘出土植物遗存的浮选结果，结合已公布的植物考古材料和文献记载，探讨官田遗址及其所在湘西地区汉晋时期的农业生产特点和人地关系等问题，推断聚落农业以粟为主、稻次之并同时种植多种作物，以山地丘陵为主的地貌类型和偏干冷的气候等自然因素决定了遗址以种植旱地作物为主，北方人口南迁可能是旱地作物得以发展的主要人文因素。杨薇等《云南滇池地区石寨山文化时期的农业结构研究——以晋宁河泊所遗址植物遗存分析为例》(《中国农史》第 2 期)对晋宁河泊所遗址浮选发现的植物遗存进行分析，指出滇池地区石寨山文化时期已开始种植小麦、稻、粟、黍、大豆及大麦等多种农作物，云南地区主要的作物结构在此时期已经形成。

五　丝绸之路与中外文化交流

2017 ~ 2019 年，河南省文物考古研究院、洛阳市文物考古研究院和蒙古国乌兰巴托大学考古学系在蒙古国后杭爱省高勒毛都 2 号墓地发掘两座“甲”字形积石墓葬。其中 M189 由主墓、陪葬墓及祭祀遗迹等部分组成，主墓葬具为两椁一棺，下葬年代在公元前 49 ~公元 72 年。M10 葬具为一椁一棺，下葬年代在公元 66 ~ 130 年。这两座墓葬均属于北匈奴贵族墓，随葬品呈现出多种文化因素混合的特征，说明欧亚大陆文化交流对匈奴贵族丧葬习俗产生了深远影响（《蒙古国后杭爱省高勒毛都 2 号墓地 2017 ~ 2019 年考古发掘简报》,《华夏考古》第 6 期）。2018 ~ 2019 年，中国人民大学北方民族考古研究所、蒙古国国家博物馆联合对蒙古国艾尔根敖包墓地进行了发掘，共发掘墓葬 8 座，包括斜坡墓道洞室墓 3 座、竖穴土坑墓 4 座、竖穴土坑竖洞室墓 1 座，出土各类遗物 70 余件，墓葬的主体年代当在东汉时期，对研究匈奴退出漠北草原、鲜卑人群西迁南下及民族融合具有重要学术价值（《蒙古国吉尔嘎朗图苏木艾尔根敖包墓地 2018 ~ 2019 年发掘简报》,《考古》第 11 期）。张炼《关于游牧国家的理论反思——以匈奴帝国为例》(《北方民族考古》第 12 辑，科学出版社）梳理文献和考古资料，从匈奴帝国的中央集权、分封制和官僚制度、宗教活动和对外关系等方面探讨游牧社会复杂化的基本途径。

梁云等《论北巴克特里亚的月氏文化》(《考古》第 8 期）根据近年发掘的乌兹别克斯坦拜松市拉巴特墓地材料及与周边地区材料对比，确认在乌兹别克斯坦东南部和塔吉克斯坦西南部（即所谓的“北巴克特里亚”）分布着一支具有自身面貌特征的考古学文化，从时间、空间、文化因素、外来属性等方面看，该文化与文献记载的中亚大月氏较为吻合，可将之命名为“月氏文化”，即以月氏为主体的人群创造并使用的考古学文化。

陈建勋《“海上丝绸之路”视域下的广西汉代造物艺术》(广西美术出版社）对广西壮族自治区博物馆馆藏 200 件与汉代海上丝绸之路相关的文物进行介绍，并就相关问题展开讨论。广州海事博物馆编《云望长夏——洛阳博物馆藏汉唐胡风文物展》(广东人民出版社）为该馆同名展览图录，展品近 150 件。

（中国社会科学院考古研究所）

三国两晋南北朝时期考古

郭晓涛

2021年是中国考古学诞生100周年。在这100年中，一代又一代的中国考古人做了大量的工作，取得了引人注目的成绩。在100周年之际，三国两晋南北朝考古与研究取得了卓著的成绩。都城考古不断深耕，发掘成果喜人；一般城址考古开枝散叶，新的遗址点被陆续发掘出来。皇家陵寝制度研究在陵墓考古的促进下逐渐深化，三国两晋南北朝墓葬在全国的广泛发现共同塑造了这个时期璀璨的文化成就；宗教考古尤其是石窟寺考古方面，在新时代得到了最广泛支持并且开创出新的局面，边疆与丝路考古见证了这一时期的中外文化交流，胡汉体制共生的社会在这一时期从中原到边疆、从陆疆到海疆逐步构建出多元一体的华夏文明。本文从年度发表的数十部考古发掘报告和百余篇论文中撷英取华，意在总括本年度中国三国两晋南北朝考古学研究之现状，汇之年鉴为记。

一　城址的考古发掘与研究

（一）都城

都城的规划与建造，体现的是中央王朝的政治制度。西汉长安城、曹魏邺城、北魏洛阳城、东魏北齐邺城、隋大兴城、唐长安城，中国古代都城规划一直在承继与创新中发展。到元明清北京城，基于中轴对称的宫城、皇城、郭城的格局始终未变。而三国两晋南北朝时期的都城遗址是古代都城制度的转型期，这一时期都城考古所反映出来的制度礼仪知识成为了后世中国都城规划的宝贵思想遗产。

汉魏洛阳城魏晋至北魏时期宫城的考古在太极殿考古发现之后取得新进展，2021年，中国社会科学院考古研究所发掘确认了太极殿北侧的显阳殿宫院遗址，该宫院是位于太极殿宫院北侧三座东西并列宫院的居中宫院，显阳殿主殿为长方形夯土台基，该遗址也经历了曹魏、北魏和北周三个时期的营建、修缮与改扩建。不仅如此，在显阳殿北侧廊道以北还发现了东西向排列的大型排房遗迹，推测与永巷有关。

考古发掘以及研究的深入在很大程度上促进了历史学对考古学的反哺。就汉魏洛阳城魏晋宫城的新发现，史学界结合文献史料从更深层诠释了魏晋宫城的功能塑造和制度景观。赵永磊通过考察晋宋时期洛阳城的史料，辨析出裴松之《三国志》注中的错讹，认为魏晋太极殿是在东汉北宫崇德殿的基础之上建立；而北魏宫城则是在清理后赵、后秦的胡族旧迹后，在魏晋洛阳城的基础上再造新都（《晋宋时期的洛阳城与魏晋太极殿所在基址辨析》，《考古》第10期）。陈苏镇梳理魏晋洛阳宫的文献资料，结合目前汉魏洛阳城魏晋至北魏宫城的考古发现，对魏晋洛阳宫内的宫殿和宫禁制度加以推理展示，为以后魏晋洛阳宫的考古发掘提供了重要线索和文献佐证（《魏晋洛阳宫的形制与格局》，《考古学报》第3期）。利用文献结合考古资料，周胤描摹了北魏洛阳城自孝文帝迁都到东西魏分裂之后之间的三个阶段，认为佛教在城市景观的发展过程中起到了举足轻重的作用（《城随境迁：佛教影响下的北魏洛阳城市变迁》，《南都学坛》第6期）。

从洛阳到邺城，北朝的政治中心完成了位置转移；参考洛阳旧都的知识系统，东魏、北齐王朝在邺南城重新营建了自己的宫城。目前，有关邺南城宫城区考古也不断有新的收获。目前已确认邺南城宫城内部位于轴线上可围合的宫院，这为探索宫城范围、平面布局和宫院制度提供了重要线索，深化了对邺南城宫城区结构与格局的认识。此外，还新发现了一批规模宏伟的宫室建筑，全面揭露了位于宫城中轴线北部以206号大殿为中心的建筑组群，确认了该建筑单元的平面构成和基础结构，206号大殿是邺南城寝宫区前部最大建筑群的核心建筑之一。目前，邺南城宫城区的外围布局正在探寻中（《揭秘三国两晋南北朝考古新发现》，《中国社会科学报》12月27日）。

礼制建筑遗址是中国古代都城考古研究中极为重要的一个环节，是我们考量中国古代礼仪制度和传统文化信仰不可或缺的研究内容，近年来，国家祭祀和礼仪制度相关的考古遗址不断被考古发掘出来。三国两晋南北朝时期的祭祀与礼仪由于胡汉社会的因素而充满了多样性，其所展现出来的历史风貌更加值得我们去探究。

2019–2020年，内蒙古自治区文物考古研究所发掘了武川县坝顶遗址。该遗址系北魏国家早期由北方民族进入中原社会之初的背景之下完成的建设。遗址自内而外由祭坛、内环壕、内垓、外垓、外环壕等五部分组成。目前研究推测为北魏皇家阴山祭天遗址，最早可能修筑于太武帝拓跋焘“阴山却霜”期间（《内蒙古武川坝顶北魏阴山皇家祭天遗址》，《大众考古》第1期）。赵忆等基于景观考古学分析了北魏坝顶祭天遗址的景观构成，以及这一遗址和都城之间的空间关系所富含的理念，其景观特征可以总结为两点：中原和鲜卑交织的祭祀景观、因就山形水势的边防景观（《基于景观考古学的皇家祭天遗址探析——以北魏坝顶圜丘为例》，《风景园林》第11期）。

鲜卑入主平城以后，在平城的南郊，依照儒家传统礼仪建立了平城的明堂祭祀遗址。本世纪初考古人员全面发掘了该遗址。赵永磊以礼仪为研究视角，主要聚焦平城明堂形制与明堂礼仪审视礼仪与权力的互动关系；进而以太和十六年（492）孝文帝所行平城明堂礼仪为核心，通过平城明堂礼仪的神圣性与世俗性的两个面相揭示出孝文帝以礼化民的政治理念、塑造华夏正统的政治心态（《神圣与世俗：北魏平城明堂礼仪发覆》，《学术月刊》第1期）。

随着都城考古的不断深入，研究的空间逐步扩大，从仅关注都城遗址内部转向都城的外围。张学锋引入日本学者的“都城圈”“境域”研究等理论，认为都城系统的运行应该存在着一个能够保证都城供给、获得资源的都城圈。以六朝建康城为中心，张学锋组织学者集中就“都城圈”理论展开多层次研究（《“都城圈”与“都城圈社会”研究文集：以六朝建康为中心》，南京大学出版社）。

古代都城的城郭制度是一个动态的过程，反映了都城空间随着权力的集中以及人群的分层不断地丰富和扩大，对城郭制度的深层研究是都城研究中需要宏观把控的内容。张建锋详细梳理中国古代都城制度考古研究的学术史，从城郭概念形成的角度出发，对目前古代都城考古学中成果概念的不适当运用以及概念扩大化的现象给予了分析批评，为学术研究中概念的界定提供了研究背景（《中国古代都城城郭制度考古学研究的历史与现状》，《东方考古》第17辑，科学出版社2020年版)。十六国和北朝时期的多个政权先后亦以汉长安故城为都。张建锋继续从城郭制度角度出发，剖析从西汉到北朝城郭演变的动态过程；十六国至北朝时期，宫城区移至城内东北角，原来的城区退化为郭城。然限于考古资料，对十六国北朝时期长安故城的形制布局研究尚不充分(《西汉至北朝时期长安城城郭布局的变化》,《南方文物》第3期)。

(二)地方城址

随着考古事业的蓬勃发展，三国两晋南北朝时期考古从以都城考古为核心开始到一般城址的发掘与研究上来。这些研究的推进使得以往只关注都城的考古研究现状有所改观，研究重心的下移以及研究旨趣的平民社会化倾向必将使未来的三国两晋南北朝考古成果愈加丰富多彩。

石头城遗址是三国时期东吴及东晋南朝的战略要地。通过2010 ~ 2020年的数次考古发掘，目前已基本廓清遗址平面形状，为北宽南窄的不规则形状，位置符合临江据山的军事战略要求。石头城遗址出土的模印“石头”铭文的城砖确定了该遗址就是当年孙权所筑造的石头城。

南京博物院在溧阳发现六朝时期溧阳古县所在地，基本确认了古县城址的四至范围，揭露了城址内外的礼制性建筑、院落式建筑、道路等遗迹，初步判断与六朝时期的永平县或永世县有关(《溧阳古县遗址考古揭示“永平”“永世”县治——全国首度发现三国南朝时期相对完整的县城遗址》,《文化月刊》第5期)。

柏宇亮结合文献研究推断现在福建福州市牛头山遗址应该是王国维所论的三国东吴的侯官县县治所在(《东冶候官考》,《东南文化》第2期)。

南京市考古研究院近年来在南京市郊西街发掘的越城遗址在历史时期是南京重要的军事据点之一，同时也是长千里古居民区；发现有环壕、墙基、道路等遗迹，遗址的废弃年代大致在南朝末年至唐代(《揭秘·三国两晋南北朝考古新发现》,《中国社会科学报》12月27日)。

以上几座一般城市的遗址从三国到南朝，都是围绕着建康城展开，在很大程度上说明了在六朝时期，建康城周边存在一个都城圈，这些一般城址都是这个都城圈中的重要组成部分。在这个意义上，对一般城址的考古发掘与研究亟待持续增强和深化，如此，才能够更加全面地考察中国古代的城市体系以及都城圈是如何建立起来的。

浙江安吉古城遗址发现六朝时期大型夯土台基，周边出土的人面纹瓦当与南京大行宫出土孙吴时期瓦当相近，推测基址始建于孙吴，遗址的下限或可至东晋，与故鄣县的治所有关(《浙江安吉县古城遗址2017年发掘简报》,《考古》第9期)。

沿海城市的考古现在越来越重视其面向大海的通道，宁波城市考古发现了大量与港口码头有关的遗迹，其中包括句章故城三国孙吴至两晋时期的木构台阶式码头遗迹、建造时间不早于三国孙吴的鄞县故城遗址、余姚故城遗址发现的汉六朝时期的河道护岸等木构设施，这些发现极大丰富了宁波城市考古的内涵(《城市考古与宁波港城》,《中国港口博物馆馆刊》增刊第1辑)。

湖南省文物考古研究所对岳阳罗城遗址进行考古发掘，遗址由大、小两座城址构成，其中小城的年代为六朝时期，推测与当时的罗县县治有关(《湖南岳阳罗城遗址2015年度发掘简报》,《江汉考古》第2期)。

李新全认为，通过对辽宁境内青石岭山城、城子山山城、王义沟遗址、小北旺墓群等重要高句丽遗存的发掘，目前已经基本厘清了山城的结构布局和年代等问题。王义沟遗址和小北旺墓地的发掘，则为探讨高句丽早期文化起源，确定高句丽早期文化面貌、内涵，提供了珍贵的实物资料（《揭秘·三国两晋南北朝考古新发现》，《中国社会科学报》12 月 27 日）。

张文平以《魏书》相关记载为依据，坚持用动态的视角综合考察六镇的总体布局，认为不同时期六镇应该有所迁转。他考证内蒙古乌兰察布市察右后旗克里孟古城才是柔玄镇镇城，而土城子城址则为怀荒镇（《北魏柔玄镇地望新考》，《北方文物》第 5 期）。

二　墓葬的考古发现与研究

（一）帝陵与高等级墓葬

三国两晋南北朝时期的帝陵制度复杂，且分布地域较广，目前的考古发掘只能局限在帝陵陵园的勘探，以及有关宗室或高等级贵族墓葬的发掘，可以利用这些相关墓葬以及勘探资料对帝陵进行研究。

1. 三国时期

洛阳西朱村曹魏大墓（M1）和目前未发掘的 M2 东西一线排列，应该经过选址的统一规划，基本可以确定西朱村曹魏墓（M2）应该是魏明帝高平陵。王咸秋认为 M1 的墓主人应该是平原懿公主和甄黄的冥婚合葬墓（《洛阳西朱村曹魏一号墓墓主考》，《华夏考古》第 3 期）。

王音全面比较曹魏与孙吴宗室墓葬，认为二者在墓葬形制上存在较大的共性，而且两地域之间在随葬品上存在一定的交流；通过随葬品的对比研究，传统认识中曹魏薄葬、孙吴厚葬在实际上并非如此，之所以出现这一认识上的偏差在于之前研究倾向于纵向对比，而对跨地域的横向比较较弱造成的（《曹魏、孙吴墓葬比较研究》，《中原文物》第 3 期）。

2. 十六国时期

西安南郊少陵塬发现 3 座十六国时期大型墓葬，墓道过洞有三进院落式布局土雕建筑，是目前考古发现的最接近中国传统古代土木建筑原型的实例这种艺术形式的来源最早可追溯至甘肃高台地埂坡的晋墓；结合墓葬出土遗物和墓葬形制初步推断，三座大墓与十六国时期关中地区前后秦高等级墓葬相关（《西安少陵原十六国大墓：拨开历史的厚土 揭秘民族融合的故事》，《陕西日报》4 月 14 日）。

3. 北朝

付龙腾整理北朝陵寝制度，梳理出从北魏金陵的鲜卑旧俗发展到方山永固陵的胡汉整合，再到洛阳以北魏长陵开启的洛阳模式，直接影响东魏北齐墓葬制度，进入关中之后，关中因素在很大程度上又影响了帝陵制度的走向（《略论北朝陵寝制度的发展阶段》，《考古与文物》第 1 期）。

本年度，陕西省考古研究院公布了隋文帝泰陵的考古勘探资料，随后引发学界广泛的关注，考虑到隋文帝泰陵的制度极有可能与北朝陵墓制度一脉相承，因而本时段的研究在很大程度上需要下延至隋唐时期。冉万里从泰陵出发研究隋代帝陵制度，认为泰陵的围沟陵园布局沿袭北魏长陵和西魏永陵的制度。文中还就西魏元宝炬永陵的埋葬制度进行了合理推测，认为永陵主封土以东墓葬应该埋葬的是从麦积山寂陵迁葬回来的乙弗后（《隋代帝陵制度研究》，《考古与文物》第 1 期）。

从乙弗后的因窟陵藏引发，李梅田发现美国弗利尔博物馆所藏的北朝石棺床的复原并不成立，指出石棺床源于丧礼中的灵床，用以陈尸以方便祭奠，鉴于其风格与响堂山石窟相近，该棺床应该在延续东汉以来陵庙石殿的传统之后，形成了北齐响堂山石窟皇帝陵庙中的祭台（《弗利尔美术馆石棺床与响堂山石窟皇帝陵藏》,《美术研究》第 1 期）。由此，我们大致可以看到从西魏到北齐，这种在石窟中存在皇家陵庙的情况，既是这个时期佞佛的产物，也包含着传统丧葬礼仪的身影。

4. 南朝

南京狮子冲两座南朝大墓发掘之后引起学界高度重视。两座墓葬的墓主分别定为南朝梁昭明太子萧统及其生母丁贵嫔。两座墓葬的发现解释了母子同陵和墓侧长子位的现象。许志强稽索文献，梳理了南朝母子同陵的现象以及墓侧长子位的观念流变，认为墓侧长子位位于母陵东侧，既是实指，也是虚设；昭明太子作为太子未及登基而早薨，长子位观念并重新具有了现实意义（《南朝时期的母子同陵和墓侧长子位——读〈南史 · 梁武帝诸子传〉札记》,《南京晓庄学院学报》第 9 期）。狮子冲南朝两座大墓的发掘为以后探讨帝陵制度中母子同陵、长子位观念提供了范例。

（二）一般墓葬的考古发掘与研究

1. 发现

2021 年度，全国各地有关于三国两晋南北朝时期的墓葬发掘较多，且纪年墓葬数量不少，为新时代研究本时段墓葬提供了殊为珍贵的考古学材料。以下笔者就能够检录的材料以行政区划为单位予以简述，罗列如下。

陕西省考古研究院在空港新城发掘了三千多座东汉、十六国、北朝、隋唐时期的墓葬，其中不乏精品。发现完整的北周豆卢恩家族墓园，墓园由兆沟和墓葬本体两部分组成（《我省首次发现最为完整的北周家族墓园》,《陕西日报》10 月 10 日第 5 版）。同一区域内还发现西魏时期纪年墓葬 1 座，墓主人为西魏大统四年（538）陆丑（《陕西西咸新区摆旗寨西魏陆丑墓发掘简报》,《文物》第 11 期）。陕西咸阳朱家寨北周武帝孝陵附近发现 1 座北周墓葬，墓主为葬于北周建德六年（577）的枹罕县开国公□颉（《陕西西咸新区朱家寨北周墓发掘简报》,《文物》第 11 期）。咸阳市文物考古研究所在陕西咸阳韩家村发掘 1 座北周墓葬，墓葬为长斜坡带天井土洞墓，墓葬地面有石虎和石翁仲遗存（《陕西咸阳韩家村北周墓发掘简报》,《文博》第 3 期）。陕西西安香积寺发现十六国时期大型家族墓地，共发现大型长斜坡土洞墓 7 座，墓向有规律排列，出土“奉车都尉”印章说明墓葬等级较高（《西安香积寺村十六国墓地发掘简报》,《中原文物》第 1 期）。

河南安阳大司空墓地发现魏晋墓葬 1 座（《河南安阳市大司空村东地魏晋隋唐宋元墓葬发掘报告》,《考古学集刊》第 24 辑，社会科学文献出版社）。洛阳东花坛发现西晋墓 3 座（《河南洛阳市东花坛西晋墓葬发掘简报》,《考古》第 3 期）。安阳固岸村发现北齐墓葬 1 座（《2018 年安阳固岸村北齐墓发掘简报》,《中原文物》第 4 期）。

北京窦店发现东汉至西晋时期砖室墓 3 座（《北京房山区窦店镇东汉至西晋砖椁墓发掘简报》,《北方文物》第 4 期）。

中古世族中赵郡李氏是名门大族之一，北京大学全面公布了在河北赞皇发掘的 4 座北朝墓葬的考古资料，为了解北朝世族在地域开发的历史图景奠定了坚实的考古学依据（《赞皇西高北朝赵郡李氏家族墓地：2009 ~ 2010 年北区发掘报告》，科学出版社）。

宁夏固原南郊发现两座北朝长斜坡土洞墓，其中 1 座纪年墓为北周建德六年（577）纥干莫何弗墓（《固原南郊发现的两座北朝墓》,《中国国家博物馆馆刊》第 10 期）。

山西侯马虒祁发现北魏墓 4 座，其中 1 座纪年墓葬为熙平元年（516 年）（《山西侯马虒祁北魏墓（M1007）发掘简报》,《文物》第 2 期）。

甘肃省文物考古研究所公布了 2015 年佛爷庙湾—新店台墓群发掘的 180 座魏晋十六国、隋唐时期墓葬基础材料的发掘报告（《敦煌佛爷庙湾：新店台墓群 2015 年度发掘报告》，甘肃教育出版社）。

四川仪陇发现三处时代约为两晋南北朝时期的崖墓群（《四川仪陇新发现的三处画像崖墓群》,《考古与文物》第 5 期）。

江苏苏州虎丘路孙吴时期高等级墓葬的发现备受学界关注，张铁军在公布发掘成果的基础上，推断 M1 的墓主人是孙策，而 M5 的墓主人极有可能是一位吴侯，推测应该是孙绍（《苏州虎丘路孙吴墓及墓主人身份考证》,《大众考古》第 1 期）。句容发现 4 座东晋至南朝墓葬（《江苏句容宝华牡丹西路六朝墓发掘简报》,《东南文化》第 2 期）。常州孟河南杨村墓地发现六朝墓 6 座（《江苏常州孟河南杨村墓地》,《大众考古》第 1 期）。

浙江新昌山头里墓群发现三国墓葬 1 座、东晋墓葬 2 座(《新昌山头里古墓群发掘简报》,《东方博物》第八十辑，上海书画出版社）。绍兴发现三国孙吴嘉禾三年（234）纪年墓 1 座（《浙江绍兴江桃村孙吴“嘉禾三年”墓发掘简报》,《东南文化》第 4 期）。萧山老虎洞墓地发现孙吴砖室墓 1 座、南朝刘宋景平元年 423 年纪年砖室墓 1 座（《浙江杭州萧山老虎洞遗址东吴、南朝墓发掘简报》,《文物》第 7 期）。

湖北襄阳贾巷墓地发掘两座南朝纪年墓，皆为南朝刘宋大明五年（461）（《湖北襄阳市贾巷墓地两座南朝墓葬的发掘》,《考古》第 5 期）。

湖南长沙连山发现东晋砖室墓 1 座，发掘者认为墓主与东晋贵族命妇有关（《湖南长沙连山东晋墓发掘简报》,《文物》第 5 期）。

广东省文物考古研究所披露了乳源莱山遗址六朝至唐时期墓葬的发掘和整理情况，该批墓葬年代关系完整、时间跨度大、墓葬保存状况好、结构特征多样，出土器物丰富，种类繁多，为研究六朝至唐时期“北人南迁”“岭南开发”等历史事件提供了重要的实物材料（《乳源莱山六朝至唐时期墓葬发掘报告》，科学出版社）。广州市发现西晋永嘉七年（313）纪年墓 1 座（《广州市胸科医院西晋永嘉七年墓》,《南方文物》第 4 期）。

广西贺州市发现西晋元康四年(294)纪年墓(《广西贺州市大宁镇湖广岭晋墓发掘简报》,《广西博物馆文集》第十五辑。广西师范大学出版社）。

新疆若羌县瓦石峡墓地发现墓葬 4 座，形制可分为竖穴土坑墓、竖穴独木棺墓两种，分属两个时代，初步推测为汉晋时期楼兰国至鄯善国的遗存（《新疆若羌县瓦石峡墓地考古发掘简报》,《文博》第 1 期）。

2. 综合研究

李梅田关注汉唐之间这个大时段内墓葬中反映的当时人的生死观念，其专著《葬之以礼：魏晋北朝墓葬文化研究》（上海古籍出版社）是魏晋南北朝墓葬文化的考古学专题研究。该著作根据考古材料的类型学和文化因素研究，将魏晋北朝墓葬分为 12 个区域，分别讨论墓葬文化的形成与区域互动。

河南偃师杏园 M6 曹魏时期的断代受到了学界的质疑，张鸿亮结合洛阳曹魏正始八年墓的材料，分析 M6 的形制，认为 M6 的年代应为东汉末年桓灵之际，其墓主人官秩当在二千石(《试论洛阳偃师杏园 6 号墓的年代与性质》,《中原文物》第 1 期)。

近年来，关中地区十六国时期高等级墓葬时有发现，与之相关的研究较以往有了长足的进步。林泽洋关注十六国时期墓俑，在类型学研究基础上，将该地区墓俑大致分为三期，分别是前、后赵时期，前秦时期，后秦至北魏初期。其差异化的主要原因归结于关中地区的人口迁徙浪潮（《关中十六国陶俑研究——以陶俑群的形成为中心》,《中国国家博物馆馆刊》第 5 期）。

张科指出，以往对南朝墓葬分析的归纳法和阶级视角都存在着不同程度的缺陷，但仍肯定其合理内核；在前贤研究基础上，张科将南京地区南朝墓葬分为六个阶层，并分析各阶层的面貌特征；结合文献归纳各阶层品秩，得出南朝墓葬的等级制度因皇权政治的抬头而有所强化的结论（《南京地区南朝墓葬的阶层划分及相关问题》,《中国国家博物馆馆刊》第 11 期）。

墓葬的地域性研究逐渐摆脱现在行政区划的掣肘，江西作为一个相对封闭的单元，自古至今形成其相对独立的风格。党丰对江西地区汉晋墓葬逐一梳理，理出了该区域墓葬由少到多、由简单到复杂的发展演变规律，指出江西地区自东汉孙吴以后逐步开发，最后演变出举足轻重的地域性特色（《汉晋时期江西历史地位的变迁——以墓葬材料为中心》,《南方文物》第 4 期）。

张科对江西瑞昌马头西晋墓的年代提出质疑，认为其应该是三国时期孙吴的不归葬，是江南地区战争影响下的产物，循此线索，将该地区孙吴和西晋墓葬进行了区分，推动了该区域墓葬文化的深入研究（《论瑞昌马头“西晋”墓的年代与归属——兼谈孙吴时期的不归葬》,《东南文化》第 6 期）。

张科继续深耕武昌刘觊墓的资料，认为刘觊墓中除存在建康因素之外，还有中原文化因素，反映了郢州地方大族对建康丧葬传统的认同（《武汉市武昌区南朝刘觊墓再研究》,《考古》第 12 期）。

曹勇等从考古学出发，对以广东南粤古驿道周边的有代表性的乳源莱山遗址进行分析，从侧面验证了中原文化和岭南文化之间的传播途径和通道的存在，并且在岭南地区“北人南迁”“岭南开发”等重要历史事件中发挥了重要作用（《考古学视野下西京古道在早期人类迁移和发展中的作用研究——以乳源莱山遗址为例》,《客家文博》第 4 期）。唐博豪以广东虎头岭南朝墓地为个案，讨论岭南地区南朝墓葬的编年，充分认识到该地域南朝墓葬的复杂性，对其进行分期，并且订正了以往对虎头岭墓葬的年代判断，提出了应该将墓葬年代断在东晋中期（《再论乳源虎头岭南朝墓的年代——兼谈岭南地区六朝墓葬的断代问题》,《中国国家博物馆馆刊》第 5 期）。

大同北魏贾宝墓由于墓主人贾宝凉州移民的身份备受学界关注，张海蛟分析墓葬内部的设施和遗物后得出结论：墓葬中河西地区原属汉晋文化的传统，亦深深受到了平城地区土著葬俗的影响（《山西大同北魏贾宝墓（M13）相关问题的初步研究》,《云冈研究》第 4 期）。

张金龙推测，忻州九原岗壁画墓的墓主人是北齐勋贵厍狄干，墓葬下葬年代应该是在北齐天保四年（553）(《忻州九原岗北朝壁画墓墓主人蠡测》,《文史哲》第 2 期)。

墓葬研究中对于丧葬礼仪的研究在 2021 年尤其出彩，前述李梅田从葬仪角度出发爬梳汉唐之间墓葬中葬礼葬俗之变迁，探索时人信仰和传统礼仪之间的纠葛，为此类研究之典范，本年度李梅田在墓葬礼仪领域多有建树。李梅田引入西方理论研究汉唐墓葬，通过过渡礼仪理论解释中古墓葬现象，建立起墓葬考古发掘碎片化事相的逻辑关系，指出墓葬壁画是礼仪叙事的结果（《“过渡礼仪”——解读墓室壁画的一个视角》，《南方文物》第 4 期）。李梅田将北朝石棺床分为三种形式：床榻式、围屏式、双阙围屏式，针对围屏上的画像的配置作了分类研究，认为对图像的解读应该立足于传统葬仪，尤其要重视观察墓葬空间设计的整体性（《北朝石棺床的使用场景与画像配置》，《东亚文明》第 2 辑，社会科学文献出版社）。帷帐是宅第化墓室里的普遍陈设。帷帐从生人的居住、飨神、祭祀设施到被纳入丧葬环节，在墓葬中被赋予了祭祀礼仪空间的功能。在汉唐时期的宅第化墓室里，李梅田梳理汉唐以来墓葬中的帷帐资料，认为帷帐是墓葬中一项必不可少的葬仪陈设，具有居神的意义，起到营造祭祀空间的作用，真实反映了墓内祭祀礼仪的情况（《帷帐居神——墓室空间内的帷帐及其礼仪功能》，《江汉考古》第 3 期）。

3. 出土器物研究

本时段墓葬出土器物研究涉及内容较多，一方面从汉代继承下来的传统始终在延续，另一方面由于北方民族的南下出现了很多与草原系统息息相关的器物；还有就是佛教从西域进入中原以后开启的佛教本土化过程中形成了传统与宗教融合的文化遗存。本年度有关以上诸方面的研究不胜枚举，特拣选其中数例以作说明。

张婕妤全面搜检汉晋时期墓葬出土叉形器，厘出其发展演变脉络，在分析以往功能研究的基础上，提出该叉形器的功能应该与绕线器有关，随后又认为与墓葬魇镇有关，但并未论述清楚缘由（《汉晋时期叉形器研究》，《边疆考古研究》第 30 辑，科学出版社）。

谢广维分析广西合浦东汉至三国墓葬中出土的莲花形器，认为是砖室墓顶的藻井原型（《试析合浦东汉三国墓中的莲花形器》，《考古与文物》第 6 期）。

湖北襄阳菜越三国墓葬出土的铜马之前被认为与相马式有关，王耀文结合墓葬中出土铜器铭文以及汉魏时期出土各类马的资料分析，否定了之前的看法，认为菜越墓葬中的铜马艺术来源是西南、西北地区的融合（《襄阳菜越三国墓出土青铜马及相关问题的讨论》，《南京晓庄师范学院学报》第 2 期）。

刘德凯在厘清郑州上街西晋墓銙带的时空地位的基础上，联系辽宁北票出土的相同类型銙带，认为从两者之间联系可以看出慕容鲜卑墓葬中的銙带应该来自中央政府的赏赐，进而分析了西晋册封体系和中央政府经略辽东的史实（《郑州上街西晋墓出土晋式銙带研究》，《中原文物》第 4 期）。

田立坤研究步摇冠的源流，认为辽西地区考古发现的曹魏初年南下的慕容鲜卑遗物金步摇，即大月氏金冠上的步摇花树的简化形式。大月氏金冠还通过慕容鲜卑和南朝传入高句丽、新罗、伽耶、百济，进而影响到日本列岛（《步摇冠源流考察》，《北方文物》第 6 期）。

吴松岩等分析内蒙古达茂旗窖藏坑出土的金步摇冠，认为其年代当在 4 世纪前后，是十六国早期拓跋部和慕容部联姻的物证（《十六国早期拓跋部与慕容部联姻考——从内蒙古达茂旗出土金步摇冠饰谈起》，《边疆考古研究》第 29 辑，科学出版社）。

马镫的起源研究是学术界历久弥新的一个话题。李云河从材料本身、田野调查、马具构造等多个角度入手，对马镫起源开展研究，重点对皮脚扣起源说和趾镫起源说进行再讨论（《再论马镫起源》，《考古》第 11 期）。

西安南郊少陵塬西魏吐谷浑晖华公主墓出土了一套 5 件铜器组合，研究者认为应该是一套功能完备的制药和服药器具（《吐谷浑晖华公主夫妇墓出土铜器略谈》，《东方博物》第八十辑，上海书画出版社）。

沈雪等认为，北齐徐显秀墓中的菩萨联珠纹图样原型应该与丝路沿线传来的同类型织物密切相关（《北齐徐显秀墓菩萨联珠纹探源》,《敦煌学辑刊》第3期）。

日本学者石渡美江考索北魏李希宗墓葬出土的银碗上的波状纹饰，认为波状纹饰大量出现在白匈奴和粟特银器之上，还广泛流行于高加索和黑海地区的乌克兰等地，由此推论李希宗墓葬的银碗可能是从北方草原地带流入中亚，在李希宗与粟特商人交流的过程中进入中国的（《从李希宗墓出土的银碗看东西方文化交流》,《陕西历史博物馆论丛》第28辑，三秦出版社）。

4. 出土图像研究

三国南北朝时期墓葬的图像成为这一时期墓葬的主要表现形式之一，汉代画像石墓葬在这一时期仍有延续。壁画墓在这一时期出现大量地域化因素，随着人群迁徙，这些地域性因素因为融合又诞生出很多新的表现手法，宗教和传统葬俗通过图像开始共同影响这一时期艺术的展现。

从出土遗物探索当时人之信仰是考古学研究的一种路径。东汉末年至十六国成汉时期在巴蜀地区墓葬中流行一种操蛇神怪的形象，在墓俑和画像石上皆有表现。张媛通过分析出土操蛇神怪形象墓葬的地点，发现其与张道陵二十四治多有勘合，认为此种形象的勃兴和衰亡均和巴蜀地区早期道教有关（《巴蜀墓葬中的“操蛇神怪”与早期道教》,《华夏考古》第3期）。

李琴对襄阳贾家冲墓地画像砖“侍饮”图像进行图像对比研究，认为该图同洛阳北魏元谧石棺左帮“孝子董”画像较为相似，描绘的是董永行孝故事，其中南北朝在孝子题材情节的选择和图像形式上有较大差别，背后的原因是南朝和北朝学风的差异（《襄阳南朝墓董永行孝画像考释》,《文博》第3期）。

吴娇考察大同北魏沙岭7号墓壁画中的车舆图像，认为多为汉晋墓葬中常见的车舆类型，体现了拓跋鲜卑以汉晋华夏传统文化为摹本，将舆服之礼和乡饮酒礼贯穿其中，产生了具有时代特征的北魏车型（《大同北魏沙岭7号墓壁画中车舆研究》,《山西大同大学学报（社会科学版）》第3期）。

李梅田重新检讨宁懋石室，认为宁懋石室沿用平城房形石椁传统，又融入洛阳风格，还开创了一个丧葬艺术的先例——以“主仆图”来表现内宅生活的场景（《北魏宁懋石室再检讨》,《故宫博物院院刊》第9期）。

李静杰具体分析了北魏前后青铜铺首衔环表现神人控驭对龙的图像，以及其他物件表现的神人控驭对狮图像，认为此两种图像是东西方文化艺术交流的融合体（《北魏前后神人控驭对兽图像及其西方来源》,《艺术设计研究》第5期）。

北魏邢合姜石堂的佛教题材图像广受学界关注。马伯垚认为，其来源基本照搬佛教石窟壁画的模式；指出图像内容与《法华经》有重要联系，具有帮助信众禅观修行的作用；提出这是墓主生前修行的禅窟出现在墓葬中的实例（《墓葬中的石窟：邢合姜石堂壁画略论》,《故宫博物院院刊》第11期）。

高世华结合史料认为，1982年天水出土的石棺床的主人极有可能是北周鲜卑贵族秦州刺史宇文广，石棺床上画屏内容与庾信为其所撰写墓志铭多处吻合（《天水棺床墓、墓主人及石棺床屏风画相关问题新论》,《敦煌研究》第1期）。

三　宗教考古与研究

（一）佛教寺院考古与研究

持续数年，山西省考古研究所等多家单位对云冈石窟山顶不断进行主动性考古发掘。近年来，对窟顶东部的佛教建筑遗址进行了全面考古发掘，发现一座石片砌筑的方形夯土台基和中央须弥座方座，根据出土塑像等遗物，推定该基址应该属于云冈二期建筑；该基址与2010年在山顶发现的北魏佛寺塔基共同构成了云冈石窟山顶的佛教景观（《云冈石窟山顶东部北魏佛教建筑遗址发掘报告》，《石窟寺研究》第11辑，科学出版社）。此后，云冈研究院又将云冈石窟山顶历年来的考古资料整理汇总，形成发掘报告，详细叙述了与云冈石窟面相不同的山顶北魏佛教寺院的景象（《云冈石窟山顶佛教寺院遗址发掘报告》，文物出版社）。

邺城遗址赵彭城北朝佛寺和核桃园北齐大庄严寺是迄今发现的中国古代最高级别的佛寺遗址，是近年来中国佛教考古的最重要收获。两座寺院地理位置独特、规模宏大，为研究东魏北齐都城制度、外郭城范围和里坊制度等提供了重要线索。寺院以佛塔为中心，重要轴线上建造大型殿堂式建筑以及多院多殿式布局特征为以往北朝佛寺遗址所未见，丰富了对北朝晚期寺院平面布局的认识（《揭秘三国两晋南北朝考古新发现》，《中国社会科学报》12月27日第2版）。

南京市西营村南朝佛寺遗址是目前江南地区发现的时代最早、保存最好、布局最为完整的山地型佛寺遗址，佛塔应为全木构造，在塔基中央还发现以夯土层层封护的地宫依存（《揭秘三国两晋南北朝考古新发现》，《中国社会科学报》12月27日第2版）。

与寺院遗存有关的佛教造像埋藏坑，以往的考古发掘在多地皆有发现，大多认为和灭佛举动相关。黄盼全面梳理这些埋藏坑的埋藏遗迹造像安置情况，认为其产生的形式与复杂的历史背景相关，并分门别类地总结了几种情况（《中国中古时期佛像埋藏的考古学研究》，《华夏考古》第5期）。

何利群详细研究邺城外郭区北吴庄埋藏坑内出土的单层覆钵塔，认为其时代当在北齐较早阶段。指出其之所以与北魏时期流行楼阁式塔不同，当与北朝晚期与西域的广泛交流以及北齐皇室的胡化倾向有一定的关联。石塔基座上的神王像是邺城地区东魏北齐时期极为常见的护法形象，其流布与北朝晚期盛行的末世护法思想关系密切（《邺城遗址出土北齐石塔及相关图像的探讨》，《考古》第5期）。

（二）石窟寺考古与研究

本年度，为贯彻落实习近平总书记的重要指示精神和国务院的指导意见，全面推进石窟寺考古工作，完善中国考古学科宏观规划和顶层设计，中国社会科学院考古研究所完成了“中国石窟寺考古中长期计划（2021—2035年）”的编制任务。明确提出了“建立完善中国石窟寺考古学研究体系，形成多学科合作研究模式，整合人文社会科学和自然科学研究力量，建设稳定的石窟寺学术科研队伍。有序开展考古调查、价值阐释、艺术研究和成果普及等基础工作”（《关于〈中国石窟寺考古中长期计划（2021—2035年）〉的解读》，《中国文物报》12月14日第1版）。

自20世纪初至今，日本学界对云冈石窟的研究一直持续并推出大量的学术成果。常钰熙撰叙21世纪以来日本学界云冈石窟的研究成绩，认为日本学界研究的两个面向——洞窟编年基础研究和云冈石窟艺术“汉化”问题，目前已经取得辉煌的成就，然而各研究体系之间的对话尚未真正形成，影响了目前研究的深入(《日本学界21世纪以来的云冈石窟研究述评》,《四川文物》第3期)。王雁卿关注云冈石窟早期的圆拱龛的二佛并坐像，认为二佛并坐圆拱龛是从犍陀罗塔基中的佛龛简化而来，而采用圆拱龛与塔庙窟有关，龛具有了塔的意义，成为佛教艺术常见的表现形式(《云冈石窟二佛并坐与圆拱龛——昙曜五窟早期圆拱龛探讨之三》,《云冈研究》第3期)。张善庆将云冈、龙门石窟中流行的屋形龛的艺术源头追溯到汉代画像石中的西王母和殿堂的组合模式，认为北魏年间随着人口的迁徙，该艺术形式最终影响了云冈和龙门石窟的造窟艺术(《云冈、龙门石窟屋形龛溯源试论稿》,《云冈研究》第2期)。

敦煌研究院在炳灵寺石窟附近又发现一处石窟群，应该是十六国西秦甚或更早期的佛教遗迹，包括僧房窟、禅窟、讲堂窟、瘗穴、造像礼拜龛等，此次发现进一步丰富了炳灵寺石窟的内涵(《炳灵寺新发现石窟群遗迹调查简报》,《敦煌研究》第4期)。常青就甘肃永靖炳灵寺石窟第169窟作深入研究，认为制作于西秦建弘元年420年前后的塑像有来自印度笈多和西域的传统因素，壁画方面则兼有西域凹凸画法与东方汉族线描风格，而在窟中发现的大乘佛教题材则可看作后秦长安影响的结果(《炳灵寺第169窟西秦塑像与壁画风格渊源》,《美术观察》第1期)。

浙江新昌剡溪石城山龛像是南朝中重要的佛教造像之一。李裕群通过实地调查，确定了其中千佛岩造像的礼忏用途，指出其应该是南朝忏法流行的唯一实物例证，具有重大学术价值(《浙江新昌千佛岩南朝龛像——南朝忏法流行的实物例证》,《文物》第2期)。

八木春生是长期致力于中国石窟研究的日本学者，关注石窟艺术的纹样与图像。本年度他通过观察石窟、壁画、造像中的摩尼宝珠、藤座式柱头、山岳纹样、金刚力士像、畏兽像、莲花纹样等细节，探索佛教进入中土以后，人们如何依据自身知识体系重构原有的佛教图像(《纹样与图像：中国南北朝时期的石窟艺术》，上海古籍出版社)。

(三)造像遗存研究

唐仲明采用考古类型学方法对东魏—北齐石窟造像进行类型分析和年代学研究，采用文化因素分析法，对它们各类特征的来源进行梳理和总结，讨论了东魏—北齐石窟造像样式特征所反映的“西方”“南方”“中原传统”因素，以及传统历史研究中的“胡化”与“汉化”问题(《东魏——北齐石窟造像研究》，科学出版社)。

韦正等通过题记提出龙门石窟古阳洞中三大像的雕造与安定王元燮密切相关，因此在窟主问题的考虑上，元燮应该具有极大的可能性(《龙门古阳洞窟主蠡测》,《中原文物》第4期)。

王景荃研究豫北地区北魏佛教造像的特征，造像形式基本一致，均为背屏式一佛二菩萨三尊造像，其独特的造像形式和表现手法形成了具有地域特色的艺术风格，是研究佛教传播和佛教艺术发展演变的重要资料(《论豫北地区北魏石刻造像的地域特征》,《中原文物》第6期)。

山西盂县系北魏乐平郡石艾县保留大量造像和题记，集中展现了该地域北朝基层社会的信仰与生活场景。魏永杰胪列盂县造像记凡24种并加以研究，认为义邑团体造像数目超过了个人，体现了义邑的社会整合功能(《北朝基层社会中的造像活动——以盂县地区为例》,《华夏考古》第2期)。

张聪等就西魏大统三年(537)比丘法和造像碑图像题材加以论述，认为其图像主要源于《法华经》与《弥勒大成佛经》，体现了造像主法和的法华信仰与弥勒信仰（《西魏大统三年比丘法和造像碑图像考释》，《美术观察》第 12 期）。

李振宇对甘肃武山拉梢寺大佛造像题记进行考释，认为大佛造像系尉迟迥为北周明帝发愿所建（《武山拉梢寺大佛造像记考释》，《敦煌研究》第 4 期）。

于春等对陕西泾阳太壶寺藏北周保定二年（562）造如来立像进行调查研究和三维数据采集，认为该造像反映了北周一朝尼僧集团出现较大发展；造像的历史背景可能与武帝宇文邕登基之事相关（《陕西泾阳太壶寺藏北周如来立像调查与研究》，《考古与文物》第 4 期）。

常青考察成都万佛寺遗址梁朝坐佛并十二护法神像，确定其为迄今发现的年代最早的药师佛并十二神王像，认为该造像代表的药师佛信仰在传入北方后造就了北朝佛教界的药师佛信仰与相关图像的制作（《成都万佛寺药师佛像与南北朝药师佛信仰》，《故宫博物院院刊》第 7 期）。

四　出土文献考古与研究

（一）墓志碑刻考古与研究

孙正军总揆近十年中古时期墓志的研究状况，剖析了其中研究的一些新动向。这些新动向的研究集中致力于检讨碑志自身，使得碑志摆脱在金石学传统下作为史传附庸的地位，由此推动碑志研究转向史学分析（《近十年来中古碑志研究的新动向》，《史学月刊》第 4 期）。

王连龙等以申洪之墓志为线索，对北魏平城时期的高句丽移民史事加以钩沉；墓志中出现的高郁突系天兴元年（398）被拓跋珪从中山迁徙至平城地区的高句丽移民（《北魏平城时代高句丽移民史事考略——以〈申洪之墓志〉为线索》，《考古与文物》第 5 期）。

北周拓跋迪墓志中记载有“消渴”的病征，郭晓涛认为该病征应该与中古时期流行服散和饮酒相关（《北周拓跋迪墓志所见消渴症发微》，《考古与文物》第 2 期）。

河南偃师出土正光元年（520）北魏邴劭墓志一方（《新出北魏邴劭墓志简考》，《黄河文明与可持续发展》第 17 辑，河南大学出版社）。张杨力铮对西魏陆丑墓志加以考释（《西魏陆丑墓志考释》，《文物》第 11 期）。

马中理蒐集磁县北朝墓群出土的碑志凡 86 方，逐一校释，为北朝墓志研究集腋成裘甘做人梯，诚可为嘉惠学林（《磁县北朝墓群出土碑志集释》，文物出版社）。该著作首次公布了磁县考古发掘新出的《窦奉高墓志》《元祜墓志》和《高孝绪墓志盖》拓本以及《司马纂夫人垣南姿墓志》拓本。

北齐明湛墓志出土于山东德州，吕宏伟对其进行考释。墓志记载了平原明氏家族的世系、官职和生活情况，涉及北魏末年杜洛周、葛荣举兵事件，以及北朝时期冀州安德郡和沧州安德郡的政区设置和变化，为研究北朝时期东、西安德郡的设置与沿革提供了实物资料（《北齐安德郡功曹史明湛墓志考》，《文物春秋》第 3 期）。

陈鹏考察北朝碑石中常见的“民望”“平望”等头衔，认为这些称谓来自北朝地方中正评定乡里大姓的结果，是对北朝门阀制度的补充，也是北朝对中正举士的创新，对州、郡、县长官选置僚吏起到了重要作用（《北朝碑石所见“民望”“平望”考》，《文史》第 3 辑，中华书局）。

禅馨从北魏河阴之役死者墓志的义例发微，认为河阴之役后尔朱荣和庄帝为安定朝局而厚葬逝者；墓志书写了从丧家到官家的改变（《河阴死者墓志义例与北魏后期墓志制作》，《南都学坛》第 5 期)。

(二)简牍考古与研究

张弛研究尼雅遗址出土佉卢文简牍，搜检其中大量与鄯善境内诉讼制度的内容，体现出独特的“三级法官体制”以及誓证、举证制度。判决书采用“封检题署”形制，以“断绳”仪式作为判决书生效的重要手续(《公元 3 ~ 4 世纪鄯善诉讼制度研究——以尼雅出土佉卢文简牍为中心》,《贵州社会科学》第 11 期)。

长沙走马楼三国孙吴简牍的出土，为了解三国时期孙吴政权的行政机构和运行机制打开了一个窗口。徐畅利用走马楼吴简，深入探讨了孙吴县级机构的公文样态与文书行政(《长沙走马楼三国孙吴简牍官文书整理与研究》，中国社会科学出版社)。曾心昊对围绕走马楼吴简展开的土地问题研究进行了回顾，认为以往研究多聚焦于吴简本身涉及的时间和地域，鲜有联系三国孙吴前后时期相关简牍资料的研究，和同时期其他区域的共时性比较研究也存在不足(《走马楼吴简土地问题研究回顾与展望》,《湖北文理学院学报》第 1 期)。走马楼吴简中有关于“中部督邮书掾”的记录，证实了自汉以来的“督邮”设置被三国孙吴承袭了下来。徐畅条分缕析，指出长沙太守和中部督邮的联署并非兼任关系，实系主从关系。其中“兼”指的是督邮书掾与劝农掾的兼任关系(《再谈汉吴简牍中的“长沙太守中部督邮书掾”》,《文物》第 12 期)。长沙走马楼吴简中所载临湘侯国模乡下辖的里名与同时期其他乡存在有同名现象，这种情况在秦汉时期鲜见，连先用认为这应该与孙吴初年临湘侯国推动户籍整顿有关(《吴简所见临湘模乡辖里与“同名里”现象考论》,《出土文献》第 2 期)。长沙走马楼三国吴简发现了多条新格式的“雀”简，朱文慧认为以往吴简中“雀手足”很可能指的是后天疾病造成的手足短小。说明在征徭役过程中存在针对户主的残疾等级的验勘(《走马楼吴简所见“雀”及“雀右旨”》,《湖北文理学院学报》第 9 期)。针对以往出土简牍研究中对弃置状况措意不当的现状，郭伟涛结合简牍的考古发掘信息推理出走马楼吴简属于官府档案的一次性集中清理废弃，且弃置之前简牍保持编联成卷的状态。指出对之前简牍研究中经常使用的揭剥图研究路径应该保持清醒的认识，考虑其具体的适用性是否妥当(《论古井简的弃置与性质》,《文史》第 2 期)。

(三)其他出土文献研究

西朱村曹魏大墓发掘有年，其墓葬中出土石牌楬由于和曹操高陵如出一辙而备受瞩目，本年度《流眄洛川——洛阳曹魏大墓出土石楬》(上海书画出版社)出版。该书基本全面披露了曹魏大墓中出土石楬的拓本和照片，为研究曹魏时期墓葬制度、礼俗以及文字书写均大有裨益。

基于曹操高陵和西朱村曹魏墓葬出土的石楬铭文，大量与之相关的名物考证类文章在本年度涌现，一时蔚为大观。王子今就曹操高陵出土“香囊”“渠枕”石楬研究，梳理出此时期存在的与西域的贸易往来(《曹操高陵“香囊”考议》,《中国文化》第 2 期;《曹操高陵“渠枕”考》,《文物》第 10 期)。范常喜就西朱村曹魏大墓出土石楬中的“鸡辟挍短铗”中的“鸡辟”进行辨析，认为其与青岛土屯汉墓名物疏中之“鸡辟”同指，应该等同于“砗磲”“翡翠”一类的装饰材料(《“鸡璧”新证》,《文学遗产》第 4 期)。范常喜还对洛阳西朱村曹魏墓出土石楬铭文中“肉兜”“饼咸笼”加以考证(《洛阳西朱村曹魏墓石牌“肉兜”“饼咸笼”考》,《中国农史》第 2 期)。欧佳就西朱村石楬中铭文中涉及到的名物制度多有发覆，认为石楬铭文中涉及的“鏌”当指一类小型“鏌”饰。

与鐏装饰相近的“蝉”应是饰物“附蝉”，石楬所记“朱绶”应是公主随葬制度的应有之义（《洛阳西朱村曹魏墓 M1 出土石楬所记服饰考论三则》,《南京艺术学院学报（美术与设计）》第 4 期）。

曹锦炎对浙江湖州出土的两枚东汉三国的道教封泥进行了释读，一枚为“斩鬼使者”，另一枚为不可识别的复文式道符（《湖州出土道教封泥考》,《中国美术学院学报》第 1 期）。东晋南朝墓葬中出土有一种包含有“太上老君地下女青诏书律令”套语内容的买地券，段治民结合道教“女青”观念的形成，认为此物并非买地券，而是名实相副的“女青诏书”(《东晋南朝买地券中“女青诏书”与〈女青鬼律〉关系研究》,《宗教学研究》第 2 期）。

甘肃泾川县十六国铜器窖藏因为该时期金铜造像的集中出土而备受学界关注。朱棒通过论证确认其中出土的“归义侯印”应为后赵之官印，其中华盖金铜造像具有明显的中国化特征(《再论甘肃泾川铜器窖藏出土金铜佛像的年代及相关问题》,《美术观察》第 2 期）。

五　手工业考古

白云翔开创性地提出了“城市手工业考古”的命题，指出手工业依存的考古发掘与研究是城市考古的基本任务之一。作为城市考古和手工业考古的交叉学科，急需在现代城市考古研究中发挥手工业研究应有的作用(《关于城市手工业考古问题》,《南方文物》第 2 期）。

手工业考古成果主要体现在陶瓷和冶金考古两个方面。

（一）陶瓷考古和研究

对洪州窑的始烧年代通过墓葬的考古研究得到突破。厦门大学公布了 2009 ~ 2011 年在江西靖安老虎墩遗址发掘的汉晋墓葬的发掘资料，其中发现两座晋墓均为单室墓；东汉墓葬中出土的洪州窑瓷器，将洪州窑的始烧年代有可能推到东汉中期（《江西靖安老虎墩遗址汉晋墓与器物坑发掘报告》,《考古学报》第 4 期）。

武汉大学在湖北鄂州瓦窑咀遗址发掘 8 座窑炉遗迹。研究者结合出土的大量青瓷器认为，窑址的年代为孙吴早中期，是吴王城外以烧造陶器为主、兼烧瓷器的手工业作坊遗址（《湖北鄂州瓦窑咀窑址发掘简报》,《江汉考古》第 3 期）。

湖南省湘阴县青竹寺窑址发现东汉至三国时期的 3 座窑址，窑址中出土了目前所见最早的“芒口”瓷器，出土文物中有岳州窑系青瓷，再次印证了湘江下游是成熟青瓷起源地之一(《2017 年岳州窑考古发掘收获》,《东方博物》第七十七辑，上海书画出版社）。

早期白瓷问题是南北朝考古中聚讼未休的一个问题，其中关于青瓷和白瓷、釉陶和瓷器等的概念引发很多讨论。邓梅格对比分析相州窑、白河窑、邢窑以及北朝墓葬出土的早期白瓷，认为早期白瓷是青瓷向白瓷的过渡产品，工艺和釉陶、铅釉瓷密切相关，能够发展出成熟白瓷和北方地区存在大量瓷土的天然优势有关（《北方早期白瓷浅议》,《北方文物》第 2 期）。

针对釉陶概念的产生过程，陈彦堂认为在中国陶瓷发展史上存在两次误判，其中之一是将北朝墓葬中出土的低温釉陶误认为是早期白瓷，随后的研究确定了低温釉陶的定论事实上解决了两汉铅釉陶和唐三彩之间的缺环（《中国陶瓷史上的两次误读及其匡正——兼及“釉陶”概念的源流》,《华夏考古》第 3 期）。

（二）冶金考古

自汉代以来，铁器的使用极大地提高了社会生产力。铁器广泛应用在生产、生活甚至战争中，由此在多地区形成了铁器冶炼的手工业遗存。考察这些遗存对于我们认识三国两晋南北朝时期各区域的生业发展状况大有裨益。

河南鲁山望城岗大型冶铁遗址应该与汉代大型铁官有关，发掘者认为该遗址有可能延续使用到西晋时期（《河南鲁山望城岗冶铁遗址 2018 年度调查发掘简报》,《华夏考古》第 1 期）。

2017 年，吉林省文物考古研究所在集安霸王朝山城外发现高句丽时期遗址点 27 处，其中北头东南遗址发现高句丽和渤海时期的冶铁遗存（《吉林集安北头东南冶铁遗存》,《大众考古》第 1 期）。郭美玲等人对该遗址出土的铁器进行了科学分析，初步确认至迟在公元 3 世纪中后期至 7 世纪，高句丽块炼铁制作技术与生铁制作技术仍同时存在，铸铁的高硫特征或可与用煤有关（《集安洞沟古墓群山城下墓区出土铁器的初步科学分析》,《北方文物》第 2 期）。

（郭晓涛　中国社会科学院考古研究所）

隋唐五代时期考古

韩建华

2021 年迎来考古学百年诞辰，考古学在回顾与展望中掀开新的篇章，作为历史时期考古学的重要阶段，隋唐五代时期考古在多元一体、国家认同、文化基因等历史时期考古学文化特征的引导下，研究呈现出新格局、新态势。历史时期的考古学与历史文献学的学科界定、考古学文化的重新定义、考古学理论的思考等点燃了未来历史考古的微火。

一　百年回顾与历史时期考古学的反思

2021 年中国考古学迎来百年诞辰，《中国考古学百年史（1921—2021）》（全 12 册，王伟光名誉主编，王巍主编，中国社会科学出版社）出版，其中第三、四卷集中于秦汉到宋辽金元明清时代考古、石窟寺考古、佛教、道教、丝绸之路考古等，全面呈现了百年来历史时期考古的成就。

《中国史研究》第 3 期在“学科前沿”栏目中，以“历史学与考古学的融会”为主题，着眼于推进中国历史学学科和学术建设。刘瑞的《从汉唐昆明池考古看历史考古学的文献自觉》，以汉唐昆明池遗址的考古发掘为例，指出在历史考古学中，无论是考古调查还是考古勘探与发掘，都需要对历史文献给予充分重视，要全面收集文献记载、审慎判定，才能对与文献记载不同的考古结果保持足够“警惕”。刘未的《考古学与历史学的整合——从同质互补到异质互动》认为，历史考古学需要兼顾考古与文献材料，二者从同质互补转变为异质互动。

《中国社会科学》第 9 期的专栏“中国特色哲学社会科学‘三大体系’”中，邀请学者就构建“新时代中国考古学的特色、风格与气派”进行讨论。刘庆柱、韩国河的《历史考古的考古学文化阐释》认为，历史考古的“考古学文化”可通过国家文化、国家认同和文化基因等进行阐释。历史考古研究必须重视考古学文化与古代历史文献的密切结合，这也凸显了中国考古学的重要特色，也是它与史前考古的最大区别。

二　城市考古

（一）都城考古发现与研究

2020 年，西安市文物保护考古研究院对隋唐长安城东北角夹城及十王宅遗址进行主动发掘，清理发现夹城与外郭城城墙，以及夹城内早晚两期道路遗迹（《文博》第 1 期）。

2019—2021 年，中国社会科学院考古研究所陕西第一工作队对隋仁寿唐九成宫 4 号殿遗址进行发掘。殿址坐北朝南，由殿基、慢道、散水等组成，推测可能为咸亨殿，是高宗与武则天驻跸的寝殿（《2021 年中国重要考古发现》，文物出版社）。何岁利探讨唐长安西市的规划格局、商业遗存结构、佛教文化以及西市的繁荣与变迁，认为西市的商业模式为前店后坊的格局，是商品交换与贸易为主的多功能综合体（《南方文物》第 3 期）。林梅村讨论了唐长安城颁政坊的圣善寺，认为唐蕃长庆会盟碑提到藏语地名 Sheg sang si 就是圣善寺，系 631 年唐太宗为太子李承乾所建。故址在今西安市铁塔寺街第一中学及周边地区（《考古与文物》第 4 期）。

2020 年 3 月，洛阳市文物考古研究院发掘了一处仓窖遗址。残存仓窖 12 座，排列整齐，这批仓窖可能与隋唐洛阳城西苑内的青城宫有关（《大众考古》第 5 期）。贾鸿源以敦煌本《刺史书仪》为线索，讨论了后唐洛阳宫城的格局，认为宫城布局整体偏重西半部，这也是刺史主要在宫城内西部活动的原因（《华夏考古》第 2 期）。石自社探讨了天堂遗址的形制及在当时政治社会中天堂所蕴含的文化内涵（《南方文物》第 3 期）。赖子阳对隋唐洛阳城里坊的门进行复原研究，认为坊门有单层式与城楼式两种样式，坊门屋顶采用级别较低的悬山顶（《大众考古》第 1 期）。

边疆地区的都城方面，2021 年，黑龙江省文物考古研究所与市、县文博单位组成联合考古队，对鸡西市市辖区、虎林市等区域开展田野考古调查工作。本年度共调查 40 处遗存，其中城址 10 座，聚落址 30 处。

2020 年辽宁省对营口地区的高句丽遗迹进行调查，新确认了 3 处高句丽遗址，为研究提供了更准确的基础材料（“文博中国”微信公众号 7 月 5 日）。

杨雨舒梳理了 1978 年以来渤海上京龙泉府的研究成果（《地域文化研究》第 6 期）。李含笑讨论了渤海各遗址出土的釉陶建筑构件（《边疆考古研究》第 29 辑，科学出版社）。

2020 年云南大理太和城在内城考古清理出建筑基址、排水沟、石墙、护墙、水池等遗迹，均属南诏早期建筑，为探讨太和城内城的功能与性质积累资料（《2021 年中国重要考古发现》，文物出版社）。

2018 ~ 2020 年，西北大学文化遗产学院和青海省文物考古研究所组成的联合调查队对青海共和县石乃亥乡铁卜加城进行了调查与钻探，确定了该城就是吐谷浑的伏俟城，其时代从南北朝延续至隋和唐初，宋代继续沿用并重修（《大众考古》第 5 期;《文物鉴定与鉴赏》第 2 期）。

（二）地方城市考古发现与研究

史砚忻、张建林对俄罗斯图瓦波尔巴任遗址进行研究，认为该城为回纥可汗的夏季汗庭，建于 8 世纪后半叶，最终毁于大火及地震。该城仿照唐代宫城设计修建，唐朝工匠可能参与其中（《考古与文物》第 3 期）。闫雪梅依据龟兹城的最新考古发现，对唐代龟兹城进行复原（《考古与文物》第 4 期）。

2018 ~ 2020 年，中国人民大学和新疆文物考古研究所合作，对唐朝墩古城遗址进行系统的调查、勘探和发掘，发掘面积 1700 平方米，基本厘清了唐朝墩古城遗址的形制布局、文化面貌、始建和沿用年代，并清理出东墙门址、唐代院落遗址、高昌回鹘时期浴场佛寺等重要遗迹（《文物天地》第 7 期）。

2021 年，中国社会科学院考古研究所、新疆文物考古研究所与北庭学研究院联合对北庭故城子城西南部的 10、11 号遗址进行了考古发掘。在 11 号建筑基址出土“悲田寺”刻文残陶片，发掘者认为应是一处佛寺遗迹（“文博中国”微信公众号 8 月 26 日）。

任冠将目前在天山北麓发现的以庭州（北庭）为中心的城址、烽燧和其他遗址归纳为四个层级军政体系，各层级军政建置职能明确，由北向南形成了三条东西向防线，实现了对天山北麓绿洲地带的管控（《南方文物》第 6 期）。

2018 ~ 2019 年，中国社会科学院考古研究所与新疆文物考古研究所合作，对新疆喀什汗诺依遗址开展考古工作，初步认为该遗址始自青铜时代，唐宋时成为拥有东西两座城邑的大型聚落遗址，废弃于宋元。推断西城为唐疏勒州治所在（《西域研究》第 4 期）。

张华琴、王结华回顾了宁波的城市考古历程，梳理了历年的重要考古发现，也剖析了存在的主要问题，提出了相应的对策建议，以期裨益于宁波和其他港城的考古研究（《中国港口》增刊第 1 辑）。

2020 ~ 2021 年杭州市文物考古研究所对新登古城南门、西门等区域进行考古发掘，南城门区域发现唐、宋、明清不同时代叠压的城墙、城门道路、排水沟等遗迹（"文博中国"微信公众号 6 月 15 日）。

（三）军事防御体系遗址

近年来烽燧遗址的调查与发掘成为考古工作的重要内容。2020 年 11 月，唐代烽燧入选国家文物局发布的第一批国家级长城重要点段名单。2019 ~ 2020 年新疆文物考古研究所连续对克亚克库都克烽燧遗址进行了发掘，发掘面积 1100 平方米。克亚克库都克烽燧修筑于一处大型红柳沙堆上，由烽燧本体、居住房屋等构成，清理出房屋、土埂、木栅栏、踏步各 1 处，灰堆 5 处。烽燧修筑年代为唐代。出土的文书、木简是近年新疆考古发掘出土数量最大的一批唐代汉文文书资料。该烽燧遗址为唐代"沙堆烽"故址，同时也是一处游弈所治所，属于安西四镇之一焉耆镇下的一处基层军事管理机构（《考古》第 8 期）。胡兴军对该遗址出土的《韩朋赋》纸文书进行整理，认为该《韩朋赋》是从中原通过戍边换防带到了边塞，慰藉了边塞士兵单调的生活（《西域研究》第 2 期）。党琳、张安福讨论了唐代经营沿孔雀河从焉耆到罗布泊的交通和军防体系，认为克亚克库都克烽燧是唐朝有效治理西域的见证（《史林》第 5 期）。通过对该遗址出土木炭样品的鉴定分析，认为该遗址的薪材有 4 种，以柽柳属为优势种，当时先民生存的地表景观为沿河绿洲（《第四纪研究》第 12 期）。

2015 ~ 2016 年以及 2020 年，哈密市文物局与哈密东天山研究院组成调查队对烽燧遗址进行了专题调查，涉及烽燧 81 座，运用考古类型学的方法进行分类（《文博》第 1 期）。

三　宗教遗存的发现与研究

（一）考古调查与发掘

1. 石窟与寺院

石窟寺考古报告相继出版。云冈研究院、山西省考古研究所、大同市考古研究所联合编著的《云冈石窟山顶佛教寺院遗址发掘报告》（文物出版社）出版。全书共 3 册 30 余万字，是云冈第一部完整的田野考古发掘报告。龙门石窟石窟院编著的《龙门石窟考古报告·东山万佛沟区（全三册）》（科学出版社）出版，全面、客观、科学、系统地记录了龙门东山万佛沟石窟寺的各类遗迹及其特征。宁夏文物考古研究所、浙江大学文化遗产研究院和须弥山石窟文物研究所共同编著《须弥山石窟考古报告·圆光寺区》（文物出版社），这是一部数字化介入条件下以记录和呈现遗迹与遗迹关系为核心的石窟寺考古报告。

常青编著《中国石窟简史》(浙江古籍出版社),介绍了中国石窟艺术的源流、分布、发展的不同阶段以及不同发展阶段的艺术特色。

李裕群调查了山西省静乐县的净居寺石窟,并探讨了开窟年代、造像题材等(《故宫博物院院刊》第10期)。

2015 ~ 2021年,河北省文物考古研究院对开元寺南遗址进行了考古发掘,发掘面积3664平方米。发现了唐至清七个历史时期连续文化层叠压,遗迹分属寺庙、唐五代城墙、唐至明清民居和街巷等三类遗存,极大丰富了正定古城文化内涵("文博中国"微信公众号2022年3月29日)。

2016 ~ 2021年,吉林省文物考古研究所联合珲春市文物管理所对珲春市古城村1号、2号寺庙址进行了考古调查与发掘。1号为佛寺,建筑布局与建筑结构不明。2号基址分早晚两期。早期建筑布局结构不明,晚期为佛寺遗址,建筑布局清晰、完整,发掘出南北中轴线上的佛殿、佛堂等建筑台基,中轴线以西有禅房及生活类建筑。晚期佛寺可能与渤海国王室有关,是唐代东北地区佛寺的代表性遗存("文博中国"微信公众号9月14日)。

2021年,中山大学与新疆文物考古研究所、新疆吐鲁番学研究院联合发掘了西旁景教寺院遗址,出土了叙利亚文、回鹘文等文书残片、壁画残块及陶、木、铜、铁、织物等文物(《西域研究》2022年第1期)。

2021年,新疆文物考古研究所与中国人民大学合作,在唐朝墩古城遗址发掘了一处景教寺院遗址,其总体布局坐东朝西,有殿、祭台等建筑,发现景教壁画,时代为高昌回鹘时期至元代(《西域研究》2022年第3期)。

2019 ~ 2020年,西藏阿里札达县皮央东嘎村皮央杜康大殿发现260余函吐蕃古藏文写卷,这批写卷应为吐蕃时期译入的佛经,在10世纪末和11世纪初从桑耶寺等地请入(《西藏大学学报(社会科学版)》第1期)。

2. 造像

2015年6月,四川大学考古学系、成都文物考古研究所、安岳县文物局对四川省安岳县自治乡的木鱼山摩崖造像进行了调查,发现现存摩崖造像29龛,分为三组,时代依次为盛唐、中晚唐、唐末五代至北宋初(《文物》第8期)。

2018 ~ 2019年,西南民族大学民族博物馆等对四川广元千佛崖摩崖造像进行调查,发现北魏至唐代遗迹,大致可分为崖面建筑、崖面栈道与崖前道路、施工搭架及其他防护附属物遗迹(《文物》第11期)。

2014年,四川省文物考古研究院等对龙门哑摩崖造像进行了全面考古调查,发现24个造像龛,时代为隋至初唐,造像主题为佛道并造(《四川文物》第4期)。2018年7月,西华师范大学历史文化学院等对四川省内江市的翔龙山摩崖造像进行调查,发现造像80龛739尊,碑刻题记43则,形制以摩崖中型龛为主,始凿于中晚唐,题材有观音弥勒大佛、千手观音、观无量寿经变等(《石窟寺研究》第12辑,科学出版社)。

2018年,大足石刻研究院对大足北山石刻营盘坡摩崖造像进行了调查清理,发现造像24龛,造像内容丰富,三头佛像在国内首次发现。石窟开凿于晚唐、五代时期,可能与唐末永昌寨寨主韦君靖有关(《石窟寺研究》第11辑,科学出版社)。2017年,广西文物保护与考古研究所对桂林国家森林公园内的5龛造像进行了调查,认为该地的唐代摩崖造像的粉本来自中原地区，尤其是龙门石窟。相关题记中还发现有粟特人的踪迹（《四川文物》第 4 期）。

2021 年，浙江省博物馆等在烟霞洞新发现了 9 处五代吴越国时期的罗汉造像题记，讨论了烟霞洞罗汉造像的雕造年代、题材、造像组合、供养人、造价及与《法住记》的关系等问题（《敦煌研究》第 6 期）。

（二）研究

1. 综合研究

王俊铮回顾和梳理了中国境内唐代渤海国佛教遗存的发现与研究概况（《地域文化研究》第 6 期）。

黄盼根据遗迹现象和遗物状况对佛像埋藏进行分类与比较，将佛像埋藏分为三类，并探讨不同类型埋藏的意识与理念（《华夏考古》第 5 期）。

邓新航、龙红对收集整理的 203 则隋代造像题记进行分析，总结出隋朝民众的佛教信仰的五个特点：地域性、多样性、集中性、家庭性、功利性（《重庆师范大学学报（社会科学版）》2021 年第 4 期）。

夏立栋对吐峪沟西区中部高台西州回鹘时期的石窟寺院的布局进行分析，认为此期石窟寺院的多院制形制布局、不同院落的仪式程序和各院落之间有着内在的运行机理（《敦煌研究》第 5 期）。

于亚龙对北响堂山顶部西天宫殿殿门两侧的石门柱进行复原，认为其形制系国内罕见的双束碑，是唐代最初皇家仪式记事碑（《中国国家博物馆馆刊》第 2 期）。

仵录林对耀州神德寺和神德寺塔的历史与沿革进行梳理（《西部考古》第 21 辑，科学出版社）。冉万里对玉华寺石窟进行重新论证，认为均为唐代石窟，形制的不同仅是功能不同造成的，其中的佛殿窟就是玄奘最后安置“俱胝佛像”的场所（《西部考古》第 22 辑，科学出版社）。

2. 造像研究

张亮对四川仁寿千佛岩和石佛沟新发现的 3 铺唐末五代时期的早期地藏十王造像进行分析，认为其造像的诸多特征在四川地区初始创作和早期流传过程中就已经确立，敦煌地区此类图像是对四川既有粉本的微调而非颠覆式的改作或新创（《敦煌研究》第 1 期）。

李飞梳理 2011 ~ 2020 年川渝地区石窟及摩崖造像调查及研究的成果，总结了近十年来的研究动向，在此基础上对相关问题研究的不足与缺失提出个人见解（《四川文物》第 5 期）。

董华锋、李菲系统辑录了川渝地区唐宋石窟所保存的与石窟营造工匠相关造像记、修妆记、工匠题记及其他碑记等摩崖题刻资料，总结了川渝唐宋石窟营建的工匠工种、级别，以及工匠团队的组织结构等（《敦煌研究》第 3 期）。

韩明、郭建波等以通江千佛岩石窟的现场调查为基础，探索烟渍对石窟造像的影响，通过检测辨析烟渍污染物的成分，分析烟渍造成的病变机理、危害程度等（《四川文物》第 5 期）。

刘勇、胡小玉对桂林 3 铺双足外撇、足跟相对的单尊观音立像进行研究，认为这种表现形式可能与波罗王朝时期东印度的造像艺术有关，带有一定的密教色彩。从这些观音像可以窥见唐末桂州的佛教信仰以净土宗和禅宗为主（《敦煌研究》第 4 期）。

陈菊霞、李珊娜对莫高窟第 4 窟东壁门南的于阗供养人像进行分析，认为第一人是于阗国王李圣天，身后的三身女供养人分别是曹皇后和两个女儿。从供养人布局来看，该窟是由节度使曹氏和于阗王室家族合作营建完成的（《西域研究》第 2 期）。

葛海江、张万辉对太原龙山道教石窟第五窟主像进行分析，认为其身份可能是太原当地百姓供奉的太子王子乔，开凿时间在武则天册封王子乔为“升仙太子”事件之后（《文物》第6期）。

李静杰系统分析了唐宋时期在中原北方和四川盆地的摩崖造像、单体造像中流行的三佛、四佛造像，认为三佛、四佛造像系净土信仰大流行的产物（《石窟寺研究》第12辑，科学出版社）。李静杰还对有着桃形耳环的饰耳佛像进行研究，就其时代流变、分布地域及其造像含义等进行讨论（《敦煌研究》第1期）。

李惠东、张舒通过对比敦煌275窟北凉造像和盛唐130窟造像面部比例关系及塑造特征，探讨造像面部形象在时代、人种、民族方面差异的关联及延续性，并探讨差异形成的背景与原因（《敦煌学辑刊》第1期）。

3. 景教研究

张成渝、张乃翥以洛阳地区发现的景教文物为契机，分析了个人在洛阳诸胡石刻宗教学史料研究的得失，提出了以文化人类学的视角来研究入华胡人诸问题的建议，并阐述了宗教文物研究的价值和意义（《丝绸之路研究集刊》，商务印书馆）。

姚崇新通过考察“叙—波混合型十字架”图像的装饰，认为珍珠元素进入景教装饰艺术是诸多“因缘”和合的结果，进而从方法论角度讨论了宗教象征主义与宗教物质文化密不可分的关系（《西域研究》第1期）。

朱玲探讨了景教中国化过程中，在礼仪制度方面汲取了很多中国化元素，都仿效佛教、道教和儒教，使之得以在适应中国文化的背景下逐渐传播（《中国宗教》第7期）。

四　墓葬发现与研究

（一）帝陵的发现与研究

2010年，陕西省考古研究院对隋文帝泰陵陵园及隋文帝庙遗址进行了全面考古调查和勘探，搞清了隋泰陵的构成元素，证实了文献的记载；隋文帝庙遗址位于泰陵东南，兼具防御与祭祀功能（《考古与文物》第1期）。

2013～2014年，陕西省考古研究院对唐敬宗庄陵陵园、陪葬墓区进行了全面考古工作，发掘了陵园南门外的蕃酋殿和毕沅碑南的石块遗迹。唐庄陵包括陵园、道路、封土、玄宫、神道、乳阙、鹊台、下宫、陪葬墓等。蕃酋殿平面曲尺形，出土蕃酋像和大量砖瓦（《考古与文物》第1期）。

2018～2019年，郑州大学历史学院、郑州市文物考古研究院、新郑市文物局联合调查了后周的嵩陵、庆陵、惠陵和顺陵以及附近的陵上遗址，明确后周陵园的形制，并根据哀册内容，纠正了以往对皇后陵的认识（《考古与文物》第1期）。

沈睿文《唐陵的布局：空间与秩序（增订本）》（北京大学出版社）出版，该书以唐代帝陵为中心，讨论了汉唐宋时期帝陵陵园结构的演变，以及西夏陵的布局原则，认为唐陵布局及其变化蕴含着帝国的政治及礼制思想，其核心精神是“斟酌汉魏，以为规矩”。

贺西林以陕西潼关税村隋废太子、房陵王杨勇墓画像石棺为研究对象，讨论了石棺画像的视觉传统及其与宫廷匠作的关系（《故宫博物院院刊》第12期）。冉万里根据最新的隋泰陵考古成果并结合隋炀帝墓和税村壁画墓，总结出隋代帝陵选址的基本原则和帝陵的诸要素及葬制

（《考古与文物》第 1 期）。

张建林分析认为隋文帝泰陵与唐高祖献陵二者布局和结构极其相似，唐高祖献陵近仿隋文，远追汉魏，综合了前朝诸多因素，为初唐陵寝制度奠定了基础（《考古与文物》第 1 期）。

赵洋对唐代帝陵奉守制度进行研究，讨论了陵令、留守和陵使职能的变迁，并分析其背后的原因（《首都师范大学学报（社会科学版）》第 5 期）。胡元超、刘向阳对七方唐太宗妃嫔墓志进行梳理，结合相关历史文献，得出唐高宗朝安置先皇妃嫔的三条基本制度（《文博》第 4 期）。朱津、司亚东、黄富成基于最新考古材料对后周皇陵的选址进行探索，认为皇陵选址遵从三原则，采取帝后“同茔不同穴”的合葬方式，其陵墓制度处于唐宋变革的重要节点（《华夏考古》第 6 期）。

（二）王族墓葬发现与研究

2019 年 9 ~ 12 月，甘肃省文物考古研究所等对甘肃天祝藏族自治县岔山村的吐谷浑喜王慕容智墓进行发掘。此墓形制完整，出土遗物丰富（《考古与文物》第 2 期）。2020 年，甘肃省文物考古研究所等对武威地区开展了大规模调查、勘探工作，发现并确认吐谷浑王族墓葬共计 23 座。2021 年，发掘了长岭 M1 和马场滩 M1、M2，出土随葬品 290 余件。从马场滩 M2 出土的开元二十七年（739）《冯翊郡太夫人党氏墓志》可知，该处墓群为唐早中期吐谷浑蓬子氏家族墓地（“文博中国”微信公众号 12 月 15 日）。

刘兵兵、陈国科、沙琛乔对甘肃省武威地区出土的唐吐谷浑喜王慕容智墓志进行考释，填补了吐谷浑王族世系的空白，明确了武威地区的“大可汗陵”存在的事实，发现了失传已久的吐谷浑文（《考古与文物》第 2 期）。

沙武田、陈国科根据最新的考古发现，对其墓葬选址和葬俗进行研究，认为武威南山是吐谷浑王族墓地所在，是吐谷浑灭国之后的“先茔”地（《考古与文物》第 2 期）。2018 ~ 2021 年，中国社会科学院考古研究所和青海省文物考古研究所联合对青海都兰热水墓群 2018 血渭一号墓进行了发掘。该墓葬为木石结构多室墓，由地上和地下两部分组成，出土大量遗物，特别是“外甥阿柴王之印”确定了墓主人是吐谷浑王（《考古》第 8 期）。

韩建华系统梳理了青海都兰热水墓群 40 年来的考古发掘与研究工作（《西部考古》第 20 辑，科学出版社）。中国社会科学院考古研究所和青海省文物考古研究所编著了《热水考古四十年》（科学出版社）。阿顿・华多太对都兰热水墓群 2018 血渭 1 号墓考古出土的印章进行研究，认为印章上的“甥阿夏王”即“甥达延赞松”（《西藏大学学报（社会科学版）》第 3 期）。

（三）一般墓葬的发现与研究

1. 墓葬发现资料

（1）考古报告

湖北省文物考古研究所、湖北省博物馆、北京大学考古文博学院编著的《武昌隋唐墓》（上海古籍出版社）出版。这批墓葬迄今为止仍旧是整个中国南方地区最集中、内涵最丰富的隋唐墓葬发现。广东省文物考古研究所编著出版《乳源莱山六朝至唐时期墓葬发掘报告》（科学出版社）全面报告了墓葬的整理情况，以及墓葬的考古分期及相关研究，为研究六朝至唐时期“北人南迁”“岭南开发”等历史事件提供了重要的实物材料。

（2）考古简报、消息等

考古简报与消息报道的墓葬材料按照地区进行简要介绍。

陕西地区

2003 年 12 月至 2004 年 4 月，陕西省考古研究院和西北大学文化遗产学院联合对西北大学长安校区内的古墓葬进行发掘。发掘古墓葬 121 座，其中唐代墓葬 87 座。其中 2003CXDM17 是一座长斜坡墓道双天井单室土洞唐墓，时代为 7 世纪晚期，刷新该类墓葬的时代认识（《西部考古》第 21 辑，科学出版社）。其中 2003CXDM22 是一座长斜坡墓道单天井单室土洞墓，年代在 8 世纪前半叶，墓主人的身份为庶民阶层（《西部考古》第 22 辑，科学出版社）。

2014 年，西安市文物保护考古研究院于清凉山森林公园东南发掘了一批古墓葬。其中 M124 为韦旷及夫人河东柳氏的墓葬，斜坡墓道土洞墓，随葬品丰富，是西安南郊新发现的又一座唐代京兆韦氏逍遥公房成员墓葬（《文博》第 4 期）。

2018 年，西安市文物保护考古研究院在西安市东郊汉森路与公园路附近发掘了一座唐代壁画墓（2019RCH—2 西 M1）。该墓葬的发掘为研究唐代与西域关系、盛唐墓葬壁画、唐代“召魂葬”习俗、唐代宦官制度等提供了重要的实物材料（《中原文物》第 3 期）。

2020 年 6 月，陕西省考古研究院于西咸新区秦汉新城龚东村北发掘了一批隋唐时期墓葬，可确认为元氏家族的墓葬 3 座，元大谦、罗婉顺夫妇墓为带围沟的长斜坡墓道土洞墓，有砖砌棺床，出土墓志、塔式罐、陶俑等随葬品 117 件（组）（《考古与文物》第 2 期）。另外两座墓为元大谦第三子元不器及侄子元自觉夫妇。二墓形制相同，均为长斜坡墓道土洞墓，随葬品丰富。均有墓志，时代为开元、天宝年间（《文博》第 4 期）。

2020 年 6 月至 2021 年 11 月，陕西省考古研究院在陕西省咸阳市渭城区底张街道和北杜街道发掘了古墓葬 3648 座，出土文物 16000 余件（组）。其中十六国至隋代公共墓地 1 处、北朝隋唐墓园 77 座，其中有纪年的 23 座。北朝隋唐墓以围沟兆域和家族墓园为主要特征，并在高等级墓葬中占据重要地位。这是考古学界首次对隋唐家族或家庭墓葬的格局分布形制的了解（“文博中国”微信公众号 12 月 9 日）。

河南地区

2012 ~ 2015 年由中国社会科学院考古研究所安阳工作队等联合对河南安阳市大司空村东地魏晋隋唐宋元墓葬进行抢救发掘，其中隋唐五代墓 12 座，仅 1 座为砖室墓，余均为土洞墓（《考古学集刊》第 24 辑，科学出版社）。

2017 年 2 月 10 ~ 25 日，河南项城市新桥镇姜胡同村发现一座唐代砖室墓，出土多种随葬品及墓志。“贞元六年四月四日”的纪年为该地区首次发现，为该地区唐代墓葬提供了断代标尺（《华夏考古》第 2 期）。

2017 年和 2019 年，郑州市文物考古研究院等在荥阳市东北部发掘了一批汉唐时期的墓葬。其中两座晚唐时期的小型墓葬保存完整，均为单室土洞墓，皆出土墓志。2017ZGBM36 墓志反映了道家在唐代的社会影响和荥阳郑氏衰落的史实。2019ZXMM1 墓志志文不辨，志盖与墓志间放置买地券，在中原地区的唐墓中均较为罕见（《中国国家博物馆馆刊》第 7 期）。

2017 年 8 ~ 10 月，郑州市文物考古研究院在郑州市惠济区古荥镇北发掘了一批汉晋和唐宋墓，其中编号 2017ZZZM80 为单室土洞墓，据墓志知墓主为唐滁州司马郑仲淹及其夫人，神龙二年合葬，随葬器物丰富，组合完整（《文物》第 8 期）。4 月，洛阳市文物考古研究院清理了一座唐代墓葬。据墓志可知，墓主为卢鸥，范阳人，墓志与两《唐书》等史书资料基本相符，印证了史书记载的真实性，完善了范阳卢氏的世系表（《洛阳考古》第 1 期）。

2021 年河南三门峡市文物考古研究所发掘了一批唐代墓葬，M61 为土洞室墓，据墓志知墓主为张归香夫妇（《中原文物》第 4 期）。

北京地区

2016 年 9 月，北京市文物研究所在北京大学第一医院发掘了两座唐代晚期砖室墓，均为单室砖墓，东西并列，位于唐幽州城外的东北部，应属幽都县礼贤乡管辖(《中国国家博物馆馆刊》第 10 期）。

2019 年 5 月和 12 月，北京市文物研究所在北京高端制造业基地项目范围内发掘 14 座古代墓葬，其中唐代墓 3 座，M5 唐代早期墓，梯形砖椁墓，M6、M7 为唐代晚期至五代时期，均为“甲”字形砖室墓，长方形阶梯墓道，墓室呈弧方形或圆角方形。M6 为倒“凹”字形棺床。M7 墓室内有假门等影作木构，M7 出土“官”字款白瓷碗（《北京文博文丛》2021 年第 2 辑，燕山出版社）。

宁夏地区

2014 年 6 月，宁夏回族自治区文物考古研究所对固原南塬一座唐墓（编号 M1401）进行了发掘。墓葬为带斜坡墓道的单室土洞墓，墓道与墓室皆绘有壁画，此墓葬男性墓主人头骨经鉴定有欧罗巴人种特征，推断与史氏家族有关（《文物》第 12 期）。

河北地区

2014 年 6 ~ 9 月，河北省文物研究所在正定新区发掘一座唐墓，据墓志可知为大和四年的合葬墓（《北方文物》第 4 期）。

2018 年 8 月，邯郸市文物保护研究所与邱县文物保护管理所联合发掘一座砖室墓，据墓志可知墓主为唐代县令袁翼夫妇合葬墓，存在毁墓行为（《文物》第 3 期）。

2018 年 5 ~ 6 月，河北省文物考古研究院等对河北省安新县大王镇中六村的 10 处遗迹进行考古发掘，包括 4 座唐墓、4 座清墓、1 座汉代砖瓦窑和 1 眼汉代水井（《文物春秋》第 5 期）。

2020 年 4 月至 8 月，河北省文物考古研究院联合定兴县文物保护管理所，对杨家庄遗址进行了发掘，发现唐代墓葬 3 座，M5、M6、M7 呈南北向错位“一”字排列，均为带台阶墓道的圆形砖室墓，出土有陶器、瓷器、铜器，为唐代中晚期，似为一个家族的三代墓葬(“文博中国”微信公众号 8 月 6 日）。

江浙地区

2012 ~ 2013 年，宁波市文物考古研究所等在奉化区尚桥村发掘了一批墓葬，其中唐墓 19 座，形制分土坑竖穴墓和砖室墓两类，出土有“大中二年”“大中元祀”“唐明州”等字样的铭文砖（《东南文化》第 6 期）。

2020 年 12 月 ~ 2021 年 3 月，扬州市文物考古研究所对三星叶桥 A、B 地块区域进行了发掘，发掘唐五代墓葬 123 座，分为竖穴土坑墓和竖穴砖室墓两类，葬具分为木制单棺、双棺两种，以单棺葬具为多。随葬品多为日常器物，其年代集中在唐代中晚期到五代时期(“文博中国”微信公众号 6 月 1 日）。

两湖地区

2017 年 2 ~ 9 月，长沙市文物考古研究所对长沙开福区伍家岭墓葬与遗址进行发掘，发掘少量晚唐五代时期遗址。其中有10座唐墓，保存相对较好，均为小型长方形竖穴土坑墓，随葬器物以盘口壶、碗、罐等瓷器为主，个别出土铜镜、“开元通宝”铜钱等，时代由初唐至五代时期（《文物天地》第5期）。

甘青地区

2020年10月，甘肃省文物考古研究所、天水市麦积区文旅局等在甘肃天水市麦积区伯阳镇伯阳村毛峪河发掘了一座唐墓，是天水地区截至目前发现的唯一唐代壁画墓，准确的纪年题记弥足珍贵（“文博中国”微信公众号3月5日）。

西藏地区

2020～2021年，西藏自治区文物保护研究所联合浙江省文物考古研究所对西藏拉萨市当雄县当曲卡镇当曲居委的当雄墓地进行了发掘，共清理了6座大型和30座小型封土墓，年代为公元7～9世纪，属唐（吐蕃）时期（“文博中国”微信公众号2022年1月13日）。

山西、内蒙古地区

2019年8～9月，山西省考古研究院、新绛县文物保护技术中心对新绛县侯庄村西北的一批墓葬进行了发掘，其中3座盛唐墓，均为土洞墓，平面形状均呈“刀”形。随葬器物不多。出土了3盒墨书或朱书墓志，漫漶不清（《文物世界》第1期）。

山东地区

2017年，山东省文物考古研究院等配合齐国故城考古遗址公园的建设，发掘19座唐代至五代时期墓葬，其中成人墓13座、孩童墓6座（《海岱考古》第十四辑，科学出版社）。

2020年12月～2021年3月，山东省文物考古研究院对聊城市绳张墓地进行考古发掘，共清理唐代晚期及五代后梁时期中小型土坑砖室墓24座，共出土各类文物50余件套（“文博中国”微信公众号9月3日）。

两广地区

2018年11月～2019年5月，广州市文物考古研究院对广州市胸科医院肺科病房楼建设用地进行了考古发掘，清理了一批西汉至清代墓葬。M3是一座五代南汉时期的砖室墓，随葬石墓志和石地券各一块。据墓志可知墓主为南汉大有元年李纾，是唐惠庄太子李㧑的五代孙（《考古》第5期）。陈鸿钧对李纾墓志进行了考证，认为志文反映了晚唐北人南迁的史实，以及南汉建国官制，补充了南汉史籍之阙略（《广州文博》，文物出版社）。

2. 研究资料

（1）阶段或区域性墓葬研究

杨国才根据浙江地区已发现的281座墓葬材料，运用考古类型学，从墓葬形制与随葬品的类型、墓葬分期及阶段性特征等进行系统研究，并采用考古学文化因素分析法对浙江地区的隋唐墓葬地域特色及成因进行探讨（《唐史论丛》第2期）。

苏海通对广西地区的隋唐墓葬形制进行分类，认为其墓葬形制除了受当时中原文化的影响外，还受当地文化、自然环境、风俗的制约，土坑墓、崖洞葬的墓主多是平民，砖室墓则多是官员（《文物鉴定与鉴赏》第2期）。

母雅妮梳理了固原发掘的9座隋唐墓葬，墓葬分为砖室墓和土洞墓，形制都是斜坡长墓道、多天井单室墓，整个墓葬东西“一”字排开，为史姓家族墓地，墓主人为叔侄关系（《文物天地》第10期）。

祁梅香、杜梦梳理了以吐鲁番盆地为代表的晋唐墓葬的考古发现与研究，并对研究中存在的问题进行分析，认为应该从墓葬资料的整理与公布、分期断代、器物的类型，及与晋唐时期吐鲁番地域社会、丝绸之路等方面的研究予以加强（《吐鲁番学研究》第 1 期）。

吴小龙对冀中地区已发掘的 95 座唐墓进行整理，以墓葬形制为研究对象，归纳、分析不同时期墓葬形制的特色及历时性变化，探讨墓葬形制与等级的关系，并分析其原因（《石家庄学院学报》2022 年第 1 期）。

倪润安通过梳理后蜀的墓葬形制，认为后蜀的墓葬汇聚了南、北两源的文化因素。南源是蜀地自有墓葬文化，北源则与后唐文化因素有关。南、北二源在后蜀墓葬中此消彼长，相互作用，映射着政治、文化的起伏转折（《考古》第 1 期）。

余小洪、王蔚运用考古类型学、文化因素分析法对吐蕃墓葬形制、等级、随葬品中的中原文化因素进行辨析，进而对吐蕃墓葬制度受到的中原文化影响进行归纳(《西藏民族大学学报(哲学社会科学版)》第 4 期)。

林梅村根据青海都兰热水墓群的考古发现，结合敦煌古藏文《松赞干布本纪》，认为 1982 年的血渭 1 号墓是坛城式灵堂遗址，血渭 6 号墓为贡松贡赞吐谷浑妃蒙洁墀噶墓；2018 血渭 1 号墓为贡松贡赞象雄妃没庐・芒邦墓（《敦煌研究》第 1 期）。

（2）墓葬图像研究

杨瑾对唐章怀太子墓壁画《客使图》中自南向北第一位穿皮衣戴皮帽使者族属问题进行重新解释，认为这位使者有可能来自粟末靺鞨，甚至可能与李谨行有关（《陕西历史博物馆论丛》第 28 辑，三秦出版社）。于静芳分析了 13 座唐墓的美人屏障画，多见六至二十二扇联屏，可分为树下美人联屏与无树木美人联屏两类。起于高宗，衰落于肃宗。唐墓屏障壁画尺寸模仿生活中屏障画，功能有三：模拟床前屏风、审美需求、感通神灵（《西北美术》第 2 期）。

党郁对呼和浩特市塔尔梁壁画墓进行梳理和补正，主要是对壁画内容识读、内涵解读进行重新补正，并对该墓壁画中的四时、十二时、仪鱼、地轴、金鸡、玉犬、力士等神煞图像重新进行解读（《草原文物》第 2 期）。高世华对天水棺床墓的年代、族属、墓主人身份和棺床屏风画等问题提出新的认识，认为墓葬年代为北周至隋初，墓主人是北周鲜卑贵族宇文导。屏风画可能是以庾信《屏风诗》为蓝本刻画（《敦煌研究》第 1 期）。

（3）随葬器物研究

杨苗苗对西安曲江唐博陵郡夫人崔氏墓出土的动物骨骼进行分析，并对唐代大型动物殉葬的墓葬级别、动物选择标准以及用途进行初探（《文博》第 4 期）。赵永生、孙田璐等对齐国故城小城北门遗址晚唐至五代墓葬中出土人骨进行研究，认为通过对性别和死亡年龄的鉴定能够了解古代居民的人口基本情况（《海岱考古》第 13 辑，科学出版社）。王炜、吴晓彤对河南宝丰小店唐墓出土的银饰残片从出土位置、器物形制、墓主性别及器物组合等方面进行了辨析，认为其应是一件下颌托的组成部分（《洛阳考古》第 1 期）。

李萌系统收集了洛阳地区唐墓中出土的茶具，按功能进行分类，认为茶具种类与数量的变化与唐代饮茶方式有关；唐代茶文化对后世及周邻国家产生了积极影响（《农业考古》第 5 期）。陈灿平对隋唐墓葬出土的 70 余面“古镜”进行分类，认为可分为“旧式镜”和“仿古镜”，前者是隋唐铜镜在起步、探索阶段所经历的自然过程；后者是在特定背景下的创新与发展（《东南文化》第 6 期）。他还对山西大同振华南街唐墓出土的一面颇具异域文化色彩的铜镜进行研究，重点分析了铜镜中的牵马图、舞狮图和驭龙图等纹饰，认为此类型的铜镜主要流行于9世纪，纹饰最初可能借鉴了织锦纹样（《西部考古》第21辑，科学出版社），并对隋唐墓葬中出土的铁镜进行研究，认为铁镜随葬集中于北方地区的隋至唐初，是延续了汉晋以来北方地区使用铁镜的传统，与道教并无必然联系（《中原文物》第3期）。

刘勇对固原隋唐墓出土的玻璃器进行研究，从出土情况、类别及组成等方面总结了固原出土的玻璃器的特征、质地及功用（《文物天地》第10期）。刘彦博对隋唐墓葬的镇墓兽进行分期，认为镇墓兽的变化是风俗信仰、丧葬观念的体现，丧葬观念的改变是造成镇墓兽功能弱化、数量减少的主要原因（《文物天地》第11期）。

李梅田对李静训墓进行了重新解读，复原了葬仪的过程，认为封闭式的椁墓结构表明下葬时没有举行墓内祭祀礼仪，墓上建筑系有意模拟佛教舍利瘗埋之法，且石棺形制和画像内容呈现北朝和唐代之间高等级葬具的过渡形态（《华夏考古》第5期）。何月馨对唐代丧葬花费进行研究，从购买葬具、墓地、修建墓葬、撰写墓志和随葬品等方面勾勒出唐代丧葬花费的基本面貌（《华夏考古》第6期）。

葛承雍对考古发现的文物图像中“剪头胡雏”的胡人形象进行研究，认为剪发而不束发的形象是年轻胡人的身份指征，说明当时入华胡人还没有彻底“汉化”，仍然保留着本族群的发型特征（《故宫博物院院刊》第2期）。还对山西晋东南长治（上党）地区唐代胡俑形象进行研究，将具有鲜明地域特色的胡商骑驼俑命名为“上党殊样”或“长治模本”，论证了太行山脉两侧“咽喉”枢纽地区胡商频繁往来的原因（《故宫博物院院刊》第12期）。他对中古时期墓葬石门上出现的各种胡人、蕃人、“神人”艺术形象进行分析，指出胡人侍卫、乐工、武士等成为这一时期门扉上别出新样的造型，反映了汉魏至隋唐社会胡汉文化从碰撞到逐步融合的进程(《美术研究》第4期）。他对甘肃山丹收藏的“胡腾舞俑”进行重新辨析，并提出质疑，认为很可能是民间流传的治疗百病的巫医（《文物》第6期）。

杨瑾总结了朝阳地区隋唐墓葬所发现的胡人胡服俑的空间流转的区域性分布特征，指出这是多种文化元素层累的视觉呈现，也是唐代统一墓葬文化在东北地区的集中表现，具有多元民族交流与融合的动态时空演变轨迹（《黑河学院学报》第8期）。陈颖讨论了进入职贡图的唐代胡人牵兽图像，认为该图像进入职贡图的范畴被抹上了政治内涵，消解了职贡图的政治性，凸显了远来献宝的吉祥寓意（《东方收藏》第17期）。黄晓丽对唐墓中出土的胡人服饰进行研究，认为胡袍在“东渐”过程中逐渐简洁实用，在保留原有样式的基础上趋于平民化（《文化集萃》第46期）。

沙武田对唐墓出土的三彩骆驼上的兽首驮囊进行研究，否认其与祆教有关，认为其性质为动物皮包装或保护类材料，功用是驮囊上覆盖连带兽首的大型动物整张皮毛，能对较为脆弱的丝绸织品及其他贵重物品有效地实施保护（《文物》第2期）。龚桐、刘晓平通过胡帽、袒露装和服饰色彩等方面表现，认为盛唐以来女性穿衣观念发生了改变，分析了这些观念转变的原因及带来的影响，揭示了盛唐女性的穿衣观念因胡服的引进而逐渐向开放性、多元化方向发展（《绥化学院学报》第9期）。曹肖肖讨论了固原地区隋唐墓中发现的5枚外国金币仿制品，从其分布地域、埋藏年代、特征等方面进行梳理，认为可能是墓主人口含之用，是其身前收藏的饰品（《文物天地》第10期）。马伟对固原地区出土萨珊钱币及相关葬俗进行全面考察，从形制特点入手分析其来源及其在丧葬语境中的性质与功能，以及与当地入华粟特裔的关系等问题（《形象史学》第 18 辑，中国社会科学出版社）。

张林君根据新出土康善达墓志，讨论了唐代昭武九姓胡与唐代马政之间的互动关系，认为朝廷秉持人尽其才的用人制度，对九姓胡及马政都产生了深刻的影响(《宁夏社会科学》第 4 期）。刘业沣研究了南越国宫署遗址出土的两件神道石柱，判断其为唐代初期分属不同墓葬的遗物，除帝陵外，在岭南地区仍在其他墓葬使用（《文博学刊》第 3 期）。

五　手工业遗存

（一）陶瓷考古与研究

河北省文物考古研究所等编著的《邢窑》（科学出版社）出版，汇总了 1987 年 ~ 2014 年河北省文物研究所主持的 6 次考古发掘资料，以发掘时间、地点为顺序，分别对地层堆积、遗迹、遗物等进行了全面的分类描述，遗物统一型式划分，同时进行了分期与特征方面的总结。

2009 年 9 月 ~ 2010 年 1 月，北京大学考古文博学院、河北省文物研究所等联合对北镇定窑遗址进行了发掘。遗迹主要有窑炉 4 座、灰坑 8 个、灶 3 个、作坊 1 处。北镇窑区分为三期五段，时间跨中唐至金末(《文物》第 1 期）。秦大树、吴闻达、李鑫认为，定窑创烧于中唐后期，在五代后期迎来了窑业发展的第一个高峰。早期定窑的发展，对南北方的白瓷生产及全国的瓷业生产格局均产生了重要影响（《文物》第 1 期）。李鑫讨论了隋代白瓷的生产格局、技术特点和产品面貌，认为相州窑、巩义窑和邢窑为这一时期最重要的白瓷窑场，其技术特点和产品面貌存在区别与联系。流通与消费较为有限，消费地主要在窑场周边区域、都城及邻近地区和经略要地附近（《故宫博物院院刊》第 12 期）。李鑫探讨了唐代早期白瓷产品的流通与分布，揭示出其对长安、洛阳两都市场的依赖和尚属奢侈品的商品属性。唐代早期出土白瓷主要为巩义窑产品，与邢窑窑业的收缩和巩义窑进一步繁荣的白瓷窑业格局相一致（《考古与文物》第 3 期）。

项坤鹏讨论了唐代宫廷用瓷情况。宫廷瓷器来源途径多样，包括土贡、进奉、宣索、宫市等。宫廷瓷器的流散途径，则主要有宫廷赏赐、宫廷贸易、战乱劫掠等方式（《古代文明》第 15 卷，上海古籍出版社）。马彩虹梳理了固原隋唐墓葬出土的白瓷器，认为与都城长安地区相同，并探讨了其中的原因（《文物天地》第 10 期）。2017 年，淮北市文物部门对烈山窑址进行发掘，清理窑炉 1 座、灰坑 4 个，认为这里为唐末五代到宋代窑址区，是国内极少数烧造宋三彩的窑址（《东南文化》第 2 期）。2018 年 5 月，成都文物考古研究院对琉璃厂窑址区进行了考古勘探和发掘，清理了窑炉、房址、水井、水池、道路、沟渠、墓葬、挡墙、灰坑等遗迹，出土瓷器、陶器及窑具、钱币等遗物，认为这里五代始烧，延续至明代（《文物》第 8 期）。

王小蒙对唐两京三彩制品的生产及工艺传播模式进行研究，根据窑场判断唐三彩存在资源主导型和需求主导型两种生产模式，两种模式的产品、形制、施釉等存在差异，从而确认唐三彩为资源主导型（《考古》第 8 期）。彭善国探讨了 9 ~ 10 世纪初渤海国城址出土瓷器，认为以越窑、邢窑、长沙窑为主，器形有碗、注壶、罐等，推断唐代各窑场与渤海国的贸易通过朝贡道，以登州为起点，越过渤海海峡输至渤海国境内（《故宫博物院院刊》第 11 期）。他还考证了唐代苏鹗《杜阳杂编》中记载的“紫瓷盆”，认为是小说家虚构的灵异物品，不宜作为真实可靠的史料看待（《文物春秋》第 3 期）。杨宁波讨论了板棚式支烧具，认为起源于巩义窑和邢窑，主要用于烧造唐三彩，盛唐时传入陕西黄堡窑。安史之乱后，板棚支烧法进入山东和安徽，并逐渐扩散到周边区域，北宋至金初继续使用，金代中期以后消失(《四川文物》第 6 期)。李建毛、方昭远等采用模拟实验，对长沙窑的彩绘瓷进行研究，认为长沙窑着彩颜料分高温釉下和高温釉上彩两种方式，还有釉上、釉下相结合的技法（《中国国家博物馆馆刊》第 11 期)。李媛、沈岳明等运用扫描电子显微镜及 X 射线能谱仪对后司岙秘色瓷窑址出土晚唐、五代秘色瓷和普通越窑青瓷的显微结构进行鉴别与定量分析，认为晚唐至五代时期越窑釉料配方可能发生了改变，烧制工艺更为规范、标准（《故宫博物院院刊》第 12 期)。郝柯羽认为《三门峡庙底沟唐宋墓葬》考古报告中 M254 中的一件青瓷钵年代为金元时期，窑口可能是汝州东沟窑（《文博》第 1 期)。杨君谊对山东地区隋唐时期窑址出土瓷片进行成分分析，认为北朝时期发展多受安阳窑的影响。隋唐时期，山东瓷业生产中心迁移至泗河流域；唐代中晚期，淄川磁村窑成为窑业生产新的中心（《文博》第 3 期)。张小兰对五代至北宋耀州窑青瓷模印贴塑高士图注子、北宋耀州窑人物立像、金代河津窑三彩剔刻填黑人物坠马图瓷枕、唐白瓷“供使”款茶瓶进行了考证（《考古与文物》第 4 期)。

申文喜分析了安阳小屯隋墓出土瓷器，认为其器形、胎质、釉色、纹饰和烧制技法都与相州窑址出土的瓷器特点基本一致，其烧制窑口应多属相州窑（《大众考古》第 5 期)。王睿梳理了 6 ~ 12 世纪塔基地宫、天宫奉纳的瓷器，对其类别、组合进行分析，分析其在舍利瘗埋中的作用（《南方文物》第 3 期)。齐菲、温睿对唐长安城太平坊出土的白瓷残片进行测试，分析了唐代白瓷的产地、烧制工艺、生产和运输等（《华夏考古》第 5 期)。

（二）盐业考古与研究

曹洋、雷建宏对黄骅市大左庄隋唐时期制盐作坊遗址的制盐工艺及生产性质进行探讨，初步复原了该遗址的制盐工艺，认为大左庄制盐作坊可能是一处官督民营的作坊(《考古》第 3 期)。

（三）其他

董洁梳理了考古出土的唐代圆雕玉器，按用途分类，并对其造型特征、艺术成就、文化内涵等进行研究（《陕西历史博物馆论丛》第 28 辑，三秦出版社)。

李含笑全面系统收集渤海釉陶建筑构件，发现主要出土于五京中的都城址，探讨了种类、产地及反映的建筑等级、营建工序、用瓦制度等问题(《边疆考古研究》第 29 辑，科学出版社)。张效儒介绍了 SPSS 软件在瓦件研究中的作用与优势（《大众考古》第 4 期)。

郭美玲、陈坤龙等对集安洞沟古墓群山城下墓区出土 16 件铁器样品进行科学分析，确认至迟在公元 3 世纪中后期至 7 世纪，高句丽块炼铁制作技术与生铁制作技术仍同时存在，并较为普遍地应用于日常生活中（《北方文物》第 2 期)。廉海萍、王建文等对上海青龙镇的唐代冶铸作坊遗址的陶范进行研究，认为陶范用于铸造铁器（《文物保护与考古科学》第 5 期)。

六 运河考古与交通考古

2016 年以来，郑州大学黄河历史变迁与大运河文化传承研究团队在黄河、沁河交汇区域内初步确定了隋唐大运河永济渠沁河故道走向和河道遗迹（“文博中国”微信公众号 9 月 7 日)。张甦通过对通济渠泗县段考古勘探、挖掘情况的分析，基本摸清通济渠泗县段运河的河道走向和河床、河堤、河岸的具体范围，证实了大运河泗县段遗产的完整性（《东方收藏》第 17 期）。

七　中外文化交流考古与研究

《丝路遗珍：古丝绸之路上的货币》（文物出版社）收录了历史时期丝路沿途各王朝和城邦国发行的货币，时间跨度数千年，材质多样，形状各异，分为中原王朝货币、古代西域地方货币、丝路古国货币三大板块。

齐东方的《碰撞与交融——考古发现与外来文化》（科学出版社）以丝绸之路为宏观背景，采用发掘出土的资料，以零散发现的个体文物为切入点，深入探索中外贸易和文化的交流互动（“文博中国”微信公众号 7 月 28 日）。

霍巍讨论了青藏高原丝绸之路的形成与发展，认为“高原丝绸之路”在将我国西部疆域和民族最终融入中华民族共同体当中起无可替代的纽带作用（《中央民族大学学报（哲学社会科学版）》第 2 期）。

曾丽荣对隋唐时期入华粟特人墓葬中男子形象进行了辨析，认为男子服饰的多样性体现了入华粟特人在交融过程中的文化认同（《西域研究》第 2 期）。

徐津考察了安伽石棺床与萨珊系金银器之间的关系，认为安伽石棺床的设计全面借鉴了萨珊系金银器，反映了中亚和中原艺术文化传统的融合，表达了安伽对华夏和波斯文化的双重认同（《丝绸之路集刊》第六辑，商务印书馆）。

颜双爽对“黑石号”八棱金杯进行研究，认为是入华的粟特工匠在中原制作的，保留了传统的粟特形式，也吸收了唐代时兴的新元素（《美术教育研究》第 9 期）。

孙武军对沈睿文的专著《中古中国祆教信仰与丧葬》进行评论，对其的构成及新观点给予肯定，对其不足及谬误给予指正（《唐史论丛》第 32 辑，三秦出版社）。

马伟以中亚、新疆以及中原内地发现的下颌托为对象，探讨了下颌托葬俗，认为金属下颌托葬俗存在两种传播模式（《边疆考古研究》第 29 辑，科学出版社）。

八　墓志与碑刻

（一）墓志

胡可先、杨琼编著《唐代诗人墓志汇编》（出土文献卷）（上海古籍出版社）一书，收录 190 余位唐代诗人的墓志，分初唐、盛唐、中唐、晚唐、五代十国 5 编，为研究唐代诗人及其诗作提供了新材料和新角度。

赵成杰《云南石刻文献目录集存（初辑）》（西南交通大学出版社）一书辑录了 1949 年以前出现在云南境内的石刻文献，按照石刻纪年先后为序排列，著录石刻凡 9070 条。

史家珍《丝绸之路沿线民族人士墓志辑释》（上海交通大学出版社）收录北朝至元代的丝路沿线的少数民族墓志材料，以北朝与唐代为主，史料珍贵。

白照杰《泡影集：新见唐代道士碑志疑义举例》（上海社会科学院出版社）一书是对新见道教墓志的辨伪专书。该书呼吁道教学界在处理新见材料时，须首先辨别真伪，以避免误用伪造材料，维护文史研究之严肃性。

墓志论文研究可以概括以下几个方面。墓志纹饰方面，卢亚辉对唐代墓志纹饰中的十二生肖进行研究，认为其有特定的渊源流变、地域与时代分布特征（《古代文明》第 15 卷，上海古籍出版社）。

民族融合方面的墓志相对比较多。冯培红、冯晓鹃通过墓志与敦煌藏文文献，对以康太和为代表的粟特人在唐朝边防与宫廷中的职官变化进行探讨，揭示出粟特人在边防中的作用及宫廷宿卫情况（《敦煌研究》第 3 期）。陈玮对入华吐火罗人罗何含墓志进行考释，探讨了安史之乱后入唐落籍吐火罗人的新动向，分析了中晚唐唐廷对朔方军的肢解、吸纳和当时复杂的西北边境局势（《中国边疆史地研究》第 2 期）。

宗教信仰方面。张乃馨、石宇轩对江苏泰州新发现卢公墓志进行考释，为研究唐代范阳卢氏世族提供了新史料，亦可补正相关史籍记载。其中志文所载志主服食求仙一事是研究唐代道教信仰及习俗的重要资料（《文物春秋》第 2 期）。贾晓贝对龙门石窟惠灯墓志进行考释，志主惠灯是武则天时期推行佛教转轮圣王政治活动的重要人物，对墓志的梳理解读，重现了武则天时期比丘尼生存状态，揭示了当时宗教与世俗的关系网络（《唐都学刊》第 5 期）。

家族世系方面。范兆飞讨论了墓志与中古谱牒研究的关系，认为中古墓志在抄录并改写谱牒之时，呈现出“功能分区”的特点。与前朝相比，中古墓志记载谱系的形式与内容既有因袭，又有变化（《中国史研究》第 2 期）。苏利国利用发现的唐代白姓家族众多人物墓志，通过对比、分析这些墓志在白建的官职书写及白氏家族联姻、墓地迁徙、入仕途径等诸多方面的信息，准确定位白居易家族的社会地位，且为其并非北齐尚书令白建后裔之说提供佐证(《社会科学论坛》第 6 期》。傅清音、王其祎对参与平定杨谅叛乱的皇甫颢墓志进行考释，探讨了以皇甫氏为代表的这批平叛义士的家族变迁、政治浮沉及其与隋朝政权稳定的关系（《华夏考古》第 6 期）。

葬俗、丧葬制度方面。赵静静对李纲墓志进行考释，订正唐宗室霍王房世系，了解了唐初皇室的政治姻亲等问题，并对李纲夫妇招魂合葬葬俗进行讨论（《黑河学院学报》第 6 期）。高博对唐平民胡氏墓志进行考释，重点讨论了招魂合葬的葬俗（《中原文物》第 3 期）。周舟对唐代宫女墓志进行考释，认为宫女墓志书写有明显的格式化特征，并探讨了唐代后宫的管理制度(《黑龙江史志》第 6 期）。戴晓芹根据墓志，结合史传对比两类材料对上官婉儿的政治行为的表述的不同，揭示出因时代、政治背景、社会等原因，上官婉儿的形象如何被不断地构建、涂抹与重塑（《乾陵文化研究》2020 第？期）。焦杰讨论了唐代墓志与传世文献关于妻妾关系记载的不同，并分析了墓志中妻妾关系书写的原因（《平顶山学院学报》第 1 期）。

书法、语言方面。拜根兴、林泽杰考察了《李祯墓志》，揭示了唐代的墓志写作虽有范式可循，但因个人因素、政治原因等可能呈现多种情况(《社会科学战线》第 12 期）。魏平校正了《洛阳新获墓志续编》中六则文字误释，并与其他墓志汇编资料的同类误释进行比较，揭示了石刻文献释读普遍存在的规律性错误（《闽南师范大学学报（哲学社会科学版）》第 4 期）。

官制方面。秦中亮利用墓志讨论了唐代营田使的设置与职权，认为下放营田之权，是为削弱地方节度使的权力（《中国社会经济史研究》第 2 期）。

崔世平、刘颖丝根据墓志对临安青柯吴越国童瑜夫妇墓进行研究，对童瑜的生平、任职及与吴越国的政治关系、婚姻状况作了探讨（《苏州文博论丛 2020 年》第 11 辑，文物出版社）。

历史地理方面。柏进波、余国江根据《韦协墓志》，结合文献资料考证了隋代泰州设置的历史（《中国国家博物馆馆刊》第 2 期）。吴小龙根据唐代墓志考证了唐长安城安仁坊的宅第时空分布、居民葬地的地理分布等（《西安建筑科技大学学报》第 5 期；《文博》第 1 期）。

（二）碑刻

冯金忠、张伟娜对《大唐西临山石龛像记》进行考释，认为《龛像记》记述了唐后期成德节度使李宝臣在西临山开龛造像的缘由及经过（《中国国家博物馆馆刊》第 2 期）。

刘灿辉对擂鼓台中洞的佛教书刻进行考释，系统分析后认为刻于武周时期，书写者可推定为书法家薛曜与殷仲容（《中国国家博物馆馆刊》第 1 期）。

毛阳光、王凌虹对《唐韦陟构亭记残碑》进行考释，认为残碑记载天宝十二载韦陟在东都明义坊宅第中建亭立碑的情况，碑文书写者可能是盛唐隶书名家韩择木的兄弟（《中原文物》第 6 期）。

牛来颖对山西芮城广仁王庙中唐代《龙泉记》碑石进行考释，认为碑石中“陕虢群牧使”对了解中原地区的马牧情况及宦官掌管马政的历史有重要参考价值（《中国国家博物馆馆刊》第 10 期）。

卢素文对吐蕃石碑进行研究，认为吐蕃石碑形制受到唐代经幢的影响，有墓碑和寺碑之分，墓碑受唐制影响，寺碑与吐蕃赞普兴佛有关（《西藏研究》第 4 期）。

宋辽金元明清时期考古

刘 未

2021 年公开出版的宋辽金元明清考古报告及论著以下分为城市、墓葬、陶瓷、石窟寺、建筑及其他六个方面予以择要述评。

一 城市考古

（一）都城

黑龙江阿城金上京城墙进行了解剖发掘，北城西墙和南城北墙墙体稍宽，基槽内以两层碎砖瓦夹一层黄土夯筑；腰城墙体稍窄，基槽内仅夯筑一层碎砖瓦；三段城墙两侧均以青砖二次包砌夯土墙体，推断南北城金代同期营建，不分先后（《北方文物》第 6 期）。

陈筱以元中都和明中都这两座营建中辍的都城为例展开对中国近古时期理想城市的分析，认为两城的形制和布局都比元大都更为贴近《考工记》理想规划（《中国古代的理想城市：从古代都城看〈考工记〉营国制度的渊源与实践》，上海古籍出版社）。

王子林在分析元大内与明清紫禁城位置关系时认为，元大内西夹垣距团城 37 米，其中轴线较明清紫禁城偏西，元大内至明代先后改造为燕王府、西宫，武英殿至慈宁宫一线曾经存在的仁智、大善、仁寿三殿即永乐帝潜邸主要宫殿（《故宫学刊》第 22 辑，故宫出版社）。案：王文所据《南村辍耕录》："仪天殿在池中圆坻上，当万寿山……东为木桥，长一百廿尺，阔廿二尺，通大内之夹垣。"此处并未明言木桥与夹垣距离如何，文中迳将夹垣与团城间距等同于桥长，并由此出发展开讨论，立论基础存疑。

林梅村讨论元大都史迹时认为，元大都中轴线丽正门外有三桥，第一桥名为龙津桥，第二桥名为万安桥或周桥，第三桥名不详。旧帘子胡同出土石抵兽，与故宫永寿宫石屏风底座、断虹桥相似，而明代桥头皆用抱鼓石，故将其断为元代，并归为周桥之物，永乐十七年重建北京城时拆毁运此丢弃。正阳桥遗址出土石镇水兽，与清院本《清明上河图》所绘相似，又疑该图石桥据元大都周桥改绘，故将其断为自元龙津桥拆迁而来之物（《文物》第 5 期）。案：北京明代石桥亦有用石抵兽者，并非皆用抱鼓石；清院本《清明上河图》所绘石镇水兽双臂外展，样式与正阳桥遗址所出不同，亦无证据表明与元大都周桥相关。旧帘子胡同与正阳桥遗址出土石兽是否确为元代遗物、原处何地，尚需研讨，直指为元大都中轴线旧迹，并不妥当。

北京故宫慈宁宫花园东院北门长信门西北、东南两侧发掘显示，该门建于明嘉靖时期，其下叠压明代早期墙基类建筑及其附属的夯土与碎砖瓦交互层、木桩、基槽等遗存（《故宫博物院院刊》第 6 期）。杨新成根据清宫内务档案和各时期宫城图，将清代紫禁城布局变迁分为三个阶段：顺治至雍正朝沿袭期、乾隆嘉庆朝变革期、道光至宣统朝因循期（《故宫学刊》第 22 辑，故宫出版社）。

（二）地方城

辽宁昌图城楞地城址原认为是一处小型辽金遗址，赵里萌、王琦根据早期卫星照片结合实地调查绘制了城址平面复原图，通过地表采集陶瓷遗物判断该城时代应以金代为主（《辽金历史与考古》第 12 辑，科学出版社）。吉林伊通河、饮马河下游地区发现辽金时期城址 30 余座，赵里萌、孟庆旭报告了近年新开展的调查收获，参照早期卫星照片绘制了较为精确的城址平面图和复原图，并通过对地表采集陶瓷遗物的产地及年代分析，更细致地辨别了各城址在辽金元时期的创建、沿用、废弃等情况（《边疆考古研究》第 29 辑，科学出版社）。

河北雄县鄚州镇有鄚州城与古州城两座南北相邻的城址，应即《太平寰宇记》所记莫州（鄚县）与废鄚县城。鄚州城平面略呈刀把形，东西宽 1060 米、南北长 1300 米，根据四面城墙及城壕发掘解剖结果，发掘者认为城墙营建年代为晚唐五代至北宋初年，早、中期护城河使用年代为北宋及稍后时期（《考古》第 9 期）。河南开封双龙巷发掘一处明代晚期院落建筑遗址，叠压在崇祯十五年（1642）黄河决口洪水淤积层之下，分为南北两路院落，其中北路院落保存较好，坐东朝西，由前后三进院落组成。此处院落遗址出土一批明末遗物，其中南路院落两具男性尸骸旁一组原盛放于长方形有机质容器内的文房用具最为引人注目（《文物》第 4 期）。

潘湖周王府遗址发掘揭露了夯土台基、墙体、门址、房址、亭子、花坛、水池、排水设施等建筑遗迹，构成中轴线上一组主体院落（《开封潘湖遗址考古发掘报告》，科学出版社）。案：比照《如梦录》记载，MZ1 面阔五间，应为紫禁城正门端礼门内之东掖门；MZ2 面阔三间，应为正门承运门（清代 MZ3 位置）东侧之便门；F10 应为正殿银安殿、穿殿、存信殿所在。

浙江嘉兴子城经过勘探与发掘，发现了谯楼前明代晚期由照墙改建的牌楼基址；明确了西、南城墙的位置和形制，明代在五代始建的墙基上改建围墙；清理了仪门基址，面阔三间进深两间，两侧五代宋元为斜廊，明代改建翼室；清理了明清西吏廊和库房基址；探明了五代宋元设厅基址，面阔五间进深四间，明代向南扩建大堂（《东方博物》第 78 辑，上海书画出版社）。福建泉州竹街以东原人民电器厂院内区域考古发掘揭露出铺砖地面和石墙、石墩、石构、鹅卵石铺面等宋元时期建筑基址，发现了"（监）造市舶亭蒲""舶亭蒲"文字砖，被认为是宋元市舶司旧址，推测其范围大致为西南依竹街，东北到马坂巷东侧道路（舶司库巷）和马坂巷，东南至水门巷，西北靠八卦沟（《考古》第 11 期）。山东济南趵突泉北路与西城根街之间发现并清理了一段城墙遗迹，中间夯土，两侧皆包砖石，城墙内侧有一处长方形凸出部分，可能与城防设施有关。推测城墙修建年代上限为宋代，甃以砖石时间为明初洪武四年（1371）（《中国城墙》第 3 辑，科学出版社）。围绕泉州城考古议题：杭侃讨论了泉州城的微地貌、子城、城防体系、物产与腹地问题。董新林强调泉州城市考古需遵循古今重叠型城市考古方法，目标是弄清不同时期平面布局和历史沿革（《泉州城考古学术研讨会论文集》，科学出版社）。易立、李涛介绍了成都十一街元明砖室墓和羊市街元代沟渠出土的一批南宋铭文城砖，是嘉定十年至十一年（1217 ~ 1218）成都府下辖新繁县、郫县、广都县、新都县等地窑场烧制，用于开展成都罗城修葺工程（《四川文物》第 4 期）。

易立汇总考述了传世文献和墓铭券文中所见唐宋成都城 35 个里坊信息，结合成都城市考古所见街区遗址特征，认为子城里坊面积各异，且较狭小，或同后世街巷胡同；罗城里坊虽并非完全规整四方，但个别存在大小十字街格局（《南方民族考古》第 22 辑，科学出版社）。案：尚无证据表明成都罗城存在内含大小十字街的方块形里坊。

季宇考察了宋元和明代地方城市中的谯楼和钟鼓楼问题。谯楼是地方城市衙署或子城门上的楼阁建筑，本为府州军级城市所见，后随敕书楼的权宜措置而推广至县级城市。元代钟鼓楼一类由谯楼演化而来，一类专门创建（《四川文物》第 3 期）。明代府州县城市普遍复兴了谯楼，并新建钟楼，形成谯楼—钟楼、鼓楼—钟楼两种基本组合。新建或改建都司卫所城市普遍兴建钟鼓楼，并多将其置于中心通衢。明代的钟鼓楼与宋元的谯楼并非前后延续，而是各具源流（《华夏考古》第 2 期）。吴闻达、季宇从明代南直隶、湖广、江西三省府州县方志记载出发考察明初地方城市包砖问题，发现包砖率府州城可达半数，但县城受制于较高成本绝大多数未能包砖(《故宫博物院院刊》第 3 期）。季宇调查了山西崞县旧城并讨论了宋元时期、明代中前期、明代中期、明代后期先后由为防守而截留西城到因御蒙而扩建关城的平面形制变化过程（《文物世界》第 1 期）。刘天歌调查了山西平定旧城并对明清时期城市布局加以复原，据此略可推测宋元时期情况。平定“东迫常山，西驰汾曲。上据高阜，环山为城”，北宋初迁治“仍旧窄为上城”，“复筑罗城为下城”，平面形制不甚规则，是山地城市的一个重要实例（《草原文物》第 2 期）。王子奇调查了山西文水旧城并对城市布局作以复原，该城宋代创建，明清沿用，四门十字街，每个四分之一区域均以“井”字街作进一步的街区划分（《春山可望：历史考古青年论集》，上海古籍出版社）。程呈、王申根据现存遗迹及文献、地图资料，复原了明清昌平州城的形制和布局，将其以景泰、嘉靖、崇祯为节点分作三个阶段(《中国城墙》第 3 辑，科学出版社）。陈程、谢春明讨论了明天启年间荆州所建惠王府的位置，认同清初《江陵志余》中惠城袭湘城故址的说法，并注意到了台北故宫博物院所藏《湖广荆州府图》对惠城的描绘（《荆楚文物》第 5 辑，科学出版社）。

（三）军事城堡

内蒙古武川磁窑村金界壕边堡发掘出土外底墨书同款女真文的白瓷钵、碗、盘(《满语研究》第 1 期）。

重庆合川钓鱼城遗址出版了考古报告集，全面介绍了 2004 ~ 2019 年田野考古的发现情况，重点内容是范家堰、九口锅、南一字城三处遗址发掘工作。范家堰遗址位于钓鱼城西部二级阶地上，三面环山，一面朝江，地势东南高西北低。主体乙组遗存为一组衙署性质大型建筑群，分为公廨、园林两区。公廨区有围墙环绕，中轴线上从前到后、从低到高分布 4 组建筑，推测为淳祐三年（1243）移于钓鱼山的合州州治（《钓鱼城遗址考古报告集》，科学出版社）。案：范家堰遗址公廨区布局与图像资料所见南宋庆元府、平江府、建康府、临安府、建德府、绍兴府、临江军等府州一级衙署布局相似，中轴线 4 组建筑应分别为州治门、仪门、设厅、正堂性质。

符永利等调查了四川金堂云顶城，是南宋淳祐三年（1243）始建的抗蒙山城。调查发现城墙、城门、敌台、砲台、暗道、校场坝等军事设施遗迹(《长江文明》第 1 辑，四川美术出版社）。蒋晓春等调查了四川武胜南禅寨、华蓥东安寨、华蓥章广寨、广安三台寨四处山城，认为是宋蒙战争后期蒙军所建用以压制宋军者（《西华师范大学学报（哲学社会科学版）》第 2 期）。蒋晓春从宏观控扼水陆通道、中观精选合适山体、微观构建城防系统三个方面讨论了宋代四川山城防御体系与地理形势之间的关系（《巴渝文化》第 5 辑，成都时代出版社）。李飞将南宋为应对蒙古包抄而在长江以南的西南地区所建山城称之为“韓腹山城”，主要有四川兴文凌霄城、重庆南川龙岩城、贵州桐梓鼎山城、湖北恩施柳州城、贵州遵义海龙囤与养马城及“思州三隘”等。这些山城多未投入使用，元代予以撤毁，播州两城在明万历时被杨氏土司重修以对抗朝廷（《南方民族考古》第 23 辑，科学出版社）。

北京延庆发掘了岔道城西门瓮城外的北翼城 1 道、护城墩 6 座，根据《宣大山西三镇图说》记载，应修建于明嘉靖三十年（1551）北边警报频仍之时（《中国城墙》第 3 辑，科学出版社）。黄羊滩壕堑位于宁夏永宁贺兰山东麓山前洪积扇上，现存墙体、烽火台及驻兵铺舍，被认为是明嘉靖十年（1531）上报修筑的“边防西关门墙”，据嘉靖《宁夏新志》，“北自赤木口，南抵大坝堡，八十余里”，筑后旋即废弃（《考古与文物》第 2 期）。中国国家博物馆馆藏明代彩绘《甘镇总图》存图 25 幅、图说 26 篇，描绘甘肃镇辖境及周边府州县卫所情况，包含山峰、河流、湖泊、边墙、城池、堡寨、关隘、驿站、桥梁、寺庙、帐篷、部落、牲畜等内容，编绘时间在万历三十四年（1608）至三十七年（1611）之间（《中国国家博物馆馆刊》第 12 期）。

新疆伊犁河谷于清乾隆年间陆续营建了塔勒奇、绥定、宁远、惠远、惠宁、拱宸、广仁、瞻德、熙春九城，郝园林结合档案中所见建城工程记录及各城式样图，对伊犁九城城市布局问题加以分析（《故宫博物院院刊》第 7 期）。

（四）土司城寨

重庆酉阳何土司城为明代酉阳东部地区白氏土司辖区一处村寨，调查发掘表明，遗址地处山坳之中，东、南两方垭口分别建有寨墙和寨门，地势较高的西北部分布大型建筑基址（《酉阳车田：土司遗产与民族文化》，四川人民出版社）。案：出土青花瓷器为明代嘉靖晚期至万历前期景德镇民窑产品，与口述史料中此城万历年间毁废的情况大体相合。

二　墓葬考古

（一）宋代

山西阳曲发现一座仿木结构砖雕壁画墓，六角形单室，出土元祐五年（1090）“萧府君墓铭”，记“围内一丙穴为尊，次壬穴，次甲穴，次乙穴”（《中国文物报》10 月 29 日）。案：可知这是一处五音墓地。

河南郑州尚庄发现一座仿木结构砖雕壁画墓（M1），弧方形单室，转角铺作及补间铺作均为把头绞项造，耍头批竹式。北壁砖雕三间门楼，中为版门，加绘妇人启门，两侧为毬路纹隔扇。西壁砖雕一桌二椅、灯擎及茶酒具，加绘女侍五人及立屏。东壁砖雕衣架、柜子、镜架、盆架及剪刀、熨斗、笔架、砚台等物。南壁东西两侧分别砖雕巾架和桌案、茶具，分别与东西两壁内容衔接。墓葬年代约为北宋中晚期（《中原文物》第 3 期）。郑州外国语中学也发现一座仿木结构砖雕壁画墓（M8），弧方形单室。北壁砖雕三间门楼，中为版门，加绘妇人启门，两侧为毬路纹隔扇。西壁北侧砖雕一桌二椅及酒具，两旁各加绘侍者二人，站立于立屏之前，南侧砖雕山花向前式门楼，其内加绘草书立屏。东壁砖雕衣架、柜子、镜架及剪刀、尺子、熨斗、笔架、砚台、墨锭等物，两旁各加绘女侍二人，中间隔以立屏。南壁东西两侧分别砖雕盆架、巾架和灯擎等，分别与东西两壁内容衔接。甬道东西两壁均绘轿子出行。墓葬形制与壁面装饰类于尚庄墓，年代亦属北宋中晚期（《中原文物》第 4 期）。案：这两座墓葬是目前已知郑洛地区弧方形仿木结构砖雕壁画墓时代最晚的实例，砖雕及壁画构成形式复杂，工匠一方面承袭传统用二维的砖雕门窗家具占据主体壁面（砖雕器皿已三维化），另一方面又突破限制用三维的壁画人物形象填补局部空白，尤以试图利用立屏（简报将其辨识为红门）来调和视觉矛盾的做法最具匠心。

陕西西安马腾空村发现一座“甲”字形斜坡阶梯墓道土洞墓，墓葬坐南朝北，墓室东南西三壁土雕一门两窗，男墓主侧身曲肢葬，女墓主二次葬，墓室四角安放镇墓石，随葬一组耀州窑青瓷，年代为北宋晚期（《考古与文物》第3期）。西安杜回村发现北宋孟氏家族墓地，5座竖穴墓道土洞墓分为南北两排，统一迁葬于宣和五年(1123)，出土一批质量较高的耀州窑青瓷，亦有景德镇青白瓷（《2020中国重要考古发现》，文物出版社）。

江苏常州经济开发区排姆村发现宋墓21座，均为长方形竖穴土坑墓(《东南文化》第4期)。案：根据出土器物，西北组墓葬年代为北宋末期；东南区有十余座墓排成一行，布局规整，南半部年代为北宋晚期，北半部为北宋末期，该区M27出土“己酉杭州真大施□□牢”朱书漆盘，应为熙宁二年（1069）之物。

扬州郊区发现两座长方形竖穴土坑墓，杨庙社区2018YYM1出土景德镇窑青白釉粉盒及朱书“己丑（大观三年，1109）温州□□□谢家上牢”漆器，年代约在两宋之际；槐南村2018CHM1出土吉州窑米黄釉月梅纹粉盒，年代约在南宋晚期（《文物》第12期）。金坛大坟村发现一处家族墓地，两座长方形单室砖墓和两座长方形并穴土坑墓呈“品”字形排列，出土吉州窑黑釉木叶盏及景德镇窑青白瓷芒口碗等(《东方博物》第81辑)。案:两墓年代约在南宋后期。

浙江绍兴宋六陵发掘了一号陵园遗址，由殿门、垣墙、龟头献殿与石藏三部分组成，殿门面阔三间进深两间，献殿面阔进深均三间。李松阳等基于发掘资料进行了建筑复原研究，认为该遗址应为南宋帝陵上宫，但不是高宗永思陵（《考古与文物》第1期）。兰溪全华垄村宋墓出土一批陶瓷器，包括酱釉带盖堆塑瓶、多角罐等（《东方博物》第78辑，上海书画出版社）。根据景德镇青白瓷碗判断，该墓年代应属北宋晚期。重庆北碚黑房子M2为长方形单室券顶石墓，墓室雕刻四神、牵马人物、桌椅瓶花等装饰，随葬巴南清溪窑青釉瓷杯、瓶和重庆涂山窑酱釉盏、执壶，年代约为南宋中晚期（《长江文明》第2辑，四川美术出版社）。四川成都木龙湾村王家碾墓地发掘一批小型砖室火葬墓，墓底皆有腰坑，内以5件陶双耳小杯围绕1件瓷双系罐摆放，年代约为南宋中后期（《成都考古发现（2019）》，科学出版社）。

（二）辽代

内蒙古巴林左旗帐房山发现辽墓1座，为六角形单室砖墓，砖雕仿木构门楼作斗口跳，墓室顶部彩绘花卉、飞凤、频伽，墓壁残存“梅兰竹菊”图案，疑为屏风画，甬道、墓门、天井、墓道两侧依次绘侍者、门吏、出行仪卫（《草原文物》第1期）。案：墓主火葬，应为汉人。壁画五旗五鼓，身份应与敖汉旗羊山节度使之家刘氏墓相当。随葬景德镇青白瓷分别见于福建武夷山元祐三年（1088）刘夔墓、辽宁朝阳大安五年（1089）刘文学墓，年代当在道宗晚期。

辽宁北镇洪家街墓地发掘辽墓4座，其中M4、M3、M2墓主分别为统和二十九年（1011）所葬耶律隆运（韩德让）、咸雍九年（1073）所葬耶律弘仁、寿昌二年（1096）所葬耶律弘礼。弘仁、弘礼为景宗曾孙、齐国王隆裕孙、卫王宗熙长子及三子，先后为隆运继嗣。隆运、弘礼墓简报已发表，弘仁墓志此次亦加刊布（《北方文物》第5期）。该墓地西南约700米的小河北墓地发掘辽墓 5 座，其中 M3 为重熙十七年（1048）所葬耶律弘义，系卫王宗熙次子。长斜坡墓道多室砖墓，主室八角形，前室长方形，两耳室圆形（《文物》第 11 期）。朝阳五尺营子屯出土统和十七年（999）高嵩及开泰二年（1013）其子高元墓志，同时发现一组随葬瓷器，包括耀州窑青瓷、景德镇窑青白瓷及辽境窑场所产白瓷（《辽金历史与考古》第 12 辑，科学出版社）。朝阳商家沟 M2 为方形单室砖墓，墓室后部砖棺床上置石棺，外罩柏木小帐，帐板彩绘侍奉人物，帐前设柏木一桌二椅，石棺内尸骸以稻草、绸布将头骨、骨灰捆扎包裹作人形，另配以草木、绸布所制形体较小假人，推测为未成年男子冥婚葬，墓主应属卢龙赵氏家族，墓葬年代约为 11 世纪初的辽代中期（《北方文物》第 3 期）。河北蔚县三关村发现一处辽代家族墓地，其中 M3 为六角形单室仿木结构砖雕壁画墓，墓室后部设须弥座式棺床，北壁竹石仙鹤图、西北壁丛花飞鸟图均为屏风画题材，东北壁厅堂建筑内有夫妇对坐形象，东南壁和西南壁分别为侍女制备饮食和整理衣物内容。同墓地 M1 盗洞口发现墓志砖记重熙五年（1036）迁葬于此，则 M3 年代不早于此（《文物》第 10 期）。

（三）金代

山西盂县泥河发现一座金代仿木结构砖雕壁画墓，八角形单室，圆形穹窿顶，影作倚柱、阑额，后者呈“七朱八白”式，转角铺作砖雕影作相结合，扶壁重拱、华拱两跳，拱眼壁各绘一组枝条华。墓壁均绘壁画，北壁墓主人夫妇对坐，东北、西北壁分别为童子骑鹅、童子戏毬，东、西壁分别为狮子绣毬、鹿衔仙草，东南、西南壁均为门吏（案：简报误识为蒿里老翁）与犬（《中原文物》第 6 期）。侯马东庄发现两座仿木结构砖雕墓，均为方形单室，八角叠涩攒尖顶。东西两壁各四扇格子门；北壁 M12 为一门两窗、妇人启门、墓主人夫妇隔门而坐，M14 为墓主人夫妇对坐；南壁 M12 破子棂窗，M14 雕衣架。M12 为单抄单下昂五铺作斗拱，M14 为单下昂四铺作斗拱，均作昂嘴上卷、耍头内凹。M12 东壁中间两扇格子门障水板所雕孝子图有题记，分别为：“第十六孝，孟宗，字”；“第六孝，王祥者，陵川人”（《文物》第 2 期）。案：2 墓年代应在金代晚期，孝子图排序与沁源、稷山、襄汾金墓所见一致。

河南义马锦铺佳园发现一座仿木结构砖雕墓，横长方形单室券顶，左右后三壁下部须弥座，单抄四铺作斗拱。后壁中间雕山石竹鹤立屏，两旁各两扇格子门，右壁夫妇对坐，左壁遭破坏，前壁四幅孝子图，年代约为金代晚期（《中国国家博物馆馆刊》第 3 期）。甘肃天水师家湾发现三座仿木结构砖雕壁画墓，方形单室，八角叠涩攒尖顶，左右后三壁下部须弥座，上部山花向前式假门楼内绘启门图，旁有孝子图，年代约在金代中期（《文物》第 10 期）。案：其中 M2 墓道西壁潦草绘制的骑马图旁有鹿棋棋盘形象，同式棋盘实物曾在内蒙古霍林河矿区金界壕边堡发现。山东烟台夏家村墓地发掘三座塔式墓。M1 和 M2 方形石室覆斗顶，上设石塔，内置石函。M3 八角形仿木结构砖室穹窿顶，北壁雕假门，东壁雕长桌，东南壁雕灯檠，除北、东、南壁外，各置壁龛，安放骨灰，墓上原有幢式石塔。墓地发现大安三年（1211）“大金登州福山县洪福寺寿公法师灵塔塔铭并序”石构件（《中国国家博物馆馆刊》第 7 期）。

（四）元代

北京通州后北营发掘一座圆形砖室墓、三座长方形砖室墓，出土白釉碗盘、钧釉碗、酱釉碗和大口罐、双系罐、白地黑花罐和四系瓶、茶叶末釉鸡腿瓶、釉陶双系瓶和四系瓶等物，年代约为元代后期（《北方民族考古》第 11 辑，科学出版社）。天津宝坻西河务发现马蹄形砖室墓（M2），出土仿汉家常富贵铜镜、景德镇卵白釉高足杯、钧釉碗、黑釉双系罐等，为京津地区元代墓葬常见器物组合（《北方文物》第 1 期）。山西太原晋阳古城以西发现两座砖雕壁画墓，均为六角形单室，叠涩顶，墓室后半部砌棺床。M5 影作黑色倚柱，砖雕转角铺作斗口跳，栌斗绘四出纹或簟纹，以上部分涂朱。拱眼壁绘缠枝花，普拍枋绘简化曲水纹或柿蒂纹，阑额两端绘如意头角叶、中绘柿蒂纹或龟背纹。每壁均绘一扇立屏，围绕棺床三屏内绘折枝花鸟，侧面两屏内绘男女侍者备酒奉茶。M7 影作朱色倚柱，砖雕转角铺作把头绞项造，栌斗绘四出纹或如意头，以上部分涂朱。拱眼壁绘折枝花，普拍枋绘简化曲水纹，阑额两端绘如意头角叶、中绘松纹。每壁均绘一扇立屏，围绕棺床三屏内绘花卉，侧面两屏内绘家具及备酒，墓门内两侧绘门吏，亦置于立屏之中。据墨书题记，M7 建于元统三年（1335），M5 年代亦应相仿（《中原文物》第 6 期）。河南安阳大司空村东地发现两座方形砖室石顶墓（M12、M29），形制颇具特色，均有斜坡墓道，墓室上部为圆形土坑竖穴，东西并列两墓室之间留有通道。其中 M29 女墓室出土延祐七年（1320）中书省右司都事谢孝基墓志（《考古学集刊》第 24 集，社会科学文献出版社）。案：根据墓志所记谢妻梁氏护榇还乡的情况及墓中釉陶双系罐的形制，该墓下葬年代似较墓志年代更晚。

江苏扬州果园村发现长方形砖室墓，墓底中部有叠胜形腰坑，墓内出土青花卷草纹瓷粉盒，年代约在元代后期（《文物》第 12 期）。

（五）明清

北京朝阳黄渠村发现六角形砖砌明堂一座，略作龟形，内置地券砖、铁犁铧、铜镜及铅器，还发现有火化骨殖，比较特别，推测为明代遗存。黑庄户村发现清代家族墓地一处，平面布局作“人”字形排列，时代为清代早中期至中晚期（《单店与黑庄户：朝阳区考古发掘报告集》，上海古籍出版社）。山东昌邑辛置墓地 M949 出土明嘉靖二十八年（1549）买地券一方，有“坤方迁立茔兆，巽山发龙过脉，巳山为主，贪狼星来潮，水出巽方，夹带丙山龙脉”“买到墓地一亩一分，南北长一十五步，东西阔一十步，计积二十五步。东西入甲庚穴，南北入壬丙穴，四兽捧穴俱全”等内容（《昌邑辛置：2010—2013 年墓葬发掘报告》，文物出版社）。案：类似情况曾见于北京、郑州明代中晚期买地券中。

河南洛阳明代沈氏墓地发现墓葬五座，隆庆六年（1572）首葬沈机夫妇墓居中，其子南京工部尚书沈应时夫妇墓居东南昭位，其孙沈侨夫妇墓居西南穆位，崇祯元年（1628）合葬其曾孙沈余庆夫妇墓居又东南昭位，另有一墓居又西南穆位。其中沈应时及其父子墓出土仪卫侍从俑（《明沈应时家族墓地》，科学出版社）。荥阳鲁庄发掘一批清代长方形单室土洞墓，部分墓葬出土镇墓瓦，朱绘符箓，墨书“敕令”“灵符到此，内外无妨”字样（《荥阳鲁庄墓地》，科学出版社）。陕西西安简王井村弘治十一年（1498）薨秦简王墓被盗出土仪仗俑藏于陕西历史博物馆，包括诞马俑 1 件及仪仗人俑 320 件，俑底均有墨书题记，可与《大明会典》所记亲王仪仗情况对比分析（《西部考古》第 22 辑，科学出版社）。西安二府井村发现秦藩永兴恭定王朱惟燿及其妃王氏合葬墓，为斜坡墓道长方形砖室墓，内部以隔墙分为前中后三室，后室东西壁各设二龛，北壁另有一龛，初葬于隆庆元年（1567）（《文博》第 6 期）。案：墓中出土一批景德镇民窑青花瓷器，碗盘为嘉靖后期产品，花卉纹罐约为弘治前后产品，人物故事纹罐约为天顺前后产品。

西安群贤路发现秦藩永寿王府辅国中尉朱惟燷及其妻乔氏、妾唐氏与淡氏合葬墓，为斜坡墓道长方形单室券顶砖墓，东西北三壁各设一龛，初葬于万历二年（1574）（《洛阳考古》第 3 期）。

浙江无锡前方桥有明代钱氏家族墓地，先后发现墓葬 8 座，是以钱孟濬为主的祖孙三代，参考《钱氏湖头宗谱》中《钱氏新阡记》所载，墓地创建于成化十七年（1481），所见最晚墓葬为嘉靖三十一年（1552）。出土金银首饰、铜器、锡器、衣物等较多文物（《无锡前方桥明代钱氏家族墓地》，科学出版社）。东阳小丫塘发现 1 座三穴长方形平顶石室墓，中室空置，两侧葬埋，推断为《东南湖胡氏宗谱》所载胡煇之妻王氏及续弦徐氏合葬墓，分别卒于弘治十三年（1500）和正德六年（1511）。胡煇卒于嘉靖二十八年（1549），另葬大黄塘（《东方博物》第 81 辑，上海书画出版社）。案：东室（疑王氏之穴）出土景德镇民窑仕女婴戏纹青花瓷罐，恰为弘治产品。

湖北武汉二妃山调查发现 8 处楚藩郡王以下级别茔园，发掘结果显示，1 号茔园 M1 墓主为崇阳靖简王庶六子镇国将军朱季埰及夫人潘氏，分别葬于成化七年（1471）和天顺八年（1463）。2 号茔园 M2 墓主为季埰次子辅国将军均钵及夫人张氏，葬于正德四年（1509）；M3 和 M4 墓主分别为均钵长子荣酒、次子荣漱，均葬于嘉靖二十二年（1543）。M1 出土“天顺年置”底款五爪龙纹青花瓷碗及 M2 出土五爪龙纹青花瓷高足碗均系同期王府定制产品，M2 另出一组青花瓷炉、瓶则属普通民窑产品（《文物》第 12 期）。重庆铜梁马滩村河嘴墓地发现明嘉靖四十五年（1566）太学生李遵及妻吴氏合葬墓，出土石俑 20 件、石家具 7 件（《长江文明》第 1 辑，四川美术出版社）。四川简阳花红村七组响水滩墓地发掘一批石室墓，排列较为规整，环带状分布于山腰两级台地，随葬器物以盘龙谷仓罐较具特色，年代约为明代中期（《成都考古发现（2019）》，科学出版社）。云南建水苏家坡墓地发掘一批竖穴土坑火葬墓，葬具以陶罐为主，少数为青花或青釉瓷罐，报告将这批墓葬分为五期，自宋末元初延续至清初，以明代为主体（《建水苏家坡墓地》，上海古籍出版社）。

（六）研究

孟凡人汇总了宋至清代帝陵考古资料和研究成果，详细描述归纳了各朝帝陵的形制布局特点（《宋代至清代帝陵形制布局研究》，中国社会科学出版社）。

董新林对近 20 年辽金墓葬考古研究状况进行了分类概述（《北方文物》第 5 期）。彭善国从葬俗角度对辽代墓葬所出各种材质的俑加以讨论（《草原文物》第 1 期）。贺逸云从宝山辽墓出发，讨论了辽代初年契丹贵族墓葬“国俗惯性与汉风激荡”的两个面向（《西域文史》第 15 辑，科学出版社）。

韩小囡对宋代墓葬装饰进行了专题研究，先对墓葬形制、装饰布局和内容进行分类，又将北方地区墓葬分为豫中晋西南、晋东南晋中及豫东北冀西南、冀中鲁北、陕甘宁、豫西南鄂北及皖西五小区，神宗哲宗为界分为两期；南方地区墓葬分为江苏及赣中北、川渝贵、福建三小区，神宗哲宗及孝宗淳熙乾道为界分为三期，另对分区分期历史背景、装饰渊源、典型题材及图像系统等问题予以探讨（《宋代墓葬装饰研究》，中国文联出版社）。金蕙涵对河北、河南、山东地区唐宋砖雕、壁画墓中桌椅题材从 8 世纪有椅无桌到 9 世纪桌椅不稳定搭配再到 10 世纪符合身体舒适度的桌椅搭配变化过程进行了分析讨论（《考古与文物》第6期）。丁雨对宋金墓葬启门题材的研究状况再度加以检讨，认为研究的难点在于语境分析、图像逻辑构建和文献使用方法等方面，肯定郑岩从形式角度出发研究启门题材的重要启示意义（《故宫博物院院刊》第3期）。许雅惠从山西金墓所见墨书题记与诗文出发，观察宋金鼎革之际技艺人才流动问题，认为墓葬所见一些新变化与开封陷落后人才自河南移入河东有关（《新史学》第32卷第4期）。李清泉以山西壶关上好牢1号墓为例，试图从墓葬的建筑形式、壁画内容和题诗文字三个方面，辨读墓葬材料包含的“话语”逻辑，寻找与历史人物有关的特殊信息。考虑到该墓后室空置，壁画中许由巢父、管鲍分金、相扑人物、杂剧演乐题材及题诗中哀叹惋惜等内容，推测墓主可能是死于宋金战争未能归葬的武官，入金之后招魂葬之（《美术大观》第10期）。郝军军对新近公布的山西沁源正中村金墓壁画摹本进行了墓葬所属位置复原，根据墓壁题记录文和榜题摹本讨论了壁画中所绘人物的身份和关系，并从墓中二十四孝图像榜题出发讨论了宋金孝子故事顺序问题，发现与稷山马村M4和洛阳古代艺术博物馆所藏疑出襄汾地区金墓砖雕排序基本一致(《中国国家博物馆馆刊》第7期）。

陈豪、丁雨认为，宋代官员墓葬之所以对等级制度体现得不明显，缘于本当遵奉制度的官员群体中大部分并未向下传递上层丧葬文化，反被当地富民阶层所同化，从而使墓葬呈现出地方化特征（《华夏考古》第1期）。刘未重新检讨了宋元时期墓葬神煞相关的实物、图像、文本材料，将其视为神煞观念流传的可视物质媒介，认为相同的神煞名目、相似的神煞形象，亦可分属于不同的观念系统乃至其他观念体系，从而被赋予了不同的含义。蕴含着差异与变异的墓葬神煞观念并非一以贯之的稳定系统，分析其所表现的连续与断裂、碰撞与调和、误解与再造，得到的是多重语境的观念史（《故宫博物院院刊》第11期）。刘未将旧题赵炳《族葬图》的作者订正为生活于13世纪中期至14世纪早期的许昌儒士赵居信。金元之际，中原北方地区儒学复兴，赵氏以《礼经葬制》《族葬图说》二文配《周礼先王及昭穆诸王兆域图》《周礼诸王兆域庶子以下从葬图》《国民族葬图》三图，著成于大德之前的元代早期，元代中期即被引用、刻印，从而广为流传，乃至影响遵儒之家的丧葬实践（《古代文明》第15卷）。杨逸认为宋元时期的兆域图来自葬书和礼图两个知识系统，虽然都自称本自《周礼》，但五音昭穆葬图实际违背礼义，宋儒试图重绘符合古礼的兆域图，至元代赵居信《族葬图说》始出集成之作，并为明清儒者所推尊（《宋代四礼研究》，浙江大学出版社；《南方文物》第4期）。周兴通过梳理西汉梅福神化事迹，对江西吉安地区出土的一类包含知见人“梅仙真”“梅子真”“梅仙真人”名号的南宋至元买地券流行历史背景进行了讨论（《东南文化》第4期）。

李飞将考古材料与族谱材料相结合，讨论了元明播州罗氏土官墓地的主要特点。考古所见罗氏墓地集中分布于播州区三岔镇境内，其中茶子园、穆家田葬明代宣慰使司同知，扬州湾葬元明黄平知府均为“印官”专属墓地（《南方民族考古》第21辑，科学出版社）。案：文中所举穆家田墓地布局与宋元时期中原北方地区流行的五音昭穆贯鱼葬形式有别，不宜关联。所引咸丰《罗氏宗谱・坟茔》称：“坟山之阴，其左，凡男子之殇，与成人而无后者葬焉；其右，女子之未嫁而亡、已嫁而反，与妇人之少亡而无后者葬焉。”这一原则实源自元代赵居信《族葬图说》。如文中所论，高坪黄秧嘴杨氏墓地对于女眷的安排与罗氏宗谱规定相合。

刘毅全面汇集了明代藩王陵墓的考古调查和发掘资料，结合历史文献对藩王陵园制度、玄宫制度、埋葬制度及随葬品进行了系统的研究，将藩王陵墓制度特征总结为：宗藩墓葬选址有近山建茔和平原卜兆两种情况，视藩府周边地理环境而定；亲王陵园规模差别甚大，各藩府陵园实际占地面积呈缩减之势；各地亲王陵园营造规制并不完全相同，整体布局和皇陵均模拟前朝后寝之制；各藩王陵墓玄宫制度五花八门，但核心营造理念均模拟王府；藩王均以常服敛葬，亲王嘉靖以前多用重棺；藩王墓随葬品既有等级礼仪表达所需器类，也有民俗葬仪用品，还有大量实用器（《明代藩王陵墓的考古学研究》，科学出版社）。

三 陶瓷考古

（一）窑址调查与发掘

内蒙古巴林左旗辽上京皇城西山坡附近发现的林东窑，性质及年代均存在争议。陈泽宇重新检讨早年发掘记录文字及相关报道，参照弓场纪知对日本出光美术馆所藏林东窑出土瓷片年代的讨论，仍倾向于将该窑的创烧时间推定为辽代早期（《北方文物》第 5 期）。河北曲阳北镇定窑遗址发掘一处连续叠压的晚唐五代时期窑业堆积，推测第一期为晚唐的元和五年至乾符六年（810 ~ 879），第二期前段为唐代末期至五代初期的广明元年至天成四年（880 ~ 929），第二期后段为五代后期的长兴元年至北宋建立（930 ~ 960）。另外发掘一座保存状况较好的金代中后期的马蹄形窑炉，推测相关遗存所属第三期前段为金代前期即北宋灭亡至正隆五年（1127 ~ 1160）；第三期后段为金代中后期，即大定元年至元军占领曲阳的兴定三年（1161 ~ 1219）（《文物》第 1 期）。磁县冶子窑址发现晚唐至元代窑业遗存，发掘北宋中晚期马蹄形窑炉 2 座。作为遗存主体的北宋产品以化妆白瓷为大宗，黑釉、酱釉、棕黄釉瓷次之，其中酱釉仿定瓷、涩圈叠烧印花棕黄釉瓷的发现较为重要（《磁州窑冶子窑址》，科学出版社）。河南鹤壁集窑发掘马蹄窑一座（Y8）、灰坑 4 座。其中 Y8 与 H16、H18 均出支钉叠烧白釉釉上红绿彩及沙堆叠烧白釉釉下褐彩器，年代均为元代。H17、H19 均出支钉叠烧白釉篦划纹器，发掘者将前者定为金代，后者定为北宋（《华夏考古》第 5 期）。案：两座灰坑器物面貌整体一致，类似者多见于金代中晚期遗存，H19 是否可以早到北宋，尚需斟酌。

山西交城磁窑村窑址以往较少刊布信息，孟耀虎报道了一批调查材料。北宋产品以白釉褐彩器最具特色，也有白釉划花或珍珠地划花器，采用三叉支钉叠烧；金代产品中有白覆轮油滴盏（《文物世界》第 1 期）。孟耀虎还介绍了一批山西介休窑宋金时期标本，主要包括白釉珍珠地划花、剔花、彩绘瓷、白釉仿定瓷、黑釉瓷、涩圈叠烧青黄釉印花瓷等，并与兴县瓷窑沟、交城磁窑村的调查资料予以对比（《宋金介休窑》，三晋出版社）。山东淄博南万山窑址调查资料显示，产品主要有化妆白瓷、酱釉瓷、黑釉瓷、双色釉瓷、白底黑花瓷（以四花纹为特色）等品种，碗盘类涩圈叠烧或砂堆叠烧，年代推断为金元时期（《文物春秋》第 2 期）。安徽淮北烈山窑址开展试掘工作，分南、北两个发掘区，南区为金元窑址区，北区为“唐末五代北宋”窑址区。北区发掘马蹄窑一座，产品以化妆白釉瓷为主，另有青黄釉瓷、三彩瓷、绞胎瓷、素烧器等（《东南文化》第 2 期）。

浙江黄岩沙埠窑址群竹家岭窑址和凤凰山窑址均发掘了窑炉和窑业堆积遗存，显示沙埠窑址年代可分为五期。第一期为北宋中期，内壁单面粗刻划花，纹饰丰富。第二期为北宋中期晚段至北宋晚期前段，开始出现双面刻划花器物。第三期为北宋晚期后段，普遍双面刻划花。第四期为北宋末期至南宋初期，双面刻划花的外壁折扇纹变为对称分组式。第五期为南宋早期，内壁单面刻划花。沙埠窑是探索越窑和龙泉窑瓷业技术衔接过渡的重要地区（《2020 中国重要考古发现》，文物出版社）。永康赵店村瑶坛发现一处窑址，调查者认为属于五代北宋（《东方博物》第 79 辑）。案：该地实际烧造两类青瓷制品，一类属于采用垫环支烧的北宋中期越窑系统，另一类属于内壁篦划纹及之字篦点纹外壁折扇纹的南宋早期龙泉窑系统。相近的两类制品同地前后交替生产的情况还见于与之临近的武义陈大塘坑窑址。

丽水保定村附近分布窑址 12 处，产品为龙泉窑类型青瓷，生产时间约自南宋中期延续至元代晚期，装烧方式从早到晚有垫饼支烧、支钉叠烧、涩饼叠烧等不同形式（《丽水保定窑址》，文物出版社）。龙泉南区石隆窑址群调查窑址点 14 处，可知该区域窑业兴起于北宋晚期，延续至明代初期，并发现了黑胎青瓷和米黄釉开片青瓷。龙泉东区张村窑址调查也发现有黑胎青瓷（《天下龙泉——龙泉青瓷与全球化国际学术研讨会论文集》，文物出版社）。福建德化尾林、内坂窑址发掘了两处窑炉遗迹，出土宋至清代青白瓷、白瓷、青花瓷标本。窑炉形态从南宋早期的斜坡式龙窑开始出现挡火墙，到南宋中晚期出现分室较长的分室龙窑，元代进一步发展为分室较短的分室龙窑，明代晚期出现成熟的横阶级窑（《2020 中国重要考古发现》，文物出版社）。福建上杭境内窑址调查显示，稔田严坑窑产青白瓷，为元代；南阳豪坑窑产仿龙泉青瓷，为明代中期（《福建文博》第 1 期）。湖南醴陵沩山钟鼓塘窑址发掘龙窑残迹一处，产品以青白釉瓷为主，青釉瓷次之，另有酱釉和双色釉瓷。装烧方式以涩圈叠烧为主，支圈覆烧为辅。菊瓣纹碗、盏、折沿盘显系模仿龙泉窑产品。烧造年代与同类型的益阳羊舞岭 Y51 相当，约为元代中晚期（《文物》第 5 期）。四川成都琉璃厂窑址发掘龙窑、房址等遗迹及丰富的陶瓷产品、窑具工具等遗物。第一期创始阶段，为五代时期，下限至北宋早期；第二期繁荣阶段，为北宋中晚期至南宋中期；第三期衰弱阶段，为南宋晚期至元代；第四期专控阶段，为明代（《成都琉璃厂窑址：2018—2019 年考古发掘报告》，文物出版社；《文物》第 8 期）。重庆丰都壕沟遗址发现一批次生窑业堆积，产品为粗制酱釉陶，以执壶最具特色，类似器物在相距不远的丰都其他遗址也有发现，年代被推定为北宋晚期至南宋（《四川文物》第 6 期）。案：参考奉节永安镇考古资料所见情况，这批器物的年代似可限定为北宋晚期。

云南建水碗窑村窑址发掘 2 座龙窑遗迹，出土仿龙泉青瓷器和仿景德镇青花瓷器，推测产品年代集中于明代早中期正统、景泰、天顺三朝（《2020 中国重要考古发现》，文物出版社）。

（二）陶瓷生产

徐华烽回顾了 20 世纪下半叶故宫古陶瓷窑址调查的学术历程，分为 20 世纪五十年代的探索期、20 世纪六七十年代的展开期、20 世纪八九十年代的延续期三个阶段（《故宫学刊》第 22 辑，故宫出版社）。

秦大树等从概念界定及特点、历史记载、考古工作、研究推进与主要成果四个方面概述了磁州窑考古与研究的百年历程，并指出：磁州窑的窑业生产体制和运营模式，产品流布与运销路线、范围等方面的研究存在明显不足，明代磁州窑的研究也有待加强（《文物春秋》第 6 期）。王云飞将河北、山东、山西、陕西、宁夏等地窑场生产的棕黄釉涩圈印花瓷器进行了对比讨论，认为此类产品生产时间集中于金代，前后或稍有延长。不同窑场产品纹饰各具特点，产生与发展各有轨迹（《文物》第 3 期）。赵冉在讨论山东地区金代彩瓷时指出，以往一些红绿彩瓷被推断为德州、淄博、枣庄窑场所产的证据并不充分，德州所见应属磁州窑产品

（《文物春秋》第 4 期）。

郑建华概述了新中国成立 70 年来的龙泉窑考古发现与研究情况，列举了龙泉窑考古工作的三个阶段和主要成就，指出：龙泉窑的起始时间、空间范围、产品类型与分期、同官方的关系等问题还有待深入研究。沈岳明则将龙泉窑遗址的考古收获总结为：搞清了龙泉窑烧造的窑炉结构与作坊布局，确定了龙泉窑的始烧时间，明晰了薄胎厚釉和乳浊釉青瓷的烧造技术来源，突破了对龙泉黑胎青瓷与哥窑研究的固有认识，找到了明代“官器”生产窑场（《天下龙泉——龙泉青瓷与全球化国际学术研讨会论文集》，文物出版社）。郑建明概述了 21 世纪以来越窑、龙泉窑黑胎青瓷窑址考古新进展，主要涉及黑胎青瓷起源、龙泉黑胎青瓷与哥窑、老虎洞窑址与传世哥窑等问题的讨论（《文物天地》第 3 期）。羊泽林概述了福建窑场仿龙泉青瓷生产情况，其中宋元时期涉及浦城、松溪、霞浦、福清、连江、莆田、同安、南安、漳浦、建阳等地窑场，明清时期涉及安溪、永春、南靖等地窑场（《天下龙泉——龙泉青瓷与全球化国际学术研讨会论文集》，文物出版社）。

冯冕对景德镇葫芦窑技术渊源问题进行了补充讨论，不同意以往将其视为龙窑与马蹄窑技术相结合产物的观点，认为是对景德镇宋元龙窑及其改良技术的继承，并未吸收马蹄窑半倒焰技术（《东南文化》第 6 期）。江西景德镇御窑厂遗址曾出土一批青花、釉里红瓷器，特征既异于元代又与永乐有别，以往被认定为洪武产品。但迄今为止，这类器物在洪武墓葬中并未发现，所出青花、釉里红瓷器仍表现为元代特征。吉笃学认为，景德镇御窑厂可以确认为洪武遗物的主要是各类建筑材料和白瓷制品，比照“永乐元年”款标本，所谓洪武青花、釉里红瓷器的年代可能已晚至永乐时期。由此支持明代景德镇御窑厂设立于“洪武三十五年或洪武末年”的观点（《中原文物》第 2 期）。首都博物馆藏有两幅清代无款纸本设色《御窑图》，一幅以御窑厂中轴线主体建筑为中心，描绘烧窑之前和开窑之后诸工序；另一幅以窑炉为中心，描绘烧窑阶段诸工序，均附有榜题。邢鹏认为，绘制年代在嘉庆二十年（1815）至咸丰五年（1855）之间，对于了解清代御窑厂建筑布局和制瓷工序具有重要参考价值（《文物天地》第 12 期）。

（三）陶瓷运销

宋建忠主编《中国沉船考古发现与研究》一书全面梳理了中国重要海域沉船考古收获，其中西沙群岛海域大部分沉船的考古资料是首次较详细的披露（《科学出版社》）。刘未梳理了西印度洋、东南亚及日本遗址出土北宋贸易陶瓷情况，指出北宋是海外陶瓷贸易相对平缓但并未中断时期。北宋早中期越窑青釉瓷和景德镇窑青白釉瓷构成了稳定组合；北宋中期晚段闽广地区窑场兴起，广州、潮州、泉州窑场主要面向东南亚及西印度洋，福州窑场主要面向日本；北宋末期闽南、广西窑场青白釉瓷繁盛，龙泉窑青釉瓷崛起，潮州、漳州产品亦见于日本，东西方贸易陶瓷品类组合都趋于复杂化（《故宫博物院院刊》第 3 期）。丁雨统计分析了沉船及海外遗址出土南宋至元代青白瓷状况，发现在北宋末至南宋早中期青白瓷产品似居主流地位，至元代中晚期龙泉青瓷在较多遗址中已经占据明显优势。两期之间的南宋中晚期至元代早期情况尚不明朗，有待进一步考察（《古代文明》第 15 卷，上海古籍出版社）。秦大树将元代贸易路线所覆盖的区域分为环印度洋和环南中海及东亚两个地区，分别选取代表性遗址出土瓷器进行统计分析，并结合部分南宋后期到元代的沉船资料指出：元代是中国古代海航贸易在大航海时代出现以前的高峰时期，从南中国海到印度洋地区海上贸易顺畅发达，这一时期龙泉窑瓷器成为最主要的外销产品，其外销主要港口应该是当时中国开展海上贸易最重要的港口（《天下龙泉——龙泉青瓷与全球化国际学术研讨会论文集》，文物出版社）。

王建文等详细报告了上海奉贤四团镇一批出土瓷器的整理情况，绝大部分为连江浦口窑所产青黄釉碗，素面或有内篦划纹、外折扇纹装饰，大多单件装烧，少数支钉或涩圈叠烧，个别为龙泉窑所产青釉双面划花碗、福州洪塘窑罐，器物年代为不晚于南海 1 号沉船的南宋中期（《水下考古》第 3 辑，上海古籍出版社）。浙江宁波大榭遗址可能是明州（庆元）港附近的一处海上贸易中转点，出土陶瓷以南宋晚期龙泉窑青瓷、泰顺等窑青白瓷为主，另有景德镇窑青白瓷、吉州窑黑釉瓷及福州周边窑场青白瓷、青灰釉瓷、黑釉瓷等（《海岛之光：大榭遗址出土文物精品图录》，宁波出版社）。罗鹏介绍了宁波地区历年考古出土龙泉青瓷情况，包括东门口和市舶司遗址、天妃宫遗址、江厦街天后宫遗址、祖关山遗址、东门口船场遗址、天一广场遗址、慈城古衙署遗址、和义路瓮城遗址、渔浦码头遗址、大榭遗址、余姚巍星路窖藏等 11 处遗存（《天下龙泉——龙泉青瓷与全球化国际学术研讨会论文集》，文物出版社）。栗建安概述了泉州城市遗址出土的宋元时期陶瓷器情况（《泉州城考古学术研讨会论文集》，科学出版社）。蔡喜鹏从各大水系和窑址分布、近海航路和沉船发现、城市市镇和水路巡检的角度提出了福州地区近海陶瓷贸易网络问题（《闽江学院学报》第 42 卷第 1 期）。广西防城港洲尾遗址可能是北部湾海丝航线上的贸易场所或集散码头，出土陶瓷器以广西窑场所产青瓷、青白瓷为主，也有龙泉窑青瓷、景德镇窑青花瓷及遇林亭窑描金黑釉瓷，器物年代集中于南宋晚期至元代(《水下考古》第 3 辑，上海古籍出版社）。石玉兵等概述了 2009 年青岛板桥镇遗址发现的建筑基址及出土的宋金时期瓷器简况，涉及磁州窑系（含淄博窑）、定窑、景德镇窑、龙泉窑、钧窑、吉州窑、耀州窑及闽广窑场产品。雷建红简述了 2015 年、2016 年黄骅海丰镇遗址考古工作情况，出土金元时期瓷器涉及磁州窑、定窑、井陉窑、耀州窑、景德镇窑等地产品（《考古学视野下港口与码头学术研讨会论文集》，上海古籍出版社）。

亚力杭德拉·古铁雷斯（Alejandra Gutierrez）、克里斯托弗·杰拉德（Christopher Gerrard）介绍了西班牙阿尔梅里亚、巴伦西亚、特鲁埃尔、萨拉戈萨发现的晚唐至北宋中国瓷器，包括定窑白瓷、越窑青瓷、耀州窑青瓷和景德镇青白瓷，其中有的白瓷还后加了阿拉伯文金彩，表明在 13 世纪之前已有中国瓷器由阿拉伯商人经印度洋、红海到达地中海地区（《外国文物里的丝绸之路》，光明日报出版社）。陈宁宁介绍了耀州窑瓷器在海外出土情况以及国内沿海港口及沉船发现的耀瓷，并据此讨论外销耀瓷的运销线路，兼及耀瓷在外销瓷中所占比重、耀瓷对高丽青瓷与越南青瓷影响问题（《文物春秋》第 3 期）。案：另有西班牙、肯尼亚、印度尼西亚、吉尔吉斯斯坦等地出土耀州窑瓷器资料本文未能掌握。

项坤鹏概述了日本出土龙泉窑瓷器简况，指出龙泉青瓷于日本常用于日常、清赏、礼佛、随葬等场合(《故宫学刊》第 22 辑，故宫出版社）。申浚概述了韩国出土及出水龙泉窑瓷器情况，除著名的新安沉船外，主要发现于济州岛及周边海域。项坤鹏总结了东南亚出土及出水龙泉窑瓷器情况，将其分为南宋早期、南宋晚期、元代、明代早中期四个阶段，讨论了龙泉瓷在东南亚瓷器市场所占份额、明中期以后龙泉瓷少见于东南亚的原因及东南亚地区所见龙泉瓷的用途等问题。张然概述了西印度洋地区出土龙泉窑瓷器简况，包括南亚、波斯湾、红海及周边、东非四个区域，并从伊朗剔花釉陶生产衰落的角度来探讨龙泉青瓷贸易繁荣问题（《天下龙泉——龙泉青瓷与全球化国际学术研讨会论文集》，文物出版社）。田中克子根据日本遗址及中国沉船考古资料，将闽清窑"白瓷"产销分为四个阶段：I 期，11 世纪后半期至 12 世纪前半期，以博多遗址群出土为代表；II 期，12 世纪后半期至 13 世纪早期，除博多外，包括华光礁 1 号、爪哇海、南海 1 号沉船等；III 期，13 世纪前期至 14 世纪中期，以冲绳出土 Birosuku I 和 Birosuku II 类型为代表；IV 期，14 世纪后半期以后，以冲绳出土 Birosuku III 类型为代表（《将乐窑暨中国南方地区宋元青白瓷学术研讨会论文集》，海峡文艺出版社）。

孙博对南海 1 号沉船出水德化窑、磁灶窑瓷器上阿拉伯文墨书题记进行了分析，认为所属者为与埃及阿尤布王朝紧密联系的阿拉伯客商（《东南文化》第 2 期）。石黒ひさ子重新讨论了南海 1 号沉船汉文墨书题记，特别是以往相关研究中较多注意的"纲"字题记被认为是贸易集团所属船货的标记，南海 1 号的发现情况表明更可能是贸易者的生活用器（《广州文博》第 14 辑，文物出版社）。

秦大树、袁泉指出，明代陶瓷外销经历了三次高潮：一是以郑和下西洋为代表的大规模官方贸易，二是大航海时代开启后海禁政策下中外共同推动的民间走私贸易，三是葡萄牙人开埠澳门和隆庆开关之后的大规模环球贸易。中国陶瓷外销对亚非欧各地饮食器皿和室内陈设、建筑装饰均产生重要影响，也引起了日本、越南和泰国、伊斯兰地区对中国陶瓷的仿制（《浮槎万里：中国古代陶瓷海上贸易展》，北京时代华文书局）。山东青岛鸭岛沉船出水一批青花瓷器，藏于青岛市博物馆（《北方文物》第 3 期）。案：这批器物有螭龙、寿字、山石竹梅等纹饰，青花发色暗蓝，足端粘砂，属景德镇民窑低档产品，年代为明万历前期。

澳门圣保禄学院遗址发掘出土一批景德镇民窑青花瓷器，其中三分之一为克拉克类型，年代集中于明代晚期万历至崇祯年间（《澳门圣保禄学院遗址发掘报告（2010 ~ 2012）》，科学出版社）。法赫里·唐内希普·帕尔瓦尔（Fakhri Daneshpour Parvar）介绍了伊朗霍尔木兹岛发现的中国青花瓷片情况，年代以明代嘉靖晚期至万历时期为主（《外国文物里的丝绸之路》，光明日报出版社）。日本用"古染付"一词称呼明末天启前后景德镇所产并舶来的民窑青花瓷器，可分为茶道用具和日常用具两类。林克彦回顾了古染付的研究概况并检讨其定义。中路のぶ代列举了江户时代重要遗址出土与古染付有关的明末景德镇民窑青花瓷器材料。金泽阳讨论了 17 世纪前期所谓古染付时代东亚陶瓷贸易状况（《东瀛异彩：明末日本来华订造瓷特展》，江西美术出版社）。

（四）瓷器研究

吴祖军等介绍了四川三台宋元窖藏瓷器情况，其中东河纸厂 2 号窖藏出土南宋晚期龙泉窑青瓷、景德镇窑青白瓷和吉州窑黑釉瓷，东河纸厂 1 号窖藏、新西街窖藏、牛头山蟠龙砖瓦厂窖藏出土元代晚期龙泉窑青釉瓷、景德镇窑青花瓷（《文物天地》第 1 期）。郑以墨分析了宋金元时期磁州窑系瓷枕的装饰边框，先后有契合枕形、异于枕形和多曲菱形三种形式，对书画装裱方式、金银器或织物纹样有所借鉴，而边框以珍珠地、刻划花、白釉剔花技术以表现凸凹质感与织物刺绣效果相类（《文物春秋》第 6 期）。周雪妍汇集了元明龙泉窑凤尾瓶资料，分析其形制类别及时代特征，并讨论在海内外市场的消费和流通问题（《博物院》第 2 期）。刘净贤注意到一类釉色青碧透亮、花卉主题纹饰的陈设类龙泉青瓷，器形有梅瓶、橄榄瓶、灯笼瓶、筒式瓶、觚式瓶、广口瓶、长颈瓶、琵琶尊、凤尾尊、樽式炉、洗式炉等，将其年代推定为明代晚期万历至清代早期康熙前后，可能产于庆元竹口窑场（《天下龙泉——龙泉青瓷与全球化国际学术研讨会论文集》，文物出版社）。马翔宇注意到明崇祯“甲戌春孟赵府造用”款五彩及青花龙纹盘盘心龙纹式样的特异之处，认为或源自稍早刊行的《程氏墨苑》与《方氏墨谱》二书（《故宫博物院院刊》第 11 期）。

四 宗教考古

陕西富县石坊头石窟为一方形单窟，后壁雕一佛二弟子，两侧壁雕十六罗汉及二天王，窟外左侧二龛雕文殊、普贤，右侧一龛雕一佛二弟子及十六罗汉，洞窟形制和造像题材与周边北宋中晚期石窟相似（《草原文物》第 2 期）。富县梨树窑子观音殿石窟为一长方形单窟，后壁雕自在坐观音、罗汉及供养人、侍从、僧人，两侧壁雕十六罗汉及二天王，题记显示该窟开凿于北宋宣和五年（1123）（《四川文物》第 2 期）。富平南张村有金大定二十一年（1181）铁佛立像，李静杰撰文介绍并分析其造型特征（《中原文物》第 1 期）。李静杰介绍并分析了陕北石窟、川南摩崖石刻明清造像中给孤独长者和武安王关羽图像组合（《中原文物》第 4 期）。陈悦新分析了甘肃天水麦积山石窟宋代佛像的佛衣、僧衣、菩萨衣类型问题，指出其着衣面貌以南方两宋时期特点居多，石窟东崖造像重修可能略晚于西崖，两崖增塑与东崖重修大致相当（《文物》第 2 期）。赖天兵认为，河北赵县北宋景祐五年（1038）陀罗尼经幢第五层幢身雕刻的是从“劝请莫般涅槃”到“起塔供养”的连环画式涅槃变相（《文物春秋》第 4 期）。

四川安岳华严洞石窟正壁造一佛二菩萨二弟子，由毗卢遮那佛、文殊、普贤构成华严三圣，侧壁雕十菩萨及经变，开凿于南宋时期，是以大足、安岳为中心的柳赵教派典型遗存（《南方民族考古》第 23 辑，科学出版社）。理塘麻通寺小殿为一方形单层平顶藏式石砌建筑，原为塔殿，内有元末所绘无量光佛西方净土、释迦摩尼佛与十六罗汉、六胜二庄严、药师七佛曼荼罗等题材壁画（《四川文物》第 4 期）。通江圆顶寺摩崖造像共有 4 龛 13 身，造像题材推测为文昌帝君、关圣帝君、释迦牟尼佛、观音菩萨、山神等，年代推定为明代早中期（《石窟寺研究》第 11 辑，科学出版社）。

五 建筑考古

山西大同云冈石窟山顶发掘了一处辽金时期八边形塔基，是打破并包围北魏方形塔基建造而成（《云冈石窟山顶佛教寺院遗址发掘报告》，文物出版社）。汪盈结合辽上京皇城西山坡佛寺遗址一号塔基考古新发现，从塔身、塔基、塔宫和舍利安置等方面对辽代楼阁塔构造问题进行了详细分析（《南方文物》第 3 期）。河北崇礼太子城经考古发掘确认为金章宗驻夏行宫泰和宫遗址，邱靖嘉从文献出发考证了其营造背景及兴废史事（《中国国家博物馆馆刊》第 11 期）。吉林安图宝马城金代长白山神庙（兴国灵应王庙）遗址 2015 年发掘了中轴线上居中的建筑基址，即“工”字殿的前殿，包括建筑台基和月台两个部分，面阔三间、进深两间（《文物》第 3 期）。案：前殿折合金代建筑尺度：当心间二丈，两梢间各一丈七尺，通面阔五丈四尺，通进深三丈四尺，规模与寝殿大致相当。

赵俊杰等将神庙遗址平面布局与汾阴后土祠、登封中岳庙、泰安岱庙、衡阳中岳庙、华阴西岳庙、济源济渎庙等宋元祠庙进行比较分析，讨论了布局与等级之间的关系（《文物》第 3 期）。

山东烟台严因寺遗址发掘建筑遗存分为三期。第一期遗存由遗址南部塔基、地宫及其四周房址组成，根据方志记载，疑为北宋天禧四年（1020）创建。第二期遗存由塔基以北房址组成，据宣德六年（1431）《重建严因寺碑》，应为当时所建山门、天王殿、大雄宝殿、千佛宝典、诸佛舍利宝塔等构成的建筑群组前半部分。第三期遗存叠压打破第二期遗存，建筑方向发生较大改变，由并列三组院落构成，可能是万历年间地震之后于三十八年（1610）重建的朱庵寺（《北朝唐宋佛教与社会：山东临朐白龙寺遗址考古研讨会论文集》，文物出版社）。福建福鼎国兴寺遗址 2015 ~ 2016 年勘探试掘在此前发掘工作的基础上进一步确定了该寺平面布局和兴废过程，可将修建年代追溯至北宋中期，寺院以石柱大殿基址为中心，南北构成中轴线，东西对称分布天井、花台、厢房等建筑（《福建文博》第 1 期）。陈豪集中讨论了晋东南泽州地区宋金元时期佛寺建筑群中十余处现存后殿单体建筑实例，结合石刻记载，判定后殿在金元时期作为法堂存在，建筑规模较中央佛殿为大，在寺院中的重要性上升，这一变化与当时禅宗的蓬勃发展有关（《故宫博物院院刊》第 10 期）。

王子奇以河北崇礼太子城金代遗址出土瓦件为线索，结合《营造法式》记载和传世绘画、寺观石窟壁画所绘形象对宋元时期墨煤染脊和泥脊白道等屋脊装饰做法进行了探讨（《考古》第 6 期）。彭明浩从分析《营造法式》中所载脊部所施走兽和角部所施蹲兽的差别入手，汇集讨论了宋元建筑实例及遗址出土瓦件所反映的走兽和蹲兽情况，并提示思考唐宋建筑图像中走兽缺失这一异常现象的成因（《春山可望：历史考古青年论集》，上海古籍出版社）。《南越国公署遗址出土瓦当选录》（科学出版社）收录了一批有明确地层关系的宋元时期兽面纹、莲花纹、菊花纹、折枝花纹、缠枝花纹等各类纹样瓦当，是讨论岭南地区瓦当类型与年代的重要资料。

徐新云、王书林汇集晋南地区宋金元时期木构建筑和塔基地宫、墓葬砖雕仿木构建筑材料讨论了“云拱式”和“侧昂式”两类翼形横拱形制的时代演变与地域特征（《文物》第 4 期）。俞莉娜以公布完整测量信息的墓例为研究对象，从木作和砖作模数系统互动角度出发，分条砖为主、部分模件化、高度模件化三种营建模式，对宋金时期中原北方地区仿木结构砖室墓斗拱设计展开分析，指出模件化程度的提升是斗拱设计条砖尺度向木构尺度靠近，形成砖构木相局面的关键因素（《建筑学报》增刊第 2 期）。

王书林等从两宋时期两浙路地区木构建筑、砖石塔、石刻及墓葬等材料出发，对建筑形制进行分区分期研究，并讨论区域互动关系（《故宫博物院院刊》第 10 期）。王书林以北宋《闸口盘车图》《瑞鹤图》、南宋《中兴瑞应图》《四景山水图》《水殿招凉图》为例分析屋木画所反映的建筑形制，认为其对南北方建筑形制的地域性差异有非常精准的表现（《南京艺术学院学报（美术与设计）》第 4 期）。王书林通过分析苏州瑞光塔建筑形制所反映的维修痕迹结合绍定《吴郡志》的记载，认为该塔宋景德元年至天圣八年（1004 ~ 1030）始建之后经历了宣和及淳熙两次较大规模修缮工程，且产生了修缮位置和方式的差异（《建筑史学刊》第 1 期）。

李纬文根据《南城召对》《南宫奏稿》《桂洲奏议》等文献记载详细梳理讨论了明嘉靖十年至十五年间（1531 ~ 1536）世宗发起的北京太庙庙制改革过程及陆续形成的各种建筑设计方案（《建筑史学刊》第 3 期）。王其亨、张凤梧介绍了《皇城宫殿衙署图》发现及收藏流传情况，检讨了该图的研究利用情况，并将其绘制年代重新考订为康熙八年（1669）（《建筑史学刊》2020 年第 1 期，2021 年第 1 期、第 3 期）。王文涛介绍了紫禁城宫殿建筑琉璃瓦件款识中的窑作名和工匠名，并结合文献讨论了琉璃窑作的管理问题（《故宫学刊》第 22 辑，故宫出版社）。

六 其他

（一）冶金考古

山西大同云冈石窟山顶发现辽金时期铸造井台遗迹1处和化铁炉30个，疑为寺院铸造铁钟遗存（《云冈石窟山顶佛教寺院遗址发掘报告》，文物出版社）。福建安溪下草埔遗址发现6座冶铁炉等遗迹，以块炼铁生产为主，集生铁和块炼铁生产技术于一处。根据出土陶瓷判断生产时段集中于南宋中晚期至元代，可能与宋代青阳铁场存在关联（《安溪下草埔遗址2019—2020年度考古发掘报告》，文物出版社）。

（二）文物研究

五代至宋漆器上常见“牢”“真”字样铭文，余国江结合《唐律疏议》等文献记载支持传统观点，认为这是对漆器质量的标示，否定近年提出的祭祀用器说（《考古》第8期）。范淑英重新考察了5种8件带有唐代年号的铜镜，认定为宋代铸造的仿唐镜（《故宫博物院院刊》第3期）。案：其中3件“永徽元年”四神规矩铭带镜与常见同类唐镜的区别仅在于铭文篆书，是否确为宋铸，尚可斟酌。

辽宁阜新塔营子被盗窖藏出土元代金银器44件（套），包括玉壶春瓶、折沿盘、折沿碟、唇口盏、梵文瓜棱錾耳杯及一组首饰、佩饰（《文物天地》第5、6期）。葛林杰、曹文强汇总了长江下游地区宋元窖藏出土仿古铜器资料，根据与仿制对象亲疏程度分为临摹型、改造型、创新型三类。由宋至元，仿古铜器从中央政府制作、颁赐转为私人或团体商品订制，其与所仿对象亲疏程度逐渐弱化（《长江文明》第3辑，四川美术出版社）。

山东曲阜孔庙明代铜祭器现存603组，其中有纪年铭文者433组，主要属成化、正德、万历朝，少数属弘治、嘉靖、崇祯朝，包括铏、爵、簠、簋、豆等器类（《中原文物》第3期）。案：时代稍早的成化二十一年（1485）祭器由嘉兴府督造，形制近于南宋《绍熙州县释奠仪图》系统；而正德十二年（1517）以降祭器由兖州府督造，形制近于明代《阙里志》系统。兖州文庙明清祭祀礼乐器发现于民国年间窖藏，其中以成化二十三年（1487）知府赵兰所造铜祭器品类数量最多，包括铏、爵、簠、簋、豆等；其次为嘉靖六年（1527）知府俞智所造铜祭器，有爵、豆。青岛博物馆藏有明成化九年（1473）临邑县文庙祭器铜豆、成化二十一年（1485）东昌府文庙祭器铜簋（《东方博物》第80辑，上海书画出版社）。广东中山市博物馆藏豆类铜器9件，有“嘉靖二年（1523）秋香山教谕颜阶奉提学副使魏命造”铭文。据嘉靖《香山县志》记载，可知为毁佛寺铜像所铸文庙祭器。其中腹部饰凤鸟纹者3件为籩，饰兽面纹者6件为豆（《文物天地》第12期）。

高移东根据文献记载、文物考古及传世绘画资料对唐宋时期官员所佩鱼袋的形制及使用情况进行了探讨（《形象史学》总第17辑，中国社会科学出版社）。李昕汇集了明代墓葬出土獬豸补服资料，辨析了獬豸、狮子、麒麟补服图案的差别，指出这些獬豸补服多为圆领常服补式，穿用对象主要是风宪官及获得封赠的官吏家属，而獬豸除常服、忠静服外，在赐服和礼服上也有应用（《文物春秋》第1期）。

（北京大学考古文博学院）

甲骨文金文研究综述

何景成　姬英杰

一　甲骨文研究

（一）新公布的资料及相关讨论

在甲骨文资料的公布和整理方面，2021 年的工作主要体现为一些收藏机构利用新摄制技术和方法，在吸收新研究成果的基础上，对所藏甲骨资料进行整理和著录。以往的著录方式，受于摄制、印刷以及著录方式等条件的限制，往往不能全面展示甲骨在文字、钻凿、卜法等方面信息。采用新技术手段、新著录方法对馆藏文物进行全面而深入地整理，其价值不亚于刊布一批新发掘品。

李运富、曾广庆、张新俊编著的《河南藏甲骨集成 · 开封博物馆卷》（河南美术出版社）将开封博物馆所藏 69 版甲骨分为有字甲骨和无字甲骨，进行统一编目、核量尺寸，以图版、拓片、摹本三位一体的方式完整呈现甲骨资料的图像信息，并撰写释文和考释意见。

吴振武、张文立、周忠兵、崎川隆、何景成等编著的《吉林大学藏甲骨集》（上海古籍出版社）通过现代技术手段，对吉林大学考古与艺术博物馆所藏近 500 片有字甲骨进行了全面的精细化整理。在著录方式上，该书对每片甲骨文采用 6 张图版分别呈现其正反和四个侧面，充分呈现甲骨材料的形态和信息，并结合最新研究成果，对这批甲骨刻辞进行准确的释文考订和缀合整理。此外，该书还标明了每片甲骨的重量，这在甲骨著录整理研究中属于首创之举，为研究者提供了甲骨的另一维度。

甲骨缀合是甲骨资料整理的基本工作之一。蔡哲茂编著的《甲骨缀合三集》（万卷楼图书股份有限公司）收录了 190 组缀合成果。这是作者继《甲骨缀合集》《甲骨缀合续集》之后，将其公开发表的甲骨缀合成果汇集整理而成，并对此前发表的两集中有加缀者与有更清晰拓片可以补充者附于补正图版，全书附以释文考证与表格索引。

（二）论著与论集

方稚松著《殷墟甲骨文五种外记事刻辞研究》（上海古籍出版社）作为其先前出版的《殷墟甲骨文五种记事刻辞研究》之续编，重点研究了甲骨文通常所说的甲桥、甲尾、背甲、骨臼、骨面等五种记事刻辞之外的记事刻辞，包括祭祀类、铭功旌纪类记事刻辞及干支表刻辞，是作者对记事刻辞的系统总结。该书对祭祀类记事刻辞中的“宜于义京”“升岁”等字词进行了释读；将铭功类记事刻辞分为骨版刻辞、头骨刻辞和骨器刻辞等几部分，对其中一些疑难字词如“比”“蒿”等的含义进行了深入探讨；在全面梳理干支表刻辞的基础上，强调这类刻辞的性质是刻写练习之用，可视作习刻中的一种类型。

刘钊主编、陈剑副主编的《传承中华基因：甲骨文发现一百二十年来甲骨学论文精选及提要》

（上海古籍出版社）是为纪念甲骨文发现120周年而立项的课题的成果。该书从甲骨文材料搜集整理、甲骨文字词考释、甲骨卜辞分类断代、甲骨形态卜法及文例文法研究、殷商历史文化等不同内容出发，精选了海内外100余位作者的120篇论文，系统展示了120年来甲骨学研究的发展历程和重要成果。入选论文都配有提要，以揭示入选论文的学术贡献及其在甲骨学学术史上的地位。

《甲骨学初阶》（中国社会科学出版社）和《大学古文字 · 甲骨文导读》（科学出版社）均是甲骨学的大学教材。前者由郭旭东主编，内容包括殷墟甲骨的发现与收藏、殷墟甲骨的科学发掘与著录、甲骨文的分期与断代、甲骨文与殷商史研究、甲骨文书籍举要、甲骨文篇目选读等，系统介绍了甲骨学的相关知识、内涵与理论。后者由王建军、王蕴智编著，内容主要包括甲骨文的发现与历史、甲骨占卜程序与文例文法、甲骨文的造字方式与文化内涵、甲骨卜辞的分类及断代、甲骨文占卜内容分项解读，以及周原甲骨文占卜事类等。

（三）论文

2021年甲骨文研究的单篇论文主要涉及甲骨文字考释、甲骨缀合、殷商史研究等不同领域。

1. 甲骨文献整理研究

甲骨材料的文献整理涉及甲骨缀合、著录文献研究、甲骨数量考察、理论方法等方面。刘影《国家图书馆藏甲骨新缀》（《文献》第1期）一文对国家图书馆所藏三组甲骨碎片进行缀合，并在此基础上讨论所涉及的问题，认为第二组缀合的“告日于丁”很可能是把太阳的异常现象报告给“丁”。

李爱辉《国家图书馆藏甲骨残片补考》（《文献》第1期）一文对该馆所藏11片甲骨进行缀合和考释。第一组甲骨缀合后出现一条新的卜辞，这条卜辞可进一步加深对“登”字字义的理解，此例中的“登”似作地名。卜辞中“登”多用作祭名或人名，用作地名极为罕见。第二至四组均涉及国图所藏未著录过的甲骨。第四组的《合集》35221，各家多将其归入历组二类，经与《北图》7903缀合后，可知这是一片右首甲残片，字体属于一般典宾类甲骨，而非历组卜辞。这也进一步说明在现已公布的甲骨材料中尚不存在历组用龟腹甲刻写卜辞的情况。

展翔《国家图书馆藏甲骨（已公布部分）著录整理》（《文献》第1期）一文以已公布的国图藏甲骨拓片和彩照为研究对象进行著录整理，缀合甲骨残片15组、复原13组，并对742版甲骨的著录情况进行了对勘。

马智忠《无名类胛骨缀合六组》（《考古与文物》第4期）一文利用字体特征和卜骨形态缀合六组牛肩胛骨，并做出相关考释与说明。新缀合的甲骨涉及田猎、气象、军事等方面，为研究商代历史提供了新材料。如通过系联《合集》29349和《合集》29348，可以确定“睫”与“舌”两地属于同一田猎区域，通过这组缀合可为该田猎区系联增加一个新地名——“舌”。

曲正清、刘源《殷墟甲骨文材料中整龟、整骨之统计》（《故宫博物院院刊》第11期）一文通过对一些主要甲骨著录中的材料进行整理，统计出现存16万片甲骨文材料中共有整龟、整骨411片，其中龟腹甲362片、龟背甲16片、牛肩胛骨33片；完整甲骨刻辞共2535条，其中整龟刻辞2318条，整骨刻辞217条。总体来看，整龟、整骨材料基本上涵盖了各个组类，尤以宾组典宾类与花东类居多，内容多为祭祖、军事战争等。

在甲骨著录书中，《甲骨文捃》作为海内外的孤本有其独特价值。其中马衡所藏部分为摹本，著录情况较为复杂。郜丽梅《读〈甲骨文捃〉(二)》(《殷都学刊》第 3 期)一文对这部分摹本及其著录情况进行深入整理研究，有助于厘清该部分甲骨源流与传拓。

王斐《董作宾与〈新获卜辞写本〉及其后记》(《殷都学刊》2021 年第 1 期)一文从学术史角度考察《新获卜辞写本》的甲骨著录方式、文字考释意见等，探讨该著作在甲骨学研究史上的意义和地位。

对甲骨文进行分类和断代是整理和研究殷墟甲骨文的基础。目前甲骨学界主要采用“先用字体分类再进行断代”的方法。常玉芝撰文质疑这一方法，认为没有必要根据字体对殷墟甲骨进行分类(《殷墟甲骨“先用字体分类再进行断代”说评议》,《殷都学刊》2019 年第 4 期)。针对这一说法，彭裕商撰写的《关于整理与研究殷墟甲骨文的方法及其它》(《殷都学刊》第 1 期)强调结合类型学与年代学方法对殷墟甲骨文进行分类整理是进行甲骨文研究的基础。依据甲骨卜辞的字体特点和组合关系对其进行类型学整理，与依据地层关系和出土遗物等方面对其进行年代学分析，是对殷墟甲骨进行整理与研究的两个性质不同、目标各异的阶段。

2. 甲骨字词与文例研究

吴丽婉《大维多利亚美术馆藏一片卜甲再考释》(《文献》第 1 期)一文主要讨论了该版卜甲上的两个新见字“[illegible]”和“[illegible]”，谓“[illegible]”字为某种待考动物之象形；“[illegible]”右旁从“疒”，可能是一个与疾病相关的字。同时对该版卜辞地名“[illegible]”字进行释读和分析讨论。

方稚松《甲骨文“⿰爿殳”字含义探析》(《语言科学》第 1 期)一文谓该字学界多释为《说文》中的“𢍏”，典籍通作“将”，旧多用扶、进、助、奉享、率领等含义来分别解释相关卜辞。该文认为，这些用法含义中都含有核心义素建、设、立之类意思，而这一含义与其字形义也是相符的，因此，“⿰爿殳”字的最初含义中应含有陈设、设立之义。

王森《甲骨文、金文所谓“乎”字当释为“平”字》(《语言科学》第 3 期)一文将甲骨文、金文中旧释为“乎”的“[illegible]”字改释为“平”，谓“平”是“抨击”之“抨”的初文，其字形像杖击之态。真正的“乎”字来源于“虖”，“乎”是从“虖”字中截取出来独立成字的。

赵嘉琪《说甲骨文中有关“㚔”的几个字》(《殷都学刊》第 2 期)一文探讨了与“㚔”关系密切的“⿰㚔又”和“⿱隹㚔”字，认为这两个字均为“㚔”的异体字。长期以来,“⿱隹㚔”字被区别于“㚔”字，一个很重要的原因是学者认为后者只能用于田猎卜辞，表示“擒获猎物”，而前者还可用于征伐战争相关的卜辞，表示“擒获敌人”，但在《屯南》994、《合集》6450 等卜辞文例中，“㚔”也有类似用法，从而验证了二者在用法上无差别。

连佳鹏《⿻犬丨组贞人“⿻犬丨”字应释为“引”补论》(《古籍整理研究学刊》第 5 期)一文认为旧多释为“扶”的自组卜辞贞人名“[illegible]”应改从于省吾释为“引”的说法。

李发《甲骨文中两组义近祭名辨析》(《古汉语研究》第 3 期)一文对甲骨文“祭”与“祀”、“告”与“⿱冊口”两组义近祭名进行辨析。“祭”主要用作祭名，为某种祭祀方式的专称；“祀”超过一半的用例为纪年词，近于一半的用例是祭名，为祭祀方式的通称。“告”“⿱冊口”为近义词，统言之无别，均为告祭；析言之则“告”指报告、禀告，重在口头，“⿱冊口”则指称册以告，重在书面。

吴盛亚《谈甲骨文中的单字借笔兼释相关诸字》(《文史》第 3 期)一文专门讨论甲骨文中的单字借笔现象。在比对甲骨文已识字形的基础上，整理出存在单字借笔现象的 41 个字例。从借笔形式、类组特征、同版异体等角度对每个字例了细致分析。该文还对 4 个疑难字形进行了考释：①对《村中南》453 上作“”的“吉”字进行补释；②对《合集》25540 上作“”形的“祼”字进行形体分析，认为该字形中“示”和“祼”共用了“示”的竖笔；③对《合集》35395 上的“祏”字的部件进行了分析；4. 对《合集》21504 上“”字的构形进行分析，认为“祏”和“”的借笔方式均是下方部件左上的笔画与上方部件的笔画共用。

方稚松《由一类特殊的占辞刻写现象谈甲骨刻辞的重刻——从〈合集〉1075 中的刮刻谈起》(《文献》第 1 期）一文谈道，甲骨文典宾类刻辞中存在一类正反面刻有相同占辞的特殊现象，认为造成这一现象的原因是，反面占辞是实际占卜过程时应验之前的记录，先于正面占辞刻写，而正面相同内容的占辞则属于应验后的重新录刻。

侯乃峰《据甲骨文校读〈山海经〉一例》(《殷都学刊》第 2 期）一文对《山海经·海外东经》“虹虹在其北，各有两首”这句话提出新解。其根据甲骨文以及传世典籍的记载提出句中的“各”字当单独作一句读，对应典籍中的“格”“洛”字，当训解为“来也”“至也”之义。此外,“虹虹”可能原本当作“虹=”，是“虹虫”之合文，而非重文。《山海经》中这句话当校读为:“虹虫在其北，格，有两首。”是说虹虫隐身处在它的北方，当虹出现时有两个头。

章秀霞《甲骨文辞例释疑二种》(《南方文物》第 5 期）一文对甲骨刻辞中与神名有关的两种辞例进行分析，认为一种是神名与地点类名词同版并举的辞例，另一种是“祭祀动词 +（其）+ 至 + 神名（或地名）”的辞例。这两种辞例中的神名极有可能也具有地域含义，此类现象反映了他们乃具有两属现象的人祖。

3. 卜辞地名与族属研究

田秋棉、陈絜《商周𩍿、寻、谭诸地的纠葛及相关历史问题之检讨》(《史学集刊》第 1 期）一文讨论了甲骨文中常见的𩍿、寻、谭三地，认为这三个字尽管读音相近，但所指地名不同。𩍿（甲骨文作、）字是《尚书·盘庚》“若颠木之有甹櫱”之“甹”。𩍿地在鲁中泰安东南，或与商周时期的姒姓斟寻氏相关；寻（甲骨文作、）地在鲁北章丘附近，可能为子姓鄩氏的族居地;谭（甲骨文作）地在鲁东沂水县北部，即《春秋》经传所记谭子国的所在地。该文提出，此类卜辞地名的考定有助于武丁时期军政大事及商代民族等重大问题的重新梳理，过去所论定的西部族群，如土方、𢀛方和方方等都应该在殷墟以东区域寻找。

陈絜《“伯或征邵”与晚商沚族——兼论卜辞地名地理研究在古文字考释中的辅助作用》(《故宫博物院院刊》第 4 期)一文，在考察殷墟花园庄东地子卜辞所记载的地名体系的基础上，考察“伯或征卲”这一重要历史事件的发生地“卲”。“卲”亦即武丁王卜辞中“沚或征召”之“召”，地在今山东莱芜一带。“沚或”所属之“沚族”则盘踞在鲁中柴汶与嬴汶之间，也即今泰安、新泰与莱芜交界地带。沚地范围的卡定，则为殷商早期𢀛、土二方之乱的重新梳理与商代民族史研究提供了全新的地理依据。该文提出，卜辞地理研究对于甲骨疑难文字的考释颇有裨益，认为甲骨文“”字可释为“丽”。

张兴照《卜辞中的“丘”与商人“居丘”》(《殷都学刊》第 2 期）一文根据甲骨刻辞中“丘”的资料，讨论了卜辞所反映的高地貌专名及相关地名。

邹芙都、唐英杰《卫国地名与甲骨文地名对读蠡测六则——以〈诗经 · 泉水〉为例》(《古代文明》第 4 期）一文将《诗经 · 泉水》中所见卫国地名与甲骨文中相关商代地名对读，并考察有关地点地望，考证卫地泲即商地，在今浚县附近；祢地即迩地，在今滑县附近；干地即𩰤地，在今濮阳市孟轲乡杨干村一带；言地即𩐁地，在今浚县与濮阳县之间；肥泉即卜辞之橐，在今淇县南；漕地即棘（曹）地，在今滑县东。

王建军、王雪菲《殷卜辞所见“奠（郑）族”及相关问题》（《中原文物》第 4 期）讨论了卜辞资料中“奠（鄭）”族的史迹。在武丁时期，奠族参与军旅活动，向王室纳贡。到殷商晚期，奠族贵族首领仍沿袭“亚奠”的徽号。

卜辞中有、、、等字形，裘锡圭释为“盟”，谓其地为古孟津，在今河南省孟州市以南黄河两岸。孙亚冰《卜辞中的“盟”地》（《中原文物》第 6 期）一文对这一说法提供了两条证据进行补充论证。一是“龚”与“囧”之间的距离不会超过 10 日，而“龚”在黄河西岸或北岸。二是卜辞反映征巚美方的路线，大致都不出今河南省，则将“盟”地定在古孟津，目前看来是最为可信的。

4. 卜辞语法研究

张玉金、孙志豪在《论殷墟甲骨文非处所词语的处所化》（《古汉语研究》第 2 期）一文中将非处所词语分为两大类。一类是动词及动词性短语，有一般的动词，如“田”“比”“延”，但更多的是祭祀动词语，如“日”“夕”“祼”等。这种现象一般可视为词类活用，即由动词活用为处所名词，由动词短语活用为名词性处所短语。另一类则是鬼神名词，如“帝”“咸”“羌甲”“南庚”等。这些词的本义是表示鬼神的，处所化后，表示这些鬼神之牌位所在的处所。这是名词内小类之间的活用。

邓飞在《甲骨卜辞“在 / 于 + 时间”的差异》（《殷都学刊》第 2 期）一文中从组合能力、语用环境、历时发展，以及南北两系分布等角度描述甲骨卜辞中“在 + 月份”与“于 + 月份”的区别。

黄天树《甲骨虚词中有关时空观念的一些语法规则》（《汉字汉语研究》第 3 期）一文总结了七条时空观念的语法规则：（1）近“兹”远“之”规则。甲骨文“兹”“之”皆为指示代词。对举时，“兹”表近指，“之”表远指。（2）近“惠”远“于”规则。卜辞近称的时间或空间词之前加虚字“惠”，远称者前加虚字“于”。（3）近“在”远“于”规则。卜辞表示空间时，近处用“在”，远处用“于”；表示时间时，近时用“在”，远时用“于”；表示祖先时，近亲用“在”，远亲用“于”；表示已然、未然时，已然用“在”，未然用“于”。（4）近“在”远“自”规则。卜辞表空间时，近处用“在”，远处用“自”；表祖先时，近亲用“在”，远亲用“自”。（5）近“在”远“至（至于）”规则。卜辞表空间时，近处用“在”，远处用“至”；表祖先时，近亲用“在”，远亲用“至（至于）”。（6）近“比”远“于”规则。卜辞表示时间空间时，近处用“比”，远处用“于”。（7）近“及”远“于”规则。卜辞表示时间时，近处用“在”，远处用“至”。

5. 甲骨文与殷商史研究

康国章、杨铭洋《论宂与㱿所贞卜辞内容的异同》（《殷都学刊》第 1 期）一文通过对宾组卜辞中最为常见的宂、㱿两位贞人所涉卜辞内容进行对比研究，认为宂、㱿所担任占卜工作的着重点是不同的，这两位贞人职能分工存在明显差异。

刘源在《谈殷墟花东卜辞中湏字反映的禳祓之祭》（《中国史研究》第 2 期）一文中赞同将花东卜辞中的释为“湏”的意见，认为其义训应与花东家族为多尹、多臣禳祓灾祸有关。是截取的一部分分化出来的，也应释湏。的语境，很明显是出于禳祓动机而卜祭妣庚，故的含义也与禳除不祥有关。

王建军、戚耀斐在《卜辞所见“刍”“牧”及相关问题研究》（《殷都学刊》第 2 期）中提出，殷卜辞中之“刍”具有不同的含义:可指吃草的牲畜、饲养牲畜的草料、放牧或牲畜饲养者，亦有割草或拔草之意。商王朝在一些特定区域设置牧场，并将其称为“牧”。“牧”于卜辞亦为主管畜牧之官，“刍正”也是王室畜牧业的主管者。通过对刍、牧及相关材料的分类和整理，可以从中看出殷商晚期畜牧业具有一定的社会分工和专业化特征。

卜辞资料是研究商代社会的重要史料。连劭名《卜辞所见商代社会史料》(《殷都学刊》第3期）一文认为，卜辞中的“家卢子”即礼书中的“别子”；家长称“丁人”。商代有长幼之分，卜辞中有“长子”，公卿称为“大左”“大右”。卜辞中有“作庸”，“庸”指附庸。商代的“鄙”位于边陲，良田称“畴”，施行井田制。居民定居区域称“奠”，相当于后世的“亭”。

甲骨学学术史研究也是颇受学者关注的课题。刘晓晗《甲骨四方风研究的新进展与反思》(《中国史研究动态》第4期）一文从学术史角度对甲骨四方风的研究情况进行了学理分析和全面总结。

许子潇《近70年西周甲骨研究的回顾与思考》(《中国史研究动态》第1期）一文从西周甲骨的发现与著录、文字与行款、刻辞内容与史料价值、分期断代等方面对西周甲骨的研究状况进行了述评。

王宇信《甲骨学的发展与胡厚宣的巨大贡献》(《殷都学刊》第3期）一文系统梳理了胡厚宣先生在甲骨学不同发展阶段的重要地位和贡献，认为胡厚宣参与编撰出版的《甲骨文合集》《甲骨文合集释文》为新世纪甲骨学研究奠定了坚实的基础。

二　金文研究

（一）新公布的资料及相关讨论

山西公布三批重要金文资料，绛县横水墓地和翼城大河口墓地出土有铭铜器资料并综述了发现和研究概况。(《倗金集萃》《霸金集萃》，上海古籍出版社）、襄汾陶寺北墓地铜器资料(《山右吉金：襄汾陶寺北两周墓地出土青铜器精粹》，山西人民出版社）倗国墓地146件，有铭者113件，霸国墓地146件、有铭者78件。陶寺北墓地132件礼器、有铭者仅书钟1组7件。垣曲北白鹅墓地的资料也得到了披露，被盗墓葬出土了一组燕仲器以及琱射壶，整理者判断其年代为春秋早期（《中国重要考古发现2020》，文物出版社；《山西垣曲北白鹅墓地M5出土有铭铜器》，《考古与文物》第3期）。此外，山西公安追缴的被盗文物吴王剑，曹锦炎认为器主是吴王僚（《论临汾新发现的鸟虫书铭吴王剑》，《中原文物》第1期）。临汾市博物馆选编馆藏文物包括一些尚未正式发表的出土品，比如庞杜遗址的有铭铜器息父乙册方簋，形制独特，为研究铜器类型学提供了宝贵标本，铭文可以为深入讨论族群迁徙提供资料（《平阳撷珍：临汾市博物馆馆藏文物选粹》，科学出版社）。《莆子鼎铭文考略》指出，现藏洛阳理工学院教育博物馆、传出山西临汾的铜器“莆子鼎”，刻铭6字，增添了战国魏器的实物资料（《文物》第7期）。

河南公布了义马上石河墓地的资料，其中M93出土一件有铭鼎，记载“虢季氏子虎父”作器（《河南义马上石河墓地M93、M94发掘简报》，《华夏考古》第2期）。邓州王营战国墓出土二十一年戈，为讨论战国韩国兵器提供了新资料（《河南邓州王营墓地出土二十一年戈铭文考释》，《文物》第4期）。馆藏方面。荥阳市博物馆公布了近年入藏的毛氏器组，包括毛伯鼎、毛虎壶等器物，据以推测西周晚期毛国迁到荥阳一带（《荥阳市博物馆藏青铜器考述》，《华夏考古》

第 5 期）；2009 年，洛阳宜阳县出土战国时期“苏公鼎”刊布，增加了秦国有铭铜器的新资料（《苏公鼎及相关问题考略》，《江汉考古》第 4 期）

河北地区。以中山三器为代表的文字资料整理更加精细化，郝建文《战国中山三器铭文图像》（文物出版社）将每个字形以照片和摹本对照，为细致研究字体笔画提供了清晰的参考。以往学术界均认为中山三器之铭文为刻铭代表作，苏荣誉就铭文制作提出了新见，认为铭文所勒工名反映了一个庞大工匠队伍的存在，铭文笔画形态及其痕迹显著区别于錾刻工艺，因此认为中山王鼎铭为铸造，而非刻铭［《论战国中山王嚳鼎及其铭的铸造》，《青铜器与金文（第六辑）》，上海古籍出版社］。

安徽地区。朱华东等公布了 2001 年公安追缴的一组商代晚期铜器，系安徽凤阳花园湖出土。其中弦纹爵铭文“瓦己”较为罕见，有助于讨论商代晚期淮河东部一线族群分布与文化面貌（《安徽凤阳花园湖出土商代铜器》，《文物》第 4 期）。

湖北地区。随州枣树林曾国墓地 M81 与 M110 2 座墓刊布发掘简报，2 座墓均为五鼎四簋铜礼器组合的贵族墓；礼器铭文均为短篇，前者墓主私名湛，后者私名季嬴，整理者认为是一组夫妻异穴合葬墓（《湖北随州枣树林墓地 81 与 110 号墓发掘》，《考古学报》第 1 期）。南阳夏响铺的鄦国青铜器也得以公布（《汉淮传奇：鄦国青铜器精粹》，上海书画出版社），内刊六篇文章论述鄦国铜器与鄦国史。《华章重现：曾世家文物》（文物出版社）一书是汇聚曾国铜器的特展图录，并增加了器物局部照片，更便于读者参研观摩。山西打击文物犯罪追缴到的“曾公得铺”，韩炳华推测就是被盗于随州枣树林墓地（《试论曾公得铺》，《江汉考古》第 2 期）。

山东省文物考古研究院公布青铜器藏品，其中包括在高青陈庄、沂水纪王崮等地出土的青铜器铭文照片和拓本（《山东省文物考古研究院藏文物精粹 · 铜器卷》，文物出版社）。

馆藏资料也有值得注意的新著录。辽宁省博物馆出版馆藏金石文字，其中第一部分是铜器类，包括出土器物和旧藏，涉及喀左窖藏等重要单位出土铜器的铭文资料（《辽宁省博物馆藏金石文字集萃》，文物出版社）。

广州博物馆公布了馆藏铭文类的文物选集，包含商周器 24 件，其中有属首次公布的彩色器影资料，一些器物也得以披露现藏地，如李泰棻旧藏季宫父匿（《字字珠玑：广州博物馆藏铭文刻辞类文物选》，文物出版社）。

国家博物馆将所藏商代青铜器整理出版的《中国国家博物馆馆藏文物研究丛书：青铜器卷·商》（上海古籍出版社），其中包含有铭铜器 104 件组，新公布铭文者包括宂鬲（章乃器旧藏）、亚疑甗等七件。

上海博物馆公布了 2005 年入藏但此前未发表的京姞盘，整理者断代于厉王时期，并辨析了京氏族群的分支与流布（胡嘉麟：《上海博物馆藏京姞盘札记》，《中国国家博物馆馆刊》第 6 期）。

苏州博物馆公布 2020 年新入藏的吴王光剑资料，对铭文做了基本考释，并初步讨论器物的重心问题、铭文的写法和制作方法（《苏州博物馆新入藏吴王光剑初探》，《中原文物》第 1 期）。

宝鸡市陈仓区博物馆公布了馆藏“封鼎”的器形和铭文资料，铭文 4 行 20 字（《新见封鼎小考》，《文物》第 10 期）。

刘余力《洛阳新见铜器铭文考跋二则》《洛阳出土铜器铭文考释二则》等文披露了洛阳理工学院藏青铜器，包括父辛觯、战国安邑大官鼎、西汉“高宛侯家鼎”以及“敏氏钫”等（分别见于《中国国家博物馆馆刊》第 9 期；《中原文物》第 3 期）。

台北“故宫博物院”出版《鉴古：乾隆朝的宫廷铜器收藏》，介绍清宫旧藏商周青铜器。值得注意的是，该书新公布了一件清宫旧藏但未著录的芮公鼎，在此基础上结合梁带村与刘家洼墓地讨论了乾隆时期旧藏芮公组器的时空背景（《典范在夙昔：论清宫旧藏芮公铜器组的制作背景》）。

私人收藏铜器中也有一些资料得以公布和讨论。曹锦炎公布战国赵器“阜平君钟簴”的器影和铭文资料，并对字形和相关地名、人物进行考释（《阜平君钟簴铭文小考》，《中国文字学报》第十一辑，商务印书馆）。黄锦前讨论毛卣，认为可以与何尊对照，都属于成王时器，铭文可以互为补充（《新见毛卣及其价值》，《文博》第 2 期）。刘秋瑞《新见廿一年郏啬夫戈考》一文，介绍私人收藏品“郏啬夫戈”，并讨论铭文涉及的地望，认为戈是形制上带有楚系特征的魏国兵器［《中山大学学报（社会科学版）》第 5 期］。

拓本与题跋对于金文研究也至关重要。薛尚功的《历代钟鼎彝器款识法帖》是宋代集录金文资料最丰富的著录之一，中华书局将分散多处的宋版集为一册，较为全面地呈现了该书宋版面貌（《宋刻宋拓〈历代钟鼎彝器款识法帖〉辑存》，中华书局）。中国嘉德国际拍卖有限公司古籍善本部编《嘉树堂金石小品》（上海书画出版社）公布了重要铭文的稀见拓本，如大盂鼎的未剔本，曶鼎、克鼎、虢季子白盘等的题跋拓本，对考察金文学术史十分重要。

针对铜器和铭文的真伪问题，朱歧祥以《新收殷周青铜器铭文暨器影汇编》一书所收器铭为例，讨论了特殊字形并推断了一些伪刻（《谈编撰古汉字资料库的疑虑：判别传世器铭真伪的方法》，《说文论语》第 5 期）。

（二）论著与论集

1. 论著

（1）金文字词与语言学研究

张鹏蕊在硕士学位论文基础上出版《齐系文字字根研究》（“中国语言文字研究辑刊”21 编 12 ~ 14 册，共三册，花木兰文化事业有限公司）。该书将齐鲁两国以及受其影响的周边小国文字归为齐系文字，分析齐系文字的最小成文单位，讨论字根的字形、本义及其演变等。

王依娜基于博士学位论文出版《西周金文句式研究》（光明日报出版社），主要研究西周金文中判断句、“有”字句、“在”字句、兼语句、格式句，以及连动式和并列式的语法结构。王晓鹏《西周金文词义组合类聚研究》（人民出版社）一书兼顾共时性和历时性，从词汇学角度分析了词义组合现象。

张怀通继《〈逸周书〉新研》之后出版《〈尚书〉新研》（中华书局）一书，利用大盂鼎、盠方彝等铭文对尚书篇章的文例及其反映的殷周史事与礼乐制度等进行研讨，颇可启发研究者。

曹建墩《三礼名物分类考释》（商务印书馆）使用包括金文在内的出土材料研究古礼，以名物为纲目，分类考订，并有插图对照，便于观览研究。

宋代金文研究属于金文学研究的有机组成部分，马晓风《宋代的金文学研究》（商务印书馆）阐述宋人搜集与整理铜器与金文资料的情况，总结宋人金石学著述中的金文考释成果，考察其疏漏，探讨宋代金石学对后代文学研究与文艺发展的影响。

（2）金文与商周史研究

杨坤在博士学位论文基础上修订出版《两周宗法制度的演变》（上海古籍出版社）。该书对宗法制度研究做了梳理分析，辨析了商周宗法的异同，将周人宗法分为宗庙之法、宗子之法和族人之法，涉及金文内容与格式、亲称问题与族属分析，对宗法制的内涵、历史演变和社会分层均做了细致缜密的论述，阐释了西周两种贵族分宗的原因，总体论述西周较详，东周较略。

唐洪志在博士学位论文基础上修订出版《西周金文土田问题考论》（“古代历史文化研究辑刊”25 编 1 ~ 2 册，花木兰文化事业有限公司）。该书讨论了西周时期的土田类金文 63 篇及其所反映的历史问题，详细考察了相关篇目所涉及的人物关系、事件以及背后反映的社会制度与社会问题。

林晓雁修订博士学位论文出版《西周春秋时期的女性、联姻与政治格局演进研究》（中国社会科学出版社）一书，讨论商周时期的性别角色及其社会影响，考察两周时期女性的家庭与社会作用，分析两周时期联姻的政治意义与族群问题，探讨族群交融的历史图景，以及战国之前华夏区这一历史族群区域概念的形成与充实。

吕全义增订出版博士学位论文《两周基层地域性居民组织研究》（上海古籍出版社），综合利用传世文献、甲骨和金文等出土资料研究两周社会群体与社区，认为商代晚期尚未有明确的地域性居民组织；西周时期周原地区的基层组织已经出现层级化现象；春秋时期地域居民组织开始复杂，呈现多系统、系统内层级化和组织多样化的特征；战国时期基层组织包含了多种政治制度，行政功能更加强化。

袁俊杰、葛奇峰合著《魏国历史文化的考古学研究》（社会科学文献出版社），第五章集录考古发现的魏国金文，讨论了魏国铜器的铸造制度。

游逸飞的《制造“地方政府”：战国至汉初郡制研究》（台湾大学的出版机构）在涉及战国秦郡的内容上运用金文资料（主要是兵器类）探讨郡守身份、任期以及铸造作坊与地理位置的关系，勾勒了整体的郡制面貌。

后晓荣结合金文、兵器、货币铭文等考订战国历史地理出版《战国郡县山川考》（黑龙江人民出版社）一书。

（3）工具书与通论性著作

工具书方面。王贵民编纂《西周会要》（社会科学文献出版社），将金文资料纳入会要体例，便于治古史者使用。黄鹤在博士论文基础上增订出版《西周有铭铜器断代研究综览》（上海古籍出版社），对了解西周有铭铜器的断代成果极为便利。

裘锡圭的《文字学概要》（修订本）收入“中华当代学术著作辑要”丛书（商务印书馆），修订了正文的用语，追增了八条新按语，其中第 349 ~ 350 页按语补在“通用字”一节，引周忠兵的戴字考证取消了“戴—異”这一释例，而是改为“无—亡”，用来说明假错字与本字的关系，并重新编订了书后索引，是这一经典论著的最新版本。

何琳仪《战国文字通论订补》（上海古籍出版社）在旧版基础上增加了部分彩版与照片。刘正修订旧著《金文学术史》和《商周彝铭学研究史》中的观点，新出版《中国彝铭学》（上海书店出版社），综合论述金文的文化背景、分期断代、用词与语法结构、内容分类，以及两汉以来的金文学史。

金玉甫和李海亭合著《中国古代物质文化史 · 书法》（开明出版社）的《甲骨文 · 金文》一卷。其中李海亭所作金文部分，从通论和专题两方面入手，综论商周金文研究情况。通论内容包括金文分期、金文内容所反映的时代文化以及书法与审美特征等，专题涵盖商代族徽的性质、殷墟铜器铭文的制作方法、西周金文的构型特征等。

2. 论文集

蔡哲茂出版学术文集（五卷十册），其中第六册（第三卷）为金文卷，收录作者自 20 世纪 80 年代到 2018 年的金文类考释文章 18 篇。第七册（第四卷）简帛与文献卷，包含对子犯编钟、国差甔、执驹礼等问题的专论 [《蔡哲茂学术文集》，（台湾）花木兰文化事业有限公司]。

王恩田学术文集之一《先秦制度考论》（商务印书馆）有相当数量的文章都利用了金文资料。周亚出版个人论文集《周亚吉金文集》（上海古籍出版社），其中有十余篇涉及金文讨论。王进锋出版个人文集《为山负篑：古文字、古文献与先秦史论集》（巴蜀书社），其中第一部分主要使用金文等资料考察先秦古史。

（三）论文

1. 金文字词释读

刘卓异《〈乖伯簋〉补论》（《史学月刊》第 11 期）一文认为，乖伯簋铭的眉敖并非九年卫鼎的眉敖，而是西周征服后的国族。所谓“武乖幾王”，武是谥号或美称，乖是西周迁封的新国名，幾是地名，王为爵称。查飞能《伯晨鼎铭“极”字校释与古极国探微》（《文博》第 3 期）认为伯晨鼎铭的“[illegible]”当读为“极”，极国是周初二次东征之后所封，地望在兖州西极亭一带。

王祁释读新著录的具鼎铭文，认为是记录烝祭的证据（《西周“具鼎”铭文研究》，《南方文物》第 5 期）。

高中正讨论宋代出土但今已不存的弭叔簠，对铭文中的若干字提出了不同释法，比如旧释为“音”的字形改释为“璧”，读作“辟”等，并分析铭文的用韵情况（《弭仲簠考释》，《文史》第 3 辑）。

张俊成讨论沂水纪王崮铜盂铭文，认为[illegible]、[illegible]为同字异构，后者是前者局部省略并增加声符。濫就是“鉴”，濫盂是器物自名，结构上是连言关系而非修饰关系（《山东沂水纪王崮春秋墓铜盂铭文释读及相关问题》，《考古与文物》第 2 期）。冯时对夨人盘（即散氏盘）提出了新的释读意见（《考古学集刊》第 25 集，社会科学文献出版社）。

李守奎综合考虑古今“也”字的考释与训诂，辨析《说文》对“也”字的认识，对构形进行阐释，分析了出土文献中“也”的用字和产生过程，梳理了“它”讹变为“也”的过程（《从观念出发与从材料出发的汉字阐释》，《吉林大学社会科学学报》第 6 期）。王森认为，金文中所谓“乎”的字应释作“平”，本义是抨击，真正的“乎”字来源于“虖”，时代较晚（《甲骨文、金文所谓“乎”字当释为“平”字》，《语言科学》第 3 期）。蒋文分析，古书与出土文献中意义为继承的“序 / 叙”，认为春秋金文中一些从“予 / 余”声的字记录的就是“继承”含义的“序 / 叙”，传世西汉文献中也有类似的辞例（《据出土及传世文献说上古汉语中“继承”义的“序 / 叙”》，《中国语文》第 1 期）。鲁杰结合金文、陶文和楚简等古文字材料讨论“吾”字构形，阐释和“吾”相关的同源字（《释“吾”及相关字》，《古籍整理研究学刊》第 2 期）。蒋文认为，春秋时期金文“不叚不差”中的“叚”应读为“违”“回”，训为“邪僻”，词语整体就是不乖僻无差错的意思（《春秋金文“不叚不差”新解》，《语言科学》第 6 期）。冯聪考释新出郳季瑚铭文中的人名用字，认为“娸”字通“媿”（《新见郳季簠铭文小考》，《中国文字学报》第十一辑，商务印书馆）。

刘洪涛考证晋系文字中上从箭头形、下从木的字形为“楙”(《晋系文字中的“楙”》,《简帛》第二十二辑，上海古籍出版社)。邬可晶将疑难字“𠷎”释为“俦”，训为“类”“匹”，辨析了以往释为寿 / 铸、丽 / 俪等说法(《金文“俦器”说》,《杭州 ·“古文字与出土文献”青年学者西湖论坛论文集》，上海古籍出版社)。

张明东关注出自长清仙人台墓地的邿子姜首盘，认为该器是以器主及其丈夫的名义铸造，是夫妻共同作器，而非媵器，有可能与《左传》记载的邿国内乱有关(《邿子姜首盘及其相关问题》,《中国国家博物馆馆刊》第 9 期)。谢明文认为，陈喜壶铭文中的陈喜即陈僖子，铭文中“左大族”前的“一”字读作“为”，是真正的作器者。“月”前的“䣛”字是“䢷”的异体；“民”后的“𠃌”是“巽”的初文，“壶”前之字通“酒”，是壶的修饰语(《陈喜壶铭文补释》,《中国国家博物馆馆刊》第 9 期)。李春桃撰文考释春秋楚国彭氏家族墓地新出启簠、戟，将整理者释为“献”之字改释为“獻”，读为“吾”，并讨论了启戟自名用字所代表的一类特殊写法(《启簠、启戟铭文小考》,《汉字汉语研究》第 2 期)。李世佳认为，金文“塞”、楚简“赛”和《左传》等文献中的“息”为同一地点，在今河南息县(《湖北枝江出土“㫐父”铜器的新认识》,《考古》第 1 期)。孙启灿讨论文峰塔 M4 所出曾侯钟残铭，改释了整理者的意见，疏通了文意(《文峰塔 M4 曾侯钟铭文补正》,《江汉考古》第 1 期)。

“丁亥”是周代金文常见的纪时铭辞，岳冠林、张淑一认为，这一词语从记录时间的实际用语转变为吉语是因为铜器从铭功类重器转变为大众器物，其纪时功能逐渐淡化(《两周青铜器铭文“丁亥”析论》,《古籍整理研究学刊》第 2 期)。谭笑结合金文资料讨论从“事神致福”到“以德求福”思想的演变，诠释了早期文献中“福”这一概念的重要性 [《西周铭文中的“福”研究》,《清华大学学报(哲学社会科学版)》第 1 期]。秦晓华和王秀玲《金文异文札记三则》讨论了金文中若干辞例，如读“乍余一人死”为“助余一人忧”，奉行王命的“奠王令”，以及“无斁”与“无疆”构成的异文文例(《说文论语》第 5 期)。罗慧君辨析金文辞例中“孚”的用法，认为一方面体现了“隐含”的词义，另一方面也表达“呈现”的词义(《从一些西周金文辞例论“孚”的指示用法》,《说文论语》第 5 期)。

金文字词研究也包含对名物词的考释，其中青铜器的自名向来为学者关注。在铜礼器方面，蔡一峰讨论豆类器物中自铭为“盍”的材料，认为该字与“琦”“錡”“鈘”等是一个词，是楚地方言词(《豆器自铭“盍”新考》,《文史》第 1 辑，中华书局)。任家贤讨论觚形尊的自名，认为自名以舟为声符，结合《周礼》分析，舟是觚形尊的器类专名，作用是盛酒备添(《觚形尊的自名及相关问题补说》,《文史》第 2 辑)。张翀从守宫觥出发，认为觥是与尊共生的器类(《“先秦时期的制度与社会”学术研讨会述要》,《中国史研究动态》第 2 辑，中华书局)。李家浩讨论了东周时期的自名“和”字及其相关异体，认为这些字形所从的口是“肙”字省形(《关于东周器名“和”及其异体的释读：兼释战国文字醐和人名、复姓中的“和”》,《文史》第 3 辑，中华书局)。夏宸溥释伯克父盨的自名“𥂴”为梧，梳理了盨相关自名关系，认为盨是耳杯的前身(《试释伯克父盨自名“𥂴”》,《中国文字学报》第十一辑，商务印书馆)。陈晓聪讨论叔子縠卮自名，认为盌和卮功能相近，从而其在器形上与哀成叔卮基本一致(《叔子縠卮小考》,《说文论语》第 5 期)。

车马器以及赏赐物等方面。王鹏根据车马坑实例认为，一组多件的弓形器属于车上所有成员，是一种“安全钩”，可能是传世文献中的“绥”、金文中的㯱(《关于弓形器的用途和定名问题》，《南方文物》第5期）。何景成基于出土文献与传世文献中“沈子”与“冲子”的通用关系对番生簋赏赐物“金芜”进行考证，认为其实物即青铜干首饰件的旗竿（《番生簋“金芜”考》，《简帛》第二十二辑，上海古籍出版社）。冯时考证商周时期射礼中的用具“夬韘”，认为夬是右手拇指用来钩弦，韘戴在右手食指、将指以及无名指用以放弦，且可与文献对照(《夬韘考》,《中原文物》第1期）。

2. 金文与商周史研究

族氏铭文的含义一直是学者关注的焦点，很多材料贯穿殷末周初，是讨论史事的重要参考。王旭东分析了殷墟西区墓地中“戎”族的铭文，联系卜辞戎地讨论戎族为东土的族氏(《殷墟“戎”族铜器与安阳“族墓地”辨析》,《故宫博物院院刊》第4期）。安阳市近年新出土了族氏铭文中“戈”铭的器物，整理者认为晚商时期的辛店遗址是戈族聚集地，与铸铜工业有密切联系，泾阳高家堡的戈族是周初西迁的结果（《殷墟出土的“戈”铭青铜器研究》,《南方文物》第5期）。孙明讨论了罗山天湖息族铭文，辨析了“息”字不同书体的年代，认为息国是殷商南方重要的方国，息族在西周二次东征之后被迫迁徙。严志斌认为，绥德墕头商墓所谓“无终”器铭旧以为族徽，其实不排除是嘏辞的可能 [《“无终”别解》,《三代考古》(九)，科学出版社]。

王正原综合铭文内容与书体、铜器风格等特征讨论铜器组合，考察相似铜器群组，分析铜器铭文“长子”的含义，结合商末周初的历史形势，认同长子口墓的墓主为微子启 [《再析“长子口”墓：兼谈青铜器的分组订制与几种称谓结构》,《三代考古》(九)，科学出版社]。董珊根据冠簋对克殷的时间进行论述，认为周公摄政的二年八月，克殷已经完成(《“二年克殷”考》,《中国文字学报》第十一辑，商务印书馆）。陈絜、聂靖芳讨论甲骨金文中的朿族，认为晚商时期其支族盘踞在母族周边，到西周早期徙居周人核心区域，但在东土还有留居的部族（《甲骨金文中的朿族与商周东土族群流动》,《史学月刊》第1期）。雒有仓、黄端胜撰文讨论西周时期的金文族徽相较于商代发生了地域的转移，数量和种类的减少，人名、地名与官名性质的增加等现象，认为这些现象反映了殷周族群的融合与文化认同（《西周金文族徽的沿袭变化与商周族群的文化认同》,《文物春秋》第5期）。

陈絜辨析文献中的“宗子”一词，认为其意涵早晚有别，词义变迁在《左传》中已有端倪；金文中则仅见于善鼎，意思为族子(《“宗子维城”与善鼎宗子“解诂”》,《中国史研究》第1期）。晁福林根据金文和楚简资料讨论西周中晚期的王室内斗，认为这时期的非正常继位是因为懿王王权旁落、王后权力强盛以及朝臣势力的干扰；大克鼎旁证了师华父继统之争在共懿时期已经开始；豳公盨铭文之“豳公”是穆王庶子，铸盨是为攫取王位而造势。《摄命》是接近金文格式的史观记录，反映了懿王对太子燮的嘱托；师询簋铭反映了夷王继位回护正统理念的努力，夷王继位则表明宗法观念仍为周的立国之本（《西周共懿孝夷时期的王室内部斗争》,《中华文史论丛》第4期）。有关共和行政史事，董珊结合金文认为，塱鼎和厉王奔彘无关，三年师兑簋等器中的伯龢父与师嫠簋中的师龢父并非一人，伯龢父就是共伯和（《西周金文有关“共和”史料的再讨论》,《殷都学刊》第1期）。

社会形态与社会生活方面的讨论，涉及分封制、宗法制以及传统史学所关注的土田制度等各个方面。杨永生讨论沫司徒疑簋铭文，认为“来伐”就是王去征伐武庚,“卫”地望在河南鹤壁，司徒是周王臣属而不是康侯之臣，卫国封建反映了诸侯兼具国君和天子之臣的双重身份（《沫司徒疑簋与卫国封建的再讨论：兼说西周诸侯身份的双重性》,《古代文明》第2期）。张天恩讨论大河口墓地出土的兑盆，认为铭文反映了西周分封制下的社会管理，西周王朝可以指挥、控制和管理诸侯国内的军队（《大河口出土兑盆铭文相关问题浅议》,《文物》第 5 期）。裘锡圭详解了琱生三器铭文，厘清了其间人物关系与问题纠纷，阐释了其背后所反映的统治阶级剥削仆庸土田的社会历史问题（《琱生三器铭文新解》,《中华文史论丛》第 4 期）。韩雪讨论尹姞器组中涉及的人物问题，包括尹姞的宗室、天君的身份等（《尹姞器及相关问题研究》,《殷都学刊》第 2 期）。罗新慧结合金文资料考察两周社会宗族的衍生与分化，并以此为基础分析礼书中“支子不祭”的祭祀规则，加深了对宗法制度的认识（《周代宗法家族支庶祭祀再认识》,《历史研究》第 2 期）。王进锋分析传世的西周中期器物农卣，认为器主通过联姻实现社会地位和经济状况的改善。以此为代表，文中还分析了畯簋等所反映的个人生活变迁史，既有实现社会阶层上升的，也有地位下沉的（《从青铜器铭文看西周时期个人命运的转变》,《社会科学》第 8 期）。王祁讨论邢侯簋中的“三品”，认为“品”包含等级的意思，因此“州人、重人、庸人”属于三类奴仆，分别是渔父、童人和农夫的职务（《邢侯簋“州人、重人、庸人”新释》,《中国史研究》第 1 期）。祝天瑞结合金文与传世文献讨论先秦“小学”概念，试图说明西周时期已经形成“小学”“大学”两级教学制度，内容包含六书、九数和礼仪等（《西周金文所见“小学”史料三题》,《汉字汉语研究》第 3 期）。

金文材料也反映了一定的礼仪制度。严志斌根据黎城西关墓地所出金文讨论遣册和遣器的起源，认为否叔七器铭文可以视作遣册的源头，春秋早期仲考父盘铭是战国遣策的雏形（《遣器与遣策源起》,《故宫博物院院刊》第 10 期）。贾海生分析西周早期作册嗌卣铭文，认为铭文记述大宗无后而取小宗支子为后的史事，反映了西周早期的祔祭典礼（《作册嗌卣铭文所见祔祭典礼》,《考古与文物》第 3 期）。张秀华对比传世文献和金文中的命将礼材料，辨析了金文材料中“命”和“誓”的内涵（《西周金文命将礼研究》,《古籍整理研究学刊》第 2 期）。黄锦前结合金文与传世文献分析编钟所反映的周代等级秩序，认为编钟及其铭文本质上反映了周代权力结构模式和社会观念（《青铜编钟铭文所见周代礼乐理念暨制度》,《社会科学》第 8 期）。黄益飞结合小盂鼎、曶鼎铭文讨论西周“门制”，认为前者反映西周宗庙门制，后者可与文献中“五门三朝”制度对应（《百年金文研究之思考：以金文所见西周门朝制度为例》,《江汉考古》第 6 期）。

2020 年 11 月，华东师范大学《史学集刊》编辑部与《中国史研究动态》编辑部联合举办“先秦时期的制度与社会”学术研讨会，2021 年刊发了会议纪要。其中涉及金文研究的有：耿超讨论胡应姬鼎，认为铭文史事是昭王南征途中赏赐胡国贵族妇女。胡嘉麟讨论楷国铜器所反映的世系、婚姻和战争。周飞认为，鼏氏簋器主为夏代鼏侯后人，入周之后应国为世卿。有关嬭加编钟铭文，吴毅强断代在前 614 年后不久，何景成则据此讨论春秋时期的天命观。汤志彪讨论战国题铭中的物勒工名现象，认为工师负责监督和检验（以上均见《“先秦时期的制度与社会”学术研讨会述要》,《中国史研究动态》第 2 期）。

从金文讨论度量衡制度也有新进展。顾岩撰文讨论 1990 年代六安出土的寺工鼎铭文和记容，认为器主可能就是墓主，鼎所出的墓年代可能晚到秦汉之际（《安徽六安出土寺工鼎铭文补述》,《文物》第 11 期）。李春桃根据出土资料所见的燕国题铭资料讨论量制，认为燕国也存在大小量制度，燕器一觳之值与其他国一致（《燕国量制考》,《中国史研究》第 3 期）。

铭文制作方法属于商周社会生产技术层面的一部分，也是研究难点。石安瑞讨论了大克鼎铭文的制作方法，认为在铜器铸造之后经过打磨，范线和阳线方格、阳文笔画等均被处理掉，泥条法是西周中晚期金文的主要制作方法（《也论大克鼎铭文的制作方法：兼议西周中晚期泥条法的普遍性》,《青铜器与金文》第四辑，上海古籍出版社）。

3. 金文与诸侯国研究

曹斌结合考古学文化的形势变迁动态分析龙口地区所出西周铜器，认为“己”“㠱”是一国，与莱国并存；西周前期莱国强势，后期纪国发展，进入东周均被齐国吞灭（《胶东铜器与西周纪莱》,《考古》第1期）。杨坤讨论旧著录西周早期亳鼎铭文，考辨了杞等地望，认为公侯就是鲁炀公，全文反映了西周早期鲁国的地区的政治布局（《从亳鼎铭文看西周早期鲁国的经略》,《青铜器与金文》第六辑，上海古籍出版社）。黄锦前结合新出资料重新释读保尊、卣二器铭，认为成王殷见东国诸侯以及岐阳会盟是在践奄和伐淮夷之后不久（《保尊、保卣及周初的形势与对策》,《中原文化研究》第2期）。张振谦根据叔夷钟镈和庚壶对叔夷的家世讨论相关人物关系，文末辨析了“妯”和“甥”（《叔夷身世续考》,《中国文字学报》第十一辑，商务印书馆）。

周代南土一直是学界关注的对象，伴随着考古工作及研究的不断开拓，曾国和噩国最为引人注目。韩雪考证北宋末年出土安州六器器主“中”的身份是毛叔郑之子，主要活动于昭穆时期，昭王之中曾参与伐楚，穆王时继任毛公（《“安州六器”器主考辨》,《北方文物》第4期）。曾国方面，方勤结合近一个世纪的考古发现，试图梳理西周初年到战国中期曾国的世系，初步探讨了曾国与楚国关系的历时性变化（《曾国世系及相关问题研究》,《江汉考古》第6期）。黄尚明、关晓武讨论了曾国金文的纪年法，认为西周晚期到春秋早期铭文纪年中的王指的是周王。曾国在春秋中期仍然奉行周历，春秋晚期开始出现曾国纪年，战国时期虽然受到了楚国大事记年的影响，但仍然与楚文化有着本质的区别（《试论曾国铜器铭文的纪年法》,《江汉考古》第2期）。凡国栋对苏家垅墓地M88所出邲夫人瑚进行考证，认为器主邲夫人即该墓墓主，对邲夫人器何以出现在苏家垅曾国墓地也有背景分析(《苏家垅墓地M88出土邲夫人瑚考》,《简帛》第二十二辑，上海古籍出版社）。吴毅强、张卉结合新出弥加编钟推论，王子申是楚穆王之子、庄王之弟，王子申盏的年代在春秋中期中段偏晚，断代至楚穆王时；盏器铭同时说明制作媵器的人也可以是兄弟（《王子申盏盂的器主身份及时代》,《考古与文物》第5期）。杨理胜讨论曾公求编钟，认为铭文反映了册命制度在东周时期的延续（《曾公求编钟铭文所见春秋周王赐命制度补论》,《江汉考古》第2期）。黄锡全对近来学者新出曾国铭文的专题论集（黄锦前:《曾国铜器铭文探赜》,科学出版社2020年版）进行评论，认为论集综合运用多种材料讨论曾国历史与地理问题，一定程度上反映了当前研究的认识（《曾国青铜器铭文研究的新进展》,《汉字汉语研究》第2期）。

噩国方面。上海博物馆配合“汉淮传奇”展览出版《噩国六谈：一个神秘古国的文化面孔》（上海书画出版社）。在该书中，王生慧综述了随州羊子山铜器群（《随州羊子山出土噩国铜器》）;崔本信综述夏响铺墓地考古发现经过，对一号墓主人身份进行判定，认为墓地至少包含四代噩侯（《南阳夏饷铺噩国墓地考古记》）；陈丽新、张昌平结合自宋以来出现的相关铜器对古书失载的噩国地望、曾噩分封形势进行论述（《“鄂”名迷踪》）；黄凤春对汉阳诸姬进行了梳理，确立和框定“汉阳”区位和范围（《古鄂国：一个被遗忘了的“汉阳诸姬”之一》）；常怀颖结合两处噩国铜器资料对铜器组合问题进行探讨（《噩国铜器组合之变与周代铜礼器的统一》）；冯时文认为，鄂侯驭方鼎为驭方被擒之后所作，晚于禹鼎（《争与让:兼谈西周之周鄂关系》）。王硕认为，在鄂侯驭方鼎与禹鼎中，“驭方”是私名，不其簋的“驭方”是部族名，二者性质不同，需要区别对待（《西周金文“驭方”释义辨正》,《殷都学刊》第1期）。

南申也地处周之南土，因与西周灭亡事件直接相关，因此历来受到关注。胡子尧、井中伟结合金文资料与考古发现辨析西申与南申的关系，认为申国南迁背后有着宣王迁封这一历史大背景，是周王朝地缘政治格局变化下主动做出的调整，区别于被迫东迁的郑国等历史现象（《周代申国考辨及其相关问题》，《考古》第 3 期）。

周秦所在的西土也有学者论述。刘攀峰对目前所见召氏家族铜器进行排比，辨析了召公、匽侯克、匽侯旨等人物关系，讨论召氏家族的两支世系（《论西周初期召氏家族的世系》，《中国文字学报》第十一辑，商务印书馆）。薛铭博结合近年芮国考古发现讨论芮国世系，梳理了目前所见的十三代芮国国君，以及芮国从畿内贵族变为独立封国的历史进程，认为梁带村墓地北区可能是毕公家族墓区，南区为芮公家族墓区（《芮国铜器与芮国世系探微》，《中原文物》第 3 期）。梁云、张志丹探讨甘谷毛家坪墓地 M2059 所出“子车戈”铭，年代断在春秋中期前段，铭文中的“秦公”即秦穆公，墓主为子车氏成员，属于嬴姓公族，继而对毛家坪遗址的性质判断为秦国冀县县治，墓主为当地长官（《甘谷毛家坪出土秦“子车戈”探讨》，《中原文物》第 3 期）。

4. 金文与商周地理

白嘉慧《利簋铭文所涉𫎇地地望考辨》（《文博》第 6 期）一文对西周金文中众说纷纭𫎇地地望进行考察，认为当在朝歌附近。吴良宝讨论了战国兵器中的地名“比阳”，认为“十七年比阳令戈”其地望所在是秦始皇东巡所路过的东郡比阳，“七年令雍氏右库戈”加刻秦文字的地名才是《汉书 · 地理志》中的比阳县，证明三晋各国兵器也存在铸刻置用地或机构的现象（《战国兵器地名“比阳”小考》，《中国文字学报》第十一辑，商务印书馆）。田成方梳理鄝器，区别了姬姓东蓼和己姓西蓼，在金文中存在用字差异，前者从𦱤，后者从阝（邑）；东蓼器可能与春秋东蓼的灭亡有关，蓼县约在春秋中期晚段设置，延续到战国晚期（《鄝器与姬姓蓼国、楚蓼县》，《中原文物》第 6 期）。

刘刚对荆州馆藏五十二年秦戈进行补正，认为戈胡“丹阳”是置用地，出土地佐证丹阳枝江说（《荆州博物馆藏五十二年秦戈铭文补正》，《中国文字学报》第十一辑，商务印书馆）。赵敏考证新泰博物馆藏戈，在梳理了出土与传世文献中成国材料的基础上认为，“成阳左戈”是成国迁国之后左库铸造的器物（《“成阳左戈”戈考》，《中国文字学报》第十一辑，商务印书馆）。翟胜利研究了齐国“六字刀”铭文，认为从文字学角度看，释为“拓邦”更为合理，年代属于战国中晚期的齐湣王、襄王之际，铭文反映了君主开拓疆土的雄心（《齐国“六字刀”铭文及相关问题再论》，《中国国家博物馆馆刊》第 3 期）。

5. 学术史与其他

《中国考古学百年史》四卷十二册问世，涉及古文字研究进展的梳理均见于第四卷中册，胡传耸梳理了东周时期度量衡的考古发现与研究，冯时梳理了甲骨文发现以来的著述，黄益飞阐述了金文的发现与研究［《中国考古学百年史（1921 ~ 2021）》，中国社会科学出版社］。

《顾颉刚全集补遗》（中华书局）新公布了顾颉刚题于 1959 年的跋语（《题马国权藏〈井侯簋〉拓本》），具有史料与学术史价值。

韩巍《试论西周青铜器演变过程中的“延滞”现象》一文，以辅师嫠簋、王鼎等器物为例，结合器类、形制和和纹饰，重点探索商周铜器演变所涉及的“超前”、“复古”和“延滞”现象，意在提醒研究者要充分考虑器物本身的特殊性［《浙江大学艺术与考古研究（特辑二）· 中国早期数术、艺术与文化交流：李零先生七秩华诞庆寿论文集》，浙江大学出版社］。

考古文物新发现

2021年全国十大考古发现

【四川省稻城皮洛遗址】

发掘时间：2021年4～11月

工作单位：北京大学、四川省文物考古研究院

青藏高原平均海拔4000米以上，高寒缺氧的气候条件对古人类生存构成了严峻的挑战，对青藏高原征服及适应进程也始终是困扰国际学术界的重要课题。

为进一步探索古人类征服青藏高原的历史过程，2019年以来，四川省文物考古研究院组织专业团队在川西高原展开旧石器时代考古专项调查工作，于2020年5月调查发现皮洛遗址。经国家文物局批准，2021年4月底四川省文物考古研究院联合北京大学考古文博学院对皮洛遗址进行主动性考古发掘，到11月初第一阶段野外发掘工作圆满结束。

皮洛遗址位于四川省甘孜藏族自治州稻城县，平均海拔超过3750米，地处金沙江二级支流傍河的三级阶地上。遗址南北长约2000米，东西宽约500米，总面积约100万平方米。

遗址建立了科学的地表采集系统，详细记录地表所有典型石制品的类型、风化磨蚀情况和三维坐标，极大地填补了发掘面积有限的不足，系统地还原了整个遗址范围内不同时期遗物的空间分布状况，目前已采集典型石制品3000余件。

此次发掘200平方米，采用水平层与文化层相结合的方式，在5×5米的大探方内布设1×1米的小方进行精细化操作，对所有编号标本拍照、记录三维坐标和产状，对长度在2厘米以下的遗物按照小方进行收集，还对遗物分布密集的水平层进行了三维摄影建模。在发掘过程中，团队注重对残留物、土壤微结构等分析样品的现场采样，并在剖面上统一采集光释光测年样品、古DNA样品以及粒度、磁化率、孢粉等古环境研究的样品。

遗址地层堆积厚约2米，可划分为8层，其中第①层为草皮，②～⑧层均为旧石器时代文化层，呈现出红—黄土交替的特征，反映了气候的冷暖波动。初步的光释光测年结果显示，遗址上部地层的年代不晚于距今13万年。

本次发掘揭露出多个古人类活动面，出土编号标本7000余件，均为石制品，其中打击痕迹明确的人工制品占4成多。

根据地层关系、堆积特征和遗物发现情况可以初步将七个地层的发现分为三期：地层⑧～④层主体为砂岩石核—石片石器，剥片策略简单，工具组合以边刮器、凹缺器、锯齿刃器、砍砸器等为主；地层③层新出现了以板岩为主要原料制作的精致的手斧、薄刃斧等器物类类型；②层剥片程序更加复杂的石英小石核数量增加，两面加工的工具尺寸缩小；整体构成了一个罕见的旧石器时代文化“三叠层”。

皮洛遗址三个阶段均发现有石制品及人工搬运砾石密集分布的古人类居住活动面。初步整理表明，石制品中约有20%为“烧石”，可能与较为频繁的用火行为有关；⑤、⑥层发现石器拼合组；在③层还发现有扁平砾石

围成的半环状“石圈”遗迹，显示人类曾在遗址从事过用火、打制石器等活动。

整体上看，皮洛遗址是一处时空位置特殊、规模宏大、地层保存完好、文化序列清楚、遗物遗迹丰富、技术特色鲜明、多种文化因素叠加的罕见的超大型旧石器时代旷野遗址，具有重要的学术意义。

第一，此次发掘在青藏高原东南麓揭露出七个连续的文化层，完整保留，系统展示了“简单石核石片组合—阿舍利技术体系—小石片石器和小型两面器”的旧石器时代文化发展过程，首次建立了四川和中国西南地区连贯、具有标志性的旧石器时代特定时段的文化序列，为该区域其他遗址和相关材料树立了对比研究的参照和标尺。

第二，皮洛遗址发现的手斧、薄刃斧等遗物是目前世界上海拔最高的阿舍利技术遗存，也是目前东亚地区形态最典型、制作最精美、技术最成熟、组合最完备的阿舍利组合，为长达半个多世纪的“莫维斯线”论战画下了休止符。同时，皮洛等川西高原含手斧的遗址填补了东亚阿舍利技术体系在空间上的一个关键缺环，串联起东西方的阿舍利文化传播带，对于认识亚欧大陆东西侧远古人群的迁徙和文化交流具有特殊意义。

第三，皮洛遗址地处青藏高原，连续的地层堆积和清楚的石器技术演变序列表明，拥有不同技术体系的人群都曾陆续进入高海拔地区并在皮洛遗址持续繁衍生息，留下了大范围分布的文化遗物，充分展现了早期人类征服高海拔极端环境的能力、方式和历史进程，也提供了该地区古环境变化与人类适应耦合关系的重要生态背景和年代学标尺。

（郑喆轩）

【河南南阳黄山新石器时代遗址】

发掘时间：2018 年 5 月 ~ 2021 年 12 月

工作单位：河南省文物考古研究院、南阳市文物考古研究所

黄山遗址位于南阳市东北部卧龙区蒲山镇黄山村南、白河西岸，分布在一处五级台地组成的高 17 米的小土山上及周围。2018 年以来共连续主动性考古发掘 2400 平方米。2020 年度该项目被列为“考古中国——长江中游文明进程研究课题”重点项目。

山顶台仰韶早期至屈家岭文化堆积厚 3 ~ 5 米，基本由多层房址和墓葬叠压而成，遗迹极其丰富复杂。从汉墓壁剖面观察到的仰韶晚期台式建筑就有 5 层之多。第二台向第五台同期文化堆积渐薄至消失。山下西岗地高处同期文化堆积厚 0.5 ~ 1.2 米，其余无文化堆积，耕土下即为遗迹。古河道内堆积厚 7 米左右。

仰韶文化早期遗存均在汉墓底面上清出，有随葬陶器的小型长方形单人墓 6 座，大型房址 1 座。其中 M108 随葬独山玉料 1 块，M185 随葬玛瑙料和玉料各 1 件。

仰韶文化晚期遗迹主要发现建筑址 24 座，仓窖类灰坑 18 座。建筑基址又分长方形木骨泥墙长房、长方形墙基加柱洞、柱列式工棚、圆形地面四种。其中木骨泥墙长房 8 座，分为“前坊后居”式大型建筑 4 座（F1、F2、F7、F16）及中型“坊居合一”式 4 座（F3、F30、F41、F42）。“坊居合一”的坊内均有一长方形带平顶炉台，除居住生活功能外，主要磨制生产玉器石器，还生产骨镞和骨锥，个别坊中打制生产玉器石器。大部分墙体残高 30 厘米左右，最高 0.7 米，局部存在高 1.5 米左右的倒墙。最大的 F1 已清出 7 个单元；柱列式工棚 5 座，包括带围墙大作坊 2 座（F4 与 F32）；长方形或圆形小柱列式工棚 3 座（F22、F26、F40），内部均残存较多砂岩制玉石工具和一些玉石器半成品、废品、坯料、石核等；圆形房址 10 座，直径 2.5 至 3.9 米。这些房址要早于前三种房址，一些可能为仰韶中期。

屈家岭文化遗迹包括建筑址、作坊址、墓葬、祭祀坑、灰坑等。建筑址17座，破坏严重，分残存柱洞的柱列式和长方形墙基式两种。其中大型柱列式房址1座（F5），残长6.1米、残宽6米；作坊址5座，多不完整，残存柱洞和较多排列整齐的磨石墩，以F9和F33保存最好。墓葬150余座，均为长方形土坑墓，有大、中、小之分，排列有序、方向一致，基本上沿仰韶晚期大型台式作坊建筑两侧的平地或凹地分布，一般长2米左右，宽1.1米左右，深0.3 ~ 1.2米。头向正北29 ~ 36°，仰身直肢葬人架保存多数较好。小型墓有棺或无棺，大中型墓均有已朽成灰痕的长方形板式单棺，个别有长方形板式单棺单椁，或梯形棺。随葬品以猪下颌骨为主，其次为纺轮、残陶器、砂岩类制玉石工具、玉料、玉石坯料，重要墓葬随葬玉石钺、弓箭、象牙器、玉璜等，有明显的毁器葬特点。M77与其陪葬坑葬猪下颌骨400个以上；祭祀坑9座。1座葬30多件猪下颌骨，8个葬整猪；灰坑99座。

石家河文化不规则灰坑3座，柱列式作坊1座（F13），出土砂岩工具、个别玉器残次器和砂石浆层。

发现仰韶和屈家岭文化人工河（运河）1条与“码头”1座。山下西岗上宽27米、深7米、长500米左右的大型人工河，“码头”为直径50米左右的半圆形，清理了局部，坡岸上有厚0.5米富含烧土的踩踏层和烧土垫路。

仰韶或屈家岭文化瓮棺葬142座。清理汉代平民墓22座。

据不完全统计，共出土砂岩质制玉石工具磨棒、磨片、磨锉、钻头、钻杆帽、石锤、石球、磨石墩，石坯料、石核、人工石片、石器、玉器、玉片、玉料等玉石遗物4.5万余件，骨器50件，陶器近700件，猪下颌骨1600余个，还有大量的玉料、石器、陶器与少量玉器原地保存。石器质地主要是独山石，以工农具和兵器为主，种类有耜、斧、铲、锛、凿、刀、钺、镞等。玉材主要为独山玉，其次为黄蜡石、石英、汉白玉等，个别为方解石和玛瑙，玉器种类有耜、斧、铲、锛、凿、璜、珠等。

发掘确定遗址是一处新石器时代仰韶文化、屈家岭文化、石家河文化玉石器制作特征鲜明的中心性聚落遗址，在南阳盆地中遗址面积最大，遗迹规格最高，内涵丰富，反映了新石器时代晚期南北文化交流融合发展的基本特点，为探讨豫西南地区社会复杂化和文明化进程提供了关键材料。

该遗址新石器时代玉石器制作遗存以独山玉石为资源支撑，其他地方玉材为辅助，大致存在仰韶晚期“居家式”作坊群向屈家岭时期“团体式”生产模式转变的规律，石家河时期也规模化生产玉石器，填补了中原和长江中游新石器时代玉石器手工业体系的空白，与制骨遗存一起，为探索当时手工业生产专业化和社会分工提供了重要线索。

仰韶文化坊居式建筑群是国内保存最好的史前建筑之一，墙体存留高，内部设施齐全，大批遗物原位保存，再现古人制造玉石器与生活的基本场景。特别是最大的“前坊后居式”7单元大型连间长房F1面积超过150平方米，极为罕见。

以大墓M77为代表的屈家岭文化墓群多数人骨保存甚佳，社会成员等级分明。可能具有编织功用成束骨针的发现，为我国史前纺织考古提供了重要材料。

中原地区首次发现史前码头性质的遗迹，与自然河、人工河道、环壕一起构成了水路交通系统，体现出古人对水资源的重视和利用能力。

科技考古成果突出，已在测年、植物、人骨DNA、玉石器岩性分析等方面取得重要成果。

（马俊才　王风剑　张明哲）

【湖南澧县鸡叫城新石器时代遗址】

发掘时间：2021 年 5 ~ 12 月

工作单位：湖南省文物考古研究所、四川大学考古文博学院

鸡叫城遗址位于湖南省常德市澧县，地处洞庭湖西北的澧阳平原，西南距城头山遗址 13 千米。该遗址自 20 世纪九十年代开始考古工作。2018 年进行系统考古调查勘探。2019、2020、2021 年连续实施考古发掘，发掘地点分北区、东区、南区和西区布方，总发掘面积 1850 平方米，其中 2021 年发掘面积 800 平方米。多年的发掘和调查获得的主要收获如下。

一、发掘揭示了鸡叫城的建造与演进过程

遗址上最早遗存年代为彭头山文化时期，大溪文化时期再次有人定居，发展到油子岭文化时期，开始在村落的外围开掘壕沟，形成环壕聚落，面积约 4 万平方米。屈家岭文化时期将环壕填平，并在环壕外开挖城壕，挖掘城壕的土堆在内侧，形成城墙。北城墙的解剖显示，屈家岭文化一期后段的Ⅰ期城墙底宽约 5 米，高约 1 米。Ⅰ期城壕在使用过程中有过两次清淤，之后被人为填平，并将Ⅰ期城墙加高和向外加宽，构筑Ⅱ期城墙。此时城墙规模已经较大，底宽达到 17 米。Ⅱ期城墙建成后，内外坡均有人类活动，之后继续向内加宽城墙，形成了Ⅲ期城墙。三次建造的城墙共同构成了功能一致的整体，底宽达 28 米、顶宽 13.6 米、高度 3.2 米，墙外护城河宽 30 ~ 50 米，城内面积 15 万平方米，鸡叫城城墙与护城河规模由此定型。这三次建造城墙的间隔不长，均在屈家岭文化一期后段。城墙内坡后来有频繁的人类活动，文化堆积丰富，年代为屈家岭文化二期。

南区的发掘显示，该地段油子岭文化时期环壕有前后三期，一期开挖的环壕规模最大，宽约 27 米，深约 1.5 米，二、三期是对早期环壕的整修与清淤，其环壕的规模亦有所缩小，与一期环壕时间间隔较短，环壕的开挖和使用年代大致为油子岭文化晚期。

二、摸清了鸡叫城的整体布局

系统调查和发掘显示，石家河文化时期，鸡叫城形成了由城址本体、城外聚落遗址、外围环壕以及平行水渠和稻田片区所组成的城壕聚落集群。该聚落集群的基本结构布局为：护城河（一重环壕）与二重环壕之间为居住区，二重环壕与三重环壕之间以及三重环壕之外均为水稻田。水稻田以平行水渠分出空间，水渠与环壕、环壕与环壕之间亦有水系连通。其基本数据为：护城河外坡以内面积为 23 万平方米，二重环壕外坡以内为 64 万平方米，这是鸡叫城聚落群的居住生活区。二重环壕外 + 三重环壕 + 平行水渠 + 农田片区为 10 平方千米，这是鸡叫城聚落群的农业生产区，在这个生产区内，已发现有三十余个居民点。

三、收获多项重要考古发现

（一）大型木构建筑　西区的发掘是沿早年西城墙解剖探方向东延续，在这片区域内，最早的遗存是油子岭文化时期的环壕。环壕淤积后，开始沿环壕外围建造城墙和护城河，其年代与北城墙的建造大致同时或略晚。与此同时，在淤满后的早期环壕内侧开始建造房屋，建筑活动颇为频繁。经过一段时间以后，约在屈家岭文化二期早段，即 2800BC 前后开始垒筑台基，台基上建造房子。台基经多次扩建和修补，台基上的房址也有多次建造行为。房址的墙基分基槽红烧土墙和基槽木板墙两种，其中以基槽木板墙为特色的木构建筑尤为突出，木构建筑发现多座，以 F63 规模最大，保存最好，其完整的木构基础得以整体揭露。F63 由主体建筑和外围廊道组成。主体建筑外墙基槽呈长方形闭合，方向 202°，长 42 米，宽 10 米，室内建筑面积 420 平方米，

加上廊道，总面积达630平方米。从东到西面阔五间，除第3、4间各有前后两室外，其他三间均为一室。主体外墙及每间的隔墙均是先在台基上开挖基槽，基槽内铺木板，基槽打破台基。外墙基槽西部打入早期环壕淤泥层，东部打破早期地层。主体外墙基槽开口宽1～2.6米，底宽0.5～1.5米，深1～1.2米。基槽内铺设木板，木板宽0.42～0.46米，厚0.1～0.13米左右，长度一般在5米左右，最长者达8米，有的木板边还可见抬板时留下的绳索。木板上立柱部分保存较好，木柱极为考究，以直径约0.5米的半圆形大木柱为主体，间以长方形小木柱，并在转角处以四分之一圆木作为转承，以保持外立面的平整。木柱与垫板间未见榫卯，但木柱上除位于西南转角位置的木柱有一个穿孔以外，其余均有两侧约45°的斜穿孔。穿孔以上20～40厘米均已朽毁，仅保留腐泥柱痕。隔墙基槽开口宽度多在0.5～1.6米左右，隔墙底板亦多叠压于主体外墙底板之上，板上所立木柱明显小于外墙木柱。推测外墙与隔墙基槽木柱突出台基地面后将基槽填实，木柱再开孔架梁，柱间立板形成墙壁，梁上铺板形成室内地面。F63整体结构应是地台式+干栏式的木构建筑。经取样检测，F63年代为2700BC左右。

此外，F63主体建筑西、南、东侧外数米处有廊，主体建筑南侧和西侧有廊，建筑方式有所不同，主要是开挖柱坑，垫短木板后立柱，局部亦有较短的基槽。

经检测，鸡叫城这批木结构建筑木材为楠木和樟木，原材料可能来自周边山区，但不会太远。

（二）谷糠堆积　在发掘区西部发现一处谷糠层，在发掘区的分布面积约80平方米，平均厚度0.15米，通过单位体积的谷糠密度并结合现代水稻加工的调查结果，初步推算出这80平方米谷糠层所代表的稻谷重量约为2.2万公斤（带壳）。此次发掘仅窥一隅，勘探发现其实际分布面积还要大很多。

（三）外围环壕　2021年的工作还对外围环壕和水稻田进行了局部发掘。二重环壕南部开设2×10米探沟发掘，发现开掘壕沟前的堆积被挖壕沟的土所叠压，壕沟在使用时形成数层淤积，在沟内淤积层和沟底发现了石家河文化时期陶片，还有一些树枝和木头，其测年亦为石家河文化时期，由此判断二重环壕的形成和使用年代为石家河文化时期。二重环壕北部的发掘也显示与南部探沟一致的特点。

（四）水稻田　为确定环壕外调查勘探出的稻田片区，选择数个发掘点进行解剖。多数发掘点因古代水稻田与现代水稻田重叠，早期水稻田不易辨识。但二重环壕北部外的发掘有重要突破，该发掘点位于二重环壕北部外围的西北方向。发掘显示，在现代和历史时期水稻田下有一层黑色淤泥，淤泥层下为石家河文化时期水稻田，该稻田只揭示了一部分，其边界呈不规则圆形，面积至少100平方米，并有数层水稻田叠压，第⑦、⑧层较早者面积较小，第⑥层较晚者面积扩大。⑥层稻田土取样浮选出大量水稻植硅石，亦发现有水稻小穗轴、颖壳及稻田伴生杂草。⑥层面上还有犁痕和脚印。也发现陶片，陶片年代属石家河文化时期。

四、价值与意义

（一）F63作为此次发掘的大型木构建筑遗存，是新石器时代考古的重要发现，其体量超大，结构规整，基础保存完好，为中国考古百年首次发现。以F63为代表的木构建筑为理解长江流域史前建筑形式与技术提供了重要资料。它的发现，填补了中国史前建筑史的空白，丰富了中国土木建筑史的内容。

（二）海量稻谷糠壳和大型木构建筑的发现，反映出当时的生产能力和社会组织能力都已达到较高水平，为稻作农业视野下中华文明起源和早期国家形成的研究提供了重要资料。考古揭示出的多重环壕和水渠及稻田片区亦是距今 5000 年前后稻作农业社会所达到的史前文明化程度的最高阶段。多项证据显示，这时长江中游已进入古国时期。

（三）鸡叫城的发掘对于认识长江流域史前社会文明化进程具有重要参考价值。鸡叫城由普通居住点发展为环壕聚落，然后发展为城壕聚落及聚落集群，显示其具有跨越时间和文化的连续性与稳定性，具有极强的内在凝聚力。种种迹象表明，尽管距今 5000 年前后，但长江中游已经形成“连城网络”，鸡叫城的产生与发展也毋庸置疑是基于长江流域史前稻作农业发展的结果，而且也离不开这个网络，但鸡叫城社会似乎基本不从外部社会获得收益。所以，尽管本地也不可避免受到其他地区的影响而有所改变，然而它的演化是本土传统文化与社会经济的一系列发展的结果，也可以在很大程度上被看作这个地区的内在演化过程。由此可以大致判断，鸡叫城聚落群依靠自给自足的稻作农业经济的支撑，完整演进了古文化—古城—古国的全过程。如果说古国是一种文明形态，那鸡叫城就是从自身泥土和稻田里“长”出来的农业文明——这正是中国文明产生的主要途径与方式，是中华五千多年文明赓续不绝的奥秘所在。

【山东枣庄滕州岗上遗址】

发掘时间：2020 年 9 月 ~ 2022 年 1 月

工作单位：山东省文物考古研究院

滕州市地处泰沂山脉西南麓延伸地带，北、东、南三面均为低山丘陵，西为地势低洼的微山湖区，形成相对独立的地理单元。遗址位于滕州市东沙河街道陈岗村东部漷河两岸，依河流和公路可将遗址分为东、西、南三部分。

2018 ~ 2019 年，山东省文物考古研究院对遗址进行了全面、系统的勘探。遗址平面不甚规则，略似树叶形，东西最大跨度 1500 米，南北跨度 1000 米，总面积约 80 万平方米。遗址时代以大汶口文化中晚期为主，也有部分东周、汉代遗存。2020 年 9 月 ~ 2022 年 1 月，山东省文物考古研究院连续两个年度对该遗址进行发掘，合计发掘面积约 1100 平方米，发现了极为丰富的大汶口文化中晚期遗存，包括 1 圈夯土城墙与壕沟，31 座墓葬，7 座房址及大量与房址相关的柱坑或柱洞。

一、发现大汶口文化晚期夯土城墙和壕沟遗存

漷河西岸遗址西部区域发现夯土城墙迹象，经系统勘探确认，城址平面近长方形，壕沟紧挨城墙外侧环绕一圈，含壕沟在内，东西长约 800 米，南北宽约 550 米，面积达 40 万平方米，城墙宽 10 ~ 22 米，残高不足 1 米；壕沟宽 10 ~ 60 米，最深处 2.8 米。西墙中部偏南位置城墙与壕沟均存在一段缺口，缺口宽约 7 米，应为城门所在。不同区域城墙结构不尽相同，与其所处区域地形地貌关系密切。城内中部虽文化堆积甚少，但几成规则长方形台址，可能是人工所为。

西城墙豁口南侧经探沟解剖发现城墙有明显夯打加工痕迹，城墙基础宽约 19.2 米，残高 0.5 ~ 0.8 米，夯层厚约 8 厘米。壕沟宽 23.1 米，残深 0.9 ~ 1 米。城墙和壕沟有补筑、清淤现象。

岗上遗址是海岱地区目前发现面积最大的大汶口文化城址。根据地层关系及出土陶片判断，城址始建年代为大汶口文化中晚期之交，沿用至大汶口文化晚期晚段。

二、获得了一批极为重要的大汶口文化中晚期墓葬和房址材料

发掘区位于 320 省道南北两侧，南区位于城外南部岗地，北区位于城内东南区域。前者主要是大汶口文化晚期墓地，后者为大汶口文化中期墓地和居址。

南区共发现16座竖穴土坑墓，其中，四人合葬墓1座，其余均为单人葬。墓葬分布集中，有明显成列排布规律。墓葬等级差异巨大，主要表现在体量、葬具结构及随葬品等方面，可分为大、中、小型三类。大型墓分布紧凑，葬具齐全，往往有器物箱或棺下放置枕木。随葬有成套的陶器和玉器，陶器明器化，实用器极少，以宴饮器为大宗，器形小，多轮制而成，标准统一，同一器形往往成堆码放。男性均随葬玉钺或石钺，女性随葬玉器，以饰品为主，其中绿松石最多。中型墓多为一棺，随葬品较少。小型墓多无葬具和随葬品。

大型四人一次合葬墓极为特殊。该墓长3.3米，宽3.2米，葬具为三联棺，带有头箱及边箱，随葬陶器数量不完全统计超过300件。四人经初步鉴定均为男性，自北向南年龄呈递减之势，而随葬玉钺从类型、数量、玉质及大小等方面也表现出递减之势，不同墓主间表现出了明显的等级差异。

南区高等级墓葬表明了该墓地性质应为聚落中掌握权力的上层家族的专属墓地。三联棺、器物箱等葬具结构均是目前最早的发现，与鲁北地区焦家遗址棺椁俱全、随葬品以实用器为主的特征形成鲜明对比，显示了区域间葬制发展的不同路径。

北区房址分布错落有致，多近方形，可分为基槽式、基槽与柱坑结合式、柱坑式及柱洞式四类，除年代略早的柱洞式房址面积较小外，其余面积多在25 ~ 35平方米左右，可辨门道多为西或北向。较为特殊的是，房址基槽、柱坑、柱洞体量及深度远超普通房址。墓葬集中分布于这批房址西部，12座竖穴土坑墓葬具均为单棺，明显分成三组，西北部2座为单人二次葬大墓，东部10座中有7座双人一次合葬墓紧凑成团，3座为单人一次葬。另有3座瓮棺葬位于成人墓东侧，该区域同时也是墓地与房址的交集区域。二次葬大墓1座带有脚箱，棺下均有枕木，除出土大量陶器和较多玉器外，另有鹿角锄、鹿角叉形杖、鳄鱼骨板、骨杖形器、陶鼓、龟甲器等礼制随葬品。7座合葬墓都是年龄相近的成年男女双人合葬，有随葬龟甲器、猪、狗的现象。单人葬规模略小，均见彩绘陶器。瓮棺葬葬具为倒扣陶鼎，人骨经鉴定均为不足月胎儿，初判为流产所致。

根据墓葬间打破关系及随葬陶器类型学分析，不同类型墓葬埋葬早晚存在略微差异，其中单人一次葬略早于双人合葬墓，二次葬大墓最晚。综合而言，该区墓葬分组情况似乎与埋葬时间、等级及葬式有直接关系。

三、价值和意义

岗上遗址被列入国家文物局“考古中国”重大项目“海岱地区文明化进程研究”。发掘表明我们在该地区文明和早期国家起源研究上取得了重要进展。岗上大汶口聚落在区域社会、组织结构、礼仪制度等方面的形态对于了解古代社会文明化进程研究具有重要意义。概括起来主要有以下几点。

第一，岗上是大汶口文化最大的聚落之一。岗上所在的漷河、薛河流域是新石器时代遗址分布密集区域，已发现大汶口文化遗址60余处，岗上城址作为面积最大的大汶口文化城址，整个区域聚落群显然是以岗上遗址为核心的。放眼整个海岱地区，岗上遗址所在的古泗水流域连通古济水、沂沭河流域，不同区域内均存在与其对应的中心性聚落，大致呈等距分布，这表明其背后的区域社会已经初具雏形，代表了中国新石器时代文明起源、社会发展链条上关键的一环，即早期城市政体的早期阶段。

第二，最早的器物箱和棺下枕木的发现，证明大汶口文化是棺椁制度的重要源头。并且自大汶口文化中期开始，葬具发展呈现多样化与复杂化。岗上独具特色的突出器物箱的葬具结构，与周边区域，特别是鲁北地区棺椁俱全的特点形成鲜明对比，两类不同的葬具形式共同构成了中国最早的棺椁制度。

第三，大汶口文化晚期。伴随着社会的剧烈分化，财富集中于大墓，高等级墓葬中的器用形式尤为丰富，如以钺为代表的玉石类礼器；以陶鼓、鳄鱼皮、成组的摇响器为代表的礼乐用器；以觚、大口尊为代表的成套陶礼器；以涂朱龟甲器和雕筒为代表的史前特殊用器；以及红彩骨板形器、叉形杖和鹿角锄形器等为代表的仪仗类用器，表明大汶口文化丧葬活动中的器用制度已经基本形成，明确了海岱地区是礼制的重要起源地。

第四，墓葬中的棺椁、器用呈现出复杂的葬仪制度，指向了明确的社会分化，这是与作为都邑性聚落——城址的发现相伴随的，表明岗上代表了早期国家发展的一个重要阶段。

总之，距今5000年前后的大汶口文化中晚期是中华文明起源与早期国家形成的关键节点。处于这个节点上的岗上遗址，无论是对中心聚落的研究，还是对区域社会聚落形态的研究，以及对于考察其背后的社会组织结构及变迁都具有重大意义。

（朱　超　张　强）

【四川广汉三星堆遗址祭祀区】

发掘时间：2020年3月24日～2021年12月31日

工作单位：四川省文物考古研究院

三星堆遗址位于四川省广汉市西郊，地处成都平原北部沱江流域，面积约12平方千米。祭祀区考古发掘是国家文物局“考古中国”重大项目“川渝地区巴蜀文明进程研究”的实施内容之一。从2020年3月启动发掘至今，共计发掘面积1202平方米，发现“祭祀坑”6座、灰坑78座、灰沟55条、柱洞341个、房址4座、墓葬2座，初步摸清了祭祀区的分布范围和内部布局。

四川省文物考古研究院秉持“课题预设、保护同步、多学科融合、多团队合作”的工作理念，联合中国社会科学院考古研究所、北京大学考古文博学院、四川大学考古文博学院、上海大学文化遗产与信息管理学院等国内39家科研机构、大学院校以及科技公司共同开展三星堆遗址祭祀区，尤其是新发现六座“祭祀坑”的考古发掘、文物保护和多学科研究等工作。

通过发掘，明确包括1986年发掘的一号坑（K1）和二号坑（K2）在内的八座“祭祀坑”均位于一个与东北侧三星堆城墙大致平行的呈西北—东南走向的长方形黄褐色纯净粉沙土（发掘区第⑤层）范围内，亦即疑似的祭祀区。在祭祀区内不见与“祭祀坑”同时期的其他居住遗存，只有8座“祭祀坑”、小型圆形祭祀坑、矩形沟槽以及与“祭祀坑”同类埋藏文物的灰沟和大型建筑。

8座“祭祀坑”中除了1986年发掘的K1和K2疑似开口于⑤层下之外，其余均直接开口于③层下，K3打破第⑥层，K4打破第⑦层，K5～K8打破第⑤层，其中K6打破K7。根据上述层位关系，结合K3填土出土陶器、K4埋藏陶器、K4测年结果，以及目前已经明确的K2、K3、K7、K8出土文物可以拼对复原的现象综合判断，K1、K2、K3、K4、K7和K8的年代为距今约3200年至3000年，大致相当于晚商殷墟四期，K5和K6年代稍晚，大致相当于西周早期。

8座“祭祀坑”的平面形制可分为宽长方形、窄长方形和近似方形三类，K8面积最大，将近20平方米；K5和K6分别仅有3.5平方米和4.1平方米，面积甚小。所有“祭祀坑”的方向均非正南北向，大致呈东北—西南向（K1、K2、K3、K4、K5）或者西北—东南向（K6、K7、K8）。

各坑的埋藏堆积，除了K5和K6相对

简单，在填土堆积之下只有一层埋藏文物之外，其余几个大坑相对较为复杂，不过最底层都是埋藏的各类文物，其上埋藏象牙。K3在填土之下、象牙之上的东北角倾倒一堆灰烬。K4则在象牙之上由东南角倾倒一层平均厚达30厘米的灰烬，在灰烬和填土之间的东、西局部区域还填充有夹杂红烧土颗粒的黄褐色粉沙土。K8堆积最为复杂，先是埋藏众多大小不一、质地各异的文物，之后埋藏大量象牙，再之后于南、北两侧填充夹杂红烧土块的黄褐色粉沙土，之后铺满整坑灰烬，再之上填充夹杂大块红烧土和“石磬”碎块的黄褐色粉沙土，最后填土掩埋。以上几座大坑不同埋藏堆积层之间并无明确界限，部分象牙实际上也混杂在各类文物之中，如K3、K8，而K3还有几件铜器显然是象牙埋入之后才入坑的。K3、K4和K8的灰烬也并不单纯，包含烧土颗粒以及较多细小文物或大型文物的残片、构件。

截至目前，6座新发现“祭祀坑”已经出土编号文物12000余件，而近完整器件超过2300件，其中铜器1000余件、金器520余件，玉器530余件，石器120余件，陶器13件，另提取完整象牙450余根。重要文物包括金面具、鸟形金箔饰、铜顶尊跪坐人像、铜扭头跪坐人像、铜立人像、铜人头像、铜面具、铜尊、铜罍、铜“神坛”、铜龙、铜网格状龟背形器、玉璋、玉戈、玉凿、神树纹玉琮、玉器座、玉刀、石戈、陶矮领瓮、陶尖底盏、丝织品残痕、象牙雕、海贝等，部分文物从造型、纹饰来看均为此前所未见。

此次对三星堆遗址祭祀区的考古发掘意义重大而深远。

第一，新发现的前所未见的遗迹和文物进一步充实了三星堆遗址的文化内涵，促进了三星堆遗址及古蜀文明的祭祀行为和祭祀体系研究，弥补以往在这方面的探索和研究的缺陷和空白。

第二，进一步阐释“古蜀文明是中华文明重要组成部分”的基本认识。1986年发掘的一号、二号坑中出土的大量文物兼有古蜀文明、中原文明和国内其他地区文化的因素，表明古蜀文明是中华文明的重要组成部分，此次发掘的若干新器物，如K3出土的顶尊跪坐铜人像和铜圆口方尊、K4出土的玉琮和丝织品、K5出土的金面具和象牙雕刻等进一步夯实了这一认识。

第三，运用“课题预设、保护同步、多学科融合、多单位合作”的新理念。此次考古发掘以及其中创新使用的现代化多功能保护大棚、恒温恒湿考古发掘舱、现场应急保护实验平台、多功能考古发掘操作系统、远程控制系统、24小时不间断拍摄系统等是践行习近平总书记关于“努力建设中国特色、中国风格、中国气派的考古学”重要讲话精神的首次尝试，必将对中国考古学、田野考古和科技考古等的发展形成积极深远的影响。

第四，系统展现了中国丰富多彩且悠久灿烂的古代文明。这是国家强大的历史依据，是国家发展的重要基础，也是实现中华民族伟大复兴中国梦的坚实信心，更是坚定文化自信、建设文化强国的重要源泉。

（雷　雨　冉宏林）

【湖北云梦郑家湖战国秦汉墓地】

发掘时间：2020年5月3日～2021年1月8日

工作单位：湖北省文物考古研究所、云梦县博物馆

郑家湖墓地位于湖北省云梦县城关镇，分布于楚王城城址的东南郊，西距睡虎地墓地约3000米。2020年5月以来，为配合云梦县市政建设，经国家文物局批准，湖北省文物考古研究所与云梦县博物馆联合组队进行发掘。

墓地发掘分为A、B、C三区。2020年发掘A、B区墓葬共196座，均为战国晚期以

来的楚文化小型墓葬，多南北向，随葬品 700 余件，多出自壁龛或头龛，陶器组合为鼎、敦/盒、壶和鬲、盂、豆、罐等，并有少量铜、玉和漆木器等。

2021 年发掘 C 区墓葬 116 座，其中 14 座为饱水墓葬，均为土坑竖穴墓，无墓道，多东向。葬式多仰身直肢，有少量屈肢葬。葬具分单棺和一椁一棺，其中 3 座棺室与头厢之间的板门上有绘画，1 座同时在边厢的楣板上有绘画。随葬品多置于头厢和边厢，共 1000 余件/套，其中木漆器达 400 多件/套，主要有耳杯、奁、盒、盂、扁壶、樽、卮、璧、俑等；人物画扁壶、虎头枕、双口壶、马纹盂等极具特色；陶器有缶、罐、釜、盆、甑、鍪等，铜器有鼎、壶、钫、匜、剑、镜、铃等。另有少量的玉器、料器、竹器和丝织品，以及一批珍贵的文字材料。见有 8 例殉牲。从墓葬形制、棺椁结构、随葬品组合、殉牲习俗来看均为秦文化的中小型墓葬，墓主应与公元前 278 年秦军占领安陆后的秦人及其后裔有关。年代跨度为战国晚期至西汉初。

通过开展多学科检测研究，包括 ^{14}C 测年、人骨考古、动物考古、植物考古、古 DNA 分析、同位素分析、残留物分析、成分分析、工艺研究和腹土寄生虫检测等，成果斐然，如利用多种同位素重建个体迁徙行为和生活史，清晰揭示了南北人群密切互动，为认识当时的人群融合提供了科技支持。

此次发掘主要收获如下。

一、获取了一批中华文明瑰宝

珍贵的文字材料：包括遣策、铜鼎铭文和长文木觚。战国晚期木觚全文约 700 字，字体是典型的秦隶，载有谋士筡游说秦王寝兵立义之辞，“纵横”色彩浓郁，体例和文风与《战国策》《战国纵横家书》近似。该觚是目前所见年代最早的“中华第一长文觚”，其形制罕见，内涵丰富，涉及考古学、古文字学、古文献学、古代史等诸多领域，学术价值重大。觚文不见于传世记载，为我们提供了一篇全新的策问类文献，丰富了战国后期政治史资料，是研究当时社会思想的珍贵文本。筡游说秦王事件展现了一幅东方国家与秦争斗、斡旋的历史画面，同时涉及春秋战国之际魏、越、吴之间的战争关系，其中所载的“魏越宿胥之野之战”等事件为首见，为探究春秋战国之际的重要史事提供了新材料。

罕见的葬具木板画：年代为战国末—秦代和秦汉之际，题材均为首见，填补了战国秦汉墓葬绘画的材质与类型的历史空白，对追溯中国墓葬壁画的形成有重要意义，是中国艺术史与思想史上的重要发现。

精美的秦文化漆器：保存完好，工艺精湛，纹样独特，年代集中在秦代前后，为研究秦代漆器的生产流通、工艺美术提供了关键材料。

二、丰富了秦文化的历史内涵

清理了一批难得的秦文化饱水墓葬，极大地丰富了秦墓资料的完整性。漆器中不少纹样与器形为首次出现；木板画和漆器的图像题材为研究秦人的宗教思想、服饰文化提供了重要资料；文字材料反映了秦文化的文字演变、名物制度和青铜器流转情况，也映射了秦人的思想倾向。这些材料从实物、图像、文字多个层面展示出秦人的丧葬习俗、思想观念、生活状况、社会结构的历史细节以及秦楚融合的文化变迁过程。

三、活化了秦汉帝国大一统进程中重要节点的历史场景

云梦是秦人统一南方的战略要冲，郑家湖墓地与楚王城城址及其周围的睡虎地、龙岗、江郭、大坟头等墓地是一个有机整体，年代均集中在白起拔郢至汉初，这些墓主多是楚秦汉嬗递——秦汉帝国大一统进程重要节点的亲历者、见证者，多学科研究也揭示了中国统一多民族国家最初形成的关键时期的人群迁徙与交融互动。这些材料生动展示了秦文化与楚文化逐渐融合、统一于汉文化并汇入中华文明的历史过程，为研究战国晚期至汉初中国多民族统一国家的形成、中华文明从多元一体到大一统的历史进程及其背后所反映的国家认同提供了典型个案。

（罗运兵　赵　军）

【陕西西安江村大墓】

发掘时间：2017 年 ~ 2021 年

工作单位：陕西省考古研究院　西安市文物保护考古研究院

江村大墓位于西安市东郊白鹿原上，北距世传为汉文帝霸陵的“凤凰嘴”约 2000 米，东距窦皇后陵 800 米。

2006 年以来，对江村大墓区域进行了多次调查、勘探和试掘，发现江村大墓的形制为“亞”字形，地面无封土，墓室边长 73 米，四周环绕 115 座外藏坑，外围以“石围界”和门阙形成陵园。其间，采用多种技术多次对“凤凰嘴”进行了全面细致的探测，证实此处仅有 8 通明、清时期的石碑，未发现任何陵墓类遗存。

窦皇后陵现存“覆斗形”封土，墓葬呈“亞”字形，陵侧有 10 多座外藏坑，周围有夯土园墙和门址。

在江村大墓和窦皇后陵外围还探出了夯墙遗址，东西残长 1200 多米，南北 860 米，墙宽约 3.5 米。该墙址应为江村大墓和窦皇后陵共用的大陵园墙。在大陵园内外还发现了不同类型的外藏坑、建筑（包括陶窑）遗址、陪葬墓等文物遗存。

2017 年开始，对江村大墓外藏坑、陶窑遗址、陪葬墓等进行了发掘工作。江村大墓发掘了 8 座外藏坑，其长度在 6.5 ~ 72 米之间，宽 3 ~ 6 米，深 6 ~ 9 米，大多为带斜坡道的竖穴土圹形制，底部有木椁遗迹。出土着衣陶俑（个别戴刑具）、陶器、铁器、铜器，以及漆木器（包括木车马）等。另外，还清理出“器府”“中司空印”等明器铜印。

陶窑遗址发掘 17 座。陶窑由火门、火膛、窑室、烟囱构成，一般 2 ~ 5 座共用同一操作间。窑室内出土有汉代砖瓦和陶器等文物。

在江村大墓西南约 4 千米的栗家村发掘了 4 座“甲”字形陪葬墓，出土乐舞俑、陶编钟、编磬、玉衣片、带有“襄城家”铭文的铜鋗等珍贵文物。

此外，还对薄太后南陵也做了一些考古工作。南陵墓葬形制亦呈“亞”字形，其墓室向东偏离封土，周围有 20 座外藏坑和 3 处建筑遗址，外围也有“石围界”。南陵发掘了西侧的 3 座外藏坑，其形制结构与江村大墓外藏坑基本相似，出土了塑衣彩绘陶俑、原大木车遗迹，以及大量带有异域文化风格的金、银饰品等文物。

南陵封土西北分布有 389 座小型外藏坑，我们发掘了其中的 39 座，均为竖穴土圹结构。椁具有砖栏、陶棺，内有动物骨架、陶罐、陶俑等。

此次考古工作否定了“凤凰嘴”为汉文帝霸陵的传统认识，确定了汉文帝霸陵的准确位置，解决了西汉十一陵的名位问题，包括霸陵在内的西汉帝陵规模、形制、布局及内涵的基本掌握，为西汉帝陵制度形成、发展、演变的研究提供了翔实的考古资料，为中国古代帝王陵墓制度的深入研究奠定了基础。

霸陵的双重陵园、帝陵居中、象征官署机构的外藏坑围绕帝陵布局等特征，均为西汉帝陵中最早出现，表明了皇帝独尊、中央集权的西汉帝国政治理念的初步确立；霸陵的形制布局上承长陵、安陵的基本要素，下启阳陵、茂陵等陵园规制，是西汉帝陵制度发展演变的关键环节，也是研究、探讨以西汉王朝为代表的中国古代国家陵墓制度、政治思想、意识形态发展变化的重要实物资料。

霸陵出土的大量珍贵文物中，印章、封泥及其他带字文物等证实了“陵墓若都邑”、帝陵“模仿现实中的西汉帝国”的建设理念。南陵外藏坑众多带有草原风格的金银器是先秦两汉时期农牧文化交流与融合的直接证据，见证了中华文明由“多元”到“一体”的历史发展趋势。

（马永嬴　曹　龙）

【甘肃武威唐代吐谷浑王族墓葬群】

发掘时间：2019 年 ~ 2021 年 11 月

工作单位：甘肃省文物考古研究所、武威市文物考古研究所、天祝藏族自治县博物馆

武威唐代吐谷浑王族墓葬群位于甘肃省武威市西南，地处祁连山北麓，主要分布于武威南山区冰沟河与大水河中下游北岸的山岗之上。近年来由甘肃省文物考古研究所牵头组建了吐谷浑考古项目组，对该墓葬群展开了持续的考古发掘及文物保护和研究工作。

2019 年，项目组发掘了吐谷浑喜王慕容智墓，该墓为带长斜坡墓道的单室砖室墓，是目前发现唯一保存完整的吐谷浑王族墓葬。墓内出土大量精美的随葬品，包括武士俑、镇墓兽等镇墓神煞俑；骑马俑、风帽俑、文官俑等出行仪仗俑群；狗、羊、鸡、猪等家畜家禽俑；木质列戟屋、叉、排箫等模型器具；木质胡床、六曲屏风、木质床榻等生活实用器及随葬明器；铁甲胄、金银马具、弓、胡禄等成套武器装备。其中胡床、大型床榻、六曲屏风、列戟屋模型、成套武备等皆为国内同时期相关文物首次或罕见的发现。甬道正中出土《慕容智墓志》一合，墓志首次提及武威南山区“大可汗陵”的存在，墓志左侧面还刻有两行利用汉字偏旁部首合成的文字，初步判断为吐谷浑本民族文字。该墓葬的发现为研究后期吐谷浑王族谱系、葬制葬俗等相关问题提供了重要材料，是吐谷浑墓葬考古的重大发现。

2020 年，项目组对冰沟河与大水河中下游地区进行了系统的调查，调查面积 400 平方千米，确认吐谷浑王族墓葬共计 23 座。同时整合国内多家单位资源，对慕容墓出土棺木进行了实验室清理。慕容智墓棺木保存完整，棺内见人骨一具，仰身直肢。墓主身着朝服，头枕鸡鸣枕，挽髻，戴幞头，头套金质下颌托，面罩丝织覆面，腰束嵌金蹀躞带，身前放置象牙笏板，盖丝质敛衾，身旁放置有盘、碗、勺、胡瓶等金银餐饮器具；笔、墨、纸等文房用具；漆奁、铜镜及镜衣、粉盒、木梳、骨簪等梳妆用具；嵌金匕首、豹皮弓韬、贴金花漆木胡禄、箭等武器装备。墓主身着丝织衣物多达十四层，包括绢、绮、绫、锦、罗、纱、缂丝等丝织品种类兼备；团窠纹、对狮纹、翼马纹、对鹿纹、孔雀纹、麒麟纹等丝织品纹样兼备；夹缬、扎染、刺绣等丝织品制作工艺兼备。棺内出土白葡萄酒、笔墨纸、种类多样的丝织品等文物也为国内外罕见。

2021 年，项目组对新发现的天祝县祁连镇长岭—马场滩区 3 座墓葬进行了考古发掘，发掘面积 600 平方米。3 座墓葬均位于流经长岭—马场滩村区的冰沟河北岸山岗上，坐北朝南。经发掘，墓葬均为带斜坡墓道的“甲”字型单室砖室墓，其中马场滩 M1 还附带一较大的侧室，甚为罕见。墓道内均殉有整马，1 ~ 3 匹不等，亦见有烧殉的羊骨、牛骨等。墓葬皆遭盗掘，砖室顶部均已坍塌，墓壁局部见有壁画痕迹。墓室北侧设砖砌棺床，棺床南侧偏西设有祭台。墓葬均单人葬，人骨散乱。墓葬中出土有漆木、陶、石、革及各类金属器等随葬品共计 290 余件组，其中以残漆木器为多，部分漆木器上有彩绘，并贴有金、银箔花饰，制作精美，装饰豪华。马场滩 M2 出土石墓志 1 合，志文载墓主为葬于开元二十七年（739）的冯翊郡太夫人党氏，

葬地名白杨山。根据墓志内容及相关文献记载，可初步确认该处墓群为唐早中期吐谷浑蓬子部首领蓬子氏的家族墓地。

此次发掘廓清了武威南山区吐谷浑王族墓葬群的基本布局，首次发现了吐谷浑高等级贵族蓬子氏的家族墓地，进一步丰富了墓群文化内涵。墓葬发现及墓志有关吐谷浑蓬子氏的记载，对研究吐谷浑史、唐与西部少数民族关系史、唐代军事建制，特别是安史之乱前后唐蕃战争、延州阁门府及“安塞军”的来源等一系列问题具有重要价值。

通过持续的考古工作，现可初步将武威吐谷浑王族墓葬群分为以慕容智墓等为代表的岔山村区（“大可汗陵”区）、以弘化公主和慕容忠墓等为代表的青咀—喇嘛湾区（“阳晖谷”陵区）和以党氏墓等为代表的长岭—马场滩区（“白杨山”陵区）三大陵区。墓群整体呈现“大集中、小分散”的分布特征和“牛岗僻壤、马鬣开坟”“地踞龙堆”的墓葬选址特征。墓葬均具有唐早中期中原地区高等级墓葬的基本特征，以唐代葬制为主，兼有吐谷浑、吐蕃、北方草原等文化因素。

该墓群的发现能够从文字和实物层面生动揭示吐谷浑民族逐渐融入中华文明体系的历史史实，并从中窥见归唐吐谷浑人思想观念、物质生活、文化认同等历史细节的变迁，为增强民族文化自信、铸牢中华民族共同体意识研究提供典型案例，为“一带一路”倡议的实施提供了考古学支撑。

（陈国科　刘兵兵）

【新疆尉犁克亚克库都克烽燧遗址】

发掘时间：2019 年 9 月 ~ 2022 年 1 月

工作单位：新疆维吾尔自治区文物考古研究所

克亚克库都克烽燧遗址位于新疆尉犁县东南 90 千米，地处罗布泊荒漠无人区，是全国重点文物保护单位——孔雀河烽燧群中的一座。三年发掘面积 2300 平方米，考古工作取得重大收获。

一、考古发掘系统揭露烽燧遗址全貌，明确烽燧为唐代“沙堆烽”故址，为边塞军事建置研究提供了丰富的第一手实物资料。

烽燧修筑于孔雀河北岸的一处椭圆形红柳沙堆上，是由烽燧本体、居住房屋等建筑构成的一处军事设施。红柳沙堆东西长 60 米、南北最宽 35 米、高 9.8 米，古环境研究表明，沙堆最后形成时间约为魏晋时期。以沙堆为中心，清理烽燧本体、房屋、土埂、踏步、水塘、木栅栏、灰堆等遗迹 12 处。烽燧筑于沙堆顶部东侧，平面呈方形，立面呈梯形，下底边长 9.4 米，现残高约 5.6 米，东、北两侧因风蚀坍塌严重。烽燧由三层或四层土坯夹一层芦苇草，中部夹放胡杨桯木垒砌而成。在沙堆顶部西侧，以“减地法”掏挖修筑三间房屋，面积约 80 平方米；沙堆南坡下偏西部有一道人为堆积的土埂。南坡中部沿斜坡走势修建有上下沙堆的踏步，现尚存外侧护栏。在烽燧南侧的沙堆下有一道南北向木栅栏，可能为牲畜圈的一道墙。在沙堆西南十余米发现一处呈不规则圆形的水塘，水源为地下淡水，水面距现地表 5.5 米。在塘内淤泥层中出土有陶片、石块及灰烬。在沙堆四周半坡上发现了六处灰堆遗迹，其中五处灰堆为各类生活垃圾的堆积，一处为烽燧风蚀坍塌、烽燧顶部“突灶”垮塌后形成的堆积。倒塌“突灶”堆积中发现未燃尽的“积薪”——芦苇束、红柳杆等。通过全面发掘，基本明确了烽燧各区域布局结构：烽燧筑于地势高敞的红柳沙堆上，沙堆顶部为将士戍守和起居场所，下部为经年累月形成的生活垃圾堆积和牲畜活动区域。烽燧及房屋建筑等就地取材，并采用当地传统的构筑方式，显示了因地制宜的特点。

出土文书表明克亚克库都克烽燧遗址为唐代沙堆烽故址，也是一处游弈所的治所，属于焉耆镇下一处基层军事管理机构。结合历史文献，项目组认为克亚克库都克烽燧是唐代中央王朝根据西域军事形势的变化，为防备吐蕃经青海吐谷浑道进入塔里木盆地进而偷袭焉耆镇而在“楼兰路”沿途修筑的军事预警设施，始筑于长寿元年（692）王孝杰收复安西四镇后不久，在贞元六年（790）吐蕃攻占北庭前后废弃，大致沿用了近100年时间。

二、烽燧发现文书为国内遗址出土数量之最，大量珍贵文物活化了唐代戍边生活场景。

遗址累计清理出土各类遗物1450余件（组），均为戍边将士日常生活、工作实用器物。有木质的杯、碗、筷、勺，陶质的缸、罐、碗、碟，染织衣服、麻鞋，武器装备弓、箭、铠甲，上传下达的公文信函等，其中以883件文书（纸文书758、木简119、帛书4、刻辞2）最为引人注目，这不仅是国内遗址考古出土数量最大的一批唐代文书资料，也是首次发现的唐代汉文木简实物标本。文书所记内容丰富，涉及军事、政治、经济、文化、法律、交通、社会生活、宗教信仰等方面，诸多内容均为首次发现，具有极高的史料研究价值。如文学作品《游仙窟》为国内现存最早且唯一实物标本，《韩朋赋》《孝经》《千字文》等文书丰富了相关版本。书信、勋告、借贷、佛经、禄命书等文书是还原唐代社会生活的鲜活素材。军事文书数量最多，有上级传达的时局战报、下发的军情命令，基层上报的日常巡查记录、将士的换防升迁、武器资装的报废申领、军粮的收支账目、战马的病疫处理等。记载“计会交牌”“平安火”“都游弈”巡检制度的木简实物更为国内首次出土，弥补了唐代军事文献记录不详的缺憾。各类文书包罗万象，内容极其丰富，大到典章制度、重大历史事件和历史人物的活动，小到私人生活的琐事均有涉猎，可以说发掘到了一座全面反映唐代边防生活、边疆治理的档案馆。

三、考古成果对深化唐代镇防体系、边疆治理研究具有重要学术价值和意义。

考古发掘首次揭露了唐代沙堆烽遗址的全貌，为了解唐代戍边生活，认识羁縻府州政治管理体制，研究古代军事制度，特别是边塞烽堠机构的运行等提供了第一手资料。新发现掩耳守捉、焉耆守捉、榆林镇、通海镇、麻泽镇、临河烽、马铺烽、横岭烽、悭泉谷铺、猪泉谷铺、蘇累铺等军事机构及楼兰路、麻泽贼路、焉耆路等防御线路。这些军事机构及线路均不见于任何记载，填补了历史文献关于唐代安西四镇之一焉耆镇军镇防御体系记载的空白。楼兰路、麻泽贼路等路线的发现，为楼兰地区古代交通和丝绸之路的变迁也提供了新的资料。烽燧遗址出土各类遗物是弥足珍贵的研究资料，对考古学、历史学、文献学、军事史、西域地方史、书法艺术史等诸多学科发展将有极大推动促进，对传承中华文化基因、铸牢中华民族共同体意识也起到了极其重要的作用。

（胡兴军　蔡浩强　艾尼·亚森）

【安徽凤阳明中都遗址】

发掘时间：2021年6～12月

工作单位：安徽省文物考古研究所、故宫博物院

明中都是明太祖朱元璋在家乡凤阳兴建的都城。洪武二年（1369）诏建，六年后以“劳费”为由罢建时已初具都城规模。城址由三重城垣构成，面积达50平方千米。1982年，其核心部分明中都皇故城被公布为第二批全国重点文物保护单位，2017年被公布为第三批国家考古遗址公园。

2013年，以遗址公园建设为契机，安徽省文物考古研究所制定了“明中都遗址考古工作计划”，2014年启动勘探，2015年正式开始发掘。针对明中都遗址的特点，考古发掘坚守“最小面积”“最少破坏”“展示优先”

三原则，秉持“布局、规制、工艺、过程”四方面学术目标，取得一系列重要收获。发掘使城址的布局日渐清晰，究明了城址内包括部分城墙、城门、外金水桥、护城河闸坝等多个建筑组群的布局和结构。在此基础上，2021年为配合明中都皇故城国家考古遗址公园建设和涂山门遗址的本体保护、展示项目的方案设计，安徽省文物考古研究所再次联合故宫博物院等对明中都城的前朝区宫殿基址和外郭城涂山门遗址进行了发掘，合计发掘面积约2100平方米。

一、涂山门遗址

明中都外郭城原规划十二门，罢建后革去三门，共设九门。涂山门是外郭城的唯一西门。发掘较为完整地揭示出涂山门的地上、地下结构，探明了城台、城门、马道与城墙的布局，初步掌握其建造的方法、次序和过程，以及工艺特点。

发掘显示涂山门为单门道券洞式城门，城台呈南北向长方形。城台底部南北宽约39.5米，东西进深约23米，为内夯土外包砖结构，夯土芯主要采用一层砖瓦一层土的夯法，城台包砖宽3.4 ~ 3.6米。门洞居中，已严重损毁，依据城台包砖厚度推测，原始宽度约5.1米。城台北侧贴城台北壁设东西向单马道，也是内填夯土、外甃砖石的结构。马道宽度约5.75米，长度约与城台进深相当，但西端与城墙结合部已被现代沟渠破坏。城台南侧与外郭城土城墙之间以砖墙连接。城台、马道及砖城墙均坐落在地下挖有基槽的夯土平台之上，存在先后营建次序。

二、前朝区宫殿基址

宫殿基址的发掘始于2015年，先是用十字探沟法寻找宫殿基址的线索，再根据线索围绕基址的边缘探寻出台基的范围和基本形态；其后对宫殿基址的西半部和西侧连廊及附属建筑展开大面积揭露和局部解剖工作。2021年主要是在前期工作的基础上针对主殿址的踏道、层级等问题进行相应部位的揭露和解剖发掘，和对后殿西侧的连廊和附属建筑的揭露。

发掘揭示前朝区主殿总体呈“工”字形，由前殿、后殿和穿堂组成，总长约108米，均位于夯土台基之上。台基内的磉墩采用一层石片一层土的“夹石扎”夯法，其余部位用素土夯筑。磉墩有多种尺度，前殿单体磉墩边长达到5.5米，四联式磉墩尺寸达11米见方。穿堂磉墩约3.8米见方，后殿磉墩约4米见方。依磉墩分布可复原出前殿的建筑开间为面阔九间、进深四间。依复原的柱心距计，东西通阔约70米，南北进深约32米。前殿后出一抱厦，与穿堂连接。抱厦阔约28米，进深5.4米。抱厦后有穿堂，阔三间，约18.5米；深七间，约43米。后殿与穿堂相接，从磉墩推得其也是面阔九间、进深四间，不过开间尺寸较前殿缩小。通阔约57.6米，进深约27.5米。

宫殿台基上残存多块接近原位的础石，皆覆盆式，其中一块巨型础石用料边长近2.8米，础面边长2.5 ~ 2.6米，覆盆直径达1.8米。在前殿中部偏后处还发现一处黄土台，土质极纯，黄中偏红。结合勘探，明确其被周边夯土所叠压，为本组宫殿建筑中最早的构筑物。其位置是前殿摆放龙椅的位置，且正好处于整座宫城的几何中心点上，可能与城址建设中的选址、择中理念密切相关。

后殿西侧接有连廊和附属建筑，亦位于夯土台基之上，从磉礅分布看，该部分建筑组合与史料、历史地图中的明代故宫谨身殿西侧建筑组合非常相似，依次可能有连廊、门房建筑、角楼，角楼向南又连接宫院的西廊。后殿北侧约23米处有一条东西向宫墙和三座宫门。

三、出土遗物

出土遗物以砖石构件为主，砖石多为明初遗物，有门券石、石板、条石、抱鼓石、龙、凤纹雕刻石栏板和雕龙望柱首等；出土字砖多为地方名，少数为字号砖或纪年砖。晚期堆积出土有少量明清瓷片、陶片和铜钱。

四、发掘意义

经过连续发掘廓清了明中都前朝主殿及附属建筑的布局，极大地推进了对明中都的认识和研究。宫殿布局和结构的廓清弥补了宋元到明清时期宫殿制度转变的关键环节材料，从实物上印证了明中都在中国古代都城规划中上承宋元、下启明清的历史作用。黄土中心台的发现则对古代都城的规划、选址和营建理念等研究有着重要价值。宫殿基址、涂山门等遗址的发掘是城市考古、建筑考古的重要实践，为研究明初时期官式建筑选址、布局和“土作”“石作”等营造技术增添了宝贵资料。

（王　志　吴　伟　宁　霄）

北京市

【平谷区东老虎山新石器时代遗址】

发掘时间：2020 年 10 月 ~ 2021 年 6 月

工作单位：北京市文物研究所

东老虎山遗址位于平谷区金海湖镇韩庄村北，南距泃河约 1 千米，东距上宅遗址约 2 千米，距平安洞遗址约 2.5 千米。2018 年至 2019 年，中国科学院古脊椎动物与古人类研究所进行平谷区史前遗址调查时发现该遗址。为配合建设工程，北京市文物局组织北京市文物研究所对该遗址进行了考古调查、勘探与发掘。

此次发掘面积 300 平方米，发现了打制石片、细石核、陶片等遗物，均分布在东老虎山西南山前台地的一条天然冲沟（G1）内。根据堆积情况和环境考古研究，推测 G1 是一处受水流冲击而形成的冲沟，其内包含的遗物也大概率为水流携带冲积至此。陶片以夹砂灰褐陶、红褐陶、黄褐陶和泥质红陶为主，夹砂陶稍多于泥质陶，部分夹砂陶片夹蚌壳或者云母。陶片大都是素面，少数夹砂陶片上饰有短竖划纹，部分泥质陶有陶衣并磨光。陶片烧制温度不高，陶质疏松、陶色不均。可辨器类有双耳罐、侈口罐、钵、豆、纺轮等器物。石器主要是打制石器，有细石核、刮削器、石片，磨制石器仅见一件石斧。这些特征与雪山一期文化有相同之处，初步判断该遗址中应存在雪山一期文化的因素。

北京地区东北部已发现的史前考古学文化有：兴隆洼文化、上宅文化、后冈一期文化（上宅遗址③层）、夏家店下层文化。东老虎山遗址的发现说明该区域存在雪山文化因素，部分填补了后岗一期文化和夏家店下层文化之间的缺环，为研究北京地区史前考古学文化年代序列与发展谱系提供了新的材料，也为以后的工作提供了重要线索。

（孙浩然　曹孟昕）

【房山区琉璃河西周遗址】

发掘时间：2021 年 10 月 ~ 2022 年 1 月

工作单位：北京市文物研究所、北京大学考古文博学院、中国社会科学院考古研究所、首都师范大学历史学院、北京联合大学应用文理学院、厦门大学历史系、北京市西周燕都遗址博物馆、房山区文化和旅游局

琉璃河遗址位于北京市房山区琉璃河镇董家林、黄土坡等村，主体为西周时期的燕国都城及墓葬区，保护范围面积 17.3 平方千米。经国家文物局批准，为深入阐释琉璃河遗址价值，丰富琉璃河考古遗址公园内涵，考古队对遗址进行了主动性发掘工作。发掘总面积约 400 平方米，分别位于城址区和墓葬区。

城址区发掘地点位于刘李店村东、幼儿园以东的林地内，属统一编号的 G9 区。发掘延续了 2019 年未完成的工作，共发掘房址 3 座，其中 F1、F2 保存相对完整，F3 被打破严重。房址面积在 10 ~ 20 平方米之间，为地面上的小型夯土建筑，根据同时期废弃堆积内的陶片断代可知 3 座房址的废弃时间约

为西周晚期。

墓葬区发掘地点位于黄土坡村东北、断崖以东的林地内，属统一编号的 D15 区。共发掘墓葬 5 座，统一编号为 D15M1901—D15M1905。其中 M1901、M1903 分别为 20 世纪七十年代所发掘的Ⅱ M253、Ⅱ M251，M1902 保存完整，M1904 有被盗现象，M1905 内容简单。

5 座墓均为长方形竖穴土坑墓。M1901、M1903 为中型墓，M1902、M1904、M1905 为小型墓。墓向基本一致，约为 352°。墓葬均为一棺一椁。M1902 的随葬品多置于棺椁之间，其余四墓多置于二层台上。

墓葬区共出土铜器、蚌器、骨器、漆器、石器、陶器等 178 件（组），其中铜器 142 件。M1902 出土的铜尊、卣、爵、觯、鼎除“族徽”外基本同铭。铭文隶定如下：

太保𩫏匽，延𩜁匽侯宫，太保賜作冊奂貝，用作父辛寶尊彝。庚（冊）。

此篇铭文从出土文字的角度证实了太保召公奭主持了燕都的营建，证明了燕国与中原的密切关系，彰显了燕国在西周早期的重要地位，对北京建城史研究具有重要作用。

（王　晶）

【房山区西潞战国至明清墓群】

发掘时间：2021 年 10 ~ 12 月

工作单位：北京市文物研究所

房山西潞墓群位于房山区良乡镇西，墓群以西约 700 米为刺猬河。此次发掘为配合房山区西潞街道 FS00—LX22—0001、0002 等地块（詹庄村、安庄村、固村三村安置房）项目建设，发掘面积 2176 平方米。地层堆积情况：第①层为表土层，厚 0.3 米，包含大量植物根茎及现代垃圾，该层下分布明清时期墓葬；第②层为灰褐色土层，厚 0.2 ~ 0.3 米，土质疏松，该层下分布唐、辽金时期墓葬；第③层为红褐色土层，厚 0.3 ~ 0.5 米，土质疏松，该层下分布汉代时期墓葬；第④层为黄褐色土层，厚 0.4 ~ 0.5 米，土质疏松，含砂，该层下分布战国时期墓葬，四层以下为生土层。

发掘古代墓葬 193 座。根据墓葬的形制及出土器物推断这批墓葬为战国至清代时期，其中战国墓葬 21 座；汉代竖穴土圹墓 84 座，竖穴土圹砖椁墓 10 座，汉代带墓道砖室墓 8 座；唐、辽金墓葬 8 座；明清墓葬 61 座及殉马坑 1 座。共计出土器物约 600 余件，各类器物按质地主要有陶器、瓷器、水晶、玛瑙、铜器等。陶器有鬲、壶、罐、鼎、仓、奁、盆、灶、釜、扑满、簸箕等；瓷器有鸡腿瓶、罐、碗、盏等；玉器有水晶环、玛瑙环；铜器主要为弩机、铜镜、铜钱、铜簪、铜耳坠等。

战国墓葬 21 座，开口于④层下，皆为长方形竖穴土圹单室墓，其中墓壁修筑有小龛的墓葬有 3 座。21 座墓葬中葬具为单木棺者 11 座，墓圹长 2 ~ 2.8 米，宽 0.8 ~ 1.5 米；葬具为一椁一棺者 10 座，墓圹长 2.9 ~ 3.3 米，宽 1.5 ~ 2 米。墓葬均为仰身直肢葬。出土器物有陶鬲、水晶环与玛瑙环。

汉代墓葬 102 座，依据墓葬形制分为三个类型：第一类型为长方形竖穴土圹墓；第二类型为竖穴土圹砖椁墓；第三类型为带墓道竖穴土圹砖室墓。

第一类型为长方形竖穴土圹墓：分为长方形穴土圹合葬墓与长方形竖穴土圹单棺墓，墓葬大多头向北，极个别墓葬头向南或东，葬式有仰身直肢葬与仰身屈肢葬两种。长方形竖穴土圹一椁二棺合葬墓，墓圹长 4.6 米左右，宽 2.5 ~ 2.7 米。随葬器物组合基本为鼎、罐、壶等；长方形竖圹单棺墓，墓圹长 3.6 ~ 4 米，宽 1.2 ~ 1.7 米。葬具为单棺或一椁一棺，葬式多为仰身直肢葬，少数为仰身屈肢葬。随葬陶器基本组合有壶、罐、仓等。

第二类型为竖穴土圹砖椁墓：墓圹为长

方形，长 3 ~ 3.6 米，宽 1.2 ~ 1.45 米。土圹内用砖砌制砖椁，由于腐朽严重，砖椁内未发现其他葬具。葬式皆为仰身直肢葬。随葬器物组合基本为壶、罐、仓等。

第三类型为带墓道竖穴土圹砖室墓：此类墓葬分为刀把形砖室墓和“甲”字形砖室墓，仅有 1 座为东西向，其余均为南北向。破坏较严重，顶部无存，大多墓葬仅残留墓室周壁底部券砖，未发现葬具及人架痕迹。随葬器物有罐、盆、奁、灶、磨、鸡、狗等，个别墓葬还随葬有铜镜、铜弩机及铜钱等。

唐、辽金墓葬：有圆形砖室墓、长方形砖室墓和长方形竖穴土圹墓三个类型，砖室墓破坏较严重，仅残留墓室底部砌砖，部分墓葬内修筑有棺床。随葬器物有陶罐、瓷碗、瓷碟、簸箕、陶釜、双系罐、鸡腿瓶等，个别墓葬还伴随有铜钱出土。

明清墓葬：除龟形明堂 1 座及葬马坑 1 座外，其余皆为竖穴土圹墓，分为单棺葬、双棺葬、三棺葬及四棺葬，葬具均为木棺，葬式大多都为仰身直肢葬，个别为侧身屈肢葬，均为北京地区明清墓葬常见形制。随葬器物有釉陶罐、酱釉瓷罐、瓷盏、瓷罐、瓷碗、双系罐、铜簪及少量铜钱等。

在考古发掘过程中未出土墓志、墓碑等有明确文字记载的遗物，但墓葬时代特征明确，根据墓葬的形制形状及出土器物推断，这批墓葬属平民墓葬。这批墓葬的发掘，为研究良乡地区各个时期的人口流动、墓葬分布、形制及当时的丧葬习俗提供了新的资料。

（于　璞　王　策）

【东城区宝华里汉及明清时期墓葬】

发掘时间：2021 年 5 ~ 6 月

工作单位：北京市文物研究所

宝华里位于东城区永定门外大街东侧，东临沙子口路。此次发掘面积 626 平方米，发现汉代、明代和清代三个时期遗迹 23 处，其中汉代墓葬 2 座，明代明堂 1 座，明清时期墓葬 20 座。出土陶器、铜钱等随葬器物 117 件。

2 座汉代墓葬，编号 M15、M22，均为典型的带墓道砖室墓，M15 为刀把形砖室墓，M22 为前后双室墓，且一侧带耳室。M15 未发现人骨和随葬品，仅从墓葬形制和青砖特征推断其为汉代墓葬。M23 随葬品有陶盒 1、陶钵 1、陶罐 1 和剪轮五铢 10 枚。根据器物和铜钱特征，可确定为东汉晚期，最晚不晚于三国时期。

明清墓葬中较为重要的是一座明代明堂的发现，明堂为竖穴土圹结构，内为六角形砖室，砖室由封顶、室内组成。内摆放器物有买地券 1、铜镜 1、砚台 1、铁钉 1、铁犁铧 2、铁灯 1 及大量明代铜钱，铜钱可见铭文有永乐通宝、嘉靖通宝、宣德通宝和弘治通宝。明代明堂在北京地区发现较少，此次发现的这座墓葬对于补充明代明堂资料具有一定意义。除此之外，还发现两处家族墓葬，一处为清代家族墓，另一处以明堂为首为明代家族墓。

此次考古发掘对于研究汉代蓟城与周边墓葬关系、明代明堂形制特征、明清家族墓葬均具有一定意义。

（曹孟昕　孙浩然）

【通州区路县故城南城门遗址】

发掘时间：2021 年 3 ~ 12 月

工作单位：北京市文物研究所

路县故城遗址位于通州区潞城镇的西北部、北京城市副中心行政办公区的北部，是一处以路县城址为核心、由城址本体（城墙、城壕及其围合区域）、城郊遗址区和城外墓葬区等构成的大型遗址。

为了解路县故城南城门遗址保存状况和基本形制以及相关遗迹间的联系，进而把握城址的构成、性质等，在前期勘探的基础上对其进行了考古发掘，发掘面积共计 1500 平方米，清理出城墙夯土基址 2 处、灰坑 13 座、道路 3 条、墓葬 2 座、瓮棺 2 座、沟 4 条、水井 3 口等。南城门遗址位于路县故城南城墙中部略偏东侧，主要由门洞、道路和城墙夯土基址等构成。门洞为南北方向，南北进深约 21 米，东西宽 3.8 ~ 4.1 米。位于城门遗址中部的遗迹为一条西汉时期道路（编号 L3），保存状况较差，路面厚度为 2 ~ 6 厘米，内含少量陶片、砖瓦碎块、三棱铜镞等，路面上残留有少量较为规整的白石块。道路两侧为城墙基址。其中，东侧临近城门处的城墙基址保存状况较差，残存夯土厚度 0.4 ~ 0.8 米。夯土分层较为明显，夯窝清晰，夯土内夹杂有植物秆茎、料礓石等。在城门遗址发掘区还清理了北朝时期墓葬和唐代沟渠遗迹各一处，直接打破了西汉道路（L3）以及其两侧的城墙夯土基址。这说明在北朝至唐代时期南城门就已遭到严重破坏。北朝墓葬和唐代沟渠遗迹也被严重破坏，内含大量辽金时期白釉瓷片、沟纹砖块和螺壳等。并且，西汉道路（L3）之上叠压着辽金时期道路（编号 L1 和 L2）。这说明辽金时期也对城门遗迹区进行了较大程度的破坏。此外，还发现明代墓葬两座、清代水井和灰坑等，是对汉代城门遗迹的又一次严重破坏。

（孙　勐　魏　然）

【通州区路县故城外南部遗址】

发掘时间：2021 年 5 ~ 12 月

工作单位：北京市文物研究所

发掘区位于通州区路县故城遗址外的南部。为配合北京城市副中心行政办公区水系（镜河北段一期）工程项目的建设，北京市文物研究所在该区域发掘了 11000 平方米，清理汉代至明清时期灰坑 529 座、道路 3 条、沟 19 条、水井 34 口、窖藏 1 处、房址 11 座、冶铸遗址 1 处、窑址 3 座、厕所 1 座、墓葬 3 座等。

窖藏中放置一件带盖铁罐，铁罐内有大量铁器、铜器等。器物放置较为规整，大体可分为三层，上层主要有铁镜、铁甲片、铁烛台等，中层主要是铁凿、铁斧、铁铲、铁镰、铁钳、铁锄板、铜镜、铜铃、铜环首刀和铜熨斗等，下层则主要为铁钩、铁环、铁杈、铁钉、铁棘轮、铁削刀、铜砝码等。窖藏出土器物共计 111 件（套），其中铁器 94 件（套）、铜器 15 件，此外还有 2 件石砚板。窖藏内的器物摆放整齐有序，且保存状况较好，基本完整无损，因此该窖藏应是有意识的埋藏。窖藏内的器物数量众多，达百余件，且种类丰富，基本上以日常生活用具、生产器皿、兵器为主，有少量车马器，从器物的边缘、刃部、銎部及纹饰等方面来看均有不同程度的磨损，应是一定时间段使用过的遗留现象。这是路县故城遗址首次发掘出的铜器、铁器窖藏，也是北京地区首次考古发现的最大规模的魏晋北朝时期窖藏。窖藏中的铁甲片、铁锄板、铁烛台、铁钳等器物在北京地区也是首次考古发现。该窖藏的发现对于认识其所属的城郊遗址区的具体功能具有重要作用，不同种类的实用铁器、铜器集中出土，在一定程度上代表了当地人们的使用习惯，对于了解和认识当时人们的生活状况、生产操作等具有重要价值。

（孙　勐　魏　然）

【通州区孙各庄东汉至明清墓葬群】

发掘时间：2021 年 5 ~ 7 月

工作单位：北京市文物研究所

孙各庄墓葬区位于通州区潞城镇北部，考古发掘区东邻东六环，南邻通燕高速，东南距路县故城约 1 千米。

为配合通州区潞城镇棚户区改造土地开发项目 D 区 D—01 地块项目建设，经国家文物局批准，北京市文物局组织市文物研究所对项目用地范围内前期勘探发现的古代遗迹进行了考古发掘。

发掘清理古代遗迹76处，发掘面积2000余平方米，时代涵盖东汉、唐、金、明、清，包括东汉墓葬13座、唐代墓葬3座、唐代窑址3座、金代墓葬1座、明清墓葬53座和明清灰坑3座。出土金、铜、陶、瓷、玉等质地文物100余件(套)，汉代遗物有陶罐、壶、灶、釜、鸡及铜钱等，唐代遗物有陶罐、瓷碗、铜钱等，金代遗物为瓷碗，明清时期遗物有金簪、铜簪、铜钱、铜扁方、陶罐、瓷罐等。

东汉墓葬均为土圹砖室墓，M21、M22、M25、M26、M27、M28均为南北向“刀”形墓，相距较近，据其墓葬形制、葬俗、平面布局可判断应为同一家族墓地。

唐代墓葬历史上被破坏严重。M23为“甲”字形砖室墓，长方形阶梯墓道，近圆形墓室，东壁用砖砌仿木结构设假门，设砖砌灯台(已残)，西北部设折尺形棺床。3座唐代窑址中Y1保存相对完整，结构清晰，为马蹄形半倒焰式窑，由操作间、火门、火膛、窑床、烟道组成。金代墓葬M8为长方形竖穴土坑墓，出土瓷碗2件，形制完整、时代明确。发掘53座明清墓葬均为长方形竖穴土坑墓，葬具均为木棺，为北京地区常见的明清墓类型，推测为平民墓葬。

发掘区域距路县故城约1千米，丰富了路县故城研究的考古材料，进一步挖掘了城市副中心的文化内涵。通过这批遗迹的发掘，为研究北京东部东汉至明清时期的墓葬形制、葬具、葬式、生活提供了实证，唐代窑址的发掘为古代制陶业提供了有价值的线索，为进一步研究该地区当时社会经济发展状况提供了宝贵的实物资料。

（刘风亮　刘乃涛）

【东城区望坛地区唐至明清时期墓葬群】

发掘时间：2021年3～12月

工作单位：北京市文物研究所

望坛地区位于东城区永定门外街道景泰路两侧，南临安乐林路，北与天坛相望。

2021年，对望坛第四期、第七期、第八期占地范围内的古代遗迹开展了考古发掘工作，发掘面积共计11 670.31平方米，发现唐、金、元、明、清各时期古代遗迹1066处，包括墓葬、明堂、窑址、水井、灰坑等遗迹，清理金、银、铜、铁、玉、玛瑙、琉璃、料器、石器、铁器等各类文物2986件，其中不乏精品文物，如清代妇女凤冠头饰，为北京地区首次出土。

唐代墓葬共计3座，编号M320、M344、M693，均位于第四期占地范围内，为圆形仿木结构砖室墓，坐南朝北，墓葬规模基本一致，南北通长8米左右，东西宽3.90米左右，墓葬由长方形墓道、甬道、墓门、封门、墓室组成，墓室和墓门均为仿木结构，棺床上可见唐代典型的壶门结构，随葬器物较丰富，主要有盏、碟、盘、罐、釜、鐎斗、“开元通宝”铜钱等。其中M693为后期破坏较严重，仅存大致轮廓和少量青砖，另两座墓葬形制结构保存较好。

金代墓葬4座，位于第四期和第八期占地范围内，第四期金代墓葬编号M163、M532、M694，第八期金代墓葬编号M41。墓葬形制可分为两类，第四期的M163为圆形带墓道砖室墓，第四期的M532、M694和第八期的M41为方形竖穴土圹砖室墓。M163坐北朝南，平面近“凸”字形，墓葬规模不大，南北通长2.76米，东西宽0.7～1.96米，墓顶为晚期破坏已不存。由短墓道、墓门、墓室组成。墓壁未用仿木结构砌筑，而是采用“一平一甃”“一平一卧”和“平斗”结合的方式砌筑而成。墙面用白灰浆粉抹。棺床位于墓室北部，仅用青砖砌筑上下两层。青砖规格为32.0×15.5×4.5厘米，一面为沟槽纹，一面为素面，沟纹共计15条。墓内未发现任何随葬品，仅从墓葬形状和青砖特征推测其为金代墓葬。M532 后期破坏严重。M694 平面为方形，土圹内侧砌筑砖室；土圹边长 1.6 米，砖室长 1.06 米，宽 0.9 米，高 0.63 米；砖室由封顶和墓室两部分组成，墓室北部为棺床，仅用一层青砖砌筑；墓内随葬品丰富，有陶瓮、鸡腿瓶、陶罐、陶瓶、小陶碟、陶杯、陶盏、陶盂、陶桶、六錾陶釜、陶盘、料珠以及铜钱等；青砖规格为 0.31×0.15×0.04 米，两面均为素面。

元代墓葬共计 6 座，均位于第四期占地范围内。元代墓葬的形制可分为三种类型。第一种为方形竖穴土圹砖室墓，共计 3 座，编号 M345、M452、M468，墓葬规模较小，边长 1 米左右。第二种为长方形竖穴土圹砖室墓，计 1 座，编号 M466，规模与一般的土坑竖穴墓相近，不同的只是木棺外侧有砌筑的砖室。第三种为方形带墓道砖室墓，计 2 座，编号 M533、M562，墓葬规模在这三类中最大，元代方形砖室墓为元代较为典型的墓葬形制，北京地区也多有发现。从第一种和第三种墓室内残存的骨渣看，其埋葬方式为火葬，未见明显葬具，骨灰或骨渣集中置于墓室中部或棺床之上。第二种为尸骨葬，葬具为木棺。随葬器物主要有陶罐、提梁罐、瓷瓶、陶盏、陶灯、陶釜、陶杯、陶碟以及铜钱，从陶器的器形看，均为小型陶质冥器，为元代墓葬典型随葬器物。青砖规格普遍偏小、偏薄，规格在 32.0×15.0×5.2 厘米左右。

明清时期墓葬均为长方形竖穴土圹墓，葬具以木棺为主，有少量火葬墓。依据所葬棺木数量，可分为单人墓、双人合葬墓、三人合葬墓和四人合葬墓。墓葬朝向复杂，以南北向和东西向较多，东北—西南、西北—东南走向较少。墓主人朝向以向北为主，次为向东或向西，部分墓葬墓主人朝向南。根据墓葬分布规律，存在多组家族墓葬，家族墓葬排列方式有“人”字形和“一”字型两种排列方式。望坛明清墓葬的发掘对于研究明清北京城与城外墓葬的关系以及明清家族墓葬的形制、构成等都具有十分重要价值。

（曹孟昕　孙浩然）

【海淀区宝山唐代墓葬】

发掘时间：2021 年 10 ~ 11 月

工作单位：北京市文物研究所

发掘区域位于海淀区西南部，北为田村路，南为阜石路，西邻锦绣大地物流港。为配合宝山村回迁安置房项目建设，北京市文物研究所在此区域进行了考古发掘，面积共计 301 平方米，清理砖室墓 2 座、竖穴土坑墓 17 座。

砖室墓东西相距 1.65 米，均为单室，由墓道、封门和墓室三部分组成，通长 5 ~ 5.1 米。墓道位于墓室南侧正中，均为斜坡状。墓室为椭圆形，墓顶无存。残存墓壁以三平一竖的方式用绳纹青砖垒砌而成。砖砌棺床位于室内中西部，占据了墓室的绝大部分。保留有少量人骨。随葬器物有灰陶罐、白釉长颈瓶、黄釉执壶、三彩酒盅、铜带扣、铁鐎斗、贝壳等。土坑墓基本保存完整，四壁垂直，均为南北方向。按葬具和人骨数量的不同，可以分为单人葬、双人和三人合葬墓。单人墓 2 座，长 2.9 ~ 3 米、宽 1.1 ~ 1.2 米、深 1.0 米，三人合葬墓 3 座，南北长 2.45 ~ 2.62 米、东西宽 2.9 ~ 3.1 米、深 1.1 ~ 1.2 米，双人合葬墓最多，共 12 座，长 1.94 ~ 2.95 米、宽 1.42 ~ 2.46 米、深 1.14 ~ 1.7 米，葬具均为木棺，葬式均为仰身直肢，头骨均位于棺内北部。随葬器物可分为陶器、瓷器、铜器、银器、玉器等，主要包括红陶、灰陶、黑陶罐；白釉、黑釉、青花瓷罐、白釉鼻烟壶；铜扣、发簪、戒指、烟锅；银戒指、耳环、扁方；玉饰件及大量铜钱等。

根据墓葬的开口层位、形制结构、建筑材质和出土器物等判定砖室墓为唐代晚期墓葬。其中的白釉长颈瓶很可能是邢窑的产品，三彩酒盅很可能为河南巩义窑的产品，尤其是后者在北京地区为首次发现。土坑墓均为清代早中期墓葬，根据其空间分布和排列形态可以分为两大家族，每一家族墓葬均呈较为明显的"人"字形分布。

（周　宇）

【大兴区西红门镇辽金墓地】

发掘时间：2021年3～4月

工作单位：北京市文物研究所

墓地位于大兴区西红门镇政府南部，西邻京开高速，南邻南五环。为配合项目建设，对5座辽金时期墓葬进行了抢救性发掘工作，发掘面积167平方米。

M1为长方形单室砖墓，内葬烧骨，墓葬形制及葬俗符合北京地区辽金墓葬文化特征。出土瓷碗M1：1形制与龙泉务出土瓷碗M22：15相近，出土葵口盘形制与龙泉务出土瓷盘M26：4相近，龙泉务M26、M22时代定为辽代晚期或金代。结合M1出土有上限为宋徽宗时期铸造的"宣和通宝"等判断M1时代为金代。

M2～M5墓葬形制与大唐庄、龙泉务、亦庄、北程庄等地辽代墓葬形制相近，是辽金时期特有的墓葬形制。M2～M5随葬有陶器、瓷器、铜钱等物，陶器均为冥器，有盆、罐、釜、鏊、执壶、勺等，陶罐盖均为塔式形状，瓷器为碗等，与北京地区辽代末期墓葬器物组合、器物形制相似。例如，M2、M4出土陶塔式器盖形制与龙泉务M16、M2等墓出土器盖相近，出土陶盆M2：14形制与龙泉务M16：12相近，出土陶釜M2：16与龙泉务M21：5相近，出土三足盘M2：5与龙泉务M22：18、亦庄80号地M19：2相近等；M3出土执壶M3：1与北程庄M17：13形制更是如出一辙，出土陶盆M3：5与龙泉务M24：9相近，出土瓷碗M3：4与龙泉务M19：4相近等。由此判断M2～M5时代为辽代晚期。

M2～M5墓葬形制、葬俗、方向基本相同，时代接近，平面排列有序，初步判断这四座墓葬应为同一家族墓。此次发掘的这五座墓葬规模不大，结构相对简单，为研究北京地区辽金时期的经济文化、丧葬习俗提供了新的实物资料。

（刘风亮　刘乃涛）

【丰台区万泉寺辽金遗址】

发掘时间：2021年4～6月

工作单位：北京市文物研究所

遗址位于丰台区丽泽商务区东南，万泉寺东路9号院内，北邻丽泽路，西邻万泉寺北路10号院，东邻京九铁路，亦位于万泉寺村之北、菜户营村之西，南距万泉寺、凤凰嘴两处金中都南城墙延长线约400米。

此次考古发掘面积2500平方米，清理古代文化遗存121处，其中辽代墓葬3座，明清墓葬28座，井3口，灰坑63座，灰沟1条，窑址2座，灶址7座，磉礅13个，路1条。出土陶器、瓷器、铜器、铁器、铜钱等100件（套）。

灰坑形制有圆形、椭圆形、近方形和不规则形，壁多为直壁或斜壁，平底或圜底，用途推测为取土坑或生活垃圾坑。出土器物种类有陶瓦片、白釉瓷片、青釉瓷片、黄釉瓷片及动物骨骼等。墓葬以土坑墓和砖室墓为主，其中清代墓葬28座，辽代墓葬3座。辽代墓葬形制均为青砖砌制的竖穴土圹单室墓，平面呈圆形，由墓道、甬道、墓室组成，保存较差。其中两座墓室内带有仿木构结构，能看出的有桌椅、假窗、门等。辽墓的发现充分说明在金中都之前，该地一直作为辽南京城外墓地使用。共发掘清理13处磉墩遗迹，按形状可分成方形和长方形两种，长1.3～1.4米见方，长方形大小区别较大，长度1.4～2.5米不等，宽1.5～2.7米不等，磉墩内部填充碎砖瓦及少量白瓷片，一层砖瓦一层土，土有夯过的迹象，但不明显，未见夯窝。

此次发掘的清代墓葬分布范围不均，可能为多个家族墓集中区域，墓中出土器物较少，等级一般，属于清中晚期普通平民墓葬。三座辽代墓葬形制相似，方向一致，可能为同一家族墓葬，其中两座所用青砖上发现有彩绘痕迹且带有做工精致的仿木结构，推测墓室内原有壁画，现已不存，墓葬等级较高，推测为辽代中期、晚期时较为富裕的平民或中小地主墓葬。几组磉墩的发现结合来看，有可能是南苑（熙春园）内的其他小型附属建筑，又因发掘区域有限，未能更好地揭露其原本形制。

据文献可知，南苑（熙春园）位于皇城之南、丰宜门内偏西之处，熙春园是一座小型的皇家园林，为海陵王时期修建，由熙春殿、常武殿、广乐园等几组建筑构成，位于今丰台区万泉寺祖家庄附近。遗址处于整个金中都城（金中都埋藏区）的西南区域，属于唐幽州城、辽南京城外。初步推测该地可能为南苑（熙春园）内一部分遗存。此次考古发现为研究古代社会历史变迁和金中都城市发展变化提供了新的材料。

（孙　峥）

【西城区槐柏树街辽金遗址】

发掘时间：2021 年 3 ~ 6 月

工作单位：北京市文物研究所

遗址位于西城区槐柏树街道，北邻槐柏树后街，东邻长椿街，南邻北京市府大楼，西南为现宣武艺园，内有金代紫金寺旧址，残存部分建筑基址、碑座。

此次发掘面积 1800 平方米，清理古代遗迹 226 处，其中灰坑 197 座，沟 5 条，砖砌遗迹 1 处，井 12 眼，道路 1 条，磉墩 2 个，窑址 2 座，灶址 6 座。出土陶器残片、瓷器残片、铁器残片、铜钱等 200 余件（套）。

灰坑形制有圆形、椭圆形、近长方形和不规则形，壁多为直壁或斜壁，平底或圜底，剖面形状为桶形平底和弧形圜底。出土器物较少，种类有陶瓦片、白釉、黄釉、酱釉、青蓝釉瓷片、动物骨骼等。井可以分成土壁井和砖壁井两种，时代大都为辽金时期。窑址均被晚期建筑破坏，由操作间、火门、火膛、窑床和烟道组成。灶址形制简单，由火门、火膛和烟道组成。路平面呈长条形，可分早晚两期，东西残长约 32.9 米，南北宽 11.8 ~ 13 米，残存厚 0.2 ~ 0.9 米，由灰色沙土铺垫而成，路面平整，表面有疑似车辙痕迹，宽 0.2 米，深约 0.15 米。

根据开口层位及出土文物，初步判断为辽、金时期遗存。发现的灰坑、井、窑、灶、沟、道路充分说明该地区在辽、金时期是古人生活区域，井的发现是否说明存在寺庙公共区域供人们过来汲水还有待研究。灰坑等遗迹中浮选出种子遗存，为当时古人饮食和生活环境的研究提供了线索。

据《元一统志》："紫金寺，在[（燕京）]旧城北开远坊，元朝中统二年重修。"《析津志》："紫金寺，在彰义门内，庆寿寺支院。"遗址处于唐幽州城、辽南京城、金中都城内，距离金中都北城墙约 700 米，初步推测该地可能为开远坊或显忠坊一部分。此次考古发现为研究古代社会历史变迁和金中都城市发展变化提供了新的材料。

（孙　峥）

【西城区金代崇孝寺塔基地宫遗址】

发掘时间：2021 年 5 ~ 7 月

工作单位：北京市文物研究所

崇孝寺塔基地宫遗址位于西城区白纸坊街道南菜园街，北距枣林前街 100 米，东南距现崇孝寺藏经阁 50 米。发掘面积共计 224 平方米。

塔基距现地表 3 米，遗址由长方形地宫、圆形塔基、长方形台基三部分组成。地宫中心瘗埋一长方形青石质石函，外用青砖砌筑长方形竖穴式地宫。石函外皮素面无纹，东西长0.9米，南北宽0.8米，石函壁厚15厘米，深0.73米，分上、下两半扣合而成。砖砌地宫外扩东西长1.88米，南北宽1.74米。地宫上方及四围夯筑瓦渣层形成塔基，平面呈以地宫为中心半径7米的圆形，瓦渣层用砖渣夹黄土夯筑而成，较为致密硬实，共有11层，层厚0.09～0.14米。圆形塔基外围是长方形夯土台基，南北长16米，东西宽10.5米，夯土分上下两层，不甚密实。

石函内发现一红漆木函，为长方形盝顶式，长0.57米、宽0.44米、高0.45米。石函盝顶铭文表明：此遗址为金代崇孝寺塔基遗址，崇孝寺塔系大定十九年皇三子曹王完颜永功捐建。

崇孝寺始建于唐，至今已有上千年历史。据《元一统志》："析津府都总管之公署左侧有佛寺，厥号崇孝"，可知崇孝寺是唐幽州以来燕京的地标。金代崇孝寺塔基遗址的发掘对研究北京唐至金代的城市地理提供了一个可靠的坐标。石函内出土与佛教相关的如丝织品等文物，为研究金代的佛教和艺术提供了实物资料。

（李永强）

【西城区金中都东开阳坊遗址】

发掘时间：2021年3～12月

工作单位：北京市文物研究所

发掘区位于西城区白纸坊东街和右安门内大街交点的东南部。为配合光源里棚户区改造项目，北京市文物研究所在其占地范围进行了考古发掘，发掘面积共计11000多平方米。发掘区在北京旧城内的西南，其地理位置始终属于汉唐以来北京城的城厢地带或位于城市之中。这一区域在唐代和辽代紧邻幽州城和北京城南墙；至金代，属于中都城的东开阳坊；元代在大都城的西南面；明清时期在北京城的外城内。

此次考古发掘遗迹众多，清理了河道、水井、排水设施、建筑基址、道路、墓葬、灰坑、灶等；遗物丰富，出土了大量陶器、瓷器、铜钱、铜器、铁器、石器、骨器、木器、煤球，以及建筑构件、坩埚等。

河道主要有两条，一条属唐代以前东西向河道，另一条是金代东北至西南方向的河道。水井6口，分别属于汉、唐、金、明清等朝代。遗址内发现了大量金代磉礅，分属十余个建筑个体，由黄土层和砖瓦碎块层相间夯筑而成。金代道路4条，为正南北或东西走向。唐代墓葬2座、明清墓葬8座。此外，还有金代灰坑1000余座、灶数十个。

遗址出土的瓷器大部分属于定窑白瓷，还有临汝系青瓷，以及耀州窑、越窑、磁州窑等窑口制品和高丽瓷。器类除容器、瓷枕等实用器外，还有红绿彩塑像和黑白两色围棋子等。铜钱大宗为大定通宝，还有少量金代其他年号铜钱和宋代铜钱。铜器中有容器、铜镜、刀、镞等。铁器有容器、兜鍪、铠甲、镞等。石器有汉白玉谥册4件，其中3件为汉字，属金太祖谥册；柱础1件，还有青石柱础11件等。陶器有鸡腿瓶。骨器为牙刷等。木器有梳子等。出土物还有大小不一的圆形煤球。建筑构件有脊兽、套兽、瓦当、筒瓦、板瓦、砖雕等，质地大部分为灰陶，有少部分是瓷胎制品；除了灰陶制品外，尚有少量琉璃制品。坩埚有5件。

此次考古发掘的遗迹和遗物的主体时代为金代。根据遗迹、遗物所在的历史环境，确定其属于金中都东开阳坊遗址。金中都东开阳坊遗址的发掘，是金中都城市考古规模最大的一次发掘，为金中都城市布局、文化和社会生活面貌的研究提供了实证资料。

（王继红　李永强）

【海淀区明清万寿寺遗址】

发掘时间：2020年10月～2021年1月

工作单位：北京市文物研究所

万寿寺位于海淀区长河北岸，是大运河文化带的一处重要节点。该寺始建于明万历五年（1577），清乾隆十六年（1751）、二十六年（1761）扩建成现有规模，分为中、东、西三路。

万寿寺东路由南向北现存监斋菩萨殿、厨房、大斋堂、南房、念佛殿、倒座房（南房）等建筑。此次发掘面积4100平方米，由南向北清理出清代虚空同体殿、静思报恩殿、西静院正房、元光门、屏门以及甬路、游廊、灶等附属设施，另外还发掘出明代、民国时期建筑基址各1处。

虚空同体殿（F3）坐东北朝西南，方向30°，平面呈长方形，面阔五间，进深一间，前后带廊。残存基槽、条形基础、夯土芯、灶、地龙。前廊内设灶，灶有地龙通往建筑，兼具取暖作用。其基础为“满堂红”，基槽长18.0米，宽10.7米，深0.5～0.6米。四周条形基础系大小不等石块砌成，中间为夯土芯，东部残存青砖墁地。前廊廊深约2.3米，后廊廊深约1.8米。东西两侧均残存方砖墁地散水，外侧栽一排牙子砖。

静思报恩殿（F2）坐东北朝西南，方向30°，平面呈“凸”字形，前带廊，后带抱厦。残存基槽、条形基础、夯土芯。其基础为“满堂红”，基槽长17.5米，宽4.7米。抱厦长5.0米，宽3.9米，深0.55～0.6米。周围砌条形基础，中间为夯土芯。前廊深2.31米，后廊深1.5米，连通虚空同体殿东西两侧游廊。

抱厦北侧残存一段甬路，局部被晚期道路和假山叠压。方砖墁地，南北残长1.8米，东西宽2.3米，东、西两侧各侧栽一排牙子砖。假山呈不规则形，用大小不一的石块砌成，西端有2步如意踏步。

西静院正房（F4）坐东北朝西南，方向120°，平面呈长方形，面阔三间，进深一间，前后带廊。残存基槽、条形基础、夯土芯、灶、磉墩等，此外其周围分布墙基、甬路、散水等其他遗迹。其基础为“满堂红”，基槽长9.7米、宽5.7米。条形基础系大小不等石块砌成，中间为夯土芯。前廊深约1.4米，连通（F2）西侧游廊。

西部有灶，四壁用残青砖垒砌，白灰勾缝。北侧有一处晚期房址、甬路及散水，房址残存部分条形基础。西南侧有一道大墙。

明代建筑遗址（F1）位于发掘区中部，叠压于清代元光门及院墙下，坐东北朝西南，方向30°，残存台基、土衬石、台帮、柱顶石、条形基础、夯土芯等。台基直方型，平面近方形，长6.5米，宽5.8米，残高0.55米。台基中央存柱顶石1处，条形基础内为夯土芯。民国时期建筑（F5）仅清理出南半部分，长11.2米，残宽2.6米，门前残存方砖甬路。

南房、虚空同体殿、静思报恩殿、西静院正房之间均有游廊相互连通。元光门、屏门门址已不存，其底部基础及两侧院墙基础尚存。屏门东侧墙址顶端发现了万寿寺东墙基础，压于现状墙下，系用石块砌成虎皮墙，其宽度当略大于现状东墙。万寿寺倒座房现存两间，其余各间地上部分已不可见，经考古勘探可知，其地下建筑基础保存尚好，格局与清代“样式雷”图档相同，因保护古树未发掘。十方堂现存三间，其余五间地上部分已不可见，经考古勘探可知，其地下建筑基础保存尚好。

通过考古发掘工作，基本弄清了清代万寿路东路的建筑布局，并可与样式雷图相互印证。发现的明代、清代和民国时期建筑遗址及其相互之间的关系，对研究万寿寺的历史沿革具有重要作用。（F1）平面近方形，似与明代万历三十五年加建的华严钟楼密切相关，在乾隆十六年被拆除，仅存建筑基址。此次考古发现为研究明、清、民国时期万寿寺建筑的工程做法、形制提供了新的实物资料，进一步丰富了大运河文化带的文化内涵。

（张中华　张玉妍）

【故宫造办处明清时期遗址】

发掘时间：2021 年 3 ～ 12 月

工作单位：故宫考古研究所、故宫博物院考古部

造办处遗址位于紫禁城外朝西路武英殿以北、右翼门以西、慈宁宫东南、慈宁宫花园以东区域，东邻冰窖，南临清宫内务府旧址。

2021 年继续对遗址东南部区域进行重点发掘及测绘，共计发掘面积 350 平方米。

经过进一步的解剖及测绘，根据层位关系，清代房址分为早晚两期。早期房址，发现于发掘区南部偏东处。现揭露有小型磉墩，多残缺。平面呈正方形，保存较好者系用整砖、半砖、砖块大致呈“回字形”平砌。从平面布局看，呈南北两行、东西四列排布，其中东西两端磉墩临近墙基，根据房屋柱架排列推测应为面阔 5 间的结构。在明间前檐处发现有踏跺之燕窝石，其东端被晚期墙基阻断而残缺；西端发现有凿成的方形浅槽，也即“燕窝”，由此推断为垂带踏跺的结构；踏跺外缘为一顺出散水及牙子砖。

晚期房址，是在早期房址的基础上扩建增筑而形成。在早期房址西、北、东三面磉墩大致相应位置发现有平移外扩的小型砖砌磉墩残迹，形制大小砌筑方式与早期的一致，且与墙基相连，可分辨出东西五列，墙基外围仍为一顺出散水及牙子砖。

出土遗物以瓷器为主，另有少量建筑构件。瓷器器形可辨、年代较为明确的有清康熙至雍正时期的青花碗、盘，豇豆红釉盘等；嘉庆时期的豆青釉碗、道光时期粉彩碗残件等，皆为景德镇民窑产品。建筑构件有黄琉璃勾头残件、泥质布纹灰陶瓦残片等。根据层位关系，结合此区域出土的遗物特征，可判断早晚两期建筑遗存分属清前期，约当康熙至乾隆时期；清中后期，约当嘉庆、道光时期。

从建筑遗迹形制结构看，存在不同时期增筑、改建的情况。结合房址周边的地层中填埋的大量布纹灰陶瓦残片，推测这些建筑基础应为小型硬山布瓦顶建筑。

在发掘区东部发现一组建筑遗迹，有砖砌磉墩、拦土墙、方砖地面、院墙等，磉墩多为半砖及砖块砌筑，平面大致呈东西 4 列、南北 6 排布局，通面阔近 33 米、通进深近 12.5 米，初步推断此为一坐东朝西的较大型房址。磉墩底部、砖铺地面及墙基以下叠压或打破明早期碎砖黄土交替夯层，而其上部又被清代遗存所叠压，因此，该房址相对年代为明中后期。

此次发掘进一步明确了清代房址的时代演变及空间布局，为探究清代造办处建筑形制、格局、建置变迁等提供了重要的依据。明中后期房址为紫禁城考古首次发现，为了解和复原该时期紫禁城西路建筑布局、建筑功能、补正文献之阙佚等具有重要意义。

（徐海峰　吴　伟　王乙稀）

【故宫东长房后院排水设施遗址】

发掘时间：2021 年 11 ～ 12 月

工作单位：故宫考古研究所、故宫博物院考古部

故宫东长房后院排水设施遗址位于紫禁城东北角，东临兆祥所，在明代临近更鼓房。清代中期至上世纪末，该区域为多个小型建筑院落，21 世纪初改建为坐北朝南的连排现代仿古建筑办公用房。遗址位于该房东段室内，北距城墙根部约 1.43 米，距东城墙 78 米。

此次考古发掘主要发现的遗迹有明清时期持续延用的排水沟一段。该段排水沟东西走向，与北城墙平行，揭露段长度 33.5 米，遗迹整体最宽处 2.4 米，遗迹距室内地表最浅

处约 0.54 米，最深处（沟底）约 2.17 米。东西两端向东西延伸出发掘区之外，总体保存较好，部分段落被近现代建筑叠压打破。排水沟整体形制规整、工艺精良。由石质沟盖、砖砌沟帮和沟底，共同围合成方形的沟筒。排水沟底部设有夹碎砖夯层的垫层和基槽。南侧砖砌沟帮较高，分上下两段砌筑，背后筑有背里夯土。北侧沟帮低矮，表面与城墙间砌有散水砖。不同段落的排水沟的做法略有区别，东段形制工艺保存是较为早期的做法，排水沟宽 0.54 米，深 0.475 米，中段和西段沟底及沟帮有经过后期多次修葺、增高、叠砌现象，增高后的排水沟的深度最深处约为 1.3 米。石沟盖也形制各异，有不同时期更换的痕迹。沟筒内全部淤塞。推测该排水沟自营建完毕，历经多次疏浚、修葺、改建、增建直至废弃、填埋。

除排水沟之外，在南侧砖砌沟帮上发现有数段平行于排水沟的砖砌墙基遗址，并在石沟盖上发现存留有砖铺面遗迹，以及排水沟南侧沟帮的背里夯土中有一段碎砖层与夯土层交替夯筑的夯层等遗迹现象，这些建筑遗迹应为不同时期依托排水沟营建或叠压在排水沟之上的建筑基础。

在出土遗物方面。排水沟沟内的淤土中出土了瓷片、铁器、牙骨、蛋壳等遗物，明晚期至清早期的景德镇窑青花瓷，器型包括碗、盘、杯、碟等。而在沟底下的基槽夯层内则出土有元代风格的琉璃残件。通过夯土工艺及出土遗物来看，该段排水沟始建于明早期，推测与紫禁城城墙的营建为同一时期。

此次考古是紫禁城内首次以考古手段揭露的较为完整的一段明至清接续沿用的排水设施遗迹，对于了解紫禁城明清时期水系路网格局、排水设施的建筑工艺及沿袭关系、紫禁城早期营建及城内地平变迁等提供了重要的实证材料。

（宁　霄　吴　伟）

【东城区正阳桥明代遗址】

发掘时间：2021 年 8 ～ 9 月

工作单位：北京市文物研究所

为了解正阳桥遗址具体位置、形制、布局、结构等，经国家文物局批准，北京市文物局组织北京市文物研究所对正阳桥遗址开展了考古发掘工作。

此次发掘区域位于北京市东城区前门地区，正阳门箭楼东南，前门步行街北口东侧，大北照相馆北侧，北隔铛铛车轨道为前门东大街，东距前门东路约 170 米。

此次发掘面积共计 25 平方米，清理出土一具保存较好的镇水兽。该镇水兽用青石雕刻而成，俯卧在石条上，形态浑厚大气，造型生动逼真。身体整体大致呈西北东南向，方向 135°，头朝东南，向下探向水面，身体及尾部均向内弯曲，臀部及外侧腹部浑圆，四条腿抓在石板上，尾巴粗壮，身被鳞甲，局部饰祥云纹。外侧完好，内侧即靠近河道的一侧有残损，包括部分背脊、左前腿、左后腿及臀部。镇水兽弯曲长度 3 米，宽 1.2 ～ 1.4 米，高 0.48 米。

关于镇水兽其名，明人叶盛撰《水东日记》卷九记载：“又闻鸱吻者一母生九子，如好声者曰蒲牢，钟钮之类是也；好饮者曰蚣蝮，石桥两旁俯水兽也。”

关于正阳桥始建年代，《明英宗实录》卷五十四记载，明英宗正统四年，增修了瓮城、箭楼、左右闸楼，疏浚河道，并“深其壕，两涯悉瓮以砖石，九门旧有木桥，今悉撤之，易以石。”据此判断，正阳桥石桥应修建于此时，且之前河道上的桥梁为木板桥。镇水兽始设年代亦当与石桥同时，为明代遗存。

根据镇水兽的出土位置及体位判断，此次发现的遗存应为正阳桥东南侧的镇水兽，其体型硕大，形态逼真，体现了古代工匠高超的工艺水平。该镇水兽的发现对研究正阳门前护城河及防御、水利、交通体系等具有重要作用，有助于了解正阳桥遗址的地理方位，是中华优秀传统文化遗产在中轴线上的物质实证，丰富了中轴线历史文化内涵。

（张利芳　张中华）

【朝阳区清固伦和敬公主园寝遗址】

发掘时间：2020 年 11 月 ~ 2021 年 4 月

工作单位：北京市文物研究所

发掘地点位于朝阳区东坝乡，共发掘各类文化遗迹 21 处，发现 3 座清代中期的大型墓葬，以及房址 5 座、水井 2 口、墙基 7 条、排水沟 3 条、道路 1 条、驮龙碑 1 座等。结合现存古树群、文献记载、前期普查登记资料，以及考古成果，确定为清乾隆第三女固伦和敬公主及其后裔园寝。此次发现的三座墓葬中，M1 规模硕大，坐北朝南，但有多次盗扰痕迹，保存状况较差。地宫地上部分已经不存。地宫为砖石混构而成，主要包括墓道、挡券墙、罩门券、石门、门洞、棺床、金井及金券等。推测该墓为固伦和敬公主与额驸色布腾巴尔珠尔合葬墓地宫。出土“乾隆通宝”3 枚、髹漆木棺板 10 块等。其中 3 块棺板阴刻描金藏文经文，并绘莲花、法轮、伞盖等图案。

此次发掘共出土器物 63 件，包括陶器 23 件、瓷器 13 件、铜器 4 件、铁器 12 件、木器 6 件、琉璃器 5 件。

固伦和敬公主系乾隆第三女，母孝贤纯皇后富察氏，下嫁辅国公色布腾巴尔珠尔，业居京师。其府邸和敬公主府位于北京市东城区张自忠路 7 号（原铁狮子胡同）。

此次的考古发现首次确定了固伦和敬公主园寝的位置，为进一步研究清代园寝工程营建制度、建造技术提供了重要的考古资料。出土的髹漆描金棺板，其上的藏文经文为了解清代贵族的藏传佛教信仰提供了实物资料。

（张玉妍）

【北京市石窟寺专项调查】

调查时间：2020 年 12 月 ~ 2021 年 3 月

工作单位：北京联合大学应用文理学院、北京市文物局

为落实习近平总书记关于石窟寺的重要批示精神、国务院关于加强石窟寺遗址保护利用工作专题会议精神，北京市积极响应，与国家文物局组织开展石窟寺专项调查工作。北京石窟寺专项调查工作由北京市文物局领导和统筹，北京市文物研究所为专业牵头单位，北京联合大学考古研究院、北京市古代建筑研究所、北京市石刻艺术博物馆等科研单位及各区文物管理部门协同参加。

作为主要承担单位，北京联合大学高度重视，成立北京市石窟寺专项调查组，细化调查方案、圈定调查范围并快速启动。

调查共对 101 处地点进行了核查，确认 32 处石窟寺、33 处摩崖造像共 65 处，其中，房山迎风寺摩崖造像题记重新辨识，确认为北齐河清三年（公元 564 年），将现存北京地区摩崖造像的明确年代大大提前，已被列为北京市第九批文物保护单位。

此次调查结合已有研究与新发现，着重比对和分析近年石窟和摩崖的保存状态变化，除传统的石窟寺考古调查方法外，还采用地理信息系统、三维扫描等手段，对石窟寺及摩崖石刻进行年代分析、数量和面积统计，并对管理机构、安全防范情况及风险和保护状况进行统计调查，最大限度采集石窟寺保存现状和价值信息，摸清了北京市石窟寺及摩崖造像的家底，认知并归纳了其空间分布及时代特征，为今后的可持续研究、保护展示和活化利用打下基础。

2021 年 3 月 31 日完成野外调查工作，5 月 19 日，专项调查报告撰写完成并通过验收。调查期间，拍摄照片万余张，绘图 200 余幅，调查报告超 40 万字。

天 津 市

【蓟州区太子陵旧石器时代遗址】

发掘时间：2021 年 10 ~ 11 月

工作单位：天津市文化遗产保护中心、吉林大学考古学院、蓟州区文化遗产保护中心

太子陵旧石器遗址位于天津市蓟州区北部，该地点东邻孙各庄满族乡，西靠小港村，南距蓟州区约 20 千米。该地点分布于清代皇家园寝中的荣亲王园寝西南侧黄土台地上，台地南侧紧邻一条季节性河流淋河的支流，海拔约 127 米。

太子陵旧石器遗址为 2005 年天津市文化遗产保护中心在蓟州区开展旧石器考古专项调查时发现。2015 年 4 月，天津市文化遗产保护中心、吉林大学考古学院、蓟州区文物保护管理所组成联合调查队，再次对蓟州区北部山区开展旧石器考古重点调查，又在该地点采集到较为丰富的石制品。为深入了解蓟州北部地区旧石器遗址群文化堆积、文化特征和文化类型，持续推进天津早期人类探源工作，经报请天津市文物局和国家文物局批复同意，2021 年联合考古队对该地点进行首次考古发掘。

此次发掘面积为 50 平方米。依陡坎共布 1×1 米探方 54 个，发掘区地势自东北向西南倾斜，东北最深处 3.6 米，西南最深处 5.5 米。地层堆积自上而下可分为八层。第 1 层：耕土层，灰黄色砂质层，土质疏松，含有大量植物根系，小砾石，砾径 1 厘米，厚约 24 ~ 30 厘米。第 2 层：黄褐色砂质黏土层，土质坚硬致密，含小砾石，砾径 1 厘米，厚约 8 ~ 56 厘米。第 3 层：棕黄色砂质黏土层，土质坚硬致密，含少量植物根茎，含小砾石，砾径 0.5 ~ 1 厘米，厚约 0 ~ 40 厘米。第 4 层：深棕黄色砾石层，含大量砾石角砾，分选差，少量石制品，厚约 0 ~ 62 厘米。第 5 层：深棕黄色砂质黏土层，坚硬致密，含大量石制品，含钙质结核，厚约 32 ~ 87 厘米。第 6 层：棕红色粉砂质黏土层，坚硬致密，含石制品，含大量铁锰结核，含少量钙质结核，含小砾石，砾径 1 ~ 3 厘米，厚约 80 ~ 125 厘米。第 7 层：浅棕黄色粉砂质黏土层，土质较坚硬致密，含少量石制品，含钙质结核，厚约 35 ~ 105 厘米。第 8 层：黄色砂质粉砂黏土层，土质致密，含零星石制品。第 8 层以下为基岩。

此次发掘共出土石制品 158 件，类型包括锤击石核 16 件、砸击石核 2 件、细石叶石核 1 件、石片 61 件、工具 39 件、石锤 1 件、有磨光痕迹的砺石 1 件、断块 33 件、碎屑 4 件等。以石英砂岩为主要原料，个别以燧石、水晶、石英为原料。集中分布于第 4 ~ 7 层。剥片方法包括锤击法、砸技法和间接法。从石片特征观察，打击点集中，半锥体较凸。工具类型包括刮削器、尖刃器、凹缺器和砍砸器等。工具修理均采用硬锤锤击技术，修理方式有正向、反向和交互加工。根据该遗址地层堆积及石制品组合情况，年代初步判断应为旧石器时代中晚期。发掘完成后，对发掘区域进行保护性回填。

太子陵地点是目前天津考古发现地层堆积最厚、连续地层序列最多、出土石制品最

丰富的旧石器时代遗址，在5个连续文化堆积层位中出土的石制品，文化面貌上呈现出明显细石器和石片工业两种文化特征，揭示出两种不同的石器工业类型在遗址中的层序分布关系，在以往工作基础上，为建立和解决天津旧石器考古遗存编年、遗址类型、文化类型及其发展变化提供了直接材料，为研究华北地区旧石器的相关问题提供了新材料，标志着天津旧石器考古进入新阶段。

另外，此次考古发掘出土了1件埋藏于第6层的有磨光痕迹的砾石。经实验室电子显微镜观察，该石器磨制技术成熟，局部人工磨制痕迹清楚，磨制后的刃部棱脊线清晰明显。这是目前天津出土最早且全国鲜见的旧石器时代有磨光痕迹的石器工具类型，为研究新旧石器时代过渡、中国早期人类加工使用磨制石器历史和磨制技术起源提供了非常重要的样本，目前实验室相关分析研究工作正在进行。

（盛立双　王春雪　张雪微
尹承龙　刘福宁）

【东丽区军粮城唐至明清时期遗址】

发掘时间：2021年5月～2022年1月

工作单位：天津市文化遗产保护中心

军粮城遗址位于东丽区军粮城示范镇一期北部（原刘台村西南），是在2020年7月至2021年1月基本建设项目考古勘探工作中发现的。在考古勘探发现的遗迹分布区域内共划分为四个发掘区进行发掘清理，发掘面积共计8000平方米，其中第一发掘区发掘清理灰坑138座、沟27条、窑2座、道路1条，出土陶盆、陶罐、白釉盏、青釉碗（盏）、铜钱等器物标本100余件，根据遗迹遗物初步判断其年代应为唐代；第二发掘区发掘清理晚期墓葬2座、灶2处，根据遗迹遗物判断年代应为清晚期；第三发掘区通过布设探沟解剖发掘确认了一处约0.9万平方米范围的夯土台地、夯土总厚度0.6米左右，并在其西北部清理发现井2口、灰沟6条、灶7处、灰坑100多座，经初步确认应为一处盐业生产作坊区，出土陶盆、陶罐、白釉盏、沟纹砖、木铲等器物标本30余件，根据遗迹遗物判断其年代应为唐代；第四发掘区在6万平方米范围内布设的所有探沟里发现了高约1米左右的夯土台基遗迹，夯土夯层清晰，每层厚约0.1～0.15米，夯土台之上自下而上依次叠压有唐、元、明清至现代文化层堆积，清理出建筑基址2处、水井1口、灰坑20余座，出土青花碗、白釉碗、酱釉碗、陶罐、陶灯、沟纹砖、莲花纹瓦当等器物标本20余件，根据遗迹遗物判断其年代应为唐至明清时期。

通过此次发掘，在天津地区第一次发现、揭露大型唐代夯土台基遗存，填补了天津唐代聚落考古空白，为进一步探讨文献记载的唐代“三会海口”提供了重要实物参考，对天津古代港口变迁以及天津古代人地关系研究具有重要意义。在第三发掘区发现的由卤水井、灰坑、盐灶、滩场、灰沟等遗迹构成的一个相对完整的唐代制盐作坊区是天津考古第一次发现古代制盐遗存，填补了天津盐业考古空白。

（甘才超　李　斌）

【天津卫故城鼓楼西明清时期遗址】

发掘时间：2021年5～10月

工作单位：天津市文化遗产保护中心

天津卫故城鼓楼西遗址位于天津市南开区城厢中路上，地铁7号线广东会馆站基坑内。天津卫故城的中部偏西，东距现天津鼓楼约90米。考古发掘面积共1200平方米。

该遗址文化堆积可分成9层，堆积厚度达3米。此次考古发掘共清理包括建筑基础、房址、道路、水井、灰坑、灰沟等在内的明末至民国时期各类遗迹共83处。出土的遗物种类有瓷器、陶器、石器、金属器、玉器等。其中瓷器占绝大多数，瓷器中又以青花瓷器为大宗，少量酱釉瓷、黑釉瓷，零星三彩瓷、青瓷；器形有碗、盘、杯、炉、瓶等。陶器数量次之，泥质灰陶为主，少量泥质红陶；器型以脊兽、瓦当、滴水、雕砖等建筑构件为主，也有盆、象棋子等日常生活用品。石器包括柱础、砚、门鼓等。金属器以铜钱为主，少量铁器，多锈蚀严重。玉器仅出土一件饰件。

从考古发掘揭露遗迹的区位及特征判断，与历史文献记载的“天津镇署”“西大街”等城内重要建筑（构筑）物的拟合度较高，对研究天津卫故城的城内布局、历史沿革、清代建筑技术等方面有较高学术价值。

（文　璋　甘才超）

【宁河区天尊阁明清时期遗址】

发掘时间：2021 年 9 ~ 10 月

工作单位：天津市文化遗产保护中心、宁河区文化馆

天尊阁所在地宁河丰台镇历史悠久，文化积淀深厚，有“京东首镇”之称。天尊阁始建年代未有明确文献记载，据《丰润县志》等记载，该阁清康熙年间曾重修，咸丰八年（1858）曾进行过油漆和彩塑等。1976 年唐山大地震，附近民房坍塌甚多，天尊阁主体结构安然无恙。1982 年，天尊阁被公布为天津市文物保护单位；2013 年，被国务院公布为第七批全国重点文物保护单位。

依照国家文物局批复实施天尊阁文物本体及院落保护修缮工程实施意见，受天津市文物局和宁河区文旅局委托，天津市文化中心组织完成了天尊阁院落内重点区域考古勘探清理工作。考古收获如下。

通过考古勘探清理，结合天尊阁文献资料记载，发现和确认了天尊阁东、西配殿建筑基址，灵宫殿建筑基址，早期路面遗迹，上述遗存的发现对系统研究天尊阁自始建以来建筑布局的发展、演变具有重要意义。通过考古地层堆积、建筑基础遗迹、清理采集遗物等综合推断，上述遗存的始建年代为明代，也进一步明确在天尊阁院落考古区域内未发现早于明代的文化堆积和遗物。发现并确认天尊阁院落原初地面在距现地以下 0.45 ~ 0.50 米处广泛分布。

（盛立双）

【西青区大运河国家文化公园小镇明清至民国时期遗址】

发掘时间：2021 年 5 ~ 12 月

工作单位：天津市文化遗产保护中心

西青区大运河国家文化公园小镇项目位于天津市西青区杨柳青镇，北侧隔南运河，与杨柳青中国历史文化名镇相望，西、北与杨柳青大运河国家文化公园建设项目地块紧邻。考古发掘区西至柳口路，北至欣杨道，东至柳霞路，南至天津理工大学（西青校区）。天津市文化遗产保护中心组织完成该项目考古发掘工作，共清理明清至民国时期包括圆形遗迹、水井、墓葬等在内的各类型遗迹 324 处，基本情况如下。

圆形遗迹 252 处，均为圆形土圹，其中大型（直径在 10 米以上）6 处，中小型（直径多在 1 ~ 3 米之间）246 处。该类遗迹深度一般为 3 ~ 4 米，坑壁加工痕迹明显，多为直壁，有的有二层或多层台，少数向下内收或外扩，坑壁在靠近底部处经常见有用芦苇或木条盘护的现象。结合遗迹与墓葬之间打破关系和出土器物判断，年代为明代晚期至民国时期。这类遗迹出土物较少，仅在底部发现有少量韩瓶、瓷片等遗物，其功能初步推断为灌溉用水井或储水设施。

水井 8 座，均由圆形竖穴井圹和砖井圈构成，多口小底大，砖井圈由青砖采用“三平一立”上下叠压、错缝垒砌而成，根据青砖形制及井内出土物判断，年代为晚清至民

国时期。

明清家族墓葬 60 座，至少包括三组明清家族墓地，墓葬均为长方形土坑竖穴墓，墓葬排列分布有规律，埋藏较浅，随葬品较为丰富，共出土包括陶瓷器、饰品、铜镜、铜钱、铁器、银质明器、符咒板瓦等在内的各类文物 200 余件，墓葬年代为明清时期。

长方形遗迹 4 处。年代、功能待定。

此次考古发掘修正了 2020 年度考古勘探初步认识，考古发现、确认遗迹数量最多的是圆形（水井）遗迹。该类遗迹规模大小不一，最大的直径达 18 米，最小的直径仅 1 米。该类遗迹修建规整、结构坚固耐用，年代从明代晚期一直延续至民国时期。如此大规模具有农业灌溉或储水功能的水井遗迹集中发现在天津市尚属首次，具有重要意义，说明至少从明代晚期开始，紧邻南运河的杨柳青镇南侧区域存在着较为发达、稳定、延续的农业（或商业）活动行为，为认识、研究明清以来杨柳青地区产业形态和布局提供了重要考古材料。关于这类遗迹的性质和功能还有待于今后二期发掘进一步验证和深入研究。

此次发掘的明清家族墓地与 2020 年度发掘的元宝岛清代墓地共同成为杨柳青大运河乡土墓葬的有机组成部分。从目前考古发现来看，上述两处墓地分布各有特点，年代各有侧重：元宝岛地块东区没有明清墓；元宝岛地块西区明清墓数量较多，分布呈散点式样态，年代基本为清代中期至民国时期；文化小镇（一期）明清墓总体数量不多，分布相对集中，年代基本为明代晚期至清代中期。目前已完成的杨柳青大运河明清乡土墓葬发掘发现，结合未来将要进行的文化小镇（二期）考古发掘，将为系统认识杨柳青地区聚落发展、演变和布局提供更加全面准确的考古支撑。

此次发掘的明清家族墓地中还发现具有营建选址和祭祀功能的墓地明堂遗迹 2 处，明堂主体为外土圹内青砖搭建的多边形祭台，形制规整，保存较好，其内出土有买地券、石砚、铁器等较为重要文物。该类型遗迹具有特殊的研究价值，以往天津考古仅在宝坻、北辰等地发现过同类型遗迹，且数量极少。明堂遗迹在西青区的首次发现，为进行国内同类型遗迹的考古学研究增添了难得的实物样本。

此次考古发掘及大批重要遗迹的集中发现，为研究明清时期杨柳青聚落形成发展和天津大运河遗产提供了重要考古支撑，同时也是杨柳青中国历史文化名镇的重要实物见证。

（戴　滨　盛立双　尹承龙）

【北辰区李嘴明清墓地】

发掘时间：2021 年 6 ~ 9 月

工作单位：天津市文化遗产保护中心

天津市北辰区李嘴明清家族墓地是在基本建设考古勘探中发现。墓地位于北辰区北仓镇李嘴村西北运河畔。经上报市文物局和国家文物局批准，天津市文化遗产保护中心组织完成对该墓地的考古发掘。第一阶段，6 ~ 7 月完成 33 座墓葬的野外发掘，并对发现的 1 座明堂遗迹整体打包，吊运回室内；第二阶段，9 月初，完成明堂遗迹室内二次发掘清理。

通过考古发掘，共清理明代晚期至清代前期土坑竖穴合葬墓葬 33 座，明堂遗迹 1 座，共出土陶器、瓷罐、铜镜、铜钱、头饰、符咒砖瓦等不同质地随葬品近 200 件。发掘过程中，对明堂遗迹进行现场三维数据采集扫测。发掘完成后，对出土全部人骨和棺木样本进行科学采集。

北辰李嘴明清家族墓保存完整、排列有序。32 座墓葬可分成 11 排，呈大雁“人”字形排列，祖墓居于最北。墓葬为南北向，多以夫妻合葬墓为主，单人葬少见；合葬墓中见有双人、三人和四人葬，棺木普遍已糟朽。

随葬品多为在棺前或头侧置有一罐，棺木中随葬铜钱现象较为普遍，少量墓葬棺木上方或墓主胸部存在扣有板瓦迹象。

此次发掘较为重要的发现是在紧邻祖墓南侧一处保存完好的墓地明堂遗迹。该明堂由坑穴和青砖祭坛组成。其构建方式应为：先在地表开挖一个直径约 2 米、深约 1.5 米的圆形直壁坑穴，于穴壁东、南、西、北四个方位各立一块青砖，上书“青龙神”“朱雀神”“白虎神”“玄武神”以示四方神位；然后在坑穴中部用青砖搭建祭坛，上立朱书买地券一方，在其外、内置放用于祭祀或驱邪镇墓等随葬物品；最后进行回填、掩土后完成。明堂内的祭坛由青砖搭建，底座为圆形，向上逐层呈减边多边形收分搭建，直至顶部完成封盖，共分八层，通高近 1 米。自上而下每层用砖数为一、三、四、五、六、七、八、十六块。第一层为明堂顶部立边长 36 厘米正方形青砖一块，为买地券，其侧立面一面涂黑，上仅残存朱书痕迹，文字已不可识读。第二至第八层均为 32×16 厘米长方形青砖，青砖上均有墨书或朱书表示方位、四季、五行、星宿、干支等神位的文字，大部分可识读和辨认。在砖砌明堂周围和堂室内置放随葬品有香炉、酒盅、铁犁头、石砚台、铜镜、釉陶罐、韩瓶、卵石、铜钱等遗物。

按文献记载和相关研究成果，明堂是在选定墓地过程中用于祭祀后土诸神的一块特殊区域，通过祭祀后土神来确立墓地选址区域占有土地的合法性。同时，明堂的中心位置也是墓地的地心，是墓地选穴定位、规划营建最重要的起始点和参照点，以其为核心，整个家族墓地内部不同墓葬之间的埋葬方位及排列关系得以确立。

北辰李嘴明清家族墓由 1 座明堂遗迹和 33 座墓葬构成了一个完整的墓地选址营建和埋葬体系，是天津大运河乡土墓葬考古的重要发现。李嘴墓地年代清晰、保存完整、排列有序，尤其是明堂遗迹蕴含信息量大，为研究宋金至明清以来中国北方地区同类考古遗存的发展演变和丧葬习俗提供了难得的实物样本。

（盛立双　尹承龙　雷金夫）

【天津市石窟寺专项调查】

调查时间：2020 年 12 月 ~ 2021 年 4 月

工作单位：天津市文化遗产保护中心、蓟州区文化遗产保护中心

为贯彻习近平总书记关于石窟寺保护利用的重要指示批示精神，落实党中央、国务院关于研究加强石窟寺遗址保护利用工作的安排部署，根据国家文物局《关于开展全国石窟寺专项调查工作的通知》要求，在天津市文物局的统一领导下，在天津市蓟州区文旅局、蓟州区旅游服务中心的协助配合下，天津市文化遗产保护中心与蓟州区文化遗产保护中心的业务人员共同组建“天津市石窟寺专项调查工作队”，进行了天津市石窟寺专项调查。

此次专项调查共核查石窟寺（石刻）、摩崖造像、题刻线索 150 余处，认定 6 处石窟寺（石刻）、摩崖造像分布地点，分别为：千像寺造像、正法禅院造像、上方寺造像、摩崖石刻佛造像、红龙池石刻、黑龙池石刻，其中 3 处为复查，3 处为新发现。调查面积近 500 万平方米；调查龛窟 165 处，其中石刻地点 164 处，发现线刻造像 590 尊；摩崖石刻 1 处，造像 3 尊；石刻、摩崖造像总数量 593 尊，保护范围面积 84.38 万平方米，建控地带面积 392.88 万平方米，相关文物建筑面积 7.76 万平方米。共完成调查报告 7 份、测绘图纸 100 余张，照片 4000 余张。专项调查中未发现消失的石窟寺，未发现存在壁画、彩塑、彩绘。专项调查发现：岩体结构失稳，岩体表层风化、水侵蚀，生物病害、自然灾害、大气环境、冻融因素等自然损害对天津市的石窟寺

（石刻）、摩崖造像影响显著。

天津市石窟寺（石刻）、摩崖造像资源虽不多，但极具地方特色。除“摩崖石刻佛造像”位于渔阳镇府君山东麓，其余5处都分布在盘山东麓，位置较为集中，这5处造像集中刊刻于辽、金，时间同一；造像均为佛教题材或与寺庙相关，内容同一；全部采用阴线凿刻，技法同一；皆为民间信众捐刻，功德主身份同一；其中一些造像为国内其他石窟、摩崖造像中所不见，极具典型性。造像以寺庙为中心，以山石为依托，以类似绘画白描的线刻手法营造出庞大的造像群，不仅可与其他地区的壁画、雕塑、石窟、摩崖造像相媲美，也为佛教考古增添了新的造像类型。无论对天津的辽金佛教考古，还是中国佛教考古都具有极高的历史、艺术、科学价值。

此次专项调查全面梳理了天津市石窟寺（石刻）、摩崖造像的基本信息，以及保护管理、文物病害的相关情况，为天津市进一步加强石窟寺（石刻）、摩崖造像的保护管理，挖掘天津市石窟寺文物的内涵价值，发挥其在文明传承中的应有作用提供了有力的基础支撑。

（刘　健　尹承龙）

河北省

【阳原县泥河湾盆地后沟旧石器时代遗址群】

发掘时间：2021 年 5 ~ 12 月

工作单位：河北省文物考古研究院、河北泥河湾遗址群保护区管理委员会

后沟遗址群位于张家口市阳原县大田洼乡东谷坨村北 300 米处，后沟东、南、西侧的梁上，地处泥河湾盆地东缘大田洼台地北坡。2004 年，河北省文物研究所在后沟东北端调查发现后沟遗址，2004、2005 两年均进行了发掘。2008 年，中国科学院古脊椎动物与古人类研究所在后沟东南端发现并试掘三棵树遗址。2013 ~ 2018 年，河北省文物研究所组织调查，发现多个旧石器地点。文化遗物埋藏于泥河湾层上部堆积中，底部文化层位于 BM 界线（78 万年）附近，顶部年代距今 30 多万年，包含多个文化层，文化层序清晰，为建立中更新世古人类文化序列提供了基础条件。

2021 年发掘后沟 6 号、8 号两个地点。后沟 8 号地点位于后沟剖面顶部，发掘面积约 20 平方米，发现石制品 278 件、动物化石 565 件，文化遗物埋藏于剖面顶部的黄褐、蓝灰色黏土质砂、砂质黏土层中，按照土质土色可分为三个自然层，层位与后沟遗址基本一致，时代在距今 39 万 ~ 36 万年之间。

后沟 6 号地点发掘面积 50 平方米，发掘深度 14.5 米，揭露 25 个自然层，在第 5、6、7、10、20、25 六个层位发现文化遗物。第一文化层（第 5 层）发现石制品 43 件、动物化石 10 件；第二文化层（第 6 层）发现石制品 2 件、动物化石 2 件；第三文化层（第 7 层）发现石制品 2 件、动物化石 3 件；第四文化层（第 10 层）发现石制品 13 件、动物化石 2 件；第五文化层（第 20 层）发现石制品 10 件、动物化石 9 件；第六文化层（第 25 层）已清理取回石制品 166 件、动物化石 352 件。

石制品原料就地取材，以白云岩、硅质灰岩为主，少量燧石。石制品类型主要包括：石核、石片、刮削器、石钻、废片、断块等，废片、断块等比例较高，经过第二部加工修理的石器比例较低，可能与当地石料较差、节理发育有密切关系，整体属于典型的小石器工业传统，与泥河湾盆地早更新世以来的石器技术具有技术上的继承与渊源。

发掘获得了泥河湾盆地东部区域中更新世近乎完整的地层剖面，在剖面底部 BM 界线及以上确认近 10 层不同时期古人类活动的文化层，获得了丰富的石制品、动物化石，填补了这一阶段不同时期古人类文化的空白，基本上构建起中更新世古人类文化序列的框架，为研究中更新世时期古人类的演化、扩散提供了重要资料。

（王法岗）

【康保县兴隆新石器时代遗址】

发掘时间：2021 年

工作单位：中国国家博物馆、河北省文物考古研究院、张家口市文物考古研究所联合考古队

兴隆遗址位于康保县照阳河镇兴隆村赛圪垯沟西侧的山前坡地上，南距康保县城约

30 千米，遗址面积约 1 万平方米，2021 年，国家文物局批复发掘面积 500 平方米，联合考古队在 2019 年发掘区东部继续布方，对居住区进行揭露。

此次发掘清理了新石器时代房址 12 座，其中有 2 座为 2019 年未清理完的房址。房址按开口形状分为圆形、椭圆形、圆角方形和不规则形四种。根据房址的结构可以分为较浅的半地穴式房址，深度一般小于 50 厘米，和较深的地穴式房址，深度一般 1.5 ~ 2 米。有 3 座房址发现门道，门道均向东、东北或东南，2 座为台阶式，1 座为斜坡式。有房址内发现壁龛，龛内留有陶片等遗物。部分房址经过多次使用，房址内发现有两个及以上明确的活动面，活动面上多发现有灶或者骨堆、石堆等遗迹现象，并留有动物骨骼、陶器、骨器、石器及相应的半成品、未燃尽木材形态等遗物。灶一般位于中部，可分为浅坑灶、石板灶、支石灶三种，还在个别房址内中部发现有火塘。

2021 年，发掘的房址依然发现在四周存在多个生土台，生土台不连续，解释生土台形成的原因对于理解房屋的结构及改扩建的过程十分重要。通过发掘确认，生土台的形成有三种情况，部分房址的多个生土台可分别与房址内不同阶段的活动面对应，F2 的多个活动面与生土台能够对应，属于房址不同时期向外扩建，打掉此前墙壁时形成；也有的生土台是房址结构一部分，专门修建用于放置物品，较为平整，其上发现陶罐、石器和一只狗的遗骸；还有一种情况，在房址口部有一周斜坡状生土台结构，应是建造之初专门设计，可能有便于搭建顶棚或者防止塌陷的功能。

此次发掘出土了大量的动物骨骼、石器、骨角器和少量陶器，结合遗物的特点判断，2021 年发掘的房址时间跨度很长，涵盖了遗址文化分期的第一期至第四期，距今 8500 ~ 6000 年，尤其是第四期房址的发现，完善遗址分期，丰富遗址的文化内涵。2021 年发掘最大的收获是在发掘期间对不同房址结构有了更为清晰的认识，了解了房址的建造、利用、废弃以及部分再利用的过程，为分析不同时期的建筑特点、聚落布局奠定基础。同时在此前工作基础上，系统采集年代学样品，动植物、土壤等样品，能展开更为深入的生业经济和环境考古研究。

（庄丽娜）

【尚义县四台新石器时代遗址】

发掘时间：2021 年 6 ~ 11 月

工作单位：河北省文物考古研究院、张家口市文物考古研究所、尚义县文化广电和旅游局

四台遗址位于张家口市尚义县石井乡四台蒙古营村南，遗址由北往南分为四个片区，面积约 15 万平方米，为冀西北地区近年发现的一处面积较大的新石器时代遗址。为了深入研究遗址的文化内涵，揭示冀西北地区史前文明发展历程，考古队于 2021 年再次对遗址 A 区冲沟北侧进行了发掘，发掘面积 500 平方米。

2021 年，以新石器时代遗存为主，发现了房址、浅坑等遗迹，出土了陶、石、骨、贝等类遗物。2021 年主要发掘房址 12 座、浅坑 3 座、室外灶 2 座，皆位于四层下，打破生土。房址为主要发现，面积除（F11）外多为十余平方米，均为半地穴式，平面大多为圆角长方形或长方形，室内居住面大多四周略高，中间略凹，房址内地面上残存少量石板灶，多为支石或浅坑灶，柱洞靠近墙壁分布于周围，部分为壁柱。遗物主要有陶、石、骨、贝等类 100 余件。陶器出土极少，皆为碎片，均为夹砂陶、砂粒较粗，陶质疏松，多为黑褐、灰褐色，纹饰多为戳印的折线纹、圆圈纹、锯齿纹。石器有磨制和打制类。磨

制石器主要出土少量的小磨盘、磨棒等；打制主要为细石器，有铅笔头状石核、石片、细石叶、刮削器等。骨质品主要有骨针、骨锥、骨管等。还有一些贝壳、蛋皮、树皮、鹿角、动物肩胛骨等。2021年的发现拓展了遗址的文化内涵，延伸了遗址的时间轴线，为深入探讨冀西北坝上地区史前文化面貌、聚落结构、生业经济、人地关系、北方旱作农业起源等积累了新的实物资料，一些新发现也为本地区的新石器文化研究注入了新的因素，为更深入讨论这种文化的内涵、产生、发展和在更大范围与周边文化的交流互动提供重要实物资料。

四台遗址是继磁山、北福地文化之后河北新石器时代考古的又一重要发现，其文化面貌独特，内涵丰富，可能代表了一个新的考古学文化类型。

（赵战护　龚湛清　魏惠平　李　军）

【涉县王家岗新石器时代至两周遗址】

发掘时间：2021年4～9月

工作单位：河北省文物考古研究院、邯郸市文物研究所、涉县文化广电和旅游局、涉县文物事业服务中心

王家岗遗址位于涉县涉城镇寨上村东偏南约400米，清漳河北岸的高台地上，现存面积约5万平方米。遗址地貌为山前梯田，植被为核桃树林。

此次发掘面积500平方米，共计发掘墓葬4座（含瓮棺1座）、窑址2座、灰坑（窖穴）54个。出土完整或可复原器物50余件，标本陶片300余片，材质涵盖陶、石、铜、骨、蚌，时代分属新石器、夏、西周、东周等时期，以新石器时代及夏时期遗存最为重要。

新石器时代遗存分为早晚两期，遗迹均为灰坑（窖穴）。早期遗物泥质陶以细泥陶为主，火候较高，常见口部呈红色条带的“红顶”钵、碗；夹砂陶以红褐陶为主，器表常见刷抹痕。器形以釜、钵为主，其次有罐、盆、壶、支脚等。石器有铲、斧、凿、刀等。骨器有骨簪、骨锥。蚌器发现1件圭状器。文化面貌与石北口早期、下潘汪第二类型、北福地甲类文化遗存相似，可归为北福地二期文化。晚期遗物，陶器以夹砂褐陶为主，其次为细泥灰胎红皮陶，少量黑皮陶。可辨器形有钵、碗、罐、盆、瓮、纺轮、环等。石器有铲、球、环、石片。骨器有骨锥。纹饰以蓝纹、绳纹、弦纹、刺剔纹、弦线刻纹、彩陶常见。彩陶以红彩和紫红彩为主，纹饰以蝶须纹、水波纹、弧三角+平行斜线纹为主，所呈现文化面貌属大司空村类型。

夏时期遗迹出土陶器以夹砂黑皮陶、夹砂褐陶和泥质灰陶为主，泥质红胎磨光黑皮陶也占一定比例。器表除素面磨光外，纹饰以细绳纹为主，弦纹、弦断绳纹、楔形点纹、附加堆纹次之，可见少量蓝纹、个别涡旋纹。器形以三足器和平底器为主，可辨器形有鬲、甗、罐、瓮、盆、纺轮等。鬲多卷沿薄胎深腹锥状实足；甗上部呈深腹盆装，甗腰内有腰隔；罐多呈橄榄形，小平底；瓮多为敛口，方唇内折，平底或饼状足；盆敞口，宽沿，弧腹或斜腹，平底。石器有斧、铲、刀、凿、球、石片等。骨器以匕常见。蚌器有穿孔蚌环，应为串饰，皆为典型“漳河型”先商文化。

西周时期文化遗迹有灰坑、瓮棺墓、窑，出土遗物以陶器为主，器形多见鬲、罐、豆、盆、瓮等。东周时期遗存主要为灰坑和墓葬，灰坑均为春秋时期，出土陶器以泥质灰陶为主，可辨器型有鬲、豆、甑、釜、罐、盆等，以下腹及足饰特粗深痕绳纹的鬲最为典型；墓葬3座，竖穴土圹木椁墓，年代为春秋晚期至战国中早期。

王家岗遗址文化年代延续时间长，文化堆积深厚，文化内涵丰富，为近年河北漳河中上游区域先秦考古的一次重大收获，基本建立起了冀南清漳河中游区域先秦时期考古

学文化序列。

（杨丙君）

【张家口市邓槽沟梁新石器时代遗址】

发掘时间：2021 年 4 ～ 12 月

工作单位：河北省文物考古研究院、张家口市文物考古研究所、崇礼区文化广电和旅游局

邓槽沟梁遗址位于张家口市崇礼区高家营镇大水沟村周边阶地上，西侧为清水河，西南距张家口市区约 2 千米。遗址坐落于清水河谷东侧二级阶地之上，整体地势西低东高。遗址主体为一座龙山晚期石城，平面形状呈不规则长方形，南北长约 1300 米，东西宽约 400 米，中部有一条东西向自然冲沟，将其分为南北两部分，保存面积约 40 万平方米。遗址除南部被大水沟村叠压外，其他区域均为农田和林地。2021 年发掘区位于城址东南瓮城区域，发掘面积 500 平方米。

解剖东城墙南段墙体 1 处。城墙宽约 13 米，由三部分组成。墙芯为土石结构，不见明显版块；墙芯西侧由三层夯土版块加固，版块平面呈长方形，长 2 ～ 3 米，宽 1 ～ 1.5 米；东侧为石砌墙，宽约 0.8 米。

揭露瓮城 1 座。该瓮城平面形状呈半圆形，面积约 1500 平方米。2020 ～ 2021 年共揭露面积 1000 平方米。发掘显示，瓮城结构由外部斜坡路面、墙体通道、瓮城内部道路构成。外侧斜坡路面破坏严重，保存较差，踩踏面仅剩 30 厘米。墙体通道共 5 条，由 6 条墙基分隔而成，中部通道宽约 9 米，其两侧有对称的 2 米和 3 米通道各一条。瓮城内部道路紧邻城墙，宽 5 ～ 8 米，向南延伸至发掘区外，再西拐进入城内。保存最厚处约 1.5 米。瓮城基础全部由夯土版块筑成，保存高度约 6 米。基础中部由 8 ～ 10 平方米的大夯土版块筑成，其外围用 2 ～ 4 平方米的小夯土版块加固，小夯土版块外侧再用石块包砌，外侧砌石多呈倒塌状态，破坏严重。

城内发现窑 1 座，房屋 2 座，灰坑 5 个，灶 1 个，灰沟 1 条。出土陶、石、骨、玉质等小件 78 件。陶片以夹砂褐陶为主，多见绳纹，其次为素面、篮纹，常见器形有正装鋬手鬲（部分口沿摁压花边）、夹砂绳纹罐、夹砂小罐、敛口瓮、双耳罐、豆、杯、碗等。城墙及瓮城出土遗物不多，可辨器形有鬲、夹砂绳纹罐、双耳罐、敛口瓮等，与城内遗存差别不大。

邓槽沟梁遗址龙山晚期石城为河北省首次发现，堪称河北第一城，意义重大，其性质应是区域性的中心聚落。2021 年发掘工作基本厘清了城墙修建方式，明晰了瓮城结构及进出通道，确定了城墙与瓮城相对早晚关系及年代，了解了城内堆积情况。此次发掘为研究中国北方地区史前石城的分布、筑城技术的传播提供了新材料，有助于加深冀西北地区龙山晚期遗存研究。

（张文瑞　高建强　王　刚　王雁华）

【雄安新区南阳东周遗址】

发掘时间：2021 年 4 ～ 12 月

工作单位：河北省文物考古研究院

南阳遗址位于雄安新区容城县晾马台乡南阳村南 200 米处台地上。遗址南北长 700 米，东西宽 600 米，分布面积约 42 万平方米，2006 年被公布为全国重点文物保护单位。2021 年，河北省文物考古研究院对南阳遗址第六发掘点进行发掘，揭露面积 1200 平方米，清理夯土墙、灰沟、灰坑、墓葬、瓮棺葬、井等遗迹 79 处，出土可复原器物 70 余件，文化遗存年代为战国和汉代。

第六发掘点位于南阳遗址东北部，布设探沟 3 条，主要工作是对小城的东城垣及东城壕、大城的北城垣进行解剖发掘。

小城的东城垣未发现地下基槽，但在城垣内外两侧发现护坡。现存墙体东西宽约

14.85 米、高 0.65 ~ 2.6 米，夯层明显，夯窝密集，夯层厚 7 ~ 18 厘米，夯窝直径 6 ~ 11 厘米。距东城垣东约 25.3 米为东城壕，南北走向，开口距现地表深 2.7 米，城壕宽 15.3 米，深 2.15 ~ 2.25 米，底部呈圜底状。城垣夯土及城壕填土中夹杂着大量的陶片，有外绳纹内素面泥质灰陶筒瓦、板瓦、泥质灰陶豆、宽弧沿筒腹釜、抹断绳纹灰陶罐、泥质红陶粗绳纹敛口罐等，推测小城年代上限为战国中晚期。

大城的北城垣南北残宽约 20 米，高 1.67 ~ 2.19 米，夯墙外侧（北侧）有护坡，宽约 4.84 米，高 0.78 ~ 1.26 米。墙体和护坡的夯层明显，夯层厚 7 ~ 12 厘米，夯窝直径 5 ~ 8 厘米。大城的北城垣叠压在小城的东城壕之上，建筑方法是先用含黄砂土和红胶土的混合土把城壕垫平后再进行夯打墙体。大城的北城垣外未发现有城壕。夯土中出土外绳纹内素面泥质灰陶筒瓦、板瓦、泥质灰陶豆、宽弧沿筒腹釜、抹断绳纹灰陶罐、泥质红陶粗绳纹敛口罐等，推测大城年代上限为战国晚期。

通过 2021 年的发掘，基本明确南阳遗址是由南北并列大小两座战国时期城址构成，南侧大城时代上略晚于北侧小城，其主体文化遗存是东周至汉代的燕文化，为探索东周时期燕国南部城邑“易”取得重要突破。

（程金辉　张兆峰　雷建红）

【蔚县李家庄—古家疃战国墓葬】

发掘时间：2021 年 6 ~ 12 月

工作单位：河北省文物考古研究院、蔚县文物事业管理所

蔚县李家庄—古家疃墓地位于张家口市蔚县杨庄窠乡李家庄村北、西、南至古家疃村区域，地处壶流河北岸二级台地上，西南距蔚县县城约 10 千米，南侧距离全国重点文物保护单位代王城约 3 千米。经初步调查墓地分布面积约 50 万平方米。因近几年该墓地被盗扰严重，为使文物资源不再受到进一步破坏，有效遏制盗墓之风，充分发挥文化遗产价值，受蔚县文物事业管理所委托，在报请河北省文物局和国家文物局后，河北省文物考古研究院于 2021 年 6 月对该处墓地开展抢救性清理工作。

此次发掘共清理墓葬 10 座，均为土坑竖穴墓，未发现二层台和腰坑，墓葬大小深浅差别较大，最大者长 4.5 米，宽 3.5 米；最小者长 2.1 米，宽 0.6 米；最深者 10.6 米，最浅者 2.55 米。多数墓葬墓壁上见有工具痕和上下墓葬的脚窝。从葬具来看，7 座为一棺一椁墓，3 座为单棺墓。从头向看，有北向和东向两种，以北向为主，共发现有 7 座，人骨多少保存较差，葬式以仰身直肢为主。

墓葬虽然受到一定程度的盗扰，但仍然出土大量随葬器物，主要为陶器、玉石器、骨蚌器和铜器等。其中陶器质地较差，破碎严重，以泥质灰陶为主，器类上有鼎、壶、罐、豆、匜和盘等，组合方式主要为鼎、豆、壶（罐）、盘，部分陶器表面见有暗纹。玉石器种类较多，包括玉片、石圭、玛瑙环、水晶珠、绿松石珠和玉珠等，部分墓葬中有疑似玉覆面的现象存在，部分玉石器加工不是很精细，见有明显的制作痕迹。骨蚌器主要是蚌饰和骨簪。铜器发现数量不多，除 1 件铜剑外，主要是铜带钩和铜饰。

综合墓葬形制、出土器物及组合关系来看，这批墓葬应为战国时期的贵族墓葬，该墓地面积大，墓葬数量多，遗物丰富，是代王城周边为数不多的大型战国墓群之一，对研究该区域战国时期的物质生活、丧葬习俗、文化艺术水平等都具有重要的意义。

（马小飞　任　涛）

【雄县古州城战国及汉唐时期遗址】

发掘时间：2020 年 9 月 ~ 2021 年 12 月

工作单位：中国社会科学院考古研究所、河北省文物研究所、雄县文化和旅游局

古州城遗址位于雄县鄚州镇（原任丘市鄚州镇）古州村及周边，北距雄县县城、南距任丘市皆 15 千米左右，城址东部为 106 国道，北部有赵王河东西向穿过。

2020 年 9 月起，中国社会科学院考古研究所、河北省文物考古研究院、雄县文化和旅游局组成联合考古队（以下简称“联合考古队”），对古州城遗址进行了较系统的考古勘探和发掘，累计勘探面积 40 余万平方米，发掘面积 1000 平方米。

古州城遗址地表上现仍保留有部分南城墙（东段）、东城墙（南段）、西城墙（中段），城墙残存高度 5 ~ 8 米。城址中部现为鄚州镇古州村，均被现代民居、街道叠压覆盖，城址南部基本为农田。

考古工作表明，古州城遗址为“内城”“外城”双重城址结构。“内城”平面形状呈长方形（800×900 米）；“外城”平面形状呈圆角方形（1500×1500 米）。“内城”“外城”均发现城墙、壕沟（护城河）与城墙内外道路。“外城”东南城角城墙下还发现一处早于城墙的水井遗址，城内东南部还发现多处建筑遗址，“内城”南墙（东段）内外还发现了多处瓮棺墓葬等。

2020 年，联合考古队重点对“外城”城墙、护城河、城墙内外道路、东南城角城墙下水井遗址进行了发掘。2021 年，重点对“内城”城墙、护城河、城墙内外道路和瓮棺墓葬以及建筑遗址进行了发掘。结果显示：城墙皆为夯土结构，目前尚未发现墙体砌砖现象。其中，“外城”墙体底部宽 23 米，壕沟位于城墙外侧 5 ~ 6 米处，沟宽 90 余米。“内城”墙体底部宽 9 ~ 10 米，壕沟位于城墙外侧 7 ~ 8 米处，沟宽 60 余米。水井遗址位于“外城”东南城角墙内侧，叠压于城墙内侧顺城道路路基之下，暴露口距离地表深度 1.5 米。由基坑与井圈二部分组成，基坑平面推测为圆形，复口径 4 米左右，底径与深度不详；井圈大致位于基坑中心，平面圆形，为砖砌而成，直径 0.75 ~ 1.1 米，井深（暴露口至井底）4.6 ~ 5.0 米左右。建筑遗址共发现了 6 处，均叠压于“内城”南墙之上，仅对 3 号、4 号建筑遗址西南角、南部散水进行了局部发掘，发掘出了大量唐代砖、瓦、瓦当等建筑构件。瓮棺墓发现并发掘了 8 处，其中“内城”城墙内发掘了 3 处，瓮棺均打破城内道路夯土。城墙外发掘了 5 处，瓮棺均被城外道路夯土打破。瓮棺墓葬均破坏严重，仅剩部分葬具和少量散乱人骨。葬具多见夹砂红陶釜（俗称“鱼骨盆”）两两相扣，个别葬具口沿或腹部见有铭文。城址发掘出土遗物共计 200 余件。主要有砖瓦、陶瓷器、铁器、铜钱等，年代多为汉唐时期。另外，城址东、南城墙的解剖结果显示，城墙底部皆为水平层理发育的棕色黏土和灰黄色粉砂交互层，是为交替发育的泛滥平原堆积，这说明古代鄚州城是营建在洪水过后的泛滥平原堆积之上。

据相关历史文献及考古发掘遗迹遗物与部分标本测年数据综合判断，古州城址发现的瓮棺墓葬年代推测为战国燕时期。“内城”城墙营建年代推测为汉晋至唐代，“外城”城墙营建年代推测为中晚唐至五代，城内东南部发现的建筑遗址推测为唐代，城址于五代末年至北宋初废弃。

通过此次勘探与发掘，初步厘清古州城遗址“内城”可能为汉晋时期鄚县城址、唐代鄚（莫）州城址所在，“外城”可能为改建后的鄚（莫）州城址。

（何岁利　卢亚辉）

【邯郸市复兴区后百家北战国至隋唐时期墓地】

发掘时间：2021 年 1 ~ 12 月

工作单位：河北省文物考古研究院、邯郸市文

物保护研究所

后百家北墓地位于邯郸市复兴区彭家寨乡后百家村北，属百家村墓群中一部分。墓地地处邯郸大北城西，沁河北岸，地势西北高东南低，整体较为平坦。为配合邯郸市基本建设，2021 年 1 月，河北省文物考古研究院与邯郸市文物保护研究所组成考古队，对项目所涉后百家北墓地范围进行抢救性发掘，工作计划分两期实施。2021 年共清理墓葬 465 座（含车马坑 2 座），出土文物 2400 余件（套）。

后百家北墓地包括战国、两汉至魏晋、隋唐、明清四个时期墓葬，目前可确认战国墓 219 座，汉晋墓 178 座，隋唐墓 31 座，以及极个别明清墓葬。

战国墓多为中、小型竖穴土坑墓，南北向或东西向，绝大多数并穴排列，葬式多为仰身直肢，有一定数量的曲肢葬。随葬品主要以仿铜陶礼器为主，多放置在墓室一侧或壁龛中，组合主要为鼎、盖豆、壶、高柄豆、球腹壶、盘、匜、鸟柱盘和筒形器，部分墓葬出土带彩绘的鸟尊。铜器发现有铜鼎、盆、桥形饰、铃、剑、带钩、车马器等，玉石器有水晶环、玛瑙环、玉覆面、成捆石圭等。时代涵盖战国早、中、晚期，为典型的三晋墓葬制度，充分反映了赵都邯郸墓葬形制的演进。1 号车马坑中出土一套青铜礼器，较为罕见。

两汉至魏晋时期墓葬形制多样，以砖椁墓和砖室墓为主，南北向或东西向，多为夫妻并葬。墓葬形制演进脉络清晰，西汉早中期多为土坑墓，墓主下葬于一端，身下铺有厚白灰以代替棺，另一端摆放随葬陶器，部分有动物随葬。西汉中期开始逐渐流行砖椁墓，西汉晚期出现券顶砖室墓，丧葬方式与土坑墓一致。东汉之后墓道开始普遍，丧葬制度由夫妻并葬向合葬发展，出现形制较大的双室、多室墓。墓葬出土文物十分丰富，陶器以壶、罐为大宗，西汉中晚期开始墓葬随葬品数量显著增多，出现仓、井、灶、博山炉等生活明器。东汉晚期开始流行陶案、陶奁、耳杯等组合。铜器发现有铜炉、铜盆、铜带钩、铜镜、铜钱等，其中铜镜出土较多，以昭明镜为主。铁器发现有铁剑、铁环首刀、铁带钩等。

隋唐时期墓葬分布聚集，排列有序，多数为带墓道椭圆形土坑墓，被盗较为严重，出土遗物有陶罐、白釉碗、执壶、铜镜、铜发簪、铜发钗、铜蹀躞带、骨梳等。

后百家北墓地发掘是赵都邯郸近年来最大规模的考古工作，墓地基本反映了邯郸城从战国到隋唐时期的兴衰演进，为研究冀南地区历史文化、社会发展、丧葬习俗等奠定了基础，同时也为邯郸城市考古的开展提供了宝贵资料。

（魏曙光　张　鹏）

【容城县城子两汉至唐宋时期遗址】

发掘时间：2021 年 4 ～ 12 月

工作单位：故宫考古研究所、河北省文物考古研究院、容城县文物保护管理所

城子遗址位于保定市容城县贾光乡城子村，南距今容城县城约 7.5 千米。遗址紧邻南拒马河，属冀中平原的缓倾平原。

2021 年 4 月起，城子考古队一方面对遗址进行了大规模考古勘探，另一方面为配合雄安新区西北围堤的基本建设工程，抢救性清理位于城西北的墓葬区，勘探总面积约 25 万平方米，发掘清理墓葬 30 座。

考古勘探主要确认了城墙、环壕、道路等遗迹，城子遗址除东城墙被拒马河大堤叠压而得以保存外，地表之上不见其他遗迹。已发现并确认的城墙有北墙东段、东墙北段、南墙东段，主要为城址东半部，西半部因被村庄叠压尚未发现明确的城墙遗迹。经对南城墙的解剖发掘证实，城墙结构为主体夯墙

加内外护坡，主体夯墙宽20米，分层夯筑，每层厚度0.12 ~ 0.15米，护坡宽4 ~ 5米，分层夯筑形成倾斜夯层。

此次抢救性清理墓葬30座，年代涵盖两汉、唐宋、明清时期，以两汉时期为主。其中M7为一座双墓道多室砖墓，判断其年代为东汉末期，主体为十间墓室加双平行墓道的东西对称结构，面积超过100平方米，虽经后期扰乱，但多处重要部位保留了清晰的砖结构，西主室东北部的残存墓顶显示了其为四面结顶式穹隆顶的结构。墓中出土铜镜、铜钱、石器、陶器、陶人俑、动物俑等各类陪葬品100余件。该墓葬形制体现了东汉晚期聚族而葬的丧葬习俗，双墓道的形式在京津冀地区发现较少，丰富了该地区的汉墓资料。

另在M7以北约200米处发现一处小型墓地，时代从两汉延续到清。其中汉墓16座，墓葬形制包括竖穴土坑木椁墓、砖椁墓和砖室墓，其中包括双人同穴合葬墓和异穴合葬墓，该墓地展示了西汉中晚期至东汉早期阶段汉墓形制的发展变化过程。其中大部分保存相对完好且出土完整器物组合，典型器物包括高领尖底罐、小平底罐和球形罐，以尖底罐为主的器物组合显示了一定区域特色的文化面貌。

发掘清理唐宋时期墓葬6座，因埋藏较浅均破坏严重，出土遗物包括定窑白瓷器、铁鐎斗、铁三足鼎、陶罐等。清代墓5座，出土纪年铜钱数枚。

根据对城子遗址的考古工作和相关历史文献记载，现可基本判断城子遗址为容城旧治，其始建年代为西汉初前后，唐、宋时期沿用并对城墙进行过增改建。此次发掘的墓葬区与城址关系紧密，相互印证，为研究容城的历史沿革和古代社会生活提供了重要的考古实物资料。

（邢增锐　闫庆苇）

【临漳县邺城遗址东魏北齐宫城区】

发掘时间：2021年4 ~ 12月

工作单位：中国社会科学院考古研究所、河北省文物考古研究院　邺城考古队

邺城遗址位于临漳县西南，是曹魏至北齐六朝故都。邺城考古队自1983年迄今在邺城遗址持续进行近四十年的考古工作，取得了一系列重要收获，为邺城遗址平面布局研究积累了重要基础资料。以探索东魏北齐邺城宫城区平面布局为学术目的，接续上一年度工作，邺城考古队在2021年度继续对宫城区进行了勘探与发掘，重点围绕宫城区206号大殿西侧附属建筑及其北侧209号大殿展开，发掘面积约1000平方米。

经解剖，确认了206号大殿西侧附属建筑的基础结构，其建筑形式与2017年发掘的东侧廊房一致，中间为跨度4.5米左右的房间，两侧为跨度2.2米左右的廊道。该廊房南北向延伸，北侧与206号大殿北侧的复廊连通。廊房的柱网结构及廊房外侧的砖铺散水、排水沟及隔墙等遗迹清晰，对于了解206号大殿及其相关附属建筑的结构与布局具有重要的价值。

209号大殿座北朝南，北距206号大殿约30米，经勘探和发掘初步确认，台基东西面宽约42米，南北进深33.6米，周边包砖沟宽约0.7米、残高0.3 ~ 0.5米，表面未发现柱础坑残痕。台基周边残存铺砖散水，宽约2.4米。台基东侧偏南处有一间连廊，与东侧附属廊房连通。廊房南北向，东西跨度11.7米，表面残存排列整齐的础石破坏坑，础坑中心距4 ~ 4.2米。廊房西侧为砖砌排水沟，上口宽0.65米，下口宽0.53米，深0.35米，沟边与沟底砌砖。209号大殿东侧廊房向南与206号大殿北侧复廊相连，与206号东侧廊房亦相互贯通。出土遗物以各类建筑材料为主，包括础石残块及黑灰压光的板瓦、筒瓦和莲

花纹瓦当，戳记瓦件也有较多发现。

宫城区 206 号大殿西侧附属建筑的解剖和北侧 209 号大殿的局部揭露，对于深入了解东魏北齐邺城宫城中轴线北部建筑分布具有重要意义，为深化宫城布局研究积累了新的资料，积极推动了邺城考古遗址公园规划建设。

（何利群　沈丽华）

【临漳县邺城遗址核桃园北齐佛寺】

发掘时间：2021 年 4 ～ 12 月

工作单位：中国社会科学院考古研究所、河北省文物考古研究院　邺城考古队

邺城遗址位于临漳县西南，由南北毗连的邺北城、邺南城和外郭区三部分组成，是曹魏至北齐六朝故都。中国社会科学院考古研究所和河北省文物研究所（2019 年 12 月更名为河北省文物考古研究院）于 1983 年联合组建考古队，开始进行持续考古工作。以探索东魏北齐邺城外郭区范围和平面布局为学术目的，邺城考古队自 2013 年开始围绕“邺城遗址考古发掘与研究”创新课题，对核桃园北齐佛寺建筑组群进行了持续性工作。

核桃园北齐佛寺位于东魏北齐邺城中轴线东侧，由一列处于同一轴线、南北向分布的五座建筑基址组成，其中经历年工作已确认位于轴线南侧依次分布的 1 号塔基、佛殿院落的 2 号佛殿和 5 号南门、3 号佛殿以及 8 号连廊等建筑遗存。2021 年，邺城考古队接续上一年度工作继续进行勘探与发掘，发掘面积约 500 平方米。

2021 年重点揭露了位于 2 号大殿西侧约 90 米处的 9 号建筑基址。经发掘确认该处遗存可分为早晚两期。早期遗存早于 9 号建筑基址，现可辨识出数道纵横交错的瓦墙。晚期遗存即 9 号建筑基址主体为一东西跨度约 17 米，南北延伸 30 余米的大型建筑，外侧有包砖、散水及竖直瓦片砌筑的甬道。台基西侧残存两层包砖，包砖以上的夯土壁面残存白灰墙皮，部分表面残见红彩。台基东边缘残留有宽 0.8 米包砖沟，残留有平铺砖。在台基上方东侧发现一条宽 0.65 米的南北向碎瓦片沟，瓦片沟在发掘区内南北分为 5 段，每段长 3 米，每段瓦沟中间为础石破坏坑，坑底残存垫沙层。在台基北侧发现多道瓦片与砖混砌的甬道，路面两侧竖立摆放整齐瓦片，中间为平铺砖面，瓦片外边缘为侧立砖和三角砑砖，制作规整，其中紧贴建筑基址北侧的甬道可能与 6 号廊房相连。9 号建筑西北面还发现一组房屋，南北向延伸，发掘出三间，结构相同，均为正方形，每间宽 4 米左右，房屋间有隔墙和础石坑残痕，入口处的瓦片路与 9 号建筑北侧甬道连通。出土遗物以各类黑灰压光的砖、板瓦、筒瓦、莲花瓦当类建筑材料为主，发现少量琉璃瓦件。9 号基址及其周边建筑应属于北齐大庄严寺西侧的建筑，具体属性尚有待发掘工作的进一步确认。

核桃园北齐佛寺 2 号大殿西侧建筑遗存的发掘为探寻佛寺范围和平面布局打开了新的局面，亦为邺城考古遗址公园建设中核桃园北齐佛寺节点提供了新的材料。

（沈丽华　何利群）

【正定开元寺南唐至明清遗址】

发掘时间：2021 年 4 ～ 11 月

工作单位：河北省文物考古研究院

开元寺南遗址位于正定古城中开元寺南侧及以西区域，面积约 12000 平方米，是河北省首次大规模的城市考古发掘项目，自 2015 年以来共进行了六个年度的考古工作，2021 年度考古发掘继续围绕开元寺寺庙建筑系统、唐五代城墙防御系统、宋金至明清时期民居街巷系统开展。实际发掘面积 500 平方米，发现各类遗迹 41 处，出土遗物 422 件。

针对开元寺寺庙建筑系统，在前期发现的唐代开元寺池沼、宋代瓦窑、金元时期开

元寺南门及门前道路的基础上继续进行细化。对池沼进行了勘探和解剖发掘，对池沼堆积进行了 C14 测定和植物考古研究，明确了池沼底部堆积时代为唐早期，包含物主要为碳化的莲属植物。对金元时期开元寺南门（F2）周边进行解剖发掘，在（F2）以下未发现与开元寺布局相关的遗迹现象。明确了开元寺的轴线至迟自金代就已经定型，确认了南部边界自唐以来经历了不断北缩的过程，开元寺唐宋时期的朝向尚不明确。

针对唐五代城墙防御系统，2021 年主要进行了两项工作。首先，对 2020 年度在晚唐五代夯土城墙下发现的早期夯土遗迹进行重点解剖，明确了该遗迹是一道夯土墙体（早期墙体），与晚唐五代时期夯土城墙（晚期墙体）方向大致相同，大部分叠压在晚期墙体之下。根据地层关系可以确定，早期墙体始建时间在唐初，废弃时间为唐中期。其次，对晚期墙体城台包砖进行了重点解剖，明确了北宋时期在墙体废弃后对城台部位进行了再利用。目前早期墙体尚无法确定其性质。晚期墙体和城台共同构成了晚唐五代时期的城墙防御系统，结合考古勘探并参考历史文献，目前已经确定该城墙防御系统是正定晚唐五代时期的子城城墙。

宋金至明清民居街巷遗存是开元寺南遗址最为丰富的遗存，2021 年主要针对宋金时期房址进行清理。在北宋道路（L4）与晚唐五代城墙之间发现了一处分布广泛的铜器制造作坊区，由多个作坊组成，均为棚式简易建筑，由柱网支撑起顶棚，不修筑墙体。作坊地面密集分布有形状各异的灶址，可能与不同的加工环节有关；灶内发现有铜渣、煤炭遗存；作坊内发现有坩埚、石范、小件铜器等遗物。作坊区使用时间在北宋前期，北宋后期作成为居民区。

2021 年考古发掘出土遗物近 422 件，时代跨越北朝至明清，除日常生活用具、宗教遗物、建筑构件几类外，新发现的一批与铜器加工有关的遗物在前期发掘中较为少见。

正定古城在唐五代时期是河朔三镇之一，自唐至明清一直作为州、府治所所在，是河北省保存状况最好的古今叠压型城市遗址，开元寺南遗址考古发掘从寺庙结构、城市平面形态、城市功能分区三个层面复原了正定这一州、府级城市的布局和变迁。这些新发现和新认识不仅丰富了正定古城的文化内涵，也为华北地区中古以来州府一级的城市考古研究供了一个完善的个案。

（陈　伟　佘俊英　翟鹏飞　房树辉）

【雄安新区安新县张六西宋金时期遗址】

发掘时间：2021 年 11 月 ~ 2022 年 1 月

工作单位：河北省文物考古研究院、安新县文物管理所

为贯彻落实习近平总书记关于建设雄安新区“要坚持保护弘扬中华优秀传统，延续历史文脉”的重要指示精神，切实做好雄安新区文物保护工作，受河北雄安新区管理委员会公共服务局的委托，河北省文物考古研究院于 2021 年 11 月起，对河北雄安新区起步区内的 33 处文物遗存开展考古勘探、发掘。其中安新县张六西遗址发掘面积 750 平方米，清理窑址 9 座，灰坑 3 个，出土大量的素面青砖，少量勾纹砖及泥质灰陶布纹瓦等。

张六西遗址位于河北雄安新区安新县大王镇张六村西 100 米处，地理坐标为：北纬 38° 57′ 27.32″，东经 115° 55′ 35.90″。遗址所处地势平坦，东部为菜地，西部为耕地。遗址南北长约 200 米、东西宽约 110 米，面积 22000 平方米。经勘探，共发现窑址 30 座。

此次发掘窑址 9 座，除（Y10）窑室为长方形外，其余 8 座均为“马蹄”窑，所有窑室顶部均无存。窑址方向以南北向为主，共 6 座，分别为 Y3—Y6、Y9、Y10；东西向 3 座，分别为 Y2、Y7、Y8。窑址结构大体相同，由

操作间、火门、火膛、窑室、烟室组成。部分窑内部结构略有不同，Y2 窑室周壁通体为砖砌，其余为土圹。Y2、Y9 窑床上有铺砖，其余窑床上均为青灰色烧结面。此外，Y10 的结构较为特殊，为三个操作间、三个火膛和共用一个窑室的连体窑。窑室内未发现烟道迹象，推测可能在顶部。

此次发掘出土遗物较少，仅出土陶器 1 件，瓷碗 1 件。采集青砖 16 块，青砖以素面为主。另有少量绳纹砖和勾纹砖。

该遗址内窑址分布较为集中，根据窑址布局、出土遗物、形制等判断应为宋金时期烧制砖、瓦等建筑材料的手工作坊区。该遗址的发现填补了河北雄安新区手工业考古的空白，推动了白洋淀地区中古时期手工作业考古研究的开展。

（雷建红　李　蕾　郭　勇）

【衡水市东明村明清酒坊遗址】

发掘时间：2021 年 8 ～ 11 月

工作单位：河北省文物考古研究院、衡水市文物保护研究院、桃城区文物所

衡水东明酒坊遗址位于衡水市永兴东路与滏东街交口东北角，于 2021 年 3 月在城中村改造过程中发现。经国家文物局批准，2021 年 8 月由河北省文物考古研究院、衡水市文物保护研究院和桃城区文物所组成联合考古队对遗址进行了抢救性考古发掘，发掘面积 500 平方米。

经考古调查、勘察和发掘，遗址分为四层：第①层为现代建筑堆积层，第②层为民国时期文化层，第③层为清代文化层，第④层为明代文化层。明代文化层被后期扰动较大，仅发现残存的部分明代晚期发酵区（JK1—JK3）遗迹。清代文化层叠压在明代文化层之上，遗迹由南北两侧的大型地缸窖池、东部的库房、中部的摊晾场组成，特别是在该时期遗存中发现了地下式润料池。清代酿酒作坊毁于民国二十八年的洪水，在民国时期淤土层之上，发现民国时期完整的酿酒作坊遗存。遗址南北通长 18 米，东西最宽 27 米，面积约 430 平方米，由蒸馏房、发酵房、摊晾场、库房、道路和居址组成。

各时期酒坊出土遗物以瓷器为大宗，以各式瓷缸、酒碗、酒杯、酒盅居多，主要为磁州窑彭城窑场产品。金属器有铜钱币、首饰、笔帽等。此外还有少量琉璃、石制品、贝壳类器物。

对酒坊遗址周围的考古调查表明，自明代后期至民国时期形成的“十八酒坊”遗址沿滏阳河两岸分布，2021 年考古发掘区域即为原“十八酒坊”中的一家。特别是出土遗物上作坊主的题名，与酒坊后人保留的自乾隆年间至近现代的地契相印证，可知该酒坊为“十八酒坊”中的“永丰酒坊”。

东明酒坊遗址制酒工序配套齐全，体现了完备的烧酒制作工序，是华北地区目前发现的最为完整的一处烧酒作坊遗址，其独具特色的圆形地缸窖池的发窖技术开创了该地区蒸馏酒酿造技术的先河，是我国北方清代以降烧酒生产作坊的典型代表，实证了我国蒸馏酒工艺传承发展的历史脉络，对研究我国白干酒的产生、发展、传播有重要意义，填补了华北地区蒸馏酒业考古发掘研究的空白。

（胡　强　王晓岩　李福朝）

【冀西北坝下地区新石器时代遗址考古调查】

调查时间：2021 年 5 ～ 10 月

工作单位：河北省文物考古研究院、张家口市文物考古研究所、赤城县博物馆、宣化区文物管理所

为了深入讨论冀西北地区新石器时代考古学文化的内涵、产生、发展和周边文化的交流互动等，我们于 2021 年 5 ～ 10 月开展冀西北（坝下）地区新石器遗址考古调查研究工作。调查覆盖宣化、赤城、万全、怀安

等县、区，面积330余平方千米。调查发现88处遗址、墓地，采集到的遗物多陶器残片，少大型石器和细石器。陶器标本少夹砂陶，多泥质灰（褐）陶，也有泥质红陶，火候较高；纹饰多绳纹、素面、附加堆纹，其中前两类较多；器形主要为罐、钵、瓶、三足器等。大型石器仅有少量的磨制石器、磨棒、石斧、石杵等。新石器时代仅有极少量的石片、铅笔头状石核。从遗物特征来看，分布时间段距今五六千年到七八百年，包含红山文化、龙山文化、夏家店下层，燕文化、辽金等的遗存。调查发现的红顶钵、瓶的等遗存，虽然不能断定其具体是哪一种文化面貌，但显示出其很可能是受后岗一期文化北上因素影响的一种文化类型。调查发现了红山时期积石冢，为探讨红山文化在该区域的分布又提供了重要线索。而调查未发现与兴隆、四台等一致或相似的文化因素，或许为这一类文化分布的边界探寻提供了线索。调查发现，红山时期文化遗存主要发现在宣化洋河南岸的山前高地和赤城红河、黑河、白河两岸的高地上，夏家店文化多分布在河流两岸的阶地上，战汉、辽金时期的遗址则分布在河流、山谷交汇处，这些聚落遗址位于河流西、北岸阳坡台地等，地势较高、视野开阔，采光性较好的地域。但是具体又不尽相同，这些差异反映了不同时期社会发展背景下的人们对居址的选择有着特定的需求。总体而言，此次调查为冀西北坝下地区的考古研究和文物保护工作积累了新的基础材料。

（赵战护　魏惠平　龚湛清　李　军）

【河北省早期长城勘察】

发掘时间：2021年3～5月、2021年10～11月

工作单位：河北省文物考古研究院

河北是中国北方早期长城分布较为丰富的省份之一，早期长城始建于战国时期，以后秦、汉、北魏、北齐、唐、金皆有营造，具有历史久远、线路长、分布广等特点。2009～2010年，河北省开展早期长城资源调查，在以往调查的基础上采用现代科技手段对当时所知的早期长城做了全面调查，摸清了早期长城“家底”，为早期长城的科学保护、管理、利用奠定了坚实基础。为进一步明晰河北省早期长城的分布和年代，细化早期长城内涵研究，推动早期长城的科学保护、管理、利用，河北省文物考古研究院申报了河北省早期长城勘察项目并获得河北省文物局立项，拟用四个年度对河北省早期长城进行勘察。2021年开展了第一个年度工作，对赵南长城、燕南长城、中山长城进行勘察。此次勘察包括调查和勘探两部分，调查始于2021年3月中旬，2021年5月底结束。勘探始于2021年10月底，2021年11月下旬结束。

2021年3～5月，完成赵南长城、中山长城、燕南长城田野勘察工作。完成对2009～2010年河北早期长城资源调查中这三处早期长城记录文物点的再调查，对《河北省长城志》中记载的大部分相关遗址做了调查，共调查墙体12处，单体建筑7处，城址18处，遗址34处，相关遗存5处。勘探城址2座。采集大量文物标本，获得了判定长城遗存性质和年代的第一手材料。采集了十余份测年标本，为判定长城相关遗址年代提供了可靠支撑。通过实地调查和对获取资料的综合分析，确定了三处早期长城遗址及其相关遗存的年代和性质，订正了多处早期长城资源调查中的认定错误，为早期长城的科学管理、保护、研究、利用奠定了基础。在勘察中，又在长城附近发现了新的遗存，为判定长城的年代提供重要参考，丰富了对长城沿线古代文化的认识。

10～11月，对赵南长城西辽城遗址、燕南长城城子遗址进行考古勘探，勘探面积65000平方米。在西辽城遗址中，勘探出南北向夯土墙体一条，墙体上存在方形夯土建筑基址一座，从夯土墙体的宽度、两侧不存

在遗迹等情况分析，该墙体可能为长城墙体，墙体上的建筑基址可能为屯戍类遗存。经勘探，发现城子遗址为方形城址，建筑于燕南长城内侧高地上。城墙为夯筑，东城墙上有加宽现象。城址内发现有灰坑等遗迹。从种种迹象分析，该遗址为长城附近的屯戍类城堡。通过勘探，获得了长城附近相关遗址的新认识，推动了燕南长城、赵北长城本体和防御体系的研究。

（韩金秋）

【雄安新区白洋淀区域及燕南长城考古调查】

调查时间：2020 年 12 月 ~ 2021 年 5 月

工作单位：中国文化遗产研究院、河北省文物考古研究院

为做好雄安新区建设中的文物保护工作，中国文化遗产研究院与河北省文物考古研究院组成联合考古队，对长城资源调查过程中所认定的雄安新区行政区划内燕南长城遗址及其可能经过的区域进行了全面考古调查和钻探。涉及的地点西起容城县黑龙口村西与徐水县交界处，沿途经过容城县黑龙口村，至安新县山西村后沿新安北堤向东，经申明亭村、狮子村、涞城村、崔公堤、王公堤、留村、安新县城、漾堤口村、宋庄村、小田庄村、南六村、中六村、北六村、大张庄村、南河村、小阳村、容城县留通村、雄县古庄头村、马蹄湾村、十里铺村、王家房村至袁家园村南，然后沿大清河北堤向东，经龙湾村、王家场村、张青口村至廊坊市文安县界。此次考古工作采用考古调查与钻探相结合方式，在个别区域布设探沟试掘以印证考古钻探结果。5 个探区沿白洋淀大堤及大清河北堤呈线型分布，全长约 70 千米，钻探面积约 25 万平方米。经钻探共发现墙体 4 段，其中，1、2、3 号夯土墙体均位于第一探区。1 号墙体位于黑龙口村东部，方向 120°，地表之上尚存墙体，东西长 60 米，南北宽 7 米，残高 0.6 ~ 2.5 米。2 号墙体位于黑龙口村西，紧邻容城、徐水县界，方向 120°，地表未见夯土遗存，地下夯土遗存东西长 30 米，南北宽 6 ~ 7 米，厚 0.6 ~ 0.7 米，夯土距地表 0.7 米，土质坚硬，土色呈黄褐色。3 号墙体位于黑龙口村东，1 号墙体西侧，方向 120°，东西长 320 米，宽 4.5 ~ 7 米，夯土距地表深 0.2 ~ 0.8 米，厚 0.2 ~ 0.5 米，系在生土上平地起夯，未发现基槽，无版筑痕迹和夯窝。4 号夯土墙体位于第 2 探区，西起山西村南，沿新安北堤向东延伸，在涞城村西南消失，东西长 3850 米，宽约 3 米，方向 122°，大部分叠压于硬化路面之下，夯土距地表 0.7 ~ 0.8 米，厚 1.5 ~ 2 米，土质较为致密。对位于申明亭村南新安北堤的北侧断面进行的清理表明，部分由 9 层夯土组成，第⑨层内包含一面刻有“車”字的椭圆形磨制灰陶器（疑似象棋子）、碎青砖块等遗物。

此次田野考古工作所取得的成果如下。既摸清了燕南长城地表尚存遗迹分布状况，又摸清了雄安新区内燕南长城地下遗存基本情况，完成了既定工作目标；第 2、3 号墙体均位于第 1 号墙体的延长线上，应为同一条墙体。结合其走向，以及 1 号墙体的性质，推断为战国燕南长城遗存。第 4 号墙体夯筑质量较差，并未发现版筑与夯窝痕迹。根据地层内发现遗物，推断其年代不早于明代，可能是明代所筑防洪堤；在新安北堤、大清河北堤之下均未发现确凿无疑的战国时期夯土遗迹，推测新安北堤、大清河北堤与燕南长城并无关系。

（袁永明　雷建红）

山西省

【襄汾丁村旧石器时代遗址】

发掘时间：2021 年 6 ~ 10 月

工作单位：山西省考古研究院、中国科学院古脊椎动物与古人类研究所、兰州大学、丁村民俗博物馆

丁村遗址 54：102 地点位于临汾市襄汾县新城镇丁村东南部的汾河东岸，发现、初步发掘于 1954 年。2020 年 9 月，在对该地点进行光释光测年和古环境样品采集时发现古人类牙齿化石一枚。为了进一步厘清此枚牙齿化石与地层对应情况及相关层位石制品埋藏状况、人类打制石器技术等，经国家文物局批准，组建联合考古队启动了对该地点的考古发掘工作。

54：102 地点发掘总面积 80 平方米，厚度约 19 米。发掘区域位于汾河东岸Ⅲ级阶地上，地层堆积为黄土和河流相堆积相结合的二元结构。地层堆积自上而下为表土层、扰土层、马兰黄土、古土壤层（S1）、粉沙黄土层、灰绿色黏土粉沙层、细砂层、粗砂层（丁村组），其中粉沙黄土层下的堆积至少包含两个旋回。发掘共出土打制石器和动物化石 270 余件，除少量出自古土壤层（S1）和“丁村组”下部的砂砾层外，其余均出自“丁村组”砂砾层中。石制品原料以角页岩为主，其次为燧石、砂岩、石英砂岩等；磨蚀程度不一，部分石制品覆白色钙质；类型有石核、石片、工具、断片等。工具类型较为简单，主要为刮削器和尖状器。动物化石大多较为破碎，能够鉴定种属的较少。石制品及伴出的砾石等尺寸较小，反映了遗址弱水动力的埋藏环境。

此次发掘完整揭示了丁村遗址典型地层剖面，发现了“丁村组”的侵蚀面，对解决“丁村组”年代争议、研究遗址的沉积环境等具有重要的意义。石制品等遗物的发现为研究丁村遗址石器技术及人类行为增加了一批材料。

（任海云　袁文明　王益人）

【泽州县下町新石器至东周时期遗址】

发掘时间：2021 年 5 ~ 11 月

工作单位：山西省考古研究院、晋城市文物保护研究中心、泽州县文化和旅游局、山西大学考古学系

泽州下町遗址位于晋城市泽州县周村镇下町村西南、沁河中游支流长河西岸一处三面环沟的台地上，北距长河干流圪套水库约 2 千米，整体地势北高南低。遗址所在区域在第三次全国文物普查期间曾采集到龙山时期陶片并做了登录。此次根据地表陶片及局部钻探确认，大致分布在东西 250 米、南北 500 米的范围内，面积约 10 万平方米，现状晋城至阳城高速公路在遗址南部穿过。

为配合省重点工程晋阳高速改扩建项目，2021 年联合考古队对该遗址涉建区域进行了抢救性发掘，发掘面积共 2000 平方米，分东、西两区，沿征地地块走向，每区按北偏东 30° 布设 10 × 10 米探方 10 个。遗址发掘区现存地层堆积为：第①层浅褐色土，土质疏松，厚 0.3 米左右，包含大量植物根系、现代生活垃圾等，分布于整个发掘区，为现代耕土层；第②层为黑褐色土，土质致密，厚

0 ~ 0.8 米，包含陶片、瓷片等，分布于除东部边缘的整个发掘区，为宋元以来扰土层。第②层下即为生土。遗迹均开口于第②层下。共清理房址 1 座、竖穴土坑墓 8 座、瓮罐葬 1 座、陶窑 2 座、灰坑 150 个，时代涵盖仰韶、庙底沟二期、龙山、二里头、东周等多个时期，其中主体遗存为龙山时期，基本搞清了该遗址文化内涵。

出土遗物种类有陶器、石器、骨器等。以陶器为主，器类有仰韶晚期红陶钵、红陶碗、大口尖底瓶、小口尖底瓶口沿等，庙二时期缸、斝足等，龙山时期侧装双鋬鬲、甗、敞口盆、大口尊、釜灶、圈足盘等，二里头时期刻划纹器座、兽面纹陶片等，东周时期陶鬲等。石器主要有石铲、石刀等。骨器较少，主要是骨针。兽骨种属主要有鹿、猪、狗、羊等。

此次发掘填补了晋东南特别是南太行区域仰韶晚期、龙山时期两个阶段的文化空白，完善了考古学文化序列，意义重大。晋东南区位特殊，考古工作基础薄弱，特别是晋城地区，以往未开展过区域系统调查。从遗址规模及出土遗存情况看，下町遗址应当是沁河中游龙山时期一处次级聚落，非核心聚落所在。晋城地区沁河流域史前遗址发掘目前仅有三次，另外两次分别是 2011 年配合基本建设发掘的泽州和村遗址和 2021 年开始发掘的“考古中国：中原地区文明化进程研究”项目沁水八里坪遗址，前者主体遗存是仰韶中期、二里头时期和周代，后者主体遗存是庙底沟二期至龙山文化早期。这三处遗址基本构建起晋东南地区特别是沁河中游仰韶中期以降的区域考古学文化谱系。

在龙山晚期这一阶段，西有临汾盆地陶寺文化，北有晋中盆地杏花文化，东有豫北地区后冈二期文化，南有郑洛地区王湾三期文化，晋城沁河流域正好地处勾连中原与北方的通道上，在四方文化辐凑下表现出较为复杂的文化面貌，通过系统的整理研究，将对构建区域考古学文化谱系、明晰文化性质、了解晋东南地区在龙山时代文化互动与整合中的角色等都具有重要意义。

（武俊华　张清洋　王艳忠
赵慧鹏　陈小三　宋文兵
李光明　王　靖　陈晓宇）

【大同吉家庄新石器时代遗址】

发掘时间：2021 年 5 ~ 10 月

工作单位：大同市考古研究所、山西大学历史文化学院

吉家庄遗址位于山西省大同市云州区吉家庄乡吉家庄村南二级阶地之上，2021 年度发掘区位于吉家庄遗址东北部，以发掘区西南角（北纬 39° 50′ 54.14″、东经 113° 28′ 07.99″）为基点，将遗址区划分为四个象限，此次发掘区位于第三象限，以北为正方向，分东、西两排，东面布 5×5 米探方 8 个，西面布 5×5 米探方 12 个，发掘面积 500 平方米，清理遗迹 37 个，主要有墓葬 3、灰沟 2、房址 3、陶窑 1、灰坑 24、柱洞 4，出土陶、石、骨、蚌等遗物数百件。

发掘区地势南高北低，地势平整，地表散落可见有数量较多的陶片、石器等。从发掘情况来看，发掘区南部堆积比较简单，北部、中部堆积较为复杂。第①层、第②层在整个发掘区皆有分布，其余诸层仅分布在一定的探方之中。遗迹多开口于第②层及其诸层之下。依据遗迹的层位关系及遗物共存关系，可将此次发掘所获遗存分为两个时期。

第一时期为仰韶时期遗存，遗迹主要有灰坑、灰沟等，主要发现在发掘Ⅰ区的北部、南部，以Ⅲ H43、Ⅲ Y1 等单位为代表；开口于第②层下或为龙山时期遗迹所叠压，打破生土。遗物以陶片为主，少量的骨、石器。陶器分夹砂陶和泥质陶两类。夹砂陶为红胎，内壁为红色，外壁多为黑色，少量为红褐色，

器表经磨光，可见明显的刮磨痕迹。器类以壶为多，素面为主。泥质陶以黄褐、红褐为多，经磨光，器表光滑平整。器类以钵为多。素面为多，少量为彩陶。彩陶以黑彩为主，纹样多为口沿下施一周黑彩带。两个单位中皆出有夹砂红褐陶桥形耳。从对该期陶片初步整理的情况来看，Ⅲ H43、Ⅲ Y1 等单位出土的陶器与庙子沟文化皆为相似，其年代应为仰韶晚期。

第二期为龙山时期遗存。遗迹主要有房址、灰坑、灰沟、墓葬等，整个发掘区皆有所发现，以Ⅲ F6、Ⅲ F7、Ⅲ F8、Ⅲ M38、Ⅲ M2、Ⅲ M4 等单位为代表，开口于第②层等诸层下，打破生土。遗物主要有陶、石、骨、蚌、角等。陶器可分为夹砂陶和泥质陶两类，夹砂陶以灰、黑为多，少量为褐、红褐色，砂粒大小不一，器表粗糙，不甚光滑，纹饰主要以绳纹、篮纹为大宗，还有少量的弦纹、附加堆纹。可辨器类主要有鬲、甗、斝、甑、壶、罐、瓮等。泥质陶主要是黑、灰陶，多素面，磨光精良，部分陶器上饰绳纹、篮纹、方格纹、弦纹等，个别陶器上有镂孔等。可辨器类为斝、圈足盘、豆、罐等。无论是夹砂陶还是泥质陶，陶器制法主要有泥条盘筑、轮制、模制，多经快轮修整，少数器表经过磨光处理。

吉家庄遗址地处桑干河上游，是大同地区目前已知面积最大、堆积较厚、遗存复杂的一处史前时期遗址。该遗址的发掘不仅有利于对大同地区史前考古学文化面貌的辨识和命名，而且有利于桑干河流域史前考古学文化谱系的构建，更为重要的是，要将这一地区视为是以燕山南北、长城地带为重心的北方文化区和以晋南、关中、豫西为中心的中原文化区之间的文化纽带，亦即苏秉琦先生所提出的“Y”字形文化带，这一文化纽带作为“中国文化总根系中一个重要直根系”，直到今天依然是探讨中国古代文明起源的重要地区之一。

（霍东峰　李树云）

【沁水八里坪庙底沟二期至龙山文化时期遗址】

发掘时间：2021 年 5 ~ 12 月

工作单位：山西省考古研究院、晋城市文物保护研究中心、沁水县博物馆

八里坪遗址位于晋城市沁水县郑庄镇八里村东北台地。遗址面积约 100 万平方米，时代为庙底沟二期至龙山文化时期。八里坪遗址是沁河中游区域中心聚落，2018 年入选考古中国—中原地区文明化进程研究课题，2020 年正式获国家文物局批复立项。

2021 年国家文物局批准发掘面积 500 平方米。根据年度工作计划，第 II 区发掘 300 平方米，发现庙底沟二期文化晚期夯土墙 1 段，夯土建筑基址 2 处，半地穴式、窑洞式房址 3 座，墓葬 3 座，确认内壕沟始建于庙底沟二期文化中晚期，龙山文化晚期填平。第Ⅲ区发掘面积 200 平方米，确认 2020 年内壕沟西北部勘探发现的大型建筑的基础，时代为庙底沟二期文化的中晚期。建筑过程为先将早期灰坑内的杂土进行清理，然后用红（黄）褐色土填埋、夯打、平整，最后整体平铺一层厚 10 ~ 15 厘米的红褐色土作为基础。

经过连续两年的钻探与发掘，明确了遗址双重环壕聚落结构，找到了遗址的核心区，出土了数以万计的陶片，可复原陶器及石器、骨器等 200 余件，对遗址的分期、年代和文化面貌有了充分认识，为后续考古工作奠定了基础。

第Ⅱ区发掘的主要目的是为了确认内壕沟的宽度、深度，内壕沟凸出部位的功能，了解内壕沟的始建时间、使用到废弃的过程。第Ⅱ区发掘面积 300 平方米，通过发掘和解剖，明确了内壕沟南段南北宽 12 ~ 18 米，深 2.8 ~ 3.5 米。沟内堆积分上下两层，第一层堆积为红褐色与浅黄褐色交替的水相堆积

层。出土的陶片经过初步整理，时代为庙底沟二期文化中晚期。第二层堆积（上层堆积）为灰褐色，包含较多的陶片，器形有鬲、圆腹罐、圈足盘等，时代为龙山文化早期。由此确定，内壕沟始建于庙底沟二期文化中晚期，废弃于龙山文化早期，使用年代距今4500 ~ 4100 年之间。

第Ⅱ区发掘过程中发现内壕沟向南凸出的部位，与内侧 G2 环绕起来的高台，有使用土坯的房址、夯土建筑的基础以及夯土墙等高级建筑。夯土墙为东西向，南北宽 2 米，东西目前发现长 7 米，向东延伸至发掘区外。版筑痕迹清晰，夯筑质量较好，而且层位关系和年代清楚。G2 与内壕沟凸出部位组成进入“宫城”的出入设施，G2 底部有 25 ~ 40 厘米的踩踏面。底部发现较多的燧石箭镞、骨镞、磨光石镞等狩猎工具或武器。

第Ⅲ区发掘的目的是为了确认 2020 年钻探发现的大型建筑的时代。2021 年发掘面积 200 平方米，发掘点选择建筑基址的东北部，布 5×5 米探方 8 个。

通过发掘、勘探发现的夯土实际为垫土坑内的堆积。发掘区发现三个面积在 6 ~ 18 平米的不规则垫土坑，深度 2.6 ~ 3.3 米。垫土坑南侧发现东西长 13 米、南北宽 4.2 米的红褐色垫土区。结合勘探情况初步确认这一区域为建筑的基础部分，时代为庙底沟二期文化中晚期，形成过程为先将早期的灰坑、半地穴房址等遗迹内的杂土掏出，然后用红褐色、浅黄褐色土回填、夯打，处理至同一平面后，又整体铺垫一层厚 15 厘米的红褐色土。垫土坑内出土人面形器等重要遗物，结合陶寺宫城内功能区认识，此处建筑有可能是宗庙祭祀区。

（赵　辉　张清洋　车国梁）

【兴县碧村龙山时代遗址】

发掘时间：2021 年 6 ~ 12 月

工作单位：山西省考古研究院

碧村遗址位于吕梁市兴县碧村村北，地处蔚汾河和黄河交汇处。2021 年在前一年工作基础上，根据国家文物局考执字 2021 年第（76）号的批复，对城墙圪垛地点进行进一步发掘，揭露面积 500 平方米。

目前的工作表明，东城墙及城门位于遗址东部城墙圪垛地点高耸的平台上，距离小玉梁 900 米，地处蔚汾河北岸，北邻猫儿沟，西接殿乐梁，东连向外延伸的山梁，城墙北部保存较差，南部留有部分完整墙体。

门址位于东墙中部，“品”字形结构，整体南北对称，布局规整，结构严密，主要由东、南、北三个大墩台组成，中间穿插一些夹墙、夹道、小型墩台等附属设施围合而成，内外设置多重瓮城结构，增强进出安防效果。进出通道设于中部东墩台南北两侧，两门道之间以“C”字形夹道连接，南部其中一道城门后期被封堵，垒砌成墙，仅存北门道。

（张光辉　王晓毅）

【忻州市尹村龙山文化至夏商时期遗址】

发掘时间：2021 年 7 ~ 11 月

工作单位：山西省考古研究院、忻州市考古文物研究所

山西省考古研究院围绕“考古中国·夏文化研究”课题项目对忻州市尹村遗址进行考古发掘。尹村遗址位于忻州市忻府区旭来街街道尹村西北约 50 米的云中河北岸台地上，该遗址南临云中河，北倚金银山，东南邻近尹村居民区，西北侧临近胡家堖流经岩口注入云中河的季节河。该遗址是忻州地区重要的龙山文化至夏商时期遗址之一。

2021 年尹村遗址调查主要范围是临近尹村居民区东南部自北向南的台地上，最远到达该遗址西北侧临近胡家堖村流经岩口村注入云中河的季节河河沟。该遗址遗物分布较

广，而且遗址内各个区域有明显不同。尹村遗址2021年共布5×5米探方25个，另将南侧探方向南扩4米，实际发掘面积约750平方米。遗址共发掘灰坑46座，房址1座，墓葬9座。发掘区内地层堆积简单，大致分为三层。①层为耕土层；②层为近现代扰土层；③层分布范围较小，只在T1001与T1101南扩方内出现，时代较早；其他遗迹中发现有大量的夏商时期遗物，如沟槽鬲足、麦粒绳纹陶片等；而且于部分灰坑中亦发现龙山时代遗物和仰韶时代遗物，如肥足鬲、斝、彩陶片等。尹村遗址所发掘墓葬中2座为金元时期砖室墓，墓道均向南，墓室均遭严重破坏。而其余墓葬均为战国土坑竖穴墓，除1座墓葬为南北向外，其余均为东西向。而在2021年尹村遗址发掘中最为重要的发现是灰坑H13，其中发现多具人骨，而且为非正常死亡。人骨排列不规则，类似于随意丢弃于灰坑之中。人骨暴露在外为12具，其中9具人骨位于坑内西侧叠压放置，此中有三具人骨为俯身葬式，其余均为侧身，头向各异，无规律。而北侧坑壁有两具人骨，均为侧身葬式，且1具面向南，1具面向北。东南角坑壁位置有1具单独放置的人骨，该人骨于灰坑塌陷后的生土上，仰身屈肢，面向上，下肢伸入坑南壁的龛洞内，而且坑内其中1具人骨有明显的捆缚痕迹，怀疑为被杀死后抛入。山西忻定盆地附近遗址中虽也有人骨坑出现，但是数量较少，与尹村遗址H13有显著区别，因此H13的性质有待深入探讨。

2021年尹村发掘成果丰富，尤其是陶器类型多样，反映出公元前2000年前后古代忻定盆地东西、南北方向多向的文化交流。尹村遗址是研究北方与河套、河套与中原文化联系的桥梁；随着尹村遗址研究深入，“尹村类型”这类特殊考古学文化遗存性质的重要性将更加凸显。

（王　俊）

【绛县西吴壁新石器及夏商时期遗址】

发掘时间：2021年4～6月

工作单位：中国国家博物馆、山西省考古研究院、运城市文物保护研究所

2021年联合考古队继续在西吴壁遗址冶铜遗存集中分布区开展发掘工作，总发掘面积达750余平方米，揭露出较为丰富的龙山、二里头、二里岗文化时期的遗存。

龙山时代遗存较少，均见于中区，遗迹有房址、灰坑两类。房址皆为地穴式，开口线呈圆角长方形，直壁，平底，底部可见烧烤过的灶面。其中一座房址的地面一侧发现一处柱洞。灰坑较少，保存状态也较差。遗物有陶、石、骨器等。

二里头文化时期的遗迹种类有窖穴、灰坑、陶窑等。窖穴均口小底大，略呈袋状，底部平整。1座二里头文化时期的窖穴底部发现多件可以复原的陶器。灰坑较多，按形制可以分为圆形直壁、圆形锅底、形状不规则形等。1座窑箅式升焰窑保存相对较好，其依托生土而建，火塘、窑柱、窑箅均系泥条盘筑而成，局部可见清晰的草拌泥痕迹，被高温灼烧呈青色。火塘整体剖面略呈半圆形，上下窄而中间宽。窑柱南北向纵贯火塘之间，将火塘分隔为东、西两部分。窑箅较薄，其上以火孔连通火塘与窑室。火塘口在其南侧，与操作间相连。操作间开口线平面略呈长方形，与火塘相接处最深，向南呈缓坡状逐渐抬升，形成出入之通道。陶器器类有单把鬲、鼓腹罐、豆、盆、器盖、敛口瓮、蛋形瓮等，文化面貌属二里头文化东下冯类型。

二里岗文化时期的遗迹有窖穴、祭祀坑、灰坑等。窖穴不多，形制与二里头文化时期的基本相同。1座窖穴底部发现1具人骨，呈仰身屈肢状，面朝东。发现1座二里岗下层阶段的圆形祭祀坑，坑内出土20余个完整兽骨个体，种类包括牛、羊、猪、犬。此祭祀

坑的规模较大，且紧邻冶铜生产场所，当与冶铜生产中的祭祀环节密切相关。灰坑较多，形制与二里头文化时期基本相同。

半数以上二里头、二里岗文化时期的遗迹出土冶铜遗物，包括铜矿石、残炉壁、铜炼渣等；另有一些冶铜生产工具，如石锤、石砧、鼓风嘴等。此外，还发现少量铸铜遗物，如陶、石范。这些陶、石范均为铸造小型工具所用。

发掘所获各类遗存丰富了西吴壁遗址的内涵，为研究夏商时期的冶铜手工业生产提供了实物资料。二里岗下层阶段兽骨坑的发现，为探索商代早期祭祀活动，及其与冶铜生产之间的关系提供了直接证据。多个时期、不同种类的考古学文化遗存的发现，为探索西吴壁遗址不同时期的聚落结构与变迁积累了物质资料，具有较为重要的学术意义。

（田　伟　戴向明　崔春鹏　汤毓赟）

【稷山县东渠夏时期遗址】

发掘时间：2021 年 4 ～ 8 月

工作单位：山西省考古研究院、运城市文物保护中心

2020 年 6 月，为配合稷山体育场建设，在运城市稷山县稷峰镇东渠村北部新发现一处夏时期遗址。遗址地处汾河下游，地势平坦，南距汾河约 2 千米，北距吕梁山约 7 千米。遗址紧靠稷山县城，周围多为村庄、道路和建筑。通过调查与零星的勘探，确定遗址残存面积约 2 万 ~ 3 万平方米，主要分布在东渠村以北与涧东村东南之间的区域，发掘区处于遗址的西部边缘。2021 年联合考古队对该遗址进行了发掘。

发掘面积约 1000 平方米，共清理房址 1 座、陶窑 2 座、灰坑 36 座。房址破坏严重且被晚期墓打破，仅残存地面，平面大致呈圆形，直径约 3 米，地面有 3 个柱洞。陶窑 2 座，均为竖穴窑，自上至下由窑室、窑床、火膛组成，周围有操作间。灰坑除个别小浅坑之外，以不规则东西向长条状椭圆形为主，坑壁粗糙，坑底不平整，多口大底小。遗迹分布零散，很少有叠压打破关系。

出土遗物以陶器为主，灰陶居多，褐陶占一定比例。纹饰以绳纹为主，还有少量压印“S”纹、附加堆纹、旋纹、弦纹、划纹、篮纹等。典型器物有高领双鋬鬲、单把鬲、陶甗、带鋬罐、单耳罐、深腹罐、平底浅腹盆、双鋬深腹盆、盘、钵、小口鼓肩罐、折肩罐、大口尊、小口尊、蛋形瓮、敛口瓮、器盖、豆、四足方杯、爵、盉等。还发现有较多的玉石器、骨器、蚌器，包括玉钺、石铲、石刀、石纺轮、石锛、石凿、石箭镞、骨簪、骨锥、骨镞、骨针、骨铲等。此外，还发现大量的动物骨骼，经初步鉴定有猪、牛、羊、鸡等。经对灰坑内土样浮选，发现有包括粟、黍、小麦等农作物，还发现有黍亚科、豆科、藜科等丰富的非农作物遗存。

东渠遗址所发现的遗迹与遗物特征均与夏县东下冯、襄汾大柴遗址等晋南所见的夏时期遗存有极强的一致性，属典型的东下冯文化。从陶器特征来看，其年代大致相当于东下冯遗址二、三期。东渠遗址是近年来晋南地区少有的夏时期考古新发现，为夏文化的研究与探索提供了新材料。

（崔俊俊）

【晋中市榆次区秋村新区夏时期遗址】

发掘时间：2021 年 4 ～ 5 月

工作单位：山西省考古研究院、晋中市博物馆

为配合苏宁山西地区电子商务运营中心项目建设，联合考古队在前期考古勘探基础上进行了考古发掘。此次发掘共清理早期灰坑、房址各 1 座，清代墓葬 4 座。

灰坑（H1）开口于⑦层下，开口距现地表 169 厘米，开口形状为椭圆形，东北角被清代墓（M4）墓道打破，南北最长 5.15 米，东西

最宽4.71米，呈不规则锅底状，底部不平整，最深处距开口为0.93米。灰坑共分为3层堆积，堆积呈四周向中间倾斜状，灰坑底部为生土。（H1）出土大量陶片（1400余片），以及少量石制品，陶片以夹砂灰陶为大宗，纹饰以绳纹占绝大多数。目前对（H1）陶片进行初步拼对整理，器类暂时来看包括鬲、斝、罐、甗等，一些陶片与太谷白燕遗址四期、五期器物较为相似，初步判断灰坑年代不晚于夏代晚期。

房址（F1）南距（H1）灰坑30米，为建设方开挖墙体基槽坑时发现，发现时（F1）的南北向中部已被破坏，开口于⑥层下，开口距地表深度为1.58米，无叠压打破关系，（F1）整体保存情况较为不好，部分白灰底面保存相对较好。房址方向为北偏东7°，南北长3.4米，东西宽3.02米，为较规则的长方形。房内的西侧中部及以北地面上有约8厘米厚的炭灰和烧土颗粒，西北角白灰面上发现若干陶片及钻有一孔的石刀一件，部分陶片与白灰底面嵌在一起，推测为（F1）使用或废弃堆积。（F1）残存白灰面最厚0.6厘米。根据层位及出土陶片情况，推测（F1）可能与（H1）时代接近。由于房址南北向中部已被破坏，未发现（F1）内的门道及房内灶等。但在（F1）西北角西侧墙外有一近半圆形红烧土坑，最长处31厘米，深8.5厘米，烧土坑西壁、南壁及底面未发现烧结面，仅在北壁存有烧结面，最厚处0.5厘米，推测可能为一处使用时间较短的灶。

此次发掘所获资料尽管并不算丰富，但这处遗址是晋中市榆次区首次发现有夏时期遗存分布，它对于进一步了解夏代先民在山西地区的生存活动轨迹，以及丰富对夏时期考古学文化的认识和研究有重要意义。

（刘文杰）

【闻喜上郭村古城址】

发掘时间：2021年3～12月

工作单位：山西省考古研究院、运城市文化和旅游局、运城市文物工作站、闻喜县文化和旅游局

上郭村古城址位于运城市闻喜县桐城镇上郭村西部和南部，西邻涑水河，距离县城约2千米。上郭村古城址为第六批全国重点文物保护单位“上郭城址和邱家庄墓群”的一部分，北距邱家庄墓地约1.4千米。根据以往考古工作判断，上郭—邱家庄遗址为两周时期的一处大型遗址。

2021年在勘探工作的基础上发掘了8座春秋中期到战国中期的墓葬，这8座墓葬位于上郭古城址西段北城墙外侧，距离北城墙壕沟约30米，其中M1、M8为出土青铜礼器的两座墓葬，均出土铜鼎、铜豆、铜盘、铜匜、铜舟各1件。在勘探工作的基础上还发掘了城内西部的遗址区，堆积非常丰富。在面积250平方米的发掘范围内共发现仰韶和东周两个时期的遗迹与遗物，尤其是发现了东周时期与铸铜手工业相关的遗物，这一区域发现了大量的瓦片，说明附近原来应有大型建筑。此外还解剖了北城墙西段，发现了疑似马面的遗迹现象；解剖了北城墙中段，发现了疑似城门的遗迹现象。

经过历年的考古工作来判断，从上郭村到邱家庄以及邻近的西官庄、韩家庄、赵家庄、黄花岭等区域都是该遗址群的范围。上郭村及其西南是城址和居址区，村北沿鸣条岗直到邱家庄村东是墓葬区，整个遗址全长约5千米，宽约2千米，面积超过10平方千米。

随着考古工作的不断开展，为解决“古曲沃”所在地提供了新的线索。我们认为根据目前的考古发现，上郭—邱家庄遗址为晋国“古曲沃”的核心区域，是东周时期晋国宗庙所在地，该遗址的考古工作对于晋国历史和晋文化研究具有十分重要的意义。

（陈海波　荆泽健　田建文　王金平）

【垣曲北白鹅周代墓地】

发掘时间：2021 年 1 ~ 12 月

工作单位：山西省考古研究院、运城市文物保护中心、垣曲县文化和旅游局

墓地位于运城市垣曲县英言镇北白鹅村东。2021 年对墓地进行了全面考古调查、勘探和发掘。通过调查和勘探确定了墓地分布面积为 20 万平方米，共勘探出墓葬 217 座，车马坑 5 座，灰坑 241 座，陶窑 2 座，由此明确了墓地的主体遗存为东周时期墓葬、灰坑和车马坑。共揭露出墓葬 30 座，灰坑 28 座，车马坑 2 座，马坑 1 座，陶窑 2 座，实际清理完墓葬 27 座，灰坑 26 座，陶窑 2 座，马坑 1 座。出土器物 40 余件（套），陶片 10 余袋，另有零星兽骨等。

大型墓葬面积在 20 平方米左右，共 3 座，皆南北向竖穴土坑墓。M1020 发掘至椁盖板外，墓室南端暴露出铜鼎、簋、罍等青铜器，其余 2 座未发掘。

中型墓葬面积在 6 至 10 余平方米之间，共 7 座，皆为南北向竖穴土坑墓。其中，M1005 为东西向，墓主人头向西，余为南北向，头向北。M1008 有腰坑，坑内殉狗，其余不见腰坑。M1016 为空墓，M1005、M1007 为一棺，其余为一棺一椁。墓主人保存状况一般，可辨识者皆为仰身直肢，M1024 有殉人。随葬器物以墓主人头部所见玉玦和玉口琀为主，另有少量石圭，基本不见陶器。

小型墓葬面积在 5 平方米以下，共 20 座。除 M1017 为单体砖室墓外，其余皆为竖穴土坑墓。南北向墓葬 13 座，1 座墓主人头向南，1 座不明，其余头向北；4 座有腰坑，3 座有殉狗，9 座不见腰坑；2 座不见葬具，4 座一棺，7 座一棺一椁。东西向墓葬 7 座，2 座空墓，2 座头向东，3 座头向西，都不见腰坑；2 座一棺，1 座一棺一椁，余不见葬具。个别墓葬随葬品有陶器、玉玦，陶器位于棺椁间，玉玦出自墓主人头部。

通过 2021 年的考古，对墓地的布局有了更多的认识。墓葬整体分布较为稀疏，作散布状，大中型墓葬集中分布于墓地东南部，大型墓葬东南方有车马坑陪葬，车马坑为南北向，车在南，马在北，分开埋葬。灰坑同墓葬交错混杂在一起，有叠压打破状况，形制以圆形、直壁、平底为主，坑口径在 2 米左右，近一半坑内出土有陶片，另有兽骨、鹿角。陶窑规模较小，但结构明晰，火门、火膛、窑床、火道、烟道皆备。墓地还发现使用玉圭、玉璧墓祭的遗存。

已发掘最大的一组夫妻异穴合葬墓出土铜器组合为七鼎六簋，达到了诸侯和公卿的级别，说明该墓地人群的等级较高。不同墓向和墓主人头向，以及腰坑习俗反映出墓地人群并不单一。墓葬、灰坑和制陶作坊交错混杂，年代相近，说明该遗址有居葬合一的可能。

综合来看，墓主人应该为召公家族三大宗族之一的太保匽中氏，这里很可能是其后人随平王东迁后的家族墓地，地望正处于文献所载的邵原，属于王畿内采邑，肩负着拱卫洛邑北疆和控制盐、铜资源的战略要务。

（曹　俊　杨及耘）

【兴县“四八”烈士纪念馆建设项目东周墓葬】

发掘时间：2021 年 7 ~ 8 月

工作单位：山西省考古研究院、吕梁市文物考古研究所、吕梁市文物技术开发中心、兴县文化和旅游局

兴县隶属于吕梁市，位于山西省西北部吕梁市北端，东邻岚县、岢岚，南连临县、方山，北倚保德，西隔黄河与陕西省神木市相望。兴县“四八”烈士纪念馆基础设施建设项目位于兴县东会乡庄上村。2021 年清理长方形竖穴土坑墓 11 座（M1 ~ M11），其中 1 座为空墓。地层堆积简单，墓葬均开口

于耕土层下，填土为深褐色五花土，多经夯打。墓葬口大底小，墓壁有明显加工痕迹。墓口长 2.62 ~ 3.35 米，宽 1.5 ~ 1.97 米，深 0.5 ~ 183 米。8 座墓葬头北向，方向在 9° ~ 333° 之间；2 座墓葬头东向，方向分别为 88°、114°。1 座东向墓葬仰身屈肢，9 座墓葬仰身直肢。双人合葬墓 1 座，葬具为双椁双棺；绝大多数为单人葬，葬具一般一棺一椁，2 座仅有 1 椁未见棺。随葬品多为陶器，个别有铜带钩、铜箭镞、骨簪。9 座墓葬出土陶器 57 件，铜带钩 5 件、铜箭镞 1 件，骨簪 3 件。

从出土器物来看，以陶器为主，墓主人当为平民。器物组合有鬲、盖豆、盆、罐，或鼎、壶、盖豆、匜。无论是器物组合还是器形，与岚县梁家庄东周墓颇多近似之处，这批墓葬当属春秋末期至战国时期。东周墓葬在兴县还是首次发掘，兴县春秋属晋，战国属赵。虽然器物组合与晋国统治中心侯马等地类似，但双系罐颇具特色，反映了晋、赵在开疆拓土过程中对当地原住居民的征服及文化间的交流、融合。

（王京燕　白　云）

【阳泉平坦垴战国古井】

发掘时间：2021 年 3 月

工作单位：山西省考古研究院、阳泉市文物管理中心

平坦垴战国古井位于阳泉市洪城北路东侧，北距平坦垴战国古城北城墙 570 米，2019 年 11 月棚户区改造施工过程中发现，经向国家文物局申报抢救性发掘项目后，联合考古队对其进行考古发掘。

此次发掘出土了两口木构古井，一大一小，应是供应古城的水源之一。小井上部已毁，仅存井底部分的 3 至 4 层木构井壁，平面呈长方形，东西长 1.77 米，东宽 1.28 米、西宽 1.14 米、残高 0.25 ~ 0.5 米，井壁采用原始的榫卯结构，将柏木两端削平后相互搭接，闭合为四边形，逐层更替垒砌。时代由包含物（绳纹陶瓦片）判断为战国至汉代。小井距西百米处另有一大井遗迹，平面呈九边形，木构井壁保存基本完整，内径 4.5 米、深 9 米。井壁四周由两端加工成原始榫卯结构的柏木相互搭接成闭合的九边形逐层更替砌筑，现存 38 层。出土大量筒板瓦残片及经过加工的木构件，推测当时井口上方有井栏、井亭之类的建筑物。该井木构件测年数据显示：95.4% 的概率在 375 ~ 203BC，61.6% 的概率在 207 ~ 210BC，6.6% 的概率在 361 ~ 350BC。所以综合判断古井的砌筑时代为战国，废弃时代在西汉。

这是目前国内发现的保存最好的战国大型木构水井。该井的发现对于战国古井砌筑工艺、早期木构建筑研究、平坦垴战国古城的史料补充都有重要的意义。其九边形的构造颇为奇特，砌筑工艺考究，木构件中的槽口榫、企口榫、燕尾榫等是现存最完整的早期榫卯结构实物，体现了高超的设计理念和先进的建筑技术。

为了避免木质古井过度暴露于空气而发生质地变化，对文物造成伤害，经讨论研究，对大井进行原址回填，以最大限度保护古井的完整性。小井整体搬迁至山西省考古研究院，进行下一步的保护与研究工作。

（施光玮）

【晋中市榆次区流村北汉代和清代墓地】

发掘时间：2021 年 10 ~ 12 月

工作单位：山西省考古研究院、晋中市博物馆（晋中市文物保护和考古研究中心）

JZGT2019T47 地块位于晋中市榆次区乌金山镇流村以北约 0.9 千米处，龙城大街东延南侧，规划南二路北侧，纵十三路西侧。为配合晋中京师城市森林花园工程的地下文物保护工作，联合考古队对该地块勘探发现古

墓葬等遗迹开展了考古发掘工作，发掘面积约2254平方米，共发掘墓葬20座、窑址1座，墓葬包括汉代墓葬14座、清代墓葬5座和时代难辨墓葬1座，出土陶、瓷、漆、铜、铁、铅锡、玻璃和骨器等各类材质的随葬物300余件（套）。

汉代墓清理14座，墓道北向者8座，东向者6座，均为土洞墓。

墓道多为长斜坡式墓道，平面大多呈狭长的长方形，长斜坡底，有2座墓道呈弧拐状；少数为竖穴土坑式墓道，平面呈长方形，较短，缓坡底，部分有脚窝。墓门拱顶，可辨者多用木桩拼合封堵。墓室顶推测呈拱形，平面多呈纵向长方形或前宽后窄的梯形，大多为平底，部分墓室近墓门处有较大壁龛。墓道壁、底及墓室底多发现残留有工具痕。有4座墓葬在墓室顶上方接近墓道处发现有祭奠坑，规模较小，形状不太规则，内置陶罐、盒等祭器，大多为一罐一盒组合，亦有单放一罐的现象；另有1座墓（M14）在墓道内发现有填土器，组合为陶罐、盒各一。埋葬方式有夫妻双人同穴合葬、异穴合葬和单人葬，以头向论，合葬墓人骨摆放方式普遍为男右女左。葬具为一椁一棺或一椁双棺或单棺，葬式可辨者均为仰身直肢，头朝墓道方向。人骨口中有置铜钱作口琀的现象。出土随葬品有陶罐、陶壶、陶灶、陶盒、漆器（案、耳杯、樽、勺、盘）、铜车马器、铜弩机、铜镞、铜刷、铜钱（五铢）、柿蒂纹铜饰、铜泡钉、铅锡车马器、铁和铅锡组合䥽、骨环、料珠串饰等。每位墓主人的随葬陶器组合主要为5壶1灶、3壶1灶、3壶、3罐1灶等，其中M3出土一件有纪年文字的陶壶，壶外底模印文字“己丑河平二年”，“河平”为西汉晚期汉成帝年号，河平二年即公元前27年。

清代墓清理5座，均为墓道南向或西南向的土洞墓，按墓葬分布情况分属两个家族墓地。墓道平面多呈前窄后宽的长梯形或近似长方形，墓门用土坯封堵，墓室平面多呈前窄后宽的梯形。有2座墓为夫妻双棺双人合葬，以头向论，人骨摆放方式为男左女右，剩余3座墓为单棺单人葬。葬具均为梯形木棺，葬式包括仰身直肢、仰身屈肢和二次葬，头朝里，脚朝墓道方向。随葬品有符瓦、瓷罐、铜钱、铜扣、蚌扣等，基本随葬组合为每位墓主随葬瓷罐、符瓦各一。

时代难辨的墓葬清理1座（M19），为小型长方形竖穴土坑墓，东西向，单棺单人葬，葬具为长方形木棺，葬式为仰身直肢，头朝东，面向上，未发现任何随葬品。

此外还发掘清理窑址1座，由工作场、窑门、火塘和窑室等组成，坐北朝南。窑前工作场平面呈不规则形，基本布满小石块，夹杂少量砖块，中间低四周高做墁道状，以窑门口处最低。窑门呈不规则圆形，门口处砌砖。火塘在窑室南侧下方，口小底大，较深，底布满石块，夹杂少许砖块。窑室呈圆形，窑顶已坍塌，推测为馒头状窑；未见烟道，可能出烟口在窑顶；窑室底有“十”字形凹槽的火道，向南与火塘相通；室底发现残留有大量白石灰。整个窑室和火塘烧结面厚且坚硬，外侧呈红色，内侧呈青绿色且局部呈熔融状态，证明使用火候很高。根据窑址工作面铺设的青砖初步判断该窑址可能为隋唐时期烧制石灰的石灰窑。

这批墓葬的发掘丰富了榆次地区汉代和清代的墓葬资料，对研究该地区历史时期的葬制葬俗及社会历史文化具有重要意义。此外，石灰窑址为榆次地区首次发现，丰富了当地古窑址的类型，为榆次地区乃至整个山西地区古代窑址的研究提供了一份难得的实物资料。

（崔晓东　赵　辉　贾志斌）

【汾阳县杏花村墓地】

发掘时间：2021年9～12月

工作单位：山西省考古研究院、汾阳市文物局

为配合吕梁市汾阳博物馆（含非遗展馆）的建设，联合考古队对位于杏花遗址北部建设控制地带内汾阳博物馆项目用地内的古墓葬进行了科学的考古发掘。

此次发掘面积为600平方米，发掘墓葬共计34座，其中汉墓1座，宋金墓5座，唐墓2座，明清墓24座，民国墓2座。出土瓷器、陶器、铜钱等各类器物共计186件/组。

此次发掘较为重要的是发现1座整体结构较为完整的汉墓，形制为长斜坡多室砖墓，由墓道、甬道、前室、南北耳室、双后室组成。除前室顶部和南耳室内有盗洞外，整体保存较好，在山西地区较为少见。由于盗扰，遗物扰动较为严重，经出土有陶案、陶灶、陶盘、陶井、铜钱等器物20余件。经与离石马茂庄汉墓出土器物比较，器型基本一致。为保护墓葬结构，展示墓葬形态，当地文物部门已开展现场保护，拟原址建馆展示。

（王晓毅）

【朔州市朔城区北旺庄汉代墓地】

发掘时间：2021年9～12月

工作单位：山西省考古研究院、朔州市文物保护与利用服务中心、朔州市朔城区文化和旅游局

为配合朔州市第五小学的建设，联合考古队对该建设项目占地范围内的古墓葬进行了科学的考古发掘。共发掘面积920平方米，发掘东汉晚期墓葬18座，出土陶器、铜钱等各类器物共计152件/组。墓葬形制主要为长斜坡墓道单室砖墓和长斜坡墓道多室砖墓两种，从墓葬形制看，均为本地区东汉晚期所常见。从葬俗来看，流行合葬，往往一墓合葬数代人。随葬品主要为壶、罐、盘、案、尊、钵、灶、井等陶器，也是我国黄河流域及北方东汉中晚期墓葬中常见的器物。随葬品中不见中原东汉墓中流行的陶仓和陶楼，应是当地农业和畜牧经济并重、地主庄园还没有发展为坞堡的反映。因此，此次发掘的这批墓葬应属东汉晚期，即和帝至桓帝、灵帝时期。

（高振华　马晋渊　刘　元）

【大同市平城区智家堡村北魏墓地】

发掘时间：2021年5～9月

工作单位：大同市考古研究所

为了配合上华琚棚户区改造项目建设，经大同市魏都文物勘探公司勘探，随后大同市考古研究所进行了考古发掘工作。该墓地位于山西省大同市平城区智家堡村西北，西邻永泰南路，北邻昌宁街，南邻开源街，北距北魏明堂遗址公园1.5千米，东南距智家堡公园440米，地势北高南低呈坡状。

此次共发掘北魏时期墓葬94座，其中长斜坡墓道石椁墓2座、长斜坡墓道石室墓2座、长斜坡墓道砖室墓11座、长斜坡墓道窄室土洞墓9座、长斜坡墓道刀把型偏室土洞墓29座、长斜坡墓道梯形墓室土洞墓7座、长斜坡墓道方形墓室土洞墓34座。其中编号为M57的北魏太安二年吕续墓是大同市目前发现最早的也是唯一一座仿木构带前廊且有浮雕彩绘的石椁墓，石椁外南壁和石椁内东、西、北壁均有浅浮雕，画面形象生动，手法古朴典雅，刻工精细，彩绘以红、黑、白色为主，色彩艳丽，内容有墓主人羽化升仙图，生肖使侍奉神兽、持幡引路羽人、青龙、白虎、朱雀、玄武四神图、异域镇墓武士图，石椁西壁外部西北角侧向浮雕坐佛一尊。该墓石椁内的浮雕彩绘有着明显的汉代遗风和宗教色彩，而南壁外雕刻的异域镇墓武士的发型、样貌、体态、穿着等明显与汉文化风格不同，为研究民族融合、文化交流以及宗教史等提供了新的实物资料。墓铭记载吕续为扶风县民，结合该墓地另一座墓出土的砖铭，墓主为徐州人士，与史书记载的北魏民

族大迁移史料相吻合。

（靖晓亭）

【晋阳古城遗址】

发掘时间：2021 年 4 ~ 9 月

工作单位：山西省考古研究院、太原市文物考古研究所

晋阳古城遗址是全国重点文物保护单位、国家“十一五”至“十三五”规划重点保护的大遗址。2010 年入选首批国家考古遗址公园立项名单。晋源苗圃发掘区位于晋阳古城西北区域，为城市历代活动的核心区。2015 ~ 2020 年在该区域堆积最为丰富的东部区域分东、中、西三区段发掘了北朝至五代的多组大型建筑基址。2021 年在中部区段继续进行发掘，发掘面积 800 平方米，平均发掘深度 2.5 米至⑤ b 层。遗迹主要出现在④、⑤两层，多为灰坑。其中，④ b 层发现 1 座晚期房址和 1 座火灶，房址朝向不明，东西残长 3.1 米，南北残宽 3 米，仅存东、南两侧墙基，墙基宽 0.4 米、残高 0.25 米，两侧用碎砖齐边垒砌，中部填碎砖和土，制作粗糙；火灶灶口近方形，周围一圈 3 ~ 5 厘米宽的红褐色烧结面，灶膛袋状，用无口陶罐做成，上用残砖围成灶口。⑤ b 层发现 1 座建筑基址和基址上 1 条水渠。建筑基址与 2020 年发掘区域该层下发现的建筑基址连为一体，因灰坑打破，边界不清。台基上现存 3 个础石，制作规整。西侧础石有扰动，东侧两础石础心距 3.5 米，两础石东侧还有 1 条南北向水渠，残长 6.15 米，以碎砖和条砖砌渠壁，以条砖铺底。出土器物主要是建筑构件残件，包括板瓦、筒瓦、方砖、长条砖等；此外，还有一些陶、瓷制的生活器，如陶盆、陶罐等。

2021 年晋阳古城遗址的发掘对了解该区域内的地下埋藏情况、文化性质以及晋阳古城不同时代城市布局有重要推进作用，也为进一步理解中国古代都城发展演变提供了全新的材料。

（石　力）

【夏县吉家庄十六国及明清墓群】

发掘时间：2021 年 4 ~ 7 月

工作单位：山西省考古研究院、运城市文物保护中心、运城市考古队

吉家庄墓群位于运城市夏县裴介镇吉家庄村东。为配合山西夏县清控科创（运城）创新基地项目建设，在前期考古勘探的基础上进行了抢救性考古发掘，共揭露东汉灰坑 3 座、十六国墓葬 7 座、明清墓葬 46 座、明清明堂基址 2 座，出土随葬品 211 件（套）。此次发掘最为重要的收获是首次在运城地区发现了十六国时期墓葬。7 座墓葬均为长斜坡墓道洞室墓，由长斜坡墓道、墓门、甬道、墓室组成。墓向南北向，墓道在南，墓室在北，墓道长 10 ~ 15.4 米不等，宽在 0.9 ~ 1 米之间，墓道前半段坡度较缓，近墓室的半段坡度陡然加剧，前后之间有一明显的折角。墓门高度在 1.1 ~ 1.5 米之间，砖砌封门，错缝平砌，用砖绝大多数为半砖、残砖，整砖极少，砖体棱角磨损圆滑，应为旧砖新用。甬道、墓室均为洞室，甬道一般长 1.5 米左右，其中 M48 甬道长达 4.05 米。墓室平面为近方形，长宽在 2.3 ~ 2.85 米之间。墓自深在 4.5 ~ 6.7 米之间。

墓葬 1 座为三人合葬，每人一棺，头向南；1 座为双人合葬于一棺，对向侧身直肢，头向南；剩余 5 座为双人合葬，每人 1 棺，葬式清楚的均为仰身直肢，头向南。7 座墓中所有木棺平面均为梯形。

随葬品分为陶器、铜器两类。陶器有小口束颈广肩罐、细长颈圆腹壶、矮束领罐、双耳罐等，素面为主，纹饰有水波印文、波浪状刻划纹。陶器陶胎普遍较厚，器型笨重，束颈过甚。铜器有臂钏、戒指、棺冒饰、钱

币四类，臂钏由 2 ~ 3 件铜环组成，均出土于墓主左臂之上，戒指出土于墓主左手中指、无名指之上，钱币共出土 2 枚，均为“丰货”。

整体来看，此 7 座墓葬形制特征与东汉后期墓葬虽有联系，但区别更大。第一，墓葬形制方面，7 座墓葬墓道坡度不一，从中部开始坡度加剧；墓室为洞室，且为单室；墓门使用旧砖、残砖垒砌。第二，葬具方面，木棺平面均为梯形，与明清木棺形制结构相同。第三，随葬品方面，陶器无论器类还是厚胎、小口、束颈的器型特征明显与汉墓随葬品有别，铜器臂钏、铜丝缠绕的戒指等随葬品带有典型的北方草原游牧民族文化特征。

“丰货”为十六国时期后赵货币，后赵为北方游牧民族羯族所建立的国家，存在于公元 319 ~ 351 年。综合墓葬形制、葬具及随葬品特征，参考出土铜钱年代，项目组认为此 7 座墓葬年代应为十六国时期，最晚在北魏之前，最早可到后赵时期。

（李　辉）

【永济市蒲津渡与蒲州故城遗址】

发掘时间：2021 年 9 ~ 12 月

工作单位：山西省考古研究院、蒲州故城文物保护所

蒲州故城遗址 2021 年的工作主要是对 2020 年新发现的夯土遗迹进行发掘，进一步明确西城西北角区域总体夯土迹象的平面格局及性质。通过对夯土遗迹的揭露及局部解剖，判断该段夯土遗迹与 2015、2016 年度发掘的夯土遗迹同属一段城墙夯土，夯土主体时代不晚于唐，可能早至北朝。

夯土城墙为东西向，分两列夯筑，现存宽度 5.5 ~ 11.7 米。夯土城墙的主体现存宽度 4.2 ~ 9.1 米，高约 3.4 米。夯土为黄褐色粉砂土，土质坚硬纯净，夯层明显，厚 13 ~ 15 厘米。夯面较平整，局部可见圆形夯窝，夯窝直径 4 ~ 6 厘米。夯土底部有深 0.65 米的基槽，北偏中部夯土下有高 1.1 米的生土墙芯。夯土中出土遗物以砖瓦为主，少量陶片及釉陶残片，未见瓷片。初步判断该列夯土的时代可能早至北朝。

第二列夯土紧贴第一列夯土北部夯筑，为晚期补筑的城墙夯土，宽 1.35 ~ 2.6 米，高约 2.1 米。夯土为灰褐色粉砂土，土质坚硬，夹杂较多炭粒、烧土粒、砖瓦碎块及少量白灰，夯层较明显，厚 8 ~ 16 厘米。未解剖，根据其层位叠压关系及所叠压地层内的出土遗物判断其年代不早于宋金。

在夯土城墙南部新发现两列夯土，相对独立，与城墙不存在叠压打破关系，性质可能为夯土台基。分别编号第三、四列夯土，其中第四列夯土为主体，第三列夯土紧贴其北部夯筑，为晚期补筑部分。两列夯土均开口于④层下，第四列夯土南北宽 8.35 ~ 8.65 米，高 1.3 ~ 1.6 米。平地起夯，夯层较明显，夯层间粘连紧密，厚 10 ~ 20 厘米。夯面平整，局部可见密集分布的圆形夯窝，夯窝直径 3 ~ 5 厘米。夯土为灰褐色粗砂土，土质坚硬，包含较多炭屑、烧土粒及砖瓦碎块，出土少量陶片及瓷片。三列夯土南北宽 1 ~ 1.3 米，现存高约 0.7 米，为黄褐色花土，夹杂较多夯土块，较纯净，土质坚硬，夯面较平整，由南向北倾斜，夯层厚 10 ~ 13 厘米。局部可见直径 3 ~ 5 厘米的圆形夯窝。结合层位间叠压打破关系及夯土内的出土遗物，初步推断两列夯土的年代为金元时期。

在发掘区最西侧探方内未发现城墙夯土的拐角，仍向西延伸。结合城墙北部地层呈坡状的堆积形状，判断城墙的北部为城外，南部为城内，初步厘清了城内外唐至明清的地层堆积序列。同时，本次揭露的城墙主体夯土保存相对较好，是蒲州故城遗址公园建设很好的考古展示素材。

（刘　岩　贾　尧　穆文军　张朝阳）

【霍州市千佛崖摩崖造像及窟前遗址】

发掘时间：2021 年 8 ～ 12 月

工作单位：北京大学考古文博学院、山西省考古研究院、霍州市文化和旅游局

霍州千佛崖摩崖造像位于霍州市西南 7 千米处的汾河东岸山崖上，山势南北走向，长约 30 米，窟龛最高处距地面约 11 米。崖壁背山面水，背靠辛置镇郭庄村，东临 108 国道（霍侯一级公路），相距仅 3 米；西面 180 米处为霍州电厂，汾河从西面向南流过。

窟前遗址共布设 5×5 米探方 20 个，窟前表土及以下均为现代扰土层，夹杂大量后期填埋石块、垃圾等；发现一条现代废弃管道槽，崖壁下方发现早期护坡。

造像窟龛的雕凿非常集中，层叠分布于崖壁中部以北，互相之间存在打破关系，密集区域多达 8 层，分布面积约 220 平方米。初步统计，共 70 余龛、约 300 尊造像。崖壁上方有一尊高达 6 米坐佛，为“高武时期”雕凿而成。整体风格方面，造像题材多为常见的一佛二菩萨或一佛二菩萨二弟子，主要造型为尖拱形与圆拱形，造像平淡朴实，雕凿精美。佛像脸型多为方圆，面部神态庄重威严又不失和蔼，颈部均有三道蚕节纹，双肩宽厚，身形圆润健壮。掌印常见无畏印、与愿印、说法印、禅定印。衣着服饰方面，多着通肩袈裟，这种衣着样式在唐代贞观时期较少出现，上元—永隆逐渐增多，武则天时期开始流行，开元以后成为佛装唯一形式。从造像底座来看，武则天后期流行束腰有梗圆莲座，根部简化，袈裟披座上，开元以后沿用，形成定制，千佛崖摩崖造像与之符合。菩萨造像多束高髻，五官刻画有的十分姣好，有的生硬笨拙，体态丰盈饱满、动态扭曲，衣着华丽、装饰精美。

此次发现的五尊十一面观音是千佛崖摩崖造像的特点。十一面观音，别名大光普照观音、密号慈愍金刚，是密教六观音之一，在我国佛教题材中出现时间较晚。从目前发现来看，十一面观音形象在我国大量出现在唐代，武则天时期以后逐渐流行。

此次发掘共发现近 20 处铭记，经过识读，确定铭记内容有纪年、地名、人名、官名等几大类别。其中纪年有开元五年、十一年，天宝三载、十四载，长庆二年，宝历二年，会昌二年，正德五年等；地名有晋阳郡、安边郡、晋州、太原、霍邑、金昌府等；官名有县尉、中书舍人、度支、判官、押衙、副将等。

总体来说，霍州千佛崖摩崖造像始凿于唐代高宗武则天时期，开元以后为主，是山西重要的唐代中型造像群，既有太原天龙山石窟唐代造像风格，也受洛阳龙门、关中地区唐代造像风格的影响，为研究盛唐向中后期过渡的造像风格、类型演变提供重要材料；发现的铭记对研究唐代历史地理、府兵制等有重要价值。

（白曙璋　刘树伟　崔嘉宝）

【芮城县北关村北宋墓】

发掘时间：2021 年 7 ～ 8 月

工作单位：山西省考古研究院、运城市文物保护中心、运城市考古队

北关村宋墓位于芮城县舍利东街以南，洞宾东街以北，古魏北路东侧。墓葬为竖穴墓道砖室墓，由墓道、封门、甬道、墓室四部分组成，方向 10°。墓道长方形，直壁，平底。南北长 2.5 米，东西宽 1.2 米。甬道长 0.54 米，宽 0.88 米，高 1.28 米，两壁条形青砖平砌，平铺石板为顶。墓室长方形，直壁，拱形券顶，内径长 3.18 米，宽 1.88 米，高 2.2 米。四壁由条形青砖砌筑，白灰砌缝，东西两壁砌至 1.26 米高度起券，三层券顶。墓口至墓底深 3.2 米。墓主两人，东西并列，东侧人骨保存较完整，侧身曲肢向西，头向北；西侧人骨仅存些许残碎的头盖骨，均无葬具。

墓内出土随葬品 4 件，3 件铁犁铧相互套合置于墓室口，1 件瓷碗置于墓室东北角。墓志阴刻于封门石上。封门石平面长方形，长 1.37 米，宽 0.86 米，厚 0.15 米。中间主体为浮雕门楼，两侧为阴刻墓志。门楼为仿木构建筑造型，由基座、主体、门顶组成。基座撇山“八”字形，两侧为石勾栏，栏杆望柱两侧立有石狮。主体两栏一门，抱框一圈，门为版门样式，门钉 4 铺 4 伏，中有铺首衔环，栏头有一斗三升四铺作各一，补间缠枝牡丹花纹，中间为力士托顶。顶为筒瓦式四阿顶，两侧鸱尾，中部有宝顶。基座底部另浮雕一马，做奔跑状。

据墓志记载，该墓为姚仆射夫妇合葬墓，下葬年代为大观四年(1110 年)，属北宋末期。

（贾高强）

【洪洞西孔村宋元明清墓地】

发掘时间：2020 年 11 月 ~ 2021 年 7 月

工作单位：山西省考古研究院、洪洞县文化和旅游局

洪洞西孔村宋元明清墓地位于临汾市洪洞县甘亭镇西孔村北，为配合修建临汾·甘亭新型工业园区第六大道及南大街南段道路，山西省考古研究院联合洪洞县文化和旅游局进行了发掘。该地区周边有丰富的文化遗存，西北约 2 千米处有燕壁北遗址、燕壁遗址，分别为新石器时代陶寺文化遗址、汉代遗址；向东约 3 千米处有曲亭遗址、侯村南遗址，分别为新石器时代庙底沟文化遗址、汉代遗址。此次考古工作共发现墓葬 40 座，其中宋元墓葬 26 座，明清时期墓葬 9 座，时代不详墓葬 5 座，此外，还有 1 处清代明堂。

宋元墓葬主要集中分布在东西长 200 米、南北宽 30 米的范围内，均是坐北朝南，除一座砖室墓外，其余多为土洞墓，迁葬墓居多，均为平民墓。出土器物主要有陶器、瓷器、铜钱、铜镜等。M31 是一座土洞墓，墓室面积约为 2 平方米，平面呈长方形，口小底大。出土罐、盆共 27 件，人骨 20 具，在装有人骨器物上方还发现 15 件不规则“铭瓦”，墨书“高祖第一”“次祖第二”等类似文字；出土 4 块买地券。M33 是一座砖室墓，墓室面积约为 9 平方米，平面呈八角形，内壁有精美砖雕。北壁为妇人启门图，东北、西北两壁为窗棂、桌椅砖雕，东、西两壁为耳室，东南、西南两壁为侍女赏花砖雕，南壁即为甬道、封门，与墓道相连；出土陶罐、盆共 44 件，人骨 37 具，买地券 1 块。

通过 2 座墓葬出土买地券信息证实，墓葬所在区域为东孔村郭氏祖茔之地。元代大德七年（1303）洪洞县发生了我国文字记载的第一次 8 级大地震，此后 50 年内，郭氏后人来此祭祀祖先时，看到祖坟受损，于心不忍，按照“左昭右穆”制度在族墓地重新修筑了祖坟。鉴于 M33 的重要价值，对其进行了整体搬迁保护。

此次考古发现对研究元代洪洞地震、我国古代宗法社会祖宗崇拜的礼制秩序有重大意义。

（白曙璋　李　林）

【晋中榆次区保罗汽车城金代墓】

发掘时间：2021 年 5 ~ 6 月

工作单位：山西省考古研究院、晋中市博物馆

墓葬（编号 M1）位于晋中市榆次区保罗汽车城建设施工南部。开口于①层下，方向 344°，考古队进场发掘前地表已经被取土 1 米以上，墓室顶部完全被破坏。

M1 发掘开始前根据勘探坐标布 8×8 米探方一个。M1 墓葬形制为八边形砖雕墓，由墓道、墓门、墓室组成，呈南北向。墓圹平面呈不规则圆形，南北径长 4.55 米，东西径长 4.6 米。墓室距墓圹开口 0.10 米处留生土台。墓道位于墓室南部，平面呈不规则梯形，口底同宽，长 2.3 ~ 2.4 米，北宽 1.24 米，南

宽 1.32 米。墓底距开口深 0.9 ~ 1.06 米。墓道内填土为黄褐色花土，土质细密，包含有少量的植物根系。墓壁粗糙，到底部时略为坡状。墓道东壁南部有一个脚窝，长 0.28 米，宽 0.15 米。墓门封门砖为青砖，上部已破坏，残高 1.07 米，墓门宽 1.24 米。

墓室平面呈八边形，顶部已不存在，墓室长 3.15 米，宽 3.94 米，残高为 1.07 米。墓室壁面有砖雕板门、直棂窗、灯台、桌椅等。墓底铺方砖，砖边长为 0.36 米。墓室内填土细密，黄褐色乱土，内含少量的植物根系。

M1 葬具为一棺，平面为梯形。棺长 2.06 米，北宽 0.6 米，南宽 1.13 米，残高 0.34 ~ 0.58 米。棺下有木棺床，长 2.06 米，宽 0.6 ~ 0.96 米，残高 0.2 ~ 0.37 米。棺内有人骨3具，保存状况较差。共出土7件随葬品，其中瓷碗 1 件，残，位于墓道内；铁饰 4 枚，均残；分布于棺东西两侧铜钱 2 枚，锈蚀严重，发现时位于棺东南部。根据墓葬形制及结构以及出土器物，初步判断应为金代。

（赵　辉　胡慧鑫）

【盂县泥河村金墓】

发掘时间：2021 年 3 月

工作单位：山西省考古研究院、阳泉市文物管理中心、盂县文管所

泥河金墓位于阳泉市盂县秀水镇泥河村西北 100 米处，为村民在拓宽村道时发现，上报相关文物部门后组建联合考古队对其进行抢救性发掘。

该墓为仿木构壁画墓，由墓道、墓门、墓室等部分组成，平面略呈“凸”字形，方向 19°。墓道位于墓室南部的下一级台地上，平面呈长方形，南端有四级台阶，在靠近墓门且距开口 0.5 米处发现有一扣盖青瓷碗的黑釉罐，俗称“衣饭钵”，罐内有腐朽食物。

墓门呈拱形，其内采用方砖、条砖、不规则砂岩石块混合封门，外侧采用片石二次封堵。墓室位于墓道北部上一级台地上，墓圹开口呈圆形，其内砖室保存基本完整，主体采用条砖错缝平砌。墓室内除墓门外，共有七面墙体，墙体之间设转角立柱，并以阑额相连，其上设单抄手四铺作，上承普柏枋，再覆仿木构的砖雕瓦垄、檐椽、滴水。墓底北部设置近似梯形棺床，棺床采用五层方砖平砌而成。壁画装饰见于墓门、墓室内主体墙面、仿木建筑构件和券顶。

墓门两侧为羽翼纹和缠枝花卉装饰。墓室主体墙面绘制壁画七幅，均为白地，绘制手法以黑彩描边，灰、黑彩填充，包括夫妇端坐、童子嬉戏、鹿献灵芝、狮戏绣球、蒿里老翁等。建筑彩绘主要见于立柱、斗拱、拱眼壁、普柏枋、椽头等。墓顶涂抹一层黄泥，其上点缀白彩圆点，东西残留零星红彩日月，以示星象。

该墓葬具及随葬品未被扰动。墓底共发现死者 4 人，其中 2 人位于棺床偏南部，头朝西，面向上，南侧死者为一次葬，北侧死者为二次葬；另外，在墓门两侧，以侧立方砖围合棺床与墓壁之间的夹角，其内各平放一火葬罐，口朝墓壁，罐内各有一具经灼烧的人骨残留。出土器物共计 8 件，其中陶罐 2 件、瓷碗 2 件、瓷罐 1 件、铜钗 1 件、开元通宝 2 枚。墓葬形制及建筑彩绘装饰风格与盂县皇后村“大定八年”的金墓特征相近，两者年代相当。墓门两侧发现并立的仗人及伴犬，是目前所见山西境内保存最好的此类壁画形象之一，完整地再现了金代蒿里老翁形象及保护亡魂、荫佑生人的用意。

墓内童子骑鹤、鹿献灵芝、狮戏绣球等祥瑞图像，也为以往该区域发现金墓壁画所不见，丰富了对该区域金代民间信仰的认识。

（朱智博）

【岚县李家湾金元壁画墓】

发掘时间：2021 年 11 ~ 12 月

工作单位：山西省考古研究院、吕梁市文物考古研究所

墓葬位于吕梁市岚县王狮乡李家湾村，为配合岚县李家湾生猪养殖场项目建设，联合考古队对项目建设中发现的7座金元时期壁画墓进行了抢救性考古发掘，并对新发现的2座壁画墓进行整体搬迁。此次发现的7座墓葬中，5座1998年曾发掘过并已发布简报，因当时做回填处理，现壁画已模糊故未搬迁。此次新发现的2座墓编号M3、M6，墓内壁画保存较好故进行了搬迁。这2座墓形制基本相同，均为仿木结构八边形砖室墓，内有斗拱、滴水、门、窗等装饰，墓内设棺床，上有人骨遗存，其中M3有人骨3具，M6有人骨10具。根据墓葬形制和出土随葬品判断墓葬时代为金代，属于第三次文物普查时期确定的丁家沟村古墓群。

（刘吉祥　赵　辉　闫勇勇）

【汾阳市上堡村金元至明清时期墓葬】

发掘时间：2021年7～11月

工作单位：山西省考古研究院、吕梁市文物考古研究所、吕梁市文物技术开发中心、汾阳市文化和旅游局

依《山西省文物局关于对原山西芦荟清王酒业发展有限公司工程范围内所涉古墓葬进行考古发掘的意见》（晋文物函〔2021〕290号）的文件精神，联合考古队对该项目涉及的古代文化遗存进行了科学发掘。

汾阳市芦清王保健酒项目位于山西省吕梁市汾阳市杏花镇上堡村东北约200米。此次发掘共清理各时期墓葬29座，出土瓷碗、瓷盏、盏托、瓷罐、陶罐、铜钱等器物121件。编号为2021FYLQWM1～M29。

发掘的29座墓葬中有9座近现代墓，余20座墓葬按时代分为金元墓9座，明清墓11座；按形制分砖室墓16座，土洞墓4座。

砖室墓中八边形砖室墓6座，六边形砖室墓3座，四边形砖室墓7座。八边形砖室墓6座，时代金元，编号M16、M20、M21、M24、M25、M28。6座墓葬形制大同小异。有圆形墓圹；墓道平面长方形，土坑竖穴；砖封门；墓室仿木结构穹窿顶；部分墓葬有铺地砖。六边形砖室墓3座，时代金元，编号M11、M13、M29，除壁面数量不同外，余皆与八边形墓类似。四边形砖室墓7座，时代明代，编号M1、M14、M17、M18、M19、M26、M27。6座墓形制大体相同，为带墓道的单室砖墓，有长方形墓圹；墓道平面梯形，部分墓道内设台阶；墓室平面梯形；墓顶叠涩垒砌。土洞室墓4座，时代明清，编号M12、M22、M23、M15，皆为长方形土坑竖穴墓道的土洞墓。

此次发掘墓葬数量不多，时代跨度不大，墓葬形制普遍较小，当为金元至明清时期一般墓葬。但这批墓葬形制多样，特别是平面梯形的四边形墓在以往的发掘中较少见，这为研究该地区墓葬结构演变及不同时期墓葬特点提供了重要的实物资料。

（王普军）

【长治市屯留区王庄村元代石室壁画墓】

发掘时间：2021年11月

工作单位：山西省考古研究院、长治市屯留区文物博物馆

长治市屯留区煤化工工业院区污水处理一期工程配套管网项目施工过程中，在长治市屯留区上村镇王庄村西北角发现一座石室壁画墓。山西省考古研究院牵头，地方文物部门配合对墓葬进行了抢救性清理，编号M1，并开展了数字化扫描、测绘。

M1为长方形砂石结构墓，由墓道、甬道、墓室构成，坐北朝南。墓道位于墓室南部，压在民房墙基下，故未清理。甬道宽0.65米，高1.2米，砂石封门。墓室形式为土圹内砌筑石室。土圹平面呈长方形，直

壁，东西宽 3.4 米，南端压在民房下，仅清理了 2.8 米，石构墓顶已完全出露，推测南北长 3.8 米左右。石室为长条形沙石砌筑，内壁砂石的錾刻痕迹较为规整。平面呈长方形，南北长、东西宽 1.6，高 3.1 米。四角攒尖穹隆顶，墓顶四壁分别绘青龙、白虎、朱雀、玄武图像。撩檐枋下石雕斗拱，转角、补间铺作各 4 朵，皆简化的四铺作，不带华拱、昂、耍头等。斗拱下为石砌普柏枋、阑额。南壁普柏枋下砌筑长方形门框，门楣上有四个门档；北、西、东三壁阑额绘二十四孝图，每壁各 8 幅。室内西、北壁各有一长方体耳室，耳室入口两侧均雕刻直棂窗，东壁中间雕刻假门，假门两侧亦直棂窗。石砌墓壁底部出一周月台，中部为院落，放置一石桌，砂石碎块铺地。

墓室无棺，人骨均置于耳室内，有火烧痕迹，可能为火化。西壁耳室宽 0.85、高 0.95 米，内有三副散乱人骨。北壁耳室宽 0.55、高 0.65 米，内有四副散乱人骨。出土遗物共 4 件，中部院落正中置石桌一个，桌旁放置两个瓷罐，北壁耳室入口处放 1 瓷碗。根据墓葬形制及出土器物判断为元代。

（武俊华　杨林中　原　科　宋文兵）

【长治市高新区明代砖室壁画墓】

发掘时间：2021 年 6 ～ 7 月

工作单位：山西省考古研究院、长治市古建筑保护和考古研究所

长治市潞州区明代壁画墓位于长治市高新区起步区西环路（北环街—高新大道），为配合市政道路工程建设，由山西省考古研究院联合长治市古建筑保护和考古研究所对该项目古墓葬进行了发掘，共发掘清理明代砖室壁画墓 3 座（M1、M2、M3）、清代土洞墓 1 座（M4）、明代明堂 1 座，出土器物 64 件（套），主要有陶器、瓷器、铜器、铁器等。

3 座明代墓葬呈“品”字型排列，其中 M1 及 M3 分列东南及西南，M2 中间靠北。墓葬均由墓道、墓门、甬道、墓室组成。M1 为长方形拱券顶墓室，券顶已坍塌，东西北壁下碱残留有少量壁画，内容为仿木构建筑和对墓室本身起装饰性作用的线条，颜色以黄色、红色、黑色为主。M2、M3 为方形攒尖顶墓室，大小有别，墓室结构和壁画风格一致，只于细节处有些许不同。均是墓室四壁满绘壁画，内容为仿木构建筑及装饰性花朵、帷幔等，屋面以上点绘白色星斗，东壁红色太阳内绘金乌，西壁白色月亮内绘玉兔捣药。墓门东西两侧各绘一叉手行礼男侍者。墓室四壁中部砖雕立柱、平板枋、斗拱、挑檐枋、檐椽等。不同之处是：M2 干搓瓦屋面，斗拱为一斗二升，墓室北壁砌出“后明堂”，高 0.43 米，宽 0.37 米，进深 0.3 米；M3 板瓦屋面，斗拱为坐斗上雕刻正心瓜栱及正心万拱，墓室北壁绘有“明堂之门”，与 M2 砌出“后明堂”不同。明堂除了三座砖室壁画墓，需要指出的还有位于发掘区域南部、M2 南侧的明堂一座，砖砌八边形，底部未铺砖，顶部由碎砖块覆盖，直径 1.5 米，深 1.42 米，北、西北、西南、东北、东、东南方向有 6 个小龛，除东北面小龛外，其余龛内和明堂地面放置器物。根据出土器物推测时代为明代，与 M2“后明堂”、M3“明堂之门”可能有某种对应关系，此处应该是作为明代家族墓地祭祀之用。

清代土洞墓位于发掘区域最西侧，由墓道、甬道、墓室构成，墓室内无葬具、无人骨，出土有小瓷罐和铜钱。

该处明代早期家族墓葬从保存较好的墓室结构、砖雕与壁画以及丰富的出土器物反映了时人“事死如事生”的生死观、长幼有序的伦理观、日月星辰的宇宙观，以及当时以血缘和婚姻为基础的一种族墓制度和葬俗文化，为研究同时期、同地区丧葬制度以及明早期古代建筑增加了相关信息和材料。此

外，M2 及 M3 墓室彩绘壁画保存完整，具有较高的研究和展示利用价值。

（乔　军　杨　柳）

【洪洞县西孔村西北元明清墓地】

发掘时间：2021 年 6 ~ 7 月

工作单位：山西省考古研究院、洪洞县文化和旅游局

墓地位于临汾市洪洞县甘亭镇西孔村西北，南距临汾市区约 15 千米。为配合临汾经济开发区（洪洞·甘亭）工业园重型机械煤机制造产业园标准化厂房及基础设施建设，联合考古队进行了发掘，发现元代至明清时期墓葬 14 座，其中元代墓葬 2 座，明清墓 8 座，年代不详墓葬 4 座。墓葬有土洞墓和竖穴土坑墓两种，其中土洞墓 12 座，竖穴土坑墓 2 座，出土陶器、瓷器、铜钱、符瓦、装饰品、买地券等文物 79 件。

发现的 2 座元墓编号 M13、M14，相邻分布，一东一西，均为土洞墓，坐北朝南，方向 11° ~ 14°，由墓道、墓门、墓室三部分组成。墓道位于墓室南侧，竖穴式，口大底小，墓道口长 2.3 米，宽 1.1 米，平底，深 2.8 米。墓门呈拱形，高 1.05 ~ 1.1 米，宽 0.8 ~ 0.9 米，顶端距墓道口 1.8 米，土坯封门。墓室平面呈圆角长方形，底部平坦，长 2.2 米，宽 1.2 ~ 1.5 米，高 1.1 米。M13 墓底共 2 具人骨，为仰身直肢，头北足南。出土 1 枚铜钱，为“宣和通宝”。M14 墓底 1 具人骨架，共出土 16 件器物，其中买地券 1 块，瓷盏 1 件，酱釉双耳瓷壶 10 件，铁器 2 件，铜钱 2 枚，其中一枚铜钱上有“圣宋元宝”字样。

明清墓葬土洞墓居多，均坐北朝南，由墓道、墓门和墓室三部分组成，墓道多为长方形竖井式，墓室系墓道北壁下掏挖形成洞室。从葬俗看，以尸骨葬为主，方式有单人葬、双人合葬等，流行二次葬。墓葬中会出现头骨下枕炭块、镇墓用符瓦等。随葬品以民间烧造的粗瓷器和陶器为主。

此次发掘最重要的是 2 座元墓，出土的买地券记载，此 2 墓均为元代东孔村郭氏家族墓葬，与东侧的西孔村元墓同为一个家族，为研究当地族别、葬俗等提供了资料。

（白曙璋　李　林）

【阳城县荆底村明清墓地】

发掘时间：2021 年 4 ~ 5 月

工作单位：山西省考古研究院、晋城市文物保护研究中心、阳城县文化和旅游局

为配合晋阳高速改扩建项目，联合考古队对位于晋城市阳城县凤城镇荆底村村北背阴面耕地中勘探发现的古墓葬进行了考古发掘。此次考古工作实际发掘古墓葬 36 座，均为明清时期，分为竖穴土坑墓、土洞室墓、砖室墓三种形制，出土铜器、瓷器、陶俑等各类遗物 276 件（组）。

其中竖穴土坑墓 2 座，位于发掘区中部。以 M19 为例，方向北偏西 135°，平面呈长方形，口大底小，长 1.9 米左右，宽 0.52 ~ 0.56 米，墓底距开口 0.22 米。填土为五花土，土质比较松软。单人葬，出土人骨一副，残存棺木痕迹。出土器物有铜簪、铜钱等。

土洞室墓 8 座，由墓道、墓门和墓室组成，长方形竖穴式墓道、土洞墓室，墓道位于墓室北部，一般用砖砌封门。以 M13 为例，方向 128°，墓道长 1.2 米，宽 0.5 ~ 0.7 米；墓室长 1.8 米，宽 1 ~ 1.2 米，墓底距离地表 2.8 米。墓道内填土为五花土，土质疏松。砖砌封门，高 1 米，宽 0.7 米。墓室被积土填满，下有淤土。葬式有双人葬、单人葬、迁葬等。出土器物有铜钱、铜簪、玻璃饰品残件、瓷碗、瓷灯盏等。

砖室墓 26 座，由墓道、墓室、墓门组成，长方形竖穴式墓道、长方形砖砌拱券墓室，多为石砌封门。以 M15 为例，方向 102°，墓道长 2.5，宽 0.82 米，底部平整。石砌仿木

结构墓门，高 1.9 米，宽 0.96 米，自上而下雕刻瓦檐、斗拱、阑额板、檐柱等，匾额楷书“宅穸”二字，门额楷书“山高水昌”四字，均剔地起突雕刻。两扇砂石封门。墓室长 2.84 米、宽 2.24 米、高 2.14 米，为砖室拱券顶，“工”字形铺地砖，南侧有三个壁龛，北部墓门两个各一个壁龛，东西两侧各两个，并列五具棺木，已朽烂。出土器物有铜镜、铜簪、铁牛、瓷碗、瓷灯盏等器物。

荆底村这批明清古墓葬的发掘，为了解当地葬俗文化传承、研究明清地方经济社会变迁等都提供了较好的实物材料。根据墓葬分布特征，应为当地三个家族的聚葬之处，石砌仿木构墓门及随葬陶俑的作法具有鲜明的地域特征。

（宋文兵　武俊华　王　靖
李光明　张清洋）

【夏县挪过村明清墓地】

发掘时间：2021 年 7 ~ 9 月

工作单位：山西省考古研究院

墓地位于夏县瑶峰镇挪过村东南，地处中条山北麓，白沙河沿岸，地势相对平坦。此次发掘为配合夏县人民医院新院区建设项目而开展，共清理明清时期墓葬 68 座，其中 5 座为砖室墓，其余均为竖井墓道土洞墓。墓葬的保存状况较差，墓葬朝向分东西向和南北向两类，均为背山面水的布局。结合墓葬间打破关系及出土遗物，判断东西向的墓葬较南北向的时代较早。出土陶器、铁器、铜器、瓷器、锡器、银器等各类文物 316 件（组），分实用器和明器两类。器类主要有黑釉瓷碗、铜钱、符瓦、铁灯盏、陶罐、陶杯、陶盘、陶盅、铁犁铧、铜镜、铜手镯、银杯、银盘等。

五座砖室墓均为南北向，由墓道、墓门和墓室三部分组成，竖井斜坡墓道，墓室为长方形。其中 M2 保存相对较好，有明确纪年，出土两合墓志，为“明承德郎升奉政大夫陕西平凉府马政同知毛公配安人周氏合葬墓”。随葬器物丰富且规格较高，出土墓志记载了毛氏家族族谱及墓主人毛润的生平事迹，是研究地方史志的珍贵材料。M2 所处区域为挪过村毛氏家族墓地所在地，该家族系明清时期的富户显族，墓主官至从五品，随葬之银器、铜器及“麒麟八宝”石雕也显示出其较高的身份等级。

除砖室墓外，其余的竖穴土洞墓均为普通平民墓葬，从墓葬平面布局看，多成排分布，应系家族墓地。丧葬习俗方面，从出土女性人骨看，有缠足习俗；迁葬的人骨均在眼眶内放置黑色圆形料珠，象征眼珠；M59 东部发现明堂一处，形制特殊，用砖铺砌，平面呈八卦状，砖面放置铜钱。明堂中部置朱书买地券、黑釉瓷瓶、陶盆和鸡蛋，是研究古代明堂文化的珍贵资料。

（贾　尧　南普恒）

【泽州县北西村明清墓葬】

发掘时间：2021 年 3 ~ 4 月

工作单位：山西省考古研究院、晋城市文物保护研究中心、晋城市城区文化和旅游局

为配合晋阳高速改扩建项目，山西省考古研究院牵头，晋城市及城区文物部门配合，对位于山西省晋城市泽州县南村镇北西村西勘探发现的古墓葬进行了考古发掘。此次考古实际发掘古墓葬 5 座，均为明清时期砖室墓葬，出土铜器、瓷器等各类遗物 25 件（组）。发掘分为东西两区进行，相距约 50 米。M1、M2 位于发掘东区，坐北朝南，东西相邻，前后相错，均开口于②层下，距地表 0.34 米，向下打破生土。长方形斜坡式墓道、砖砌拱券形单一墓室，墓顶已毁。其中 M1 方向 150°，墓道长 2.74 米，北宽 1 米，南宽 0.88 米，自深 1.7 米。砖构墓门宽 1 米，高 1.22

米，乱砖封门。墓室为穹隆顶，已毁，“工”字形砖铺地，墓壁底部左、右两侧各有一边长0.27米正方形壁龛。墓室长2.64，宽2.76、底距地表2.2米。此墓为迁葬墓，发现三具骨架，成堆摆放，无棺。出土铜钱6枚。M2与M1形制、结构类似，发现三副人骨，均有棺。出土随葬品有瓷碗、铜耳环、铜吊坠、铜钱、玉环、铁棺钉、瓷罐等。

M4、M5、M6位于发掘西区，均坐西朝东，其中M4有三个砖砌墓室，墓道被两座单室砖墓M5、M6墓室打破不存。M4开口于②层下，距地表0.4米，打破生土，方向90°。墓道位于墓室东部。有左、中、右并排三个砖砌墓室，三墓门均为仿木构砖石砌筑，高1.3、宽1.1米左右，匾额分别刻“山高”“吉祥”“水长”二字，石板封门。墓室均为砖砌拱形顶，顶部已毁，墓底距地表2.06米，中室长3.22、宽0.96米。三墓室各发现一副人骨，共三副，均有棺。出土随葬品有玉坠、瓷灯台、铜扣、铜钱、铜簪、瓷灯台、瓷罐等。

M5、M6形制、结构与M1、M2类似，东西并列排布于M4墓道位置，墓顶被毁，均有棺木痕迹，出土器物有铜钱、小瓷碗、瓷罐等。

北西村东、西两区发掘的这两组墓葬应当分别属于当地两个家族墓区，因未出土相关的文字材料，我们无法确定这些家族在当地沿袭情况。后期受到人为破坏，墓顶及墓内多已被扰，但仍出土一些较有当地特点的随葬遗物，这为了解当地明清以来的葬俗文化提供了实物资料。

（王　靖　武俊华　宋文兵
李光明　张清洋）

【泽州县西河村明清墓葬】

发掘时间：2021年10月

工作单位：山西省考古研究院、晋城市文物保护研究中心、泽州县文化和旅游局

为配合晋阳高速改扩建项目，联合考古队对位于晋城市泽州县周村镇西河村附近勘探发现的古墓葬进行了考古发掘。此次考古工作实际发掘古墓葬7座，均为明清时期砖室墓葬，出土铜器、瓷器等各类遗物20余件（组）。此次发掘古墓葬均为砖室墓，均受到不同程度扰乱，保存状况较差。发掘分为东西两区进行。东区墓葬2座，编号M1、M2；西区墓葬5座，编号M3、M4、M5、M6、M7。

七座墓葬形制、结构类型均为长方形竖穴式墓道、砖砌拱券形墓室，在发掘区内两两并排分布，大体呈东西向，方向280°～300°。墓道位于墓室东部。墓门除M6保存一扇石门、上部为砖砌外，其余墓葬墓门均被破坏。墓室顶部除M4“穹窿顶”保存稍完整外，其余均被破坏，砖铺地。根据墓室剩余砌砖判断，墓室西壁及南北壁中下部均有壁龛。各墓葬均发现人骨2副，有棺木痕迹，葬式为仰身直肢。出土遗物包括砂锅、瓷罐、瓷碗、银指环、铜簪、铜烟袋、铜扣、铜钱、装饰品等。

西河村发掘的这批古墓葬虽破坏严重，但均使用了砖砌墓室，应是当地较为富裕的平民墓葬，根据墓葬分布规律判断应属于家族墓葬。这一区域地势较高、背山向阳，至今仍是当地村民的聚葬之处。此次发掘为了解当地明清以来的葬俗文化提供了实物资料。

（赵慧鹏　武俊华　王　靖
宋文兵　李光明　张清洋）

【盂县大横沟村明清墓葬】

发掘时间：2021年8月

工作单位：山西省考古研究院、阳泉市文物管理中心、盂县文物管理中心

盂县大横沟村明清墓位于阳泉市盂县秀水镇大横沟村西北的一处台地之上，为配合大横沟村采煤沉陷区治理项目，对该地块进行了考古勘探，并对发现的5座明清墓进行

了抢救性发掘，除 M4 为已迁空墓外，共计出土随葬品 32 件 / 组。其中，M1、M5 为明代墓，并排分列于墓群南侧，均为南北向的土洞墓，墓道位于墓室南侧，均为单人单棺葬，仰身直肢，骨架保存一般。葬具为木棺，腐朽严重仅存朽灰。随葬品较少，仅有黑釉瓷罐、白釉瓷碗、铜钱及镇墓瓦等。

M2 位于墓群中部，清代墓，为南北向的砖室墓，墓道位于墓室北侧。石质墓门制作较考究。门头有石刻“佳城”门额。墓室青砖砌筑，为双人合葬墓，东侧女性、西侧男性，骨架保存较好，均仰身直肢。葬具为木棺。该墓石门门额、石供桌、墓志等均不同程度易位，棺板多残碎且有火烧痕迹，应是早年经历过刻意破坏。但仍出土墓志、白釉瓷杯、玉手镯、镇墓瓦等随葬品 15 件 / 套。

M3 位于 M2 西北侧，清代墓，为南北向的土洞墓，墓道位于墓室北侧偏西，俗称“刀把墓”。该墓为双人合葬，西侧为男性，仰身直肢葬，东侧骨架保存极差。葬具均为木棺，腐朽严重仅存朽灰。随葬品仅有黑釉瓷罐、瓷灯盏、铜钱及镇墓瓦等 7 件 / 组。

M2 墓门匾额石刻丹书“佳城”在周边地区多见，为本地特色；该墓所出郑府君墓志，与大横沟村郑氏族谱所载相关内容基本相符，确定了 M3 为 M2 墓主之继子，个别内容还可补族谱之缺。

该批墓葬整体保存较好，尤其是两座明代墓与两座清代墓的同时发掘，对于研究明清时期当地平民墓葬葬制葬俗的区别和演变提供了实物资料。几座墓内均随棺放置镇墓符瓦，位置也均在门内棺前，亦为当地特色，但明墓与清墓的符瓦形制又有所不同，明墓符瓦上书：右“镇墓”，左“安亡”，中“奉令 + 符”；清墓符瓦上书：右“回凶”，左“作吉”，中“敕令镇墓”，区别较明显，是珍贵的民俗资料。

（韩利忠　郑海伟）

【晋中开发区弓村清代寺庙建筑基址】

发掘时间：2021 年 6 ~ 8 月

工作单位：山西省考古研究院、晋中市博物馆

弓村建筑遗址位于晋中开发区潇河产业园区弓村以北，小牛线南侧、综合通道（农谷大道）西侧，山西焦煤集团建设项目园区内，地理坐标为北纬 37° 37′ 01.52″，东经 112° 39′ 08.18″。2021 年联合考古队接续 2020 年的发掘工作再次对遗址进行了考古发掘。2020 ~ 2021 年两次发掘的总面积为 3600 平方米。发掘位置内地层堆积较为简单，厚度 0.3 ~ 1.8 米。自上而下为耕土层、黄土层、扰动层（含碎砖瓦）和淤积层；建筑基址多位于淤泥层之下。

发掘揭示该寺庙遗址为一处坐北朝南的两进院落。寺庙遗址以大殿、过殿和墁道为中轴线，房址东西对称分布，东侧建筑保存较为完整，西侧由于现代建设破坏保存较差。自南向北共保留有 1 ~ 29 个遗迹单位，包括山门—东西掖门、钟楼—鼓楼、东西厢房、中殿（过殿）—东西掖门—东西配殿、正殿—东西耳殿；东侧配殿根据遗迹发现其后期做过改建。寺庙之外，发现有房址近 10 处，还发现有石碾子、条石等遗物，推测可能作为磨坊使用过。

为进一步了解上层建筑基址之下所显露的建筑遗存，对遗址东部区域进行了探沟式发掘，地层堆积表明，分别在第一层建筑基址之下约 1.1 米处和 2.5 米处各有一层砖铺地面，还存在与第一层建筑遗存类似的建筑遗迹。弓村建筑遗址中发现有大量的建筑构件，类型包括青砖、筒瓦、板瓦，瓦当、滴水、脊兽、鸱吻、脊刹、横脊饰件、刻花纹砖、铁钉等，该类器物多为灰陶制品，仅在脊刹部分有少量的琉璃制品；发现一定数量的瓷碗、瓷碟、瓷盘、瓷杯、铁锅、铜勺、瓮、灯盏、烟嘴等生活器物，这些器物多发

现于东侧厢房，与火坑、土灶等建筑遗迹伴生；此外还发现与供奉有关的香炉，多为红陶制品，质地较差，仅有个别器物为琉璃质。

弓村建筑遗址中未发现明确纪年的遗物，但根据地层堆积、青砖尺寸以及出土遗物可推断出其年代为清代晚期，根据县志和找寻的碑文记载，该寺庙为“寿圣寺”，其始建年代不可考，但在明成化、万历、清顺治时都有过修葺，现存主体建筑可能为顺治时期建成，但在其后经过了多次修葺，使用时间主要为清晚期，可能一直延续至民国。

弓村寿圣寺的发掘是山西近年来首次对明清寺庙建筑遗址进行的大面积发掘，为研究晋中地区明清时期寺庙建筑结构以及建筑方式提供了考古学上的新材料，为研究榆次区弓村的历史、宗教文化以及民俗学提供了新的科学依据。

（石晓润　李　磊　任海云）

【汾阳市文峰东街项目清代墓地】

发掘时间：2021 年 1 ~ 4 月

工作单位：山西省考古研究院、吕梁市文化和旅游局、汾阳市文化和旅游局

依《山西省文物局关于对汾阳市文峰东街棚户区改造东方国际城（M 区）项目用地范围所涉古墓葬考古发掘工作的意见》（晋文物函〔2021〕3 号）的文件精神，考古队在汾阳市文化和旅游局的大力配合下，对发现的古代文化遗存进行了考古发掘。

项目地点位于汾阳市文峰东街，此次发掘共清理墓葬 22 座、墙址 2 处，出土黑釉瓷罐、玉烟嘴、鼻烟壶、石祭桌等器物 71 件（组）。22 座墓葬分布相对集中，时代为清代至民国，应为一处家族墓地。墓葬全为土坑竖穴墓，方向多为南北向，头南足北，平面梯形，北宽南窄，除 2 座合葬墓外，余皆为单人葬，多数单人葬墓室很小，仅容一棺。随葬品以黑釉瓷罐、符砖、符瓦为主。符瓦纪年有“乾隆二十五年”“嘉庆十七年”“光绪三十一年”等，可辨名字有“史廷伟”“史庭居”“史怀仁”“任氏”“郭氏”“王太君”“韩太君”等。另外，M2 还出土有“同治元年”墓碑，M10 出土有“闽杭”烟枪，M16 出土“康熙五十二年”石祭桌，M23 出土鎏金凤冠，M24 出土玉烟嘴、“同仁堂”鼻烟壶等。发掘的 2 处墙体为清代建筑的地基。该处墓地为一处平民家族墓地，墓葬形制单一，规模较小。这处墓地的发掘充实了该地区清代家族墓地的资料。

（王普军）

【平定县杨家沟村清代墓葬】

发掘时间：2021 年 10 月

工作单位：山西省考古研究院、阳泉市文物管理中心、平定县文物管理中心

平定县杨家沟村清代墓葬位于阳泉市平定县冠山镇杨家沟村西约 1000 米处，为配合平定县疾病控制中心和医药物资储备库新建项目，对该地块进行了考古勘探，并对发现的 9 座清代墓葬进行了抢救性发掘，除 M4、M7 外均为已迁空墓、M1 为砖室墓之外均为土洞墓，共计出土随葬品 27 件（组）。虽然该批墓葬是配合基建工程进行的抢救性发掘，且其中 7 座均为已迁空墓，墓葬信息已不完整，但是经过科学的发掘依然为了解当地葬制葬俗提供了依据。

结合墓葬规格及排布看，可知此处墓地应是一处寄埋墓地，而非有规划的家族墓地。7 座已迁墓中均出现碎蛋壳，其中 M8 出土完整的鸡蛋一枚，位于墓门内左侧，反映了当地迁葬之后，于空墓中放置鸡蛋的葬俗。M7 为单人单棺葬，但在墓门内左侧出土一件铜片饰，为模制女俑造型，或为当地单身男性合葬的葬俗。除 M3 外，几座墓内均随棺放置镇墓符瓦，位置也均在门内棺前，为当地特色。除 M1、M2 外，其余墓葬的符瓦内容基本相似，均墨书：上“仙师敕令”，下右“地

穴”，左“作吉”，说明时代相同，结合铜钱多见嘉庆、道光，个别墓还有光绪通宝，说明时代为晚清乃至民国。而M2符瓦与M1符瓦结构相似，内容分别为M1墨书：上“敕令”，下“诛”，中部朱砂“亡者安宁”；M2墨书：上“敕令”，下“贓”，中“茔乘生气”，风格类似，属同一时代。M4、M9中均出现镇墓砖，内容一致，墨书“中：唵阳圹大吉，右：身披北斗头枕三台，左：寿山不远石朽人来”，为典型的“生坟押圹符”，说明这两座墓应为未亡先建，是珍贵的民俗资料。

（韩利忠　郑海伟）

【浮山县北关村清代墓地】

发掘时间：2020年12月～2021年3月

工作单位：山西省考古研究院、临汾市文物局、浮山县文物局

浮山县天坛镇北关村古墓葬发掘项目位于山西省临汾市浮山县天坛镇北关村一组，其分布范围东至规划路，西至乡道，南至经六路，北至城北路。墓地位于尧王山西侧，北侧为冲沟。

为配合浮山县北关村新农村建设，联合考古队共同对墓葬进行考古发掘。此次发掘的墓葬均开口于①层下，共发掘墓葬46座，依据墓葬构建方法、形制、规格大小等可分为竖穴土坑墓和土洞墓两类，其中土洞墓45座，竖穴土坑墓1座。土洞墓由墓道、墓门和墓室组成，形制均较为一致，竖穴式或斜坡式墓道，平面呈倒梯形，位于墓室南部正中。墓室一般为弧形顶，平面呈长方形或近方形。依据墓道形制的不同可分为竖穴墓道土洞墓和斜坡墓道土洞墓两类。部分土洞墓用砖、土坯或石板封门。墓葬方向多为西北—东南向，个别为南北向，以双人和多人合葬为主，其次为单人葬，葬式均为仰身直肢。出土文化遗物数量较为丰富，类型有瓷罐、瓷碗、灯盏、符砖、符瓦、铜钱等遗物。随葬品组合关系较明确且固定，多按照一棺一套的标准进行随葬，组合一般为瓷罐、瓷碗、符砖、符瓦和灯盏，部分墓葬另随葬有明器和少量锡器。

整体来看，此次发掘的墓葬时代均为清代，墓葬形制均为土洞墓，延续时间较长，对于构建该地区清代墓葬的类型框架，研究清代的丧葬习俗、社会文化等提供了较为丰富的材料，具有一定的意义。

（袁文明）

【晋城市石窟寺（含摩崖造像）专项调查】

调查时间：2020年12月～2021年3月

工作单位：山西省考古研究院

为贯彻落实习近平总书记关于石窟寺保护的重要指示批示精神和国务院关于加强石窟寺遗址保护利用工作专题会议部署，全面掌握山西省石窟寺现状，山西省考古研究院成立调查队，于2020年12月至2021年3月对晋城市辖区5县2区的石窟寺（含摩崖造像）进行了专项调查。

此次调查共确认石窟寺及摩崖造像46处，其中石窟寺23处，摩崖造像23处，含全国重点文物保护单位2处（石窟寺2处），县（市）级文物保护单位19处（石窟寺9处，摩崖造像10处），未定级文物点25处（石窟寺11处，摩崖造像14处）。46处地点中，43处为核查第三次全国文物普查数据，泽州的故村摩崖造像、大云院摩崖造像、双林寺摩崖造像3处地点为新发现。晋城市拥有较为丰富的石窟寺文化遗产，分布广泛，类型多样，价值巨大，是重要的文化资源。特别是北朝时期，晋城地处北魏新旧两都之间，是重要的交通要道，形成了以羊头山石窟为中心，包括高庙山石窟、釜山石窟、米东七佛山石窟、石堂会石窟等23处北朝窟龛造像的密集分布区，这对研究北朝时期佛教信仰的民间传播具有重要的意义。

通过调查，系统地掌握了晋城地区石窟寺及摩崖造像的保护管理机构、安全设施建设、开放及展示利用、各类型病害等情况，形成46篇专项调查报告，对下一步针对性分类型分级别开展保护工作提供了重要依据。

（王普军）

【临汾市石窟寺（含摩崖造像）专项调查】

调查时间：2020年11月～2021年3月

工作单位：山西省考古研究院

为贯彻落实习近平总书记关于石窟寺保护的重要指示批示精神和国务院关于加强石窟寺遗址保护利用工作专题会议部署，全面掌握山西石窟寺现状，山西省考古研究院成立调查队，于2020年11月至2021年3月对临汾市辖区石窟寺（含摩崖造像）进行了专项调查。此次调查共确认石窟寺及摩崖造像47处，其中石窟寺23处，摩崖造像24处，含全国重点文物保护单位3处（石窟寺2处、摩崖造像1处），省级重点文物保护单位2处（摩崖造像2处），县（市）级文物保护单位17处（石窟寺10处，摩崖造像7处），未定级文物点23处（石窟寺11处，摩崖造像12处）。47处地点中，45处为核查第三次全国文物普查数据；洪洞县岭南报国寺摩崖造像、霍州市龙泉洞石窟2处地点为新发现；大宁县太山寺摩崖造像、鳖盖腰摩崖造像核查为已消失地点。此次石窟寺（含摩崖造像）专项调查工作梳理了临汾地区石窟寺及摩崖造像的保护管理机构、安全设施建设、开放及展示利用、各类型病害等情况，形成47篇专项调查报告及1篇市级专项调查报告，对今后临汾地区石窟寺（含摩崖造像）考古工作提供了重要依据。

石窟寺对于承载中华民族历史、文化、艺术、宗教、交流等方面具有的天然优势这让我们清楚地认识到，保护好石窟寺这一文物资源，并加以利用，不仅能够给全社会带来可观的精神价值，还能够带来丰厚的经济社会价值，因此，石窟寺保护利用工作是一件意义非凡的事情。

（白曙璋）

【襄垣县南峰遗址考古调查与勘探】

调查时间：2021年5月、10～12月

工作单位：山西省考古研究院、襄垣县文博馆

襄垣南峰遗址考古调查与勘探项目是山西省文物局“晋南在中华文明进程中的地位与作用研究”考古课题子项目“浊漳河流域考古调查研究”2021年度工作内容。南峰遗址位于长治市襄垣县古韩镇南峰村浊漳西源“S”形走向南岸的台地之上，南北长约500米，东西宽约400米，面积为20万平方米，文化层厚1.5～3米。遗址内涵盖仰韶、庙底沟二期、龙山、夏商时期诸文化，是襄垣县境内目前发现的规模最大、年代跨度最长、遗物最丰富的史前遗址。

2021年5月、10月至12月，联合考古队对该遗址进行了全面的考古调查和勘探工作，并对勘探发现的部分重要遗迹进行了解剖确认。较为重要的遗迹有15处，其中灰坑11座、房址2处、陶窑1座、壕沟1条，并对断崖上暴露的1座房址（F1）和壕沟（G1）进行了解剖。

F1开口于②层下，距地表1.2米，向下打破生土，为半地穴式房址，南北均经扰动，保存状况较差，活动面以白灰所覆盖并修整齐整，下部铺设红烧土块，中间夹缝中涂抹一层草拌泥以连结烧结块与白灰面缝隙，使其更加贴合，延长使用时间。F1残长2.6米，残宽1.2米，白灰面厚度0.01米，烧结块厚约0.18米，中部填缝的草拌泥约0.03米，最下部有0.05米左右垫土，无夯打痕迹，下即为生土。根据出土遗物初步判断为龙山文化时期。G1位于遗址东、北边缘区域，全长398米，在东沟中部有一宽5～6米的隔断，

应为环壕上的“土桥”，即出入口。G1 开口距地表 0.6 ~ 0.9 米不等，开口于②下，向下打破生土，因地势影响导致开口北高南低，宽度 8 ~ 9 米不等，深度 0.9 ~ 4.9 米不等。对北壕沟中部的解剖得知，此处沟深 3.5 米，东周时期灰坑打破该壕沟，沟底又打破庙二时期灰坑，出土陶片不晚于龙山晚期。据此综合判断此处壕沟为龙山时期。

南峰遗址应是浊漳西源一处次级聚落中心，因长期受河道侵蚀、人类生产生活破坏等，遗址现状已有较大变化，保存状况并不理想。该遗址可作为今后大学考古专业 2 ~ 3 个年度的实习基地，但是其并非长治地区史前文明及夏商时期聚落布局的中心型遗址。在周边调查的遗址中也未发现规模、内涵超出南峰遗址的地点，因此，长治地区相应的中心聚落仍需进一步寻找。

南峰遗址发现的龙山时期壕沟是目前在长治地区确认的第一条史前壕沟遗迹，具有重要意义。近年来随着“考古中国”项目的实施，在中原诸多仰韶、龙山遗址中均确认了大型环壕聚落，为了解该阶段的聚落结构与布局及构建中原地区文明化进程图景提供了重要支撑。南峰壕沟的发现与确认证实浊漳河上游的长治地区存在同样的发展轨迹，其史前到夏商的发展进程逐步纳入以中原为中心的历史趋势中。

此次调查及勘探工作初步明确了整个遗址范围及外围区域的地层堆积及地势地貌，厘清了该遗址明确的时代跨度，为后续在该遗址及周边区域开展进一步考古工作打下了坚实基础。

（武俊华　杨林中　石　力
杨小川　张素峰）

【芮城坡头新石器时代遗址调查与勘探】

调查时间：2021 年 5 月、10 ~ 12 月

工作单位：山西省考古研究院

芮城坡头遗址位于芮城县东北部，地处中条山南麓黄河北岸的山前台塬上，在 2020 年工作基础上，2021 年主要是继续开展坡头附近的勘探，寻找外围轮廓性设施及内部功能区；以坡头为中心，扩大调查范围，确认其龙山时期区划设施的具体位置，进一步了解其聚落结构和周边聚落分布。

通过勘探在坡头村东发现有一条南北向环壕，编号 G1，环壕两侧均为黄色生土夹杂大量料姜石，该现象往北一直延伸，并且与 2020 年勘探出的东—西向的沟相接，在距北部约 165 米处，环壕突然断开呈一豁口，宽度约有 10 米，疑似环壕向外的通道。

G1 在坡头村东北拐弯后，在坡头村南向而行，目前已知长度超过 2 千米。根据坡头村东路南断面的情况来看，该环壕开口于耕扰土之下，剖面呈倒梯形，上口宽达 13 米，底部宽 3 米，自深 8 米。东侧边坡较陡，内侧（西侧）边坡略缓。

在 2020 年调查基础上，2021 年继续扩大范围，对芮城东部地区进行了拉网调查，复查了其他区域一些遗址，为了解坡头周边乃至中条山南麓遗址分布情况有了一个轮廓性的认识。调查发现中条山南麓及黄河北岸遗址分布从早到晚有逐步向山前高地转移的趋势，这一现象与河套地区史前聚落选址的发展态势大致趋同。

（张光辉）

【沁水八里坪遗址调查与勘探】

调查时间：2021 年 5 ~ 12 月

工作单位：山西省考古研究院、晋城市文物保护研究中心、沁水县博物馆

八里坪遗址位于晋城市沁水县郑庄镇八里村东北台地，是目前发现的晋东南地区面积最大的史前聚落遗址之一，分布面积 100 万平方米，地表遗物丰富，遗址保存较好。1982 年文物普查时发现，1986 年列入省级文

物保护单位,2018 年入选国家文物局“十三五”重点研究课题“考古中国—中原地区文明化进程研究”项目，2019 年入选“考古中国—晋南在中华文明进程中的地位与作用研究”项目，2020 年正式获国家文物局批复立项，批准文号:《国家文物局关于中原地区文明化进程研究工作计划（2020—2024）的批复》（文物保函〔2020〕（446）号）。

该遗址对于考察晋东南与中原地区的关系、探索晋东南地区文明化进程及其在中原地区文明化进程中的地位具有重要意义。

2021 年的调查与探勘在 2020 年对遗址进行勘察的基础上进行，主要目标是追踪 2020 年探勘发现的沟。主要探勘区域为第Ⅲ区北部及第Ⅱ区西北部，经过探勘确定了内外两重壕沟的走向和分布范围。内壕沟的平面为长方形，开口距地表深 1 ~ 1.3 米，深度 2.5 ~ 2.7 米，宽度 13 ~ 18 米，沟内面积约 5.5 万平方米。

2021 年探勘过程中，在遗址第Ⅴ区进行了系统勘察，在地坎断面上发现 8 处南北成一直线分布的沟状遗迹，对其中的第一、第二断面进行了清理。结合 2020 年南北纵探时的记录，初步确定外壕沟的西、北边界。外壕沟平面接近方形，东北部被冲沟破坏。开口距地表深 0.8 ~ 1.3 米，宽度 6.2 ~ 8.4 米，深度 2.6 ~ 2.9 米。沟内现存面积 46 万平方米，复原面积 64 万平方米。为了确定内壕沟的时代，选择内壕沟的西、东、南边进行了解剖。通过解剖确定三个地点的沟内堆积相同，时代也相同。以西部解剖探沟 TG1 为例，第①层耕土层下为垫土层，厚 20 ~ 25 厘米。第②—⑤层为沟废弃后形成的堆积，根据层位关系，内壕沟打破了早期的白灰地面房址，沟完全废弃填平之后，又建造了晚期的白灰房子。根据出土陶器和沟底部出土动物骨骼 BETA 实验室测年数据，综合判断，沟的始建年代为庙底沟二期文化晚期。龙山早期废弃，距今 4300 ~ 4100 年。

（赵　辉　张清洋　车国梁）

内蒙古自治区

【乌审旗萨拉乌苏旧石器时代遗址】

发掘时间：2021 年 9 ～ 11 月

工作单位：内蒙古自治区文物考古研究院、中国科学院古脊椎动物与古人类研究所、乌审旗萨拉乌苏考古遗址公园管理局

萨拉乌苏遗址是我国最早发现和发掘的旧石器遗址之一，发现的一件人类牙齿化石被命名为河套人，这是在中国第一次较多地发现旧石器遗存，也是中国以至东亚大陆第一次确认的旧石器时代的人类化石。

2021 年，为配合萨拉乌苏考古公园的建设，重新启动了萨拉乌苏遗址的考古工作。此次发掘面积 100 平方米，发掘剖面最深达 15 米，出露的地层共分为 9 层，发现两个文化层，文化遗物分布于第⑥层的底部和第⑨层，均为出土打制石器和动物化石。其中第①文化层位于第⑥层的厚砂层底部，为薄层的灰色粘土质粉砂，发现打制石器和动物碎骨，石器多为小石片和碎屑，小石片的人工痕迹清晰，显示了稳定的石器打片技术。该文化层发掘面积较小，所出石制品较少，但可能代表了萨拉乌苏遗址古人类在此最后的生活时光，因为该文化层被厚厚的风成砂层所覆盖，可能代表湖退沙进的环境变化。第二文化层分布于第⑨层中，是出土遗物十分丰富的一层，其地层为灰色粘土被砂层切割填充，沙与粘土混合的区域一般富含动物化石和打制石器，且动物化石比较破碎。第二文化层的打制石器丰富，共 500 多件，分布于整个发掘区域，类型多样，包括石核、石片、石器工具、断块和碎屑等，尺寸一般偏小，这些石器的原料主要为石英岩和燧石，燧石的质地比较优质。石器之外，还发现一些骨片上的打击痕迹，打制骨器的使用也是萨拉乌苏遗址的一大特色。另外一类以砂质结核制作的大型砍砸器，是此次发掘的新发现。此外，第二文化层还发现了比较完整的动物骨骼，包括羚羊角、犀牛肩胛骨、大型食草类动物的肢骨等。

此次发掘重新确认了 1923 年法国学者发掘出旧石器文化的原始位置，原王氏水牛发现地的位置，实际就是近百年前的发掘地点，解决了长期困扰中国旧石器考古界的一个学术问题。

此次发掘采用全站仪准确记录重点标本的空间三维坐标，为后期的综合研究提供了科学准确的数据。此次新的考古发掘明确了两个文化层，代表了不同时期古人类在萨拉乌苏的活动，丰富了萨拉乌苏古人类活动的历史；准确的地层和标本为萨拉乌苏遗址的年代测定提供了科学依据。发掘出土的打制石器、打制骨器和动物化石，对研究萨拉乌苏的旧石器文化和古人类的生产力和生计方式都十分重要，为科学研究提供了翔实的考古材料；此次发掘形成的考古剖面蕴含丰富的环境信息，为系统的古环境研究和年代测定提供了条件。

（陈福友　陈婷婷）

【金斯太旧石器时代遗址】

发掘时间：2021 年 6 ～ 9 月

工作单位：内蒙古自治区文物考古研究院、内蒙古博物院、中国科学院古脊椎动物与古人类研究所

金斯太遗址是中国北方一处重要的早期人类洞穴遗址，保存了旧石器时代中晚期至青铜时代的文化遗存。遗址位于锡林郭勒盟东乌珠穆沁旗阿拉坦合力苏木巴达拉胡嘎查，北距中蒙边界约 20 千米。遗址所在的东海尔汗山为花岗岩丘陵山地，洞穴发育其中，海拔约 1400 米。2021 年发掘及清理面积约 20 平方米，其中原生堆积的最大发掘面积约 10 平方米。

2021 年完成了遗址发掘区第②～⑤层的发掘（发掘区第①层缺失），最大发掘深度约 1 米。发掘中，在保持 2012 ～ 2013 年地层划分框架的基础上对遗址地层进行了细分，将第②层划分为三个亚层（A、B、C），第④层划分为五个亚层（A ～ E），第⑤层划分为三个亚层（A、B、C）。共清理火塘 7 处，其中多数火塘受到啮齿类等穴居动物的扰乱而不完整，仅有发现于 4E 层、5A 层的两处火塘相对较为完整，火塘主要为挖浅坑堆烧，尚未见到石块构筑迹象。原生堆积内出土编号标本 1100 余件，包括陶片、青铜残件、装饰品、骨器、贝壳、石制品、动物骨骼及牙齿等，其中以石制品和动物化石最多。青铜残件仅发现于第 2A 层；陶片见于第 2A、2B 层；装饰品和骨器主要发现于第②、③层；第④～⑤层主要为石制品和动物化石，其中第④层出土较多的细石叶遗存。同时还在坍塌等堆积内筛选到众多的石制品、动物化石和陶片，较多的装饰品、骨器以及少量的青铜残件、贝壳等。

金斯太遗址所在地区是欧亚大陆东部沟通东西、南北的重要一站，是研究史前东西方文化交流及中国北方和蒙古国、俄罗斯西伯利亚地区互动的关键地区。新的发掘收获进一步显示了该遗址所具有的重大学术价值和潜力，为东西方古人类迁徙、技术扩散、文化交流等提供了考古实证。

（李　锋）

【巴林右旗乌兰图嘎新石器时代遗址】

发掘时间：2021 年 10 ～ 12 月

工作单位：内蒙古自治区文物考古研究院、巴林右旗文化旅游体育局、巴林右旗博物院

乌兰图嘎遗址位于赤峰市巴林右旗大板镇乌兰图嘎嘎查东北约 1.3 千米，坐落在一座名为“额布日勒泰”的低矮的山丘上，面积在 1 万平方米以上，北倚敖伦敖包山，西南望凤凰山，地势西高东低、北高南低，东侧约 800 米为查干木伦河支流古日古勒台河。

2021 年，为配合二广高速公路的建设，联合考古队发掘了 4000 余平方米，揭露出房址 70 余座，灰坑 40 余座，墓葬 1 座。除墓葬由于未出土任何遗物时代尚难判断以外，其余遗存大体可以分为三个时期。

第一期遗存：包括房址 10 余座和部分灰坑，较为集中地分布于遗址中部。房址皆为方形或长方形半地穴式，面宽一般大于进深，面积在 30 平方米左右。圆形或椭圆形坑灶位于房址中部，最为突出的特征是约半数房址的灶前都埋有一立置的平底筒形罐，口略高于地面，出土时罐内盛满灰烬。门道位于房址东南侧，为两层阶梯式。这些房址东北—西南向成排分布，最大的一座房址占据这一时期聚落的中心位置，面积 100 平方米以上，北侧穴壁保存非常好，深度在 1.2 米以上，室内有一大一小两个坑灶，较小的灶前埋有立置的筒形罐。总体来讲，此类房址居住面上出土陶器较少，灶前的筒形罐都是三段式的纹饰布局，主体纹饰是交叉网格纹，文化面貌与兴隆洼文化南台子类型最为接近。

第二期遗存：包括房址 20 余座和部分灰坑，除发掘区域东北部以外都有分布。房址

保存状况较第一期遗存要差，绝大多数房址南半部已经不存。这一时期的房址多为长方形半地穴式建筑，进深明显大于面宽，面积一般不到 30 平方米。长方形或方形坑灶位于房址中部。长方形门道位于房址东南部。部分房址的穴壁和居住面经火烧烤坚硬。出土陶器或陶片的纹饰多为窄细的“之”字纹或带有篦点的几何纹。陶器的可辨器形主要有筒形罐、椭圆底罐、斜口器、假圈足钵等。

第三期遗存：遗迹数量最多，但保存状况最差，包括房址 30 余座和部分灰坑，除发掘区域西北部以外都有分布，几乎房址南半部都被破坏不存。根据房址残存部分判断，这一时期的房址多为圆角长方形半地穴式建筑，室内无明显踩踏面，圆形坑灶或圆形地面灶位于房址中部。出土遗物也极少，有夹砂灰陶饰弧线“之”字纹筒形罐、磨盘、磨棒、石耜等。

乌兰图嘎遗址遗迹较为密集，打破关系较为复杂，包含兴隆洼文化、赵宝沟文化、红山文化等三个时期的遗存。其中兴隆洼文化和赵宝沟文化房址保存相对较好，出土遗物较多，是此次发掘的主要收获。

（胡春柏　白苏日娜）

【清水河县后城咀龙山时代石城】

发掘时间：2021 年 5 ~ 11 月

工作单位：内蒙古自治区文物考古研究院、清水河县文化局

后城咀石城位于呼和浩特市清水河县宏河镇胶泥峁行政村浑河北岸的一圆形坡地上，地势北高南低，由外瓮城、内瓮城、外城、内城构成，东西长约 1200 米，南北宽约 1150 米，占地面积约 138 万平方米。2021 年，内蒙古自治区文物考古研究院为贯彻习近平总书记对于传承黄河文化、讲好黄河故事指示精神，以及推进“考古中国——河套地区史前聚落与社会研究”课题实施，再次对清水河县龙山时代石城瓮城进行了考古发掘，累计发掘面积 1000 平方米，新揭露城门、台基、城墙、壕沟、地下通道、墓葬、灰坑等遗迹 20 余处，出土玉铲、玉璧、玉料、陶罐、石镞、骨笄、骨镞、猪下颌骨等重要遗物 20 余件。

墩台 1（DT1）位于瓮城中部，平面形状呈长方形，长约 9.7 米，宽约 7.8 米，高 1.5 ~ 2 米，为石质墙体和黄土墙围筑而成的空心建筑，石质墙体为层层石块垒砌而成，宽约 1.2 米，残高 0.5 ~ 1 米。土墙为黄土堆筑而成，高约 1 米，宽约 0.5 米。东南侧存有一斜坡式门道，宽约 0.5 米，门道踩踏面经过火烤，呈青灰色和红色，较为坚硬。

台基 5 位于瓮城北侧，平面形状呈不规则长方形，东西长约 12 米，南北长约 10 米，台基为实心，墙体由石块和土坯混筑，中部用大量黑色土坯与黄色土坯填充，土坯之间以黄土粘合，平面较为平整。台基西南侧存有三个圆形袋状坑，坑内出土两件野猪下颌骨，可能用于祭祀。

1 号地下通道位于发掘区西北侧，横贯外瓮城城墙、壕沟 2，与壕沟 1 相接，挖于生土内，距离地表 5 ~ 6.3 米，呈拱形，宽 1.7 ~ 3.4 米，高 2 ~ 2.4 米。通道壁面工具痕迹较为明显，底部为一层黄花土踩踏面，踩踏面局部经过火烤，呈青灰色或者红色，较为坚硬。

外瓮城城门位于发掘区西北，由马面 3、马面 4 构成，与壕沟 2 的豁口相接，宽约 1.5 米。门道南高北低呈斜坡状，地面为一层厚 10 ~ 15 厘米的黄花土，经过长期使用较为坚硬平整，部分经过火烤呈红色。

通过对石城瓮城的考古发掘，辨明了后城咀石城是由双壕沟、内外瓮城以及城墙构成的较为完备的防御体系。外瓮城土坯建造的台基是河套地区龙山时代发现最早的土坯式建筑，连接瓮城内外的地下通道在国内史前时期考古中也属首次发现。这些新的发现

为研究河套地区文明进程以及社会复杂化历程提供了新的资料；对于推进河套地区文明化进程研究、探索河套地区史前聚落与文化的历时性变迁、深化龙山时代石城聚落的源流与空间关系研究、探讨中国北方地带史前文化与文明起源研究以及揭示早期中国的文明基因都具有极为重要的社会价值。

（李亚新　徐婷婷）

【宁城县小塘山夏家店下层文化石城遗址】

发掘时间：2021 年 5 ~ 10 月

参加单位：内蒙古自治区文物考古研究院、赤峰市宁城县文物保护中心

小塘山遗址位于赤峰市宁城县三座店镇小塘土沟村南约 300 米处，遗址处于坤都伦河北岸的山岗上，周围有石砌城墙，整个石城址的平面略呈椭圆形。2021 年为了配合 508 国道工程建设，经国家文物局批准，联合考古队对小塘山遗址进行了抢救性发掘，发掘面积约 4000 平方米，清理房址 40 余座、窖穴与灰坑 33 座、墓葬 6 座、陶窑 1 座，此外还有“马面”式建筑、院落、道路等。出土陶器、石器、骨器、青铜器、蚌器等各类器物标本 750 余件，还出土较多的动物骨骼，经鉴定主要有马、牛、猪、羊、狗、狼、鹿等。

房址形制主要有单圈与双圈地面石砌建筑及近圆形半地穴式建筑等。地面石砌建筑均为地面起建，用大小不一的石块砌筑。半地穴式建筑的墙壁多砌有石块。窖穴平面多为圆形，墙壁砌有石块，直径较小，部分窖穴废弃后作为灰坑使用。墓葬多为长方形竖穴，部分利用废弃的房址建成，有成人及儿童葬两种，墓葬内基本不见随葬品。遗址内出土陶器主要有罐、瓮、钵、盆、鬲、甗、鼎、杯等，石器有斧、铲、凿、杵、磨棒、钺等，铜器有斧、凿、锥、镞及铜炼渣，骨器有锥、铲、针、制陶工具等。遗址的多个窖穴内发现有储存的陶土和泥料，另外还发现陶窑 1 座及较多的石质、陶质、骨质制陶工具。从发现的陶土、泥料及大量的制陶工具、烧制陶器的陶窑看，遗址内存在一条龙制陶流程，这在夏家店下层文化遗址中当属首次发现。遗址出土的铜炼渣与出土的铜器经检测成分基本相同，表明遗址内很可能存在金属冶炼活动。小塘山遗址发现的铜斧与甘肃四坝遗址出土的同类器器形相近，铜凿则在夏家店下层文化遗址中未见。

结合发现的遗迹及出土遗物，可确定小塘山遗址是我国北方夏家店下层文化时期一处重要的石城遗址。夏家店下层文化的年代距今 4100 ~ 3300 年左右，是我国北方最早的青铜文化。创造这种文化的先民在燕辽地区繁衍生息了近千年，留下了丰富的文化遗存，其中石城的大量出现，是这种文化独特的人文地理景观。小塘山石城遗址所处的坤都伦河与阴河、半支箭河等流域是夏家店下层文化石城分布比较集中的区域之一。小塘山石城遗址新的考古材料为研究夏家店下层文化石城的营造和分布规律、进一步揭示这种文化的内涵提供了资料。

（连吉林　格日乐图　马景禄　崔卫春）

【伊金霍洛旗沙日塔拉遗址】

发掘时间：2021 年 9 ~ 11 月

工作单位：内蒙古自治区文物考古研究院、鄂尔多斯市博物院、鄂尔多斯市考古研究院、伊金霍洛旗文物保护和旅游事业发展中心

沙日塔拉遗址位于鄂尔多斯市伊金霍洛旗伊金霍洛镇沙日塔拉村境内，面积约 50 万平方米。此次发掘面积为 500 平方米。发掘房址 8 座，灰坑及灰沟 30 处，墓葬 31 座，路面 2 条，灶址 1 处，出土陶器、石器、玉器、骨器、角蚌器等 150 余件。

房址平面形制有圆形、圆角方形、方形等，基本为半地穴式结构。房址居住面分白

灰面、黑土踩踏面和白土踩踏面三种。灰坑平面多为圆形，平底或圜底。

墓葬均为土坑竖穴式墓葬结构，平面形制为圆角或弧边长方形，墓葬有成人葬和儿童葬两种。除 1 号墓为合葬墓外，其他墓葬均是单人葬。

遗址内出土陶器有三足瓮、绳纹鬲、单把鬲、甗、豆、盘、盉、杯、单耳杯、双耳罐、红陶杯、纺轮、猪塑等。磨制石器以石刀为主，其次为石斧、石磨棒、石磨盘、石锛等。玉器有玉片、玉璋、玉璜、玉人形器、玉琮、玉箍形器、玉纺轮等。骨器主要有锥、针、筒、簪等。蚌器有利用蚌壳穿孔形成的圆形小串饰。贝器为利用天然海贝打磨、穿孔形成的装饰品。卜骨系利用牛或羊肩胛骨加工而成，加工方式有烫、灼、钻等。玉器和贝饰的较多出土是这次清理的重要收获，它们不是本地特有的，而是从遥远的区域交流而来的。

从出土的遗物观察，整体上与朱开沟遗址第二、三期存在着更多的相似性文化因素，因此初步判断其时代应与之相当。

（高兴超）

【准格尔旗广衍古城遗址】

发掘时间：2021 年 9 ~ 11 月

工作单位：内蒙古自治区文物考古研究院、鄂尔多斯市博物院、准格尔旗文物馆

广衍县古城位于准格尔旗纳日松镇勿图门村西南侧的台地上，西北临牸牛川，东北依山，由于该区域水土流失严重，大部分已被冲塌，仅剩不完整的东墙及很少的一段北墙及西墙。

此次发掘共分为四个区域，遗迹包括城墙 1 段，房址 1 座，灰坑 5 座，以及不同时期墓葬共计 27 座。其中西北区域为 I 区，主要对城址西部城墙残段进行解剖。城墙残高 2.7 米，单层夯层厚 15 ~ 20 厘米，为黄褐色沙土，土质较硬。灰坑 5 座，两座圆形，三座长方形。圆形灰坑中出土大量陶支钉。房址一座，破坏较为严重，仅能发现石块所制部分地基。I 区东南侧发现墓葬 25 座，部分存在打破关系。墓圹口大底小，墓壁斜收，部分有生土二层台，仅一座发现壁龛。东西向墓多于南北向墓，但南北向墓普遍较深。填土中发现有羊头、牛头，等殉牲，但不多。葬式均为单人葬，头多朝东，有的直肢，有的屈肢，人骨保存较差。随葬品多置于墓主头端靠近墓壁处，在陶罐之上或旁侧往往见有整齐的动物骨骼。随葬陶器组合以瓮、罐、壶、釜等实用器为主。铜器有带钩、印章、铜镜等，另发现半两钱币数枚，但锈蚀严重并已出现粘连现象，铁剑则多已锈蚀。此外，还普遍见有红色漆器，均已腐蚀严重，器形难辨；另有发现极少量玛瑙珠、料珠、石质磨盘、石刀等。

Ⅱ区为 2 座带墓道的竖穴土坑墓，M1 为单人墓，存在二层台，出土陶器有鼎、香炉、罐、釜、勺等，铜器为大量饰件，散落在人骨南侧，同时在人骨附近发现大量铜钱。M2 为带墓道的双人合葬竖穴木椁墓，出土陶器有灶、罐、盆等，大量铜饰件在棺椁东部。根据墓葬出土器物、打破关系等推测，Ⅰ区南北向墓葬早于东西向墓葬，早于Ⅱ区 2 座墓葬，时代为战国至东汉早期。

（岳够明　徐　焱）

【呼和浩特市玉泉区沙梁子古城遗址】

发掘时间：2021 年 8 ~ 12 月

工作单位：中山大学、内蒙古自治区文物考古研究院

沙梁子古城位于呼和浩特市玉泉区小黑河镇沙梁子村西北，地理坐标为北纬 40° 43′ 27.4″，东经 111° 37′ 19.32″，距呼和浩特市玉泉区区政府约 6.3 千米，北距大青山约 11 千米，南距大黑河 130 米，面积 11 万

平方米。该城是一座以汉代为文化主体的边城，城内汉代遗存仅有西汉遗存，时代为西汉中期偏早到晚期。晚期遗存主要有北魏、唐代的遗迹和遗物。

发掘按正南北方向布方32个，编号T1 ~ T32，总面积800平方米，实际揭露面积716平方米。此外，为了搞清楚高台建筑北部地面的结构以及城址的东城墙走势，打了3条探沟，总计揭露面积约80平方米。

2021年发掘揭露的遗迹从时代上分主要有三期：（1）出土有近现代瓷片的文化遗存，主要是2个火塘，HT1和HT2。（2）北魏时期文化遗存，包括房址9座，编号F1 ~ F9；灰坑12个，编号H1 ~ H12；灰沟7条，编号HG1 ~ HG7。（3）西汉早期偏晚到西汉晚期的文化遗存，包括夯土台基建筑基址1座（局部），其中沟槽4条，主要是2019年揭露沟槽南部未揭露部分，编号GC7，GC8，GC4和GC1；房址2座，编号F10和F11；灰坑24个，编号H13 ~ H36；围墙2座，编号WQ1和WQ2。

2021年发掘出土的遗物主要有：陶器（完整22件，残片163件）；瓦制品（7件）；砖（完整5件，残92件）；瓦当（完整26件，残41件）；青铜器（完整4件，残片6件）；铁制品（37件）；骨器（1件）；钱币（完整22件，残5件）；砺石（3件）；装饰品（3件）；玉器（1件）；耳镇（2件）；蛋壳（2件）。

发掘对重要遗迹和遗物、发掘剖面采取了三维建模的方式，以尽可能提取精细的资料，并对发掘区域和城址进行精细的测绘。2021年发掘结束项目验收后，对建筑遗迹采取保护性回填。

2021年度的发掘主要着眼于古城的形制、夯土台基的结构、夯土台基外部地面的结构以及夯土台基与城的关系问题。经过发掘，主要得到了以下认识：（1）完成了对夯土台基建筑的全面揭露，并夯实了建筑的一些结构。例如，搞清楚了建筑墙体的结构和厚度、发现了散水等。（2）发现了高台建筑基址的东和北围墙，进一步证明了该建筑的重要性。（3）在高台建筑东围墙东发现了土坯夯土式墙的建筑，出土有带“樂”字的瓦当。这是首次在城址出土带文字瓦当，表明该建筑与夯土台基建筑的功能区别。另一方面，该建筑北墙与夯土台基北部边缘基本平行，朝向一致，可能与粮仓有关系，这对古城的功能分区以及粮仓的配套设施有了进一步阐释的空间。（4）通过探沟确实找到了城址东城墙及其拐角，证实了沙梁子古城形制的不规则，呈“刀”型。这与一般意义上的汉代城址普遍规则的形制有区别，为汉代城址的形制研究提供了新的视角和材料。

沙梁子古城的发掘具有重要学术、社会意义。这是我国首次证实汉代边城的不规则形制，也是首次在北方长城沿线地区发现夯台粮仓类建筑，填补了汉代边城研究的空白。发掘对研究汉代边疆城市特点以及汉代建筑技术、西汉王朝对北疆的经略以及北方农牧交错地区的经济形态等均具有重要意义。这一大型粮仓建筑在一定程度上反映了西汉中晚期和平、繁盛的边疆社会面貌。

（刘　扬）

【准格尔旗南梁圪旦汉代墓葬】

发掘时间：2021年9 ~ 11月

工作单位：内蒙古自治区文物考古研究院、包头博物馆、准格尔旗文物馆

南梁圪旦汉墓位于内蒙古自治区鄂尔多斯市准格尔旗大路镇乌兰不浪村南0.8千米的南梁圪旦上。墓葬为土洞墓，平面呈“凸”字形，由长斜坡墓道、墓室两部分组成，墓道长7.6米，宽1.43 ~ 1.65米，坡度29°，末端底部距封土堆通深7.07米。墓道两壁下半部分壁面直而平整。墓道填土经夯实，土质坚硬，夯窝密集，直径10 ~ 12厘米，夯

层厚 8 ~ 10 厘米。墓道末端底部与墓门间挖掘“U”形凹槽设置封门墙，为外砖内木双重结构。封门砖为绳纹青砖，见有手印以及动物爪印。墓道末端底部掏挖墓门与洞室。墓门呈圆拱形，宽 1.45，进深 0.45 ~ 0.5、高 1.55 米。拱洞大部分坍塌，仅南侧有部分圆拱形顶残存。墓室呈长方形窑洞式，拱形顶，长 3.94 ~ 4、宽 2.58、高 1.7 米。墓室顶部已坍塌，仅西壁残存部分拱形墓顶痕迹。

墓室铺地砖分上下两层。墓室后部紧靠西壁南北并列放置两座柏木棺，为双人合葬墓，棺内未见人骨。木棺腐朽严重，残存部分侧板、端板和大部分底板。北侧木棺侧板由 6 块木板接合而成，每块侧板以通榫上下贯穿连接，端板为上凹下凸的弧形板，与侧板以双重榫卯结构连接加固，南侧木棺与北侧木棺结构相似。

墓室东南角紧靠南壁放置陶罐、陶井、陶灶，局部扰乱；封门墙内侧散乱的积土中发现陶壶、陶研、铜盖弓帽、铜泡钉、铜马衔镳、铜饰件。封门砖墙南端顶部及空隙中发现铜镜 2 面、铁凿 1 把。此外，石研板残存于墓室上部的盗洞积土中；漆碗（仅残存漆皮）置于封门墙外侧与墓道南壁底部的角落处。通过墓室结构、器物形制推断，南梁圪旦汉墓 M1 的埋葬年代应为西汉晚期。

（李　阳　贺其叶拉图）

【和林格尔县小红城汉代墓地】

发掘时间：2021 年 4 ~ 9 月

工作单位：内蒙古自治区文物考古研究院、内蒙古师范大学历史文化学院、和林格尔县文物保护中心

小红城墓地位于呼和浩特市和林格尔县小红城古城西北约 1 千米的一处台地上，整体呈东高西低之势，周围较为平缓开阔。南侧紧临兴巴高速公路，西约 2 千米为明代云川卫治所——大红城古城。为配合岱海生态应急补水工程基建项目，联合考古队对小红城墓地进行了抢救性考古发掘，共清理墓葬 31 座，均开口于耕土层下，直接打破生土。

墓葬均为带斜坡墓道的长方形单室墓，可分为土坑竖穴墓、土洞墓、砖壁墓、砖室墓四类，其中以土洞墓和砖壁墓为大宗，均为直洞穴，洞室顶部多呈拱形。墓室周壁均顺向错缝平砌，墓底用条砖平铺或采用“人”字形铺法，部分墓葬存在用砖支棺的现象，从保存下来的人类遗骸分析，垫砖位置多在头部和脚部。

墓向不一，南北、东西向均有，数量基本相等，墓室位置分布有规律，南北向墓室位于墓道南部，东西向墓室位于墓道西部，但二者彼此在墓葬形制、随葬品和葬俗上并无显著差异。可辨葬式均为仰身直肢葬，绝大部分为双人合葬，人骨保存一般。葬具有棺，部分有椁，多数棺椁都已腐朽，可见其木质结构与棺上漆绘。遗物种类以陶器和铜器为主，共计 300 余件（套）。陶器组合以罐、壶、灶、井为主，在数量上以壶、灶、井的搭配最为稳定，包括 3 壶 1 灶 1 井和 6 壶 1 灶 1 井两种情况。铜器有铜镜、铜铃、铜弩机构件等。铁器均已严重锈蚀，器形大多不可辨。此外还有少量的料珠、贝壳等。随葬品多摆放于墓主头端靠近墓壁处。

综合墓葬形制并结合出土陶器、铜器所反映的时代特征，可将小红城墓地的年代初步定在西汉中晚期至东汉早期，是一处汉文化为主体的墓葬群。

小红城汉墓以无券顶的砖壁墓最为重要，此类墓葬在内蒙古其他地区极少发现，应是土洞墓向砖室墓的过渡阶段，具有重要意义。根据以往的踏勘情况可知，明代大红城应建于一处汉代遗址之上，小红城汉墓的发掘佐证了大红城古城叠压汉城的推测。据史料记载，汉代的定襄郡沿着浑河由西向东设置有桐过、骆、武成三座县城。目前，桐过、武

成两县城址均已确定，分别为清水河县的城嘴子古城、和林格尔县的榆林城古城，而处于两县中间的骆县旧址则一直未发现。从大红城古城所处的位置来看，恰好符合定襄郡所辖三县的布局，这为骆县城址的确定提供了方向和线索。

（李鹏珍）

【苏尼特右旗吉呼郎图匈奴墓群】

发掘时间：2021 年 7 ~ 10 月

工作单位：内蒙古自治区文物考古研究院、北京师范大学历史学院

吉呼郎图匈奴墓群位于锡林郭勒盟苏尼特右旗，由 120 多座墓葬组成，是我国阴山以北、戈壁以南草原地区发现的第一处匈奴墓群，墓群数量庞大，文化特征鲜明，填补了内蒙古草原地区匈奴遗存分布的空白。2021 年，内蒙古自治区文物考古研究院与北京师范大学历史学院等单位合作发掘墓葬 22 座，取得了重要考古新发现。

此次发掘的大部分墓葬的地表皆有封石堆，多数为圆圈形，墓葬结构全部为竖穴土坑式，个别墓葬在土坑内设有生土二层台。葬具多为一木棺一木椁或一木棺一石椁的组合形式，棺椁皆以榫卯拼合，个别木棺表面髹黑漆。墓葬全部为单人葬，人骨多凌乱，保存较差。棺内放置的遗物一般为弓箭、弓弥、铁刀、铜镜、珠饰等。多数墓坑的北部有头厢，集中摆放一些随葬遗物，主要有陶器、铜器、铁器、漆器、动物殉牲，物品摆放位置无明显规律。此次发掘初步了解了墓葬的葬俗葬制，获取了许多珍贵的实物材料，从墓群整体面貌看应为东汉时期的匈奴墓。

（单月英）

【辽上京城址西山坡遗址】

发掘时间：2021 年 5 ~ 10 月

工作单位：内蒙古自治区文物考古研究院、中国社会科学院考古研究所内蒙古第二工作队

辽上京遗址位于巴林左旗林东镇东南。辽上京考古队于 2020 年 5 ~ 10 月、2021 年 5 ~ 10 月两年度对辽上京皇城西山坡遗址进行了考古发掘，取得了重要收获。第二届、第三届中国社会科学院考古研究所“城市考古开放工地高级研修班”的全体学员也参与了这两个年度的考古发掘工作。

西山坡遗址是辽上京皇城内一处规模宏大的寺院遗址，位于皇城西部地势较高处。寺院遗址由多组东向院落组成，核心建筑位于西山坡制高点，由以佛塔为中心的北院和以佛殿为中心的南院组成；两侧还有附属院落。2012 年辽上京考古队曾对位于北院西部的三座塔基进行发掘。2020 ~ 2021 年度为了进一步了解寺院的整体布局和时代沿革，对南院轴线上依次排列的山门（JZ1）、前殿（JZ2）和后殿（JZ3）、两侧廊庑的重点建筑（JZ4、JZ5、JZ6、JZ8）、南院以南附属院落的中殿（JZ7）、南院东北角楼（JZ9）以及佛寺隔墙、佛寺院墙和皇城西墙遗址进行了考古发掘或局部试掘，取得了重要的考古新发现，现仅对 JZ2 的遗迹情况进行简介。

JZ2 位于佛寺南院中部，坐西朝东。经考古发掘和关键性解剖可知，二号建筑基址有辽、金两朝四次较大规模的营建，由早至晚依次编号为 JZ2D，JZ2C，JZ2B，JZ2A。

JZ2D 是该处生土始建的建筑遗址。夯土台基为长方形，四面有沟纹砖包砌。台基前侧中部有慢道，墁道及台基周围尚存较为完好的砖铺散水。根据残存的磉墩布局推测，建筑平面为面阔 5 间，进深 4 间，后部可能有 1 间抱厦。JZ2C 基本沿用了 JZ2D 的夯土台基，在台基前部增建了长方形月台，叠压了早期墁道；长方形月台南、北两侧重新筑有墁道登临。柱网结构也有所改变，重建了所有的柱下磉墩。根据残存的磉墩布局推测，

建筑平面为面阔5间，进深3间，前部可能有3间抱厦。JZ2B基本沿用了JZ2C的夯土台基和月台，各面边壁用素面青砖包砌，台基外存有部分砖铺散水。月台两侧重新改建了墁道。台基上的柱网结构有所变化，但大部分柱网位置沿用了JZ2C已有的磉墩。磉墩之上现存有莲花纹覆盆石柱础和素面方形石柱础，整体布局较为清楚。建筑平面为面阔5间，进深3间，平面有减柱、移柱现象。台基后出小月台。月台南、北两侧设墁道，墁道斜坡面残存铺砖。JZ2A的建筑柱网结构基本沿用JZ2B，夯土台基在东西两侧均有增筑，前部向东在月台两侧增补甬道，后部在月台中部增补甬道，甬道局部还存有包砖和散水。

与JZ2类似，两个年度发掘的各处基址均发现了多次柱网结构及建筑格局的改建。出土遗物包括瓦当、滴水、板瓦、筒瓦、鸱吻残块、砖、彩绘墙皮等建筑构件、陶瓷器标本等，还出土了一些泥塑残块，时代主要为辽、金两代。

2020～2021年度辽上京西山坡遗址的考古发掘具有重要的学术意义。

第一，增进了对辽上京城址布局及佛寺布局的了解。两个年度发掘的西山坡南院是以佛殿为中心的院落。从东至西依次有山门、中殿和后殿，两侧有廊庑围合。结合2012年发掘的西山坡北院是以佛塔为中心的院落可知，西山坡佛寺总体是塔殿并重的格局。另外，在南院、北院的南北两侧还有地势较低的东向附属院落，多进院落可能同用墙体围合，组成规模庞大的西山坡佛寺。第二，丰富了对辽上京城址时代沿革的认识。两个年度发掘或试掘的几处基址都是辽金两代多次营建重叠的复杂建筑遗迹。根据地层和遗迹关系可以确认，西山坡佛寺北院、南院及两侧附属院落均为辽代始建并沿用到金代，朝向始终为东向，建筑性质始终为佛寺。第三，增进了对辽金时期建筑遗址形制结构和营造做法的认识。以二号基址为例，基址始建的夯土台基在辽、金时期位置和整体规模基本没有发生变化，但建筑柱网结构和前后月台墁道有三次大规模改建。建筑结构的变化和时代及建筑功能都具有紧密的关系。第四，出土丰富的建筑构件、陶瓷器标本等遗物，均具有明确的地层叠压关系，有助于建立辽上京城址辽金时期出土遗物的年代序列，进一步推进辽上京城遗址的城市考古研究工作。

（董新林　汪　盈）

【辽上京皇城内瓷窑址】

发掘时间：2021年6～7月

工作单位：中国社会科学院考古研究所内蒙古第二工作队、内蒙古自治区文物考古研究院

2020年6～9月、2021年6～7月，辽上京考古队为解决早年日本人盗掘的“林东窑”准确位置和时代性质等问题，对西山坡佛寺遗址东侧临近的疑似林东窑区域进行考古调查和试掘，取得了重要收获。

在考古试掘之前，全面收集了中日关于林东窑的历史文献和考古资料，并对窑址的具体位置进行了多方面、细致的文献考证和地面调查。根据地面调查的现象以及田村实造论著中插图标识的地点，否定了《考古学报》李文信发表的窑址标识位置，随后锁定2021年的试掘区域，即在辽上京皇城西山坡佛寺遗址的东北麓区域布设探沟进行试掘。

发现重要遗迹包括：第一，确认日本人盗掘位置。第二，新发现三处残存窑址，分别编号为Y1、Y2和Y3，三处窑址保存状况较差，但是出土遗迹遗物较为特殊，具有重要意义。

Y1紧邻日本人盗掘地点北侧，由窑前工作区和西部长条形窑（类似龙窑）两部分构成。窑前工作区位于东部地势较低的平地，其内发现大量匣钵、支钉等窑具，部分瓷片和琉璃瓦片等。Y1位于西部自然坡地，西高东

低，现存有 3 条方向平行的长窑。长窑平面呈长条形，头东尾西，依坡顺势而上，由火膛、窑床等部分构成。窑床宽度较窄，未发现窑门等设施。Y2、Y3 位于日本人盗掘地点的东侧，窑体已被严重破坏。顶面为高火烧结，呈青灰色琉璃质，初步判断为炉床残面。从遗迹保存范围及周遭地形看，其形制当属长方形马蹄窑，东南启窑门。探沟试掘表明，与这两处遗迹相关的废品堆积也在金代时遭到了严重破坏。

此次发掘出土一批具有明确地点和明确层位关系的窑具、瓷片、琉璃瓦等。从目前试掘出土的瓷片标本（含“官”字款）及窑具看，该窑产品的质量较高，与以往辽上京城址内发掘所见的瓷片明显不同。结合该窑位于辽上京皇城内的特殊位置，不排除该窑址为一处辽代官窑的可能性。

此次发掘取得重要新收获，有如下几点重要意义。

第一，确认“林东窑”准确位置，纠正了 1958 年以来学界认为位于西山坡佛寺西南的误识。第二，考古发掘确认林东窑的三处窑址。其中，Y1 是长条形窑，具有淮河以南龙窑的基本要素。但从残存遗迹所见，烧造温度可能达不到烧造瓷器的需求，且以往在我国淮河以北地区也未见发现龙窑窑址的相关报道。因此 Y1 可确认是一处窑址，但其是否是烧造瓷器的龙窑还需要进一步发掘和论证。Y2、Y3 从烧结程度及残存窑床推测属高温马蹄窑，符合北方地区的工艺传统。第三，通过出土瓷器标本的成分检测可知，此次发现的这批瓷片以高温碱钙釉为主，与以往发掘的辽代产品均不相同，填补了陶瓷考古的空白。同时，此次发掘为建立辽上京地区乃至辽代的瓷器编年提供了重要的基础资料，对推进辽上京城市考古工作具有重要意义。

林东窑址的发现是辽上京都城考古和辽代陶瓷考古十分重要的新发现。关于窑址的形制布局和产品面貌还需要进一步工作补正。

（汪　盈　董新林）

【凉城县六苏木镇南房子元代遗址】

发掘时间：2021 年 7 ~ 11 月

工作单位：内蒙古自治区文物考古研究院、凉城县文物保护中心

南房子遗址位于乌兰察布市凉城县六苏木镇南房子村东，遗址面积较大，北依蛮汗山地，南临岱海，依山傍水，地势平坦，交通便利，益农益牧。处于岱海流域东西向要道，地理位置十分重要。

为配合岱海生态应急补税工程建设项目的顺利实施，同时确保建设范围内的文物遗址得到有效保护，考古队对凉城县六苏木镇南房子村元代遗址进行了考古发掘。

发掘区发掘面积 2100 平米，共清理房址烟道 6 处，无人骨砖石墓葬 1 座，双人乱葬坑 1 座，独立灶坑 6 处，壕沟 5 条，灰坑 300 余个。地层主要有三层，第①层是现代更土层，厚 20 ~ 40 厘米。第②层为近年平整土地的垫土层，厚 10 ~ 50 厘米。第③层是文化层，厚 30 ~ 100 厘米，多为黑土或灰土，内含陶瓷片等物。原始地貌极为不平，各类遗迹叠压打破现象复杂，破坏也较为严重，诸如房址仅剩烟道。

遗址出土各类遗物比较丰富，主要有陶瓷器、钱币、金属器、玉石器、砖瓦建筑构件等。出土钱币 100 余枚，主要是汉、唐、宋、金时期的。铜器主要有簪、镯、戒指、耳饰、小铜盘等。铁器主要有犁铧、铁锄、镳斗、匜、钉、剪子、刀、马掌、鸣镝、矛等。陶器主要是盆、罐、熏炉、陶纺轮、陶球、陶狗和陶羊。乐器有一件梨形陶埙等。瓷器主要是白釉瓷，其次是黑釉瓷，也有茶末釉及酱釉瓷器，窑口主要是磁州窑、霍窑，有少量钧窑、龙泉窑瓷片，有少量三彩盘、三彩熏炉及残片和胶胎碗残片。器类主要是

碗、盘、盏、罐、盆、钵、瓮等，很多器足有毛笔写的“往、李、王、薛、张、栗、仲”等姓氏，还有个别足底画图案。骨器主要有梳子、线轴、骨盒、骨片、塞子等。建筑构件主要是方砖、长方砖、筒瓦、板瓦、滴水等。还有石臼、石夯锤、小件磨石、磨棒、坩埚等。还出土一件玉管和蓝色料饰片。

这些遗迹遗物的发现证实了该地区居民在元代定居时间较长，生活以农业为主，该遗址的发掘为岱海流域的历史文化研究提供了不可多得的实物资料。

（武　成　李　强）

辽宁省

【牛河梁遗址第一地点 2 号建筑址】

发掘时间：2021 年 6 月 ~ 2022 年 1 月

工作单位：中国社会科学院考古研究所、辽宁省文物考古研究院、牛河梁遗址博物馆

牛河梁遗址位于凌源市和建平县的交界处，第一地点位于牛河梁遗址中心位置的一座海拔最高的山梁上，2 号建筑址即位于这条南北向山梁的南侧梁脊上，最高点海拔 672 米，为牛河梁遗址目前发现海拔最高的遗存。

牛河梁遗址此前的发现多以积石冢等与埋葬行为有关的遗迹为主，虽然对牛河梁遗址第一地点以宗教、祭祀等特殊礼仪行为有关的性质有了初步的认识，但对于宗教、礼仪行为的方式及其在当时社会中的影响仍一无所知。而鉴于这一区域所显示的区别于牛河梁遗址其他地点的特征，对其有计划的发掘和研究对于了解牛河梁遗址所代表的红山文化晚期社会的文明特征具有重要的意义。

2021 年的发掘主要位于四个区域，北侧 TJ1 北墙结构与台基上表面，中部 TJ3 西南角与台基垫土，南部 TJ5、TJ6 结合部，东侧 TJ7 南部。主要目的是探讨各台基的结构、范围，是否存在台上建筑及其布局。

区域内出土了大量的陶器残片，残碎较为严重，可辨器形者多为筒形器和塔形器。另出土有石饼 1 件、石斧 1 件、玉料 1 件、残石雕 1 件、残陶塑 1 件、双耳壶（可复原）1 件。较为特殊的是发现了三片刻纹陶片，应该是烧后刻划的某种纹饰，由于残损严重，无法判断刻划内容和象征意义。

第一，2021 年较为重要的收获是发现并确认了位于五号台基（编号 TJ5）和六号台基（编号 TJ6）南侧的九号台基（编号 TJ9），根据相互位置推测，“女神庙”就坐落在九号台基上。如此，就把原来认识到的单独存在的“女神庙”与“山台”有机地结合在了一起。这一发现为重新认识牛河梁遗址第一地点取得了突破性进展。

第二，在“女神庙”北侧与五号、六号台基之间发现了斜坡状通道及通道两侧呈对称结构分布的“八字形”挡水墙、排水沟。这一对称结构和完备的排水设施是中国早期建筑史上的首创，体现了较为先进的规划、设计思想。

第三，在三号台基上发现了与“祭祀”活动相关的遗迹遗物。其垫土层中出土的大型彩陶缸、彩陶盆（盖）、筒形罐、灰陶钵、圆陶片组合有可能是与《周礼·春官·大宗伯》中记载的“祼礼”祭祀行为相关的器物组合。在祼礼组合出土位置北侧发现了近椭圆形的烧灰和烧土范围，其内出土烧过的栎果、胡桃等的果实和果壳，石斧、磨棒的残件天河石料以及陶盆碎片应该与“燎祭”行为相关。

通过此次发掘和对区域内的进一步调查测绘更新了对 N1J2 的认识：第一地点无论台基规模、结构及其设计理念在中国新石器时代考古学文化中都处于领先地位，对大型工程建设的设计施工的统筹规划显示了红山社会的动员和组织能力，统一有序的规划为认识红山文化晚期的社会发展状况提供了依据。

礼仪规范雏形的出现，对认识牛河梁以及红山文化的社会复杂化进程非常重要，也将为进一步认识 5000 多年前红山文化的发展及其对中华文明形成与发展提供新的信息。

（郭　明　贾笑冰）

【建平县马鞍桥山红山文化遗址】

发掘时间：2021 年 4 ～ 11 月

工作单位：辽宁省文物考古研究院、朝阳市文物考古研究所、建平县博物馆、牛河梁遗址博物馆

遗址位于朝阳市建平县太平庄镇石台沟村六家村民组南约 800 米一座叫“马鞍桥”的小山梁上，南距牛河梁遗址和西北距红山后遗址均约 60 千米，中心地理坐标：北纬 41° 51′ 21.34″，东经 119° 21′ 27.80″，海拔 583 米。

2021 年是该遗址连续发掘的第三个年度，发掘面积约 1200 平方米。经初步发掘和勘探确认，该发掘区整体是一座人工堆积而成的大型土台，此次发掘区属于该大型土台遗迹西南转角的一部分。

大型土台遗迹平面近圆角长方形，分布范围近 12000 平方米。根据 T0357 北壁堆积情况可知，土台堆积可分为上下两层，上层为黑褐色土堆积，厚约 0.6 米；下层为黄褐色土堆积，厚约 0.4 米。勘探确认黑褐色土堆积分布于土台的南部，面积约 5000 平方米。在土台北半部的东、西、北三面边缘保留有斜坡状土台边塄，现存高度约 1.5 米。

在大型土台堆积上目前只发现有灰坑和壕沟，不见房址，上层堆积发现灰坑 29 个，下层堆积发现灰坑 1 个。灰坑平面多为圆形、椭圆形和长方形等，多数灰坑出土遗物较少，多为碎陶片和细石器等，但其中有数个灰坑出土单一、完整、可复原的陶器组合，如 H47 出土筒形罐、彩陶壶、红陶钵和贝壳类器物，H53 出土筒形罐、陶壶、陶钵和斜口陶器，H61 出土筒形罐、钵和器座，H52、H62、H65 出土筒形罐和钵（碗）。根据坑内出土遗物特征及器物组合来看，该类坑应是人为的有意识掩埋的祭祀坑，这说明了该大型土台遗迹应是该聚落址的一处大型的中心活动场所，在其上举行各类活动，其中包括祭祀性活动。

出土遗物整体情况与历年基本相同，主要为陶器、石器、骨、角、贝和玉器等，但是陶器出现彩陶壶和斜口陶器两类新器形，还出土两件陶塑人脸残件，一块为口鼻部，一块为右耳和右眼眉部，应为同一个体；石器出土一件保存完好的大型石耜，不见使用痕迹；玉器出土一件玉斜口筒形器残件；此外祭祀坑内出土有大量的贝壳。这些特殊种类的遗物均不见于历年发掘的居住址内，应与祭祀活动相关。

2021 年发掘最重要的收获就是确认了马鞍桥山遗址应是一处兼具生活与祭祀功能的聚落址，这是首次在红山文化居住址内发现的祭祀性遗存，以往的发掘红山文化聚落址中几乎不见低等级祭祀性遗存。

（樊圣英）

【建平小黑山夏家店下层文化遗址】

发掘时间：2021 年 7 ～ 8 月

工作单位：吉林大学边疆考古研究中心、辽宁省文物考古研究院

小黑山遗址位于朝阳市建平县红山街道张福店村六组村北的缓坡上，东北距建平县城约 7 千米，系 2007 年“三普”调查发现。遗址地理坐标为北纬 41° 20′ 29.62″，东经 119° 32′ 41.15″，海拔 556 米，面积约 5000 平方米，地表采集遗物均属夏家店下层文化。联合考古队对该遗址进行了主动性考古发掘，发掘面积 600 平方米。

此次发掘共清理灰坑 90 座、灰沟 3 条、房址 3 座，均属夏家店下层文化。发掘区地

层堆积简单，仅局部存在一层较薄的文化层。绝大多数遗迹开口于表土层下，打破生土层。遗迹间存在较为复杂的打破关系。结合勘探情况看，清理的3条灰沟中，21JX Ⅲ G1系聚落环壕，其余两条均呈西北—东南走向，沟底西北高、东南低，有淤积层，可能为排水沟。清理的3座房址均被其他遗迹打破，2座系地面式建筑，1座系半地穴式建筑。清理的部分灰坑中堆满石块，包括石灰岩、辉长岩、砂岩、页岩，以石灰岩为主，可能系石料坑。还有部分灰坑中堆积大量红烧土残块，多有植物茎秆或木柱、木板印痕，可能系建筑废弃物。出土可复原陶器30余件，可辨器类有尊形鬲、甗、夹砂深腹罐、鼎、豆、瓮等。出土石器、骨器等标本300余件，以石铲、石锄等生产工具为多。

通过发掘了解到，小黑山遗址是一处内涵单纯的夏家店下层文化坡岗型聚落，外围存在环壕，环壕之内存在较为密集的居住性质的遗存，部分遗迹的性质可能与祭祀行为有关。年代基本属于夏家店下层文化中期前后，为夏家店下层文化的分期研究提供了新材料。此次发掘通过按堆积单位系统收集各类遗物、采集浮选土样，对石器材质、人骨、动物骨骼、植物遗存等进行全面鉴定分析，为夏家店下层文化经济形态、生业方式和环境背景的研究提供了丰富的资料。发掘同时，项目组人员还在遗址周边约50平方千米的范围进行了冶金考古专项调查，共发现早期冶金遗址11处，初步判断年代均属夏家店下层文化，为今后冶金考古工作的进一步开展奠定了基础。

（王立新）

【建平水泉夏家店下层文化遗址】

发掘时间：2021年6～12月

工作单位：辽宁大学考古文博学院、辽宁省文物考古研究院、朝阳市考古所、建平县博物馆

水泉遗址位于朝阳市建平县朱碌科镇刘杖子村水泉村民组东北侧老虎山河西侧一条支流的北侧台地之上，东西约300米，南北约250米，面积约7.5万平方米。遗址区西部有占地约2.5万平方米的夏家店下层文化城址。

2021年共计发掘面积320平方米，发掘区分布在两个区域。其一，在遗址北端2020年发掘区以西接续上一年度布方发掘面积120平方米，发现灰坑（含坑式房址）30个、墓葬6座、地面式房址1座；其二，在遗址西部的城址东北角布设探方5个，长40米、宽1.5米探沟1条。揭露面积200平方米，发现地面式房址1座、灰坑44个、城墙墙基及壕沟1段。2021年发掘的主要收获如下。

一、确认了遗址堆积的基本性质。遗址文化堆积以夏家店下层文化为主体，为聚落址；城外发掘区夏家店下层文化之上为魏营子类型阶段的墓地。

二、基本确认了夏家店下层文化城址城墙结构，其平面近方形，形制规整，城址的城墙主体坐落在城内第④层堆积上，弱夯土堆筑，外侧墙体向下挖槽落于生土之上，墙基宽15米。墙体外四周围绕以环壕，其中东侧环壕宽20米，最深处达5米，应是该文化已知最大规模的土筑墙体和环壕。壕内堆积可分为10层，在⑦⑧⑩不同层位建有石砌遗存，因发掘面积太小，整体结构不详。结合物探和铲探显示，东侧环壕宽窄不甚整齐，南北不封口，推测水泉遗址夏家店下层文化居民有可能人工改造自然河道为护城壕，并在其中修筑水利设施。在东环壕靠近城墙一侧建有夏家店下层文化不同阶段修筑的3层石砌护墙坡。

三、城区内夏家店下层文化堆积尚可细分为4层，遗存丰富，为研究该文化的分期与年代提供了丰富的资料。因发掘区偏于城区东北角，不见七十年代发掘所见最下层遗

存，但从③层下遗迹单位中陶器表现出来的有相当数量的蓝纹陶片及大平底盆、盆形鼎等特征看应处于该文化中期偏早，其上两层分别相当于中期晚段和晚期。同时发现有石磬残块和卜骨残片，表现出该城址在本区域具有较高的等级。

四、确认了在城外发掘区夏家店下层堆积上叠压着魏营子类型阶段的墓葬区，墓葬以东西向为主，墓坑有长方形竖穴和圆形袋状穴两种，死者头向东，一般无随葬品。

水泉遗址建在开阔的台地上，形制规整，城墙与环壕规模宏大，文化内涵丰富，发现有高等级遗物，显示了其在夏家店下层文化中的重要地位，是认识夏时期北方方国文明的重要资料。水泉遗址魏营子类型阶段墓葬的发现，尤其圆形袋状坑墓及尸骨上压石块的埋葬形式为该文化类型增添了新的内涵。

（张星德　王　闯）

【沈阳市浑南区小张尔南遗址】

发掘时间：2021 年 10 ~ 12 月

工作单位：沈阳市文物考古研究所

小张尔南遗址位于沈阳市浑南区小张尔村南，创新二路南，白塔一街西。2021 年 5 ~ 7 月，受沈阳市文物局委托，沈阳市文物考古研究所负责对正威 298 项目地块进行考古勘探工作。通过勘探，发现青铜时代聚落遗址 1 处，定名为小张尔南遗址，面积约 2.5 万平方米。

为揭示小张尔南遗址的遗存状况及文化面貌并配合基本建设等，2021 年在获得国家文物局批准，并颁发考古发掘证照（考执字 2021 第 1231 号）后开展相关考古工作。国家文物局批准发掘面积 1000 平方米。

2021 年对该遗址中北部进行布方发掘。通过发掘，明确该遗址地层共分 3 层，第②③层为青铜时代堆积，发现并清理青铜时代遗迹 23 处，其中房址 4 座、灰坑 18 个、灰沟 1 个。房址为半地穴式圆角长方形，主要由居住面、柱洞、灶等部分组成；灰坑形状以近圆形、近椭圆形为主，也有少量圆角长方形和不规则形；灰沟仅清理出一段，整体为西北—东南走向，形状为长条形。

此次发掘出土的遗物包括陶、石、铜等 60 余件。陶器可辨器类有壶、罐、钵、盅、纺轮等。以夹砂粗陶为主，另有夹细沙施红陶衣的陶片。陶色以红褐色为主，极少为灰褐色陶片。石器皆为磨制石器，以石刀数量为最多，其次是磨石、石斧，亦有石凿、预制石器等。铜器主要有天禧通宝、大清铜币等。

陶器组合为罐、壶、杯、盅等，以素面夹砂粗陶为主，也有部分施加红陶衣，亦极少量施加、戳印纹者，个别器物上有叠唇现象。器耳比较发达，桥状耳占绝对主体，以平底器为主，有少量圈足，不见三足器。该遗址的文化因素可能有不同的来源。高领壶、红陶衣以及耳与壁的结合处施泥条压印纹带等属于高台山文化较典型的特征。叠唇现象可能与平安堡二期文化、马城子文化、伙家窝堡类型、老虎冲类型等有一定的关系。另外，不出三足器则与沈阳地区同时代新乐上层文化有明显的差异。从此次发现的遗迹遗物情况来看，遗址发掘区应属于当时人们的生活区，结合勘探成果，推断小张尔南遗址可能是一处一般规模的聚落遗址，生业方式兼有农业和渔猎。

（付永平）

【沈阳市进步新乐上层文化遗址】

发掘时间：2021 年 10 ~ 12 月

工作单位：沈阳市文物考古研究所

进步遗址位于沈阳市沈北新区道义街道进步社区，陵园北街以西、地坤湖街以东、四环路以南、莆田路以北、原进步自然村内浦河左岸的二级阶地上，东、南距蒲河均约 3 千米。

2021 年 6 月，沈阳市文物考古研究所在土地储备前置考古勘探工作中发现该遗址，通过考古勘探结合地表踏查，初步判断为一处青铜时代遗址。遗址分布面积约 1 万平方米，多被村落生产活动（季节性菜窖及民居）所破坏。

2021 年发掘面积 500 平方米，共清理新乐上层文化遗迹 37 个，其中包括房址 2 座、灰沟 1 条、灰坑 34 座，出土各类陶器、石器共 21 件。

F1 位于发掘区中部，为土木结构的半地穴式房址，平面为一侧弧边的长方形、直壁，面阔 3.15，进深 3.64，深 0.33 米，面积 11.47 平方米；门道位于房址东南，呈 157°；东南部有生土台，横轴及门道两侧共计发现柱洞 7 个。房址内堆积分为两层，①层包含大量草拌泥烧结，厚 0.50 米，呈红褐色，极致密，顶部高于房址开口，堆积剖面近圆锥形，包含少量夹砂红陶片，或为墙体坍塌堆积；②层厚 3 ~ 4 厘米，呈浅黄褐色，土质较疏松，包含少量夹砂红陶片、烧土粒、炭星，为房址活动层，其下为生土。

F2 位于发掘区西部，F1 以西，西侧紧邻 G1，平面呈梯形，仅见 4 个柱洞，不见地穴或活动面，或为窝棚式地上设施。

G1 位于发掘区西端，呈东北西南走向，平面呈带状，剖面呈坡状，已发掘部分（发掘区内），长 11.1，宽 1.50 ~ 2.25，深 0.46 ~ 0.60 米，呈灰褐色土，土质较疏松，出土夹砂红陶片，器形包括罐、鬲、甑、器足等。勘探结合探沟作业，可知 G1 向南继续分布 30 余米，后被密集分布的现代季节性菜窖所破坏。G1 应为进步遗址青铜时代界壕西段。

H3 位于发掘区北部，平面近椭圆形，长 5.52，宽 3.10，深 0.20 ~ 0.41 米，呈黑褐色土，土质较疏松，底部均匀分布草木灰，有 3 块草拌泥烧结块分布，似生火迹象，或为房址内灶。出土器物 7 件，包括石斧 2 件、穿孔石刀 1 件、陶壶 2 件、陶鼎 1 件、陶构件 1 件；内包含大量夹砂红陶片，器形有鼎、壶、甑、罐、器足等。因 H3 内外未见柱洞类遗迹，故暂定为灰坑。另外，南距 H3 约 2 米的 H14 出土陶盆、无底“陶壶”各一，两器相套，或为瓮棺，但器内填土未见骨骼遗存。

进步遗址坐落于蒲河左岸约 3 千米的二级阶地上，灰坑围绕房址，外有环壕环绕，为 1 座青铜时代新乐上层文化聚落，出土石器有石斧、穿孔石刀、棍棒头、石镞；陶器器形有鼎、鬲、甑、甗、盆、壶、罐、钵等，属新乐上层文化，其器形组合多与皇姑区辽宁大学青铜时代遗址相同，两处遗址相距约 18 千米，分别坐落于蒲河两岸，交流较密切。

（沈彤林　刘秋晨　胡家硕）

【沈阳市铁西区马贝遗址】

发掘时间：2021 年 4 ~ 7 月、10 ~ 12 月

工作单位：沈阳市文物考古研究所

马贝遗址位于沈阳市铁西区大潘街道马贝村东部，是一处青铜时代遗址。遗址发现于 1979 年，因一座墓葬被破坏，出土了曲刃青铜短剑、铜斧、铜凿等 18 件遗物，器物形态、组合与沈阳市于洪区郑家洼子青铜短剑墓出土类似，是郑家洼子类型的遗存。

2021 年 4 ~ 7 月，为配合“宝马公租房南”土地收储，经国家文物局批准，沈阳市文物考古研究所对马贝遗址进行了 500 平方米的考古发掘。发现青铜时代的 3 座房址、2 座野外灶、59 个灰坑、4 条灰沟及 2 座墓葬，遗存年代有新乐上层文化时期、郑家洼子类型两个时期。发现的房址为半地穴式，多为圆角长方形，均有柱洞。发现 2 处野外灶，呈椭圆形。灰坑较多，有椭圆形、长条形及不规则形。发现 2 座竖穴土坑墓，随葬器物较少，均为 1 件陶壶。M2 可见人骨，仰身直肢葬。此次发掘出土了大量遗物，主要是陶、石质遗物。器形有鼎、壶、甗、罐、豆、网

坠、纺轮，以及石范、加重器、石刀、石斧、石镞等。

2021年10～12月，为配合铁西区开发二十一号路、浑河二十三街的建设，经国家文物局批准，沈阳市文物考古研究所又对马贝遗址进行了300平方米的考古发掘，发现了青铜时代的40个灰坑、5条灰沟、2座墓葬。灰坑有圆角长方形、椭圆形等；灰沟多口大底小；发现2座墓葬，1座墓葬出土1件陶壶，另一座墓葬出土3件陶壶，其中有2件陶壶内底有杯，较为少见；发现的一处遗迹可能是一眼水井，平面椭圆，底部为方形，出土了少量可修复的陶器。发掘出土的遗物多为夹砂陶，以红褐陶为主，器形有鼎、甗、壶、甑、罐、碗等，也有少量网坠、纺轮、石刀、石斧等出土。

从两次发掘来看，马贝遗址保存较好，文化内涵较丰富，包含了新乐上层文化、郑家洼子类型的遗存，有些遗存或许是两种文化的过渡阶段，这有待于进一步的考古发掘。

（李树义　苏　哲）

【大连沙岗子战国至魏晋时期墓地】

发掘时间：2021年5～12月

工作单位：辽宁省文物考古研究院、大连市文物考古研究所

沙岗子墓地位于大连市甘井子区营城子街道沙岗子村北约100米。2019年，为配合大连市日千电机项目与联东U谷项目建设，经省文物局批准，辽宁省文物考古研究院组织人员对项目占地区域进行考古勘探，发现墓葬186座。2021年，联合考古队共同开展考古发掘工作。此次共发掘墓葬266座，包括土坑墓、贝壳墓、砖室墓三类。根据墓葬形制可分为单人墓、双人并穴墓、三人并穴墓、双人合葬墓。共出土随葬品两千余件，有陶器、金属器、琉璃器和漆器等。以陶器为主，其他类别器物少。陶器有罐、壶、盆、钵、樽、灶、奁、豆、井、虎子等；金属器有铜盆、铜带钩、铜带扣、铜铃、铜镜、铁锸、铁环首刀等；琉璃器有耳瑱；漆器保存极差，器形不详。

墓葬时代与分期如下。第一期：战国晚期—西汉早期，墓葬以单人土坑墓为主；随葬品放置于墓主人头顶，器型以盘口陶壶、陶豆为代表，器型厚重，均为实用器。第二期：西汉中期—东汉早期，土坑墓、贝壳墓共存，墓葬形制以合葬墓、双人并穴墓、三人并穴墓为主；随葬品放置位置从墓主人头顶开始转向放置于墓主人左侧；器形以盘口壶、束颈壶、罐为代表，器型略显纤瘦，并开始出现灶、井等模型明器。第三期：东汉中期—汉魏之际，墓葬以带墓道的双人合葬墓与并穴墓葬为主，葬具一椁双棺，随葬品放置于墓主人左侧，器形有节颈壶、细颈壶、陶盆、虎子等开始出现；葬式以仰身直肢葬为主，少数为侧身直肢葬、捡骨葬；葬俗为以夫妻合葬为主，同封异穴或同封同穴；墓主人头向以头北足南、头东足西为主，极少量头向朝南或朝西。

沙岗子墓地地处辽东半岛南部，毗邻牧城湾，此次发掘墓葬较多，为研究大连地区汉魏时期的墓葬形制、葬式葬俗、随葬品组合等提供了重要资料。

（司伟伟）

【盖州市青石岭山城】

发掘时间：2021年3～12月

工作单位：中国社会科学院考古研究所、辽宁省文物考古研究院、盖州市文物局

青石岭山城位于盖州市青石岭镇，2015年中国社会科学院考古研究所、辽宁省文物考古研究院（当时称辽宁省文物考古研究所）、盖州市文物局组成联合考古队对青石岭山城开展考古调查和发掘。山城周长约6485米，平面形状大体为“凸”字形。几年来先后对

金殿山遗址、二号建筑址、四号门址、一号蓄水池、一号蓄水池东南侧、椅子山墓地、驻地西侧地点等处进行了发掘，通过考古发掘确认了一大批高句丽时期的遗迹和遗物。

2021 年青石岭山城主要工作包括考古调查、钻探、物探和发掘等，主要发掘内容包括考古队驻地西侧地点发掘、椅子山墓地第一区和第二区墓葬发掘和解剖。

驻地西侧地点发现的遗迹主要有农田、石墙等，出土遗物包括陶片、瓦件、铁器、骨器等。其中农田遗迹面积超过 200 平方米，遗迹大体为东西向，表面为一道黄一道黑的条带状，应为农田的地垄、垄沟，根据剖面可知此类遗迹位于地表 70 ~ 80 厘米以下，深 20 ~ 30 厘米。浮选结果表明，农田发现的植物种子包括粟、小麦、稗子、红小豆。土壤微结构和植硅体分析等表明这一发掘区域存在高句丽时期的农田遗迹。

第一区发掘墓葬 3 座，墓葬早年被盗掘，没有发现遗物，并对之前发掘的部分墓葬进行了解剖。第二区清理出 2 座墓葬，墓葬顶部早年均遭到破坏，结构保存较好。M1 墓圹填土中发现树枝、木炭等遗物，M2 没有发现遗物，墓葬附近的地层中发现马掌、铜钱等遗物。第二区墓葬没有发现埋葬墓主人，推测墓葬没有使用。这种现象与第一区发掘的部分墓葬相似，墓葬没有使用可能与某些重大历史事件（如高句丽灭亡等）相关。第二区两座墓葬的修筑方式基本相同，先在生土中挖出墓坑，在墓坑中用石块砌筑墓圹，墓圹外围堆土，然后用盖顶石封顶，最后墓葬顶上和周围堆放石块。第二区墓葬周围的疑似台地应是现代人工堆砌，与 20 世纪六十年代“农业学大寨”修路、修梯田等活动有关。

2021 年对青石岭山城的考古调查和发掘的学术意义主要体现在以下几个方面。

（一）驻地西侧地点确认了高句丽农田遗迹，这不但是首次在高句丽山城中发现农田，而且也是通过考古发掘第一次确认高句丽时期的农田，对于探索高句丽时期农业生产、生产力水平等具有重要作用。农田遗迹的范围和南侧的石墙遗迹还需要进一步确认。

（二）通过考古发掘基本确定了椅子山墓地的范围和墓葬结构，根据墓葬形制和出土遗物等推测，第一区墓葬、第二区墓葬年代为高句丽晚期。墓葬形制为积石墓，由于部分墓葬被盗，出土遗物较少；部分墓葬可能是预先修筑，后来由于某种原因没有使用。椅子山墓地的发掘对于探索高句丽的墓葬形制、葬俗、墓葬的修建过程等提供了重要的资料。

（三）通过对山城特别是一号蓄水池附近的调查、勘探、物探和试掘基本确定了这一区域存在高句丽时期的冶炼遗址，为下一步山城冶炼遗址的发掘提供了基础资料。

（王飞峰　李海波　张伟振）

【西丰县城子山山城遗址】

发掘时间：2021 年 5 ~ 11 月

工作单位：辽宁省文物考古研究院

城子山山城位于铁岭市西丰县凉泉镇东南约 5 千米哈达岭西麓的城子山上，山城所处位置山高谷深，周围群山环绕，北侧为碾盘河，碾盘河汇入清河，清河向西入辽河。城址于 1968 年公布为省级文物保护单位，2013 年公布为全国重点文物保护单位。山城由东侧的石城和西侧的土城两部分构成，土城的北墙和南墙接筑于石城的西墙上，平面呈“∞”形。石城实测周长约 4332.8 米，面积约 100.6 万平方米；土城实测周长约 2865.1 米，面积约 64.4 万平方米。

2021 年对山城 2 号门址、3 号门址和蓄水池进行了考古发掘。2 号门址位于石城南墙中段，依城墙走向布设 5×5 米探方 6 个，发掘面积约 150 平方米。门址修筑在自然山脊外侧的山坡上，门道中部由石板拼砌，近外侧有门槛槽，两侧有地栿槽，门道内、外均发现有护坡，门内西北侧发现石砌成卒房址。3 号门址位于石城北墙东段，依城墙走向布设 10×10 米探方 4 个，发掘面积约 380 平方米。门址修筑在山顶平台的外缘，门道于高句丽晚期被封堵，相关设施均被损毁不存，门内西侧有半弧形墩台。

蓄水池位于石城城内中部偏西，布设 5×5 米探方 16 个，发掘面积 400 平方米。2021 年发掘只揭露了蓄水池西侧约四分之一的范围。已发掘成果显示：蓄水池坐东向西，借助一处自然山谷由石块砌筑而成，包括中心蓄水池、护墙、护坡、泄水口等几个部分。蓄水池平面呈圆角长方形，东西长 33.8 米，南北宽 20.4 米，深 3.6 ~ 4.3 米。蓄水池北侧发现有冶铁遗迹和石砌房址。

2021 年对城子山山城 2、3 号门址的发掘完整揭露了门址和墙体的全貌，获得了门址构造形式、墙体垒砌方式等方面的信息，为文物本体修缮工程提供了科学的考古依据。蓄水池西半部的发掘，揭露出包括墙体、泄水口、护墙、踏步等多种遗迹，显示蓄水池是一处经过严密规划、精心布局、设施完备的重要遗迹。蓄水池北侧平台发现的高句丽时期房址以及房址周围的残铁器、炉渣和铁渣可能与冶铁有关。另外，2021 年对蓄水池周边地区的勘探表明其东北和东南两侧的平台上存在地下石构遗迹。这些发现提示，蓄水池周边存在大量尚不明确性质的遗存，值得进一步发掘和研究。

（褚金刚）

【朝阳龙城区八里铺唐墓】

发掘时间：2021 年 7 ~ 9 月

工作单位：辽宁省文物考古研究院、朝阳市龙城区文物管理所

墓地位于朝阳市龙城区海龙街道梧桐公馆小区。朝阳城区范围内自 20 世纪五十年代以来已发现隋唐时期墓葬百余座，多集中在隋代至唐朝中期，由于安史之乱，唐中期之后再无唐墓出土。此次发现清理的两座唐墓是近年来朝阳唐墓的重要发现，两座墓开口于同一层位，相距仅 10 米，M1 未出墓志，属朝阳地区唐墓早期；M2 墓主名李通，墓志记载明确，生于贞观十年（637），于乾封元年（666）五月葬于“营州南五里平原”。墓主生前被封为师州刺史、朝散大夫，此墓为朝阳地区唐中期墓葬。

2 墓均由额墙、翼墙、门洞、封门砖墙组成。额墙位于门洞之上，门洞两侧为翼墙，翼墙以下有门垛，门垛上有半圆形券顶，门洞置于墓门中部，甬道底部无砖，2 墓均早期被盗后坍塌。人架各 1 具，头向西，面向及葬式不详。

M1 墓室平面呈弧方形。墓壁砌法为单层顺砖平铺，由四面弧形墙围合而成，外斜角插三角形砖块。顶盖平砖丁砌，似“带沿帽”。内底中部以北平铺一层青砖，似棺床。出土器物有陶器、金属器。

M2 墓道为长斜坡台阶式。墓室平面圆形。墓壁单层青砖垒砌，砖表面抹有厚约 0.5 厘米的白灰。墓内北半部平铺一层青砖，似棺床。一棺一椁，尚残存一些木板。遗物主要集中于四个位置：甬道与墓室相接处；墓室内西部、棺床内外；墓室内北部；墓室内东部。陶俑类器主要有骑马俑、天王俑、文官俑、镇墓兽、男侍俑、女侍俑、侏儒俑、禽畜俑等。陶器有罐、壶、钵。金属银器有带扣、带銙、带环、鉈尾、饰件。铜器有铜镜和带饰。铁器有矛、锁、镫、镳、棺钉等。此外还发现有墓志。

（李海波　徐韶钢）

【沈阳市浑南区苏家岗子南辽金时期遗址】

发掘时间：2021 年 7 ~ 10 月

工作单位：沈阳市文物考古研究所

苏家岗子南遗址位于沈阳市浑南区全运五路南侧，西邻智慧一街，东靠智慧二街，南邻莫子山路。遗址于2020年在对“GN—YX—02—04档案馆南地块”项目进行考古勘探时发现。配合城市基本建设，在收到国家文物局批准考古发掘申请及颁发考古发掘证照（考执字2021第844号）后，沈阳市文物考古研究所立即组织人员进行了考古发掘工作。

此次发掘共发现房址2座，灰沟9条，灰坑69个，柱洞40个，灶址1处。该遗址的房址未发现墙体、墙基等迹象，但房内灰坑与灰沟多有明显的平行或垂直关系，整体布局比较规整，遗迹间可形成封闭关系，多处坑沟内有较集中的烧土堆积，如H52、H48、G5中部等。亦在F1北侧H55上方发现了疑为屋顶坍塌堆积的瓦。发现了柱网结构，部分柱洞底部有垫石、垫陶片或烧土的现象。灶址为房内地面灶，破坏较严重，局部有砖砌痕迹，上部有残存的陶罐、铁器足等。

此次发掘共出土陶、瓷、铜、铁、石、骨等类遗物近200件。陶器有罐、缸、甑、碗、盏、纺轮、分火器等。瓷器有碗、碟、瓷玩具等。铜器有镞、鱼钩、环等。铜钱有“五铢”“开元通宝”“大康通宝”“景元通宝”“元符通宝”“元祐通宝”等。铁器有刀、镞、锁、坠、三爪器等。石器有石杈、骰子、磨石、亚腰型石器、沟纹石器等。骨器有骨簪、耳勺等。

此次发掘的苏家岗子南遗址主体遗迹年代为辽金时期，系首次在辽金沈州城城南区域发现的作坊类遗址，为研究沈阳地区辽金时期的手工业状况提供了宝贵的研究材料，具有重要意义。此外，沈阳市文物考古研究所亦对其东南500米的青堆子遗址进行了考古勘探，仅发现青铜时代遗物，未发现辽金时期遗存，而此次发掘的苏家岗子南遗址的时代与遗存特征均与青堆子遗址登记内容接近，推测苏家岗子南遗址应为“三普”发现的青堆子遗址。

（付永平　张长江）

【朝阳市小东山金元时期遗址】

发掘时间：2021年8～11月

工作单位：辽宁省文物考古研究院、双塔区文物管理所

小东山遗址位于朝阳市双塔区他拉皋镇他拉皋村东。因铁路施工需要，受朝阳市文物局委托，辽宁省文物考古研究院对该遗址进行了抢救性发掘，发掘面积600平方米，发现窑炉1座，房址1座，灰坑2处，墓葬6座，出土较多的瓷片。

窑炉1座（编号Y1）。Y1为一座斜坡式龙窑，头南尾北，系在山坡上开沟挖槽、沿山坡走势修筑，平面呈狭长的长条形，方向为64°，坡度为15～18°，窑炉残长20.3米，宽为1.8～1.7米。窑壁系用未经烧成的黏土砖坯单砖错缝平砌而成，残存高度0～1.2米，窑壁内有厚厚的窑汗。窑床因长期使用而不清理，逐层叠压，呈青灰色，比较坚硬，厚度1.1米。火膛长方形，系在生土上下挖而成，南北两侧用小砖错缝平砌，火膛内为灰烬，长1.6米，宽0.34米，残深0.18米。窑门发现两处，位于窑炉东侧，基本呈喇叭口形，残存基部。在窑炉西侧发现不连续的挡墙一段，系用废弃的窑砖修筑，中间被现代坑打破，残长约5米，残存高度0.6米。

房址1座（编号F1）。F1平面呈长方形，大体呈坐北向南，方向330°，东西残长16.3米，南北宽8米（包括屋外台阶宽度0.56米），屋外南部发现较多的板瓦堆积。屋内外保存有部分青灰色踩踏面，除东部外均保存有一定的墙基，墙基以石块砌筑，西墙墙体中夹杂有陶瓮残片；西墙残长6.4米，宽0.6米，残高0.2米。西墙和南墙拐角处为一方形石块，南墙残长16.3米，仅存基部，沿着墙基处现存柱础3块，一处柱础坑遗迹。发现的

柱础皆为方座覆盆础面，柱础间距 3.1 米。南墙外约 0.56 米有一条石块砌筑的台阶，或为建筑外散水，其长度和南墙基长度相当。西墙仅存中部一段约 2.6 米，以石块双面砌筑，宽度 0.7 米。F1 内发现火炕 2 处（编号 K1，K2），K1 位于屋内北部偏东，紧贴西墙。灶坑位于火炕西端，低于地面，为三个用石块相互隔开的浅坑。火炕现存三条烟道，西部烟道上保存有三排炕面石。K2 位于屋内西南角，被清代墓葬打破，残存两排烟道，灶坑位置及结构不详，烟道上残存一块炕面石。烟囱通过西墙设置在屋外。F1 中部偏南处地面下埋藏瓷瓮 3 口，皆无底，发现时已经破裂。其中绿釉两件、酱釉 1 件，瓮内为黑土，未见包含物。

灰坑 2 座，H1 为袋状灰坑，出土少量青铜时代陶器残片。H2 为一不规则坑，出土较多的瓷器残片。墓葬皆为清代墓葬，破坏严重。

遗址出土遗物以瓷片为主，其中以瓮的残片最多，胎厚且粗，施釉为酱釉、绿釉或黑釉。其次是白釉铁锈花瓷片，多见折枝花卉纹，偶见文字。器形有瓮、罐、碗、碟、瓶、壶等，还有少量文娱用品，如象棋子、围棋子、瓷偶等。其中以小口四系罐最具时代特征，和金元时期的同类器相同。房址和窑炉出土物的特征基本相同，均为金元时期。此次发掘为研究金元时期东北地区窑业发展提供了新的资料。

（苏鹏力）

吉林省

【和龙市大洞旧石器时代遗址】

发掘时间：2021 年 5 ~ 8 月

工作单位：吉林省文物考古研究所

大洞遗址位于延边朝鲜族自治州和龙市崇善镇大洞村（原元丰村）东南约 1.5 千米，地理坐标：北纬 43° 5′ 20.4″，东经 128° 57′ 20.9″，海拔 637 米。遗址所在区域位于中朝界河图们江上游的左岸，西南距长白山天池主峰约 75 千米，与朝鲜民主主义人民共和国两江道大红湍郡隔江相望，地貌位置为长白山火山喷发形成的熔岩台地，地势平缓开阔，高出图们江水面约 50 米。2019 年被国务院公布为第八批全国重点文物保护单位。2021 年考古队对遗址进行了主动性考古发掘，发掘区位于 2010 年发掘区西南约 500 米，东距熔岩台地边缘约 20 米，累计发掘面积 70 平方米，发掘采用自然层与水平层相结合的方式进行。

通过发掘，在主探方内共发现自然地层 5 个：第①层为表土层；第②层为灰黑色黏土层，石制品丰富，属于上文化层；第③层为黄褐色黏土层，石制品丰富，属于中文化层；第④层为粉砂层，石制品较少，属于下文化层；第⑤层为粗砂层，未发现石制品。发掘区北部地层堆积较为连续，深度一般在 2 米以上，但是在发掘区的南部地层堆积较浅，大部分探方内缺失第②、③层，有的位置不足 30 厘米即可见到底部玄武岩。

共出土各类编号遗物 8104 件，其中石制品 8102 件，动物化石 2 件。石制品原料以黑曜岩为主，少见石英岩、角页岩、凝灰岩、玄武岩等，尺寸普遍偏小，但也能够发现一些大型石制品，如石锤、石核、砍砸器等。在剥片类产品中，发现有锤击石核、砸击石核、石叶石核和细石叶石核以及大量的普通石片、石叶、细石叶和更新石片等产品。工具类型包括边刮器、端刮器、雕刻器、尖状器、两面器、琢背小刀、砍砸器等多种类型，尤以雕刻器最多，类型最为丰富。不同的文化层均发现有石制品在某一区域密集分布的现象，但是未发现有火塘等遗迹。

通过对不同自然层内发现的炭屑进行 ^{14}C 测年，确认上文化层的年代在距今 1.5 万年前后，中文化层年代距今 2 万 ~ 2.6 万年之间，下文化层年代距今 4 万年前后，首次揭示了连续三期旧石器时代晚期文化遗存年代跨度近 3 万年。下文化层存在明确的石叶技术遗存和雕刻器等工具类型，是长白山地区目前发现年代最早的旧石器时代晚期遗址；中文化层横跨整个末次冰盛期，是目前东北亚地区最早的细石叶技术遗存；上文化层则反映了末次冰盛期之后的石器工业变化，对研究石叶和细石叶技术在东北亚地区的传播与扩散，以及旧石器时代晚期古人类对极端环境的适应等问题具有十分重要的意义。

（徐　廷　赵　莹）

【长春市南关区东岭地新石器时代及青铜时代遗址】

发掘时间：2021 年 4 ~ 6 月

工作单位：吉林省文物考古研究所、吉林大学东岭地遗址位于长春市南关区幸福乡红嘴子村东南，地处松花江支流伊通河中游西岸约 350 米的二级台地上，台地高出东侧河谷 15 ~ 20 米。为配合抚长（抚松—长春）高速公路人民大街出口改移工程建设，联合考古队对施工涉及遗址区域进行了抢救性考古发掘。此次发掘区位于遗址西部，发掘区内地势相对平缓，整体呈西南高、东北低走势。依正南北方向布 5 米 ×5 米探方 12 个，探方编号自南向北依次为 T1 ~ T12，并对 T3 ~ T5 东侧进行扩方，总发掘面积约 350 平方米。发掘区内地层堆积分为 2 层。第 1a 层为近现代表土层；第 1b 层出土大量青铜时代陶片、少许青花瓷片，为清末至民国时期。第②层出土少许桥状陶器耳、陶鼎足、陶豆柄、夹砂黄褐色陶片、石镞等器物，为青铜时代。

发掘共计发现 1 条灰沟、3 个灰坑。灰沟 G1 开口于第①层下，打破生土，灰沟内堆积分两层，出土了戳印指甲纹和刻划平行斜线纹的复合纹陶片、陶豆、陶鼎足、石镞、刮削器、穿孔石器、石叶等石制品和少许动物骨骼，如马臼齿等遗物。

从出土遗物看，发掘区内包含三个时代的遗存：极少量的戳印指甲纹和刻划斜线纹的复合纹、Y 形刻划纹的陶器残片，与左家山下层文化遗物面貌接近，属于新石器时代，H1 和 H3 应属于此期。大量的夹砂素面陶鼎或鬲足、陶豆以及陶鋬耳、桥耳等残器，与西团山文化的陶器有相似之处，应属于青铜时代，灰沟 G1 属于此期；少量的青花瓷片、泥质灰陶等应属于清末至民国时期的遗物，H2 属于此期。

东岭地遗址出土了大量的石制品，包括打制与磨制两类。磨制石器占比很大，达 90% 以上。工具组合以石镞、石斧、石凿和石刀等代表，石镞最多，具有绝对优势，可以反映加工流程的各个不同阶段特征。原料以页岩为代表，岩性较软的原料居多，更便于生产磨制石器，体现出古人在加工工具时对原料具有较强的选择性。石制品以中、小型居多，不见大型和巨型标本。废片和残破工具非常多，完整石制工具很少。由此推测，该遗址在青铜时代极有可能是一处小型磨制石器加工厂。

（武　松）

【磐石市小梨河后山西团山文化遗址】

发掘时间：2021 年 5 月

工作单位：吉林省文物考古研究所、磐石市文物管理所

小梨河后山遗址位于磐石市烟筒山镇小梨河村后山岗上，东西长约 500 米，南北宽约 300 米，中心坐标为北纬 43° 23′ 33.1″，东经 126° 01′ 30.7″，海拔 266 米。2014 年，小梨河后山遗址被吉林省政府公布为第七批吉林省重点文物保护单位。

小梨河后山遗址分布于整个山岗，遗址东南坡中部往下有一大体呈东西向的水冲沟。2021 年 3 月，磐石市文物管理所工作人员在对遗址进行巡查时，发现冲沟北侧崖壁上裸露出一处石棺墓，墓室局部已暴露，后报经国家文物局审批通过，联合考古队对暴露的石棺墓进行抢救性考古发掘。现场调查发现暴露地表的石棺墓共计 4 处，分别编号 M1 ~ M4，经发掘，4 座墓葬皆为长方形土坑石棺墓，墓葬形制相同，其建筑方式皆由生土层上开凿长方形墓圹，在圹内以大小不同的长条形石块砌筑石棺左右两侧长壁，首端立砌页岩石板进行封堵，墓底由页岩石板拼接平铺而成，墓顶以厚重的石板进行封盖。在墓内及墓坑填土中发现石刀、石镞、陶罐、陶纺轮、陶鼎足等西团山文化遗物。四座墓葬中 M2 墓葬封存完好，但墓内几乎不见人骨，未见随葬品，却有数块大型石块斜靠于墓葬内壁。墓葬尾端外部存有副棺，副棺由

板石围挡而成，发现时副棺砌石已散落堆积在墓坑内，其内亦不见随葬品，综合判断M2应为一处迁葬墓。M3墓葬砌石仅残存底部一层，墓内随葬品中有一个腹部带缺口的双耳陶罐，缺口近椭圆形，从其特征判断应为人为有意损毁所致，应为毁器习俗。M4是4座墓葬中唯一一座人骨保存较好的墓葬，为单人仰身直肢葬，人骨经鉴定为4至6岁的儿童。墓葬尾端外侧、大体相当于副棺位置发现一件破损极为严重的陶器，疑似陶钵。根据遗址地表采集遗物及石棺出土遗物综合判断，该4座石棺墓均为西团山文化墓葬。

（王晓明　于　洋　郭阁文
李孟泽　王炳淳）

【集安市报马村北遗址】

发掘时间：2021年7～11月

工作单位：吉林省文物考古研究所、吉林大学

报马村北遗址位于集安市财源镇报马村北部的一处耕地内，2017年，吉林省文物考古研究所在对集安市境内的霸王朝山城开展区域系统调查时发现该遗址。2019～2021年，吉林省文物考古研究所连续三年对遗址开展主动性考古发掘工作。在2019～2020年的考古发掘中发现了分属于青铜时代晚期、高句丽、元明、晚清至民国四个时期的文化遗存。2021年，为进一步明确遗址内部遗存堆积状况，继续对遗址进行考古发掘，共布5×5米探方24个，总计发掘面积约570平方米。地层堆积由上至下共分为五层，其中①～③层为近现代地层，④、⑤层为高句丽时期文化层，并发现了分属于高句丽、元明两个时期的遗存。

高句丽时期遗存可分为早、中、晚三段。早段的典型单位有房址F7，灰沟G6、G7等。房址F7开口于⑤层下，打破生土，平面近圆角长方形，为一单烟道浅地穴式房址。在房址内外柱洞密布，外侧存有柱洞29个，屋内存有柱洞3个。在屋内活动面上发现数片夹砂陶片，从其特征判断为高句丽时期，时段偏早。另在灶址周边出土残损铜器口沿一件，器型不明。G6、G7内出土少量陶片，从其特征判断明显偏早，遗物面貌特征同集安市北头东南遗址出土的早期陶器特征相近，灰沟^{14}C测年数据显示其时代大体处于东汉末期。中段典型单位有H71，所出陶片不含云母，其特征与④层中的高句丽陶片存有明显差异，测年数据显示其大体处于魏晋时期。晚段典型单位有④层及其上方的石构遗迹，石构遗迹呈条带状，方向约45°，未发现基槽现象，判断于④层起建。发掘揭露的遗迹长度约63米（含2020年发掘揭露部分，西南方向已确认到边，无转折，东北方向延伸至发掘区外），中部存有一宽约2米的豁口，可能为遗迹的门址或上下通道。晚段典型单位内出土的器物特征同霸王朝山城出土的主要遗物特征接近，判断二者年代大体相当。

通过三个年度的考古发掘，在报马村北遗址发现了大量的高句丽时期遗存，各典型单位从开口层位上看有着早晚之别。同时，从^{14}C测年数据看又有东汉、魏晋及南北朝早中晚三段之分，为探索和完善区域内的高句丽时期考古学文化谱系提供了宝贵的材料。

（王志刚　刘晓溪　王晓明
孙立斌　陈明焕）

【集安北头东南遗址】

发掘时间：2021年7～11月

工作单位：吉林省文物考古研究所、吉林大学考古学院

北头东南遗址位于集安市财源镇北屯村北头屯东南约750米的漫岗上。该遗址于2019年开展霸王朝山城外围区域系统调查时发现，2019～2021年，吉林省文物考古研究所连续三年对该遗址进行主动性的发掘工作，发掘面积共计756平方米，共发现和清理出

青铜时代晚期、高句丽时期以及渤海时期三期遗存。

一期为青铜时代晚期遗存，目前只见于晚期地层和遗迹内，暂未发现明确为青铜时代晚期的遗迹和地层单位，出土遗物以陶质器物为主，其中以夹粗砂的黄褐陶居多，胎质粗糙，烧制火候低，器表多数未见磨光痕迹。

二期为高句丽时期遗存，为遗址的主要文化遗存，遗迹类型包括房址、灰坑、柱坑、灰沟、石墙等。根据层位及出土遗物特征判断，至少包括早、晚两段遗存。其中，早段典型单位半地穴式建筑以F11、F3及地面式建筑F2为代表。F11带有单烟道取暖设施，F3为多开间结构，未发现取暖设施，但在房址内发现有数目众多的铁炉渣和炉壁等与冶铁相关的遗存，推测该房址与冶铁活动相关；地面式建筑以F2为代表，其构筑方式为，于地表向下挖5～10厘米左右的基槽，在基槽内填充黄黏土以作为房址基础，然后在黄黏土的边缘构筑墙体。此类房址未发现取暖设施，由于规模较小，推测此类建筑与手工业生产活动相关。早段单位内出土了较多的竖耳陶器，尤以竖耳罐为代表，多为侈口、方唇或圆唇，施耳位置较高，多于颈肩部施对称小竖桥耳，形制特征与五女山城三期所出同类器物极为相似，当为同一时期。根据F3内出土的五铢钱和货泉等钱币的流行年代以及五女山城三期的年代推测，该段遗存的年代上限或可至两汉之际。晚段典型单位以房址F1为代表，F1为带有三条烟道的半地穴式建筑，出土器物中夹砂灰陶明显增多，烧制温度相对较高，器表多磨光，以横耳陶器为代表，耳部明显变大，施耳位置多位于上腹部，不见竖耳器。

三期为渤海时期遗存，典型单位以灰坑H67为代表，出土渤海时期陶器2件，盘口壶及横耳罐各一，均为泥质灰陶，烧制温度高。

通过3年的发掘情况来看，北头东南遗址是一处从青铜时代晚期一直沿用至渤海时期的聚落址，大量高句丽遗存的发现也为开展该区域高句丽考古研究提供了新资料。另外，冶铁遗存的发现也是近年来我国高句丽考古的重要收获，对于深入探索高句丽时期的冶铁工艺具有十分重要的意义。

（王志刚　刘晓溪　孙立斌
王晓明　秦英超）

【图们市东兴遗址】

发掘时间：2021年5～11月

工作单位：吉林省文物考古研究所、图们市文物管理所、黑龙江大学考古系

东兴遗址位于延边朝鲜族自治州图们市石岘镇东南约1.5千米处。东南距图们市区约12千米，西南距延吉市约30千米，西北距汪清县约27千米。遗址处于嘎呀河北岸的一级台地之上，地势较高，平坦开阔。遗址北侧为层峦叠嶂的群山，南百余米有嘎呀河自西北向东南流去，东侧为南田沟河，西侧为太阳沟河，东西两侧的河流均汇入嘎呀河。遗址核心区地理坐标为北纬43°3′53.40″，东经125°47′41.10″。1985年，第二次全国文物普查时发现该遗址，现为市（县）级文物保护单位。

2018年，为配合图们市化工新材料循环经济产业园区建设，吉林省文物考古研究所对该工程涉及区域进行了考古调查，确认须进行全面的抢救性考古发掘。2020年申请获得国家文物局批准（考执字〔2020〕第〔510〕号）。2021年开始发掘工作。

此次发掘共清理了12处房址、78座灰坑、18座储藏坑、1座墓葬、2口井和2条沟，另发现陶器、金属器、石器和骨蚌器等各类小件遗物近400件。陶器主要有罐、瓮、碗、钵、豆、盘、杯、纺轮、瓦当等。金属器主要为铁器，有铲、斧、釭、刀、带扣、甲片、火镰等，还有极少量的铜器。玉石器主要有

壁、网坠、纺轮、刀、铲、镞、砺石等。骨蚌器主要有锥、镞、簪和串饰等。此次发掘还采集了大量的土样、炭样和动物骨骼。可辨识的动物有猪、狗、马、牛、羊、鹿、啮齿类、鱼以及贝类。通过对部分土样进行浮选，共发现植物遗存128粒，其中农作物有粟、稗、黍、大麦、小麦、大豆、红小豆、豇豆等。

通过发掘对东兴遗址的年代和文化属性等方面有了初步的认识，确认该遗址是一处包含团结文化和靺鞨—渤海时期文化遗存的聚落遗址。遗址中分布较密集的房屋、灰坑以及储藏坑直接展示了该地区古代人群生产生活的生动面貌；瓦当和三彩器残片的出土表明该遗址在渤海时期有较高等级的建筑和人群活动，应是一处中心聚落；扇贝等海产品的发现标示着该聚落是一处区域性交通和物资交流节点。

遗址地处唐代渤海国的中心地域，此次发掘为进一步研究唐代渤海国各区域文化特征的异同提供了重要的资料，加深了对吉林省图们江流域早期铁器时代至渤海时期文化面貌的认识，对研究团结文化、靺鞨—渤海文化的文化面貌、内涵、相互关系有着重要的学术意义和科研价值，为研究东北边疆各族群在唐代的兴衰、融合的进程提供了基础资料和科学实证。

（徐　坤　包曙光　李光洙）

【吉林市丰满区永安遗址】

发掘时间：2021年4～12月

工作单位：吉林省文物考古研究所、吉林市文物保护中心、吉林市博物馆

永安遗址位于吉林市丰满区永安村二队北侧，南侧紧邻东团山遗址平地城，东北约2千米为龙潭山山城，东南约1.5千米为帽儿山墓地。永安遗址于2011年～2013年开展过发掘工作，发现汉魏时期遗存。2018年在该遗址区域内采集到瓦当等建筑构件。经国家文物局批准，2020、2021年吉林省文物考古研究所对该遗址开展了主动性考古发掘工作。

2021年度发掘面积1000平方米，共发现早晚二期遗存。早期遗存年代为公元一世纪前后至公元四世纪，为夫余遗存；晚期遗存为公元四世纪至公元七世纪，包含高句丽、靺鞨、渤海文化。

早期遗存为该遗址的主体遗存，2021年发现有灰坑、灰沟等遗迹，出土有陶器、石器、骨器、建筑构件等遗物。其中K4平面形状呈长方形，直壁平底，长3.9～4.1米，宽3.1～3.16米、深0.55～0.65米，坑底有用木方搭建的木框。推测该坑可能为窖穴，经^{14}C检测，该坑年代为汉代。

晚期遗存见有水井、灰坑、灰沟等遗迹，出土有陶器、石器等遗物。其中J1经^{14}C年代测定为公元500年前后，为目前吉林市地区发现的最早的水井。

永安遗址发现的前后相继的二期遗存为研究汉代至隋唐时期吉林市地区考古学文化序列、人群变迁提供了新的材料。

（王　聪　于　丹　于洪洋
裴　宇　王立明）

【珲春市古城村寺庙址】

发掘时间：2021年5～11月

工作单位：吉林省文物考古研究所

古城村1号寺庙址、2号寺庙址位于延边朝鲜族自治州珲春市三家子乡古城村东侧100米的农田中。2016年发掘了古城村1号寺庙址，根据对出土遗物的年代学研究，推测1号寺庙址始建年代可早至高句丽时期。2017～2020年发掘了古城村2号寺庙址中的4处建筑台基以及窖穴、灰坑、灰沟、水井等遗迹，并清理了1号建筑台基下的舍利地宫。

2021年度，为进一步明确2号寺庙址整

体布局，揭露了寺庙南北中轴线北侧五号建筑台基 TJ5。发掘表明，该建筑台基平面呈长方形，东西长约 20 米，南北宽约 17.5 米，土石混筑。台基表面保存有 6 块原位础石及挪取础石形成的“取础坑”，础石直径 0.9 ~ 1.0 米，依据现有迹象可知础石原有南北五排，东西六列，据此确认建筑为面阔五间、进深四间。台基为土石混筑，破坏较为严重，台基四周边壁处下浅槽以片状石材包边，外侧未见散水石。在台基中轴线南北两侧各发现一处条石垒砌的踏步。从建筑址外地面及周边倒塌堆积中出土的瓦件等遗物来看，此建筑为渤海时期建筑，与中轴线上台基建筑 TJ1 和 TJ2 共同构成同期寺庙的建筑主体，推测其性质为法堂遗址。

出土遗物主要包括建筑构件、陶器、金属器、佛像残件等几类。根据出土器物的年代推断，五号台基的年代也应该属于唐代渤海国时期。

（解　峰　王力丹　张　哲）

【龙井市太阳古城西遗址】

发掘时间：2021 年 5 ~ 7 月

工作单位：吉林省文物考古研究所、吉林大学考古学院

遗址位于龙井市老头沟镇太阳村东北 300 米处，东距太阳古城约 80 米。20 世纪 70 ~ 80 年代，在遗址内采集到大量渤海国时期瓦件与陶器，并征集一枚东夏国时期的“总押之印”。

为配合珲春—阿尔山的铁路改建工程，对太阳古城西遗址进行抢救性考古发掘。布设南北向 4×25 米探沟 1 条，共清理 8 个灰坑、1 条沟。地层堆积厚约 1 米，第①层堆积为耕土，第②层、③层、④层及其下部开口遗迹均为渤海国时期，第⑤层及其开口下遗迹属于团结文化时期。团结文化遗物主要为灰褐色的陶碗、陶杯，以及红褐色的瘤状耳、柱状耳。渤海时期遗物以灰褐色、灰黑色、黄褐色的陶罐、陶盆、陶瓶、器盖等遗物为主，另出土莲花纹瓦当、小铁刀、玉石珠等遗物。此次发掘未发现明确属于东夏时期的遗迹或遗物。

遗址东部被布尔哈通河冲毁，通过断面观察，发现太阳古城南北两侧城墙的基槽打破了团结文化时期遗迹，并继续向东延伸。城墙基槽呈“U”字形，主要以大小不等的石块填充，另在内部采集到大量渤海国时期的板瓦与莲花纹瓦当残片，推测该遗址在渤海国时期可分为无城与有城两个阶段，前一阶段已出现使用瓦件的高等级建筑址，这对于渤海国社会基层形态研究提供了非常重要的考古学线索。

（卢成敢）

【图们市磨盘村山城遗址】

发掘时间：2021 年 4 ~ 11 月

工作单位：吉林省文物考古研究所

磨盘村山城原名城子山山城，坐落于延边朝鲜族自治州图们市长安镇磨盘村七组一处北、东、南为布尔哈通河环抱的独立山体上，中心坐标北纬 42° 54′ 59.3″，东经 129° 36′ 59.9″，城内最高点海拔 388 米。山城充分利用自然山势，城垣沿山脊和山腹修筑，平面呈阔叶状，周长 4549 米。城内多为平缓坡地，地表可采集到大量砖瓦等建筑构件。该遗址 2006 年被国务院公布为第六批全国重点文物保护单位。

2021 年，吉林省文物考古研究所对山城西区 D3 台地及北区部分小型房址进行了考古发掘，发掘面积 1000 平方米，共发现大型建筑基址 2 座，小型房址 7 处，出土各类器物两千余件。现将主要遗迹介绍如下。

西区建筑群分布在山城西区偏北的坡地上，整体坐西朝东，东西向阶梯状分布，至少有 5 级，发现有人工修整平台 20 余处，经勘探初步确认带础石的建筑有 8 处，外围还

有疑似道路、沟渠等遗迹。2021年对D3台地进行了发掘，发现21、22号建筑基址。

J21平面呈长方形，东西长14.3、南北宽10.5米。地面式建筑，础石东西四排，南北三列，建筑中央减柱。建筑分东西两间。西侧为主间，平面近方形。室内北、西两侧铺设大型曲尺形火炕，地面沿火炕内侧边缘铺单列方砖。火炕东、南两端设灶址，外墙可见墙体基槽。J22平面近“┘”形，地面式建筑，础石东西4排，南北4列，中央减柱。建筑内修建一座整体呈“T”形的火炕，南段火炕西侧有隔墙一道，将J22分隔为东西两间。主间居东，平面呈长方形，北、西两侧铺设曲尺形火炕。D3台地主排水沟位于建筑西、北两侧。出土遗物包括瓦当、滴水、砖瓦等建筑构件，还发现大量铁器、少量铜钱、瓷片、陶片和石器。

北发掘区为一处北高南低的坡地，共发掘早期房址1处、晚期房址6处，灶址1处。早期房址西侧、北侧各残存一段石墙，未发现门道、灶、火炕等迹象，出土大量瓦片。晚期房址多为长方形的半地穴式房屋，面积较小，房内铺设火炕，形制随意，多存在改建现象。出土遗物包括大量滴水、砖瓦等建筑构件，还发现大量铁器、瓷片、少量铜钱、铜器、陶片和石器。

磨盘村山城遗址遗迹保存较好，出土遗物丰富，是金末东夏国南京城故址，具有极高的政治、文化和学术意义。2021年，通过对山城西区的重点发掘，确认一处人工台地（D3）上的两处地面式大型建筑（J21、J22），布局清晰，形制明确，并存在明显改建迹象，明确了山城西区高等级居住区的功能；北区小型房址的发掘，进一步明确了山城内平民居住址的建筑结构，以及沿用、改建的方式，对山城始建年代、使用年代和性质的判定提供了宝贵的线索。

（苗诗钰　徐　廷　安文荣）

【长白山池南区老黑河民国时期遗址】

时间：2021年6～10月

工作单位：吉林省文物考古研究所

老黑河遗址位于长白山保护开发区管理委员会池南区境内，地处长白山南麓老黑河岸的密林深处，距长白山天池直线距离32千米，距池南区漫江村南侧直线距离约14千米，在老黑河北岸的一、二级台地上。遗址海拔高度为950米，中心地理坐标为北纬41°49′18.16″，东经127°36′33.98″。2020年，吉林省文物考古研究所对老黑河遗址本体及遗址周边相关遗迹开展系统的考古调查，并对破坏较为严重的部分遗迹进行了抢救性考古发掘，初步判断遗址主体应为抗日战争时期遗存，是抗日战争时期大型的军事性质的特殊遗址。该遗址布防严密，系长白山地区保存完整的大规模抗日战争时期特殊遗址。

2021年，为进一步明晰老黑河遗址遗迹类型，吉林省文物考古研究所对老黑河遗址东南侧台地的两处小型房址F18、F19，以及遗址中部大型仓储式建筑F20进行发掘。

经过发掘确认，房址F18、F19为相邻的西北—东南向排列的小型房址，形制相同，南向开门，房址以土为墙基，其上为木质结构，房址主要由火炕、灶、室外排水沟三类遗迹构成，出土遗物以铁质工具、铁路相关铁质零件为主，主要有铁钉、鱼尾板、铁皮桶、铁铲等，另有少量瓷器和玻璃器。

房址F20呈圆角长方形，墙体为土石混筑，在北、西墙外有连通的室外排水沟。南墙上开有两门，位于发掘区内的为西门，房址内主要设施为灶；在F20西半部共发现火灶9处，其中房址中部为3个大型单灶，北部靠墙为6个连排小灶。近门左侧发现一火炕。房址内及周边出土了大量饮食起居类器物，以大量瓷碗碎片、碎玻璃瓶为主，少量铁质零件和罐头盒，另有剃须刀、骨刷、钱币、麻将等遗物。

综上所述，房址 F20 性质应为一处大型厨房，为驻扎在老黑河遗址的日伪森林铁路相关人员提供后勤生活保障，从生活角度坐实了日本帝国主义以老黑河遗址为据点长期掠夺我国林木资源的侵略事实；F18、F19 是森林铁路相关管理工作人员的居住场所，同时满足维修、管理、放哨等多项功能。可见日本帝国主义处心积虑的修建各种设施掠夺我国长白山地区林木资源的野心，该遗址再一次揭露了日本侵略者丑恶的嘴脸。

（李宁宁　孟庆旭）

【磐石市红石砬子抗日根据地遗址】

发掘时间：2021 年 7 ～ 11 月

工作单位：吉林省文物考古研究所

红石砬子抗日根据地遗址位于磐石市区西侧 20 千米处，磐伊公路北侧朝阳山镇东北部的红石村境内，以海拔 878 米高的红石砬子主峰为中心地带。

2021 年 7 ～ 9 月，受磐石市文化广电新闻出版局委托，吉林省文物考古研究所对红石砬子抗日根据地保护与展示工程进行考古配合工作，于 10 ～ 11 月进行了区域系统调查。

红石砬子抗日根据地遗址有红军医院、红军伤员包扎所、红军地窨子、红军点将台、红军被服厂、红军报社、八家沟子密营、红军指挥所、红军铁匠炉、红军密营、磐石中心县委办、红军行营等遗址区。根据保护展示方案内容对南部的红军医院、红军哨所、红军密营等 13 处展示区选取保存情况较好的重点遗迹进行考古发掘。

发掘分为四个区域，共发掘清理出密营房址 7 座，灶址 3 个，灰坑 1 个，解剖防御墙 1 条。发掘面积 300 平方米。

根据发掘得知，密营房址建设地点一般选择在窝风向阳的山坳间，随山势而建，在平整地修建，沿山体一侧下挖，近山岗，或近水源。圆形房址（俗称地窨子），直径为 3 ～ 4 米，深 1 ～ 1.3 米，房址内部有石砌烟囱，没有火炕，在室外有石砌露天灶。方形房址，长 3 ～ 6 米，深 0.6 ～ 0.8 米，室内残存石板铺设的火炕、灶膛、烟囱和柱洞。

遗址出土 246 件遗物，质地以铁器、铜器、瓷器为主，种类见有 91 日式手榴弹、三八式步枪残件、汉阳造步枪残件、苏式雷明顿子弹、吉林机器制造局生产的老式栓动步枪子弹壳、瓷碗、陶盆、铁锅、毛笔、烟嘴、玻璃瓶、医用镊子、掌钉、纽扣、满洲国五角钱币等。

此次调查区域主要为红石砬子山区，面积约 64 平方千米，总遗址数达 2600 余个，包括生财沟、猪腰岭、八家沟、大红石砬子山东坡、红石村西南部、小一步岭、二趟沟、三趟沟、四趟沟、小北沟，共十个地理单元。整体上，遗迹密集分布在沟内阳面谷地及坡地的近水地带，平均每个沟谷遗迹约 100 个，类型主要为房址、小型平台、大型台地等。其中房址以地窨子居多，地表形态表现为圆形、方形坑窝，四周可见凸起土围，有的可见门道。小型平台地表形态主要为铲削山体形成的小土台。大型台地主要指人工修整过的面积在 100 平方米以上的开阔台地。

磐石红石砬子抗日根据地遗址发掘的密营房址设施完备、功能齐全，有成战斗队形的营区，是东北抗联在恶劣环境下作战的一个重要体现。此次考古发掘是对抗联遗址国保单位的首次发掘，以往发现的红石砬子抗联遗迹总数不超过 100 个，遗迹间分布较分散，生财沟、猪腰岭等文献也有记载，但发现遗迹较少，此次调查发现遗迹达 2600 处，从考古学角度阐释了东北抗联密营的形制形态特点，结合历史文献材料和参与者口述，为东北抗联密营的成立背景、使用和废弃年代、形制特点等研究提供了重要的学术依据，验证了密营文化的真实性和科学性，为研究东北地方史和东北抗联史提供了非常重要的考古学材料。

（李　丹　孟庆旭　李宁宁）

【集安市高句丽城址区域系统考古调查】

调查时间：2021 年 4 ~ 11 月

工作单位：吉林省文物考古研究所

2021 年，根据吉林省文物考古研究所 2018 年编制的《吉林省集安市高句丽城址区域系统考古调查工作方案（2018 ~ 2023）》，结合实际工作及研究需要，在 2020 年度调查工作基础上，吉林省文物考古研究所继续对集安市境内的大川哨卡、关马山城及国内城周边区域开展系统调查工作。2021 年的调查工作大体可分为四个部分。第一部分，在大川哨卡和关马山城 2020 年度调查范围基础上继续向位于核心遗址东北方向的苇沙河下游区域头道镇周边开展调查工作，在该区域内新发现遗物采集点 18 处，其中 3 处为高句丽时期。整体而言，通过 2020、2021 两个年度的考古调查，在大川哨卡和关马山城周边 400 平方千米区域内共新发现遗物采集点 28 处，其中高句丽时期遗物采集点 5 处，青铜时代遗物采集点 4 处，时代不明 19 处。高句丽时期遗物采集点分布较为分散，多位于交通便利、靠近水源、地形平坦开阔、适合生产生活的位置，大川哨卡和关马山城的存在并没有对其周边的遗址分布产生明显的影响，这也从侧面印证了关马山城的性质应是扼守在苇沙河谷上的一处功能单一化的重要军事性关卡，而大川哨卡则是经关马山城进入浑江流域的一处防御性前沿哨所。第二部分为国内城遗址本体的调查，以国内城的门址、马面、角楼作为分界，结合墙垣保存现状，将国内城城垣分为 23 个区段，各区段单独记录后汇总整合。通过对国内城城垣的系统调查和详细记录，获知了更为详尽的城垣形制、结构及筑法等信息。第三部分是对国内城周边区域的调查。2021 年，以国内城为中心，调查覆盖范围约 500 平方千米，共新发现遗物采集点 8 处，其中高句丽时期采集点 4 处，青铜时代采集点 1 处，时代不明采集点 3 处，调查范围内新发现的高句丽时期采集点过少，无分布规律。调查同时，对集安市周边以往发现的 25 处遗址进行了详尽的复查和记录。第四部分为对国内城外围墓群的调查，国内城外围以往发现墓群 72 处，受时间所限，2021 年度复查墓群 20 处，复查墓葬 130 座。

通过 2018 ~ 2021 年度的考古调查，完成了集安市境内霸王朝山城、望波岭关隘、大川哨卡及关马山城区域系统调查工作，对各核心遗址周边的遗存现状有了全新的了解。通过对核心遗址周边各类遗存的初步整合及研究，对其性质及功能也有了更为清晰的认识。同时，在开展集安市境内高句丽城址区域系统调查工作过程中，采用统一的调查规程和记录标准，为建立更为科学和系统的高句丽考古资料体系以及为后续集安市境内高句丽城址区域系统调查工作的开展奠定了坚实的基础。

（王志刚　刘晓溪　王晓明
孙立斌　李秀龙）

黑龙江省

【饶河小南山新石器时代遗址】

发掘时间：2021 年 6 ~ 12 月

工作单位：黑龙江省文物考古研究所、黑龙江大学、饶河县文物保护中心

小南山遗址位于饶河县城东南的乌苏里江左岸，发现于 20 世纪 50 年代，从 2015 年开始，黑龙江省文物考古研究所持续开展考古工作，为“2019 年度全国十大考古新发现”。2021 年，联合考古队再次对其进行发掘，总发掘面积 540 平方米。此次发掘主要目的是了解小南山遗址东坡南、北两端石制品集中区域的性质和年代，分为观景台地点和热电厂地点。共发现墓葬 7 座，灰坑 4 个，沟 3 条，灶 4 个，条带状石碓（疑似路）1 条。出土遗物绝大多数是石制品，总计 30000 余件，主要为石片和碎屑，还有一定数量的镞、矛、刮削器等工具，以及石叶、细石叶、细石核等反映较复杂制作技术的标本。可复原陶器较少，大部分为破碎陶片，总计约 2000 余块。另外发现玉器 12 件，收集若干炭样、土样等。

此次发掘主要取得以下四个方面的收获和认识。第一，进一步丰富了小南山一期遗存的内容，基本掌握了一期遗存在遗址内的分布情况。第二，新发现第三处新石器时代早期的墓地，并且从层位上确定了叠层葬的墓葬形式，墓葬 ^{14}C 测年结果校正后为距今 8776 ~ 8587 年，进一步证实了小南山随葬玉器的年代。第三，在小南山遗址新发现和确认了少量新石器时代中期的文化遗存，与俄罗斯境内的马雷舍沃文化相近，进一步补充了小南山遗址的内涵。第四，发现大量青铜时代的文化遗存，深化了对原来确定的小南山四期文化遗存的认识。

（李有骞）

【齐齐哈尔洪河新石器时代遗址】

发掘时间：2021 年 5 ~ 12 月

工作单位：黑龙江省文物考古研究所、吉林大学边疆考古研究中心

2021 年，为深入开展齐齐哈尔洪河遗址聚落的形态研究，黑龙江省文物考古研究所与吉林大学边疆考古研究中心联合向国家文物局申请了考古项目。选择 1 处面积大、考古工作多、成果丰富的环壕聚落（4 号环壕聚落）做整体的揭露，开展单一聚落结构研究。发掘面积 1000 平方米。

此次发掘共布 10×10 米探方 11 个，加上扩方，揭露面积约 1250 米，发现新石器时代，两周、辽时期遗存，共发现完整房址 15 座（其中 1 座未做清理），地臼 11 个，墓葬 5 座，灰坑 18 座，灰沟 2 条，窑址 1 座，陶、石、骨角蚌器等器物近 500 件，其中可复原陶器 50 余件，以新石器时代遗存为主。

新石器时代遗存共发现半地穴式长方形房址 14 座（其中 1 座未做清理），完整的 8 座，面积在 60 ~ 100 平方米之间。房址主要为北南向，略偏东南向和西南向分布，另有西东向和东西向房址各 1 座，房址之间有几

组叠压打破关系。清理新石器时代墓葬5座，均为长方形土坑竖穴葬，无葬具，一次葬，头向均朝东北。其中单人葬3座，均有颅骨；多人葬2座，均无颅骨。清理4号环壕1段，呈东北—西南向，平面呈半环形，斜直壁，底部向内收，平底，底面为生土。壕内侧（南侧）壁近底部与中部存有二道生土台阶，应为环壕二次清淤、拓宽所致。其口部长9米，宽6.8米，深约3.8米，遗物包括陶、石、玉、骨、角、蚌、牙等质地器物约470件。陶器器形有罐、碗、钵、壶、杯、纺轮等。器表纹饰主要有附加堆纹、指甲纹、麻点纹、几何刻划纹等，另有少量陶器带流，分为槽状和管状；带耳陶器包括双耳和四耳。石器主要为压制，少量磨制。器形主要有镞、刃、刮削器、钻、斧、锛、环状器、砺石、磨盘、杵等。玉器有斧和环。骨器包括锥、镖、枪头、镞、刀梗、剑梗、匕、簪、刻纹骨器等。角器有锤、镖等。牙、蚌器主要为饰品。其中最为珍贵的是保存完好的复合工具——骨梗石刃剑。

两周时期遗存发现清理房址1座。半地穴式建筑，呈西北—东南向，平面近圆角长方形，口部长8.75米，宽5.2米，深约0.4米。

清理地臼11座。坑口均近圆形，斜直壁，底部微向内收，圜底，形制较为规整，口径0.20～0.30米，深0.10～0.20米，用于捣磨植物颗粒。

辽代遗存仅清理烧造砖窑1座。南北通长约7.4米，南北宽约2.98米，方向336°。

2021年洪河遗址的发掘成果对昂昂溪文化的性质与内涵有了更加深入的认识，在此基础上提供了文化分期分段的可能及依据。房址居住面上放置人骨的情况与土坑竖穴墓的同期出现，为探讨昂昂溪文化丧葬观念提供了新材料。大量无头遗骸经鉴定多为妇女与儿童，是否与部落冲突产生猎头习俗有关，亦或是主动削减无劳动力的人口等，还有待于体质人类学与分子考古学的进一步研究。

（张　伟　任　平）

【哈尔滨市阿城区金上京遗址】

发掘时间：2021年6～11月

工作单位：黑龙江省文物考古研究所、北京大学考古文博学院、哈尔滨市阿城区文物管理所

金上京遗址位于哈尔滨市阿城区南郊2千米，是金王朝修筑的第一座都城，是金代早期的政治、经济、文化中心。金上京城由毗连的南、北两座城组成，平面略呈曲尺形。两城周长约为11千米，城址总面积约6.28平方千米。

金上京皇城建于南城内偏西处，平面为长方形，略呈东北—西南向，南北长约649，东西宽约503米。城垣为夯土筑，未发现角楼等遗存。在皇城西墙和南墙外发现有壕。在皇城内中部，自南向北有五重建筑基址整齐地排列在皇城的南北中轴线上，东西两侧还有回廊基址，殿基平面呈“工”字形。皇城南墙中部地表为三个豁口，两侧有两个高约7米的土阜，对峙而立，称为阙。两个大土阜间又有两个小土阜，各高约3米。大、小土阜间是皇城南门的3条通道，中为正门（午门），两侧为左右阙门。通过考古勘探，在北、东、西三面城墙上亦确认各有1处门址，北门基本和南门相对，东、西门大致各处于城垣中部偏南位置。

为深入了解皇城门址的基本特征和建筑结构，2021年，选择对金上京遗址皇城东门址进行了考古发掘，发掘面积约2000平方米。

皇城东门址系由南、北墩台和门道组成，整体呈殿堂式结构，两墩台东西分别长14.1～14.2米，南北分别宽7～7.1米，四周有宽约0.4米的包砖，墩台方向为12°。每个墩台上分布两列三排6个方形的磉墩，边长约1.5米，两侧墩台构成了单开间两进深的布

局。中部为东西向单门道，门道底部为夯土筑基，有多层路面，门道宽约 3.8 米。门址两侧城墙为夯土筑，发掘部分东西宽 2.2 ~ 2.9 米，现存高 1 ~ 1.4 米，两侧为宽 0.6 米的包墙砖，墙下有砖砌散水。城墙向上有收分。

东门址通往城内有一条东西向道路（编号 L1）。L1 平面呈长条形，宽约 2.8 米，路面中部为夯土，隆起 0.15 ~ 0.2 米，宽约 1.3 米。两侧有沟槽，沟槽内铺砌石板，用以增强稳固性及承载力，残存石板长 0.95 米，宽 0.55 米，厚0.2 ~ 0.25 米。城内沿城墙走向有砖砌道路，城墙外侧为石子地面，局部有砖甬路。

城内门前南北分布的两列建筑基址对称分布，东西走向，南北两侧出檐，为廊房类建筑。南北两侧建筑址以一座门楼（牌楼）建筑相衔接，该牌楼与东门址东西向相呼应。揭示的城内道路和排水系统较为完整，排水系统以明沟和暗渠相结合，排水设施特征显著，年代大致有早晚两期。出土器物以建筑构件为主，包括大量砖瓦和装饰性构件，有少量的陶瓷器、金属器和大量铁钉。瓷器基本以定窑产品为主。

2021 年发掘所揭示的金上京皇城东门址是辽金都城考古的重要收获，其区别于已知的上京城外城（郭城）门址的一般特征，所获资料对了解金代建筑技术、金代都城城门规制、皇城道路和排水系统的布局等具有重要的学术价值，为全面深化认识金上京皇城布局与沿革增添了重要的考古学材料，将进一步推动金上京都城遗址的考古学研究，并为金上京遗址的有效整体保护提供学术支撑和科学依据。

（赵永军　刘　阳）

【哈尔滨市阿城区傅家屯东金代遗址】

发掘时间：2021 年 8 ~ 11 月

工作单位：黑龙江省文物考古研究所

傅家屯东遗址位于哈尔滨市阿城区蜚克图镇胜利村傅家屯东约 200 米处。地理坐标为北纬 45° 44′ 42.18″，东经 127° 04′ 27.86″，海拔 165 米。为了配合吉黑高速山河（吉黑省界）至哈尔滨（永源镇）段工程建设项目的顺利开展，考古队 2021 年对该遗址进行了正式的考古发掘。此次发掘布 5 × 5 米探方 40 个，加上扩方，发掘面积为 1050 平方米，清理出属于金代的遗迹有半地穴房址 2 座，灰沟 1 条，灰坑 4 个，同时出土了陶、瓷、石、铁、铜等不同质地的遗物约 150 件。

通过发掘可知，该遗址的堆积南部较浅，文化层厚多为 20 ~ 30 厘米，北部较深，文化层厚，多为 50 ~ 60 厘米，个别地区可深达 100 厘米以上。出土的 2 座房址皆为近方形半地穴式建筑，面积分别为 11 和 31 平方米，穴壁存留 30 ~ 70 厘米，地面较为平整，室内皆附带有“ㄏ”或“ㄱ”形状的曲尺形火炕。灰沟宽 1.1 ~ 1.7 米，深 70 厘米，剖面呈“U”形。灰坑平面形制有圆形和椭圆形之别。出土遗物绝大多数为建筑构件类，种类见有青砖、瓦当、板瓦、筒瓦、檐头板瓦、压当条、鸱吻等；日常生活类的陶容器皆为泥质灰陶，数量少，且多残破，可辨器形有瓮、罐、壶、盆、甑等；此外还见有极少量的玉石器、铁钉、铁镞、铁削、瓷碗、铜环、铜钱等其他类的遗物。

此次发掘不仅丰富了松花江流域金代的文化面貌，而且为研究金代的社会发展、族群构成、聚落布局、手工业分工等提供了一批详实的实物资料。

（田　禾）

【哈尔滨市阿城区满井屯金代遗址】

发掘时间：2021 年 5 ~ 11 月

工作单位：黑龙江省文物考古研究所

遗址位于哈尔滨市阿城区双丰街道办事处爱民村满井屯东北约 200 米的漫岗上，北距金上京会宁府皇城遗址约 7.5 千米。为配合吉黑高速山河（吉黑省界）至哈尔滨（永源镇）段工程建设，对满井屯遗址进行配合性考古工作。发掘面积1800余平方米，揭露和清理建筑基址5处、房址1座、墓葬9座、灰坑12个、灰沟5条、灶址3处等，出土陶器、砖瓦、铁钉、金耳环、玉饰件、玛瑙珠等遗物200余件。

建筑基址5处，均为地面式建筑，地面以上墙体等结构已破坏不存，仅见地面以下的柱础（坑）残迹。柱础（坑）平面呈圆形、圆角方形或长方形等，斜直壁，平底或圜底。建筑方式为先挖础坑，再将木柱立于础坑内，并填土夯实。木柱均已腐朽不存，仅保留有柱洞痕迹。3号建筑基址平面呈“凸”字形，方向北偏西40°，分为东室和西室两部分。东室呈长方形，东西长11.7米、南北宽9.4米，室内共发现柱础坑34个。西室平面呈“凹”字形，西室东墙部分借用东室西墙，南北长16.2、东西宽5.2 ~ 7.8米，室内共计发现柱础坑15个。室内及柱础坑内发现大量的砖瓦残片。6号建筑基址平面呈长方形，包括7个柱础坑和154个墙基础坑。由内墙和外墙组成。内墙位于房屋的中部及北部，呈长方形，东西长约20.1米，南北宽约8.0 ~ 8.3米。内墙发现三条隔断墙将其隔成四个房间，在隔断墙及室内中部共发现7个承重的柱础（坑）。外墙呈长方形，东西残长43米，南北宽10.7 ~ 11.5米。西侧外墙与内墙间隔约2米，形成一道走廊。外墙南部及西北部均发现有缺口，可能为门。室内发现大量砖瓦堆积及少量陶器残片。

墓葬10座，均为土坑竖穴墓，多数有木棺或石棺等葬具，流行火葬习俗。M1为土坑竖穴木棺墓，平面呈圆角长方形，斜直壁，平底。墓口长约3.96米，宽约2.56米，深约1.35米。距墓口深1.15米处发现一长方形木棺残迹，已严重腐朽。木棺长约2.8米，宽约1.34米，残高约0.34米。墓底西北部发现少量人骨残渣，性别、年龄及葬式不明。墓内填土分为二层，上层为灰褐色五花土，较疏松；下层为黄褐色五花土，较黏硬，夹杂布纹瓦片和砖头、少量炭粒。木棺底西部出土金耳环1件，月牙形玉器1件。

M6为土坑竖穴石棺墓，平面呈圆角长方形，斜直壁，平底。墓口长约224，宽约200，深约120厘米。近墓底中部发现一个长方形石棺，由1块盖板、4块侧板及1块底板组成，长约120，宽约80，高约80厘米。石棺内保留有一个木匣残迹，已严重腐朽，其内发现大量经过火烧的人骨残渣。墓内填土为五花土，含大量砖瓦残块，下部土色渐变较纯净，比较黏硬。填土内出土玛瑙珠1件。

满井屯遗址的发掘是近年来金上京会宁府遗址外围以南区域进行的一次规模较大的考古。从揭露遗迹和出土遗物分析，满井屯遗址应为一处包含有建筑基址、房址、墓葬、灰坑、灰沟等多种遗迹的金代大中型遗址。对1 ~ 5号建筑基址的发掘是此次考古的最重要发现，其中，又以3号和6号建筑基址的建筑规模最大，并带有院落、走廊或回廊等附属遗迹。根据地表发现的大量柱础坑等遗迹和碎砖瓦残片等遗物分析，原建筑的顶部可能存在瓦盖，但基址内部未发现取暖设施的灶址和火炕或其他与生产生活相关遗物，上述建筑可能不是普通居住址，而应具有特殊的功能与用途，因为出土遗物较少，对其功用、性质的深入认识还有待今后的新材料加以对比充实。满井屯遗址的发掘工作为金代的历史文化、生产生活、埋葬制度、建筑格局与营建方式等方面的研究提供了新的实物资料。

（王长明）

【哈尔滨市阿城区双兰村金代遗址】

发掘时间：2021年6 ~ 11月

工作单位：黑龙江省文物考古研究所

遗址位于哈尔滨市阿城区双丰街道双兰村东北约 300 米的漫岗上，北距金上京约 3.5 千米，东距阿什河约 1.85 千米，东北约 900 米处为金上京城南侧的圜丘祭坛遗址。地理坐标约为北纬 45° 27′ 1.33″，东经 126° 58′ 46.04″。

为配合吉黑高速山河（吉黑省界）至哈尔滨（永源镇）段工程项目建设，黑龙江省文物考古研究所对项目所涉遗址区域进行了考古发掘。发掘区位于遗址东部边缘的坡地上，地势西高东低，因耕作水稻而改造成阶梯状，改造对地层形成了较大的扰动。因此，工作中采取了整体布方控制、按实际需求分散发掘的工作方式，在坡顶、坡下和各阶梯边缘处分别进行发掘，以了解工作区域内的整体状况。发掘共布设 5×5 探方 19 个，发掘面积 475 平方米，清理房址 2 座，灰坑 20 个，灰沟 3 条，耕地 1 片，出土了较多的陶、铁、铜等各类遗物。

因土地改造，导致各阶梯地层堆积存在差异，除坡顶和坡下外均仅一层堆积，且为近现代黑黄混杂的扰土层。

发现的两座房址均位于坡顶区域，开口于表土层下，打破第二层。F1 位于坡顶发掘区西部，F2 位于 F1 东侧约 6 米。两座房址均为地面建筑，保存状况一般，能分辨迹象，仅为炕灶及部分柱洞结构，房址内外还发现一些规模较小的坑洞，其形成应该与房屋的使用有关系。F1 为单炕布局，仅有环西、北两侧的一铺曲尺形火炕，火炕为 3 烟道，南部与灶相连，但连接结构应位于开口层位之上，当前已被破坏无存。烟道南部较深，向北向东渐浅，三条烟道在北侧没有汇合的交点，应是烟囱部分的迹象未能保存的结果。灶基本呈圆形，弧壁，壁厚约 10 厘米，壁为红烧土，烧土内填充有碎陶、瓦片及小砖块；灶的四角均砌有碎砖块、瓦片、陶片；灶底为圜底，底部呈黑色偏红色的烧结面；灶口位于灶东部，灶口东侧为一储灰坑。F1 边界未能明确分辨，仅可根据火炕和柱洞等迹象推测其大致呈方形，面积约 36 平方米。F2 为双炕布局，环西、北和环东、北分别有一铺火炕，西北火炕为 2 烟道，东北火炕为 3 烟道，烟道内均发现有较多基本无烟炙痕迹的石块，个别石块可两两拼合，全部位于烟道之中，不超出烟道的范围，可能是烟道的盖石板塌落的迹象。烟道均是近灶处深，向烟囱处渐浅，烟囱结构已基本破坏无存，仅可见西北炕两烟道交汇处平面近似梯形的凹坑中间有一突起椭圆形黄土块，或与烟囱结构有关。两炕的灶平面均大致为圆角方形，圜底，规模基本一致，长约 0.8、宽约 0.6 米。2 座房址在建筑布局上有较大的差别，但在一些建筑结构和建筑细节方面却大致相同，推测大致应该是同时期两种不同的建筑类型。

发现的与人类行为有关的灰坑均分布于坡顶区域，应与 2 座房址的使用者有直接关系。这些灰坑规模均不大，平面大多为圆形，有些可能是未能辨识的柱洞，有些可能与房屋使用者日常放置器物或储存物品有关。

3 条灰沟均为自然冲沟，应属当时地貌的一部分，沟内堆积较纯净的黑褐土，包含物较少。因遗址整体年代较为单纯，沟内堆积中出土物品与其他遗迹单位出土物品无明显的年代差异，故难以判断这些冲沟被填平的年代。

耕地遗迹位于坡下发掘区，分布占据了所发掘的两个探方，清理面积约 36 平方米，限于发掘面积，未能确认耕地范围。耕地开口于第②层下，叠压第③层，或可说将第③层堆积上部开垦为耕地，未穿透第③层。耕地大致呈西南—东北走向，截面呈明显的波浪状，可观察到曾被淤积层覆盖又重新开垦的迹象，应该是经过两个阶段的开垦，其间隔时间的判定尚需依据后期的科技检测结果来认识。垄沟内填满砂性较强的黄褐土，与第②层淤积土相同，应是第②层淤积层的一部分，也正是这次的堆积导致了此处耕地的废弃。根据第④层堆积中出土物品判断，耕地上限大致应在辽金时期，使用年代的下限未能依据现有资料做出判断，需要等待后续的科技检测支撑。以其开口层位、埋藏深度结合遗址发掘的整体情况，初步推测为金代耕地。

双兰村遗址此次发掘区域内堆积扰动严重，遗迹大多难以完整认识，遗物因现代耕作方式或埋藏环境等因素也损伤较重；陶器多为细小残块，但依然为认识辽金时期的社会生活提供了重要信息。两座不同类型的房址共存的发现，表明当时建筑形式丰富多样，人们可以根据实际需求选择自己的房屋建筑形制，也是建造技术进步的体现。耕地的发现，对了解当时农业发展状况十分重要，具有填补空白的意义。若耕地最终确认为金代遗存，则此处坡上居住、坡下耕作的生产生活模式则对探索当时聚落生产生活的功能分区规划理念和模式具有重要意义。

（刘晓东）

【五常市白旗村东金代遗址】

发掘时间：2021 年 8 ~ 11 月

工作单位：黑龙江省文物考古研究所

遗址位于五常市背荫河镇白旗村东约 200 米处，地理坐标为北纬 45° 07′ 13.20″，东经 127° 02′ 34.10″。遗址地处大青山西南部，牤牛河下游右岸，地形属于山地向平原过渡的低山丘陵地带，地势平坦，海拔 176 米。

为配合吉黑高速山河（吉黑省界）至哈尔滨（永源镇）段工程建设，2021 年对白旗村东遗址进行考古发掘，共布设 10×10 米探方 4 个（T0101、T0102、T0201、T0202），2×4 米探沟 1 条（TG1），2×2 米探沟 3 条（TG2 ~ TG4），总发掘面积 420 平方米。

遗址层位堆积可分为三层。第①层为耕土层，灰褐色夹砂黏土，厚度为 15 ~ 25 厘米，分布全探方。土质黏性大，松软，包含瓦片、植物根茎、瓷片、陶片以及现代生活垃圾。第②层为文化层，黑色腐殖质黏土，厚度为 20 ~ 30 厘米，砂质偏少，疏松，偶见啮齿类动物打洞上翻的黄土，主要包含瓦片、陶片。第③层为黑褐色黏土，厚 25 ~ 30 厘米，质地纯净，不见出土遗物。第③层以下为黄色黏土层，即为生土层。

出土遗物以布纹板瓦为主，生活性陶器、瓷器及青砖极少。布纹板瓦分泥质灰陶和黄褐陶，均夹少量细砂。前者烧制火候高，见有薄厚两款：厚款两端厚约 3 厘米，中间厚约 2.5 厘米，瓦端方正；薄款厚约 1.8 厘米，瓦端弧圆。后者烧制火候较低，剖面中间有灰褐色夹芯，整体厚约 2.7 厘米。青砖，未见完整者，厚约 5.5 厘米，宽约 15 厘米，长度不详。陶器均为泥质灰陶，烧制温度较高，快轮修整，见有卷沿、平底，器类以罐为主。瓷器多为瓷片，见有口沿、器底，器类主要为碗。

遗址地表破坏严重，未见到遗迹现象。但从地表采集和文化层出土遗物来看应属于同一时期文化遗存，是一处文化性质单一的遗址。遗址内大量出土板瓦表明此处应为一聚落址。从陶器特点和制作工艺来看，遗址年代应不早于金代。从布纹板瓦特征来看，所属建筑等级不高，应为一般建筑所用。此次发掘丰富了拉林河流域金代遗存的文化面貌，为金代聚落形态、生业模式等研究提供了一批翔实的资料。

（刘　伟）

上 海 市

【上海奉贤区柘林良渚文化遗址】

发掘时间：2020 年 10 月 ~ 2021 年 7 月
工作单位：上海博物馆、奉贤区博物馆

柘林遗址位于上海市奉贤区柘林镇南部，距今约 5000 年的古冈身的南端，杭州湾北岸。1977 年公布为上海市文物保护单位。2018 年，上海博物馆根据国家文物局“考古中国——长江下游区域文明模式”课题规划，对柘林遗址进行了首次考古发掘，明确该遗址是一处良渚文化时期临海小型聚落，并发现了一处良渚文化晚期墓地。

为进一步掌握墓地的布局与结构，探寻聚落的形态及功能分区，2020 年 10 月 ~ 2021 年 7 月，联合考古队对柘林遗址再次开展考古发掘，发掘面积计 1000 平方米，清理墓葬 9 座，灰坑 39 个，灰沟 4 条，柱洞群 2 处等，出土器物 200 余件。

此次发掘在 2018 年度发现的墓地南部又发现墓葬 8 座，墓葬形制、方向及葬式均与第一次发掘成果一致，皆为土坑竖穴墓，方向皆东偏南，葬式皆为仰身直肢葬，头向东，均为成年人。墓葬随葬品均较丰富，主要为陶器，少量墓葬随葬玉器、石器以及骨器，以双鼻壶、圈足盘、陶鼎等为基本器物组合。根据墓葬随葬品组合及其地层关系判断，此次柘林遗址发现的良渚文化墓葬年代与 2018 年度发现的墓葬同属良渚文化晚期。墓葬的空间布局可以分为四组排列，排列方向均为东北—西南向，应存在有意识的规划行为。

墓地位于贝壳沙堤之上，是先民有意识利用冈身高地，堆填洼地，不断向东扩建，将相邻高地相连，最终形成一个大的高地墓区。目前已经揭露墓地东界和南界，先民利用高地东部自然地势落差作为墓地的东界，墓地南界以人工修建的灰沟（G4）为界，形成一个相对较为独立的区域。

此次柘林遗址发掘在 2018 年度工作的基础上再获新成果，冈身遗迹之上东西向墓葬的良渚文化墓地的发现，为深化良渚文化的聚落布局、丧葬习俗、居址环境的研究提供了新的材料，对良渚文化社会复杂化、文明化进程等研究具有重要意义。

（郑秀文　黄　翔）

江苏省

【苏州市草鞋山新石器时代遗址】

发掘时间：2020 年 9 月 ~ 2021 年 4 月

工作单位：苏州市考古研究所

草鞋山遗址于 1956 年初次发现，遗址文化内涵十分丰富，包含马家浜文化、崧泽文化、良渚文化、马桥文化以及春秋战国时期的遗存。1995 年被公布为省级文物保护单位，2013 年升级为国家重点文物保护单位。保护范围东起东港河，西至司马泾河（原西港河）以东，北起阳澄湖大道南侧，南至面店河北岸，总面积 19.9 万平方米，规划总面积 40.2 万平方米。

2020 年，由于 312 国道苏州东段改扩建工程涉及东港河与司马泾之间的阳澄湖大道及两侧的绿化带，此范围正好位于草鞋山遗址建设控制地带范围内。通过前期考古调查、勘探情况得知，在东港河与唯胜路之间的阳澄湖大道路面区域分布有断续的唐宋至新石器时代遗存，遂对全部早期遗存区域及唐宋等较晚时期遗存分布核心区域开展考古发掘工作，发掘面积 1500 平方米，共清理各类遗迹单位 466 处，出土各类器物 154 件（组），时代从马家浜文化时期到明清时期。

T1 ~ T7、T11 ~ T15 主要遗迹单位为宋代和马家浜时期，主要遗迹单位为灰坑和柱洞，宋代灰坑 67 座，柱洞 64 个；马家浜时期灰坑 94 座，柱洞 67 个，水稻田 20 块（主要分布于 T5 和 T6）。但是由于大部分柱洞仅残剩洞底部，无其他相关迹象，且分布无规律，所以仅以柱洞编号，没有作为房址。这一区域内还发现了 4 座马家浜时期的墓葬，M2 打破 M3，均南北向，头朝北，均为俯身直肢葬，其中 M2、M3、M5 为男性成年，M4 性别不明。

T8 ~ T10 主要为东周及马家浜时期的遗存，宋代与马桥文化时期也有分布。马家浜文化时期的遗迹单位 43 处，遗迹类型主要为灰坑与水稻田、沟与水井，其中水稻田 20 块，G5 推测为水稻田的配套灌溉系统，在 S25 和 S27 中间有 H118，可能为配套的调节水稻田用水的蓄水坑。

T16 和 T17 位于整个发掘区域的东北部，与 T8 ~ T10 仅相隔 5.5 米，但是完全不见马家浜地层及遗迹单位，最早到崧泽时期。发现了一块崧泽时期的水稻田 S41，S41 中间有两条狭长的生土带，推测为田梗，其南部有部分区域有木桩，分布无规律可循。

此次发掘马家浜时期的水稻田海拔高度集中于 0.44 ~ 0.77 米之间，崧泽时期的水稻田海拔高度在 0.15 ~ 0.4 米间，要低于马家浜时期，稻田面积大于马家浜时期。其余集中发现马家浜时期灰坑及柱洞等生活相关的遗迹单位区域的生土面海拔基本为 1 米以上，推测聚落内依据天然地势状况进行规划利用，地势低的规划为水稻田区域，地势高的作为生活居住区。

（王　霞）

【南京市高淳区薛城新石器时代遗址】

发掘时间：2021 年 9 月 ~ 2022 年 1 月

工作单位：南京师范大学、南京市考古研究

院、高淳区博物馆

薛城遗址位于南京市高淳区淳溪街道薛城十村，南距高淳市区约4千米。地理坐标为北纬 31° 21′ 51.32″，东经 118° 50′ 58.49″。遗址原处在石臼湖南岸，本为一岛形台地，当地人俗称“小岗头”，最高海拔 14 米。现在遗址东南面大部仍临水，西北部为鱼塘。遗址平面大致呈椭圆形，南北宽约 210 米，东西长约 330 米，北部因早年防洪取土略遭破坏。经初步勘探，遗址总面积约 6 万平方米。薛城遗址是 1997 年 8 月薛城乡卫生院新建办公楼挖房基沟槽时发现的，文物部门获悉后，组织考古队进行了抢救性发掘。2010 年又经历了第二次发掘，后被确定为第七批全国重点文物保护单位。

2021 年，为配合南京师范大学文博系本科田野考古实习，经国家文物局批准，联合考古队对薛城遗址进行主动性考古发掘，发掘面积约 160 平方米。此次发掘布置 A、B 两处发掘区，A 区发掘面积 100 平方米，B 区发掘面积 60 平方米。目前发现新石器时代墓葬 67 座，灰坑 27 座，房址 4 座、“龙形”蚬壳堆塑遗迹 1 处，红烧土遗迹 2 处；出土陶器、玉石器和骨器等文物共计 285 件。此次考古发现对于认识宁镇地区新石器时代生态环境、文化面貌、墓葬习俗、社会复杂化等具有重要学术意义，尤其是最新发现的“龙形”蚬壳堆塑遗迹十分罕见，具有重要学术价值。

【常州市寺墩良渚文化遗址】

发掘时间：2021 年 3 ~ 12 月

工作单位：南京博物院、常州博物馆、常州市文物保护管理中心

2021 年寺墩遗址的发掘仍然围绕寺墩墩体北部台地和以寺墩三号墓为代表的贵族墓葬区西部开展，发掘总面积 700 平方米。

2021 年在墩北台地布置 T1、T2 两条长探沟，旨在通过 T1 了解墩北台地的地层堆积和遗迹分布情况，通过 T2 了解墩北台地和墩东洼地之间的关联。T1 南北长 60 米，东西宽 5 米，共计面积 300 平方米；T2 东西长 20 米，南北宽 15 米，共计面积 300 平方米。在 T1 中部发现疑似良渚文化房址 1 座，在 T1 北部发现良渚文化墓葬 3 座，水井 1 口；崧泽文化墓葬 1 座，该探沟对于了解墩北台地的遗迹分布情况起到了很好的作用，考古队已商议扩方方案。T2 南壁下方发现良渚文化墓葬 3 座，同样考虑扩方方案。

2019 ~ 2020 年的发掘已将寺墩三号墓所在台地的北部、南部边缘了解清楚。2021 年根据勘探结果布置了 TE06N23，试图找到该台地的西部边缘。通过发掘发现该探方 9 层以下均为良渚文化堆积，呈现明显的东高西低的地势，也印证了对贵族墓葬区所在台地西边缘的推测。

（于成龙）

【苏州昆山群星良渚文化遗址】

发掘时间：2020 年 10 月 ~ 2021 年 6 月

工作单位：苏州市考古研究所

因苏州市城市轨道交通 S1 线建设需要，考古队在玉山镇群星村发现群星遗址。遗址中心北距娄江约 500 米，周围河湖密集，地势低平，四面有河道流经，现存遗址核心区面积约 9000 平米。

实际发掘面积 2400 平方米，复原遗址面积超过 5 万平米，共发现新石器，唐、宋时期，明清时期古河道、水井、灰坑、柱洞、墓葬等 80 余处。出土石器、陶器、瓷器等器物小件等 100 余件。另外还采集到少量春秋战国和汉代的遗物。

此次发掘最主要发现是揭示了一处良渚文化时期的聚落。一条良渚时期既宽且深的古河道 G12 位于遗址中部，略呈东北—西南向，已追踪长度约 200 米。河道两边分布有大量的灰坑、水井及柱洞等遗存，应是聚落

的生活区。在遗址的西北部发现有水稻田、沟等遗存，是当时的生产区。由于面积的限制，还未发现墓葬区。

良渚时期依托自然河道形成以河道 G12 为中心的聚落址。此时期遗存分布较广，但是并不密集，呈散点状分布。唐宋时期遗存主要分布于遗址北部和西部，遗迹单位丰富，有水井、灰坑和墓葬，出土大量器物。这一时期河沟纵横，显示出人工建设水利体系较为频繁。明清时期遗存较少，主要为文化层。

群星遗址是一处良渚文化早期延续明清的平地类型遗址，不同于周边草鞋山、赵陵山等高台遗址。良渚时期、唐宋时期沿河而居的聚落布局，显示出地域文明的独特延续性。此次发掘丰富了对昆山西部新石器时代聚落布局的认识，为苏州考古增添了新的材料。

（牛煜龙）

【昆山市黄泥山北遗址】

发掘时间：2021 年 4 ~ 12 月

工作单位：苏州市考古研究所

2020 年 12 月初，昆山乐建住房开发有限公司承建的江南云锦住宅项目进行围挡和便道施工，在新建北侧围挡下挖基槽时发现土层中有陶片暴露，随后上报文物主管部门。接到报告后，苏州市考古研究所工作人员通过对现场的踏勘和试探，发现该区的两座土墩（D1、D2）为早期文化遗址。

D1，布设 10×10 米探方 8 个，发掘面积约 800 平方米，发现文化层 6 层，明清时期墓葬 12 座，新石器时代至明清时期井 11 口，灰坑 15 个，沟 2 条。

D2，布设 10×10 米探方 11 个，5×10 米探方 1 个，2×10 米探沟 4 个，发掘面积约 1230 平方米，共发现 8 个文化层，发掘新石器时代墓葬 16 座，唐墓 1 座，明清墓 10 座，灰坑 47 个，井 29 口，沟 2 条。

经过此次考古发掘工作，我们对黄泥山北遗址有如下认识。

D1 最早可见新石器时代文化层、灰坑和井，未见墓葬和房址，约东周挖 G1，唐代 G1 彻底废弃，其东侧是唐宋时期的沟或池塘，约在明代废弃，清代作为墓葬区使用。D2 始建于崧泽文化时期，作为墓葬区。至马桥时期多见井和坑，不见墓葬和房址。东周时期仍可见少量的井和坑。唐代开挖大沟，并发现个别墓葬，大沟在元代彻底废弃。明清时期该地也作为墓葬区使用。

草鞋山遗址、绰墩遗址、辉映遗址等新石器时代遗址距此只有 5 至 10 千米，此次发掘为深化研究苏州地区新石器时代文化特征提供了重要新资料。另外，黄泥山遗址发现于 1961 年，据尹焕章、张正祥《对江苏太湖地区新石器文化的一些认识》一文，黄泥山位于昆山正仪新北乡火车站北，遗址厚 3 米，发现有青莲岗文化、良渚文化、湖熟文化遗存。1998 年，苏州博物馆和昆山市文物管理委员会对黄泥山遗址进行了抢救性考古发掘，发现了良渚文化、马桥文化和春秋及宋以后各时期的文化堆积，面积约 4000 平方米。此次发掘的黄泥山北遗址距离其西南的黄泥山遗址约 400 米，二者应有较密切的关联。

另据 1966 年卫星照片，此两土墩的北侧有一环形水域（目前其外形保存完好），东南侧有一近长方形水域（目前已不存），可能与 D1、D2 有一定的联系。

（刘芳芳　何文竞）

【苏州市姑苏区钱家浜马桥文化遗址】

发掘时间：2021 年 7 月 ~ 2022 年 1 月

工作单位：苏州市考古研究所

钱家浜遗址位于苏州市姑苏区苏虞张公路西、沪宁高速公路北、阳澄湖西路南、虎丘湿地公园东，拟建苏州国际交流中心项目地块东北部。在苏州国际交流中心地块基本建设的前期考古调查、勘探中发现该地块东北部有古代文化遗存分布。2021 年，苏州市考古研究所对发现古文化遗存区域进行了科学考古发掘，申报考古发掘面积4500平方米，后又对相关区域进行了适当扩方发掘。

遗址保存较好区域可区分出六个文化层，根据地层包含遗物特征可辨堆积年代主要为马桥文化时期、东周时期、唐宋时期和近现代。此次发现了各类遗迹 330 余处，其中墓葬 90 座，灰坑 199 个，灰沟 27 条，水井 17 口。初步统计出完整器物及可复原器物 1100 余件（组），主要器形有陶鼎、陶拍、陶罐、陶盆、瓷盂、银钗、铜镜、铜带扣、漆木碗、漆木盘、漆木钵、石斧、石犁、石砚台和墓志铭等。

通过此次发掘，推测该区域应该原有一个大型古文化遗址，后因历史时期生产建设等对其原始地貌和文化堆积有较严重的扰乱破坏。根据地层包含物特征推测该遗址的核心文化堆积应起始于马桥文化时期，兴盛于东周时期，衰落于唐宋时期。此次发现的 330 余处遗迹，灰坑大多为马桥文化及东周时期，墓葬多为唐宋至明清时期，由此推断该区域在东周及以前应为古人的生产生活活动区域，而在唐宋以后逐渐变成墓葬选址区域。

该遗址是在苏州西北地区新发现的一处马桥文化至东周时期的古遗址，为进一步研究马桥文化的分布提供了新的材料。

（孙明利　张志清）

【扬州市高邮佛前墩商周遗址】

发掘时间：2020 年 10 月 ~ 2021 年 11 月

工作单位：南京博物院、扬州市文物考古研究所、高邮博物馆

佛前墩遗址位于江淮东部高邮湖东岸，扬州市高邮市开发区马棚街道钱厦村兴旺庄西北，中心地理坐标北纬 32° 55′，东经 119° 28′，海拔 4 米。遗址西距高邮湖约 6.5 千米，高邮市区在遗址南偏西 16 千米处。遗址现为略高出周围农田的低矮土墩，面积近 2.5 万平方米。

因京沪高速公路扩建工程占压遗址核心区，经国家文物局批准，受江苏省文物局委托，南京博物院考古研究所于 2020 年 10 月开始对施工红线范围内遗址区域进行抢救性考古发掘，发掘面积 2400 平方米。

发掘表明，佛前墩遗址主体为商周时期的环壕聚落遗址，遗址四周有壕沟环绕，南部有一近东西走向的大型长土台。遗址延续时间长，最早年代可到商代晚期，主体遗存为西周时期，并见东周、汉、六朝及唐宋时期遗存。

此次发掘共发现各类遗迹 350 余处，其中建筑及相关遗迹 140 处（房址 49 座，柱洞 53 个、柱坑 27 个、墙基 8 条、灶 3 处）、墓葬 4 座、水井 3 眼、灰沟 19 条、沟槽 3 道，灰坑最多，共计 182 座。

佛前墩遗址共出土了包括陶器、瓷器、石器、铜器、骨角器和卜骨、卜甲在内的各类遗物近 400 件，其中西周时期卜甲、卜骨 50 余件。

佛前墩遗址是近年来江淮东部地区商周考古的重要新发现，对于探讨该区域商周时期的聚落形态与变迁、生业经济模式以及人地关系等具有重要意义。此次发掘出土的江苏境内数量最多的西周卜甲、卜骨为研究佛前墩先民的精神生活提供了珍贵的实物材料。

（许晶晶　杨广帅　甘恢元）

【徐州文庙街区地下城西周墓葬及汉魏时期遗址】

发掘时间：2020 年 12 月 ~ 2021 年 4 月

工作单位：徐州博物馆（徐州市文物考古研究所）

徐州市文庙街区地下城遗址位于徐州市鼓楼区彭城路与河路交叉口东侧，原市第二中学院内。为配合文庙街区复原改造工程，

徐州博物馆对该遗址进行了考古发掘，发掘面积900平方米。此次在发掘区共计发掘清理灰坑71个，房址13座，路3条，夯土台基4处，墓葬13座，河道1处，桥址1处，码头1处，窑址2处，沟8条，墙基3处，灶1座，水井2处，并在发掘区外侧北部清理发掘排水设施1处，灰坑3个，出土各类陶瓷器1600余件（组）。

文庙街区建设地块处于明代徐州城南北中轴线的迎恩门（南门）与武宁门（北门）之间南北大街的东侧，项目地块西北侧为明徐州州署遗址，金地商都发现汉代夯土台基，南侧为明代鼓楼等遗址，现地块至南侧苏宁广场主楼区域均为明代文庙建筑基址区域。通过此次考古发掘显示，该区域明代遗存堆积极为丰富，此次发现木桥遗迹与清代乾隆徐州府志记载学宫图相吻合，用以连接徐州州署和文庙。该地块明代洪武时期至隆庆年间为徐州永福仓所在地，此次揭露的明代河道与码头遗迹应为粮仓运输配套设施。

考古发掘共发现四处夯土台基，其中一期为西汉时期，二期为东汉时期，三期、四期为魏晋时期，夯土台基相互叠压具有时代连续性，分布范围广。文献记载该区域历代皆为重要的官署区域，此次发掘大面积的夯土台基和文献记载相吻合。据夯土台基分布范围及包含物来看，应为城内官署区域，为研究汉代至魏晋时期彭城地理范围及官署机构设施提供了重要资料。

在距离地表10米以下发现13座西周墓葬，为徐州地区首次发现。墓葬埋藏于黄沙之下，人骨及随葬品等皆保存较为完整，获取信息丰富。西周墓地的发现，使徐州2600年的建城史得以科学验证，另为寻找宋国彭城邑提供了重要线索。

此次考古发掘区域虽然面积不大，但是由于其特殊的地理位置，无论是对于研究明清文庙位置变迁，汉代楚国、彭城国、宋国彭城邑的范围乃至更早时期文化探索都具有重要的学术意义。

（王庆光　刘　超）

【溧阳市刘庄村东周土墩墓群】

发掘时间：2021年1～12月

工作单位：南京博物院、溧阳市博物馆

溧阳市上兴镇地理位置优越，南北衔接茅山山麓与宜溧山地，东西串联宁镇丘陵与太湖平原，是溧阳的西部重镇，自古以来人类活动密集，地下文物埋藏丰富。随着溧阳市经济开发区战略体系的调整，上兴镇已成为主要拓展区域，经济建设与文物保护的矛盾逐渐凸显出来。2017年8月，上兴镇工业园区在平整土地过程中发现刘庄村土墩墓群，江苏省文物局委托南京博物院对其进行考古调查与勘探。

刘庄村土墩墓群位于原刘庄村东部的高岗台地上，南北向散落排开，跨度约350米，原有土墩8座，高度2～8米不等，均呈馒头形，总面积9329平方米，自南向北编号为D1～D8，其中D6、D7受施工破坏，现仅存6座。2021年主要对D4、D5和D8进行考古发掘。

D4：位于土墩墓群中部，东北紧邻D5，墩底平面呈不规则椭圆形，东西直径29米，南北直径24米，高约3米，海拔16.67米，当地俗称“夏园墩”。墩体破坏严重，有大量现代盗洞。D4为江南土墩墓中的一墩多墓类型，截至目前，共发掘春秋时期墓葬23座，器物群3处，出土陶器、原始瓷器、绿松石等各类文物100余件/套。根据D4出土器物的形制、纹饰及组合，结合地层关系，可初步推断上兴刘庄土墩墓群D4的年代为春秋中晚期。

D5：位于D4的东北、D8南侧，是一座形状较规则的馒首形土墩。墩体南北直径27.4、东西直径30.3，高2.9米，海拔19米。

土墩遭受了严重的盗掘与生产活动的破坏。密布的盗洞为发掘提供了充足的剖面，可以看出墩体较明显的人工堆筑过程，目前可分为三个阶段：最早期的墩体由比较纯净的灰白花土组成，其中夹杂水平状分布的红土，这应该是草包泥堆筑方式的体现；早期墩体上叠压着数层棕红色或深灰色、较致密、带有铁锰结核的砂质黏土，这几层堆土可能是使用了附近的生土加工得来；晚期阶段的堆积并不一致，主要是灰白色纯净的粉质黏土，在部分区域又叠压了一层黄褐色粉质黏土。截至2021年底D5仍在发掘中。

D8：位于刘庄村土墩墓群的最北端，墩体庞大，平面形状呈长椭圆形，东西直径50米，南北直径35米，高约7米，海拔21米，是刘庄村土墩墓群中体量最大的一个，老百姓俗称“前墩山”。D5地层堆积层次和结构均较清晰。墩内偏西北部存在一个灰白土墩体，然后逐渐向东堆筑扩展，加高加大。墩内目前共发现墓葬6座，都位于东部外围，墓葬被盗扰严重。其中M6为封土墓，其余均为土坑墓；器物群1处，位于灰白土墩北侧。从出土器物的特征来看，墓葬年代在春秋中晚期。截至2021年底发掘工作还在进行中。

（于成龙　陈　钰　贺亚炳）

【邳州蒋庄汉代遗址】

发掘时间：2020年10月～2021年10月

工作单位：徐州博物馆（徐州市文物考古研究所、徐州汉画像石艺术馆）

蒋庄遗址为一处以建筑居址为主要内涵的聚落遗存，2020年发掘面积1500平方米。

汉代遗存位于③层下，为排列有序的房址，以及与之相配套的水井（J1—J5）、居址南部的水沟（G2）、东西向的道路（L3）以及灰坑等，形成较为完整的聚落形态。

该组房址的基本结构为“院落＋房屋”，建造过程为先在原生地面堆土3～4层，垫土的过程中发现有奠基行为——陶盖罐的发现。在堆筑的垫土面向下开挖基槽，墙基内发现有圆形柱洞，大者直径约0.3米，内部为褐色土淤塞，较为疏松；另一种在开挖基槽后进行回填，直接将柱子与回填土一起置入。

房址多为南北向（F1例外），院落在南，正房在北，院子一侧开一门；房址可以分为两种形制：第一种为“一庭二内”结构，由院落＋屋组成；第二种为中轴线式的多功能房址结构，由6～10间单体房间组成，单组房屋长15～20米，宽6～12米。

建筑材料以板瓦、筒瓦、瓦当为主，板瓦厚约1厘米，拱顶施粗细绳纹，拱底多留有拍印的菱形纹、麻点纹、席纹等纹饰；有的板瓦底面贴附泥条加固。筒瓦多呈半圆形，外壁施纵向粗绳纹为主，内壁以细密的布纹为主要特色，部分筒瓦的顶面用数道宽弦纹抹平。圆形瓦当有单卷云纹、双卷云纹、附加一周三角形栉齿的卷云纹瓦当等多种形式。

在汉代遗址内发现陶器、铜器、砺石等各类遗物200余件。陶器以夹砂灰陶、泥质灰陶为主，泥质红陶、夹砂红（褐）陶、夹砂白陶伴出；器形有宽折沿盆、圜底罐、双系罐、碗、白陶瓮、甑、大型托盘、盘、豆等生活器。地层内出土铜器均为小型的生活类器物，包括剑格、剑首、镞；铃、钗、顶针、剪轮五铢等。铁器主要有铁刀、铁钁、铁锸等。

在⑦层面发现秦汉的沟垄遗迹一处，以及长方形、近圆形坑、方形坑40处。沟垄耕作遗迹于⑦层面开挖黏土形成沟，沟垅呈东南西北走向，南北交错排列。揭露出的沟垄长约30米，宽10，深0～0.12米，沟内堆积纯净，为一处保存较好的秦汉农田耕作遗迹。

通过目前的发掘工作可以推知已经发掘的遗址为一处延续时间较长的居住遗址，始建于西汉，沿用至魏晋以后逐渐废弃。据《中国历史地图集》，汉代良成东距今沂水约3千米（汉代沂水在其西），与今邳州市区约6千米，而目前发掘的遗址与汉代良成的地望较为接近，故初步确认该遗址属于汉代良成县。由于目前发掘的范围较小，同时未发现汉代城址所常见的城墙、护城河等城市要素，亦未发现夯土台基、大型建筑基址等要素，故而目前倾向于该遗址为良成城外的乡野。

（郑洪全）

【睢宁县下邳故城遗址】

发掘时间：2021年5～12月

工作单位：南京博物院、睢宁县博物馆

下邳故城遗址位于睢宁县古邳镇北侧，南靠古邳镇约1千米，西北距岠山3千米。中心地理坐标北纬34° 130′ 914″，东经117° 906′ 021″。2021年发掘面积1000平方米，此次发掘旨在扩大揭露2019年至2020年发现的汉代下邳铸炼遗址的范围，明晰其分布结构，进而研究其铸炼技术和生业性质，解决下邳铁官这一重大历史问题。

考古队选定在原有发掘区TG2的南部和西部扩方发掘。由于发掘区地表至铸炼遗存出露地层厚约6米，且其上各个时代文化层堆积丰富，共清理各时期灰坑64个，排水沟4条，石灰窑4个，灶坑1个，房址1座，窑址1座；出土骨、铜、铁、陶、瓷、石等各类遗物1000余件，以瓷器为主，瓷器中器形以碗居多。

下邳故城遗址发现的大面积铸炼遗迹与史书中记载的汉代下邳铁官设置相吻合，2021年的考古发掘进一步揭露了不同时期下邳故城遗址的丰富遗存。

（徐　勇）

【溧阳古县遗址】

发掘时间：2021年2～12月

工作单位：南京博物院、溧阳博物馆

古县遗址位于溧阳市天目湖镇古县村，地处溧阳市南十五里。遗址北倚燕山，南邻茶亭河，分布范围北至滨河路，南至茶亭河，西临滨湖花园小区，东靠古县东安置小区，现存面积25万平方米。

2021年度古县遗址的发掘工作以厘清城址四至及找寻城门所在为主要目标，通过发掘解剖工作，深入了解城墙堆积性状与内涵，分析研判城墙的构筑与变迁，进一步探求城内外道路与城址布局等相关遗存的分布情况，以期整体全面的认知古县城址的文化内涵。

截至2021年11月，古县遗址考古发掘已明确城址北城墙（CQ1）、东城墙（CQ2）、西城墙（CQ3）所在，南城墙区域现为使用中的水泥路面，勘探基本明确其走势。北城墙东北—西南走向，地势明显高出周边区域。从地层堆积和出土遗物分析，城墙最上层年代至晚为唐，最下层年代至晚为三国时期。北城墙长约120米，东城墙长约100米，南城墙长约120米，西城墙长约108米，城址周长约448米，与史料中“周三百步”的记载基本相符。

此外，在北城墙东北角外侧揭露春秋时期窑址一处（Y1），并清理10余座宋代墓葬。截至2021年，城址已经揭露的遗迹有，孙吴至隋唐时期的城墙；西晋时期的灰沟，东晋南朝时期的礼制建筑、院落建筑及附属的道路、柱洞、灰坑；集中于北城墙区域的宋代墓葬；集中于古县村旧址区域的清代的水井、灰坑、道路，清代的墓葬群等。综合以上发现粗略可窥古县遗址的兴衰变迁，或可据此展开初步推断：至迟在春秋时期开始，古县遗址的社会发展已达到较高水平。孙吴时期，因地理位置与政治军事所需，古县开始起筑置县。东晋南朝时期进一步建设发展，城外的礼制建筑和院落建筑规模颇大，或代表了古县城最为繁盛的发展阶段。唐宋时期文化遗存减少，当与隋废永世县关系密切。尤其宋代墓葬多在北城墙区域发现，进一步说明了宋代古县城的荒废状况。清代生活遗存与现代村落重合，墓葬区选择在居址西北部的高地上，其时社会面貌已与今日古县村大同小异。

（高　伟）

【苏州市吴中区丹枫唐代墓葬】

发掘时间：2021 年 3 ~ 5 月

工作单位：苏州市考古研究所

丹枫遗址位于江苏省苏州市吴中区木渎镇丹枫路南侧，凯悦街东侧，北枕江路北侧。发掘工作采用探方法进行，共布设 10×10 米探方 12 个、10×5 米探方 3 个，各方均保留 1 米宽隔梁，工作面积合计 1350 平方米，各探方统一编号。共发现文化层 4 层，墓葬 25 座，灰坑 2 个，沟 1 条，井 1 口；出土器物 113 件（组）。

共发掘唐代墓葬 23 座，分为土坑砖室墓和竖穴土坑墓 2 种：土坑砖室墓 16 座，葬具、人骨无存，出土青瓷盏、铜钱等；竖穴土坑墓 7 座，葬具、人骨无存，出土釉陶罐。宋代竖穴土坑墓 1 座，长方形，葬具、人骨无存，出土 2 件青瓷碗。明代土坑砖室墓 1 座，长方形，葬具、人骨无存，毁损严重，残存少量墓砖，无出土器物。

出土陶、瓷、金属器等不同材质器物 113 件（组），绝大部分属唐代，少量属东周时期和宋代，以铜钱和小型青瓷饮食器皿为主。

通过考古发掘，可以确认该遗址文化内涵主要为一处建于东周时期遗址之上的唐代高台墓地。高台虽因现代建筑而遭到较为严重破坏，但取得一些新收获：一是发掘了唐代土坑砖室墓 M7，其规模较大、结构亦比较复杂，与扬州隋炀帝萧后墓形制相近；二是出土了 3 块有唐代纪年的墓志铭；三是出土了一组铜鎏金带饰 13 件，这些新发现为苏州地区唐代墓葬研究提供了一批新材料。

（张铁军）

【苏州陆慕元和塘古窑址】

发掘时间：2021 年 4 ~ 10 月

工作单位：苏州市考古研究所

陆慕元和塘古窑址位于苏州市相城区陆慕老街。2020 年，苏州市考古研究所联合南京大学组织考古勘探队伍，对相城区元和塘两侧陆慕老街商住项目地块进行考古调查、勘探，勘探面积 10 万平方米。勘探地块位于元和塘两侧，共分七个小地块，南北最长约 600 米，东西最宽 380 米。

2021 年 3 月，苏州市考古研究所根据勘探情况向国家文物局申请考古发掘。考古发掘工作分四区进行，共发掘面积 1618 平方米，发现遗迹 48 个，其中窑址 12 座，灰坑 12 个，墙址 9 个，井 7 口，路 7 条，沟 1 个，以及明清金砖等文物达 50 余件。其中Ⅱ区发现的 Y2 结构较为复杂，保存比较完整，窑床直径为 4.8 米，窑床后侧有六个扇形烟道，内含大量黑色灰烬，初步认为是烧造金砖的窑。其文化内涵需要进一步深入探讨。

据《陆慕镇志》，本地块原名为“金窑街”，属于曾经的南窑村，西侧即为御窑村。陆慕从明代以来以烧造金砖而名扬天下，“自明永乐中，始造砖于苏州，责其役于长洲窑户六十三家。砖长二尺二寸，径一尺七寸。其土必取城东北陆墓所产”（《造砖图说》浙江巡抚采进本）。又，《姑苏志》第十四卷，“窑作”条记载：“出齐门陆慕坚细异他处，工部兴作多于此烧造。”陆慕元和塘古窑烧造的金砖可通过元和塘入运河抵达京城。

江苏省文物局验收专家组认为，沿元和塘河道两侧的区域应进行整体的原址保护，以保护历史上的金砖烧制窑场区的完整性，制定较长期的考古工作计划，对遗址区进行有计划的考古，以期完整揭示遗址，并进一步进行规划，保护、利用。今后应加强对明清时期金砖烧制工艺等方面的研究，更加深入揭示金砖烧制对明清宫城研究的意义。

（刘芳芳）

【江苏海安市青墩遗址和吉家墩遗址及周边区域考古调查】

调查时间：2020 年 10 月 ~ 2021 年 1 月

工作单位：南京大学考古文物系、海安市博物馆

海安青墩遗址位于南通市海安市南莫镇青墩村。1973 年 8 月遗址被发现，1979 年南京博物院和南京大学在此曾做局部发掘，但是未能对遗址及周边范围进行考古调查勘探，整个遗址范围及地层堆积情况不清。2020 年 9 月得到江苏省文物局批准（苏文物保〔2020〕494 号），南京大学考古文物系联合海安市博物馆组成考古工作队，主要对青墩遗址及附近的吉家墩遗址和周边区域进行考古调查勘探，摸清青墩遗址、吉家墩遗址及周边区域内文物资源情况，以便制订遗址保护规划。

经调查青墩遗址分布范围，东至东塘河西岸，北至青墩北大河，西至青墩遗址北侧桥区域。整个遗址南北长约 170，东西宽约 200 米，占地面积约 3.5 万平方米，遗址文化层堆积厚度 0.3 ~ 1.5 米。遗址核心区域位于现安置遗址文保碑向南的道路两侧。其时代为崧泽文化晚期到良渚文化时期，文化面貌与江南同时期史前文化面貌接近，但是也有一定的自身特色。

吉家墩遗址位于海安市隆政村与隆政中心河东南处。探明遗址位于省道 353 南，开挖河道以东区域，遗址平面呈椭圆形，南北长约 80，东西宽约 115 米，遗址占地面积约 1 万平方米。遗址文化层堆积较薄，文化堆积层距现地表 1.2 ~ 1.5 米，厚 0.2 ~ 0.8 米。其时代和文化面貌与青墩遗址相近。青墩遗址和吉家墩遗址的考古发现，将江淮平原东部滨海地区的人类开发历史追溯到 6000 年前。青墩遗址分布面积约 3.5 万平方米，为江淮东部滨海区域面积最大、文化层堆积最厚且保存最完好的新石器时代遗址。遗址四面环水，不排除原是一处史前环壕聚落。吉家墩遗址的文化面貌与青墩遗址相似，时代相近，也是长三角北翼江海交汇地带一处重要的新石器时代文化遗址。

此次考古调查勘探工作，不仅对青墩遗址和吉家墩遗址做了一次较全面的摸底，还对这两处遗址周边区域进行了大规模考古调查。在考古调查过程中，新发现的莫家墩、仇家墩、杜楼村等遗址为海安地区史前遗址分布及今后考古工作奠定了基础。

（贺云翱　王碧顺）

【丹阳南朝陵墓考古调查勘探】

勘探时间：2021 年 2 ~ 10 月

工作单位：南京博物院、丹阳市文体广电和旅游局

丹阳南朝陵墓石刻是全国重点文物保护单位。丹阳南朝齐梁陵墓石刻散布于丹阳市陵口、三城巷、水经山等地区，计有 12 处。

为配合《丹阳南朝陵墓保护规划》和《丹阳南朝陵墓遗址公园规划》的编制，南京博物院等对丹阳南朝陵墓展开区域系统性考古调查、勘探和发掘工作。2020 年 8 月起，对分布于丹阳三城巷的南朝陵墓进行考古调查、勘探，重点对梁武帝萧顺之建陵陵园附属设施进行考古工作。2021 年继续对该区域其他三处陵墓进行考古调查、勘探，勘探面积约 25 万平方米。

勘探共发现灰坑 4 处，灰沟 5 条，窑址 6 座，夯土基础 7 处，神道 1 条，还发现 8 处墓葬群及 47 座砖室墓或土坑墓，大部分遗迹保存状况较差，部分遗迹未进行考古发掘，具体时代尚不明确。此外，在调查勘探过程中，考古队对三城巷陵区外其他各陵进行了踏查，在地表采集到南朝时期青瓷残片、模印砖等遗物。

此次考古工作初步厘清了丹阳三城巷南

朝陵墓的布局和保存状况，对于推动南朝陵墓研究具有重要意义，为深入研究丹阳南朝陵墓的形制、规模、布局、文化内涵等提供了重要的基础资料。但由于三城巷范围内后期经济生产、平整土地等的破坏，地貌发生变化，给考古工作带来了很大的困难。另外，考古发掘面积较小，对陵园的整体面貌和布局仍需进一步考古工作的确认和完善。

（闫　龙）

【如皋古掘沟遗址考古调查勘探】

勘探时间：2020 年 1 月 ~ 2021 年 8 月

工作单位：南京大学文物考古系、如皋市博物馆

江苏是大运河沿线河道最长、流经城市最多、运河遗产最丰富、列入世界文化遗产点段最多的省份。扬州—如皋—南通之间的汉代东邗沟（茱萸湾—蟠溪）、隋唐宋古掘沟、明清运盐河及通扬运河等实为大运河重要的支流，亦是中国大运河历史文化遗存不可分割的部分，其两岸留存大量的古遗址、寺庙、水利设施、盐垦遗产等，构成了扬州—南通间丰富多样的大运河文化遗产。

2019 年 10 月，南京大学获得江苏省文物局批准，次年联合如皋市博物馆对如皋境内古掘沟遗址进行了考古调查勘探。主要目的是摸清如皋境内古掘沟的走势及掘沟两侧地下遗迹埋藏情况，为如皋市更好地保护利用古掘沟遗址提供重要的科学依据。此次工作采取考古调查勘探与研究同步开展，对考古调查发现遗迹使用分段勘探的方法。通过此次考古调查勘探，摸清了古掘沟在如皋境内的走向及保存状况，古掘沟从市境北界柴湾向南至如城镇街道，穿如城镇折而向东，过东陈镇后转向东南，后在丁堰一带分一支向如东，另一支转弯向南，穿林梓达白蒲，在白蒲镇再经弯转继而向南往南通市区。此次考古工作不仅摸清了古掘沟河道走向，而且掌握了古掘沟两侧文化遗迹分布情况，在如城街道—东陈镇区域发现一批文化遗迹，有徐家桥遗址、十里铺遗址、汤湾老庙遗迹、东陈古镇遗址等。

发现的徐家桥遗址分布范围较大，文化层堆积丰富，其北至蟠溪北路，南至古运河，东西至乡间小道，整个范围东西长约 200 米，南北宽 90 ~ 180 米，占地面积约 3 万平方米。从勘探结果看，该遗址年代初步推测应为宋元时期，遗址性质有待于进一步开展考古工作予以确定。

此次考古调查勘探及研究所获资料可以与日本高僧圆仁《入唐求法巡礼行记》的相关记录相互印证，可知当时圆仁等遣唐使一行自掘沟东端的掘港（今如东）国清寺登船沿“掘沟”到如皋、海陵乃至扬州的水路情况，为今后开展通扬运河考古提供了基础资料。

（贺云翱　王碧顺）

浙江省

【兰溪县皂洞口上山文化遗址】

发掘时间：2021 年 3 ~ 8 月

工作单位：浙江省文物考古研究所

皂洞口遗址位于金华市兰溪市上华街道皂洞口村南，东北方向约 2 千米为金华江。遗址坐落在一处自然的山坡顶部，顶部较为平缓，海拔约 54 米。2020 年底，浙江省文物考古研究所对兰溪老虎头遗址进行复查，在周边调查的过程中，发现皂洞口遗址。因沪昆高速拓宽，遗址南部被破坏，文化层暴露。2021 年度浙江省文物考古研究所对其进行考古发掘，发掘位置靠近沪昆高速北侧，面积 200 平方米。

发掘表明，以村内的水泥道路为界，其东、西侧均有文化层堆积分布。东侧遗址上部有 1 米厚左右的次生堆积，其中混出瓷片、灰瓦片、夹砂灰褐色陶片和石斧、石锤、长方形穿孔石器等。底部为单纯的新石器时代文化堆积，厚 20 ~ 40 厘米，出土少量夹炭红衣陶，较破碎，器形难辨。

为了确定遗址的年代，在水泥路西侧布设了 10×2 米的探沟，发掘表明，西区第③、④层为新石器时代堆积，出土陶片较丰富，陶片基本上为夹炭红衣陶，可辨器型有大口盆、双耳罐、折沿罐等。少量石制品与东区基本相同。西区的遗迹现象也较丰富，清理了灰坑 4 座，石块堆 1 处。

从陶器特征上判断，皂洞口遗址属于上山文化，年代相当于上山文化中期，距今 9000 年左右。值得注意的是，其夹炭陶比例明显较高，石器从石料到器形都有自身特色，为认识上山文化内部的文化类型提供了新资料。上山文化的分布以金衢盆地为重心，衢江、金华江是金衢盆地的水系的主动脉，而皂洞口遗址位于衢江、金华江的交汇处，地理位置独特，是上山文化传播、交流的重要空间节点。皂洞口遗址的发现也使已知的上山文化遗址增至 20 处。

（仲召兵）

【余姚市施岙新石器时代遗址】

发掘时间：2021 年 2 ~ 12 月

工作单位：浙江省文物考古研究所、宁波市文化遗产管理研究院、余姚市河姆渡遗址博物馆

施岙遗址位于余姚市三七市镇相岙村施岙自然村西侧山谷中，东南距田螺山遗址约 400 米。2021 年，主要在古稻田西区进行了较大面积发掘，揭露出一片河姆渡文化早期稻田与河姆渡文化晚期稻田，确认 1 条良渚文化时期河道，清理河姆渡文化到明清时期灰坑 91 个。

河姆渡文化早期稻田，绝对年代为公元前 4800 ~ 4500 年，确定了其西边界，发现 1 条宽 2.2 ~ 2.3 米的田埂。稻田堆积整体较平整，东部有一片低洼区域。出土遗物很少，仅发现少量陶片，可辨有敞口釜的口沿。西侧边缘另外发现 13 个打破生土的灰坑，出土少量陶釜口沿、夹炭黑陶片等。

河姆渡文化晚期稻田，绝对年代为公元前 3700 ~ 前 3300 年，西侧靠山区域有 1 条

南北向古河道。稻田西部较高，有 2 条南北向田埂和 1 条东西向田埂；东部较低，有 2 条东西向田埂。田埂之间发现 5 处灌排水口。稻田边缘和古河道堆积中出土了少量陶片，可辨器形有釜、鼎、豆、澄滤器、罐等。稻田堆积中仅发现零星陶片。

良渚文化时期稻田，绝对年代为公元前 3300 ~前 2600 年。根据植硅体、大植物遗存分析，确认西区⑦层也属于稻田层。在西侧靠山区域发现 1 条南北向河道，河道中发现 1 处木构排水设施，南部区域底部铺垫了垄状石块。稻田边缘和古河道堆积中发现较多陶片、石器等，陶器有鼎、罐、盆等，鱼鳍形鼎足、红陶罐较多；石器有石刀、斧、锛、砺石等。

另外，靠近山脚处发现一批商周到明清时期的灰坑。商周时期灰坑有 58 个，出土较多陶器、石器、木器、编织物等。周代灰坑 H63 出土一批保存完好的原始瓷器、陶器、石器、木器、编织物等，有陶釜、鼎、罐、硬陶尊、原始瓷碗、盂、木盆、铲形器等。唐代到明清时期灰坑较少，出土遗物也很少。

河姆渡文化早期稻田已出现田埂，是一种大规模的稻田，这种类型稻田的起始年代早至距今 6700 年以上，一直延续发展，刷新了学术界对史前稻田和稻作农业发展的认识。

此次发掘出一批商周时期的灰坑、灰沟、柱洞等生活遗迹，为建立宁绍地区商周文化序列提供了一批新材料。

另外，发掘过程中与国内外科研院所合作，采集了大量浮选、植硅体、硅藻、土壤微形态、木材样品等，可以开展水稻演化、古环境、稻田生态等多方面的研究。

（王永磊　陆雪姣　车　芳
张　耀　梅术文）

【宁波市江北区胡坑基新石器时代遗址】

发掘时间：2021 年 7 ~ 12 月

工作单位：宁波市文化遗产管理研究院

胡坑基遗址位于宁波市江北区慈城镇胡坑基自然村，地处姚江谷地东部河姆渡文化核心区域，东北距慈城古镇 1 千米，西北 7 千米为田螺山遗址，西南 9 千米为河姆渡遗址。为配合金田铜业片区 CC06-02-04a 地块建设，宁波市文化遗产管理研究院对该遗址进行了考古发掘，发掘面积 800 平方米。

发掘表明，胡坑基遗址年代可划分为河姆渡文化三期和四期两个阶段。

早期以⑤、⑥层遗存为主，出土陶器以夹炭陶为主，以釜为主要炊器，其特征与河姆渡遗址三期遗存基本一致；同时出现了石钺、鼎、刻划镂孔豆柄等明显带有环太湖地区文化特征的遗存，反映出崧泽文化对宁绍地区的渗透与影响。

晚期以③、④层遗存为主，陶器特征与河姆渡四期基本一致，以夹砂红陶为主，发现大量形制各异的鼎足，说明炊器中三足鼎的比重大大增加，尤其是晚期开始出现了鱼鳍形鼎足，表明良渚文化因素开始影响到宁绍平原。

此次发掘共清理出房址、柱洞、灰坑、木制品加工场所和墓葬等遗迹 213 处，出土陶器、石器、木器等遗物 102 件。

胡坑基遗址发掘呈现出的多种房屋基础的营建方式表明了河姆渡晚期依然以干栏式建筑作为主要居住形式，为研究河姆渡文化晚期房屋建造技术的发展和演变过程提供了更为清晰的材料。木器加工场所出土的类型丰富的木制品、半成品及木料等遗物体现了河姆渡文化晚期的木器加工技术水平。另外，结合古环境材料，可以确认该遗址为河姆渡文化晚期典型沼泽环境中的一处小型聚落，从而丰富了河姆渡文化的聚落形态，为探讨宁绍平原东部，全新世晚期环境变迁背景下（海平面稳定、宁绍平原初步形成）新的人地关系等提供了重要资料。

（梅术文）

【宁波奉化区竺家新石器时代至宋元时期遗址】

发掘时间：2021年7～12月

工作单位：宁波市文化遗产管理研究院、南京大学、复旦大学、奉化区文物保护管理所

遗址位于宁波市奉化区方桥街道竺家村北，西距剡江2千米，海拔约2.1米，分布面积约5900平方米。为配合基本建设，对其开展了面积1600平方米的考古发掘。

竺家遗址文化层堆积深度约1.6米，自上而下可分为6个层位。清理遗迹共计49处，出土陶、瓷、玉、石、木等材质遗物小件标本200余件。出土遗存年代由早至晚分别为河姆渡文化四期、良渚文化、春秋战国和宋元时期，以史前时期遗存为主。

河姆渡文化四期遗迹发现有干栏式建筑、墓葬、灰坑、灰沟等，出土遗物主要有釜、鼎、豆、罐、盘、器盖、支脚、石锛、石矛、石刀、石犁、砺石等。

良渚文化时期房址为地面式建筑，整体坐落在一层灰黄色垫土上，由数段基槽和柱洞组成，西北—东南走向，入口不清晰，大体能判断出是多间建筑。墓葬形制为长方形竖穴土坑墓，东西向，棺具为独木棺，横截面呈“C”形。人骨架保存较差，仅在部分墓葬中发现有肢骨和头骨，由此可判断头向东或东偏北。随葬品一般置于腿部及脚部，见有陶釜、圈足盘、罐、豆、石钺和石锛。其他遗迹见有灰坑、灰沟、灶等。该时段陶器保存较差，除随葬陶器外，可辨器形还包括较多的鼎。石器有镞、刀、锛、斧等，玉器有玉锥。

春秋战国和宋元遗存较少，遗迹有灰沟和灰坑。出土春秋战国遗物包括原始青瓷碗、钵及“米”字纹、方格纹等印纹硬陶片，宋元遗物主要为青瓷碗、盘、韩瓶。

竺家遗址出土遗存时代特征明确，为认识宁绍地区史前文化地域特征和构建史前文化时空框架增加了新的材料。所发现的河姆渡文化干栏式建筑和良渚文化地面式建筑为研究该区域史前聚落变迁和建筑形式演变提供了新的案例。揭露的5座史前墓葬对于认识奉化江流域这一时期的墓葬形制、葬俗等有一定研究价值。

（丁风雅）

【海宁朱福浜新石器时代遗址】

发掘时间：2021年3月～2022年1月

工作单位：浙江省文物考古研究所、海宁市文物保护管理所

朱福浜遗址位于海宁市马桥街道经编产业园区，2021年在遗址西南部进行第一期发掘，揭露面积3900平方米，清理各类遗迹218个，出土各类遗物410件（组）。文化堆积包含崧泽、良渚、商周、唐宋、明清等多个时期，遗迹单位有崧泽文化土台3个、房址3座、红烧土遗迹1处、墓葬8座、灰坑16个，良渚文化土台2个、墓葬36座、灰坑56个、灰沟1条，马桥文化灰坑2个，商周时期灰坑75个、灰沟2条，汉代水井1口，唐宋时期墓葬2座、灰沟2条、灰坑4个，明清时期灰沟1条。

遗址主体为崧泽—良渚文化堆积。揭露的土台面积288～545平方米，残存高度0.6～1.1米不等。房址均在土台顶部，仅存若干柱坑，其中F3位于台Ⅳ顶部，存留5个柱坑及大面积红烧土堆积，分布面积约46平方米，中心部位发现10件陶器和石器。

史前墓葬大部分坐落于土台上，有成排成组现象。崧泽墓葬8座，其中6座朝南，2座朝北。随葬品2～9件不等，陶器有鼎、豆、罐、壶、盆、杯等，石器主要为石钺，玉器仅一颗隧孔珠。良渚墓葬共36座，头向均朝南。随葬品0～16件不等，陶器有双鼻

壶、鼎、簋、豆、罐、盘、盆、纺轮等，石器有石钺、石镞、石纺轮、轮状器等，玉器有锥形器、坠饰、端饰、珠等。M16 仅见一大一小两具骨架，推测为父子或父女合葬墓。

良渚文化灰坑中 H55 较特殊，坑内设一直立的陶罐，陶罐内置一枚陶纺轮，陶罐顶部倒扣一件圈足盘，似为祭祀坑。马桥文化灰坑 H079 平面近圆形，直径约 2.3 米，深 2.4 米，从上到下共出土 11 件器物，其中 9 件为完整的绳纹凹底罐，烧成温度各不相同，颜色也有明显差异，个别器表还有原始瓷釉。

汉代水井 J03 口径 2.3 ~ 2.6 米，深 2.55 米，叠砌十节陶井圈，井圈外饰绳纹，上半部和下半部井圈规格稍有差异。唐代墓葬 M01 出土钵、碗、壶、罐等 5 件陶瓷器，制作较精良。

朱福浜遗址是海宁地区史前时期一个较大规模的基层村落，主要为崧泽—良渚文化遗存，崧泽晚期至良渚早期衔接较紧密，反映了崧泽至良渚文化渐变的过程。良渚时期圈足盘倒扣内置陶纺轮的陶罐，这是史前罕见的祭祀现象。马桥灰坑出土的 9 件绳纹凹底罐呈现不同的烧制特征，提供了此类陶罐烧制不同阶段的系列标本。

（赵　晔）

【杭州市余杭区良渚古城及水利系统】

发掘时间：2021 年 3 月 ~ 2022 年 1 月

工作单位：浙江省文物考古研究所

良渚遗址位于杭州市余杭区，1996 年公布为国家级重点文物保护单位，2019 年良渚古城遗址成为世界文化遗产。此项目系“考古中国”长江下游文明模式研究重点项目。

2021 年将良渚古城及水利系统合并为一个发掘项目（考执字 2021 第 122 号），发掘面积共 500 平方米。其中古城部分主要着眼于城内作坊区的发掘，水利系统重点是对塘山以北几处新发现的疑似坝体进行解剖定性。

良渚古城城内：主要发掘钟家村、雉山下、张家山 3 个地点。其中钟家村实际发掘面积 81 平方米，属于延续 2020 年的发掘工作，已获得一大批良渚时期的遗物，包括燧石、玉料、钻芯、石镞等。燧石和钻芯的出土说明此区存在丰富的手工业生产活动。雉山下 2021 年实际发掘面积 45 平方米，发掘显示此处良渚时期文化层可分两大阶段，第一阶段为堆筑较薄的台地，第二阶段为古河道堆积，出土石钺坯 12 件，显示该遗址可能为集中制作石钺的作坊。张家山发掘面积 72 平方米，集中出土大量燧石，疑是专门制作燧石工具的场所。

外围水利系统：2020 年通过卫片和激光扫描方法，在水利系统塘山以北发现一组疑似坝体以及可能相关的台地和水池等，拟在最近 2 年内通过发掘解剖了解各部分的年代和性质。

台地中两条平行的南北向长土垄分别称为东兔子园和西兔子园，经过发掘解剖证实为汉代时期堆筑的建筑类土台，表明该历史时期人们对良渚水利系统进行过多次改造利用。

劳家头为疑似坝体南侧一个东西向长条形的土台，早年曾经出土过玉璧等。此次在土台东、北侧开探沟两处，证实土台确为良渚时期人工堆筑而成。东侧探沟发现台边坡处有一废弃堆积层，集中出土大量石器和加工工具，可能是一处石器作坊，具体情形有待进一步扩大发掘。

坝体遗迹主要发掘了石岭头坝。塘山中段北侧，康门水库西侧的石岭头村位于一处山谷谷口，山口被两条疑似人工坝体封堵，石岭头坝是西边一条东西向的坝体，坝体长约 260 米，勘探深度达 10 多米尚未及底。2021 年的发掘确认该坝体为良渚外围水利系统的一部分，具有特殊的内部结构，是水利系统考古近年最重要的新发现。

结构：石岭头坝体结构较特殊。其坝身

主体部分为淤泥坝芯 + 黄土外壳，坝芯中部拱起，土质为青灰色水相淤土，外层覆盖黄褐色风化残积土为坝壳。堆土土层可见明显分垄现象，土质和结构特征与以往发现良渚水坝一致，特殊之处在于其迎水面边坡是以块石垒砌而成。从探沟剖面观察，该边坡从坝底开始向上最厚达 5 米左右，长度约 8 米，边角与冲沟自然地面衔接，勘探显示边坡石砌部分宽度约 60 米，其位置正对山谷正中水流冲击最大位置，或可能就是应对瞬时洪水冲击而采取的特殊措施，而之前发现的其他良渚水坝都为纯土质结构。

年代：坝填土为生土，仅见 2 块碎小夹砂陶片，似属良渚时期。在淤泥坝芯中提取到若干碳样，其中 3 个样本经过 BETA 实验室检测，数据分别为 4310 ± 30、4330 ± 30、4340 ± 30，树轮校正后为 5000—4900a.B.P，与水利系统其他水坝一致，应为同时期营建的工程。

多学科研究：目前对水坝材料工艺等开展了多学科研究，已将所有块石进行石质和磨圆度鉴定，显示都为当地就地取材的散石。对剖面上每块垄的堆土分别进行了硬度检测和取样，以备进一步进行工程研究和植硅体分析。

石岭头坝体处于良渚古城和水利系统中间一条大的南北向分水岭的西侧，通过这组坝体，可能起到西水东调的作用，其功能或与分水岭东侧的劳家头石器作坊、塘山金村段玉器作坊等加工用水相关，也为分析姚家墩一组土墩的功能提供了线索。

石岭头的发掘对水利系统结构认识有重大帮助，为科学分析塘山长堤的功能提供了基本条件。

（王宁远　陈明辉　范　畴）

【杭州市余杭区北村良渚文化遗址】

发掘时间：2021 年 2 ~ 12 月

工作单位：浙江省文物考古研究所

北村遗址位于杭州市余杭区瓶窑镇凤都路与前程路交叉口南侧，遗址面积在 8 万平方米左右。2021 年度，为配合瓶窑镇凤都路南延项目及配套的安置房建设，同时也为了了解遗址的堆积情况、性状及年代，探索良渚古城外围遗址分布及它们之间的相互关系，浙江省文物考古研究所对北村遗址南区进行了考古发掘，发掘面积 6000 平方米，发现并清理了崧泽晚期—良渚早期墓葬 41 座、灰坑 93 个、灰沟 4 条、房址 3 座。

2021 年 6 月，在对北村南地点进行发掘时发现了一批良渚早期的贵族墓葬，编号为 M101、M104、M106、M107、M126、M127、M130，其中 M101、M104、M106 为女性墓葬，M107、M126、M127、M130 为男性墓葬。其中，M106 等级最高，共出土玉器 66 件，包括龙首镯、镂孔兽面纹冠状器、璜串、玉蝉等重要玉器。其余墓葬除 M104 外（出土 5 件玉器），出土玉器多在 20 ~ 40 件左右，多见半圆形顶冠状器、玉镯、锥形器等。在清理 M126 时，还发现了一件漆柄石钺。

贵族墓葬集中分布于发掘区北部的一处台地上，初步判断台地面积约 2500 ~ 3000 平方米左右。在台地北部、西部边缘、南部发现了一条围沟，东部因在发掘区之外，土地未征迁，台地边缘尚未确定。在台地外围南部区块地势较低处发现了一些低等级墓葬，出土器物较少，多为 1 ~ 3 件陶器，偶见管、珠等小玉器。以围沟为界，台地与外围地势较低处墓葬呈现出明显的等级分化，推测围沟及其边上的柱坑可能为一处大型栅栏遗迹，起到将台地上的贵族和台地下的平民隔开的作用。

初步判断，北村南地点良渚时期遗存属良渚早期偏早阶段，要早于良渚古城营建时期。北村遗址是官井头之后良渚古城外围的又一次重要发现，揭示了良渚古城建成之前贵族阶层的发展状况，为研究良渚早期社会的发展、阶级分化和探索良渚古城的崛起背景提供了新的资料。

（姬　翔　陈明辉　王宁远）

【杭州市余杭区棋盘山良渚文化遗址】

发掘时间：2021 年 3 ～ 5 月

工作单位：浙江省文物考古研究所

棋盘山遗址位于杭州市余杭区瓶窑镇南山村，属良渚遗址建控地带，2021 年瓶窑镇南山村精品村入口在创建提升项目道路拓宽过程中发现有良渚文化陶片出土，浙江省文物考古研究所进行了现场踏查和初步勘探，发现该处有良渚文化遗存分布，分布范围约数百平方米，因周边尚有铁塔和房屋分布，具体面积无法确知，文化层厚约 30 厘米，道路拓宽工程施工涉及其中面积 200 平方米，需进行抢救性考古发掘。遗址位于自然山体北坡，为人工营建的台地，东距余杭新三院约 60 米，南距 104 国道约 20 米。

为了解棋盘山的性质和功能，浙江省文物考古研究所对遗址进行了科学发掘。布探方 10×10 米两个，编号为 2021C0WIUT4933 和 T4944，揭露总面积 200 平方米。

发掘区地层可统一分 10 层。其中该遗址上部地层已被之前建房和修路严重破坏，只能从发掘区边被破坏的剖面上了解遗址的总体地层情况。T4933 上部的 1 ～ 7 层已遭破坏，探方内发掘了 8 ～ 10 层。T4934 上部的 1 ～ 4 层已遭破坏，探方内发掘了 5 ～ 9 层。

第 1 层为深灰色地表土，厚 0.25 厘米。第 2 层为明清层，出土有青花瓷片，厚 0 ～ 30 厘米。第 3 层为宋元层，为深灰色土，出土零星青瓷片，厚 0 ～ 45 厘米。第 4 层为汉代层，发掘区内缺失。第 5 层可分 5a、5b 层，分别厚 30 厘米和 8 厘米，为良渚时期堆筑土。第 6 层可分 9 个小层，共厚 30 ～ 35 厘米，夹杂较多陶片、红烧土颗粒和炭屑，为良渚时期生活废弃堆积。第 7 层东西可分 5 个小层，分布于 T4933，为良渚时期堆筑土，局部可辨泥沙夯筑层，属良渚时期台地的西扩部分。第 8 ～ 9 层为生活废弃堆积。第 10 层为 F1 的堆筑台基。

另外清理良渚文化灰坑 11 个、房址 1 座、灶 3 座，可能是相互有关联的一组遗迹。F1 共有柱洞 17 个、基槽 2 条，南北长 6 米，东西宽 5.5 米，为台基式房屋。

发掘显示，发掘区内总体是一组由房址、灶坑、灰坑、堆筑土和废弃堆积组成的遗迹现象，是相对完整的单体聚落，尤其是揭露了 3 座相对比较完整的灶坑，是良渚文化考古中的重要收获。

（陈明辉　丁　品）

【海盐杨家甸良渚文化及汉六朝时期遗址】

发掘时间：2021 年 7 ～ 12 月

工作单位：浙江省文物考古研究所、海盐博物馆

杨家甸遗址位于海盐县通元镇浦漾村杨家甸组。1974 年，当地曾出土汉六朝青铜熨 2 件。2020 年 9 月，在杨家甸宅基地复垦时又发现汉六朝青铜三足洗 1 件，地表散落有良渚文化至汉六朝时期的各类遗物。2020 年 9 ～ 10 月，海盐博物馆对裸露地表的良渚文化墓葬进行了抢救性清理。2021 年度，对杨家甸遗址进行了正式发掘，发掘面积 300 平方米，共清理良渚文化墓葬 48 座、灰坑 3 座；马桥文化灰坑 8 座；汉六朝柱坑 135 个、灰坑 19 座、水井 1 口、排水沟 1 条。

48 座良渚文化墓葬可分西组（6 座）和东组（42 座），其中东组揭露完整，可分 6 排，共出土器物 363 件，包括陶器、石器、玉器、牙器。其中 M6、M20、M26 等级较高。M6 随葬品 37 件，包括石钺 10 件、冠状器 1 件。M20 随葬品 30 件，包括石钺 7 件、玉琮 1 件、玉钺 1 件、冠状器 1 件、玉镯 1 件。M26 随

葬品33件，随葬石钺10件、玉钺2件。杨家甸良渚文化墓葬中出土玉琮、玉钺、玉璧等玉礼器，组合完善，在海盐尚为首次发现，为探讨浙北嘉兴地区良渚文化的聚落格局提供了新的资料。

汉六朝时期的成组柱坑是目前最重要的考古发现，共有4排长方形柱坑组成建筑的主干，分布面积超过300平方米，有可能与同时期周边的鲍郎盐场、金粟寺有一定关联。汉六朝时期大型房址是目前浙江省内发现保存最好、面积最大的汉六朝时期房址，具有较高的规格。

在发掘的同时对杨家甸遗址及周边进行了大规模调查和勘探，目前已完成杨家甸、漂母墩、王坟等二十余处良渚文化遗址的勘探。其中漂母墩、王坟、白墙里均是由3～7处台地组成的聚落组，面积达30万余平方米，应与杨家甸一样为区域中心聚落。杨家甸遗址的勘探面积约33万平方米，确定良渚文化台地面积达5.3万平方米，面积较大。另外，汉六朝时期遗存分布面积则达11万平方米，结合历来青铜器的发现，该遗址在汉六朝时期亦为一处区域中心聚落。

（陈明辉　赵　晔）

【宁波市镇海区吕岙新石器时代至元明时期遗址】

发掘时间：2020年9月～2021年12月

工作单位：宁波市文化遗产管理研究院、镇海区文物保护管理所、厦门大学、武汉大学

吕岙遗址位于翠屏山丘陵东南缘延伸出的支脉吕岙山脚下，文化遗存围绕着山脚呈条带状分布。2020年9月～2021年12月，为配合当地基本建设，分Ⅰ、Ⅱ两期对该遗址开展了面积达3000平方米的的发掘工作。吕岙遗址地层堆积可初步分为新石器时代晚期、青铜时代、晚唐五代、宋元明代四大历史阶段，在新石器和青铜时代遗存之间还发现了因海侵原因形成的自然沉积层。发现房址、池塘、河道、水稻田、木构道路、灰坑、柱坑和木桩群等遗迹60余处。出土陶、瓷、石、铜、铁质等各类小件文物1500余件。

良渚文化时期水稻田及其附属木构道路遗迹是此次考古工作的重要发现。水稻田层广泛分布于整个发掘区内，出土了少量陶器、石器和较多松果、树叶等植物遗存。经大植物遗存鉴定与植硅体分析，在稻田层中发现了少量水稻小穗轴、稻壳以及大量水生或稻田杂草。木构道路可分为上、下两层，与山体走向大致垂直。上层道路铺垫的木材尺寸普遍较大，表面多见加工痕迹。下层道路铺垫的木材尺寸普遍偏小，主要为较细的树枝和枝干。

青铜时代遗存可分为商周和春秋战国两个时期，主要分布于遗址东北部的山脚下地势较高处。堆积较为单薄，仅发现了少量灰坑、柱坑和木桩群等遗迹，出土了少量陶、原始瓷和石器。

唐宋至元明时期遗存虽遭受严重破坏，但是地层堆积局部得以保留，发现了房址、池塘、河道、灰坑和木桩群等一批遗迹。出土遗物颇为丰富，陶、瓷器最多，其中晚唐五代的越窑青瓷、宋元明代的龙泉青瓷和韩瓶最具代表性。同时还有较多福建窑口产的青白瓷、黑釉盏和青花瓷，以及少量江西景德镇产的青白瓷和青花瓷等。宋元时期瓷器以一批口沿镶金属扣和器底书写墨书的标本最为独特。此外，还出土了大量砖、瓦建筑构件，以及铁刀、铁叉、铜灯、铜碗等金属制品。

吕岙遗址的考古发掘成果既为进一步深化钱塘江以南濒海地区新石器至青铜时代的环境变迁、生业经济和聚落形态研究奠定了基础，又为研究宁波滨海地区自唐宋以来的市镇经济发展、市民生活和商业贸易历史提供了丰富的实物资料，具有重要的学术意义。

（雷　少）

【慈溪茂山钱山漾文化遗址】

发掘时间：2021 年 4 ~ 8 月

工作单位：浙江省文物考古研究所、宁波市文化遗产管理研究院、慈溪市文物保护中心

茂山遗址位于慈溪市掌起镇东埠头村的茂山南麓，南距翠屏山脉仅 1 千米，东北侧为地势低洼的滩涂平原。20 世纪八十年代初的第二次全国文物普查时发现该遗址。2018 年 11 月，浙江省文物考古研究所对遗址进行了调查、钻探，确认这是一处属于典型钱山漾文化时期或略早阶段的遗址。

为配合地方建设，2021 年对茂山遗址进行了小规模的发掘，进一步了解遗址的分布范围、文化面貌和年代、性质等问题。布设东西向探沟 3 条（编号 T2 ~ 4），发现钱山漾文化时期的石磡、灰坑等遗迹，出土陶、石、玉等各类质地小件器物 150 余件。

茂山遗址的地层堆积共分 8 层。根据土质土色和包含物判断，第⑧层为崧泽文化时期堆积，仅局部分布在遗址的低洼处。第⑥⑦层属于钱山漾文化较早阶段堆积（茂山一期），第④⑤层属于钱山漾文化较晚阶段堆积（茂山二期）。

茂山一期的陶器以夹砂红陶居多。陶器以素面为主，拍压印的装饰纹样只有少量的绳纹、篮纹，少量刻划的水波纹。可辨陶器器形有侧扁足鼎、弧背鱼鳍形足鼎和“T”字足鼎、宽柄豆、细高把豆、矮圈足盘、泥质罐、盆、袋足鬶、杯、盉、夹砂罐、夹砂缸和陶纺轮等。石器的种类有石锛、凿、三棱形前锋的石镞、长梯形斜刃石刀、破土器、石犁、砺石等。陶器面貌上一个很重要特征是炊器中的侧扁足鼎占绝对多数，仅偶见弧背鱼鳍形鼎。

茂山二期陶器的陶系、器类和器形都与一期相近。但也有明显的变化，如拍压印装饰纹样弦断绳纹或弦断篮纹、交错绳纹、条纹和方格纹，刻划的水波纹也明显增加。新出现的器类有鸭嘴状凿形足鼎、腹部装饰弦断绳纹或篮纹的瓮或罐等，详细情况还有待下一步的整理。陶器面貌上的一个重要特征，即炊器中弧背鱼鳍形足鼎快速增多并与扁侧足鼎大量共存。

茂山遗址的钱山漾两期文化遗存很好地呈现了该地区自良渚文化衰亡后，新石器时代晚末期从侧扁足鼎阶段到弧背鱼鳍形足鼎阶段的发展演变过程。为判断这两类足鼎及此阶段相关诸遗址的早晚关系及发展演变过程（钱山漾文化内涵和分期）提供了直接的证据，也为深入研究良渚文化一些重要学术问题，如良渚古城的废弃和良渚文化的衰变过程、良渚文化的年代下限和钱山漾文化的年代与内涵等提供了关键材料。

（丁　品）

【杭州市余杭区小古城商代遗址】

发掘时间：2021 年 2 ~ 12 月

工作单位：浙江省文物考古研究所

小古城遗址位于杭州市余杭区径山镇小古城村东南部，处于杭州“C”形盆地西北角，扼守交通要道，控制着太湖与钱塘江地区之间的沟通交流。遗址整体面积约 35 万平方米，含一座城址与城外小范围的遗址区，城址面积约 25 万平方米，是浙北地区马桥文化、“后马桥文化”时期等级最高的中心聚落之一。

2021 年，在对城址内外两次大规模勘探的基础上开展了景观与环境考古学研究，初步了解了 1 万年以来遗址及周边环境的变迁，尤其是明确了遗址北部的河道形成于晚更新世，遗址中部的 2 条南北向河道形成于 7000BC 前后，随后逐步定形的两条“ㄏ”型走向的河道，与三座“品”字形布局的自然低丘，构成了自马家浜文化以来小古城遗址与城址形成的自然环境基础。

2021 年，在北城墙东段发掘了城墙与

水门遗迹，厘清了商时期至明清时期多次修筑的年代证据；水门的发现尤为重要，门道沟通内河与城外护城河，水门底部的水道保存完好，宽约1.8米，两侧木构护坡与中央控水闸板清晰可见，^{14}C测年的绝对年代在3249BC—3060BC之间，是目前已知商代城址中水门遗迹保存最好的案例。

2021年继续对城内西北角人工高台建筑区进行考古发掘，该建筑主体是一大型人工高台，是城内绝对的制高点，在庙山山顶最高处人工堆筑的相对高度超12米，与城内主要地面相对高差约25米，台体底面面积约2500平方米，顶面面积超1000平方米。根据高台表层采集遗物以及打破高台的灰坑年代判断，高台建筑年代不晚于商代晚期。高台顶部发现了“凸”字形的地面建筑基础，面积120平方米，正南北向，建筑北侧有对称分布的小型建筑，整组建筑群中轴对称、布局特殊，与居住使用的房址差异显著，推测是具有特定功能的礼制性建筑。庙山商时期高台建筑的发现在南方先秦时期高等级建筑史上尚属首例。

地处城内中心的湖西发掘区，原始地貌相对低矮，自马家浜文化时期开始出现人类活动，经过不断积累，逐渐形成厚达3～4米的文化层。扰土层下即发现了大面积的商时期建筑遗存，包括疑似排屋、门廊、杆栏式建筑、活动面、火塘等多种形式，排列方向一致、中轴对称，构成了一处相对独立的建筑区，出土大量红烧土、木骨泥墙墙体、陶器、石器等遗物，尤为重要的是发现了一块商时期的石范遗存，这与小古城遗址南侧约14千米、同文化属性的跳头铸铜遗址相呼应，进而也怀疑此处建筑群可能与铸铜活动有关，丰富了对城内功能分区的认识。

小古城遗址的考古工作以大遗址考古理念统一规划、以聚落考古理论为指导基础，并结合昆山遗址、下菰城遗址、跳头遗址、德清、湖州印纹硬陶与原始瓷窑址群等共同构建了“天目山东麓商时期文化与社会”的研究课题。

（罗汝鹏　张艺璇）

【湖州市昆山商代遗址】

发掘时间：2021年3～12月

工作单位：浙江省文物考古研究所、湖州市文物保护管理所

昆山遗址2021年发掘工作主要位于遗址南部的麻雀田地点和东部的陶家田地点。

在麻雀田地点，建筑基址2南部边界基本清楚，其最南端有一排柱洞，目前发现4个。现存南北长度约93米、宽8～13米，现存面积近1200平方米，按照沟槽、柱网分布以及层位关系判断，建筑基址形式应为干栏式，从南向北分为6个单元，其中第2单元与东部土台柱网布局一致。建筑基址往南未发现其他附属遗迹痕迹。

高台建筑编号位土台Ⅰ现残存东西约66.3、南北约30米，分布面积近2000平方米，堆筑最厚处4米。下部用黄褐色斑土堆高，上部为砂层堆积。砂层上发现有火烧痕迹，可能是失火造成。土台最上部为红烧土层，含有大量烧土块，有的有墙皮和木骨痕迹。烧土层下发现有规整的柱洞，直径0.3～0.84米，间距在1.5～1.7米，根据解剖和勘探可知，土台堆土下可能为沟槽网，台上木柱向下直抵沟槽内，应是土台堆筑过程中一起埋入。南坡、东坡发现排列不甚规律的烧土坑，深度1.5米不等，局部有柱痕，可能跟建筑的修缮有关。土台南部新发现一组建筑基址，编号建筑基址8，结构、方向与建筑基址2一致，往南继续延伸。其南部发现有同时期的垫土。

陶家田地点布设探沟一条。通过解剖，发现了明显垫土堆积和沟状堆积。垫土目前至少分3层，密实，较纯净，包含物比较少，

厚约 1 米。沟状堆积厚约 1.5 米，上部为灰褐色土，较多锈斑、烧土等，出土陶片较多，主要为后马桥时期遗物，可辨器形有甗、鼎、豆、三足盘、破土器等；下部为青灰泥，含较多炭灰、木头等；其下为自然淤积土。

由于 2021 年主要揭露建筑遗迹，并做了少量解剖，发掘出土遗物较少，主要为陶器，包括鼎、甗、鬲、罐、三足盘、豆、石刀、石斧、铜器残件等，属于后马桥文化范畴。

另外，在土台建筑之上清理汉、六朝、宋、明清墓葬 14 座，土坑竖穴墓 4 座，砖室墓 10 座，大多被盗一空，仅留少量随葬品。

综上所述，麻雀田地点应是昆山遗址商周时期重要的大型建筑分布区，其中建筑基址 2 是目前发现的长江流域同时期最大的一处干栏建筑基址，与土台建筑等构成的建筑格局在国内也是罕见的。通过陶家田的发掘以及山东头的勘探，基本证明 2014 ~ 2016 年勘探出的河道从铁店桥河应一直延伸到此处，可能具有环壕功能，时代应不晚于晚商。

（闫凯凯）

【绍兴市越城区大湖头东周遗址】

发掘时间：2021 年 8 月 ~ 2022 年 1 月

工作单位：浙江省文物考古研究所

大湖头遗址位于绍兴市越城区人民东路与二环东路交汇处东北侧人民路 1 号地块范围内，紧邻平水东江东侧，龙池山南侧。为配合方特主题乐园建设，大湖头遗址进行第一阶段考古发掘，发掘面积约 5000 平方米，取得了重要收获。

大湖头遗址的主体文化堆积为东周时期，是典型的越文化遗址。遗址地层堆积大致可分为 6 层：①②层为晚近堆积；③层泥炭层为遗址废弃后形成的自然堆积；文化堆积主要是④ ~ ⑥层，⑥层下为青灰色淤泥，其中有些区域没有③ ~ ⑤层。

清理灰坑、灰沟等遗迹 200 多个，发现一些柱洞、木桩等建筑相关遗存，出土大量陶片和 500 多件器物。

大湖头遗址展示了一幅两千多年前水乡泽国的生活图景。通过浮选发现了稻米、水稻颖壳和大量水稻小穗轴，可见稻米是当地居民的主食。同时还发现有甜瓜、李、梅、桃、猕猴桃、葡萄等多种水果遗存。

日常生活用器中，主要炊器有夹砂陶鼎、釜（甗）、支座，泥质陶甑等；盛器有泥质陶盆、豆、盘、罐，各式各样的原始瓷碗、杯，大小不一的印纹硬陶坛、罐，还有若干编织的篮筐。通过一些残留的木桩、木质垫板等建筑相关遗存推测为干栏式建筑，这是当时主要的建筑形式。生产工具有石锛、铜锄、铜锛、铜削、铜刀（锯）等。兵器有铜矛、各式铜镞。其他器物还有精美的铜饰件、铜环和铜带钩。还出土了 2 支木桨，为水乡泽国舟楫渡生提供了实物资料。此外，H244 平面呈长椭圆形，坑内中部覆盖树皮，树皮范围不规整，树皮上部出土 1 件原始瓷句镭，树皮下部出土原始瓷錞于、印纹硬陶罐等器物，是一处较为特殊的遗迹，可能与礼仪活动有关。

浙江很多文献记载与越国有关，绍兴是越国发展壮大之地，是越国重要的都城，是越文化研究的中心区域之一。大湖头遗址是绍兴地区第一次大面积发掘的春秋战国时期越文化遗址，为研究这一地区的生态环境、生业经济、聚落形态和城市布局提供了丰富的新资料。

（游晓蕾　杨瑞生　刘亚林）

【绍兴市越城区南山东周遗址】

发掘时间：2021 年 11 ~ 12 月

工作单位：浙江省文物考古研究所、绍兴市文物考古研究所、越城区文物保护所

南山遗址位于绍兴市越城区城南街道龙山以东、二环南路以北、南山头村以南区域，

西与亭山遗址相隔龙山，遗址中部有坡塘路南北贯穿，并以此道路分东、西两区。为配合基本建设，联合考古队对南山遗址东区开展考古发掘工作。

遗址原地表为农田，整体地势较平缓。经发掘明确遗址主体为东周时期人工堆筑土台，土台为黄土筑成，土质较硬、致密纯净，土台外围存在古河道。遗址区域内地层较为统一，土台自上而下依次为表土层、扰土层、东周时期文化堆积层。

发掘区内已清理灰坑50座、沟7条、柱洞4个，灰坑形状各异、大小不一，部分灰坑内发现有完整器，如原始瓷杯、盅，印纹硬陶罐、坛，泥质黑皮灰陶豆、盆、罐等，其中H2填土内发现竹编，H27四壁和底部铺设围合木板。发掘出土较多遗物，主要包括印纹硬陶器、原始瓷器、夹砂陶器、泥质黑皮灰陶器、石器和青铜器等。印纹硬陶为罐、坛等，纹饰有方格纹、多重“㐫”纹、米筛纹等；原始瓷器有盅、碗、杯等；夹砂陶器有鼎、支脚等；泥质黑皮灰陶器有豆、盆等；石器有锛、刀等；青铜器有环首（锯）削、镰刀等。

此次发掘初步明确了遗址年代、聚落形态，为越文化研究提供了重要的实物资料。遗址土台之上大量分布灰坑和灰沟等遗迹，且出土完整器，表明该区域土台性质可能存在一定的特殊性。遗址发掘工作仍在进行中，遗址完整信息待进一步明确。

（毛林林　罗　玲　赵帅杰）

【绍兴市越城区亭山东周遗址】

发掘时间：2021年3～11月

工作单位：浙江省文物考古研究所、绍兴市文物考古研究所、越城区文物保护所

亭山遗址位于绍兴市越城区北海街道，于2020年在配合常禧路延伸段考古发掘时调查发现，以东西向小河为界，可将遗址分为南北两区。2021年3～7月、7～11月联合考古队分别对亭山遗址北区、南区进行了配合性考古发掘。

北区发掘面积400平方米，南区发掘面积900平方米。文化层年代从春秋晚期至战国早期。共发现灰坑9座、与祭祀有关的沟1条、临水码头1座，水井1口、大型房屋建筑基址1处。出土大量的印纹硬陶片、原始瓷片及一批青铜工具等，另有大量的动植物标本，其中植物遗存有桃、李、杏、梅、葫芦、甜瓜、菱角等，动物骨骸有鹿、猪、牛等。

临水码头位于发掘区的北部，共发现3排木桩，其中1排木桩在岸边、2排木桩立于水中，木桩一端经削尖后插入地下，木桩排列极其规整，东西成排，南北成列，南排木桩与中间排木桩相距300厘米，水中的两排木桩相距60厘米。

与祭祀有关的沟H5，现揭露长932厘米的东西向沟，沟内布列东西成排、南北成列的三组木桩，推测沟上部可能建有类似长廊的建筑。沟内出土大量印纹硬陶片、动物烧骨、木炭、植物种子、一批完整的原始瓷器等。贴近沟的东北角发现一座内置儿童骨架的祭祀坑，可能与祭祀等特殊仪式有关。

大型建筑基址，现揭露东西长约55米，南北宽约10.5米，面积近600平方米。根据遗迹推测，当时先人先在沼泽相土地上堆筑土台，再在土台上开挖基槽和柱坑，埋设地梁和柱础，地梁柱础之上立柱。共发现29条基槽和58个柱坑。根据立柱的柱网关系，这个大型建筑基址面阔28间、进深7间。木质垫础为方形，边长在65～80厘米之间，厚20厘米，中央穿孔，底面对角线工整，抛光平滑，做工极其考究。地梁用原木铺设，两端设吊装用的牛鼻孔。如此做工考究、规模超大的建筑基址，其功能当为高规格礼仪性的公共设施。

亭山遗址的发掘为研究东周时期越国的聚落形态提供了新的考古学材料。

（徐新民　吴梦龙）

【安吉县摘帽山汉六朝墓葬群】

发掘时间：2020年9月～2021年12月

工作单位：浙江省文物考古研究所、安吉县文广新局、文化广播电视新闻出版局

摘帽山墓葬群位于安吉县南部，孝丰镇城北社区西北部，地处天目山余脉形成的小型狭窄河谷中，西倚凤凰山脉，东距西苕溪的支流南溪1.3千米。墓葬分布在摘帽山东坡，海拔55～70米，是一处典型的山腰型墓地，2020年8月国家安吉竹产业示范区在施工过程中发现，9～12月浙江省文物考古研究所对其进行第一次发掘，清理37座墓葬，出土文物近200件。2021年对其进行了第二次发掘，清理墓葬153座，出土文物近800件。

两个年度共清理汉六朝墓葬125座，其中土坑竖穴墓21座，多数为一棺一椁，无墓道，尺寸约3×4米，年代为西汉晚期至东汉早期。砖室墓104座，包括78座长方形券顶单室墓、2座刀形券顶单室墓、4座方形穹窿顶单室墓、20座“吕”字形券顶双室墓，墓室长度3.4～8米；墓壁多为错缝平砌，少数为丁顺结构；地砖的铺法以两纵两横和席纹为主，偶有“人”字形铺法；墓室内多设有壁龛和排水沟槽；个别墓底有垫棺砖，以及用于支撑券顶的窝坑；部分墓砖模印“万岁不败”“富贵安乐”等吉祥语，或车轮钱币纹、放射纹、鸟纹、梳纹、鱼纹、云纹、乳钉纹和连胜纹等纹饰；8座墓葬属西晋时期，其余为东汉晚期至孙吴时期。

出土器物约1000件。六朝时期以硬陶器为主，另有少量釉陶、泥质陶和瓷器，以及铁、铜和玉石器；实用器主要包括罍、罐、壶、钵，明器有灶和水井。

从汉六朝墓葬的朝向和布局来看可分为7组，组内各墓的走向普遍一致，排列整齐有序。南向墓葬最多，东西成排分布，下葬顺序基本为由北向南，西向墓葬则由东向西下葬。各组之间墓葬的数量虽有所不同，但规格相当，为研究汉六朝时期家族墓地的平面布局提供了有益的线索。

总之，摘帽山墓葬群依托自然山体而建，面向开阔的盆地和河流，背靠山丘，布局规整，分区明确，下葬时代较为集中，是一个有规划的家族墓地，同时也反映了汉六朝时期择高地族葬的观念。

安吉县于东汉末年在故鄣县南部建制，而摘帽山墓葬群的时代和地理位置恰好与之契合，且周边新发现了几处规模较大的汉六朝墓葬群，为寻找最早的安吉县治提供了线索，对于理解汉六朝时期墓地与城市的关系具有重要价值。

此外，“初平元年作施南□□”“吴故施长山之墓”“施”等砖侧铭文表明该墓葬群可能与东汉末至西晋时期的施氏家族有关。施姓为安吉本地一著姓，其中声名最为显赫的当属东吴大将朱然（原姓施，从舅毗陵侯朱治姓）。

（刘亚林）

【杭州市余杭区黄泥坞东汉遗址】

发掘时间：2021年4～7月

工作单位：浙江省文物考古研究所

黄泥坞遗址位于杭州市余杭区良渚街道安溪村康门水库东北侧，坐落于大遮山南麓坡地，西距瑶山遗址公园约4千米，周围有低地和水田，四周几乎全被绵延的低矮山体所环抱。为配合地方建设，2020年上半年，浙江省文物考古研究所对遗址所在地块进行了前置勘探，勘探面积5.6万平方米，发现有历史时期墓葬15座、窑址3座，遂将该遗址命名为黄泥坞遗址。2021年度，进行正式发

掘，发掘面积1000平方米。

根据勘探结果和地理位置将发掘区自东向西划分为A、B、C三个区，为防止遗漏，整个发掘区均采用布设长探沟的方式进行发掘。其中A区和B区布设的是东西向的探沟，C区布设的是南北向的探沟，每条探沟宽1米，间隔2米，发掘至生土层，发掘深度0.8～1.5米不等。遗址地层堆积简单，第①层是黄褐色耕土层，厚0.3～0.5米，含有较多的植物根系和杂草，其下为红色山体土，厚0.4～1米，山体土下即为红褐色夹杂的风化基岩，未发现文化层。

发掘共清理各时期墓葬22座、窑址2座、窑址废弃堆积1处。其中A区清理出墓葬20座（M1～M20）和窑址Y1、Y2以及窑址废弃堆积1处；B区未发现遗迹；C区清理墓葬2座（M21～M22）。22座墓葬均遭盗掘，其中南朝时期墓葬1座、唐代墓葬2座、元代墓葬1座、明代墓葬13座、清代墓葬5座。

经过发掘获得了一批六朝至清代的墓葬及相关窑址，以及东汉时期窑址废弃堆积等不同时期的遗迹，丰富了余杭地区历史时期的考古资料。不过由于盗扰严重，墓葬均有不同程度的破坏，所获遗存不多，根据墓葬形制和随葬品可知这些墓葬均为一般平民墓葬，规格并不高。

东汉时期的窑址废弃堆积是此次的重要发现，在良渚古城周边进行全覆盖式勘探，以及以获取良渚时期遗存为目的的发掘中均发现大量汉六朝时期的墓葬和窑址等遗迹，在许多良渚文化遗址中也见有汉六朝时期的地层堆积，显示良渚瓶窑一带汉六朝时期比较繁荣。以往德清、余杭一带发现的汉六朝时期窑址一般都归入“德清窑”，此前相距黄泥坞不远的卢村也发现了一处东汉时期窑址废弃堆积，显示出一定的分布密度，值得进一步探索。

（陈明辉　范　畴　张依欣）

【台州市章安故城遗址】

发掘时间：2021年6～12月

工作单位：浙江省文物考古研究所、椒江区文化传承保护中心

章安故城遗址位于台州市椒江区章安街道回浦村，东邻回浦支河，北邻长加寺，西邻28省道，南邻回浦郡都小区。2021年对该遗址东部进行了抢救性考古发掘，发掘面积2000平方米。

清理六朝房址2组、灰坑38个，揭露道路2条，解剖河沟2条，出土文物251件，分建筑材料、生活用品两类。器形有灰陶砖、板瓦、筒瓦、陶罐、瓷钵、盏、虎子、碗、盘、三足砚、粉盒、灯、水盂、钵、罐、盘口壶、执壶，铜镜，等等。发掘结果表明，台州市椒江区章安街道回浦村长嘉屿山前划定的章安故城遗址保护范围内有六朝时期高等级官署建筑，其北部以东西向河沟和河南岸道路为界。揭露的2组六朝时期建筑残存面积约400平方米；建筑材料考究，地砖花纹繁复，板瓦长43、宽33、厚1厘米，建筑的体量和用材规格较高，应为官署建筑；院落和门均朝西，表明在2组建筑的西部尚有朝南向的大型建筑。

章安故城遗址所揭露的2组建筑群体面积大、房间多、建筑材料考究，结合相关文献资料分析，初步判断长嘉屿山南面区域可能为高等级衙署建筑，应为古代临海郡郡治章安故城遗址的主要建筑集聚场所。在目前保护区范围的北侧边缘发现的东西向道路及平行的河道遗迹推测应是官署建筑的边界，年代约在南朝至唐代。出土板瓦规格高，铺地砖普遍有纹饰，部分建筑用砖有年号，当与章安作为临海郡三百余年郡治的地位相吻合。在遗址内清理灰坑38个，出土器物完好者较多，且有部分品质较高，年代涵盖东汉、孙吴、西晋、南朝、晚唐、北宋初期。所发

现的遗迹与文献记载的章安故城兴废年代基本一致，实证了章安街道回浦村长嘉屿山南面区域为临海郡郡治章安故城所在地。

章安故城遗址是最早的台州城，也是汉唐时期我国东南沿海最重要的、以旷野形态存在的港口城市遗址，此次考古发掘工作对于探索六朝时期临海郡的郡城布局、建筑风貌，彰显台州历史文化内涵均具有重要意义。

（刘建安　牟振斌）

【武义县东村西晋墓葬】

发掘时间：2021 年 6 ~ 9 月

工作单位：浙江省文物考古研究所、武义县文物保护管理所

东村墓葬位于武义县白洋街道东村的竹林内，经过勘探和调查，在周围发现少量散乱的钱纹砖，地表盗洞明显，清表之后在该范围内发现三座砖室墓，其中 M1、M2 整体结构较完整，M3 保存较差，仅存墓底。从残存的器物特征来看，可确定为西晋时期的墓葬。

M1 为“凸”字形券顶砖室墓，券顶基本不存。由墓室和甬道组成，平砖错缝结构。墓总长约 5.5 米，残高约 0.9 米。仅在墓室西南角出土一件青瓷盘口壶，青釉、灰白胎，肩部饰有三周凹弦纹，并置有对称双系，系面饰叶脉纹。

M2 形制较 M1 大，为带墓道的“凸”字形券顶砖室墓，券顶基本不存。由墓室、甬道、墓道三部分组成，平砖错缝结构。墓总长约 7.3 米，残高约 1.2 米。出土有青瓷水盂、猪栏、耳杯、堆塑罐残件等。

M3 位于 M2 东侧约 2 米处，墓葬整体破坏严重，仅剩墓葬前段极少量的墓壁砖和墓底砖，墓葬后段基本不存，墓内未出土随葬品，但在清理墓葬上扰土时出土少量瓷片。器形有执壶、碗，釉色青绿，胎色灰，器身素面。M3 的墓砖纹饰同 M1、M2 一致，饰钱纹和叶脉纹，且三座墓葬沿东西向分布于山岗腰部，墓向都为坐南朝北，三者时代应一致。

东村墓葬遗址共发现三座砖室墓，这三座墓葬形制相似，方向统一，体量较大。根据东村遗址三座墓葬的形制和出土器物，其中 M1 出土的双系盘口壶和 M2 出土的堆塑罐残件与宁波慈溪明湖公社杜湖水库“太康元年”纪年墓、绍兴全福乡 M309、绍兴官山岙西晋墓特征相似。此外，M2 出土的猪栏和堆塑罐残件与武义陶器厂出土的堆塑罐和猪栏形制较为一致，因此推测东村遗址三座墓葬的年代应为西晋时期。

尽管这批墓葬遭到盗掘，但墓葬中出土的盘口壶、水盂、耳杯、猪栏等随葬品造型精美，品质上乘，是这一时期婺州窑的典型器物。婺州窑作为历史上的著名窑业类型，其产品与其他窑口相比，在胎釉、工艺、造型等方面独具风格。婺州窑在东汉晚期出现制瓷业，到六朝时期有了进一步发展，进入了兴盛，在婺州窑的发展过程中处于承前启后的重要阶段，为唐宋时期婺州窑进入鼎盛打下了坚实的技术基础。根据以往的调查结果，武义的湖窑址、金华的五铢堂窑址都是这一时期的典型代表。此次发掘的三座墓葬中出土的青瓷器应采用武义本地的原料制作，就地烧造，这批器物从另一个侧面反映了西晋时期婺州窑的烧造水平。

（张馨月　邓粤富）

【绍兴市柯桥区鸾宝山西晋墓葬】

发掘时间：2021 年 3 ~ 7 月

工作单位：浙江省文物考古研究所、绍兴市柯桥区博物馆

鸾宝山墓群位于绍兴市柯桥区兰亭街道兰亭村东侧，东距印山越王陵 1.8 千米，娄宫江自山前由南向北穿流而过，整体地形为一处背山面水的缓坡地带。为配合兰亭野生动物园一期项目建设，2021 年 3 ~ 7 月，浙江

省文物考古研究所联合柯桥区博物馆对墓群进行了考古发掘，共清理墓葬55座，年代为战国至明清，出土各类随葬品68件（组）。

比较重要的是两座西晋大型墓葬（M3、M26）的发现。M3、M26为并列券顶双室砖墓。M3南北全长10.4米（不含排水沟），方向为190°，自南向北依次为墓道、封门、甬道、前室、过道、后室。封门前为墓道，墓道底为排水沟。封门墙为双层砖封砌，上有高耸并延伸至两侧的翼墙。前室形制为横长方形，四边券进。墓砖纹饰较单一，模印几何纹，纪年砖铭文为“元康九年太岁在己未八月十日造作”，正范模印在长方砖、刀形砖和楔形砖的侧面。后室呈竖长方形，四边券进。墓壁砌法为三顺一丁。砖墙遍布铭文砖和花纹砖，铭文为“元康六年未月卅日”；花纹砖纹饰有青龙白虎纹、兽面纹、三钱菱形纹等。前后室及甬道均为双层墓壁。

M26位于M3东北，形制与M3相近，规模稍小，但埋藏远深于M3。开口距现地表1米，南北全长9.5米（不含排水沟）；砖形制、纹饰与M3相同，铭文为“元康九年太岁在己未八月十日造作”，唯纪年砖与花纹砖较稀少，以素砖为主。

M3、M26是绍兴地区罕见的纪年明确的大型西晋墓，对判断同时期类似墓葬具有标尺价值，其结构完整、规模宏大，是江南门阀士族财力雄厚、身份地位尊崇的表现，为研究绍兴六朝社会经济发展提供了不可多得的资料，对丰富绍兴的历史文化底蕴具有重要意义。目前已对保存较好的M3进行整体迁移保护，待复原后更好地向社会公众展示。

（冯向源）

【苍南县山门东晋墓葬】

发掘时间：2021年11～12月

工作单位：浙江省文物考古研究所、苍南县博物馆

苍南县马站镇桥头村山门遗址位于温州市苍南县马站镇桥头村山门自然村北部，北部距甬莞高速直线距离约150米，东距528县道约100米。2021年7月，为了配合苍南龙沙至岱岭工程建设，对该区域进行考古探勘时发现了部分墓葬遗存。2021年11～12月，对该区域进行考古发掘，共清理墓葬3座，墓葬发掘过程中出土了“太元十三年”“太元十五年”纪年砖，出土盘口壶、碗、四系罐、纺轮等器物共17件。

墓地坐西朝东，墓门朝南偏东。M1～M3由东南向西北呈“品”字型分布，墓坑深度也基本相同。M1上部破坏严重，券顶已无存，仅存部分墓壁，墓壁采用三顺一丁砌法，墓底铺砖采用“人”字形铺法，在墓室中部靠近东壁处出土小碗1个；墓葬M2、M3形制和规模基本相同，墓壁由单层砖错缝堆砌而成，券顶单砖起券，墓门处设器物台，器物台有两层砖构成，下层砖顺墓室铺设，中间有约0.2米间隔，起排水作用；上层由4排长砖从墓门向墓室平铺，墓地砖采用“人”字形铺设法，还出土带有“太元十三年”“太元十五年”的纪年砖。

此次清理的墓葬，其形制、结构特征明显，具有东晋特点。另外，墓葬M2、M3券顶楔形砖上模印明确的纪年铭文“太元十三年”“太元十五年”。历史上有“太元”年号的分别为三国时期吴大帝孙权和东晋孝武帝司马曜，而吴大帝太元年号仅有2年，东晋孝武帝太元年号有21年，因此，墓葬M2、M3的纪年铭文年号应为东晋孝武帝年号，“太元十三年”即公元388年，“太元十五年”即公元390年。

此次古发掘清理的墓葬是苍南地区首次正式的考古发掘，为苍南地区东晋时期墓葬形制、丧葬制度的研究提供了重要的实物资料，墓葬出土的带有纪年的铭文砖时代明确，为墓葬断代提供了可靠的依据。另外，墓葬

中出土的瓷器，为了解当时瓷器生产工艺水平、窑业技术等也提供了重要的实物资料。

（杨瑞生）

【云和县东山头东晋徐氏家族墓地】

发掘时间：2021 年 6 ~ 8 月

工作单位：浙江省文物考古研究所、云和县文物保护中心

东山头墓地位于云和县白龙山街道黄水碓村，为配合当地东山头安置小区项目建设，联合考古队对该项目进行了考古调查，并报经国家文物局批准，进行了考古发掘。

此次发掘共清理砖室墓七座，发掘面积近 350 平方米，出土随葬器物 32 件。

七座墓葬呈“一”字形排列，布局较为规整。各墓的间距在 1.5 ~ 2 米，M2 与 M3 间距达 7 米多。墓葬均为砖室墓，均遭到后期不同程度的扰动和破坏。其中 4 号墓保存相对较好，除券顶大部不存外，其余砖室基本完整。1、6、7 号三座破坏较严重，仅余砖室的后半部分。墓室普遍呈长方形，除三座破坏较严重的都带甬道，整体呈“凸”字形或刀把形。在四座墓（1 号、2 号、3 号、4 号）的墓砖上有铭文：“升平四年太岁庚申作”“徐山陰墓”“君林作”“徐”“咸康元年”等。

出土的随葬器物有青瓷器、青铜器、铁器（刀具）、银圈等。青瓷共 7 件，器型有水盂、小盏、钵、折腹洗、虎子等。青铜器，在五座墓中出土了八件青铜镜，较为精美。2 号墓出土二枚青铜印，其中 1 枚是六面印，在长方体的六面都刻有文字，“徐珧”“臣珧”“徐珧言事”“徐公洋”“徐珧白笺”“白记”等有关墓主人的重要信息依旧清晰，由此推断墓主人的身份当是一名政府官员。铁器，主要是刀、剪刀等，由于锈蚀破损严重，具体形制不明。

根据随葬器物及墓室形制结构，这组墓葬应是一处徐氏家族墓，各墓埋葬时间间隔不长。结合墓砖上的纪年文字，推测营建时间在东晋成帝至穆帝（公元 325 ~ 361）前后。其中 2 号墓的主人，据墓砖铭文和青铜印章篆文等信息推断应为“徐珧”“徐山陰”。

此次发掘是浙西南地区六朝时期墓葬的一次重要发现，对研究云和徐氏家族及墓主人的身份、社会地位，以及六朝时期浙西南地区的政治、经济、文化、丧葬习俗等都具有重要价值。

（杨克新　孟国平）

【宁波奉化江口汤果岙六朝墓葬及宋元窑址】

发掘时间：2021 年 8 ~ 11 月

工作单位：宁波市文化遗产管理研究院、厦门大学、奉化区文物保护管理所

墓葬和窑址分布在宁波市奉化区江口街道汤果岙北侧小山的南坡和东坡，为配合基本建设，对其进行了 1000 平方米的考古发掘。

共清理六朝墓葬 7 座和宋元时期窑址 3 处、灰坑 5 个，出土壶、罐、碗等瓷器，缸、盆、炉、建筑构件等陶器，以及花瓣口圆柱形垫柱、“山”字形（锯齿状）垫具等不同形制的窑具共计 155 件。

六朝墓葬均为券顶砖室墓，平面呈“凸”字形，5 座为东西向，2 座为南北向，方向在 49° ~ 99° 之间，一般由封门、甬道和墓室三部分构成。封门位于甬道口，条砖顺向侧斜摆放，反方向交错砌筑，甬道壁条砖错缝平砌，券顶交错使用楔形砖和条形砖砌筑。甬道底砖铺地面与墓室地面相接，条砖“人”字形平铺。墓室砖券拱形顶，平面呈长方形，壁砖砌法为条砖错缝平砌，券顶交错使用楔形砖和条形砖砌筑，墓底为条砖“人”字形平铺而成。

3 处宋元窑址中两处为龙窑，其中 Y2 保存较好。Y2 位于山的东北坡，距东南坡 Y1 直线距离约 213 米，为依山而建的龙窑。修筑时先顺坡挖一长条形沟槽，修整好底部坡

面后，紧贴基槽壁再用青砖砌筑火膛、窑室和排烟设施等。头东尾西，方向56°，保存较差，现存操作间、一期火膛、二期火膛、排水暗道、窑床、窑门、窑路、排烟孔和排烟坑等。操作间位于窑炉最东端，西接一期火膛，平面呈梨形。火膛上接窑室，下连操作间，平面呈马蹄形，火膛侧壁外弧，下部高0.2米，未砌砖。排水暗道位于一期窑头底部，自窑床与火膛结合部开始向下穿过火膛和操作间延伸至山坡下，平面近“Y”字形。窑床位于窑炉的中部，依山势呈斜坡状，顶部已坍塌。侧壁为用青砖和土坯混砌而成，砖几乎均为六朝墓砖，土坯只见于部分窑门处，砌筑方法为顺向错缝平砌，内侧有坚硬的烧结面。窑门共7个，北壁4个，南壁3个。窑内堆积出土较多垫柱等窑具和器物残片。

六朝墓葬的发现丰富了对该时期古人丧葬习俗的认识。宋元龙窑的发现对宁波历史时期龙窑结构演变、烧造技术及手工业生产有一定研究价值。

【临海市许墅北宋窑址】

发掘时间：2021年6～7月

工作单位：浙江省文物考古研究所、临海市文物保护所

许墅窑址位于临海市古城街道许墅村，地处灵江北岸约350米处，与梅浦窑址群隔江相望。1956年，临海箱版纸厂建厂测量时发现，同年由浙江省文物管理委员会朱伯谦先生主持进行了发掘清理，出土文物标本精品现藏于浙江省博物馆，普通标本藏于临海市博物馆。

2021年发掘面积为300平方米，共布设探方3个，其中包含地层堆积的发掘面积114平方米，以T1地层堆积和出土遗物最为丰富。T1位于窑业废品堆积区域，布方面积为10×10米，方向为正北，共分两层。第①层：全方分布。厚5～95厘米，深0～95厘米，土质疏松，呈红褐色，包含大量匣钵和瓷器残片，还有大量植物根系、建筑垃圾，出土瓷片可分辨器形的有碗、盘、粉盒、盖、执壶、盏、擂钵、灯盏、罐等；釉色有青黄、青灰等；胎色呈现灰白、白色，整体器物较粗糙。匣钵大部分为垫圈、钵形匣钵和匣钵盖，另有少量筒形支具、垫具。第②层：除西北部少部分外分布于探方南部，厚0～55厘米，深5～145厘米，土质疏松，呈红褐色，包含大量匣钵和瓷器残片，还有少量植物根系。出土瓷片可分辨器形的有碗、盘、粉盒、盖、执壶、盏、擂钵、灯盏、罐等；釉色有青黄、青灰等；胎色呈现灰白、白色，整体器物较粗糙。匣钵大部分为垫圈、钵形匣钵和匣钵盖，另有少量筒形支具、垫具。该层下为山体基岩。

此次发掘尽管未发现窑炉、作坊等遗迹，但出土了大量瓷器和窑具标本。初步整理结果显示，许墅窑址年代应为北宋中期，产品可分为青釉和酱釉瓷两类。各类产品又可分为精粗两类，其中精细类产品均为单件装烧，粗致类产品均为叠烧。从窑业技术来看，青釉瓷器应属于越窑系，其青釉产品主流应属于北宋中期以上林湖为中心的越窑核心区制瓷技术对外传播的结果，但部分产品具有地方特色。酱釉类产品应属外来技术，但质量粗糙，暗示这一区域与外来技术存在交流与互动关系。总之，该窑址的考古发掘对于探索北宋中期越窑瓷业技术传播、交流与互动提供了新的资料。

（谢西营）

【武义县履坦宋元时期窑址】

发掘时间：2021年6～9月

工作单位：浙江省文物考古研究所、武义县文物保护管理所

履坦窑址位于金华市武义县履坦镇履三村，北邻G235国道，西邻金温铁路，东邻

S220省道。遗址所在地毗邻水塘，与窑址相关的遗存均分布于水塘边的高坡之上，高出周围水面2 ~ 3米。

发掘区内呈东西向布设5×5米探方8个，总发掘面积242平方米。经发掘确认，履坦窑址为一处南宋晚期至元代早期的窑址，揭露了灰坑、澄泥池、韩瓶挡墙、釉料缸等作坊遗迹，出土大量南宋时期的瓷片标本和窑具。

韩瓶挡墙由一层排列整齐紧密、形制大小相仿的韩瓶构成，保存相对完好，方向为西北—东南向。于韩瓶挡墙的南侧还存在一道与韩瓶排列方向一致的石墙，全长11.7米，残高0.5 ~ 0.9米。

鹅卵石遗迹位于发掘区北部，开口于①层下，打破基岩，呈西北—东南向分布，东、西两侧均延伸至发掘区外，平面形状大致呈“ㄐ”字形，遗迹总长约10.45米，推测为排水过滤之用的设施。遗迹内出土的瓷片同此处窑址出土瓷片特征基本一致，推测其年代为南宋时期。

灰坑位于发掘区东部，平面形状近椭圆形，弧壁，圜底，包含有大量的瓷质废弃品和碎砖块，可辨器型有韩瓶、碗、盏、执壶、扑满、罐等器物，并有少量的平顶束腰形支烧具。坑底偏东南出土一件形似辘轳的圆形穿孔石制品，据其形状结构和出土遗物推测，该灰坑前期可能作为辘轳坑使用，后期废弃被当作垃圾坑使用。

此外，履坦窑址内出土了大量瓷片标本和窑具，器形种类较少，主要有韩瓶、器盖、碗、盏、执壶、扑满、杯、罐、碾轮等，其中尤以韩瓶居多。出土的瓷器多数为日常生活用具，产品质量普遍不高，胎体较为厚重，胎质较稀疏。

窑址出土遗物器胎内含较多杂质，器形粗犷，器表加工痕迹未经仔细处理，使用明火叠烧，没有统一的制造样式。因此推测履坦窑址为当时的民间窑场。根据调查结果，在履坦窑址周围还分布着坛头窑界山窑址、馒头山窑址、磨盘山窑址等数个宋时期古瓷窑址，为为了解宋元时期武义地区的窑业生产和社会生活提供了丰富的实物资料。

（张馨月　邓粤富）

【台州市竹家岭宋代窑址】

发掘时间：2021年4 ~ 12月

工作单位：浙江省文物考古研究所、北京大学、黄岩区博物馆

竹家岭窑址位于台州市黄岩区沙埠镇。2021年度的发掘区域位于2019年度发掘区的南部和西部，其中南部区域属于作坊区，西部区域属于窑炉区。发掘面积为800平方米。发掘目的主要是为了完善沙埠窑址的生产操作链和配合2019年度窑炉保护棚的建设。

此次发掘揭露出深度达3米的窑业废品堆积，出土大量瓷片和窑具标本。瓷器以釉色区分，可分为青釉和酱釉两类，以青釉为主。瓷片可辨器形有碗（含敞口碗、侈口碗、直口碗、花口碗等）、盘（敞口盘、侈口盘等）、执壶、盏托、盏、枕、多管器、盒（及盒盖）、熏炉等。纹样丰富，类型有蕉叶纹、缠枝花卉纹、对蝶纹、瓜棱纹等；刻划方式多样，以粗刻划为主，另有细线划花、镂空等。窑具包括匣钵、间隔具和垫具三类。匣钵可分为M形、钵形、筒形等。间隔具包括垫圈、垫钵等。垫具包括喇叭形垫柱等。

在龙窑窑炉（Y1，2019年发掘）保护棚排水沟拟定建设区域（Y1西侧）新发掘揭露出一个龙窑，编号为Y2，现存窑前工作室、火门、火膛、窑室、窑门、排烟室等。该窑炉全长约52.4米，南北走向，保存状况不好，开凿于基岩内，双侧开窑门，一共9个窑门，前部开在西侧共5个窑门，后部开在东侧共4个窑门。上部叠压有厚度约2米左右的废品堆积。使用年代应早于Y1，应该是竹家岭窑址早期阶段的龙窑窑炉。窑炉的南部平坦区

域发现了窑址作坊遗迹，在较小范围内发现有辘轳坑、匣钵挡墙、储泥池、房址及工作面等遗迹。

黄岩沙埠竹家岭窑址在2019年发掘区龙窑窑炉（Y1）西侧新发掘揭露出一个龙窑（Y2），出现的这类平行分布、早晚移位的方式突破了以往的认识，对于今后的窑址考古工作也提供了新的经验。且在窑炉的南部区域发现了窑址作坊遗迹，在较小范围内发现有辘轳坑、匣钵挡墙、储泥池、房址及工作面等遗迹，有助于完善窑业生产操作链，对后续的整体研究和保护展示提供了学术支撑。

（谢西营）

【绍兴市越城区南宋陵园遗址】

发掘时间：2021年3月～2022年1月

工作单位：浙江省文物考古研究所

宋六陵南宋陵园遗址位于绍兴市越城区富盛镇，为南宋时期历代帝陵所在。2018年以来，经国家文物局批准，浙江省文物考古研究所连续组织发掘了一号陵园遗址和二号陵园遗址。一号陵园遗址范围内基本确定了一号陵园的中轴线建筑和园墙范围，并探明了该陵园内攒宫墓穴的具体位置与规模。二号陵园位于一号陵园东侧约120米处，2019至2020年，揭露了两处大型夯土台基，明确了台基之间的大型庭院范围。

2021年继续向东、南两方向扩大发掘范围，完整揭露了东侧殿夯土台基（F3），F3北侧有筒瓦构造排水设施、水池遗迹、疑似北侧门门础、F2台基南边缘等。二号陵园以南新发现一较大范围的块石层，疑为另一陵园地面或夯土台的奠基层。

F3为长方形夯土台基，南北长约30米、东西宽约22米，台基上层破坏较为严重，表面密布南北向的茶树施肥沟。发掘揭示出的磉墩共计4排18个，底部为夹杂细碎瓦砾的黄土夯筑，再以条砖侧砌或平砌一层，砖层之上局部还保存了石板奠基。从现存的柱网结构分析，台基上的建筑为东西向的五开间殿堂式建筑，应当是此前发现的F1的东配殿。

发掘出土了大量建筑构件，包括板瓦、筒瓦、各色花卉纹瓦当和宝珠瓦饰等。

在F3北侧，紧贴东廊外墙还发现一个疑似水池与台榭遗迹。遗迹内集中出土了一批瓷器碎片，经修复后可辨别出龙泉窑青瓷凤耳瓶、鬲式炉、吉州窑白地黑花梅瓶等器物。

2021年的工作基本框定了台基南侧边缘，可知台基整体进深约达42米。台基表面残存少数磉墩遗迹，结构与F1类似，底部为夹杂细碎瓦砾的黄土夯筑，再以条砖侧砌或平砌一层。F2台基东部还有少数规格更小的磉墩，砖层结构较为散乱，与台基西侧保存的大型磉墩差异较大，疑为后期复建时所加。

F2以南出现大范围块石层，其中最靠近F2的一道疑似墙基（Q1），由东西向基槽和块石构成，现宽度约1.1米，深约0.6米。据相关文献记载，陵园修建过程中经常出现补平地面的行为。推测此类块石垫层与补平工作相关，其上部残存的夯土层可能即为陵园的原始地面。

初步判断二号陵园应为某帝陵攒宫的辅助陵园——下宫遗址。从二号陵园南部新出现的墙基、块石地面看，似有另一遗址紧邻二号陵园。

以上已发掘或发现的几处遗址为重新全面认识南宋皇陵的选址、地形地貌、建筑布局提供了重要的依据。通过这些发现可知，南宋帝陵制度基本延续了北宋皇陵的传统，是现存南宋国家制度最重要的实物表现，是宋金之际中原皇家丧葬礼制在南方地区的典型代表。

（李晖达）

【新昌县岙桥里明代石拱桥】

发掘时间：2020年12月～2021年3月

工作单位：浙江省文物考古研究所、新昌县博物馆

岙桥里位于新昌县南明街道梅湖社区，北约 300 米为新昌江，西南约 2 千米为大佛寺风景区。2020 年 12 月 ~ 2021 年 3 月，为配合岙桥里拆改区基建项目，浙江省文物考古研究所联合新昌县博物馆对该区域进行了考古发掘。此次发掘共揭露出 1 座明代石拱桥及 2 座宋墓，出土随葬品 12 件（组）。

拱桥形制为半圆形单孔，北端正对原吕衷谦大院台门，南端正对鼓山东路，方向为 18°。桥全长 7.5、宽 2.7、净跨度 5.9、矢高 2.6 米。拱券为纵联分段并列式结构，最高处由 5 道纵联石构成，拼接处以榫卯、铁钉相连。桥面无存，两端是阶梯式石质坡道，坡道两边施垂带。南侧引桥及南北两岸以鹅卵石镶嵌。

券顶东端刻“□霁桥”三字桥名，首字破坏不清。券石朝下一面发现两行刻铭，铭为“大明弘治二年中秋月……，源吕氏訥詢誧訙該同……”，铭均阴刻。《新昌吕氏宗谱》载：“訥詢誧訙該为吕氏睦字乡贤祠派第十四世五兄弟”。因此，这座桥是在明代弘治二年由吕氏五兄弟一同修建的。

“□霁桥”桥铭，清康熙《新昌县志》载：“光霁桥，在县治东北”，今岙桥里即位于原县府东北处，因此该桥应为“光霁桥”。

2 座墓葬均为石顶砖室墓，并列埋葬，方向为北偏西 5°。墓室南侧均铺一层青砖，应与祭祀有关。墓顶平铺一层石板，石板结合部位以碎小石子填充。墓葬形制、规模相同，平面呈南北向长方形，两室相距 0.9 米，南壁中部均发现一个壁龛。木棺及人骨已朽烂无存。随葬品共 12 件（组），种类有双（四）系罐、碗、盏、块石、铜钱（刻有“开元通宝”“乹□□宝”）等字样，由随葬品及铁钉位置可判断木棺应位于墓室北部。从形制及随葬品看，两座墓葬年代应为北宋时期。

此次发掘揭示的明代光霁桥是新昌县城重要的历史文化地标。现在当地文物部门的努力下，已将桥体异地搬迁加以保护和展示。

（冯向源　赵菊芹　张　羽）

【太湖南部（吴兴南浔）先秦遗址考古调查】

调查时间：2021 年 3 ~ 12 月

工作单位：浙江省文物考古研究所、湖州市文物保护管理所

此项目是 2019 年昆山遗址外围区域考古调查项目的继续与延伸。通过 2 ~ 3 年的工作已基本厘清这一地区宏观聚落的结构、演变以及与环境变迁的关系。

2021 年的调查区域位于湖州城区以东、原昆山遗址外围调查区外，北至申苏浙皖高速一线，东至省界，南至双林塘一线，西至东苕溪东侧一带，面积约 300 平方千米（含城区、道路、河流等）。

调查之前查阅了《中国文物地图集·浙江分册》、湖州市第三次全国文物普查资料，并建立遗址信息数据库。同时利用天地图等软件将遗址点落入地图中，确立初步的调查范围，方便外业调查。

经调查，遗址中史前聚落 12 处，包含历史时期的遗址 21 处。史前遗址中，马家浜遗址 4 处、崧泽文化遗址 3 处、良渚文化遗址 9 处、钱山漾文化遗址 2 处、广富林文化遗址 2 处、马桥文化遗址 14 处、后马桥遗址 5 处、西周遗址 16 处、东周遗址 17 处、汉六朝遗址 3 处、宋元遗址 3 处。从数量上看，良渚文化至东周时期是这一小区聚落的繁盛时期，但汉六朝、宋元等时期可能受标本采集不多所致，还需再结合以往采集标本进一步实地确认。“后马桥文化”相当于晚商阶段，基于昆山遗址的最新发现有必要单独列出这一阶段，遗址较少，可能跟地表采集少有关。

此次调查的遗址大部分面积在 5 万平方米以下，洪城（20 万平方米）、磨心里（20

万平方米)、塔后(20万平方米)、安凤桥(14万平方米)、朱家潭(16万平方米),是这一小区面积最大的遗址,因为它们都属于古今重叠型遗址,聚落规模最大的为哪个时期就需要以后更加详细的勘探和发掘来解决。以朱家潭为例,2019年经过部分发掘,从发掘情况看,其面积最大的时期可能属于东周至宋元,很有可能与东迁县治有关。

目前,相关资料正在进一步细化整理过程中。

(闫凯凯)

【安吉古城外围考古调查】

调查时间:2021年9月~2022年2月

工作单位:浙江省文物考古研究所、安吉县古城遗址保护中心、陕西金石文物保护有限公司

安吉古城遗址位于湖州市安吉县递铺街道古城村。城址平面近方形,四周土筑城墙及护城河基本保存完好,城墙内面积约33万平方米。2001年进行首次考古发掘,2013年进行普探。通过连续多年的考古,基本建立了以安吉古城城址为中心,涵盖周边十多个不同性质和不同层级的遗址,以及最外围龙山、笔架山、上马山三个分布密集的古墓群,覆盖面积约30平方千米,各类遗存紧密关联的大遗址格局。初步判断安吉古城遗址可能为秦汉时期的鄣郡郡治和故鄣县治所,城址时代历经春秋战国至汉晋时期。

为了进一步摸清大遗址范围内相关遗存的分布情况,完善大遗址的平面布局,2021年,对整个大遗址开展更详细的调查和勘探,共发现各类遗迹156处(个),包括文化堆积范围67处,台地47处,窑址6座,灰坑10个,另有26个范围较大且时代性质不明的活土坑。

67处文化堆积范围主要集中在古城遗址北侧、东侧、晓觉寺以及兰田新小区西侧四个区块,其中古城东侧属于山墩遗址范围,遗址时代为战国—汉晋,与古城遗址基本相同,古城遗址北侧也当与中心城址密切相关。堆积43~49米,位于兰田新小区以西,马良公路东侧,分布在南北长130米、东西宽250米的范围内,也应同属于一个遗址。从出土遗物来看,近30处文化堆积中发现了拍印方格纹、折线纹等印纹陶片,多数还共存有泥质红陶、灰陶和夹砂陶片,这些堆积的时代都与安吉古城早期时段相近,属春秋战国时期。

安吉古城外围的调查勘探是对大遗址范围内古代遗存的全面摸排,通过六个月的连续工作,发现了一批与安吉古城时代相近的文化堆积,使我们对大遗址的认识更加全面、立体,也为下一步的详探乃至试掘打下了良好的基础,这些区域将成为大遗址范围内新的关注点和下一步工作的重点。

(田正标　周意群　柯安顺　雷文昌)

【黄岩沙埠青瓷窑址群考古调查】

调查时间:2021年4~12月

工作单位:浙江省文物考古研究所、黄岩区博物馆

黄岩沙埠青瓷窑址群是越窑和龙泉窑瓷业技术衔接和过渡的重要地带,是探索越窑瓷业技术南传与龙泉窑瓷业技术渊源的重要地区,同时对于探索越窑、龙泉窑、定窑、耀州窑窑业技术交流与传播具有重要学术价值。2019年和2020年浙江省文物考古研究所等单位联合对竹家岭和凤凰山窑址群进行了考古发掘(考执字2019年第198号、2020年第156号)。此外,黄岩沙埠青瓷窑址群考古调查与勘探已经得到浙江省文物局批准(浙文发2020年第119号)。

此次考古调查与勘探工作,计划在2018~2020年早期考古调查与发掘基础上对沙埠青瓷窑址群及外围区域窑址进行系统性考古调查,调查内容包括单个窑址的产品结

构和年代、窑业资源（包括水源、原料、燃料、运输渠道等），结合竹家岭窑址和凤凰山窑址地层堆积建立起来的年代框架，将调查采集器物整合到统一的年代框架中，构建起整个区域内的窑业历史和窑业生产操作链，并建设相关数据库。

此次考古调查范围是整个黄岩境内，涉及国保单位窑址点 7 处，分别是竹家岭窑址、凤凰山窑址、下山头窑址、窑坦窑址、金家岙堂窑址、下余窑址和瓦瓷窑窑址；涉及区级文保点 3 处，分别是蓝田山窑址、大藤坤山窑址、下坦窑址；新发现窑址点 10 处，分别是临古窑址、岙口窑址、三亩墩窑址、下溪窑址、哈莫山窑址、俞家岙窑址、西山下窑址、蛇山窑址、上路窑址和牌坊山窑址。此外，还对牌坊山窑址进行了局部考古勘探。通过此次系统区域性考古调查大致可以判定，黄岩区域内的窑业兴起于东汉时期，发展于晚唐时期，兴盛于北宋中晚期，衰落于南宋早期。这一区域内的窑业产品除了青瓷之外还于北宋中晚期烧造酱釉瓷器。

（谢西营）

【浙江省石窟寺专项调查】

调查时间：2020 年 12 月 ~ 2021 年 12 月

工作单位：浙江省文物考古研究所

此项目自 2020 年 12 月正式启动，2021 年 12 月完成，对全省 1911 年以前开凿的 87 处石窟寺（含摩崖造像）进行了调查，其中全国重点文物保护单位 11 处，省级文物保护单位 11 处，县（市、区）级文物保护单位 19 处，登记文物点 30 处，新发现 16 处。

此项目实施过程主要分为以下几个阶段。一是前期筹备阶段。二是野外调查阶段。第二阶段由省文物考古研究所牵头组建了四个调查小组，野外调查自 2021 年 1 月初启动，于 3 月初基本完成了全省 87 处石窟寺和摩崖造像的现场调查和信息采集。在完成国家文物局要求的调查内容的同时，还委托专业团队对每处石窟寺和摩崖造像进行数字化考古调查记录。三是成果整理阶段。整理汇总野外调查成果，并编写 87 处石窟造像的单体调查报告；编制全省石窟寺专项调查工作报告、全省石窟寺文物名录、全省石窟寺安全防范情况报告、全省石窟寺保护队伍建设情况报告、全省石窟寺近五年内保护工作规划建议报告、全省石窟寺基础资料汇编等省级成果；将调查成果按时上报全国调查组，修改完善后顺利通过国家文物局验收。四是成果转化阶段。开展《浙江省石窟造像专项调查报告（上、下册）》《浙江省石窟造像病害调查报告》丛书的编纂出版工作；建立全省石窟造像数据库，纳入全省不可移动文物 GIS 系统；积极争取将石窟寺考古项目纳入《中国石窟寺考古中长期计划（2021 ~ 2035 年）》；配合省文物局编制《浙江省石窟寺保护研究利用专项规划》《浙江省石窟寺考古中长期计划实施方案（2021 ~ 2035 年）》。

此次专项调查摸清了全省石窟寺和摩崖造像的资源家底，丰富了全省石窟寺和摩崖造像的资源，系统了解了全省石窟寺和摩崖造像的保护利用状况，为编制省级石窟寺“十四五”保护利用规划提供了重要依据，锻炼了一批石窟寺保护利用的专业力量，为提升全省石窟寺保护利用水平打下了人才基础。

（崔　彪）

安徽省

【固镇县垓下新石器时代两周及汉代遗址】

发掘时间：2021 年 3 ～ 8 月
工作单位：山东大学、安徽省文物考古研究所

垓下遗址位于蚌埠市固镇县濠城镇北部，西距固镇县城约 24 千米，南距濠城镇 1 千米，位于淮北平原，淮河支流沱河由遗址西侧绕至其北侧向东流去，为国家重点文物保护单位。

2021 年，为了了解聚落整体布局、功能性质，利用多学科研究遗址聚落、环境和生业系统，培养考古文博专业学生的基本田野实践能力，山东大学考古系和安徽省文物考古研究所、固镇县政府三方联合对遗址进行发掘。遗址北部区域开设南、西北、东北三个发掘区。南部发掘区布 5×5 米探方 9 个，东北区布 5×5 米探方 15 个，西北区布 5×5 米探方 14 个，实际发掘面积总计 980 平方米。

2021 年共发掘房址 24 座，墓葬 12 座，灰坑 407 个，灰沟 54 条，水井 4 口，建筑台基 1 处，揭露出 19 座新石器时代房址，包括半地穴式和基槽式两类。其中 F13 为半地穴式房址，坐西朝东，平面近圆，北门道呈长方形，整体由柱洞、墙体、室内活动面和室内垫土等部分构成。还发现两层活动面，第一层活动面上出土多件陶器，有壶、罐、杯以及器盖等。

西北发掘区发现了 8 座新石器时代墓葬，墓向均为东南—西北向，其中 6 座墓葬分布成排。墓葬多有生土二层台和棺，部分墓葬二层台上盖有椁板。人骨保存较差，仅部分墓葬内有头骨及肢骨留存。从墓葬的分布来看，此处应有大汶口文化晚期中型墓地，发掘区西侧及南侧应当也有墓葬分布，需要进一步发掘进行确认。

南部发掘区建筑台基也是此次发掘的重要收获。建筑台基系人工堆筑而成，现存堆积最厚处约 1.8 米，此次发掘未到其边界。探沟剖面显示，台基应可分为 4 层，台基④层下即为生土。

2021 年，固镇县垓下遗址的发掘共发现和确认大汶口文化晚期以及龙山早期、周代和汉代三个阶段的遗存。大汶口时期墓地的发现为探讨垓下这一大汶口文化晚期遗址的功能分区及其演变，皖北及江淮地区史前葬制、葬俗等提供了新的材料，高台式建筑的发现为研究皖北及江淮地区史前时期聚落形态特征及演变提供了重要依据。

（王　强　王　灿　姚静敏）

【含山县凌家滩新石器时代遗址】

发掘时间：2021 年 4 ～ 2022 年 1 月
工作单位：安徽省文物考古研究所

凌家滩 2021 年度的主动性发掘地点仍为岗地东南端的大型红烧土遗迹地点。该地点 2020 年批准揭露面积 500 平方米，初步了解了遗迹的部分边界和局部剖面。

2021 年批准发掘面积为 1000 平方米。主要对该处遗迹的四界进行了完整揭露，并选择少量区域进行了解剖发掘，确定了红烧土遗迹的范围、结构、堆积特点，为论证遗迹

的性质和功能提供了坚实的基础。

该红烧土分布范围平面呈长方形，北偏东 15°，南北长 88 米，东西宽 40 米，东北角被明清堆积破坏，现存面积约 2700 平方米，复原总面积约 3400 平方米。

红烧土各区堆积情况不完全一致，西部边界较直，边界内侧呈坑状，坑壁较陡，呈 85°，部分红烧土底部有草木灰层和烧结面。中部红烧土堆积普遍厚 1.5 米，总体上西半部呈从西向东叠压堆积状态，东半部呈从东向西叠压堆积状态。堆积可分多层，因堆积多呈小区域块状分布，不能统一地层。总体上西部坑底堆积呈细碎的红烧土颗粒状，中部为大块红烧土块，中间以少量纯净的黄褐土，堆积中包含少量陶片和大石块。坑底不平，部分底部有草木灰、烧结面。区域红烧土堆积较薄，厚仅 10 厘米，底部为 3 厘米厚的草木灰层，之下为烧结面，西北侧坑内侧有大量的陶片分布。红烧土东北部区域堆积也较薄，但包含大量的陶片，且以大口尊为主，有几件大口尊呈倒扣放置。东界中部出现类似垒砌而成的、略呈西南—东北走向的、较直的大块红烧土堆积。

通过局部发掘和解剖，将红烧土清理完毕后可知各区底部状况不一。

以全面清理发掘的北部为例，西北部红烧土堆积较薄区域底部为一房址，呈长方形，南北长 11 米，东西宽 5.5 米。西侧基槽内填红烧土和陶片，南、东、北侧为红烧土坑状堆积，边缘有柱洞，柱洞内填红烧土和陶片，且基槽、柱洞边缘都被烧烤得呈暗红色。房址烧结面较为清晰，大部被破坏，烧结面上存少量陶片。房址以东为红烧土坑状堆积，厚 0.8 ~ 1.4 米，堆积中包含大量陶片，以大口尊为主，底部有烧结面，且分布有一排柱洞，呈西南—东北向。房址南侧红烧土坑边缘和底部被烧烤得呈青灰色硬面。红烧土西南角区域底部呈两个坑状堆积，两坑之间呈斜坡状。红烧土区域中部探沟发掘，可知底部较平，局部呈台阶状，且走势与北部房址一致，推测中西部红烧土底部也存在大型土台或房址一类建筑。通过对红烧土西界外侧区域揭露，该区域土质土色异常杂乱，应为人工堆筑而成。通过对红烧土东南侧和西南侧边缘及外围区域的解剖发掘，可知底部仍有厚达 1 米多的文化层，填土为灰黑土，包含少量陶片，年代略早于红烧土遗迹。

通过 2020 ~ 2021 年 1500 平方米的揭露发掘，确定了该大型红烧土遗迹的范围、结构、堆积特点，初步认定该大型红烧土遗迹年代为凌家滩文化最繁盛的时期，绝对年代距今 5450 ~ 5350 年。性质或为一处大型建筑前的广场祭祀区域。

（张小雷）

【桐城市查圩夏商及周代遗址】

发掘时间：2021 年 8 ~ 11 月

工作单位：安徽省文物考古研究所

查圩遗址位于桐城市孔城镇北桐梓村查家圩村民组正东 25 ~ 150 米处，德上高速合肥至枞阳段 5 标施工范围。遗址中心点东距孔城河支流三八河 300 米，孔城河主河道（引江济淮工程）1300 米，2019 年中国人民大学发掘的魏庄遗址约 1500 米。

2021 年 7 月勘探已经完成，遗址本体遭到严重干扰破坏，村民搬迁后土地被平整，2021 年完成 300 平方米的考古发掘。

此次考古发掘共布 10×10 米的探方 3 个，共计面积 300 平方米。探方位置处于查圩遗址东部边缘往农田低地的缓坡地带，文化堆积深厚，堆积总共有 9 层，第①层为近现代人类活动层；第②层为明清或更晚的垫土层，平整土地形成目前的地形地势；第③④⑤层为东周时期废弃堆积及文化层；第⑥⑦⑧⑨层为西周中晚期废弃堆积及文化层；第⑨层下为生土层，年代不详。主体年代为西周中晚期，堆积的过程基本上是由遗址中心区往遗址外围扩散形成层层叠压的缓坡状堆积剖面，扩大了人类活动范围，提升了居住生活的基本保障。

此次发掘处于坡状堆积东部，发现遗迹为5处灰坑，1处灰沟，内涵丰富，出土陶片较多，遗物年代集中在西周中期偏前，部分灰坑中有二里头文化因素的捺窝纹鼎足、附加堆纹鼎足、附加堆纹罐口沿等内涵。

此次发掘出土遗物以陶片为主，并出土石器标本15件，动物骨骼标本20件，形态丰富。陶器以夹砂灰陶、夹砂红陶、泥质灰陶为主，器类包括鬲、罐、豆、壶等常见器类，鼎、缸等器年代偏早。器物纹饰多为绳纹、附加堆纹、弦纹、凸棱纹。石器中石锛、石钺制作精美，磨制细致，砺石使用痕迹明显。动物骨骼多是较稳定的牙齿及下颌骨等，初步鉴定种类有猪、牛、羊、鹿等，对研究古代环境和居民食谱提供了很好的材料佐证。此外，查圩遗址出土珍贵的铜斧残刃、铜剑残片，对研究该地的冶炼技法和原料来源具有重要价值。

（夏浙新）

【合肥市安定寺大墩西周及宋元清代遗址】

发掘时间：2019年4月～2021年6月

工作单位：安徽省文物考古研究所

安定寺大墩遗址位于合肥市高新区三岗村王郢村民组西北约300米处，与枣树颗城墩遗址隔河相望，其东、西、北三面被派河河道环绕。遗址系典型的台墩型遗址，平面大致呈椭圆形，面积约6000平方米。为配合引江济淮工程建设，经国家文物局批准（考执字〔2019〕第442号、考执字〔2020〕第384号），安徽省文物考古研究所组织人员对遗址展开抢救性发掘。发掘结果表明，遗址大体由西周晚期、宋元和清末三个不同时期的堆积构成。清末的寺庙建筑基址，证实了“安定寺”其名由来已久。宋元时期堆积较为简单，以地层为主，遗迹较少。西周晚期的堆积系遗址的主体堆积，南、北两条东西走向的围壕汇入派河自然河道，构成了遗址的边界，同时也形成了遗址最外围一道防御屏障。

西周晚期堆积主要分布于一隆起的环形土埂上，土埂顶部宽约11～22米，土埂内坡发现了一周完整的红烧土围垣，围垣大致呈圆角斜长方形，总面积约2400平方米，在东、西各留有一个出口，推测为门道，门道内可分辨出踩踏面。经初步判断，围垣中的红烧土并非墙体倒塌的原生堆积，而是废弃烧土块搬运后的二次堆积，厚度约5～23厘米，未见基槽。局部区域红烧土块较大，可见抹光的墙面，能分辨出草伴泥迹象、木骨（木棍和芦苇秆之类做骨）泥墙残痕。

土埂顶部、红烧土围垣外侧发现夯土围墙一周，形状和方向大致与红烧土围垣相同，两者相距约5.5～11米。夯土围墙西部遭派河冲毁，墙宽2～2.1、残高1.4～1.44米。墙体两侧可见固定木板的柱洞，推测围墙系黄褐色土分段版筑而成，夯层厚约8～14厘米。

大量的建筑遗存发现于夯土围墙内。建筑遗存、红烧土围垣、夯土围墙、围壕由内向外共同构成了遗址的核心，其防御功能颇强。

安定寺大墩遗址的发掘首次发现了夯土围墙，同时发现了红烧土围垣、人工围壕及房屋建筑等重要遗存，为今后搞清遗址的年代、性质、结构、功能布局和堆积方式奠定了基础，同时对研究派河乃至江淮之间台墩型遗址的聚落布局意义重要。

（张义中）

【寿县古城村战国城址】

发掘时间：2021年9月～2022年1月

工作单位：安徽省文物考古研究所

古城村战国城址位于寿县双桥镇古城村

古城拐自然村，距寿县县城约 7 千米。遗址地表存在较为明显的城墙和城河迹象。

为配合寿春城国家考古遗址公园建设，经国家文物局批准（考执字〔2021〕第 133 号），安徽省文物考古研究所对古城村城址展开主动性考古勘探和发掘。此次勘探重点针对城墙和护城河，旨在寻找理想的发掘地点，随后的发掘地点选择在城址的北城墙及护城河中部略偏东，实际布设 5×5 米的探方 24 个，发掘面积约 600 平方米。

考古成果表明，城址内的地层堆积大致分为战国晚期、汉和唐宋三个大的时期。

战国晚期的堆积以城址为核心，大致呈正方形，外边残长 378 ～ 393 米，内边残长 322 ～ 326 米，城内面积约 104688 平方米，包括护城河在内的整个城址面积约 25.3 万平方米。城墙现残存的墙体宽度 21 ～ 35 米，残存高度 2.7 ～ 3.3 米。东墙和北墙保存最为完整，西墙大部分被寿霍路叠压，南墙被村庄占压。于西南小城的东、南、西、北四面各发现缺口一处，推测为城门，其中北门最窄，约宽 5.1 米，其余各门宽约 6.2 米。墙体系分段版筑而成，夯层清晰，7 ～ 16 厘米。

墙外有护城河一周环绕，护城河东北角通过人工河道与寿春城相连接，西南通过自然河道通向淮河，水路交通格局清晰。

汉、唐宋时期的堆积除地层以外，还有道路、窑址、房址、灰沟、灰坑等遗迹。

古城村城址 2021 年度的考古工作，基本弄清了遗址的堆积状况、时代和文化内涵以及城址的城墙、城门、护城河的位置、结构和详细尺寸等信息，对城墙的夯筑方法有了初步了解，证实了古城村城址属于战国晚期的楚城。发掘同时也将促进认识古城村城址与寿春城遗址的关系问题，增进寿春城遗址以及楚国城址、城墙的认识和研究，丰富寿春城遗址的内涵。

（张义中）

【寿县小宋家台子北战国至南朝墓地】

发掘时间：2020 年 3 月 ~ 2021 年 5 月

工作单位：安徽省文物考古研究所、淮南市博物馆、寿县文物保护中心

小宋家台子北墓地位于寿县县城东北的小宋家台子村北部，处于东淝河自东南向西北的弧形转弯地带，地貌特征为河间滩地。为配合引江济淮工程的建设，安徽省文物考古研究所联合淮南市博物馆、寿县文物保护中心对该墓地进行了抢救性考古发掘，取得了重要收获。

结合工程取土的实际情况，基于既有利于文物保护又有利于工程建设的原则，共计发掘墓葬 250 座，出土随葬品 300 余件（套）。根据墓葬形制及随葬品的情况判断，墓葬的年代主要可分为战国早中期、战国晚期至两汉时期和南朝时期。其中，战国晚期至两汉时期的墓葬最多，但多数被盗掘，保存较差。

此次发掘所揭示出的一批战国早中期典型的吴越系墓葬意义重大。这批墓葬达 20 余座，以 M27、M29、M30、M31、M58 和 M217 等为代表，其墓葬形制均为长方形竖穴土坑墓，多数为东西向，少量南北向，无封土、无墓道。葬制均为一棺一椁，椁外填充大量“青膏泥”，棺为由独木凿空而成的“独木棺”。随葬品均出土于椁室内，种类以原始瓷和印纹硬陶为主，器型有坛、罐、瓿、碗、杯、豆等，少量墓葬出土有铜器，器型为素面越式小铜鼎。值得注意的是，这批墓葬多数未被盗扰，但棺内均未发现随葬品。随葬清一色原始瓷器和印纹硬陶器的现象、采用“独木棺”的葬俗均为长江下游地区吴越系墓葬的典型特征，据此推测其墓主人身份应为吴国或越国人，而竖穴土坑结构、一棺一椁葬制和普遍使用“青膏泥”的情况则说明其又吸收了较多的楚文化因素。

据文献记载，周襄王三十年（前 622），

楚灭六、蓼，寿地入楚；景王十六年（前529），吴略州来，并占寿地；哀公二年（前493），蔡迁州来，史称下蔡。这批战国早中期墓葬的发现填补了江淮西部地区吴越系墓葬的空白，为印证吴据州来以及吴楚江淮拉锯争夺的历史事实提供了重要材料支撑。结合近年来西圈墓地的发掘情况，这批典型吴越系墓葬的发现进一步夯实了有关州来城、下蔡城的地望及其相关问题学术讨论的基础。哀公二十二年（前473），越灭吴；楚惠王四十二年（前447），楚灭蔡。这批墓葬的年代上限为战国早期，此时吴已被越所灭，而蔡国尚存，这就为探讨楚、越、蔡之间的关系以及研究东周时期江淮地区文化变迁背后的人群分布态势等问题拓展了新视角。

此外，大量的战国晚期至两汉时期墓葬的发现也加深了围绕寿春城遗址的墓地布局和分布范围等相关问题的认识。而部分南朝墓葬保存较好，随葬品较为丰富，为研究沿淮地区南朝历史和文化提供了重要素材。

（蔡波涛）

【含山县凌家滩遗址战国至清代墓葬】

发掘时间：2021 年 10 ～ 12 月

工作单位：安徽省文物考古研究所

此次发掘地点位于凌家滩遗址北部，配合博物馆项目工程工地开展，南距凌家滩遗址外壕沟 200 米属于凌家滩遗址二类建控地带范围。

安徽省文物考古研究所于 2021 年 5 月对该区域进行了考古勘探，勘探面积 3 万平方米，发现少量明清时期的文化层和墓葬。

按照国家文物局批复意见，要求对此区域进行考古发掘，进一步确定拟建区域内已发现遗址的性质、价值及其与凌家滩遗址的关系。

经国家文物局批准（考执字〔2021〕第1295 号），安徽省文物考古研究所对该区域进行了考古发掘，主发掘区位于博物馆主体建筑东北 30 米，布 10×10 米探方 5 个，其余零散墓葬位于博物馆主体建筑东侧和东南侧，均单独发掘，总发掘面积 700 平方米。

发掘区地层堆积较为统一，基本呈水平状分布，且堆积较浅，表土层下为明清文化层，之下局部区域有零星的且很薄的凌家滩文化时期文化层。

共发现东周至清代墓葬 20 座，窑址 1 座，灰坑 4 个，沟 4 条，石头堆积 1 处。其中战国时期墓葬 1 座，为竖穴土坑墓，随葬 11 件陶器，有印纹硬陶罐、盅、灰陶盆、灰陶带盖罐等。西汉墓 3 座，为竖穴土坑墓，均随葬有 10 余件陶器。东汉墓葬 2 座，为砖室墓，其中一座严重被盗，且将墓砖残碎的釉陶罐集中堆放于墓室北端。宋墓 2 座，其中一座为竖穴土坑墓，仅随葬 1 件葵口白瓷碗。另一座为小型砖室墓，随葬釉陶壶、罐各 1 件。明清时期墓葬 12 座，均为小型竖穴土坑墓，多随葬 1 ～ 2 件瓷碗、釉陶带流罐。

此外，在主发掘区发现一条石头堆积遗迹，呈长条近似“S”形，长 7 米，宽 0.2 米，高 0.2 米，用中小型石块垒砌而成，并有几块红烧土块，且在石头堆积内发现 2 片夹砂红褐陶片，为凌家滩文化晚期。凌家滩墓葬区北侧在 2000 年发掘中也发现类似石头遗迹，因未完全揭露，总貌不详，且对其年代也有不同认识，或认为是汉代遗迹。

此次发掘出土文物 80 余件，其中绝大部分出自墓葬，主要是陶器、少量瓷器、铁器，另有少量陶瓷片标本等。陶器主要有印纹硬陶罐、瓮、壶、双耳罐、盅等。瓷器主要是瓷碗。

（张小雷）

【含山县凌家滩遗址宋代至明清遗存】

发掘时间：2021 年 4 ～ 6 月

发掘单位：安徽省文物考古研究所

此次发掘地点位于位于凌家滩遗址北部，配合考古研学小镇项目工程工地建设开展，南距凌家滩遗址外壕沟 660 米，属于凌家滩遗址二类建控地带范围。

安徽省文物考古研究所于 2020 年 10 月对该区域进行了勘探，勘探面积 5 万平方米，发现少量明清时期文化层。

按照国家文物局批复意见，要求对此区域进行考古发掘，进一步确定拟建区域内已发现遗址的性质、价值及其与凌家滩遗址的关系。

经国家文物局批准（考执字〔2021〕第 514 号），安徽省文物考古研究所对该区域进行了考古发掘，发掘面积 820 平方米，共发现有宋代至清代房址 1 座，灰坑 40 个，灰沟 4 条，基槽 7 条，排水沟 2 条，出土文物 30 余件，主要有瓷器、陶器、石器、铜钱等，另有少量陶瓷片标本等。瓷器可辨器类有碗、盘、杯、罐等。陶器可辨器类有罐、瓮、壶等。铜钱为天元圣宝、元丰通宝。此外，在宋代地层内出土一件凌家滩文化时期的石钺，通体打磨光亮。

通过发掘可知，该遗址为宋代至明清时期的一处普通小型聚落。遗址地处太湖山向南延伸的十里长岗的中间部分，地势较为高敞，适宜宋明时期人类居住。宋代地层内凌家滩时期石钺的出土，或许说明宋代时期人类已经发现了凌家滩遗址，并将这件石钺作为收藏品。

（张小雷）

【天长市六里墩汉代墓地】

发掘时间：2021 年 7 ~ 9 月

工作单位：安徽省文物考古研究所

天长六里墩汉代墓地位于天长市天康大道东段南侧（原天长康达医疗器械集团厂区），台墩形地貌，相对高度约 1.5 米，占地面积约 9000 平方米，墩上原有厂房类建筑。该墓地因房地产开发而发现，2021 年 5 ~ 6 月对墓地进行了勘探，发现墓葬 31 座，包括竖穴土坑墓 26 座、砖室墓 5 座。

经国家文物局批准，安徽省文物考古研究所在天长市博物馆的配合下对该墓地进行了发掘，实际发掘墓葬 29 座，其中土坑墓 25 座、砖室墓 4 座，出土陶器（釉陶器）106 件（套），石器 13 件（套），铜器 45 件（铜钱除外），铁兵器 6 件，漆器 21 件（套）。

六里墩墓地共发掘竖穴土坑墓 25 座，根据墓葬葬具可分为一椁一棺、一椁双棺、单棺以及形制不清四类。砖室墓均为单室墓，未发现葬具。一椁一棺墓共发现 9 座，均为长方形竖穴土坑墓，未发现墓道。以木板在竖穴土坑中站立垒筑椁室，木椁与坑壁之间既有生土二层台，也有熟土二层台。木棺靠木椁一侧摆放，用板壁隔出棺室、头厢或脚厢和边厢，椁室用木板或整木封盖。棺椁的木料多为柏木和楠木，少量的松木。一椁双棺墓共发现 4 座，均为长方形竖穴土坑墓，以木板在竖穴土坑中站立垒筑椁室。双棺并列靠木椁一侧摆放，用板壁隔出棺室、头厢或脚厢，棺与椁之间的缝隙以熟土填充。椁室用木板或整木封盖。棺椁的木料多为柏木和楠木，少量的松木。单棺墓仅 1 座，形制不清的墓葬有 11 座，形制简单、破坏严重，不再单独介绍。

天长六里墩墓地出土陶器以釉陶器为主，器类包括鼎、盒、壶、罐、瓿等。石器包括黛板、石磨等。铜器以铜镜为主，还有少量的带钩、盆、弩机等器物。铁兵器主要为铁剑，铁剑配有木制剑鞘和剑柄。漆器大部分损坏严重，可分辨器型的有耳杯、梳篦、漆盒等，尤其是 M15 出土的葬具温明，保存完整，漆面光亮，是目前安徽汉代墓葬中发现的保存最完好的一件。

天长六里墩墓地虽然规格不高，但墓葬形制多样，葬具用料考究，出土器物丰富精美，是安徽近两年考古发掘汉墓中少有的精品，尤其是具有“东园秘器”之称的温明的发现具有重要的历史、文化和艺术价值。该墓地墓葬形制、器物特征等均与天长三角圩墓地和邻近的江苏盱眙等地发掘的汉墓一致，具有明显的时代特征和地区文化特征。墓地年代为西汉早中期至东汉早期；墓地性质为家族墓地，墓主身份应是中小地主或普通士族阶层，其中的双棺墓应为夫妻合葬墓。

（余　飞）

【亳州市丁庄西汉宋及清代墓地】

发掘时间：2021 年 5 ~ 7 月

工作单位：安徽省文物考古研究所

丁庄西古墓群位于亳州市谯城区汤陵街道丁庄还原小区西侧，为配合亳州市第三十四中学项目建设对该墓群进行了抢救性发掘，共清理墓葬 67 座，出土陶、瓷、铜、银、铁、蚌、石等各类型遗物 150 余件（套），铜钱 50 余枚。

砖室墓 64 座，数量最多，被盗扰严重。根据墓葬形制可分为单室墓、双室墓，部分附有斜坡墓道。单室墓多为长方形，例如 M1、M21 等。也有部分船形，例如 M64 等。圆形墓极少，例如 M61。多室墓多为长方形单室并列分布，中间以甬道相连，例如 M27 等。

竖穴土坑墓 3 座，有 1 座被盗严重，仅余墓圹，例如 M1。剩余 2 座保存相对完好，有少量随葬品出土，例如 M3、M4。

此次发掘出土随葬品较多，种类丰富，按材质可分为陶瓷器、铜器、银器、铁器、蚌器、石器等。陶器在器类上以壶、罐为主，陶器材质分成泥质陶和釉陶两种，多为轮制、素面，器型较规整；瓷器制作上与陶器相似，釉色多变，有黑釉、酱釉、青釉等。铜器在器型上有铜镜、环首刀、铃、环、铜钱等，多为实用器；铜镜有蟠龙纹镜、博局镜、龙纹镜等；铜钱有五铢钱、大泉五十以及“祥符元宝”“绍圣元宝”“至道元宝”“开元通宝”等，字迹清晰，保存较为完好；银器器型有镯、簪，均为素面；铁器主要为铁环首刀、矛、镜、剪等，出土较少，锈蚀严重。石器有黛砚。蚌器出土不多，有口含、塞、珠，不易保存，少部分已成粉状。石器戴砚（含研磨器），呈长方形，其中一面打磨较为光滑，有研磨痕迹；石印章，龟钮，底正方形。

结合随葬品初步推断，此次发掘的墓葬主要为汉代和宋代以及清代。

此次发掘墓葬有着一定的共性，相同结构的墓葬方向基本一致，分布范围也相对集中，排列有序，充分体现了家族墓地的特征。

（任一龙　李镇廷）

【肥东县胡小郢汉代墓地】

发掘时间：2021 年 3 ~ 7 月

工作单位：安徽省文物考古研究所

胡小郢墓地位于肥东县店埠镇光大社区胡小郢自然村西约 100 米处，为配合肥东临泉东路东延工程项目建设，经国家文物局批准（考执字〔2021〕第 513 号），安徽省文物考古研究所对胡小郢墓地进行了抢救性发掘，共发掘汉代墓葬 11 座，大多数墓葬都未经盗掘，形制完整，出土文物丰富，其中不乏珍品。共发掘出土石、玉、铜、铁、漆、陶质文物 300 余件（套）。

此次发掘的墓葬形制有土坑木椁墓、砖木合构墓、砖室墓，以土坑木椁墓为主。现以 M8、M14 为例。

M8 为土坑竖穴木椁墓，方向 15°。由斜坡墓道和墓室组成。墓道长约 5.5 米，宽约 2.5 米；墓室形状近正方形，长约 5.2 米，墓底深 1.8 米。出土器物有陶器、铜器等。其中陶器主要有陶鼎、陶壶、陶罐、陶瓿、陶灶；铜器主要有铜盆、镳斗、镳壶、提梁樽、铜镜、铜饰、印章、带钩、青铜剑；玉器主要为口含玉和玉塞。

M14 为砖木合构墓，由墓道与墓室组成。墓道位于墓室北端，平面呈长方形，长约 5.1 米，宽约 2.1 米。墓室仅两侧墓壁为砖构，采用长方形砖双排错缝叠砌。木椁保留有底板，木棺及人骨已无存。出土器物主要有陶壶、陶罐、陶灶、铜镜、铜灯、带钩、铜钱（若干）、铁剑等。

陶器为此次发掘出土最多的遗物，主要有泥质陶和釉陶两类，以釉陶居多，种类丰富，约 200 多件。器形主要有陶壶、陶罐、陶瓿、陶盒、陶盘、陶甑、陶釜、陶鼎，也有不少陶灶、陶井、陶屋等模型明器。

铜器的出土也较为丰富，器形较多，主要有铜镜、铜簪、铜盆、铜甑、铜剑、铜钱、铜带钩、铜印、铜熏炉、铜灯、铜提梁樽、铜壶、铜鐎斗、铜镇等。出土的铜器中铜镜最多，种类多样，如星云纹镜、连弧纹镜、四神镜、规矩镜等。

玉器均为棺内出土的小件，主要为口含玉（蝉）、玉塞。M6 还出土了琉璃耳珰 1 对，保存完好。

石器和漆器大都器形不可辨，残损较严重。

根据 2021 年的发掘，对该遗址可得出以下初步认识。根据墓葬形制和出土器物判断，胡小郢墓地墓葬年代为自西汉中晚期延续到东汉早期，墓葬形制和随葬器物与庐江汉墓基本一致。参考该墓地的墓葬形制与年代的分布规律来看，似有家族墓地的埋葬特征。

此次发掘为研究西汉晚期合肥地区的文化变迁和人群流动提供了新视角——正是这样的人群移动，加速了文化的融合，促进了大一统汉文化的形成，为研究汉代浚遒县历史和汉代历史地理提供了更多的实物证据。

（陈大元）

【繁昌县繁昌窑遗址】

发掘时间：2021 年 3 ~ 12 月

工作单位：安徽省文物考古研究所

繁昌窑遗址分布于芜湖市繁昌区南郊、西郊，是一处五代—北宋时期的大型瓷窑遗址，现为全国重点文物保护单位。2019 年经国务院批准，繁昌骆冲窑遗址并入繁昌窑遗址，成为全国重点文物保护单位。

2021 年，为配合繁昌窑遗址防洪工程建设，经国家文物局批准（考执字〔2021〕第 273 号），安徽省文物考古研究所在防洪工程建设区域继续开展发掘，申报发掘面积为 500 平方米，实际完成发掘面积为 450 平方米，发现各类遗迹共计 17 处，平均文化堆积厚度约 2 米，揭露灰沟 8 条、灰坑 4 个、墓葬 4 座和灶址 1 处，出土青白瓷碗、盏、碟、盘、温碗等大量瓷器和匣钵、擂钵、轴顶碗等制瓷工具，发现了青瓷和青白瓷共存的地层，出土了青瓷玉璧底碗、敞口碗等器物，为探索繁昌窑创烧年代提供了重要考古实物资料。

首次发现唐末—五代早中期的文化层包括 2021FK Ⅰ T0711 ㉜、㉝层，出土器物主要为青瓷碗、罐、碟、绳纹瓦片等，部分地层中发现青瓷和青白瓷共存组合。典型器物之一青瓷玉璧底碗，口微敛，圆唇，弧腹。典型器物之二为青瓷敞口斜腹平底碗，器底内外均有支钉叠烧痕迹。另有酱釉或酱黄釉罐、灰陶绳纹瓦等伴出。在繁昌区孙村镇和横山镇的文物资源评估工作中，亦从地表或地层剖面中采集到青瓷玉璧底碗，其器形特征与繁昌窑遗址出土的同类器物高度相似。由此推断，青瓷玉璧底碗及与其伴出的青瓷斜腹平底碗等器物均是繁昌本地当时常见的生活用具。在芜湖市湾址区东门渡窑址亦有和繁昌窑遗址类似的青瓷玉璧底碗出土。同类器物在安徽南陵大工山矿冶遗址塌里牧矿区亦有出土。综上，从地层和出土遗物特征及组合判断，繁昌窑创烧时代可提前到唐末—五代，这对研究繁昌窑创烧年代、探索中国青白瓷起源等重大学术课题都具有重要价值。

2021 年在Ⅳ T5、T6 位置发掘，发现地层堆积从南北向中部倾斜、在剖面上呈圜底盆状的现象。结合防洪工程施工挖掘出的剖面观察判断，Ⅳ T5、T6的位置在北宋或更早时期应为一处水塘遗迹，后期因不断堆放繁昌窑窑业废弃堆积而逐渐填平。繁昌窑遗址水塘遗迹的发现，结合前期已经发现的龙窑、作坊基址和房址等遗迹，为综合研究繁昌窑遗址窑业生产聚落布局、制瓷用水来源等提供了重要参考资料。

（罗　虎）

【灵璧县隋唐运河遗址】

发掘时间：2021年8～12月

工作单位：安徽省文物考古研究所

宿州市灵璧凤山大道隋唐运河遗址清理运河河道32米，包括完整的两岸河堤、河道、木岸狭河遗迹、船底摩擦河底痕迹、脚印、沟槽遗迹等重要遗迹。

清理河堤段长32米，河道宽45.6米，运河总宽度约66米。两岸河堤保存完整，北河堤顶宽9.7米，南河堤顶宽10.7米，能够看出人工堆筑的迹象。北河堤坡度较缓，漫坡上有密集且浅细的竖线条痕迹，推测是船舶底部的划痕遗留下来的。北河堤顶距河底深约4米左右。南岸河堤坡度较陡，暂时未发现特殊迹象，河堤顶距河底深3米左右。河道可以分为主、副航道，北半部是人工开挖的主航道，较副航道深约1.2米左右，宽约21米；副航道为自然航道，位于南半部，宽度在13米左右。在河道地层堆积中可以明确看出运河使用的痕迹，运河的水源来自黄河，含泥沙量大，运河通航时就会沉积大量泥沙层；水源短缺时就会形成淤塞层。在北岸河堤坡底部发现了木岸狭河的迹象。先是开挖了一条宽0.5～0.6米、深约0.4米的沟槽，在沟槽内再挖有间距不等的柱洞，在柱洞中安插木桩，木桩间架构木板或木栅栏，形成木岸狭河，以抬高水位，束水攻沙。

出土大量的遗物，有陶瓷器、人骨、动物骨骼、砖瓦、灵璧石、螺贝壳等。其中瓷器最多，主要有青白瓷、白瓷、黑釉瓷、黄釉瓷、酱釉瓷、三彩瓷等。

运河考古中首次确认利用自然河道拓宽的通济渠的证据，并确认了主副航道。根据通航靠右和顺流者避让逆流者的通行规则，南方满载的漕船是靠北侧行驶，即在较深的航道内行驶，吃水线较深，满足通航要求。南下的漕船载的货物少，靠南侧行驶，吃水线较浅，在副航道行驶。通济渠是利用人工河道与自然河道相结合的通航方式。凤山大道遗址点发现的人工扩宽自然河道的现象实证了《隋书》中关于通济渠开通的记载。通济渠安徽段除泗县一段活运河外，大部分掩埋在地下变为陆地，且多被道路和民居占压，此次发掘揭露了通济渠两岸河堤及河道保存完整，可以整体体现运河开挖、使用、淤塞、清淤及废弃的整个过程。发现的木岸狭河遗存与柳孜运河遗址、宿州埇上嘉苑运河遗址中的木岸狭河遗迹形式不同，反映了构筑技术的差别、运河管理的重视。发现的船底摩擦河底的痕迹以及船锚反映了当时运河漕运的繁忙。出土的大量文物，以瓷器为主，主要有宣州窑、繁昌窑、萧窑、临汝窑、景德镇窑、建窑、吉州窑、越窑等，在反映了南北瓷器贸易广泛的同时，为研究当时社会背景提供了参考。另外出土的灵璧石和大量的动物骨骼，为研究唐宋时期两岸居民的饮食习惯提供了丰富的材料。

此次考古发掘完整地揭露了隋代至明清时期大运河运河遗址的历史变迁过程，是一处不过可多得的运河遗址断面。

（陈　超）

【池州地区古代矿冶遗址调查】

调查时间：2021年7月16日～2021年8月9日

工作单位：安徽大学历史学院、枞阳县文化和

旅游局、东至县文化和旅游局、石台县文化和旅游局、青阳县文化和旅游局、池州市博物馆、贵池区文物管理所

池州地区位于长江下游铜矿带的南侧，以往对该区域的古铜矿了解较少。在国家社科基金重大项目“安徽沿江地区矿冶遗址调查与综合研究”的支持下，以20世纪八十年代地质普查的原始资料、第三次全国文物普查资料和古代文献记载的采冶遗迹为线索，在当地文物管理部门的配合下，安徽大学历史学院考古专业对池州市三县一区的矿冶遗址进行了全面调查，发现古代和近现代矿冶遗址共计29处。

此次调查于东至县新发现矿冶遗址8处，其中采矿遗址6处，冶炼遗址2处，采集的遗物以矿石为主，炉渣遗存较少。石台县新发现矿冶遗址5处，其中采矿遗址4处，冶炼遗址1处，采集遗物以矿石、支护木为主。青阳县新发现矿冶遗址8处，其中采矿遗址5处，冶炼遗址3处，采集遗物主要为矿石、支护木、炉渣、瓷片等。贵池区调查矿冶遗址8处，包括采冶一体综合遗址6处，冶炼遗址2处，采集遗物为炉渣、瓷片、矿石等，年代多为隋唐至宋代。

贵池区分水岭遗址所采木炭样品的 ^{14}C 测年结果为1370±30BP。2019年，该课题组对安庆市怀宁县铜牛井遗址调查时发现支护木、炼渣和残存的矿坑等遗存，支护木的 ^{14}C 测年结果为1320±30BP。结合在该地区其他矿冶遗址所采集的瓷片以及2009年池州铜山牌冶炼遗址的发掘情况，安庆—池州矿集区铜矿资源开采利用时间似较晚，大规模采冶时间应为中国历史上的隋唐时期。

此次调查初步了解了池州地区矿冶遗址的年代、类型、规模、空间分布、保存现状以及开采矿石的种类，为研究该地区铜矿、铁矿、铅矿的采冶技术及该地区的古代矿业开发史提供了重要资料。

（谢秋惠　魏国锋　张爱冰）

福建省

【平潭县榕山遗址】

发掘时间：2021 年

工作单位：厦门大学历史系

榕山遗址位于福州市平潭综合实验区平原镇榕山村南侧，南距平原镇约 2.5 千米，距平潭县城约 12 千米。遗址地处 163 县道西侧山坡半腰处，与东花丘遗址和壳丘头遗址相邻，东面为一片开阔平地，延伸 2 千米至海边，西面和北面多为林地和庄稼地。

2018 ~ 2020 年，厦门大学历史系先后三次在榕山遗址进行考古发掘，发现并清理了丰富的新石器时代晚期至历史时期的文化遗存。2021 年 10 月下旬，厦门大学历史系考古专业在前三次发掘的基础上继续在榕山遗址开展发掘工作，发掘区域为Ⅰ区 9 个探方 TN01W01 至 TN01W09。2021 年的发掘计划是完成对Ⅰ区 TN01W01 至 TN01W09 中遗迹遗物的清理，探清遗迹单位性质及遗迹间的关系，并且对 2018 年以来的发掘材料进行整理，最后发布相关发掘材料。

2021 年在榕山遗址发掘的重要发现为：清楚揭露出 4 组居址遗存堆积，根据柱洞分布形态、陶片层堆积状况、遗物组合推测其性质为房址。限于 2021 年发掘面积有限，这 4 组房址的形状尚未能完整揭露，依据陶片层分布范围和柱洞排列走向，房址有向发掘区南部延伸的可能性。尽管如此，项目组依然能根据目前揭露部分认识到，这 4 组房址的分布具有一定规律性——自西向东规整排列，间距相若，内涵相似。

其中，F1、F2、F3 均开口于③层下，打破④层，陶片密集分布于④层中；F4 开口于④层下，打破⑤层，陶片成堆分布于⑤层中。从遗迹现象上可大致辨识出陶片有成堆分布的规律。出土陶器以夹砂灰陶为大宗，部分印纹硬陶、夹砂黄褐陶，少量泥质灰陶。夹砂陶器的器类以罐、釜、杯等为主，器表多饰绳纹；印纹硬陶则以罐、尊、豆、杯为主，纹饰以云雷纹、几何三角刻划纹较为常见。石器则有石锛、凹石相伴出，还在 F1、F2 中各发现 1 件中间带穿孔的陶支脚。以上发现均与榕山遗址地理位置相邻的东花丘遗址、龟山遗址的文化面貌相似。因此，根据堆积层位、陶器群特征，可知这 4 组房址的主体使用、废弃的相对年代为东花丘—黄土仑文化时期。

榕山遗址是平潭岛壳丘头遗址聚落群的重要组成部分。2021 年揭露的 4 组房址为研究新石器时代晚期到青铜时代平潭岛早期人群居址形态、生活方式等提供了重要的实证资料，也为平潭岛大遗址保护规划与展示提供了宝贵的素材。

（张闻捷）

【浦城县马道坪商周时期遗址】

发掘时间：2021 年

工作单位：厦门大学历史系

马道坪遗址为 1987 年第二次全国文物普查时发现，位于浦城县仙阳镇殿基村后山，该山形状不规则，总体呈长条形，为一片漫岗，当地俗称“马道坪”。遗址南距闽江上游重要支流南浦溪约 500 米，中部地理坐标为北纬 28° 00′ 14.8″，东经 118° 32′ 10.3″，海拔 288 米。遗址现存范围南北长约 1000 米，东西宽约 500 米，岗顶相对高度约 30 米。厦门大学、南平市文物管理委员会办公室、浦城县博物馆联合分别于 2017 年、2018 年和 2021 年进行三次考古发掘。2021 年共发掘探方 17 个，实际发掘面积 400 平方米。

发掘区地层情况分为 4 层，第①层为现代耕土层，第②层为历史时期扰动层，第③层为商周时期文化层，第④层为新石器时代晚期文化层。发现商周时期灰坑 18 个，灰沟 6 条，房址 5 处，新石器时代晚期墓葬 3 座，另有明清时期墓葬 1 座，以及少量历史时期灰坑。出土石器有石斧、锛、镞、篦刀、网坠、砺石；陶器有夹砂陶、泥质陶、黑衣陶、印纹硬陶、原始青瓷等；纹饰多为席纹、方格纹、弦纹、条纹、篮纹、麻点纹和绳纹等；器形可见鼎、豆、釜、支脚、甗、簋、圈足盘、折服盆、纺轮、圆形陶片等，各类小件标本 300 余件。

其中 F3 和 G6，F5、H58、H66 和 G8 两组建筑遗迹是此次发掘的重要遗迹。F3 为③层下建筑，位于发掘区东部，南北长约 8.6 米，东西宽约 7.5 米，建筑在一块人工铺垫的台地上，柱洞大致呈南北 6 排、东西 5 列分布。G6 位于 F3 西侧偏北，为 F3 同期遗存。经发掘分析可以确定，修筑该组建筑之前，地表经过大面积垫平，垫土层在不同区域分布的包含物不尽相同，而 F5、H58、H66 和 G8 是垫土层下的一组建筑遗迹，该组遗迹位于F3 西南侧地势较低的区域，破坏比较严重，仅存南缘和东部少量柱洞，房址内部中间有一处小型灶坑，G8 为环绕房址东、南两侧的排水沟，两个灰坑位于房址南侧。两组遗迹都属于商周时期建筑遗存，相对年代 F3 组晚于 F5 组。

建筑遗存在福建较为罕见，此次发掘发现的建筑遗迹弥补了闽北地区青铜时代建筑遗存的不足，是闽北早期聚落考古研究的珍贵资料。发现大量的麻点纹夹砂灰陶，特别是一件麻点纹陶鼎，是闽北地区此类器型极少见的可复原资料，对进一步讨论麻点纹陶器的起源和流布具有重要意义。

（刘　翀）

【福建圣杯屿元代沉船遗址水下考古调查】

调查时间：2021 年 6 ～ 7 月

工作单位：国家文物局考古研究中心、福建省考古研究院、漳州市文物保护中心

福建圣杯屿元代沉船遗址发现于 2014 年，2021 年国家文物局考古研究中心会同福建省考古研究院、漳州市文物保护中心，结合 2021 年度全国水下考古专业人员进阶培训实习工作对沉船遗址进行了第三次调查，并对遗址中心区域进行了试掘。

圣杯屿沉船遗址位于福建省漳州市漳浦县古雷半岛东侧的圣杯屿海域，遗址海域高平潮水深 30 米左右，海床表面散落大量瓷器，面积范围超过 300 平方米，船体所在中心区域瓷器较为集中，面积约为 50 平方米。木质船体残骸大部分掩埋于泥沙之中，部分突出海床 10 厘米左右，船体艏西北艉东南，约 310°，残长 13.07 米，残宽 3.7 米，残存至少 6 道隔舱板，主桅座和舭龙骨遭到不同程度的损坏。

此次调查结合水下考古进阶培训实习，对船体中部的南一号舱进行了试掘，试掘面积 8 平方米，架设了两个 2×2 米的水下探方。水下考古发掘显示，遗址第一层为沙石混合层，包含有扰动过的残损瓷器和完整器，器物有碗、盘等。第二层为灰色细泥层，这一层有成捆的瓷器堆积，每捆瓷器由竹片包裹保护，这层为原生堆积，其下即为木质船底板。大部分成捆青瓷碗的方向与船体一致，个别成捆瓷器为了填补舱内空间，与其他货物垂直交叉摆放，这样能充分利用空间装载

更多货物，并防止瓷器在船舱中晃动。

出水文物共600多件套，主要为元代晚期龙泉窑青瓷器，器形以碗为主，另有盘、盏、洗、高足杯和香炉等。圣杯屿沉船瓷器大部分制作不够规整，存在不同程度的变形情况，胎质粗糙不够细密，胎色灰暗；釉层的平整度和透明度稍显不足，呈灰绿、灰黄、灰白色，只少数器物釉面较为光亮；装饰采用模印、刻划技法，图案有双鱼、团花、水波、卷草、莲花、折枝花卉等。碗类器物大多在内壁刻划弦纹，中间刻划卷草纹和水波纹，口沿外侧刻划变体回纹。

圣杯屿沉船遗址虽遭到多次盗捞，但仍保留了相当多的原始信息，对研究陶瓷史、造船史、海洋贸易史等都十分重要。福建的宋元沉船遗址十余处，分布于福州、平潭、莆田、漳州沿海各处，其中平潭大练岛沉船、福清东壁岛沉船、漳州圣杯屿沉船都是专门运载元代龙泉窑青瓷的贸易船只，说明宋元时期福建是我国海洋贸易的重要区域，也证明了龙泉窑青瓷是元代最为畅销的外销瓷品种。

（陈　浩）

江 西 省

【宜黄县锅底山遗址】

发掘时间：2021 年 7 月 ~ 2022 年 1 月

工作单位：江西省文物考古研究院、宜黄县文物管理所

宜黄锅底山遗址位于抚州市宜黄县棠阴镇解放村村太坪上组东约 150 米，西距 316 省道约 300 米，西南距紫云古寺约 400 米，宜水河在其西南约 650 米的地方流经。2021 年在继续清理 2020 年面积 400 平方米发掘区的同时，又在中心台地西北部新布 5×5 米探方 13 个，发掘面积 325 平方米，同时对遗址周边进行了考古勘探。

通过发掘，2021 年清理出商周时期至新石器晚期众多遗迹，主要有房址 9 座（编号为 F9 ~ F18）、堆烧堆积 6 处（编号为堆烧堆积 1 ~ 堆烧堆积 6）、陶土堆积 2 处、灰坑 11 个（编号为 H85 ~ H95），蓄水池 1 个。

其中房址主要分布在发掘区的东南部，其中 F15 ~ F18 都开口⑩层下，自西向东有规律地分布。在发掘区南部及西北部的堆烧堆积周围也有少量房址分布，编号依次为 F14、F19 ~ F22。该时期房址的平面形状呈椭圆形、方形、圆形等，都以一层土质致密且坚硬的黄土作为房基垫层，较多房址内部有一层较薄的居住面，在房址周围有一周数量不等的柱洞，在个别房址外围残存少量木骨泥墙，初步判断为同一时期所建。堆烧遗迹主要分布在发掘区的北部及南部，且为多次叠压堆烧。此次发掘共发现 5 处新石器晚期的堆烧遗迹，这些堆烧堆积多为一次性堆烧遗迹，平面呈不规则长方形或近椭圆形，开口于⑩层以下，年代为新石器晚期，在其红烧土中夹杂较多陶片，出土陶片未经过烧制，应为陶坯，且在红烧土堆积下有较为明显的火烧土烧结面和碳面。蓄水池呈东西走向，开口于⑧层下，打破⑨层。G1 呈长条形，长 10.5 米，宽 1.07 ~ 3.2 米，最深处约为 0.61 米，东部较窄，西部较宽，两端均较浅，中间深，壁略斜，近平底。沟壁未见加工痕迹，沟底有一层很薄的淤泥，在西部和中北部有两个灰色的活动面。沟内堆积红褐色土，土质较硬，含较多红烧土颗粒和石头。灰坑主要分布在发掘区的北部及西南部，平面形状有圆形、椭圆形和不规则形等。其中在发掘区北部发现的三个灰坑内均为红烧土块和少量的烧土块，坑内包含物较少，堆积较厚。

通过对遗址周边进行考古勘探，确定在遗址的东、南、西三面都保存有早期遗存，且南面保存较好，并确定了遗址壕沟的进出水口位置。

在遗址南部区域出土文化遗物较为丰富，按照质地可分为石器、陶器、原始瓷、玉器四大类，其中石器占大宗，其次为陶器，原始瓷和玉器较少。商周时期文化层出土陶器的陶质主要为泥质灰陶和泥质红陶，少量泥质黄陶，个别泥质黑陶，纹饰有绳纹、云雷纹、席纹、弦纹、方格纹、曲折纹等，可辨器形有三足盘、杯、钵、豆、罐（高领折肩罐较多）、鬶、盅、勺、纺轮（多为算珠状）、穿孔陶刀、陶拍、陶垫、网坠、器座等。出土石器有镞、穿孔石刀、锛、石芯、球、斧、

矛及砺石。这一时期出土玉器较少，有玉璜、玉镞、玉管。夏至早商文化层出土陶器的陶质主要为泥质灰陶和红陶、夹砂灰陶、夹砂红陶及夹砂灰白陶（夹细砂）等，纹饰有粗绳纹、弦纹、刻划纹等，可辨器形有圜底罐、鬶、钵、鼎、豆、纺轮（算珠状和鼓状皆有）、陶拍等。出土石器有石镞、石锛及砺石，另有少量玉器（玉簪和玉圭）。新石器晚期文化层出土陶器的陶质主要为夹砂灰陶、夹砂红陶、夹砂灰白陶等，纹饰多素面，少量粗绳纹、戳印纹及刻划纹等，可辨器形有鼎、豆、瓮、罐、纺轮（主要为鼓状）、网坠、陶垫、支烧具等，其中陶鼎主要为浅盘鼎，少量釜形鼎，鼎足有柱状足、扁状足、卷边足及“T”字形足。出土石器主要为石镞，少量石锛及砺石等。

2021年的发掘主要有如下收获：一是在锅底山环壕遗址南部区域新石器晚期的文化堆积中不仅发现了堆烧堆积、蓄水池、陶土堆放区及房址等遗迹，还发现了半成品陶器残片、陶拍、陶垫、支烧具等遗物，上述遗迹和遗物的出土充分证明了该区域与陶器的生产密切相关，根据如此集中的分布，判断这是该遗址的一处制陶作坊区域。二是锅底山环壕遗址位于抚河流域，它与赣江流域樊城堆文化面貌一致，是江西新石器晚期樊城堆文化的重要组成部分，它的发现与发掘为进一步探讨樊城堆文化的文化内涵、分布范围及发展脉络提供了重要的实物资料。

（严振洪　王上海）

【九江荞麦岭商代遗址】

发掘时间：2021年9月～2022年1月

工作单位：江西省文物考古研究院、柴桑区博物馆

荞麦岭遗址位于九江市柴桑区马回岭镇富民村荞麦岭村民小组所在丘陵，面积逾5000平方米。2013年第一次发掘，主要遗存属商代。

2021年江西省文物考古研究院对荞麦岭遗址再次进行了发掘，发掘面积100平方米。清理出商代灰沟2条、灰坑2处、陶器坑1处，此外还发现六朝墓葬1座。

商代灰沟宽约1米，出土大量碎陶片。两个灰坑分别被两条灰沟叠压。1号灰坑（H1）出土一件鬲，形制属商代早期。2号灰坑（H2）出土商代和龙山时代陶片。陶器坑呈椭圆形，长径约1.2米，短径约0.7米，深不到0.2米，坑内出土大口尊、鬲、盆等器物残片。六朝墓葬为小型竖穴土坑墓，出土棺钉5枚、青瓷器3件、铁刀1件，均较完整。

工作表明，发掘区内的主体文化应属商代早、中期。陶片包括夹砂红陶、夹砂灰陶、泥质灰陶、泥质红陶、硬陶，纹饰见有绳纹、弦纹、云雷纹等，具有较浓厚的二里岗文化特征，兼有一些本地文化因素。

2021年还围绕该遗址进行了大范围调查，勘探面积130000平方米，新发现与荞麦岭商代遗址年代相近的遗址两处，调查仍在进行中。

（常淑敏　饶华松）

【樟树国字山战国墓葬】

发掘时间：2021年

工作单位：江西省文物考古研究院、中国社会科学院考古研究所、樟树市博物馆

国字山墓葬位于樟树市大桥街道彭泽村洪光塘西南，筑卫城城址西侧约300米处的小山顶部。筑卫城是清江盆地东周时期的中心性城址。城址周边发现大量同时期的城址、遗址、墓葬等，构成了以筑卫城为核心的聚落群。

自2017年起，国字山联合考古队对墓葬及周边地区开展了持续的考古发掘和研究工作。国字山墓葬外围有东西长约80米、南北宽约63米的近长方形围沟环绕。墓葬是东

西向“中”字形竖穴土坑墓。东西两侧有斜坡状墓道。主墓道向东，东西长 8 米、南北宽 3.3 ~ 5.6 米；西墓道东西长 6 米、南北宽 3 ~ 3.5 米。墓室东西长约 16 米，南北宽约 14.4 米，面积约 230 平方米。墓壁竖直，深约 6 米。南壁正中二层台偏上的位置有一壁龛，内放置有陶鬲、鼎、豆、罐等。椁室东西长约 13.5 米，南北宽约 11.4 米，高约 2 米。椁室由下方的垫木、底板，周边的侧板、内部的立柱和上方的盖板组成，椁室各部位均使用楠木。椁室四周有多层用杉木削制的金黄色木皮。椁室内被隔断和立柱等分隔为 25 个分室。椁室内放置有 7 具棺木，其中主棺位于椁室中部，为船形独木棺，长 3.66 米，宽 1.22 米。

墓葬虽经早期盗扰，破坏严重，但仍出土有 2600 余件（套）器物。从器类看，囊括了礼器、乐器、兵器、车马器、日常用具等多种品类。礼器有铜鼎、盉、盘、匜等。乐器包括钟、鼓、琴、瑟、筝，以及编钟架、底座等。兵器有戈、戟、剑、镞、漆木盾等。车马器有车軎、伞盖、衡末饰和铜泡等。日常用品包括镇、削刀、凿、帐钩等。陶瓷器包括多件印纹硬陶和原始瓷器等。墓内还出有 1 件以往多见于长江下游地区的青铜鸠杖的跽坐人形镦。此类器物以往只见于长江下游的吴越文化区。墓内出土的两件有铭铜戈（戟）经专家考证，铭文分别是“者殴自乍用戟”和“於戉台王旨殹之大子不（？）寿自乍元用矛”，器主分别为越王勾践的玄孙翳（公元前 410 ~前 375 年）和翳的一个儿子不（？）寿。

根据出土遗物等推断，墓葬时代在战国中期。国字山墓葬是迄今江西地区考古发现规模最大的东周时期墓葬，墓主推测是越国王室贵族。

国字山墓葬的发掘为构建和完善江西地区两周时期考古学文化序列谱系提供了关键性资料，为筑卫城城址的最终定性及探讨清江盆地两周时期聚落布局和社会结构打下了坚实的基础。墓葬具有突出的越文化因素，是越国与越文化考古的新突破，对于研究越国历史有着重要的学术意义。同时墓葬还有相当数量的楚文化因素和群舒文化因素，体现出多种文化因素交融共存的特征，反映该区域内东周时期的文化及族群的交流状况。墓葬的发掘对于研究作为“吴头楚尾”的江西地区东周时期的吴越楚关系、政治格局演变等均具有重要学术价值。

（王意乐　唐锦琼）

【安福县起凤山汉代墓葬】

发掘时间：2021 年 3 ~ 12 月

工作单位：江西省文物考古研究院、安福县博物馆

为配合安福县城北西片区路网工程建设，江西省文物考古研究院对起凤山 M1 周边的数座墓葬进行了抢救性考古发掘。此次发掘共清理墓葬 10 座，其中汉代墓葬 4 座，明清墓葬 6 座。

4 座汉墓中，M17 规模较大，为“甲”字形竖穴土坑木椁墓。墓葬本体破坏较为严重，封土已不存，墓坑东北部及南部被破坏，根据残留部分推测可能为阶梯式墓道。墓坑长 9.1、宽 6.6、深 5.2 米。棺椁已朽烂不存，残留有部分椁板痕迹，椁室四周使用木炭和填土分层填充。墓葬被盗扰严重，随葬品几乎被洗劫一空，仅剩铜镜、玉塞、玉片及器足各 1 件，另有较多散乱的金箔出土。从墓葬形制及出土铜镜来看，时代与 M1 接近，应为西汉末期。

其余 3 座汉墓均为竖穴土坑墓，除 M7 因东墓壁被破坏形制不清楚外，另外 2 座墓葬均带有 1 条墓道，所有墓葬底部都有两条与墓葬同向的枕木沟。出土器物主要为陶罐、陶壶、陶盆等各类陶器以及铜镜、铁剑、环

首刀等。M7 还出土了一对琉璃耳珰。

明清墓葬 6 座，皆为竖穴土坑墓，出土器物较少，主要为陶罐和魂瓶等。墓葬排列有序，应为家族墓地。

虽部分盗扰严重，但此次发掘仍出土了一批珍贵文物，获得了安福地区汉代、明清墓葬的新资料，对研究安福地区历史时期丧葬习俗的演变具有一定意义。

（李荣华　徐宏杰）

【景德镇御窑厂遗址】

发掘时间：2021 年 5 月 ~ 2022 年 1 月

工作单位：江西省文物考古研究院、景德镇市陶瓷考古研究所

御窑厂遗址位于景德镇市老城区中心，西距昌江约 300 米，地处珠山大道以北，斗富弄以南，东与中华北路相连，西为东司岭、毕家弄。御窑厂是明清两个朝代皇家御用瓷器的烧造地。厂区整体坐北朝南，大致呈南宽北窄的梯形分布，周长约 1145 米，总面积约为 54000 平方米。

自 1973 年起，御窑厂遗址虽经十几次抢救性考古发掘与 6 次主动性考古发掘，但一直对御窑厂的西界不甚清楚。2020 年，由于陶阳里历史文化街区改造工程的需要，景德镇市陶文旅集团对龙珠阁西边、现御窑厂遗址考古公园西围墙外的大片区域进行了拆迁。尤其是御窑厂遗址公园西围墙以西、黄老大窑以东、彭家上弄以南、毕家上弄以北的原景德镇市铁路局宿舍基址，面积有 600 多平方米。这片区域紧邻现在御窑厂遗址公园的西围墙，呈南北一线分布，很有可能找到御窑厂西围墙的遗迹。因此，报请国家文物局批准，江西省文物考古研究院、景德镇市陶瓷考古研究所汇同中国社会科学院、故宫博物院、北京大学等单位组成联合考古队，再一次对御窑厂遗址进行主动性考古发掘。

通过发掘，发现这里的地层堆积可以分为 11 层：第①层是解放后原铁路局宿舍的房屋遗迹；第②层是民国时期江西瓷业公司的建筑与窑炉、作坊遗迹；第③层是清晚期御窑厂的制瓷作坊遗迹；第④层是清中期御窑厂的制瓷作坊与烧造窑炉遗迹；第⑤层是清早期御窑厂的制瓷作坊与烧造窑炉遗迹；第⑥层是明末御器厂制瓷作坊与烧造窑炉遗迹；第⑦层是明晚期御器厂制瓷作坊与烧造窑炉遗迹；第⑧层是明代空白期时期的窑业垃圾堆积；第⑨层是明代早期的御器厂西围墙与烧造窑炉遗迹；第⑩层是元代制瓷作坊与窑业垃圾堆积；第⑪层是南宋青白瓷窑业堆积。也就是说，明清御窑厂遗址最早的制瓷历史可以追溯到南宋时期。

这次考古揭露的遗迹非常丰富，不但遗迹多，种类也多，有围墙、沿墙巷道、窑炉、成型作坊间、储泥间、澄泥池、料缸、晒架塘、辘轳坑、排水沟、官窑瓷器掩埋坑、灰坑等，共计八十余个。按空间可分为御窑厂内官窑遗存和御窑厂外围的民窑遗存两部分。

御窑厂内的遗迹以西围墙北段最为重要，编号为 Q1。南北横贯发掘区长达 42 米。根据墙体和叠压的地层堆积内出土器物特征分析，推断该处围墙的始建年代不早于明代永乐时期。同时，围墙的南段被清代晚期窑炉等遗迹短期内破坏、占用，后经修补一直沿用至清朝末年。

御窑厂西围墙北段的外围是民窑区，揭露的遗迹现象基本涵盖了窑业生产活动的主要环节，其中最为重要的遗迹是 3 座马蹄形、3 座葫芦形、5 座蛋形窑炉遗迹，涵盖了从明代中期至民国时期景德镇所有的窑炉形制。总之，这批紧靠御窑厂西围墙的窑炉遗迹，其数量、密度及时代序列的完整性均为景德镇乃至全国的窑址考古发掘之首。

出土遗物的时代跨度长、种类多样、内涵丰富。按用途可分为日用瓷器、匣钵等窑工具、生产工具和建筑构件。南宋地层出土

的瓷器仅见有青白釉碗、盘、盏等圆形器。元代的地层因发掘面积所限，出土瓷器标本较少，釉色以青灰釉为主，另有少量卵白釉和青花瓷器。明代地层出土的标本按属性分为官窑和民窑两类。官窑产品数量和种类较少，釉色有甜白釉、釉里红、红釉、黄釉数种。民窑瓷器是所出土标本的大宗产品，几乎涵盖了常见的釉色、器类和组合形式。其中青花瓷器占较大比例且装饰纹样的程式化明显，而白釉、祭蓝釉、仿龙泉釉、黄釉、青釉等产品则在各历史时期的文化遗存中零星出现。清代和民国时期的标本数量繁多，但釉色和器类相较明代减少并表现为单一化，除了青花和白釉瓷器大量出现外，其他釉色的产品较少发现，器类也仅为常见的碗、盘、杯、壶、瓶等。

此次发掘区域是明清官窑机构和外围民窑生产场所的结合地带，揭露的文化遗存信息对研究镇区窑业的肇始、发展，官窑机构的设立，官、民窑互动的时空变化，窑炉形制的演变等均具有重要的考古学价值。通过此次发掘，基本廓清了御窑厂遗址北围墙的边界及西围墙的走向和分布范围。同时，发掘区内不同年代的窑业遗存和建筑基址间相互叠压、打破的关系，厘清了御窑厂西围墙北段的始建和改、扩建状况，佐证了官窑机构的设置年代和消亡状况，对研究官、民窑在不同阶段的互动关系及运营模式也具有重要意义。

（肖发标　韦有明）

山东省

【沂水跋山旧石器时代遗址】

发掘时间：2021 年 4 ～ 6 月

工作单位：山东省文物考古研究院、沂水县文化和旅游局

跋山遗址发现于 2020 年 7 月，2021 年对其进行第一阶段考古发掘，出土文化遗物包括石制品、动物化石及一定数量的骨制品。初步测年数据为距今 10 万 ~ 6 万年，属于旧石器时代中期。

发掘出土、采集石制品及动物化石 5000 余件。石制品类型包括锤击、砸击石核、盘状石核及对应石片。工具可见石球、刮削器、砍砸器、尖状器、石钻及锯齿形器等。石料多为脉石英，产自 2 千米处西跋山基岩条带内。

2021 年发掘遗址面积约 55 平方米，分为南、北两个区域，二者现地表高差约 3.5 米。整个地层堆积厚逾 8 米，自上而下划分为 14 个层位。北区包括文化层的上部堆积，主要是第①～⑤层，堆积厚度 4.08 米，出石制品，暂未见动物化石。南区剖面可见第⑤～⑧层，其中第⑧层见古菱齿象臼齿及门齿，披毛犀下颌骨及大量石制品。

2021 年清理至北区④层中部及南区⑧层底部，第⑨～⑭层堆积情况依据开掘 4 条探沟，基本判明叠压关系及形成环境。探沟 2 可见⑩～⑫层为以粉砂为主的细小堆积物沉积，⑬层为角砾层，含丰富文化遗物，包括石制品和大型哺乳动物化石，其下为底砾层，未见底。

目前，下部未经发掘的 6 个文化层，据据 4 条探沟所见情况来看，文化堆积更为厚重，文化遗物也更丰富。其中探沟 3 南邻区域揭露出古菱齿象下颌及股骨化石，周边散落大量石制品及牛、鹿等动物化石。探沟 2 清理出一件用古菱齿象门齿修制而成的大型铲形器，器型规整、罕见，通过铀系法及光释光两种测年方法进行测定，牙铲及同层土样的年代数据分别为距今 9.9 万年和 10.4 万年。

跋山遗址的发现填补了山东及中国北方地区旧石器时代考古的空白，是目前山东省发现的文化内涵最为丰富的旧石器时代中期遗存。遗址地层堆积厚重，文化时代跨度较大，说明遗址被反复利用和长时间占有。出土石制品及动物化石丰富多样，且含有动物骨、角、牙等制作的骨制品。文化堆积很可能存在多个古人类活动面，存在用火和肢解动物的人类行为。尤其是以古菱齿象骨骼为主的动物化石与大量石器间杂分布，为复原、研究晚更新世中晚期古人类对遗址的利用情况及生计方式提供了极为重要的考古学材料。

同时，跋山遗址初步测年数据为 6 万～10 万年，所处文化时段尤为关键，在建立中国北方乃至东亚地区旧石器文化发展序列等方面具有巨大研究潜力。对回答晚更新世中晚期山东地区的自然环境变化，末次冰期东亚现代人起源、迁徙等国际热点问题具有重要的学术价值。对跋山遗址的后续发掘及研究工作将会逐步、系统开展。

（李 罡 刘 禄 孙 波）

【菏泽市孙大园堌堆遗址】

发掘时间：2020 年 9 月 ~ 2021 年 6 月

工作单位：山东省文物考古研究院

孙大园堌堆位于菏泽市高新区吕陵镇，原孙大园村西南约 200 米处。经勘探，遗址总面积约 1.2 万平方米，文化层厚 6 ~ 7 米。此次发掘面积共计 2500 平方米，清理汉墓 207 座，东周墓葬 12 座、灰坑 313 个、水井 10 座，房址 18 座、沟 9 条及三个时期的环壕。

发掘发现了多个时期的遗迹遗物，汉代主要发现为二百余座汉墓，均为平民墓葬，但显示出较高的社会财富水平。东周时期的堌堆最初作为居址使用，至战国中期，逐渐作为墓地使用。商代遗存发现较少，属于安丘堌堆类型。龙山文化遗存较丰富，显示出多种文化因素的交流融合。发现了北辛文化晚期大汶口文化早期遗存，主要有房址、沟、灰坑，主要出土器物有红顶钵、小口双耳壶、釜、鼎等。

最重要的发现是东周、商代、北辛文化晚期大汶口文化早期阶段三个时期的环壕。东周及商代环壕平面为圆形，东周环壕稍小，围成的面积 2000 ~ 2300 平方米。东周环壕宽 7 ~ 14 米；商代壕宽 8 ~ 12 米，深 1.2 ~ 1.6 米，边缘陡，沟内堆积平缓。北辛晚期大汶口早期的壕沟位于遗址中部，仅发现东西向的一段，剖面呈“V”字形，宽 2 ~ 2.5，深 1.9 米。这种形制的沟状遗迹与汶上贾柏、沂南里宏的北辛文化时期环壕非常相似，应该是当时较为流行的环壕构筑形式。

堌堆是一类特殊的遗址类型，其文化堆积厚、延续时间长，说明在很长一个时期中是人类生存、发展、利用的重要资源。通过此次发掘，基本厘清了孙大园堌堆遗址聚落形态的历史演变进程，其中发现的北辛晚期大汶口早期阶段壕沟、商代环壕、东周环壕，对于研究堌堆聚落人类居住方式具有重要价值；清理出的较多汉代与东周墓葬，为研究鲁西南地区墓葬提供了实物资料；遗址的北辛文化遗存丰富，在鲁西南地区较为少见；发掘注重多学科研究，提取了大量古环境样品，为研究堌堆遗址形成机制提供了重要材料。

（孙启锐　饶宗岳　高明奎）

【章丘焦家新石器时代遗址】

发掘时间：2021 年

工作单位：山东大学考古学与博物馆学系、章丘区城子崖遗址博物馆

焦家遗址地处泰沂山系北侧的山前平原地带，跨山东省济南市的章丘和历城两区。2021 年经国家文物局批准，结合“中华文明探源”和“考古中国”等项目的实施，联合考古队对焦家遗址进行了第 4 次考古发掘。在前期工作基础上，此次发掘有三个重点：一是继续大汶口文化南城门的发掘，究明其年代和结构情况，并对南门通道、南门两侧城墙进行解剖，细化对筑城方式、建造过程等问题的认识；二是继续对大汶口文化墓区和房址的发掘；三是针对 2020 年发现的一处大型人工堆筑土台，探讨其层位、范围、结构和时代等问题。

2021 年发掘采用探方法和探沟法，实际发掘面积 197 平方米。探方区位于 2020 年发掘区的南、北两区之间的位置，南北向共布设 5×5 米的探方 8 个，继续揭露大汶口文化墓区和居住区，并了解大汶口文化焦家城址的南城门及通道的路土状况。探沟区位于探方区以西 75 米处，东西向布设 2×4 米的探沟 1 条，以了解堆筑土台的西缘状况。

2021 年共发掘遗迹 93 个，包括房址 4 座、墓葬 15 座、陶窑 1 座、灰坑 72 座、灰沟 1 条。在大汶口文化、龙山文化、岳石文化、商代及汉代 5 个时期的文化遗存中，以大汶口文化遗存占大宗，有城墙、壕沟、南城门、道路、房址、墓葬和灰坑等遗迹。龙山文化和

岳石文化遗存均为灰坑，其中以岳石文化的较大型灰坑最具特色，新发现岳石文化层。商代遗存为首次发现，见有陶窑、灰沟及少量灰坑等遗迹，没有发现商代文化层，时代为晚商时期。

此次发掘对2020年揭露的南城门及两侧城墙做了重点解剖，进一步细化了对城墙结构和建筑方式的认识。城墙建造分为两期，第二期城墙是在第一期城墙的外侧及门道两侧进行补筑，内侧没有补筑行为。第一期城墙下挖有较浅的基槽。城墙的建筑方式为版筑夯打而成。版块从平面看略呈不规整的长方形，边缘并不平直，大小不一；从剖面看，一版大都有上下4个夯层。夯筑方法为集束棍夯，夯窝成组分布，每组由一个稍大的中间夯窝和7～8个稍小的周围夯窝组成。同时，在南城门位置的城内南北向通道处发现了保存较好的路土迹象。

人工堆筑土台位于大汶口文化南城墙和环壕以内位置，层位关系是土台叠压城墙，又被大汶口文化墓葬打破，残存厚度0.3～0.65米，从目前的迹象判断，土台和大汶口文化墓葬具有紧密关系，不排除该大汶口文化墓区是依托土台而建，目前土台的准确平面范围、堆积过程以及性质等问题仍在探讨中。

焦家遗址是鲁北地区古济水流域的一处具有政治、经济和文化意义的大汶口文化大型中心聚落。此次发掘中，大汶口文化南城门和人工堆筑土台的发现可算是工作亮点。另外，一批龙山文化中晚期和岳石文化灰坑，特别是岳石文化层的新发现，也进一步加深了对聚落变迁和格局等重要问题的认识。

（王　芬　唐仲明　边荣伟）

【广饶县傅家遗址】

发掘时间：2021年11月～2022年1月

工作单位：山东省文物考古研究院、东营市文化和旅游局

傅家遗址位于东营市广饶县广饶街道傅家村及其周围，遗址东距淄河约4千米，北距小清河约15千米，遗址面积约37万平方米，早年经过多次发掘。2021年为配合东营市广饶县潍高路以北傅家片区环境整治提升工程建设，对遗址东北部和北部进行发掘，布设5×10米探方3个，2×50米探沟1条，2×30米探沟1条，发掘面积约300平米，发掘墓葬59座，其中大汶口文化墓葬38座，金元墓葬11座、明代墓葬4座、清代墓葬6座。

大汶口文化墓葬：共计38座。墓葬形制多为长方形土坑竖穴，墓室小而无葬具，头向以东北者较多。葬俗以单人葬为主，存在大量仅存头骨或者仅下肢骨齐全而上肢骨缺失的现象。葬式绝大多数为仰身直肢葬，多数没有随葬品，有者数量也较少且残缺。

历史时期墓葬：共计21座。其中金元墓葬11座，有圆形砖室墓、舟形砖室墓两种墓葬形制，个别墓葬有二次葬和迁葬现象，随葬品有玉壶春瓶、瓷罐等。明代墓葬4座，均为砖室券顶合葬墓，长方形墓道，葬具为单棺，葬式为双人合葬墓。随葬品有瓷罐、瓷瓶、瓷碗、铜钱等。清代墓葬6座，墓葬形制有砖椁墓、竖穴土坑墓，随葬品较少，常见壁龛中有随葬黑瓷罐和黑瓷灯盏。

此次发掘获得出土器物258件，包括大汶口时期器物46件，以陶器为主，并有少量的蚌器和石器。傅家遗址出土大汶口文化陶器，陶质以泥质、夹砂红褐陶为主，另外有少量的灰陶及泥质黑陶。器形有鼓腹或折腹罐形鼎、单耳杯、壶、钵等。流行圈足、錾手或器耳，器表以素面为主，多施陶衣，此次发现彩陶的数量较少，见黑彩涡纹施于器物的肩部。器物有的加工粗糙，手制占有一定比例。历史时期墓葬出土随葬品较多，种类丰富，瓷器、铜器、料器、陶器等均有出土，总数有212件。

傅家遗址是鲁北地区大汶口文化重要遗址，对研究海岱地区文明的起源和发展具有重要意义。此次发掘的大汶口时期墓葬，为研究史前埋葬制度和社会形态提供了较重要的材料。对傅家遗址北部及东北部的解剖，表明傅家遗址周围有环绕一周宽 30 ~ 140 米的低洼地。一批历史时期的砖室墓、土坑墓，时代跨度大、持续时间长，包括金元、明清墓葬多座，为研究该地区不同时期的墓葬制度和墓葬习俗增添了新资料。

（昝金国　秦佑鹏）

【临淄槐行大汶口文化遗址】

发掘时间：2021 年 10 ~ 12 月

工作单位：山东省文物考古研究院、淄博市临淄区文物局、淄博市临淄区文物保护中心

槐行遗址位于淄博市临淄区辛店街道槐行村东南，南距乌河约 200 米，遗址面积约 4.5 万平方米。为配合董东管线（临淄段）项目建设进行考古发掘，发掘区域位于遗址的中部偏东位置。

此次发掘布 3×50 米探沟一条，后因遗迹现象进行扩方，实际发掘面积约 200 平方米。地层堆积相对简单，可分为 4 层，第①层耕土层，第②层晚期文化层，第③层、第④层为大汶口文化层，④层以下为生土层。

田野考古发掘遗迹单位 110 个，其中房址 2 座、墓葬 12 座、灰坑 95 个、晚期道路 1 条。出土各类遗物 90 余件，陶器 24 件，主要是鼎、杯、环、珠、纺轮为主；骨器 45 件，骨针、骨锥居多；石器 23 件，包括石磨棒、石斧、石杵、砺石等。此次发掘发现 2 座房址，形制基本相似，面积 10 ~ 15 平方米，门向东南，四周有基槽，基槽内有柱洞。墓葬发现 12 座，形制上多为土坑竖穴单人葬，合葬墓一座，时代属于大汶口早期墓葬。灰坑是此次发掘数量最多的遗迹现象，发现有 95 个，多为圆形、斜壁，坑内填土为较为疏松的灰褐色土，个别坑内有草木灰，包含陶罐残片、带乳突的鼎足、陶环和大量兽骨等。

根据地层堆积情况以及遗迹间的叠压打破关系，并结合出土遗物情况，该遗址应为大汶口文化早期遗址。槐行遗址的发现，有利于梳理该遗址与周边董褚、闫家等遗址的关系，为研究乌河沿岸史前文化遗存提供了资料。

槐行遗址毗邻乌河，属于河旁台地，房址四周有基槽、有柱洞，且有的柱洞深度超过 0.5 米。发掘区域内大量的灰坑，且在③层的大汶口文化地层和灰坑中出现较多的木骨泥墙残块，这都说明该区域聚落的存续时间较长。

槐行遗址墓葬多为单人葬，仅发掘一座合葬墓，而且还是同性合葬。合葬可能是氏族制下成员血缘纽带联系的一种反映，也为研究该时期的聚落结构、人群组合方式、社会发展阶段以及社会性质等问题提供了重要线索；墓葬中存在拔侧门齿、头骨下铺朱砂等现象，反映了鲁北地区大汶口时期的特色葬俗。

（昝金国　秦佑鹏）

【潍坊安丘小付岗龙山文化遗址】

发掘时间：2021 年 9 ~ 12 月

工作单位：山东省文物考古研究院

小付岗遗址位于潍坊安丘市景芝镇小付岗村南约 200 米，东距渠河约 1 千米，潍河约 3.5 千米。东北距峡山水库约 4 千米，西距浯河约 5 千米。现遗址地势较为平坦，均为河道多次泛滥冲积淤积而成。

为配合济青高速公路中线潍坊至青岛段建设，山东省文物考古研究院组织人员对其进行考古发掘，发掘面积 800 平方米。

遗址堆积比较简单，除局部区域分布有汉代文化层外，多数遗迹现象在垫土层和

耕土层下直接开口。遗迹现象以龙山文化为主，目前清理龙山文化灰坑170余个，房址4座，墓葬2座。灰坑类型大致可分两类，一类为大型坑状，平面形状不甚规则，底部不平，填土下层多为淤土，上层则填埋较多陶片、烧土、灰烬，可能曾作为取土坑或垃圾坑使用；另一类则较为规整，多为直壁或斜壁平底，或略显袋状，可能曾作为窖穴使用。房址为方形和圆形地面式建筑，另残存部分仅余柱础部分的柱洞。其中圆形房址F2保存较好，直径约5米，基槽深约0.3米，基槽外缘还有“壁柱”结构，经解剖基槽内填埋有直径8～12厘米的小柱子，活动面不甚明显，但活动面上摆放有石磨盘、罐两件器物。龙山文化墓葬发现2座，均为长方形土坑竖穴墓，头向东，其中M3内有一棺一椁，随葬器物多为小型明器，摆放于椁外南侧和西侧。出土龙山文化遗物可辨器形有鼎、罐、甗、鬶、瓮、器盖、壶、盆、杯、石斧、石锛、石镞、石刀、纺轮等，因土质关系，骨角器较少。

此外，清理战国、汉代灰坑近50个，水井5个，墓葬2座，瓮棺6个。

通过此次发掘可知，小付岗遗址应为龙山文化至汉代时期遗址，以龙山文化三期遗存为主，M3、M4或可晚至龙山文化四期。龙山文化遗存大致可分为三期，一期以F2和F3为代表，二期以H5、H72、H177等打破房址的遗迹为代表，三期以F1、M3等为代表。据发掘情况，灰坑围绕房址分布，墓葬位于房址附近，再次印证了龙山文化居葬不分的特点。窖穴式灰坑多分布于发掘区内中部、南部，取土坑式灰坑则多分布于发掘区北部和西部，推测发掘区应处于遗址东北部。据前期勘探情况，线路占压遗址近100米，据此推测小付岗遗址面积可能在1万平方米左右，小付岗遗址应为潍水流域一处典型的龙山文化小型聚落。遗址出土的龙山遗物有较为明显的地方特色，鼎、罐等器身多施多周弦纹，与诸城呈子（M32）、三里河（H120）、丹土、两城镇等遗址出土器物较为接近。

（梅圆圆）

【菏泽市青邱堌堆遗址】

发掘时间：2021年

工作单位：山东大学考古与博物馆学系

遗址位于菏泽市高新区马岭岗镇寺西范村东300米处，堌堆中心点坐标北纬35° 09′ 45.3″，东经115° 16′ 52.5″，总面积约4万平方米。2018年曾开展第一次主动性考古发掘，面积1000平方米。2021年，经国家文物局批准（考执字〔2021〕第52号），开展第二次主动性考古发掘工作，面积800平方米。

综合两次考古发掘，获得了一批龙山文化、岳石文化、商代、周代、汉代、唐宋、明清时期的文化遗存。主要遗迹包括灰坑735个（含窖穴和祭祀坑），房址73座，墓葬107座，此外还有灰沟、水井、窑址、农田、道路等。发掘材料代表了鲁西南大量堌堆遗址的一个切片，为苏鲁豫皖交界地区的考古学研究提供了重要资料。

发掘的主要收获如下。（一）龙山文化中晚期居址连续使用，陶器风格为岳石文化继承沿袭。发现龙山文化中晚期房址50余座。在同一房基上推倒重建的现象普遍，显示居住人群相对稳定。陶器盛行的方格纹、篮纹，以及夹细砂中口罐等器形在岳石文化中继续使用，代表了龙山文化向岳石文化的过渡在本地文化特征上有很强的延续性。（二）岳石文化遗存地层关系明确清晰，共出器物兼有浓厚的下七垣文化和二里头文化因素。遗迹主要包括房址和灰沟。房址未见明确的原址重建现象，推测延续使用时间不长。岳石文化房址与龙山文化房址之间可见深褐色的自然间歇层；岳石文化房址废弃堆积之上直接叠压着商前期地层。陶器共出较多下七垣文化的花边口沿绳纹罐、细绳纹鬲等。出土的爵与二里头文化早期爵的形制较为接近。（三）商代地层堆积急剧加速，多以大型动物为祭祀牺牲，或与水患有关。商代是堌堆地层快速堆积的时期。商前期，堌堆的东北和西南有成片低洼地。商后期，洼地被静水沉积物和垫土加高，厚度可达 3 ~ 4 米，其间多次使用牛、马、人进行祭祀，推测祭祀行为可能与水患有密切关系。（四）西周遗存甚少，东周出现高等级夯土台和贵族墓，堌堆利用方式改变。两周时期普通居住遗存较少。西周遗存罕见，东周以大型夯土台基瞩目，村民曾挖到出土青铜鼎及“郢爰”币的战国墓葬。自此，青邱堌堆遗址不再是一处单纯的基层聚落。（五）汉代成为墓地，堌堆成为以冤句故城为核心的聚落群的有机组成部分。汉代墓上常见夯筑的封土，导致堌堆北部边缘地势不断加高，遗址范围扩大。汉代小型墓地封土与墓内夯土的发现，解决了菏泽地区堌堆遗址剖面上大量夯土层的性质之谜。（六）唐宋至清代经历多次大规模黄河泛滥，堌堆四周被洪水沉积掩埋。唐宋与明清的地层之间，黄河泛滥淤积呈坡状，最厚处可达3.5米。明清时期，堌堆之上有寺庙建筑构件，遗址北侧发现大片农田，西侧也有砖窑和道路存在。

综合上述，两次发掘大致解剖了堌堆遗址的形成过程。在青邱堌堆遗址形成过程中，青邱堌堆与周围遗址的互动，尤其是汉代与冤句故城的兴起和发展关系密切。在生态环境不断改变的背景下，堌堆之间、平地聚落与堌堆之间的互动是积极频繁的，它们共同构建了该区的社会网络系统。

青邱堌堆遗址发现的龙山和岳石文化遗存为重新思考豫东鲁西地区龙山文化向岳石文化的过渡，岳石文化与下七垣文化、二里头文化之间的关系，夷、夏、商在文化面貌上的碰撞与交流等问题提供了一批重要的新资料，也引发了有关夏文化研究的更多新问题。

（陈雪香　高继习　李　力　赵永生）

【曲阜西陈商周遗址】

发掘时间：2021 年 3 ~ 10 月

工作单位：山东省文物考古研究院

世界铭筑发现的商周遗存位于曲阜市南，小雪街道西陈村村西，北据鲁国故城遗址 6.8 千米，与 2019 年所发掘的西陈遗址当属同一个遗址。西陈遗址自 2019 年起开始发掘，发现了大量的中商至西周早期的窖穴、房址、祭祀坑等遗迹，聚落规划十分清晰。

2021 年实际布方面积 3800 平方米，共发掘清理晚商至西周早期灰坑及窖穴 498 个，沟 11 条，房址 8 座，殉祭类相关遗迹 4 处。

整体来看，2021 年发掘区北部为房址区、南部为公共窖穴仓储区，而在发掘西区的中部有一处由窑址及周围相关附属设施形成的窑址手工业活动区，窑址等南部又有一处集中倾倒生产生活垃圾所形成的大片灰土与灰沟区域；窑址西部的窖穴区，在进入西周早期后被大量零碎的层状或坑状垫土破坏，形成了一片垫土区域，垫土上部已被晚期活动所彻底破坏。

2021 年在清理窖穴类遗迹过程中，采用了小剖面解剖、逐层控制逐层清理的精细化发掘方法，并配合进行大量细致的采样工作。清理发现，这些窖穴的营建往往规整讲究，底面多见有专门处理的黄黏土垫土或烘烤面，以及大量的小型柱洞，可能表明这些窖穴上部原本曾有一些支护及遮蔽结构，有的窖穴还带有踏步、脚窝等设施；窖穴内部基本无显著的炭化痕迹，结合周边水塘分布情况来看，推测窖穴区应当有着较高水平的消防管理。根据植硅体方面的初步观察分析，部分窖穴的底部应当存在铺垫芦苇秸秆的情况。

2021 年的发掘工作成果对于进一步认识西陈遗址的布局、性质具有重要意义。从聚落布局上看，是往年所发掘的遗址核心区的向东延伸，总体上遵循了聚落整体的布局规律，又有着该区域自身的特殊之处。从功能性质方面看，西陈遗址拥有数量巨大的大型窖穴，似乎具备着较强的仓储能力。然而其自身的经济产出能力单一而又薄弱，仓储能力远远超过了经济产出的能力，这种强烈的反差与矛盾是西陈遗址区别于同时期其他遗址最为显著的特征。放在商周之际社会变动的大时代下，这些信息为探索其出现的社会背景提供了重要线索。

（韩　辉　徐　深）

【潍坊市峡山区城子村商周遗址】

发掘时间：2021 年 8 月 ~ 2022 年 1 月

工作单位：山东省文物考古研究院

城子村遗址位于潍坊市峡山区城子村西北约 700 米，潍河东岸，距潍河约 300 米。遗址东西长约 80 米，南北长约 120 米，总面积约 1 万平方米。2021 年 8 月至 2022 年 1 月，为配合济青高速中线建设，山东省文物考古研究院对线路占压遗址部分进行发掘，发掘总面积 2000 平方米。

遗址的主要时代可分为龙山文化、商末周初、汉代、宋金几个时段。宋金时期仅发现墓葬 1 座，汉代遗存主要为 12 座儿童瓮棺葬。主要文化内涵为龙山文化早期阶段及商末周初遗存，以商末周初遗存最为丰富。

龙山文化遗存以灰坑为主，以圆形为绝大多数，一般为筒状或袋状，形制规整。发现房址 1 处，平面圆角方形，仅存基槽及若干柱洞；墓葬 1 座，为单人仰身直肢葬，未发现随葬品。出土器形主要有鼎、平底盆、甗、杯、鬶、罐等，鼎足多为铲形带附加堆纹，鬶把手为绞丝状，其所处时段为龙山文化早期阶段二、三期。

商末周初遗存以灰坑为主，遗物较为丰富，可分为三类不同文化因素的遗存：甲类，以红褐夹砂褐陶及红褐陶为绝对多数，陶胎较厚，火候较低，有的以云母为掺合料，绝大多数为素面。器形有鬲、甗、圈足盆、圈足罐、豆、簋，为夷人文化遗存；乙类遗存以泥质或夹砂灰陶为绝大多数，质地坚硬，绳纹为主；器形有鬲、簋、罐、盆等，周文化因素夹杂少量商文化因素。丙类遗存为甲类与乙类遗存各占一部分，为夷人文化因素、商文化因素及周文化因素共存的状态。

另外还发现遗址外围存在壕沟，时代为商末周初。壕沟东段较窄，宽约 2.5 米，深 1.8 米。环绕至遗址南部，壕沟渐宽，至西段呈内高外低的坡状，可能与潍河地形有关。

城子村西北遗址的发掘发现了一批新的实物资料，尤其是商末周初的遗存，对于探讨夷人文化与商文化、周文化的关系具有重要意义。

（孙启锐　吕　凯）

【济南市长清区老徐家洼周代遗址】

发掘时间：2021 年 3 ~ 7 月

工作单位：山东省文物考古研究院

老徐家洼遗址位于济南市长清区文昌街道办事处老徐家洼村正北约 170 米处，为在建郑济高铁线路占压区域前期勘探时新发现。为做好工程建设区域的文物保护工作，山东省文物考古研究院对遗址开展配合性发掘，累计发掘面积 2500 平方米，清理各类遗迹 360 余座，出土各类器物 200 余件。

经勘探和现场调查，该遗址分为东、西两部分。西部遗址区平面近圆形，东西约 120 米，南北约 140 米，总面积约为 12000 平方米，共清理灰坑、房址、灶等各类遗迹百余座，出土器物有陶鬲、簋、罐、盆，石斧、刀、凿、镰，骨笄、锥等，时代多为西周早中期。房址均为半地穴式，平面多呈椭圆形或圆角长方形，近底部在生土壁上掏建灶或火塘，部分房址底部见有柱洞和储藏坑。少量祭祀坑分散分布，内有完整牛、羊、猪等动物骨架。另见有一座坑内放置完整人骨架，俯身屈肢，双手反缚。另有十余座春秋晚期墓葬，墓主头向东或西，仰身直肢。随葬品多陶器，放置在头侧二层台或头龛内，主要器形有鬲、盂、豆、罐等。

东部遗址区位于西部区域东侧约 50 米，平面略呈不规则椭圆形，东西最宽约 360 米，南北最长约 400 米，总面积约 11 万平方米。共清理灰坑、水井、墓葬等遗迹 200 余个。灰坑较多，规整者多为圆形，部分不规则形。值得一提的是西北部两排探方内集中分布数个较大型圆形灰坑，直径 4 ~ 5 米，直壁规整，可能为公共性窖穴。墓葬集中于最南侧四排探方内，时代多为战国中晚期。其中儿童墓 8 座，除一座为砖椁结构，时代为汉代外，其余均为长方形土坑竖穴，仅 1 座有陶釜残片覆盖，其余无葬具。头向北，仰身直肢。均无随葬品。成人葬 5 座，3 座头向北，其余向东，可辨者均仰身直肢。多有一棺，部分一棺一椁。4 座有随葬品，其中 3 座仅为铜镞、铁剑和陶盂。另一座 M16 壁龛内见陶鼎 1、盖豆 2、高柄豆 4、壶 2、盘 1、匜 1、舟 1 件，另在椁壁内侧见有陶璜、环和铜环等坠饰。

该遗址保存较好、遗迹丰富，时代跨度两周大部分时期，对其发掘有助于深化鲁西北地区两周时期社会状况和齐鲁文化形成等方面研究，为探讨该区域文化面貌和基层社会结构变化提供了重要实物资料。

（王　龙　刘　禄　张　溯）

【乳山东王家珍珠门文化遗址】

发掘时间：2021 年 6 ~ 7 月

工作单位：山东省文物考古研究院、乳山市文化和旅游局

乳山东王家遗址位于威海市乳山市徐家镇东王家庄村东北 1150 米。遗址平面略呈不规则椭圆形，南北长约 40 米，东西宽约 54 米，总面积约 1600 平方米。东王家遗址是 2020 年莱西至荣成高速铁路勘探新发现的遗址，2021 年 5 月报请国家文物局进行田野考古发掘，发掘面积 300 平方米。

遗址内地层堆积较为简单，发掘区东部、南部普遍只有一层，发掘区北部地层堆积较厚，共三层。主要遗迹为沟，编号 G02。G02 开口在③层下，从发掘区北部中间到发掘区东南区域，总长度约 30 米，其中部被破坏，仅存西部约 12 米，东部约 5 米。共十二层堆积。其中 G02 ① ~ ③层为晚期文化层，包含物多为晚期陶片，地层的堆积大致呈水平状。G02 ④ ~ ⑫层为早期文化层，包含物多为早期陶片，其形状为锅底状堆积，根据其土质土色为沙土—黏土—沙土的分布规律，发现堆积形成过程为水流冲积—沉积—冲击交替。沟的底部也因水流自然冲击而形成“U”形生土。

出土遗物以陶器为主、少量磨制石器。陶器以夹砂红陶为主，少量夹砂灰陶。多为残片，完整器较少。根据可修复陶器及部分口沿、器底、残腹片等残片判断器形主要有鬲、鼎、罐、簋、碗、盖等。少量磨制石器，见有石钺等。出土遗物基本为珍珠门文化的南黄庄类型。根据遗迹平面性质和探孔堆积形态初步判断东王家遗址的沟状堆积可能为南黄庄类型的壕沟。

（孙倩倩）

【济南市董庄村东周遗址】

发掘时间：2021 年 3 ~ 8 月

工作单位：山东省文物考古研究院

董庄村遗址位于济南市市中区陡沟街道董庄村正南约 30 米处，是新建郑济高铁前期勘探时新发现的一处遗址。遗址西临玉符河，所处地势较为平坦，南北长约 220 米，东西宽约 100 米，总面积约 22000 平方米。

为做好工程建设区域的文物保护工作，

并配合曲阜师范大学本科生田野考古实习，山东省文物考古研究院对遗址被占压区域进行考古发掘，发掘区位于遗址南部，分为东、西两区，中间相隔约 30 米，发掘面积共 1876 平方米。

发掘区内地层共分 4 层，其中一、二层为耕土层、清代地层，三、四层为东周地层。西周遗存仅发现 1 件陶鬲，盘口、瘪裆，粗绳纹，夹砂灰褐陶，属于西周早期，发掘区域未找到遗迹单位。

东周时期的遗存发现较多，包括灰坑 90 个、窑址 2 座、沟 1 条、水井 1 眼、墓葬 2 座。出土有板瓦、筒瓦、盆、罐、盂、鬲、豆、钵、环首刀、磨石等遗物。G1 开口于②层下，南北向，位于东发掘区西部，贯穿整个发掘区，宽度 7 ~ 8 米，深度约 5.5 米，分为 45 层，①层为灰褐色粉砂土，出土陶片、瓦较多；②层为黄褐色土，较致密，掺杂黄色细沙土及黑色淤土夹层，包含物较少；③层为浅黄褐淤土层，浅黄褐砂土和灰褐色淤土层相间分布但不规则，含零星烧土颗粒，无其他包含物。③层下全部为淤土层。Y1 开口于②层下，被 H1 和 H74 打破，为小型升焰式陶窑，顶部被破坏，保留操作间、窑箅、火膛和火门，残存少部分窑壁，火膛位于窑箅下方，窑箅直径约 1.2 米，出土有鬲、罐、盆等。Y2 为半倒焰式陶窑，面积较大，保存较完整，由窑室、窑床、火膛、烟道和操作间构成。窑室和操作间内出土大量板瓦、筒瓦及陶片，其中板瓦和筒瓦的数量较多。陶片基本都为泥质陶，夹砂陶器极少，可辨认器型为盆、盂、瓮、罐、豆、钵等，盆和盂的数量最多。

隋代墓葬 1 座，竖穴土坑墓，墓主头向西南，仰身直肢。墓主口中含有 1 枚货泉，2 枚隋五铢位于手部，1 件小口两系陶罐放置在壁龛内。清代墓葬 6 座，均位于东发掘区西北部，头向均朝西北。一座较大的砖室墓，为带斜坡墓道的三室墓，墓道朝东南，破坏严重，其余均为小型竖穴土坑墓。

此次发掘位于遗址南部，出土遗迹较为单纯，时代以春秋、战国时期为主，清代和隋唐时期作为墓地。共发现东周时期的 3 座陶窑，其中 Y1、Y3 为升焰式窑，Y2 为倒焰式窑。3 座陶窑及其周围出土的遗物较为丰富，该区域应属制陶区。Y1、Y3 以烧制陶器为主，后者可能以烧制建筑材料为主。

（张　溯　王　杰）

【青州东滴水张庄东周遗址】

发掘时间：2021 年 7 ~ 10 月

工作单位：山东省文物考古研究院、潍坊市博物馆

东滴水张庄遗址位于青州市庙子镇东滴水张庄村东 300 米处，地处泰沂山系东部山区河谷北岸阶地，南侧紧邻河谷。遗址平面略呈不规则椭圆形，南北长约 70 米，东西宽约 30 米，总面积约 2200 平方米，依地势可分为南北两个区域。发掘面积 700 平方米，共发现东周灰坑 3 个，窑址 1 座。

灰坑位于北部地势较高的台地上，主要形制为圆形、椭圆形，直壁、平底，口径在 2.45 ~ 3.7 米之间。出土器物主要为东周时期的陶片，以泥质灰陶为主，少量夹砂灰陶、红陶。器型主要为鬲、豆、罐等的腹部及口沿。

窑址位于南部山坡，主体部分直接在生土中掏挖，为地穴式结构、半倒焰式复窑的一种崭新形制，规模巨大、形制独特，整体为两个巨大的椭圆形对称区域，似一对蝴蝶翅膀，中间多处通道与外侧环形通道联通。目前仅存窑室、窑床、窑壁、挡火墙、排烟设施等部分。南北长 23.5，东西宽 16.5 米，洞室高度一般在 1.35 ~ 1.5 米之间。现存大大小小的窑室共计 14 个，各窑室之间相互连通。其中，中间部分为 1 个圆形窑室，其余

窑室均为长条形，南部区域6个，北部区域7个。各窑室长度、宽度不一，高度相差无几，最长的弧形窑室长度达14.6米。窑顶为拱形。窑壁底部较直，向上弧形内收。窑床有起伏，上均匀分布一层白石灰。窑室内堆积基本为后期淤积，含少量东周时期陶片，器型有豆、罐、钵、瓦等。烟道内发现3件陶文陶片。整体上看，该窑以圆形窑室为中心分为南北两个基本对称的区域，共用尾部窑室及排烟设施。工作过程中，两个区域可通过挡火墙各自独立操作。

根据发掘情况、包含物及^{14}C鉴定结果，初步断定窑址的用途为石灰窑，年代为东周时期。该窑规模巨大，绝非一般家庭作坊，其独特的形制目前尚属国内首次发现，该资料将会对我国陶窑的建造工艺、发展史研究以及古代石灰的烧制工艺研究等提供重要的参考信息。此外，战国陶文的发现，也将为研究战国时期“物勒工名”制度、齐国的都邑布局及制陶手工业作坊分布提供新的实物资料。

（翟松岩）

【临淄齐国故城阚家寨遗址】

发掘时间：2021年3～12月

工作单位：山东省文物考古研究院

阚家寨遗址位于淄博市临淄区齐都镇阚家寨村南，处临淄齐故城大城东北部一带，属于临淄齐故城内堆积最丰富的区域之一。此次发掘是为配合临淄齐故城国家遗址公园建设而开展的。

遗址堆积厚，遗迹单位丰富，包括2000余处灰坑、沟、房址、灶、水井、窑等遗迹单位，相互打破关系复杂。以手工业作坊为界分为建造前、使用时和废弃后三个大时段。手工业作坊使用时在原有格局的基础上对过水道、集水坑和房址有过多次重建和维修。

从发掘情况看，该区域在战国晚期至西汉早期阶段是一处较为明确的手工业作坊的组成部分，含盖较多的手工业门类，包括铸铁、铸镜、铸钱、铸造小型铜构件等多个部门。发掘区北侧30米即为临淄齐故城重要的东西干道，为运输原料、燃料、产品等提供了便利。如此复杂的门类、便利的交通，可能兼顾生产与销售，或许与当时的市场有重要关联，为研究战国、汉代临淄齐故城功能布局提供了重要参考和线索。

春秋早期的平民墓葬在此分布，提示该区域在姜齐宫城之内的可能性不大，结合之前的考古证据和相关研究，姜齐宫城在此以北的可能性更大，这为找寻姜齐宫城提供了线索，也是此次发掘的重要收获之一。

（赵益超　张　斌）

【临淄齐国故城遗址11号建筑基址】

发掘时间：2021年3～11月

工作单位：山东省文物考古研究院

11号建筑基址位于临淄区齐都镇小徐村西，齐国故城小城西门外南侧约150米处，一条名为黉大道的乡村公路穿过11号基址所在的建筑基址群的中部。该建筑基址群东与齐故城小城相接，南宽北窄略呈直角梯形，东西最宽约210，南北长约190米，总面积近4万平方米，共发现四排建筑基址。建筑基址群处于封闭区域内，外围有墙垣与壕沟，其中壕沟与小城城壕相接为一体，建筑基址群与小城之间发现道路，向北通往小城西门，向南可能通往小城南门。

2021年延续2020年发掘区向北继续发掘，共发掘面积1000平方米，揭露11号夯土基址及周边相关遗存，发现东侧有连廊通向另一个建筑基址。建筑基址群的东部发掘东西向探沟一条，以便了解小城西墙和建筑群东墙垣的基本结构和布局状况。重点对小城南侧进行勘探，发现城南一带整体地势低洼，分布大面积淤土，基本未见文化遗存。

2021年主要收获为完整揭露11号夯

土基址，发现夯土基址呈方形，东西长11.5 ~ 13.2米、南北宽11.9米，面积约150平方米；连廊1处，位于11号基址和12号基址之间，东西长约30米，南北宽4 ~ 6米；确认环绕建筑群的东城垣，长度约40米，宽6米。

齐国故城小城西门外侧的这一四周封闭、围以城垣的建筑基址群从地理位置、规模、布局、等级、年代等各方面均与文献记载的稷下学宫相符合，据此推断其当为“稷下学宫”所在地。2021年发掘的11号建筑基址在“稷下学宫”中的地位、性质等有关问题还有待进一步考古工作。

（董文斌　孙　波）

【邹城邾国故城遗址】

发掘时间：2021年6 ~ 12月

工作单位：山东大学考古学系、邹城市文物保护中心

邾国故城遗址位于山东邹城市南10千米的峄山南麓，是东周时期邾国的都城和秦汉时期邹县县治所在。按照国家文物局批复的《邹城邾国故城遗址考古工作规划（2014 ~ 2025）》和考执字〔2021〕第153号执照规定，2021年邾国故城考古队对金水河北兵器作坊区进行主动性考古发掘，发掘清理灰坑404、灰沟9、房址5、柱洞14、蓄水池1、排水管2、道路2、水井12、墓葬5、浇铸坑1；出土器物种类和数量丰富，包括陶、瓷、铜、铁、骨等类，陶器可辨器形有盆、豆、罐、量、罍等；陶质建筑材料有砖、排水管、方砖、井圈、筒瓦、瓦当；瓷器有瓷杯、瓷碗；铜器主要是铜镞；铁器有铁权等。此外还出土有陶范、坩埚、炉壁；战国毛笔、陶文、封泥、琉璃狗等。此次发掘的主要收获初步总结有以下几点。

（一）揭露一处战国早期面积较大、活动面保存较好、遗迹种类丰富、结构布局较清晰、功能较为完备的青铜兵器铸造作坊，收获一批与青铜武器铸造直接相关的铸铜遗存，为探讨邾国兵器铸造工艺、技术、组织、铜料来源等问题提供了大量信息。（二）出土战国封泥28枚，为了解战国官制和文字提供了宝贵资料；出土战国毛笔3支，为研究古代书法用具和工艺技术提供了宝贵资料；出土战国陶文500余件，为探讨陶文性质和文字演变提供了丰富材料。（三）清理墓葬5座，其中包括目前邾国故城考古发掘青铜器数量最多的墓葬，随葬铜剑1、铜戈2、铜镞54件；出土战国青铜布币、半两、蚁鼻钱，为探讨货币流通、商品经济和邾国货币体系提供宝贵信息；出土较多战国印纹硬陶和原始瓷器片，为探讨南北方文化交流提供了宝贵资料；出土战国琉璃狗1件，小巧精致，憨态可掬，为探讨陶瓷史、琉璃制作工艺和工艺美术提供了实物材料；出土战国早期空心砖房址，为目前考古发掘年代最早的原址保存较好的空心砖房址；出土一批战国纹饰瓦当，为探讨建筑工艺和美术提供了实物资料；出土2座东汉石构房址和大量遗物，为了解东汉民居建筑形制、工艺和物质生活提供了资料。（四）清理南北朝时期墓葬1座，出土莲瓣纹瓷碗等高等级瓷器。

2021年金水河北兵器作坊区的发掘和冶金技术等多学科研究深化了邾国故城遗址文化内涵与历史价值，为遗址的有效保护和合理利用提供了科学依据。

（路国权）

【青岛琅琊台遗址】

发掘时间：2021年3 ~ 11月

工作单位：山东省文物考古研究院、青岛市文物保护考古研究所、黄岛区博物馆

琅琊台遗址位于青岛市黄岛区南部，三面临海，主体为两处秦汉时期大型夯土建筑台基。2019 ~ 2020年，经国家文物局批准，

三家单位联合对遗址进行了主动性考古发掘。在前两年工作基础上，2021 年度继续进行面积 1000 平方米的考古发掘，仍分山顶大台和沿海的台西头村东南两处发掘地点。

大台西侧整体发掘，夯土台西侧壁面基本完整揭露，北部坍塌未发现明显拐角，南部拐角保存较好，现存壁面长约 35 米。石砌地漏所在的台下房址 F1 基本全面清理出来，东北角、西南角均发现残存贴墙面砖，地面未见铺砖痕迹，F1 推测朝向西，面阔约 18 米，西侧被完全破坏，据地漏西缘推测进深超过 5 米。由 F1 内地面上的堆积推测秦汉时期此处经历过两次改造。台基西侧南部发现登台踏步，现存三级，由西向东拾级而上。踏步由空心砖铺成，至少经历一次补砌。第一期排水设施（入水口—地漏—地下陶管道）完整揭露，南端陶管道被破坏，出水口位置不明。第二期排水设施（板瓦铺就的明沟）北端破坏严重，向南延伸至补砌踏步砖下改为暗渠。台基南侧发现陶管道出口一处，管道延伸至夯土台下，端头、走向及功用尚不明。

台西头村东南沿海建筑西部全面揭露，长廊式建筑基址现存长度超过 90 米，东西两端均被现代人类活动破坏，其东侧发现长方形建筑基槽一处，内以碎陶片和土相间铺垫，推测为一处院墙遗迹，遗迹濒临大海，现仅存其西南角及西段、南段局部。

出土大量建筑材料。台顶出土板瓦、筒瓦多饰瓦棱纹或绳纹、瓦棱纹结合，瓦当主要为云纹和“千秋万岁”文字圆瓦当，发现“万岁”文字半瓦当。台西头村东南出土板瓦、筒瓦多单饰绳纹，瓦当均为半瓦当，绝大多数素面，少数饰方格纹，另出土陶豆、鼎足等。

根据遗存特征，可知大台为一处秦汉时期高台建筑，佐以先前发现的秦代刻石，基本可推定为秦始皇所筑琅琊台所在。台西头村东南发掘区建筑年代为战国时期，文化面貌多体现齐国特征，可能具有一定的礼制意义和较高的等级。发掘对于探索秦始皇东巡琅琊及筑琅琊台的历史有重要意义。

（吕　凯　彭　峪　李祖敏）

【临淄棕榈城战国两汉墓地】

发掘时间：2021 年 5 ～ 10 月

工作单位：山东省文物考古研究院

墓地位于临淄城区北部，南距临淄区人民政府 0.9 千米，东北距齐故城 3.8 千米，向东 6.9 千米为淄河，济青高速从北面 3.2 千米处穿过。2021 年，山东省文物考古研究院配合基本建设进行考古发掘，发掘面积约 53000 平方米，发掘遗迹 741 个，其中墓葬 728 座，水井 13 座。

墓葬时代以两汉为主，少量战国、魏晋、金元墓葬。墓葬形制以长方形土坑竖穴墓为主，少量“甲”字形砖室墓；土坑竖穴墓按照葬具不同可分为木棺墓、木椁墓和砖椁墓。较多墓葬有二层台；少部分有壁龛或角坑；填土大多为浅黄色粉砂土夹杂棕褐色黏土块，少数填有大量鹅卵石或者瓦片；填土多数经过夯打，圜底；部分墓壁存有加工痕迹。“甲”字形砖室墓均为斜坡墓道，依形制不同分为单室墓、前后双室墓、多室结构砖室墓，破坏严重，仅存少量墓砖；随葬品残破严重，多散落在填土中。

出土遗物种类丰富，有陶器、铜器、铁器、玉器、石器、漆器、兽骨等，总数 1000 余件。陶器有彩绘陶、素面灰陶等，器型有壶、罐、扁壶等；铜器以铜镜为主，其他为铜戈、铜剑、弩机、铜熏炉、铜鼎、铜钱、铜带钩、铜印章等；铁器有铁剑、环首刀等，另填土发现有铁锸、铁铲、铁夯具头等；玉器有玉璧、玉残片（口含）等；石器有磨石、石黛板等；漆盒有方形盒和圆形盒；兽骨有鸡骨、猪骨、鱼骨、狗骨等。

棕榈城墓地是临淄地区典型的平民墓地，

其墓葬数量众多、出土遗物丰富，反映出古代临淄，特别是战国西汉时期，人口众多、生活富足的史实，为探讨当时临淄地区的埋葬观念等提供了资料。

（钟晓寰　董文斌）

【临淄南马坊东南战国及汉代墓地】

发掘时间：2021 年 6 ~ 12 月

工作单位：山东省文物考古研究院

临淄南马坊东南墓地位于临淄区齐都镇，东至北四路，西至广辛路，南邻万科翡翠东第小区。为配合临淄五星颐家一期项目建设，依据国家文物局颁发的考古发掘证照（考执字〔2021〕第 517 号），山东省文物考古研究院对该墓地进行了考古发掘，共清理龙山文化灰坑 30 座，战国墓葬 22 座，汉代墓葬 310 余座。

龙山文化灰坑主要分布在发掘区西南部，多为圆形或椭圆形的袋状灰坑，出土陶器有鼎、罐、鬶、器盖等，年代为龙山文化早中期。

战国时期墓葬主要分为“甲”字形土坑竖穴墓和长方形土坑竖穴墓两类，墓葬分布呈大分散、小集中的特点。已发掘的 6 座“甲”字形墓葬均为南北向，由墓道、墓室、二层台、椁室、殉人陪葬墓等部分组成。墓道均位于墓室南侧中部，呈斜坡状，椁室位于墓室中部，多由大石块垒砌而成，并用河卵石填缝，在椁室四周一般有宽大的生土二层台，其上或分布有殉人陪葬墓或放置仿铜陶礼器。这些“甲”字形墓葬由于被多次盗扰，主椁室内遭到严重破坏，随葬品所剩无几，仅残存少量仿铜陶礼器以及滑石和玛瑙水晶串饰等。

战国时期长方形土坑竖穴墓，平面形状多近方形，葬具为一棺一椁，随葬品多置于棺椁之间或壁龛内，随葬陶器主要有鬲、罐、鼎、豆、壶等，另有少量铜兵器、铜车马器等。

汉代墓葬主要分为长方形土坑竖穴木椁墓、长方形土坑竖穴砖椁墓和单墓道砖室墓。从布局上看，汉代墓葬多成排或成组分布，同穴合葬现象较为少见。长方形土坑竖穴墓墓壁多经修整，壁面光滑平整。葬具为一棺一椁或单棺，葬式以仰身直肢葬为主，其次为仰身屈肢葬，头向以北向为主。单墓道砖室墓由墓道、甬道、墓室等部分组成，均被严重盗扰。汉墓随葬品普遍较少，多置于棺椁之间或壁龛内。每墓多随葬 1 件陶器，器形以罐、壶为主。随葬的铜器主要为生活用器，以铜镜最为常见，另有少量铜带钩、铜印章、铜席镇、铜熏炉等。

此次发掘的战国时期墓葬结构完整、等级较高，年代集中在战国早中期，为研究齐国的丧葬礼仪、等级制度、社会历史等提供了重要资料。汉代墓葬分区布局，排列有序，对探讨汉代临淄地区的社会结构、家族形态、精神信仰等亦具有重要意义。

（张　恒　孙　波）

【济南市历城区东梁王一村战国墓地】

发掘时间：2020 年 6 月 ~ 2021 年 1 月

工作单位：济南市考古研究院

为配合基本建设，济南市考古研究院对历城区东梁王一村遗址进行了考古发掘。该遗址为第三次全国文物普查时发现，位于历城区鲍山街道东梁王一村南侧，西邻梁王河，为河旁台地。

此次发掘位于遗址中北部和东北部，分为三区。地层堆积简单，可分为耕土层、扰土层和生土层。清理遗迹均开口于扰土层下，共有墓葬 172 座、窑炉 6 座。出土完整及可复原器物 160 余件，主要有陶罐、陶壶、铜镜、铜铃、铜珩、铜钱等。发掘墓葬中有 57 座无随葬品及其他可资断代的典型特征，其余按时代可划分为战国中晚期 90 座、西汉中晚期 5 座、东汉晚期 6 座、唐代墓葬 3 座、宋墓6座、清墓5座，窑炉1座（时代为东汉中晚期），其余推测为战国晚期。

战国中晚期墓葬是此次发掘的重要收获，均分布在一区，其中土坑竖穴墓49座、砖椁墓28座、瓮棺墓13座。

土坑竖穴墓，规模较小，多呈长方形，直壁、平底，一般长2～2.5米、宽1～1.5、深1～2米，最大的一区M70长3，宽1.9，深3.7米；最小的一区M32仅长1.4，宽0.6，深0.3米。部分设有壁龛（多在墓壁西南角），少数设生土二层台（可分为四周台和两侧台两种）。大部分填土为黄褐色花土，部分土质较硬，似经夯打，但夯窝及夯层不明显。多数未见葬具，少数可辨一长方形棺，个别“Ⅱ”形棺。人骨可辨的均为单人葬，部分保存较好，仰身直肢，头向北为主，个别向东或西。随葬品多为陶罐1件（个别为陶壶2件），置壁龛内，很少数随葬有半两钱、铁带钩、铁削、铜珩等器物，置棺内人骨周围。

砖椁墓，与土坑竖穴墓规模相近，长方形，直壁、平底，墓底用青砖砌筑椁室。一般先设铺地砖，再砌椁壁，从板灰痕迹推测原多有木质盖板。铺地砖主要有横向对缝平铺、两侧横向夹一列中间纵向平铺、两砖一组横纵交替平铺等三种形式；椁壁有顺向单砖错缝平砌、顺向侧立砖与平砖隔层交替垒砌、顺向与丁向平砖同层交替（多两砖一组）错缝垒砌等三种形式，以前者最多。砖椁上方的墓壁一角多设壁龛，其中西南角较多，其余三角较少。均为单人葬，除一座墓葬棺痕明显外，其余均不可辨。人骨大多保存较差，部分粉化严重，仰身直肢，头向北为主（其次为东向，南、西向各1具）。13座出土随葬品，以1件陶罐为主，置壁龛内，少数随葬有铜带钩、铜镜、铜珩、残玉环等器物，置棺内人骨附近。墓葬所用青砖均素面，可分大、小两种，大砖一般长45～54厘米，宽16～18厘米，厚6～8厘米；小砖长24～26厘米，宽12～13厘米，厚4～6厘米。另外15座虽未见出土器物，但所用青砖、砌筑方式与其他墓葬一致，推测其时代应接近。

瓮棺墓，规模较小，形制简单，墓圹平面多呈长方形，少数椭圆形，直壁，平底，大多很浅，均为单人葬，头向北为主，少数向东，个别向南，葬具用陶瓮或陶盆对接而成。其中长1米左右的小墓埋葬儿童，人骨多粉化严重，可辨仰身直肢和侧身曲肢，葬具为陶瓮和陶盆；长2米左右的墓主人为青壮年，部分人骨保存较好，仰身直肢，葬具用两陶瓮。仅2座出有随葬品，均为陶罐1件，其中1座置墓壁西南角壁龛内，1座置瓮棺外西南角。

西汉中晚期有土坑墓3座、砖椁墓2座。东汉晚期有砖椁墓1座、砖室墓5座。唐代3座均为土坑竖穴墓。北宋有土坑竖穴墓4座、土洞墓2座。清代墓葬有土坑竖穴墓2座、砖椁墓2座、土洞墓1座。其中东汉砖室墓均为“刀”形单室墓，被严重破坏；其余墓葬形制简单，随葬品较少。

窑炉中二区Y1保存较为完整，自北向南由操作间、火门、火膛、窑室、烟道五部分组成，窑室长方形，窑床发现一具完整狗骨架，可能为祭祀所用，时代为东汉中晚期。其余5座为战国时期，保存多不完整，窑室椭圆形。

东梁王一村遗址此次发掘的墓葬较多，延续时间较长，丰富了济南地区战国至清代的墓葬资料，为各时期葬制葬俗以及社会、历史研究提供了新材料。这批墓葬均为小型墓葬，形制和随葬品组合在此前济南地区发现的各时期墓葬中较为常见，出土随葬品较少，应为一般平民墓地。值得注意的是此次发现了28座战国时期砖椁墓，根据出土陶罐初步分析其时代为战国中、晚期，是目前国内发现时代较早的砖椁墓，为研究这一墓葬形制的起源提供了新材料。

此外，东梁王一村遗址发现的绝大多数墓葬为战国中晚期，与东北相距约500米的梁王古城时代基本一致，墓主人应为城内居民。此次发现为研究战国中晚期齐文化区域特征齐国边邑城址的墓葬、窑址等功能分区提供了重要资料。

（刘秀玲　房　振　郝素梅
胡　娟　颜　奕）

【济南市历城区裴家营东南战国至清代墓地】

发掘时间：2021年3～8月

工作单位：济南市考古研究院

为配合基本建设，济南市考古研究院对历城区鲍山街道裴家营东南墓地进行了考古发掘，共清理墓葬84座，出土完整及可复原器物110余件（组）。其中少数墓葬时代特征不明显，其余可分为战国晚期、西汉中期、东汉晚期、宋元时期、清代等不同时期。

战国晚期44座，其中土坑竖穴墓28座，砖椁墓13座，瓮棺墓3座。土坑竖穴墓多数在墓壁西南角设有壁龛，少数设生土二层台，个别底部铺砖。多有葬具一棺，个别一椁一棺。人骨可辨的均为单人葬，仰身直肢，头向北为主，少数向东，个别向西。砖椁墓一般先设铺地砖，再砌椁壁，从板灰痕迹推测原多有木质盖板。铺地砖主要为横向对缝平铺，两侧横向夹中间一列纵向平铺，个别三砖一组横纵交替平铺等三种形式；椁壁绝大多数为顺向单砖错缝平砌，个别为顺向侧立砖与平砖隔层交替垒砌。砖椁上方的墓壁西南角多设壁龛，个别在砖椁外脚端设器物箱。均为单人葬，未见棺痕。人骨大多保存较差，仰身直肢为主，1座侧身屈肢，头向北为主，其次向东。瓮棺墓葬具系用两大陶瓮对接而成，均为成年单人葬，人骨保存较好，仰身直肢，头向北或东。

土坑竖穴墓和砖椁墓随葬品多为陶罐1件，少数为陶罐或陶壶2件，多置壁龛内，少数置棺外南端或器物箱内。个别随葬有铜铃、铜珩等器物，置棺内人骨周围。瓮棺墓未见随葬品。

西汉中期墓葬1座（M62）。土坑墓，单人葬，未见葬具，仅存头骨和部分下肢骨，可辨头向北，随葬品仅3枚五铢钱。

东汉晚期墓葬3座，其中单室墓1座，多室墓2座，均被严重破坏。M28为单砖室墓，仅存墓底，整体平面呈“刀”形，由墓道、墓门、甬道、墓室组成。平砖斜向垒砌封门。墓室弧边长方形，铺地砖北半横向错缝、南部呈“L”形平铺。墓壁“三顺一丁”砌筑。未见葬具、人骨及随葬品。M1和M22均为砖石混筑多室墓。M1由台阶式墓道、墓门、前、中、后室及两耳室组成。墓门和各室石门仅存过门石、中室残存部分砖墙和铺地砖，后室墓壁保存稍好。铺地砖斜向错缝平铺，壁砖“两顺一丁”式砌筑。未见葬具，中、后室墓底残留零星人骨。随葬品共出土12件（组），主要分布于中室内，较凌乱，器形有小陶罐、耳杯、案、盘、碗、勺、熏炉、铜钱等，陶器多为泥质灰陶，部分带有红彩。M22由台阶式墓道、墓门、前室、中室和双后室组成。墓门石质，门楣及两门扉上均刻铺首衔环，门扉环内刻双鱼。中室门仅存南立柱和过门石，立柱东面刻有一向上爬行翼龙。双后室门与墓门基本一致，画像仅门楣中部刻有羊头。未见葬具、人骨及随葬品。

宋元墓葬15座，其中土坑竖穴墓2座，土洞墓4座，圆形砖室墓9座。土坑竖穴墓仅存底部，均单人葬，随葬品仅见镇墓瓦、陶罐和铜钱。土洞墓，由墓道、墓门和墓室组成。墓道向南，平面近梯形，直壁、平底或略有斜坡（1座附台阶）。除M7砖砌仿木结构墓门外，其余均为土洞墓门，多用不规则石板封门。墓室平面1座近马蹄形，2座近椭圆形，1座近圆角长方形，除M5墓室北半部见生土棺床外，其余均直壁平底，顶部无存。2 座双人合葬，2 座单人葬，有迁葬和一次葬两种葬俗，后者均为仰身直肢，3 座头向东，1 座向南。随葬品很少，仅见瓷碗、瓷盘、铜钱、铜饰、砺石等。圆形砖室墓，由墓道、墓门、甬道和墓室组成。台阶式墓道向南，墓门为砖砌仿木结构门楼，下为券洞，上砌斗拱，门内砌筑封门墙。甬道直壁，券顶，多仅存下部。墓室铺地砖多为纵向一排、横向一排交替平铺，个别用残砖不甚规律；壁砖除砖雕部分外多为错缝平砌，砖雕主要有“一门二窗”、“一桌两椅”、衣架、衣柜、灯檠、斗拱等；墓顶仅 M30 可辨为穹隆顶，其余均被破坏无存。墓底北部均设棺床，除 M6 棺床呈马蹄形外，其余均为倒“凹”字形。部分未见葬具和人骨（或零星碎骨），保存较好者均为多人合葬（2 ~ 4 人），均有迁葬现象，部分人骨有葬具一棺。随葬品较少，仅有少量瓷碗、瓷罐、瓷钵、铜钱、铜镜等。M3 形制较为特殊，在砖室北侧另附一土洞后室。前室内两具人骨，一为一次葬，一为迁葬，均有一棺；后室内两人骨均为迁葬，未见葬具。M30 墓道底部一圆角长方形“祭祀坑”，出土三彩狮座莲花炉 1 件，白瓷碗 3 件。

清代墓葬仅 1 座土坑竖穴墓（M69），平面梯形，直壁平底，未见葬具，仅存零星人骨，可能已迁葬。随葬品仅见 1 枚乾隆通宝。

裴家营东南墓地此次发掘的墓葬较多、延续时间较长，丰富了济南地区战国至清代的墓葬资料。其中战国、宋元时期部分墓葬分布较为集中、排列有序，应为家族墓葬。值得注意的是此次发现了 13 座战国时期砖椁墓，形制、墓砖、随葬品均与东北相距约 2 千米的东梁王一村遗址同类墓葬十分接近，应是目前国内发现时代较早的砖椁墓。另外，该墓地西北仅约 200 米的裴家营西北遗址发现较多战汉时期灰坑、水井等遗迹，二者之间可能有一定联系。战国墓葬与东北相距约 3 千米的梁王古城时代相近，二者之间应该也有一定关系。这次发现为研究战国晚期齐文化区域特征、齐国边邑状况、齐国葬俗等提供了重要资料。

（房　振　刘秀玲　郭俊峰）

【济南市章丘区阎家西北战国遗址】

发掘时间：2021 年 3 ~ 4 月

工作单位：济南市考古研究院

阎家西北遗址位于济南市章丘区龙山街道阎家村西北，东距东平陵故城西城墙 184 米。为配合阎家农机大院项目建设，济南市考古研究院对该遗址进行了考古发掘，面积 150 平方米，共清理灰坑 15 个，窑 1 座，灰沟 1 条，水井 1 眼及晚期墓葬 1 座，文化堆积主要为战国晚期。

发掘区域地层堆积较为简单：第①层，表土层，厚 30 ~ 40 厘米，黄褐色，较致密，含少量细碎陶片和烧土粒；第②层，黄褐色黏土，厚约 20 厘米，较致密，包含少量红烧土颗粒和碎陶片；第③层，厚度 35 ~ 45 厘米，灰褐色黏土，较硬，致密，含零星红烧土颗粒。③层下为深黄褐色生土。

灰坑、灰沟分布比较分散。大部分③层下开口，个别②层下开口。灰坑平面以近圆形、长方形为主，少量不规则形，多直壁、平底，少量弧壁圜底，个别袋状，多为垃圾坑。灰沟为近长方形长条状，较规整。出土遗物以泥质灰陶片居多，次为夹砂灰陶、泥质褐陶片，可辨器形有板瓦、筒瓦、盆、罐、豆、钵等。

窑（Y1）是此次较为重要的收获，保存相对完整，由操作坑、火门、火膛、窑室、烟道组成，方向 195°。操作坑位于窑室南侧，平面不甚规则，东西两侧各有两级台阶，下东壁近斜坡状，其余为近直壁，平底。火膛平面梯形，北宽南窄，顶部坍塌。窑室平面近椭圆形，北宽南窄，平底，直壁略弧，顶部无存。烟道位于窑室北部东西两侧，平面为半圆形，直壁，上宽下窄。陶窑内出土大量战国晚期板瓦、筒瓦以及烧制变形的瓦，推测与陶瓦的烧制有关。

发掘区域位于东平陵城西约 184 米，此次发掘的陶窑及部分灰坑出土大量规格较大的板瓦、筒瓦以及陶盆、陶瓮及器座等器型，推测应与平陵城有一定关联，对东平陵故城的研究提供了补充资料，同时对战国时期陶窑的研究提供了新的材料。

（刘秀玲　曹　帅　郭俊峰）

【曲阜市大庄西北汉代墓地】

发掘时间：2021 年 11 月 ~ 2022 年 1 月

工作单位：山东省文物考古研究院

曲阜市书香世家项目（大庄西北墓地）位于曲阜市大庄村西北，曲阜师范大学教授花园对过，校场路以北，红星社区以南。

为配合书香世家项目工程建设，山东省文物考古研究院于 2021 年 3 ~ 5 月对其进行系统调查和勘探，共勘探到墓葬 89 座，墓葬区两片，窑址两座。墓地面积约 5000 平方米，年代为汉代。通过布局可以将墓葬分为三个区域，西北区、中南区、东南区。

2021 年 11 月首先对墓地西北区进行考古发掘，截至 2022 年 1 月 15 日，已确认墓葬 49 座，灶 25 座。计发掘墓葬 29 座，灶 3 座。其中墓葬可以分为四种类型：土坑竖穴墓（18 座），砖椁墓（9 座），砖室墓（1 座），石椁墓（1 座）。

墓葬方向为南北向，墓主头向均北向，葬具多为一棺，保存较差。人骨保存一般，可辨别为仰身直肢葬。

墓葬随葬品较少，目前出土器物以陶器为主，器形主要为罐和壶。另有铜钱若干，多数为五铢钱，少量货泉和大泉五十。铜镜六面。铁质环首刀四把，铁剑一把。

此次发掘的墓地从西北区来看，墓葬规模较小，以中小型墓葬为主，应是一处家族墓地。根据墓葬的形制和出土随葬品，墓葬年代应为西汉晚期至东汉中晚期。墓葬布局比较有规律，排列比较紧凑，但打破关系不太多，存在打破关系的墓葬多为夫妻并穴墓。墓位延续战国时期鲁故城的一些特点，如头向北、男西女东等。

大庄西北墓地位于周汉鲁故城以西 1.8 千米处，是目前曲阜城西发掘的唯一一处汉墓，时代延续性较长，规模较大，是一处较为重要的墓地，填补了城外西北部汉墓发掘的空白。

（韩　辉　郑　商）

【定陶王陵 M2】

发掘时间：2021 年 3 ~ 12 月

工作单位：山东省文物考古研究院、定陶区定陶王陵保护研究中心

依据 2018 年底国家文物局审批通过的新的《定陶王陵 M2 汉墓考古工作方案》，在拆解提取发掘保护木椁墓室的前提下继续推进 M2 的拆解提取与保护。

M2 木椁墓室的拆解提取。2021 年揭取墓室顶部的第六层盖板方木 233 块，主室顶板 5 块，顶板下 4 块过梁，盖板下黄肠题凑墙上的过梁木 204 块，以及各室门道、甬道及两侧护壁方木等 276 块，大多盖板的一段表面墨书有文字，记录该方木的长度、方位、第几根。墓道两侧护壁垛木皆有榫头、榫槽、暗榫等结构连接加固。门板底端一侧镶嵌青铜柱套，与底部的柱套扣合。每个木质结构单位皆三维数字化、红外扫描、绘图、照相、取样、提取各种考古信息等。

第一层黄肠题凑目前已提取约 800 组，每组表面大部分皆墨书文字。文字内容包括纪年题记、工官匠作人名，每组黄肠木厚度、宽度、长度，以及在府库的摆放方位、排列顺序等。从纪年来看，黄肠木上年代有汉元帝、成帝、哀帝三个皇帝时期内五六个年号，目前发现最早的年号为汉元帝初元二年（公

园前 47 年），最晚的年号为汉哀帝建平元年（公元前 6 年）。从而可以看出，黄肠木应该为中央少府内工官制作。墓主人死不会早于公元前 6 年。这为考证墓主人是否为丁太后提供了一个有力的佐证。

拆解提取墓葬木质构件的保护。依据国家文物批复“方案”要求，经文保专家现场论证，在不同环境条件下，明确除黄肠题凑木外所有木质构件均采用沙埋低温脱水，黄肠木采用药泡或者低温冷冻脱水方式保护处理。同时，聘请多家科研院所文保科技专家指导木材表面菌类的采集及木材种属检测等。沙埋脱水的木质构件均根据其长度放置在铺垫积沙的槽内，逐层封填经过杀菌处理的细沙并放置木构件。同时，对木构件表面附带文字的位置进行科学的封护。根据此方法，文物工作人员近一年来对封沙保护木构件进行抽样观察和分析，基本确定沙埋脱水保护方法切实可行。结合北京大学考古文博学院过去对木材冷冻脱水的经验和技术，筹建冷库，开展黄肠题凑木的风冷干燥实验，根据木材脱水实验后的收缩率等效果再决定是否规模采用。

墓砖的揭取与保护。目前 M2 墓室四周包裹的文字青砖已提取 24 层砖，5000 多块。今年开始启动文字青砖的修复保护工作，目前已修复文字砖约 3000 块。修复过程中，程序分工明确，包括清理、拍照、取样分析质地、文字封护、摹本、拓片、断面加固、拼对粘结、残缺补配、各种信息统计归档等各个方面。

该墓葬的拆解与保护各项准备及操作皆根据保护方案要求，工作细致认真，技术保障得力。

（崔圣宽　李程浩）

【滕州前毛堌东汉石室墓】

发掘时间：2021 年 6 ～ 7 月

工作单位：山东省文物考古研究院、滕州汉画像石馆

前毛堌汉代石室墓位于枣庄市滕州市羊庄镇前毛堌村内中部。2021 年初，当地新农村改造拆除墓顶房屋后，墓顶盖板及盗洞裸露在外，联合考古队对该墓进行了抢救性发掘。

前毛堌东汉石室墓墓向 174°，由墓道、墓圹和墓室构成。墓道平面呈长梯形，在墓道东部出现二次开掘现象，应是合葬开挖所致。墓圹为土坑竖穴，平面呈长方形，南部东西耳室处出现向里掏挖现象，底部经过人为夯打加工，填土也经过人为夯打。墓室由石板、石条与石构件垒砌而成，分为墓门、前室、中室、后室、东耳室、东北耳室、西耳室。墓门 2 扇分东西设置。前室平面呈长方形，平顶，底面比中、后室低 0.26 米左右，东壁中间向外开设一耳室，即东耳室；西壁向外开设一耳室，即西耳室；中室平面呈长方形，顶部前后四层叠涩。中室中间位置立一石柱，底部为圆鼓形柱础，上为大栌斗。柱身上段为螺旋棱边纹，下段为宽槽凸棱纹，中间有一水平凹槽做分离。立柱上承中室分间拱形过梁，过梁上承仿木作的“十”字形斗拱。后室平面呈方形，上部叠涩，顶部方石上刊方花。

该墓出土随葬品绝大多数已残，主要有陶器、铜钱等，可辨识器型有陶盆、罐、耳杯、陶盘等，铜钱 3 枚。

前毛堌汉代石室墓未发现纪年文字，从墓葬的形制结构和墓室中画像石风格等方面初步判断时代应为东汉晚期，为鲁南地区东汉墓葬研究提供了新的实物材料。该墓的营建经过了精心的设计，中室的石柱、斗拱、拱形分间过梁、直棱窗等石构件，制作精致，尤其是石立柱上部的螺旋纹，具有强烈的异域风格，应受外来文化因素的影响。该类型的汉代石柱在山东地区为首次科学发掘出土。

（刘文涛　陈永婷　李　慧）

【济南市莱芜区港里村汉魏至清代墓地】

发掘时间：2021 年 8 ～ 11 月

工作单位：济南市考古研究院

墓地位于济南市莱芜区口镇街道港里村西约 1.5 千米处。为配合莱芜区城宏济堂中药生产基地项目建设，济南市考古研究院对项目占压范围内的墓葬进行了抢救性发掘。此次考古发掘共清理墓葬 29 座，墓葬开口均位于①层（耕土层）下，有少部分墓葬被耕土层破坏。除 3 座无随葬品及其他可资断代的典型特征外，其余墓葬年代涉及汉末魏晋、金元、清代三个时期，出土完整及可复原器物 90 余件（组）。

汉末魏晋时期墓葬 11 座，墓葬形制有砖室墓、砖椁墓、石椁墓、土坑墓、石室墓等，出土典型器物有陶罐、陶壶、铜镜、铜钱等。石椁墓如 M7，由白色页岩错缝砌筑，出土有 3 件陶壶、1 面铜镜及数十枚铜钱。砖室墓如 M3，前期遭到严重破坏，墓顶、墓门及北侧砖墙均不见，墓室内不见人骨，仅出土 1 件陶壶，余东、南两面砖墙，推测为券顶结构墓葬。剩余砖墙可见墓砖纹样繁多，有双层双重菱形纹、卷云纹、龙纹及楼阁人物、星象月宫图、车马出行画像砖等。整个墓砖的排列全部用顺砖，铺地砖之上有 8 行双层双重菱形纹砖，之上 4 行为车马出行画像砖，再上铺设上宽下窄的卷云纹砖便于起券，墓墙的拐角处放置龙纹立砖，墓门入口则砌楼阁人物画像砖，残存的封门处发现星象月宫图砖，墓砖的排列呈现一定的规律；另，砖室墓 M2 出土博局纹铺地砖，山东地区较为少见。

金元时期墓葬 10 座，墓葬形制分别为土坑墓、石室墓、石椁墓、砖石椁墓等。其中石室墓共 6 座，均为叠涩穹窿顶构造，由墓道、封门及墓室组成，形制、结构相近，疑为家族墓地。石室墓除 2 座被盗外，其余随葬品种类及数量较多，例如 M19 出土器物有瓷碗、瓷罐、瓷碟、瓷瓶、瓷盏、瓷缸、高足杯、陶匝、铜钱等。

清代墓葬 5 座，墓葬形制有单石室墓、双石室墓、砖室墓等，墓葬均有壁龛，普遍出土有瓷罐、瓷盏、铜钱等，另见铜簪、铜戒指、烟嘴等。其中双石室墓有明显的祔葬痕迹。

此次发掘的墓葬相对较少，分布较分散，墓葬规模普遍较小，随葬品均为日常生活用具，说明墓主人的身份地位普遍不高。汉末魏晋时期墓葬花纹砖及画像砖纹饰繁多，粗略统计有十余种，墓砖大多带有榫卯结构，是山东地区发现花纹砖种类和数量最多的一次。这批墓葬时代跨度自东汉末期至清代，时间延续性较长，揭示了莱芜地区不同时期葬制葬俗的历史风貌，同时丰富了济南地区东汉至清代的墓葬资料，为各时期葬制葬俗以及社会、历史研究提供了新材料，具有一定的历史及学术研究价值。

（郭俊峰　曹　帅）

【济南高新区西晋时期墓葬】

发掘时间：2020 年 11 月

工作单位：济南市考古研究院

2020 年 11 月，济南市高新区一工地发现一座古墓葬，济南市考古研究院对墓葬进行抢救性考古发掘，墓葬编号 M1。该墓虽经盗扰，但墓葬形制保存较好，出土了一些时代特征明显的遗物，其年代应为西晋时期。

M1 为双室砖室墓，平面呈“刀”形，残长 13 米，方向 173°，由墓道、墓门、甬道、前室、过道、后室等部分组成。由于墓室曾遭盗扰，出土遗物较少且原始位置被扰乱。在前室及后室填土、后室底部发现陶罐、陶灯、陶多子槅、陶耳杯、陶勺、陶仓、陶盘、陶灶、陶俑、银环及铜钱等，其中铜钱包括汉半两钱、汉五铢钱、新莽大泉五十、新莽货泉、曹魏五铢、孙吴大泉当千及无文钱。M1 在墓葬形制和出土器物方面均与山东及周边地区西晋时期墓葬有较多共同点，出土的陶多子槅更是西晋时期的典型器物。

M1是济南地区首次发现的西晋时期墓葬，填补了济南地区西晋墓葬考古的空白，为研究魏晋埋葬制度与地方历史文化提供了重要资料。

山东地区以往发现的西晋时期墓葬较少，主要集中于鲁南、鲁东南地区，这些墓葬一方面受到中原地区的影响，同时在随葬瓷器、券顶技术方面明显受到南方地区的影响。M1甬道、前室、过道、后室在同一侧壁且连成一条直线，平面呈“刀”形，这种形制的西晋墓葬仅在北京地区比较多见，可见该墓很可能受到了北方地区的影响。因此推测，鲁南、鲁东南地区的西晋墓葬由于靠近南方，墓葬受南方影响较大，M1在地理位置上更加靠近北方，更容易受到北方地区的影响。由于考古材料较少，这一推论还需新考古材料的进一步验证。

（邢　琪　曹　帅　郭俊峰）

【博兴龙华寺遗址】

发掘时间：2018年9月～2021年12月

工作单位：山东省文物考古研究院、博兴县博物馆

龙华寺遗址位于博兴县城北10千米，行政归属为博兴县城东街道办事处（原属博兴县陈户镇）。遗址地处张官村、冯吴村与崇德村之间，三村坐落在遗址上。

2018年9月～2019年8月、2020年8月～2021年12月，联合考古队对勘探发现的四号夯土台基进行了全面的揭露发掘，发现并确定北朝、隋、唐时期的佛寺基址1座。清理造像坑4个，铁器窖藏1个，铜钱窖藏2个，水井2眼，并发现了大量的精美文物。

寺院可分为三期。早期寺院布局由北侧讲堂、南侧大殿、院落组成，发掘发现南部山门外活动广场。大殿南侧山门部分被晚期道路及边沟严重破坏。在北面修建夯土台基式讲堂基址，台基从南侧开始夯打成东西长条状，两侧修整，后向北扩展六次，向南扩展一次，夯土的外侧呈斜坡状，未见版筑痕迹。台基顶部东西长22.4米，南北宽9.1米，底部东西长24.8米，南北宽12米，残高0.7米左右。南北两侧呈斜坡状。南侧中部有一道凹槽，凹槽底部的两端有柱洞，可能为门道设施起取后留下的凹槽。台基的顶面、南北坡面和西侧坡面有厚的草木灰、烧土层。南面修建大殿基址，平层夯打而成。

中期寺院北面为讲堂，东西有配殿，讲堂和配殿间由廊庑相连。南侧为大殿，再向南为山门。讲堂、东西配殿、南侧大殿皆为夯土台基高台式瓦顶建筑，在早期寺院基础上扩修而成，将早期讲堂基址南北加宽，修建东西配殿。讲堂基址南北宽16米，东西长25米，残高0.55～1米。门道向南，位于偏东侧，门道宽2.95米。东侧配殿南北长20米，宽11米，垫土高0.2～0.5米，台基残高0.6米。西配殿破坏。南侧大殿东西长26.5米，南北宽10.6米，讲堂、大殿、东西配殿台基皆用砖墙包边。

晚期寺院借用中期台基，基本布局同中期。讲堂基址南侧保存有用砖平铺的东西长条状散水和南侧的顺砖状牙砖。大殿台基四周用砖砌筑护坡，北侧牙砖分为二期：早期的牙砖为三角状，叠压在砖砌护坡的下面；晚期的牙砖为顺砖，和斜坡状护坡一起砌成。

出土较为丰富的文化遗物，有白陶造像及残块100余件，石造像及残块200余件，铜造像2件，锡造像1件，石造像半成品1件，还出有大量的陶、瓷器、铁器、铜钱及板瓦、筒瓦、瓦当、鸱吻等建筑构件，鸱吻模具1件，发现有残石碑和造像题记等。

早期寺院的建造年代为北齐；中期寺院的建造和使用年代应为隋代；晚期寺院的下限应为唐代中期。此次发掘是该遗址考古发掘的第一座寺院基址，对寺院的布局有了基本认识，对寺院的建造、使用、维修、废弃

的时代、原因、过程有了基本认识，为北朝至隋代寺院研究增添了一批新的科学资料。精美的鎏金铜佛像、大量的白陶造像、石造像、锡佛像以及造像题记和碑刻的发现，对探索研究龙华寺有着重要的参考价值。

（李振光　张淑敏　马　超　杜晓军）

【莘县乔庙北唐代墓葬】

发掘时间：2021 年 11 ～ 12 月

工作单位：山东省文物考古研究院、莘县博物馆

乔庙北墓地位于聊城市莘县乔庙村北 300 米处，西距莘县县城 6000 米，东距 S316 省道 700 米。为配合莘县印象置业有限公司莘县汽车服务建设项目，山东省文物考古研究院对项目用地范围内的遗迹进行了考古发掘，发掘面积约 25 平方米，共发掘墓葬 2 座。

M1、M2 属于同穴异室舟形砖室墓，两墓带有斜坡式墓道，M1 为多室，M2 为单室，除墓门外，三面向外弧突。墓道平面呈长方形，四壁竖直，平底。M1 由东、中、西三个墓室组成，东西长 5.4 米，南北宽 3.16 米，高 1.60 米，墓道斜度为 10°。墓室由青灰色条砖砌筑而成，甬道由内外双层砖砌筑而成，结构为一顺两丁砌筑 17 层，其上起券 17 层。中墓室铺地砖 1 层，由整砖拼砌成舟形，内部由不规则条砖拼接；东、西墓室铺地砖 1 层，由整砖拼砌成舟形，内部由不规则条砖拼接。

M2 为单室墓，东西长 3 米，南北宽 1.6 米，高 1.6 米。甬道由内外双层砖砌筑而成，结构为两丁一顺平铺 19 层，其上起券 16 层。墓室结构铺地砖 1 层，由整砖拼砌成舟形，内部由不规则条砖拼接。

两墓室填土堆积大致可划分为三层，包括晚期淤沙、早期淤沙及粉砂土夹胶土块。推测有棺，由于墓内外淤积严重，棺木腐朽，仅剩部分残存棺线，形状不明。人骨保存较差，M1 为男女 6 人合葬，经鉴定，中室男女墓主年龄约 40 岁，东室墓主男性约 40 岁，女性约 20 岁，西室墓主男女约 20 岁。M2 为单人葬，墓主为男性。两墓均为仰身直肢葬，均随葬陶罐，M2 立罐上盖残砖一块，罐内有透明液体，内有掉落物。M1 出土执壶、铁铲、铜钗、骨簪等。

此次发掘的砖室墓无出土墓志，墓主身份、经历不详，墓室四壁略外弧的墓葬形制与执壶均可证明此墓葬为唐墓。从随葬器物看，主要是生活用具，不见和官品相关的仪仗俑类，墓主身份应属庶民阶层。从埋葬形式来看，此墓葬无二次葬现象，六人人骨鉴定及合葬形式在这一时期较为少见。该墓的发掘丰富了唐代砖室墓葬资料，同时为考察该地区葬俗变迁也提供了资料。此外两墓还存在特殊现象：墓室均有火烧砖痕迹，墓室内壁砖面呈灰黑色。

（张　健　马鲁华　仲崇辉
李朝宾　吴志刚）

【张方什宋金至明清时期遗址】

发掘时间：2021 年 3 ～ 8 月

工作单位：山东省文物考古研究院、东昌府区博物馆

张方什遗址西临德上高速，南距西外环路 4500 米，东南距徒骇河 5000 米，东北距聊城古城 10000 米，北距济聊高速 7000 米。为配合新建济南至郑州高速铁路建设工程，山东省文物考古研究院对高铁占压的区域进行了发掘。发掘区布设 10×10 米探方 36 个，连同扩方在内，南北纵向排列，探方外围 20×1 米探沟 5 条，发掘总面积约 3700 平方米。

根据土质、土色及包含物的不同，发掘区的文化层可划分为四层。第①层，表土层，含大量植物根茎、现代建筑和生活垃圾，厚度约为 0.11 ～ 0.25 米。第②层，明清层，黄褐色沙质淤泥，细腻松散，含瓷、砖瓦片等，

包含物相对较少，厚度 0.06 ~ 0.36 米。第③层，宋金层，红褐色粉沙土，致密，夹杂大量红烧土颗粒、草木灰、炭颗粒及砖瓦陶瓷片，厚度 0.12 ~ 0.44 米。第④层，宋早期层，疏松，含少量水锈、草木灰及炭颗粒。除第④层外，其他三层在探方均有分布。

此次工作共清理灰坑 112 个，沟 19 条，墓葬 8 座，房址 12 座，灶 35 座，路 5 条及水井 2 口，出土遗物显示年代主要为宋金时期。此次发掘主要收获为宋代房址。房址分早晚两期，在探方成规律分布，分布区域有南北两部分，共发现房址 12 座。房址形制较为规整，均为长方形，无基槽，平地起墙，基本为南向。房屋的砌筑形式为土垒，墙拐角多有垫砖、瓦块现象。早晚房址有打破关系，证明此处被反复利用，居住区比较稳定。南向的房址面阔为 7 ~ 12 米，进深为 4 ~ 7 米；西向房屋面阔约为 7 米，进深约为 4 米。房址墙体厚约 0.6 米左右。

张方什遗址是一处宋金遗存丰富的聚落遗存，为出土的遗物主要以陶盆、陶罐、瓷罐、瓷碗、瓷盘、盏等生活日用陶瓷器为主，发现了较多的灶址，出现的房址也可以证实此处为宋金时期一处聚落遗址。虽然发现了较多的灶址，但与房屋共存的灶较少，且部分灶内淤土现象说明此处存有一定数量的户外灶址，弄清房屋与灶的关系，可了解当时人的生活习惯和生活方式。宋代一般等级的民居建筑在文献及绘画中少有记载，此次发现的成规律分布的宋代房址为宋代房屋建筑尤其是一般民居建筑的研究提供了新的材料。发掘区明清时期的遗存同样具有研究意义，西部的双车道具有一定规模，根据道路存在的年代及走向，结合史籍记载，该路应通向古城方向，对于明清时期的交通研究具有一定价值。南部墓葬中发现墨书板瓦，墨书与山东其他地区出土不同，增添了墨书板瓦的新形式，对于研究明清时期的葬俗也具有一定意义。

（陈 迪 于中胜 吴志刚）

【茌平府前广场宋代至明代遗址】

发掘时间：2020 年 12 月 ~ 2021 年 12 月

工作单位：山东省文物考古研究院、茌平区文物保护中心

茌平区御路智慧停车场（府前广场遗址）位于聊城市茌平区城区中心位置，为配合茌平区人防和御路智慧停车场工程项目建设，经国家文物局批准，山东省文物考古研究院对遗址进行考古发掘，批复发掘面积 3000 平方米，共发掘灰坑、房址、灶、井、沟、路等各类遗迹 700 余处，出土铜、瓷、陶、石、玻璃等各类文物标本 2000 余件。发掘表明，此处人类活动较为频繁，时代包括宋金、元、明三个时期，初步判定遗址所在应为当时的茌平县城。

北宋晚期—金代遗迹主要有灰坑、房址、蓄水池等，还发现有大面积垫土、粮食抛洒区，出土器物以瓷器、陶器为主，瓷器主要为白瓷、青瓷，白瓷器以磁州窑产品为主，有壶、罐、碗、盆、盘、钵、灯盏等。青瓷器以临汝窑、耀州窑产品为主，有盏、碗、盘等。还发现有定窑细白瓷、景德镇窑青白瓷产品，另有酱釉、柿红釉、黑釉、三彩等产品。出土陶器以灰陶、红陶为主，器形有盆、罐、盘、扑满等。

元代遗迹有房址、道路、灰坑等，出土遗物以瓷器为主，有碗、盘、灯盏等，窑口有钧窑、磁州窑、龙泉窑。

明代遗迹有道路、房址、灰坑、水井、灶等，出土文物有青花瓷碗、青花瓷盘、青釉碗、青釉盘、白釉碗、白釉盘等，窑口主要为景德镇窑、龙泉窑、磁州窑。

从发掘情况来看，府前广场遗址自北宋晚期开始一直有人类在此活动直到今天，因此遗迹之间的叠压打破关系较为复杂，由于

不间断的活动，完好的房址、道路等遗迹未能保存下来，仅残存局部迹象。明代遗迹中的大面积垫土应与元末明初的战乱有关。

府前广场遗址是近几年来山东发现的延续时间长、出土文物较多的重要遗址，有些出土文物在省内属首次或集中大规模发现，对于建立山东地区的宋金、元、明器物断代具有标准器意义。府前广场遗址的发掘，是对宋元时期地方城市遗址的一次大规模发掘，尽管未能揭露出县城布局，但是通过发掘了解了在平县城的发展演变，证明自北宋晚期开始，在平就作为商品流通的区域性节点有着重要的地位，对于其他县治区域的发掘具有参考意义。

（李宝军）

【济南市历城区季家寨元代郭氏家族墓地】

发掘时间：2021 年 4 ~ 7 月

工作单位：济南市考古研究院

墓地位于济南市历城区董家街道季家寨村东南 1 千米处，为配合济南东郊某项目建设，济南市考古研究院对墓地进行考古发掘。墓地面积约 1500 平方米，墓葬共 12 座，编号为 M7 ~ M18。墓葬规模较大，通长 6.4 米 ~ 12.4 米，均为南北向。其中 11 座为砖雕壁画墓，1 座为石室墓，大多数由墓道、墓门、甬道、墓室等部分组成。砖雕壁画墓中砖雕类型多样，包括仿木结构建筑、桌椅、灯檠、衣架、盆架、巾架等。壁画颜色丰富，包括白、黑、红、绿、黄、橙、蓝等，题材广泛，包括建筑、控马图、停舆图、夫妻对坐图、启门图、孝行故事图、云鹤图及花卉纹等。出土器物包括瓷器、铜器等 150 余件（套）。墓地有 7 座墓中发现有纪年文字，年代最早为泰定三年（公元 1326 年），最晚为至正年间（公元 1341 ~ 1368 年），5 座墓的年代集中在至元四年、五年（公元 1338、1339 年），墓主人包括郭佳之父郭德、郭七翁母亲李氏、郭八公、郭十公、郭十一公、郭十二公。

根据墓葬形制、壁画内容、体质人类学以及相关文献的初步研究，郭氏家族应是财力雄厚的汉族地主、富商阶层，墓地至少包含两代人，延续时间较长。

元代郭氏家族墓地是山东地区首次发现的年代明确的砖雕壁画家族墓地，也是山东地区壁画墓最多的元代家族墓地；墓葬排列有序，墓主人之间存在血缘关系，墓地明显经过规划，年代相近的墓葬形制及葬俗差别较大，砖雕及壁画内容丰富，这些为研究元代晚期济南地区的民族交流融合，家族墓地的排列方式，特定人群的日常生活、风俗习惯、宗教信仰等提供了代表性材料，针对墓葬营建过程、砖雕、壁画、瓷器、人骨的科技考古分析及研究，可以为学界提供相关基础资料的同时，推动元代晚期山东地区墓葬葬俗、行政区划、社会经济和南北方贸易的研究。

（邢　琪　郭俊峰）

【济南市历城区唐冶街道明代石室墓】

发掘时间：2021 年 11 月

工作单位：济南市考古研究院

为配合基本建设，济南市考古研究院对历城区唐冶街道飞跃大道以南、唐冶西路以西一工地发现的一座石室墓（编号 M1）进行了抢救性发掘。该墓葬晚期虽被扰乱，但整体形制保存较好，时代特征较为明显，年代应为明代早期。

M1 形制为方形穹隆顶石室墓，整体平面呈“甲”字形，由墓道、墓门、甬道、墓室构成。通长 10.76 米、最宽 3.8 米、深 3.54 米，方向 182°。修筑方式为先开挖墓道及一近“凸”字形墓圹，然后在圹内砌筑墓门、甬道、墓室。建造时先铺设地石板，再砌墓壁及墓顶，除墓门上方的照墙为青砖垒砌外，其余均为青石筑成。所用石材大多外侧面略为粗糙，内面加工规整，白灰粘接并勾缝。

墓道位于南侧，平面近长方形，直壁，底部为台阶加斜坡式，长 4.4，宽 1.4 米。南端设有 4 级台阶，北部为一长斜坡。墓圹平面近“凸”字形，直壁、平底，南半平面近梯形，南北长 2.46，宽 2.4 ~ 2.6 米；北半近长方形，南北长 4、东西宽 3.8 米。墓门位于圹内南部，由内外两重石门、照墙和“八”字墙组成。内重石门由门楣、门柱和两门扉组成。外重石门由门楣、门柱和两块封门石板组成。内门门楣之上垒砌青砖照墙；外门南侧设“八”字墙，系用大小不一的石块和石板错缝垒砌而成。

甬道位于墓门与墓室之间，平面长方形，直壁、平顶两面坡，内长 1.51、宽 1.4、高 2 米。东西两壁主体用大石板侧立砌成，南北壁分接墓门和墓室门，顶部南北两侧斜砌石板，最上平铺两块大石板。

墓室下部平面呈方形，直壁，圆形穹隆顶，内径边长2.4、高3.26米。墓壁高1.34米，主体由两层长方形大石板侧立砌成。墓顶下三层用不规则石板叠涩砌筑，上用内侧面做成弧形的较大石块层层错缝垒砌成，最上覆盖一近长方形石板。顶板中部一圆形凹槽，内嵌一铜镜，外阴线刻划莲花纹。

墓室内发现葬具两木棺，其中西棺保存基本完整，向东倾斜，东棺棺板已散乱。西棺平面呈梯形，由盖板、底板、两侧板、前后挡板构成，每板各由 3 ~ 4 块木板拼合，榫卯结构，未见铁钉，其中底板西侧两木板脱落。盖板、底板及侧板表面四周涂有一圈黑漆，内刷红漆；前后挡板外侧面四周涂黑漆，内刷红漆呈壶门形，黑、红漆之上另涂有若干黄点。初步观察东棺形制和涂漆方式与西棺基本一致，唯侧板和底板前端雕刻近波浪形图案。

墓内人骨 3 具。其中西部人骨置西棺内，保存较好，整体向西侧身屈肢，头顶向西、面朝上，可能因棺木倾斜加之进水漂浮所致。人骨头部残存一类似头巾状纺织品，其他部位亦有少量织物，多近腐朽状。中部人骨置东棺内，保存略差，仰身直肢，头向南。东部人骨位于东壁下，较凌乱，人骨处仅见少量棺木，推测可能原有一棺，腐朽较甚或晚期被破坏严重。

出土器物共 13 件（组），其中铜镜 1，嵌于墓顶；瓷四系罐 2、瓷香炉 1，位于墓室南部门道处；瓷盏 1，位于东棺南侧；瓷缸 1，置墓室东南角；铜钱 2 组，分别散布于两棺内；铁环 1 组 7 件，分别位于两棺周围；串珠 1 组，位于西棺人骨颈及胸部；镇墓瓦 2、镇墓砖 1 件，位于墓室北壁下中部。另在甬道中部发现一零散木器，似为木案；东北角立一土坯；西北角立一残土坯，西壁中部侧立一土坯。西棺内人骨下方及周围填充大量棉籽，头骨周围有较多黍类种子，肋骨西侧发现少量蚕茧。

此次发掘工作有两个较为重要的发现，一是墓内发现一具保存较好的涂漆木棺，二是棺内人骨周围填充大量植物种子。由于该墓葬未见明显的防腐措施，木棺和种子能留存下来实属罕见，这在山东地区考古发现中很少见，为研究当时的丧葬习俗、社会文化等提供了重要资料。

（房 振 柴 懿）

【济南市历下区高都司巷小学明清遗址】

发掘时间：2019 年 11 月 ~ 2020 年 4 月

工作单位：济南市考古研究院

为配合济南泉·城文化景观申遗工程，济南市考古研究院对高都司巷小学遗址进行了考古发掘。发掘地点位于小学南部院内，受场地限制，按自然方向布设 10 × 20 米探方一个，发掘面积 200 平方米，方向北偏东 12°。

限于周边地理环境，发掘仅至地下水位深度，地层堆积可分现代垫土、民国时期、清代晚期、清代早期等四层。出土器物较少，以瓷片为主，另有少量泥质灰、红陶片等。其中青花和酱釉瓷片最多，白釉、青釉、绿釉、白地黑花等瓷片较少；可辨器形有瓷碗、瓷盘、瓷杯、器盖等。

此次共发现遗迹20处，多为建筑基址及附属设施，其中房址9座，排水沟1条，道路2条，灰坑4个，墙体4条，时代大多为清代至民国时期，个别遗迹可能早到明代。根据地层关系、出土器物和墙体建筑特征，遗迹时代大体可分为明代晚期、清代晚期、清末民初三个时期。

明代晚期遗迹仅发现H4一处，平面近正方形，宽约1.1米，深约0.3米。加工较为规整，四壁用青砖块夹零星石块错缝平砌，坑底用青砖平铺，未见粘合物，初步推测为简易蓄水池或泉池。

清代晚期遗迹8处，主要为房址，另有两条单独墙基。房址保存很差，多数仅存两面墙体（墙基），多用不规则石块砌筑。其中F4残存三面墙基，F5残存少量室内铺砖地面。

清末民初遗迹11处，主要为三座房址及其附属灰坑、道路、排水沟等，其中F1、F2保存相对较好且具有一定特点，建筑方式相近。F1残存地基和最下部墙体，坐北朝南，方向191°。平面长方形，分为东、西两大间。墙体用大小不一的不规则青石块砌筑，三合灰浆灌注粘合，加工规整。室内残存少量三合土地面，下有厚约0.3米的垫土层。北墙东端外侧有三块规整大石块，中部残存一东西向门槛压痕，推测为进入院落的门道遗存。F1为堂屋。F2残存室内地面及之下的墙基，平面呈长方形，分南北两间，方向192°。室内平铺一层厚约12厘米的三合土地面。南侧房间地面上设置H1、H2、H3三个灰坑。中部H1近椭圆形，西侧坑壁有高温烤过迹象。西侧H2用侧立砖砌成，填满碳渣，内夹杂少量未烧尽煤炭。东部H3坑壁残存少量砌砖，填较纯净黄褐土；北端东外侧的三合土面向东渐低，与G1西端进水口相连。G1平面呈“人”字形，西侧南、北两支线汇集到东段主线上。南侧支线西端始自F2东墙上的石砌进水口；北侧支线、东侧主线分别向西北、向东延伸出探方。初步分析F2可能为一厨房、烧水房或某类用水量较大的作坊场所。其中H1上方架设炉灶，H2存放碳渣，H3放置存废水的木或铁质水箱，G1南侧支线排出废水。

此次发掘虽然文化堆积时代较晚，但是仍具有较大意义。该区域位于济南古城区西城墙内，临近西门，数量较多的房址表明，明清以来这里一直是居住区，房址F2及其附属排水沟布局合理，设计巧妙。这些对了解清代晚期至民国时期老城区内民居房址的建造方式、功能结构及其用水、排水方式有重要意义。发现的疑似简易蓄水池（或泉池）也在一定程度上有助于了解当时居民对地下水的应用方式。

（房　振　郭俊峰）

【即墨莲阴河流域区域系统考古调查】

调查时间：2021年10月12～31日

工作单位：山东大学历史系

2021年，山东大学考古团队在青岛市即墨区金口镇莲阴河流域开展区域系统考古调查，该项目延续了自1995年伊始的中美联合鲁东南区域系统调查的方法，旨在从长时段宏观视角还原区域社会的演化过程。2021年调查范围在2020年度皋虞地区调查基础上向北、向西扩展，调查区域范围54平方千米，北至金口镇（原为店集镇），东至孙家周疃村、黄豆屯村一线，南至温泉镇并与2020年调查区域相接，西至王圈水库，基本覆盖了莲阴河中下游的大部分地区。调查区域地理环境为河谷和低山丘陵，平均海拔在20～60米之间，部分山地海拔超过100米，调查队路线基本是沿河流向两侧延伸，并覆盖河谷两侧的低矮丘陵。

东演堤遗址位于金口镇东演堤村以西约200米处，“演堤”之名是因曾经存在防潮堤。地表调查面积约5万平米，采集到大汶口早期夹砂红陶鼎足、罐口沿、把手等标本，同时发现大量贝壳，是一处典型的贝丘遗址。姜家马坪遗址位于金口镇姜家马坪村南约600米，莲阴河东侧台地上，遗址面积13.4万平米，采集到大汶口文化夹砂红陶鼎足、支座，龙山文化泥质黑陶罐口沿，东周时期泥质灰陶罐口沿，汉代板瓦等遗物，是一处延续时间比较长的遗址。东王圈遗址位于温泉镇东王圈村西北约600米，紧邻王圈水库，遗址面积11.4万平米，采集到龙山时期罐口沿、周代绳纹陶片和汉代豆、罐等标本，过去的调查还发现了大汶口时期遗物，该遗址也是一处延续时间比较长的遗址。西演堤遗址位于金口镇西演堤村北约100米，面积3.4万平米，采集到西周时期夹砂红陶鬲足和一些夹砂素面红陶，具有周代土著文化风格。南渠村遗址位于金口镇南渠村西约200米，面积约0.7万平米，地表采集到少量周代夹砂绳纹陶片和汉代泥质灰陶等遗物。王家马坪北遗址位于金口镇王家马坪村以北约100米，面积6万平米，地表采集到东周时期泥质灰陶罐口沿、汉代罐口沿、盆口沿、豆柄等遗物，还发现有一些夹砂素面红陶，属于周代土著遗存。王家马坪西遗址位于金口镇王家马坪村以西约400米，面积有2万平米，水沟断面上暴露有文化层，发现大量汉代泥质灰陶罐、盆、豆标本。

此次调查在姜家马坪、王家马坪、于家马坪等村附近均发现周代到汉代遗物，我们认为这些大小不等的遗址同属于一个较大的聚落，可称为马坪遗址，面积在5平方千米左右，与周文化向胶东地区的扩散有密切关系。考虑到2020年度发现的皋虞遗址为汉代皋虞侯国，此次发现的规模小于皋虞遗址的马坪遗址可能是该区域的次级中心聚落。

（王政良）

河南省

【鲁山仙人洞旧石器时代遗址】

发掘时间：2021 年 4 ～ 6 月

工作单位：河南省文物考古研究院、平顶山市文物局、鲁山县文物保护管理所、重庆师范大学

仙人洞位于平顶山市鲁山县观音寺乡西陈庄村石门沟组，海拔 576 米，距现代河沟垂直高度为 193 米，处于山峰陡壁上。分大小两个洞，分别定名为仙人洞Ⅰ、仙人洞Ⅱ。仙人洞Ⅰ长 9 米，宽 3 米，高 3.9 米，洞内面积约 30 平方米，地层堆积厚约 2.58 米，共分 8 层；仙人洞Ⅱ长约 20 米，宽 2 ～ 5.2 米，最高约 8 米。

2021 年获得国家文物局批准，发掘仙人洞 I 面积 10 平方米，发现动物碎骨及牙齿 10000 余件，破碎严重，可鉴定标本 287 件，鉴定种属包括 16 科 22 种：普氏原羚、普通马、山羊、棕熊、梅花鹿、马鹿、豪猪、野猪、狼、獐、麝、猕猴及啮齿类小型哺乳动物等。骨表痕迹多受自然力作用、动物作用影响，发现两件疑似人工砍痕的标本。大多数动物遗存风化程度较轻，应在地表暴露时间较短。遗物主要集中在第①②⑤层，经 ^{14}C 和铀系法测定，年代多集中在距今 4 万 ～ 3 万年。

遗址内发现石制品 14 件，风化较轻，包括石片、刮削器和断块，原料有石英岩、石英、灰岩，剥片方式为锤击法。

遗址内发现人类头骨碎块百余件，经铀系法测定其中两件石化程度较好的头骨，年代分别为距今 3.2 万年、1.2 万年，经初步辨识，石化程度与之相近的还有 38 件。根据 ^{14}C、铀系测年法，人牙的年代多集中在距今 5000 ～ 3000 年。

鲁山仙人洞遗址内集中保持了特定时期不同阶段人类活动的证据。距今 5 万 ～ 3 万年是现代人扩散及行为出现、发展的关键阶段，这一阶段发现的古人类化石极少。以往研究表明，中原地区这一阶段已有繁荣的旧石器文化，从文化上证明了中国旧石器文化的连续发展，但缺乏最为直接的人类化石证据，鲁山仙人洞遗址头骨化石的发现填补了中原地区这一阶段人类演化的空白，对中国现代人起源、演化研究具有重大意义。

（赵清坡）

【渑池仰韶村新石器时代遗址】

发掘时间：2021 年 1 ～ 12 月

工作单位：河南省文物考古研究院、三门峡市文物考古研究所、渑池县文旅局、郑州大学历史学院、河南大学历史文化学院、河南师范大学历史文化学院

仰韶村遗址位于渑池县城北约 5 千米，分布于仰韶村村南的台地上，北靠韶山，东西两侧分别为东沟（饮牛河）和西沟，南为刘果水库，地势北高南低，三面环水，从东北到西南长 900 余米，从西北到东南宽 300 余米，面积 30 余万平方米。仰韶村遗址分别于 1921 年、1951 年、1980 年先后进行了三次考古发掘。2019 年，河南省文物考古研究院等单位对渑池仰韶村遗址进行了系统性的考古

勘探。第四次考古发掘于 2020 年 8 月启动。

为深入挖掘黄河文化内涵，实施开展“考古中国·中原地区文明化进程研究”项目，河南省文物考古研究院联合三门峡市文物考古研究所、渑池县文旅局、郑州大学历史学院、河南大学历史文化学院、河南师范大学历史文化学院等单位对仰韶村遗址进行第四次考古发掘。

仰韶村遗址第四次考古发掘 2021 年发掘面积为 400 平方米，主要对遗址中部的壕沟和南部的生活居住区进行发掘，发现遗址较为丰富：房址 5 座、墓葬 2 座、大型灰坑葬 1 座、窖穴 15 个、壕沟 4 条、灰沟 10 条、冲沟 1 条、道路 5 条、灶 4 座、灰坑 300 多座。出土一大批文化遗物，有陶器、玉器、石器、骨器、蚌器等，遗存年代分属仰韶文化早期、中期、晚期、庙底沟二期文化和龙山文化时期。另外还发现大量青灰色“混凝土”等房屋建筑遗存。在遗址中部新发现 3 条大型人工壕沟，方向均为西北—东南向，年代为仰韶文化中期和龙山文化时期。在生活居住区新发现仰韶文化时期大型房屋建筑，平面形状呈方形或长方形，有夯土围墙和隔间，因发掘面积较小尚未完全揭露，推断其面积应在 100 平方米之上。多学科研究亦有新发现，如在仰韶和龙山文化时期人骨土样样品中检测到丝绸残留信息，在仰韶文化时期尖底瓶残留物中发现有谷物发酵酒等。

仰韶文化大型房屋建筑为首次发现，为研究仰韶村遗址房屋建筑形制、技术等提供了新材料。数条仰韶文化和龙山文化时期大型人工壕沟的发现，对研究该遗址聚落形态发展演变具有重要意义。青灰色“混凝土”房屋建筑遗存检测结果显示，仰韶时期先民已经使用料礓石加黏土为胶凝材料，以烧制的陶质颗粒为骨料，具备有一定水凝性的“混凝土”作为建筑材料。丝绸和谷物发酵酒等新发现反映出仰韶村遗址仰韶文化时期社会已经有了较高程度的发展。

仰韶村遗址第四次考古发掘极大丰富、深化了对仰韶村遗址内涵和面貌的了解和认识，对研究该遗址及豫西地区仰韶文化时期社会复杂化和文明化进程等具有重要意义。

（李世伟　魏兴涛　张　凤
张小虎　郑立超　侯建星）

【荥阳楚湾新石器时代遗址】

发掘时间：2021 年 5 ~ 11 月

工作单位：首都师范大学、郑州市文物考古研究院

楚湾遗址位于荥阳市南 15 千米的崔庙镇楚湾村与七村河村周围的 3 块较大的台地上，是新石器时代仰韶文化时期的一处重要村落遗址，总面积约 22 万平方米。地理坐标为北纬 N34° 41′ 06.0″，东经 E113° 21′ 21.9″，海拔 204 米。2006 年 6 月被公布为河南省级文物保护单位。该遗址发现于 20 世纪七十年代初，1978 年开始进行多次调查，1993 年进行了详细复查，发现陶制生活用具鼎、盆、钵、碗等，石质生产用具有斧、镰、锛、刀等，还有彩陶、房基、灰坑、土坑墓、瓮棺葬等丰富的仰韶时期遗存。2019 年，郑州市文物考古研究院对其进行大规模勘探。

2021 年，经国家文物局批准，由首都师范大学和郑州市文物考古研究院共同组成考古队，对楚湾遗址进行正式发掘，共布设 5×5 米探方 20 个，5×10 米探方 2 个，累计发掘面积 600 多平方米。

遗址整体堆积大致分两个阶段，第①②层为近现代堆积，厚 20 ~ 30 厘米，主要为 20 世纪六十年代平整土地以后的耕种土，一般为灰褐色，土质疏松，富含植物根系，可见大量红陶片。第②层以下一般为新石器时代遗迹，未发现明确的新石器时代文化层，深 0.5 ~ 2 米不等；第②层以下为红褐色生土，土质较坚硬。

2021年发现的主要遗迹包括竖穴土坑墓50座，瓮棺葬30座，器物坑9个，灰坑27个，灰沟5条。出土器物主要为各类陶器、石器、骨角器等，可辨器型包括陶纺轮、陶环、磨制石器、骨簪、骨镞、骨针等；陶容器有小口尖底瓶，大口尖底瓶，尖底缸，陶钵，陶盆，陶釜，器盖，陶鼎等，推测为仰韶文化中晚期遗存。

此次发掘揭露了一片仰韶中晚期的墓地，墓葬排列有序，葬俗特殊，为研究郑州地区仰韶文化提供了丰富的新材料。瓮棺葬和幼儿土坑墓较多，葬制因年龄而异，对于判断婴幼儿死因及营养状况提供了珍贵资料；人骨中发现不少枕骨变形等现象，还发现一些特殊的葬具痕迹，这些都为人类学、民俗学研究提供了新资料。灰坑功能根据情境分析，推断部分可能为水窖，这为研究当时人类对水资源的利用和人地关系提供了科学证据。

（王 涛）

【宜阳县苏羊新石器时代遗址】

发掘时间：2021年3～12月

工作单位：洛阳市文物考古研究院、西北大学文化遗产学院

苏羊遗址位于洛阳市宜阳县张坞镇苏羊村、下村两自然村内，地理坐标北纬34°23′26″，东经111°46′10″，高程310～345米。2019年10月被列为全国重点文物保护单位。遗址坐落于洛河南岸的二级、三级阶地上，北临洛河，南望熊耳山，遗址至山脚之间整体呈缓坡状，呈南高北低走势，且遗址东、西两面有自然冲沟环绕，形成天然的保护屏障。遗址东西宽约970米，南北长约1050米，面积约60多万平方米，文化层堆积最厚达5米以上。根据遗址的分布范围和文化特征将苏羊遗址分为苏羊区和下村区两个片区，苏羊区紧邻洛河，下村区在苏羊区南部。

近年，洛阳市文物考古研究院对苏羊遗址进行了系统的考古调查、勘探和发掘。通过调查和勘探在遗址北部的苏羊区发现了人工环壕、生活区、墓葬区、人工湖沼等重要遗迹现象，基本弄清了苏羊区遗存分布范围和聚落功能区划分状况。

2021年共清理房址11处，灰坑、窖穴126座，沟1条，历史时期墓葬2座。已清理的房址中7处可能为仰韶晚期—庙底沟二期阶段，4处为仰韶文化中期。此次发现的仰韶晚期—庙底沟二期阶段房址保存较差，大都仅见零星柱洞和活动面。仰韶中期房址保存相对较好，为地面式房址，连间或单间，墙体为木骨泥墙，部分房子墙体尚有保存，墙内壁有光滑的青灰面。地面是经过细致加工的灰褐色“水泥面”，非常坚硬光滑，屋内还清理出数件“盛簪器”，在房屋地面上清理出大面积的墙体或房顶倒塌堆积。此次发掘出土的遗物以陶器、石器、骨器为主，还有少量蚌器和玉器，同时还发掘出土一定数量彩陶，值得注意的是部分遗迹出土大量屈家岭文化风格的陶器，陶器较多但风格单一。如H31单个灰坑出土屈家岭文化风格陶器20多件，但不见其他文化因素风格的器物。2021年发掘最重要的收获之一是H22出土的一枚兽首石雕，雕琢精美，外形似虎头，从整体造型和制作工艺看与红山文化半拉山墓地出土的石雕极为相似，初步推断可能为权杖头部构件，这种石雕在中原地区同时期的遗址中是首次发现。

通过系统的勘探和发掘，初步判断苏羊遗址苏羊区是一处以仰韶中晚期遗存为主体的环壕聚落，聚落规划性强、布局结构清晰，墓葬区和生活区分离，功能分区明显，为研究仰韶时期该区域聚落形态、社会发展水平、生业模式提供了宝贵材料。大量屈家岭文化因素遗存的发现为研究这一时期屈家岭文化北进及对中原地区的影响这一重大学术问题

提供了新的宝贵材料。

（谷向乐　任　广　詹　潇　卢志慧）

【武陟县保安庄新石器时代遗址】

发掘时间：2021 年 4 ~ 7 月

工作单位：河南省文物考古研究院

保安庄遗址位于焦作市武陟县城西南 25 千米大封镇保安庄村北，于保安庄、孟门、孔村三个自然村之间。1982 年，河南省文物研究所调查发现该遗址，采集有方格纹罐、篮纹双腹盆、绳纹灰陶鬲及石器、蚌器、骨器，属于龙山文化遗址，也有商文化遗物。

为配合小浪底北岸灌区的建设工作，河南省文物考古研究院对遗址进行了前期调查和勘探，于 2021 年对遗址北部区域进行了发掘，发掘面积共 1000 平方米，共清理灰坑 30 座，灰沟 2 条，墓葬 3 座，瓮棺 1 座；收集陶片、骨骼 100 余袋，时代涵盖仰韶文化、晋和宋元时期。其中以仰韶晚期文化为主。出土文化遗物中以折腹罐、钵、盆、缸、鼎、花边捉手器盖、瓮、尖底瓶等为主。陶器夹砂、泥质数量相当。纹饰以素面为主，少量附加堆纹、弦纹和细绳纹。彩陶较多见，以黑彩为主，另有部分红彩，纹饰有带状文、太阳纹、渔网纹、平行纹等。

根据发掘结果可知，此次干渠占压的范围位于遗址的北部，文化面貌是以仰韶文化为主，时期大概相当于大河村仰韶晚期。遗址文化内涵丰富，延续时间较长，对于研究焦作武陟地区仰韶文化晚期具有一定意义。

（韩朝会　张　萍）

【禹州瓦店新石器时代遗址】

发掘时间：2021 年 3 ~ 2022 年 1 月

工作单位：河南省文物考古研究院

为推动“考古中国・夏文化研究”项目实施，2021 年对瓦店遗址进行了发掘，面积为 1200 平方米，工作重点是了解遗址内部的聚落结构。2021 年工作收获主要集中在以下三个方面。

第一，根据 2020 年的勘探成果，对 G11、G9 进行了解剖发掘。G11 位于遗址东南部，宽 30 ~ 40 米，深 7.5 米，西北—东南走向，与遗址方向基本一致，时代为龙山时期，内侧发现有龙山文化时期城墙，沟内填土可分为二里岗文化时期、二里头文化时期和龙山文化时期。城墙残长约 314 米，残高 0.5 ~ 0.7 米，剖面形状上窄下宽，走向与壕沟一致，向西被现代民房占压，向东被颍河古道冲毁。护坡位于城墙与壕沟相接处，经过多次修筑、增补。墙体与护坡的主要建筑方式为堆筑。G9 为汉代水利设施，宽约 10 米，深约 6 米，发现有多次清淤的现象。

第二，在以往出土高等级遗物较多的东高岗区域进行大面积揭露。目前发现龙山文化时期的排房、灰坑、墓葬、瓮棺、灰沟等遗迹。结合遗迹的年代与相互关系判断，该区域是一处居葬合一的居址区。房基由纯净黄土反复铺垫、使用而成，破坏较为严重，仅见柱洞、墙槽等遗迹。在排房的长期使用过程中，逐渐形成了西北—东南向高台地，台地两侧是低洼的公共活动空间，灰坑主要分布于低洼的公共活动空间内。根据发掘、钻探得知，整个东高岗区域存在多处此类台地。

第三，在东高岗区域获得了一批龙山文化时期墓葬资料。墓葬可分为竖穴土坑墓、异类葬和瓮棺葬。竖穴土坑墓 13 座，主要分布在台地两侧，墓主皆是成年人，葬式分为仰身直肢和侧身屈肢，以西北—东南向为主，个别随葬陶鼎、獐牙等遗物。异类葬分为缺肢葬和灰坑屈肢葬，多集中在台地上。瓮棺葬可分为大小两类。大型瓮棺分布在台地两侧，葬具为锯口陶瓮、陶缸、大口罐，直径最大可至 0.8 米，墓主多为成年人，个别随葬品有残玉器。小型瓮棺主要分布在台地上，葬具为罐形鼎，直径多在 0.25 ~ 0.3 米之间，墓主为婴儿，不见随葬品。根据墓葬与房址垫土的关系判断，异类葬和小型瓮棺葬应是房基修建时奠基的遗存。

此次发掘的主要出土遗物属于王湾三期文化，时代为瓦店三期。城墙、城壕的发现再次证明瓦店遗址是颍河中游地区龙山文化晚期重要的核心聚落之一。东高岗区域明显的聚落规划为研究当时的社会组织和管理模式提供了重要材料。

（张华贞）

【叶县余庄龙山文化遗址】

发掘时间：2021 年 4 ~ 12 月

工作单位：河南省文物考古研究院、平顶山市文物局、叶县文化广电和旅游局

余庄遗址位于平顶山市叶县盐都街道余庄村，西北距沙河约 3 千米，遗址东西长约 1600 米，南北宽约 1400 米，面积 100 万平方米以上，周边分布有平顶山蒲城店等近十处龙山文化遗址。

2019 年 12 月 ~ 2020 年 1 月，为配合叶县标准化厂房建设项目，平顶山市文物保护工程咨询服务中心对所征地块进行勘探后，将其确定为一处中原龙山文化遗址。2020 年 8 ~ 12 月，河南省文物考古研究院联合平顶山市文物局、叶县文化广电和旅游局对余庄遗址进行发掘，发掘面积约 1000 平方米。2021 年，余庄遗址被列入国家文物局“考古中国 · 夏文化研究”重大项目，批复主动发掘面积 1500 平方米。2021 年，河南省文物考古研究院联合市县文物部门再次对余庄遗址进行发掘，共清理墓葬、房址、灰坑、水井等遗迹近 300 处，出土铜、玉、石、陶、骨等材质器物 450 余件（套）。

龙山文化墓葬是目前余庄遗址发现的最重要的文化遗存，计有 65 座。根据墓葬的规模和随葬品的不同可分为小型墓和大型墓。其中，小型墓无随葬品，分布较杂乱，方向不一。大型墓近 20 座，开口于不同层位，方向在 105 ~ 120° 之间，开口面积 3 ~ 5 平方米，均以单棺为葬具，随葬成套的陶礼器，包括鼎、豆、觚、杯、高柄杯、长颈壶、折腹盆、罐等，组合与摆放位置固定，个别墓葬还随葬有獐牙，部分墓葬有 1 ~ 2 个殉人。随葬陶器中，豆、觚、杯、高柄杯四种器物出现 7 件成组的形式，个别墓葬中的豆、觚 5 件成组，是最早以特定数量的列器作为墓主人身份地位象征的实例。上述发现表明，余庄遗址的权贵阶层在墓地布局、墓葬规模、墓向及随葬品等方面遵守一定的规范，已形成较为严格的墓葬制度，同时表明以酒器为中心的礼器制度亦已形成。

余庄遗址发现有大型墓、小型墓，以及灰坑葬、殉葬等非正常的埋葬方式，死者的身份地位差异显著，这些现象反映出严重的社会分化。另外，大型墓随葬器物均为明器，器类、器形一致，当是由专人烧造，加之遗址内出土的铜器、玉器以及蛋壳陶等高等级陶器，可知社会分工也已出现。由此推断，龙山时期中原地区已经出现了以礼制为核心的早期文明特征，复杂社会已经形成。

叶县地处中原腹地，扼南阳盆地北口，自古以来便是南北文化的结合部，至迟于东周时期便形成了文献记载的沟通南北的“夏路”。依据余庄遗址出土器物的类型，可知早在龙山时代，叶县已与周邻地区存在深入的文化交流，其中，红陶杯、陶塑、彩绘陶器（豆、高柄杯、杯、壶）以及厚葬习俗应是受到江汉地区石家河文化的影响；出土的蛋壳陶以及随葬獐牙的习俗则近于海岱地区大汶口、龙山文化因素。余庄遗址的发现，可将叶县南北结合部的地位，以及文献记载的所谓“夏路”上溯至距今 4000 年前。

余庄遗址规模大，等级高，文化内涵丰富。目前的考古工作表明，余庄遗址存续时间较长，^{14}C 测年数据落在公元前 2400 ~ 前

2000 年之间。从文化内涵、空间分布来看，余庄遗址应是龙山时期豫西南地区的区域中心聚落。余庄遗址的发掘，对研究龙山时期中原地区的社会复杂化、丧葬礼仪制度、早期国家的形成，以及早期夏文化具有十分重要的意义。

（吴伟华　贾一凡）

【郑州航空港经济综合实验区文教局新石器时代至宋代遗址】

发掘时间：2021 年 4 ～ 9 月

工作单位：郑州市文物考古研究院

郑州航空港经济综合实验区（郑州新郑综合保税区）教育卫生体育局拟建的郑港测古（2019）098 号项目地处郑州航空港区西北部，位于洞庭湖路以南、凌风街以西。该区原为郑州市新郑市孟庄镇陡沟村聚居地，后随郑州航空港经济综合实验区建设的高速发展，划归为郑州航空港区郑港办事处。现隶属于郑州航空港区郑港办事处陡沟村，地势相对平整。

郑州航空港区地处中原腹地，地上地下文物比较丰富。从目前总体规划来看，涉及全国文物保护单位 1 处，省级文物保护单位 2 处，市级文物保护单位 10 处。特别是从 20 世纪九十年代初郑州新郑国际机场建设以来，郑州市文物部门先后在此做了大量的考古调查勘探工作，发现了多处重要的古文化遗存和大批的古墓葬，在配合港区工程建设的考古发掘中出土了大量的珍贵文物，为研究郑州以及中原地区的历史沿革提供了翔实依据。

根据《中华人民共和国文物保护法》规定，经郑州中探勘测有限公司勘探，在该项目用地范围内发现各类遗迹 58 处，其中汉代墓葬 8 处，战国灰坑 49 处，明清水井 1 处。为确保地下文物安全，受建设单位的委托，郑州市文物考古研究院经报请上级文物主管部门批准组队前往现场，对其进行配合性的考古发掘。经过考古发掘，共清理出各类遗迹 121 处，其中墓葬 14 座，灰坑 105 处，灰沟 1 条，房基 1 处。时代跨度为新石器至宋代。

宋代遗迹包括灰坑 60 座，墓葬 6 座。宋代灰坑有长方形、圆形、椭圆形、不规则形四种，其中以长方形为主。出土遗物的种类有陶、瓷两种，陶器主要为残片，均为泥质灰陶，可分辨器形有盆、罐、缸等。瓷器器表主要施黄绿釉、灰白釉，可分辨的器形有碗、盘等。墓葬平面形状呈“甲”字形。

M4 为“甲”字形竖穴墓道仿木结构券顶砖室墓，由墓道、甬道、墓室组成。墓道位于墓室南部，平面形状呈长方形，长 5.5 米，宽 0.66 ～ 1.24 米，深 2.8 ～ 2.9 米，由南至北呈台阶状。甬道为砖券结构，位于墓道和墓室之间，弧顶，直壁，底部平整。墓室位于甬道北侧，土圹部分平面呈近正方形，砖室为四角攒顶，周壁为砖雕仿木结构，土圹部分南北长 3.02 米，东西长 3.08 ～ 3.16 米，深 3 米。墓室北部砌有棺床，清理过程中未发现骨架及棺椁痕迹，故葬式葬具不详。发现随葬品一件，为瓷碗残片（可修复）。

M5 为“甲”字形竖穴墓道仿木结构券顶砖室墓，由墓道、甬道、墓室组成。墓道位于墓室南部，平面形状呈长方形，长 6 米，宽 0.74 ～ 1.1 米，深 2.84 米，结构和 M4 相同。墓室北部砌有棺床，清理过程中发现 2 具人骨南北排列，南部人骨头向朝西，面向朝上；北部人骨头向朝西，面向朝北，骨架摆放较为凌乱，应该为迁葬。葬具不详。未发现随葬品。

汉代房基 1 座（F1），位于发掘区东北部，开口 2 层下，口部距地表 1.1 米，开口形状呈长方形，南部呈不规则台阶，北、东、西三壁均有残砖墙，脱落较明显，现保存在壁上的砖不多，底部有较多的残砖。填土中出土陶片较多，陶片纹饰有绳纹、素面等，可分辨器形有盆、筒瓦、板瓦等。

发现战国时期的灰坑 23 座，墓葬 8 座。

战国灰坑出土陶片较少，多为泥质灰陶，陶片纹饰有绳纹等，可分辨器形有盆、罐、豆等。小件有骨簪、石器等。

墓葬 M6 ~ M13 均为长方形竖穴土坑墓。竖直壁，底部平。出土多为陶豆、陶鬲、陶罐为一组的随葬品。

M9 位于发掘区西南角，开口 2 层下，墓室底部有 5 条横向的垫木槽，宽窄不一，宽 4 ~ 14 厘米。墓室内存有一具人骨架，葬式为仰身直肢葬。随葬品共计 4 件，置放于墓室北部的二层台上，均呈倾斜状，自西向东依次是陶鬲、陶豆、陶罐。

商代遗迹主要是灰坑 8 座。灰坑有圆形、椭圆形、不规则形、长方形四种。其中以圆形为主，出土陶片大多为泥质灰陶，有少量夹砂，可分辨器形有盆、罐、钵、鬲、斝、豆等。小件有石斧、石镰、陶纺轮等。

清理龙山时期遗迹共计 13 处。其中灰坑 11 座，灰沟 1 条。主要分布于发掘区的西部。灰坑有圆形、椭圆形、不规则形、长方形四种。其中圆形和椭圆形灰坑居多，不规则形和长方形灰坑次之。灰坑形制大多为袋状坑，口小底大，壁较为规整。出土陶片较多，大多为泥质灰陶，有少量夹砂。纹饰有方格纹、篮纹、绳纹、弦纹、戳刺纹等。可分辨器形有盆、罐、碗等。小件有石铲、陶碗等。

G1 位于发掘区西北部，平面形状呈带状，南北向，现发掘长度 3.8 米，宽度 0.64 ~ 0.78 米，深 0.3 米，沟壁竖直较规整，底部平整。出土 2 片陶器残片，泥质灰陶，器表饰方格纹。根据该沟的形状结构推测可能为当时挖制的排水沟。

通过对该项目占地范围内的文物勘探和考古发掘了解了该遗址的性质及文化内涵，确认为一处龙山时期至宋代遗址，发掘所获对于研究各个时段的自然环境、人地关系、埋葬制度等提供了实物资料。

（高赞岭　潘寸敏）

【叶县张庄龙山文化东周及宋元时期遗址】

发掘时间：2021 年 10 ~ 12 月

工作单位：河南省文物考古研究院

张庄遗址位于平顶山市叶县盐都街道张庄村，西邻 G234 国道（叶县叶公大道），东临张庄村民房，西北距沙河约 2 千米，东南距叶县余庄遗址约 1 千米。张庄遗址文化层包括明清、宋元和东周三个时期，以东周时期为主，亦有少量龙山时代遗存。

为配合叶县房产事务服务中心“叶县昆北佳苑公共租赁住房项目”建设,2021 年 1 月，平顶山市文物保护工程咨询服务中心对所征地块进行勘探，确定遗址面积约 18900 平方米，核心区域面积约 2000 平方米。2021 年 10 月 ~ 12 月，河南省文物考古研究院对张庄遗址进行发掘，发掘面积 400 平方米，共清理墓葬、水井、沟、灰坑等遗迹 105 处，出土陶、瓷、铁、铜等不同质地的器物 61 件，包括东周陶豆、铜镞、铜削、铁斧，宋元时期白底黑花瓷碗，以及不同时期铜钱等。

叶县地处中原腹地，扼南阳盆地北口，自古以来便是南北文化的结合部，战国时期其北部为昆阳，属魏、韩，其南部为叶邑，属楚国，为中原地区和江汉地区两个不同的文化系统。张庄遗址出土的大量战国时期的陶豆为研究当时的陶豆的形式分类、南北文化因素的交融等问题提供了重要实物资料。

张庄遗址的发掘虽未发现新石器时代的文化层，但在东周地层之下发现了龙山时代的灰坑、房址等遗迹，出土了屈家岭—石家河文化、中原龙山文化的陶片、陶塑等。这些遗迹多被战国时期文化层破坏，有的仅存底部，有的被重新改造后继续使用，可知该区域应有更早期的人类活动。而且，张庄遗址距离叶县余庄遗址仅 1 千米，对研究龙山时期中原地区的聚落分布亦大有裨益。

张庄遗址的考古发掘为研究龙山时期、

东周及宋元时期的社会生产生活状况、生活习俗以及埋葬风俗等提供了实物资料。

（贾一凡　吴伟华）

【漯河市郾城区宋岗龙山文化至二里头文化时期遗址】

发掘时间：2021 年 3 ~ 6 月

工作单位：河南省文物考古研究院、漯河市文物考古研究所

宋岗遗址位于漯河市郾城区宋岗村西 200 米。为配合许信高速漯河郾城段建设，河南省文物考古研究院联合漯河市文物考古研究所共同进行了发掘，发掘面积 3000 平方米。

宋岗遗址为一处龙山文化晚期至二里头文化时期的小型聚落遗址，经勘探宋岗遗址总面积在 2 万平方米左右，北部有一条宽约 3 ~ 5 米的灰沟。2021 年共布方 30 个，发掘遗迹 106 个，以龙山晚期灰坑为主，共 86 个，墓葬 5 座，瓮棺葬 2 座。战国至汉代灰坑 2 座，水井 7 眼。宋代墓葬 1 座，灰沟 1 条。明清时期墓葬 1 座，水井 1 眼。出土大量龙山晚期煤山类型及少量二里头时期陶片及陶器，主要器类有罐、鼎、豆、盆、碗、鬶等，另外出土少量骨蚌器、玉器。根据发掘及勘探调查结果初步认为，宋岗遗址与遗址西南、东南部调查发现的小型聚落遗址有可能共同构成了一组小型聚落群，为周边大型聚落服务。

（闫琪鹏）

【三门峡小交口龙山文化遗址】

发掘时间：2021 年 6 ~ 12 月

工作单位：河南省文物考古研究院、郑州大学、三门峡市文物考古研究所

小交口遗址位于三门峡市交口乡小交口村北，地处东青龙涧河北岸的黄土台塬边坡上，为龙山文化晚期遗址之一。2021 年为配合 209 国道建设，联合考古队对小交口遗址进行了考古发掘。

在发掘期间，2021 年 7 月，考古队对遗址及周边进行了调查，调查除了常规田野踏查，主要利用 BIGMAP、RTK 测量仪、地理信息系统等软件观察、测量、分析、记录台塬断壁上显露的遗迹现象并采集分析测试样本，共发现白灰面房址 38 座，陶窑 2 座，墓葬 1 座以及灰坑 80 个（含灰坑葬 3 处）。除此之外，还发现了大量的陶器、石器、骨（角）器等文化遗物。利用全球地理信息系统等软件测绘、分析得出小交口遗址遗迹的分布范围约 72 万平方米，陶片等遗物的分布范围达 124 万平方米。此次发掘面积约 1000 平方米，共发现房址 16 座、陶窑 4 座、墓葬 1 座、灰坑 30 多个。房址以窑洞式、半地穴式为主，另有少量地面式。根据其形制可以分为“亞”字形、“凸”字形以及“吕”字形。房屋门道向南，地面多涂有白灰，中部大多置一圆形烧结硬面，推测作为火塘使用。个别房址还包括室内灶、壁龛、窖穴等附属设施。

陶窑共发现 4 座，均为横穴窑，且 Y4 为双窑室。Y1、Y2、Y3 处于同一海拔高度的阶地上，相距甚近。三座窑址周边均有与之相关的房址、工棚、灰坑等遗迹，共同组成了遗址内的陶器手工业作坊区。墓葬仅发现 1 座，编号 M1，墓主人为未成年男性，单人仰身直肢葬，未发现随葬品。由于 M1 距离 F15 较近，推测可能为 F15 的奠基人骨。灰坑形制多样，可分为袋状、不规则两种，个别袋状灰坑壁留有草拌泥及工具加工痕迹。

出土遗物有陶、石、骨（角、蚌）器等，陶器以泥质灰陶为主，纹饰有篮纹、绳纹、方格纹等，器型有肥袋足鬲、单把鬲、侈口罐、缸、杯、碗、蛋壳陶等。生产工具有石斧、石（蚌）刀、石镞、石纺轮、鹿角锥等。另外还发现了大量的石制品毛坯、废料以及动物骨骼，出土的动物骨骼以家养的猪和狗

为主，另有鹿、狍子、鼠等野生动物。

（姚宗禹　王　肖　郑　丹
张小虎　崔天兴）

【淮阳时庄夏代早期遗址】

发掘时间：2021 年 1 ~ 9 月

工作单位：河南省文物考古研究院、北京大学考古文博学院、周口市文物考古所

时庄遗址位于周口市淮阳区四通镇时庄村，2021 年新揭露面积 500 平方米，位于粮仓城台地的北部。

2021 年考古工作的主要收获有四点。一是通过发掘确认了已探明的夯土围墙和台地的北侧边界。二是新发现了夯土围墙的北门，宽度 0.84 米左右，位于东夯土围垣北墙的中部，与南部通道基本相对。三是新发现一批地面式和地上式粮仓及一座居住型排房，其中地面式粮仓 F47 基础部分保存较好，未见门道，具有封闭的围墙结构。居住型四开间排房 F38 同 2019 年度发掘的 F1 结构及建筑方式基本一致，房外东部发现倒塌的土坯垒砌墙体，十分罕见。四是通过局部探沟方式解剖发掘，结合 2019 ~ 2020 年度的基本认识，可将时庄遗址发现的相当于夏代早期（时庄系列测年数据显示，相关遗存的年代为公元前 2000 年 ~ 前 1700 年，这个年代跨中原地区王湾三期文化晚期最晚、新砦期及二里头文化一期，属于夏代早期纪年范围）的遗存分为三个阶段：早期兼具仓储和居住功能；中期开始夯筑东、西围垣并大量建造各式粮仓，成为功能专一的粮仓城；晚期废弃，废弃的年代大致在岳石文化的二、三期。

2021 年的发掘进一步丰富了时庄遗址夏代早期粮仓城的内涵，深化了对聚落的发展阶段和布局的认识。

（曹艳朋）

【偃师二里头遗址】

发掘时间：2021 年

工作单位：中国社会科学院二里头工作队

2021 年，二里头工作队继续以探索二里头都邑的布局和历时性变化为中心工作。在宫城西南角发现了一处骨器、角器加工作坊，在遗址北缘西部发现了夯土建筑、陶窑、小型墓地、灰坑等较丰富的遗存。

宫城内 1 号基址西南发现大量骨、角质遗物，其中大多数存在砸击、切割、磨制的痕迹，包括骨、角质锥、镞、簪等器类的原料、半成品、成品和废料等加工过程中多个环节的遗物。初步推测这是二里头文化四期晚段的一处加工骨器、角器作坊，对其深入发掘、研究，将有助于理解二里头文化晚期骨器、角器的加工流程、工艺水平、与 1 号基址的关系、社会面貌及其演变等问题。

遗址北缘西部的发现较为丰富，发现有二里头文化二期的夯土建筑，夯土建筑东侧的路土堆积中见有绿松石珠和蚌珠串饰，发掘区域出土多块绿松石料和绿松石片。以上表明，遗址北缘也有较多高规格遗存，也是重要遗存分布区。

该区还发掘出一座较完整的二里头文化二期陶窑，近旁的废弃堆积中发现较多红烧土、灰烧土块，并发现多块深腹罐泥坯。它们与近年在祭祀区以西发现的制陶工艺多个阶段的遗迹均是该遗址首次发现的较丰富制陶遗存，为探索二里头都城的制陶作坊分布、操作工艺和流程等提供了重要资料。

发现东西一排 4 座小型墓葬，随葬品包括有陶礼器在内的少量陶器。这些墓葬头向均朝南，与以往发现的墓葬头向多朝北的情况区别明显。这为探索二里头文化墓葬的葬俗、分区、布局特征，都邑人群的多元身份等提供了重要资料。

发掘出土数百片带漆陶片，多为陶盆残

片，一些残片内外壁、断渣均可见红漆。既往成品漆器多出土于高规格墓葬中，属于礼器。此次发掘虽未发现直接的制漆遗迹，但发现的带漆陶片数量为以往历年发掘出土带漆陶片之和的 20 倍以上，实属罕见，提示周边或存在制漆作坊，可能是探索制漆作坊的重要区域。

此次对二里头遗址北缘西部的发掘丰富了遗址内涵，对于探索遗址的整体布局、制陶、制漆手工业分布、工艺技术及变迁情况具有重要价值。该区域的遗存总体分布情况有待更大范围的发掘去揭示。

此外，遗址北缘西部首次发掘到龙山文化遗存：一个灰坑出土典型、纯粹的龙山文化晚期陶器，表明该区域存在龙山时代聚落。这或许可作为二里头遗址北侧在龙山乃至二里头时代存在小型河流的旁证，为探索二里头遗址的地貌环境、北部边界，以及与古城村遗址的关系等问题提供了重要线索。

（赵海涛）

【偃师古城村遗址】

发掘时间：2021 年 3 ～ 12 月

工作单位：洛阳市文物考古研究院、中国社会科学院考古研究所

偃师古城村遗址位于洛阳市偃师区首阳山街道古城村西北，北依邙山，南临洛河，与二里头遗址隔洛河相望，直线距离约 1.3 千米，东北距偃师商城直线距离约 6.8 千米，西北距汉魏故城直线距离约 6.5 千米。

2020 年，洛阳文物考古研究院对该遗址进行考古调查与勘探，勘探面积约 32 万平方米，发现此处有一条长约 1760 米的东西走向花土带以及大量灰坑等遗迹现象，故上报国家文物局，经批准，于 2021 年 3 月开始对古城村遗址进行考古发掘，发掘面积为 1000 平方米，清理遗迹主要有窖、灰坑、灰沟、烧灶、路、房址、夯土、壕沟等 68 处。

东西走向壕沟 1 条，被二里岗时期灰坑打破。发掘已知长度为 1672 米，宽度为 9 ～ 10 米，深约 2.23 米；壕沟内填土为花土，含较多料礓颗粒，呈坡状堆积，自上而下可分为 19 层，底部为浅黄色土，含沙量较大。

二里岗时期灰坑 2 个，出土遗物以陶片为主，少量石蚌器等；陶器完整器物较少，多为陶器残片，根据部分可修复器物和可辨器形标本判断有大口尊、盆、甑、鬲、罐等，陶质以泥质灰陶为主，纹饰主要有绳纹、弦纹、附加堆纹等。

东西走向夯土 1 条，编号为夯 1，长度为 110 米，宽度为 4 ～ 5.8 米，深度约 0.9 米；夯 1 仅剩基槽部分，保存质量较差，被西周时期房址打破。

西周时期灰坑 7 个，平面多数为近圆形，出土少量陶片，以泥质灰陶为主，可辨器形有陶鬲、陶罐等。房址 1 座，编号为 F1，平面呈“吕”字形，开口距地表 0.9 米，南北长 7 米，东西宽 1.95 ～ 3.6 米。F1 可分为南北两部分，中间有一过道，长 2 米，宽 0.74 米，北半部西南有一烧灶，平面呈半圆形；出土少量陶片，陶质以夹砂灰陶为主，少量泥质灰陶、夹砂红陶等，纹饰以绳纹为主，少量弦纹。

宋元时期灰坑 4 个、窖 3 个，出土少量宋元时期瓷片、瓦片等；汉代灰坑 42 个，东西走向路 1 条、烧灶 2 个，灰沟 4 条，出土遗物以陶片、瓦片为主，少量铜钱、铁器等。

偃师古城村遗址考古工作的开展，对研究洛阳地区夏商时期聚落形态、社会结构等问题都具有重要意义。

（董鹏娟）

【郑州商城遗址】

发掘时间：2021 年 5 ～ 12 月

工作单位：河南省文物考古研究院

2021 年为配合郑州市商都历史文化区东城垣内侧环境整治项目（二期）建设，河南

省文物考古研究院对郑州市管城回族区东大街与城东路交叉口西北部区域进行了配合性考古发掘。

此次考古发掘工作共布10×10米探方60个，揭露面积6000平方米。整个发掘工地发掘深度达1.2～6米左右，清理出商代、唐宋、明清时期的灰坑、水井、沟、灶址等各类遗迹490余处。

商代二里岗时期。南部发掘区的中部和南部再次清理一批长方形遗迹，如J92、J101、J102、J120、H1124、H938等，除出土有较多陶器外，还有人骨架、卜骨、原始瓷器，推测功能主要为灰坑和水井，但不排除有祭祀后的瘗埋坑的可能。2021年较为重要的发现之一是在发掘区南部新发现了一条商代沟（G31）。G31目前已揭露部分长度达70米，大体呈西北—东南走向，延伸到已发掘区域外。从解剖沟的剖面来看，G31南北宽约12米，开口距地表深3.5～3.7米，沟深3.9～4.1米，南北两侧呈斜坡状堆积，坡度较缓，底部南北宽1.5～1.8米。沟内堆积层次清晰，水流痕迹明显，最底层出土遗物尤为丰富，时代可确定属于商代二里岗上层时期。此外，在西北部发掘区也发现数个商代遗迹，包括J144、H1086、H1108等。

战国时期。南部发掘区中南部的G30，是叠压在商代G31之上的沟状堆积，水流痕迹明显，不排除是一条人工修筑的排水沟。

唐宋时期。2021年较为重要的发现是在南部发掘区新发现四处铸造遗迹，保存较好，在中国古代铸造技术史上也是较为少见的，目前正在论证相关保护展示方案。

另外，发掘还清理出汉代、明清时期的遗存。

总之，2021年考古发掘为探究郑州商代城址的功能布局、城市排水以及历史时期城市格局的演进提供了丰富的资料。

（杨树刚）

【偃师商城遗址】

发掘时间：2021年2～12月

工作单位：中国社会科学院考古研究所河南第二工作队

2019年以来，中国社会科学院考古研究所河南第二工作队对偃师商城遗址开始进行系统的钻探，在小城中南部新发现了一条贯穿城址的东西向石构水道。为了解该水道的形制、结构、年代及其与之前发现的倒“几”字形水道的关系，进而深入探讨偃师商城小城的布局，2021年继续以水资源利用体系的探索为中心，选择重要节点对水道遗存进行考古发掘，发掘面积800平方米。其中比较重要的发现有早期水道、晚期水道、大城新西门、小城东门和府库内的建筑基址。以下结合勘探和发掘情况予以简单介绍。

早期水道。东西向，横穿城址中南部，总长近1400米。西侧引自大城西部的南北向古河道（或人工沟渠），为较宽的石构渠道；穿越大城西墙（含小城西墙）处为石构暗渠，进入大城区域为石构或土构明渠，最终进入宫殿区池苑。出池苑及穿宫城东墙处为暗渠，出宫殿区后为明渠，穿越小城东墙处为石构暗渠，再向东汇入偃师商城东南部的古代湖泊。发掘表明，早期水道穿越大城西墙和小城东墙处的构造与2020年发掘的宫殿区东侧处早期水道的构造基本相同。早期水道的始建年代为一期，可能与小城城墙同时（2段），工序上早于小城城墙，在偃师商城大城城墙修建时，局部进行过改造。

晚期水道。同以往发现的倒“几”字形水道。2021年相关的发掘地点包括水道起点处，西部拐折处和穿越小城东墙处3个地点。晚期水道起点处、水道口部保存较差，未见盖板覆石，应为明渠，西端见有水道封堵现象；西部拐折处发掘揭露的水道包括早晚两个阶段：早段为直角转弯，水腔较宽，晚段进行过改造，改为弧状转弯，水腔变窄。进水渠上部未见盖板覆石，应为明渠。排水渠穿越小城东墙（东门）处，口部有盖石，为暗渠。结合发掘情况可知，倒“几”字形水道的进水渠可能为偃师商城遗址二期修建，始建年代不晚于 4 段，在 5 段的时候进行过改建。排水渠则为一次修建而成，未见改建痕迹，形成年代与西侧进水渠的晚段大致相当。

大城新西门。在早期水道穿大城西墙处新发现城门 1 处。该门道可能包括早晚两个阶段，其中晚段的年代可能不早于第 4 段，应是在水道废弃后所建。晚期门道宽约 2.8 米，两侧见有柱槽和排叉柱柱洞，形制与以往揭露的偃师商城城门近似。

小城东门。在晚期水道穿越小城东墙处新发现了小城东门，单门道，宽 3.2 米左右。门道两侧见有柱槽和成排柱洞，柱洞底部铺设有柱础石。其中南侧柱槽内见有柱洞 9 个，北侧柱槽内部分柱洞被近代墓打破，残存 5 个，下部有晚期水道经过。

建筑基址（府库）。在晚期水道出小城东墙处的北侧发掘揭露出偃师商城遗址Ⅲ号基址群（2 号府库）最南排，西侧第 2 列处的建筑基址的南半部分。该建筑基址为长方形，宽为 6.5 米，构造、年代、围垣及相关设施均有待进一步探明。

2021 年的发掘首次发现了小城城门，新发现了大城西门，明确了两条水道的早晚关系、走向、构造和与池苑的关系，深化了对偃师商城水系分布状况和沿革的认识，对偃师商城遗址城市布局和规划理念的研究具有重要学术意义。

（陈国梁　曹慧奇　谷　飞　史萌萌）

【许昌市石庄商代遗址】

发掘时间：2021 年 3 ~ 10 月

工作单位：河南省文物考古研究院、许昌市文物考古研究管理所

石庄遗址位于许昌市建安区榆林乡石庄村西北，地势呈漫岗状，南距颍河 2.5 千米。

2021 年为配合许昌高速许昌段建设，河南省文物考古研究院联合许昌市文物考古研究管理所报请国家文物局批准后（考执字 2021 第 418 号）对石庄遗址开展了考古发掘，发掘面积 5000 平方米，发掘遗迹有灰沟、灰坑、墓葬、井、路、窑、灶等。灰坑 270 座，时代有二里岗、东周、汉代等。墓葬 43 座，其中汉墓 30 座，魏晋墓葬 3 座，唐代墓葬 2 座，宋代墓葬 5 座，明清墓葬 3 座。路 5 条，时代为东周和汉代；沟 5 条，均为宋代；井 2 眼，为东周时期；灶 1 个，为东周时期；窑 1 座，为东周时期。

根据发掘情况来看，遗址大致可分为三个区域。南部区域主要属于商代二里岗时期遗存；中部区域主要是汉代和唐代墓葬；北部区域主要是东周时期遗存。

商代遗存的年代主要是二里岗上层一期。遗迹主要是灰坑和窖穴，出土遗物有鬲、盆、罐、簋、器盖和大口尊等，还出土有石器、卜骨和铜镞等。灰坑多为圆形，直壁平底，较为规整。其中 H8 出土遗物较为丰富，制作较为精美，有大型器盖，兽面纹陶簋和陶尊、青铜锛、陶鬲、陶豆、骨镞等。根据该坑出土遗物的完整性以及摆放形态来看，H8 应为一处窖穴。东周文化遗存以灰坑为主，年代从战国早期延续至战国晚期，器物以盆、豆、罐为主，鬲发现较少。汉代墓葬破坏较为严重，出土随葬品有铜洗、铜镜、陶鼎、陶釜、陶甑、陶灶、陶罐、陶壶、陶奁等，时代以东汉为主。此外发现多座瓦棺葬，时代为汉魏时期。M6 墓圹口长 1.3 米，宽 1.03 米；陶棺长 0.7 米，宽 0.33 米，高 0.3 米，未见人骨，出土泥质陶罐 1 个。

此次发掘出的商代遗存与周边大路陈遗址、谢庄遗址和营孙遗址等商代遗存同属于二里岗上层一期，目前尚未发现更早的商代

文化遗存，对于研究颍河流域商代文化的发展以及夏商文化更替具有一定的意义。

（王　豪　梁志力）

【安阳市安钢给排水项目商代遗存】

发掘时间：2021年1～12月

工作单位：中国社会科学院考古研究所安阳工作队

此次考古地点位于殷墟西部今安钢厂区，工作性质为配合基建考古。共布探方61个，发掘总面积约为3200平方米。清理殷墟时期的遗迹有灰坑150个，墓葬40座，房址1座，瓮棺葬12座，水井2眼，灰沟2条。其他有战国时期灰坑9个，唐代窑址1座，宋代窑址6座，以殷墟时期遗存最为丰富。

殷墟时期沟2021AGG8，大致为西北—东南向，比较规整，口大底小，底较平。已发掘部分，长8米，口部宽6.5米，底部宽4.9米，最深2.6米，西部浅，东部略深。沟内填土按土质、土色共分为5层，其中第③④层出有殷墟四期早段陶片。第④层及以上填土布满整个沟，可见殷墟四期早段时沟已废弃。

2021AGH142，为窖藏坑，口部近似圆形，直径为2.3米左右，距口深2.66米，直径缩小至1米，周围留一周平台，再往下深2.7米到坑底。出土文化遗物包括陶片及动物骨骼，可辨陶器有鬲、簋、豆、盆、罍、罐、器盖等。动物骨骼有牛、羊、猪、狗、鸟类等。

2021AGM61，北偏东5°，墓口长2.83，宽1.37，深4.4米。葬具为1椁，1棺，棺髹漆。椁长2.38，宽1.35；棺长2.03，宽0.67米。椁二层台宽0.3～0.5，高0.75～0.9米。殉狗5只，椁北侧的二层台上横放一条牛腿骨和一条羊腿。二层台内侧与墓底可见明显的木板痕迹。棺内人骨的头朝北，骨骼保存很差。随葬器物37件，有陶器、青铜器、骨器和玉器等。8件骨钉竖插于椁侧板外。陶器有陶豆1、陶觚1、陶爵1，打碎置于椁的二层台上。青铜器放置于棺上及棺椁之间，有铜觚1、爵1、弓形器1、铜策1、铜铙3、铜戈6等，其他还有铜锛、凿、斤、铃以及玉器等。

井2021AGJ4，殷墟四期早段，开口近长方形，长2.65米，宽2.33米，底部近方形，边长1.2米，发掘深到8.8米时出水而无法清理到底。井壁南、北侧有脚窝。填土分两层。出土很多的陶范残块、陶片以及铜渣、兽骨等。钻探获知10米深处达地下水位线，同时井壁也向外扩大。

此次发掘补充了殷墟西部地下文化遗存的资料，其中新发现的殷墟时期的沟与以往发现的沟方向、宽度和深度一致，属于干渠，对完善殷墟大邑商西部的功能区划、推动对商文化与商史的研究有重要价值。

（牛世山）

【郑州航空港经济综合实验区文教局项目晚商遗存】

发掘时间：2021年9～10月

工作单位：郑州市文物考古研究院

郑州航空港经济综合实验区教育文化卫生体育局项目工程用地位于郑州航空港区东南部，原尉氏县岗李乡北部的窝沈村以东，路家村以南。现占地为比亚迪厂区规划待建区。建设占压区域原为高岗地。

发掘共布设探方8个，发掘面积800平方米，发现晚商灰坑25座，明代墓葬4座。出土了少量晚商陶器残片。

通过考古发掘清理晚商灰坑25座，开口于②层下，平面形状分为圆形、椭圆形、不规则形。圆形灰坑坑壁规整，略外扩，呈袋状；椭圆形、不规则形灰坑坑壁竖直，略规整，平底。出土少量陶器残片，多为夹砂灰褐陶片，其表面多饰有绳纹、凹弦纹等。可辨认器形有陶罐、陶盆、陶鬲等。另出土石刀、骨簪。

明代墓葬4座，开口于②层下，平面为长方形，墓壁竖直规整，平底，底部未发现随葬品等。为明代迁葬墓。

此次发掘为研究晚商文化在郑州地区的分布提供了新资料，明代墓葬的发掘为明代丧葬习俗的研究提供了资料。

（高赞岭　校庆义）

【洛阳市强制隔离戒毒所西周时期墓葬及马坑】

发掘时间：2021年7月13日～10月31日

工作单位：洛阳市文物考古研究院

洛阳市强制隔离戒毒所消防泵站和配电房修建项目位于洛阳市瀍河回族区北窑村西北，机砖厂路1号的洛阳市强制隔离戒毒所院内东部。在该发掘区域内清理出西周时期马坑1座（编号K1），西周墓葬2座，唐代墓葬3座。

K1为长方形竖穴土坑，方向270°，东西长7.4，南北宽3.8，深2.2米，共清理出马骨24具（其中3具马骨为残肢），马骨摆放较乱，有叠压现象，无车、马饰品。两座西周墓（钻编M2、M22）均为长方形竖穴土坑墓，长3.9～4.2米，宽3.0～3.4，底部距口部深2.6～3.2米，填土均为五花土，盗扰严重，土质疏松。棺椁保存较差。保存状态亦较差，M22出土有铜器残构件、铜饰、骨饰、蚌饰等，清理过程中未发现人骨。K1位于M22东南部约3米，推测应为M22墓主的陪葬坑。

西周时期车马殉葬比较盛行，这次发现的西周马坑是保存较完整、埋葬马骨数量比较多的一座。它的发现为研究洛阳地区西周时期的马坑葬制及马坑特点提供了重要资料。

（潘海民）

【郑韩故城西城区东周遗存】

发掘时间：2021年5～12月

工作单位：河南省文物考古研究院、新郑市文物局

此次发掘是配合黄帝故里轩辕纪念馆及姓氏文化馆基本建设项目。该遗存位于郑韩故城西城区北部，今新郑市人民路北侧，迎宾街西侧，嫘祖路东侧。2020年10月～2021年1月，新郑市文物保管所劳动服务站对黄帝故里轩辕纪念馆及姓氏文化馆等工程用地所占地区域进行了前期考古勘探工作，经勘探发现该区域内有东周至明清时期墓葬、陶窑等遗迹现象。2021年在报请国家文物局批准后（考执字2021第666号），河南省文物考古研究院和新郑市文物局对黄帝故里轩辕纪念馆及姓氏文化馆等工程用地进行了考古发掘。

此次发掘历时7个月，布设10×10米探方共计450个，发掘面积45000平方米，其中轩辕纪念馆发掘面积6400平方米，姓氏文化馆发掘面积13300平方米，游客中心，鼎坛路，同心广场，东、西贵宾室，寻根门等地方发掘面积25300平方米。

此次考古发掘共清理东周至明清时期灰坑3000余座，墓葬40余座，陶窑25座，水井37眼，陶灶33个，房基16座，道路8条，铜编钟坑1座，殉马坑8座，窖藏坑2个。出土铜、铁、陶、瓷、骨、石等不同质料文物数千件。现介绍重要遗迹如下。

铜编钟坑，位于游客中心发掘区域。平面呈圆角长方形，东西长2.6米，南北宽1.4米，深0.8米，出土有三排钟架，共24个编钟，分别有镈钟4枚，钮钟20枚，10枚为1套，共计2套。

3号殉马坑，位于游客中心发掘区。平面呈长方形，直壁，平底，东西长2.45米，宽2.1米，坑内放置两匹马，马头向西，背向南。

M22，位于发掘区西部鼎坛路区域。墓圹呈长方形，南北向，竖穴土坑墓。墓圹长2.9米，宽1.7米，一棺二椁，椁长2.8米，宽1.25米；内椁长2.4米，宽1米，椁内人骨腐朽

成灰。墓室中部出土有铜盘1件，铜匜1件，鼎3件，簋4件，罍2件，舟1件，玉璧1件。时代应为春秋中期。

M33，位于姓氏文化馆发掘区。平面呈长方形，南北向，土坑竖穴，一椁一棺，墓口长3.4、宽1.7米，椁长2.7、宽1.1米，棺长2.2、宽0.9米。棺内发现人骨1具，头向北，保存情况较差，在人骨的头部和足部出土了铜器13件，分别为铜罍2件、铜簠4件、铜敦1件、铜盘1件、铜鼎3件、铜舟和匜各1件，在面部和颈部还出土玉器、玛瑙、骨珠等数十件挂饰。该墓年代为春秋中期，初步判断墓主人为25岁左右的年轻女性。

Y6，位于东贵宾室发掘区。窑室平面呈船型，南北向，窑室由烟囱、窑室、火塘和工作坑组成。窑室长6米，宽3.2米，窑室外红烧土宽0.15～0.4米，蓝色烧结面宽0.1～0.15米，窑室深0.9米，有3个椭圆形烟囱。工作坑位于火膛西部，呈椭圆形，长2.8米，宽1米，深1.8米。工作坑位于火膛西部，呈长方形，长1.5米，宽0.9米，深1.2米。出土有陶盆、缸、板瓦、筒瓦等。年代应该为宋代。

瓷器窖藏坑（H1499），位于T0442东部，开口①层下，平面呈圆形，直径1.3米。出土有瓷碗、瓷杯、瓷盘、铁圈、铁勺等。时代为明代。

此次发掘重要的遗迹，如铜编钟坑、铜器墓葬、陶窑、窖藏坑、道路等，在传统考古学资料提取的基础上都做了三维建模等数字化处理，其中铜编钟坑、铜器墓葬和窖藏坑最后都采取了整取措施，准备今后在实验室进行细致的整理研究。

东部发掘区出土有殉马坑和编钟，说明这一区域在当时属于重要的祭祀区。该区域位于郑韩故城西城区中部，属于春秋时期的宫殿区，这处祭祀遗址为了解春秋时期宫城布局提供了宝贵的材料。除此之外，保存完好的编钟为了解春秋时期的郑国在礼制文化、音乐、美学、声学、冶金铸造和结构力学等方面提供了宝贵的实物材料。

姓氏文化馆发掘区发现有两座等级较高的铜器墓，该区域位于郑韩故城西城区中部，属于郑国宫殿区。在宫殿区发现高等级墓葬当属首次，在全国的春秋时期宫殿遗址中，宫殿区布局高等级墓葬也是少见的。这一发现应重新审视春秋时期宫殿区的功能，为了解当时的墓葬制度、文化习俗和宫殿职能与布局提供了新的材料。

通过此次发掘，对黄帝故里园区建设项目范围内的古文化分布状况有了初步认识，为研究郑韩故城中心城区东周时期的城市布局、道路交通等提供了新的资料。

（樊温泉　常宏杰）

【郑韩故城东城区东周遗存】

发掘时间：2021年8月～2022年1月

工作单位：河南省文物考古研究院、新郑市文物局

新华路办事处沈庄安置区工程用地位于郑韩故城东城区东南部，今新郑市溱水路东侧，兴弘花园南侧，西邻溱水路，东部、南部均邻新华路街道办事处白庙范居委会土地，北邻路。2020年5月，新郑市文物保管所劳动服务站对新郑市新华路办事处沈庄安置区占地区域进行了前期考古勘探，经勘探发现该区域内有东周时期墓葬等遗迹现象。2021年8月，在报请国家文物局批准后（考执字2021第1071号），河南省文物考古研究院和新郑市文物局对其进行了考古发掘。

此次发掘历时5个月，共布设10×10米探方80个，发掘面积近8000平方米，清理春秋战国至明清时期灰坑330个，沟8条，道路5条，墓葬21座，水井14眼，灶1座，仓1座，窑2座，粮仓1个，夯土1处。出土铜、陶、瓷、石、骨等不同质料文物400余件。

春秋时期的陶窑（Y1）和墓葬（M21）保存较好，具有重要的学术价值。Y1 位于 T2531 西南部，东北部打破 H84。平面为椭圆形，由烟囱、窑室、火塘和火门构成。烟囱在窑室南部，长 0.22 米，宽 0.16 米，深 0.66 米；窑室长 1.55 米，宽 1.44 米，深 0.9 米，窑室内壁有一层厚 0.05 ~ 0.1 米蓝烧结面，向外有一层厚 0.15 ~ 0.2 米红烧土；火膛在窑室北部，椭圆形，长 0.9 米，宽 0.62 米，深 0.42 米；火门在火膛北侧，长 0.6 米，宽 0.36 米，高 0.5 米。从出土遗物判断，该陶窑应为春秋时期的遗存。

M21 距地表深 1.5 米，土坑竖穴，平面为长方形，直壁、平底。墓内填土为五花土，土质较硬。墓口长 2.16 米，宽 1.2 米，深 2.3 米。墓室内有一长方形木棺，已朽成灰，棺长 2.18 米，宽 0.74 米，残高 0.3 米，棺灰厚 0.08 米。棺内有人骨架 1 具，头向北，面向上，仰身直肢，保存较差，头部放置有璜形玉饰 2 件，方形玉饰 3 件，玉玦 2 件；足部放置玉珠数个。墓室东南部棺外放置有铜器 4 件，分别为铜匜 1 件，铜盘 1 件，铜敦 1 件，铜舟 1 件。该墓为春秋时期。

此次发掘所发现的春秋时期窑址、灰坑、夯土建筑以及战国时期的道路等和当时居民生活息息相关的遗迹大大丰富了东周时期的城市研究材料，对探索东周时期郑韩故城的城市空间布局、经济结构等具有重要价值。

（刘亚玲　樊温泉）

【郑州西亚斯学院二期扩建工程东周墓葬】

发掘时间：2021 年 7 ~ 10 月

工作单位：河南省文物考古研究院

郑州西亚斯学院二期扩建工程（B 块）位于新郑市人民路北侧，西亚斯学院北部。东部和北部为西亚斯学院用地，西邻中国园，南邻西班牙街。这一区域的墓葬属于李马墓地的一部分。2017 年 2 ~ 3 月，新郑市文物保管所劳动服务站对郑州西亚斯学院会展中心占地区域进行了前期考古勘探，经勘探发现该区域内有东周时期墓葬等遗迹现象。在报请国家文物局批准后，河南省文物考古研究院对其进行了考古发掘，主要发现有两周时期的墓葬。

此次发掘共清理春秋战国至明清时期墓葬 62 座，其中明清墓葬 1 座，其余均为春秋战国墓葬。这些墓葬一般面积不大，多在 3 × 1.5 米之间，被盗严重，几乎没有随葬品。共出土陶、铜、玉、水晶等不同质料文物数十件。墓葬以竖穴土坑墓居多，有 3 座砖室墓。竖穴土坑墓平面均呈长方形，多为直壁平底，有少量口大底小，葬具多为单棺或者无葬具，从残存的人骨来看，以仰身直肢葬居多。随葬品器物组合主要有仿铜陶礼器（陶鼎 + 陶壶 + 陶舟）和日用陶器（罐 + 壶）两种，由于盗掘严重，大部分墓葬几乎不见随葬品。仿铜陶礼器组合以 M691 为代表，该墓位于发掘区中南部，平面呈长方形，墓葬形制为竖穴土坑墓，直壁，平底，葬具为木质单棺，仅存灰痕。棺北部出土 4 件陶器，分别为陶罐（2 件）、陶舟、陶鼎。日用陶器组合以 M679 为例，该墓位于发掘区东部，土坑竖穴墓，直壁，平底，出土器物有陶罐 2 件。

此次发掘区域位于李马墓地范围内，新发现的墓葬丰富了李马墓地的考古资料，对李马墓地的分布范围和排列规律有了更新的认识。同时也为研究春秋战国时期郑韩故城的城市布局、埋葬习俗等提供了新的实物佐证。

（郭　亮　樊温泉）

【荥阳广武镇南城东周遗址】

发掘时间：2021 年 9 ~ 12 月

工作单位：郑州大学历史学院、郑州市文物考古研究院

南城遗址位于荥阳市广武镇南城村南，东临郑云高速，北距枯河 3 千米。遗址坐标

北纬 34° 52′ 30.4″，东经 113° 27′ 21.39″，海拔 121 米。文献记载，称其为“平咷城”或“平陶城”等。城垣平面近方形，东西长约 810 米，南北宽约 769 米，面积约 62 万平方米。地表现存北城墙东段及东城墙的北段。城中部发现小型环壕，形状为抹角正方形，面积约 12 万平方米。遗址于 1984 年全国第二次文物普查时发现，此后有多家单位对遗址进行了调查、勘探和局部发掘。2016 年被列为河南省第七批重点文物保护单位。

为配合郑州大学 2019 级考古专业本科生实习，并进一步揭示南城遗址的结构布局、时代、性质和文化内涵，2021 年在南城遗址大城东南部、内城南壕沟中部及大城北城墙西段进行发掘，发掘面积共 400 平方米。

2021 年发现各类遗迹 170 余处，包括灰坑、灰沟、水井及瓮棺葬等。时代以东周时期为主，其次为商代前期及汉代。灰坑最多，有 150 多座，平面多呈圆形或椭圆形，其中有一定数量的袋状灰坑，较规整，出土遗物较少，最初功能应是窖穴。时代主要为东周时期，部分商代。灰沟 10 条，多呈长条形，出土大块砖块瓦片，年代为汉代。水井 5 口，口大底小，井口近圆形，年代为东周及秦汉时期。瓮棺葬 1 座，葬具为两片合扣的大板瓦，其间发现 1 具婴幼儿骨架，年代应为汉代。出土遗物以陶器为主，另有一定数量的骨器、石器、青铜器、铁器等。陶器器形有鬲、大口尊、罐、簋、盆、豆、钵、板瓦、筒瓦等。骨器及骨料有数十件，骨器器形有簪、镞以及卜骨，骨料主要是具有切割以及劈裂痕迹的鹿角、大型动物的肢骨。石器十多件，有刀、镰、铲、砺石等。铁器十余件，可辨别的器形有削、环，其余为铁块或铁片。青铜器皆为钱币，共 8 件，可分为布币以及圜钱，布币属锐角布币，形体较小，钱文有“安阳”“公”，圜钱主要是五铢。

2021 年在大城东南部发掘区发现数十件骨料及熔铜坩埚残片，显示南城遗址东南部可能存在东周时期制骨、铸铜等手工业生产活动，为深入揭示城址功能分区、聚落变迁等问题提供了重要资料。

（陈　康）

【伊川徐阳东周墓地】

发掘时间：2021 年 4 ~ 12 月

工作单位：洛阳市文物考古研究院

伊川徐阳东周墓地位于伊川县鸣皋镇徐阳村一带，中心地理坐标为北纬 34° 21′ 51.69″，东经 112° 13′ 09.51″，海拔高程 283.3 ~ 291.5 米。墓地的西、北、南方向分别为熊耳（陆浑西山）、鹿蹄、伏牛诸山，东为伊河西岸开阔谷地，伊河支流顺阳河自西向东横穿墓地。

2021 年发掘面积 2000 平方米，发掘墓葬 33 座，灰坑 15 个，沟 9 条，建筑遗址 1 处，道路 3 条。墓葬均为南北向，长 2 ~ 2.5 米，宽 0.8 ~ 1.2 米，大部分墓葬打破灰坑或者沟，其中 1 座墓葬被汉代灰坑打破。受持续降雨和疫情的影响，发掘开展较慢。已清理的墓葬均为单人葬，葬式仰身直肢，部分墓葬中随葬有陶器，或置于壁龛，或置于墓主身体一侧。出土陶器有陶单耳罐、盖陶鼎、盖陶罐、盖陶豆、盖陶壶、陶盆，还伴出有石圭、铜镞等。

建筑基址揭露部分东西长 19.5 米，暴露部分南北宽 2.8 ~ 4.1 米，西部有 1 条呈南北向宽 1.9 米的道路，路面残存铺地方砖，尺寸为 35 × 34 厘米。基址南部有天井 3 个，其间有东西两通道将三个天井间隔开，天井一周有鹅卵石散水，天井之间可能以暗渠或者渗井相连。每个天井的南北两侧各有 1 廊道，其中中部天井南部廊道之上残存有几何纹方砖。在东侧天井的南部还清理出一条状夯土区域，长 12.4 米，宽 0.47 ~ 0.94 米，其间嵌有柱础石。

天井填土中有许多卷云纹瓦当，瓦当之上涂有白灰，并涂以红色“米”字形装饰，此外还出土有大量筒瓦、板瓦。

据2021年发掘墓葬出土器物组合的分析，这批墓葬与此前发掘的墓葬应属同一族群遗存，可能存在时间上的早晚关系。建筑基址及道路的年代属于东汉时期，可能与陆浑县县治存在关联。

（孙晓文　马占山）

【漯河市郾城区城高东周至汉代遗址】

发掘时间：2021年9～12月

工作单位：河南省文物考古研究院、漯河市文物考古研究所

成高遗址位于漯河市郾城区城高村西150米。为配合许信高速漯河郾城段建设，河南省文物考古研究院联合漯河市文物考古研究所共同发掘，发掘面积3000平方米。

城高遗址为一处东周至汉代的古城址，2006年被公布为河南省第四批重点文物保护单位。2021年共布方30个，发掘遗迹462个，以灰坑为主，共计407个，其中以东周（战国中晚期）至汉代灰坑为主，共405个；墓葬17座，灰沟12条，坑2座，道路1条，井7眼。宋元及以后灰坑2座，墓葬4座，灰沟8条，道路2条，水井2眼。出土大量战国中晚期及汉代陶片及陶器，主要器类由豆、盆、罐、瓮、壶、板瓦、筒瓦、陶棺。另外还出土石斧、锛、杵，青铜蚁鼻钱、镞，铁齿轮、铁矛及少量蚌器。根据发掘情况，该处发掘区的主要年代为战国中晚期和汉代，战国时期多为楚国所占据。遗迹中出土大量废弃的板瓦、筒瓦、残次品汉砖，可能为城内建筑垃圾堆积之处。

（闫琪鹏）

【新郑市文化路第二小学战国墓葬】

发掘时间：2021年4～5月

工作单位：郑州市文物考古研究院

墓葬原地貌为南北向缓丘沙岗地，经过长期的农业生产、城市化工程建设及平整土地等活动，地层破坏殆尽，现存遗迹直接暴露于地表层下，多接近底部。

项目区域内共发掘墓葬18座，其中战国晚期墓葬17座，汉代墓葬1座。遗迹分布稍分散，埋藏较浅，均开口于①层下。战国墓葬平面呈长方形，多为土坑竖穴墓葬，个别为战国晚期空心砖墓葬。其中M5形制较大。建造区域含沙量多，易于坍塌。为加固墓葬及建造方便，墓圹四周用黄褐花土夯筑成一个平面呈长方形的墓穴深坑，口略大底小，深2.1～2.15米。墓口南北长6.02米，宽4.74米；墓底长5.71米，宽4.5米。墓葬盗掘破坏严重，现有盗洞8处，有圆形、椭圆形及长方形等。葬具为一棺一椁，残存局部灰痕。人骨残存部分盆骨及大腿骨。墓内填土为黄褐花土，扰乱严重，质地疏松，包含碳粒、烧土颗粒等。盆骨腿骨两侧出土有青铜剑、残铜戈、残铜戟、玉韘、穿孔玉片、石带钩、玉琮、玉璜、骨贝、穿孔石质圆形玉柱、玉串珠、铜铃等，棺椁之间填土下出土有残铜戈、箭镞等。盗洞内出土有石带钩、大量骨贝、铜铃、骨质马镳、玉条等。该墓时代为战国晚期。

汉代墓葬1座，平面形状为“土”字形竖穴砖室墓。墓道长2.1、宽1.4、深0.54米。墓室分前后室，前室长2.6米，宽1.4～2.1米；后室长3.2米，宽2.2米。墓内填土黄褐花土，质地疏松，包含碳粒、烧土颗粒等，无出土物。

此次发掘出土遗物较少，仅在M5中出土各类遗物近30件。其中M5中铜戈、铜戟等似被人为折断陪葬，M4、M8、M9、M10等墓葬中红陶釜碎片平铺墓中间等现象可能为碎器葬风俗。

此次发掘的区域位于郑韩故城北约2千

米，这一区域属于郑韩故城北郊普通平民墓葬区。从地形上看，郑韩故城城墙以北、黄水河以东区域原来存在几条南北向低矮土沙岗，分布着大小不同的墓葬区，主要为平民墓葬。此次发掘发现的M5属于大型墓葬，战国晚期，夯土构造墓室，棺椁具备，虽盗掘严重，仍出土不少遗物，特别是武器较多，可能属于军功贵族墓葬。M5这类墓葬在这一区域较为少见，为郑韩故城北部区域墓葬分布研究提供了新材料。

（黄富成）

【新郑郑韩故城北郊战国汉代墓葬】

发掘时间：2021年7～12月

工作单位：郑州市文物考古研究院

新郑市新区管委会北中轴线广场项目区域距离郑韩故城北城墙约1.5千米，原地貌为近南北向延伸的低缓土岗，地表经过多次平整土地等地层破坏严重。现地貌较平整，土质含较多细沙，属于含沙黄土地貌。

发掘区地层关系简单。第①层：地表层，深0.15～0.55米，该层分布范围遍及全发掘区。第②层：黄灰沙土层，深0.30～1.15米左右，含大量细沙，土质结构疏松，为沙性黄土，属近现代人类活动形成。发现的遗迹均开口于②层下。

发掘墓葬294座，马坑2座，灰坑2处。其中汉代墓葬19座，汉代灰坑2座，宋墓1座，其余274处遗迹均为战国时期。

战国墓葬272座。墓葬多南北向，少量呈东北—西南向，分布较集中，主要分布在项目区域的南部，时代多为战国中晚期。其形制结构、分布、器物组合及葬俗等特征如下。第一，墓葬类型可分为长方形土坑竖穴墓和长方形砖室墓，其中以土坑竖穴墓葬居多。项目区域为郑韩故城北郊的墓葬区，属于黄水河东岸的河岸沙岗地，土质含沙量较多，建造墓圹受沙质黄土影响较重，墓葬普遍埋藏不深，局部可达4米左右的较深墓葬与土质含沙量较少有关。故墓葬深度与黏土沙土层深度相关，多数墓葬距现地表深度大致0.35～2.25米之间，个别墓葬深达3.5～5.2米左右，这类墓葬属于中型墓葬，面积超过4.5平方米。整体来说，项目区域含沙量少的区域墓葬埋藏较密集，含沙量多的区域墓葬埋藏较稀疏，但墓葬多为小型墓葬。少量砖室墓基本为小型墓葬，多埋藏较浅，为战国晚期墓葬。小型墓葬葬具简单，多数墓葬没有棺材，少数为单棺，没有发现棺椁二重结构的葬具，少数有二层熟土台结构。

第二，墓葬分布排列有序，为东西向成排分布，基本为南北向分布，三个或两个墓葬为一组，稍大些墓葬单独一处，少量呈东北—西南向分布。成组分布的墓葬特征显示它们之间具有较高的亲缘关系。墓葬极少存在叠压或打破现象，说明墓葬区的分布具有较明确的领地标识特征，也说明墓葬区的使用有专人管理，对墓葬的分布有一定的时间、空间限制性安排。值得注意的是只有部分呈东北—西南向的墓葬存在打破关系，说明这一部分后来者的异向墓葬有可能为不同族属。墓葬分区明显，稍大些中型墓葬集中分布，主要分布在发掘区域的南部西半部，东半部则为小型墓葬。一部分呈东北—西南向的墓葬分布在西半部，部分打破南北向的墓葬，说明这一部分异向墓葬时代较晚。

第三，这批墓葬盗掘严重，稍大些的中型墓葬基本盗空，出土遗物较少。小型墓葬保存部分遗物多为实用器，组合固定，器物较少，基本为鼎、豆、釜；鼎、豆、壶；釜、豆、壶；罐、釜、豆或壶、鼎、盘（这类组合较少）等。有部分仿铜陶器，仅个别墓葬出土少量铜器，如M4、M110出土铜器为盘、鼎、敦、舟、匜等，为战国中期。

第四，墓葬文化及风俗演进变化有序，商周以来的腰坑葬逐渐演变为战国时期的毁器葬，多是在腰部位置打碎红陶釜，头厢葬俗也逐渐变为棺内葬、周身葬及壁龛葬等。随葬器物以 2 ～ 3 件居多，铜器、玉器等极为少见，仅个别墓葬出土铜剑、铜舟、铜带钩、铜铃、铜镜、铲形币、铜璜、玉环等残件。墓葬骨架保存较差，仅少部分墓葬存有局部骨架，多为仰身直肢葬式，头北向。骨架受黄土沙土碱性腐蚀严重，基本是呈粉末状。部分保存牙齿及头盖骨片等。马骨粉化严重。

战国马坑 2 座，近方形，各殉葬 2 匹马，头骨西向。马坑盗掘扰乱严重，马骨朽化成粉，K2 出土残铜车軎、铃铛、马衔等。

汉代墓葬 19 座，盗扰严重，均为土坑竖穴墓圹，单墓室。分两类：一类墓道北向，另一类墓道南向。北向墓道有 2 座为环形墓道。有两座合葬墓。多数墓葬残存有少量墓砖，多为子母砖。出土陶器有罐、灶、壶、盆、鼎及铜镜等。汉代墓葬为西汉前期墓葬。

宋代墓葬 1 座，墓道南向，长方形土坑竖穴墓，出土有陶罐 1 个，瓷碗 1 个。宋代灰坑 2 座，汉代，土坑竖穴，近圆形，出土陶瓦片、陶碗、壶残片等。

此次发掘的战国墓葬属于郑韩故城北郊平民墓葬区的一部分，盗扰严重，出土遗物不太多。战国墓葬出土遗物主要是陶器，组合多为鼎、豆、釜；鼎、豆、壶；釜、豆、壶；罐、釜、豆或壶、鼎、盘等，除泥质红陶釜之外，其余均为泥质灰陶，多为素面。其中两座墓葬出土有铜盘、鼎、敦、舟、匜等，另有少量铜器，如剑、舟、带钩、铃、铲形币、璜等及少量玉环、穿孔玉片等残件。汉代墓葬陶器多为罐、壶、盆及明器陶灶、罐、壶等，日月铭文铜镜 1 件，残。此次发掘有 220 余件器物。

此次发掘的战国墓葬区域为郑韩故城北郊平民墓葬区的一部分，结合近年在项目周边区域发掘情况分析，这一墓葬区广泛分布在郑韩故城北郊以外 3 千米以内黄水河东岸南北向分布的低矮土岗之上，多为小型墓葬，墓葬区陪葬品较少且组合简单。墓葬排列有序，方位一致，出土遗物组合较为固定，葬具葬式及陪葬品位置基本类同等文化特征显示，这是一处郑韩故城外围的墓葬习俗和丧葬文化基本雷同的大型平民墓葬区。少量墓葬头向不同的墓葬虽然显示墓葬文化的特殊性，但总体看文化融合及同化现象较深。汉代墓葬的集中分布及分组结构显示，这是一处汉代平民家族的公共墓地，成组墓葬具有明显的亲缘关系。

（黄富成）

【淮阳寨门庄战国至宋代墓地】

发掘时间：2021 年 8 ～ 12 月

工作单位：河南省文物考古研究院、周口市文物考古所、淮阳平粮台古城遗址博物馆

寨门庄墓地位于周口市淮阳区大连乡大朱行政村寨门庄东南部，该项目是为配合平粮台古城遗址博物馆与游客中心及配套用房建设工程进行的考古发掘。

2021 年共发掘战国、汉代、唐代和宋代墓葬共计 184 座，其中以汉代墓葬最多，其次为战国和唐代墓葬，宋代墓葬仅 4 座。战国墓葬位于发掘区北部，皆为东西向土坑竖穴墓，墓主头向大多朝东，且头端常见壁龛，内置随葬器物，属于战国晚期楚系墓葬。汉代墓葬绝大多数为南北向，分为带墓道和不带墓道的两种。带墓道的汉墓仅 1 座多室墓，其余均为单室墓，墓道大多朝南，墓主头向朝北，有多组夫妻异穴合葬墓；不带墓道的土坑竖穴墓规模较小，墓主头向朝北者较多。唐代墓葬较少，位于发掘区东南部，主要为带墓道的船型墓。宋代墓葬仅 4 座，位于发掘区东北部，皆为迁葬墓。

寨门庄墓地发掘的楚汉墓葬与北部紧邻

的平粮台古城遗址区域发掘的同时期墓葬在形制、规模、葬式、随葬器物等方面均显示出较高的一致性，属于同一墓葬区。经钻探，该区域在宋代以前是一处缓岗地，面积超过百万平方米，较高的地势成了楚汉时期理想的墓地。寨门庄墓地是淮阳区内迄今为止成片揭露发掘的最为集中、数量最多的墓葬群，对研究周口乃至豫东地区楚、汉、唐、宋时期的埋葬制度、社会面貌和环境变迁具有重要价值。

（曹艳朋　陈　艳）

【获嘉县陈孝村战国至汉代遗址】

发掘时间：2021 年 9 ~ 12 月

工作单位：河南省文物考古研究院、新乡市文物考古研究所

遗址位于新乡市获嘉县城东南陈孝村西，为配合基建项目进行发掘，发现一处战国至汉代的聚落遗存，清理多组院落结构的大型建筑遗存、一处制陶作坊及墓地。

已揭露出的建筑遗存呈多重院落结构，朝南布局，分布在东西长 63 米、南北宽 25 米的范围内，可确认至少有两处东西并列院落。院落周围以夯土墙、排房围成，中间为庭院，部分外围区有回廊。两院落之间有南北向廊道。夯土墙一侧多凸出，或者为陶片堆积，概为磉墩之属。多数仅残留建筑或墙体基槽部分，部分似用泥坯包边。保存最好的 1 号院落，庭院空旷，平面呈东西向长方形，长约 8 米，宽约 20 米，总面积达 160 平方米，院落西北部为 1 间小型房子，似为门房之属，门向朝东，面阔 3 米，进深 2 米。庭院南部则为一组排房，可确认有 2 间长房。院落外北部为带柱子的东西向廊道。由于发掘面积有限，未能够完全地揭露出该院落群。整体来看，其最外围似有一周夯土墙。此类多重院落结构与布局是战国至汉代院落形态之一，常见于同时期的模型明器中。

院落外围为制陶烧制区，累计发现有 7 座陶窑和 4 道水沟，水沟堆积中有成堆的各类陶器及建筑材料，不少明显是在烧制过程中已扭曲变形，作为垃圾被倾倒。陶容器品类单一，以陶盆、陶豆为大宗，建筑材料主要有筒瓦与板瓦、砖。陶器生产的专业化程度较高，作坊区已发现了定向烧制某类产品的陶窑，特别是砖、瓦明确为分开烧制。陶窑 M1 的窑床上还整齐摆放着烧制中的半成品。出土大量的与制陶相关的工具，包括圆形陶转盘、陶拍、陶印等。多数陶窑营建于水沟边缘，利用了水沟与地面的高差，横向开辟陶窑，同时也便于制坯时取土、用水。该作坊区组织生产中应当实施了“物勒工名”的制度。在初步整理出的 30 多件陶器上有戳印文字，内容多与制陶匠人的姓名有关。

在院落外围区清理出 40 多座战国至汉代墓葬。墓葬形式多样，以多室单墓道、多室双墓道墓为主，少量竖穴土圹墓。此次发掘的 M1 便是其中一处，仅其圆形封土直径就达 30 米。M30 墓室以鹅卵石做地基处理，在地下水位极浅的地方可有效地提高建筑的基底承载力。

该院落建筑群与周围的陶窑共存或略微有早晚关系，但主要集中于战国晚期至汉代早期；其院落规模大，陶窑分布广，生产砖瓦器物数量极多，且充分利用现有地势做好窑与水沟的设计规划，因此恐非民间人士所能运作，极有可能是一处魏国的官营作坊。陕西的秦人屈肢葬俗出现在战国晚期墓葬，可与文献中载魏割让该地与秦，继而归秦管辖相印证。进入汉代，该作坊区转型为专门烧制汉砖，应当是为了满足遗址西部新出现的大规模墓地用砖，原有的院落也遭废弃。

（高振龙　张自强）

【漯河市西城明珠项目战国西汉及隋唐时期遗址】

发掘时间：2020 年 7 月 ~ 2021 年 7 月

工作单位：河南省文物考古研究院

漯河市西城明珠发掘项目位于漯河市西城区月湾湖路与太白山路交叉口东南、漯河古城遗址内城内西南角。经国家文物局批准，共布方发掘6000余平方米，其中发掘至生土2000平方米，清理至西汉重要遗迹层面3000平方米，清理至隋唐重要遗址层面1000平方米。

除疑似护城河区外，地层堆积一般厚2～3米，分为垫土层、近代扰土层、隋唐层、汉代层、战国层。发掘共清理战国、汉代及隋唐时期城墙剖面1段、道路3条、房屋建筑址13座、下水管道8条、沉淀池4座、水池5座、水井14眼、灰坑133座、灰沟4条、陶窑2座、灶5座，出土大量砖瓦等建筑遗物和一些陶器、铁器、铜钱等。

清理的重要遗迹为：战国至汉代内城城西城墙一段，长80米，大部分在基建区外的道路上，东部边缘进入基建区。战国至隋唐城内南北大道1段，75米长，路宽4.5～7米，厚达1.4米。路面车辙密布，两边均有排水用的路边沟。路东侧汉代砌有砖质排水系统，与路东的大型建筑群排水陶管道或砖砌下水道相沟通。排水系统由砖砌暗水道和沉淀池构成，北高南低，残存长方形沉淀池4个。战国下水道分布在西区T19中，残存1段长5米，由中型圆形绳纹陶管套合而成。西汉陶窑2座，均为半倒焰式半圆形，3个烟囱。Y1保存较好，残高0.4米左右，被一东汉圆形砖砌水池打破。水池内又残存长方形青石槽1个，可能后来改为畜圈所用。西汉窑坑，数量较多，几乎全为大型不规则形，被东汉大型建筑兴建时填土夯基础垫平。这些窑坑是陶窑起土所致。

新莽东汉时期高等级建筑基址群1座，占地4000平方米以上。特别重要的是，新莽东汉建筑群占地面积巨大，高台建筑式基址规划整齐，体量很大，建筑技术考究，砖瓦形大质优，砖瓦砌排水管道与大道边排水系统整体规划设计，水池、墙体、地面、大型水井、排水系统等砖砌遗迹残存较多，可视性较好。一些大型子母画像砖上有双龙形、大小“王”字，一些瓦当上有“千秋万世”“千秋万代”“富贵宜子孙”“宜官”等文字，“广”字砖，小“王”砖，大“王”砖，双龙纹砖，“一三、二三”砖及各类“五”字砖卷云纹瓦当。少量大型空心砖上模印有“永食太仓”字样的车马出行图高浮雕画面，还有一些全国少见的印纹脊瓦与陶脊兽饰。在东门门道处发现人奠基坑1座、牛肉奠基坑1座。

隋唐时期大型院落基址2处。一处长70米、宽32米的长方形夯土围墙基槽，内部残存约3处残房址和一些墙槽。另一处为大型东西向房基，长70米、宽9米左右。

从已有的发掘收获看，基建西区为战汉时期外城区域，东半部疑似护城河或河道。战国时为一处较重要的建筑区，破坏严重，残存下水道一段，夯土基址小块。汉代时为一般民居中所在，灰坑较多，灰土堆积较厚。基建东区位于战国内城西南角，西汉时为一处延用时间很长的陶窑场，残存较多大型不规则窑坑。

此次发掘表明，新莽东汉时期这里是“郾王”“郾侯”遗址高等级建筑的一部分，局部保存较好，隋唐时期也是重要的官府建筑遗址。

（马俊才　牛　爽）

【洛阳市火车站南广场汉代遗址】

发掘时间：2019年7月～2021年4月

工作单位：洛阳市文物考古研究院

洛阳市火车站南广场汉代遗址位于道南路与金谷园路交叉口西北，原为洛阳火车站站前广场区域。为配合洛阳火车站综合交通枢纽南广场改造建设工程，共清理汉代烧窑4座，东周墓葬1座，汉代墓葬46座，宋代墓葬1座。

汉代烧窑4座，以Y2为例，开口③层下，

由一个公共操作间和三个独立烧窑组成。公共操作间位于三个烧窑的北侧，平面呈近椭圆形，口部长8.7米，宽6米，深3米，斜壁，壁面不规则且不平整，底部不平整，在北部残存有带台阶的通道。三座烧窑分列于公共操作间东、南、西三面。三座烧窑均由窑门、窑室、排烟孔、烟囱、操作坑几部分组成。平面近呈马蹄形，长度在7.34～7.48米，宽0.96～3.4米，窑顶均已坍塌，残高1～2.26米不等。出土遗物可见有外绳内布板、筒瓦残片，卷云纹瓦当、陶罐及陶盆口沿、砖残块等。

东周墓葬1座，为长方形竖穴土坑墓，长2.32米，宽1.08米，深4.4米，墓室北壁有一壁龛，内放置有盖陶鼎、盖陶豆、盖陶壶、陶盘、陶碗，墓室内人骨一侧放置有石圭、铜镜等。

汉代墓葬46座，其中长方形竖穴墓道土洞墓16座，长方形竖穴墓道砖室墓30座。汉代墓葬均由墓道、墓室组成，部分墓葬带有耳室及附耳室，随葬遗物也多放置于此。砖室墓中所使用的墓砖，有单独使用空心砖或条形小砖，或两种砖混用。随葬遗物有鼎、敦、壶、罐、奁、釜、仓、灶、瓮以及铜洗、铁刀、铜钱、车马器等。

宋代墓葬1座，为长方形竖穴墓道土洞墓。墓道长2.8米，宽0.82米，深7.5米；墓室长3.5米，宽2米，残高0.8米；出土遗物有瓷瓶、铜钱、铁钱等。

从发掘情况分析，该遗址主要遗存为墓葬，其次为烧窑。这批墓葬和烧窑的发现为进一步研究汉代的丧葬制度、社会生活、风俗礼制、烧窑形制演变等提供了一批新的考古资料。

（杜程程　马占山）

【洛阳白草坡东汉陵园遗址】

发掘时间：2021年4～12月

工作单位：洛阳市文物考古研究院、郑州大学

白草坡陵园遗址位于洛阳伊滨区庞村镇白草坡村东北，是洛南东汉帝陵最北端的一座陵园，经过前期工作已基本被确认为桓帝宣陵。墓冢编号M1030，封土已被夷平，封土直径约125米，墓道宽10米。陵园遗址总面积约1.5平方千米。遗址地表现状大部为农田和民居，部分被郑西高速铁路和厂房占压。洛阳市第二文物工作队在2007年曾对陵园进行了初步的调查与发掘，从2017年开始，洛阳市文物考古研究院又持续对陵园遗址开展了考古工作。2021年度发掘区域分为两部分。北侧发掘区位于陵园东北部，发掘对象为陵园三号建筑单元的南侧局部，发掘面积500平方米。该建筑单元为成排分布的院落，揭露院落1处（10号院落），在10号院落南侧至三号建筑单元南墙之间为东西向主通道，通道内部有南北向隔墙和门址将院落群分割成不同的小单元。在隔墙的两侧还发现有小型房址，东西向主通道内发现有东西向的排水渠，以及1处椭圆形砖砌地穴式遗迹。

南侧发掘区位于封土东侧，发掘面积1100平方米。发掘对象分别是"石殿"单元东南侧的夯土建筑基址和内陵园东门址。"石殿"单元东南侧的夯土建筑基址形制较为特殊。经过发掘，在该区域发现大面积夯土，受发掘面积限制，未能完全暴露。发掘区西侧有一南北向长方形夯土台基，台基中部南北一线分布着4个大型石柱础，柱础深埋在夯土台基内部，其他区域还有成排分布的柱础，整体形制需要进一步扩大发掘面积才能确认，目前怀疑该组建筑有可能为陵园内的"钟虡"单元。内陵园东门址附近发现由石殿单元通往寝殿的东西向道路，以及一条南北向排水渠，目前尚未明确内陵园东门夯土墩台的位置。

发掘出土遗物以板瓦、筒瓦等建筑材料为主，在"石殿"东南侧发掘区的灰坑内发

现大量石雕残件，推测或为建筑外围的石砌围栏。

（王咸秋）

【洛阳市西工区 014 中心厂区东汉遗址】

发掘时间：2021 年 8 月 ~ 2022 年 3 月
工作单位：洛阳市文物考古研究院

此次发掘地点位于洛阳市西工区 014 中心厂区内，即解放路以西，九都路北侧，南距洛河直线距离 880 米，共清理烧窑 8 个，大型灰坑 3 个，古墓葬 41 座，方井 6 口，路 1 条。

烧窑为东周和汉代两个时期。东周窑 3 个，开口④层下，分布于工地北端，东西向成一排；体型小，平面近圆形，长径 1.4 ~ 2.45 米，短径 1 ~ 1.7 米，残高 0.1 ~ 1.15 米，口深 1.2 ~ 1.4 米；窑室保存不佳，仅 1 个窑可见单烟道，设在窑室北侧底部，窑门均向南开；2 个窑的操作坑被打破殆尽，余一个长 2.2 米、宽 1.1 ~ 1.3 米、残深 0.7 ~ 0.9 米的操作坑。出土包含物有夹砂粗绳纹陶鬲残片、细绳纹陶罐残片、外斜绳纹内素面板瓦残片、圆瓦当、瓦钉等。东汉窑 5 个，开口③层下，分布于工地中部西侧，南北向，大体成一列；体型较大，平面多呈长方形，长 2.7 ~ 5.2 米，宽 1.3 ~ 2.4 米，残高 0.35 ~ 2.8 米，口深 0.75 ~ 0.8 米；烟道 2 ~ 3 个，设在窑室底部，与窑门相对一侧，其中砖窑烟道聚拢成烟室，南北向窑窑门向北开，东西向窑两方向都有；操作坑长 1.9 ~ 4.2 米，宽 0.9 ~ 2.5 米，残深 0.3 ~ 1.9 米。出土包含物有陶盆、陶罐、陶壶口沿残片，陶釜残片，异形砖，陶炉篦，陶拍残件等。

灰坑开口③层下，体量大，其中 2 个平面近圆形，另一个平面为长方形，口径 1 ~ 4.2米，底径1.2 ~ 4.5米，底深2.8 ~ 4米，均为袋状坑，坑底见踩踏面。圆形坑坑壁可见条形工具痕，痕宽 0.06 ~ 0.08 米，坑底不平；长方形坑坑壁见脚窝，窝宽 0.15 ~ 0.25 米。出土包含物种类丰富，数量庞大，按材质分陶器、石器、铁器、兽骨；按功能分日常生活用具、墓葬明器、小孩玩具、生产工具、生产废品、生活垃圾等。

墓葬以南北向小型东周墓占多数，开口④层下，形制为口小底大的长方形竖穴土坑，葬具多一棺，人骨保存较好，但部分人骨缺失头骨或肢骨，葬式常见仰身屈肢，随葬品稀少。少量宋墓由墓道和墓室构成，个别见人骨，仰身直肢葬，随葬品有双系褐釉瓷罐、淡蓝釉瓷盏、金银坠饰、铜钱。墓葬分布较密集，叠压打破常见。

方井多为东周时期，平面长方形，底深超过 12 米，出土陶豆盘、陶豆柄、陶鼎足、陶鼎盖、陶鬲残片、蚌片、动物肩胛骨等。

路为东西向唐代路，较厚，两条车辙清晰，叠压 2 座东周窑，内含青瓷、白瓷碎片。

东汉陶窑遗址是此次发掘的重要发现，当为东汉时期手工业作坊区。出土陶器量大，足以证明生产之繁荣。以往此类型遗址少见，具有一定的学术价值。

（张　瑾）

【洛阳汉魏故城北魏宫城千秋门遗址】

发掘时间：2021 年 3 月 ~ 2022 年 1 月
工作单位：中国社会科学院考古研究所洛阳汉魏城队

为配合汉魏洛阳城国家考古遗址公园的建设，自 2020 年起，中国社会科学院考古研究所洛阳汉魏城队对内城阊阖门至建春门大道遗址进行了考古发掘，基本确认了该东西向大道遗址横穿内城北部，是唯一一条横穿宫城的大道遗址。2020 年的考古发掘基本上确定了该大道在宫城以外区域的走向、结构、宽度以及埋藏状况。大道西起内城西垣阊阖门、东至内城东墙建春门，在内城中基本呈东西一线，宽度约为 45 米，道路两侧局部发现有排水沟的遗存。

2021年，为重点解决该大道在宫城以里的走向、形态等问题，首先选择了该道路经过宫城的重要节点——千秋门遗址进行发掘。千秋门门址位于汉魏洛阳城宫城西墙、神虎门遗址北侧200余米的位置。根据文献记载，北魏宫城西墙上有三门，从南至北依次为西掖门、神虎门、千秋门。

目前揭露的千秋门门址遗存大致分为北阙台、门址北半部分和门址内侧两处院落遗址。

门址北侧发现保存较完好的夯土阙台基址，为前宽后窄的子母阙，子阙连接夯土墙，这一形制与此前发掘的神虎门大体一致，皆为两阙前出、门址后座的形制。已经发掘的北阙台体量较大，东西残长约30米。其中母阙东西长约9.6米，子阙长约10米。根据局部剖面显示，阙台夯土分为两期。

从目前仅发掘的门址北半部分来看，门址经后期破坏，保存状况较差。门址被一条晚期的东西向道路叠压打破；该道路横穿宫城，此前被认为是阊阖门—建春门大道穿越宫城的部分。此次经解剖了解到，这条道路是在北周时期改建千秋门形成的夯土上碾压形成的，可知该道路使用时宫城区域已经废弃，据此可推知这条道路形成的时间不早于北朝晚期。

晚期道路之下可见北周时期意欲改建门址的夯土遗迹，根据残存遗迹，推测北周时期计划设计的是一座三门道的门址，但由于保存状况较差，未能判明其具体柱网布局。北周门址夯土之下还发现有北魏时期砖砌水道、魏晋时期石砌水道的遗存。由于目前尚未进行解剖，故而前两期门址的具体情况尚未可知，还需进一步工作方能厘清。

魏晋时期的水道发现在北阙台东的夯土墙底部和门道北周夯土以下，系打磨平整、叠砌严密的石板构筑的大型水道遗迹，为研究汉魏洛阳城内城及宫城供水系统提供了重要线索。

在宫城内千秋门门址的东侧和北侧各有一组被夯土墙围合的院落。北侧院落的东墙和东侧院落的西墙形成宽约4.6米的南北向道路、南北长残约20米，北端绕东侧院落北墙向东折转。院落夯土围墙外侧有保存较好的铺砖散水，道路两侧有砖砌排水沟。

根据在显阳殿宫院区域的发掘了解，穿过千秋门向北又向东折转的道路一直连通显阳殿北侧道路。这条道路即应为内城阊阖门—建春门大道穿千秋门后形成的主干道，根据其位置、形制和功能可知，这条道路在宫内的部分即为文献记载的永巷。

2021年度在千秋门遗址的发掘，首先确定了宫城西墙上千秋门的位置和形制，千秋门为前出子母阙的殿堂式门址，与此前发掘的宫城正门阊阖门及宫城西墙神虎门一致。其次，通过在千秋门及周边的发掘和解剖了解到该门址的使用、改建和废弃情况。最后，通过对千秋门遗址的考古发掘，进一步了解到建春门—阊阖门大道在宫内的具体走向和面貌，认识到建春门—阊阖门大道在穿过千秋门后北向折转再向东转向，形成宫城内分割前朝后寝的重要道路——永巷。这项工作更新了此前勘探资料的认识，对于理解北魏宫城的布局和空间划分具有重大意义。

（莫　阳　郭晓涛　刘　涛）

【洛阳汉魏故城显阳殿宫院遗址】

发掘时间：2021年2月～2022年1月

工作单位：中国社会科学院考古研究所洛阳汉魏城队

显阳殿宫院遗址位于太极殿北侧、居于宫城轴线之上。2020年，对显阳殿殿基东半部进行发掘，殿基夯土平面呈“凸”字形，东西宽约70米，南北约35米，台基南侧残高约1米，外侧残存部分包砖和包砖沟槽等。受晚期破坏，台基顶面未发现柱坑等遗迹。

2021年，为了解殿基夯土的结构、改建情况，对殿基夯土进行了解剖。从解剖情况分析，显阳殿殿基主体部分始建于魏晋时期；北魏时期略向南扩，并在魏晋夯土的顶部加高；至北周时期，将殿基进一步向南加筑，形成目前所见的“凸”字形。显阳殿殿基的时代沿革和形制演变，与此前在太极殿的发现基本一致。

对显阳殿殿基外侧围廊的发掘也取得重要收获。在殿基东侧发现两道南北走向的廊房建筑，东廊房1和东廊房2。在殿基北侧，发现一道东西向的大型廊房（北廊房）及其北侧附属排房（北排房）。北廊房夯土台基南侧被北周夯土破坏，北侧与北排房相接，残宽12米。北排房揭露部分东西宽19米，南北进深约15米，由夯土隔墙分隔为东、中、西三个独立的院落。三个院落结构、规模基本一致，均为南北三进。由于受到北周时期夯土的破坏，显阳殿殿基与北廊房之间已无其他建筑遗迹，但殿基北侧发现残存排水沟，与东廊房1西侧的排水沟形制接近，推测排水沟北侧原应为与东廊房1相连的廊房建筑，共同构成环绕显阳殿的第一圈围廊。而东廊房2当与北廊房相连，形成显阳殿外第二圈围廊。

为验证上述推测，对东廊房2与北廊房连接位置进行了局部发掘。在此发掘区南部的工作表明，北廊房南北进深约13米，但与东廊房2有关的遗迹均被城址废弃后形成的东西向道路破坏。在发掘区的北部揭露出与北廊房、北排房结构一致的建筑，应为其东向延伸。此处排房内也为南北三进，但内部空间划分与西段略有不同。

在显阳殿宫院东北部的发掘，了解到显阳殿北侧廊房和排房建筑的东界。此处排房外墙与廊房台基东边齐平，西距显阳殿北侧发掘区约120米。根据2021年显阳殿北侧三处发掘区的情况可知，在显阳殿北侧的这组建筑是南侧为进深约12米的廊房，北侧为进深约15米排房的结构。依据宫城轴线进行对称复原，这组建筑东西宽度不小于300米。

此外据发掘可知，在这组狭长的廊房—排房复合建筑的北墙外侧有铺砖散水，散水北侧是一条东西向道路。在对显阳殿北侧附属建筑的扩大发掘中，了解到该道路北侧有一条东西向夯土墙。夯土墙向东延伸，绕排房东界后折而向南。道路位于夯土墙与北排房北墙之间，宽6～10米。这条道路向西延伸，与宫城西墙上的千秋门相连，东西横贯宫城。依据文献记载，这条道路可能即为“永巷”，即建春门—阊阖门道路穿越宫城的部分。

2021年围绕显阳殿宫院的发掘，首先明确了显阳殿殿基夯土的时代沿革和形制变化。其次，在殿基东侧、北侧和东北侧的发掘表明显阳殿宫院整体为主殿靠北居中、两周廊房环绕，且北侧廊房外有附属排房的结构。从建筑布局上看，显阳殿宫院东西两侧还各有一组宫院，并行的三组院落共同形成了一个东西总宽约370米、以显阳殿宫院为核心的建筑空间。这一组宫院居于太极殿北侧，与太极殿宫院东西等宽，但其内部空间排布紧密，反映出二者功能上的差异。最后，在显阳殿北排房北侧发现的南北向道路，或即为文献中记载的“永巷”，这条道路是城内唯一一条东西连通内城城门并穿越宫城的通道，也是宫城的南北分界线：永巷以南，为以太极殿为中心的宫城朝殿区，称为“南宫”；永巷以北，是以华林园为中心的池苑区，称为“北宫”。永巷的发现及形制、走向的确定对了解魏晋至北魏时期宫城核心区划分、禁制的设置以及区域之间的连接方式提供了重要线索。

（刘　涛　郭晓涛　莫　阳）

【隋唐洛阳城正平坊遗址】

发掘时间：2021年1月～12月

工作单位：中国社会科学院考古研究所、洛阳市文物考古研究院

正平坊遗址位于洛阳市安乐镇赵村与西岗村交界处，西临龙门大道，保存的状况较好，地势平坦。正平坊是隋唐洛阳城洛南里坊区内十分重要的里坊之一，处在定鼎门街东第二街，由南向北第二坊。据文献记载，坊内有孔子庙、国子监、安国女道士观（本太平公主宅），另有兵部尚书李迥秀宅等宅邸。

正平坊遗址目前已发掘10余处，分别对东南角及东坊间路、南坊门、西南角、西北角、北坊门、东北角及北坊间路，坊内十字街、西部及东南部大型院落等遗址区进行发掘。

里坊的南、北、西的坊墙位置基本确定，四至已基本清晰，东西宽464.6米，南北长533.6米，坊墙宽1.3 ~ 1.4米。南、北坊门大致位置明确，但墩台部分被晚期遗迹破坏严重；南坊门仅保留东侧墩台。唐代坊内南北向道路出坊门与永通门大街交接处路面铺垫有卵石和碎瓦砾并有东西向车辙多条，北坊门具体结构不详。坊内十字街道路和坊外的南（永通门大街）、东、北三条大街的位置、宽度、保存状况均已清楚。其中坊内东西向街宽约10米，南北向街宽约8.7米。正平坊南侧的永通门大街及东侧大街宽约71.7米，北侧大街宽33.4米。

通过南坊门、十字街、北坊门、西北角、西南角等多个片区的发掘情况看，正平坊四面由坊墙围合，内有“丁”字街道将里坊分为三部分；西半坊在唐代为一处大型院落，东南区由三个庭院组成，东北区尚未发掘。西半坊的庭院在已发掘的探方中已发现由北向南排列有五座大型建筑基址。台基的包砖和散水砌砖大部分被破坏，仅存包砖基础。

坊东南区建筑遗迹由三个并列的庭院组成，占地四分之一坊，东西宽264.6米。南部以坊墙为其南界。西邻坊内十字街的南北向街有南北向夯土墙与十字街隔离。东南区南坊墙正中位置清理出一殿阁式门址，仅存基础部分。门内有一条东西向通道，通道北侧为东西各分并列的三个庭院。中间院落由轩廊围合而成，南轩廊正中有门，门内偏北正中为正殿台基，殿基东西连轩廊，殿前轩廊周匝为前院，前院内南部东西各有一方形小台基，可能为钟鼓楼遗址。

结合文献记载，并根据实际考古发掘成果初步推测，正平坊西半坊发现的大型院落为太平公主旧宅（玄宗年间改为安国女道士观），该院落为中轴对称多进式院落布局，北院墙超出北坊墙2.1米，东墙位于南北向道路西侧且将原东西向道路叠压，南墙和西墙使用原有的坊墙，但北墙和东墙的宽度明显宽于坊墙。

东南隅发现的建筑群为国子监、孔庙庭院院落的一部分，院落布局严谨，结构完整，为以大殿为中心的庭院布局，殿前有钟鼓楼配置。已发掘的两处庭院建筑呈以大殿中心的轴对称多进式院落布局。

正平坊遗址出土了大量的建筑构件，如莲花纹瓦当、素面的筒瓦和板瓦、莲花纹方砖等。另在北坊间路片区的修行坊南墙以北灰坑中发现了较多的瓷片，有青釉、白釉、黑釉等，器形多为盏、盘、碗的圈足以及口沿等。

正平坊的发掘对探索中古时期里坊的形制结构和建筑模式具有重要价值，对研究中古时期城市的居住空间、生活形态和管理制度具有重要意义，为展示中古时期里坊制度下的城市居民生活面貌和城市管理制度提供了材料。

（石自社　王　炬　邓新波
卢亚辉　张如意　郑国奇）

【邓州市团结中路安置房项目宋金遗存】

发掘时间：2021年10 ~ 12月

工作单位：河南省文物考古研究院、邓州市文化广电和旅游局

为配合邓州市团结中路安置房升级改造项目建设，由河南省文物考古研究院联合邓州市文化广电和旅游局开展考古发掘工作，揭露面积1200余平方米，发现宋金时期房址、排水管道、道路、灶、灰坑等重要遗迹现象。此次考古发掘中清理出的排水管道属城市公共设施，房基占压公共街道搭建铺面，商铺突破坊墙的限制，是历史上“侵街”现象的典型体现。这是我国古代城市由北宋之前的里坊制封闭军事管制式格局向北宋开启的破坊墙兴商贸开放式管理格局转换的首次考古学发现。排水系统中“卷辇水窗”、沿街“明渠”与“露龈造”等建筑制度与营造技法对北宋官颁建筑制度《营造法式》“寨壕制度”中“卷辇水窗”和“砖作制度”中“卷辇河渠口”等相关国家建筑制度与技术具有重要印证意义，丰富了城市水道系统与构造的类型，拓展了对古代营造制度的认识。

发掘证实，已揭露的宋金街区与排水系统向东与国家重点文物保护单位“福圣寺塔”所在寺院相连，是宋金时期邓州城最主要的寺院和商业区。出土丰富的精美邓窑瓷器说明这里是宋代名瓷——邓窑瓷的销售市场，是中国陶瓷考古的重要发现，具有重要的考古学术研究价值和文物展示、利用、宣传等社会价值。此次发掘的遗迹可考虑扩展纳入全国重点文物保护单位——福胜寺塔的保护范围，并制订详细的现场保护方案，报上级文物行政部门批准后，对宋金街道和排水系统进行原址保护和展示利用。

（包伟柯）

【郸城韭菜园明代遗址】

发掘时间：2021 年 5 ~ 9 月

工作单位：河南省文物考古研究院、周口市文物考古所

韭菜园遗址位于周口市郸城县李楼乡韭菜园村西北部。2017 年为配合阳新高速工程宁陵至郸城段文物调查时发现该遗址，面积将近 1 万平方米。2021 年对其进行了发掘，揭露面积 2800 平方米，共发现各类遗迹 100 处，其中唐代陶窑 3 座、灰坑 1 座，其余均为明代遗迹，包括沟 10 条，井 16 座，灰坑 70 座。出土器物 70 余件，唐代遗物仅见少量残瓦和瓷碗底部；明代遗物以瓷器最多，器型有碗、盘、碟、盏、壶、杯和捏塑等，釉色有白、酱、豆青、天青和青花等，部分瓷器施釉较薄，且脱落严重，此外还有少量的石器、铁器、骨器、陶器和铜钱。

韭菜园遗址是郸城县乃至豫东地区经过考古发掘的为数不多的明代遗址，明代遗存的大量发现表明该处古代地势较高，明代时未受到黄河泛滥的明显影响。郸城韭菜园遗址的发掘对于研究豫东黄泛区古代社会面貌和人地环境提供了难得的材料。

（朱树政　段向阳）

【偃师二里头遗址周边同时期古遗址调查】

调查时间：2021 年 10 月 ~ 2022 年 2 月

工作单位：洛阳市文物考古研究院

为进一步了解伊河两岸特别是二里头遗址周边同时期遗址的分布情况和文化内涵，洛阳市文物考古研究院对二里头遗址周边的景阳冈、古城东北遗址进行了调查与勘探。

景阳冈遗址位于洛阳市偃师区首阳山街道鱼骨村、前张村、寺里碑村三个自然村内。遗址现存面积约 30 万平方米，是第三批洛阳市文物保护单位。通过勘探，发现各类遗迹现象 441 处，其中灰坑 298 个、活土坑 97 个、墓葬 28 座、沟 4 条、路 2 条、烧窑 2 座、井 9 眼、夯 1 处。调查发现有泥质红陶、泥质灰陶、黑陶和夹砂灰陶片，纹饰有绳纹、方格纹等。

古城东北遗址位于洛阳市偃师区首阳山街道古城村东南处，现存面积约 20 万平方米。

通过勘探，发现各类遗迹现象167处，其中灰坑124个、古墓葬2座、沟4条、路4条、夯土4处、井25眼。

通过调查分析，初步推断两处遗址时代从仰韶文化时期延续到二里头文化时期，对二里头遗址周边同时期遗存有了全面系统的认识，为下一步深入开展早期中国研究提供了新的材料。

（张梨牛）

【伊洛河流域夏文化考古调查与勘探】

调查时间：2021年3～12月

工作单位：洛阳市文物考古研究院

该项目为河南省文物局批准的夏文化研究项目，编号为豫文物保2020–271。根据实际工作情况，洛阳市文物考古研究院将此次调查勘探重点放在伊河中游伊川县境内。该县由于基础工作较差，洛阳市文物考古研究院对区域内进行了全面摸排，共调查勘探遗址59处，其中新发现遗址12处，10处为历史时期，2处为新石器时代遗址。通过初步调查勘探，与夏文化有关的遗址（包含有龙山文化或二里头文化）共33处。其中马回营遗址面积较大，勘探面积超过70万平方米，采集到大量的龙山时期陶片，应该是伊河中游龙山时期的大型中心遗址。南寨遗址发现有壕沟，可能是该区域次一级的重要中心，而且该遗址发现有大量的二里头时期的遗物，对于夏文化的研究有着重要的意义。

（顾雪军）

【安阳市殷墟商王陵区及周边考古勘探】

发掘时间：2021年8～12月

工作单位：中国社会科学院考古研究所安阳工作队

20世纪九十年代以来，殷墟发现商代晚期的宽（超过10米）、中（7米左右）、窄（4米左右）道路，其中干道有四横两纵，发现于小屯宫殿区以南和东面的大司空地区；从殷墟西部、今安钢厂区到安钢大道与中州路交叉口之东，由西北向东南贯穿有商代晚期的干渠及其支渠，长度超过2.7千米，两者构成了殷墟大邑商都城空间的骨干框架。但这样一些重要的现象，在洹河北岸以商王陵区为中心的区域都没有发现。所以，我们将目光瞄准洹河北岸地区，开展商王陵及周边区域的考古勘探。工作目的首先是通过勘探寻找小屯宫殿区到王陵区之间的干道，其次是搞清商王陵区的范围，后续搞清洹河北岸地区的功能区划。

勘探总面积超过72900平方米，发现的遗迹有围沟、祭祀坑、灰坑、墓葬等。围沟2个，围绕在王陵区大墓周围，围沟内填土分4层，土质均很细腻，为自然沉积而成。东围沟完全闭合，西围沟已发现北、东、南三段，两者相距40米。东围沟东西段间距大致为246米（以围沟四面中部的沟中心为基准计算），南北236米，近正方形。沟的宽度不一，口部最宽处超过10米，东段中部深3.5米，北段略浅。西段中部、南段中部各有一个缺口。西围沟已探明北段190米、东段超过230米、南段探明70米，其中东段的口部最宽处超过12米。深度与东围沟相近，填土也相同。东段中部发现一个缺口。

新探祭祀坑460座以上，主要发现于东围沟东段内。以往几次考古钻探和发掘共发现祭祀坑及小墓1484座，1977年冬和1978年冬在东区铲探出小墓700座左右，均未发掘。这次总共探出570座祭祀坑及小墓，部分为以前探出，少数可能为墓葬。

其他还探出土坑竖穴墓22座、砖室墓36座、洞室墓18座。土坑竖穴墓特征多与商周时期相同。有的砖室墓打破东围沟，据早年考古发掘可知为汉墓。洞室墓的时代可能为隋唐时期。

新探明的围沟围绕在殷商大墓外围，未

见围沟与殷商墓葬、祭祀坑存在叠压或打破关系，只有晚期墓葬打破围沟和祭祀坑的现象；东围沟东、西段的北端偏向东，与殷墟发现的商代建筑的方向一致。综合多重因素看，两个围沟可能与商王陵园有关联。这些发现改变了商王陵陵园的格局，将推动对商代陵墓制度乃至于商文化、商史的研究。同时，也为殷墟国家考古遗址公园的建设提供了新的重要资料。

（牛世山）

湖北省

【十堰市罗家梁子化石点】

发掘时间：2021 年 7 ~ 11 月

工作单位：湖北省文物考古研究所

罗家梁子化石点位于十堰市郧阳区青曲镇滴水岩水电站附近韩家沟村罗家梁，又名刘家堡子。中心地理坐标北纬 32° 51′ 26″，东经 110° 36′ 17″，中心高程约 251 米，西南距曲远河口的学堂梁子遗址约 3 千米。罗家梁子整体为一条近东北—西南走向的山梁，曲远河左岸三级阶地。发掘位置位于山梁的东南坡。该地点为 2021 年配合西十高铁（湖北段）建设调查新发现，并经国家文物局批准，对该地点进行抢救发掘。

此次发掘面积 600 平方米。地层分为三层，其中第③层为古生物化石层。第①层：灰褐色耕土；第②层：红褐色黏土，堆积内包含有少量石块、砖块、瓷片等近现代遗物残片；第③层：浅黄色黏土，土质较硬，板结，厚 2 ~ 2.5 米。本层堆积上部略有起伏，呈北高南低坡状分布。下部发育有较厚的钙质结核层。在该黏土层下部和结核层表出土有较多的化石，多数化石分布较为零散，少数成堆。该层为早期化石堆积层。第③层下为底砾层，底砾层下为基岩。

经过此次发掘，罗家梁子化石点出土了大量的哺乳动物化石，其中主要包括牙齿、四肢骨、下颌骨、上颌骨等；出土标本绝大多数为猪、牛、鹿等动物遗骸化石，可辨属种有秀丽黑鹿、麂子、野牛、野猪和桑氏鬣狗。该地点动物群与郧县人伴生动物群相当，约为 100 万年前。罗家梁子化石点动物群的发现，对于深入探讨曲远河地区早期的古环境、古生物演化以及郧县人的生态环境及伴生动物群的研究提供了丰富的参考资料。

（陆成秋　董　兵）

【十堰市郧阳区学堂梁子遗址】

发掘时间：2021 年 4 ~ 12 月

工作单位：湖北省文物考古研究所

学堂梁子（郧县人遗址）位于十堰市郧阳区（原郧县）青曲镇弥陀寺村，汉江左岸，曲远河口西边。因发现两具完整的古人类头骨化石而闻名世界。东北距青曲镇约 10 千米，东距郧阳城区约 40 千米。遗址中心坐标北纬 32° 50′ 30″，东经 110° 35′ 131″，遗址的海拔高程 217 米。

学堂梁子（郧县人遗址）此前已经开展了 5 次考古发掘工作。2020 年，《学堂梁子（郧县人）遗址公园登山道路、步行道、展示用房（含标本用房）方案设计》获得国家文物局批准，2021 年度，报请国家文物局对学堂梁子遗址进行系统发掘，并对遗址范围内及周边进行系统区域调查。

2021 年 4 月起，对遗址重新进行划分地点和发掘区以及采用新的布方系统。遗址范围内以山梁为基本地貌单元分若干地点，在此基础上，各地点又分若干发掘区，若涉及不同阶地，则加 T3/T4 区分。首先依地貌把五条山梁分为五个地点：学堂梁子为第一地点（Loc.1），西梁子为第二地点（Loc.2），中梁子为第三地点（Loc.3），东梁子为第四地点

（Loc.4），大坡子为第五地点（Loc.5）。其次作为第一地点的学堂梁子分为五个发掘区：A区（头骨化石出土区，四级阶地）、B区（A区边上，四级阶地）、C区（总基点区，四级阶地）、D区（2007年第三级阶地发掘区）、E区（油坊梁子，三级阶地）。

2021年的发掘主要在B、C、E区进行，B区（核心区，四级阶地）工作大棚受雨水过多影响有所延迟，于11月中旬建好，发掘处于初始阶段。揭露面积200平方米。发掘深度约30厘米。第①层，表土层。第②层，沙质黏土。棕色。较疏松，少孔隙。出露大量结核层。有少量石制品，多为砾石，共26件。化石数量待确认。第③层，沙土。黄褐色砂土，结构疏松，含砂多，有少量铁锰胶膜（黑色）。局部揭露。

C区（总基点区，四级阶地）揭露面积85平方米。发掘深度约3米，共揭露5个黏土地层，每个层位都发现石制品等文化遗物，共83件。第①层，表土层。黏土。第②层，黏土。棕色。较疏松，少孔隙。包含有植物根系，近代瓦片，少量石制品，多为砾石。第③层，黏土。红棕色，团块结构，较致密，包含有条状钙质结核，灰绿色水晶面和铁锰胶膜。出土较多石制品。第④层，黏土。红棕色，团块结构，较紧密，包含有块状钙质结核，灰绿色水晶面和铁锰胶膜较第③层有所减少。出土较多石制品。第⑤层，黏土。棕色，团块结构，较紧密，包含有少量灰绿色水晶薄膜，铁锰胶膜（黑色）以及钙质结核。出土较多石制品。

E区（油坊梁子，三级阶地）揭露面积100平方米。发掘深度约1.5米，共揭露3个黏土地层，每个层位都发现石制品等文化遗物，共148件。第①层，表土层。黏土。第②层，黏土。深棕褐色。团块结构，较致密，含铁锰胶膜及较多灰绿色水晶薄膜。出土较多石片、小型石核和小型砍砸器等石制品。旧石器晚期。第③层，黏土。棕红色。团块结构，夹杂铁锰胶膜。出土手镐等石制品。旧石器中期。

此次发掘核心区（B区）出土石制品26件，多为石核、断块、搬入砾石和少量石片。文化面貌属南方砾石石器工业早期。总基点区（C区）出土石制品83件，有石核、断块、搬入砾石、石片、砍砸器和刮削器。文化面貌属南方砾石石器工业早期。E区为三级阶地。其中第②层出土石制品多为小型石核、石片，工具有小型砍砸器和刮削器，石片和石片坯材明显增多，为遗址首次发现的南方旧石器文化晚期地层遗物。第③层出土手镐等石制品则属南方砾石石器工业文化中期。

调查中在郧县人遗址第四级阶地主要是在中梁子（Loc.3）采集到具有典型阿舍利技术风格的石制品组合：手斧＋石刀（大石片坯材）＋手镐＋双面修刃砍砸器，其中石刀、锛形器为郧县人遗址首次发现。首次在第五级岗地—大坡子山顶（Loc.5）发现旧石器：阿舍利手斧＋大石片砍砸器。可能是本地区汉江边首次在如此高的阶地上发现的手斧。

该遗址目前尚属于发掘和调查的初期阶段，标本的进一步整理和技术分析尚未开展。但是这些新的发现，进一步丰富了郧县人遗址的旧石器文化内涵，突破了以往对郧县人遗址旧石器文化固有的认识，提出了新的问题，开辟了新的研究方向。首先，结合已经在三级阶地发掘出土的手斧和四级阶地及五级岗地上采集的手斧，搞清楚这些阶地和岗地上部都存在的一层高度相似的红土层的成因和年代，有很大的可能解决本遗址乃至本地区一直存在争议的手斧的年代问题和阿舍利文化的源流问题。其次，此次在三级阶地发掘中出土了具有明显的旧石器晚期文化特征的石制品，这一发现大大延长了学堂梁子遗址古人类的活动史，使遗址的古人类活动史从100万年前一直延长到10万年前甚至更晚。再次，此次在遗址范围内的三四五级阶地都发现的旧石器文化遗物，有可能解决中国南方砾石石器工业早期文化、中期文化和晚期文化的问题，为南方砾石石器工业文化的研究确立年代上和文化上的序列标杆。

（陆成秋　董　兵　高黄文）

【十堰市包包岭旧石器时代遗址】

发掘时间：2021 年 7 ~ 12 月

工作单位：湖北省文物考古研究所

包包岭遗址位于十堰市郧阳区青曲镇郑家河村二组，汉江左岸的Ⅱ级阶地之上。分布范围东西宽 200 米，南北长 100 米，总面积 2 万平方米。该地点中心位置北纬 32° 48′ 19″，东经 110° 40′ 35″，海拔高度 185 米。

2021 年夏，为配合西十高铁工程建设，湖北省文物考古研究所组成工作队，对新发现的包包岭遗址进行考古发掘，布设 1 × 1 米探方，发掘面积 400 平方米。在发掘过程中，在剖面上统一采集光释光测年样品以及粒度、磁化率等古环境研究的样品。

遗址地层堆积可划分为 4 层。第①层，表土。棕色，较疏松，多孔，深度 10 ~ 30 厘米。包含植物根茎、钙质结合块、碎石块以及少量打制石器。第②层，黄褐色砂质黏土，团块结构，较致密，跟下伏地层成角度不整合，厚度 20 ~ 35 厘米，含少量钙质结核，钙质结核尺寸小，略磨圆。出土大量石制品。第③层，红褐色黏土，团块结构，致密，含少量铁锰胶膜，含角砾碎块，厚度 40 ~ 50 厘米，含少量钙质结核。出土大量石制品。第④层，黄褐色砂质黏土，团块结构，致密，含少量铁锰胶膜，含角砾碎块。无石制品出土。

此次发掘揭露出多个古人类活动面，出土编号标本 341 件，均为石制品，其中大多数为打击痕迹明确的人工制品，包括石核 18 件，石片 91 件，工具 28 件，断块 38 件，碎块 77 件，碎片 34 件，搬入运砾石 55 件。

石制品原料以脉石英、千枚岩、硅质灰岩为大宗，另有少量石英砂岩、石英岩的存在。地层中出土上述石料的磨圆度高的砾石，指示古人类就地取材，石料来源河漫滩或下伏底砾层。遗址至少存在硬锤直接法和砸击法两种剥片工艺，其中，砸击法主要应用于脉石英原料的石核上，而硬锤直接法应用于其他原料的石核。体现了古人类“因材施策”的石器剥片方略。锤击石核可分为多台面、双台面和单台面石核，其中前两类占比较高。石核台面包括打击台面和自然台面。石核利用率较高，对石片台面和背面的观察，亦可佐证这一观点。工具修理方法为硬锤直接法，尚未识别出其他方法。修理方式包括正向加工、反向加工。工具组合包括刮削器、砍砸器和尖状器。

遗址中含有大量石核以及石器剥片、加工过程中的废片，成型工具数量占比较小，指示了遗址作为石制品加工场所的可能。该遗址的发现，丰富了对汉水上游地区旧石器时代文化面貌的认识，也为进一步探讨旧石器时代古人类在中国南北方过渡地带的生存适应方式、技术扩散和人群迁徙提供了重要材料。

（高黄文　陆成秋）

【十堰市龙湾岭旧石器遗址第二地点】

发掘时间：2021 年 7 ~ 12 月

工作单位：湖北省文物考古研究所

龙湾岭旧石器遗址第二地点位于十堰市郧阳区青曲镇郑家河村二组，汉江左岸的Ⅲ级阶地之上。分布范围东西宽 300 米，南北长 100 米，总面积 3 万平方米。该地点中心位置北纬 32° 48′ 16″，东经 110° 40′ 39″，海拔高度 190 米。2021 年夏，为配合西十高铁工程建设，湖北省文物考古研究所组成工作队，对新发现的龙湾岭旧石器遗址第二地点进行考古发掘，发掘面积 400 平方米。

遗址地层堆积可划分为 4 层。第①层，表土。棕色，较疏松，多孔，深度 15 ~ 30 厘米。包含植物根茎、钙质结合块、碎石块以及少量打制石器。第②层，黄褐色砂质黏土，团块结构，较致密，含铁锰胶膜夹杂灰绿色绿色薄膜，跟下伏地层成角度不整合，厚度 25 ~ 40 厘米。出土少量石制品。第③层，红褐色黏土，团块结构，致密。厚度 100 ~ 150 厘米，出土大量石制品。第④层，棕褐色黏土，团块结构，致密。无石制品出土。

此次发掘出土编号标本 428 件，均为石制品，其中包括石核 33 件，石片 75 件，工具 29 件，还包括断块、搬入砾石等其他标本。石制品原料以脉石英、千枚岩、硅质灰岩为大宗，另有少量石英砂岩、石英岩、粗面岩的存在。地层中出土上述石料的磨圆度高的砾石，指示古人类就地取材，石料来源河漫滩或底砾层。遗址以硬锤直接法剥片为主，锤击石核可分为多台面、双台面、单台面石核，其中前两类占比较高。石核台面包括打击台面和自然台面。石核利用率较高，对石片台面和背面的观察，亦可佐证这一观点。工具修理方法为硬锤直接法，尚未识别出其他方法。修理方式包括正向加工、反向加工、交互加工、通体加工。工具组合包括刮削器、砍砸器、尖状器、手斧和手镐。

该遗址是一处含有典型模式二技术的旧石器时代中期遗址，丰富了对汉水上游地区旧石器时代文化面貌的认识，也为进一步探讨旧石器时代古人类在中国南北方过渡地带的生存适应方式、技术扩散和人群迁徙提供了重要材料。

（高黄文　陆成秋）

【十堰市龙湾岭旧石器遗址第一地点】

发掘时间：2021 年 7 ~ 11 月

工作单位：湖北省文物考古研究所

龙湾岭旧石器遗址第一地点位于十堰市郧阳区青曲镇郑家河村二组孙家湾、汉江左岸三级阶地上。该遗址为 2021 年配合西十高铁（湖北段）建设调查新发现，经国家文物局批准，对该遗址进行抢救发掘。

此次工作发掘面积共约 200 平方米。遗址地层分为四层，其中③、④层均为旧石器时代文化层。第①层为灰褐色耕土层；第②层为黄褐色黏土，仅见部分探方，由北向南呈斜坡状分布，该层仅发现少量基岩碎块、植物根茎，未发现其他包含物，厚度 0 ~ 35 厘米；第③层为灰绿色黏土层、静水相沉积，该层底部和第④层的表面出土部分石器、石英断块、砾石等，该层亦仅见部分探方，厚度 0 ~ 30 厘米；第④层为红褐色黏土层，土色偏褐色，与上部地层不连续，该层出土大量石制品，其中手斧全部出于该层位。④层厚 4 米以上，下部未发掘。

目前已经发掘石制品 60 余件，均为第③、④层出土。其中，第③层出土石制品以石英、粉砂岩、千枚岩、石英岩等为主，石制品类型以石片、断块、石核、砍砸器等为主，工具成品占比不高；第④层先后出土近 4 件手斧，石料为丹江口地区较为典型的千枚岩等为主，除手斧以外，砍砸器占比也相对较高。

通过遗址所处阶地状况和石制品类型的初步分析，该遗址年代应不早于旧石器时代中期。遗址出土的石制品组合对深化汉水上游秦岭地区的石器工业面貌研究以及南北方生态交错带旧石器文化交流和传播等具有重要的科研价值。

（董　兵）

【荆门屈家岭新石器时代遗址】

发掘时间：2021 年 3 ~ 12 月

工作单位：湖北省文物考古研究所、荆门市博物馆、荆门市屈家岭遗址保护

中心

屈家岭遗址是屈家岭文化的命名地，位于荆门市屈家岭管理区屈岭村和京山市（原京山县）雁门口镇高墩村。遗址总面积达2.84平方千米，是以屈家岭遗址点为核心，包括殷家岭、钟家岭、冢子坝、九亩堰、大禾场、土地山和杨湾等遗址点为一体的新石器时代大型环壕聚落。

为配合屈家岭国家考古遗址公园建设，2021年度的考古发掘工作主要集中在屈家岭遗址点和土地山遗址点，完成发掘面积800平方米。

2021年度共清理新石器时代遗迹41个，其中土坑竖穴墓葬16座、瓮棺葬2座、灰坑19个、房址1座、灰沟3条。出土各质地文物共计100余件（套），陶器器类有鼎、簋、碗、罐、釜、杯、盖和纺轮等，计90余件（套）；石器器类有斧、锛、钺和砺石等，计10余件。遗存年代历经油子岭文化晚期至石家河文化晚期，史前文化发展序列较为连续。

屈家岭遗址点南部岗地的发掘，目前已揭露一处高等级建筑区（尚未清理结束），包括面积约200平方米的室外活动广场、主体面积达180平方米的大型多间式建筑及其附属设施，这批遗存的年代不晚于石家河文化早期。多年持续的工作表明，屈家岭遗址点南部岗地应为屈家岭文化至石家河文化时期的中心居住区，对于进一步探索遗址的功能区划及其历时性演变具有重要意义。

冢子坝遗址点中部岗地的发掘，揭露了一批居址类遗存，主要包括大型灰坑、灰沟以及基槽和柱洞等，年代集中在油子岭文化晚期至屈家岭文化早期。

冢子坝遗址点西部坡地揭露了16座长方形土坑竖穴墓葬，12座发现有随葬品，其中2座各随葬1件可能体现墓主身份和等级的石钺。这批墓葬出土随葬器物共计80余件（套），器类组合为陶鼎和陶簋，器物组合及特征与屈家岭遗址点1989年度第三次考古发掘的13座土坑墓一致，年代为油子岭文化晚期。冢子坝遗址点的发掘表明，该遗址点的文化内涵以油子岭文化晚期至屈家岭文化早期为主，其并非专门的功能性聚落，而是一处分布于屈家岭遗址点外围的一般性聚落。

（陶　洋　张德伟　罗运兵）

【襄阳市凤凰咀新石器时代遗址】

发掘时间：2021年3月～2022年1月

工作单位：武汉大学历史学院、湖北省文物考古研究所、襄阳市博物馆、襄州区凤凰咀遗址保护中心

凤凰咀遗址位于汉水中游、南阳盆地南缘，在行政区划上隶属于湖北省襄阳市襄州区龙王镇前王、闫营两村。中心地理坐标为北纬32°14′42.67″，东经111°59′20.39″，海拔94米。遗址于1957年第一次全国文物普查中发现，随后历经数次复查。2016年，武汉大学考古系对该遗址进行踏查发现了城址线索。2018年，湖北省文物考古研究所对其进行全面勘探，确认为一处城址。凤凰咀遗址于2019年2月被列入湖北省荆楚大遗址保护传承工程，2019年10月被国务院公布为第八批全国重点文物保护单位。2020年8月，为配合凤凰咀遗址保护利用和武汉大学考古专业实习需要，联合考古队对凤凰咀遗址进行了第一次正式发掘。2021年又进行了第二次考古工作，一是对凤凰咀城址进行系统性勘探，全面了解遗址的遗存分布状况和城址的基本结构与布局；二是在城址南部护城河位置布置探沟3条，西部护城河、城墙和城内河道位置布置探沟3条进行解剖，确定城址兴废年代；三是在城址南部2020年度发掘区北面继续布设探方15个进行发掘，进一步揭露聚落面和揭示遗址文化序列与内涵。2021年度发掘面积500平方米。

勘探表明，凤凰咀城址位于不规则形台地，平面近方形，四周有城墙，城外环绕有一周护城河。城址面积约 15 万平方米。城内有两条古河道呈 T 字形分布，一条为东西向，向东穿过东城墙中部与护城河相通；另一条为南北向沿西城墙内侧分布，两头分别穿过南、北城墙，与护城河相通。城内河道穿过城墙的三处豁口均为水门，陆门暂未发现。护城河向西、向东均有古河道连接，东面古河道与汉江支流——排子河连通。城内中部高地是当时主要居住区，沿内河道南北岸密集分布有与建筑有关的红烧土堆积以及多处夯土台基。城外发现有多处附属遗址点，以凤凰咀城为中心环绕分布，总面积约 50 万平方米。

探沟解剖显示城墙被屈家岭文化早期遗存叠压，城墙内出土少量陶片属屈家岭文化早期，判断城墙修筑年代为屈家岭文化早期。南部大部分城墙在石家河文化晚期已经被破坏得较为严重，并与城内石家河文化聚落面海拔高度持平。护城河解剖深度近 5 米，包含屈家岭文化、石家河文化、煤山文化、魏晋时期、唐宋时期、明清时期遗存。结合探方发掘和 ^{14}C 测年数据，初步判断，凤凰咀城修建于距今 5200 年左右的屈家岭文化早期，到石家河文化时期，城墙功能已经消失，护城河还在延续使用，遗址性质从城址变为台地型环壕聚落。煤山文化之后，遗址主体暂未见定居迹象，但南部护城河内发现有历史时期遗存，直至近现代才淤平。

探方发掘揭露和清理土围 1 处、房址 4 处、陶窑 1 座、灰坑 332 个、墓葬 15 座、瓮棺 15 个、灰沟 10 条。年代涉及屈家岭文化、石家河文化、煤山文化三个时期。屈家岭文化陶器以夹砂灰陶为主，泥质红陶、灰陶、夹砂红陶次之，多素面，纹饰以弦纹为主，少量篮纹、附加堆纹以及镂孔等，可辨器形有盆形鼎、大口罐、双腹豆、高圈足杯、红顶钵、花边纽器盖等。石家河文化陶器以泥质褐陶和泥质黑皮陶为主，泥质灰黑陶次之，少量泥质红陶、灰陶以及夹蚌褐陶和磨光黑皮陶，纹饰以篮纹为主，还有弦纹、附加堆纹、刻划纹、绳纹等，可辨器形有盆形鼎、釜形鼎、高领罐、中口罐、圈足罐、甑、圈足盘、擂钵、红陶鬶、斜腹杯、高圈足杯、器座、花边钮器盖等。煤山文化陶器以泥质灰陶为主，泥质灰黑陶次之，少量泥质褐陶、夹砂褐陶，纹饰以篮纹为主，可辨器形有鼎、釜、敛口斝、广肩罐、高柄豆、碗、盆、器盖等。

清理土围 1 处，年代为石家河文化晚期，未完全揭露，平面近长方形，方向为东北—西南向，总面积近 700 平方米。土围台面平整，宽 3 ~ 5 米，台面两侧为坡度不一的护坡，坡长 0.4 ~ 0.5 米，现存高度为 0.12 ~ 0.4 米。土围为分层分段堆筑，主体为黄褐色土黏土，较致密，夹杂较多黄斑或红棕色斑块，堆积较纯净，含少量的烧土粒、炭屑及少量陶片，土围内发现大型分间房屋、灰坑、墓葬等丰富的遗迹。

房址共清理 4 处，其中长方形地面式分间房址 2 处、曲尺形地面式房址 1 处，年代为石家河文化时期；长方形地面式单间房址 1 处，年代为屈家岭文化时期。较重要的有石家河文化时期房址 F5，其位于土围中部，为长方形地面式分间房屋，东北—西南向，东西宽 6.2、南北长 9.2 米，实际建筑面积约 47.6 平方米。F5 房屋建筑工艺非常考究，墙体里面发现大量复杂榫卯结构的木骨痕迹，墙块还粉刷有多层白灰面。分为 5 室，分别编号为 F5I ~ F5V。其中 F5I、II、III 室，有各自的灶址和红烧土平台，推测分别属于三个核心家庭的日常作息房间。F5IV 室面积较小，且有门道与外连通，其功能类似于耳房。F5V 室面积狭小，附属于 F5III 室，可能为储物间。F5 与土围及土围内其他同时期遗存构成一组大型院落基址。

陶窑发现1座，为Y4，年代为石家河文化晚期。平面形状为“8”字形，长约1.86、深0.08 ~ 0.18米。自北向南可见燃烧室、火道、烧成室等结构，仅存底部。

灰坑有圆形、椭圆形、不规则形几种。以H292为例，该灰坑年代为煤山文化时期，平面形状为椭圆形，弧壁，近平底。坑口长径1.94、短径1.7、深0.18米。坑内含大量红烧土颗粒、炭屑，陶片主要为泥质灰黑陶和泥质灰陶，有少量泥质褐陶、红陶和泥质黑皮陶，纹饰以素面和篮纹为主，可辨器形有釜、罐、豆、广肩瓮等，其性质应该与填埋生活垃圾有关。

墓葬集中分布于土围内，少量在土围外东北侧。墓坑内未发现葬具，开口面积多为1平方米左右，随葬品一般为陶杯、纺轮、陶环、石器、猪下颌骨等，年代均为石家河文化时期。

瓮棺分散于发掘区各处，年代多为煤山文化时期。比较重要的有W36，其平面呈圆形。弧壁，近平底。坑口长径0.64、短径0.56、深0.32米。坑壁未见加工痕迹。以釜为葬具，盖以罐底，棺内出有肢骨及较为完整的头骨一具。瓮棺内出有石器1件，应为随葬品。

综上，凤凰咀城址加上周围附属聚落点总面积约50万平方米，城内有大型院落基址，出土有较多小型玉器、绿松石饰件，等级较高，近期还在城内中部勘探发现了多处大规模的夯土台基。综合来看应该是鄂西北地区规模最大、等级最高的中心聚落，为研究长江中游新石器晚期聚落形态和文明进程提供了重要资料。另外，凤凰咀城扼守在南襄要道，是屈家岭文化分布范围最北的城址，也是南北交通要塞，军事意义重大。凤凰咀城丰富了长江中游史前城址类型，拓展了长江中游史前城址兴起动因与功能的研究视角。

（李宗洋　伍腾飞　田　辉　单思伟）

【武汉市黄陂区盘龙城商代遗址】

发掘时间：2021年7月 ~ 2022年1月

工作单位：武汉大学、湖北省文物考古研究所、武汉市文物考古研究所、盘龙城遗址博物院

盘龙城遗址位于武汉市北郊，黄陂区西南的盘龙城经济开发区叶店村，地理坐标北纬30°41′40″，东经114°15′57″，海拔20 ~ 40米。由往年的工作已知，盘龙城聚落经历了三个阶段的发展变迁，其最早阶段聚落的中心位于南部的王家嘴地点，之后城市聚落逐步向北发展。为进一步认识盘龙城南部王家嘴地点的聚落结构，探索盘龙城聚落始建的年代，特别是可能存在的夏时期遗存，2021年盘龙城联合考古队在盘龙城遗址王家嘴地点展开了考古发掘，发掘面积500平方米。

王家嘴地点的考古发掘以府河大堤为界，分为南北两个区。北区位于府河大堤以北、盘龙城遗址博物院公园内，布设5×5米探方6个，发掘面积150平方米。该地点海拔21.5 ~ 22.7米，发现房址1处，灰坑4处。遗存可整体分为两个阶段。其中以房址及周边关联灰坑为第一个阶段。房址编号F9，以较纯净的黄色黏土为垫土，残存2个圆形柱洞、内础石，房址残长约4.5米、宽2.1米。F9南北两侧还分别见有数个大型的灰坑，内堆积可分多层，出土有大量陶片。从出土陶片判断，这一阶段的房址和灰坑的年代属于二里岗上层一期，与盘龙城城垣和宫殿基址年代大体相同。而被F9叠压的地层堆积年代偏早，可作为第二个阶段。其内出土的陶片有腰部带按窝的甗、平裆细绳纹鬲、浅盘细柄豆等标本，年代属于二里冈下层，与盘龙城原报告第2 ~ 3期大体相同。此外，同层还零星发现有疑似的熔炉残壁、疑似陶范等

铸铜遗物。

王家嘴南部发掘区位于府河大堤以南，属于府河的消落区，发掘面积 350 平方米。该地点海拔 22 ～ 22.7 米，目前所见略高出周边河道，形成一个微隆起的台地。经勘探和解剖发掘，发掘区及周边较高的位置多见黄土铺垫，最东面解剖沟还发现一处陡坎，推测整个台地应为人工垒砌，而所见的房屋和灰坑遗迹均集中位于台地中部，也是王家嘴南部海拔最高的位置。王家嘴南区的发掘揭露出多座房址，其中保存较好的 F8 呈西南—东北走向，推测门道方向约为 280°，南北两侧被灰坑打破，东西残长 20 米，南北残宽 6.2 米。房屋内均使用纯净的黄色和红色黏土作为垫土，分块垒砌，自西向东可分为五个隔间，东部两处隔间的东北角还分别见有两处烧土遗迹。此外，F10、F11 与 F8 结构相似，同样以纯净的黄色或红色黏土垒砌为垫土。F8 南北两侧被 H15、H16 两处大型的灰坑打破，灰坑内堆积均分数层，呈倾斜状分布。H16 还出土有大量完整的陶器标本，以联裆鬲、小口瓮、大口尊居多，同时见有兽面纹陶残片。从周边关联的灰坑及垫土内出土的部分陶片观察，F8、F10、F11 等房屋遗迹的年代当属于二里冈上层一期，应与发掘北区 F9 属于同一阶段。2021 年王家嘴南部发掘区仅揭露到房屋遗迹面，并未发掘到底，经勘探 F8 底部叠压有年代更早的遗存。

2021 年盘龙城遗址王家嘴地点的考古发掘主要有以下三个方面的收获。其一，无论是王家嘴北部发掘区还是南部发掘区，都显示出相似的遗迹结构——均以房址为核心，外围分布有密集的灰坑。同时房屋的制作较为考究，使用纯净的黄色或红色黏土作为垫土，有些房屋可能还带有隔间。根据保存较好的 F8 推测，部分房屋面积较大，关联的灰坑中还出土有象征较高地位的兽面纹陶器残片。这批遗迹的整体年代与盘龙城城垣、宫殿基址年代相当，属于二里冈上层第一期。由此推测，与中心城垣同时，南部的王家嘴地点应为盘龙城另一处等级较高的聚落点。其二，根据北部发掘区及勘探情况，在房屋遗迹下目前已发现有二里岗下层的文化堆积，甚至同层位还出土有疑似熔炉残壁，可能存在早期的铸铜活动。这些线索暗示出王家嘴地点可能存在年代更早的人类活动，为探索盘龙城二里头时期，即最早阶段的遗存提供了方向。其三，盘龙城王家嘴地点海拔较低，紧邻府河北岸。该地点发掘中还发现整个台地进行了大规模人工修整，房屋和灰坑等人类活动均位于台地上，这为进一步了解盘龙城聚落的布局情况，重塑当时的聚落景观与环境提供了重要材料。

（薛铭博　孙　卓）

【武汉市黄陂郭元咀商代遗址】

发掘时间：2021 年 1 ～ 12 月

工作单位：湖北省文物考古研究所

郭元咀遗址位于武汉市黄陂区前川大街二程书院北部，坐落于鲁台山北麓、滠水东岸的台地上。在 2019 年、2020 年发掘工作基础上，2021 年在发掘区的北部布设 5 个探方（T65 ～ T69），发掘面积 125 平方米，在遗址的南部新设 15 个探方（南区 T1 ～南区 T15），发掘面积 375 平方米，总发掘面积为 500 平方米。

2021 年北发掘区已清理遗迹共计 67 个，其中商代灰坑 32 个（H40 ～ H71）、灰沟 2 个（G8 ～ G12）、熔铸坑 1 个（DK19）、垫土遗迹 12 个（DK20 ～ DK31）、烧面遗迹 3 个（SM25 ～ SM27），此外还包括清代墓葬 16 座、窑址 1 座。南部发掘区共清理晚清墓葬 14 座、商代灰坑 2 个、灰沟 1 条。

2021 年出土的商代遗物包括铸铜遗物、日用陶器（包括硬陶），共计 974 件。铸铜遗物包括炉熔铜器具、生产工具、原料、陶范以及燃料等，共计700余件。出土的坩埚壁残块130余块。出土的陶范可统计数量的共计430块，保存较差，分外范、芯范两类，可辨器形有罍、斝、戈等。出土其他铜质、石质、陶质生产工具共计140件。出土的日用陶器（包括硬陶）有分裆鬲、罐形鼎、甗、假腹豆、真腹豆、圈足簋、大口尊、折沿盆、大口缸、折肩罐、深腹罐、圈足壶、圈足瓿、斝、爵、杯、钵等，共计274件。此外，通过对遗迹单位的浮选，获得了大量的植物炭化种子和小型鱼类脊椎动物骨骼。2021年郭元咀遗址发掘所获得的主要认识如下。

一、通过连续布方发掘，解决了郭元咀铸铜台地的范围，更正了以往的认识。该台地沿滠水分布，呈西南—东北走向的长方形，东西长约28米、南北宽约50米，西北部因河水冲刷，面积有所减少，总面积约1300平方米。地势上西部高、东部底，整个铸铜遗址为西高东底的缓坡状堆积，而台地北面至台地东面原是一片地势低洼的区域。

二、通过解剖发掘和精细发掘，解决了铸铜遗址的堆积过程。郭元咀商代铸铜遗址是在屈家岭时期遗址之上建立起来的。商代台地所堆筑的土来自于台地四周，采取就近堆筑原则。第③层为黄棕色花斑土，该时期的铸铜规模最大，遗迹和遗物最丰富。第④a层为灰白色夹褐斑土，该层中发现大量的早期铸铜遗迹。第④b层为浅黄色、灰褐色夹黑锈斑点土，该层在整个台地上分布最为普遍，发现基槽和大量的直径40厘米左右的柱洞，应属于生活居住时期。第⑤层为深褐色夹黄色颗粒土层，十分纯净，可能起到平整地基之用。此外，在发掘区北部发现暗褐色夹大量土锈斑的屈家岭时期地层。

三、更正了以往的认识，确定了壕沟（G7）内堆积与台地上文化堆积之间的相互关系。壕沟是在台地上第④层土形成时期所挖，沟内第⑤～⑧层堆积与台地上大型建筑是同一时期，包含物主要是生活废弃物；沟内第②～④层堆积与台地上早、晚两期铸铜遗存是相对应的；沟内第①层是壕沟被填平时的堆积，可能为最晚一期遗迹。

四、通过对灰沟、熔铸坑、陶范坑等重要遗迹的浮选，获得了大量的炭化植物遗存，经过对二十多个样本的集中检测，基本确定了这批铸铜遗迹的年代范围为公元前3100～前3010年，而铸铜活动废弃的年代为公元前3010～前2990年，相当于晚商早期。

五、通过调查、勘探和南部的发掘，确定郭元咀遗址除铸铜区之外，周围有居住区，范围直抵鲁台山的北麓，我们推测郭元咀遗址以东的原黄陂县化肥厂区是另一个规模更大的台地。

（胡　刚　程小锋）

【襄阳熊家埂周代遗址】

发掘时间：2021年7～9月

工作单位：襄阳市文物考古研究所

2021年7月～9月28日，为配合襄阳市基础设施建设，襄阳市文物考古研究所组织队伍对熊家埂周代遗址进行了发掘，发掘面积242平方米。遗址位于湖北省襄阳市襄城区庞公街道庞公祠社区，地处汉江南岸冲积平原上，北距汉江约200米，西距襄阳古城1500米。

遗址分东、西两个区域，相距约有60米，中间部分经勘探无文化层连接，可能是早期受到了洪水的冲击，造成了遗址的断裂。地层堆积可分为6层，其中第⑤～⑥层为周代文化层，出土大量陶片，可辨器形有鬲、盂、豆、罐等；小件有鹿角、骨器、铜箭镞、纺轮等。另外出土有较多蚌壳、鱼骨等标本。

遗址中出土有较多柄部带有一周凸箍、喇叭状圈足的豆、折肩或折腹盆以及足腔较深的鬲足，这些符合西周晚期至春秋早期的特征，说明最迟在西周晚期至春秋早期该遗址已形成，延续至春秋中期废弃。

该遗址与东津陈坡东周遗址墓地隔江相望，直线距离 5400 米，与真武山周代遗址相距 4400 米，可能为楚之“二津（东津、北津）”的东津。据晋代习凿齿所撰《襄阳耆旧记》记载：“襄阳城，本楚之邑，檀溪带其西，岘山亘其南，亦为楚国之北津也。楚有二津，谓从襄阳渡沔自南阳界出方城关是也，通周、郑、晋、卫之道，其东则从汉津（即东津）渡江夏，出皋关是也，通陈、蔡、齐、宋之道。”这说明“东津”与“北津”作为楚国北境两个军事渡口，是楚国往东、往北发展、交流的重要节点。2006 年陈坡大墓发掘时，陈坡遗址墓地西部已大部分崩入汉江，说明汉江向东侵蚀严重，河道东移明显，熊家埂周代遗址原距汉江东岸应较现在更近。同时，从遗址中出土的大型陶鬲足、甗口沿以及数量众多的陶器残片、蚌壳、鱼骨、鹿角、箭镞以及带有明显切割痕迹的兽骨等可以看出，该遗址当时曾有大批人类在此集聚，且规格较高，与楚之“二津”的职能相符。

该遗址是襄阳古城周边区域继真武山周代遗址之后发现发掘的又一处重要的两周时期遗址，为揭露该地区相关历史时期文化面貌提供了一批重要的实物资料，不仅对研究汉江流域两周时期先民的生业经济有重要的意义，同时也为研究楚之“二津”及早期楚文化发展脉络提供了重要线索。

（高顺利）

【京山市苏家垄东周遗址】

发掘时间：2021 年 3 ~ 11 月

工作单位：湖北省文物考古研究所

2021 年继续在遗址点西部发掘，发掘面积 950 平方米，共布探方 38 个，分为西、南两小区进行。两区地层堆积有差异，西区西、北部薄而东、南部较厚，共有 4 或 5 层文化堆积，部分探方 5 层缺失。第①层为现代耕土层，第②层为清代文化层，第③层为汉代文化层，第④、⑤层为东周时期文化层。南区堆积较浅可分 3 或 4 层，堆积厚的分 5 或 6 层。文化层基本也是清代、汉代及东周。

发现的遗迹较为丰富。共清理灰坑 41 座、灰沟 7 条、水井 8 座、陶窑 3 座。出土的遗物丰富：陶器共计 67 件，其中陶容器 25 件，器类有盂、罐、鬲、豆、钵；陶拍（垫）27、纺轮 10、球 2、陀螺 1、陶塑 1、范 1 件。石器共计 37 件，有锛 8、斧 4、凿 4、锤 9、镰刀 5、球 2、纺轮 2、砧 1、范 1、砺石 1 件。铁器共 16 件，多为铁工具，均锈蚀不堪，可辨的器形有斧、刀等。铜器 15 件，铜镞及附件 7、戈残片 2、削刀 2、币 2、带钩 1、环 1 件。漆木器 6 件，方形木桩 4、漆豆柄 1、木铲 1 件。各类小件器物共 141 件。

2021 年的发现与收获：（一）西区继续在上年制陶作坊区发掘，新发现的遗存，进一步加深了对遗址制陶作坊区空间布局、年代、规模等的认知。（二）南区为居住区的边缘部分，新发现了丰富的汉代遗存，进一步加深了对遗址延续年代的认识。（三）又发现一批铁器，数量更多。为研究东周时期铁器在曾国的生产和应用、从冶铜到冶铁技术的转变、冶铁技术的出现与发展等提供了更为丰富的资料。（四）新发现的陶、石范，证明了遗址除了炼铜外还存在铜器铸造，为寻找铸铜遗存点提供了重要线索。新发现的精美残漆器，规格较高的，为遗址性质的认定提供了新的证据。（五）新的发现为遗址文化内涵、性质等的认识提供了更为丰富的基础资料，对苏家垄国家考古遗址公园的保护、规划和建设提供了更多的考古材料和可供展示的创新点。

（席奇峰）

【襄阳卞营东周作坊遗址及汉代墓地】

发掘时间：2021 年 5 ~ 6 月

工作单位：襄阳市文物考古研究所

卞营遗址和墓地位于襄阳市团山镇邓城村四组卞营自然村，地处邓城大道与卧龙大道交叉口的东南角，邓国故城东城垣东侧，两者直线距离仅 500 米，是邓国故城周边一处重要的文化遗存。为配合襄阳嘉地顶升房地产开发有限公司项目建设，共清理墓葬 37 座、灰坑 13 座、窑址 2 座、水井 1 口、灰沟 1 条，出土各类器物 300 余件。

卞营遗址发现的 Y1、Y2 虽然破坏严重，但从残存部分仍能窥视其整体构造，由操作间、窑门 、火膛、窑床、烟道构成，与湖北江陵楚都纪南城遗址龙桥河西河 Ⅱ 1 号窑、松柏范家垸 Y1、纪南城新桥遗址 Y1、Y4、毛家山遗址陶窑、河南洛阳东周王城战国窑 Y8、Y10 等窑址近似，属东周时期型制和结构较为统一的半倒焰式室形窑。

Y1、Y2 出土有板瓦残件，且临近 H3 出土的大量烧制变形的陶瓦件，推测其为专门烧制瓦件的瓦窑。瓦窑及附近灰坑内的出土物均为较单纯的瓦材料，少见日用陶器，表明该时期砖瓦等建筑构件与日用陶器生产的专业化分工进一步加强。

H3 为两座窑的残次品堆积坑。J1 位于两窑西北部，推测其是为窑生产服务的蓄水井。H11 沟面宽阔，沟底呈台阶状，疑似人为，可能为 Y1、Y2 制胚的取土坑，也可能是界沟，用以把这一区域与其他功能区分开。此次出土的板瓦件根据瓦头凹槽的多寡可分为 3 类：2、3、4 道凹槽，这也反映出东周时期砖瓦在建筑上的应用逐渐普及以及用途的增加。

此次遗址区发现的遗迹均为东周遗存，其中窑、井、灰坑等，构成了一个烧制陶器的手工业作坊的必要组成部分，同时出土大量烧制变形的板瓦、筒瓦等建筑构件，表明此次发现的遗存区是邓国故址外围重要的制瓦作坊区，这对探索邓国故城城外手工业作坊的布局及城外其他功能分区有重要意义。该时期砖瓦与日用陶器生产的专业化分工进一步加强，这显然与不同性质的遗址对砖瓦的需求不同有关。卞营此次窑址的发现表明最晚至战国中晚期，邓国故址周边已存在极高专业化分工的砖瓦窑等作坊区，为探寻邓国故城的性质提供了全新材料。

此次墓葬区共清理墓葬 37 座，其中砖室墓 19 座，土坑墓 18 座。根据墓葬形制及出土遗物，进行年代初步判定，其中西汉墓 8 座，东汉墓 17 座，明代墓葬 6 座，清代墓葬 3 座，3 座墓葬被破坏较为严重，年代不明。卞营汉墓的发掘，为研究汉代丧葬制度、葬俗的变迁提供了重要的考古资料。此次发现的明代买地券、天心八卦墓券、银冥币等具有浓厚的民间宗教信仰色彩，其中记载的襄阳行政区划、道教神仙、吉祥语等信息为我们研究襄阳历史、明代丧葬制度、契约文本、宗教信仰等提供了珍贵的实物资料。

【荆州郢城遗址秦汉木构遗存】

发掘时间：2021 年 3 ～ 8 月

工作单位：荆州博物馆

郢城遗址是南方地区保存较好的秦、汉时期郡县城址，位于荆州纪南生态文化旅游区凤凰办事处郢城村，西北距楚故都纪南城 2.5 千米，东南距荆州古城 2.1 千米。1956 年，被湖北省人民政府公布为第一批省级文物保护单位。2013 年 5 月，被国务院核定公布为第七批全国重点文物保护单位。

2019 年，在郢城遗址东城门及护城河的考古发掘中（考执字〔2017〕第 283 号），考古队在正对郢城东门外的护城河中发现一座木构桥梁；2020 年 7 月，在配合郢城遗址本体保护修缮一期工程的考古发掘中（考执字〔2020〕第 786 号），考古队在郢城遗址内南、北水系中部发现两座木构桥梁及部分圆木护岸桩；2021 年 4 月，考古队在南、北水系与南城垣交汇处发现一处大型木构遗存。

郢城东门外木构桥梁（Q1）桥桩嵌入生土中，可见两排木柱桥桩，桥桩共 71 根，其中东部 25 根、西部 45 根，直径为 0.15 ~ 0.37 米。桥桩排列有序，桥桩之间横向镶嵌直径 0.07 ~ 0.1 米的圆木做挡板，挡板与河岸间用五花土夯实。整个桥梁东西跨度 2.9 米，南北宽度 9.1 米。

郢城南北水系木构桥梁（Q2）为南北向，长 13.88 米、跨度约 2.05 米。架桥处河道开口现宽 4.47 ~ 5.27 米，河道两边有明显加工痕迹。西岸立圆形木桩 37 根，方形木桩 18 根；东岸立有圆形木桩 38 根，方形木桩 19 根。另残存 3 块挡板和 5 块木构件，可见榫卯结构的隼孔。挡板外侧与河道边缘用花土夯实。

郢城南北水系木构桥梁（Q3）为东西向，长 25 米、跨度 2.58 ~ 2.77 米。架桥处河道开口宽 3.98 ~ 4.43 米，河道两边有明显加工痕迹。南岸有圆形木桩 69 根，方形木桩 21 根;北岸立有圆形木桩 42 根，方形木桩 16 根，桥桩外侧为挡板，计 21 块。挡板外侧与河道边缘用花土夯实。

护岸位于木构桥梁 Q2 南部河道西岸，正对 Q3 入水口，由 17 根圆形木桩顺着河壁方向斜向楔入泥土中。暴露长度 0.184 ~ 0.504 米，直径 0.114 ~ 0.198 米，间距 0.235 ~ 0.79 米。

郢城遗址近年来发现的木构遗存属重大考古发现，从木构遗存所处地层中出土的大量的瓦当、筒瓦、板瓦、罐、盆等建筑材料与生活用器，以及半两钱、五铢钱、大泉五十等货币的发现，可以判断上述木构遗存与郢城遗址同期并延续使用，直至废弃，活跃年代为战国晚期至西汉晚期。另三座木桥在空间布局上几乎处于同一直线，这在近些年秦、汉城址的发掘中极为少见。

南、北水系与南城垣交汇处发现的木构遗存，并非桥梁，因其叠压在城垣之下，结构中有过水空间，并一直延伸至城外与护城河相连，判断其为郢城南、北水系与城外护城河沟通所用的木构涵洞设施，并具有调节城内水位高低之功用，既有雨季排水，也有旱季城内进水之作用。此类遗存目前国内极少发现，其与 2014 年扬州蜀岗故城址发现的木构涵洞遗迹有相似之处，该木构遗存与“南、北水系”中部两座秦、汉木桥处于同一河道中，同属郢城始建及使用时期木结构遗存，但用途完全不同。

秦、汉木桥遗迹此前多发现于陕西西安、咸阳地区，其他地区少见出土，郢城遗址发现的三处木构桥梁，也是目前世界历史上规模较大的木质结构桥梁，它们的发现对研究古代河流变迁、周围自然环境的变化、秦汉城址的布局与木构桥梁的构造与演变都有着重要的意义。而郢城木构涵洞的构造，体现了在雨水较多的南方地区因地制宜的筑城技术，是研究中国古代建筑技术的重要资料。

（刘建业　朱　枫）

【荆州郢城遗址三号台基】

发掘时间：2021 年 3 ~ 11 月

工作单位：荆州博物馆

郢城遗址是南方地区保存较好的秦、汉时期郡县城址，位于荆州纪南生态文化旅游区凤凰办事处郢城村，中心地理坐标（北京坐标系）北纬 30° 22′ 48.1″，东经 112° 13′ 05.6″，海拔高程 33.35 米。西北距楚故都纪南城 2.5 千米，东南距荆州古城 2.1 千米。1956 年，被湖北省人民政府公布为第一批省级文物保护单位。2013 年 5 月，被国务院核定公布为第七批全国重点文物保护单位。

2021 年 10 月，荆州博物馆对郢城遗址三号台基进行考古发掘（考执字〔2019〕第 236 号）。因考虑到郢城遗址后期的保护、利用、展示工作，此次发掘面仅揭露至汉代文化层，并未发掘至生土层，共发现汉代房屋基址 2 座，道路 1 条，器物坑 1 座；宋代墓葬 5 座，明代灰坑 1 座，清代灰沟 1 条。

郢城遗址三号台基考古发掘的最重要发现是两处建筑基址，从暴露的范围来看，两处建筑基址南、北两侧均未完全暴露，推断此建筑基址为大型房屋遗迹的一部分，目前仅为其局部。房基板瓦竖立有序、紧密排列，应为现代意义上的房屋地基，此种建造方式的汉代房屋目前极少发现，时代属西汉中晚期。

郢城遗址作为江汉平原地区保存较为完好的秦汉城址，经过近年来的考古发掘，已发现东城门、东城门外护城河上的木桥、城内南北水系两处木桥、南北水系穿越南城垣的地下木构建筑，城址内布局逐渐丰富，此次发现的三号台基建筑基址是郢城遗址从 20 世纪六十年代至今首次发现的房屋遗迹，结合上述发现，对全面研究南方地区秦汉时期郡县城址布局有着重要的学术意义。

除汉代房屋建筑基址外，此次发掘其他遗迹时代均较晚，多为宋代、明清时期墓葬，未发现东汉时期遗迹、遗物，这可能与西汉晚期郢城行政级别降格、逐渐废弃有关。

（刘建业　朱　枫）

【京山市龙家湾东汉墓地】

发掘时间：2021 年 11 ~ 12 月

工作单位：湖北省文物考古研究所

龙家湾墓地位于荆门市京山市坪坝镇红阳村龙家湾西部。东西长 300、南北宽 200 米，面积约 60000 平方米。2017 年苏家垄遗址及周边考古调查时发现，推断应为一处汉代墓地。为了配合苏家垄考古遗址公园的建设，327 省道改线工程从遗址公园规划保护范围外南部绕过，在保护范围东南部约 100 米处从墓地的中南部穿过，为配合公路施工对墓地进行了抢救性发掘。

共发掘 5 座砖室墓、1 座砖券水井。5 座墓中 3 座保存很差，均位于发掘浅岗的边缘地带，经过宋代和近现代两次破坏，部分墓室被近现代改道的漳水冲毁。其中 M7 保存最差，仅残存少部分甬道及封门；M1 残存部分甬道、封门；M4 残存有甬道、封门和少部分墓室。M5、M8 保存情况相对较好，墓室土圹完整，有斜坡墓道，砖室由墓室、甬道、封门三部分组成。M5 砖室通长 460、宽 120 ~ 170、残高 110 ~ 144 厘米。M8 砖室通长 616、宽 112 ~ 206、残高 82 ~ 126 厘米。1 座砖券水井 J1，平面呈不规则圆形。井口铺砌青砖，外径约 120 厘米，井壁垒砌较为规整，清理至深 527 厘米处。此次发掘出土遗物少。墓葬上部宋代文化层出土少量的陶瓷片，器形见有碗、盏、盘等。5 座墓葬，仅 M4、M8 见有随葬器物。M4 出土有 1 残陶碗、1 残猪圈。M8 出土 1 残陶钵、1 陶猪圈顶、2 残陶罐、1 陶磨、8 五铢钱。J1 遗物相对丰富，出土较多东汉的墓砖和宋代的建筑青砖；方形的砂石建筑构件 5 块；陶器残片，器形有碗、盏、罐等；瓷器残片，器形有碗、盘、盏、执壶、罐等，个别可复原；3 件残铁器；1 枚铜钱，钱文“政和通宝”。

根据墓葬形制、花纹墓砖的纹饰特征，出土随葬器物的型式特点推断其年代应在东汉中晚期。所处位置依山傍水，地理位置优越，应是一处经过规划的东汉家族墓地，为研究该地区这一时段的墓葬特征和家族墓的布局规划提供了新的资料。近几年的考古工作，证实苏家垄遗址（罗兴居住、矿冶遗址点）除主要的东周时期居住遗存外，还有部分汉代的遗存，延续时间晚至东汉时期。而龙家湾墓地距离其非常近，推断为罗兴居住、矿冶遗址点汉代居住遗存对应的墓地，与之是一个整体，在时间和空间上加深和扩大了对苏家垄遗址群的认知，也为之后遗址公园的规划和保护提供了新的展示点。

（席奇峰）

【南漳县明教寺宋明时期墓塔】

发掘时间：2021 年 1 ~ 4 月

工作单位：襄阳市文物考古研究所

明教寺墓塔位于南漳县九集镇明教寺村（后并入泉水堰村），此次考古工作主要是对一号、二号墓塔进行了发掘。

一号墓塔跨二级台地，依山势坐西朝东。由塔基、踏道及月台组成。塔基土圹开口大致呈长方形，土圹开口向下深 0.44 ~ 0.6 米处设有基槽。基槽内发现椭圆形柱坑 5 个（应为 6 个，有一个或未找到），呈方形分布，每边两个。在塔基中心有长方形竖穴土圹地宫遗迹，由供台、砖室、秘龛三部分组成。阶梯式砖砌供台分上中下三层，下层供台中部用砖砌成一龛，上部用横砖搭顶，龛内置有铜镜 1 面，铜钱 46 枚。供台下铺有黑色木炭。砖室位于地宫中部，东端为砖砌平台，西端用砖砌成三级台阶。平台与台阶之间紧贴砖墙用单层侧立青砖围砌一周，形成见方竖坑。秘龛紧邻砖室西端。塔基基槽与地宫砖墙之间有廊，被大量砖瓦、石块等倒塌堆积叠压，清理出较多的斗拱、屋脊、弯瓦、榫卯等砖制的建筑材料构件。下部为地宫垫土，共有 13 层堆积，先以平砖铺地，再以一层夯土、一层夯石灰层的方式有规律地填充。紧贴地宫东端有砖砌封门，封门东端紧邻踏道，用以连接地宫与月台。长方形月台台面低于塔基 0.86 米，用砖平铺，紧贴土圹西部以较规整陡板石围砌。月台中部偏西用砂岩石块围砌成一长 3.24、宽 2.32 米区域。东部设有柱础石 2 件。

二号墓塔平面呈扇形，由大殿、排水沟、护墙、地宫、秘龛组成。大殿落于台地之上，用素砖平铺。大殿南部紧贴土圹有弧形砖砌护墙，护墙与平台之间设有排水沟。大殿正中部从山体土中垂直下挖长方形竖穴土圹地宫，由砖室、甬道、踏道组成。砖室为三券顶，且券顶砖缝内散布有用以加固的不规则铁片。砖壁皆用石灰浆涂抹。砖室东南发现有人骨。踏道紧连甬道，其北部被破坏。大殿东部设有竖穴土坑砖砌的秘龛，秘龛底部为砖室，上用方砖兼条砖逐层内收搭盖封顶。砖室西壁用砖砌一埋藏坑，坑内放置瓷碗、罐各 1 件。

一号墓塔供台龛内出土的唐宋钱币，时代最早的为唐开元通宝，最晚的为宋政和通宝，且宋钱从北宋太宗至道元宝到徽宗政和通宝的年号基本连续，这表明地宫自建成以后，最后封闭当在北宋政和年或之后不久，即不会早于 1111 年。湖州镜始铸于北宋晚期，带有“湖州”铭文有确切纪年的铜镜最早见于浙江衢州北宋建中靖国元年（1101 年）蔡汉模墓，龛内与铜钱同出的湖州镜与地宫年代相吻合，当是作为商品自湖州销售入襄的私铸铜镜，镜铭上的“孙家”应是表明店铺名号的牌记。二号墓塔秘龛内出土的云气纹瓷碗笔法粗放、布局疏朗，具有明代空白期青花瓷器的特征。综上分析，一号墓塔的年代约为南宋时期，二号墓塔的年代约为明正统、景泰、天顺时期。

据天顺《襄阳郡志》记载“明教寺在县东北七十里，永乐元年僧道悯仍旧址修复”，民国《南漳县志》记载“明教寺在县东北六十里福隆山，梁武帝时建，明永乐初济舟禅师重修，宣德中僧阔庵，弘治二年僧明智增修。艾福为记云，梁昭明太子同释法慧穷究玄门，法慧与隐士刘虬分经皆在于寺，唐景德中古林嵩禅师，宋宣和中谈成禅师先后在寺阐教”，可见明教寺至迟在南朝时期便已存在，此后香火不绝，历经数次重修。以往明教寺遗址内发现的纪年材料表明，该寺的始建年代不晚于明景泰元年（1450 年），毁废时间不早于清宣统二年（1910 年）。而此次明教寺宋明墓塔的发掘，与部分文献记载吻合，未发现唐及以前的遗存。发掘加深了对僧人瘗埋方式的认识，对研究明教寺的兴废及沿革具有重要学术价值，为探索宋明时期佛寺布局、建筑样式提供了重要的实物资料。

（耿壮壮）

【武当山五龙宫遗址】

发掘时间：2021 年 2 月 ~ 2022 年 1 月

工作单位：湖北省文物考古研究所、武当博物馆

为配合五龙宫遗址文物保护工程，湖北省文物考古研究所在 2020 年发掘基础上，在 2021 年继续对位于十堰市武当山旅游经济特区五龙宫村的五龙宫遗址开展了田野考古发掘工作。2021 年发掘面积 3600 平方米，发掘深度在 0.5 ~ 3.8 米。已清理、发掘区域为五龙宫遗址南宫东道院。

发掘情况显示，五龙宫遗址为砖石建筑遗址，整体保存较好。2021 年度发掘区域的明代建筑遗迹单位以上地层堆积较为简单，可分为 4 层。第①层为近现代堆积的表土层；第②层为民国时期周边山体垮塌形成的淤积层；第③层为清乾隆时期周边山体垮塌形成的淤积层；第④层为清康熙至雍正时期建筑垮塌后，形成的建筑废弃堆积层。第④层下显露出五龙宫遗址建筑遗迹单位，达到此次发掘目的，未进一步向下发掘。

2021 年主要发现有不同时期的建筑遗存 15 处，其中房屋建筑遗址 7 处（编号 F1 ~ F7），院落遗址 3 处（编号院 1 ~院 3）。天井 1 处，主排水沟 2 条（编号 G1、G2），水池 2 口（编号池 1 和池 2）。基本明确了南宫东道院的整体建筑布局。其中池 2（日池）内底基岩上发现有龙、龟、蛇、兔等精美的浮雕；此次考古发掘工作出土的遗物非常丰富，目前初步统计出土遗物计有陶、瓷、铜、铁、木、骨、石、琉璃等八大类 600 余件。除大量的勾头、滴水、板瓦、筒瓦、脊兽、脊筒等陶质和琉璃质建筑构件外，还有碗、盘、杯、碟、铜钱、砚台、烛台、镰刀、发簪、钱币等生活用器，另有少量的真武像、灵官像、水简、碑刻等宗教用器；遗物年代最早为汉（遗址解剖，建筑垫土内发现有汉砖），偶见宋，多为明清，延续至民国。部分瓷器、钱币等可当标准器断代的遗物，已形成一个可靠的年代序列，为发掘区提供一个可参考的年代标尺，展示出遗址不同时期的动态进程，为日后进一步深入研究整个五龙宫不同时期的特征提供重要依据。

此次考古发掘基本探明了五龙宫遗址南宫东道院的遗址类型及形制，廓清了遗址的整体布局和结构，为遗址的永续保护和展示提供了基础资料。同时以考古学成果为基础，结合历史文献学、材料学、古建筑学、宗教学的成果开展综合研究，也已取得一定研究成果。目前已经初步了解发掘区乃至五龙宫的营建（明永乐）、繁盛（明嘉靖）、衰败（明末至清康熙年间）及废弃（清乾隆）的过程，确定发掘区部分单体建筑的历史职能（如 F6 为厨房）和尺寸数据，并对发掘区进行了初步的数字复原。这些初步的研究成果对我们建立一个宏观、立体、完整的五龙宫印象有着重要意义，也为下一步考古发掘和科学研究奠定了基础，并最终为开展整个武当山的历史文化研究提供重要依据。

（李　刚　康予虎）

湖南省

【华容县庙里湾新石器时代遗址】

发掘时间：2021 年 2 ~ 4 月

工作单位：湖南省文物考古研究所、岳阳市博物馆、华容县博物馆

庙里湾遗址隶属于岳阳市华容县东山镇石家港村四组，坐落在桃花山谷地西侧的一处土丘上，东北距七星墩遗址约 8 千米。地理坐标北纬 29° 36′ 37.58″，东经 112° 45′ 43.12″，海拔约 38 米。为配合国华岳阳电厂新建工程建设，联合考古队对其进行抢救性发掘。

遗址被破坏严重，未见文化层分布，只保留少量遗迹，清理新石器时代窑址 3 座、灰沟 1 条、灰坑 1 个。所有遗迹均开口表土层下，打破生土。

Y2 平面形状为长椭圆形，长径 3.7、短径 1.84 米。由操作台、火膛和火道三部分组成。操作台近长方形。火膛呈圆形，边缘有烧结的红烧土直壁。火膛向前分出两个火道，长盆形，前高后低，前浅后深。窑壁用夹砂红陶陶缸的残片修砌。整座窑修建在一个斜坡上，坡度约有 5°，类似后世的龙窑结构。此类窑址在相邻的车轱山遗址、七星墩遗址均有发现。

G1 平面形状不规则，略呈“L”形。南北向长约 33.4、东西向长径 11.8、深约 0 ~ 2.05 米。东壁近斜直，坡度较缓，西壁较陡直，圜底。无论口部还是底部，均是南高北低，坡状分布。沟内堆积分 3 层。沟内出土遗物有陶器和石器。石器 16 件，均为磨制，器形有石斧、石锛、石锤、石凿等。采集大量陶片，共 137 袋，陶片以夹砂红陶厚胎陶缸的数量最多，超过 90%，装饰蓝纹或素面，是石家河文化的典型器物。其他陶片数量很少，可辨器形有泥质灰陶罐、豆、夹砂红陶鼎足等。

庙里湾遗址新石器时代遗存出土陶片以夹砂红陶为主，次为泥质灰陶和红陶，少量泥质黑陶，以素面为主，纹饰只见少量绳纹、篮纹和弦纹等，可辨器形有鼎、罐、缸、釜、豆、盆等。从出土陶片特征判断年代为石家河文化时期。文化堆积分布于丘岗的两侧，呈沟状或坑状分布，说明这个遗址使用时间可能不长，有可能是季节性或临时性居址。发现 3 座窑址，遗址性质可能与专业制陶有关。该遗址距离近年来发掘的七星墩古城仅 8 千米左右，年代相当，应纳入七星墩古城的势力范围，可能是七星墩古城控制的小型聚落之一。

（王良智）

【长沙岳麓区梅溪湖湄子滩东周遗址】

发掘时间：2020 年 9 月 ~ 2021 年 10 月

工作单位：长沙市文物考古研究所

长沙湄子滩遗址位于长沙市岳麓区梅溪湖街道泉水路与听雨路交汇处东南部。北邻湄溪河（今龙王港），南靠岳麓山——桃花岭——象鼻窝山系，地处山体向河流延伸的低矮台地上，台地面积约 30 万平方米。该遗址东距湘江约 8 千米，距古长沙城约 10 千米，残存约 15000 平方米。下游约 5 千米外曾发

现有“渔阳”墓、陡壁山汉墓、象鼻嘴汉墓等大型西汉墓葬。

为配合爱尔国际眼健康科技产业园第一期项目建设，长沙市文物考古研究所对涸子滩遗址进行了抢救性考古发掘，共布 10×10 米的探方 41 个，实际发掘面积约 4100 平方米。

通过此次考古发掘工作可知，该区域地层堆积分为 8 层，第①、②层为现代耕土层，第③、④层为明清时期的文化层，第⑤层为唐宋时期的文化层，第⑥层为三国时期文化层，第⑦、⑧层为东周时期文化层。发现遗迹共 338 处，包括灰坑 77 处，灰沟 19 条，灶 5 座，房址 39 处，柱洞 198 个。其中明清时期共发现遗迹 4 处，包括灰坑 1 处、灰沟 2 条、房址 1 处；唐宋时期共发现遗迹 7 处，包括灰坑 4 处、灰沟 3 条；三国时期共发现遗迹 39 处，包括灰坑 31 处、灰沟 6 条、房址 2 处；东周时期共发现遗迹 91 处，包括灰坑 41 处、灰沟 8 条、房址 39 处、灶 3 个。出土遗物大多残碎，可辨器形有陶豆、陶鬲、陶盂、陶瓮、青瓷碗、青瓷罐、青花瓷碗等。

遗址中三国至明清时期的遗迹破坏较为严重，除少量房址、灶坑之外，均为普通灰坑或灰沟。残存地层堆积较为水平且分布范围较大，土壤细密且粘度大，包含物较少，推测可能为当时的水田耕作层。该时期遗迹发现较少，遗址中心区可能不在此处。

遗址最为丰富的是东周时期的遗存，较为重要的发现为 36 座房址，其时代多为春秋晚期，部分可延续至战国中期。从形制及布局分析，遗址中部均为圆形柱洞组成的圆形房址，呈东西向分布，两侧则是由柱洞及基槽组成的长方形房址，规模较大，其中南北两间长方形房址的房基是采用砂石铺垫而成，所有房址的柱洞及基槽均开挖于生土之上。从不同房址的功用分析，其中居于遗址中心区域的圆形房址规模较小，从形制布局推测其功能可能与仓储或手工业用房有关，而长方形房址规模较大且构建方式特殊，应为遗址中级别较高的建筑。

经过初步整理，可将东周遗存分为三期，分别相当于春秋晚期、战国早期和战国中期，文化面貌均呈现典型楚文化的特征。该遗址是目前长沙地区发现最早的楚文化居址，推测或许是楚人在春秋晚期最早进驻长沙地区的驻地。

（郑　广）

【汉寿县老坟山战国至明清时期墓群】

发掘时间：2021 年 1 ～ 8 月

工作单位：湖南省文物考古研究所、常德博物馆、汉寿县文化旅游广电体育局

汉寿老坟山墓群位于常德市汉寿县株木山乡云台村。墓群分布在撇洪河东侧的台地上，这里属沅水流域平原区边缘的丘陵地带，高出周围水稻约 6 米。

为配合新建常德经益阳至长沙铁路项目的建设，在报请国家文物局审批发掘后，2019 年 11 月，湖南省文物考古研究所联合常德博物馆、汉寿县文化旅游广电体育局对工程红线范围内的老坟山墓群进行了抢救性考古发掘工作。截至 2021 年 8 月，该次考古发掘工作已经结束。其中 2021 年度共发掘古墓葬 288 座，其中 222 座为战国晚期楚墓、17 座为西汉时期墓葬，2 座为明清时期墓葬，另有 47 座墓葬未见随葬器物。共出土文物 1229 件（套），包括陶器、瓷器、铜器、铁器、玉器、漆木器等。

老坟山墓群年代跨度大，2021 年度发掘的墓葬，战国晚期、西汉、明清时期均有墓葬分布，以战国晚期与西汉时期墓葬为主。战国晚期楚墓 222 座，出土陶器、铜器、铁器、玉器、石器、琉璃器、漆木器等 1005 件（套）。其中，陶器有鼎、敦、壶、盂、簠、高柄豆、矮柄豆、勺、匕、匜、罐、盘等。初步分析可分为仿铜陶礼器和日用陶器两种

不同组合，其中仿铜陶礼器组合以鼎、敦、壶或鼎、簠、壶组合为主。铜器有印、镜、剑、剑首、箭簇、戈、矛、戟、砝码等，铜礼器基本不见。铁器很少，均锈蚀严重，可辨器型有铁斧、铁臿。琉璃器、玉器、漆木器均较少，其中漆木器仅 M417、M443 出土 20 件（套），有木俑、镇墓兽、木璧、弩、弓等。老坟山墓群发掘的 17 座汉墓中，出土陶器、铜器、玉石器等 220 件（套）。其中陶器有陶盒、陶鼎、陶壶、陶钫、陶豆、陶匕、陶勺等。玉石器有滑石璧。琉璃器有琉璃珠、琉璃璧。铁器有铁鼎、铁臿。铜器发现有铜鼎、铜剑、铜戈、铜带钩、铜镜、五铢钱等。

此次老坟山墓群的发掘是沅水下游地区楚墓又一次较大规模的发掘，也是汉寿楚墓最大规模的一次发掘。从此次老坟山墓群发掘情况来看，发掘墓葬与湖南省文物考古研究所 2020 年度发掘的 239 座老坟山墓群墓葬基本一致，基本为战国中晚期至西汉时期墓葬。此次老坟山墓群发掘对于研究沅水下游东周至西汉时期文化面貌、丧葬习俗的演变及其与周邻地区的相互关系进一步提供了重要的考古学资料。

（何　赞　余晓福）

【湘潭县雷公塘战国至唐代墓群】

发掘时间：2021 年 3 ~ 5 月

工作单位：湖南省文物考古研究所、湘潭县博物馆

雷公塘墓群位于湘潭县易俗河镇京竹村，分布在湘江与其支流涓水交汇处的低矮丘陵上，地理坐标为北纬 27° 46′ 17.83″，东经 112° 55′ 31.16″，海拔 52 米。因配合湘潭县重点项目莲花大道的项目建设，湖南省文物考古研究所主持对工程红线范围内的该墓群进行了抢救性考古发掘。此次工作发掘面积 1000 平方米，共发掘墓葬 16 座，墓葬在墓区分布相对较为分散，年代主要包括战国、西汉、新莽、唐代四个时期，其中战国墓葬 2 座，西汉墓葬 12 座，新莽和唐代墓葬各 1 座。

战国墓分布靠近丘陵顶部，均为长方形竖穴土坑墓，近南北向。其中一座在墓室底部可见枕木痕迹，墓壁遗有少量脚窝坑。随葬器物放置于墓室西侧，包括陶鼎、陶壶、陶豆、陶勺、陶钵等器类。西汉墓葬由于后期生产活动的破坏，多数保存深度较浅。除 3 座墓葬外，大部分墓葬均发现有数量不等的随葬器物。从发现的“五铢”铜钱特征及其他器物组合，推断时代为西汉中晚期。墓葬平面形状有长方形、刀形、凸字形等三类，以长方形为主。这一时期墓葬特征鲜明，均为单室土坑墓的中小型墓，多数无墓道，墓向多为南北向，随葬品主要为一套鼎、盒、壶、钫、罐的陶礼器组合，另外硬陶坛、鐎壶、铁釜、陶仓、灶、井等实用器和模型明器数量丰富，亦伴出铜钱、泥钱（五铢）、泥金饼等。新莽墓葬为长方形，方向 330°，长 3.2、宽 2.1、残深 0.25 米。出土随葬器物 30 件，种类包括铁矛、铁剑、铁釜、滑石璧、铜镜、铜钱、铜鐎壶、陶壶、陶盆、陶罐、陶井、陶灶、陶博山炉、陶仓、陶鼎等。据发现的“大泉五十”钱币推测该墓年代为新莽时期。唐墓平面形状呈长方形，东西向，出土青釉盘口壶 1 件、褐釉罐 5 件和黄釉瓷碟 1 件，分别放置在墓室的西南角和东南部。从出土瓷器的形制等特征分析，其窑口可能与长沙窑有关，推测该墓葬年代为中唐时期。

雷公塘墓群是湘潭地区一处非常重要的墓葬区，主要以战国、西汉时期为主。从 20 世纪八十年代第二次文物普查发现以来，文物考古工作者陆续在这里调查发现和发掘过数量较多的墓葬。此次发掘出土随葬器物 200 余件（套），进一步丰富了雷公塘墓群的文化内涵，对于认识湘中地区西汉墓葬的分期以及战国以来丧葬礼制习俗的演变都有较为重

要的学术意义。

（李意愿）

【桃源县漳江街道战国至宋元墓葬群】

发掘时间：2021 年 1 ~ 9 月

工作单位：湖南省文物考古研究所

墓群位于桃源县漳江街道西苑社区桃诚 1 号工地内，2021 年共清理墓葬 139 座，出土各类文物 200 余件（套）。墓群时代跨战国晚期至宋元，其中战国墓 46 座，宋元墓 45 座，空墓 48 座。墓葬以土坑墓为主，另有 4 座砖室墓。此外 2021 年发现宋代遗址，遗址发掘面积共 200 平方米，遗址遭后期破坏，发现灰坑 5 处，出土大量瓷片及建筑构件，瓷器器形有碗、盏、壶、罐等，建筑构件有青砖及板瓦。

战国墓均为竖穴土坑墓，可分为宽坑、窄坑及狭长型三类，以宽坑墓及狭长型墓为主，宽坑墓规模较大，部分为带有斜坡墓道的“凸”字形墓，此类墓葬墓底大多有较厚的白膏泥，部分墓底保留有葬具残骸，有单棺及两椁一棺；狭长形墓多数带有头龛，龛内多随藏有陶器；窄坑墓数量最少，仅少数带有随葬器物。随葬器物以铜器及陶器为主，铜器基本为兵器，以短剑为主。陶器器类有鼎、敦、壶、豆、罐、钵、纺轮等，宽坑墓中存在鼎、敦、壶或鼎、豆、壶的器物组合，此外还出土有蜻蜓眼等装饰品。

宋元墓除 4 座砖室墓外，其余均为竖穴土坑墓，墓葬宽度均小于 1.44 米，呈窄坑或狭长形，少数墓葬保留有棺底板，均为单棺，部分墓葬发现有垫瓦。砖室墓均为单室墓，仅一座较完好，其墓顶由八行花岗条石封口，其余均残损严重，仅余墓底。随葬器物以瓷器、铜器为主，瓷器器类有瓶、壶、罐、碗等；铜器包括铜钱、铜镜、铜簪等，其中铜钱大多为宋钱，铜镜以素面圆镜为主，另有葵花镜、桃形镜、瑞兽葡萄纹镜等。此外还出土有玉环、玉料、金箔、铁发箍等装饰品。

墓群中的战国墓葬既有典型的楚式墓，亦广泛分布有巴濮等文化因素，其文化内涵较为复杂。这批战国墓葬距离桃源县西北部的采菱城遗址仅 5 千米，且墓葬时代与采菱城沿用时代大致重合，推测墓群的主人应为采菱城及周边居民。宋墓与宋代遗址的发现，印证了桃源县志中宋乾德二年桃源设县的历史记载，墓群所在的区域应为当时桃源县城西郊，该区域除墓葬外，另发现有房址、灰坑、窑址等遗迹，共同构成了一处功能较为完备的小型聚落。

（张寒冬）

【张家界市永定区田家台战国至明清时期遗址】

发掘时间：2021 年 1 ~ 5 月

工作单位：湖南省文物考古研究所、永定区文物保护利用中心

田家台遗址位于张家界市永定区阳湖坪镇田家台村二组西侧、澧水北岸的一处二级台地上，于 2009 年第三次全国文物普查时发现，2015 年被永定区人民政府公布为区级文物保护单位。永定区市政规划沿江路的一段位于田家台遗址本体范围及保护范围内。经国家文物局批准，对红线范围内受影响区域进行了配合性发掘。布设 10 × 10 米探方 14 个，实际发掘面积为 1080 平方米。此次发掘共发现战国至明清时期各类遗迹现象 76 处，其中墓葬 18 座、灰坑 39 个、沟 18 条、房址 1 座。其中以清代形成的次生堆积下开口的宋代灰坑 H1 和战国晚期文化层下开口的墓葬较为重要。

H1 平面形状为近方形，开口于②层次生堆积下，打破③层。坑口东西长 196、南北宽 180 厘米，残深 20 厘米。坑壁斜直，圜底近平。坑内填灰褐色沙土，较疏松。坑内出土大量青白瓷碗、盏、碟类残片，另有酱釉陶、

绳纹灰陶片、石块、石臼、瓦当等。陶瓷器可修复件较多，计有青白瓷斗笠盏 9 件、青白瓷碗 4 件、青白瓷高足碗 2 件、青白瓷葵口碟 3 件、酱釉小盏 3 件、青瓷印花碗 1 件、黑釉碗 1 件、酱釉罐 1 件。其中青白瓷均为景德镇窑系产品，青瓷印花碗为耀州窑产品。根据出土器物器型及特征判断，H1 年代为北宋中晚期。

M8 为长方形竖穴土坑墓，方向 98°。开口于探方④层下，打破⑤、⑥层及生土。墓口长 266、宽 78 ~ 82 厘米，墓底长 242、宽 58 ~ 60 厘米，残深 135 厘米。墓内填黄褐色夹杂灰色花土，较致密，未经夯打，填土未见明显分层。墓壁斜直内收，较粗糙。西壁中部有一壁龛，龛内置一陶豆。近墓底处四侧收成一较矮生土二层台，未见葬具、骨骼痕迹。根据出土陶豆特征判断，墓葬年代应为战国中晚期。

M13 为长方形竖穴土坑墓，方向 82°。开口于探方④层下，打破⑤、⑥层及生土。墓口长 252、宽 82 厘米，墓底长 230、宽 74 厘米，残深 160 厘米。墓壁斜直，平底。东端墓壁中部有一壁龛，平底，形状不甚规则，龛内未见随葬器物。近底部时发现葬具痕迹，应为南北两侧边板出头于东西挡板的“H”形棺。棺内北侧中部置一青铜剑，扁茎，尾中有一穿，无格，剑身中起脊，保存较好。

此次发现的16座战国墓葬为小型土坑墓，除M18为南北向外，其余15座均为东西走向，主要为沿澧水走向排列。仅 3 座墓见有随葬器物，器物均为典型楚式风格。叠压的战国文化层间仍见墓葬开口，说明此时期遗址可能经过了居址废弃变为墓葬区后又重新利用居住的变化过程。

（张世轩）

【长沙市望城区桃花战国西汉墓群】

发掘时间：2021 年 10 月 ~ 2022 年 1 月

工作单位：长沙市文物考古研究所

桃花古墓群位于长沙市望城区月亮岛街道桃花井社区，所在区域与西侧桃花岭汉墓（某代长沙王陵）相距仅 280 余米，并位于同一条山脉上，该山脉东西走向且地势自西向东逐渐降低。

经国家文物局批准，长沙市文物考古研究所在建设项目用地内发现与清理战国、西汉古墓葬共 27 座，均为竖穴土坑墓，其中战国墓 1 座，西汉墓 23 座，未出随葬品的时代不明墓葬 3 座。除 M23 外，其余 26 座古墓均位于全国重点文物保护单位“汉代长沙王陵墓群”建设控制地带以内。

战国墓 1 座（M13），窄长方形竖穴土坑墓。西汉墓 23 座，以有无墓道，可分两种类型。一类带有墓道，居少量，平面形状呈“凸字形”。一类不带墓道，为多数，平面形状为长方形。墓葬多遭受破坏，墓坑内器物基本都受到不同程度挤压而导致破碎、变形与移位。多数墓坑内底部有明显的枕木沟，其中 12 座墓葬有横向枕木沟，6 座墓葬有纵向枕木沟。

此次发掘共出土器物 406 件（组），陶器占此次发现各类文物中的绝大多数，且以软陶为主。战国墓仅见一件陶鬲。西汉墓中多以陶鼎、陶盒、陶壶、陶钫、陶罐等器型为主，常见泥钱、泥金饼等物，少量墓中还发现有陶甑、陶方炉、陶仓、陶灶等。金属器分铁器、青铜器两种，铁器共发现 11 件，有铁剑、铁削、铁棺钉等。青铜器共 12 件（组），其中昭明镜和日光镜各 2 件，另有铜盆、铜剑彘、铜五铢等。滑石或玉（琉璃）器共 13 件，其中 10 件为滑石璧，另见琉璃璧、琉璃珠、玉剑彘各 1 件。

初步判断该批墓葬主要为西汉中晚期墓，部分墓葬填土经过夯筑，夯层面有明显的夯窝痕迹。该批汉墓分布相对集中，多见两墓或三墓为一组的形式并列且方向基本一致，墓葬方向多偏东、偏南。此次发掘不仅丰富了长沙本地战国汉代墓葬资料，而且对于确定桃花岭汉墓的陪葬墓及该墓墓主——某代长沙王的陵园范围提供了较为重要的线索。

（周保冬）

【蓝山县牛承村汉唐墓群】

发掘时间：2021 年 1 ~ 7 月

工作单位：湖南省文物考古研究所、永州市文化旅游广电体育局

牛承村墓群位于永州市蓝山县塔峰镇牛承村北部，五里村西北部，位于五里坪古墓群北面。为配合蓝山县捷讯皮具城项目建设，2021 年联合考古队在已征地清理区域进行了考古发掘工作。共发掘墓葬 37 座，其中砖室墓 14 座，土坑墓 23 座，出土青瓷器、陶器、铜器、铁器等文物标本共 300 余件（套）。

根据墓葬形制、出土器物和纪年文字砖等特征，推测这批墓葬的年代为两汉、隋唐时期。其中有 2 座砖室墓为隋唐时期，被破坏严重，其余 12 座砖室墓均为东汉时期。土坑墓为西汉至东汉时期，早至西汉早期。

西汉墓均为长方形竖穴土坑墓，其中 1 座墓的墓底见有生土二层台。出土随葬器物主要有陶器、漆器、铁器、玉器和铜器等。陶器有鼎、壶、罐、釜、瓿、杯、盏等；漆器大多已残，器型不明；铁器主要为环首铁刀、铁剑、铁釜等；玉器为玉璧；铜器主要为带钩、镜、剑、矛等。

东汉墓有砖室墓和土坑墓两种形制，其中土坑墓深度较浅，被晚期活动破坏较多，出土器物较破碎。部分砖室墓被盗扰严重，少数保存较完好，其中有 2 座砖室墓中见有纪年文字砖，如“元嘉元年”“永康元年”。出土随葬品主要有陶器、铁器、铜器、瓷器和琉璃器等。陶器主要有罐、釜、钵和纺轮等；铁器有刀、棺钉、釜等；铜器主要为铜镜和铜钱；琉璃器器形不明。

发现的 2 座隋唐墓被破坏严重，出土器物较少，仅见青瓷碗、盘口壶和铜钱。

此次发掘的 37 座墓葬年代为两汉、隋唐时期，出土随葬品不多，砖室墓大多被盗扰，仅少数几座保存较好。这批材料与以往五里坪墓群发掘出土遗物的特征相差不远，应属两汉、隋唐时期的平民墓葬。此次考古发掘工作为湘南地区两汉、隋唐时期墓葬研究提供了新的考古材料。

（沈　江　陈　斌）

【保靖县四方城遗址洞庭汉代墓群】

发掘时间：2021 年 6 ~ 8 月

工作单位：湖南省文物考古研究所、保靖县文化旅游广电局

洞庭墓群位于四方城城址南面 450 米处，西、北两面临近酉水，为山地、丘陵地貌，属于第七批国保单位四方城遗址建设控制地带。为配合地方工程建设，项目组对项目用地进行考古发掘，发掘面积 550 平方米，清理西汉晚期至东汉墓葬 8 座。

西汉晚期墓葬以 M152 为代表，为带墓道的竖穴宽坑墓，墓葬制作讲究，墓室南壁有版筑痕迹。墓道位于墓室西面，为竖穴深坑状，长 3.2 米、宽 2.7 米、深 2.5 米。墓室口长 4.8 米、宽 4 米，底长 4.1 米、宽 4.15 米，深 3.6 米，方向 101°。墓底有棺椁痕迹，椁内并列双棺，随葬器物较丰富。墓道内出陶器 9 件，有陶罐 1 件、圆壶 2 件、盒 2 件、井 1 件、灶 1 套、硬陶小壶 2 件。墓室内出滑石器、铜器、金属器、陶器、石器等 35 件器物，其中滑石器有印章 1 枚、璧 2 件、鼎 2 件、圆壶 2 件、方壶 2 件、耳杯 5 件、勺 1 件、杯 1 件、樽 2 件、钵 1 件、方案 2 件、灯 2 件、谯斗 2 件、灶 1 套；铜器有镜 1 件、泡钉若干、五铢钱等；金属器有环 1 件；陶器有圆壶 1 件；石器有石头 4 件。

西汉晚期至新莽墓葬以 M147 为代表，

为竖穴土坑墓。墓室口长2.9米、宽1.9米，底长2.88米、宽1.88米，深1.2米，方向271°。墓内单棺，随葬器物少，仅出陶圆壶1件。

东汉墓葬以M148为代表，为带墓道的竖穴土坑墓，由墓道、甬道、墓室组成。墓道位于墓室西面，为竖穴深坑状，长2.7米、宽1.55米、深1.75～1.95米，底为西高东低的斜坡。甬道较短，长0.9、宽1.1、深1.95～2.0米。墓室口长3.5、宽2.5，底长3.5、宽2.48，深2.05米，方向290°。随葬品位于墓室内西面，出有滑石器、铜器、陶器等10件器物，其中滑石器有璧1件、鼎1件、杯1件、盘1件、灶1套；铜器有洗1件、饰件2件；陶器有罐2件。

从历年发掘情况看，四方城遗址洞庭墓群的主体年代为西汉至东汉时期。西汉早期墓葬开始进入此地，多分布在洞庭墓群北面临近西水河岸的区域。西汉中期至晚期墓葬是洞庭墓群的主体，占据了墓地的大部分区域，墓葬排列有序，出土器物丰富，反映了西汉四方城城址繁荣的盛况。新莽至东汉墓葬主要分布在洞庭墓群南面和东面，墓葬分布略显零乱，墓葬规模和出土器物远不及西汉，表现为城址地位的下降。

（袁　伟）

【郴州市北湖区黄泥塘东汉至隋唐墓群】

发掘时间：2021年3～7月

工作单位：湖南省文物考古研究所、郴州市文化旅游广电体育局、郴州市博物馆

黄泥塘墓群位于郴州市北湖区槐树下黄泥村，在第二次全国不可移动文物普查中发现，年代为汉代，是北湖区重要的地下文物埋藏区之一。

2021年3～7月，经国家文物局批准(考执字〔2021〕第913号)，在基本建设项目红线范围内共发掘11座古墓葬和1座房址，墓葬均位于北湖区郴江镇梨树山村一低矮山岗的山腰东南侧，基本朝向东北，墓内棺椁、人骨腐朽无存。墓葬基本被盗扰，仅出土陶器、瓷器、铜器、铁器等各类文物标本60余件。

东汉时期砖室墓出土有陶器、模型明器、铁器、铜器、串饰以及银器等，年代大体为东汉中晚期。东晋、南朝墓时期墓葬6座，均为单室砖墓。墓葬规模较小，基本由墓道、封门、甬道、墓室和排水沟组成。出土器物少，主要为青瓷器，有盘口壶、钵、盏等。另外M8、M9分别发现有“永和三年”“义熙十年”的纪年砖。唐墓2座，均为单室砖墓，墓葬规模较小，由墓道、封门、墓室和排水沟组成。墓葬出土器物有瓷器、铁器、铜器、银器等，以瓷器为主，有盘口壶、碗、罐、盒等。在M2中发现有纪年砖，为“□□五年”。

房址1座，编号为黄泥塘F1，为砖基房址，平面近方形，边长近8米。东、南墙基均遭到不同程度的破坏。在F1墙基附近倒塌堆积中发现有较多的绳纹板瓦、筒瓦以及2件云纹瓦当。房基用砖皆为青砖，烧制火候较高，多饰有菱格纹，与M1、M10墓砖纹饰基本相同，初步推测黄泥塘F1年代为东汉中晚期。

此次黄泥塘墓群发掘的墓葬和房址年代明确，出土的文物标本是湖南东汉至隋唐时期文物资料的重要补充，为湘南地区东汉至隋唐时期的墓葬、建筑以及文化研究提供了重要的考古资料。

（陈　斌）

【桂阳县高家冲东汉至三国时期古墓葬】

发掘时间：2021年8月

工作单位：湖南省文物考古研究所、郴州市博物馆、桂阳县文化传承和保护中心

2021年8月，经湖南省文物局和国家文物局批准（考执字〔2021〕第1246号），湖

南省文物考古所和郴州市博物馆、桂阳县文化传承和保护中心共同完成了高家冲四座古墓葬的抢救发掘。

墓葬位于桂阳县敖泉镇杏村高家冲组一低矮山岗南坡，依山势而建。墓葬规模小，均为单室砖墓，由斜坡墓道、甬道和墓室组成。墓道均朝向东南，甬道、墓室由单砖错缝平铺垒砌而成，券顶。

四座墓葬虽遭到一定的破坏，但仍出土陶器、铁器、琉璃器、银器、铜器等器物，共83件（套）。陶器数量较多，基本为印纹硬陶，有罐、釜、纺轮等日用器，另有仓、井、灶、耳杯、碗、盘、鸡埘等模型明器，纹饰以细方格纹为主。铁器基本锈蚀，有釜、三脚架、锸、刀、扣、棺钉等。另外在M3的填土中还出土一件小石斧。墓砖纹饰多样，多几何纹饰，还有图案组合纹。在M3中发现有“永初四年九月”的纪年铭文砖。

此次发掘的四座墓中，M2打破M3，而M3出土有“永初四年（110年）”的纪年，其年代为东汉中期。通过对墓葬形制、出土器物以及纪年砖的综合分析，初步认为墓葬年代为东汉中期至三国时期。

高家冲古墓葬的发现为研究湘南地区东汉至三国时期的丧葬习俗、经济、文化以及社会发展提供了新的考古资料。

（陈　斌）

【邵阳市鸡笼村宋代壁画墓】

发掘时间：2021年8～9月

工作单位：湖南省文物考古研究所、邵阳市文化旅游广电体育局

邵阳市数控机械产业园项目位于邵阳市经济开发区鸡笼村，占地面积423亩。为配合工程建设，项目组对项目用地进行考古发掘，发掘面积50平方米，发掘宋代墓葬1座。

壁画墓长3.88、宽1.88、最高处2.4米，方向17°。墓室用砖为石灰砖，质地紧密，保存较好。墓室墓壁较直，东壁厚0.36米，西壁厚0.43米，南壁（后壁）厚0.36米，三面墓壁均为石灰砖砌筑，外用石灰砂浆涂抹；北壁（前壁）厚0.44米，墓口有封门，用青砖砌成，封门砖朝外一面再用石灰砂浆密封。墓室封门早期遭破坏，墓内遗物亦无存。墓室上部有圆形券顶，券顶上有两层平砖叠压，下层砖底面有修整，以与圆形券顶面契合，上层砖较平。墓室顶砖为中间高、两边低的斜铺，中央顶背处用小砖纵铺，形成脊面，小砖空隙处用石灰砂浆粘合，整个脊面平整紧密。墓口、墓尾处的顶砖上又加盖有一层券砖。墓口券砖为平砖叠放；墓尾券砖为楔形砖立放，又形成圆形券顶。

墓室内平面长方形，长2.75、宽1.02米，地面用石灰砂浆铺平；墓室两壁下部较直，上部内弧成圆形券顶，券顶高1.36米；后壁直，壁面内设一圆弧形龛，长0.75、高0.98米，龛底距地面0.38米。墓室内壁面均涂抹有一层较薄的白灰层，在墓室东西两壁和南壁龛内发现有彩绘壁画，用黑、红彩勾画而成。

南壁龛内中央绘有一妇人端坐椅上。妇人梳高髻，着对襟宽袖长袍，拱手端坐，脚踩踏凳。妇人身后椅子为靠背椅，只有后背未设扶手，后背搭脑两端长出柱头，微向上翘，靠椅后背铺有椅披。妇人左右两侧各站立一侍女，侍女梳双髻，着对襟长衣长裙。绘画中女性均面部轮廓圆润，衣衫修长。东西两壁为手持笏板的男性人物图像，每壁面各绘有六人，皆侧身站立，面向墓口。人物皆头戴弁帽，着交领斜襟长衣，下裳垂地，腰系宽带，脚穿翘头履，手执长笏板。西壁最南一人头顶冠饰不同，为弯月形，帽额上书有“王”字。西壁最北一人身下还绘有动物，模糊不清，疑为青龙，龙首朝外；东壁最北一人身下亦绘有动物，疑为白虎，虎首朝外。

此次发掘的鸡笼村壁画墓具有较为明确的时代特征。如妇人穿对襟大袖长衫、侍女

着对襟长衣长裙、男性人物着交领右衽宽袖长袍，其服饰为五代至元明时期汉族流行的服饰特征。壁龛中妇人身下椅子后背搭脑长出柱头、椅背有椅披、前设踏凳，该种椅子和踏凳的形态与传世的北宋神宗皇后图中靠椅、踏凳形态相近。手持笏板的男性人物图像则与江西进贤吴愿墓、南丰青山岗墓、临川朱济南墓人物特征相近，江西墓葬均有纪年，为北宋晚期至南宋早期，故推测壁画墓年代相近。再结合湖南邵阳、娄底、安化等地已发现的壁画墓资料，项目组认为鸡笼村壁画墓的性质应与湘中地区的梅山文化有关。

（袁　伟）

【中方县窑窿坡明代窑址群】

发掘时间：2021 年 5 ～ 12 月

工作单位：湖南省文物考古研究所、怀化市博物馆、中方县博物馆

窑窿坡窑址位于怀化市中方县中方镇顺福村，东临舞水河右岸 100 米，西北接大山丘。窑窿坡窑址年代为明代，为烧造明初城墙砖所建设的官窑。

2020 年底，为配合怀化市高新区工业园医药健康产业园建设，湖南省文物考古研究所对该窑址展开系统性的考古调查与勘探，根据勘探结果，初步确定了该窑址的核心分布区域与规模。2021 年 5 月起，湖南省文物考古研究所开始对窑窿坡窑址进行系统的考古发掘，发掘 5400 平方米，揭露出砖窑 54 座，根据分布密度推算，该窑砖窑址数量应在 60 座至 70 座之间（有部分区域暂时尚未完成征拆）。窑窿坡窑址均为地穴式馒头窑，砖窑的建设主要利用山势条件选址，多数窑址利用窑厂所在丘陵山体四周建设，各窑紧密相连，少数窑址则位于山体中部。由于建设位置地势差异，窑窿坡的砖窑主要有两种不同的形态。第一类主要位于山体四周，这类窑主要利用山体四周断面或人工修整的断面，于窑室窑门外侧先修建一条窑道至窑门所在断面处，再向内掏造窑门、火膛、窑床和烟囱的设施，形似窑洞，形成地穴式馒头窑；第二类主要位于山体中部，由于缺乏可直接利用的山体断面，这类窑一般采用人工平地先向下发掘一深度较大的大坑，使大坑的深度超过窑室设计的高度，然后利用该坑的断面向一侧山体内掏，修造窑门、火膛、窑床和烟囱等设施。总体上看，两类窑址形态的差异主要源于建造地点的地势差异，建造地点的不同决定了两类砖窑究竟选择采用细长的窑道还是坑状的窑道；就窑室的形态上看，两种砖窑并无形态上的差别，清灰沟、窑门、火膛、火道、窑床、烟囱等均保持一致。窑室直径略有差异，一般 3 至 6 米不等，根据统计，体型较大的窑室设置 3 个烟囱，体型较小的窑室设置 1 个烟囱。

窑窿坡窑址出土的城砖形态上呈长方体，一般长度约 40 厘米，宽度约 20 厘米，厚度约 12 厘米，重量 18 千克至 21 千克不等。出土城砖可以分为两种，一种是素面砖，没有文字；另一类属铭文砖，其上刻有监造各级官吏、烧造人员（总甲、小甲、造砖人户、窑匠）等姓名。根据此次发现的铭文砖，从监造官吏的角度看，主要可为两类，一类为“辰州府提调官通判黄载、司吏范应贞，沅州提调官判官庞栋、司吏陈原善”；另一类为“辰州府提调官通判郭权、司吏胡溥，沅州提调官吏目韩功敏、司吏陈原善”。目前可以确定，窑窿坡窑址生产的城砖被应用于明初荆州城墙的建设。

（奚培坤）

【靖州县藕团乡明清窑址群】

发掘时间：2021 年 3 ～ 5 月

发掘单位：湖南省文物考古研究所、怀化市博物馆、靖州县博物馆

靖州县藕团乡位于靖州县渠阳镇西南约

30千米，东距贵州省黎平县约40千米。藕团乡窑址群于20世纪八十年代第二次全国文物普查时被发现并登记在案。

2021年为配合靖州至黎平高速公路建设，联合考古队对藕团窑址群中受高速公路建设影响的龙窑展开抢救性考古发掘。发掘面积1100平方米，发现龙窑窑址2座，其中茶山头窑址龙窑保存相对较好，齐家山窑址龙窑基本被晚期活动破坏殆尽，采集各类粗陶、瓷器遗物标本2000余件。茶山头龙窑揭露部分长约28米，窑顶坍塌无存，窑床保存较好，其表面因高温形成坚硬的烧结面，宽度1.5～1.6米；项目组对窑床进行了解剖，从断面上看，茶山头龙窑窑床由多层窑灰与红烧土相互叠压铺垫形成，判断窑床在使用过程中曾存在多次修缮行为。窑尾处窑壁外还保留有保护窑壁的石头围堆。其下为纯净黄土的台基，残留宽度3～8米。茶山头窑址与齐家山窑址出土遗物主要以窑具和生活用品为主。其中窑具主要为支烧具，根据其形态特征，可分为筒型支烧具和齿形支烧具两类。生活用具是茶山头窑址和齐家山窑址陶窑烧造的主要器类。从陶胎上看，多数为粗陶器或粗陶胎带薄釉器物，瓷器有一定数量但比重相对较低。代表器类主要有提梁罐、粗陶罐、碗、杯等器物。经过对茶山头和齐家山窑址的发掘，项目组仅在窑址废弃堆积中发现支烧器，未发现匣钵，这说明茶山头和齐家山窑址使用期间，在窑床上放置支烧窑具后，器物直接放置于其上，并不使用匣钵，为“裸烧”性质。

通过此次发掘，对茶山头、齐家山两处窑址的年代有了初步认识，根据出土的陶窑废弃物年代，两处窑址主体使用时间应在明清之时。同时，通过茶山头窑址龙窑的清理对当地山地丘陵地貌下龙窑的修建过程有了相对清晰的认识，对于揭示当地社会生业结构，经济贸易研究有着重要的意义。

（奚培坤）

【衡山县阳田冲清代墓群】

发掘时间：2021年8～11月

工作单位：湖南省文物考古研究所、衡山县文化遗产事务中心

阳田冲清代墓群位于衡山县长江镇阳田村四组，为配合白果至南岳高速公路的建设，经国家文物局的批准（考执字〔2021〕第943号），湖南省文物考古研究所等单位对该墓群进行了抢救性考古发掘，共发掘清代墓葬57座。所发掘的墓葬均为竖穴土坑墓，单棺，绝大多数棺木已腐朽无存，少数几座墓的木棺四周及顶部以三合土封砌。棺内人骨为仰身直肢，人骨下多铺有石灰。以M10为例，该墓为长方形土坑竖穴单棺墓，墓向315度，墓坑长2.28米，宽0.8～0.9米，深0.88米。棺木腐朽无存。墓室南北两壁距墓底约0.6米高度的地方各有一壁龛，龛内各有一黑釉陶罐。此外在墓室内还出土一对琉璃耳环。

57座清代墓共出土陶瓷器、铜器、琉璃器等105件，其中釉陶罐92件，青花碟墓志1件，琉璃耳环2件，砖墓志2件，铜纽扣7个，铜烟袋1件。墓葬多位于山前的五级台阶上，墓葬方向一致，排列有序，每一级分布有4座至10座墓不等，部分墓葬保留有墓碑，年代最早的为康熙四十一年墓（M50），年代晚者有咸丰七年墓（M1）和咸丰元年夫妻合葬墓（M2、M3）。绝大多数墓葬的两壁挖有壁龛，壁龛内各置一黑釉陶罐，罐内装有稻谷，当地俗称“粮坛”。M25的砖质墓志以及M55的青花碟墓志铭是阳田清代墓群中较为独特的做法。阳田清代家族墓的发现为了解湘中地区清代的丧葬习俗和区域文化提供了实物资料。

（杨宁波）

广 东 省

【广州市增城区金兰寺新石器时代遗址】

发掘时间：2020 年 11 月 ~ 2021 年 5 月

工作单位：广州市文物考古研究院

金兰寺贝丘遗址位于广州市增城区石滩镇金兰寺村，县江河西岸，为珠三角平原北缘一处重要的史前贝丘遗址。1958 年至 1961 年间，广东省博物馆文物工作队、中山大学、暨南大学历史系先后对遗址进行了三次发掘，发现距今约 6000 年的彩陶文化遗存，以及三时期四叠压文化层，为广东史前时期考古学的编年序列提供了地层证据。金兰寺遗址是广州目前考古发现年代最早的史前贝丘遗址，1984 年被增城县人民政府公布为文物保护单位。

为配合广汕高铁石滩段项目工程建设，广州市文物考古研究院对遗址进行考古发掘。此次考古发掘区位于金兰寺遗址最北部，清表后地表标高约 5 米，东南距离 20 世纪五六十年代考古发掘区约 200 米，共计布设 10×10 米探方 11 个，实际清理面积约 800 平方米。发掘过程中与中山大学、中国社会科学院考古研究所等单位合作，开展古环境、动植物、人类骨骼等多学科研究，并利用三维数据采集等技术手段采集发掘信息，取得丰富的成果。清理新石器时代晚期至战国时期墓葬 46 座（出土古人类遗骸 43 具），另有灰坑、柱洞、灰沟、水井、墙基等遗迹一批；出土陶鼎、陶豆、陶纺轮、骨镞、石镞、石锛、石钺、石矛、玉芯等文物 208 件 / 套；此外还出土各时期贝壳、鱼骨、龟甲、鹿骨、猪骨等标本。

新石器时代晚期至战国时期墓葬是此次考古的最重要发现，包括新石器时代晚期墓葬 44 座、战国时期墓葬 2 座，出土保存较好的古人类遗骸 43 具。新石器时代晚期墓葬皆为长方形竖穴土坑墓，排列有序，大部分呈西北—东南走向，坑内多填大量贝壳。随葬品多为实用器，器类见陶鼎、陶豆、陶釜、贝玦、石环等，碎物葬现象比较普遍，可见粤北石峡文化、粤东虎头埔文化及珠三角本地文化因素。墓底多有保存较好的人骨遗骸，仰身直肢葬居多，仅 2 具为屈肢葬，一次葬居多，人骨可见捆缚迹象，其中 M15 发现母子 / 女合葬现象。战国时期墓葬 1 座为长方形竖穴土坑墓，墓底见 1 具保存完好的人骨遗骸，未见随葬品；另 1 座为椭圆形墓口、长方形墓底的土坑墓，未见人骨和随葬品。此外，此次考古发掘清理发现的②层战国时期文化层经磁性分析、孢粉分析、植硅体检测分析推断为古水稻田。

金兰寺遗址此次考古发掘成果丰富，为重构新石器时代晚期环珠江口地区人类生产生活及文化发展历史提供了极为重要的材料。此次已发掘的 40 余座新石器时代晚期墓葬，多数墓葬骨骸保存比较完整，在珠江口以至岭南地区都十分难得，人类遗骸的发现为开展骨骼及牙齿形态学、骨骼生物力学、古病理学、古 DNA 分析、同位素分析等提供丰富的基础材料，对于研究和阐释中国华南史前时期古人类的微观演化以及中国古老型智人演化，厘清华南史前时期人群迁徙互动和生业方式转变等具有极其重要的学术意义。金兰寺遗址古水稻田遗存是岭南地区首次考古发现且年代最早的古水稻田遗存，对研究岭南地区水稻种植等意义重大。

（曹耀文）

【东莞市虎门沙角新石器时代至商代遗址】

发掘时间：2021年11月～2022年1月

工作单位：广东省文物考古研究所

东莞市虎门沙角遗址位于东莞市虎门镇沙角村。遗址地处虎门海口东岩的沙堤上，西距珠江口约500米，距东莞市中心区35千米，距离虎门镇中心太平广场约10千米。海拔高度4米，地势较平缓，其上种植榕树等。为配合东莞部队建设项目，广东省文物考古研究所对遗址进行了抢救性考古发掘，发掘面积300平方米。

沙角遗址堆积类型为环珠江口地区常见的沙丘遗址。早期文化层堆积呈东北高西南低的坡状堆积，可分为二层，上层厚0～45厘米，为黑褐沙土，结构较疏松，含大量角砾、红烧土块、陶片，少量卵石、植物根茎等；下层厚0～20厘米，为黄褐色沙土，结构松散，沙质较纯净，角砾减少，陶片个体较大。

清理灰坑1个，开口于上文化层下。遗址发掘清理陶、石、玉等各类小件标本40余件。出土大量陶片，陶片以夹砂陶为主，少量泥质陶，纹饰种类繁多，有绳纹、曲折纹、菱格纹、方格纹、交错条纹、席纹、梯格纹、复线菱格凸点纹、复线方格交叉凸点纹、刻划纹、附加堆纹等，器形有罐、釜、豆、器座、纺轮等。石器有锛、环、镞、砺石等。

根据出土遗物特征及堆积状态判断，沙角遗址发现的遗存年代为新石器时代末期到商时期。发掘区域可能是聚落的生产生活垃圾倾倒场所，保存状况一般。

（王　欢）

【广州市黄埔区榄园岭新石器时代至东周遗址】

发掘时间：2021年6～9月

工作单位：广州市文物考古研究院

广州市黄埔区榄园岭先秦遗址位于广州市黄埔区龙湖街道何棠下村东部。2015年，我们对榄园岭丘陵的西坡进行了考古发掘工作，共发现西周至春秋古墓葬51座，南越国时期墓葬1座。西周至春秋时期墓葬排列有序，互不打破，是一处规划有序的墓葬群。此次考古工作是对丘陵的东坡进行的考古发掘工作，发掘面积2000平方米，清理新石器时代晚期至早商、西周至春秋时期共两个时期的文化遗存，清理墓葬、灰坑、窖穴等遗迹280处，出土陶、原始瓷、青铜、玉石器等各类遗物233件（套）。

此次发掘清理的新石器时代晚期至早商时期遗存以大型窖穴及柱洞等生活类遗存为主，窖穴规模较大，开口为规则圆形，直壁，平底，深度大多在2～3米，壁面可见有加工痕迹。在窖穴内发现有陶器残片、陶纺轮等遗物。墓葬数量较少，出土文物不丰富，以夹砂黑陶为主。其文化内涵与邻近的汤村茶岭—甘草岭遗址、沙岭遗址第一期遗存、黄田村陂头岭第一期遗存相近，形成了一处新石器时代晚期至早商时期聚落群。

西周至春秋时期文化遗存是该遗址的最主要的发现，此次发现的西周至春秋时期文化遗存与2015年发现的同时期墓葬一起组成了一处排列有序的墓葬群，年代以西周早中期为主，墓葬沿等高线排列，多数墓葬被灰坑打破，经判断灰坑与墓葬年代相近，推测可能与墓祭风俗有关。墓葬规模差异较小，有玉器出土的墓葬规模一般大于其他墓葬。部分墓葬有二层台。人骨与葬具皆不存。出土陶、原始瓷、青铜、玉石器等各类遗物，陶器纹饰以夔纹、小方格纹为主，青铜器主要是小件的生产工具，玉器以玉玦为主，M100出土了一件做工精良的有领玉环。

榄园岭遗址所在的中新广州知识城地处流溪河流域与增江流域交汇的河谷地带，结合近年来马头庄、陂头岭、茶岭—甘草岭、沙岭等先秦遗址的考古发现，可以明显看到广州东北区域流溪河——增江这一文化走廊的存在，自新石器时代晚期至战国时期，该地区人口规模较大，对外交流频繁，在珠江三角洲乃至岭南地区早期文明发展史上具有重要地位。

（张强禄　王　慧）

【广州市黄埔区陂头岭新石器时代至汉代遗址】

发掘时间：2020 年 10 月 ~ 2021 年 7 月

工作单位：广州市文物考古研究院

陂头岭遗址位于广州市黄埔区龙湖街黄田村西北。为配合基建，对其进行了抢救性发掘，面积约 4000 平方米，清理出新石器时代晚期至夏商之际和战国中晚期至西汉早期两个阶段的文化遗存。

新石器时代晚期至夏商之际遗存以储藏性质的窖穴最为瞩目。不过，亦有学者提出，此种类型的遗迹可能为祭祀坑。它们基本为圆形直壁桶状，坑壁清楚，底部较平，堆积丰富，分层清晰，不少窖穴的填土堆积中含大块夹砂陶残片。H4 平面近圆形，最大径 3.37 米，深达 5.80 米，堆积可细分为 53 层，是前陂头岭遗址目前确认最大，也是岭南考古发现规模最大的新石器时代晚期窖穴，其第④层还发现有明显的炭化稻。本期陶器有夹砂黑胎的釜、罐、豆、支座，以及泥质陶豆、盘、罐等。

战国中晚期—西汉早期遗存基本为墓葬，可分为大中型和小型两类。大中型墓朝向基本一致，且成排有序分布；在地表的封土明显且保存较好，封土边缘多置有至少 1 个祭奠性质的完整陶瓮；有的墓坑底部铺垫石子或河沙成为椁床，有的椁底下和顶板上似铺设一层青膏泥。小型墓则无以上特征。大中型墓均被盗，劫后残存的随葬品均为陶器，以米字纹、方格纹、弦纹、水波纹以及素面的硬陶瓮、罐、瓿、盂、盒、杯为主，也有少量泥质软陶的罐和瓿，具有典型的越文化特征。M30 位于山顶，处于陂头岭遗址中心位置。其封土呈椭圆形，南北长约 29.3、东西宽约 23.4、高约 1.20 米。封土西部有祭祀坑 1 个，出土米字纹大瓮 1 只。封土之下为墓道和墓室。墓道长 3.1、宽 1.4 米，北高南低，呈斜坡状，坡度约 8°，深 0.22 ~ 1.2 米；墓室长 4.4、北宽 2.55、南宽 2.75、深 1.2 米。该墓有两重椁，未见棺痕。有 2 个盗洞，应该是下葬后不久即被盗。于墓室东北部第一重木椁内、第二重木椁外出土陶罐 1 件；于墓室第二重椁内出土陶器 7 件，器型有罐、碗、壶、杯、纺轮。

陂头岭遗址第一期遗存中，窖穴类遗迹（或祭祀坑）数量众多、分布密集、形制规整、堆积丰富，是继 2017 年黄埔汤村茶岭遗址和甘草岭遗址之后的又一次重要发现，但数量、规模、密集程度又远超后者，为岭南地区同时期考古学文化遗存所罕见。这批窖穴遗迹（或祭祀坑）对研究当时的生产力发展水平、早期农业的生产规模和社会发展阶段等都具有重大学术意义。

陂头岭遗址第二期遗存所发现的战国中晚期至南越国时期墓群，以大中型墓为主体，以 M30 为中心，朝向一致且成排有序分布，小型墓则分布在遗址边缘地带，显示出这是一处有规划的、以埋葬高等级越人为主的墓地。它是目前岭南地区发现的数量最多、规模最大、封土保存最为完整的高等级越人墓地。其中，位于山顶的 M30，是岭南地区目前所知封土保存最为完整、封土保存规模最大的战国晚期墓葬。地表有相对高大的封土、墓葬顺山体走势排列、墓穴埋深较浅、墓坑底铺石床等具有明显江浙土墩墓的遗风，反映出强烈的越文化的族属特征。而部分大中型墓葬的棺椁设置可看到岭北楚文化的影响，反映出楚越交融的态势。所有这些发现都为重构岭南早期历史，尤其是回答“何以南越国”“何以广州”等问题提供了更为丰富、更为鲜明的资料。

（黄碧雄）

【广州市黄埔区迳下村南朝及唐五代墓葬】

发掘时间：2021 年 1 月

工作单位：广州市文物考古研究院

广州市黄埔区迳下村古墓葬位于黄埔区北部龙湖街道汤村西部，广河高速与永九快速路交汇处。为配合小鹏汽车产业园的建设，考古发现了南朝时期墓葬 1 座，唐—五代时期墓葬 2 座，出土随葬器物共 29 件，采集 4 遗物件。

M1 为长方形竖穴土圹砖室墓，墓室平面呈长方形，由甬道、前室、过道和后室组成，长 6 米，宽 1.8 米，高 1.9 ~ 2.1 米。甬道平面呈长方形，上部被破坏，底部由单砖呈人字形平铺。长 1.16 米，宽 1.08 米，残高 0.43 米。甬道前部正中有长方形渗水井，长 0.57、宽 0.72 米，深 0.2 米。前室与甬道相连，墓底使用单砖人字形平铺，墓壁直接砌筑于底砖上，单隅错缝平铺，距底 1.2 米处开始起券，单砖平券，券顶前部损毁严重。长 1.14 米，宽 1.42 米，高 2.10 米。过道位于前室后方，在墓室内壁单隅顺砌承券 2 组，前后相距 0.1 米，高于前室 0.32 米，长 0.8 米，宽 1.06 米，高 1.7 米。后室与过道相连，墓底使用单砖人字形平铺，墓壁直接砌筑于底砖上，单隅错缝平铺，在距墓底 1.35 米处开始起券，券顶保存较好，为楔形砖单砖券拱，后壁单隅错缝平铺，在后壁中部用异型砖砌筑成假窗状。长 2.9 米，宽 1.42 米，高 1.9 米。墓砖有长方形和楔形两种，券顶使用楔形砖。墓砖多素面，部分长方形砖侧方刻有“七”“十”等字符。

M2 为长方形竖穴土圹砖室墓，未经盗扰，方向 322°。由墓圹和墓室组成，墓圹分为墓室部分和墓道部分，总长 8.6 米，深 1.36 米。墓圹为“凸”字形，修筑较好，壁面陡直，底部平整。墓道呈长斜坡状，坡度 20°，底部与墓室相接，长 4.3 米，宽度 1.4 米，深 1.36 米。墓坑长 4.3 米，宽 1.9 米，深 1.36 米。墓道与墓坑填土均为红褐色黏土。墓室平面呈正方形，两壁各有三处壁龛，后壁有一后龛。总长 3.96 米，龛部最大宽度为 1.73 米。封门位于侧壁外，堆砌方式为双隅竖砌，共 7 层，除最上两层外，每两层之间夹双隅平铺砖，高 1.26 米、宽 1.47 米，墓室内宽 0.86 米，高 0.95 米、进深 3.15 米，墓底为人字形铺砖，墓壁直接砌筑在墓底之上，为单隅错缝平铺，至 0.7 米处开始起券，券顶使用平砖单隅竖砌券顶，顶上铺有散水砖。两侧壁上部各有两个“凸”字形小龛，小龛是减砌侧壁墓砖形成的，壁外有附砖，两壁各有两龛，均位于自底向上 0.62 米高度处，两两相对。龛内各置一青瓷碗。侧壁亦各有一处底龛，底龛平面呈阶梯形，进深约 0.3 米，延伸到墓壁外，龛内无出土遗物。后壁中部有一处菱形壁龛，距墓底 0.22 米，宽 0.38 米，深 0.32 米，龛内置一四耳罐。

M3 为长方形竖穴土圹砖室墓，整体保存极差，墓坑有明显破坏迹象，填土发现大量残碎墓砖。竖穴土圹砖室，方向 290°。由墓圹和墓室组成，墓圹为长方形，长 3.7 米，宽 1.16 米，残深 0.75 米。出土青瓷碟 1 件。

在 M1 周边采集到宋代酱釉罐、碗共 3 件，M2 采集到文字砖 1 件。

此次考古发现的三座墓葬中未出土纪年文字材料，根据墓葬形制和随葬器物推断 M1 为南朝早期墓葬、M2、M3 为唐—五代时期墓葬。此次考古发掘对广州北部先民来源研究有着重要意义，出土的唐代水车窑青瓷执壶对广州地区水车窑的研究提供了新的材料。

（易西兵　王　慧）

【陆丰市南峰山六朝至唐代墓葬群】

发掘时间：2021 年 7 ~ 8 月

工作单位：广东省文物考古研究所、陆丰市博物馆

南峰山墓葬群位于汕尾市陆丰市区北侧的河东镇后坎村南峰山南坡，四周皆为低地丘陵地貌。广东省文物考古研究所为配合陆丰市河东镇污水处理厂项目建设对墓葬群展开考古发掘工作，清理墓葬 10 座。其中 9 座为六朝晚期至唐初时期，编号为 M1 ~ M6、M8 ~ M10，M7 年代不明，从墓葬结构推测为宋明时期。以下对六朝晚期至唐初时期墓葬群做主要介绍。

墓葬群皆为“凸”字形砖室墓，墓葬全部为西向，成排分布，其中 M9、M10 规模较大，双重侧壁，顺丁混铺，M10 墓室长 6.44、宽 3.39、高 4.08 米。墓砖常见长方形、楔形和斧形三种，长身处纹饰部分有马纹、钱纹、莲花纹和忍冬纹 4 种，丁头处纹饰常见畏兽纹和莲花纹，莲花图案多为半砖，由两块砖拼合而成。出土器物包括金戒指、铜镜、瓷砚、瓷虎子、瓷四耳罐、瓷碗、瓷盘口壶等器物 70 余件。

南峰山墓葬群墓向基本一致，成排分布的特征，使其具备家族墓地属性的可能，是广东地区较为罕见的一处南朝晚期至唐初时期墓葬群。M9、M10 墓葬结构复杂，墓砖纹多样，尤其是拼接纹饰砖的发现在广东地区尚属首次。出土器物、随葬品组合不见于或少见于岭南同时期墓葬，进一步丰富了岭南同时期的文化内涵。该批墓葬整体特征与福建福安、泉州等地关系密切，为探寻岭南地区人口迁徙、文化交流等诸多问题提供了重要的实物材料。

（唐博豪）

【佛山市文头岭宋代窑址】

发掘时间：2021 年 10 ~ 12 月

工作单位：广东省文物考古研究所、佛山市博物馆、佛山市祖庙博物馆、南海博物馆

文头岭窑址地处广东省佛山市南海区里水镇。2021 年 8 月，广东省文物考古研究所就“南海 I 号”陶瓷产地问题在佛山市南海区开展考古调查工作，在文头岭发现一处因水土流失坍塌暴露的窑炉残段。为避免文物遭受破坏，经国家文物局批准，联合考古队对文头岭窑址进行了抢救性发掘，发掘面积 50 平方米，揭露宋代窑炉 1 座（编号 Y1）。

Y1 是一座东西走向的障焰柱斜坡龙窑，窑头方向约 96°。现场发掘的探方正好揭露了 Y1 中段，窑炉南壁在断崖上暴露，北壁在探方北侧暴露，窑头已遭破坏，窑尾未揭露。窑炉内宽约 3.5 米，北壁暴露近 9 米。窑床坡度约 10°，壁砖呈圆柱形，残高 0.1 ~ 0.4 米。探方内揭露出 3 排障焰柱，两排间距约 2.8 米，柱间距离约 0.3 米，推断每排应为 6 根障焰柱。障焰柱多为残缺，保存完整者高约 40 厘米。窑床为较为硬实的烧结面，上有一层红色软泥。从断崖上的剖面观察，已揭露窑床之下包含至少 4 层早期烧结面。

从发掘区窑床的多个烧结面堆积推断，窑炉经多次烧造、反复利用。此外，文头岭窑未见明确的匣钵窑具，装烧方式应为套装装烧，使用楔形垫具、手捏条形支具、小块支钉等较为容易制作的窑具。采用如此高效的烧制方式，反映文头岭窑的外销市场非常广阔。

在窑址周围采集到大量陶瓷器残片，器类主要有盆、罐、杯口执壶、行炉、兽足炉、各式器盖、魂坛等，釉色以酱釉为主，釉色深浅有别，其中刻印姓氏宅号的酱釉大罐与“南海 I 号”高度一致。发掘探方内出土的器形主要以是盆、罐和魂坛为主，火候较低，胎软色黄。

文头岭窑址使用延续时间较长，窑址早

期层位的堆积年代应该早至北宋晚期到南宋初期。而探方发掘的龙窑应该是最后废弃的遗迹，出土与“南海 I 号”类似的酱釉大罐，其时代偏晚，应属南宋中晚期。

此次发掘通过类型学对比和成份分析鉴定，确认文头岭窑出土“南海 I 号”沉船相关器物，明确文头岭窑址是“南海 I 号”沉船上陶瓷生产地之一。同时重新认识广东南海地区窑业生产面貌，此次调查发掘证实佛山市南海区至少在南宋中期还有很大的规模窑业生产，为了解宋代广东窑业技术的发展面貌、内销外贸市场方向和贸易线路等提供了丰富的考古资料。

（杨荣佳）

【佛山市奇石宋代窑址】

发掘时间：2021 年 9 ~ 11 月

工作单位：广东省文物考古研究所、佛山市博物馆、佛山市祖庙博物馆、南海博物馆

2021 年 8 月，广东省文物考古研究所就“南海 I 号”南宋沉船出水陶瓷器的产地问题在佛山市南海区展开考古调查，其间在南海狮山镇西门、奇石村一带发现因修路而被大面积挖开的坡面以及因开挖森林防火隔离带而暴露的断面各一处，现场暴露大量窑砖和器物残片。为避免文物遭受再次破坏，经国家文物局批准，联合考古队分别对奇石窑址的西门、奇石村发掘区进行抢救性考古发掘，合计发掘面积 150 平方米，揭露宋代窑炉 2 座、灰坑 1 个、作坊遗迹 1 处。

西门村 Y1、Y2 是南北走向且存在叠压关系的两座平焰式斜坡龙窑，窑壁均由圆柱形窑砖砌成。Y1 南北残长约 8.6、残宽 4.1、窑内残宽 3.8 米，现存东侧窑壁最厚处约 0.3 米，坡度 18°。窑尾残存烟道底部，窑床上有序排布 6 排共 30 个直径约 30 厘米的垫饼，从打破关系分析，垫饼曾在不同层次的窑床烧结面上被反复利用。Y2 南北残长约 4、残宽 3、窑内残宽 2.75 米，现存东侧窑壁最厚处约 0.25 米，坡度 18°。该窑是在废弃后的 Y1 基础上填平再建，东壁以外利用了 Y1 东壁作护墙结构。

西门村 H1 的相对年代早于 Y1，坑内堆放窑内废弃物。已揭露部分东西长 5、南北宽 3、深 1.6 米，内有砖红色渣土、碎砖、手捏窑具、垫块及陶瓷残片等。

奇石村 F1 残存一座近长方形、由大小不一青石砌成的基础，紧邻由废弃盆罐围砌的沟槽。基础外部最大长约 1.9、宽约 1、壁厚 0.22 ~ 0.28、残高约 0.15 米，推断为作坊区的一处炼泥池遗迹。

奇石窑址出土器类以盆、罐为大宗，产品标准化程度较高，另见少量碗、碟、壶、魂坛残件，陶俑、砖瓦、铜钱、纺轮等，兼有动物骨骼、贝壳、铁铅块等遗物。器物装烧以相互套装为主，不使用匣钵，炉壁砖和块粒状垫块均手捏而成，烧制技术粗放简单，追求量大而器物质量平平。窑址内出土与“南海 I 号”酱釉字款式印章陶罐相仿的陶瓷残片，字款内容可分为年号、姓氏、吉语及其他四大类，其中年号款有“大观”“政和”和“绍兴”三种。窑址内出土较完整魂坛 1 件，其器肩有堆塑一周，器身饰水波堆纹三周，敛口，圈足有镂孔，型制与当地馆藏宋代魂坛相近。窑址内还发现集中堆放的瓦砾，出土瓦当、滴水、筒瓦、板瓦等，其中“大吉”字样和“团花纹”当面纹饰与南越王宫署遗址南宋用瓦几近一致。

此次考古工作为进一步明确奇石窑址的窑炉烧造时间、窑场功能分区、器物装烧方式，探索宋代坛棺墓葬葬具的产地问题、南越王宫署遗址南宋时期用瓦的产地问题，探讨广东窑业生产技术的交流传播和贸易路线等学术课题提供了重要实物资料。

（陈博宇）

【"南海Ⅰ号"南宋沉船】

发掘时间：2021 年 3 月 ~ 2022 年 2 月

工作单位：国家文物局考古研究中心、广东省文物考古研究所、广东海上丝绸之路博物馆

"南海Ⅰ号"南宋沉船原址位于阳江市与江门台山市交界的南海海域，2007 年通过"整体打捞"的方式，用钢沉箱将沉船及船体周围包裹沉船的海底淤泥整体吊运至阳江市海陵岛，这是一个广东省政府专门为"南海Ⅰ号"沉船量身定制的广东海上丝绸之路博物馆的"水晶宫"。通过 2009 年、2011 年两次试掘，最终确定正式考古发掘方案，2013 年底开始进入"南海Ⅰ号"南宋沉船全面的保护发掘阶段。2019 年完成沉船内船货发掘工作，接着持续进行钢沉箱内沉船船体外海底淤泥的清理发掘工作。根据已发掘船载文物判断，这是一艘南宋中晚期淳熙年间或之后数年内的中国海外贸易船。

2021 年钢沉箱内沉船船体外海底淤泥的清理发掘工作采取从船头和船尾两端同时向船体中部逐层放台阶的方式逐步展开，发掘清理过程中木质船体测绘、支撑保护和船体整体现场科技保护工作同时进行。紧挨着船体两侧外壳板及船底龙骨的厚约 50 厘米的海底淤泥层中，仍然不断有重要发现。其中可复原瓷器 100 余件、装满金器和黄金货币的漆盒 1 件、镶嵌有宝石的金戒指 1 件、竹席残片 1 件、竹编斗笠 1 件、竹编绳索 2 条、竹篓 1 件、木柄铁斧 1 件，另有一批果核等有机物标本。

装满金器和黄金货币的漆盒和镶嵌有宝石的金戒指是最重要的发现。漆盒发现于船尾左舷靠近船底的外壳板紧挨着的海底淤泥层中，为近圆柱状，子母口盒盖及盒身均有深色漆底剔红图案，子母口密闭性非常好，盒盖打开后盒内是干燥状态，未发现盒内有进水痕迹。漆盒内发现金器 16 件，其中金链 15 件，金耳环 1 件；黄金货币 16 件，其中戳印外国符号文字的圆形金币 1 件、戳印中文汉字的金叶子 12 件、有切割面的小金块 3 件。漆盒内还发现有粉末状的碳化物，经仪器检测主要成分为银和铜。镶嵌有宝石的金戒指发现于船体中部左舷靠近船底的外壳板外侧的淤泥层中，这枚戒指最有研究价值的地方在于宝石界面刻画有符号，初步推测也属于一种外国文字，但同漆盒内圆形金币上的戳印文字风格不同，可能并非同一种文字。

2021 年度"南海Ⅰ号"南宋沉船考古发掘发现的文物资料，尤其是其中装满金器和黄金货币的漆盒和镶嵌有宝石的金戒指分别发现有戳印的中文汉字和外国符号文字以及刻画的外国符号文字，这些资料对于研究"南海Ⅰ号"南宋沉船相关的中国海外贸易历史及其细节具有极其重要的价值。

（崔　勇　孙　键　石俊会）

【广州市从化区松岗明清时期遗址】

发掘时间：2021 年 3 ~ 5 月

工作单位：广州市文物考古研究院

松岗遗址位于广州市从化区广从公路东南侧，紧挨着轨道交通十四号线赤草地铁站。坐标为北纬 23° 30′ 13.42″，东经 113° 33′ 46.29″，海拔 100.2 米，相对高度约 74 米。该遗址位于流溪河盆地，西北距流溪河约 0.5 千米，东边和南边是连绵的山地。

此次考古发掘发现商周时期、战国时期和明清时期的遗存。发掘区域分为山顶的Ⅰ区和山脚的Ⅱ区，Ⅰ区发现一座灰坑，地层中出土了少量的商周和战国时期的遗物，包括石锛、砾石、陶豆等。Ⅱ区发掘了六座窑炉、一口灶，时代都在明代，其中 Y1 ~ Y3 是烧制砖瓦的马蹄形窑，Y4 ~ Y6 是冶炼矿石的窑炉，出土了罐口沿、青釉碗、酱釉罐、酱釉盆、砖等器物共 15 件。砖瓦窑的形状平

面呈马蹄形，由操作间、窑门、火膛、窑床和烟道组成，出土少量遗物，根据遗物判断时期为明代中晚期。冶炼炉由操作间、窑门、窑室组成，窑室都是竖式的高炉，根据炉内的矿渣检测，初步判断是铁矿炼炉。

松岗遗址共出土各类器物24件。第②层陶器按质地可分为泥质陶、夹砂陶2种，按颜色可分为灰陶、红褐陶、灰白陶、黑陶。其中泥质灰陶较多，其次是泥质红褐陶，泥质灰白陶、夹砂红褐陶、夹砂黑陶较少。纹饰有交叉绳纹、菱形网格纹、菱形网格纹和压划凹弦纹的组合纹饰、绳纹、复线篦划纹、划纹、夔纹等。可辨器形有罐口沿、圈足器底、壶口沿等。第③层陶器按质地可分为泥质陶、夹砂陶2种，按颜色可分为灰陶、灰白陶、红褐陶、灰黑陶，其中灰陶较多。纹饰多为交叉绳纹、少量竖向或斜向绳纹、菱形网格纹和复线篦划纹的组合纹饰、菱形网格纹和夔纹的组合纹饰、交叉绳纹和附加堆纹的组合纹饰等。可辨器形有罐口沿、釜口沿等。

松岗遗址的考古发掘成果进一步丰富了广州地区的考古资料，对于研究古代广州手工业提供了重要的考古资料。松岗遗址六座窑址的发现，特别是三座冶炼金属矿物的窑炉，为明清时期从化流溪河流域的制砖瓦、冶金等领域的研究提供了基础材料，对于该地区的手工业研究有重要意义。

【惠州市中山公园明清时期遗址】

发掘时间：2021年7月～2022年1月

工作单位：广东省文物考古研究所、惠州市博物馆

惠州中山公园建筑遗存位于惠州市惠城区中山北路17号中山公园内，该区域东临东江，西倚西湖，地理位置优越。2021年3～5月，为配合惠州市中山公园升级改造工作，广东省文物考古研究所对中山公园进行了考古调查和勘探，于公园南部发现古代建筑基址，随即依据国家相关法律规定向国家文物局申请对遗址进行考古发掘并获批准，发掘面积500平方米。

此次发掘成果较为丰富，清理出明清时期建筑基址8座、井1座、道路1条、排水沟5条、灰坑4座等遗迹，出土一批砖、瓦、石等建筑构件和陶、瓷器等生活用具。

据目前的考古资料，中山公园古代建筑遗迹始建于明代，废弃于民国初。重要发现以建筑基址为主，大致可分为明代、清代早中期、晚清至民国初期共三期。其中，二号、九号建筑基址属明代，八号建筑基址、五号建筑台基属清代早中期，六号、七号、一号、三号建筑基址属清代晚期。

此次揭露的二号、九号、八号、五号、六号建筑基址皆为高台建筑。台基内填土，四周大都以条石包边，常见红砂岩石。上部建筑以柱网和砖墙构成开间进深。建筑室内地面多以方形砖幔地，台基外侧院落常见长方形砖铺面。限于发掘面积，此次发掘发现的建筑基址均未完全揭露，建筑规模及开间布局尚不清楚。

根据考古发掘情况，结合方志文献关于惠州府署位置及布局的记载，我们判断本次发掘揭露的明清时期建筑基址即为明清时期惠州府署建筑。其中二号、八号、六号等高台建筑应为府署中轴线上的主体建筑，七号建筑基址群可能为府署的生活区。此前惠州府治仅见于文献记载，此次发掘为研究惠州府治历史提供了珍贵的实物资料，对研究岭南地区明清时期官式建筑具有重要意义。

（陈雨生）

【广州市海珠区南石头清末炮台及民国监狱遗址】

发掘时间：2021年7月～2022年1月

工作单位：广州市文物考古研究院

海珠区南石头监狱遗址位于广州市海珠区南石路28号。该地块原为五羊摩托车旧厂，属于“昌岗—燕子岗”地下文物埋藏区。根据文物保护法规，配合国有建设用地收储工作，广州市文物考古研院对地块范围进行考古勘探，发现较丰富的清末—民国时期遗迹，初步判断是清末镇南炮台和民国南石头监狱相关遗存。经报国家文物局批准，广州市文物考古研究院对遗址进行了配合性考古发掘，完成发掘面积 5000 平方米，获得重要成果。

发掘清理文化遗存 83 处，清理房址 21 座、灰砂 18 处，沟 31 条，墙基 3 处，麻石路面 7 处，门道 3 处，其中灰砂、门道、麻石路面及 F11 等遗迹属于清代镇南炮台的遗存，其他建筑遗存应为民国时期遗迹。出土铁炮、铁镣、子弹壳、试剂瓶、陶瓷、疑似徽章及其他铁件等文物 62 件(套)，采集“YY”纹墙砖、铁构件及陶瓷片等标本 41 件。

清代遗迹共发现 29 处，包括房址、灰砂、排水沟、门道及麻石路面等。灰砂为镇南炮台围墙墙基，由三合土分层分段夯筑，根据历史地图测量，炮台围墙周长 427 米。目前清理出的灰砂墙总长度约 300 米，宽 2.2 ~ 2.5 米，残高 0.23 ~ 0.55 米。两个门道位于炮台围墙的东部，其中门道 1 最窄处 0.78 米，最宽处 2.9 米；门道 2 最窄处 8.35 米，最宽处 10 米。另外，出土铁炮一门，长 3.72 米，炮口端外径 0.57 米，炮体后端直径 0.77 米，表面有“道光二十三年正月 炮匠李陈霍造 监制官崖州知州 署广州府佛山同知李 钦差大臣 署两广总督 文渊阁大学士……”等铭文。这些遗迹遗物都属于清代镇南炮台的相关遗存，其中灰砂围墙在民国时期继续加固并沿用。

民国时期遗迹为此次考古工作最重要的发现，包括房址 24 座、排水沟 29 条和门道 1 处，都为民国南石头监狱建筑基址组成部分。其中 F2、F4、F7、F8、F9、F10 等应为监狱的牢房建筑，排水沟为监狱的排水设施，门道为监狱的大门。目前可确认牢房共 132 间，面积最大的 10.4 平方米，最小的 4.3 平方米，残存墙基最高约 0.5 米。根据相关文献记载“南石头监狱的主体建筑呈‘井’字形，以‘井’字中分为东、南、西、北楼，各楼以园厅为中心分一、二、三、四巷”，此次考古清理的牢房建筑平面布局与历史地图基本吻合。

此次考古发现的民国南石头监狱遗址，虽然受后期建设工程扰乱、破坏比较严重，但监狱的主体建筑——“井”字形牢房建筑的基础仍保存较好，与历史文献相印证。牢房、铁镣、子弹壳等遗迹遗物，是大革命失败后国民党反动派关押、迫害、枪杀共产党员和革命志士的直接罪证，更是广大共产党员和革命志士谋求自由解放艰苦革命斗争的鲜活物证，对研究中国共产党历史具有重要意义。南石头监狱是广州重要的红色革命史迹。此外，镇南炮台相关遗存的发现对清末广州城防江防史的研究亦有重要价值。

（张百祥）

【广州市黄埔区黄陂清代墓葬】

发掘时间：2021 年 8 ~ 11 月

工作单位：广州市文物考古研究院

黄陂清代古墓位于广州市黄埔区联合街黄陂社区北部牛头山南侧山脚处。为配合国有土地出让，经报国家文物局批准，广州市文物考古研究院对黄陂清代古墓进行了抢救性考古发掘。

此次考古发掘工作完成发掘面积 160 平方米。共发现清代墓葬 11 座，清理 10 座；清理灰坑 1 个；清理灰沟 1 条。共出土陶墓志、瓷瓶、瓷碗、陶盒、陶羊模型、铜钱等文物 46 件套。此外，在此次考古发掘过程中，还发现了先秦—南越国时期遗存。

清理的 10 座墓中，以 M1 和 M2 最为重要。M1 和 M2 共用一条中轴线，中轴线为北偏东30°，长约32米。M2在北，为抄手墓，由护岭、垄环、享堂、“奉天诰命”碑、墓碑、石鼓、石狮、拜桌、两级拜台、月池、挡土墙、华表等组成，中轴对称，布局严谨。该墓早年被盗，破坏严重，保存状况不佳：墓碑倾覆，绝大部分被埋入土中；“奉天诰命”碑被推倒，与碑额分离；石鼓已经丢失一只，剩余的一只也不在原位；石狮亦仅剩一只，在垄环东侧，另一只下落不明；护岭和享堂边上石墙被破坏，约一半的石材丢失不见。M2建筑用材较为讲究，除了挡土墙是用碎石块砌筑之外，护岭石墙、享堂石墙、墓碑、“奉天诰命”碑、石鼓、石狮、华表等用石均为大块石料。M2仅出土墓志2方。M1在M2之南，亦为抄手墓，由东西两个享堂、两级拜台外加一个月池组成。其西部还发现“和灰池”1个，应为建墓时所用。与M2不同的是，M1在建筑用材方面不甚讲究，其垄环、享堂和月池外围石墙均由碎石块堆砌而成，无墓碑、石狮等。享堂内壁可见白灰抹过的痕迹。享堂底部及拜台底部由灰砂筑成。两个享堂灰砂下各有一个墓坑。M1出土陶盒3个、陶器盖1个、铜钱1枚和墓志1方。结合墓碑内容可知，M2墓主为梁敦彦之曾祖母吕太宜人，M1东边墓位的墓主为吕太宜人之儿媳，西边墓位的墓主暂不明。下葬时间为清咸丰十一年（1861年）。

梁敦彦（1857—1924），字崧生，广东广州府顺德县人。1872年（15岁）成为第一批留美幼童，后考入美国耶鲁大学。1881年回国，先后在福建船政学堂、天津“北洋电报”学堂任教习。此后历任清廷汉阳海关道、天津海关道、外务部右侍郎、外务部会办大臣兼尚书、会办税务大臣、弼德院顾问大臣等职。在此期间，梁敦彦推荐詹天佑修建中国第一条自主设计的铁路“京张铁路”，还力促留美预备学堂（今清华大学）的创办。进入民国后，曾任北洋政府交通总长。1917年，梁敦彦参与张勋复辟，任“外务部尚书”“议政大臣”，失败后匿居东交民巷。1924年4月10日卒于天津（另说北京）。

通过此次考古工作，发现黄陂清代古墓所在区域有较多的清代墓葬，表明这一区域在当时是比较重要的埋葬场所。同时，黄陂清代古墓的发掘，特别是3方墓志的发现，为研究梁敦彦及其家族提供了新材料。此外，此次考古发掘还发现了一些先秦—南越国时期的文化遗存，这为今后开展考古工作提供了重要线索。

（张　希　黄碧雄）

【台山广海卫城遗址调查】

调查时间：2021年6～9月

工作单位：广东省文物考古研究所、台山市博物馆

广海卫城遗址位于台山市广海镇区内，地处台山市东南端沿海地带，一面靠山，三面临海，与上、下川岛隔海相望，中有大、小金门航道，控扼相对封闭的广海湾，为珠江西岸沿海要地。卫城开创于明洪武二十年，建于洪武二十七年，又于洪武三十年扩建，到嘉靖末年，卫城为倭寇所破，至隆庆六年完成重修。清代在明代基础上设广海寨城，沿用广海卫城城墙及其他防御设施，并于康熙、乾隆、光绪数朝对城寨进行了不同程度的修葺。

为配合广海卫城考古遗址公园的建设，广东省文物考古研究所对广海卫城遗址进行了考古调查。该次工作重点在北部两段城垣遗址（凤山、麒麟山）及东南段城垣、东门。此次调查对卫城现存凤山段、麒麟山段、东南段城垣的年代性质、走向、遗存分布及保存现状等问题取得了较为全面的认识，尤其是东南段城垣的调查工作获得新的收获，新发现4处警铺台基与谯楼台基遗迹。

警铺台基遗迹位于城垣上，若城垣宽度不够，则于城垣内侧以夯土筑台，平面呈矩

形或梯形，剖面形状呈覆斗状梯形。以褐灰色砂土夯筑而成，台面略低于墙体，台基边缘呈斜坡状，并以大小不一的石块包边，与城垣内侧包边石相连接。其中 4 号警铺台基保存基本完整，位于东城墙南段内侧。台基向城垣内侧凸出，侧面以大石块包边垒砌，部分包边借用原生岩体。台基地表采集较多灰砖残块及板瓦残片等建筑构件。长为 12.5 ~ 14.3 米、宽约 5.1 米。

调查还选取了凤山段城垣一处断崖进行解剖，由剖面可知，城垣的修筑方式为依山体走势而建，以三合土夯筑而成，削偏坡，单边外侧砌墙，以增加外侧墙体高度利于防御，并在城垣外侧“凿池以筑城，浚所未深”，由此形成的城壕既可取土夯筑城垣，又增加了城垣外侧高差，还便于城垣排水疏浚。城垣内侧则普遍坡度较缓，以大小不一的石块垒砌成护坡。城垣较窄，一般上宽 1.5 ~ 2.6 米、下宽 6.5 ~ 7.2 米，垣面主要以大小不一的石块平铺，少数地方可见灰砖铺面。该剖面夯土堆积可分为三期，第一期夯土结构稍松散，未掺杂人工遗物；第二期夯土较纯净、结构较致密，表明筑城投入较大；第Ⅲ期夯土层中出土的灰砖烧制火候较高、砖体较厚，是明代常见的城砖；残青釉瓷碗的器型、胎釉特征与明代中晚期仿龙泉窑系瓷器接近。因此，初步判断第Ⅲ期年代上限为明代中晚期，而第Ⅰ、Ⅱ期年代相对早于第三期，这三期夯土，与明代洪武二十七年、三十年及隆庆六年广海卫城的几次较大的城建变迁有契合对应之处。

明代广海卫兼具军事与海关性质，是广州以西十分重要的据点。特别是明朝政府以广海卫为军事依托，加强对上川岛贸易活动的管控，这也导致了大洲湾遗址的衰落并促使葡萄牙人于 1555 年前往浪白澳，并间接影响了澳门的历史走向兴衰，因此广海卫在海上丝绸之路上的历史地位，值得更为深入的探讨与关注。

（朱　柯）

广西壮族自治区

【龙州县六达新石器时代遗址】

发掘时间：2021 年 8 ~ 10 月

工作单位：广西文物保护与考古研究所、南京师范大学、龙州起义纪念馆

六达遗址位于崇左市龙州县龙州镇岭南村大湾屯丽江南岸凸面的二级阶地上，高出现河面约 10 米。丽江由西北面经东北面再向南面绕过遗址，遗址在半岛的凸出前沿。南隔一条小沟即为大湾遗址，大湾遗址 2015 年曾进行了考古发掘，出土了大量的新石器时代文化遗物。经调查，该遗址沿江分布，南北长约 350 米，东西宽约 125 米，分布面积约 43800 平方米。2021 年度为配合新建崇左至凭祥铁路项目建设，进行抢救性发掘。

此次六达遗址发掘工作根据前期调查情况及地形地貌，将发掘区域划分为 A、B 区，按正方向共布设 5×5 米探方 33 个，发掘面积 800 平方米。通过发掘，在发掘区域南部发现两层文化层，包含物主要为大量螺贝、石器、动物骨骼等，推测年代为新石器时代中期。

采集并出土砾石、石锤、砺石、研磨器、砍砸器、刮削器、石核、石片、石斧、石锛、骨针、骨锥、陶罐、陶盆、陶纺轮、铜钱、铜环、铜扣、青花瓷碗等文物共 9228 件 / 套，其中采集文物 570 件、出土文物 8658 件 / 套。地表及地层内皆存在大量遗物。

此次考古发掘出土石制品中砾石数量为 2288 件，占出土石器总数的 21%。文化遗物主要出土于 B 区第②层，该层共出土遗物 7178 件，其中石器 7128 件，占出土石器总数的 66%；骨器 50 件，占出土骨器总数的 96%。同时该层内收集动物骨骼 27 袋、螺贝 111 袋、植物果核 1 袋，螺贝基本皆去掉尾部，推测为早期人类饮食垃圾。

六达遗址的西侧为山坡状地势，东侧紧邻丽江；南侧一沟之隔为大湾遗址，直线距离约 350 米。根据此次发掘区域内出土遗物的特征和文化层堆积分布情况以及周边地形地貌，结合大湾遗址出土遗物等相关信息，推测在该遗址周边区域可能存在早期人类居址及石器加工点。

（杨清平　徐　峰）

【浦北县越州故城遗址】

发掘时间：2021 年 7 月 ~ 2022 年 1 月

工作单位：广西文物保护与考古研究所、中山大学社会学与人类学学院

越州故城位于钦州市浦北县石埇镇坡子坪村委，其地处浦北、合浦、博白三县交汇之处，距浦北县城约 60 千米。越州故城是南朝时期越州州治所在地，占地面积约 24.7 万平方米，被列入第七批全国重点文物保护单位。越州故城又名青牛城，是南朝宋泰始七年分交、广二州所置。城址始于南朝宋，废于隋，前后延续约 140 年。其辖地东至茂名，南至雷州半岛，西至北仑河畔，北至容县一带，成为与交、广并列的大州，在南朝时期政治版图中占有极其重要的地位。

越州故城遗址位于南流江畔的丘陵上，城址坐北朝南，依山而筑，地势北高南低，

南面有河道直通南流江。城址由外城、内城构成，外城平面形状不规则，周长 2080 米，东、西、南、北各开一门，南城墙相对较直，北、西、东城墙弧折，城墙每隔百米依稀有凸出的马面，城墙外有城壕环绕。内城位于城址西部，平面呈长方形，由四面城墙合围而成，东、西城墙长约 250 米，南、北城墙长约 160 米，城墙外有城壕。城址虽历经风雨，但基本结构仍相对清晰，其规模和结构布局在岭南地区均较为罕见。

2021 年经国家文物局批准对越州故城内城中部区域、东门遗址开展发掘，遗迹现象主要有房址、散水、沙井、基槽、柱洞、排水沟、灰坑、灰沟、灶等。内城中部发现三组带围墙的院落建筑群，院落呈阶梯式分布，第一组院落初步确认有六进七开间，面阔约 36 米，进深约 15 米，出土以脊头瓦为代表的高等级建筑构件，推测为衙署办公区；第二组院落发现出土鼓风管、坩埚的灰坑及大量柱洞，以及一个灶，推测为冶铁作坊区；第三组院落功能尚不明确。初步明确越州故城外城东门的形制为利用自然山体劈山为门，门道与内城东门连通，自然山体两侧再垒起城墙连接山体，东门前人工垒起一个平台，城壕一直通到平台处，形成城壕、平台、城门、城墙为一体的防御系统。

2021 年还对越州故城周边地区墓葬群开展调查，基本明确与城址同时期的墓葬主要位于城外西部、北部、东部低矮的丘陵上，墓葬分布零散，距离城址最近仅 250 米，最远达 5 千米。目前已经在坡子坪村委沙滩坡、旱禾冲、大壤、三块田、东方农场、番薯岭、沙田垌、马塘坡、旧村委及八东村委大营岭等地调查发现十余座被破坏的墓葬，部分墓葬的墓室暴露出地表，墓葬周边散落大量墓砖和一些器物的残片。为了解被破坏墓葬周边地区墓葬的埋藏情况，2021 年在番薯岭、旱禾冲、旧村委墓葬地点进行了勘探，勘探面积大概 50 亩，新发现 6 座墓葬。墓葬形制比较简单，平面为“凸”字形和长方形，墓室长 1.6 ~ 2.8 米，宽 1 ~ 1.5 米，墓葬开口距地表深约 0.5 米。

2021 年考古工作出土遗物包括大量陶质建筑构件，以及陶器、瓷器、铁器、青铜器、玻璃珠、金珠等。建筑构件主要包括脊瓦、筒瓦、板瓦、瓦当、砖，残片居多，完整的较少。砖瓦多为泥质，质地较软，以青灰色为主，少量为黄褐色、红褐色。瓦当装饰莲花纹、兽面纹。陶器以硬陶为主，少数表面有陶衣，器形有罐、盆、碟、碗、钵、纺轮、网坠等，以素面为主，少量装饰水波纹。瓷器以青黄釉为主，器形主要为罐、碗、盘、盏、钵，表面偶见莲花纹。出土铁器数量数百件，锈蚀非常严重，个别可辨认出为剑、刀、凿、锥。铜器十余件，基本不辨器形。玻璃珠上百颗，颜色为红、蓝、黄、绿、褐、黑等。除此之外还有金珠、玛瑙饰品等器物。

越州故城是广西保存状况较好的南朝城址，选址理念凸显，防卫意图强烈，布局清晰，结构独特，对于探究南朝在南疆地区的管理模式以及南朝时期州治类城堡的形制特征具有重要意义。2021 年考古工作初步明确了城址的核心区域，对核心区建筑布局和功能分区也形成初步认识，同时对越州故城周边墓葬的分布情况也有初步了解。这些发现为将来工作奠定了基础，对于城址的文化内涵研究具有重要意义。

（韦伟燕）

【龙州县上金元明时期窑址】

发掘时间：2021 年 8 ~ 11 月

工作单位：广西文物保护与考古研究所、四川大学考古文博学院、龙州起义纪念馆

上金窑址位于崇左市龙州县上金乡中山村及活灵屯，地处左江东岸阶地，沿江东去

可经西江入南海，逆流而上可经平而河、水口河至越南谅山、高平等地。经调查，遗址沿江分布，南北长约500、东西宽70～80米，面积约37000平方米。2021年为配合新建崇左至凭祥铁路项目建设，进行抢救性发掘。

发掘布设10×10米探方11个，发掘面积1100平方米。揭露遗迹82个，发现窑炉7座、房屋建筑3处、灰坑68座、灰沟1条、灶3座。窑炉类型既有马蹄窑（Y1、Y3～Y6），也有斜坡龙窑（Y2、Y7）。Y1呈东西向分布，残存火膛、窑床、烟室三部分，残长13.6米、宽1.6～3.65米。北侧有柱洞规律分布，可能为窑棚。Y2呈东南—西北向分布，窑炉经过一次改建，窑尾内缩。残存窑床、窑尾两部分，残长30米、宽1.5～2.2米。南侧有柱洞分布，可能为窑棚。其他遗迹多为与窑炉烧造相关的附属设施。

出土遗物以瓷器、窑具为主。瓷器多为青瓷碗、盘、盏、碟、罐、盆，另见青瓷杯、灯盏、匜、擂钵、甑、灯座、香炉、动物俑等；酱釉瓷发现较少，以碗、杯为主。素面釉装饰为主，褐彩次之。纹饰多为点彩，彩绘十字纹次之，另有若干卷草、漩涡、莲花、鱼纹。窑具以支垫座、支钉占绝大多数，制瓷工具仅见个别压锤、火照。

据初步整理，所烧瓷器类型、组合与百色林屋明代早中期窑址产品较为相似，而与柳城窑、全州窑等元代早期产品判然有别。根据地层关系及器物特征，Y1～Y7烧造年代应在元代晚期至明代早期。

该窑以烧造器型、纹饰简单的民用瓷器为主，少量书“公用”“州用”“观内”“斋”等文字者，可能为官府、寺观订烧产品。据民国《上金县建府碑记》，该地有“窑市之利”，“曾为边疆繁镇，商业扼左江要冲”。《龙州县志》亦载旧街（旧称窑头圩）、下窑屯等地直至近现代仍有陶瓷器生产，产品流通周边各县及越南七溪、高平、谅山等地。可见，上金一带自元明时期盛烧青瓷，窑火延续至近现代，产品除供应本地各阶层外，可能还销往左江沿岸县市及越南等地。

该窑所烧瓷器类型、装烧技术继承了广西地区青瓷技术传统，馒头窑与褐彩装饰技术反映了与雷州窑等广东沿海窑场的交流。另外，青瓷折沿盘、碟等与龙泉窑青瓷器相似，可能与元明时期龙泉青瓷行销海外、国内兴起仿烧窑场的时代背景相关。

该窑址的发掘，为了解边疆地区制瓷技术史、区域经济史、社会生活史、文化交流史提供了重要资料，是广西乃至西南边疆地区陶瓷考古的重要发现。

（杨清平　韦莉果）

海南省

【陵水县六量岭下新石器时代遗址】

发掘时间：2021 年 5 ~ 7 月

工作单位：海南省文物考古研究所

六量岭下遗址位于陵水黎族自治县黎安镇大墩村西南约 2.5 千米，地处南湾岭与虎岭相夹的沙丘上，走向为西南—东北向，其内有低地，原应系潟湖。

为全面了解遗址文化内涵并提供保护措施，海南省文物考古研究所对六量岭下遗址进行了抢救性考古发掘工作。

此次发掘共布置探方 16 个，所布探方面积均为 5×5 米，发掘总面积共 400 平方米。由于两处发掘区之间距离较远，遂将其分为第一、第二两个发掘区。第一发掘区发掘探方 11 个，面积为 275 平方米，第二发掘区发掘探方 5 个，面积为 125 平方米。出土文物有陶片、石锤、石斧、双肩石斧、盘口圜底罐、盘口器口沿等。

六量岭下遗址是海南一处较为重要的史前时期遗址，其文化内涵丰富。此次抢救性发掘为我们了解海南地区史前文化的内涵、特征及发展序列提供了重要资料。六量岭下遗址文化堆积与出土遗物数量颇丰，为研究“莲子湾文化”“桥山文化”的器物多样性提供了重要材料。

（王明忠　廖忠志　鲁仕浩）

【琼中水会所明代城址】

发掘时间：2021 年 2 ~ 7 月

工作单位：海南省文物考古研究所

城址位于琼中县黎母山镇大保村委会水上市村，为明代万历三十年（1600 年）平定黎族马矢叛乱后所建，全称为“水会守御所城”。自 2018 年起，海南省文物考古研究所组织考古队，对该城址进行考古调查、勘探和试掘，陆续取得田野考古成果。

2021 年度何国俊研究馆员、王育龙研究馆员、寿佳琦副研究馆员等人组成考古队，继续对水会所明代城址进行考古勘探和试掘。2021 年度的主要考古工作和收获如下。

经历年钻探，发现城内房屋多座，对东门内道路南侧房屋进行试掘，基本弄清了房屋的朝向、布局、结构和修筑方式；城内有东、南、西三个城门，东、南门保存较完好，西门破坏严重。清理后，明确了城门的结构、形制和修筑方式，并初步确认城门上原应有门楼；清理了西城墙排水沟，揭露了城内设计巧妙、结构复杂的排水系统和功能；对多段城墙进行钻探和解剖，明确了城墙的规模、尺寸和夯筑方式；对城外官田和民田进行试掘，采集土样标本，进行实验室测试分析；在城址周边进行大范围考古钻探，查找相关遗迹。此外，邀请专业测绘公司，对城址进行了考古航拍、测绘，留存了珍贵的影像资料。

至此，持续四年之久的水会所考古项目田野工作告一段落。通过诸多田野考古发现的遗迹和遗物，基本掌握了水会所城的结构布局、功能性质、修筑方式等重要信息，结合相关历史文献，明确了该城的修建、使用年代和历史背景、功能意义等内涵特征。作为现今海南岛保存较完好的明代古城之一，水会所城具有较高的文物保护价值和学术研究价值，对研究明代军事制度和海南岛古代城址发展提供了重要的物证。

（何国俊）

【三亚崖州“多坟山”宋至清代墓群】

发掘时间：2021 年 7 ～ 9 月

工作单位：海南省文物考古研究所

为配合西线高铁和货线三亚至乐东（岭头）段的基本建设工程顺利开展，海南省文物考古研究所组成考古队，对“多坟山”古墓群进行了考古发掘和钻探，南京大学文物与博物馆学专业的研究生也参与了部分发掘工作。同时，利用高校暑假，又邀请了西北大学历史文化学院的研究生参与了整个发掘工作。钻探工作由陕西省文物勘探有限公司承担。

三亚市崖州区拱北村“多坟山”古墓葬群，位于三亚市崖城镇宁远河以北、崖州古城东北部、拱北村四小组的一片农田里。该片区农田被当地村民称作“多坟山”工程。调查发现古墓群盗掘的现场十分混乱，多处古墓葬遭受严重破坏。破坏范围经实际估测约 2.48 亩（据三亚铁路投资建设有限公司数据），位于基建方用地红线内，其中共分 5 块盗掘区域，现场裸露的古墓葬据初步统计多达 40 余座。墓葬形制多为长方形竖穴土圹砖室墓，墓穴和墓室顶部均用长方形砖砌筑，券顶。有些古墓或已打开盗掘，或已盗掘后掩埋。在调查基础上，拟进行抢救性发掘。

红线范围内共清理发掘出墓葬 173 座，南京大学在红线外清理发掘了 9 座墓葬。墓葬均为长方形土圹砖室结构，朝向不一，大小不同，有二次葬或迁葬现象。根据出土遗物初步分析，这批墓葬的年代有宋、明、清，直至民国时期。出土的遗物有陶、瓷、铜、银等质地，遗物有带字的墓砖、墓碑、棺钉、饰品、铜钱、灰陶罐、釉陶罐等。提取的遗物数量约 180 件。另外，在红线外，共钻探出墓葬数量 128 座，钻探面积超过 32000 平方米。通过这次发掘和钻探可知，这是海南目前发现规模最大、数量最多、年代跨度最长的一片古代墓葬群，为研究海南古代墓葬制度和丰富海南文物资源提供了新的、较为重要的科学资料。

（王育龙　邝艳霞）

【西沙甘泉岛考古调查】

调查时间：2021 年 11 月

工作单位：海南省文物考古研究所、三沙市旅游文化和交通运输局

2021 年 6 月，海南省博物馆同三沙市旅游文化和交通运输局组建联合考古调查队，对西沙群岛永乐环礁岛屿开展考古调查，认为考古调查不足以全面反映西沙岛屿的文物埋藏情况，有必要选取几个重要的岛屿系统，进而全面地开展考古勘探及调查工作来确认岛屿的文物埋藏情况。同年 11 月，再次组建联合考古工作队开赴甘泉岛开展除唐宋遗址保护区以外面积的考古勘探及调查工作，并取得了一定成果。经过此次调查共发现古代文化遗迹 62 处，其中井 9 眼、灶 2 座、柱洞 11 个、沟 1 条、军事设施 1 处、碉堡 1 座；房基 14 处、道路 2 条、桌 4 处、珊瑚石小庙 17 处。

相较于以往的调查（1974 年、1996 年、2015 年），新增水井 5 口，珊瑚石小庙 10 处，建筑基址 6 处，军事设施 1 处。其中建筑基址主要分布在岛的北部；水井主要分布在建筑基址旁；珊瑚石小庙主要分布在环岛的沙堤上；军事设施在岛的西南部。

此次调查发现较多的建筑基址，布局特点明显，主要是围绕淡水井分布，并具有功能分区。根据建筑技术与材料，可以分为两类：第一类为珊瑚石建筑基址，主要是就地取材，使用甘泉岛上的珊瑚石砌筑而成；第

二类为水泥建筑基址，主要是一批水泥建筑的台基地面和柱子。道路在建筑居址附近，同时周边还分布有灶台及石桌。从此次勘探及调查来看，甘泉岛上水井较多，在生活区附近有多口水井。同时发现大量房基，说明自古以来在岛上生活的先民人数较多。新发现的珊瑚石小庙较简单，多为三块珊瑚石板拼接而成，庙门朝向为东北方向，环岛分布。根据文昌、琼海两地渔民习俗，先上岛盖庙的渔民在渔获分配中享有优先权，这些小庙是他们最先上岛的标志和纪念。同时庙口朝向皆为东北方向，为乘船顺东北风到来的方向，也是先民心中家所在的方向，这些珊瑚石小庙寄托了他们对家乡的思念、对旅途平安的企盼。

（贾　宾　寿佳琦）

重庆市

【丰都县犀牛洞旧石器时代遗址】

发掘时间：2021 年 7 ～ 9 月

工作单位：重庆自然博物馆、重庆市文物考古研究院、中国科学院古脊椎动物与古人类研究所

犀牛洞遗址位于重庆市丰都县都督乡都督社区，东北距都督乡政府约 3 千米，由 2 个相距较近的水平石灰岩溶洞组成。经国家文物局批准，联合考古队对该遗址开展主动性考古发掘，发掘面积 50 平方米，获得包括人牙化石、石制品、动物化石在内的一批丰富的文化遗物，并取得重要发现。

通过此次系统考古发掘，出土古人类牙齿化石 2 颗。其中在原生堆积出土上臼齿 1 颗，仅保存牙冠部分；在次生堆积出土前臼齿 1 颗，保存完好。出土石制品 506 件，类别包括石核、石片、石器、碎屑和燧石团块。石器主要有刮削器、砍砸器、凹缺器、两面器、手镐、钻、石锤等。石制品原料主要是来自遗址周边的石灰岩和燧石，二者占比均衡。此外，还出土不少于 14 个属的大熊猫——剑齿象动物群化石 176 件。^{14}C 测年结果表明，犀牛洞遗址时代为距今 4.1 万 ～ 4.5 万年，属于旧石器时代晚期早段。

此次考古发掘工作主要有以下几点收获。一是犀牛洞遗址的发现与发掘，极大地拓展了武陵山区旧石器遗存的分布空间，也填补了丰都地区史前洞穴遗址的空白。二是发现 2 枚古人类牙齿，进一步丰富了三峡地区古人类化石材料，为研究三峡地区现代人的起源与演化机制提供了新的实物材料。三是犀牛洞遗址石器面貌同长江三峡两岸的旧石器文化有明显区别，为进一步阐释武陵山区高海拔区域的石器技术与古人类的适应生存行为提供科学资料。四是此次发掘出土的大熊猫——剑齿象动物群化石，对于揭示三峡地区第四纪古生物多样性、物种分布状况和重建该地区第四纪古气候、古环境具有重要科学价值。

（高　磊　姜　涛　吴秀杰　何树兴）

【奉节县白帝城白帝村战国至清代遗址】

发掘时间：2021 年 4 ～ 10 月

工作单位：重庆市文物考古研究院、奉节县文物保护管理中心

白帝村遗址位于奉节县夔门街道办事处瞿塘峡社区，为白帝城遗址的组成部分。为配合三峡后续大遗址保护、推进白帝城遗址公园建设，进一步了解白帝城遗址的布局和沿革，2021 年度联合考古队对白帝村遗址进行了考古发掘，发掘面积 1583 平方米。

此次发掘发现的遗存年代涵盖战国至清代，以南宋、明代遗存为主。主要发现了南宋的马面 1 座，明代的房址、天井、道路、排水沟等各类遗迹组成的大型建筑基址 1 组。出土遗物数量 300 余件，类型丰富，以生活用器和建筑材料为主。生活用器可分为陶器、瓷器、金器、铜器和铁器等，以瓷器最多，且多为青花瓷，器形主要有碗。建筑材料主要为砖、筒瓦、板瓦、瓦当、滴水、石柱础等。

揭露的马面基址平面呈外凸圆弧形，底

部依山就势逐级内收构筑护坡墙，顶部设置有内墙、女墙等附属设施，布局结构较为完整，是宋元战争时期川渝山地城防设施营造的重要例证，具有重要的历史和科学研究价值。发现的明代建筑基址体量较大，揭露部分为一座三面高台围护、中轴线带甬道的两进院落基址，布局结构保存较好，是目前白帝城内确认的分布面积最大的明代建筑。结合建筑的平面布局、建造与废弃年代，以及建筑群前的“重建瞿塘卫右千户所碑”判定，该建筑应为明代嘉靖十六年（1537 年）至十九年（1540 年）瞿塘卫右千户所副千户余鉴捐资重建的瞿塘卫右千户所公署建筑。该建筑基址的发现，有力证明了白帝城遗址自汉、六朝、唐、宋元、明不同时期都是扼守夔门天险的军事重镇，彰显了白帝城在历史上“东控荆楚、西扼巴蜀”的重要战略地位，同时，也为研究明代的卫所制度、卫所公署建筑布局与营造提供了重要的实物资料。

（孙治刚　李大地　张　勇）

【涪陵区小田溪墓群】

发掘时间：2021 年 3 ~ 7 月

工作单位：重庆市文物考古研究院、涪陵区博物馆

小田溪墓群位于乌江西岸的一二级台地上，东连中堡，南隔村级公路与高堡坡地相靠，北抵网背沱村，遗址分布面积约 8 万平方米。是迄今为止全国发现的规模最大、等级最高的巴文化高等级贵族墓地。1972、1980、1983、1993、2002、2006、2007 年，四川博物院和重庆文物考古所先后对小田溪墓群开展 6 次发掘，清理战国晚期至西汉早期贵族墓葬 20 座。

2021 年度联合考古队对小田溪墓群开展了主动性考古发掘。共完成勘探面积 2000 平方米，考古发掘面积 300 平方米。清理了战国至汉代墓葬 8 座，其中战国晚期墓葬 4 座，汉代墓葬 2 座，时代不明 2 座，出土器物 29 件。

小田溪墓群从 1972 年首次正式发掘，先后经历了 7 次发掘工作，通过对历年发掘成果的总结分析，并结合 2021 年度的勘探和发掘工作，我们进一步确认了高等级墓葬的分布东界，明晰了墓地布局。同时开展了年代学、体质人类学、动植物考古以及分子生物学等多学科研究工作。目前采集的古 DNA 样本已成功获取了线粒体遗传信息，同时其中两个个体获取了核 DNA，显示为男性，结果可与体质人类学鉴定相互印证。 通过考古学研究并结合分子生物学结论，我们认为已经获得了重庆地区首例古巴人 DNA 样本，为建立重庆地区古人类基因库，获取古代人类社会中的独特信息，开展后续人群分析研究奠定了坚实的基础，也为后续考古研究提供了更多的研究思路和线索。

（燕　妮）

【酉阳县青杆堡汉代及清代墓群】

发掘时间：2021 年 3 ~ 6 月

工作单位：重庆市文物考古研究院、酉阳县文物管理所

青杆堡墓群位于重庆市酉阳土家族苗族自治县龚滩镇小银村四组，墓群地处乌江东岸，隔江与洪渡河入乌江口相望。地理坐标北纬 28° 57′ 57.1″，东经 108° 19′ 22.6″，海拔 300 ~ 410 米，根据第三次文物普查登录显示分布面积 8 万平方米。

由于彭水至酉阳高速公路建设工程文物保护需要，重庆市文物考古研究院对青杆堡墓群刘家堡墓地、搬家土墓地开展考古工作。考古发掘面积 3046 平方米，清理汉代墓葬 5 座、灰沟 1 条，明清墓葬 16 座、灰坑 4 个、灰沟 1 条、窑址 1 座。出土文物 110 余件（套），以陶器为大宗，有陶狗、陶塘、陶房、陶俑、陶鸡、陶罐、陶猪、摇钱树座等;铜器有钱币、铜饰件、摇钱树杆（枝）、铜铃、铜鸟等；铁

器为铁剑；漆器只见红色漆皮痕迹。整体搬迁保存较好的汉代石室墓1座、砖室墓2座。

汉代墓葬依一座封土下一座墓进行构筑。刘家堡M1、M2各自封土间以兆沟分隔。墓地使用兆沟，在汉代是中小型墓葬对战国秦代高等级墓葬中兆沟设施的继承，说明墓葬本身具有较高身份。汉墓中出土摇钱树枝佛像也对汉晋佛像研究提供了重要的素材。

汉墓封土边缘扇形分布的明清墓葬，一方面表明明清时期汉墓封土仍然存在，另一方面反映当时对该处墓地性质有一定认识。明清时期墓葬多为狭小的长方形土坑（圹）墓，部分墓葬可见块石构筑的简易石围，说明其规格较低，或者属于普通的下层居民。窑址、灰坑、灰沟的组合为了解该地区明清时期土窑生产面貌提供了考古实物资料。

（陈　东）

【奉节县土寨子东汉墓地】

发掘时间：2020年11～12月

工作单位：重庆市文物考古研究院、奉节县文物保护管理中心

土寨子墓地位于奉节县康乐镇山根村四组，地处长江支流梅溪河北岸山脊略平缓地带，东、西两侧为山谷，南距梅溪河岸约2.5千米。中心地理坐标北纬31° 09′ 02.1″，东经109° 23′ 58.4″，海拔高程690～790米。

2020年11月，该墓地在当地村民平整土地时发现，造成多座砖室墓出露，文物面临安全隐患。联合考古队对该墓地进行了抢救性发掘，发掘面积820平方米，共发现东汉墓葬12座，出土陶器、琉璃器及铜钱等各类器物共计70件（套）。

土寨子墓地12座东汉墓葬分南、北两区分布，其中南区5座（M1～M5）、北区7座（M6～M12）。墓葬均为带甬道的单室墓，以竖穴岩坑砖室墓为主，仅1座为竖穴岩坑石室墓，其中，“凸”字形墓葬6座、刀形墓葬4座、形制不明2座。墓葬被盗扰严重，葬具及人骨多已腐朽无存。随葬器物仅M5保存较好，以陶器为主，包括釜、甑、灶、罐、壶、器盖、公鸡、侍俑、舞俑、跽坐俑等，另有少量五铢钱币。

土寨子墓地选址于大巴山南麓西北—东南走向的山脊上，墓葬排列整齐，朝向基本一致，是一处经过有序规划的汉代葬地。这批墓葬地处海拔700～800米之间的山地上，是重庆境内首次在高海拔地区发掘的具有一定规模的汉代砖（石）室墓地，与重庆境内既往发现的汉代墓地主要分布带（海拔150～200米的沿江台地和山包）形成了鲜明对比，进一步丰富了峡江地区的汉代墓葬材料，对峡江地区汉代人地关系的研究有着重要意义。

（孙治刚　李大地　张　勇）

【潼南区万佛岩唐宋至明代摩崖造像及寺庙建筑基址】

发掘时间：2021年10～12月

工作单位：重庆市文物考古研究院

潼南万佛岩摩崖造像及寺庙建筑基址位于潼南区崇龛镇，地处涪江支流琼江东岸的丘陵地带，目前为重庆市文物保护单位。这里分布有盛唐至晚唐五代的摩崖造像，还有较多寺院建筑遗迹、僧人墓葬等，它与全国重点文物保护单位千佛寺摩崖造像共同组成了一处规模较大的崇龛摩崖造像群。2021年度，重庆市文物考古研究院对潼南万佛岩摩崖造像及寺庙建筑基址开展主动性考古发掘，此次考古发掘面积为500平方米。

此次考古发掘有如下收获：（一）清理和记录81龛摩崖造像，主要题材有西方净土变、僧伽变相、千手观音经变、三十五佛、佛道合龛等题材，另外还存在一批群像、大型龛窟等。这批造像的时代以中晚唐为主，个别造像可早至盛唐，不见宋代造像。（二）揭露

唐宋时期龛前建筑1座，它由龛顶崖体梁架、柱洞榫孔和龛前台基所组成，台基仅暴露出北半部分，其包边用叠涩的石块垒砌而成。周围地层中出土有较多唐宋时期陶建筑构件。揭露1处明代寺庙建筑基址，由前殿、天井、踏道、配殿等组成。（三）清理了多种形式的僧人墓葬，包括8座唐代摩崖瘗龛，其特点是在崖壁上雕刻瘗塔，塔基上有埋葬僧人骨灰的小龛；2座宋代火葬墓，用陶罐作为葬具，其内发现有骨渣；另外还发现有2座明代僧人合葬多室石室墓。（四）出土了一批唐宋至明代的重要文物，共100余件，主要包括陶建筑构件、石构件、石造像等，其中陶建筑构件有瓦当、板瓦、滴水、鸱吻等；石造像包括佛像头、菩萨头、残造像身体、像座等；石构件主要为石质建筑构件；另还发现一枚铜印章。

此次发掘极大丰富了崇龛摩崖造像群的内涵，它是由摩崖造像、寺庙建筑、僧人墓葬等共同构成的一处较完整的石窟寺，对进一步理解川渝地区石窟寺的类型、选址、布局结构等具有重要价值。同时，崇龛摩崖造像群是涪江流域具有代表性的一处盛唐至宋初的摩崖造像群，该区域是石窟造像艺术从川北地区往渝西地区传播的关键节点，它对认识川渝石窟寺的分布规律、传播路径、分期分区、发展演变具有重要意义。

（牛英彬）

【合川区嘉陵江水下考古】

发掘时间：2021年12月

工作单位：重庆市文物考古研究院、国家文物局考古研究中心、合川区文物管理所

嘉陵江是长江上游最大支流，发源于陕西省秦岭南麓，流经陕西、甘肃、四川、重庆四省市，干流全长1120千米，整体落差2300米。嘉陵江自古就是沟通西北、西南地区与三峡及长江中下游地区联系的通衢大道，是西南地区综合运输体系的重要组成部分。据史料记载，自汉唐以来，嘉陵江水运就发挥着转运军粮物资等重要作用。至南宋时期，名将吴玠曾特向朝廷奏请赐封嘉陵江神为善济侯，由此可以看出嘉陵江水运的重要性。

2003年4月，嘉陵江合川区钱塘镇西游村五社段临近北岸的江底曾出露大量铜钱，总重量达5000多公斤。铜钱主要分布于江底河床的乱石之间及凹陷处，距江边仅2米，分布范围长12、宽4.5米，打捞时水深1.8～4.5米。此批铜钱后由合川区文物管理所收藏。经统计，钱币以北宋及南宋早期居多，混杂少量汉半两五铢、唐开元通宝、五代十国唐国通宝、周元通宝、辽代乾统元宝、天庆元宝、金代正隆元宝、大定元宝、西夏天盛元宝、皇建元宝等其他时期钱币。

2021年12月，为配合嘉陵江利泽航运枢纽工程建设，国家文物局考古研究中心、重庆市文物考古研究院、合川区文物管理所组成联合考古队，依托物探勘测与潜水开展了水下考古调查。

调查采用物探扫测与潜水探摸相结合的方式。利用侧扫声呐、多波束测深系统、浅地层剖面仪、DGPS差分定位设备等仪器对2处线索点（西游村五社、金子社区二社）的嘉陵江段进行全面探测，探测范围南起西游村双河口，北抵金子村舒家坝，地理坐标为北纬30°7′39″～30°10′53″，东经106°12′20″～106°15′48″，距离全长约16千米。经过连续多日工作，水下考古队完成了钱塘镇嘉陵江江段水域4平方千米的侧扫声呐，合计测线里程22.7千米；2.5平方千米的多波束全覆盖物探调查，测线里程约28千米；浅地层剖面1.62千米测线，绘制了水底二维、三维地形地貌图、江底断面图、重点区域等高线图等。

物探扫测后，水下考古队还对钱塘镇西

游村嘉陵江北岸共400米长的河床进行潜水探摸，搜索面积达1.5万平方米，共计潜水30人次，潜水总时长1341分钟。发现一处水下铜钱分布区，位于山岩与河床交界地带，水深7.6米，铜钱散落于河床冲蚀形成的沟槽中，直接暴露在河床上，走向与水流、岩石缝一致，或竖立嵌于石缝中，或平躺于河底冲蚀沟槽内，整体锈蚀不严重，钱文多数可辨。

嘉陵江金子社区二社段水下全为沙底，河床上无任何发现。现阶段除非大范围抽沙揭去泥沙及其下卵石，才可能找到夹杂其中的遗物。该区域为淘沙区，周边有挖沙船作业，推测在该处打捞的铜钱、银锭等并非原生堆积，或为行船或泊船时的遗物。

此次水下考古工作取得了以下收获。

第一，初步掌握了嘉陵江利泽航运枢纽工程坝区上下游段的水底地形地貌、地层堆积、底质状况等基本信息，了解水文环境，揭示了该江段的水下文物遗存分布现状与分布规律，为深入开展嘉陵江水下考古工作提供了基础信息。

第二，确认了西游村水下铜钱文物点可能为一处沉船遗址，此次水下考古工作于该水下文物点采集铜钱36枚，包括太平通宝、祥符通宝、天禧通宝、天圣元宝、皇宋通宝、至和元宝、嘉祐元宝、治平元宝、熙宁重宝、元丰通宝、元祐通宝、绍圣元宝、圣宋元宝、宣和通宝等16个品种，皆为北宋时期钱币。此外，铜钱周边石缝中还发现少量不同时期的陶瓷器残片、撑船铁篙等遗物，其中陶瓷器10件，多为碗、罐、盆残片，部分可修复，另有铁篙1件，年代范围从宋代至近现代。

第三，物探勘测揭示嘉陵江西游村段水底存在较大面积的沙洲，致使行船水道迅速收窄，复杂水文环境或是该地成为沉船事故频发区域的重要原因，这为我们了解古代内河流域的航道选择和沉船机理提供了重要参考。

嘉陵江合川区钱塘镇段水下考古调查是重庆市首次开展的水下科学考古工作，也是国家文物局考古研究中心成立以来，首次在我国内水地区实施水下考古工作，具有十分重要的意义。内河环境不同于海洋、水库湖泊等水下环境，此次内水水下考古，丰富了水下考古地层学、埋藏学案例，有利于科学规划重庆市内河水下文化遗产保护工作，为重庆市嘉陵江、三峡库区水下文化遗产的保护与研究，提供了有益借鉴。

（周春水　黄　伟）

【合川区钓鱼城遗址】

发掘时间：2021年8月～2022年1月

工作单位：重庆市文物考古研究院

2021年钓鱼城遗址考古工作包括考古调查、考古勘探、考古发掘和石窟寺及石刻专项等。第一，对皇宫、青华门及马鞍山等区域进行了系统全面的考古调查，总面积约6万平方米，共发现遗迹20余处。第二，对西部二级阶地进行普探，面积136000平方米，新发现遗迹43处。对大天池和始关门遗址开展重探，面积约5000平方米和4800平方米。第三，考古发掘大草房、大天池、九口锅及古地道遗址等文物点，发掘面积776.1平方米，新发现高台、围墙、踏道、排水沟、散水、房址、水池、院门、水井等各类遗迹36处，出土各类遗物300余件。第四，石窟寺及石刻专项。摩崖造像拍照和三维测绘以及碑刻、摩崖题刻等石刻拓片等基本完成，最大收获为新发现多处宋元（蒙）战争时期摩崖题刻。

2021年考古工作主要收获和认识为以下四点：（一）通过考古调查，初步摸清青华门、皇宫及马鞍山等区域的遗存范围和分布情况，发现大量宋代遗迹，填补了上述区域遗存空白，进一步深化了对钓鱼城宋代城址结构布局和功能分区的相关认识。（二）钓鱼城西部二级阶地普探发现大量遗迹，对于了解范家堰遗址周边遗存分布情况，探讨南宋城市规划及“子城”制度具有重要意义。大天池遗址重探有助于进一步了解该组建筑群遗存分布和内部结构。始关门遗址重探发现大型房屋建筑，填补了该区域宋代文化遗存的空白。（三）完整揭露大草房遗址 F2、F3，保存较好，形制格局基本清晰，出土一枚铜印章以及大量琉璃构件、灰陶瓦当和滴水等，进一步深化了对大草房遗址时代和性质的认识，基本确认该组建筑营造时代为南宋淳祐时期或稍晚，应为一处佛教转轮藏经殿，同时兼具医疗、医药等功能，为南宋佛教转轮藏和僧医、僧药文化制度研究提供了宝贵的实物资料。此外，大草房遗址周边还发现有生产生活类设施，这是钓鱼城首次发现宗教设施及生产生活设施，进一步丰富遗址宋代文化遗存内涵。大天池遗址首次发现院门类遗迹，并出土灰陶鸱尾等建筑构件，内部结构和格局更加清晰。九口锅遗址完整清理揭露的宋元（蒙）战争时期城门为钓鱼城遗址研究提供了新证据、新方向。（四）石窟寺及石刻专项工作系统收集整理了钓鱼城石窟寺造像、碑刻及摩崖题刻资料，掌握了石窟寺与石刻分布和保存现状，为下一步综合研究提供准确可靠的文献图像资料，尤其是新发现的多处宋元（蒙）战争时期摩崖题刻为钓鱼城考古和历史研究提供了弥足珍贵的新材料，具有十分重要的意义。

（袁东山　胡立敏）

【万州区天生城遗址】

发掘时间：2021 年 4 ～ 8 月

工作单位：重庆市文物考古研究院、万州区博物馆

天生城遗址位于重庆市万州区周家坝街道，地处苎溪河与长江的交汇地带。城址所在天城山为一南北向展布的脊状独立残丘，由鹅嘴壳、鹅公包、鹅公颈和天城山主体四部分组成，长约 1500 米。大致呈南北走向，地势由北向南大体呈增高趋势，东西两侧多为缓坡与陡崖交替上升至山顶。天生城绝壁凌空，峭立如堵，自古便列为“万州八景”之一，誉为“天城倚空”。

此次考古工作根据前期调查勘探的结果，选择遗址东、西两侧的部分区域进行发掘，完成发掘面积 3000 平方米。发掘的遗存从时代上可分为早、晚两个阶段，早段为南宋时期，晚段为明清时期。

宋代遗存主要分布于天生城遗址东侧、中寨门堰塘南侧的发掘区域，遗址西侧有零星的分布。清理遗迹包括房址 1 座、灰坑 5 个，其中，房址紧邻遗址东侧边缘地带，保存状况较差，残存有房基垫土及陡板石，其面积大、规格高，属天生城遗址首次发现。出土遗物包括瓷碗、瓷盏、瓷香炉、瓷瓶、铜钱、礌石、筒瓦等。

明清遗存分布范围较广，在遗址两侧的发掘区均有分布。其中，明代遗存主要分布于遗址东侧，清理遗迹均为灰坑，出土少量的青花瓷片和铜钱。清代遗存分布于整个发掘区，清理遗迹包括房址、水井、灰坑、灰沟等，出土遗物包括瓷、陶、石、铜、琉璃等，其中以青花瓷数量最多，器形多为日常生活用具，陶器有瓦片，石器有石臼、碾盘等工具，铜器主要是铜钱，琉璃器有透明玻璃罩。

整体而言，此次发掘工作清理了一批南宋、明、清等不同历史时期的遗迹和遗物，为天生城遗址的文物分布和保存状况提供了新的资料，进一步充实了天生城遗址的文化内涵。其中，首次发现的南宋时期的大规模、高规格建筑基址对于作为宋元战争山城防御体系重要组成部分的天生城遗址具有重要的学术价值和历史意义，为探讨天生城遗址的整体布局和规格提供了新的材料。发现的保存较完整的清代房址垫土中埋藏的“喜”字罐，

充分反映了当地习俗中的“镇宅文化”，为当地民俗文化的研究提供了资料。

此次考古工作进一步深化了对天生城遗址的认识，拓展了其文化内涵和价值，同时，科学的考古资料也为天生城遗址的保护规划工作奠定了坚实的基础。

（方　刚　杨鹏强）

【万州区天生城遗址明清遗存】

发掘时间：2021 年 5 ～ 9 月

工作单位：重庆市文物考古研究院、中山大学社会学与人类学学院

2021 年度，中山大学受重庆市文物考古研究院（重庆文化遗产保护中心）委托发掘万州天生城遗址。天生城遗址位于重庆市万州区周家坝街道天生城社区，地处长江北岸，南临苎溪河与长江交汇处。天生城汉时为巴郡小石城，蜀汉时传昭烈皇帝刘备曾驻兵于天生城，故又名天子城；南宋末年为抗击蒙古余阶在长江三峡沿岸依山险筑城屯兵聚粮，当时万州州治亦迁于天生城上，此为天生城始建之情况，德祐二年（1275 年）夏天生城陷落；明末清初，天生城为地方抗清武装占据；清代以降成为避乱寨堡及防空哨所。2013 年，中华人民共和国国务院将其公布为第七批全国重点文物保护单位。

此次发掘为天生城遗址第四期发掘，发掘面积 1218 平方米，布方 15 个，共清理明代蓄水池 1 处、灰坑 2 个，清代至民国时期房址 8 座、排水沟 3 条、灰坑 7 个、墙基 2 道等。出土文物 228 件，其中瓷器 169 件、陶器 3 件、石器 11 件、铁器 8 件、铜器 32 件、银器 1 件、玉器 2 件、木器 1 件、玻璃 1 件，时代时间跨度包括新石器至商周、汉、宋、明、清至民国等多个时期。在 1 处清代房址的墙基边垫土内出土有 4 件形制不一的喜字瓷罐，3 件出土时带有平顶盖，宽边、斜直沿，盖面书“囍”字，1 件出土时罐口压有一块残砖。4 件喜字罐均内外施白釉，领部露胎，罐身圆唇，矮领，圆肩，鼓腹，圈足平切露胎，平底。罐身勾勒平涂缠枝莲花，其中最小的罐子上部勾勒平涂缠枝莲花，下部绘扁体梵文。垫土内埋藏“喜字罐”应是镇宅的一种方式，体现了当时的风俗习惯，对于清代镇宅文化的研究具有重要的参考价值。

此次发掘工作揭露的几处较大建筑基址均形制规整，功能齐备，在朝向上保持有西北—东南向的一致性，对研究天生城清代至民国时期城内居民聚落分布具有重要价值，真实地再现了城内晚期的生产生活内容。天生城出土的宋代、明清至民国时期的瓷器等器型丰富，均为日常生活用具，其中的纹饰精美、内容多样，为宋代瓷器艺术的研究提供了丰富的基础资料，具有重要的艺术价值。明清至民国时期的瓷器以青花瓷为主，器型丰富，均是日常生活器具，其中的纹饰精美、内容多样，对于研究青花瓷的制作、纹饰等艺术方面的内容及其发展演变具有重要的参考价值。

（董会芳）

【忠县皇华城遗址】

发掘时间：2021 年 3 ～ 12 月

工作单位：重庆市文物考古研究院

皇华城是宋元（蒙）战争山城中唯一的“孤岛型”城址，坐落于长江三峡库区腹心忠县皇华岛上。遵循“考古先行、全程参与”的大遗址保护原则，根据重庆市委市政府关于高水平打造“三峡库心 · 长江盆景”的总体定位和规划指南，配合皇华城考古遗址公园建设，继续推进皇华城三峡后续大遗址考古。2021 年度的考古工作主要包括调查、勘探和发掘三个方面，并在枯水期对全岛再次进行航拍、建模，重点补拍消落区部分，重新生成较全面的正射影像。

2021 年度调查总面积约 5 万平方米，主

要收获为在城址南部柳家河片区新发现南一字城墙及6号墩台。调查清理城墙表面1100余平方米，布置探沟5条，刮铲剖面16处。南一字城墙平面略呈“之”字形，总长248.7米，下接6号墩台。墩台平面略呈椭圆形，探沟清理包边墙24.2米，残高约4.5米，部分段落滑坡坍塌。

配合考古遗址公园规划设计一期项目，在14个地块开展考古勘探32万平方米，共发现房址、灰坑、墓葬、水池、水坝及文化层等各类遗存堆积78处。勘探成果深化了一些既往认识，如一号城门区域找到了原城台倒塌堆积，并新发现一圈围合的垫土堆积，不排除两重城台的可能。校场中部至井丘一线，勘探发现大面积废弃堆积层，散布房址及较厚垫土层，梯田片区勘探发现了包含大量水锈的疑似早期农田堆积。另外，在城址西部、中部及北部区域发现较多方形、圆形水池遗迹。

根据调查和勘探发现情况，考古发掘分为南垭口、冉屋丘、梯田及大湾等片区展开。清理揭露房址、道路、排水沟等各类遗迹208处，出土陶瓷器、金器、铜器、铁器、琉璃器及瓦类建筑构件等器物标本1126件，瓷器可辨窑口有龙泉窑、湖田窑、彭州窑、清溪窑、涂山窑和吉州窑等。

南垭口片区主要发现有二：一是在中部台地发现了出土器物丰富的灰坑2个和平面呈凹字形的房址1座，整体保存较好；二是对3号墩台进行了清理揭露，初步复原半径约10米、残高5.2米，内部垫土可分18层。

冉屋丘片区的主要发现为一组由正殿、水池、飞桥基座及景亭构成的建筑群，依地势整体坐东朝西，背坡面水。正殿为带副阶的凸字形型台基建筑，面阔五间。副阶包边墙、铺地石板保存较好。水池位于正殿西侧，平面略称方形，水池内为包含大量板瓦、筒瓦残片的废弃堆积层。飞桥基座位于水池中部建筑群中轴线上，西侧略内收，东与正殿台阶等宽。景亭位于水池南侧，正对水池，残存两层条石基础及部分垫土。该组建筑群发现有四处明显修葺扩建现象。

梯田片区2021年度在中部偏西区域布设探沟一条，方向垂直横跨三级台地，以通过较小面积掌握较多的台地堆积情况。主要发现为在第三级台地发现了宋代以来至近代的五期田地，各期田埂迹象明显，地层中包含较多水锈。经土样浮选和植物考古分析，发现有水稻和小麦颗粒。

大湾片区呈五级台地布局，2021年度发掘工作主要在一二级台地之间开展，二级台地揭露出较为规整的台基包边墙。一级台地清理发现大规模建筑群，整体坐北朝南，中轴线较四五级台地略偏东。中部为面阔七间的大型台基建筑，柱网结构清楚，八柱七间，残存两排。柱础石作较精细，形制有方形素平、覆盆宝莲华、覆盆牡丹华等几种。柱础间残存部分铺地石板。西侧为残存三个长方形碑座的碑石亭。碑石亭西侧发现房基一座，台明及内部铺地石板保存较好。一二级台地间由工字殿连接，残存方形小柱础两个。工字殿两侧天井内为方形石台和房基建筑。排水系统主要由建筑之间的阳沟、暗沟组成，从西侧区域向东、中部区域向西经碑石亭西北汇合后，向南转折排除台地。

2021年度考古工作清理揭露了一批规模较大、规格较高、形制罕见的遗迹现象，出土了保存较好、类型丰富的遗物，较大程度丰富了城址历史文化内涵，在城址布局结构、沿革变迁、功能分区、生业模式和价值提炼等五个方面，均取得了突破性的新认识。柳家河南一字城墙和墩台的发现，为我们从较大视野重新审视城址布局和内外城联系提供了新的视角。冉屋丘片区发现的大规模建筑群，为探讨皇华城“宏文书院”情况及研究宋代教育类建筑提供了线索。梯田片区是首次利用农田考古学的理念，从防御建筑以外的角度研究山城生业模式、生态环境的学术尝试。大湾片区进一步明确了衙署的布局结构，碑石亭、七开间大型建筑的发现，也丰富了山城考古的遗存类型。

工作过程中和地方政府、规划设计及展示利用单位的密切合作，参与考古遗址公园规划、文物保护设施设计和基础设施建设选址，配合岛上展示中心制作沙盘、宣传片，联合忠州博物馆举办阶段性考古成果展等，为如何做好大遗址边考古、边研究、边保护、边规划、边展示的“五边”工程积累了实践经验。

（蔡亚林　李大地）

【梁平区赤牛城遗址】

发掘时间：2021 年 3 ~ 8 月

工作单位：重庆市文物考古研究院　重庆师范大学西南考古与文物研究中心

遗址位于梁平区双桂街道牛头村一组，地处川东平行岭谷、明月山与南华山之间的浅丘平坝地带，坐落于高滩河东部的赤牛山上。遗址中心地理坐标北纬 30° 38′ 37.7″、东经 107° 43′ 11.6″，海拔 590 米。《读史方舆纪要》记载：“牛头寨，在县西二十里赤牛山上，亦名赤牛城，宋淳祐二年筑，周三百六十步，敌楼百四十三座，四隅有门，盖戍守之处。”赤牛城为南宋时期川渝地区重要的宋元（蒙）山城遗址。2019 ~ 2020 年，考古调查发现了赤牛城的城门、城墙、道路、水井、建筑基址等遗迹，其中内城面积约 20 万平方米，东外城面积约 6 万平方米。

此次工作主要包括考古调查、勘探，以及在将军庙遗址区域开展的发掘工作。通过对赤牛城及周边区域的深入调查，新发现 2 座宋代城门、3 段宋代城墙、2 段宋代墙体、1 处宋代水坝遗址等遗迹。其中窑子洞门位于半山腰上，底部利用自然岩体，顶部用条石券顶，极为隐秘，应为一处暗门；关子门位于一处山坳内，在现存明清城门外解剖发现了一处宋代城门，由门道、墩台、门限、排水孔、栓眼、八字墙等组成，从所处地形判断，应为一处瓮城。水坝遗址位于赤牛城遗址西北部，水坝砌筑在冲沟下部的基岩上，筑坝方式为土石坝，坝体总长约 57 米，中部垮塌，在坝体两侧发现泄洪沟，在南部发现引水沟和分流孔。在坝体北部将表土揭露，发现 130 余个柱础坑，柱础坑以方形为主，极少数为圆形，柱础坑的用途还有待进一步研究。

考古勘探主要集中在内城及东外城区域，勘探面积 15 万余平方米，发现各类遗址（迹）39 处，分布面积 4.3 万余平方米，其中宋代遗址（迹）24 处，明清遗址（迹）6 处，暴露遗迹 9 处，基本摸清了赤牛城遗址文物埋藏状况。

将军庙遗址的发掘分为寺庙建筑区、高台基建筑区及水池区，发掘面积 1140 平方米。通过考古发掘，发现寺庙建筑的结构布局从东到西为大殿、天井、中殿、前殿、两侧厢房和排水沟、广场，时代为明清时期。发现宋代高台基建筑基址 3 处，从发掘情况判断，宋代高台基存在两次扩建，扩建后的台基总面积近 500 平方米。水池区域解剖发现，水池经过四期修建，其中前三期为宋代遗存，第四期为清代遗存。

此次考古工作首次在三峡地区发现了宋代水利工程，进一步厘清了赤牛城遗址的城防布局，摸清了遗址文物埋藏状况，确认了将军庙遗址的结构及利用过程，为赤牛城遗址下一步考古工作、文物保护规划利用提供了依据。

（马晓娇　蒋　刚）

【丰都工业园区项目考古调查】

调查时间：2021 年 6 ~ 8 月

工作单位：重庆市文物考古研究院

重庆丰都工业园区位于重庆市丰都县镇江镇、兴义镇、高家镇、龙孔镇等，其红线范围为 11.57 平方千米，包括已建成区 3.9 平方千米，未建成区 7.67 平方千米。2021 年 6 ~ 8 月，重庆市文化遗产研究院，现为重庆市文物考古研究院（重庆文化遗产保护中心）组成文物调查勘探队（以下简称调查队），对工程建设及周边区域进行了地毯式踏勘，共确定文物点 33 处，包括地下文物点 27 处，地面文物点 6 处，其中 1 处为重庆市文物保护单位，1 处为丰都县文物保护单位，9 处为第三次全国文物普查登记文物点，22 处为新发现文物点。文物点时代为新石器时代、商周、汉至六朝、明、清及民国。

从文物类别上看，地下文物点包括古遗址 3 处、古墓葬 24 处；地面文物点包括寺观塔幢 1 处、宅第民居 2 处、池塘井泉 1 处、桥涵码头 1 处，以及近现代重要史迹及代表性建筑 1 处（军事建筑及设施）。从时代上看，包括新石器时代文物点 1 处，商周时期文物点 1 处，汉—六朝时期文物点 9 处，明清时期文物点 21 处，近现代时期文物点 1 处。

此次调查勘探工作确认的石地坝遗址、瓦啄嘴遗址，进一步夯实了丰都地区的新石器时代至商周时期的区域文化内涵，上述遗址包含有丰富的汉至明清时期遗存，充分证明了丰都地区拥有延续发展的、丰厚的古代文化资源。汉至六朝时期墓葬的发现为进一步研究丰都地区汉至六朝时期墓地选址、墓地结构、墓地性质等方面的问题提供了丰富的资料。明清时期的窑址、墓葬、民居、桥涵等多种类型文物遗存的发现，对于了解该地区的明清时期手工业技术水平和社会经济的发展概况、人口分布、丧葬礼俗、墓葬建造工艺等具有一定价值。

总之，此次调查勘探工作全面梳理了项目所在地区的文物资源，为下一步编制文物影响评价报告，妥善处理工程建设和文物保护的关系，为文物保护工作提出科学建议提供了翔实的基础资料。

（肖碧瑞）

四川省

【眉山市东坡区坛罐山旧石器时代遗址】

发掘时间：2021 年 6 ~ 12 月

工作单位：四川省文物考古研究院、眉山市文物保护研究所、眉山市东坡区文化遗产保护中心

遗址位于眉山市东坡区多悦镇滴水村与太和镇马堰村交界处，地处成都平原南部、岷江支流东醴泉河右岸的低缓垅岗上。地理坐标为北纬 30° 15′ 04″，东经 103° 76′ 85″，高程约 400 米。2019 年调查发现该遗址，2020 年 3 ~ 11 月，首次对该遗址进行考古发掘，确认了旧石器时代遗存。为进一步了解遗址地层埋藏及沉积状况，准确辨识相关遗迹现象，积极引入科技手段，2021 年再次对旧石器遗存堆积区域开展考古工作，发掘面积 400 平方米。

遗址地层堆积为典型的河漫滩相二元结构，地层堆积较厚，共 13 层清晰且连续的地层堆积，石制品主要出自第②至⑩层，辨析出坑、沟、水塘、河道遗迹 11 处。通过光释光测年，初步推测遗址有石制品埋藏的地层最老年龄不低于 20 万年。出土石核、石片、工具等石制品 149 件，工具类型包括砍砸器、刮削器、锯齿刃器、手镐等，整体属于中国南方砾石石器工业的范畴。石制品原料以石英砂岩为主，另有少量砂岩、石英、燧石等石料。石制品以中小型为主，表面多保留石皮，石核剥片未见明显预制和规划，剥片技术简单，对石核的利用率不高。石器加工采用锤击法，加工方向以单向为主，部分石器刃缘的破损疤可能是使用产生的。刃缘基本为单直刃。发掘期间开展了光释光、磁化率、土壤粒度、土壤微形态、环境考古等采样工作。

坛罐山是四川迄今科学发掘的年代最早的旧石器时代遗址，其发现填补了成都平原旧石器时代考古空白，对于建立成都平原古人类生存演化序列具有重要意义，为构建成都平原乃至四川盆地旧石器年代框架、完善工业体系以及探讨早期人类生存策略等奠定了坚实的基础。

（陈　苇　董玉伟　匡汉斌
杨　宇　杨宇春）

【眉山市莲花坝遗址】

发掘时间：2021 年 10 月 ~ 2022 年 1 月

工作单位：四川省文物考古研究院、眉山市文物保护研究所、眉山市东坡区文化遗产保护中心

遗址位于眉山市东坡区思蒙镇铧头村 3 组，小地名莲花坝。地处思蒙河右岸一级阶地，阶地呈圆弧形，总面积近 50 万平方米，北、东毗邻思蒙河，西倚更新世黄土垅岗。遗址中心坐标北纬 29° 89′ 00″，东经 103° 77′ 16″，海拔 360 米，遗址地表距河面高差 5 米。2021 年 10 月上旬，四川省文物考古研究院在“眉乐地区史前考古调查”工作中首次发现该遗址，初步认为遗址十分重要，下旬启动考古发掘，面积 100 平方米。

发掘区共揭露地层 19 层，发现了灰坑、火塘、柱洞等早期遗迹。灰坑堆积较为简单，

包含有较多石制品；火塘堆积结构较为清晰，平面均呈椭圆形，筒形，平底；柱洞密集分布，结构清晰，均呈椭圆形，筒形，底部为平底或圜底。出土遗物以石制品为主，共计9115件。其中第⑨～⑫层出土大量制作精美的细石核、细石叶等细石器遗存，以及较多石片、断块，另有石砧等一类工具。第⑬～⑰层出土较多石片、断块和烧石，属于简单的小型石核—石片—修理石片工具技术。细石器原料主要为燧石，另有少量玛瑙、脉石英及蛇纹石等，其他石制品以硅质岩居多，另有部分石英砂岩和脉石英等。

莲花坝遗址明晰了成都平原旧石器向新石器过渡的石器工业技术特征及演变特点，为探索四川盆地旧新过渡及新石器时代早中期文化面貌奠定了基础，具有重大年代学意义。其发现和发掘过程为今后成都平原及周边地区考古工作的开展积累了重要经验。

（陈　苇　董玉伟　张　琦　杨　宇　杨宇春）

【成都市武侯区金花桥街道宝墩文化遗址】

发掘时间：2021年7～12月

工作单位：成都文物考古研究院

武侯区金花桥街道花龙门村1组、5组及机投街道半边街村3组住宅用地项目位于成都市武侯区机九路以南，武青路以西300米。配合基本建设发现的遗址位于成都市武侯区金花桥街道花龙门村1组。中心位置地理坐标为北纬30°39′15″，东经103°58′20″，海拔508米。

遗址位于一个小台地上，中部比东西两侧略高30～50厘米。周边遗址破坏严重，仅保存面积约1500平方米，根据各单位出土遗物及层位关系，此次发掘有唐宋时期、汉代和宝墩文化三种文化堆积，主要以宝墩文化晚期遗存为主体。

工地范围地层可分6层：第①层，灰色粉沙土，土质疏松，为近现代扰土层。第②层，青灰色黏土，土质较致密，为明清地层。第③层，黄色粉沙土，土质较致密，为唐宋地层。第④层，灰色粉沙土，含沙较多，土质较疏松，为汉代地层。第⑤层，褐色黏土，土质较致密，宝墩文化地层。第⑥层，黄褐色粉沙土，土质较致密，宝墩文化地层。

总计清理各类遗迹现象180个。灰坑47个、墓葬28座、灰沟15条、墙基槽20条、柱洞70个。宝墩文化时期遗存包括H27、H31、H43等典型灰坑28个，D1、D2等柱洞70个，Q1、Q2墙基槽20条，灰沟1条、M1～M28墓葬28座，所有宝墩文化时期遗迹开口于⑤层和⑥层下。出土陶器、石器、象牙器等，其中陶器以夹砂褐陶为主，多饰绳纹；泥质陶较少，以灰陶为主，多素面。可识别器形有折沿绳纹花边口罐、宽沿尊、喇叭口高领罐、窄沿盆等，为宝墩文化时期的典型器物，其年代初步判断为宝墩文化三期中晚段。

墓葬均为竖穴土坑墓，墓圹平面形状大部分呈圆角窄条形。墓葬朝向大多为东南向，为成组成排分布。墓室内几乎不见随葬品，只有少数墓葬随葬有少量随葬品，从现有情况看M5随葬象牙手镯（钏）一枚、M7随葬象牙手镯（钏）一枚、M10头部随葬象牙环、M13头部随葬象牙饰品。

除了一般意义的灰坑外，有一种灰坑较特别，平面呈圆形或者圆角长方形，直壁平底，较深，经过精细加工，坑壁亦经火烧，坑底有一层灰烬，多数坑内有卵石。

此次发掘的宝墩文化遗址聚落较为完整，对于研究成都地区宝墩文化晚期小型聚落布局及演变等相关问题有重要意义。

（向　导）

【会理市大坟山新石器时代至明清时期墓地】

调查时间：2021年10月27日～11月15日

工作单位：成都文物考古研究院、凉山彝族自治州博物馆、会理市文物管理所

大坟山墓地位于会理市木古镇庄房村一组，小新山山前缓坡，城河东岸。地理坐标为北纬 26° 14′ 37″，东经 102° 07′ 24″，海拔高程 1100 米。墓地所处坡面平面略呈扇形，东为冲沟，面积约 5000 平方米。该地曾为坡改田，主要作物为花生，现已荒废，现地表植被稀疏，种植有桉树。由于埋藏较浅，墓葬多暴露于地表、泄洪沟的边缘，墓葬均遭到不同程度的破坏，营造石棺墓的薄石板多被揭取用来垒砌田坎。

为了避免暴露于地表和断坎上残墓进一步破坏，此次在泄洪沟断面和地面上抢救性清理墓葬 9 座，其中新石器时代石棺墓 1 座，明清时期石围墓 8 座。

石棺墓室发现时已被清空。方向南北向，平面呈长方形，残长 2、宽 75、深约 0.5 米，由薄石板围砌，盖板、南端板不存，仅存侧板及底板。石围墓多为东西向，墓间距较近，墓室大多仅存一端头箱，头箱仅存部分侧板、底板。残存部分平面近方形，长 0.4 ~ 0.56、宽 0.42 ~ 0.56、深约 0.4 米，头箱由厚石块围砌，随葬品组合为夹砂红陶釜形罐和绿釉瓷碗。釜形罐器形较大，火候较高，敞口，圆唇，束颈，扁圆腹，圜底，底内凹；颈部以下遍施绳纹。绿釉瓷碗，每座墓 1 至 2 件不等，敞口，矮圈足。器表图案多不规则，碗内底有支钉，制作较粗糙，有不同程度的变形，不甚规整。仅一座石围墓残存部分墓室，墓室平面为长方形，长 2.20、宽 1.3、深约 1 米，墓室周边由数个不规则石块覆盖。仅存部分头骨，应为幼儿墓，随葬“嘉庆通宝”铜钱 1 枚、铜坠饰 2 件、骨饰 1 件。

大坟山墓地有石棺葬和石围墓，墓葬形制特征突出，出土遗物丰富，具有鲜明的时代特征，墓地的使用时间较长，分为新石器时代和清代。该墓地的发现为了解城河下游地区的新石器和明清时期墓葬形制、时代特征、丧葬习俗以及文化内涵等提供了新的考古资料，尤其是明清时期类似于大理国时期火葬罐的发现，将此类陶罐的下限延续至明清，为当地移民史研究提供了重要资料。

（胡婷婷　王　楠　补　琦　朱晓丹　李　银）

【会理市树神地新石器时代至明清时期遗址】

发掘时间：2021 年 10 月 27 日 ~ 11 月 15 日

工作单位：四川省文物考古研究院、成都文物考古研究院、凉山彝族自治州博物馆、会理市文物管理所

树神地遗址位于会理市新安傣族乡普隆村 3 组，城河北岸一级台地。地理位置为北纬 26° 13′ 36″，东经 102° 07′ 13″，海拔 1010 米。该遗址地势北高南低，高出城河约 5 米，平面呈不规则形，西、北环山，东为冲沟，南为城河，面积约 5 万平方米。遗址保存状况稍差，现有现代民居和农田，多种植时令蔬菜。

2021 年 10 月，联合考古队对乌东德水电站（四川境）库区淹没区以外的影响区域，即城河中下游地区流域，展开了考古调查与试掘以及矿冶调查。此次调查以黎溪镇、新安乡普隆村等地为重点。

通过地面踏查，在地表采集有一定数量的夹砂红褐陶片，纹饰多为绳纹，火候较高，当地居民曾采集到磨制精细的石斧等。另在遗址边缘，发现数块石板垒砌的围墙，该地应有石棺墓地，因墓室埋藏较浅，加之当地生产生活频繁，石棺墓多遭破坏，仅在田间小路边发现一座。为了解该遗址的文化面貌与时代特征等信息，于遗址南部布设 3 × 4 米的探沟一条，编号 2021SHSTG1，并在探沟东南，近城河处乡间道路断坎处清理已暴露石棺墓 1 座。

G1 深约 2 米，共分七层，地层均呈水平状分布，文化层内的包含物存在早、晚期混杂的现象，应为次生堆积。探沟内出土遗物

较为丰富，以陶、瓷片为主，陶片以夹砂居多，还有一定数量的泥质陶。其中，夹砂陶主要有黑、黄、灰黑、灰褐、红褐陶，纹饰较为丰富，有戳印纹、绳纹、刻划纹、网格纹、戳点连续三角纹等，可辨敞口罐、斜沿罐、束颈罐、平底器等。泥质陶多为黑陶、灰、黄陶、红褐陶、灰褐陶，胎较厚，纹饰有粗、细绳纹、刻划纹、方格纹，器物表面施黑色陶衣。可辨器型为钵、束颈罐、平底器等，其中束颈罐器形较大。瓷片以青瓷为主，可辨器形有杯、碗、平底器、圈足器等，多施绿釉、蓝釉、褐釉等，纹饰多不可辨。圈足内有支钉痕迹，器壁留有泥条痕。

石棺墓 M1，方向 235°，平面形状为长方形，残长 1.54 米，宽 0.41 ~ 0.57 米，深 0.37 米。由数块薄石板围砌而成，有侧板、底板等，盖板、东端板已缺失。人骨保存较好，头西足东，仰身直肢葬，头骨下置有不规则石板 1 块。随葬品仅见数块陶片，散见于头、胸骨处，均为素面，器型不可辨。

该遗址出土的新石器时代陶片与雅砻江流域的皈家堡遗址一、二期的典型陶器的器形及纹饰较为接近，晚期瓷片与会理碗厂湾的特征一致，推测该遗址早期时代为新石器时代，晚期为明清时期，这一断代也得到了测年数据的支持。石棺葬的墓葬形制等与会理猴子洞石棺墓地基本一致，推测时代应为新石器时代晚期。

树神地遗址面积大，文化堆积厚，延续时间较长，发现有石棺葬和新石器及明清时期文化堆积，为城河下游地区历史与文化提供了新的考古资料。

（胡婷婷　补　琦　邹海龙　朱晓丹　汤　淇）

【会理市东咀新石器时代至商周时期遗址】

发掘时间：2021 年 8 月 ~ 2022 年 1 月

工作单位：四川省文物考古研究院、会理市文物管理所

东咀遗址位于凉山州会理市城南街道南阁村 5 组，遗址地理位置为北纬 26° 36′ 49″，东经 102° 15′ 66″，海拔约 1720 米。遗址地处麻龙河和城河交汇之处，遗址西北面山坡上为雷家山墓地。

东咀遗址于 1977 年三江联合考古调查队发现。2005 年、2006 年对其进行两次考古调查与试掘，两次试掘发现一些建筑遗迹，出土了相当数量的陶、石器。2021 年度，联合考古队对该遗址东部区域进行了抢救性发掘，发掘面积 1000 平方米。此次发掘共清理完成各类遗迹 199 个，其中石棺葬 1 座，灰坑 128 个，房址 37 座，灰沟 32 条，灶 1 个；文化内涵的主体时代为新石器时期晚期和商周时期。出土陶器、石器、瓷器、铁器等文物小件 369 件（组）；陶片、瓷片 600 余袋；采集炭样、土样、骨样和烧土块等样本 191 份。

清理发现房址 37 处，其中半地穴房址 21 座，地面建筑 16 座。半地穴房址形制主要为椭圆形；部分房址边围发现有间距相等的一圈圆形柱洞；房址内发现有保存较好的灶炕和红烧土用火痕迹。房内堆积有较多陶器残片和少量石器。地面建筑由间距、大小大致相同的圆形柱洞相围而成，平面形状多呈方形，仅有 2 座为圆形。门道大部分开于偏东的位置。房址柱洞直径一般在 0.2 ~ 0.35 米，残存深 0.1 ~ 0.3 米。少量柱洞内发现有陶片或石块。

遗址出土的石器以生产工具为主，器类有斧、锛、刀、纺轮等；少量渔猎工具，器类有镞、网坠等。陶器以夹砂褐陶为主，少量黑陶、灰陶。纹饰主要为素面，部分陶器饰有绳纹、乳丁纹，附加堆纹、戳印纹和划纹、叶脉纹、涡旋纹、水波纹等；器形仅见平底器，未见圈足器，折沿罐、敞口罐是较为常见的器物。

东咀遗址此次考古发掘的价值主要体现

在以下几点。

第一，东咀遗址此次发掘发现了大量的房址，揭示了该遗址是一个大型的台地聚落。各类丰富的遗迹和遗物，表现出与安宁河流域同时期遗址的文化面貌存在较为密切的联系。

第二，出土生产工具以穿孔石刀、石锛、石凿和石箭镞、石网坠为主，揭示了东咀遗址的先民以农业为主，兼及狩猎和捕鱼的生业形态。

第三，此次发掘对于构建城河流域先秦时期的考古学时空框架有重要意义，同时为进一步探索和研究金沙江早期考古学文化提供了丰富的实物资料。

（刘化石　李江涛　刘家荣　唐　翔）

【成都市新都区龙虎村十组商周遗址】

发掘时间：2021 年 9 ～ 12 月

工作单位：重庆师范大学西南考古与文物研究中心、成都文物考古研究院

龙虎村十组遗址位于成都市新都区新都街道龙虎村十组，桥楼村四、五、六组。北纬 30° 51′ 19.48″，东经 104° 13′ 11.15″，海拔 480 米。共计完成调查范围约 10 万平方米，勘探面积 8.2 万平方米，实际发掘面积 1379 平方米。堆积较为密集的区域分三部分，分别位于遗址西部、中部和东部，分布面积约 1.25 万平方米。

地层共分为九层。其中①层为现代层；②层为明清层，包含有少量青花瓷片、青白瓷片；③层为唐宋层，包含少量唐宋瓷片及早期陶片。④层、⑤层为汉代文化层，包含有粗绳纹板瓦、筒瓦以及瓦当等。⑥～⑨层为商周文化层，包含有较多的夹砂陶及泥质陶，在⑨层下发现有大量的灰坑、灰沟、墓葬、窑址等遗迹。⑨层下为生土层。

此次发掘遗迹数量较多，共计发现墓葬 8 座、窑址 19 座、灰坑 264 个、灰沟 24 条。时代包括商周与汉代两个时期，其中以商周时期十二桥文化遗存为主。出土遗物 156 件（组）。器类有十二桥文化时期的尖底盏、尖底杯、小平底罐、筒形器、簋形器、高柄豆、钵、敛口罐、瓮、缸、束颈罐、高领罐、器盖、纺轮、陶球、圈足罐等；汉代的筒瓦、板瓦、铜钱等遗物。

此次发掘遗存年代跨度较大，遗存堆积种类丰富，遗物数量较多，对研究该地区考古学文化演进提供了重要资料。此次发掘工作较为重要的发现是西部发掘区域内的窑址群。揭露发掘的 19 座窑址，均为商周时期遗存，其中 18 座为馒头窑，1 座为坑穴式窑。窑址分布在较为集中的三个区域，另外还有几座窑址独立分布。根据这些集中分布窑址群，可以看出这是一处商周时期手工业作坊遗址，并且一直从西周中期延续至西周晚期。以往发现的十二桥文化时期集中窑址群数量较少，此次发掘为进一步探索十二桥文化中晚期手工业生产情况提供了重要资料。此外，在 Y10 窑室两侧保留有自然孔洞，上部分窑址保留了搭建平台，另外在 Y4 窑室内西侧还保留有规则的凿痕，这为探索十二桥文化时期窑址的营建与使用方式提供了重要线索。

（蒋　刚　刘　旺　杨占风）

【成都市武侯区高碑村商周遗址】

发掘时间：2021 年 5 ～ 8 月

工作单位：成都文物考古研究院

成都市武侯区簇锦街道办高碑村一组、华兴街道办沈家桥村四组项目位于成都西南武侯区簇锦街道办高碑村一组。中心位置地理坐标为北纬 30° 36′ 57″，东经 104° 0′ 19″，海拔 497 米。2021 年 4 月，成都文物考古研究院为配合基本建设进行勘探，发现商周时期遗存，之后对遗址开展发掘工作。遗址周边破坏较为严重，分布面积为 4000 ～ 5000 平方米。在工地内根据勘探及钻

探情况，在堆积较好区域，以正南北方向布方。此次发掘的主体为十二桥文化遗存，年代为西周早期，另外有少量唐宋、汉代和战国时期遗存。

发掘地层共分6层，第①层为近现代扰土层，J1开口该层下。第②层为唐宋地层，H1、G1 ~ G7开口本层下。第③层为汉代地层，G8、G9开口本层下。第④层为战国地层仅分布于遗址中部区域。第⑤层、第⑥层均为西周时期地层，第⑤层下遗迹有G10、H2 ~ H69、Y1 ~ Y7，第⑥层下开口遗迹有：H70 ~ H86、M1 ~ M38、Y8。

灰坑平面以圆形、椭圆形和不规则形为主，基本无特殊加工。窑址多数开口⑤层下，成组分布，平面呈葫芦形，横穴窑，一般由窑室、窑门、火膛、工作坑构成，规模较小。墓葬均开口⑥层下，竖穴土坑墓，墓葬埋藏较浅，墓向基本为东南—西北方向，仰身直肢葬，部分墓葬随葬1 ~ 2件小平底罐等器物。

此次成都市武侯区簇锦街道办高碑村一组十二桥文化遗址是武侯区近年来发现为数不多的先秦遗址，也是保存最好，出土遗迹种类最丰富的一处十二桥文化遗址。对于研究成都地区先秦时期考古学文化、聚落分布等相关问题提供了新的材料。

（向　导　谢　涛）

【会理市老凹塘商周石棺墓地】

发掘时间：2021年10月27日 ~ 11月15日

工作单位：四川省文物考古研究院、成都文物考古研究院、凉山彝族自治州博物馆、会理市文物管理所

老凹塘石棺墓地位于会理市新安傣族乡普隆村三组，城河北岸一级台地，老凹塘山前坡地。地理位置为北纬26° 14′ 04″，东经102° 07′ 34″，海拔1020米。该地地势北高南低，高出城河约10米。墓地平面略呈扇形，东为南北向的冲沟，南为人工开挖的泄洪沟，宽约3米，距城河约500米，面积约2000平方米。地表遍布黄茅草，种植有印楝、杨树等。

2021年度，联合考古队对乌东德水电站（四川境）库区淹没区以外的影响区域进行考古调查、试掘及矿冶调查，工作以城河中下游地区的黎溪镇、新安乡普隆村等地作为重点，老凹塘石棺墓地是此次调查的重要收获之一。

因山洪冲积，该地的石棺墓已遭到不同程度破坏，大部分石棺葬已经被山洪冲毁，随即对在泄洪沟断面上已暴露出地表和断坎的石棺墓进行抢救性清理，共清理石棺墓21座。墓葬均向北，成排分布，共四组，同组各墓之间的距离0.15 ~ 0.7米。墓圹均为长方形竖穴土坑，石棺紧贴坑壁。石棺由薄石板围砌而成，有盖板、侧板、挡板及底板等，部分墓室的中部有隔板，石板厚0.02 ~ 0.06米。墓室长0.7 ~ 1.84、宽0.2 ~ 0.55、深0.2 ~ 0.5米。底板大多铺一层薄土，上置骨架，骨架保存稍差，多为仰身直肢葬，头向北。随葬品较少，以装饰品为主，另有蜗牛2只。装饰品包括滑石珠、有机质镯、穿孔海贝、环首长条形饰等，其中有机质镯表面均贴有骨片。海贝位于头骨附近，滑石珠多置于胸部，值得注意的是此次发掘的石棺墓中均未见陶器。

测年数据表明这批石棺葬的年代约为商周时期，这批石棺葬的文化特征较为明显，为进一步了解城河下游地区石棺葬文化的分布特点、时代、丧葬习俗等提供了新的考古资料，同时丰富了金沙江流域石棺葬的文化内涵。

（胡婷婷　补　琦　王　楠　朱晓丹
李　银　韩雪婷　郑诗于）

【彭州竹瓦街西周遗址】

发掘时间：2021年10月 ~ 2022年1月

工作单位：四川大学考古文博学院、成都文物考古研究院

竹瓦街遗址位于成都市彭州市濛阳街道（原濛阳镇），北距三星堆遗址约10千米，西距古城遗址约16千米，南距金沙遗址约30千米。

此次发掘点位于濛阳街道清江社区11组，西南距青铜器窖藏约850米，总发掘面积913.25平方米，最深处132厘米，最浅处23厘米。遗址的地层共分为6层：第①层为表土；第②层青灰色夹杂黄褐色土，为近现代堆积；第③层黄褐色夹杂青灰色土，第④层黄棕色土夹杂红黑色斑点，为明清时期堆积；第⑤层黄褐色土夹杂紫黑色斑，平面呈现大量龟裂纹，为汉代堆积；第⑥层黄褐色土夹杂大量红烧土、破碎陶片和石块，红烧土、陶片、石块呈不规则片状分布，为西周时期堆积。

此次发掘共清理灰坑78座，灰沟4条，基槽6组。发掘出土石器22件，玉器4件，铜矿石4块，铜片2枚，钱币2枚，陶瓷器78件，标本12385件，陶瓷片154021枚，其他36件。器物有玉玦、石斧、石核、陶纺轮、尖底罐、尖底盏、尖底杯、平底罐、缸等。

从发掘情况来看，发掘区的主体部分应为西周居址，包括大量房屋和灰坑，房屋基槽之间打破关系复杂，说明居址存在较长时间的反复使用，居址废弃后形成成片红烧土倒塌堆积和陶片堆积。时代推测为西周早期，与1959年和1980年发现窖藏大体同时。

出土较多完整陶器，器形有平底陶罐、缸、尖底罐、尖底盏、尖底杯、豆、器座等，尤其是大中型陶罐，不少为首次复原，对于该时期成都平原器物类型的研究具有重要意义。出土铜矿石为该时期成都平原首次发现，对于了解铜矿来源和青铜冶炼等问题具有重要价值。

目前已进行初步整理和拼对、修复，下一步工作是系统的整理和撰写发掘报告，并开展测年、植物、环境等实验室考古工作。此次发掘为进一步弄清遗址性质、状况，研究三星堆文化之后成都平原文化进程，探讨竹瓦街窖藏的历史背景等问题提供了基础资料。

（庞　政）

【汉源县桃坪西周至汉代遗址】

发掘时间：2021年3～7月

工作单位：四川省文物考古研究院、汉源县文物管理所

桃坪遗址位于雅安市汉源县富林镇市荣社区5组，分布于流沙河西岸、大渡河北岸的二级台地上，地理坐标为北纬29° 20′ 7″，东经102° 39′ 45″，海拔约860米。

遗址大部分区域位于瀑布沟水库消落区内，因库区水浪冲刷，库区水位消落后暴露墓葬，2021年度联合考古队对消落区墓葬暴露的相关区域进行了抢救性发掘。此次发掘共清理墓葬63座、灰坑22个、沟4条等遗迹；墓葬以汉代墓为主，同时发现部分西周时期和战国晚期墓葬。出土陶器、鎏金铜器、铜器、铁器、瓷器、石器、漆器等各类质地器物482余件。

西周时期墓葬主要为竖穴土坑墓，因改土及常年水库冲刷墓葬均比较残破。随葬品主要为陶器、石器，器物组合主要为尖底罐、平底罐、陶觚、石瑗、陶纺轮等。战国晚期墓葬为竖穴土坑墓。随葬品主要为陶器，器物组合主要为平底罐、圈足豆等。西汉时期墓葬均为竖穴土坑墓，大部分墓葬均发现晚期被盗的盗洞遗迹。随葬品主要有陶器、鎏金器、铜器、铁器、漆器、石器等，陶器器形主要为圜底釜、平底罐、盆、甑、井、博山炉等，铜器器形主要为铜洗、钟、壶、双耳釜、鍪、镜、车马器残件等。

此次发现的西周墓葬为该遗址首次发现，也是大渡河中游左岸首次发现。其与隔大渡河相望的麦坪遗址西周土坑墓在墓葬形制和

随葬器物组合上基本一致。随葬的尖底器类器物应与成都平原十二桥文化的尖底器有着一定的联系，应为蜀文化系统中具有鲜明地域特色的一种地方类型，主要分布于大渡河中游地区。这批西周墓葬的发现为探讨蜀文化的南向传播提供了重要的实物资料。汉源县位于古代南方丝绸之路的重要区域，历来为汉民族和少数民族杂居地，桃坪遗址此次发掘发现丰富的考古材料，为探讨大渡河流域的古代墓葬形制以及民族交流史的研究增添了新的重要考古资料。

（刘化石　刘家荣　李江涛）

【西昌市大石磅遗址】

发掘时间：2021 年 6 ~ 12 月

工作单位：四川省文物考古研究院、凉山彝族自治州博物馆、西昌市文物管理所

大石磅遗址位于凉山彝族自治州西昌市礼州镇宁乐村，地处安宁河西岸，中心地理坐标为北纬 28° 10′ 53″，东经 102° 15′ 27″，高程约为 1580 米。2020 年首次发掘，2021 年根据基建占地需求，再次发掘面积 2500 平方米。

2021 年发掘揭露出各类遗迹 60 余处。遗迹种类以房址为主，另有灰坑、灰沟、柱洞、灶址、墓葬、基槽、大石遗迹等。其中房址 25 座，灰坑 8 座、灰沟 5 条、墓葬 4 座、灶址 1 座、基槽 1 条、大石遗迹 1 处、柱洞 20 余个。房址均为半地穴式结构，平面呈弧角近方形或近长方形，部分房址中部有柱洞和灶坑，出土较多陶、石器。灰坑依开口形状可分圆形、椭圆形、弧角长方形、不规则形等几类，时代有早晚之别。早期灰坑较少，坑内一般仅出土少量陶片，偶有石器伴出。晚期灰坑内多出土陶、瓷器残片及瓦片、砖块等遗物。墓葬均为长条形竖穴土坑墓，用废弃汉砖砌出棺体，不同程度受到破坏。其中清理出的一处大石遗迹，推测与大石墓建造过程中石料搬运环节有关。此种遗迹尚属首次发现，学术价值较大。

出土遗物以陶、石器居多，另有少量瓷、铜、铁、银、琉璃、玛瑙、骨、漆等材质遗物，纳入编号的小件近 300 件。提取测试样本百余份。陶器有敞口罐、双耳罐、单耳罐、带流罐、碗、钵、纺轮、网坠等；石器有砍砸器、刮削器、砺石、石斧、石锛、石杵、石刀、石镞、石球、石砧、赭石、坩埚等；其他材质的遗物则有瓷碗、瓷盘、瓷盏、瓷罐、铜钱、铜饰品、铜构件、铁构件、银饰品、琉璃饰品、玛瑙饰品、骨饰品、漆器等遗物。其中该遗址首次于先秦时期房址内出土冶炼用的坩埚，证实了此前部分学者对于该区域商周时期遗址出土的部分铜器，可能属本地铸造的推测。

此次发掘遗存类型比较丰富，涵盖了先秦、汉唐、明清三个主要时期。明确了该遗址主体是一处包含聚落及墓地在内的先秦时期重要遗址，另有少量汉唐及明清时期遗存，早期遗存与相邻安宁场、大泥坝、蚂蝗坎、马家包包、椟木沟等遗址出土器物相近，可能与大石墓遗存关系紧密。

（陈　苇　张　琦　补　琦　姜先杰）

【西昌市羊耳坡东周至汉代及大理国时期遗址】

发掘时间：2021 年 9 月 ~ 2022 年 3 月

工作单位：四川省文物考古研究院、西昌市文物管理所

羊耳坡遗址位于西昌市裕隆回族乡兴华村与星宿村之间，地处安宁河西岸二级台地。2014 年四川省文物考古研究院在开展成昆铁路复线考古调查时发现该遗址。为配合成昆铁路复线建设，四川省文物考古研究院于 2016 年 8 月至 2017 年 7 月进行第一次考古发掘，发掘面积 6039 平方米。

为配合西昌市裕隆乡州级现代农业园产业道路的建设，联合考古队对羊耳坡遗址进行

第二次考古发掘工作，发掘面积1225平方米。

此次发掘主要涵盖了东周、汉代及南诏大理国时期的遗存，已发掘了不同时期的房址、墓葬、灰坑、窖穴、水沟等各类遗迹现象279个，出土各类陶、石、铜、铁、金银器、玛瑙、绿松石等各类文物418件（套）。

东周到汉代的遗迹主要有房址、墓葬、灰坑、水沟等。房址共发现11座，均为半地穴式、平面呈近方形或长方形，直壁、平底。部分房址底部发现有用火痕迹。

共发现不同时期的两个墓地。槽子田墓地共发现墓葬35座，可分为大小两种形制，小型墓葬呈长方形，长1.08～1.86、宽0.36～0.76、深0.22～0.72米；大型墓葬呈“甲”字形，由墓道、墓室两部分组成，通长2.7～8.12、宽1.4～3、深0.6～1.4米。槽子田墓地的随葬品以陶器为主，主要器类有带流壶、圈足杯、筒形杯、圈足罐等；铜器发现有铜镯等。从出土器类来看，初步推测槽子田墓地的年代可能在东周时期。

蛮子沟墓地共发现墓葬96座，相互打破关系较多，均呈长方形，长1.4～2.3、宽0.5～1.1、深0.2～1.1米。绝大多数墓葬均有随葬品出土，1件至10余件不等。出土随葬品种类齐全，兵器类的有铜柄铁剑、铁剑、铁矛、铁斧、铁镞、铜剑鞘尖等；工具类的有铁削刀、铁锸等；饰品类的有金串珠、银管珠、铜牌饰、铜扣、铜手镯、铁手镯、铁带钩、玛瑙、绿松石等；明器类的有陶双耳罐、陶单耳罐等。从出土器物来看，蛮子沟墓地的年代可能在战国晚期至西汉。

南诏大理时期遗迹主要为窖穴，共发现58座，呈圆形、椭圆形、圆角长方形等，坑壁、坑底均经过修整，平滑圆顺。填土分层现象明显，出土遗物较少，均为陶器残片、花纹砖残块，主要的器形为夹砂红陶绳纹罐，折沿、高领，平底，从口沿到底部均饰绳纹，该类器形与西昌地区出土的南诏大理时期火葬罐为同一器类。

羊耳坡遗址的考古发掘为研究安宁河流域青铜时代和南诏大理国时期的考古学文化提供了新资料。槽子田墓地中的“甲”字形墓葬形制是在该地区的首次发现，出土器物丰富、文化面貌清晰，对构建安宁河流域青铜时代的文化序列提供了重要支撑。而蛮子沟墓地为首次在安宁河流域发现的分布密集的青铜时代土坑墓地，其文化面貌也与已知的安宁河流域考古学文化不同，对重新认识安宁河流域战国晚期至汉代的考古学文化提供了新的资料。

（连　锐）

【宣汉县罗家坝战国至汉代遗址】

发掘时间：2021年5～12月

工作单位：四川省文物考古研究院、宣汉县文物管理所

为进一步探索川东北地区巴文化，并为探索该区域内族群变迁、生产技术和文化变迁等问题的研究提供依据，2019年～2021年，经国家文物局批准，四川省文物考古研究院联合宣汉县文物管理所，对宣汉县罗家坝遗址进行了三个年度连续性的考古发掘。

2021年度的考古工作共分两个发掘区进行，发掘一区位于罗家坝外坝西南部，布方及扩方面积约1000平方米，旨在继续探寻罗家坝遗址东周墓地。发掘二区位于罗家坝外坝中部紧邻后河处，布方面积100平方米，根据2019年地球物理勘探报告，结合2020年出土的石范，旨在该区域探寻与冶铸相关的遗迹。

经过发掘，在一、二区共清理战国至西汉早期墓葬54座，墓葬形制及出土遗物与以往考古发掘墓葬大致相类，再次出土了兵器、工具、印章等大量典型的巴蜀文化青铜器，该收获进一步加深了对罗家坝遗址先秦墓地的认识，也为研究川东北地区古代巴文化及

其社会情况提供了新的材料。同时，2021 年度首次在罗家坝遗址内考古发现了汉代冶铁遗存。在发掘二区清理了 1 处汉代灰坑，其性质属于炼铁废弃材料堆积坑，坑内出土了大量铁矿石、炉渣、炉壁、鼓风构件残片、木炭、耐火材料草拌泥和石英、残铁器等冶炼遗物，同时还出土了石锤、石砧等粉碎矿石的工具，这为探索研究罗家坝遗址乃至渠江流域早期冶铁遗址、冶铁规模、冶炼工艺及冶铸技术史等问题提供了重要材料。此外，发掘二区还清理了东周时期窑址 1 处、灰坑 3 个，从发现分析看，周边很可能有手工业区或居住区分布，这又使得我们对罗家坝遗址的功能分区有了一个新的认识。

（郑禄红　陈卫东　龙　兵）

【成都市青羊区字库街战国秦汉时期遗址】

发掘时间：2021 年 4 ~ 12 月

工作单位：成都文物考古研究院、青羊区文物管理所

字库街遗址西邻东城根上街，南接字库街，北近平安巷，为一处战国秦汉至两晋时期遗址。为配合成都市青羊区国投建设发展有限公司成都中心五福街片区（字库街 32、34 号）地块土地上市，成都文物考古研究院对该地点进行了文物勘探发掘。发掘面积 462 平米，地层从上至下可分 8 层：第①层为近现代建筑基础；第②层为清代地层；第③层为五代至北宋地层；第④ a、④ b 层为两晋时期地层；第⑤层为秦代至西汉早期地层；第⑥、⑦层为间隙层；第⑧层包含物极少，推测为战国中期甚至更早时期地层。

根据层位关系和出土遗物初步将遗址主体遗存分为三期：第一期为战国中期偏晚，包括 H3、第⑧层。H3 开口第⑦层下，打破第⑧层，出土乳突状盖钮式器盖、浅盘式圈足豆等器物，为秦据巴蜀之前遗留活动痕迹。

第二期为秦代前后。根据层位关系分早晚两段。早段包括 H2、H9、第⑥层。H2、H9 开口⑤层下，打破第⑥层。晚段包括 H1、第⑤层。H1 开口④ b 层下，打破第⑤层。早、晚两段遗存出土器物相近，发现大量折腹钵、碗形圈足豆等陶器，部分陶器内底有刻划“六、氏”等符号，并出土陶印模一枚，模印阳文“二年西工师”。同时发现数量丰富的连云纹、羊角形、卷云纹瓦当，瓦当当心图案为圆珠、网格纹、四叶花卉等，另有少量东周爪形纹与素面瓦当。晚段新增一种西汉卷云纹瓦当，当心为多重凸弦纹。灰坑内伴出大量石范、陶范、炼渣、鼓风管等冶铸相关遗物，以冶铸铜箭镞的石范占比较高，另有少量冶铸铜戈、弩机、铜鐏的陶范。早段冶铸废弃堆积中还清理出大量竹木器，经清洗发现部分为简牍材料，从书写字体与记载内容推测为战国晚期至秦代简牍。第二期灰坑坑内填土相似，夹杂大量炭渣、草木灰、红烧土颗粒，出土的陶器、瓦当器物特征相近，陶范、石范有一定标准化生产迹象，部分竹木简牍有火烧痕迹。推测这批遗存年代相差不远，为冶铸兵器过程中产生的废弃堆积。

第三期为两晋时期，包括第④ a、④ b 层，G1、G2 与 H8。H8 开口④ a 层下，并叠压 G1，G1 同时打破 G2。出土部分卷云纹、几何纹瓦当，大口灰陶钵与少量岳州（洪州）窑的碗、罐等青瓷器。

字库街遗址地处成都中心城区，三期遗存叠压关系清楚，正值秦灭巴蜀、秦汉交替及蜀汉两晋等历史时期，为研究成都城市变迁、功能分区提供了重要实物材料。其中第二期冶铸遗物数量丰富，种类多样，出有“西工师”陶印模及大量秦简牍，不仅反映了战国时期至秦代箭镞等兵器的铸造工艺，也是研究秦经营蜀地期间军事政治制度的重要文字材料。

（易　立　唐　彬　左志强）

【眉山市彭山区大坟包战国至明清时期墓地】

发掘时间：2021年1～12月

工作单位：四川省文物考古研究院、彭山区文物保护研究所

四川省眉山市彭山区大坟包墓地位于四川省眉山市彭山区江口街道五一村，地理坐标为北纬30°15′6″，东经103°55′14″，海拔为435米。东侧为岷东大道，西侧为武阳故城址保护区，南侧为川西小镇，北侧为待建政府预留用地。墓地所在地为一山坡，地势起伏较大，西、南高，东、北低。

为配合彭山区武阳安置房一期项目建设用地及古郡北路道路建设，联合考古队对该墓地进行了考古发掘，共清理完成墓葬410座、灰坑10个、陶窑11个、沟6条；时代涵盖战国晚期、西汉、新莽、东汉、唐、宋、明、清，出土陶、金、银、铜、铁、瓷、玉、石、木等各类器物4700余件（组），标本若干。

战国晚期墓葬主要为竖穴土坑墓，多数为一棺一椁墓，少量墓葬有排水设施。随葬品主要为陶器，器物组合主要为圜底罐、圜底釜、鼎、圈足豆等，少量墓葬出土有铁器及铜器。

西汉时期墓葬均为竖穴土坑墓，多数墓葬有排水设施，随葬品主要有陶器、铜器、铁器、漆器等，陶器器物组合有圜底釜、圜底罐、盆、瓮、甑、三足陶釜等。

新莽至东汉时期墓葬均为砖室墓，多数墓葬有排水设施，有明沟和暗沟之分，随葬品主要有陶、铜、铁、玉等。

宋代墓葬主要为石室墓和砖室墓，随葬品主要为瓷器、铁器、铜器、银器等，瓷器器物组合主要为四系瓶、四系罐、碗、盏以及双耳罐、双耳瓶、碗、盏等。

汉代陶窑均为半地穴式升焰窑，出土器物主要为瓦当、板瓦、筒瓦、铺地砖、花纹砖等建筑构件以及陶钵、盆、罐等生活用具。

大坟包墓地考古发掘有着重要意义，主要体现在以下几点。

第一，发现大量战国至明清时期墓葬，证实了大坟包墓地为武阳城遗址的一处大型公共墓地，墓地分布面积大、墓葬形制多样、分布规律，对研究该区域各时期的葬制葬俗以及年代序列的建立有着重要意义。

第二，战国至西汉时期土坑墓保存较好，分布规律，墓葬间打破关系较少，随葬品丰富，器物组合明显，特别是有部分西汉土坑墓有较长的排水设施，对于研究战国至西汉时期墓葬的墓葬营建方式、等级制度、葬俗等有着重要意义。

第三，发现的汉代陶窑作坊区证实了大坟包墓地以前还是武阳城遗址的一处手工业作坊区，对研究武阳城遗址手工业有着重要意义。

第四，彭山区在先秦时期应属蜀国辖地，秦灭巴蜀后设置郡县，于其地置武阳县，两汉、蜀、晋因之，属犍为郡。该墓地的发掘进一步佐证了彭山区的城市历史，在成都平原尤其是眉山城市发展史中有着重要的历史文化价值。大坟包墓地时代从战国晚期一直延续至明清时期，墓葬时代的延续、随葬品组合的变化体现出了巴蜀区域文明向中华文明逐步融合的进程，有着重要的学术价值。

（李万涛　刘　帅）

【渠县城坝汉晋时期遗址】

发掘时间：2021年3～12月

工作单位：四川省文物考古研究院、渠县历史博物馆

为进一步探寻巴文化面貌，了解晚期巴文化融入汉文化的过程及秦汉帝国对西南地区的开发与管理情况，2014～2022年，四川省文物考古研究院联合渠县历史博物馆，在城坝遗址开展了连续九年的系统性考古调查、勘探和发掘工作，取得多项重大考古收获。

城坝遗址 2021 年度的考古工作分别于津关区和冶炼区展开，各区域发掘情况如下。

津关区位于城坝村六组，地处遗址东北部，2021 年度发掘旨在进一步确认津关区的地理分布范围及整体格局。共清理东汉至东晋时期遗迹 103 处，出土各类遗物 400 余件。新发现两座大小相近并以中间道路为中轴、南北近似对称分布的东汉时期长方形砖石建筑基址。结合两座建筑基址的平面布局及无门道等特殊建筑结构特征，推断该组建筑基址与宅第阙或楼观类建筑相关。此外，两座建筑基址均采取侧砌加平铺的方式，以大量方砖、榫卯砖、条石材料、黄粘土修筑而成，大量建筑用砖的使用，扩充了对西南地区东汉时期建筑类型的认识。

津关区 TG2 西汉时期壕沟遗迹新发现少量竹木简牍及鼓风管、木炭、炼渣、炉渣、坩埚、陶范、铜钱残片等冶炼遗存物。数量众多的冶炼遗存物的发现，将城坝遗址的冶炼手工业提前至西汉时期，为我们探讨秦汉时期渠江流域冶金技术的传播及发展水平提供了重要材料。

冶炼区位于城坝村五组，地处遗址西北部，2021 年度发掘旨在了解史籍所载“宕渠铁官”的相关实物遗存分布状况，确认该区域遗存特点和文化面貌。2021 年度共清理东汉至东晋时期遗迹 51 处，包括灰坑、灰沟、灶、水井、房址、锻炉等，小件 100 余件，遗存年代以东汉时期为主。新发现的冶铸作坊，扩充了城坝遗址的功能分区。新发现三座东汉时期长方形砖构锻炉遗迹，结合同地层出土的大量的铜、铁炼渣、炉渣、锻片、坩埚、陶范、鼓风管等冶炼废弃物及作坊遗迹，证实此次发现为东汉中期以锻铁为主要活动内容的作坊遗址，这为探寻史书记载的“宕渠铁官”提供实物线索。

2021 年度的发掘，进一步明确了汉晋时期地方政府为控扼渠江流域而设置的津关区的重要性和多样的文化面貌，而冶炼区的发现加深了对川东地区冶炼技术的认识。这些新的发现，为我们探究晚期巴文化演变特征及汉晋时期川东地区社会治理方式提供重要材料。

（陈卫东　张兵圆）

【苍溪县庹家坪东汉崖墓群】

发掘时间：2021 年 4 ~ 5 月

工作单位：四川省文物考古研究院、广元市文物局、苍溪县文物保护中心

墓群位于广元市苍溪县永宁镇笔山村和鸳溪镇宝民村之间，小地名庹家坪、风水梁。南距苍溪县城 40 千米，西南距嘉陵江北岸 7 千米。崖墓开凿于距山顶 15 ~ 30 米高的崖壁上，发掘前均遭不同程度的破坏。2021 年 3 月修建庹福庄园时发现该崖墓群，联合考古队伍对该墓群进行抢救性考古发掘。

此次共清理崖墓 18 座，崖墓规模较小，均为单室墓，主要结构包括墓道、墓门、甬道、墓室，部分墓室内有左右棺室、后龛室、侧龛等，墓顶以拱顶为主，少量穹庐顶，部分墓顶凿有藻井。墓门凿有单层或双层门框，甬道两侧有封门槽，墓室与甬道之间有一层台阶，墓道较短，其中两座崖墓墓道之下凿有小龛，龛前凿有通道。以 M5 为例，方向 140°，通长 5.76 米，主要结构包括墓道、墓门、甬道、墓室，墓室又包括主墓室和后龛室两部分，主墓室呈横长方形，阔 2.12、进深 1.5 米，后龛室底部高于主墓室 0.16 米，阔 2.2、进深 0.8 米。

各墓无骨架和葬具保存。出土器物包括生活用具、明器、饰品、钱币几类，生活用具包括陶壶、罐、钵、耳杯、器盖等，其中较多低温釉陶器，釉色以青、黄色为主。明器有陶俑、动物模型等，饰品有银指环 1 枚，钱币有货泉、五铢钱。从出土钱币及其他器物看，墓群开凿年代上限或可到东汉早中期，延用至东汉晚期。

川北地区崖墓在分布特点、形制结构上均有自己的特点，与成都平原及川南地区的崖墓有较大不同，囿于此前发掘材料不足，学术界对其研究不足，庹家坪崖墓群的发掘为川北崖墓的研究提供了重要的第一手材料。

（金国林）

【宜宾市翠屏区刘家院子东汉崖墓群】

发掘时间：2021 年 4 ~ 10 月

工作单位：四川省文物考古研究院

刘家院子崖墓群位于宜宾市翠屏区沙坪街道三江社区 2 组，小地名刘家院子，北靠大石盘山，东南部距长江 114 米，西部紧挨临港隧道出口处。地理坐标北纬 28° 48′ 47.8″，东经 104° 46′ 55.2″，海拔 269 米。

为配合宜宾港铁路集疏运输中心临港隧道出口的建设，四川省文物考古研究院 2021 年度分三期对项目红线范围内崖墓进行考古发掘工作，共计发掘崖墓 16 座。

此次发掘的崖墓均为单室墓，由墓道、照墙、门廊、墓门、墓室、后龛、排水沟等部分组成，部分崖墓内发现有木棺、石棺和陶棺等。随葬品共发现有 195 件（套），有陶器、铜器、铁器等，陶器 174 件，有罐、壶、钵、釜、灯、俑、猪、鸡、狗、水田等；铜器 10 件（套），有釜、洗、钱等。

刘家院子崖墓有以下几个特点。第一，墓室结构简单。此次发掘的崖墓均为单室墓，一般有后龛，无复杂的侧室、棺床、灶等系统。第二，随葬品种类丰富，生活用品、模型明器和货币均有发现，铜洗和铜釜为较为重要的发现。第三，墓道较长，多数崖墓墓道较长，墓道中部凿有规范的排水沟，沟上覆盖砖或石块，沟内填充小石子。此次考古发掘为宜宾地区崖墓的研究提供了重要的第一手资料，对于研究东汉时期当地葬俗及历史文化有较重要的实物价值。

（连　锐）

【乐山市高新区王元村崖墓群】

发掘时间：2021 年 9 ~ 12 月

工作单位：四川省文物考古研究院、乐山市文物保护研究所、乐山市高新区管委会

墓群位于乐山市高新区安谷镇王元村。北距安谷镇 1 千米、乐山市区 10 千米，东距成渝环线高速 3 千米，西距大渡河 4 千米，地处大渡河右岸山脚，岩质为红色砂岩，质地松软，便于开凿。为配合乐山至西昌高速公路建设，联合考古队对工程涉及区域进行文物考古调查，在王元村老鹰嘴、和尚山、小冲子等地共发现 8 处崖墓，总分布范围约 1.5 平方千米。2021 年 9 月，四川省文物考古研究院等单位对其进行考古发掘。

此次共发掘崖墓 142 座，按照结构可分为单穴单室墓、单穴双室墓、双穴多室墓三类。其中单穴单室墓共 133 座，墓葬结构简单，仅一个墓室，部分墓室内有龛、灶、棺室等附属结构。以 M89 为例，通长 16.13 米，主要结构包括墓道、墓门、甬道、墓室，墓室内结构又包括主墓室、棺室、龛灶等结构。单穴双室墓共 7 座，有前、后两个墓室，以 M13 为例，通长 20.66 米，主要结构包括墓道、前堂、墓门、甬道、前墓室、后墓室，前墓室内有壁龛，后墓室内又有左、右棺室和灶龛等结构。双穴多室墓仅 2 座，其特点是前堂后有两个并列墓穴。以 M21 为例，通长 23.25 米，其主要结构包括墓道、前堂、左墓穴、右墓穴，左墓穴内有前、后两个墓室，右墓穴内为单室。

各墓均遭盗扰严重，葬具有陶棺和崖棺两类，陶棺均破碎，崖棺多为双棺相连。骨架均不存。出土器物包括陶生活用具、明器、饰品、钱币、瓷器等几类，生活用具包括陶罐、瓮、甑、豆等，明器包括陶俑、动物模型、房、井、摇钱树座等，饰品包括金指环、树脂串饰等，钱币有货泉、大泉五十、大布

黄千、五铢、直百五铢、开元通宝、乾隆通宝、光绪通宝等，瓷器包括唐宋时期的四系罐、黑釉瓷碗、玳瑁釉瓷碗及明清时期的青花瓷碗、盘、枕等。

从出土器物判断，该批崖墓开凿年代上限或可到东汉早中期，晚可到三国魏晋时期，在唐宋、明清或被二次利用。

此次发掘的崖墓数量多，分布较为密集，其中前堂后室及双穴共前室的结构特点为乐山崖墓所特有，与其他区域有明显不同。为研究乐山地区崖墓的发展演变提供了较重要的实物材料。

（金国林）

【成都市青白江区城厢镇汉晋时期遗址】

发掘时间：2021 年 8 月 ~ 2022 年 3 月

工作单位：成都市文物考古工作队

为配合成都市智汇新城投资发展有限公司城厢天府文化古镇（清风苑）项目建设，考古队在项目红线范围内开展了发掘工作。该项目位于青白江城厢镇小东街以西，南部紧邻成都市历史建筑民国金堂县衙旧址，占地面积 10.64 亩（7098.95 平方米）。项目已取得国家文物局颁发的发掘证书：考执字〔2021〕第 1496 号。

截止到 2022 年 3 月清理各类古代遗迹已达 88 处，时代自西汉延续至民国时期。

汉代遗存包括⑦至⑨层和开口于其下的遗迹现象，遗迹类型有城墙、房址、窑址、灰坑、灰沟（包括壕沟）、排水洞等。夯土城墙南北走向，目前揭露长度 92 米，残高 1.6 米，墙基宽 15 米。城墙自下而上可分为两个时期，下部为早期城墙 Q2，时代西汉晚至东汉早期；上部为晚期城墙 Q1，时代东汉中晚期至蜀汉时期。Q2 砌筑方式为先铺一层垫土，再在其上采用版筑方式分层平夯，逐层加高墙体，部分区域发现有夯窝痕迹。墙体西部约 9.7 米处为壕沟。出土遗物有瓦当等建筑构件、“新都城”铭文砖、铜箭镞、陶罐、陶钵、窑具等。

唐宋时期遗存包括④至⑥层和开口于其下的遗迹现象，遗迹类型有连架式房址、道路、灰坑、灰沟、水井、墓葬等，出土遗物为瓷器有碗、盏、罐、盘口壶，陶器有缸、筒瓦、瓦当、壶，铜器有铜镜等。

明清至民国时期遗存包括②、③层和开口于其下的遗迹现象，遗迹类型有房址、排水沟、道路、水井、灰坑等，出土遗物有“城砖”、“超记”铭文砖、鸱吻、砚台、青花瓷片等。

此次发掘意义有二。一是发现的东汉晚期至蜀汉时期城墙、壕沟和“新都城”铭文包砖，可证城厢镇在汉晋时期为新都县所在地，由此将文献记载（西魏废帝二年 553 年置白牟县）的城厢镇置县史提早了 300 至 500 年。廓清了以往学界认为的两汉时期新都县地望在军屯镇的谬误。

二是据《金堂县志》记载，城厢镇在北宋嘉佑二年（1057 年）至 1950 年一直为金堂县城所在地。此次发现的宋至民国时期遗存为我们下一步寻找金堂县城的城墙、护城河并进一步探讨金堂县的历史沿革、城址布局等提供了重要依据。

（蒋　成　杨　洋）

【武胜县叉叉土唐宋至明清时期遗址】

发掘时间：2021 年 7 ~ 10 月

工作单位：四川省文物考古研究院

武胜县叉叉土遗址位于广安市武胜县清平镇南溪村 12 组，距离武胜县城约 12 千米，遗址东部为嘉陵江、西为 212 乡道。叉叉土遗址地处嘉陵江左岸的一级阶地上，地势较为平坦，平面呈不规则形状，东西宽约 89 米，南北长约 126 米，总面积约 6000 平方米。

为配合嘉陵江梯级渠化利泽航运枢纽工程的建设工作，四川省文物考古研究院组织实施了叉叉土遗址的考古发掘工作，发掘面积1000平方米。

发掘结果表明，叉叉土遗址是一处唐宋至明清时期的聚落遗址，文化层堆积厚薄不一，靠近江边的东部堆积较为浅薄，靠近公路的西部堆积较为深厚。堆积最厚处共发现文化层9层，其中第②层为明清时期文化堆积，第③~⑨层为唐宋时期文化堆积。共清理各类遗迹30个，其中包括唐宋时期的灰坑24个、沟1条、灶2个、建筑基址2座，明清时期的水沟1条；出土陶器、瓷器、铁器、石器等文物25件。

比较重要的遗迹现象为两处宋代的建筑基址，编号F1、F2。两者均为地面建筑，石砌而成，保存较差，仅残存部分石铺地面和石砌排水沟两部分，根据其结构推测，可能均为作坊遗存；H1、H11、H26内包含物较为丰富，且出土遗物较为相似，可辨器形有大量绳纹泥质陶釜、柄足酱釉瓷碗、双耳泥质素面陶盆、酱釉瓷系罐等，其时代特征显著，均为唐宋时期遗存；在⑤层内出土较为完整的马遗骸一具。叉叉土遗址发现的唐宋至明清时期文化遗存较为丰富，为研究唐宋至明清时期该区域的考古学文化提供了新的实物资料。

（郑万泉　向云飞）

【盐源县旱船遗址】

发掘时间：2021年9~11月

工作单位：四川省文物考古研究院、盐源县文物管理所

旱船遗址位于盐源县龙塘镇龙塘村，处于马坝河右岸，龙塘水库主坝址和副坝址之间的旱船山的顶部平台上，海拔2430~2440米。2021年度四川省文物考古研究院开始正式发掘。共计发掘面积约2000平方米，发现遗迹70座，包括房址、灰坑、灰沟、灶、烧火面、踩踏面、墙；共计出土小件192件，以铁器为主，另有铜器、陶器、石器。铁器包括各式铁钉、铁链、铁箭镞、铁刀、刀鞘、穿孔铁片等；陶器包括釜、纺轮、网坠、器柄、陶管、器底、器流等；石器有门枕石、穿孔石器。

第一批测年样品共计18件，包括10件碳样和8件兽骨，其中1件兽骨测年数据为664~778年，相当于唐代早中期；另外17个数据集中在1022~1445年，相当于大理国时期至明代早期。遗迹中最重要的是F1、F2。F1为石砌碉楼式，平面为正方形，外径约8米，石墙厚约2.3米，残高约3米，未发现门洞，推断为烽火台，年代不晚于1370年，为大理国时期。F2呈长方形，长约28米，宽16米，总占地面积约450平方米；墙宽约1.8米，墙内外侧为石砌，中部为夯土，墙体以下内侧及房址内部发现大量柱洞，内有木柱炭灰。根据柱洞内木炭测年结果，F2年代不晚于1388年，为大理国后期。

旱船遗址面积较大，分布于整个山顶，总面积超过10000平方米，目前发掘面积仅2000平方米，清理的遗迹规模亦较大，其中F2为超大型房址，面积约450平方米。从地层叠压关系及测年数据可知，该遗址使用了较长一段时间，其年代跨越唐、南诏、吐蕃、大理、元、明几个王朝，虽历经多次政权更替，但仍延续使用数百年（664~1445年）。盐源盆地地理位置特殊，位于汉族政权与少数民族政权势力范围交错之地，且多产盐、铁、铜、金等矿藏，自古为战略要地。唐代早期便已在此设立昆明县，后被南诏、吐蕃占领，期间唐王朝几经收复，之后长期为南诏大理所据，元明两朝复归中央王朝。此次发掘的这类军事要塞性质的遗址较完整、规模大、使用时间长、遗迹遗物丰富，为研究盐源盆地唐代至明代早期的历史文化提供了新的重要实物资料。

（高　寒）

【简阳市马桑土宋代墓群】

发掘时间：2021 年 10 ~ 12 月

工作单位：成都文物考古研究院、简阳市文物管理所

马桑土墓群位于成都简阳市东溪街道李八村 4 组，小地名为马桑土，为一处宋代石室墓群。为配合成都东西城市轴线沱江大道（龙泉驿区—金简黄快速路）工程项目建设，成都文物考古研究院对该墓群进行了考古发掘工作。共发掘宋代墓葬 4 座，皆为装饰石室墓，墓葬两两并排分布，其中 M1、M3、M4 皆保存有部分石围封土圈。M3、M4 前后皆残存有茔园建筑，墓前有疑似祭祀建筑。

M3、M4 墓上石围封土圈保存相对较为完整，呈八边形，现最高处残存两层。M1 墓上石围封土圈前部被破坏，残存部分剩余五边，根据现状可推测原亦为八边形，最高处残三层，逐层向内侧收拢。M3、M4 前有一排呈“一”字形石条建筑，现残存两层，石条建筑前两墓正前方中间放置一条石，中部向下凿出一坑，疑似祭祀所用。封土圈外侧用石条砌筑一层环墉，部分已破坏，从残存部分看原可能为半圆形。

四座墓中皆雕刻有图像，图像主题有鹿衔花（草）、奔鹿、花卉、格子门及斗拱等，雕刻技艺主要为减地平钑和压地隐起两种。图像主要分布在墓葬封门内侧、侧龛、壁柱、墓顶横梁看面等处。

随葬器物以陶俑为主，主要有武士俑、文官俑。在 M1 残存的封土内出土有桶形罐、俑、盏器物组合，其中俑置于桶形罐内，盏盖于桶形罐上。另外在 M3 中发现一方墓志。

此次发掘的宋代石室墓年代确切，其中 M3 下葬年代为南宋嘉定乙亥年（1215 年）十月二十四日，M3、M4 应为夫妻合葬墓，年代相当。M1、M2 墓葬形制与 M3、M4 相同，其雕刻图像风格、出土器物亦基本相同，年代应大致相当。

此次发掘的宋代石室墓内装饰图像较为丰富，图像雕刻技艺较为精湛。墓前发现疑似祭祀建筑在四川其他地区宋代石室墓中较为少见；墓葬尚残存有石围封土圈，残存的茔园建筑在四川地区已发掘的宋代墓地中亦不多见；特别是格子门图像出现在封门内侧的情况十分罕见，其现象值得进一步探讨。另外，墓志记载的墓主人身份对研究此类石室墓主身份属性较为重要。

此次考古发现的宋代墓群位于宋代简州阳安县城东，年代确切，墓内雕刻图像及随葬品较为丰富，墓志内容翔实，对研究宋代人群迁徙，简阳区域性社会、经济、丧葬习俗等均具有十分重要的意义。

（潘绍池　谢　林）

【旺苍县蛮洞子石宋代崖墓群】

发掘时间：2020 年 12 月 ~ 2021 年 1 月

工作单位：四川省文物考古研究院、旺苍县文物保护管理所

蛮洞子石崖墓群位于旺苍县九龙镇印斗村一组，小地名为“蛮洞子石”。地理坐标北纬 32° 5′ 9.32″，东经 106° 27′ 31.22″，海拔 675 米。墓群地处四川盆地北缘，米仓山南麓，金鱼河右岸，印斗寨山的北麓。

共发掘面积 70 平方米，清理了 6 座崖墓和 2 条排水沟。崖墓坐南朝北，大体呈东西向“一”字形分布，按照自西向东的顺序依次编号为 M1 ~ M6。排水沟位于墓群北侧，分别编号为 G1、G2。

该墓群保存较好，其中 M1、M5 未遭后期扰动。各墓均为前附露明式墓道的小型单室崖墓，墓道平面呈长方形或梯形，除 M2 以外各墓墓道内还开凿有排水沟，墓门立面呈长方形或梯形，除 M2 以外各墓以整块石板封门，墓室平面呈长方形或梯形。M1 墓室后设左右双后龛，顶部为前低后高、左高右

低的斜顶。M2是一座未完工崖墓，其墓道打破M1墓道，墓室顶部为前高后低的斜顶。M3～M6形制基本相同，模拟川渝地区同时期的仿木构石室墓，基本结构为：底部两侧前部各设一排水浅槽；两侧壁分别设一侧龛，侧壁与顶部交接部内收模拟抹角梁；后壁正中设一后龛；顶部为平顶或前高后低的斜顶。M3、M5后龛后壁雕刻有台盏、温碗、执壶、瓶花、交椅等图案。

G1干沟与M6墓道内排水沟相通，南侧还有3条支沟分别与M3～M5墓道内排水沟相通。G2与M1墓道内排水沟相通。

此次发掘仅在M1右后龛内发现一方石质买地券。通过对层位关系、墓葬形制、买地券券文的分析，以上墓葬时代初步推断为南宋中、晚期。

据M1出土买地券券文记载，墓主为一位女性，“嘉泰四年十二月十五日（1205年1月6日）”下葬，生前居住地为“阆州奉国县大牟”。“大牟”可能为大牟乡，该地名极有可能源自唐初置、宋初废的大牟县。宋代史志仅记载大牟县于乾德五年（967年）并入集州难江县，设有草市，再无其他相关历史信息。该买地券券文显示原大牟县辖地在嘉泰四年以前已划入阆州奉国县，行政隶属关系又有调整，弥补了文献记载的缺失。

此前，川渝地区经科学发掘且公布成果的宋代崖墓为数甚少。此次发掘的墓群时代明确，丰富了川渝地区宋代崖墓的实物资料，对于开展西南地区宋代墓葬考古学、丧葬习俗，以及川北地区历史地理学的研究有着重要的学术价值。

（任　江　邱　钊　向长卫）

【内江市东兴区田家镇宋至明代墓地】

发掘时间：2021年11～12月

工作单位：四川省文物考古研究院、内江市文物局、东兴区文物保护所

2021年度联合考古队对内江至大足（四川境）高速公路涉及的东兴区田家镇境内的大坟坝宋代墓地、天宫堂明代墓地、梨儿岩明代墓地、徐家院子明代墓地等4处墓地进行了考古发掘，共发掘宋代墓葬2座、明代墓葬24座。

宋代墓葬仅发现2座，为夫妻异穴合葬墓。墓葬盗扰严重，但墓葬结构尚存，没有发现随葬品。M1、M2形制结构相同，均由墓门、棺床、侧龛、后龛及排水沟组成。后龛浮雕“妇人启门”形象。

明代墓葬发现较多，分为3个墓地，梨儿岩墓地发现1座、徐家院子墓地发现5座、天宫堂墓地发现18座。墓葬形制可以分为单室石室墓、双室石室墓、联排石室墓。

单室石室墓，发现9座。徐家院子墓地发现3座，天宫堂墓地发现6座。大部分盗扰严重，封土已不存，仅存墓室。其构筑方法是先向下将墓圹挖好，然后再用石条及石板等在墓圹里面垒砌成墓室，在某些关键部位，石条间采用榫卯结构连接。墓葬均由墓门、棺床、侧龛、后龛及排水沟组成。双室石室墓发现8座。均在天宫堂墓地发现，有平顶和拱形顶两种形制，个别有墓前建筑。墓葬均由墓门、棺床、侧龛、后龛及排水沟组成。其中1座为二次葬。联排石室墓发现7座。梨儿岩墓地发现1座，徐家院子墓地发现2座，天宫堂墓地发现4座。墓室数量在3～13个之间，均为平顶形制，个别有墓前建筑。墓葬由墓门、棺床、侧龛、后龛及排水沟组成。

因为早期遭到盗掘，大部分墓葬没有发现随葬品，仅有不到10座墓葬出土随葬品，且大部分破损严重。出土器物以瓷器为主，有少量陶器、铁器等。瓷器可辨器型有罐、碗等；陶器主要为枕瓦；铁器为棺钉；另发现玛瑙珠等数颗。

此次发掘为四川明代墓葬研究提供了一

批新的实物资料。

（郭　富）

【资中县卿家湾南宋石室墓】

发掘时间：2021 年 9 ~ 10 月

工作单位：四川省文物考古研究院、内江市文物管理所、资中县文物管理所

卿家湾南宋石室墓位于内江市资中县公民镇感应庵村八社，小地名卿家湾。地理坐标北纬 29° 39′ 20.66″，东经 104° 52′ 16.79″，海拔 405 米。村民修建房屋时发现墓葬三座，墓地分布面积约 250 平米。

墓葬发现后组建的联合考古队对该墓地进行了抢救性考古发掘。发掘共清理南宋时期石室墓三座，墓葬均坐西朝东，呈自南向北排列，前后略有相错。其中 M1 为双室石室墓，M2 和 M3 为单室石室墓。修建墓葬时在深褐色细砂岩断坎中开凿出一长方形墓圹，墓室由加工的石板相围而成。墓门前均凿有排水沟，排水沟填土内发现有瓷片和碎石块等。墓室顶部均为藻井顶。墓室四壁、后龛和顶部常见有武士、四神像等雕刻形象。其中 M3 藻顶四边线刻有青龙、白虎、朱雀和玄武四神像，墓门两侧均刻有浮雕武士像。M2 壁龛左壁柱上残存有彩绘仕女图。三座墓室后龛壁均雕刻有帷幔或仿木建筑结构图像，后龛居中有高浮雕墓主人坐像。三座墓葬共出土双耳罐 4 件，瓷碗 5 件，铁钱 1 枚，墓门开凿的排水沟填土内出土有较多瓷器残片。

卿家湾宋代石室墓为川南地区较为普遍存在的一种南宋时期墓葬形制。此次发掘对认识资中县南宋时期的墓葬习俗提供了实物资料。

（刘化石　李江涛）

【宜宾市“火烧房”酿酒作坊遗址】

发掘时间：2021 年 5 ~ 7 月

工作单位：四川省文物考古研究院、宜宾市博物馆、翠屏区文物管理所

“火烧房”酿酒作坊遗址位于宜宾市翠屏区岷江西南岸。其东侧有明“百二河山”牌坊、明清城墙等重要历史遗迹。该遗址主要为一处上限至宋元，主体为明清，下限到民国时期的酿酒作坊遗存。

该遗址毗邻五粮液“长发升”老作坊，位于宜宾元明清城墙以内，在遗址内发现有汉代延续到民国时期的遗迹、遗物。其主要遗迹现象有一处上限为元代，主体为明清时期的包括窖池、灶、甑器底座、晾堂等酿酒设施的酿酒作坊。同时，结合周边遗存及其布局规律，可以明确该作坊保留有较清晰的前店后坊格局，较为完整地展现了宜宾早期酿酒历史面貌。对丰富宜宾地区酿酒历史，乃至中国蒸馏酒酿造历史有重要作用。

同时，在该遗址中发现了明代城墙遗存、清代商铺遗存、明清时期城市市政排水设施等重要遗存。在遗址局部区域，通过探沟方法，发现了从汉到民国时期地层堆积。出土了大量丰富的遗物，其中以元明清时期瓷片为主，并包括有盏、杯等酒具类器物。

此次考古工作是宜宾地区首次进行的城市考古工作。通过此次考古发掘，从实物的角度展示了自汉代以来宜宾城市发展史和宜宾酿酒历史。该遗址对研究宜宾酿酒文化历史传承、城市发展等有着重要作用。

（孙智彬　刘　睿　黄乐生　赖西蓉）

【四川盆地旧石器考古调查】

调查时间：2021 年 3 ~ 12 月

工作单位：四川大学考古文博学院、四川省文物考古研究院

2021 年 3 月 30 日至 4 月 20 日，四川大学考古文博学院吕红亮教授团队派员参加了四川省考古研究院郑喆轩团队组织的阿坝州旧石器考古调查，在阿坝县、若尔盖草原等地确认了数十处旧石器及可能属于全新世的

细石器地点，采集了一批石器，扩展了以往在这一区域积累的考古资料并为下一步的进一步调查和试掘奠定了基础。

2020年至2021年，四川大学考古文博学院吕红亮教授团队派员参加了四川省考古研究院陈苇团队在眉山坛罐山遗址、莲花坝遗址的考古调查工作，为成都平原旧石器考古工作近来的巨大成就贡献了部分力量，并初步整合形成了省内旧石器研究队伍团结协作的良好局面，进一步的合作研究发掘即将展开。

2021年12月，由四川大学考古文博学院的胡越及韩芳博士组成的调查小组在资阳市地方文物部门的协助下赴资阳市沱江及其支流阳化河流域进行为期一个月的旧石器遗存调查活动。此次调查范围覆盖了资阳市雁江区境内沱江两岸及阳化河两岸大部分的第四纪堆积，调查总面积约30平方千米。经调查发现，沱江及阳化河两岸的沉积物多为红色或棕红色，大部分为上新世及其之前形成，第四纪沉积物主要分布在一、二级阶地，砾石层和砂砾层厚度不均，且颜色偏浅。此次调查共发现打制石制品百余件，陶片数十件。整体上看，除了极少数在地层中发现外，其余均在地表采集，且数量少，多加工简单。陶片整体年代偏晚，未见完整器型。

（胡　越）

【天眉乐高速公路考古调查】

调查时间：2021年3～5月

工作单位：四川省文物考古研究院、眉山市文物保护研究所、乐山市文物保护研究所

天眉乐高速公路（天府新区经眉山至乐山）是《四川省高速公路网规划（2019～2035）》中八条成都放射线之一。2021年度四川省文物考古研究院联合相关单位对施工范围开展考古调查、勘探工作，共发现遗址22处，其中重要的是10处旧石器时代遗址和5处汉至唐宋时期遗址。

旧石器时代遗址主要位于龙泉山西麓阶地上，少数遗址紧邻岷江左岸，多数遗址地处更高阶地，以第四纪中更新世沉积物为主，地层堆积清晰，部分遗址堆积厚度近6米。调查采集的石制品有石核、石片、砍砸器、刮削器、手镐、大型石片和两面器等，为典型南方砾石工业遗存。调查发现的汉至唐宋时期遗址主要为聚落遗址，位于平原上，遗址分布范围一般较大，文化层多为4～6层，多数距地表0.5～1.2米。其中高墩遗址采集到较多板瓦和筒瓦，勘探发现分布范围较大的夯土层，推测该遗址可能存在早期大型建筑。

天眉乐高速公路考古调查进一步扩充了成都平原旧石器时代遗址数量，结合第四纪地质与环境，将四川旧石器遗址的最早年代推进到了中更新世中期偏早阶段。同时，汉至唐宋时期聚落遗址的发现，为眉山地区历史时期考古增添了新资料。

（陈　苇　董玉伟　张　琦
杨　宇　杨宇春）

【川西高原石棺葬遗存考古调查】

调查时间：2021年6～12月

工作单位：四川省文物考古研究院、丹巴县文化旅游和广播影视体育局、巴塘县文化馆、德格县文化广播电视和旅游局、白玉县文化广播电视和旅游局

2021年度，为进一步了解川西高原石棺葬遗存的分布情况，弄清石棺葬遗存的文化内涵，四川省文物考古研究院组织队伍先后对大渡河流域及金沙江上游部分区域进行了考古调查，此次调查主要是对甘孜州丹巴县、巴塘县、白玉县、德格县境内部分区域进行了考古调查，复查和新发现文物点共47处，时代在新石器时代至秦汉时期。其中遗址共30处、石棺墓群12处、遗址及石棺墓葬群共

5处。发现石棺墓130余座。采集石器、陶器、骨器等标本300余件。石器主要为打制石器，磨制石器较少，器形有石斧、石锛、砍砸器、刮削器等。陶器早期以夹砂红褐陶、黑褐陶为主，纹饰有戳印纹、绳纹、弦纹等；晚期主要为石棺墓出土器物，有双耳罐、圈足簋等。

此次调查取得了重要收获，新发现了一大批新石器时代至战国秦汉时期的遗址和墓地，对于川西高原古遗址分布的规律性有了进一步认识，同时也大大充实了甘孜地区的地下文物资源，丰富了川西高原石棺葬的类型。此次发现的昌波石棺墓群、伍仲村石棺墓群、罕额依石棺墓群分布面积大，石棺墓众多，形制多样，对于研究金沙江流域及大渡河流域的石棺墓营建方式、等级制度、葬俗等有着重要意义。

（李万涛　杨炳珍）

【大渡河巴底水电站考古调查】

调查时间：2021年5～6月

工作单位：四川省文物考古研究院、甘孜藏族自治州文化广播电视和旅游局、阿坝藏族羌族自治州文物考古研究所

巴底水电站位于大渡河上游甘孜州丹巴县及阿坝州金川县，为准确认识巴底河水电站建设工程影响范围内的文物分布情况，2021年5月初，四川省文物考古研究院联合相关单位对工程范围内开展文物调查勘探工作，木兰遗址和也且遗址是此次调查的重要发现。

两处遗址均分布于大渡河左岸二级阶地，海拔约2000米。也且遗址地表裸露陶片甚多，多为夹砂红陶和泥质红陶，有少量泥质灰陶，陶片多为素面，少量陶片饰绳纹，部分陶片可见清晰的轮制痕迹，器形主要为罐类。除陶器外，还采集到一件骨制纺轮和部分动物骨骼、牙齿。木兰遗址为战国秦汉时期石棺墓地，因建房挖地基，地表散落大量陶片，以夹砂红陶、夹砂红褐陶为主，泥质红陶次之，夹砂灰陶极少。采集遗物中有较多的大型陶器耳，部分器耳上部有孔状且呈倒三角形。饰有刻划纹、附加堆纹、戳印纹。其中，根据两块口沿残片可推断陶器口部呈菱形状。

根据也且遗址和木兰遗址出土遗存，初步推测遗址年代属于商周至秦汉时期。其发现进一步丰富了大渡河流域早期遗址的数量，明晰了文化面貌及性质，为横断山区早期文化交流传播研究提供了更多实物资料。

（陈　苇　董玉伟　张　琦）

【成都市青白江中游区域系统考古调查】

调查时间：2021年1～2月

工作单位：西南民族大学、成都文物考古研究院

为践行《古蜀文明保护传承工程实施方案》，加强对三星堆遗址及周边遗址群进行系统深入的调查和发掘，西南民族大学受成都文物考古研究院委托，对青白江中游地区进行区域系统考古调查。2021年的调查以青白江区弥牟镇狮子村为中心展开，北以青白江为界，东以108国道为边，南终于A21县道，西以白碾路为止，调查范围为10.22平方千米。

此次调查采用钻探的方式进行。调查人员被分为四组，每组由2名学生和2位工人组成，学生负责钻点的选择和对钻孔相关信息的采集，工人使用钻探器提取地下的土样。采集每个钻孔的空间位置、土质土色、包含物、厚度、初判年代等信息，并将所有信息录入数据库进行统一管理。

通过此次调查，确认调查范围内有先秦遗址五处：狮子庵遗址、胡家林遗址、胡家碾遗址、庄家院子遗址、狮子村遗址。除胡家林遗址有见宝墩文化陶片外，余皆以十二桥文化为主要内涵，陶片有夹砂灰黄陶、砂

质灰陶、泥质灰陶、泥质灰白陶等，可辨器形有豆柄形器、矮领瓮、圜底罐、尖底杯、器盖等，纹饰有绳纹、网格纹、凸弦纹等。此外，胡家林遗址、狮子村遗址还发现炉渣、炼渣等与冶铁相关的遗存。

此次考古调查发现的先秦遗址均为面积在 2000 ~ 30000 平方米的小型遗址，基本上分布于距河流 700 米以外。遗存历经宝墩文化、三星堆文化、十二桥文化、晚期巴蜀文化、汉代、唐宋等多个时期，建构起该区域的历史文化变迁序列。新遗址点的发现也为我们了解以三星堆遗址为代表的三星堆文化，和以金沙遗址为代表的十二桥文化之间的广大区域的文化面貌，聚落结构等问题提供了新的资料；冶铁遗存的发现对探索成都平原早期冶炼手工业提供了重要线索。

（王　涛）

【岷江上游考古调查】

调查时间：2021 年 9 月

工作单位：四川大学考古文博学院、四川省文物考古研究院、成都文物考古研究院、阿坝州文物考古研究所

2021 年，按照四川省文物局的统一部署，四川大学考古文博学院与四川省文物考古研究院、成都文物考古研究院、阿坝州文物考古研究所等单位组成的联合调查队继续开展了岷江上游田野调查工作。联合调查队 2021 年度在阿坝州松潘县、黑水县、汶川县共调查文物点 23 处，其中，新发现文物点 17 处（较“三普”点）。

此次调查发现房址、墓葬、灰坑等大量遗迹，获得陶器、石器、玉器、骨器、金属器等丰富遗物。这批材料从新石器时代延续至汉代，极大程度地丰富了相关认识，为该区域的考古研究提供了一批新资料。甲基沟西遗是松潘县首次发现的马家窑文化时期遗址，填补了该文化自西北地区沿岷江上游南下的重要缺环。汶川县部分遗址采集的陶片标本反映出与宝墩文化的紧密联系。松潘县落石沟、江那寺等遗址所发现的遗存，不同于以往所识别的考古学文化，极可能代表了两种新的文化遗存。松潘县落石沟北、堡格俄洛等地点新发现的石棺葬，则为该地区古代石棺葬的研究提供了新材料。此次调查共提取近百份植物考古、环境考古土样，收集到部分古代动物骨骼，获得一批金属器、人骨标本，对于深入探讨岷江上游古代生业方式、生态环境、人地关系、手工业发展水平及人群迁徙等学术问题具有重要意义。

（杜战伟　陈学志　任星河　徐海伦）

【沱江流域资阳段田野调查】

调查时间：2021 年 10 月 ~ 2022 年 1 月

工作单位：四川大学考古文博学院、资阳市文物保护管理所

2021 年 10 月至 2022 年 1 月，四川大学考古文博学院、资阳市文物保护管理所与雁江、安岳、乐至等文物部门对沱江流域资阳段进行了考古调查，新发现了大量文物点，并更正了部分第三次文物普查文物点的信息。

此次共调查文物点和相关线索近 200 处，其中搜集了较为详细资料的文物点有 93 处，其中复查文物点共 47 处，新增文物点 46 处。

复查文物点以汉、六朝墓葬为主，其中崖墓 28 处，砖室墓和土坑墓 3 处；旧石器时代遗址 3 处，有九曲河、黄鳝溪和鲤鱼桥等遗址；陶器窑址 2 处（瓦窑坡和瓦子坡窑址）；摩崖造像 5 处；汉唐时期遗址 4 处；化石遗址 1 处；另有宋代水文石刻 1 处。

新增 46 处文物点均为“三普”资料所未载，主要有崖墓、村镇遗址、盐业遗址、摩崖造像等。其中新发现东汉、六朝崖墓共 24 处；发现不同时代遗址 18 处，包括旧石器时代遗址 1 处、新石器时代遗址 1 处、商周时期遗址 1 处、汉代至清代遗址 15 处。新发现

的新石器时代和商周时期遗址，解决了资阳地区旧石器时代至汉代之间的文化断层问题。表明沱江流域自旧石器时代以来一直有人类繁衍、生生不息，是巴蜀文明的重要孕育地。

通过此次考古调查，对于资阳地区古代文化有了更深刻的理解。

第一，资阳地区汉代墓葬众多，其形制有崖墓、砖室墓、土坑墓。据初步调查，暴露在外的崖墓至少在5000座以上。表明资阳地区在汉代人口有了很大的增加。人口的增加一方面是自然繁衍的结果，另一方面很可能是此时期有大量汉民徙入。“王褒墓”“董钧墓”“神仙洞墓”等都是典型的汉式封土墓，崖墓也以汉式为主，表明至迟东汉资阳地区汉文化已经成为社会主流。雁江地区曾出土“樊侯远裔”印章，表明原居中原的“樊侯”后裔进入了资阳地区。唐宋以后，资阳地区人口进一步增加，社会经济有了更大的发展，表现在文物点的大幅增加，特别是大型遗址的大量发现。

第二，资阳地区汉、六朝时期墓葬以崖墓为主。崖墓有典型的汉式崖墓，也有不少类似壁龛的崖葬，后者很有可能为少数民族的墓葬，这两种类型崖墓共处资阳地区，甚至同处一个墓地。表明汉、六朝以来资阳地区汉人和少数民族杂居。资阳地区崖墓均处偏远幽静之处，人类不易到达，距离居民生活点较远，其运输成本远远高于就近下葬，应是刻意选择。葬址的选择很有可能与生死或宗教信仰有关。

第三，据崖墓开凿雕刻情况可知，至迟汉代资阳地区雕刻技术已经发展到一定高度。如铁佛寺、丁家坝、空洞坡等崖墓都有精美的雕刻。汉代发达的雕刻技术为该地域后来摩崖造像的繁盛提供了技术基础。

（索德浩）

贵州省

【贵州市贵安新区招果洞旧石器时代遗址】

发掘时间：2016 ~ 2020 年

工作单位：贵州省文物考古研究所、四川大学历史文化学院、成都文物考古研究院

招果洞遗址位于贵安新区高峰镇岩孔村招果组。2016 ~ 2020 年，贵州省文物考古研究所、四川大学历史文化学院、成都市文物考古研究院联合进行了 5 个年度的考古发掘，取得了重要收获。

遗址堆积厚约 8 米，跨越了整个旧石器时代晚期和新石器时代，在全国范围内十分罕见。遗迹、遗物非常丰富，发现 51 处用火遗迹、2 座墓葬，大量石制品、磨制骨角器，以及和人类活动有关的动植物遗存。

遗址发掘区布设 1×1 米探方，同一自然层内采用 5 厘米水平层向下发掘，出土物全部测量三维坐标，对于具有埋藏指示意义的遗物，全部测量走向、倾向、倾角等产状信息。考古发掘过程中使用装有 newplot 软件的手部和全站仪联机作业，大大提升了发掘工作效率和记录精度，为后期的遗址分期、空间分区和人类行为阐释工作奠定了基础。

招果洞遗址文化堆积分为四期 6 个阶段。第一期早段年代为距今 4.5 万 ~ 3.7 万年，该阶段洞穴发育不稳定，人类活动较少，共发现火塘 7 个。出土石制品、磨制骨器和动物骨骼，不少动物骨骼有火烧痕迹。第一期中段年代为距今 3.7 万 ~ 1.7 万年，该阶段洞顶崩塌砾石减少，这一阶段黄色黏土与大量含碳的人类活动面相间出现。共发现 12 个火塘，出土遗物包括石制品和动物骨骼，数量较第一期早段丰富。第一期晚段为距今 1.6 万 ~ 1.2 万年，人类活动更加频繁，尤其是用火遗迹明显增多。发现火塘 10 个。打制石制品数量剧增，出土一件通体磨制石器，刃缘残留有大量赭石粉末。磨制骨角器开始大量出现，分为锥和铲，动物骨骼数量和密度较早、中段明显增加。开始出现大量鱼类骨骼。第二期为距今 12000 ~ 9000 年，本期是人类活动强度最高的时期，发现火塘 5 个，墓葬 2 座，十余石铺活动面，出土大量石制品、磨制骨角器、动物骨骼。其中磨制骨角器的数量在各期中最多，出现少量零台面石片，出土少量磨石。第三期为新石器时代中晚期，发现火塘 11 个。出土大量打制石制品，出土少量砺石。另有一件石锤（凹石），表面残留红色赭石粉末。出土有表面光滑的球形针铁矿石。另出土磨制石器，主要为石锛。陶器出现，以夹砂陶为主。第四期灰褐色土，为历史时期堆积。

招果洞遗址在距今早于 1.2 万年的地层中，发现 1 件通体磨光石器，刃部残留有大量赭石粉末，这是中国目前发现的最早的磨制石器之一，为探讨磨制石器的起源和功用提供了新证据。招果洞遗址目前发现火塘 51 个，主要集中在旧石器时代晚期，是目前中国发现的用火遗存最为丰富的旧石器时代晚期遗存之一。这些遗存与散落在周边的遗物一起，为揭示旧石器时代晚期穴居人群的行为和生存策略，提供了重要材料。招果洞更新世晚期墓葬和陪葬品的发现是贵州目前云

贵高原最早的埋葬行为和随葬行为，为研究西南地区早期丧葬观念的起源与发展提供了新材料。招果洞遗址在距今3万多年地层中发现的磨制骨器是目前中国发现的最早磨制骨器之一。从第一期晚段开始，加工精美的磨制骨角器大量出现，目前已经超过300件，是中国目前出土磨制骨角器最多的史前洞穴遗址。环境考古工作采用了地层沉积物代用指标和石笋古环境代用指标并用的方法。其中直接在古人类洞穴遗址内采集石笋进行古气候复原工作，系国内首次，目前已经获得其中几根石笋的精确年代模型，并对石笋进行显微观察，发现石笋纹层内含有许多木炭碎屑，与文化层堆积中的用火强度高度耦合，推测系古人类在洞穴中用火的纪录，最早可追溯到至少一万年前。

招果洞遗址考古发掘，学术目标明确，多学科深度融合，整合了包括洞穴沉积学、动物考古学、植物考古学、体质人类学、古环境学、石器分析、年代学等学科，考古科研院所与高校强强联合，是区域考古协作和多学科团队攻关的优秀案例。

（张兴龙）

【凯里市里皋商周遗址】

发掘时间：2021年3～12月

工作单位：贵州省文物考古研究所

里皋遗址位于黔东南苗族侗族自治州凯里市湾水镇鱼良村里皋组，地处清水江支流重安江沿岸二级台地。为配合旁海航电枢纽工程建设，2018年4～9月，贵州省文物考古研究所对里皋遗址Ⅰ区进行第一次考古发掘，发现有商周及明清时期文化遗存。2021年度贵州省文物考古研究所对遗址Ⅱ、Ⅲ、Ⅳ区进行第二次考古发掘，地层堆积包含商周、明清等时期，以商周时期遗存为主。

商周时期遗迹以灰坑为主，平面形状多呈圆形，底部可分平底和圜底两类。出土遗物主要为陶器，另有少量石器、铜器和骨器。陶器以夹砂陶为主，陶色有灰褐陶、黄褐陶、红褐陶、灰白陶和黑陶等，纹饰可见绳纹、方格纹和戳印纹，可修复器物较少，多为碎小陶片。石器有砍砸器和剥落石片。骨器中牙齿保存较为完好，可辨种属有猪、羊。另出土有铜钺等。

明清时期出土遗物主要为瓷片和铜钱。瓷片多为青花瓷和酱油色瓷，可辨器形有碗；铜钱均为“乾隆通宝”。

里皋遗址与同属于清水江流域的溪口遗址、镰刀湾遗址有较多的共性；提供了丰富的商周时期实物资料，对于构建贵州清水江流域商周时期考古学文化序列、探讨与湖南沅江流域商周文化之间的联系有重要意义。

（程永静　彭　万）

【普安县青山大坡遗址】

发掘时间：2021年7～10月

工作单位：贵州省文物考古研究所、普安县文物管理所

大坡遗址位于黔西南布依族苗族自治州普安县青山镇范家寨村铜鼓山组，地处南北盘江流域之间，距青山镇西南3.2千米，东北280米为铜鼓山遗址，遗址即分布在高65米的大坡山顶上。发掘面积800平方米。

遗址所在山顶，基岩裸露较多，文化堆积较浅，遗存时代单一。此次发掘遗迹种类较少，遗迹现象不明显，有灰坑、房屋、柱洞等。出土遗物有陶器、玉石器、铜器、骨角器四大类，其中以陶器数量最丰富，玉石器次之。陶器因后期扰动，多为碎片，橙黄、橙红陶居多，以夹砂陶为主，纹饰有素面、绳纹、波折纹等，可辨器形有敞口罐、纺轮、坩埚、支脚、陶串珠等；玉石器可辨器形有石刀、石范、吊坠、支脚、磨石、玉管、小玉锛、玉玦、玉芯等；铜器保存非常差，多为铜渣，可辨器形仅有铜针；骨角器有穿孔

牙饰、骨钩、鹿角等。

根据此次发掘情况，推测大坡遗址应当为一处集冶铜、饰品加工于一体的手工业作坊，兼居住功能。大坡遗址与铜鼓山遗址相距 280 米，两者出土遗物也相同，当属于同时期夜郎文化遗存，但相比铜鼓山遗址其规模略小，与铜鼓山遗址早期遗存更为接近。大坡遗址的发掘为夜郎文化的研究提供了新的考古材料，丰富了夜郎文化的内涵。

（李　奎　彭　万）

云南省

【昆明市晋宁区古城村商周遗址】

发掘时间：2020 年 10 月 ~ 2021 年 10 月

工作单位：云南省文物考古研究所、山东大学、晋宁区文物管理所、晋宁区博物馆

古城村遗址位于昆明市晋宁区晋城镇北约 5 千米的古城村，地处滇池盆地东南部冲积平原的北端，是云南滇中地区目前已知保存最完整的高原湖滨型贝丘遗址。遗址最早于 1958 年调查发现，2019 年，为配合古滇绿色康养健康城项目建设，云南省文物考古研究所对遗址进行了重点勘探，2020 年 10 月 ~ 2021 年 10 月，组建联合考古队对遗址进行了抢救性考古发掘。通过发掘共清理商周至明清时期的壕沟、护坡、土坑墓、瓮棺葬、房址、灰坑、灰烬、活动面等各类遗迹 972 处，出土青铜器、陶器、玉器、石器、骨器、木器等编号遗物 4000 多件。

古城村贝丘遗址的原始地貌在其中心区是突出地表的椭圆形黄土台地，四周为低缓的湖滨湖沼相沉积。遗址堆积由大量尾部被敲破的螺蛳壳与灰土层层交替堆叠形成。根据出土遗物判断，遗址由早至晚可分为商代、两周、明清三个阶段，其中商代和两周时期的遗存是遗址的主体堆积。商代遗存可分为早晚两段，早段发现保存完整的椭圆形环壕聚落结构，由面积约 27000 平方米的中心台地及周长约 600 米的壕沟和护坡共同组成，这种聚落格局在商代一直沿用。晚段发现一批土坑墓和瓮棺葬。两周时期的遗存以房址、螺壳堆、灰坑、灰烬等居住类遗迹为主，清理的房址形制多方形半地穴式，面积 7 ~ 22 平方米不等，综合发掘情况推测其性质可能与手工业作坊有关。两阶段陶器组合特征差异明显，商代以罐、釜、钵为器物组合，多带流器和盘口器，纹饰以戳印三角纹、附加花边堆纹、粗绳纹为主。典型陶器有侈口窄流罐、盘口深腹小平底罐、盘口束颈球腹圜底罐、浅盘口宽流圜底釜、侈口圆鼓腹圜底釜、花边口敞口深腹盆形器等。两周时期以罐、釜、盘、器座为组合，刻划类纹饰占主流，典型陶器有口沿饰刻划纹或凸弦纹的侈口鼓腹罐、敞口扁腹圜底釜、镂孔圈足盘等。

古城村遗址的发掘首次在石寨山文化分布的核心区发现了保存完整的商周时期的环壕聚落，出土了一批特征鲜明的器物，从文化面貌上看与滇中地区晋宁上西河、海口大营庄、通海兴义等遗址同属一个新的考古学文化，为全面探讨石寨山文化出现之前滇池地区的聚落形态演变、社会组织结构、生业模式、丧葬习俗、古滇池环境变迁、人地关系、族群构成等重要问题提供了完整的研究样本。这批遗存年代上早于石寨山文化（春秋早期至西汉中晚期），是研究石寨山文化起源问题的最新材料，同时也为构建云南滇中地区距今 4000 年前后至 2500 年前后的考古学年代框架和文化序列奠定了基础。

（周然朝）

【巧家县徐家老堡商周遗址】

发掘时间：2020 年 12 月 ~ 2021 年 4 月

工作单位：云南省文物考古研究所、昭通市文物保护考古研究所、巧家县文化馆

徐家老堡遗址位于昭通市巧家县白鹤滩镇七里社区四社，南距巧家县城约2千米，与三棵树墓地仅一沟之隔。该遗址于2003年被公布为市级重点文物保护单位。为配合白鹤滩水电站建设，云南省文物考古研究所对巧家徐家老堡遗址进行考古发掘，发掘面积8000平方米。此次发掘共布设10×10米的探方74个，10×5米的探方12个。发现遗迹119个，其中墓葬83座，灰坑36个。出土器物283件，其中石器124件、陶器139件、骨器16件、铜器3件、瓷器1件。除铜器和瓷器外均为商周遗物。

遗址被村庄覆盖，村民的生产生活对遗址影响很大，遗存保存较差。整个发掘区范围内的文化堆积共分为五层。②层至⑤层为早期人类活动形成的堆积。

此次发掘发现的早期遗迹有墓葬和灰坑两类。墓葬分为竖穴土坑墓和石板墓两种类型。竖穴土坑墓的时代总体比石板墓早，多发现在②层下，打破③层及以下层位。出土器物以小型陶杯为主，多放置在脚端两侧和腰部两侧。人骨保存较差，以仰身直肢葬为主，个别为二次葬。石板墓多发现在①层下，打破②层及以下层位。石板墓根据石板的齐备程度分为盖板、侧板、底板均有，只有盖板、侧板，只有盖板三类。出土器物以罐为主。人骨保存较差，以仰身直肢葬为主。

灰坑平面大多为圆形，均开口在①层下，打破②层及以下层位。填土均为灰黑色，包含有较多的早期陶片和动物骨骼。

早期遗物主要为陶器，另外有少量石器和骨器。陶器多为夹砂陶，胎心褐色，部分陶器表面呈黑色并磨光，纹饰多为用篦类工具制作的篦点纹、波浪纹、螺旋纹等，某些纹饰显现出衬花工艺。目前可辨识的器形主要为罐，另有杯、钵、瓶、纺轮等。石器种类有刀、锛、斧、凿、箭镞、纺轮等。石器大多利用整块天然的河卵石加工而成。骨器有两类，一是用骨片制作的工具，器型有锥和凿；二是用动物外骨骼制作的装饰品，主要有穿孔海贝和用蚌壳制作的穿孔珠饰。

根据墓葬形制和随葬器物初步判断巧家徐家老堡遗址的年代大体属于商周时期。遗址的文化内涵包含了一沟之隔的三棵树墓地，同时与位于县城的巧家小东门墓地以及上游东岸约50千米的巧家段家坪子墓地存在联系但亦有差异。此次考古发掘工作最大程度地保护了文物和提取了文物遗留下来的信息，达到文物保护和工程建设和谐发展的目的，同时为金沙江流域早期文化的研究提供了新的材料。

（万　杨　曹加勇　邓国戈）

【昆明市晋宁海宝山遗址】

发掘时间：2020年10月～2021年5月

工作单位：云南省文物考古研究所、晋宁区文物管理所

海宝山遗址位于昆明市晋宁区晋城镇古城村北，滇池东南岸，南与古城遗址直线距离约800米，西南距石寨山古墓群及河泊所遗址7～8千米，属滇文化遗存分布的核心区域。遗址在2008年“滇池区域史前聚落形态考古调查”项目中发现。遗址面积140000平方米，此次发掘面积12000平方米。遗址地层堆积较为简单，发掘区西部、南部即西部山腰部分地层堆积略厚，发掘区北部即山顶部地层堆积较薄。文化层深度0.3～1.9米，最深处地层堆积可划分4层。

遗址遗迹类型丰富，以墓葬为主，另外有灰坑、沟、活动面、烧结面、建筑基址等。墓葬分布密集，叠压打破关系复杂，共计清理遗迹1259个，分别为竖穴土坑墓937座，火葬墓252座，人骨堆2个；其他遗迹灰坑56个，沟8条，活动面2个、烧结面1个以

及建筑遗址 1 处。

竖穴土坑墓可分为明清时期墓、青铜文化墓以及空墓。明清时期土坑墓 224 座，主要分布于发掘区东部山腰，墓向大致呈西北至东南向，人骨保存较好，仰身直肢葬，墓葬头端用筒瓦做枕，头端或头脚两端内嵌方砖，墓室四角随葬铜钱或瓷罐等。青铜文化墓葬共计 354 座，人骨保存极差，可分早晚两期。早期墓要分布于山顶和发掘区南部，多为单人小型墓，有个别中型墓，中型墓为上下叠葬，少量墓葬墓底有长条形腰坑或墓口有生土二层台。随葬品较少，有铜戈、铜矛、铜锄、玉镯、玉玦、陶器（较残破，无法分辨器型）等，不见铁器，时代西周早期至春秋时期。晚期墓仅见于发掘区南部，均为单人小型墓，随葬铜柄铁剑、环首铁刀、铁矛、漆木器、铜臂甲、五铢钱、单耳小陶罐等。时代为西汉中晚期至东汉。空墓 359 座，集中分布于遗址南部，与青铜文化墓葬有叠压或打破关系，墓口范围明显，墓壁及墓底规整，但未见人骨或随葬品。火葬墓共计 252 座，集中分布于发掘区西部，火葬墓一般耕土层下即开口，打破地层或生土，少量墓葬之间有叠压或打破关系。火葬墓多为单人墓，共 209 座，双人墓 28 座，三人合葬墓 6 座，四人合葬墓 3 座，五人合葬墓 3 座，6 人合葬墓 2 座，7 人合葬墓 1 座。形制为圆形或不规则形竖穴土坑。

建筑遗址位于发掘区西北部，面积约 3500 平方米。发掘揭露出来的遗迹多为建筑的基础部分，现保存较好部分的建筑基础可初步分为三个不同时期。通过查阅相关文献可推断该建筑遗址应为海宝寺。大量早期碎砖瓦被后代作为碎砖层使用填筑在基础内，其中部分布纹板瓦、联珠花卉纹瓦当、联珠兽面纹瓦当、联珠花卉纹滴水等，带有大理国时期风格特征，这些碎砖瓦应来自始建时期的构件，推测该建筑遗址的始建年代可上溯至大理国时期。

遗址出土遗物主要为墓葬内随葬品及建筑构件。土坑墓随葬品器类主要有陶器、瓷器、铜器、铜铁合制器、铁器、石器、玉器、漆木器等，合计 860 余件（套）。火葬墓遗物主要为葬具陶罐，随葬品器类有铜器（铜片、铜环等）、铁器（铁片、铁环等）、海贝、料珠、玛瑙珠、水晶珠、玻璃珠、绿松石珠等，合计 1100 余件（套）。建筑基址内遗物主要为大量砖瓦、建筑构件及少量生活用品瓷碗、瓷盆等。

海宝山遗址面积大，时间跨度广，遗迹类型多，出土遗物器型丰富，土坑墓、火葬墓、建筑基址等遗迹从不同时期、不同角度反映出不同文化因素在此地的交错融合。

（李小瑞）

【玉龙县大具高寨墓地】

发掘时间：2021 年 1 月

工作单位：云南省文物考古研究所、玉龙县文物管理所

高寨墓地位于丽江市玉龙县大具乡头台村委会高寨村西侧的一条南北向山脊上，北面朝向大具坝，南侧则为玉龙雪山，东侧为深沟，西侧为梯田。墓地总面积超过 5000 平方米。对墓地已暴露在外的四座墓进行了抢救性清理，设立永久基点，全面、翔实地完成各类记录。为完整提取遗存信息，使用了各种新技术手段。

墓地范围内有三户村民居住，村民建房和取土对墓地造成了一定破坏，根据他们描述，在建房平整山脊时曾挖出了大量人骨和石板，并有少量陶器和铜器伴出，在墓地西侧的梯田中也曾发现有石板墓。高寨墓地此次共抢救性清理 4 座均已暴露在外的墓葬，编号 M1 ~ M4，其中 M3 为石棺墓，其余均为土坑墓，出土铜矛、铜镯、陶单耳罐、海贝等各类随葬品共 14 件及人骨 31 具。

从高寨墓地出土随葬品的种类和器形上看，其年代晚于为都墓地，约在战国晚期至西汉。高寨墓地石棺墓和竖穴土坑墓两种墓葬并存，石棺墓 M2 为一次葬；土坑墓 M1 为二次葬，M3 为一次葬，M4 为分层葬，共有 3 层一次葬人骨，头厢内放置大量二次葬人骨，在墓葬形制和葬俗上与为都墓地接近。随葬品方面，两个墓地出土的陶器都以单耳罐为主，器形相似，但高寨墓地出土的陶器火候更低，陶质更差，更疏松，相对为都墓地陶器显出年代更晚的特征；高寨墓地出土铜矛 1 件，铜镯 2 件，为都墓地出土的铜器均为铜镯、牌饰等装饰品，前者也较后者更晚。综上，高寨墓地的年代较为都墓地年代更晚，为都墓地晚期墓葬的 ^{14}C 测年约在距今 2600 年，推测高寨墓地的年代在距今 2400 ~ 2000 年。

（周毅恒　闵　锐　杨志坚　和金梅）

【曲靖五里堆墓葬】

发掘时间：2021 年 8 ~ 9 月

工作单位：云南省文物考古研究所、曲靖市文物管理所、曲靖市沾益区文物管理所、曲靖市经开区社会事业局

五里堆墓葬位于曲靖经济技术开发区翠峰街道崔家屯居民小组东北的缓坡地带，系一座具有封土的墓葬，此类墓葬俗称为“梁堆墓”。

2021 年度为配合城市道路建设，经国家文物局批准，由云南省文物考古研究所主持并联合相关单位对五里堆墓葬开展抢救性考古发掘工作，发掘面积 400 平方米。

墓葬残存封土平面近椭圆形，长 10 米、宽 6 米，残高 1.4 ~ 1.8 米，面积约 60 平方米，未发现夯筑痕迹。封土堆积从上至下共划分为 17 层，第⑦层以上被多次扰动，非原生堆积。第①层至第⑮层堆积内发现有形状不规则、分布无规律、大小不一的砂岩石块、石板。发掘过程中，封土上共发现深浅不等的 5 个盗洞，最深的盗洞 D1 开口于第①层下，打破墓室西北角，对墓室造成严重破坏。

墓葬由墓门、墓道、墓室和内外排水系统构成的砖石混筑封土墓。其修筑方式为在缓坡之上先平整土地，之后挖掘土圹，修筑排水系统，再以石板、石块围砌墓室，最后封盖墓葬形成封土。由于墓室与墓道垮塌严重，墓顶构筑方式不明。墓室平面呈长方形，长 3.62、宽 2.21、深 0.5 米，墓道平面亦为长方形，长 1.54、宽 1.19 ~ 1.28、深 0.31 米。墓道底部比墓室底稍矮。因破坏严重，墓室内未见人骨及棺椁痕迹，葬具与葬式不明。墓底铺砖为灰陶砖，形制有方形、长方形、梯形，少量墓砖具有榫卯结构，部分墓砖侧面有菱形花纹。墓室及墓道下共有垫土五层，三层为炭屑、灰烬层，其间以含大量烧土的红土相互间隔，起到防潮、防虫的作用。垫土四周有一条宽 0.22、深 0.17 米的排水沟，底部填充黄褐色细砂土，土质致密。墓室垫土之上布设呈南北向树状结构的排水沟，主干长 8.11、宽 0.18 ~ 0.36 米。四条两两相对的分支长 0.69 ~ 0.83 米，宽 0.08 ~ 0.12 米，自北向南经墓道中部连接墓门外的排水沟。墓室内排水沟均以石块覆盖。墓门外的排水沟残长 2.5、深 0.1 米、宽 0.3 米，沟底依地势由北向南倾斜，沟两侧及顶部均以石块镶嵌，便于排水。

由于历史上多次被盗，墓室内随葬品已不存，仅发现少量残碎陶片。盗洞中还发现有铜器残片，器形不明。

参考曲靖盆地同类型墓葬材料，依据墓葬砖石混筑的结构特征，初步推测墓葬的年代为汉晋时期，墓主人或为当时曲靖地区拥有较高权势地位的南中大姓家族成员。五里堆墓葬的发掘，丰富了滇东地区封土墓的材料，对研究汉晋时期的葬制葬俗及南中大姓历史提供了重要资料。

（康利宏）

【昆明市晋宁区安江北遗址】

发掘时间：2020 年 9 月 ~ 2021 年 1 月

工作单位：云南省文物考古研究所、晋宁区文物管理所

安江北遗址位于晋宁区晋城镇古城村北，海宝山山脚下，西距滇池东南岸约 1.2 千米，北距海宝山遗址约 300 米。遗址在 2008 年“滇池区域史前聚落形态考古调查”项目中发现。遗址面积约 12.3 万平方米，此次发掘面积 4000 平方米。遗址地层扰动较为严重，堆积不连续，根据地层堆积的连续性将遗址分为三区，一区为发掘区南部及东西部，二区为发掘区中部，三区为发掘区北部。文化层堆积厚 0.8 ~ 2.6 米，分为 12 层，共 23 亚层，三个区之间的地层堆积对应关系不尽相同。遗址最底部为湖相自然沉积。

发掘清理的遗迹编号 124 个，集中在二区和三区，类型主要有沟、灰坑、螺壳坑、柱洞等，其中沟的数量最多，编号 55 条，其次为灰坑，编号 24 个，其余遗迹螺壳坑 3 个、柱洞 42 个。出土陶器、石器、动物骨、玛瑙石等类型遗物众多。各地层均有少量动物骨出土，经过初步鉴定，动物种类有黄牛、水牛、猪、羊、狗、马鹿、鹿科、猫科以及中、大型哺乳动物。

根据出土器物特征，遗址的地层堆积可分为明清时期和滇文化时期。明清时期地层又可分为早、晚两段。明清时期晚段文化层为红褐色粘土，出土遗物有少量的青花瓷片、酱釉瓷片、泥质灰陶片、瓦片等。该层堆积在整个遗址发掘区均有分布；明清时期早段文化层为螺壳夹褐色黏土堆积，螺壳大多较为破碎，出土遗物除了有瓷片、瓦片等，还有滇文化时期的夹砂红陶片，为滇文化堆积被明清时期人类活动扰动所形成。该时段堆积主要分布于发掘区的二区和三区。滇文化时期地层分为螺壳堆积和细碎的角砾层堆积，集中分布于发掘区的三区。滇文化时期遗物以典型的夹砂红陶和灰陶为主，器形有同心圆纹盘、子母口小钵、小浅盘、高领罐、陶纺轮等；角砾层内几乎不包含任何陶片等人工遗物。角砾层中湿筛出较多玛瑙石碎粒，大多没有明显的加工痕迹，需要进一步分拣及微痕分析。

由兰州大学资源环境学院西部环境教育部重点实验室根据采集的 1 个剖面（2020YJATN4E13 南壁）共 20 个样品，地层内出土的木炭、朽木或动物骨的测年结果显示②、③层为清代（距今 300 ~ 400 年），④、⑤层为明代（距今约 600 年），⑥ a 层为滇文化时期，距今约 2200 年（西汉初）。⑥ a 层以下为距今 2.8 万 ~ 4.7 万年之间的湖相自然沉积。

（李小瑞）

【大理太和城遗址】

发掘时间：2021 年 9 ~ 12 月

工作单位：云南省文物考古研究所、大理州文物管理所、大理市文物保护管理所

2021 年度联合考古队对太和城内城东部区域开展考古发掘，发掘面积 2200 平方米。发掘共揭露建筑基址 5 座、石墙 3 道、排水沟 8 条，出土有字瓦、瓦当、滴水等标本器物 6800 余件。

七号建筑位于内城正中偏东位置，依地势坐西向东，从东往西依次由台阶、门廊、东廊道、南北廊道、大殿等组成独立院落。院落面阔 57.5 米，进深约 90 米，此次发掘揭露部分为门廊、东廊及南北廊道局部。东廊道及门廊处于石砌高台之上，高于东部地表 1.8 米。高台中部门廊东侧设台阶，台阶宽 4.5 米，南北两侧以石块围砌，东侧铺砌青砖。上台阶之后为门廊，门廊面阔 19、进深 5.6 米，中间门道宽 3.9 米，地面斜铺绿釉方砖。门廊两侧有较多磉墩及柱础，柱础石为

白色不规则石块，开凿有边长 10 厘米的方形榫孔。门廊西侧以卵石铺砌成路面穿过天井，路面下有排水沟，排水沟上铺石板形成暗沟。

天井东侧及南北两侧均为廊道，廊宽 5 米。廊道外侧均垒砌石墙，沿墙分布有间距 4.1 米的磉墩；廊道内侧采用石块围砌成边，沿边亦分布有圆形磉墩，与外墙磉墩相对应。南北廊道对称分布，自东往西沿地势呈斜坡状抬升，与天井西部的正殿相连。正殿处于高台之上，勘探发现正殿以石块垒砌成石墙，南北两侧有回廊，回廊以青砖和绿釉方砖铺砌地面。七号建筑门廊、正殿处均发现有大量的瓦砾堆积，发现有莲花纹、兽面纹及法轮纹瓦当。

七号建筑北侧并列分布有十八号建筑，仅揭露建筑一角，具体结构布局不明。七号建筑东南角、东北角分别有两道石墙（Q22、Q23），石墙连接七号建筑并继续向东延伸。

八号建筑叠压于七号建筑之下，分布范围超出发掘区，仅揭露对称分布的南北廊道局部。南廊道北侧分布有排水沟 G18，北廊道南侧有排水沟 G16，两排水沟相距 57 米，均为院内排水沟。建筑采用黄褐色、红色粘土夯筑为基础；磉墩均为圆角方形，采用碎瓦片及黏土层层交错夯筑。磉墩南北间距 3.2 米、东西间距 4.6 米。

九号建筑南部的石墙叠压于八号建筑的夯土基础之下，南北面阔 42.3 米、东西进深大于 13 米。建筑南北两侧石墙垒砌整齐，东部正中位置凸出有宽 7.5 米石砌台基，应为门道。

十号建筑叠压于九号建筑之下，为南北面阔达 66.5 米的大型台基。台基东西进深未能完全揭露，揭露部分进深 28 米。台基采用大石围砌，东部现存围石高 1.1 米，围石下方设有排水沟。台基东部正中有宽 14 米的凸出台阶，应为门道。台基范围内没有发现磉墩，仅发现部分柱洞。

根据出土遗物判断，发掘揭露建筑的年代应为南诏时期。该时期的建筑大多为东、南、北三面有廊道的独立院落，西侧正殿居中。七号、八号、十号建筑体量大、规格高，连续的叠压关系反映内城区域的建筑延续使用时间较长，为分析内城结构布局变化及功能性质沿革提供了重要资料。

（朱忠华　周毅恒　李建新）

【昆明市东川普渡河明清冶铜遗址】

发掘时间：2021 年 2 ～ 3 月

工作单位：云南省文物考古研究所、东川区文物管理所

普渡河冶铜遗址位于昆明市东川区舍块乡新店房村西普渡河和金沙江交汇处的东岸台地上。在开展白鹤滩水电站文物考古调勘时，发现遗址范围内散落有铜矿石和炼渣，部分区域可见炼炉残留。遗址文化层较薄，遗物多散落在乱石地面上，遗迹也几乎裸露在地表。遗址上方还分布有铜矿洞。矿洞在金沙江南岸山体上，高出遗址约 60 米，保存基本完好。矿洞共 8 个，洞口为圆形，口径约 2 米，深几十米不等。调查时判断该遗址为清代中后期的冶铜遗址，面积约 360 平方米。

为配合白鹤滩水电站的建设，云南省文物考古研究所主持对普渡河冶铜遗址进行了考古发掘，发掘面积 360 平方米。此次考古发掘在被破坏了的遗址核心区域北面坡地布设了 3 个 10×10 米的探方。发掘区的地层基面为大量自然形成的乱石，炼渣和红烧土散落在乱石基面上。在对遗址进行发掘的同时，考古队还对个别矿洞内进行了发掘。

普渡河冶铜遗址下游约 5 千米处即为著名的茂麓冶铜遗址。史料记载："茂麓铜厂在东川府会泽县境内，乾隆三十三年（1768 年）开采，为岁获铜多寡不等。乾隆四十三年（1778 年），定年额铜二十八万斤。九龙、杉木等子厂及汤、大各厂，均归入茂麓报解京运。"通过考古工作可以判定普渡河冶铜遗址

及周围区域曾经进行过铜矿采冶活动，它和下游的茂麓厂可能存在一定的联系。

（万 杨）

【通海老窑沟遗址】

发掘时间：2021 年 9 月

工作单位：云南省文物考古研究所、玉溪市文物管理所、通海县文物管理所

老窑沟遗址位于玉溪市通海县河西镇汉邑村，河西坝子西北边缘的山地上，东南距汉邑村委会小村约 400 米，2021 年 6 月在弥楚高速公路施工时发现。老窑沟遗址面积约 2000 平方米，瓷片堆积较密集，窑床出露的核心区面积约 500 平方米，此次发掘面积 198 平方米。清理的主要遗迹为龙窑窑床两条，出土大量瓷片。

窑址整体分布于西高东低的山坡地上，清理的两座龙窑窑床位于窑址西侧高地，瓷片堆积主要分布于东侧低洼区域。龙窑窑床编号 2021TLY1、2021TLY2，西北至东南走向，Y1 打破 Y2，两座窑均为西端较完整，东侧残损。其中 Y1 残长 7.97 米，残宽 4 米，Y2 残长 5.6 米，残宽 4.5 米。两座窑址修建方式基本一致，内为窑床，为规整的正方形，周围以泥砖围砌，窑床上铺青砂，最外层围以石块。

窑址东侧低洼地瓷片堆积应为当时窑厂瓷器废品堆放地，分层明显，堆积由西到东逐渐变厚，最深处 1.9 米，清理各类器物标本 1000 余件。器形有碗、盘、罐、壶、盆、盏、灯盏、球、支烧、支钉等，以碗数量最多。釉色有青釉、青花、酱釉，以青釉素色为主。总体来看，大形器物如罐等基本为酱釉；碗有青釉、青花，青釉居多；盘类器物基本为青花。

根据出土器物以及走访当地村民信息，初步推断该窑址延续时间较长，约从清代中期开始至 20 世纪七十年代结束，烧制技术成熟，烧制器物品种繁多，为通海县近年发现的第一座窑址，是研究当地清代至近现代社会生活形态及手工业、工商业发展历史不可多得的实物资料。

（李小瑞）

【大理太和城遗址考古调查与勘探】

调勘时间：2021 年 3 ～ 12 月

工作单位：云南省文物考古研究所、大理州文物管理所、大理市文物保护管理所

2021 年度联合考古队继续对太和城遗址进行调查勘探，勘探主要围绕金刚城区域开展。金刚城地处苍山鹤顶峰余脉核桃山山顶，是太和城地势最高处，面积约 6 万平方米，城墙沿山顶边缘分布，东门、南门处均设置瓮城。

金刚城西端现白王殿，周边建筑遗迹分布密集。白王殿西侧的建筑基址平面布局呈开口向东南的“U”字形，中央为天井，天井东、北、西三面均有建筑环绕。有夯土墙将建筑分隔成多间，东侧两间大小相近，南北面阔约 20、东西进深约 16 米；西侧两间略呈长方形，南北面阔约 23、东西进深约 12 米；北侧一间东西面阔约 13、南北进深约 12 米。建筑大多有铺石地面，铺石上原应有青砖。在部分铺石上发现圆形榫孔，此外不见明显的磉墩。

白王殿南侧的十一号建筑地处山顶中央位置，北部被白王殿破坏，残存南部。残存的南侧夯土墙呈东北至西南走向，残长 14.9 米，墙内有两个磉墩，间距 3.6 米。夯土墙内外两侧均以绿釉方砖铺地，南侧铺砖应为回廊。铺砖地面上有大量倒塌瓦砾堆积，夹杂少量木炭。十一号建筑东南 3.2、13.2 米处分别有两道平行走向的石墙，石墙范围内有大量瓦砾堆积。白王殿北侧亦发现有上下两层相互叠压的建筑，上层建筑规模较小，磉墩内发现一片有字瓦，似有“寺”字；下层建筑建造做法与白王殿西侧建筑相同。

金刚城中部建筑遗迹分布也较为密集。

十四号建筑顺山势朝向东南，北、西、南三面有石墙环绕；建筑面阔五间 28.2 米，进深三间 20 米，磉墩面阔间距 5.3、进深间距 6.3 米；磉墩为以碎瓦填充的圆角方坑，边长约 1.2 米。十四号建筑下叠压有十五号建筑，仅残存 7 个圆形磉墩。

十四号建筑东南角被十二号建筑叠压。十二号建筑东部残缺，南、北、西三面有石墙，面阔 9.8、进深 6.1 米。建筑内有一窑址，窑室东西进深 3.8 米，里面包含有大量砖瓦构件及部分佛像残件。十二号建筑应与烧窑有关。

金刚城北部的北城墙下发现有十七号建筑。十七号建筑朝向东南，四周有宽约 1 米的夯土墙。建筑原面阔应为五间 20.5 米，因东面一间垮塌，现存四间面阔 17.4 米，磉墩间距 4.1 米；进深为四间 14 米，磉墩间距 2 ~ 3 米不等。柱础为中央有榫孔的方形红砂岩。地面铺青砖，砖下平整铺垫一层石块。

勘探还发现太和城北城墙打破金刚城北城墙，金刚城的修筑早于太和城北城墙。从出土遗物及建筑形制来看，金刚城内发现的建筑多属于南诏时期，但也有部分晚至元明时期。因金刚城沿用时间较长，要确定其不同时期的结构布局及功能性质尚需继续开展工作，但在南诏初期，金刚城作为太和城军事卫城的性质是明确的。

（朱忠华　周毅恒　李建新）

【瑞丽广贺罕城址调查及勘探】

调勘时间：2021 年 3 ~ 10 月

工作单位：云南省文物考古研究所、德宏州文物管理所、瑞丽市文物管理所

广贺罕古城遗址位于瑞丽市勐卯镇姐勒村委会棒蚌村、允闷村与卡南农场九队之间一片东南—西北走向的山头上，地处瑞丽坝的东北端，南临瑞丽江，隔岸为缅甸木姐，当地俗称“国王坡”。城址海拔 775 ~ 863 米，遗迹有宫殿、阅兵台、象房、洗象塘、城壕、演兵场、主大街、东城门等。

调勘工作在遗址区中部选点浇筑永久基点。运用数字化管理平台布设规格为 500 × 500 米网格，进行编号管理。对城址范围内进行钻探，探孔布设为 10 × 10 米或 30 × 30 米一孔，有遗迹现象，探孔加密为 5 × 5 米或 3 × 3 米一孔，以确认文化堆积范围。钻探确认有堆积和壕沟处开设 2 × 2 平方米、2 × 10 平方米探沟，按照专业标准提取各类遗物，进行系统的植物、动物、土样、陶片等采样。运用数字化测绘仪器对发现的遗迹遗物进行精准测量，完善遗址总平面图，完成探沟平面图等图纸的测绘；运用影像建模技术对发现的遗迹进行三维模型建模，完成数字模型、遗迹平剖面图的精准测绘。

调查总面积约 315 万平方米，除水面、陡坡和硬化地面无法钻探外，实际钻探面积约 170 万平方米，共钻探孔 1693 个。布设探沟 7 条，清理城址地层剖面 7 处、墙断面 3 处。调勘确认古城面积约 265 万平方米，西、北、东北三面有人工挖掘的城壕围绕，城壕总长约 4120 米，除北城壕发现疑似残存 70 米一段，东北城壕一段约 548 米保存较好以外，其余部分均被破坏或叠压于民房下，遗址东、南两面则利用险要地势进行防御。城墙仅在东北角发现一段，南北向，现存长度 223.8 米。城门仅有东门能确定具体位置，西门和北门只知大概位置。城内文化堆积破坏严重，西部现存面积约 7 万平方米，堆积厚 0.15 ~ 0.55 米，发现壕沟 2 条，出土遗物最丰富。中部现存面积约 1.2 万平方米，厚 0.2 ~ 0.9 米。东区发现两处文化堆积分布区域，西北部残存面积约 50 平方米；东部山顶台地现存面积约 6 万平方米，文化堆积厚 0.3 ~ 0.7 米。

调勘工作确定了广贺罕古城遗址的范围，确认了城墙、城壕的走势及现状，明确了城

内文化堆积的分布和保存情况，新发现了若干重要遗迹，出土了一批重要遗物，梳理了城外与城址密切相关的古代遗址和遗迹，丰富了我们对广贺罕古城遗址的认识，为遗址将来的整体保护提供了重要依据。

通过调勘，基本确认广贺罕城址是明代早期麓川地方政权修筑的一处重要城址，该城址规模宏大，地方特征明显，出土遗物较丰富，对于我们了解傣族历史文化的发展，中央王朝对西南边疆地区的经略，丰富丝绸之路南亚廊道的内涵有重要意义。

（周毅恒　闵　锐）

西藏自治区

【康马县玛不错遗址】

发掘时间：2021 年 7 ～ 8 月

工作单位：西藏自治区文物保护研究所、中国科学院青藏高原研究所、北京大学考古文博学院、康马县文化旅游局

玛不错遗址位于康马县嘎拉乡境内玛不错东南面的湖岸阶地上，海拔 4430 米。2019 年夏，以中国科学院青藏高原研究所和西藏自治区文物保护研究所为主组成的第二次青藏高原综合科学考察研究“人类活动历史及其影响”科考分队，在年楚河河源区开展调查时首次发现该遗址。2020 年夏开始，由两家单位组成联合考古工作队，对玛不错遗址进行正式考古发掘，2021 年度北京大学加入联合考古共同开展工作。

2020 年发掘探方、探沟 5 个，面积 100 平方米。在Ⅰ区北部清理了遗址文化堆积和 3 座墓葬；Ⅰ区南部发掘了 1 座墓葬。Ⅱ区发掘 2 处火塘遗迹。2021 年，在Ⅰ区布置探方、探沟 9 个，发掘面积 100 平方米，发现墓葬 6 座（北部 4 座、南部 2 座）、灰坑 2 个、石构 1 处、石墙 1 处、踩踏面 1 处。遗址Ⅰ区北部地面做了样方（2×2 米）10 个进行地表遗物采集；调查地表石构遗存，其中疑似墓葬 80 处、石构 7 处、单体石块若干。

墓葬主要分布于Ⅰ区北部山梁和南部山坡、山脚，Ⅱ区内目前没发现墓葬。墓葬形制有石棺墓（单室和多室两种）、竖穴土坑墓（21KMNM6），葬式主要有俯身抬头直肢葬、二次捡骨葬、疑似的“乱葬”三种类型，葬具有木质葬具（尚不确定是否为标准的木棺），类似石椁木棺形制。

Ⅰ区遗址文化地层出土有大量的木炭、动物骨骼、陶片、石器、骨器（鱼卡、骨锥、骨针、簪、骨扁珠）、蚌饰品、滑石珠、玉管珠、纺织物等遗物。打制石器不发达，磨制石器数量较少。2020 年度出土陶器形制为圈足和平底，2021 年度发现了圜底的器型，但仍未发现完整器。陶片多数为夹砂灰陶（灰黑陶）、褐陶（红褐陶），器形有罐、盘（盆）或钵，纹样以刻划纹为主，还有戳点纹、压印纹、抹划纹、附加堆纹等。

发掘出土的动物种类有哺乳类的藏原羚、马鹿、麝、高原兔（很多）、旱獭、盘羊（待定）；鸟类均为水鸟，有鸬鹚、绿头鸭、白骨顶；鱼类有本地裂腹鱼等。稳定同位素分析显示，鱼类在玛不错人的食谱中占据重要地位；植物考古方面，浮选出了粟、黍、稻，根据木炭遗存分析，周边有乔木、灌木，环境优于现在。出土的人骨观察及古 DNA 结果显示玛不错人群与东亚人群联系紧密，可能起源古代中国北方黄河流域人群，未显现受到南亚人群的影响。

遗址暂划分为三个时期：第一期为距今 5000 ～ 4500 年，以发现的俯身直肢葬的石棺墓为代表；第二期距今 4500 ～ 4000 年，以出现二次葬、木质葬具的“石椁木棺”、土坑木棺墓葬，以及遗址大量的文化堆积为代表；第三期距今 4000 ～ 3600 年，以肢解的“乱葬”多室石棺墓，发现的火塘为代表。

该遗址不同于卡若文化的平底陶器、曲

贡文化的圜底和圈足陶器，是新的新石器时代文化类型，可称为“玛不错文化”；是海拔最高、年代最早的高原湖滨渔猎—狩猎的考古学文化，为西藏史前经济的多样性提供了一种新的类型。

遗址的石棺墓、俯身直肢葬、“石椁木棺”、陶器特征、粟黍水稻作物、磨制石器、骨蚌器类、人骨 DNA 等显示，该遗址与青藏高原东部的考古学文化有密切联系，同时不排除与南亚存在互动交流。

该遗址的发现为西藏中部（藏南谷地）的史前文化寻找到了距今 5000 ~ 4000 年前的“历史源头”，为构建西藏史前社会历史提供了重要实物资料。同时，为中国各民族交往、交流、交融与中华文明多元一体的形成提供了可信的佐证。

（夏格旺堆　童　艳）

【梅龙达普史前洞穴遗址】

工作时间：2021 年 7 ~ 9 月

工作单位：西藏自治区文物保护研究所、中国科学院古脊椎动物与古人类研究所、阿里地区文化（文物）局、革吉县文物局

2021 年度由西藏自治区文物保护研究所与中国科学院古脊椎动物与古人类研究所等单位组成的梅龙达普遗址联合考古队对梅龙达普遗址 1 号洞穴、2 号洞穴与 3 号洞穴遗址进行了系统发掘。

1 号洞继续发掘上一年度未完成的探方 T7，共出土标本 1200 余件，包括石制品、陶片、动物骨骼等。此外，2021 年又在 1 号洞内布设了一个 64 平方米的探方 T8 作为 2021 年的工作重点。该探方共出土标本 900 件，包括石制品、陶片等。T8 上部主要为扰动层，从 L6 开始发掘至原生文化层。文化层出土大量石制品，主要为“石核—石片”技术的石片石器，原料为单一的火成岩，石制品的形态特征与洞外历年发掘出土的石制品有所区别，判断该文化层年代有望突破梅龙达普 4000 年的上限。

此外还在梅龙达普 1 号洞洞口、2 号洞及 3 号洞进行了小范围试掘。1 号洞洞口及 3 号洞并未有新的发现，而 2 号洞则发现了原生文化层，出土的石制品为与 1 号洞 T8 相似的石片石器。

所有探方均已采集了炭样或光释光样品，部分层位采集了地层土壤分析样品，文化层的浮选土样也全部浮选完毕，室内分析与整理工作正在有序开展。

梅龙达普遗址经过几个年度的发掘，对 1 号洞口部分的地层堆积和古人类遗存已经有了初步的了解。梅龙达普洞穴体量庞大，认识洞穴各个部位的性质对于理解古人类在青藏高原的生存具有重要意义。2021 年度的发掘工作对梅龙达普史前洞穴遗址各个区位的文化面貌、年代研究和石器工业性质的确定将产生重要的影响。

（谭韵瑶　何　伟　王社江）

【波密县拉颇遗址】

发掘时间：2021 年 10 ~ 11 月

工作单位：西藏自治区文物保护研究所、国家文物局考古研究中心、中国科学院青藏高原研究所、林芝市文物局、波密县文物局

拉颇遗址位于林芝市波密县倾多镇巴康村巴托卡自然村，地处波得藏布左岸二级台地，东北高、西南低，海拔高度 2800 余米。

遗址发现于 2009 年村庄基建过程中。2011 年 10 月，西藏自治区文物保护研究所对遗址进行了调查与试掘，出土一批陶片与动物骨骼标本。

因近年新农村建设及山洪冲刷，已对遗址地层堆积造成局部破坏，经国家文物局批准，2021 年度联合考古队对拉颇遗址开展抢

救性考古发掘工作。

此次发掘采用常规考古与多学科相结合的方式，发掘面积计81平方米。共发现柱洞27个、墓葬1座、灰坑2座，出土石器、骨器、陶片、动物骨骼、植物种子等珍贵遗物。出土的石器以打制石器为主，磨制石器数量较少。打制石器多为以水晶刮削器、边刮器、端刮器、石叶为代表的细石器，少量为砍砸器、盘状砍砸器。磨制石器有双孔石刀、石凿、石斧、石纺轮等。陶器均为平底器，器类主要为陶钵和陶罐，多采用手制泥条盘筑制法，少数经慢轮修整。陶系以夹砂陶为主，有黑灰陶、灰陶、红褐陶，器表多经磨光。器表纹饰有绳纹、弦纹、斜线方格纹、附加堆纹、附加泥条、指甲纹、乳钉纹等。出土骨器可辨识者主要为骨锥和骨针。通过对出土的植物标本进行测年，确定遗址为新石器时代晚期遗址。

【日土县日冬墓地】

发掘时间：2021年9月

工作单位：西藏自治区文物保护研究所、阿里地区文化（文物）局、阿里地区文物保护研究所、日土县文物局

日冬墓地位于阿里地区日土县热帮乡龙门卡村芦布错与昆仲错之间的内乌哥桑曲东岸台地上，墓葬所在地势东南高西北低，海拔为4363米。该墓葬是热帮乡开展建设苗圃基地，在墓葬区所在处进行取土时暴露。

2021年9月，联合考古队前往实地开展了抢救考古清理，共清理4座墓葬及1处动物埋葬坑。此次清理出的较为完整的墓葬形制，均为竖穴土坑石室墓，无墓道，出土人骨、动物骨、铜器、铁器、陶器、木、贝、碳屑等遗物。其中M1与M4仅残留被大型机械翻动后的堆土，已不辨其地层与形制，只能按水平层向下清理剩余堆积，经村民介绍M1刚暴露时发现为一座双人合葬墓，平行屈肢侧卧，头部朝向相反，在头部周围均有陶器随葬。M4与动物埋藏坑K1相近，K1内出土较多羊头骨及马（驴？）骨。M2与M3位于墓地东南侧，相距约100米。M2清理前墓葬开口已完全暴露，墓葬形制保存较好，墓室内仅存下部堆积，出土人骨及墓室内筑石上发现有涂红现象。M3清理前墓室东侧已暴露，墓葬下方堆土上散落有人头骨和碳屑等遗物。清理后发现墓室仅存北侧与西北侧墓室结构及墓主部分遗骸，在墓主下方出土较多贝饰。

此次清理工作是近年来日土县开展的首次古墓葬发掘工作，在清理工作结束后队员们还对其周围进行了踏查，发现此处墓葬密集，由于水土流失等自然原因，随处可见疑似墓葬遗迹，整个墓地呈东西向分布于日冬山西麓，因此将此处命名为日冬墓地。经对出土部分骨骼^{14}C测年，其年代为公元前1700年。日冬墓地的发现，将会丰富这一区域的考古学文化面貌，对研究这一时期丧葬习俗及考古学文化有着重要意义。

（何　伟　拥　措）

【芒康县嘎达崩钦墓地】

发掘时间：2021年8月

工作单位：西藏自治区文物保护研究所、昌都市文物保护研究所、芒康县文化（文物）局

嘎达崩钦墓地位于芒康县纳西民族乡上盐井村和下盐井村之间的扎国西沟北侧山坡上，地处澜沧江左岸第二级阶地背后的半山腰，墓地主要分布在该山腰较为平缓的台地上，当地人称之为“嘎达崩钦”，意为水渠之上的台地，为新发现的一处墓地，遂命名为嘎达崩钦墓地。其具体地理坐标为北纬29°2′24.08″～29°2′16.54″，东经98°37′10.50″～98°37′29.33″，海拔高程在2805～2885米之间，墓地东西长约500米、南北宽约100米。该墓地由近年村民在开发瓜果基地和翻土过程中偶然发现，2021年8

月联合考古工作队在该区域进行基建考古工作之时对其中已经暴露出地面的两座墓葬进行了考古清理，通过 ^{14}C 年代测年和与其相近的云南等地的早期墓地比较，确认为一处青铜时代早期的墓地，具有重要的文物价值。

所清理的两座墓葬均为石棺墓葬，其墓圹为长方形竖穴土坑，直壁平底，其内用片状石块和石条砌筑成石棺，M1 南北向、内长 2 米，内宽 0.5 米，深 0.5 米。M2 西北东南向，石棺内长 1.9 米，内宽 0.6 米，深 0.65 米。两座墓葬均有盖板石，但均保存较差，墓室底部未铺底板石，但发现有木棺残块及其腐朽痕迹，可以判断出原有与墓室基本相当的长方形木棺。M1 墓室填土中发现有青石板材质制成的石镞一枚，长 9.8 厘米，最宽处仅 0.9 厘米，箭头四面打磨呈扁状，镞尾各面打磨成圆锥状。M2 墓室内未见任何随葬品。

通过对墓葬内出土的木块和人骨进行测年，该墓葬的年代均在距今 3000 年以上。与其相近的云南和四川等地的早期墓地初步比较，尤其通过其中出土的石镞比较，我们发现它与四川炉霍县卡莎湖早期墓葬、云南中甸纳古早期墓葬中出土的石镞基本相同，显示它们之间的文化面貌具有较多相同点，而且年代也基本相当，因此嘎达崩钦墓地的发掘对建立这一区域早期考古学文化框架具有重要的价值。

（赤列次仁）

【芒康县萨麦贡墓地】

发掘时间：2021 年 8 月

工作单位：西藏自治区文物保护研究所、昌都市文物保护研究所、芒康县文化（文物）局

萨麦贡墓地位于芒康县纳西民族乡上盐井村背后的萨麦贡（红土坡）山坡上，地处澜沧江左岸第二级阶地背后半山腰，墓地主要分布在该山腰较为陡峭的坡地之上。其具体地理坐标为北纬 98° 36′ 51.48″ ～ 98° 36′ 50.98″，东经 98° 36′ 49.87″ ～ 98° 36′ 53.70″，海拔高程在 2764 ～ 2827 米之间，墓地东西长约 120 米、南北宽约 115 米。该墓地于 2006 年 6 月由西藏自治区文物保护研究所与陕西省考古研究院、四川省文物考古研究院在此地进行澜沧江古水水电站淹没区调查时发现，并对已经暴露在外的 2 座残墓进行了清理。2021 年 8 月，联合考古队在该区域进行基建考古工作之时，对该墓地即将被冲毁的两座墓葬又进行了抢救性考古清理，通过 ^{14}C 测年和与其相近的云南等地的早期墓地比较，确认为一处青铜时代早期的墓地。

M1 发现于墓地所在靠冲沟位置，由于该地处在陡坡上，水土流失严重，墓葬即暴露在地表，通过墓葬所在地势判断，墓葬距离原地面约 1.5 米。南北向，墓圹为长方形竖穴土坑，略显椭圆状，直壁平底，其内用片状石块和石条砌筑成石棺，棺内长 1.7 米，内宽 0.6 米，深 0.65 米。石棺顶部用四块大小不一的青石板做盖板，均保存完整，未见底板石。M1 内保存有完整的一具人骨，仰身直肢葬式，头向南，似面朝西，颅骨位置处用两块石块固定，上身处因渗水，人骨腐朽较严重，而下身则保存较好。墓室内有明显的木棺葬具，其中西侧板尚有保存，其他木板区域亦见有腐朽后的痕迹，判断为与墓室基本相当的长方形木棺，墓室内未见任何随葬品。M2 位于 M1 西北约 1.8 米处，为一座残墓，南北向，仅存半余石棺。内长 1.5 米，内宽 0.6 米，所见深 0.6 米，贴壁砌石均厚 0.2 米。该墓葬盖板石早已破坏，未见底板石，墓室内遗物和遗骨均已破坏殆尽。

通过对墓葬内出土的木块和人骨进行测年，其年代均在距今 3000 年以上。与其相近的云南和四川等地的早期墓地初步比较，显示它们之间的文化面貌具有较多相同点，而且它们的年代也基本相当，因此萨麦贡墓地

对建立这一区域早期考古学文化框架具有重要的研究价值。

（赤列次仁）

【定日县苏热遗址】

时间：2021年7月

工作单位：西藏自治区文物保护研究所、中国科学院古脊椎动物与古人类研究所、日喀则市文化局、定日县文物局

苏热遗址位于日喀则市定日县岗嘎镇南部约9千米，首次发现于青藏科考队1956年的珠峰调查中。2012年以来，联合考古队对该地点进行了多次复查，于2021年7月进行正式发掘。

苏热遗址发掘面积为16平方米，文化层厚约60厘米，出土了200余件标本，含石制品和陶片两大类。石制品原料主要为石英与石英砂岩。此外，2021年度在苏热山附近进行地表踏查时，在苏热遗址西北的一处冲沟里发现了少量夹杂在剖面中的人工石制品，故对此新发现地点进行了试掘，该地点目前命名为泽姆地点，2021年度共试掘约13平方米，出土了近400件石制品标本，原料同样为石英与石英砂岩，种类主要为石片、碎屑与零星工具等。

两个探方均采集了光释光样品与地层土壤分析样品。年代学方面，采集了多个放射性碳测年样品，经分析后，苏热遗址的年代在距今3007～1532年。此外，光释光样品也正在检测分析中。泽姆地点未采集到放射性碳测年样品，因此主要通过光释光测年方法来建立年代框架，样品目前还在检测分析中。

苏热遗址此前的材料仅限于地表采集石器，缺少遗址地形地貌、具体年代等信息，此次发掘对厘清苏热遗址的分布范围、年代、地层关系和文化遗物情况，了解苏热遗址的文化面貌和时空框架有重要的意义。

（谭韵瑶　杨紫衣　何　伟　张晓凌）

【札达县桑达隆果墓地】

发掘时间：2021年7～9月

工作单位：西藏自治区文物保护研究所、阿里地区文化（文物）局、札达县文物局

桑达隆果墓地位于西藏自治区阿里地区札达县桑达沟沟口，地处喜马拉雅山脉西段北麓，海拔3700米，地势北高南低，属山地半荒漠与荒漠地带。桑达隆果即藏语Sangsdar lung mgo的音译，意为“桑达沟口”。该墓地于2017年12月被首次发现，因墓葬形制及出土遗物体现出了独特的考古学文化特征，被国家文物局纳入“考古中国”项目，予以重点文物保护专项资金支持。经过西藏自治区文物保护研究所、札达县文物局2017～2020年的考古发掘，现已取得阶段性重要成果，并入选2020年度全国十大考古发现。

2021年清理发掘水沟1处，发现地表暴露墓葬5座，清理洞窟2座，出土动物骨、木、碳屑、陶片等遗物103件。确定了桑达隆果墓葬东区、发掘区域北侧隆起的土堆，是一处人工水沟被掩埋后形成的封堆，2021年度发掘仅揭露了水沟最西端一小段，水沟开在黄色沙土层上，上宽下窄，沟内填满大砾石。

桑达隆果墓葬东区北部有一组洞窟，为确定其是否与墓葬有时代共存关系，我们选择了两座洞窟做清理。K1位于崖体东侧第一排，该洞窟共由两个小室组成，窟壁上凿有小龛，窟内壁有厚厚的一层熏黑的烟炱。K2位于K1的西北端，处于崖体的第三层洞窟之上，因为崖体坍塌严重，不易进入。在洞内发现了碳屑、动物骨、晚期陶片等，却未发现早期人类遗存，但在洞窟口的堆积里却发现了早期陶片，这些早期陶片不排除是窟内早期古人类使用的废弃物，说明桑达隆果东区北侧洞窟依然存在有早期被使用过的可能。除此之外，在墓

地东区中部地表发现了打制石器。

2021年度工作在桑达隆果东区往东1千米的巴乌古日地点，发现了石器和岩画等文物遗存。2021年度的桑达隆果墓地考古发掘，拓宽了墓地的遗迹、遗物种类，丰富了其考古学文化面貌。

（何 伟 拥 措）

【札达县巴乌古日岩画及石器采集点】

发掘时间：2021年

工作单位：西藏自治区文物保护研究所

巴乌古日岩画位于阿里地区札达县，位于县城东北直线距离2.5千米处，处于象泉河北岸二级台地之上，西距桑达隆果墓地1千米。岩画零星分布在山坡岩石之上，均为密点敲啄而成，有剪影式画面、轮廓式画面和线条式画面，以动物为主要题材，共发现六幅画面。

第一画幅面上琢刻图像较为密集，有剪影式图像、轮廓式图像，也有线条式图像。岩石左上方第一幅图像为线条式牦牛，呈静立状，牛头高昂，牛背前部高鼓，牛角竖直后弯，腿部直立，尾巴上翘，尾端粗大。岩石右上方有5只剪影式大角羊图像，大角羊呈站立状，羊角对向弯曲，短尾上翘。岩石右下方有一组轮廓式动物图像。

第二幅画面共有两幅图像，上方为琢刻的轮廓式羊，两前腿弯曲向前，后腿向后，呈轻跃姿势，长脖前伸，两角向外弯曲；大角羊右下的琢点不甚清晰，疑似也为大角羊的形象。第三幅画面风蚀严重，琢刻内容涣散不清。第四幅画面左上方有一线条式大角羊，呈静立状，身后短尾下垂；其右下方为一个雍仲符；雍仲符右下方为不连续的琢刻点。第五幅画面为一只轮廓式牦牛，牦牛呈奔跑姿势，牛角内折，两前腿同时前迈，后腿直立，尾巴上翘，尾毛蓬松。第六幅画面为一前一后的两只剪影式羊，均呈静立姿势，羊角向外弯弧。

在岩画地点北侧0.4千米处即同一山坡的更高处，在地表发现了打制石器，目前尚未发现石器的地层埋藏关系，所有石器均系地表采集。该石器点与岩画点位置距离很近，且距札达县桑达隆果墓地也仅1千米，这两处遗迹点是重构西藏西部早期考古学文化非常重要的发现。

（何 伟）

【仲巴县顶琼洞穴遗址】

发掘时间：2021年7月

工作单位：西藏自治区文物保护研究所、四川大学考古文博学院、仲巴县文化（文物）局

顶琼洞穴遗址位于西藏自治区日喀则市仲巴县琼果乡东南直线距离约17千米处热珠村的一座板岩山半山腰及山顶处。该遗址于2018年首次由仲巴县当地干部群众通过自媒体对外发布，2020年考古工作人员首次到实地调查，2021年度为进一步探清该洞穴结构、堆积、内涵、起始及延续年代、性质等基础问题，经国家文物局批准，西藏自治区文物保护研究所联合四川大学考古文博学院对该遗址开展了考古调查测绘与发掘工作。

顶琼洞穴遗址洞口位于板岩山的半山腰处，宽约半米，深约2.5米。洞穴为自然形成的地下溶洞，分为上下两个洞穴。上层洞穴总体东向西斜坡曲折延伸，总长67米，宽2～14米，高1.5～11米，其最尽头处有一孔竖洞连接下层洞穴，竖洞基本垂直，深达14米，下层洞穴在竖洞末端两侧分布，总长约50米。根据上下洞穴内洞厅及廊道的分布，将上层洞穴分区为SG1、SG2 、SG3、SG4；NG1、NG2、NG3、NG4八个洞厅以及P1、P2两个廊道，下层洞穴分根据左右分区为LG1R、LG1L两个洞厅。

洞穴内地面上混杂堆积大量的人类骨骼

以及动物骨骼遗存，这些骨骼遗存主要集中于几个洞厅和支洞内，少数分布于廊道上，各洞厅内人类和动物骨骼的比例、动物的种属分布并不均一。总体上讲，上层洞穴以动物骨骼居多，下层洞穴内以人类骨骼为主。所见动物骨骼主要有羊科、牛科、马科等动物的头骨和肢骨，亦见猫科动物、犬科动物骨骼；人类骨骼主要以肢骨为主，上层洞穴很少见颅骨，而下层洞穴一处则见大量颅骨有意堆积。通过初步估算，整个洞穴内堆积人类个体数至少100件，动物个体数至少350件。

洞穴内人类遗物较少，遗物主要见于编号SG2洞厅内，此处发现有较为明显的人类遗物堆积，另在编号SG3、P1廊道上的试掘的灰堆及上层支洞、下层洞穴内发现有少量人类遗物，主要包括陶质、铜质、铁质、木质、竹质、纺织品、竹器等各类遗物27件（套）。

通过2021年度考古工作和相关测年数据，我们基本确定该洞穴遗址为一处秦汉时期持续利用的人类活动遗存，其性质初步判断为一处早期的洞穴丛葬遗存，此类墓葬遗存为西藏罕见，它为研究西藏早期丧葬习俗提供了重要的资料。通过遗址年代及少量出土的遗物初步判断，顶琼洞穴遗址考古学文化面貌与其相邻的喜马拉雅山脉南麓的木斯塘以及西藏西部阿里地区早期考古学文化相类似，它对研究西藏西部的早期历史和跨喜马拉雅山地文化交流具有重大学术意义。该遗址是西藏单个遗址发现人骨、动物骨骼数量的最大遗址，目前正在对洞穴遗址内采集的生物样品开展体质人类学、动物考古学、古DNA考古等多学科研究，有望获得丰硕的成果。该遗址地处海拔5000米的洞穴内，是目前所知中国海拔最高的考古遗址，可以说2021年度工作是一项极高海拔的考古探险，将产生强烈的公众考古效应。

（赤列次仁　吕红亮）

【边坝县昌果吉墓地】

发掘时间：2021年8～9月

工作单位：西藏自治区文物保护研究所、昌都市文物保护研究所、边坝县文化局

昌果吉墓地位于昌都市边坝县边坝镇登卡村东南约600米，地处麦曲右岸缓坡地。墓地所在地为西高东低的缓坡地，海拔约4020米，分布面积约万余平方米。

2017年4月下旬调查发现，墓地主要分布区的西北部有因取土石形成的大坑，发现被破坏的石棺墓以及因水土流失而直接暴露于地表的石棺墓近10座。

为了对怒江上游地区石棺墓遗存的形制、特征与文化内涵进行了解与研究，经报请国家文物局批准，联合考古队于2021年度对昌果吉墓地进行了考古发掘与地形测绘等相关工作。

发掘前后历时26天，发掘面积约70平方米。共发掘石棺墓14座、殉马坑1座、灰坑1个。14座墓葬中，有火葬墓3座、层叠式合葬墓1座、二层台墓2座。出土陶器、铜器、铁器、木器、石器、珠饰、绿松石片等各类标本40余件。测年数据表明，除M3的年代为东汉—东晋时期外，其他墓葬年代均为唐代。

（陈祖军　泽巴多吉）

【曲水县吐蕃时期巴类东摩崖造像】

调查时间：2021年8月

工作单位：西藏自治区文物保护研究所

巴类东摩崖造像位于拉萨市曲水县才纳乡才纳村白堆自然村（三、四组）东南约500米的巴类东日山，地处拉萨河下游，海拔为3610米。造像群分布区域山嘴南北长约95米，东西宽约40米，占地面积约6570平方米。2008年，开展西藏自治区第三次全国文物普查时期，对其做过相应调查，发现造像

共计 88 尊，并公布为县级文物保护单位。

2020 年末，开展全国石窟寺专项调查之际，西藏自治区文物保护研究所再次对其进行调查，根据崖面走势与造像空间分布特征，该地点共有 5 幅面面，造像自北向南依次命名为第 1 组至第 5 组，凿刻方式分为浅浮雕及线刻两种。凿刻于巴类东山西麓的崖壁及一块大石上，在崖壁上的造像整体走向为半月形，即从北侧崖面经西侧、南侧崖面顺序凿刻，加上山体西侧的一块巨石，其南北两面均刻有造像。

新发现巴类东第 1 组的 4 尊阴线刻佛像为吐蕃时期的石刻作品，分布于崖面西侧的高处，整个画幅又可分为上下两个部分，上部是大日如来为主尊的一佛二菩萨组合的题材造像及其吐蕃字体明显风格的隐约祈愿文题记，下部为一尊供养人形象。

造像总体风格与昌都、玉树、石渠等西藏东部发现的多处摩崖造像的风格基本一致，该地点是拉萨河流域继 2017 年发现的杰丁噶摩崖石刻群之后，又一特征明显的吐蕃时期摩崖造像。造像虽有不同程度的风化，但依旧可从光线斜射之际，看出其三叶冠、火焰纹背光、手持宝剑等细节，为典型的吐蕃时期造像。巴类东 4 尊吐蕃时期线刻造像丰富了拉萨河流域吐蕃石刻内容。同时，进一步延伸了巴类东摩崖造像地点的历史轴线，提升了该地点的文物价值。

（拥　措　图旦次朗　夏格旺堆）

【芒康县崩隆达摩崖造像】

调查时间：2021 年 1 月

工作单位：西藏自治区文物保护研究所、昌都市文物保护研究所、芒康县文化（文物）局

崩隆达摩崖造像位于昌都市芒康县帮达乡然堆村东南约 3 千米处的崩隆达岩壁上，海拔 3828 米。该摩崖造像早年就已发现，但未进行记录登记。2021 年在联合开展全国石窟寺（石刻）专项调查工作时对其进行了较为深入的调查。

摩崖造像画面所在岩壁整体走向为东北向西南，由两尊造像组成，整体阴线凿刻而成，凿点较大较深。

一号造像凿刻于崩隆达岩壁上，坐北朝南，造像为骑狮坐姿菩萨像，推测为文殊菩萨，保存较为完整。造像高度约 1.4 米，宽度约 1.04 米。桃形头光，头光与身光相接，尖端明显。面部稍转右侧，下颚宽平，双眉及双眼刻画明显，抿嘴。头戴巾帽（疑似），佩戴耳饰。左手持莲茎内屈置于左胸，右手外屈向上。双腿游戏坐，左腿内屈，右腿稍向外伸，跣足。仰覆莲座，仰莲部分尖端微凸饱满；覆莲部分呈两侧平铺侧视样式。坐骑呈狮子样式，张口圆目，双耳较短，颚下有卷曲鬃毛，四肢明显，爪呈鹰爪。兽头上方有疑似题记的藏文，但因受损严重，字迹分辨不清。

二号造像凿刻在坐东向西的一座大石上，应为早年从崖壁掉落。造像为坐姿佛像，高 0.95 米，宽 0.76 米。头部左侧残缺，身光残缺。面部圆润，下颚宽平，双眉相对，眉梢上翘，双眼和唇部均不清楚。左右收内屈置于胸前，原来双手可能成中平说法印。双腿左下右上，结跏趺坐。跣足。仰覆莲座，仰莲部分尖端微凸饱满；覆莲部分呈两侧平铺侧视样式。

通过对该摩崖造像的雕刻手法、题材内容、服饰特征等比对研究，崩隆达摩崖造像具有吐蕃时期（唐）摩崖造像的风格，它对于研究佛教艺术、唐蕃古道、茶马古道有着重要的意义。

（赤列次仁　拥　措　泽仁曲宗）

【芒康县纳日贡摩崖造像】

调查时间：2021 年 1 月

工作单位：西藏自治区文物保护研究所、昌都市文物保护研究所、芒康县文化（文物）局

纳日贡摩崖造像位于西藏自治区昌都市芒康县帮达乡然堆村玛龙组纳日贡山脚下，北距玛龙组约800米，海拔高度3849米。该摩崖造像早年就已发现，但未进行记录登记。2021年1月，西藏自治区文物保护研究所、昌都市文物保护研究所、芒康县文化（文物）局在联合开展全国石窟寺（石刻）专项调查工作中，对其进行了较为深入的调查。

造像分布于山脚连接地面的崖壁上，造像坐东朝西，雕刻有3尊佛像，分别为一号坐佛、二号立姿菩萨像、三号立姿佛像，另有一处晚期的六字真言刻字。一号坐佛、二号立姿菩萨像居于山体北侧的崖面上，三号立姿佛像居于山体南侧的崖面上，二者相距12米。

一号坐佛，高约1.6米，头光与身光为双重线椭圆形，并且头光为桃形，尖端明显。高肉髻，上有桃形小尖，总体呈塔状。双耳肥大，面部圆润，稍转右侧，下颚宽平，双眉及双眼刻画明显，白毫相基本位于双眉正中，抿嘴。外着僧祇支，内着三角翻领阔袖袍服，左衽，有单线衣纹。左手内屈置于腹部，右手持施无畏印，结跏趺坐。原来有莲座但已残缺不清。

二号立姿菩萨像，高约2米，头光与身光为三重椭圆形相接。高发髻，戴三叶冠，冠叶较长，呈三角形，下部相连。两侧冠叶尖部明显。双耳垂肩，饰有椭圆形耳饰。面部圆润，鼻子较宽，双眉及双眼刻画明显，白毫相基本位于双眉正中，抿嘴。双手结法定印，双脚立于莲座。身着三角翻领阔袖袍服，左衽，腰束带，袖口外翻，有单线衣纹，袍服下端掩至脚踝部。

三号立姿佛像，高约1.2米，距2号立姿菩萨像约10米。头光与身光为双重椭圆形相接。桃形头光，尖端明显。高肉髻，上有桃形小尖，总体呈塔状。面部圆润，下颚宽平，双眉及双眼刻画明显，白毫相基本位于双眉正中，抿嘴。外着僧祇支，内着三角翻领阔袖袍服，左衽，有单线衣纹。左手内屈呈说法印，右手外屈。立于仰覆莲座。仰覆莲座，仰莲部分尖端微凸饱满；覆莲部分呈两侧平铺侧视样式。

通过对该摩崖造像的雕刻手法、题材内容、服饰特征等比对研究，我们认为纳日贡摩崖造像具有吐蕃时期(唐)摩崖造像的风格，它对于研究佛教艺术、唐蕃古道、茶马古道有着重要的意义。

（赤列次仁　拥　措　泽仁曲宗）

【芒康县扎国叙B点摩崖造像】

调查时间：2021年1月

工作单位：西藏自治区文物保护研究所、昌都市文物保护研究所、芒康县文化（文物）局

扎国叙石雕位于昌都地区芒康县纳西乡下觉龙村查果西沟内，为一处吐蕃时期的摩崖造像，该点早年均有报道，其地理坐标为北纬29° 2′ 40″，东经98° 37′ 59.2″，海拔高度2774米。2021年1月，在联合开展全国石窟寺（石刻）专项调查工作时，在扎国叙石雕西约400米处又新发现一处摩崖造像，遂将原扎国叙石雕定为扎国叙A点摩崖造像，新发现的定为B点摩崖造像。B点摩崖造像地理坐标为北纬29° 2′ 10.89″，东经98° 37′ 12.49″，海拔高度2780米。A、B两点东西相距约400米。

扎国叙B点摩崖造像凿刻在A点通往觉木村的乡间道路拐角的峭壁之上，崖面向南，旁有简易的小桥和小溪流淌。摩崖造像所在的图像崖面基本呈长方形，高2.5 ~ 2.8米，宽5米，呈黄褐色，几近垂直，下部延伸至地面，顶部形成天然岩檐。东侧主尊位于离

地面 1.2 米崖面之上，其他造像位于其左侧偏上依次排列，直至崖面自然断壁，共计 6 尊造像。所有造像均系用连贯的阴线凿刻而成，造像区域有早期涂绘的红色颜料痕迹。

扎国叙 B 点摩崖造像从西向东第 1 尊为释迦牟尼佛像。双重圆形头光，双重身光，佛肉髻低矮，佛耳平垂，面相方圆，袒右肩，披帛，衣纹以规律化的弧线表示。左手结禅定印，右手施触地印，结跏趺坐于仰覆莲座之上。佛像通高 1.65 米、最宽 1 米。从西向东，自下至上第 2 尊为迦叶尊者。袒右肩，身披袈裟，面向佛站立，足下似有莲花座，但漫漶不清。通高 0.9 米、最宽 0.5 米。从西向东，自下至上第 3 尊为菩萨像。一重桃形头光，一重身光，头戴三叶冠，袒右肩，右手似持物，左手自然下垂，立像，但下半身被其下第 2 尊打破抹除。残高 0.55 米、最宽 0.44 米。从西向东第 4 尊似为毗卢遮那像。一重桃形头光，双重身光，头戴三叶冠，袒右肩，施禅定印，结跏趺坐于仰覆莲座之上。通高 1.05 米、最宽 0.8 米。从西向东第 5 尊似为菩萨像。一重桃形头光，一重身光，头戴三叶冠，袒右肩，左手持物，立像，足下有莲花座。通高 1 米、最宽 0.55 米。从西向东第 6 尊为一骑象座的普贤菩萨像。菩萨头光为单线头光，略称马蹄形，头戴三叶冠，袒右肩，右手举起，左手似持物，结半跏趺坐于仰覆莲座之上。坐骑在莲座下，大象背上垫有鞍垫，双足下有莲花座。通高 1.15 米、最宽 0.9 米。

通过对该摩崖造像的雕刻手法、题材内容、服饰特征等比对研究，我们认为扎国叙摩崖造像（B 点）具有吐蕃时期（唐）摩崖造像的风格，它对于研究佛教艺术、唐蕃古道、茶马古道有着重要的意义。

（赤列次仁　拥　措　泽仁曲宗）

【拉萨曲水温江多遗址】

发掘时间：2021 年 7 ~ 10 月

工作单位：陕西省考古研究院、西藏自治区文物保护研究所、西北大学文化遗产学院

2021 年度陕联合考古队对位于拉萨市曲水县才纳乡才纳村庞古组的温江多遗址开展了考古发掘，发掘面积 515 平方米，清理各类遗迹 18 座，获取各类遗物标本 739 件。

西南塔为三层土石结构塔基、覆钵塔瓶，平面呈折角“亚”字形，下层塔基保存较好，石砌台壁保存基本完整，边长 18.8 米。北部塔基外下部地层中发现一道东西走向的石基土墙及倒塌堆积，出土大量带釉或不带釉砖、瓦、白灰墙皮等。塔瓶夯土层夹杂灌木枝和东侧⑦层下灰坑内出土骨样的测年结果显示其年代为 8 ~ 9 世纪的吐蕃中晚期。

龟趺特征具有明显的吐蕃晚期特点，其下及周边清理出一座面阔 7 米的长方形房址基础，出土大量带釉及不带釉瓦件等，以唐风莲花纹瓦当和花边板瓦等最为典型。房址边缘东南侧小型祭祀坑内出土陶钵、泥塑动物、铜塑牦牛等可能与祭祀或奠基仪式有关的遗物。

遗址中部吾香拉康两侧的发掘发现了位于不同层位的东西走向的墙体及灰坑，最大发掘深度达到 7 米，出土遗物以带釉或不带釉砖瓦材料为主。拉康南侧探沟内第⑤层下灰坑内出土动物骨骼测年结果为 8 ~ 9 世纪的吐蕃中晚期，第⑧层出土碳样测年结果显示其年代为 7 ~ 8 世纪，即吐蕃早中期。

根据敦煌吐蕃藏文写卷的《大事纪年》（700 ~ 712 年）等的记载可知，温江多宫最早是作为太后摄政的别宫，由太后或大臣在此举行集会或会盟，赞普冬季亦偶居于此，为吐蕃离宫和行政中心之一。787 年温江多已作为“宫殿”发出赞普赤松德赞的文诰。吐蕃晚期，赞普赤热巴巾大力崇佛，在此地修建了辉煌的“九层”楼阁式塔寺——“温姜多誓愿祖拉康”。朗达玛灭佛后，遗址遭到毁

废。通过2021年度发掘，初步了解了温江多遗址中部及西南部的地层堆积与遗迹类型、结构、功能、时代等，白、绿、蓝、红、灰等色琉璃瓦建筑材料的集中大量出土，在内地和西藏以往的发掘中均较为少见。这些都为研究8～9世纪吐蕃高等级建筑、吐蕃王朝与周边地区文化交流、吐蕃至后弘初期卫藏地区佛教发展史等提供了宝贵资料，是制定遗址保护方案的重要基础。

（席 琳 张 博 张 娜）

【当雄墓地】

发掘时间：2021年7～10月

工作单位：西藏自治区文物保护研究所、浙江省文物考古研究所

当雄墓地位于拉萨市当雄县当曲卡镇当曲居委会，当雄县政府驻地西北约2千米处的念青唐古拉山脉果瓦那布日山东侧平缓坡地上，海拔约4300米。为配合国家大型基本建设，经国家文物局批准，2021年度，联合考古队对当雄墓地开展了抢救性考古发掘工作，共清理了31座封土墓，包括墓地南区1座大型封土墓M6和北区30座小型封土墓M7～M34、M41、M53。

M6位于墓地南区北部，2021年发掘区南部。M6由地上封土和封土下墓室结构组成，封土平面呈近圆形，立面呈覆斗状，南北长30米，东西长32米，高4米。封土中心发现长方形晚期盗洞通向墓室。封土基本由填土自下而上堆筑，局部有夯土，封堆内未发现遗迹遗物现象。封土下为墓室结构，由墓道、甬道、主墓室和南北两个耳室组成，墓道为竖井石砌墓道，三个墓室均为石室墓，主墓室为穹窿顶结构。墓室外围有两圈石墙，与墓室开口基本一致，内圈仅摆放1层石块，高低不平且局部缺失，外圈应为墓葬茔墙，平面均呈梯形，但两圈石墙不完全平行。M6出土部分人骨和3件陶片。

M7、M8、M9、M10、M11、M12、M13、M14、M15、M16、M17、M18、M19、M20、M21、M22、M23、M24、M25、M26、M27、M28、M29、M30、M31、M32、M33、M34、M41、M53均位于墓地北区，整体位于2021年发掘区北部，成片分布。地表封土平面基本均呈近圆形，平均直径约10米，最大直径约18米，最小直径约6米；平均高出地面约0.5米，最高约1.2米，部分墓葬地表基本看不出明显封堆情况。封土情况基本为自下而上堆土而成，局部有夯土。封土基本无遗迹遗物，封土下为墓室结构，墓室形制主要可分为石室墓和土坑墓两类，有的带有竖井墓道。墓室外围基本均有石墙，与墓室开口基本一致，石墙完残程度不一。小型封土墓未见明显的盗洞等痕迹，但基本随葬品极少，仅出土若干件铜铁器、少量陶片和珠饰等。出土人骨基本零散且不完整，可能为二次捡骨葬，未发现明显的葬具痕迹。随葬动物骨骼现象较多，包括狗、马、羊等。

当雄墓地考古发掘是首次对西藏境内的封土墓群进行大规模考古发掘的一项工作，墓葬形制和出土遗物均显示出其吐蕃时期文化特征，结合^{14}C测年数据，将墓葬年代初步定在7～9世纪，应属吐蕃时期文化遗存。同时出土遗存显示其与中原文化和周边其他地区考古学文化特征的相关性，展示了早期文化的交流与融合，为进一步了解西藏吐蕃时期考古学文化面貌、丧葬制度等提供了重要的实物资料，同时对于研究汉唐与吐蕃关系史，探讨物质文化交流史等具有重要意义。

【吉隆县唯色普石窟壁画】

调查时间：2021年8月

工作单位：西藏自治区文物保护研究所、吉隆县文物局

唯色普石窟位于西藏日喀则南部吉隆县，距吉隆县城东南约13千米，唯色普为藏

语（འོད་གསལ་ཕུག་），意为光明洞。在响应国家文物局“考古中国”的大课题背景之下，由吉隆县文物局干部从当地牧民处收集到信息后，发现唯色普石窟。2020 年 12 月，西藏文物保护研究所与吉隆县文物局共同完成对唯色普的考古调查工作。

唯色普仅有一处洞窟，编号为 K1，洞窟开凿于页岩山体上，石窟所处崖体为页岩，坍塌严重，可分为大小两个室。大室四壁绘有壁画用于礼拜，编号为 K1—1，窟内存留壁画绘制精美，为棋格状构图，壁画题材丰富。小室为生活用窟，编号为 K1—2。

K1—1 平面为圆角方形，南壁已毁，现砌建石墙，残高约 1.5 米。K1—1 壁画以草拌泥为地仗，其上抹一层细泥。西壁、北壁、东壁三壁均绘壁画。包括有蓝色摧破金刚、大日如来、文殊、观音、金刚手、度母、八十四大成就者、如来三十五众、四大天王、度母救八难等，除人为揭取的部分外，壁画保存状况基本完好，对其绘画风格与年代特征进行了较为细致的观察。

根据造像题材与风格，初步判断该壁画绘制时间不晚于 14 世纪，属元末明初时期，属于萨迦地方政权时期。唯色普石窟是目前吉隆县境内发现年代最早的石窟壁画，其壁画保存状况较好，且造像布局严谨，题材丰富，细节精湛，令人叹为观止。为研究该区域在这一时间段的佛教造像风格提供了重要的研究资料，具有十分重要的学术价值。

（何　伟　拥　措　丹增罗布）

【色林错环湖考古调查】

调查时间：2021 年 8 月

工作单位：西藏自治区文物保护研究所、中国科学院古脊椎动物与古人类研究所、那曲市文化局、申扎县文物局

2021 年度，联合考古队在色林错范围进行了环湖调查，此次调查主要在色林错南、沿公路两侧。对以往发现过的石器地点再调查的同时，也新发现了不少地表散落有石制品的地点，包括此扎俄玛石器地点、申扎镇北石器地点、仁那多村石器地点、错鄂南山坡石器地点等，均采集了数量不等的石制品，主要为石核—石片类型。

其中，此次调查在各听地点进行复查时，除了在以往报道中提及的各听山丘之外，还发现了规模庞大的石制品遗址群。该遗址群位于色林错的东南岸，在各听山周边的区域，石制品为高原较为原始的石核—石片石器，遗物密集、分布广，对其中两个地点进行了发掘，发现了一处含石制品的剖面，对该剖面采集了光释光样本和环境样本。该发现可以确切了解各听遗址石制品的年代，给综合研究提供基础，并以此探讨藏北高原地区石核—石片技术的分布与来源。

经过联合考古队多年的调查，目前在色林错沿岸共发现旧石器地点 9 处，其中尼阿底遗址在 2016 年经过了系统发掘，伶垌地点 2018 年经过了简单试掘，采集了光释光样本和环境样本。

（靳英帅　张晓凌　何　伟）

【纳木错环湖科考及羌塘游牧文化深度调查】

调查时间：2021 年 8 月

工作单位：四川大学、河北师范大学、西藏自治区文物保护研究所、西北大学、陕西省考古研究院、中国社会科学院青藏高原研究所、西藏大学、央视总台西藏总站

为进一步做好“纳木错环湖科考及羌塘游牧文化深度调查”工作，2021 年 8 月，在拉萨和那曲市县相关部门的大力协助下，多家单位组成联合科考队，以纳木错环湖岩画调查为主，对藏北游牧地区展开了科学考察。历时 21 天，对当雄、班戈、申扎及尼玛等四

个县境29处文物遗存点进行了调查，其中新发现岩画点6处、石器地点3处、石构遗址3处、石棺墓1座、洞穴遗址1处，其余均为复查文物点。此次调查新发现的岩画点均为涂绘岩画，值得注意的是，在开展纳木错扎西岛岩画点复查时，在原有的25个洞穴岩画点基础上新发现了28个洞穴岩画点及多种不同文化元素，现扎西岛岩画共达53个点，其题材由动物、人物及宗教图案组成，其中动物形象有牦牛、鹿、羊、马、狼、骆驼、鸟等。人物形象有武士、猎手、祭师、仕女等。宗教相关图案有佛、塔、雍仲、吉祥八宝，以及藏文题记等，此次从各岩画点采集了多个釉系法和 ^{14}C 测年标本。另新发现的3处石器地点，共采集了100余件石制品，种类包括石核、石片、工具及碎片/断块等。石构遗迹包括石阵、石圈、独立石，以及石片排列规整，呈几何图案组合的石构遗存。墓葬有土堆墓和石棺墓两种，新发现的班戈县谷列石棺墓出土了一具人骨，以及双耳陶罐和铜刀等随葬遗物，其中双耳陶罐与川西高原、昌都贡觉相皮和洛隆柔旺卡等石棺墓出土的双耳陶罐形制基本相同，制作工艺略显粗糙。

此次科考以纳木错环湖岩画调查为切入点，将人文学科和自然学科相互交叉融合，全面系统、科学有序地开展了调查记录和数据采集，其中科学采集了大量的岩画测年标本，有别于以往调查，这对研究藏北羌塘地区岩画文物点有了全新的认识和突破，同时新发现的一批文物点为研究藏北地区早期文化时空分布与源流，高海拔地区早期人类活动与演化等提供了新的实物线索和学术研究价值。

（罗布扎西　夏吾卡先）

【西藏阿里佛教遗存调查】

调查时间：2021年7～8月

工作单位：四川大学考古文博学院、西藏自治区文物保护研究所、中国藏学研究所

2021年度联合考古队继续开展西藏西部佛教遗存调查，对西藏自治区日喀则市康马县、定结县、吉隆县，阿里地区札达县、日土县、噶尔县和普兰县境内的佛教遗存进行考察，共调查寺院及寺院遗址、石窟寺、佛塔30多处，对其中已公布的地点进行了复核和更详细的数据采集，对部分近年新发现尚未详细调查记录的地点进行了全面的测量及数据采集。

除了上述遗址中的建筑、雕塑、壁画等之外，考察团队近几年来还着重对寺院及石窟中保存的古代文献进行了调查整理，目前已完成以札达县为中心的6个地点、共计600余函古藏文文献的调查及初步整理。这些古藏文文献主要收集自当地佛寺及附近石窟中，多为散页，零乱无序，此前基本没有经过完整、详细的整理；内容以佛经为主，形式基本为藏式长条书，包括写本、刻本两大类。写本纸张有传统藏纸、磁青纸，文字以墨汁、金汁、银汁或几种混合书写；一些写本佛经上发现有译跋、发愿文，部分写本上彩绘插图。综合写本纸张及装帧、藏文书写字体特征、文法、跋记愿文等特征，其时期为9～18世纪。经初步整理，上述古藏文佛经文献中所包含大乘显教、密教经续种类极其丰富，写本插图的绘画风格中呈现出克什米尔风格、尼泊尔风格及西藏中部风格等多种风格流派。古藏文写本中还发现有少数非佛经的文献，反映出古代阿里地区与中原王朝的密切联系。

西藏西部佛教遗存中呈现出的多元文化因素，充分说明了西藏西部作为文明交汇路口的重要意义。对西藏西部佛教寺院、石窟及古藏文写本等遗存的考察，不仅是西藏考古与历史研究中的重要领域，同时也是中国佛教考古中不可或缺、独具特色的一部分。

（杨清凡）

【西藏阿里后弘期初的佛教遗存与多民族交融考古调查】

调查时间：2021 年 7 ~ 8 月

工作单位：西藏自治区文物保护研究所、四川大学中国藏学研究所、中国社会科学院民族学与人类学研究所

“西藏阿里后弘期初的佛教遗存与多民族交融考古调查”是由西藏自治区文物保护研究所、四川大学中国藏学研究所和中国社会科学院民族学与人类学研究所等三家单位共同合作承担的国家社科基金重大项目，2021 年是该项目开展的第二个年度。

2021 年 7 ~ 8 月，联合调查队以壁画、造像、古籍遗存为主要调查内容，以考古学、历史学、美术学、藏学等多学科结合的田野调查方法，对阿里地区札达县、普兰县、日土县以及日喀则市康马县、岗巴县、定结县、吉隆县境内的 30 处佛教遗存开展了详细调查。其中包括 16 处石窟寺、9 处寺院、3 处寺院遗址、1 处宗教遗址及 1 处石碑。解读和辨识了各石窟及寺院壁画及造像的题材内容、艺术风格、相对年代，测量和绘制了石窟、寺院及遗址的建筑布局与形制，同时通过翻阅古籍了解了后弘期时期阿里与周边地区宗教上的交流与交融关系。

此次调查在补充以往研究的基础上，对传统阿里后弘期佛教遗存进行了全面、系统、深入的分析，梳理了后弘期时期阿里佛教遗存的发展规律和特点，对揭示阿里地区上路弘法的历史文化与多民族交往、交流及交融，以及理解“一带一路”视野下的“高原丝绸之路”起到了重要作用。

（旦增白云　图旦次朗）

【阿里日土龙门卡环湖遗址调查】

调查时间：2021 年 7 ~ 9 月

工作单位：陕西省考古研究院、阿里地区文物保护研究所、西藏自治区文物保护研究所、西北大学文化遗产学院、日土县文化和旅游局

2021 年度联合考古队在热帮河谷热帮措、昆仲措、洛布措三个小型湖泊环湖及之间区域共计调查遗存地点 36 处，其中 26 处为新发现地点，另外 10 处地点也在原有资料的基础上有遗迹、遗物类型的新发现及原有遗迹数量的显著增加。共计调查记录岩画 1372 组、石构遗迹 61 座、墓葬 22 座。岩画、石构遗迹、墓葬三种遗迹类型单独或组合构成一处遗迹地点；遗物类型主要有石器、陶器、铜器三种，以前两者为主。

岩画题材以牦牛、人物为主，此外还有羊、马、鹿、车辆、日月、图案、藏文等；制作技法以敲凿法为主，部分图像为敲凿法与磨刻法或刻划法相结合制作而成，仅扎冬地点发现三组红色彩绘图像或藏文；表现形式主要分为完全剪影式、不完全剪影式、轮廓式和线条式。石构遗迹包括单体的石框、立石、石片图案和石框 + 立石、石框 + 石片图案、石框 + 立石 + 石片图案的组合。墓葬可分为土石封堆墓葬和洞室墓两种。采集遗物以石制品为主，共计细石器制品 204 件、陶片 22 件、铜器 1 件。此外，还采集到动物骨骼、碳样、土样等 26 份。通过测年可知，察冬地点 1 号石构遗迹年代为公元前 2 世纪 ~ 公元 1 世纪，日冬墓葬年代为公元前 6 ~ 前 4 世纪，与岩画一同构成了早期金属时代该区域游牧文化遗存综合体。

总体来看，龙门卡环湖古代游牧文化遗存数量多、类型丰富，为研究该区域古代游牧文化聚落考古及其与周边地区的文化交流与联系提供了宝贵资料，是丝绸之路南亚廊道西线路网结构的重要组成部分。

（席　琳　其米仁增）

陕西省

【洛南夜塬旧石器时代遗址】

发掘时间：2021 年 3 ～ 11 月

工作单位：陕西省考古研究院、中国科学院古脊椎动物与古人类研究所、南京大学地理与海洋科学学院、洛南县博物馆

夜塬遗址位于商洛市洛南县四皓街道夜塬村，东距洛南县城约 4 千米，处在南洛河与其南部支流县河之间第二级阶地上，属于旷野类型旧石器遗址。为配合洛南县翠微花园工程项目建设，陕西省考古研究院对该遗址进行了考古发掘。发掘区域位于遗址东南部，发掘面积 500 平方米。

调查和勘探工作表明，该遗址地层堆积厚约 20 米，现已发掘至地表以下 12 米。目前可见的地层堆积可分为 18 层，其中第①～④层为表土和扰土层，第⑤～⑱层为旧石器时代文化层，其中⑤～⑦层出土遗物最为丰富，第⑧层以下逐渐减少。现已出土石制品 12000 余件，类型有石核、石片、工具、断块、碎屑等，其中工具包括刮削器、尖状器、砍砸器、手斧、手镐、石球等。通过对地层堆积特点和石制品特征的观察，我们初步认为至迟在距今约 60 万前的中更新世早期，已有古人类在此活动，此时的石器均为简单石核—石片技术体系的产品，未见明确的手斧、手镐等阿舍利工业类型的石器；从距今约 25 万年前的中更新世晚期开始，人类活动进入繁盛期并延续至距今 7 万年前后的晚更新世早期，古人类在此留下了比较丰富的阿舍利工业类型石器。

洛南盆地是目前中国旧石器时代遗址分布最密集、出土石制品最多的地区之一，并以阿舍利类型石器的集中发现为学术界所瞩目。但由于以往旷野遗址的发掘中极少发现早于距今 25 万年的遗存，人们对于更早时期旷野遗址石器工业面貌的认识尚不清晰，对阿舍利技术何时在洛南盆地及秦岭地区出现也有着不同的看法，当时人类生存环境的研究也有待进一步提升。夜塬遗址 12 米的发掘深度已是洛南盆地旷野类型遗址发掘中最深者，目前也有较多早于距今 25 万年的石制品发现，这不但为洛南盆地及秦岭地区早期石器工业演化的研究提供了非常重要的新资料，也为该地区旧石器时代遗址的年代和古环境的研究提供了良好的素材。

（张改课　别婧婧　张鑫荣）

【白水县杜康新石器时代遗址】

发掘时间：2021 年 3 ～ 12 月

工作单位：陕西省考古研究院、渭南市博物馆、白水县文物管理所

杜康遗址位于白水县杜康镇和家卓村南，地处白水河支流——杜康河东侧的黄土台塬及面向河谷的坡地上。遗址首次发现于 2020 年 5 月，同年 9 月，陕西省考古研究院联合渭南市博物馆、白水县文物管理所对该遗址开展了考古发掘，初步掌握遗址分布范围及文化内涵等基本情况。

2021 年度的主要工作是深入探索杜康遗址的聚落布局、功能区划、文化面貌及周边

区域新石器时期遗址分布情况。考古发掘主要沿 2020 年度发掘区域向外扩展，发掘面积 580 平方米，清理房址 8 座、灰坑 26 个和墓葬 1 座。

房址均为带院落的窑洞式建筑，朝向河谷，成排分布。其中 F4 保存最完整，与 2020F3 东西并列，平面整体呈“吕”字形，由主室、门道、前庭三部分组成。主室为窑洞结构，长 3.72 ~ 3.82、宽 3.44 ~ 3.64 米，地面及四周墙壁涂抹白灰，地面中部偏北有一圆形灶坑，直径 1.12 米，经长期烘烤，烧结明显。门道位于主室和前庭之间，系由窑洞中部两侧砌筑墙体之间预留的通道，宽 1.48 米，靠近地面的部分还砌筑有较矮的门槛。前庭有长期踩踏形成的活动面，东部与 2020F3 的院落相连通，二者之间以一道短墙相隔。

灰坑以口小底大的圆形袋状坑居多，还有个别不规则形灰坑，其中 1 座圆形袋状坑的底部还发现有灰坑葬人的现象，人骨缺失较严重，仅存头骨、胸部以上的躯干骨及右侧上肢骨等部分骨骼。

清理的 1 座墓葬为小型竖穴土坑墓，平面呈长方形，单人葬，未发现葬具及随葬器物。该墓与 2020 年度清理的两座墓葬 M7、M9 毗邻，开口层位相同，结合 M7 的 ^{14}C 测年数据，推断该区域可能为杜康遗址龙山时代墓葬区。

灰坑和房址中出土较多陶器，可辨器形有鬲、斝、罐、盆、瓮、釜灶、壶、杯、陶拍、纺轮等；石器数量次之，主要有斧、锛、凿和刀；另有少量的骨笄及蚌壳等。

以杜康遗址考古发掘为基础，在其所处的白水河流域开展了新石器时代聚落专题调查，现已发现 10 余处包含仰韶、龙山等时期遗存的遗址，遗址面积自 2 万至 100 万平方米不等，存在明显的层级分化。

通过 2021 年度考古工作，进一步丰富了杜康遗址的文化内涵，逐步厘清了遗址的功能分区。在白水河流域开展的一系列调查，为探讨该区域新石器时代遗址的分布、文化内涵、聚落层级组成及聚落发展演变积累了丰富材料。

（杨利平　殷宇鹏）

【西安市西咸新区蒋刘新石器时代遗址】

发掘时间：2021 年 3 ~ 7 月

工作单位：陕西省考古研究院

蒋刘遗址位于西安市西咸新区秦汉新城正阳街道蒋刘村（原泾阳县蒋刘乡蒋刘村）东，东邻大堡子村，南邻高太路，北为泾河河谷断崖。遗址于 1958 年考古调查时被首次发现并收录于《中国文物地图集·陕西分册》。2021 年，为配合陕西省公安消防总队秦汉新城训练基地和秦汉新城市政项目汉韵三路的建设（两项建设工程东西相邻），陕西省考古研究院在项目用地范围内发现了丰富的仰韶文化遗存，根据其相对位置和文化内涵可确定其应属蒋刘遗址。

上述项目用地范围内共清理仰韶文化遗迹 237 处，包括灰坑、窑址、墓葬、灰沟等，以灰坑为大宗。这些遗迹虽多被历史时期墓葬破坏，但仍出土陶、石、骨、玉等各类遗物数百件，其中完整和可修复陶器较多。

灰坑形制有袋状、锅底状、坑状等。其中袋状灰坑数量最多，出土器物最为丰富，其上部的直筒状结构多保存良好，整体剖面呈“上筒下袋”的倒漏斗状，应为用于储藏的窖穴类遗迹。陶窑共发现 13 座，由火塘、火道、窑室等组成，鞋底形火塘在前，后为圆形窑室，前低后高，窑床平整，多见环形火道，还发现以烧土块局部封堵火道的现象。墓葬发现较少，均为瓮棺葬，葬具均为夹砂鼓腹罐，罐内葬一名婴儿，骨骼保存较差，无随葬品。

此次发掘出土遗物种类多样，内涵丰富。

陶器除平折沿尖底瓶、宽沿盆、敛口钵、夹砂鼓腹罐、陶器盖、陶甑等常见器型外，还出土大量陶环、两侧带缺口的打制陶刀，以及彩陶罐、彩陶盆、舟形钵等精美陶器；石器多见斧、刀、锛、凿、镞等；骨角器有锥、镞、笄等；还发现较多的"T"形笄、环等玉器。此外，已初步鉴定辨识出粟、黍、稻等植物遗存和鹿、猪、鼠、兔、鳖、龟等动物骨骼。

根据陶器器形特征和器物组合判断，蒋刘遗址仰韶文化遗存年代较为集中、内涵比较单纯，与"半坡四期文化"遗存年代和内涵最为接近，属仰韶文化晚期偏早阶段遗存。此次发掘，尽管因发掘区位于遗址的边缘地带，未能发现居址、墓地、环壕等大型"标识性"公共设施，但通过目前发掘，已基本明确了蒋刘遗址的东、南边界，同时在发掘区内还发现了13座陶窑以及集中分布的袋状窖穴，为确定蒋刘遗址陶器生产区和物品储藏区提供了重要线索。

（邵　晶　裴学松　朱瑛培）

【延安芦山峁新石器时代遗址】

发掘时间：2021年6～12月

工作单位：陕西省考古研究院、西北大学文化遗产学院、延安市文物研究所、延安大学历史学院

2021年度，芦山峁遗址的主要工作为补充发掘大营盘梁北端排水沟底部"阻水带"设施，继续完善并确认小营盘梁"宗庙建筑"的平面形制和附属建筑布局，同时重点发掘了二营盘梁顶部的区域，了解其遗存内涵和功能性质。

大营盘梁人工夯土台基北端有一条宽约20米的东西向的壕沟状低洼地带，其底部地面上相间排列着数十条规整分布、凹凸相间的土梁和凹槽，形似田地内的垄畦。该现象还见于内蒙古中南部仰韶晚期的岔口河遗址，可见芦山峁的这类设施并非孤例。结合当地实际情况，该类设施的作用应兼具排水与防卫的双重功用。

二营盘梁顶部发掘面积1500平方米，目前发现大型排房3座。F1位于中央，面向西南，平面形制呈"吕"字形，由前后室组成，前后室之间有短隔墙。面阔近13、进深约17米，建筑面积约220平方米。墙体宽度约2米，为小块夯筑法构筑的厚重夯土墙体，墙体残存高度约30～40厘米，屋内地面和墙裙涂抹白灰层，后室中心有一座圆坑式火塘，直径约2.1、深度0.45米，未清理的两座房址与F1形制相同，规模相近，相邻的房址之间留有4米宽的过道用以连接前院和后庭，这种布局与大营盘梁一号院三座主建筑布局几乎相同，只是受台基面积所限，二营盘梁的建筑群中没有后排厢房，只有左右厢房，目前厢房正在进一步发掘中。

勘探显示，二营盘梁西侧山坡上分布着大量龙山时代房址，成组成排沿着山坡等高线分布。2021年清理了6座房址，均遭盗掘，且遭水土流失以及生产活动破坏，保存状况不佳。仅西坡F1结构较为完整，室内面积约20平方米，为前后室，两室之间有短隔墙相隔，后室中心有一座圆坑式火塘。后室后壁、短隔墙拐角均有柱洞，表明这类"窑洞式"房址顶部很有可能有人工加盖的屋顶。在西坡F5内还发现一座被盗的居室葬，其形制为长方形竖穴土坑，根据其与房屋的打破叠压关系推断其应在房屋使用过程当中形成。

小营盘梁顶部F1和西坡6座房址以及居室葬内出土的陶片均属庙底沟二期文化晚期，与大营盘梁及二营盘梁礼制建筑年代及文化属性相同，表明它们属于有规划的共时性遗存。近年来的发掘，基本可以确认，大营盘梁和二营盘梁属于庙底沟二期文化晚期合院式宫殿建筑区，小营盘梁属于同时期大型宗庙建筑和贵族墓葬区。尚未发掘的寨子峁顶部，可能分布着与祭天有关的礼制性遗存，

有待进一步发掘验证。

（马明志）

【西安市西咸新区太平新石器时代遗址】

发掘时间：2021 年 3 ~ 12 月

工作单位：中国社会科学院考古研究所、陕西省考古研究院、西安市文物保护考古研究院、西北大学文化遗产学院、陕西省西安市西咸新区沣东新城文物局

太平遗址位于西安市西咸新区沣东新城斗门街道太平村东，是在斗门水库项目建设过程中新发现的古遗址。习近平总书记 2020 年 10 月 15 日对太平遗址的保护工作做出重要批示。陕西省委、省政府高度重视，迅速组织开展工作，完成了斗门水库岸线的调整，对太平遗址进行了避让。在国家文物局、陕西省文物局指导下，中国社会科学院考古研究所牵头组成联合考古队对太平遗址开展科学系统的考古发掘与研究，西咸新区沣东新城管委会文物局负责太平遗址考古营地建设和太平遗址考古勘探发掘的外围协调和后勤保障。2021 年 3 月 1 日，太平遗址考古工作正式启动。

2021 年度田野发掘工作按照计划稳步推进，发掘面积近 3900 平方米，分东西二区。西区的发掘完整揭露了环壕的西南转折部分，明确其走向，并清理客省庄二期文化灰坑近百座，出土了大量陶器、石器、骨角器和动物骨骼等，还发现有少量玉器和玉料等。东区的发掘主要揭露了环壕东南拐角部分以及位于环壕内外的几十座大型袋状灰坑、1 座房址和 1 座窑址。出土大量陶、石、玉质遗物以及动物骨骼等。

2021 年度的工作使我们对太平遗址有了一些初步的认识。目前基本可以确认这是一处客省庄二期文化时期大型环壕聚落遗址，年代约为距今 4150 ~ 3700 年前。在已清理的灰坑、壕沟内出土有丰富的、年代特征鲜明的陶器、石器、骨角器、蚌器和玉器等，为我们准确了解太平遗址的年代提供了科学依据。出土的玉器包括璜、璧、刀及圭等，另外，玉璧芯和玉料的发现表明该遗址应有玉器作坊存在。出土的卜骨形制规整，灼痕清晰可辨。叶形陶牌饰枝叶纹刻画精美。尤为可贵的是此次出土的陶铃为关中地区所少见，同类型的器物在被认为是尧都的山西襄汾陶寺遗址和夏代早期都城的河南新密新砦遗址都有发现，这显示当时太平遗址也应有一定的级别。

目前对太平遗址的工作仅仅是冰山一角，但玉器作坊、卜骨、陶牌饰和陶铃的存在表明太平遗址具备了高等级中心聚落遗址的应有要素，太平遗址是中华文明起源和早期发展中心区域的一处重要遗址。

（王小庆）

【西安市长安区赤栏桥商代遗址】

发掘时间：2021 年 1 ~ 11 月

工作单位：陕西省考古研究院

赤栏桥遗址位于长安区郭杜街道赤栏桥村东南的台地上，西北距羊元坊商代遗址约 3 千米，现存面积约 4 万平方米，是一处小型商代聚落遗址。截至目前，已发掘 2400 平方米，共清理灰坑、房址等遗迹 115 处，墓葬 30 座，出土陶、石、骨及铜等各类文物百余件。

根据遗迹分布情况，该遗址可分为居址区和墓葬区两部分。

居址区位于遗址西南侧，遗迹有灰坑、房址、灶坑、陶窑及零星墓葬。其中灰坑形状多不规则，房址有长方形、近圆形和不规则形，陶窑为竖穴式升焰窑，由窑室、窑箅、火塘和操作坑组成。居址区西侧发现有丰富的与铸铜相关的遗迹和遗物，遗迹主要有烧土坑、陶范废弃坑、炼炉，遗物有陶范、石范、炉壁残块、坩埚残块、铜渣、鼓风管等。

居址内出土陶器种类有鬲、甗、假腹豆、簋、瓮、盆、陶拍、陶垫及纺轮等，其中陶鬲多为斜方唇，斜折沿，腹饰绳纹且近沿下有一道弦纹，光足跟。假腹豆较多，直口，厚方唇，浅平盘，粗圈足。骨器有卜骨、铲、笄和镞等。石器多为磨制，有刀、铲等。小件铜器有镞、锥和刻刀。

墓葬区位于居址东北部。墓葬均为竖穴土坑墓，部分有生土二层台，葬具痕迹不清。葬式以仰身直肢为主，少量俯身直肢，个别侧身直肢和俯身屈肢。墓底设长圆形腰坑的墓葬有 17 座，且多数腰坑内有殉狗。根据墓葬方向，墓地可分南北向墓和东西向墓两个区。南北向墓葬分布在墓地南部和东部，东西向墓葬则分布在西北部，且两区之间有空白区域，该现象可能与聚落内部的人群构成有关。仅少数墓葬有随葬品，出土陶鬲、陶尊、陶罐、陶瓿、陶纺轮、石戈、铜镞及骨镞等。

根据陶器的形制判断，遗址时代大致相当于洹北商城时期，即商代中期。赤栏桥遗址虽在时代上与附近的中心性聚落羊元坊遗址基本一致，但陶器所反映的文化面貌与之还有一定区别，诸如不见先周文化因素的方格纹盆等。因此，赤栏桥商代遗址的发现和发掘，进一步丰富了西安以西秦岭北麓地区商代遗址的分布，对探讨商王朝在关中地区的经略有一定意义。居址西侧丰富的铸铜遗存基本可以确认是一处铸铜作坊，这为关中地区商代青铜铸造传统的研究提供了新的材料。

（胡松梅　苗轶飞　李彦峰）

【旬邑县西头商周时期遗址】

发掘时间：2021 年

工作单位：西北大学文化遗产学院

西头遗址位于旬邑县张洪镇原底社区西侧约 1 千米西头村，地处泾河支流南头沟东侧台塬顶部及斜坡状边缘地带。2016 ~ 2017 年，西北大学等单位对该遗址进行考古调查和局部勘探，确认遗址面积约 100 万平方米。自 2018 年始，西北大学等单位对西头遗址开展连续的考古发掘工作。目前已对西头遗址南头地点、鱼嘴坡地点、尖子地点、上庙地点进行了发掘。从资料初步整理来看，西头遗址各时期遗存堆积丰富，延续性强，涵盖仰韶、龙山、商周、汉唐及明清各时期，特别是商周时期遗存分布于整个遗址，且可划分出以深窖穴为代表的储存区，以房址、储水池等为代表的居住区，以及大中小型墓葬密集分布的墓葬区。

2021 年度主要对西头遗址尖子地点和上庙地点进行考古发掘工作。尖子地点在 2020 年发掘的基础上，对大型灰坑进行了揭露，确定该遗迹应是大型储水坑，另外大型灰坑附近发现陶窑、灰坑、灰沟等遗迹，该地点所见遗存的年代主体为西周时期。2020 ~ 2021 年在西头遗址上庙墓地进行了连续两个年度考古勘探与发掘工作，共发现商周时期墓葬 500 余座。2021 年度清理商周时期墓葬 50 余座，其中 M90 为带一条墓道大墓，墓室面积为 35 平方米，墓道填土中殉人 23 具。已发掘的中小型墓葬见有殉人、腰坑等现象。墓葬出土数量较多的有陶器、铜器、骨器及玉石器。从墓葬出土遗物可初步判断，墓地的主体年代为商代晚期偏晚至西周早期。从墓葬葬俗与器物特征来看，该墓地人群较为复杂，人群等级结构十分明显。

西头遗址墓地及居址开展的系统考古工作，为揭示西头遗址的聚落布局、等级、人群构成及社会研究奠定了基础，对泾河流域商周时期聚落演进与社会变迁研究具有重要意义。

（豆海锋　李　成）

【周原遗址】

发掘时间：2021 年 7 ~ 12 月

工作单位：陕西省考古研究院、北京大学考古文博学院、中国社会科学院考古研究所

2020 年度的考古工作中基本确认西周时期周原遗址存在两重城垣结构，内城规模约 175 万平方米，始建于商周之际至西周早期，外城规模约 520 万平方米，建于西周晚期。

2021 年，联合组成的周原考古队延续上一年度工作，继续清理王家嘴大型夯土建筑，并通过发掘对西周时期城墙遗迹进行验证。根据前期勘探线索，考古队在召陈村南清理出外城东南角夯土基址。城墙基址平面由 29 块大小不等的夯土板块构成，外拐角接近直角，内角呈圆弧形，东墙宽 7.2 米左右，南墙宽 7.5 米左右。通过解剖可知，东墙夯土板块以由东向西的先后顺序夯筑，夯层厚 8 ~ 10 厘米，夯土基址叠压在一条西周晚期的灰沟之上。

此外，考古队在召陈村北还发现了外城东墙“城门”遗迹，此段已发掘墙基南北长 90 米，墙基由南向北有明显加宽，南段墙基宽 5 米左右，向北宽至 10 米，最北端有 6 处分布规整的磉墩石，推测为门道所在。目前“城门”北段正在发掘中。

王家嘴一号建筑基址（F1）2021 年度已揭露部分，东西长 38、南北宽 28 米。基址以上为一组四合院式建筑，由北、东、西 3 间房组成，南部为庭院，其中北房长 38、进深 12 米以上。建筑基址东南边缘被先周晚期灰坑打破，院落里发现 5 座先周晚期小墓，可知建筑年代为先周时期。这些房子进深较大，柱网复杂，系同时期建筑的首次发现。

周原遗址西周时期两重城垣的发现是周原聚落结构研究的重大突破，2021 年度发掘清理的外城东南角及“城门”遗迹，进一步丰富了周原城垣细节。此类框架性遗迹的确认有助于深入研究周原遗址的功能区布局。结合已往发现，王家嘴区域作为周原遗址先周时期的聚落中心愈加明晰。

（种建荣　杨　磊）

【西安市西周丰京遗址】

发掘时间：2021 年 3 ~ 12 月

工作单位：中国社会科学院考古研究所陕西第三工作队

2021 年度继续在丰京遗址内对大原村西南制陶作坊遗址进行了发掘，布 10×10 米探方 5 个，编号为 2021SDYT2635、T2735、T1630、T1730 和 T0342。3×4 米探方 1 个，编号为 2021SDYT3035，发掘总面积 512 平方米。共发现西周陶窑 2 座、陶窑操作间等灰坑 24 座、墓葬 10 座和灶 1 座。出土鬲、豆、盂、罐和甗等陶器标本 100 余件，陶鬲、陶盂、陶豆、陶罐、陶纺轮、圆形陶器、陶垫、陶丸和骨笄等小件 200 余件。

通过发掘，发现可能是陶工的灰坑葬和成组的墓葬。在东部两组陶窑密集区之间的 T2635H66、T2735 第④层和 H107 中均发现人骨架。由于均未发现葬具，只是将灰坑简单修整以后埋入的，其年代也与制陶遗址年代大致相同。推测这些人骨架或为从事制陶的陶工。在遗址西 T0342 内发现成组墓葬。M27 与 M28 墓向相对，均为一棺一椁，均未随葬陶器。M28 随葬 1 件玉管饰和疑似泥器。M29 与 M30 墓向相对，均为一棺一椁，均被盗扰。这两组墓葬的墓主或许也与制陶有关。在 T1630、T1730 内分别发现一条长条形灰坑 H119、H114，填土夹杂有较多松散青灰色陶坯和砂粒。H114 北部分布有陶窑、水井和窖穴，H119 南部有陶窑。再结合 2020 ~ 2021 两年度的发掘情况，在陶窑集中分布区之间均有水井且出土较多陶坯、陶垫、纺轮等与制坯有关遗物的灰坑和窖穴，我们认为该制陶遗址应是分区制坯和烧制陶器的。

（付仲杨　徐良高　王　迪）

【西安市西周镐京遗址】

发掘时间：2021 年 5 ~ 12 月

工作单位：陕西省考古研究院、西安市周秦都城遗址保护管理中心

2021 年度完成 600 平方米范围内大部分遗迹的发掘清理、绘图、照相、文物提取、现场保护等各项工作。

发现的遗迹主要有：仰韶文化晚期灰坑（窖穴）；客省庄二期文化房址、灰坑、火塘；揭露出西周夯土建筑基址 200 多平方米，发现夯土基槽、柱洞、石块堆积等遗迹；清理汉代灰坑、陶窑、人骨及动物骨坑，以及宋至清代墓葬、灰沟等遗迹数座。

对位于官庄村南的西周大型夯土建筑基址的发掘是 2021 年度考古发掘的重点工作。该建筑基址是 20 世纪八十年代中期勘探发现的，编号为西周 11 号建筑基址。其东南距西周 5 号建筑基址约 50 米，西南距西周 14 号建筑基址约 100 米，3 座建筑很可能属于同一组建筑群。该建筑基址的东、北两面被现代壕沟破坏，南部也被汉代及以后的陶窑、灰坑等破坏，残存面积 200 多平方米。夯土基址可分上、下两层，有早晚关系，上层建筑是在下层建筑废弃后利用原夯土地基重建的。从地层关系和打破 11 号建筑基址上层夯土台基的西周晚期灰坑及出土陶器（瓦）残片来看，上层建筑基址的使用年代应在西周中期至晚期前段，下层建筑基址的始建年代应在西周早期，废弃于西周中期。

此次发掘出土的遗物，主要为建筑废弃后残留下来的大量板瓦残片、瓦环、瓦钉以及骨笄、陶球和较多罐、鬲、豆、盂等陶器碎片。另外，发现的仰韶文化晚期遗物有红陶壶、白陶钵口沿及较多灰陶缸、罐等残片。客省庄二期文化器物有石斧、陶环残段及灰陶罐、缸等器物残片。汉代遗物有建筑材料及玉佩、玉玦、石圭等。宋金时代遗物主要有铜镜、钱币及陶瓷器残片等。

此次对于镐京 11 号建筑基址的发掘，进一步丰富了镐京遗址大型建筑基址的考古资料，为研究西周宫室和礼制建筑的分布、建筑技术、历史考古及城市布局等提供了实物资料。仰韶文化晚期窖穴、灰坑及客省庄二期文化灰坑、白灰面房址的发现，证明这里也是早期先民们栖息的理想场地，对研究丰镐遗址区域新石器时代遗址的分布及文化内涵等具有重要价值。另外，汉代烧制砖瓦陶窑的发现，也为研究汉代上林苑昆明池周边大型建筑使用砖瓦建材的来源提供了线索。

（岳连建　丁　岩）

【西安雁塔区杜城西周至秦汉时期遗址】

发掘时间：2021 年 5 ~ 11 月

工作单位：陕西省考古研究院

杜城遗址位于雁塔区西沣一路与子午大道十字交叉口东南部，南部紧邻皂河，属原杜城村范围。此次考古工作揭露面积达 3.52 万平方米，发掘墓葬 66 座，其他遗迹 726 处（座），出土大量重要遗物。

发掘的墓葬中新石器时代墓葬 1 座、西周墓 1 座、春秋秦墓 58 座、唐墓 1 座、宋墓 2 座和明清墓 4 座。其中春秋秦墓均为竖穴土坑墓，口底基本同大，个别带有腰坑，可分为东西向和南北向两类，以东西向墓居多。东西向墓头向皆西，南北向墓头向均北。葬式以屈肢葬占绝大多数，直肢葬仅 1 座。葬具以一棺一椁为主，另有少量单棺或无葬具。随葬品有陶鬲、盂、豆、罐、甗、鼎及陶、石圭等。

其他遗迹共发掘灰坑 452 座、水井 249 座、陶窑 10 座、灶 6 座、沟 6 条及路 1 条等。最为重要的发现是秦汉时期的铸铁遗存，包括大量水井、陶窑、灰坑等遗迹和陶范、炉壁、炼渣、鼓风管等遗物，此外在个别水井中还发现少量石质或陶质钱范。水井均为圆

形，少数井使用砖或陶井圈加固。陶窑为马蹄形半倒焰窑，其内堆积中多见月牙形陶支垫。陶范多系废弃后集中倒入灰坑和水井中，以工具范为主，多数为锄、犁铧、锸、车軎等。钱范均为半两钱范，钱腔形制较小。灰坑中还出土较多铁器、废铁块以及与制陶相关的陶轮盘、陶拍等。另有少量仰韶、西周及春秋时期遗存。

杜城村相传是西周杜伯国封地所在，此次发掘清理的西周遗迹，或可为找寻杜伯国封地提供线索。58座秦墓的形制、葬俗、随葬品均与关中西部、甘肃地区早期秦墓风格相一致，年代可从春秋早期晚段延续至春秋中晚期，正可与《史记·秦本纪》“武公十一年（前687年）初县杜、郑”的记载相符，该处墓地应是杜县秦人的遗留。

大量与铸铁相关的遗迹、遗物表明，该遗址在秦汉时期应是杜县的一处大型铸铁场所，其以铸造铁质工具为主，兼铸铜钱。从铸铁遗存的面积规模来看，其服务范围可能远超杜县本地，或可辐射汉长安城及周边地区。

此次发掘对于研究西周至秦汉时期西安地区的历史沿革、文化脉络、人群迁徙以及秦汉时期的冶铁技术发展等具有重要意义。

（种建荣　孙战伟　夏培朝）

【澄城刘家洼周代遗址】

发掘时间：2021年8～11月

工作单位：陕西省考古研究院、渭南市博物馆、澄城县文旅局

刘家洼遗址考古工作2021年度最为重要的迹象是两排西周晚期的大型下沉式房址，方向20°，每排宽8～10、深约1.2米，两排房址中间为宽约20米的生土或夯土。下沉式房址地面有倒塌黄土块、灶址等遗迹，部分地面经修整后较为平整，目前揭露出保存较好的房址1间，长3.5、宽约1.5米，地面平整坚硬，有多处火烧痕迹，东北角有灶坑，中间有两个柱洞，可能用于支撑屋顶。

下沉式房址废弃后，填土经过夯打，周边经平整成为大范围的建筑夯土台基，面积约3000平方米，台基上发现有夯土隔墙、灶址、单间房址等。打破夯土台基的多为灰坑，揭露出35座，年代或在春秋早中期左右。

根据现有发现初步判断，刘家洼遗址共分为四期，早至西周，晚至春秋中期或更晚。大型下沉式房址的结构与以往中原地区发现的地穴式或地面起建的夯土建筑有明显不同，其原因可能与地理环境或人群居住喜好有关。由于破坏严重，大型夯土建筑基槽以上遗迹保存极少，无从判定其具体情况，但就规模而言，或曾有高等级人群在此居住。大型建筑的废弃原因可能为聚落等级和人群发生了巨大变化，或与芮国灭亡事件有关。

此次发掘为刘家洼遗址的分期提供了绝佳材料，不同时期、不同类型的房址形态，可能预示着不同人群和等级的变化，这些现象可能与芮国的迁入与灭亡有密切关系，为遗址兴废延续提供了新的证据，也为研究聚落变迁提供了新的线索。

（种建荣　孙战伟　夏培朝）

【韩城陶渠周代遗址】

发掘时间：2021年3～12月

工作单位：陕西省考古研究院、韩城市文化和旅游局

韩城陶渠遗址位于韩城市芝阳镇陶渠村，南临芝水河，北依芝阳塬。2021年继续对陶渠遗址进行考古工作，基本摸清了遗址的布局、年代、族属等。

2020～2021年共发掘“甲”字形大墓六座，由北向南依次排列，墓葬均为东西向，墓道在东侧；此外，还发掘竖穴土坑墓一座（M23）；共出土遗物247件（组）。

“甲”字形大墓规模、大小不等，M16为墓地中规模最大，全长36.6米，墓道长28.5、

宽 3.8 ~ 4 米，墓室长 8.1、宽 6 米，深约 9 米。陶渠墓地“甲”字形大墓在车马埋葬制度方面有别于两周时期其他诸侯国，即在墓道中埋葬整车马。根据墓葬规模略有等差，M16 随葬 7 辆车，M17 墓道埋葬 6 辆车，M1、M28 墓道埋葬 5 辆车，车辆在墓道内依次排列，车舆内有放置器物的现象。墓室四周有二层台，M17 西侧二层台及 M28 北侧二层台上有殉人，葬式有屈肢、直肢；M16 采集有“玉覆面”残片。竖穴土坑墓 M23，墓室有熟土二层台，西侧二层台上有殉人，其葬式为仰身直肢葬，墓底有腰坑，坑内殉狗。

墓地年代为西周晚期至春秋早期，M16 墓道 1 号车车舆内出土 2 件铜戈，其上有铭文“京”字，根据墓葬形制、葬俗以及文献记载等，推测其为两周之际的“京”邑，是这一时期为数不多的畿内封邑遗址，对陕西周代封国的研究有较高的学术价值。

为解决陶渠遗址的布局、结构等问题，2021 年在陶渠、西赵进行调查、勘探，勘探面积约 30 万平方米。陶渠遗址面积约 60 万平方米，北部以东西向壕沟为界；西侧为大中型墓地、中小型墓地；东侧为遗址区，根据调查发现的板瓦、筒瓦等判断，中部存在高等级建筑区，北部为普通居址区。

（耿庆刚　马　亮）

【西安市长安区水磨墓地】

发掘时间：2021 年 1 ~ 3 月

工作单位：陕西省考古研究院

水磨墓地位于长安区韦曲街道水磨村东，紧临广场南路，南距滈河约 0.5 千米。墓地所在区域属神禾原北端边缘地带，地势较为平坦。此次发掘共清理墓葬 31 座，出土日用陶器、石圭、陶圭及口琀等遗物 68 件（组）。

受后期扰动，墓地及周边区域原始堆积无存。墓葬开口距现地表深 0.2 ~ 0.5 米，向下打破厚 0.4 ~ 0.6 米的深红褐色垆土层及其下的黄白色生土层。在墓地东北角区域，部分墓葬还打破了古河床沙层堆积。从墓位关系上可以看出，墓地整体布局规整，墓葬排列整齐，相互间无叠压打破关系。

墓葬均为小型长方形竖穴土圹墓，其中 3 座墓底有腰坑。多数墓葬的方向为西南—东北向，在该类朝向的墓葬中，多半数墓主头向东北，少半朝西南；仅 2 座墓葬为东南—西北向，其墓主头向均朝西北。木质葬具，多为一棺，少数为一椁一棺。墓主骨骼腐朽严重，能辨识者均为屈肢葬，且以仰身屈肢葬为主。随葬品较少，多为陶圭，数量从 1 至 10 余件不等，仅 4 座墓葬出有日用陶器。所出陶圭烧结程度低，胎体疏松。

墓葬的形制、葬式及随葬品均具有典型秦文化风格，该墓地应属于秦人墓地。从出土陶器、墓葬形制及随葬陶圭葬俗等方面，可以初步判断水磨墓地从春秋中期开始使用，延续使用时间不晚于战国早期。水磨墓地虽属秦文化墓地，但部分陶器还保留有西周时期的陶器特征，这表明墓地所属人群可能是正逐步接受秦人葬俗的周遗民。

通常认为，西安南郊现杜城村附近是秦武公十一年（前 687）所置“杜县”地望，茅坡村附近大批秦墓是与杜县相关的平民公共墓地，但以战国时期秦墓为主，仅有零星的春秋晚期墓葬。水磨墓地西北距茅坡墓地 2 千米、距杜城村约 4 千米，或与秦置“杜县”的早期历史有一定关系。

（胡松梅　李彦峰）

【秦雍城遗址】

发掘时间：2021 年 7 ~ 12 月

工作单位：陕西省考古研究院、宝鸡市考古研究所、宝鸡先秦陵园博物馆、宝鸡市凤翔区博物馆

2021 年度秦雍城遗址田野考古工作主要分为两项：一是对三岔秦公陵园遗址周边进

行考古勘探，二是开展秦公一号大墓车马坑第 3 次考古发掘工作。

为继续探寻新的秦公陵园和国人墓地，项目组以三岔秦公陵园遗址为切入点，对其西南 12 万平方米进行了考古勘探，发现中型秦墓 2 座，小型秦墓 6 座，车马坑 1 座，祭祀坑 4 座，建筑基址 1 处，以及其他时代的墓葬 9 座，灰坑 62 座。

继 2020 年对车马坑主体加固工作结束后，2021 年度接续 2019 年工作，继续对秦公一号大墓车马 44 坑开展考古发掘工作。该遗迹位于大墓东墓道南侧，二者间距 65 米。平面形状为“凸”字形，由通道、坑体两部分组成，方向 101°。通道位于东端，口部长 7.2、宽 9.2 米；坑体口部长 79.7、宽 19.8 米。

此次发掘工作对东段 500 平方米向下清理，发掘深度 1.5 米，目前，探方底部距离地面 12.3 米。发掘区有盗洞 97 个，盗洞填土中夹杂有小件器物，共出土各类器物 57 件。其中金器 7 件，器形有车器、鸟、方泡、钉等；玉石器 20 件，器形有鱼、玦、铺首等；铜器 28 件，器形有车器、镞、绳扣等；骨器 2 件。

2021 年考古勘探工作不但使一处国人墓地重现于世，更重要的是该发现填补了秦墓等级差别的空白。对车马坑的发掘工作收获有两方面：一是展示了其营建过程，二是通过盗洞出土遗物使我们对坑内陪葬物品有所了解，有助于做好未来的发掘工作及现场文物的保护工作。

（杨武站　景宏伟　陈爱东）

【秦咸阳城遗址】

发掘时间：2021 年 1 ～ 12 月

工作单位：陕西省考古研究院、西咸新区秦汉新城文物局窑店文保中心

2021 年度田野工作主要对六号建筑群进行发掘，从宫殿官署区西部及南部勘探和试掘两方面展开。

六号建筑遗址已经连续发掘四年。2021 年度发掘面积 1400 平方米，主要任务是确定高台建筑西部和北部边界、附属建筑布局及时代。出土了 195 件遗物及数量巨大的建筑材料残片。整体而言，高台建筑底层部分遭严重破坏，夯土边界不整齐，台基南低北高、南窄北宽。北缘长 132 米，局部被晚期房址叠压。西缘长 72.8 米，西南部错落呈三层态势，南端凸出。出土建筑材料包括葵纹瓦当、筒瓦、板瓦以及草拌泥白灰墙皮。筒瓦壁较厚，陶色多为砖红色；板瓦壁较薄，多饰绳纹。墙皮外施白垩，光洁、平整，厚 0.3 厘米左右，粉红色，极少量有零星褐色、黑色彩绘；草拌泥中可见植物纤维朽丝，部分为木骨泥墙残块，有直径 1.5 ～ 2.0 厘米硬物压痕。依照出土遗物判断，该遗存时代为战国晚期至秦代。

高台建筑台基西北部有晚期道路 1 条、房址 1 组。房址被道路叠压，又叠压部分高台建筑西北角夯土台基，坐北朝南，倒塌堆积内含“长乐无极”等文字瓦当，时代不早于西汉中期。

对于六号建筑群西北部的附属建筑，2021 年度布置 4 处探沟解剖发掘，揭露面积约 100 平方米，确认有三期遗存。

晚期遗存分布于西部，主要是多座窑址，时代不早于西汉中期。中期遗存分布于中部，为房址 1 组，坐北朝南，由门塾及仓储房、庭院、堂、室及东厢房组成。该组建筑的倒塌层中见“有万熹”文字瓦当、内壁麻点纹筒瓦等建筑材料，尤其重要的是部分筒瓦、板瓦前端饰瓦棱纹的作法，以往较为少见，具有战国晚期齐故都同类物的特点。早期遗存分布范围较大，为房址 1 组。整体坐北朝南，现存南部、中部及东部夯土台基 3 处，其中，南部与东部的夯土相连一体，因只存夯土台基，并无踩踏使用迹象，不排除仍为高台建筑形式。东北角有屋舍 1 处，坐

东面西，东、西有廊，与屋舍和庭院以地砖和散水相隔。根据其使用面呈烧结状推测该建筑的毁弃可能与遭火有关。中部建筑的夯土台基面阔 19.6、可见进深 20.3 米，南端被中期门塾及仓储房叠压。北部中期遗存下局部叠压粗夯土，说明仍有建筑存在。中期和早期房址共用一条北墙。

2021 年度完成勘探 258040 平方米，进一步明确了宫殿官署区西界、南界以及界域内地层堆积特点，发现夯土 2 处，南北向道路 1 条、东西向道路 1 条。

毛王沟地点开设约 80 平方米的探沟试掘证明，南北向道路开口距现地表深 4.9 米，路面略呈鱼脊状，原有宽度不少于 50 米，分布有车辙、脚印，外侧有护坡和排水沟。这些信息证实了以往对该地带为湿地环境并与北部建筑密集区地势有巨大落差的判断。道路土样测年距今 2230 ± 30 年，与秦咸阳城遗址使用年代吻合。

（许卫红　张杨力铮）

【西安市西咸新区上召窑大墓】

发掘时间：2021 年 4 ~ 12 月

工作单位：陕西省考古研究院

上召窑大墓位于西安市西咸新区空港新城底张街道上召窑村南，北距西安咸阳国际机场约 400 米，南邻沣泾大道，距秦咸阳城遗址牛羊沟宫区直线距离约 8 千米，与汉长安城未央宫遗址直线距离约 15 千米。

清陕西巡抚毕沅考据此墓为北周静帝之“恭陵”，被公布为渭城区文物保护单位时沿用“恭陵”之名。现据考古学命名的一般原则并结合勘探资料，我们将其定名为“上召窑大墓”。

前期考古勘探显示，上召窑大墓为一座带 4 条墓道的“亞”字形大墓，周边设有陵园设施，规模宏大、结构复杂。

为配合西安咸阳国际机场三期扩建工程，陕西省考古研究院对机场三期建设占压的上召窑大墓陵园西北部进行了全面揭露。目前已经开展的勘探和发掘工作主要取得了以下收获。

1. 上召窑大墓陵园平面近方形，边长约 590 米，由外兆沟、内兆沟、内园墙围合而成，平面呈“回”字形，陵园内发现大型主墓、陪葬墓、祔葬墓、“陪葬坑”、建筑残迹等重要遗迹。

2. 陵园内有 1 座主墓，位于陵园中央位置，是一座平面呈“亞”字形的封土大墓，封土高约 8 ~ 10 米，底边南北长 69、东西宽 61 米，顶部边长约 26 米；墓室深度超过 20 米；东墓道长 74.7、南墓道长 42.3、西墓道长 63.7、北墓道长 60.7 米。

3. 内外兆沟之间分布有 46 座陪葬墓，形制有竖穴土坑和竖穴墓道洞室墓两种；内兆沟以南分布 15 座祔葬墓，其中 7 座带有围沟，5 座东南方向有车马坑。墓葬形制主要为竖穴土坑。

4. 陵园西北部整齐排布 60 座“陪葬坑”，整体呈“L”形分布，大致可分为 3 排。形制均为长方形直壁竖穴，尺寸相近，长约 1.8、宽约 0.7、深约 0.8 米，坑内不见陪葬器物。

5. 陵园内还分布有大量柱洞，排列较为有序，性质有待进一步明确。

目前工作表明，上召窑大墓及陵园已经达到战国时期秦公级别，或为某位秦公或其夫人之陵，与严家沟秦陵、“周陵”秦陵、司家庄秦陵共同构成秦人“咸阳陵区”的核心部分，也是秦都咸阳大遗址考古和保护的重要对象。

（赵汗青）

【西安市西咸新区底张墓地】

发掘时间：2021 年 1 ~ 12 月

工作单位：陕西省考古研究院

底张墓地位于空港新城底张街道底张村

北，南邻沣泾大道，北邻西安咸阳国际机场南飞行区。其中，战国时期墓葬388座，以后各时期墓葬346座。

2021年度，陕西省考古研究院对该墓地进行了大面积发掘。该墓地位于上召窑大墓陵园东北，南侧紧邻陵园外兆沟，主要由337座排列有序的战国秦墓构成。墓葬形制以竖穴墓道洞室墓为主，少见竖穴土坑墓，方向均为东西向，规模相近，墓道东西长约4、南北宽约3米，墓室东西长约2、南北宽约1米。部分墓葬周围有围沟，存在共沟现象。葬具多为单木棺，葬式主要以屈肢葬为主，约占94%，仰身直肢葬约占6%。出土器物以陶器为主，类型主要有鼎、盒、壶、釜、盆、罐、缶、蒜头壶、铲足鬲、茧形壶等，铜器有带钩、镜等。

从出土器物及墓葬形制来看，该墓地成型顺序应为东向西，东北部墓葬年代为战国晚期中段，西、南部墓葬年代为战国晚期晚段。底张墓地与上召窑大墓时代相近，位置相邻，不排除其为上召窑大墓修建人群集中公墓的可能性。

（赵汗青）

【西安市西咸新区贺北墓地】

发掘时间：2020年6～12月；2021年4～11月

工作单位：陕西省考古研究院

贺北墓地位于西咸新区秦汉新城周陵街道贺北村，墓地所处区域位于秦咸阳城遗址西北部，距宫殿区约10千米，距长陵车站制陶手工业作坊区约7千米。在以往对该区域的考古发掘中，发现了大量战国晚期至秦代的平民墓葬及少量贵族墓葬。此次的考古发现以战国晚期至秦代平民墓葬为主，另有少量汉代、隋唐、明清时期墓葬、遗迹等。

此次发掘的828座战国晚期至秦代平民墓葬均分布在发掘区中、南部，排布密集，打破关系较少，从整体布局上看，这些墓葬与位于发掘区北部的汉代墓葬间有明显空白区域，但未见围沟等遗迹，推测其在营建时应经过整体规划，或以自然地形作为界域标识。此次发掘的秦人墓葬体量普遍较小，形制以直线式洞室墓最多，约占全部墓葬的70%；其次为竖穴土圹墓，偏洞室墓数量最少。墓道收分明显，多见生土二层台。墓室内多见壁龛，放置随葬陶器。葬具基本为木质单棺，棺底常见草木灰铺垫层。葬式以屈肢葬为主。出土随葬器物3000余件（组），多为鼎、盒、壶、盆、罐、釜、茧形壶、蒜头壶等陶器，陶鬲少见，零星出土具有明显戎人特色的铲足鬲。常见带钩、铜镜、煤精棒、小料珠、玉石环等随身小件器物，铜容器、铜兵器极少见。

汉代墓葬形制可分为长斜坡墓道砖室墓与竖穴墓道砖室墓，盗扰严重。竖穴墓道砖室墓为单室，时代为西汉晚期。长斜坡墓道砖室墓为多室，带有围沟，时代为东汉时期。

此外，还清理隋墓1座，其形制为斜坡墓道洞室墓，带1个天井，出土墓志一合，墓主为萧梁太宗萧纲昭容乐氏，葬于隋开皇二年。

此次发掘的战国晚期至秦代墓地，其性质应为秦咸阳城平民墓地，墓主身份应是秦咸阳城内一般居民。此次发现进一步明确了秦咸阳城周边功能区划及大型平民墓地的分布规律，对后续的都城考古研究有较为重要的意义。

（张杨力铮）

【韩城堡安战国至西汉墓地】

发掘时间：2021年5～11月

工作单位：陕西省考古研究院

堡安墓地位于韩城市芝川镇堡安村北的芝阳原上。2021年度共清理墓葬469座，其中战国至西汉墓285座，东汉及以后各时期墓葬184座。出土器物683件。

战国至西汉墓主要位于发掘区东南部，墓葬形制可见竖穴土坑墓和竖穴墓道土洞墓两种，墓向多为南北向，葬具均为单棺。竖穴土坑墓带生土二层台，头端设一壁龛，随葬品置于龛内；土洞墓为竖穴墓道，直壁平底，墓室为拱形顶。墓地内有数个宽约1米、将2至4座墓葬围起来的围沟。随葬品以陶器为主，少数墓葬随葬陶器丰富，可达二三十件，部分陶器有彩绘。出土铜器较少，有鼎、壶、钫、蒜头壶、甗等。结合墓葬形制及出土遗物判断，这些墓葬的年代应为战国晚期至西汉早期。

东汉墓主要集中在发掘区东部，均为长斜坡墓道砖室墓，带有砖砌封门，从甬道起开始用砖，除1座墓为单室墓外，余皆为前室穹窿顶、后室券顶的多室墓，墓室被盗严重，保存状况较差。

北周墓仅1座，位于发掘区北部，长斜坡墓道，砖砌封门，墓室为拱顶土洞，在墓室北部有砖铺棺床，东西两壁各有一龛，龛内均有1具人骨。棺床上有人骨2具，保存较差，头向西，仰身直肢；龛内人骨保存较好，头向南，仰身直肢。随葬陶罐、瓷碗、铜钗等。

明清墓散乱分布在发掘区的东部和北部，均为竖穴墓道土洞墓，多为单人单棺，少量合葬墓，随葬陶盆、买地券、铜钱等。

韩城古称“少梁”“夏阳”，《史记·秦本纪》载：“（秦惠文王）十一年，更名少梁曰夏阳。”根据考古调查，夏阳城遗址在该墓地以北约10千米处，而该墓地主体墓葬的年代与秦汉夏阳城贴合，应与秦汉夏阳城居民葬地有关。韩城地处陕西、山西的交界地带，东隔黄河与山西毗邻，南望河南，自古就是交通要道，兵家必争之地。堡安墓地的发掘为研究韩城区域历史地理提供了丰富的实物资料。

（马　亮　耿庆刚）

【安康汉王坪战国至秦汉时期遗址】

发掘时间：2021年5～7月

工作单位：陕西省考古研究院

汉王坪遗址位于安康市汉滨区大河镇关坪村，恒河由北向南从遗址中部流过。为配合安康市恒河水库建设，陕西省考古研究院对水库淹没区域进行了发掘和调查勘探。发掘区域位于恒河东岸，遗址南端临河一级台地（II区）和东部半坡山梁地（I区），发掘面积约980平方米，清理出战国至秦汉时期陶窑4座、沟3条、灶坑1个、灰坑14个。

清理的4座陶窑，从窑室形制与结构、出土器物以及打破关系分析，年代约为战国至秦汉时期；4座陶窑的年代有早晚区分，其中Y3、Y4基本同时，时代早于Y1、Y2。陶窑周围发现的3道沟和部分灰坑，可能与陶窑生产时的供排水有关。出土遗物主要为筒瓦、板瓦等建筑材料及少量制陶、烧窑工具，另有鬲、盆、豆、罐等陶器残片。综合各种遗迹现象和地面遗物分布情况判断，II区布方发掘区域是一处战国至秦汉时期延续时间较长的制陶作坊遗址，陶窑的主要功能是烧制筒瓦、板瓦、瓦当等建筑材料以及少量生活用品。

汉王坪遗址考古发掘，是安康地区战国至秦汉时期遗址的第一次正式发掘，为了解安康地区战国时期秦、楚文化面貌与交流、战国至秦汉时期的制陶工艺提供了新的考古材料。

（王志友）

【秦始皇帝陵C区1号墓】

发掘时间：2021年8～12月

工作单位：秦始皇帝陵博物院、陕西省考古研究院

多年来，由于土地租赁问题一直未谈妥，秦始皇帝陵C区1号墓（QLCM1）一直未能完全发掘。直到2021年7月底，经当地政府

多方沟通、调解才解决了自2013年考古工作启动以来影响发掘的土地租赁难题。它的成功解决，为我们全面发掘墓葬提供了先决条件。

2021年考古工作的重点集中于北墓道以及旁边的两个陪葬坑P2和P3，发掘之初，我们在上方搭建了临时性保护大棚。

北墓道的发掘：我们采取发掘二分之一的方法，先发掘西半部，这样，形成一个南北向的很大的地层剖面。剖面上填土堆积一目了然：上半部采用细夯，层厚约10～15厘米，深度约1米，往下则变为粗夯，层厚约20～100厘米，目前，与墓室连接处最深已达14米。

陪葬坑P2的发掘：P2位于北墓道东侧，相距1.5米，长9、宽6、深5.2米。开口于耕土之下。坑内堆积单一，全为深色五花土。目前，已发掘至2.5米深，个别地方出现厢板朽迹，呈白色粉末状，厢板厚约6厘米，距坑边约80厘米。

陪葬坑P3的发掘：P3位于北墓道东侧，相距17米。上层约2～3米厚，已被早年平整土地破坏。南北长27、东西宽5米。目前已深1.5米。陪葬坑遭受严重破坏。初步发现盗洞类遗迹13处，出土动物遗骨数段，铜盖弓帽3个，铜微型马缰绳饰件2个。坑内四周白色厢板朽迹、顶部棚木遗迹均有露出。目前仍在紧张清理当中。

总之，整个墓葬得以全面发掘，墓葬的整体结构及其各部分结构与内涵，得以全面清晰地展现在我们面前。同时，墓葬的全面揭露，有助于我们理清此墓及其附近几座墓葬与秦陵的关系。

（王超翔　冯　锴　蒋文孝）

【秦始皇帝陵园外城东门遗址】

发掘时间：2021年4～12月

工作单位：秦始皇帝陵博物院

秦始皇帝陵园外城东门遗址位于秦始皇帝陵园东外城垣偏南处，居于封土正东，西距秦始皇陵封土东边沿约200米。

此次考古发掘实际发掘面积1000平方米（约相当于东门遗址的二分之一），主要为外城东门遗址的南半部分。因现代平整土地及陕西缝纫机厂建设等近现代人为因素的破坏，遗迹保存较差。

外城东门遗址地层关系简单，除自然冲沟4条、现代人工沟3条、现代污水沟1条、现代墓葬4座和现代灰坑1个之外，主要发现外城东门夯土台基（门道以南）、门道遗迹1处、红烧土等建筑堆积，出土板瓦、筒瓦、脊瓦残块、石质柱础、门枕石、铁器等建筑相关遗物。

秦始皇帝陵园外城东门遗址发掘的主要收获如下。1.搞清楚了秦始皇帝陵园外城东门遗址的规模、形制和结构。此次发掘确定了外城东门属于夯土台基式建筑，为一门一道的城门结构，门道经过火烧处理。门道的边缘以及高台式平台的拐角处均有人工石质建筑材料，可以确定城门除城墙墙体外，还存在附属建筑。2.秦始皇帝陵外城东门遗址发现的石质建筑材料改变了对中国传统建筑史的认知。发现了目前考古出土的最早门枕石和加工规整的石柱础，为研究秦汉时期的建筑提供了第一手资料。3.此次发掘厘清了秦始皇帝陵园外城东门的营建过程。利用地层堆积关系可以确定，东门门址先开挖大的地基坑，然后在坑内进行细夯，坑边采取粗夯方式处理。在夯土台基之上，进行墙体与附属建筑的营建，墙体外侧抹有草拌泥。从板瓦、筒瓦、脊瓦、石建筑构件看，城门门道两侧存在附属建筑。4.此次发掘有助于推进我们对秦始皇帝陵的朝向问题、陵园礼制建筑的规模、等级、布局等方面的认识，为秦始皇帝陵的丧葬观念、陵墓制度，乃至古代陵墓制度、建筑史的研究提供了基础资料。

（邵文斌　付　建）

【秦始皇二号兵马俑坑】

发掘时间：2021 年 8 ~ 12 月

工作单位：秦始皇帝陵博物院

2021 年度秦始皇帝陵博物院考古工作部对秦始皇二号兵马俑坑进行发掘，此次发掘是二号坑第二次发掘的重要组成部分。发掘区域位于二号坑东侧第一单元弩兵方阵开间五内，发掘面积 60 平方米。

地层结构单一，包括棚木腐朽层、文物铺地砖层。棚木腐朽层系俑坑地下建筑顶部棚木腐朽后形成，呈波浪起伏状，东高西低，厚约 25 ~ 30 厘米。发掘区域内绝大多数棚木被焚毁，均碳化。部分可见棚木与梁木间结构，少数棚木间残留有青灰泥。文物及铺地砖层包含淤积及塌方土、陶俑及其他文物、地砖。

此次发掘加深了对二号坑构筑方式的认识，认为坑壁（含二层台）为生土，部分地段出现夯筑情况应该是损毁后修补的结果。对于第一单元弩兵方阵的种类与分布有了新认识，第一单元开间五内除有跪式背弓俑等之外，还有高级军吏俑与铠甲武士俑。

在发掘过程中，广泛运用科技考古手段，多学科结合，多单位合作，开展科技考古和相关科技史研究。重点开展工作包括：全面记录出土信息，采集陶俑色彩信息，探索兵马俑色彩数字化记录的新模式；采集发掘区内金属元素（含出土兵器）的相关信息，为深度研究秦俑坑兵器铬盐来源等学术问题积累资料。

（朱思红）

【西安市浐灞区东方红秦汉时期墓地】

发掘时间：2021 年 1 ~ 11 月

工作单位：陕西省考古研究院

东方红墓地位于浐灞生态区欧亚三路中段北侧，西邻北辰路，东邻浐、灞之汇，处在灞河西岸的二级台地上。该区域墓葬分布密集，2021 年度共发掘墓葬 475 座，主要为秦、汉时期，出土器物 1515 件（组）。

秦墓 153 座，以竖穴土洞墓为主，墓道呈长方形或梯形，方向不一，东西向的比例远高于南北向，墓室呈梯形或长方形，面积较小，葬式可分为直肢葬和屈肢葬，两者比例相近，出土器物多为罐、釜、盆、蒜头壶等陶器；还有少量的竖穴土坑墓，墓向以东西向为主，墓室较小，可辨葬式均为直肢葬，部分墓葬有壁龛，壁龛内随葬罐、盆等陶器。

汉墓 312 座，按墓葬形制可分为 5 种：一为斜坡墓道砖室墓，平面多呈“甲”字形，砖砌墓室，拱顶为主，少量穹窿顶，部分存在耳室或侧室，出土器物主要有铜镜、陶罐、陶鼎、陶仓、陶灶等；二为斜坡墓道土洞墓，平面呈长方形，拱顶土洞，部分有壁龛及砖封门，出土器物主要有陶罐、陶鼎、陶盒等；三为竖穴砖室墓，多东西向，墓道呈长方形，墓室呈长方形或梯形，直壁处为条砖错缝平砌而成，拱顶处以子母砖或条砖整体竖砌而成，底部多砖铺地，出土器物主要有罐、鼎、仓、灶等陶器；四为竖穴墓道土洞墓，此类墓葬占比最高，墓道多梯形，壁面斜收，墓室多长方形，拱顶土洞，少量墓葬在墓室口一侧有壁龛，器物主要有陶罐、陶壶等；五为竖穴土坑墓，方向不一，墓室多长方形，面积较小，出土器物较少。

东方红墓地是近年来浐河下游发掘的最大的一处秦汉时期墓地，2019 年、2021 年，陕西省考古研究院对其进行了两次发掘，发掘墓葬近 600 座。墓葬年代主要集中在秦、汉时期，最早可到战国晚期，最晚至东汉时期，墓葬分布密集，布局规划明显。该区域位于秦咸阳城东南，大量的战国晚期至秦末汉初时期墓葬应与秦定都咸阳后国力增强、人口增多、秦咸阳城开始跨过渭河向南扩张的历史事件有关，出土刻有“咸亭北里”的器物显示出这批墓葬与咸阳城的密切关系。西汉时期，该区域位于汉长安城东，汉长安城东郊是汉墓分布密集区，该区域发现的西汉初期至王莽时期的汉墓正反映出西汉时期汉长安城东郊汉墓的分布规律与文化内涵。因此，此次发掘工作为进一步探讨秦汉时期墓葬分布与秦咸阳城、汉长安城位置变迁的关系提供了重要资料，为了解该区域秦汉时期墓葬特征、演变规律、墓地布局增加了重要的实物资料。

（陈爱东　王　曾）

【泾阳大堡子西汉墓地】

发掘时间：2021 年 1 ~ 12 月

工作单位：陕西省考古研究院

大堡子墓地位于泾阳县大堡子村（现属秦汉新城）西，地处泾河南岸台塬（咸阳塬东北部），黄土堆积丰厚、地势平整开阔，南距长陵邑约 3 千米。2020 年，陕西省考古研究院对该墓地进行发掘，已取得有关墓地年代、文化内涵等方面的初步认识。

2021 年度，以“片区制”考古为工作理念，以明确墓地布局规划为宏观目标，依托消防总队训练基地和秦汉新城汉韵三路两个基本建设考古项目，我们继续在该区域开展工作。共计清理墓葬近 1500 座，出土文物丰富，包含陶、铜、玉、铁等各类遗物 8000 余件（组），取得了一系列重要考古收获。

此次发掘目标明确，采取全面揭露、全方位清理的方式进行，基本解决了大堡子墓地的年代、范围、布局、内涵等问题。墓葬形制以竖穴墓道洞室墓为主，北部区域有少量竖穴土圹墓，往南斜坡墓道土洞墓和券顶砖室墓增多，但基本不见穹窿顶砖室墓；南部墓葬以土坯封门为主，其次为条砖封门，木封门极少；总体以单人葬为主，合葬墓数量在南部有明显增加；随葬品组合北部常见鼎、盒、壶、钫等仿铜陶礼器，往南该组合逐渐居次要地位乃至消失，取而代之以罐、奁、仓、灶等生活明器，但案、盘、耳杯等祭奠类陶器尚未大量出现，同时从陶器装饰方面来看，彩绘陶逐渐消失，釉陶器出现并增多；铜钱在北部区域常见汉“半两”，南部则多见“五铢”以及少量新莽钱。综上所述，大堡子墓地是一处较为单纯的西汉墓地，整体布局具有由北向南时代渐晚的明显特征。另外，通过发掘还基本明确了墓地南、北、东边界，下一步有望根据墓地周围开展的其他考古工作解决墓地西界问题。

大堡子墓地的发掘经过统一部署，尽可能发挥考古发现和发掘资料整体化优势，将汉韵三路项目范围内墓葬资料与消防总队项目用地内西汉早期墓葬材料相衔接，基本再现了西汉长陵邑周围中小型墓葬的演变历程，为研究西汉墓葬制度、家族关系以及帝陵周边的人文地理格局提供了丰富而宝贵的考古学资料。我们将持续关注周边基本建设考古项目，有力推进长陵以北考古研究的区域系统化。

（邵　晶　朱瑛培　陈少兰　冯　丹）

【西安市浐灞区白杨寨汉唐时期墓地】

发掘时间：2021 年 1 ~ 12 月

工作单位：陕西省考古研究院

白杨寨墓地位于浐灞生态区白杨寨村南，处在浐河西岸二级台地上，东距浐河 1.3 千米。该区域墓葬密集，时代跨度较大，包含汉、唐、明清各时期墓葬。2021 年度延续 2020 年度工作，发掘汉墓、隋墓、唐墓、明清墓 471 座，出土器物 806 件（组）。

汉墓主要有竖穴墓道土洞墓、长斜坡墓道土洞墓和长斜坡墓道砖室墓 3 种。竖穴墓道土洞墓，墓向不一，墓室较小，出土陶器多为罐、缶、壶、灶等，年代为西汉早期；长斜坡墓道土洞墓，墓向不一，墓室面积大于竖穴墓道土洞墓，出土陶器多为罐、盒、囷、灶等，年代为西汉至东汉时期；长斜坡墓道砖室墓，多为南北向，墓室面积较大，可分为单室券顶墓和多室墓两种，出土陶器多为罐、囷、灶、釉陶壶等，年代为西汉晚期至东汉时期。

隋墓均为南北向小型墓葬，形制可分4种：一为长斜坡墓道带天井土洞墓，天井窄长，口大底小，墓室近圆形，北面略弧，墓室三面留有生土棺床，人骨位于墓室北部，东西向仰身直肢；二为梯形斜坡墓道带天井洞室墓，墓道、天井平面均呈梯形，南宽北窄，口小底大，墓室近方形，人骨位于墓室北部，东西向仰身直肢；三为梯形斜坡墓道土洞墓，平面整体近靴形，墓道呈梯形，南宽北窄，口小底大，人骨位于墓室北侧或西侧，仰身直肢；四为短斜坡墓道直线洞室墓，墓葬较浅，墓室较小，人骨多南北向放置，仰身直肢。出土器物主要有隋五铢、釉陶四系罐、釉陶杯、砚台及少量瓷器。

唐墓均为南北向，可分为土洞墓和砖室墓两类，其中砖室墓葬规格较高，有券顶、穹窿顶等形制。根据出土墓志，M5墓主为刘弘规夫人陇西李氏，M800墓主为刘弘规之孙刘殷礼，推测M6墓主为唐代宦官刘弘规，因此判断该区域是刘弘规家族墓地之所在。

白杨寨墓地是近年来西安地区浐河西岸发现的汉唐时期重要墓地，墓葬数量多，分布密集，形制多样，出土器物丰富，出土的墓志更是表明此地为宦官家族墓地所在，为研究该区域汉至隋、唐墓葬发展演变规律提供了重要材料。

（陈爱东　王　曾）

【西安市西咸新区成任—岳家墓地】

发掘时间：2021年3～12月

工作单位：陕西省考古研究院

成任—岳家墓地位于空港新城北杜街道东，勘探发现古墓葬1443座。2021年度发掘墓葬主要以汉唐时期墓葬为主，包括西晋、十六国和唐代的家族墓地。在发掘区西部发现一处西晋家族墓地，共有7座墓葬，均为带台阶的斜坡墓道多室土洞墓，坐东向西。出土陶槅、空柱盆等；十六国时期家族墓地位于发掘区东部，一组6座，均坐西向东，为带台阶的斜坡墓道多室土洞墓，出土十字髻女俑、男立俑、牛车、陶灯和模型明器等；唐代家族墓地以唐武德九年（626年）张虔威家族墓地为代表，该墓地由围沟和6座墓葬组成。围沟平面呈南北向长方形，南北长119、东西宽99米，南部中间一段向南凸出。剖面呈倒梯形，口宽1.6、深1.75米。沟内6座墓葬均分布在北部区域，以张虔威墓和其西侧的墓葬规模最大，均为斜坡墓道带5个天井的单室土洞墓，两墓共用一座封土。根据墓葬形制，判断西侧的墓葬时代略早于张虔威墓。余下4座墓葬位于沟内西北处，分别为带2个天井或1个天井的单室土洞墓，时代为盛唐时期。据墓葬建造规模、随葬器物特征，初步判断该墓地建成时间可能与张虔威的下葬时间一致。

除了家族墓地，此次还发现了大量重要的古代遗物。在东汉墓葬M3015中，出土两件犍陀罗风格的金铜佛造像，为目前国内考古出土时代最早的金铜佛像。该墓南北两侧平行分布数组东汉墓葬，这些墓葬均为东西向，排布整齐，应为一处家族墓地。与M3015相邻的M3019内出土了一件朱书陶罐，纪年为东汉延熹元年（158年），为M3015及其出土的金铜佛像的年代提供了重要参考。此外，在刀形小唐墓M7124内，出土“官”字款白瓷渣斗1件，器型完整，制作精美。

（李　明　赵占锐）

【咸阳渭城区西蒋十六国至北魏时期墓地】

发掘时间：2020年10月～2021年8月

工作单位：陕西省考古研究院

西蒋墓地位于咸阳市渭城区底张街道西蒋村。此次共发掘古代墓葬202座，灰坑、陶窑等各类遗迹230个，出土遗物1244件（组）。最主要的收获是清理了一批十六国至北魏时期墓葬。

整个墓地中，20余座带长斜坡墓道的土洞墓成组分布，排列整齐，相互之间无打破关系，大致分为前后四排，每排4～8座，应经过专门的规划，可能为一处家族墓地，根据出土器物及墓葬形制推测这些墓葬的年代为十六国至北魏时期。

十六国时期墓葬M4062为一座带台阶的斜坡墓道单室土洞墓，平面呈“甲”字形，坐北朝南，夫妻合葬；M4096墓道内出土的砖志纪年为北魏正光五年（524年）；M4070为一座斜坡墓道单室土洞墓，平面近“甲”字形，坐北朝南，推测其年代为北魏早期，该墓墓道北壁生土上雕刻3层门楼图案，由上至下分为3组，题材为门楼、门、窗等。门楼之下，以生土浮雕形式雕刻出天王踏小鬼像。

西蒋墓地墓葬数量多、时代跨度大，各时代墓葬小范围内集中程度较高，特别是区域内北朝墓地的发掘清理，从墓葬数量、保存程度上来看，均为以往的考古发掘所少见。墓地排列规整，布局有序，聚族而葬，时代脉络清晰。大量遗物的出土，为关中地区北朝时期的丧葬制度研究提供了新的资料，大量人骨的提取和检测分析，为更深入的家庭和社会研究提供了新的切入点。

（田有前）

【咸阳市渭城区韩家十六国时期及唐代墓地】

发掘时间：2021年3～9月

工作单位：陕西省考古研究院

韩家墓地位于咸阳市渭城区底张街道韩家村，共发掘墓葬4座，其中十六国时期墓葬1座、唐墓3座。

M4是一座十六国时期的高等级墓葬，为斜坡墓道带天井洞室墓，坐北朝南，前后两室，总长85米，深16.5米。墓道北壁及两处过洞上有土雕建筑模型，前室顶部土雕藻井与屋椽。随葬陶俑、陶牛车、陶罐、陶盒、双耳瓷瓶、铁环、铜吊钩、铜钱等器物。

十六国时代的前赵、前秦、后秦等3个政权均建都于长安，此前在西安南郊少陵原曾发现过与M4同等规模的十六国时期墓葬2座（焦村M25、中兆村M100），这些大型墓葬应为十六国时期高等级墓葬甚或“陵”。M4的发现进一步明确了十六国时期高等级墓葬的分布范围，为找寻十六国时期帝陵提供了重要线索。

3座唐墓呈“品”字形分布，外有长方形围沟，围沟南北长155、东西残宽58.6米。根据出土墓志判断，应是一处初唐时期的家族墓园。M1设4天井，随葬陶牛、骑马俑、侍女俑等。M2和M3均设5天井，墓志显示，M2墓主为苏同与夫人段氏，隋代亡故，唐初葬于此地，随葬天王俑、镇墓兽、骑马俑、侍女俑、陶牛、铜镜等；M3墓主为苏机与夫人梁氏，苏机为苏同之子，随葬镇墓兽、天王俑、骑马俑、武士俑、瓷四系罐、铜镜等。

据墓志记载，苏同家族墓园最初是以显庆五年（660年）十一月迁葬的唐修隋苏同夫妇墓（M2）为中心的墓园，苏同之子苏机同时葬于墓园内苏同夫妇墓西侧稍北（M3）；龙朔三年（663年）二月，苏机妻梁氏合葬于苏机墓。这种数代人葬于同一墓园，且墓园修建过程清晰、埋葬次序明确的唐代家族墓园较为罕见。结合近年来在洪渎原发现的北周豆卢恩家族墓园（同一围沟内埋葬祖孙三代4墓）、隋王韶家族墓园（同一围沟内埋葬祖孙三代7墓）、唐张虔威家族墓园（同一围沟内埋葬7墓）等系列北朝隋唐家族墓园，这些发现共同构成中古时期家族墓园的完整发展序列和类型特征，对于推动该时期考古学和历史学的深入研究具有重要价值。

（于春雷）

【西安市长安区前锋北魏及唐代墓地】

发掘时间：2021 年 8 ~ 11 月

工作单位：陕西省考古研究院

前锋墓地位于西安市长安区兴隆街道前锋村北，此次考古发掘共清理汉、北魏、唐、清等不同时期墓葬 63 座，最主要的收获是发现了集中分布的北魏和唐代墓葬。

北魏墓 32 座，基本呈南北两排整齐分布，均为南向斜坡墓道单室土洞墓。大部分墓葬为多人合葬，或为迁葬，葬具均为木棺，葬式以仰身直肢为主，头向不一，人骨较散乱。出土有陶罐、陶俑、铜钱、铜镜、铜钗、铁镜、铁削刀、铁刀、砖志、瓦志等随葬品。其中 M33 出土的砖志与 M49 出土的瓦志具有明确的纪年，分别为北魏太和八年（484 年）、延昌二年（513 年），为墓葬绝对年代的判定提供了直接证据。根据墓志，两墓主人分别为杨大景、杨文齐，推测这批北魏墓葬可能属杨氏家族墓葬。M33 砖志载杨大景为“杜县民”，可印证《魏书·地形志》所载该地县名为“杜”的可靠性，有助于纠正部分文献所载当时县名为“杜城”或“杜陵”的错误。

唐墓 22 座，主要分布于墓地的西部，部分打破北魏墓葬。墓葬形制以斜坡墓道单室土洞墓为主，墓道均朝南，其中 7 座带有 1 到 3 个天井。墓葬均为单人葬，棺具南北向放置，部分有砖棺床。因盗扰严重，除少数墓主可判断为仰身直肢、头向北外，大部分葬式、头向不明。出土陶塔式罐、陶人俑、陶动物俑、瓷罐、铜钱、铁锁、石墓志等随葬品。其中 M38 出土墓志一合，载墓主人为辛守庆，出身陇西辛氏，唐天宝八载(749 年）卒于贵平县丞任上，两年后归葬于此。据墓志所载世系，墓主的高祖父为辛彦之，《隋书》《北史》有传，为进一步研究陇西辛氏在唐代的发展提供了第一手资料。M31 出土有樊夫人墓志盖，由于被盗扰，不见墓志。

此外还发现有少量汉代、清代小型墓葬，呈零散分布。

该墓地处于古人所称的“高阳原”，是唐代贵族墓葬集中分布区之一，此次发掘的较多唐墓亦是明证。北魏墓以往多见于咸阳原上，西安地区少见，此次发现的北魏杨氏家族墓，为研究北魏墓葬的分布提供了新材料。

（陈　钢　魏　钺）

【西安市莲湖区陈家寨北周至隋唐时期墓地】

发掘时间：2021 年 2 ~ 12 月

工作单位：陕西省考古研究院

陈家寨墓地位于西安市莲湖区枣园街道陈家寨村，2021 年度共发掘北朝、隋唐墓葬 450 座，出土文物 1100 余件（组）。根据出土砖石墓志和随葬品等判断，已发掘墓葬中有北周墓 7 座、隋墓 115 座及唐墓 235 座，另有 40 余座隋唐之际墓葬。

北周墓 M207 系武帝天和二年（567 年）直线式小型斜坡墓道土洞墓，墓主为万年县居民，墓道较宽，墓室狭促，葬式为头南足北的单人仰身直肢葬；M301 系武帝建德二年（573 年）长斜坡墓道土洞墓，平面呈铲形，墓主“平梁郡君”王令珪为北周“车骑大将军仪同三司大都督胶东县开国侯”独孤熊夫人。

隋墓依据平面形制的不同可以分为三类：第一类为直线式小型斜坡墓道土洞墓，如隋开皇八年（588 年）“东宫领翊卫大都督”吕顺墓 M209；第二类为中小型斜坡墓道靴形土洞墓，如隋开皇十三年（593 年）墓 M270；第三类为不带天井或带有单天井的铲形墓，数量相对较少，如隋大业十一年（615）墓 M36。

唐初墓葬葬式仍以头南足北或头西足东的仰身直肢葬为主。初唐后期直线式小型土洞墓消失不见，靴形墓减少，斜坡墓道刀形墓逐渐定型，成为唐墓主流，延续至中晚唐之际，部分斜坡墓道开始设置台阶，墓主尸骸移置墓室西侧，改以头北足南的仰身直肢葬为主。靴形墓葬 M109 墓主葬式呈僧人“结跏趺坐”姿态，其葬俗或与佛教信仰有关。晚唐墓以竖穴梯形斜坡底墓道或台阶底墓道刀形墓为主。

陈家寨墓地墓主多属庶人，少为中下层官吏。隋代小型墓葬的集中发现为厘清隋唐之际中小型墓葬演变规律与葬制葬俗等提供了重要资料。4 座清河张氏家族成员墓葬有助于研究晚唐时期家族墓葬的排葬方式和丧葬礼仪等问题。此外，墓地北部区域还清理出一处可能与汉长安城南礼制性建筑基址有关的夯土遗迹。

（苗轶飞）

【西安市隋唐长安城东市遗址】

发掘时间：2021 年 5 ～ 10 月

工作单位：西安市文物保护考古研究院

为配合西安市碑林区三馆一中心项目的建设，在 2020 年发掘工作的基础上，进行此次发掘。发掘面积约 3000 平方米。

此次发掘除了对第一次发现的遗迹继续揭露外，新发现道路 1 条（L6）、井 43 眼、灰坑 107 座、窑 1 座、沟 1 条。出土器物 700 余件，有陶器、釉陶器、瓷器、唐三彩、铜器、骨器及建筑构件等。两次发掘共计发现道路 6 条、沟 3 条、建筑基址 2 处、井 115 眼、灰坑 171 座、窑 1 座，除部分井、灰坑为宋以后，其余遗迹皆为隋唐时期。

L1，南北向，位于工地西部，东西宽约 14 米，南北发掘残长 45 米。在 L1 之上还发现南北向础石两列，形状、质地有方形青石和天然卵石两种。东列础石可分为南北两组，北部一组 4 个，间距 3.3 米，多数础石外有包砖。南部一组 4 个，间距 3.3 ～ 4 米。西列础石仅发现两块，与东列北部础石相距 1.5 米，间距 4.3 米。西列础石下部及路面上还发现零星夯土，推测这些础石的作用应为唐代后期“侵街”建筑所用。L2，东西向，贯穿工地中部，南北宽约 11 米，东西发掘残长 110 米。L3，南北向，贯穿工地中部，东西宽约 10 米，南北发掘残长 70 米。L4，东西向，位于工地北部，南北宽约 11 米，东西发掘残长 30 米。L5，东西向，位于工地南部，南北残宽 6.2 米，东西发掘残长 20 米。此处为东市北街遗址的北边，南部向外延伸叠压于今东市路下。L6，南北向，位于工地东部，东西残宽 2 米，南北发掘长 30 米，向东延伸至今乐居场路下。

G1 位于 L5 北侧，口大底小，斜壁内收，西高东低。东西残长 17 米，口部宽 2 ～ 2.2 米，底部宽 1.8 ～ 2 米，深 0.6 ～ 1.2 米。西端被近代扰坑打破，东部尽头发现古井一口。

古井 43 眼，其中砖井 3 眼，其余皆为土壁，形状有圆形和方形。用途有水井、蓄水井、渗井。灰坑 107 座，除少量圆形、方形外，大多为不规则形。陶窑 1 座，由踏步、操作间、过洞、火膛、窑床、烟道组成。保存较好，窑室平面呈马蹄形，顶部已坍塌。出土器物有莲花纹瓦当、变形筒瓦等。

两次发掘共发现道路 6 条，其中东西向道路 3 条，南北向道路 3 条。根据最南侧东西向道路 L5 的发掘情况和位置，推测其为唐时东市“井”字形主干道路的北大街中段。根据最东侧南北向道路 L6 的发掘情况和位置，推测其为唐时东市“井”字形主干道路的东大街北段，其余四条道路为东市内街巷道路，宽度约 11 米，排列较整齐有序，皆为统一规划修筑。这些遗迹现象的发现对认识及研究唐代东市的形制布局、发展演变和商业、手工业的情况有重要的学术价值。

（张全民）

【西安市西咸新区布里隋唐墓地】

发掘时间：2021 年 1 ～ 12 月

工作单位：陕西省考古研究院

布里墓地位于空港新城底张街道布里村北，勘探发现古墓葬近 300 座。2021 年度发掘的墓葬多为隋唐时期围沟墓，另有少量西汉墓、东汉墓和十六国时期墓葬。

唐代围沟墓以杨全节家族墓为代表，其家族墓园由“凸”字形围沟和 3 座墓葬组成。围沟平面呈长方形，南北长 104.5、东西宽 80.5 米，南部中间一段长约 20 米向南凸出。围沟剖面呈倒梯形，口宽 1.7、深 2.1 米。沟内东北为唐开元廿七年（739 年）杨知什夫妇合葬墓，已在 2020 年完成发掘工作，沟内西南两座墓葬为其父母墓葬。三座墓葬均为斜坡墓道带 5 个天井的单室土洞墓，以杨知什父杨全节墓葬规模最大。杨全节夫妇墓葬距离较近，墓室仅间距 1 米。另有多座仅围有 1 座墓葬的墓园，如隋开皇廿年（600 年）元景超夫妇墓、唐永淳元年（682 年）独孤客师墓。北朝至隋唐时期围沟墓的集中发现，为咸阳原上围沟墓时代特征研究提供大量墓例。西汉墓葬主要集中在布里东村，时代为西汉早期，形制以竖穴墓道的土洞墓为主。墓葬多坐西向东，墓道为口大底小的方坑状，封门为土坯。墓室内多葬 1 人。随葬遗物有缶、仓、罐等陶器以及铜鼎、铜壶、铜剑和铜钱。陶器多放置在墓道内或墓室的壁龛内，铜器多放置在人骨附近。这些西汉早期的墓葬，与上召窑大墓距离较近，或与其相关。东汉墓和十六国墓与之前发掘的同期墓葬的形制、出土遗物基本相同。战国至隋唐时期大量墓葬的发现，为建立咸阳原上古代墓葬序列提供了基础材料，同时也为隋唐时期家族墓地的深入研究提供了丰富的考古实证。

（李　明　赵占锐）

【西安市未央区贺家唐代墓地】

发掘时间：2021 年 6 ~ 11 月

工作单位：陕西省考古研究院

贺家墓地位于西安市未央区三桥街道贺家村北部，地处龙首原西南缘、皂河东岸。2021 年度共发掘墓葬 113 座，其中唐代墓葬 100 座、明清墓葬 10 座、不确定时代墓葬 2 座、废弃墓葬 1 座，均为中小型墓葬。共出土各类文物 300 余件（组）。

在此次发掘的墓葬中，M15 规模最大，该墓由斜坡墓道、2 过洞、2 天井、砖封门、石门、甬道和墓室组成，在第一天井下设有 2 个小龛。甬道绘制人物、青龙、白虎图像的壁画。墓室四壁均绘壁画，东壁绘墓主伎乐图；南壁西侧绘对鸳花鸟独幅屏风图、北壁西侧绘花鸟图像；北壁东侧绘凤冠仕女、提壶仕女和小女孩图像；西壁壁画正在清理中。随葬品有天王俑、镇墓兽、鞍马、骆驼、牵马或驼胡人俑、骑马俑、男立俑、塔式罐等，其中大型陶俑造型生动、制作精致、绘彩丰富。据墓志可知，墓主为康比比，葬于唐开元四年（716 年）。该墓壁画部分内容为研究神龙至开元晚期唐墓壁画的演变提供了新资料。

晚唐墓葬 M7 墓主呈僧人“结跏趺坐”姿态，其葬俗或与佛教信仰有关。

此次发掘还发现 2 处唐代小型“围沟”。两处围沟平面基本近方形，长宽均在 10 米左右。G1 内有 3 座唐墓，呈“品”字形分布，G2 内有 1 座唐墓，并且位置靠西，这与以往发现的带围沟高等级墓葬几乎一致，并且墓葬等级低于 2021 年三民村发现的带有“围沟”的墓葬，进一步表明唐代中小型墓葬确实采用“围沟”作为兆域，再次印证文献中唐代墓田制度也曾施行于下层平民中。

（苗轶飞　梁依倩）

【靖边清平堡明清时期遗址】

发掘时间：2021 年 5 ~ 12 月

工作单位：陕西省考古研究院、榆林市文物考古勘探工作队、靖边县文管所

清平堡遗址位于榆林市靖边县杨桥畔镇

东门沟村，是明代长城体系中的一座营堡，西距长城大边约 10 千米。根据相关文献记载，清平堡始建于明成化年间，于清代康熙平定噶尔丹之后被废弃，后逐渐被黄沙掩埋。2020 年陕西省考古研究院对清平堡遗址进行了抢救性考古发掘，清理了一座名为“显应宫”的城隍庙遗址。2021 年度继续对显应宫内泥塑造像进行清理，新清理出造像 9 尊，颜色鲜艳、造型优美，具有极高的艺术价值。

2021 年度考古发掘的重点工作是在显应宫东南区域，清理出一处规模较大的建筑遗迹，因其位于清平堡城内中心位置，故将其命名为清平堡中心楼遗址。

该遗址为一座高台建筑，南北长 17、东西宽 12、残高约 4.2 米。现仅存台体部分，其南部为二次增建，台体设四出券洞。在中心楼东、南侧均有与券洞相连的街道，街道两侧清理出分布较为密集的小型建筑遗迹，应为当时的普通民居院落，每个院落都由数个建筑组成，还发现碾房等设施，住房内都有灶台和砖砌火炕。出土遗物有建筑构件以及少量铜钱、石磨、陶器及瓷器残片等，遗物时代为明成化至清康熙年间，与清平堡始建及废弃年代相近。根据考古勘探及发掘资料，清平堡遗址基本较为完好地保存了明清时期营堡内的建筑布局。在明代，营堡既是屯守军队驻扎之地，也是军人家属生活之地，更是汉蒙之间进行互市的场所。长城的营堡既是当时长城两侧的军事对垒的前沿，也是文化交融之所在，更是民族融合的发生地。

清平堡遗址的考古工作，对于研究明代长城两侧经济互动、文化交流、民族融合的方式与过程有重要意义。

（李　坤）

【北洛河流域旧石器考古调查】

调查时间：2021 年 5 月、11 月

工作单位：陕西省考古研究院、中国科学院古脊椎动物与古人类研究所、渭南市博物馆

基于进一步加强陕西省中、北部地区旧石器考古研究，为黄河流域文化遗产研究与保护提供基础支撑，近年来在陕西省文物保护专项、国家自然科学基金等项目的支持下，陕西省考古研究院联合中国科学院古脊椎动物与古人类研究所有计划、分步骤地开展了黄河及其主要支流沿岸的旧石器考古调查。在 2019 年开展榆林市黄河沿岸旧石器考古调查、2020 年开展黄河支流无定河流域旧石器考古调查并取得重要收获的基础上，2021 年度在渭河支流北洛河沿岸开展了初步的野外调查，调查面积约 180 平方千米，新发现旧石器地点 32 处，获得石制品 400 余件。

此次工作，在北洛河上、中、下游地区均调查发现有旧石器地点，相对而言，中、下游地区的澄城、蒲城等县境内的旧石器地点分布更为密集。新发现的旧石器地点大多位于北洛河支流（或冲沟）与干流交汇处相对平缓的河流阶地上，少部分位于河流转弯处的凸出平缓阶地上，还有个别地点距离河谷稍远。石制品的原生埋藏地层主要为黄土地层，如志丹县柏邑沟、洛川县马王河、澄城县任村、澄城县义南村、澄城县韦家圪垯、蒲城县韩家河等地点；少数为河流相地层，如澄城县任麻滩、蒲城县蔡村、蒲城县曲里村等地点；个别为河漫滩相阶地堆积，如白水县王莽寨东地点。

洛川以上河段两岸基岩以砂岩为主，河滩中少见适宜制作石器的砾石原料，该区域发现的诸地点中，燧石、玛瑙等优质原料制作的石制品相对较多，存在远距离采集、搬运原料的可能性；一些工具修理精细，具有强化利用原料的特点；从埋藏地层和石制品特征看，时代主要为晚更新世晚期。洛川至蒲城段诸地点中，石英岩、脉石英等原料较多，也有少量燧石原料，主要就近取自河漫

滩；石制品个体普遍较小，工具以刮削器为主，大多属于“简单石核—石片技术”的产品；从石制品的埋藏地层分析，时代早晚有别，中更新世至晚更新世晚期的遗存均有发现。

北洛河流域曾发现有著名的“大荔人”化石，下游大荔—蒲城地区过去也多有旧石器地点发现。但整体而言，该地区的旧石器考古工作已中断多年，上、中游地区此前也无明确的旧石器地点发现。通过2021年度的工作，我们新发现了一批旧石器地点，填补了北洛河上中游地区的旧石器考古空白，同时新发现的这批旧石器遗存内涵颇为丰富，初步显示出该地区蕴含有较大的工作潜力，随着今后工作的持续深入开展，有望取得更大的进展。

（张改课　王社江　景玉薇　吴胜利）

【咸阳、西安、渭南石窟寺专项调查】

调查时间：2020年12月～2021年6月

工作单位：陕西省考古研究院、西北工业大学文化遗产研究院、咸阳市文物考古研究所、彬州市文化和旅游局、西安市文物局、渭南市博物馆

2021年度，陕西省考古研究院与西北工业大学文化遗产研究院、咸阳市文物考古研究所、彬州市文化和旅游局、西安市文物局、渭南市博物馆，在咸阳、西安、渭南三市复查及新发现石窟寺遗存45处。

咸阳石窟寺数量最多，主要分布在北山南麓的长武、彬州、旬邑、淳化、三原等县境内，以彬州大佛寺石窟、淳化金川湾石窟和旬邑悟空洞石窟为代表，时代主要为北朝至唐，题材以一佛二菩萨或二佛并坐为主，造像形式以高浮雕为主。彬州大佛寺是陕西最重要的唐代石窟，金川湾石窟是陕西乃至全国唐代三阶教刻经窟的代表。

西安石窟寺数量相对较少，但较为典型，以唐代遗存为主，主要分布在秦岭北麓的周至、长安、蓝田等县境内。蓝田佛爷腰唐代一佛二菩萨高浮雕大像龛、徐家山一佛二菩萨摩崖彩绘像和长安青华山明代高浮雕涅槃大卧佛的特征和题材在陕西石窟寺中较少见甚至未见。

渭南地区石窟寺数量居中，主要分布于南部的秦岭北麓华阴、华县和北部的北山南麓一带的富平、白水、合阳、韩城等县境内。营建时间从北朝一直延续至明清，造像形式包括圆雕像、浮雕像、线刻像、泥塑像、肉身泥塑等。其中，合阳寿圣寺石窟是渭南地区目前发现的唯一一座金代石窟，造像题材为文殊与万菩萨造像组合，石窟周边保存有寺院遗址和大量碑刻题记，颇为重要；韩城七佛洞石窟现存的宋代涅槃与五百罗汉组合造像为关中地区少见题材；新发现的华州区玉泉洞明代道士肉身泥塑像保存完好。

此次工作表明，咸阳、西安、渭南三市的石窟寺遗存从北朝延续至明清，发展序列基本完整，是丝绸之路文化交流与佛教中国化进程的重要见证。

（席　琳　田有前）

甘肃省

【夏河县白石崖溶洞旧石器时代遗址】

发掘时间：2021 年 11 月 ~ 2022 年 1 月

工作单位：甘肃省文物考古研究所、兰州大学

白石崖溶洞遗址（35° 26′ 54.44″ N，102° 34′ 13.31″ E），主体位于青藏高原东北缘海拔 3280 米的达里加山上，具体位于甘南藏族自治州夏河县甘加乡白石崖村西北 400 米处。20 世纪八十年代当地民众发现人骨化石被确定为一旧石器遗址，2016 年兰州大学再次进行考察时发现洞内有明确的史前人类打制的石制品。考虑到遗址的重要性，2018 ~ 2019 年，兰州大学联合甘肃省文物考古研究所对该遗址进行两次正式考古发掘，共发掘 5 个探方（T1 ~ T5），总发掘面积达 11 平方米，其中 T1、T2、T3、T4 均存在文化层，出土较为丰富的文化遗存，其中除 T1 外均未发掘到底。2019 年该遗址被列为夏河县县级文物保护单位。从 2018 年至 2019 年发掘出土的遗存来看，T2 及 T3 探方划分了 10 个文化层，遗址石制品以简单石核石片技术为主，石料主要以采自白石崖溶洞前江拉沟的角页岩砾石为主，石制品组合中以初级石片和粗加工的工具为主，动物骨骼保存状况较好，以四肢骨为主，初步鉴定的动物种属有犀牛、野牛、野马 / 驴、鬣狗和野羊 / 羚羊等。初步研究结果显示，在距今至少 19 万 ~ 3 万年间，古人类长期在该遗址活动，其中至少 16 万年前（夏河人下颌骨化石）和距今 10 万年、6 万年，甚至晚至 4.5 万年（沉积物中提取到丹尼索瓦人线粒体 DNA）为丹尼索瓦人，揭示以丹尼索瓦人为代表的古老型人类曾长期生活在青藏高原，不仅大大推动了青藏高原史前人类活动历史研究，而且极大地推进了学术界对丹尼索瓦人及东亚古人类演化历史的认识。为进一步全面揭示该洞穴古人类活动历史，为其建立完整的年代框架，理解古人类的生理和文化特征，推进青藏高原史前人类活动历史及东亚古人类演化等重大科学问题，需对该遗址进行持续性发掘和研究。

2021 年 11 月 ~ 2022 年 1 月，兰州大学和甘肃省文物考古研究所对该遗址进行第三次考古发掘。此次发掘是在 2019 年未发掘到底的 T2、T3、T4 探方基础上继续向下发掘，共发掘 6 平方米，采用自然层结合水平层的方法进行发掘，对出土石制品、动物骨骼、炭屑等考古遗存均使用全站仪进行记录，样品袋单独编号收集，重要遗迹遗物使用相机拍照，Gopro 全程录像，发掘均系统收集筛选样及浮选样，同时系统采集土壤微形态样、环境土样、OSL 样品及沉积物 DNA 样品等。其中 T4 探方从 2019 年发掘的 95 厘米水平层向下发掘至 110 厘米基岩层，地层仍未变化，结束时仍为第②层。T2（部分）、T3 探方从 2019 年的 205 厘米向下发掘至 330 厘米，根据此次发掘遗址地层堆积、土质、土色及包含物等，在已有的 10 个地层的基础上再次划分 9 个地层（⑪至⑰层），部分地层存在亚层。此次发掘获得丰富的文化遗存，共获得石制品 12441 件，动物骨骼 2228 件，OSL 样 24 个，土壤 DNA 样 30 个，土壤微形态样 12 个，出土石制品及动物骨骼等样品目前在分析中。

此次发掘显示，白石崖溶洞遗址的文化堆积非常厚且非常丰富，揭示史前人类在该洞穴的占据史较长，为全面研究青藏高原史前人类高原环境适应的文化内涵及生存机制等科学问题提供了关键材料。

（张东菊）

【庆阳市南佐新石器时代遗址】

发掘时间：2021年6～10月

工作单位：甘肃省文物考古研究所、中国人民大学、西北工业大学、兰州大学

南佐遗址位于庆阳市西峰区后官寨镇南佐村，坐落于泾河一级支流蒲河左岸的董志塬西部。1984～1996年，甘肃省文物考古研究所等先后对遗址进行了两个阶段6次考古发掘。2021年度开启了第三阶段的考古发掘，发掘面积约1000平方米，分为大型夯土建筑区和一号夯土台西侧两个地点。

大型夯土建筑区发掘面积850平方米。重新揭露了原F1前厅局部，并在其东侧和南侧发现夯土墙房屋建筑6座、灰坑22座。东侧的联排式建筑F3、F5、F6与F1共同构成了一组主次分明、布局严谨的建筑组群，可能具有“宫殿区”的性质。F1及其附属建筑停用以后用版筑法夯土填实，并在地面上修建新的联排式建筑。东侧的F2是F1等大型夯土建筑夯填时预留形成的空间，其室内多层堆积中包含大量白色堆纹陶、白陶、黑陶、朱砂彩绘陶、大型彩陶罐、带塞盖彩陶瓶以及涂朱砂的骨镞、石镞等特殊的陶器、石器，还包含猪骨、羊骨、鹿角以及大量炭化水稻等，应当具有祭祀礼仪性质。大型夯土建筑区出土陶器基本属于仰韶文化晚期。

一号夯土台西侧发掘面积220平方米。一号夯土台现存平面近长方形，南北长约40米，宽约22米。通过发掘，明确了夯土台西侧底部边界和结构，其底部是用黑土和黄土交替夯垫台基，上部是用版筑法夯筑而成。通过勘探和解剖发掘可知，一号夯土台西侧壕沟局部宽约20米、深约10米，壕沟南侧和底部以2～4米厚的夯土加固，出土陶片也属于仰韶文化晚期。夯土台的年代和壕沟基本同时。

通过初步调查和勘探，在遗址的东、南、北面找到了“外环壕”遗迹，围合而成的面积约为600万平方米。大型夯土建筑区外围对称分布的九座夯土台及外侧相邻的两重环壕组成遗址的核心区，面积30多万平方米。在遗址范围内地表都能采集到仰韶文化晚期至庙底沟二期早期的陶片。可以确定南佐遗址是一处以仰韶文化晚期遗存为主体的超大型环壕聚落遗址，年代距今约在5200～4600年。此外，2021年度还对南佐遗址周围同时期聚落遗址进行了初步调查。

南佐遗址的考古发现，表明当时陇东地区已进入早期国家或文明社会。这对于客观认识黄河中游、黄土高原尤其是陇东地区在中华文明起源和形成过程中的关键地位，对于实证中华五千年文明史都具有极为重要的意义。

（韩建业　张　镪　张小宁　李小龙）

【张家川圪垯川新石器时代至宋代遗址】

发掘时间：2021年4～11月

工作单位：甘肃省文物考古研究所

圪垯川遗址位于张家川回族自治县大阳镇闫家村东北1.5千米处，西距大地湾遗址约15千米。遗址周边为典型黄土高原沟谷地貌，分布着仰韶文化、齐家文化、汉代遗址及墓葬、宋明时期墓葬。2021年清理包括仰韶、齐家、汉、宋、明时期遗迹950余处。

圪垯川遗址仰韶文化遗址区面积约16万平方米，自仰韶早期延续至仰韶晚期。仰韶早期发现保存相对完好的史家类型大型环壕聚落，聚落有明显的功能分区，环壕内为居住区，环壕外东南部疑似有陶窑区，西北部疑似有墓葬区。环壕平面呈近圆形，环壕内面积约8万平方米。环壕为三重环壕，人工

挖掘形成，形制规整，局部坍塌，内、中、外三层环壕平行分布，三层环壕由内向外逐渐加宽加深，壕沟剖面呈“U”形。环壕中心为广场，周边向心分布成组的房屋。环壕内共确认房屋100余座，已发掘60余座。房址的布局以紧靠广场的东、南、北三座大房屋为中心（西部破坏严重）成组分布，每组房屋由1座大房屋及5～45座不等的中、小型房屋组成，大房屋门道指向广场，中、小房屋门道大多指向大房屋或广场。房屋间分布圆形或方形的窖穴，口大底小，袋状平底，大部分窖穴四壁经黄泥涂抹加工，个别窖穴内发现有埋人的现象。房屋均为方形半地穴式，大部分房址结构保存完整，由门道、墙壁、地面、灶坑、土台、平台、柱洞等组成，房屋地面、墙壁、平台都经过精细的加工，一般下面涂抹细泥，之上有红色和灰黑色烧结硬面。大型房屋约100平方米，中型房屋约20～50平方米，小型房屋约10～20平方米。中心广场发现大型粮仓一座，为圆形袋状窖穴，容积近60立方米，底部保存近0.4～0.6米的炭化粟黍遗存。中心广场西南部集中分布墓葬20座，南北向分布，形制为竖穴土坑墓，部分墓葬一侧有侧坑，流行单人仰身直肢葬和二次合葬，随葬品位于侧坑内和人骨周围。还有少量的瓮棺葬，瓮内发现少量的人骨。仰韶文化中期为庙底沟类型遗存，聚落组成包括房址、灰坑、灰沟、灶址、活动面、窑址等，聚落内房址的分布和布局不明。房屋形制与早期一致，大部分房屋仅存局部或地面，较大的房址面积20～30平方米，较小的房址面积10平方米左右。灰坑一般为方形、圆形、不规则形。窑址破坏严重，仅存圆形的窑底。灶址为圆形的灶坑。仰韶晚期遗存破坏严重，聚落布局不明，房址仅剩白灰面地面，形制不明，灰坑、灶址、窑址形制与中期遗迹形制一致。出土器物有陶、石、骨、角类等，以彩陶为主，陶器组合包括尖底瓶、圜底盆、圜底钵、侈口筒腹罐、葫芦瓶、瓮、器盖等。

仰韶聚落被汉、宋时期墓葬打破，遗址东南部分布着汉代城址一座，周边大量分布着汉代遗址、墓葬和宋明墓葬，面积约5平方千米。汉墓以大型砖室墓为主，2～3座成组分布，个别组合墓葬外有壕沟，个别大墓结构复杂，由前室、后室、耳室组成，墓葬之上发现建筑遗迹。宋墓为竖穴墓道偏洞室墓，4～10余座成组分布，判断为不同家族墓地组成的大型公共墓地。明墓主要为竖穴土洞墓，流行火葬，大部分棺内为烧骨。汉代墓葬出土灰、釉陶器组合，少量的铜器，汉代遗址区出土了大型筒瓦、板瓦和瓦当等，宋代墓葬出土少量的瓷、陶器等。

史家类型环壕聚落面积约8万平方米，绝对年代为公元前6100年～公元前5600年，圪垯川遗址史家类型环壕聚落是黄河流域目前发现的面积最大、保存较完整、内涵最丰富的仰韶文化早期环壕聚落之一，代表了仰韶文化发展过程中的一个关键时期，表明陇西黄土高原是仰韶文化发展的又一中心，证实该区域在中华文明起源进程和社会复杂化过程中具有极为重要的地位。史家类型大型粮仓及粟黍遗存的发现，对探讨仰韶早期中国北方地区粟黍农业的建立及人类社会发展产生的影响提供了重要线索。该遗址发掘的大型汉墓及邻近发现太原城址周边分布的汉代遗址和墓葬群对探讨凉州刺史部治所在汉代陇县一带（即今张家川县大阳镇）具有重要的意义。

（陈国科　杨谊时）

【临洮县寺洼新石器时代至青铜时代遗址】

发掘时间：2021年5～11月

工作单位：中国社会科学院考古研究所、甘肃省文物考古研究所

寺洼遗址位于临洮县衙下集镇，东临洮河，东北距县城约20千米。20世纪20～40

年代，安特生、夏鼐、裴文中等先后在寺洼遗址开展考古工作。1949年，夏鼐依据该遗址的考古发现，命名了寺洼文化。2006年，寺洼遗址被国务院公布为第六批全国重点文物保护单位。2018～2020年，中国社会科学院考古研究所联合甘肃省文物考古研究所启动“洮河流域新石器时代晚期至青铜时代聚落与社会”项目，并选择寺洼遗址作为考古发掘地点，重点探寻马家窑文化大型聚落及墓地、寺洼文化居址及墓地，以及探索一些关键生业技术在西北地区的发展与演变等诸多学术课题。

2021年度，寺洼遗址的田野工作继续开展，地点选在遗址北部，鸦沟西侧台地上，新布设探方（扩方）16个，新揭露面积400余平方米，清理出马家窑文化（半山期）房址18座、墓葬1座、窑炉2座，寺洼文化墓葬11座，不同时期灰坑320处，出土大量陶、石、骨等人工遗物，并收集了丰富的多学科检测样品。

寺洼遗址在中国考古学史、西北地区文明化进程、早期中西文化交流等研究领域具有重要地位。2018～2020年的考古工作在遗址北部三处不同台地揭露面积1200余平方米，清理出一批马家窑文化、寺洼文化时期的房址、墓葬、灰坑、窑炉、灰沟、祭祀坑等遗迹，并发现有齐家文化、辛店文化的遗存。2021年的工作则确认了遗址北部存在一处半山时期的聚落，同时可能存在半山墓地，有望填补这一领域的诸多空白。上述发现对探讨马家窑文化、寺洼文化自身的诸多问题具有重要意义；对讨论一些关键生业技术如农作物种植、家畜驯养、冶金术等在西北地区的发展和传播，以及早期中西文化交流具有重要意义；对讨论西北地区，尤其是青藏高原东北边缘地带的文明化进程及其模式也具有重要意义。

（郭志委　毛瑞林）

【平凉市信河新石器时代及汉代遗址】

发掘时间：2021年6～8月

工作单位：甘肃省文物考古研究所

信河遗址位于平凉市崆峒区花所镇信河村三社南山之上，东至小溪沟畔，南为山台地中部，西至小一沟畔，北至花所南山下村庄涯边，南北长170米，东西宽130米，面积13900平方米，地理坐标：N35° 24′ 10.69″、E107° 4′ 3.92″，H1181米。遗址分布范围内台地断崖暴露遗迹有灰坑、灰层、红烧土，文化层厚0.5～1.7米。地表采集标本有泥质红陶、夹砂红陶片；纹饰有篮纹、划纹、绳纹、附加堆纹及素面；可辨器形有罐、杯、钵、尖底瓶等器，根据标本分析，该遗址属齐家文化遗存。

因G312线凤翔路口至平凉东段工程建设，甘肃省文物考古研究所对信河遗址进行了抢救性发掘，发掘面积350平方米。发掘汉代墓葬4座，齐家文化房址3处。

墓葬均为长斜坡墓道洞室墓，其中M1～M3为土洞墓，M4为砖室墓，均由墓道、封门、墓室组成，墓道平面呈长方形，长3.5～9.9米；墓室平面呈长方形，长2.4～4.4米，宽1.4～2.2米，高1.2～1.6米。M4墓室南侧有一耳室，平面呈长方形，土洞拱形顶。宽1.6、高1.54、进深2.4米。

房址平面均呈圆角长方形，损毁严重。由门道、房址、灶、硅洞组成，长2.8～5.7米，宽1.6～4米，房址内有灶，平面呈圆形，底较平，灶壁较光滑。此次发掘出土铜钱74枚，石器7件，陶器2件，铁器2件。

信河遗址是平凉地区沿泾河谷底南侧分布地一系列遗址之一，该遗址分布面积大，年代跨度大，此次发掘为平凉地区新石器时代、汉代等时期考古学研究提供了一批实物资料。

（毛瑞林）

【灵台县桥村遗址】

发掘时间：2021 年 5 ～ 12 月

工作单位：甘肃省文物考古研究所、北京大学考古文博学院

“考古中国——河套地区聚落与社会研究”项目是国家大遗址保护“十三五”专项规划重大课题之一，是跨区域的综合性考古研究项目。为配合项目总体学术目标的落实，并为构建甘肃陇东地区史前考古学文化谱系和框架，2021 年 5 ～ 12 月，甘肃省文物考古研究所与北京大学考古文博学院继续合作，对平凉市灵台县桥村遗址进行了第四次发掘。

2021 年度发掘地点依然在遗址中部东侧，桥村社东北部的塬顶台地上，发掘区为 E 区。发掘位置延续 2018 ～ 2020 年发掘区域进行扩方，发掘面积 300 平方米。清理龙山时代晚期长方形坑 138 个、灰坑 146 处、墓葬 1 座、房址 1 座、踩踏面（疑似道路）1 条、壕沟剖面 1 处。出土陶、石、骨、角、贝蚌等各类遗物 230 余件（组）。其中，壕沟剖面采集龙山时代晚期陶瓦标本 1000 余件（组），包括筒瓦、板瓦等。

2021 年的发掘基本掌握了遗址核心区东南边缘的地层序列和遗迹类型。发掘确认的踩踏面（疑似道路），为揭示遗址核心区路网系统提供了重要证据。壕沟剖面的发现，不仅为遗址核心区外围可能存在环壕提供了重要线索，而且壕沟堆积内发现的大量陶瓦标本，更为史前建筑形态复原以及中国建筑发展史的研究提供了重要实物。

（周　静　张　海）

【宁县石家及遇村两周遗址】

发掘时间：2021 年 3 ～ 12 月

工作单位：甘肃省文物考古研究所、南京大学历史学院

石家及遇村遗址位于庆阳市马莲河以东、九龙河以南的早胜原上，现隶属于宁县早胜镇。

石家及遇村遗址通过近几年考古勘探及发掘，已初步证明该遗址为一处两周时期大型聚落。2021 年考古工作重心主要围绕聚落重要构成要素——高等级建筑基址区、城北墓地及城南墓地等展开，完成发掘面积约 1000 平方米。

高等级建筑基址区在 2019 ～ 2020 年原区域开展，清理面积约 325 平方米。已初步厘清现有高等级建筑之间关系，即 F1、F2、F3 及 F4（2021 年度考古新发现）之间存在道路及廊道，并非单体建筑。外城墙属近两年重要考古发现，2021 年度主要针对北墙及南墙墙基进行了关键性解剖。从目前试掘情况看，构建方式与内墙存在较大差别，可能非同一时期构筑所致。城北墓地 2021 年度进行了大规模发掘，已清理墓葬 16 座，车马坑 2 座，马坑 1 座。出土器物丰富，可分铜器、陶器、泥器、玉器、木器等。墓葬等级较高，周边首次发现车马坑与马坑，多属于石家墓地中型墓范畴。墓葬主体年代属春秋早期，个别墓葬年代上限可至西周晚期。城南墓地是 2021 年度勘探新发现的一处战国、秦汉时期墓地，目前已探明墓葬数量约 200 座。已试掘墓葬 5 座，年代从战国晚期延续至西汉初。墓葬形制有别于城西及城北墓地，皆为直线式洞室墓。其特点为墓室底部高于墓道底部，竖井墓道底部深挖方形坑，部分殉葬动物头蹄，墓室后壁流行壁龛，流行随葬北方系青铜器，以兵器、工具及服饰装饰为主，部分陶器发现铲足鬲。从族属上看，可能与西戎族群有关。

2021 年度基本上实现了年初既定的工作目标。高等级建筑基址区的补充发掘，基本厘清了现有建筑之间的关系与布局，为进一步发掘提供了重要思路与方向。城北墓地新获得一批西周晚期至春秋早期的墓葬资料，它与城西墓地并行发展，丰富了石家及遇村两周时期聚落文化内涵。城南墓地是 2021 年

度考古新发现，从族属上看，与西戎密切相关，对于研究西戎族群相关历史提供了重要的考古学资料。

（王永安　杜博瑞　孙　锋）

【崇信县新崖湾东周遗址】

发掘时间：2021 年 5 月

工作单位：甘肃省文物考古研究所

新崖湾遗址位于崇信县锦屏镇杜家沟村东南 100 米，是县级文物保护单位。面积约 13.7 万平方米，文化层厚 1 ~ 3 米，暴露有灰坑和白灰面居址。采集有齐家文化泥质红陶片，器表多素面，部分饰绳纹和篮纹，可辨器形有罐和鬲，还有石斧。另采集有周代泥质灰陶绳纹罐、夹砂灰陶绳纹鬲残片，战国（秦）泥质灰陶绳纹盆、弦纹盂和夹砂灰褐陶绳纹罐、鬲残片。

因 S28 灵台至华亭高速公路一期工程建设，甘肃省文物考古研究所对新崖湾遗址进行了抢救性发掘，发掘面积共计 200 平方米，共发掘墓葬 1 座、灰坑 1 处。M1 出土陶器 2 件，器型有陶罐、陶盆；H1 出土器物基本为陶片，可辨器型有盆、罐、壶、鬲，另外还包括牛牙、鹿角等。

M1 墓葬形制及出土器物与甘谷毛家坪春秋晚期墓葬出土器物形制相似，可判断其时代为春秋晚期。手制陶罐富有特色，可能属于本地戎狄文化因素，同类器物也见于甘谷毛家坪遗址 A 组墓葬。M1 墓室面积约 3.43 平方米，一棺，人骨葬式为仰身屈肢葬，随葬品较为简单，为 1 罐 1 盆组合，蜷曲较甚的屈肢葬是秦文化墓葬的重要特征，推测该墓墓主可能为秦人。

新崖湾遗址的发掘为探讨秦文化在陇东地区的分布提供了重要材料，M1 中秦式陶器与属毛家坪 A 组文化因素陶罐共出的现象为研究东周时期秦戎关系增加了新材料。

（张俊民）

【礼县四角坪秦代遗址】

发掘时间：2021 年 7 ~ 11 月

工作单位：甘肃省文物考古研究所、复旦大学文物与博物馆学系

礼县四角坪遗址位于礼县县城东北 2.5 千米处的四格子山顶部，海拔 1867 米。其外围有夯土围墙，由于山体滑坡及水土流失，仅剩西墙与南墙地表可见，其余仅剩基槽。经勘探发现围墙范围内的宽阔平台上存在大量建筑夯土基址，中部为面积 900 多平方米的方形夯土台以及夯土中心的半地穴建筑，四周为回廊式对称附属建筑，总面积约 28000 平方米。建筑形制规整，错落有序，应该是一处具有祭祀礼仪性质的秦代建筑群。

2012 年礼县博物馆田野调查时发现了四角坪遗址。2012 年甘肃省文物考古研究所对该遗址进行了勘探，发现约 3 万平方米的围墙和墙内 900 余平方米的中心建筑基址。2019 年，甘肃省文物考古研究所对该遗址进行了复探，发现城内中心建筑布局极有规律，多为回廊式建筑。2020 年甘肃省文物考古研究所、复旦大学文物与博物馆学系联合发掘四角坪遗址，发掘面积 680 平方米，主要发掘中心台基建筑与南一东附属建筑。2021 年甘肃省文物考古研究所、复旦大学文物与博物馆学系再次联合发掘，主要发掘中心夯土台西部及西一、南一、西南角附属建筑，发掘面积 800 平方米。

2021 年发掘四角坪遗址，主要目标是搞清楚中心夯土台边缘处台阶、柱础、散水等遗迹的情况，以及围绕夯土台外围第一圈附属建筑的形制。通过对中心夯土台西半部、西一组附属建筑、南一西附属建筑、西南角附属建筑的发掘，基本完成发掘目标。并对夯土台中部半地穴建筑补充发掘，获得完整、准确的建筑相关遗迹的尺寸，包括地砖对角线汇聚中心处发现排水管道、砖缝填充铁汁

等新发现。

西一附属建筑为南北向，由南北两组夯土建筑台基组成，南北两头中部有夯土通道与西南角及西北角附属建筑连接，西一建筑南北长 21.3、东西宽 8.8 米。西南角附属建筑为连接西一与南一两组建筑的曲尺形夯土台基。南一建筑 2021 年发掘西部台基，与 2020 年东部台基共同组成一组完整的南一建筑，形制规模与西一建筑相同。所有已发掘的夯土台基边缘均规律分布着柱础石遗迹，外围有一圈散水，散水两侧铺有回纹地砖，以及散落台基周围的瓦砾堆积。出土文物以板瓦、筒瓦以及瓦当为主，因为遗址保护以及后续展览的要求，并未全面揭取，因此没有具体的统计数据。目前采集较为完整的瓦当 30 余件，筒瓦、板瓦（含残破）500 余件，具体数据还在统计中。

根据出土建筑材料的特征和制作工艺，结合大的历史背景，四角坪遗址应该是秦统一后即秦帝国时期的遗存。该遗址建筑主次分明、相互对称，结合其地理位置和文献记载，推测四角坪遗址是一处有着特殊形制和特殊功能的、与祭祀相关的礼制性建筑群。

四角坪遗址是秦帝国时期代表国家意志的礼制性建筑群，是从王国到帝国阶段转型的标志性建筑。遗址体量巨大，是中国古代统一国家形成初期风格和气魄的重要体现。四角坪遗址的发现丰富和补充了中国古代祭祀建筑体系的链条，对研究中国早期祭祀制度具有重要意义。

（侯红伟　裴建陇）

【庄浪县李家乐楼汉代墓群】

发掘时间：2021 年 4 ~ 12 月

工作单位：甘肃省文物考古研究所

李家乐楼墓位于平凉市庄浪县朱店镇牛嘴村东南 1 千米李家乐楼一带。北到堡子，东南到堡子梁，西到老虎沟。东西长 200 米，南北宽 500 米，分布面积 10 万平方米。文化层厚 1 米，暴露灰坑、墓葬、红烧土多处。采集到仰韶文化庙底沟类型彩陶片，为泥质红陶和夹砂红陶，彩陶为圆点纹或弧线纹，器形有盆、罐等。遗址西南部暴露汉代墓两座，分别为土坑墓和砖室墓。其为仰韶文化遗址，并包含汉代墓葬。

因 S25 静宁至天水高速公路庄浪至天水段建设，甘肃省文物考古研究所对庄浪县李家乐楼遗址进行了抢救性发掘，发掘面积共计 1500 平方米。

此次抢救性考古发掘清理墓葬 17 座，编号 M1 ~ M17，形制有带斜坡墓道砖室墓、土洞墓、带斜坡墓道土坑墓。出土各类器物共计 5 件，其中陶器 3 件，器型有壶、罐、牛俑；铜器 2 件，为铜盆、铜钱。

墓葬形制方面，西汉早期流行不带墓道的竖穴土坑墓和竖井式土洞墓，西汉中期依旧流行前期墓葬形制，出现带坡状墓道的竖穴土坑墓，并在墓室一侧开挖侧室，西汉晚期依旧流行土坑墓和竖穴洞室墓。王莽至东汉早期开始流行单室砖室墓。

M1 单室墓带侧室，且在墓室前端发现有土隔挡及木炭，此种形式应是在土洞墓基础上发展而来，较早见于西汉中晚期秦安上袁家墓。

M1 与 M2 皆附砖筑侧室，墓室前部皆抬升，高于后部，形成前堂后室分段结构，随葬品置于前部。此种一室分前后部的构筑方式与汉代庄浪寺角洼 M2、M5 等单室砖墓相似，墓室分段，前后高度不同也见于西汉后期至王莽时期的宁夏固原 M4、东汉早期平凉侯家台 M3。

合葬墓在两汉时期的甘肃地区流行于西汉晚期至东汉时期。M1 为双人同室合葬，一人附葬侧室，与 M2 皆有在侧室中附葬人骨的情形，与武威磨咀子东汉中期 M17、M20 在土洞墓壁作偏堂埋葬人骨情形相似。

发掘的 17 座墓由北至南呈两行排列，墓道均朝西，无打破关系，推测是家族墓地。

M1、M9、M14、M15、M16有积炭，其中M1、M14与M15积炭最多，厚度为0.6～0.9米，墓主人身份地位在家族中应较高，积炭墓是为防潮而用木炭填充墓室，最早出现于西周时期，在西汉中、晚期也流行，M14、M15墓葬形制与庄浪寺角洼M1相似。

结合墓葬形制及器物特征判断，此次发掘的墓葬年代应在西汉晚期至东汉中期，为甘肃东部汉代墓葬的研究提供了一批重要的实物资料。

（刘兵兵）

【酒泉市卢家蒿湾晋代墓群】

发掘时间：2021年4～5月

工作单位：甘肃省文物考古研究所

卢家蒿湾墓群位于酒泉市肃州区总寨镇西店村南2千米，为肃州区级文物保护单位，面积约12万平方米，地面有砾石堆筑的圆形和方形封土30多座，墓道以东南向为主。

因酒额铁路酒泉至东风段升级改造工程建设，甘肃省文物考古研究所对卢家蒿湾墓群进行了抢救性发掘，发掘面积共计711平方米。

此次抢救性考古发掘清理墓葬4座，其中3座为长斜坡墓道洞室砖室墓；1座为长斜坡墓道土洞墓。出土各类器物共计51件，其中陶器29件，器型有罐、壶、钵、人俑、动物俑等；铜器22件，器型有铜钱、铜尺、铜扣等。

由发掘清理4座墓葬的形制以及M4前室犊车图、宴饮图、宰羊图、炊事图、农耕图、出游图等壁画形式结合陶器组合、钱币年代特征组合初步判断，此次发掘的几座墓葬年代可定为西晋时期。卢家蒿湾墓地的墓葬形制、出土器物与嘉峪关壁画墓、酒泉崔家南湾墓葬、酒泉西沟村魏晋墓的考古发现存在相似之处，且与中原地区存在差异。此次发掘为甘青地区汉晋墓葬分期断代、探讨甘青与中原的关系以及族属判别提供了新的资料。

（王　山）

【天水市伯阳唐宋墓地】

发掘时间：2021年6～8月

工作单位：甘肃省文物考古研究所

2020年10月，S25静宁至天水高速公路庄浪至天水段工程建设时，工人们于天水市麦积区伯阳村发现一座古代墓葬。甘肃省文物考古研究所随即对该区域进行了考古勘探。

2021年6～8月，甘肃省文物考古研究所对该区域经勘探发现的遗迹进行了抢救性发掘，发掘面积共计1800平方米，共发掘各类遗迹20处，包括汉、宋、明清时期墓葬15座，仰韶文化窑址2座、仰韶文化灰坑1处、仰韶文化灶址2座。出土各类器物共计9件，其中陶器5件，器型有陶罐、陶砚、陶纺轮等；瓷器2件，器型有瓷碗、瓷盏等；铜器2件，器型有铜镜、铜扣等。

M1～M5、M11由北至南排列有序，墓道均朝北，无打破关系，可能是同时期的家族墓地。M5、M6为仿木结构砖室墓，墓主人身份地位在家族中应较高，根据出土器物推断年代应为宋代。仿木结构砖室墓是宋金之际常见的墓葬形制之一，以砖砌出仿木建筑，装饰成居室样式，也常以雕砖和壁画作为装饰。甘肃地区已发现宋金砖雕壁画墓葬有50余座，主要集中于以天水为中心的陇中地区，其次是以庆阳为中心的陇东地区、临夏地区、陇南地区。这些墓葬均为仿木建筑结构的砖室墓，多由墓道、甬道、墓室三部分组成。M5墓葬结构和装饰特点在甘肃地区宋代墓葬中常有出现，结构保存较完整，砖雕纹饰非常精细。

M10为斜坡墓道单室墓，墓道略呈梯形，墓道窄于墓室，位于墓室一侧正中。此种单室砖墓在甘肃主要流行于东汉早期，东汉晚期单室砖墓又开始流行，M10被盗扰严重，发现2具散乱人骨，未发现有可断代的随葬品，根据其墓葬形制，应为王莽至东汉时期的墓葬。

M7、M12为前期建设方施工所破坏的墓

葬，未发现有随葬品，M7 仅残余底部墓壁青砖，前期网络影像显示，M7 墓壁上可见“乾符四年”的字样，该墓应为唐代晚期的墓葬。M10 被破坏较大且未见随葬品及人骨，暂不能确定其年代。

M8、M13 ~ M15 为竖穴土坑墓，棺木尚存，该 4 座墓方向及头向均一致，仅 M14 出土 1 个陶纺轮和铜纽扣，初步推断为明清时期墓葬。

Y1 和 Y2 形制结构相似，为横穴式陶窑，且方向一致，出土少量仰韶晚期陶片，Z1 北部发现有储火罐。根据该遗址早期的窑址、灰坑及出土重唇口沿、折沿盆、罐等陶片判断，该区域为仰韶中晚期聚落遗址，与渭河流域大地湾、西山坪、师赵村、圪垯川同时期遗存一致，为该地区仰韶时期聚落研究提供了新资料。

从墓葬形制及出土器物判断，墓葬时代主要包括汉代、唐代、宋代、清代，这些为该地区汉至清墓葬考古学研究和历史研究提供了新资料。宋代仿木结构砖室墓为研究宋代建筑提供了重要的资料，出土模印画像砖为艺术史、美术史研究提供了重要的实物资料。

（王　山）

【礼县龙槐村宋代墓地】

发掘时间：2021 年 9 ~ 10 月

工作单位：甘肃省文物考古研究所

2021 年 4 月，S35 景泰—礼县高速公路香山 2 号隧道建设过程中，人们在隧道口东侧发现古墓葬。甘肃省文物考古研究所随即对该区域经勘探发现的墓葬进行抢救性发掘，发掘面积 300 平方米，共发掘墓葬 4 座。

M1 为台阶式斜坡墓道砖室墓，方向 120°。由墓道、封门、甬道及墓室组成。墓道平面呈东西向长方形，残长 3.94、宽 0.66 ~ 0.7 米，深 0 ~ 1.58 米，呈台阶式。封门高 1.55 ~ 1.6、宽 0.7 米，由青砖竖斜垒筑而成，共有两道。甬道高 1.4、宽 0.7、进深 0.52 米，直壁券顶。墓室东西长 2.04、南北宽 1.32、高 2.38 米，南北两壁为素砖错缝平砌墙面，西壁有壁龛一处，壁龛有边框造型，龛内空。墓室内出土塔式罐 1 套（3 件），铜镜 1 面，淤土内见零星骨块。

M2 为台阶式斜坡墓道砖室墓，方向 126°。由墓道、封门、甬道及墓室组成。墓室顶为穹窿顶。墓道平面呈东西向长方形，残长 6.32、宽 0.88 ~ 1.06 米，深 0 ~ 4.82 米，墓道残存台阶六级。封门由斜立砖垒筑而成，共有四道。甬道入口有砖雕墓门造型。甬道高 1.5 米、宽 0.68 米、进深 0.94 米，直壁券顶。墓室东西长 2.34 米、宽 2.32 米，通高 3.2 米。墓室四壁为素面青砖雕砌而成的仿木结构建筑。该墓为合葬墓，发现人骨 2 具，已朽。墓室内出土塔式罐 1 套，陶炉 1 件，墓志砖 1 件。

M3 为台阶式斜坡墓道砖室墓，方向 133°。由墓道、封门、甬道及墓室组成。墓室顶为拱形顶。墓道平面呈东西向长方形，残长 4.86、宽 0.8 ~ 0.88 米，深 0 ~ 2.7 米，墓道残存台阶七级。封门由残砖或整砖平立混合垒筑而成，共有两道，高 1.52 米、宽 0.8 米。甬道高 1.56 米、宽 0.8 米、进深 0.68 米，砖券顶，甬道券顶上额有门额式砖雕。墓室东西长 2.22 米、南北宽 2.02 米、通高 2.8 米，墓顶西北角遭破坏。四壁均有仿木砖雕结构。南壁壁面砖雕为双扇版门造型。西壁有一壁龛，顶为覆斗型，龛中置有带彩塔式罐一套（3 件）。北壁壁面砖雕为一桌两椅组合造型。该墓为合葬墓，发现人骨 2 具，已朽。墓室内出土塔式罐 2 套（其中 1 套 3 件，1 套 2 件），铜镜 1 面，绿松石环 1 件，铜钱 10 枚。

M4 由于建设破坏，墓道已不存在，仅残存封门、甬道及墓室。方向 342°。封门宽 0.68 ~ 0.76 米，残高 0.65 米。甬道通高 0.98、进深 0.84 米，砖券顶，南、北壁下部各有砖雕彩绘一处，为单扇版门。墓室顶为八角形，四角有仿木砖柱造型，四壁分布较为精美的砖雕及少量壁画。东、南两壁砖雕为双扇版门带窗；北壁砖雕为一桌两椅组合；甬道内北壁上彩绘人物四个。该墓为合葬墓，发现人骨3具，已朽。墓室内出土瓷碗1件、陶碗1件、陶盆2件、铜镜1面、铜钱1枚、墓志砖1块。

4座墓葬时代明确，均为宋代墓葬。其中M2方砖上墨书可见“绍兴十五年”字样，M4方砖朱书可见“大宋国”字样。

此次发掘的墓葬保存较好，结构完整，墓葬壁饰流行精美繁缛的雕砖，反映出该地区的时代和区域性特点，也可能与墓主人的身份和社会地位有关系，这些为陇南地区宋代墓葬研究提供了一批重要的实物资料。

（王　山）

【瓜州县锁阳城塔尔寺遗址】

发掘时间：2021年5～11月

工作单位：敦煌研究院考古研究所

锁阳城遗址位于瓜州县锁阳城镇，又称苦峪城，是迄今河西走廊规模最大、保存最完整的一座古城，在河西古代政治、经济、文化及军事诸方面曾起过非常重要的作用。塔尔寺位于锁阳古城的东北约1千米处。

2021年度原计划发掘400平方米，为了尽量保持遗迹的完整性，实际发掘面积600平方米。敦煌研究院考古研究所发现了塔尔寺遗址的台基和台基上建筑遗迹。

台基位于塔尔寺遗址核心区中部，南部与漫道相连，原应有台阶，现台阶不存，呈斜坡状。北部与主塔台基相连。平面形状呈“凸”字形，南部宽，北部略窄。周边错缝顺砌单层条砖包边，东南部还发现单层顺砌土坯包边的情况，中间填较细的沙土，包边砖大部分已被人为挖取，仅存砌砖痕。台基南部东西宽16.5米、北部东西宽14.2米，南北长25.5米，高约0.6～2.1米。土坯长约0.36、宽约0.18、厚0.06米。条砖长0.31、宽0.16、厚0.05米。台基表面原有土坯砌筑的建筑，东、南、西部发现三段土坯墙，土坯平砌，保存极差，现存墙宽0.72～1.05米，高0.1～0.3米。墙体内地面存少量铺地方砖和铺砖痕。表面现存大小不等的灰坑4个，柱洞5个。

此外，台基上发现三段土坯砌的墙体，分布于四个探方内。墙体范围南北长约15米，东西宽约7.8米。东墙现存长约7.9、宽约0.72米，中部有长约0.6米的缺失，同时在东墙内清理出柱洞一处（D3），D3与西墙内的D2相互对应。南墙由两段组成，东半段长约2.6、宽约0.73米，西半段长约3.6、宽约0.83米。在南墙东半段的西部、西半段的东部清理出两个柱洞（D4、D5）。西墙长9、宽约1.05米，在西墙内清理出两个柱洞（D1、D2）。D2与东墙内的D3相对应。在已清理出的墙基范围内清理出一片地面，地面由土坯和方砖铺砖痕迹组成。

遗物清理出条砖、方砖、筒瓦、板瓦、滴水、瓦当、木质斗拱等各类器物残件33件。主要是建筑构件残件，还有1000余块壁画和塑像残块。

通过发掘，人们对塔尔寺遗址区的地面堆积情况有了基本了解，主要是自然倒塌后风积浮沙形成堆积。设立专门管护机构前，人、畜在上面踩踏，在清理发掘过程中，发现深10多厘米的骆驼蹄印，这些都造成遗址的二次伤害。遗址废弃后，对地面铺砖和墙体包砖进行的盗挖，也对遗迹产生了不小的破坏。发现的房址遗迹已不完整，目前还不能确定房址的具体分布情况。

出土遗物中主要是建筑构件，重要的是有数量不少的琉璃构件残件，反映出寺院的等级较高。尤其是壁画和塑像残块的发现，反映当时建筑内有壁画和塑像。

（王建军　王　娇）

青海省

【囊谦县彭卡拉玛洞穴遗址】

发掘时间：2021 年 6 ~ 7 月

工作单位：四川大学考古文博学院、青海玉树博物馆

2021 年 6 月，四川大学考古文博学院联合青海玉树博物馆等单位在玉树囊谦县开展新石器时代遗址彭卡拉玛洞穴的试掘活动。该地点地理坐标为北纬 32° 16′ 53″，东经 96° 24′ 8″，海拔 4210 米。最近的河流为扎曲（通天河支流），其中一条支流距离遗址 200 ~ 300 米处。这条支流为季节性河流，有干旱期。洞穴由两个较大且不相连的洞厅组成，每个洞厅内部又分为两个面积较小的分支。

在洞穴内部的地表并未发现古代人类遗物，经过对洞内地貌情况进行分析后，在两个大厅选择三处沉积物堆积较厚的位置进行试掘（T1、T2、T3）。每个试掘探方 1 平方米，试掘深度约 1 ~ 1.5 米处即到达角砾层，因向下发掘困难且未发现古人类遗物随即停止继续试掘。洞口分布较厚的坡积物，颜色为黑色，包含物丰富且与周边第三纪红色差异明显，可能包含旧石器或新石器时期人类活动遗物，因此在洞口坡积物试掘两处 1 平方米的探方。其中 T4 位于洞口处，T5 位于洞口半坡处。

此次试掘所获遗物包括石器、陶片、化石、金属制品等，绝大多数来自洞口半坡处的探方内（T5）。该探方深 3.1 米，第①层为黑色表土层，厚 0.3 米；第②层共厚 2.5 米，又细分为黑色 1 层和黑色 2 层，黑 1 层土质为黑色黏土，土壤中夹杂大量烁石块，石块在 10 ~ 50 厘米不等，内含少量石器、骨器、陶片，厚 1.4 米；黑 2 层土质为黑色黏土，土壤中夹杂大量烁石块，但数量较黑 1 层少，内含大量石器、骨器、陶片，石块在 10 ~ 50 厘米不等，厚 1.1 米；第③层为棕色粉质黏土，土质均匀，土壤中夹杂烁石块，石块在 10 ~ 15 厘米，厚 0.1 米；第④层为为黄土层，土质是粉质黏土，土壤中夹杂烁石块，石块在 10 ~ 20 厘米，内含骨器，但无石器出土，厚 0.3 米。

出土物中共发现一千多件打制石器（石核、石片、细石叶、工具、碎屑、断块等）；九千余件动物化石，其中大部分较破碎，且有大量小型动物遗骨；陶片和金属制品数量则相对较少。

在试掘的同时，我们对囊谦县及其周边区域的石灰岩洞穴、囊谦境内通天河流域、扎曲流域、解曲流域进行旧石器遗存调查活动。此次调查共计发现 44 处石灰岩洞穴，其中大部分都被现代活动改造或堆积物较浅，未见明确打制石制品，只有少部分洞穴发现零星人工性质明确的石制品。通天河、扎曲、解曲阶地多为河漫滩及一级、二级、三级阶地，其中以河漫滩和一级阶地居多。采集石制品百余件，多为地表零星收集，其原料与洞穴石制品类似。

（胡　越）

【同德县宗日新石器时代遗址】

发掘时间：2021 年 5 ~ 10 月

工作单位：青海省文物考古研究所、河北师范大学、南京大学

宗日遗址所处的共和盆地，位于我国中高台阶的过渡地带。区域内海拔急剧攀升，气候敏感。文化环境上，共和盆地属于甘青文化圈带，位于半月形文化传播带上，是狩猎采集经济与旱地农业经济文化的交汇区域。共和盆地与青海湖流域共同构成省内地理单元上的中心，东接河湟谷地，南临青南高原，西接柴达木盆地可通河西走廊西部，北越祁连山可进河西走廊。地理单元上的四通八达，使当地成为研究古代文化交流、人地关系与人群流变的重要区域。

为进一步推动宗日文化，乃至黄河文化的研究，自2020年，青海省文物考古研究所联合河北师范大学、南京大学对宗日遗址开展进一步考古发掘。2021年发掘区（Ⅳ、Ⅲ区）位于遗址的东一、二台地，年度发掘面积达600平方米。共清理墓葬12座，壕沟1处。出土文物丰富。基本弄清了宗日遗址东一、东二台地遗存分布情况。

壕沟（G1）位于东二台地中部，横剖东二台地，清理长度近10米、宽6米、深近2米。南壁直立，壁上见有工具痕迹。北壁为缓坡。沟内发现7层坡状堆积，堆积均呈东北高、西南低。沟内各层出土文物器类基本相同，包括陶器、石器、骨器、动物骨骼以及与建筑或生产相关的烧结面等，其中可辨器形者达350余件。通过壕沟的结构与堆积情况来看，可分为防卫设施、处理生活垃圾场所两个使用阶段，为我们寻找不同时期宗日人群的居址区域提供了重要线索。

2021年度发掘的12座墓葬均集中分布于东一台地腹地（发掘Ⅳ区）。多数墓葬遭到盗扰，从其中6座较为完整墓葬来看，墓葬形制可分为石棺葬、竖穴土坑、木椁墓三类。头向有西北、东南两种。石棺葬均是在竖穴土坑中筑有熟土二层台，石盖板搭盖于熟土二层台上。葬式均为俯身直肢葬，见有二次扰乱和迁葬现象。随葬品以陶器为主，还见有少量石珠、绿松石饰。随葬陶器包括马家窑文化系统陶器与“宗日式”陶器两类，器类以壶、罐、盆为常见组合。陶器主要摆放在遗骨头、脚两端。头端摆放陶器数量较多，近头部常放置一件泥质彩陶盆。木椁墓的四角见有用于搭建椁室的石块，值得注意的两座木椁墓中均不见人骨，仅存宗日式陶器或泥质彩陶器，应属迁出葬。

经过两个年度的发掘，现已基本厘清宗日遗址东一、二台地的遗存分布状况。壕沟的发现为寻找宗日人群居址、探索宗日聚落形态提供了重要线索。新的墓葬材料，为研究当时的葬制葬俗增添了新的实物依据。宗日遗址是宗日文化唯一经过考古发掘的遗址，这些新成果对深入研究黄河上游史前文化发展演变、生业模式以及人群扩散等具有非常重要的学术价值。

（李冀源　乔　虹　施兰英
张敬雷　马　骞　姜法春）

【都兰县夏尔雅玛可布遗址】

发掘时间：2021年6～10月

工作单位：青海省文物考古研究所、西北大学、海西州民族博物馆、都兰县博物馆

夏尔雅玛可布，蒙语意为“黄羊出没的河滩”，是三普期间发现的一处诺木洪文化遗址，年代为公元前1500～前1000年。遗址位于海西州都兰县巴隆乡河东村西3000米处，地处柴达木盆地东南边缘，坐落于伊克高里河与哈图河交汇处的两个临河台地上，其中东南台地为居址区，面积约3.5万平方米；西北台地为墓葬区，面积10余万平方米。

为明晰诺木洪文化的文化特征，理清其发展脉络，辨明其与周边考古学文化的关系，且考虑遗址长期遭受盗掘和水流冲刷的破坏，

故联合考古队对遗址进行主动性发掘，发掘面积 1000 平方米。

居址区台地整体呈三角形，地表可见三重以石块垒砌的石构墙体和部分石围建筑。发掘区位于内圈石构墙体南部，发掘面积 250 平方米。现地貌南高北低，文化堆积厚约 3 ~ 5 米，已发掘的堆积初步可分为三个阶段。发现的遗迹有土坯墙、木构圈栏、铜冶铸遗存和灰坑、火塘、活动面、石堆、幼儿瓮棺葬等，出土有陶器、石器、骨角牙器、铜器、木器、毛织物等遗物和动植物遗存。陶器以夹砂为主，灰褐和红褐为大宗，素面为多数，另有少量戳印纹、刻划纹、附加堆纹、席纹、折线纹、篮纹等。

墓葬区台地与居址区隔河相望，大致呈三角形。因常年受风沙侵蚀和填土自然沉降影响，地表清晰可见大小不同的碎石围圈，据此勘查目前至少有 500 座诺木洪文化墓葬。发掘区位于墓地东南部，发掘面积 750 平方米，共清理墓葬 25 座、与墓葬密切相关的黄土坑 25 个、祭祀坑 3 个。

墓葬分布有其规律，均为东北—西南向，排列整齐、分布密集，且少有打破关系，表明墓地使用过程中经过严密规划。墓葬均为平面近长方形的竖穴土坑墓，皆有木椁，大部分还有内椁，个别墓葬无内椁，使用木板作为棺床。均为二次扰乱葬，依葬具和残留的原位骨骼判断，应为单人葬，头向西南，约 210° ~ 240°。墓葬由于经过二次扰乱、椁室坍塌、后期填埋等过程，地表形成圆形或椭圆形的黄土坑。依规格大小和随葬品多寡初步将墓葬分为大、小两种，前者墓圹长度一般在 4 ~ 5 米、宽度约 3 米，后者长 2 米、宽 1 米左右。随葬品数量丰富，陶器有彩陶双耳罐、双耳鼓腹罐、腹耳罐、无耳罐、侧耳盆等，铜器包括铜泡、铜铃、铜镞及零星车马器——马策、衡末饰（疑似）等，装饰品有穿孔石坠、穿孔牙坠、海贝、绿松石珠、红玉髓珠等，另有玉镞、穿孔石刀、牛角、羊肋骨及旱獭骨骼、树皮箭箙等随葬品。且随葬品有固定的组合和类别，表现为椁室北部随葬陶罐、羊肋骨，装饰品、陶器及小件青铜器经扰乱后散落于各处。

通过 2021 年度的发掘，初步揭示了遗址堆积的形成过程与聚落布局特征，揭露了诺木洪文化的墓葬特征，为研究诺木洪文化的年代分期、聚落形态、丧葬习俗、生业经济、手工业技术和文化交流等课题提供了科学、丰富的材料。

（王飞虎　肖永明　向金辉
郭　梦　王　振）

【都兰热水墓群】

发掘时间：2021 年 6 ~ 10 月

工作单位：中国社会科学院考古研究所、青海省文物考古研究所

热水墓群位于海西蒙古族藏族自治州都兰县热水乡境内，1982 年考古发现。墓群分布于热水乡察汗乌苏河南北两岸，多分布于海拔 3400 ~ 3500 米之间，整体分布呈枝叉状特征。1996 年被国务院公布为全国重点文物保护单位。

2021 年度是 2018 血渭一号墓（现编号 DRXNIM25）的田野工作收官之年，也是热水墓群考古工作的新起点，继续由中国社会科学院考古研究所和青海省文物考古研究所组成热水联合考古队进行考古工作。2021 年通过考古调查、勘探、发掘等手段以及多学科合作的方法，全面了解热水墓群的布局与分布范围，在以往工作的基础上，首先对北一区内墓葬进行重新编号，解决了墓葬编号重复等问题；其次以热水墓群为中心，丝绸之路为背景，对柴达木盆地东南缘 7 ~ 8 世纪相关遗存进行了考古调查，对英德尔遗址、加木格尔滩古城、夏塘古城、达赖玛尼古城、伏俟城和西海郡等遗址，运用无

人机航拍、全站仪测量，采集最新遗址数据；考古勘探分为三个点：一是2018血渭一号墓（现编号DRXNIM25）周边，二是血渭一号墓（现编号DRXNIM1）南侧，三是羊圈墓（现编号DRXNIM37），总勘探面积4650平方米。现已基本探明羊圈墓（现编号DRXNIM37）分布范围和大致结构，羊圈墓（现编号DRXNIM37）由墓道、西通道、墓室及墓室围墙（茔墙）组成。平面大致呈“甲”字形，东西向，墓道朝东，宽6～8.7米，长30米左右。墓园方形，茔墙边长50米，墙宽1.6米，石头垒砌。墓圹东西长26米，南北宽36米。其余两处勘探地点未发现早期遗迹现象。考古发掘有三个地点：一处位于2018血渭一号墓（现编号DRXNIM25）考古大棚北侧、西侧；二处位于血渭一号墓（现编号DRXNIM1）的墓室和祭祀建筑；三处位于DRXNIM27南侧殉牲坑和燎祭遗迹。2018血渭一号墓（现编号DRXNIM25）内为了解墓室周围填埋结构，在主墓室西侧进行解剖发掘，补充发掘南侧施工通道，解剖发掘墓上祭祀建筑西南角。现已整体厘清墓葬结构，野外发掘工作正式结束，考古现场已移交县文体局看管保护。出土文物整理工作开始启动，已完成部分文物拍照工作，出土珠饰研究工作也同时展开；对血渭一号墓（现编号DRXNIM1）进行了保护性清理发掘，墓葬形制及东北角建筑清理出了完整形制，县文体局已加装玻璃保护罩进行保护展示工作；在DRXNIM27完整发掘出附属殉牲坑和两处燎祭遗迹，发现两匹殉马、一具牛头，现已打包提取进行后续研究。

（韩建华　白文龙）

【同德县唐已改遗址】

发掘时间：2021年6～9月

工作单位：青海省文物考古研究所、河北师范大学

唐已改遗址位于海南藏族自治州同德县巴沟乡卡力岗村西南3500米处，北距卡然公路1千米，东、西、南三面均为冲沟，西南为下才乃亥村，西与唐已改石头建筑遗址隔沟相望。地理坐标北纬35°22′40.9″，东经100°13′25.2″，海拔2870米。

遗址平面整体呈圆形，直径约17.5米，残高1.6米，根据遗迹现象结合出土遗物认为该遗址为祭祀性质。祭台四周均铺砌有石块，南部缓坡疑似砌有台阶。顶部祭台呈正方形，边长约4.2米，祭台东、北、西三面均存在土坯墙。土坯墙垒砌在③层之上，土坯内外双层垒砌，较为规整，完整土坯长32、宽15、厚7.5厘米。该祭祀遗址多次被盗，共发掘600平方米，堆积共分4层，均为坡状堆积：其中①层为表土层；②层为人工堆砌的石块层；③层为祭祀层，出土较多的动物头骨、人头骨、泥擦擦、铁器、青铜器和树皮等包含物，其中部分动物头骨上绘有墨书图案和文字；④层为黄土层，发现有坩埚、分布不均的踩踏痕迹和大小不一的柱洞等遗迹现象，④层之下即为原生砂石层。

通过解剖发掘表明，该祭祀遗址大致经历以下营建和使用过程：首先平整原生砂石层；铺垫纯净黄土，而后可能存在较为短暂的使用过程，遗留有柱洞、坩埚、烧结面等遗迹，该层分布不均的踩踏面亦可证实该层存在短暂的使用过程；而后在④层堆积之上规划方形祭台区域。祭台内用较为纯净的黄土构建，祭台外的填土内混杂有石块和碎土坯等形成③层，并在南部修砌台阶，而祭祀行为也集中发生在这一层。③层之上，在祭台周围用土坯垒砌，垒砌完成后，在四周的坡上用石块铺砌，完成祭祀遗址的营建。

唐已改祭祀遗址出土铜、铁、骨、石等遗物300余件。在遗址西侧的③层集中出土了一批带有墨绘图案的动物头骨，这些墨绘图像在佛教密教巫术仪轨中被称为“林噶”，

是一种禳灾仪轨，在青海省都兰县考肖图遗址和西藏那曲察秀塘祭祀遗址都有出土。根据出土马头上的墨书藏文经咒初步推断，大致属于公元 11 ~ 12 世纪。

唐已改祭祀遗址是青海省为数不多经正式考古发掘的祭祀遗址，这为探讨青海乃至整个青藏高原的古代祭祀仪轨提供了重要的考古资料。

（马　骞　乔　虹　施兰英
姜法春　李冀源）

宁夏回族自治区

【银川市水洞沟旧石器时代遗址】

发掘时间：2021 年 6 ~ 9 月

工作单位：宁夏回族自治区文物考古研究所、中科院古脊椎动物与古人类研究所、中央民族大学、灵武市文物管理所

水洞沟遗址位于宁夏回族自治区银川市东南 28 千米处，西距黄河 18 千米，该遗址由 12 个地点组成，地质时代从距今约 4 万年的晚更新世末期直至全新世早期，涵盖了旧石器时代晚期之初至新石器时代早期的不同文化堆积。文化类型多样，包括石叶、石片、细石叶工业、有意识的用火、象征行为等。

2021 年联合考古队对水洞沟遗址第 1 地点进行了第四年度的发掘。按照工作计划，前一年工作基础上开始大面积发掘旧石器时代主文化层，同时，受国家文物局指示在该年度举办“首届旧石器时代考古高级培训研修班”，共有来自全国各地 10 名学员参与培训。主要对水洞沟第 1 地点旧石器时代主文化层进行了清理，深度约 3 米。2021 年度出土标本石制品共计 5421 件；动物化石 102 件；牙齿 6 件；鸵鸟蛋皮 11 个；串珠 2 个；碳样 166 个。发现有明显红烧土的火塘 4 处，碳屑密集分布区 2 处。

经过 3 个月的发掘工作，水洞沟遗址第 1 地点旧石器时代主文化层已基本发掘完毕，水洞沟遗址第 1 地点的地层堆积已基本清晰，旧石器文化层可划分为 8A、8B 和 8C 三个不同堆积阶段，各个阶段石器特征基本一致，代表了旧石器时代晚期初段的文化特征。

2021 年度发掘旧石器层位中出土大量石制品，包括典型勒瓦娄哇技术的石叶和石核，同时石片和动物骨骼也有出土，揭露了少量用火遗迹。该遗址的相关信息对于解决石叶遗存与石片遗存的关系，石叶技术在中国北方出现时间及技术多样性等多个重要的学术问题具有关键意义。

现有的测年数据显示 SDG1 至少有一个时期的文化遗物所处时代很可能超过 40000 年，这一时间点恰好与东北亚最早出现的现代人时代相仿，对于研究东北亚现代人出现与扩散具有重要学术意义。

（郭家龙　彭　菲　高　星）

【隆德县周家嘴头新石器时代遗址】

发掘时间：2021 年 7 ~ 12 月

工作单位：宁夏回族自治区文物考古研究所

周家嘴头遗址位于宁夏南部六盘山西麓的隆德县神林乡双村，属于考古中国“河套地区聚落与社会研究”课题宁夏片区的一个重点发掘项目，2017 ~ 2020 年宁夏文物考古研究所对该遗址进行了连续的考古发掘，发掘面积 3000 平方米，出土了一批仰韶至龙山时期遗存，取得了重要收获。为了进一步了解周家嘴头遗址各时期的文化内涵，完善渝河流域新石器文化序列，搞清各时期文化遗存与周邻地区文化的关系，同时寻找与制陶有关的储泥坑、陶坯制作区、存放区等遗存，2021 年宁夏文物考古研究所继续对周家嘴头遗址开展考古发掘工作，发掘面积 700 平方米，共清理房址 4 座，灰坑 56 个，陶窑 4 座，

墓葬 10 座，火种坑 1 个，出土可复原陶器近 50 件，各类小件 700 余件。

周家嘴头遗址仰韶文化遗存分早、中、晚三期，各期遗存的时代特征明显，其中仰韶早期和中期遗存是首次在宁夏境内发现，这为研究宁夏南部地区仰韶文化的源流、地域类型及与周邻地区文化关系等提供了新的材料。仰韶晚期遗存以大规模的陶窑群为主，目前累计发掘清理的陶窑共计 43 座，其中仰韶晚期陶窑 36 座，对研究当时陶器专业化生产有重要意义。

周家嘴头遗址龙山时期遗存也相对丰富，清理的遗迹有房址、灰坑、灰沟、陶窑、墓葬等，出土陶器有单双耳罐、小口罐、盆、高领喇叭口罐、斝等，同时还出土较多的石器和骨角器，其文化性质与已发掘的沙塘北塬遗址一致，年代上是介于菜园文化和齐家文化之间的一种考古学文化遗存，由菜园文化发展而来，最后发展演变为齐家文化。

总之，周家嘴头遗址的发掘对研究宁夏南部地区的新石器时代考古学文化发展序列、与周邻地区考古学文化关系提供了新材料，大规模的仰韶晚期陶窑群的发现对研究当时陶器专门化生产和社会经济结构有非常重要意义。

（杨 剑 王晓阳 霍 耀）

【盐池县张家场秦汉城址】

发掘时间：2021 年 9 ~ 11 月

工作单位：宁夏回族自治区文物考古研究所、北京大学考古文博学院、盐池县博物馆

张家场城址位于盐池县城西北 17 千米的花马池镇张家场村西，东距盐鄂公路（盐池至鄂托前旗）0.5 千米，南距杨家圈 1.5 千米，西南距明长城二道边城墙 3 千米，东北至北大池盐湖约 6 千米。古城坐落于毛乌素荒漠之中，城墙等遗迹被风沙掩埋严重，四周多为丘陵、荒漠。该城址是河套地区目前所知的规模最大、出土文物最为丰富的秦汉时期古城遗址，学界普遍认为其与秦末北地郡所属的昫衍县城有关，汉代继续沿用。2006 年被国务院公布为“全国重点文物保护单位”。

张家场城址平面呈长方形，南北长 338 米，东西宽 320 米。如今城墙已经全部坍塌成土垄状，被黄沙掩埋覆盖。城内及东南边缘 500 米范围内遍布秦汉时期的板瓦、筒瓦、陶器等众多遗物。根据以往的调查和发掘可知，在城址的西部及西南 10 平方千米范围内分布墓葬千余座。2021 年，依托张家场博物馆，宁夏文物考古研究所盐池工作站与北京大学盐池考古基地在张家场城址所在地建成。2021 年 9 ~ 11 月，联合考古队首次对张家场城址开展系统的考古发掘工作，发掘面积 1500 平方米。2021 年度发掘区位于城址中部略偏北处，通过发掘清理出不同时期的墙体、活动面和倒塌堆积，几乎遍布整个发掘区。出土了较多汉瓦、瓦当以及两汉、新莽时期的钱币等遗物，也有零星封泥、印章、铠甲等。发掘情况表明，发掘区内存在自西汉至东汉时期长期使用的大型建筑，它们的整体范围南北应该超过 50 米，东西超过 60 米，应为张家场城址内最大的一处建筑群落。

通过遗迹的叠压关系和遗物特征分析可知，张家场城址的时代可分为多期，是一处在秦汉时期反复利用的边城聚落。城内建筑的墙体使用了多种材质建造，因地制宜，体现了当地人对环境的适应。此次发掘清理出丰富的瓦当、筒瓦、板瓦等建筑材料，个别卷云纹瓦当上还有涂朱现象。陶瓦形制与中央王朝所在地使用的建材近似，并展现出明显的演化过程，对我们理解中央与地方的文化互动、边地手工业生产模式的发展具有重要参考价值。

（李云河 马晓玲）

【贺兰山苏峪口瓷窑址】

发掘时间：2021 年 6 ~ 12 月

工作单位：宁夏回族自治区文物考古研究所、复旦大学

贺兰山苏峪口瓷窑址位于宁夏贺兰山苏峪口内约 10 千米处的中缸窑子，东距银川市约 40 千米，海拔 1954.1 米。2017 年宁夏文物考古研究所考古调查时共发现窑炉 13 处，2021 年度宁夏文物考古研究所联合复旦大学对 Y1 进行了正式发掘，发掘面积 500 平方米。

遗迹主要有窑炉（Y1）、瓷土粉碎石 10 个、存储坑 6 个、贮泥池 1 个、作坊区 2 个、辘轳坑 2 个、釉料缸 3 个、配釉草木灰坑 1 个、瓷土坑 4 个、柱洞 2 个、活动面 3 层。

窑炉为马蹄形半倒焰馒头窑，窑顶残。用条石垒砌，由风道、火膛、窑室、烟囱以及两侧挡墙等组成，残高 2.9 米，以煤为燃料。风道狭小，顶用石板棚盖。火膛形制呈弧壁梯形，采用匣钵与耐火土烧制的粗大炉条搭置炉栅。窑床铺有较厚的耐火沙。烟囱位于窑尾底部两侧，长方形。作坊遗迹包括了瓷土粉碎、贮存、拉坯、上釉、晾坯等遗迹，反映了较为完整的制瓷工艺流程。瓷器产品主要为细白瓷，以碗、盘、盏、碟等日用器为主；釉色洁白或白中泛青，以素面为主。

窑具以直筒型匣钵为主。胎质较粗，胎色洁白。碗盘类器物匣钵内多件叠烧，器物内底呈涩圈状。器物与匣钵之间均使用垫饼垫烧。匣钵之间用釉封口。

此次窑址发掘首次揭示了一个全新的窑业类型。第一，该窑址产品均为不施化妆土的精细白瓷，其文化面貌与审美迥异于灵武窑。第二，发现了包括瓷土矿与石英矿（原料）、煤矿（燃料）、洪沟（水源）、窑场、运输路线等在内的完整窑业布局；揭露了保存特别完整的作坊遗迹。第三，为西夏宫廷用瓷找到了烧造地。此窑址烧造的产品与西夏王陵、贺兰山东麓的西夏离宫遗址等出土的精细白瓷基本一致，可确定这是西夏宫廷用瓷的烧造地，具有西夏“官窑”的性质。第四，此窑址出土的典型器物包括高圈足的碗、瓜棱深腹罐等，其胎釉特征、器型、装饰等均与北宋晚期至南宋早期的湖田窑相似，即初步判定年代为西夏中期。

（柴平平　朱存世　郑建明　李苗苗）

新疆维吾尔自治区

【托里县那仁苏引水工程涉及古墓群】

发掘时间：2021 年 4 ~ 8 月

工作单位：新疆维吾尔自治区文物考古研究所

为配合托里县那仁苏引水工程的实施，新疆维吾尔自治区文物考古研究所在托里县文旅局和博物馆的协调配合下，对工程所涉及的淹没区与管线范围内涉及古墓葬等遗迹进行了考古发掘，共发掘古墓葬 104 座、殉马坑 1 座、祭祀遗迹 2 处，出土文物 85 件（组）。

发掘区域大致可分为三区，分别是那仁苏墓地、克孜勒别依特盆克特墓群和加玛特墓群。那仁苏墓地在那仁苏引水工程水库淹没区内，位于托里县东南 50 多千米的库普乡和庙尔沟镇交界处，加依尔山谷内，那仁苏河、哈拉赛河和恰勒盖河三条小河交汇处的二级台地上。此处墓葬分布集中，共发掘墓葬 72 座、殉马坑 1 座、石围祭祀遗迹 1 处。克孜勒别依特盆克特墓群位于那仁苏墓地北约 9 千米、托里县城南约 30 千米处的山谷牧场上，发掘 16 座墓葬、1 处祭祀遗迹。加玛特墓群位于库普乡加玛特村加玛特河两岸和两侧，发掘 16 座墓葬。

托里县此次发掘墓葬地表可见明显的封堆标识，就其结构而言可分为圆形石堆墓、石圈石堆墓、双石圈墓、石围石堆墓等；依据墓室结构的差异，可以分为竖穴土坑墓、竖穴石棺墓、竖穴石室墓、偏室墓等。葬俗有单人葬、多人葬、同茔异穴合葬等，以单人葬为主；发现有火葬的情况，火葬一般是将死者的骨灰骨渣埋入石棺内，一人一个石棺，一个土坑内有多至 3 个棺；另有将墓主埋入土坑内以后，将墓室火烧的情况。多数墓葬被盗扰，因此能确定的葬式以仰身直肢葬为主，有少量侧身屈肢葬和仰身屈肢葬，基本呈东西向埋葬，少量为南北向。少数墓葬殉葬有马和羊。

此次一共出土文物 85 件（组），能明确器型的有 60 余件，其余锈蚀或残缺严重，不可修复。就其墓葬数量而言，虽然出土文物数量少，但种类多样。按材质有陶、铜、铁、骨、木、金、银、石和玻璃等；按功能用途分有容器类的蛋形尖底罐、刻划纹平底罐、束颈陶壶等，工具和武器类的铁刀、铁箭镞、骨角箭镞、石箭镞、骨弓弭、骨弓弭、石杵、打器、角锥等，马具和带具类的铁马镫、铁马镳、铁马衔、铁带扣、骨带扣、铜带饰、骨带饰等，饰品类有金耳环、金丝、银饰、金饰、铜脚链、铁发簪、玛瑙珠、绿松石珠、滑石珠、水晶石珠、玻璃珠等，还有马和人的防护用具残件如铁铠甲片以及用途不明的齿轮状角环。

托里县所在的塔额盆地被南北和东部低矮的塔尔巴哈台山和阿拉套山环抱，低温湿润的环境使境内分布大片优良的山地牧场，自古以来是游牧族群驰骋的舞台，是连接欧亚草原东部和中部、阿尔泰山和天山的重要游牧通道。此次考古发掘是塔城地区目前为止发掘规模最大的一次，墓葬类型丰富，年代从距今约 5000 年的铜石并用时代延续至唐代，文化内涵丰富，为建立塔城地区考古学文化序列提供了重要材料。尤其发现距今5000年的陨铁铁刀、伴有炼渣的红铜铜器，表明当时当地已经掌握初步的金属冶炼技术，这也为研究早期金属冶炼技术及其技艺的传播提供了珍贵的资料。另外，这使得塔城地区阿凡纳谢沃文化时期墓葬遗存和安德罗诺沃文化时期的火葬遗存得以进一步丰富。托里县此次出土的大量石箭镞、玛瑙珠、绿松石珠、蛋形尖底罐、刻划纹平底罐等在新疆境内同时期墓葬遗存中比较罕见。此次发掘为进一步研究准噶尔盆地西缘人群的迁徙和融合、文化的变迁提供了弥足珍贵的材料。

（阿里甫江·尼亚孜　阿力木·阿卜杜）

【尼勒克县吉仁台沟口遗址高台遗存】

发掘时间：2021年4～10月

发掘单位：新疆维吾尔自治区文物考古研究所、中国人民大学历史学院考古文博系

高台遗存位于吉仁台沟口遗址南部，北距居住区约1千米，地处喀什河沟口要冲，依山面水，东邻喀什河仅200余米，是吉仁台沟口遗址的重要组成部分，对其进行系统发掘和研究有利于遗址整体认识和把握。2018年的勘探及2019、2020年的两个年度的考古发掘，对遗址虽然揭露面积有限，但我们大体明确了高台遗存的年代、性质、结构，它是目前为止新疆乃至欧亚草原发现的史前时期面积最大、规格最高、结构最复杂、保存较为完整的石构墓葬建筑遗存，对于研究欧亚草原青铜时代晚期墓葬形制、丧葬思想、社会结构和生业经济等方面具有重大意义。

此次高台遗存考古发掘是在以往发掘的基础上的继续深入，旨在通过四分之一的发掘及局部关键点的解剖工作，达到了解高台遗存相关具体问题的目的。2021年主要工作及收获如下。

对高台遗存周边进行考古勘探，勘探面积8万平方米。新发现建筑基址、灰坑、墓葬等40余处遗迹点，极大丰富了吉仁台沟口遗址内涵。依据考古勘探结果，在高台遗存西北部布设10×10米探方2个，清理出炭窑1座，与2018年居住区发现的2座炭窑形制一致，测年数据均在距今4500年前后。其内出土2件鹿角和1件疑似人工铁制品，对冶金史研究及伊犁地区早期文化遗存的探寻具有重大意义。

对高台遗存北部剩余部分进行大面积揭露（清除表土），显示大型墓葬二分之一上层的独特文化现象——放射状石条带，初步统计，显露石条带共计约70列，判断出上层约有30堵向中心汇聚的墙体。这为进一步构建和复原高台遗存的具体结构提供了基础。

重点发掘清理2020年扰坑中发现的坑洞：发掘北部的K13、K14，二者形制一致，均为两端开口，中间以单面砌石形成掏挖的坑洞。没有发现任何遗物，形制独特，初步排除陪葬坑、祭祀坑的可能，推测可能属于特殊的“地下仪式”象征性建筑（该遗迹性质需进一步确认，尤其是与高台遗存的关系）。

在清理北部表层土过程中，清理晚期墓葬10座，可分为竖穴土坑墓、竖穴石棺墓、竖穴洞室墓，大部分墓葬被扰乱，不见随葬品。其中M11测年距今1600年，保存较为完好，出土金戒指、金耳环、金叶及造型独特的石罐等。

（阮秋荣　郭瑶丽）

【库车县友谊路墓群】

发掘时间：2021年9月～2022年1月

工作单位：新疆维吾尔自治区文物考古研究所

库车友谊路墓群位于阿克苏地区库车市（原库车县）友谊路南段，南邻天山路，北连文化路。中心地理坐标为北纬41°42′45.896″，东经82°57′28.162″，海拔1050米。墓群地处克孜勒塔格山南、库车河

出山口南的山前洪积扇上。

2021年9月，经国家文物局审批，新疆维吾尔自治区文物考古研究所对墓群保护区划内保护性设施建设项目的中、南部用地进行了第三次考古发掘。已发掘面积共6612平方米。清理墓葬371座、井4口、水沟2条、排水管1条、灶2座、踩踏面1处，出土各类遗物700余件套。墓葬形制包括“甲”字型墓、竖穴洞室墓、竖穴偏室墓和竖穴墓，竖穴墓又可分为火葬墓、瓮棺墓、砖室墓、土坯棺墓和竖穴墓（无特殊处理）。埋葬方式有一次葬和多次葬。一次葬包括仰身直肢葬、仰身屈肢葬、侧身屈肢葬和俯身葬。葬具有土坯棺、木棺和瓮棺。出土遗物有陶、铜、铁、银、石、骨及钱币等，大多是实用器。以陶器为主，器形有罐、豆、钵、壶、瓮等；铜器有镜、刀、簪、泡、戒指等；铁器有刀、镜、环等；银器是耳环；石器有砺石、玉器等；骨器有簪、纺轮等；钱币有开元通宝、五铢、剪轮五铢、磨郭五铢、龟兹钱等。

2021年已发掘遗存的年代大致可分为四期。第一期为春秋战国时期，第二期为魏晋南北朝时期，第一、二期的遗迹均开口于第⑫层下，平均距地表约4.6米。第三期为唐时期。遗迹开口于第⑩层下，平均距地表约4.3米。第四期为元明时期，遗迹开口于第⑥层下，平均距地表约3米。新发现的这批墓葬除了“甲”字形墓外，大多为小型墓。东边墓葬的等级规模较西边墓葬高，大型“甲”字型墓葬主要集中在东边。墓葬分布集中，是目前新疆地区同时期发掘面积最大、数量最多、打破关系最复杂的一处墓地，也是迄今为止新疆地区考古发现规模最大的魏晋南北朝时期墓葬，为研究魏晋十六国时期龟兹古城和墓地的关系、古城的兴废及生态环境变迁，提供了十分珍贵的新资料。同时这批墓葬的主人都是本地居民，在丧葬习俗等方面具有浓厚的中原传统文化的因素，反映出魏晋十六国时期中原文化对西域龟兹地区的直接影响，是中原文化与西域文化长期交流、交往、交融的结果，彰显了新疆地区对中华文化的认同，是中华民族共同体意识的具体体现。

（田小红　吴　勇）

【库尔勒玉孜干遗址】

发掘时间：2021年6～10月

工作单位：中国国家博物馆考古院、新疆维吾尔自治区文物考古研究所

为深入践行文化润疆，中国国家博物馆考古院积极开展边疆考古工作，确立了以新疆考古为重心的业务方向。在国家文物局和新疆维吾尔自治区文物局的大力支持下，2021年度联合考古队对玉孜干遗址进行考古发掘。

玉孜干遗址位于巴音郭楞蒙古自治州库尔勒市阿瓦提乡阿瓦提村二组东侧200米，地面现存遗迹主要有周边城墙和城内高台。2021年6月，对玉孜干遗址城内高台、周边城垣、城内重点区域进行初步勘探。此后对城内高台顶部进行考古发掘，发掘面积600平方米。基本完整清理出高台城址夯墙的北段、西段和部分东段、南段，剩余东南角尚未揭露。城址平面基本为南北长20米，东西宽19.5米的正方形。内部为修建近现代麻扎填充大量垫土。向下清理至深3.8～4.4米发现一保存较为完整的活动面。利用迁墓沟对墙体进行解剖，根据土质土色、土坯形制、砌筑方式可以划分为上下两期：第一期，位于墙体下部，与活动面相接。以灰褐色为主，局部呈现红褐色。使用土坯长而窄，排列较紧凑。土坯长约51厘米，宽8～10厘米。在第一层夯墙内侧的北、西、南都有宽60～80厘米的二层台。第二期，位于墙体上部，应为后期对墙体的补砌沿用。以灰白色为主。土坯形制以半圆形为主，少部分呈

现长方形。半圆形土坯长 20 ~ 36 厘米，厚 7 ~ 10 厘米。夯墙整体宽约 9.5 米。夯墙外有一斜坡状护墙堆积。出土遗物以陶器、石器、动物骨骼为主。陶器皆为陶片，有彩陶片、夹砂红褐陶片、夹砂灰褐陶片等，有器物的口沿、耳鋬、器底等。动物骨骼包括牛、马、骆驼等。

通过对嵌入活动面的动物骨骼进行 ^{14}C 年代测定，为公元前 550 ~ 前 400 年，属于春秋中晚期。这与轮台县正在发掘的奎玉克协海尔古城的年代相近。这说明至迟到春秋中晚期，在塔里木盆地的北缘从库尔勒到轮台一线都已经有城市分布。

（张晓磊　孙抱一　刘文晖　柏进波）

【G219 阿合奇至八盘水磨公路沿线遗址】

发掘时间：2021 年 6 ~ 12 月

工作单位：新疆维吾尔自治区文物考古研究所

G219 阿合奇至八盘水磨公路建设项目起点位于阿合奇县，终点位于阿图什市格达良乡，线路总长 254.8 千米。项目共涉及 4 处古墓葬，分别为克孜郎墓群、哈拉火力墓群、琼马坦北墓群和哈拉布拉克墓群，均位于阿合奇县哈拉奇乡和哈拉布拉克乡境内的托什干河北岸，共发掘墓葬 30 座，在发掘过程中对在哈拉布拉克墓群新发现的古遗址也做了一些发掘工作。

从此次发掘的情况来看，这些墓葬大小不一，但还是具有较多的相似性，小型墓葬多为单人葬，墓室较浅，仰身直肢，头向西或西北，随葬品缺乏；较大型的墓葬在封堆内建有石室，石室平面为圆形或方圆形，基本为多人二次葬，人骨散乱分布于其中，其中长骨的方向以东西向为主，从部分基本保持正常解剖位置的人骨分析也是头向西或西北。在哈拉布拉克墓群 M4 封堆东侧倒卧有一长约 95 厘米的大卵石，一端刻划有动物图案，有可能是一通鹿石。出土器物很少，有陶器、骨器、铜器、料珠等，其中的折沿罐、折沿钵在阿合奇县库兰萨日克墓地、温宿县包孜东墓群、乌什县亚科瑞克等地也有出土，据此初步判断墓地的年代为战国—汉代。

发掘过程中在哈拉布拉克墓群地表发现较多的细石器，其中石核与石叶较为典型，和喀什地区疏附县乌帕尔一带的细石器基本一致。此地地表下为较纯的黄土，厚 30 ~ 80 厘米，在黄土中也发现有细石器的分布。在地表和墓葬封堆中还发现有重型砍砸器，多为两面加工，普遍重量较大，其中一件重达 6.6 千克。此外在地表还采集到口沿穿孔的陶片，这样的陶片在塔里木盆地西部分布较广，是阿克塔拉文化的典型器物。细石器、重型石器、阿克塔拉文化特点的陶片在这一地区还是首次发现。

据《汉书》记载：“尉头国，王治尉头谷，去长安八千六百五十里。户三百，口二千三百，胜兵八百人。左右都尉各一人，左右骑君各一人。东至都护治所千四百一十一里，南与疏勒接，山道不通，西至捐毒千三百一十四里，径道马行二日。田畜随水草，衣服类乌孙”，经考证，以今哈拉奇乡为中心的托什干河流域就是汉代西域三十六国中尉头国所在位置，对这些古墓葬和古遗址进行科学系统的考古发掘可以积累这一地区的考古资料，对研究托什干河流域古代文明具有重要价值，也有助于推动当地旅游业和社会经济的发展。

（艾　涛　任润新）

【库车县乌什吐尔遗址】

发掘时间：2021 年 4 ~ 7 月

工作单位：中国国家博物馆、新疆维吾尔自治区文物考古研究所

乌什吐尔古城遗址位于阿克苏地区库车市玉奇吾斯塘乡西 5 千米处，坐落于天山南麓、塔里木盆地北缘、渭干河东岸的绿洲台

地之上。其西与新和县的夏合吐尔遗址隔河相望，其北约 1 千米处为库木土喇石窟。2019 年开始，中国国家博物馆牵头联合新疆维吾尔自治区文物考古研究所等单位对乌什吐尔遗址进行了正式考古发掘，至今已进行了三年。

乌什吐尔遗址 2021 年考古发掘在 2019 ~ 2020 年的发掘工作基础之上展开，2021 年发掘区位于 2020 年发掘区西部，共布设 5×5 米探方 24 个，发掘面积 600 平方米。发现并清理了房屋遗迹 9 座，排房 8 座，排水管道 1 条，灰坑 4 座。出土了较多陶片、建筑废弃物、动物骨骼、青铜小饰件、青铜钱币（可辨识纪年钱币有五铢钱、大历元宝、光绪通宝），还出土了少量玉石器、铁器、木器、玻璃器、纺织品残件、果核，特别是出土了石膏佛足、青铜小佛像、骨骰、金戒指、玉人残件、五铢钱、汉龟二体钱等对进一步判断遗址年代和性质具有重要价值的文物。

与乌什吐尔遗址玉人残件相似的玉人，此前主要发现于秦汉时期国家最高等级的祭天遗址中，如雍五畤。根据此前的考古发现，同一时期的祭祀用玉在料质、尺寸、刻划方式等方面均有一定规制，应由中原王朝的专门机构统一制作而成。乌什吐尔遗址玉人残件与血池遗址出土玉人尤为相肖，而血池遗址年代约在西汉早中期，由此判断这件玉人残件的年代也约在西汉。更重要的是，祭天是国家最高统治者才有资格进行的活动。那么在乌什吐尔遗址所在的西域地区，能够代表皇帝行使祭天职责的必然是当时区域内最高权力机构的长官，而汉王朝在西域设立的等级最高的管辖机构无疑是西域都护府。因此，乌什吐尔遗址玉人残件的出土为探索汉帝国在西域的祭祀礼制提供了重要材料，也是寻找西域都护府的重要线索，具有十分重要的意义。玉人与五铢钱的发现，还可能将遗址的年代进一步提早至汉代。

（牛健哲）

【喀什市莫尔寺遗址】

发掘时间：2021 年 5 ~ 9 月

工作单位：中央民族大学、新疆维吾尔自治区文物考古研究所

莫尔寺遗址位于喀什市东北 30 余千米处，是第五批全国重点文物保护单位。2019 年经国家文物局批准开始对莫尔寺遗址进行主动性考古发掘，属于国家文物局“考古中国”项目。2021 年度发掘工作在 2019 年发掘基础上进行，发掘面积 1800 平方米，新清理出土佛殿、塔基等多个重要佛教建筑遗迹和钱币、石膏佛像残片等一批重要遗物，取得了重要收获。

Ⅰ号建筑基址前院。在 2019 年发掘出土的Ⅰ号建筑基址东南墙外新清理出一处建筑遗迹，该建筑遗迹利用土坯砌筑，西南半部保存较好，东北半部被侵蚀破坏，从残存遗迹判断，总平面应呈长方形。建筑西南墙与Ⅰ号建筑的西南墙相接，东南墙与Ⅰ号建筑东南墙平行，该墙东半段残失，西半段继续向西南延伸为Ⅲ号建筑的东南墙。墙内为经人工修整的平整地面，延伸至Ⅰ号建筑的东南墙，进深 6.5 米。初步推断该遗迹为Ⅰ号建筑的前院。

Ⅱ号建筑新发现房间和门道。Ⅱ号建筑为 2019 年首次发现，是一处大型综合性建筑，西半部为僧舍，东半部为佛殿，由中心大殿和数个小佛殿等功能性房间构成，其东南部未完成揭露。2021 年在该区域新清理出 7 个房间；在中心大殿的西北墙中段前面清理出门道一条，判断该处为大殿正门和门前步道所在，其前面为殿前院子；在Ⅱ号建筑西北角外新清理出一个方形房间，室内外地面铺以石灰面，室外西北方向有台阶通往 2 号塔，台阶下有一条西北—东南方向的墙基。

Ⅲ、Ⅳ号佛殿建筑基址。新清理出Ⅲ、Ⅳ号佛殿建筑基址。Ⅲ号建筑位于Ⅰ号建筑

前院西南侧，平面呈长方形，长约 10.3 米，宽约 7.5 米。主体建筑位于西北部，平面近方形，为“回”字形佛殿，其东北、东南两面布置 3 个小房间。佛殿中出土石膏佛像残片，回廊壁见有壁画残迹。Ⅳ号建筑也是一处“回”字形佛殿建筑，但平面呈长方形，东南向，像台位于建筑内西北段。

2 号塔的台基。在 2 号塔西北、东北、东南三面底部的清理中，发现该塔底部下面还有一个大型台基，是利用自然台地加以修建而成，台基清理出的三面边缘均围砌土坯边墙，墙宽约 86 厘米，其中东北墙已完全清理出来，内壁长 37.31 米，外壁长 39.7 米，现存最高 2.3 米。在台基上清理出第一层塔基，根据其上部的塔身形状推断，连同台基，该塔共为五层，自下而上，逐层缩小。

共出土石器、陶器、木器、骨器、纺织器、铜钱、石膏塑像和动、植物等遗存 2793 件。器形包括石磨、石器盖，陶罐、陶盏，木建筑构件，骨针，“开元通宝”铜钱等。石膏佛像主要有脸、眼、手指、衣纹、头发等残件。

发掘表明，莫尔寺遗址规模宏大，建筑类型多样，形制布局独特复杂，延续时间长，且总体结构保存基本完整，再现了 3 ~ 10 世纪喀什地区佛教寺院的变迁。

（肖小勇　史浩成）

【阿图什市喀尔果勒城堡】

发掘时间：2021 年 7 ~ 11 月

工作单位：新疆维吾尔自治区文物考古研究所

喀尔果勒城堡位于阿图什市阿湖乡与吐古买提乡交界处，阿湖水库西岸一相对独立的石山南部山坳中，南北长约 120 米，东西宽约 30 ~ 50 米，面积约 5000 平方米。此次发掘是配合阿图什市阿湖水库除险加固工程进行的抢救性考古发掘，发掘区域主要集中在城南预计被水库淹没的几处山沟之中，城门及城内部分区域也有所兼顾，采用探方法挖掘，发掘面积 300 平方米，清理窑、灶类遗迹、城门等多处遗迹，出土了丰富的陶片、炼渣及动物骨骼等遗物。

发掘区的城南山沟处地层堆积较为复杂，可划分为六层。从发掘情况来看，以第④、⑤、⑥层出土遗物最为丰富，除大量的熔渣、炼渣外，还出土大宗的外表敷白色陶衣的陶片，包括盆、罐、缸等器形的口沿、腹片、器底、耳等多个部位，陶片散乱分布在地层中，且极为破碎，未能发现完整器。

城南第二个山沟中发现三处窑址，均倚靠山脊起建，其中 Y1、Y3 呈南北向，Y2 呈东西向。陶窑规模较大，Y1 残存窑室、窑箅、火眼、火道、火膛、操作间，保存一般，其余两处保存较差，仅剩火膛、操作间及部分火道。三处窑址形制相同，从残存现状来看，均为升焰窑，烧窑时，火焰由火膛进入火道，然后经火眼进入窑室，从室底往上升，流经坯件。Y2、Y3 的火膛内发现石块垒砌的中心柱，其作用应是支撑火膛，防止坍塌。

城南第一个山沟中发现了炼铁的痕迹。该处地层整体呈黑色，局部为铁锈红色，出土了大量附着铁锈斑点的炼渣块，此类炼渣块较重，外表布满密密麻麻的气泡孔，孔中多有木炭。应是采用块炼铁技术而冶炼成的海绵铁。块炼铁是用木炭在较低温度下还原铁矿石，得到的海绵状固体铁。

城门位于山城的南部，经过两次修建，第一次紧贴山体，由大型卵石块垒砌而成，废弃后，紧贴原墙体内壁由扁平的页岩重新修建，城门东部连接一段长约 6.6 米的城墙，结合地形及西城墙的马面遗迹判断可能为瓮城墙。

通过此次发掘，基本明确了喀尔果勒城堡是一处兼具生产生活及军事防御为一体的古代小型城址，城内外各区域划分清晰，具有明确的制陶区、冶金区等。此外这次发掘的陶窑遗址是克州地区首次发现的形制较清晰、结构较完整的古代陶窑；块炼铁的发现对研究当时社会生产力水平、冶炼技术等都具有非常重要的意义。

（艾　涛　任润新）

【奇台县唐朝墩古城遗址】

发掘时间：2021 年 6 ～ 10 月

工作单位：中国人民大学、新疆维吾尔自治区文物考古研究所

唐朝墩古城遗址位于昌吉回族自治州奇台县县城东北，东临水磨河，西、南、北紧邻县城居民区，2013 年被公布为全国重点文物保护单位。唐朝墩古城遗址考古发掘工作始于 2018 年，2021 年度发掘面积共 1200 平方米，清理灰坑 152 个、灰沟 4 条、水井 2 口、房址 3 处、墓葬 7 座、灶址 3 处；出土小件共计 194 件，包括陶器、瓷器、铜器（含铜钱）、铁器、骨角器、石器、玉器等多个种类，另出土壁画残块 469 块。

2021 年度考古工作中，发现并清理出 1 处高昌回鹘至蒙元时期的景教寺院遗址。遗址位于城址北部中央，建于城址南北中轴线之上。寺院遗址总体布局坐东朝西，目前清理出的建筑东西长约 32 米，南北宽约 24 米，南北两侧墙体向东仍有延伸。寺院遗址由中部隔墙分为南北两行，结构较为相似。西侧为长方形中殿，东侧为高于中殿活动面的祭台，祭台以东用土坯建造多个房间，布局对称。北部中殿中部有土坯垒砌的祭祀高台。建筑内墙面多抹有白灰，绘制壁画。

考古工作中，从寺院遗址的墙体和坍塌堆积内清理出较丰富的壁画遗存，内容以人物形象为主，由于墙体坍塌严重，保存在墙体上的多为人物的下半身，鞋底见有红色莲花纹饰。在坍塌堆积内清理出了较多的壁画残块，以衣物、植物、饰品等图像为主，同时发现有数个较为完整的面部，多为卷发，与常见佛教壁画内的人物形象有所区别，另发现有十字架形象、“也里可温”榜题、权杖、棕枝等具有景教特征的元素。

从目前考古工作的情况来看，唐朝墩古城景教寺院遗址结构规整复杂，沿用时间较长，出土的景教壁画题材珍贵、绘制精美，印证了自唐代至蒙元时期，当地多民族融合、多宗教并存、多文化兼容的历史事实，更为研究和阐释丝绸之路上东西文化交流、多民族融合到大一统格局形成和发展历程等问题，提供了生动而坚实的实物史料。

（任　冠　魏　坚）

【博乐市达勒特古城】

发掘时间：2021 年 3 ～ 12 月

工作单位：新疆维吾尔自治区文物考古研究所

达勒特古城位于博尔塔拉蒙古自治州博乐市达勒特镇破城子村北缘，西北距博乐市区约 27 千米。现存城址为内、外双重，内城约 100 平方米，城门位于东墙中部，瓮城门向南开；外城略呈不规则形，南墙长约 550 米，东、西墙仅有断续夯土分布，不见北墙。

2021 年经考古钻探初步确认内城有 12 座马面，四角有角楼残留；外城南墙确认马面 4 座，东墙探出马面 1 座，另在外城东部探出 3 段夯筑墙体。考古发掘依据夯土遗迹展开，累计发掘 800 平方米，清理出城墙、马面、房址、灶址、灰坑、墓葬等遗迹 132 处，出土钱币、陶瓷器、金属器等器物 2100 余件（组）。

外城南墙。2021 年以探沟与解剖沟完成了 2020 年即已确认的南墙中部门址发掘，两年合计清理房址 2 处、灶址 6 处、灰坑 34 个、井穴 2 处、沟 2 条，结果表明该门址由门道及东、西墩台组成，为宽约 5 米的单门道结构，历经一次营建、三次改建，其墩台原为 10 米见方左右。门址最晚期改为房址，从中部隔梁剖面的木梁残留及土坯或夯土中

对称分布的柱洞看，应为木梁棚架式屋顶。结合房内与夯筑墙体表面堆积中所出陶、瓷器和珠饰判断，该处门址在元代已改为房址。

2021 年度还对南墙保存较好的马面 1 进行了清理。该马面与城墙一样均为在黑褐色次生土上起建，面阔约 4.7、进深约 4.9、残高 1.7 ~ 2.9 米，在其本体及外缘发现墓葬 13 座，墓葬为竖穴或偏室结构，偏室以土坯封堵，墓主仰身直肢或侧身屈肢，不见随葬品。

外城东南角。清理出马面 1 座、房址 8 处、灶址 2 处、陶瓮储放坑 5 处、灰坑 40 个。马面面阔约 2.3 ~ 3.3、进深约 4.4 、残高 1.4 ~ 2.1 米，始建面略低于墙体。土坯房址依托城墙或马面砌筑，对二者均造成不同程度的破坏，其内出土近 3000 枚察合台铜币及 5 件完整的大型红陶瓮。发掘未见东南角楼夯土，残长约 50 米的东墙亦未西拐，推定其仍应向北延伸，外城城圈应为闭合结构。

外城东部。所探出 3 段夯筑墙体相连后与内城方向一致，发掘依西部南北向墙体展开，清理出房址 2 处、灶址 3 处、灰坑 14 个。夯筑墙体宽 0.6 ~ 2.2 米，夯土下有一层厚约 0.2 米的水平状黄色自然风积土层。土坯房址亦建于风积土层上，以夯筑墙体为北墙，地面下多铺垫碎土块，出土少量察合台银币、铜币与钧瓷，其年代应为元代。然房址始建时已对风积层造成破坏，且有切削夯筑墙体的迹象，故其年代当晚于后者。

2021 年的考古工作突破了对达勒特古城形制的原有认知，墓葬、钱币等有助于进一步确认城址废弃年代，进而推动城址始建期遗存的探寻。

（侯知军）

【巴楚县东部戈壁遗址群遥感考古调查】

调查时间：2021 年 4 月

工作单位：中国国家博物馆考古院、内蒙古大学蒙古历史学系、东南大学建筑学院、喀什博物馆（地区文物局）、巴楚县博物馆

此次调查由新疆维吾尔自治区人力资源和社会保障厅高层次人才天池计划（柔性人才）支持，利用无人机搭载光学、热红外、激光雷达等传感器，对巴楚县东部戈壁腹地的唐代屯田与戍卫遗址及戈壁东南部边缘的清代军台遗址开展了遥感考古调查。4 月 9 日，6 人调查组进入戈壁腹地，先后建立了两个宿营地和四个无人机临时起降场，经过 121 架次，累计留空 104 小时 34 分、7100 千米的飞行，获取了琼吞木、尤木拉克吞木、阔西吞木、泽吞木、阿勒吞木、脱库吞木等大型烽燧遗址周边区域的高分辨率光学影像及重点区域的热红外影像和激光雷达数据，4 月 29 日结束调查，撤出戈壁。

通过对遥感影像的初步判读，在上述烽燧之间的流沙区域发现了较大面积的农田遗迹以及人工灌渠、陶窑、房屋基址，同时也获取了这一区域旧河道、干涸湖泊、流沙分布等自然环境信息。此外，在农田主要分布区以北，新发现两处三重壕圆形遗址，暂命名为巴楚一号（BC1）及巴楚二号（BC2），从空中遥感影像及地面观察，其外围有三重环壕，外径约 105 米，环壕内侧尚存一圈不连续矮墙，在矮墙内部可见若干条由中心放射而出的墙基遗迹，经采集标本测年，约当唐代中期，对该遗址性质的研究正在进行中。

在完成戈壁腹地的调查之后，调查组对戈壁东南边缘及喀什葛尔河西岸一带可能是清代军台遗址的几个地点进行了远程低空航摄，其中一处疑似军台遗址与林则徐被远贬新疆期间（1842 年至 1845 年）曾在日记中记录的雅哈库图克军台（十一台）的位置相合。见于文献记载的清代军台，在喀什地区有十四个（含今阿克苏境内的奇兰与色瓦特台），除奇兰台外，其他诸台一直未得以确认其遗址所在地，且绿洲地带的军台遗址又难

以保存至今。通过此次遥感考古调查和对卫星影像的判读，除雅哈库图克台之外，还发现并确定了图木舒克台（九台）所在位置（今五十一团六连驻地），及车底库勒台（十台）、色瓦特台（十二台）的遗址地点，并利用卫星影像对图木舒克台至齐兰台之间的两条清代官道进行了精确定位。此次调查为喀什地区及与阿克苏地区交界地带的清代军台遗址的保护和研究提供了新资料。

（李　刚）

【哈密市烽燧考古调查】

调查时间：2020 年 7 ～ 10 月、2021 年 6 ～ 11 月

工作单位：新疆维吾尔自治区文物考古研究所

哈密市烽燧群的修筑是历代中央王朝经营西域的重要举措，也是中国长城资源的重要组成部分。哈密市长城资源在维护丝路交通畅达、巩固中央王朝对西域的有效统辖等方面起到了积极作用。

第三次全国文物普查显示，哈密市共计有烽燧 62 座。通过两年的考古调查，新发现烽燧 44 座，包括伊州区 12 座，分别为大水烽燧、景峡烽燧、库鲁克墩烽燧、毛柳泉烽燧、头堡烽燧、二十里墩烽燧、格子烟墩烽燧、牛毛泉烽燧、一碗泉烽燧、狼泉烽燧、转井烽燧、罗护烽燧；伊吾县 3 座，分别为克音烽燧、大黑山北烽燧、大黑山烽燧；巴里坤县新发现烽燧较多，共计 27 座，包括卡子湖烽燧、毕家陇烽燧、噶顺烽燧、石板墩烽燧、塔斯墩烽燧、空心墩烽燧、双墩子东烽燧、骆驼巷烽燧、东大墩烽燧、曹家墩烽燧、商户村烽燧、四十里大墩烽燧、石人子台烽燧、南园子北 2 号 ~ 10 号烽燧、西老湾烽燧、三个墩烽燧、大河头墩烽燧、大河二墩烽燧、大河三墩烽燧。

调查显示，哈密烽燧为唐、清两个时期所筑。唐代烽燧 38 座，清代烽燧 68 座。

唐代烽燧附近多有水源，多见二次加筑现象，少附属建筑，少遗物。

天山以南的唐代烽燧主要修筑于平地、矮丘上，以土坯砌筑为主，另有少量的石构、石构加土坯砌筑烽燧。土坯尺寸不固定，间隔数层土坯夹筑一层草枝。天山以北的烽燧主要分布于巴里坤盆地西北和莫钦乌拉山北侧山前，多修筑于高山之上，视野开阔，易守难攻，以石构、石构加土坯砌筑为主，更注重于军情传递。

清代烽燧建筑结构主要为夯筑、土坯砌筑、土坯加石构等。天山以南多为土坯砌筑，天山以北则以夯筑为主。巴里坤盆地分布最为密集，保存也较好，基本可以复原出清代巴里坤交通网络。

（王永强）

学术会议

【山西省考古学会第七届会员代表大会第一次会议暨第七届理事会第一次会议在山西省太原市召开】

2021年1月7日，“山西省考古学会第七届会员代表大会第一次会议暨第七届理事会第一次会议”在山西省太原市召开。会议按照章程，根据山西省考古学会第七届会员代表大会第一次会议暨第七届理事会第一次会议的统一安排，进行了换届选举，选举通过了山西省考古学会首届团体会员单位，并经山西省社科联党委批复成立了山西省考古学会党支部。

（段双龙）

【陕西首届六大考古新发现新闻发布会在陕西省文物局举行】

2021年1月22日上午，“陕西首届六大考古新发现”新闻发布会在陕西省文物局举行。陕西省文物局、陕西省社会科学界联合会、陕西省考古学会领导，获奖考古项目负责人，专家评审组代表，媒体记者出席参加。省文物局副局长周魁英针对省考古学会的评选原则，提出了要注重学术性、科学性、公正性；同时，他也要求媒体深入、正确地挖掘考古项目背后蕴含的文化价值和文化内涵。通过宣传考古六大新发现所蕴含的优秀传统文化来传递正能量，助力陕西文化考古事业的发展。

【《安徽大学藏战国竹简·诗经》国际学术研讨会（International Conference on the Anda Shi Jing Bamboo Slips）以线上形式成功举办】

2021年3月14日，“《安徽大学藏战国竹简·诗经》国际学术研讨会（International Conference on the Anda Shi Jing Bamboo Slips）”以线上形式成功举办。本次会议由武汉大学简帛研究中心与Bamboo and Silk编辑部主办，共有来自中国、美国、英国、德国、意大利、挪威、日本、韩国、新加坡等国家约80位学者与会。

【考古中国·夏文化研究项目2021年度启动会议在河南洛阳二里头夏都遗址博物馆召开】

2021年3月15日，“考古中国·夏文化研究”重大项目2021年工作会正式启动，北京大学考古文博院赵辉教授、张弛教授、张海副教授作为与会专家和项目参与方参加会议。夏文化探索是我国历史和考古学研究中的一个重要课题，是中国早期王朝国家起源研究中的一个关键节点。但由于文字资料的缺失，夏王朝和夏文化研究中还存在诸多疑点，因此在“考古中国”项目中设立夏文化研究课题对于重建夏王朝的文化历史、组织结构、社会生产、国家管理体系等具有重要意义，也是以考古学建构民族文化自信的重要内容。

【中国社会科学院考古学论坛·2020年中国考古新发现在中国历史研究院举行】

2021年3月26日，一年一度的“中国社会科学院考古学论坛·2020年中国考古新发现”在中国历史研究院举行。论坛由中国社会科学院主办、中国社会科学院考古研究所和考古杂志社承办、中国社会科学出版社协办。论坛宣布了2020年中国考古新发现的6个入选项目、7个入围项目和1个“2020年国外考古新发现”项目。“中国社会科学院考古学论坛·中国考古新发现”始创于2002年，该论坛是中国最新考古信息的交流平台、重大考古发现的展示舞台和考古新进展的学术讲台，旨在促进学术交流，推动21世纪中国考古事业的繁荣与发展，其认可度高、专业性强，一直备受学界关注。

（中国考古网）

【首届山西考古新发现论坛在山西省太原市召开】

2021 年 3 月 29 日，由山西省考古学会、《山西晚报》共同举办的首届山西考古新发现论坛在太原举行。论坛集结了全省 12 项考古发掘项目，涵盖了新石器时代至元明时期的最新考古发现。在论坛上，入围的 12 个考古项目负责人进行了项目汇报并回答评委提问，经山西省考古学会常务理事、特邀专家评议和投票，运城夏县师村新石器时代遗址、忻州偏关天峰坪新石器时代遗址、运城垣曲北白鹅东周墓地、朔州朔城区后寨战汉墓地、阳泉城区平坦垴汉代古井遗址、大同平城区七里村北魏墓地成功入选“2020 年度山西考古新发现”。

（段双龙）

【陶瓷考古与艺术京师论坛在北京师范大学召开】

2021 年 4 月 10 ~ 11 日，由北京师范大学历史学院陶瓷考古与艺术研究中心等单位联合主办的“陶瓷考古与艺术”京师论坛在北京师范大学召开，全国近 20 家高校和科研单位的 50 余位专家学者与会。论坛以理论和方法为关注点，集中探讨了中国古陶瓷的生产、传播与流布等议题，分享了学科研究新动向、科技检测新成果和考古发掘新资料，并探讨中国古陶瓷在当代艺术创作中的应用、陶瓷考古与艺术学科发展道路与教学科研体系等问题。

【2020 年度全国十大考古新发现终评会在北京召开】

2021 年 4 月 12 ~ 13 日，由中国文物报社、中国考古学会主办的“2020 年度全国十大考古新发现终评会”在京召开。经过 4 月 12 日全天的项目汇报会和 4 月 13 日上午评委会综合评议，最终由 21 位评委投票选出了 2020 年度全国十大考古新发现。全国十大考古新发现评选活动是年度考古研究成果的集中展示，也是向业界及公众汇报最新研究成果、普及考古知识的重要平台。

【四川省考古学会第一届会员代表大会在成都举行】

2021 年 5 月 16 日，“四川省考古学会第一届会员代表大会”在成都金河宾馆举行，来自全省 21 个地市州的 218 名会员代表参加了会议。会议表决通过了《四川省考古学会章程》，选举产生了学会第一届理事会。四川省考古学会的成立，是四川考古史上具有里程碑意义的大事。

（陈　剑）

【早期夏文化探索 · 禹州瓦店遗址考古发掘 40 年座谈会在河南省禹州市召开】

2021 年 5 月 21 ~ 22 日，由河南省文物考古研究院（河南省夏文化研究中心）等单位主办，许昌市文化广电和旅游局、禹州市文化广电和旅游局承办的“早期夏文化探索 · 禹州瓦店遗址考古发掘 40 年座谈会”在河南省禹州市召开。中国社会科学院考古研究所、郑州大学等省内外高校科研机构的 40 余位专家学者及郑州大学考古专业 1977、1978 级部分作为首批参加禹州瓦店遗址考古发掘的学生代表，受邀参加会议。河南省文物考古研究院方燕明、马龙、张华贞分别就嵩山地区夏文化探索历程，登封王城岗遗址、禹州瓦店遗址近年考古发掘收获进行详细介绍。“考古中国 · 夏文化研究”是国家建设文化强国的重要一环，禹州瓦店遗址和登封王城岗遗址作为夏文化研究的重点项目，在近年来的工作中思路清晰、理念先进、方法规范，特别是在聚落布局研究、多学科协同合作、实验室考古等方面均取得长足进展。

（程嫄倩）

【新形势下渤海历史与文化研究高端论坛在黑龙江大学召开】

2021年6月10日，黑龙江大学历史文化旅游学院召开“新形势下渤海历史与文化研究高端论坛”，来自中国社会科学院、黑龙江省文博学会、黑龙江省文物考古研究所、黑龙江省社会科学院历史所以及黑龙江大学的20余位专家学者，就如何做好渤海历史与文化研究，特别是如何加强合作，共同推进黑龙江省渤海历史研究进行了探讨与交流。

（王乐文）

【国际视角下的三星堆文明学术研讨会在四川大学召开】

2021年6月18日，由中国社会科学院考古研究所、北京大学考古文博学院等单位主办的“国际视角下的三星堆文明学术研讨会”在四川大学举行。会议获得中国考古学会、四川省文物局支持，由四川大学考古文博学院、四川省文物考古研究院承办。此次研讨会以线下和线上结合形式进行，来自美国、中国等地的20多位考古学家参加此次会议。此次会议围绕三星堆祭祀坑发掘情况展开，共邀请17位学者进行学术报告，与会学者共同对三星堆祭祀坑的最新发现与三星堆文化、古蜀文明的研究进展进行了讨论。发言涉及了三星堆遗址青铜器纹饰风格、技术、成分、原料来源分析，三星堆文化与周边文化的互动与交流等问题，体现了近年来三星堆文化研究的最新进展。

【中国科学技术史学会科技考古专业委员会年会暨全国第十五届科技考古学术讨论会在安徽大学召开】

2021年6月25～28日，中国科学技术史学会科技考古专业委员会年会暨全国第十五届科技考古学术讨论会在安徽大学召开。此次会议由中国科学技术史学会科技考古专业委员会等单位联合主办，安徽大学历史学院承办，安徽省文物考古研究所和安徽省博物院协办。来自全国40余所高校、30多家考古文博机构的260余名专家学者参加了此次会议。与会代表通过主旨报告、分组报告和墙报等多种形式，展示了近年来我国研究者在陶瓷考古、冶金考古、文化遗产保护与研究、地质考古、生物考古与农业考古、环境考古等领域的最新进展和成果。会间考察了凌家滩遗址的发掘区和墓葬祭祀区。此次会议是目前国内规模最大的科技考古学术盛宴，为我国科技考古学者提供了一个重要的学术交流平台，充分展示了近年我国科技考古研究的最新成果和学术动态。

（魏国锋　岳健平）

【第四届故宫博物院与杜伦大学学术研讨会——考古学视野下的中国与印度洋贸易在线上举行】

2021年6月26～27日，由故宫博物院与杜伦大学共同举办的“第四届故宫博物院与杜伦大学学术研讨会——考古学视野下的中国与印度洋贸易”在线上举行。此次研讨会主题以中国在印度洋贸易中的作用为核心，特别关注中国贸易陶瓷的相关研究。来自中国、英国和法国相关领域的12位学者带来了最新的学术研究成果，聚焦环印度洋区域以中国外销瓷为核心的贸易产生、发展、衰落的演变过程，介绍海上丝绸之路考古的理念、模式和方法，提出对环印度洋区域陶瓷贸易的研究设想，基于外销瓷的陶瓷考古目标，观察和把握陶瓷价值发展演变。为近百位来自全世界的考古、历史研究人员和学生提供了相互讨论学习的机会。

（苏天敏）

【第三届城市考古开放工地高级研修班在内蒙古自治区巴林左旗辽上京遗址举办】

中国社会科学院考古研究所于2021年

7月5日～9月28日在内蒙古巴林左旗辽上京遗址举办第三届“城市考古开放工地高级研修班”。本届研修班受国家文物局委托，由中国社会科学院考古研究所、内蒙古自治区文物局主办，中国社会科学院考古研究所汉唐考古研究室、内蒙古自治区文物考古研究院承办，赤峰市文化和旅游局（文物局）、赤峰市文博院、巴林左旗人民政府协办。研修班采取田野实践、专家授课和研讨交流相结合的形式，以实地参加辽上京遗址的考古发掘工作为主要学习内容，辅以专家授课、学术研讨和参观考察等。来自国内各省、市一线考古科研机构10名正式学员均圆满完成了全部课程，并通过考核。通过本次研修班的课程学习、田野实践、学员汇报和研讨交流，学员们在城市考古理论与方法、多学科视角下的城市考古、城市考古田野实践和城市类大遗址保护等方面得到了系统的培训与提升，这对于总结、推广近年来城市考古的新方法和实践经验，提升全国城市考古工作及赤峰当地的文博业务水平，促进中国古代城市考古学的研究和大遗址保护工作的开展，均具积极意义。

（董新林　汪　盈）

【古道新知：丝绸之路与河西走廊学术交流会在甘肃省张掖市召开】

2021年7月16日，由甘肃省文物局等单位主办，甘肃省文物考古研究所等单位承办，张掖市文化广电和旅游局、张掖市文物保护研究所等单位协办的“古道新知：丝绸之路与河西走廊学术交流会”在张掖市隆重开幕。来自国内40余家省市区文博单位、高等院校及科研机构的110余名专家学者参加了会议。会议为期三天，重点围绕丝绸之路重要考古发现、中西文化交流与传播、河西走廊历史文化、丝绸之路文化遗产保护等主题进行广泛深入交流，并通过开幕式主题报告、分会场研讨等形式分享丝绸之路沿线与河西走廊地区的最新研究成果。作为纪念中国考古学诞生100周年的重要活动，本次学术交流会的召开，进一步深化了丝绸之路研究，为打造河西走廊东西文化交融、创新高地和丝绸之路经济带建设提供了重要学术支撑。

（周　静）

【李伯谦先生学术思想研讨会在河南省郑州市举行】

六十载耕耘不辍，一甲子春华秋实。2021年恰逢中国现代考古学诞生一百周年，也是著名考古学家李伯谦先生从事考古教学与研究六十周年。2021年7月17日，由北京大学考古文博学院、郑州中华之源与嵩山文明研究会主办，郑州嵩山文明研究院、河南省文物考古研究院、郑州市文物考古研究院承办的“李伯谦先生学术思想研讨会”在郑州市举行。与会者们深情回忆了与李伯谦先生相处的情景，高度评价其在中国考古学研究领域的杰出成就及其宽容仁爱、勤勉谦逊、勇于创新的优秀品格。

【铸牢中华民族共同体意识理论与实践暨中国考古学会边疆考古专业委员会成立学术研讨会在内蒙古呼和浩特市召开】

2021年7月23日，由中国考古学会、内蒙古自治区文物局主办，中国考古学会边疆考古专业委员会等单位共同承办的“铸牢中华民族共同体意识理论与实践暨中国考古学会边疆考古专业委员会成立学术研讨会”在内蒙古呼和浩特市召开，此次学术研讨会邀请国内边疆考古研究领域相关专家学者近90人参会，涉及省市区文博单位、高等院校、科研机构及网络媒体等50余家单位。会议主要包括三方面内容：一、边疆考古视角下的中华民族共同体的形成与发展；二、边疆考古新收获；三、会议讨论与总结。

（海日汗）

【第十一届全国动物考古学研讨会在山东大学青岛校区召开】

2021年7月23～25日，“第十一届全国动物考古学研讨会”在山东大学青岛校区召开。会议研讨环节设有5个专题，共发表32场学术报告。此次会议由中国考古学学会及山东大学主办，中国考古学会动物考古专业委员会等单位共同承办。国内外70余名专家学者及100余名学生通过线上、线下方式参加此次研讨会。研讨范围从时代上看涵盖了旧石器时代、新石器时代、青铜时代以及汉代以后的各个历史时期，既有理论的探讨，又有区域性或单个遗址动物遗存的分析。从主题上看，涵盖了动物狩猎、动物驯化、复杂社会的动物资源利用以及制骨手工业、动物的象征意义等多个领域。从方法上看，既有基础的形态学研究，又有同位素、古DNA等科技分析手段。学者们的报告和讨论充分体现了中国动物考古学发展的新趋势。

（高　瑶　鲁紫璇）

【首届辽海文化与中华文明学术研讨会在辽宁省大连市召开】

2021年8月22日，首届“辽海文化与中华文明”学术研讨会在辽宁省大连市召开。此次会议由辽宁省社会科学界联合会主办，辽宁师范大学历史文化旅游学院承办，辽宁师范大学、大连民族大学、大连文物考古研究所、大连博物馆、葫芦岛市博物馆、朝阳北塔博物馆以及中国人民大学等省内外近50位专家学者参加本次会议。会议收到学术论文或论文提要30篇。内容涉及历史学、考古学、文物学、非物质文化遗产、文化旅游以及其他相关专题研究。

（辽宁师范大学）

【纪念中国考古100周年暨西阴遗址发掘95周年学术研讨会在山西省运城市召开】

由中国考古学会、山西省文物局与运城市人民政府主办，山西省考古研究院、运城市文物保护中心承办的“纪念中国考古100周年暨西阴遗址发掘95周年学术研讨会”，于2021年9月22～25日在山西运城召开。来自全国共50余家考古文博机构、高校的近百位专家学者参会。会议期间，与会专家围绕习近平总书记“9.28”讲话发表一周年、西阴与中国考古百年、晋南在中华文明进程中的地位与作用等议题进行了发言讨论，进一步统一了认识，重申了西阴考古遗产的重要历史意义及学术定位。

（张光辉）

【中国考古百年系列活动之纪念金沙遗址发现20周年国际学术会议在四川省成都市召开】

2021年9月27～28日，由中国考古学会等单位承办的“中国考古百年”系列活动之“纪念金沙遗址发现20周年国际学术会议”在成都召开。本次国际学术会议特别邀请了来自中国社会科学院考古研究所，各省区市考古机构，北京大学、四川大学、武汉大学等高校的专家学者，在为期一天半的会议发言环节，与会专家围绕四大主题，分五场进行了交流。本次国际学术会议以“线上＋线下”的形式举办，来自美国旧金山亚洲艺术博物馆、墨西哥奇琴伊察遗址博物馆、美国哈佛大学等博物馆和机构的专家以视频形式出席会议。会议召开之际，正值三星堆新一轮发掘进行中。与会专家结合三星堆最新考古发现，深入探讨了三星堆遗址和金沙遗址的关系，为进一步推动古蜀文明乃至四川区域文明研究的发展，以及古蜀文明遗址联合申遗提供了更加坚实的学术基础。

（陈　剑）

【手工业考古·黄骅论坛——以盐业考古为中心在河北省黄骅市顺利召开】

2021年9月27～28日，由山东大学历史文化学院与河北省文物考古研究院、黄骅市人民政府共同主办，河北海盐博物馆、盐业史研究杂志社承办的“手工业考古·黄骅论坛——以盐业考古为中心”在河北黄骅市顺利召开。来自中国社会科学院考古研究所、国家文物局考古研究中心、日本岩手大学等近30家高校和科研单位的专家学者50余人参加了会议。论坛共收到论文30余篇，其中22位代表做了学术报告，研讨内容既包括河北、山东、浙江和泰国等地的盐业考古新发现，又有涉及东部沿海、东南沿海、川峡及中原等地区的研究新成果，以及自然科技手段的检测分析成果，时间上涵盖史前、商周、汉唐及宋元明清各时期。论坛期间，与会代表还考察了黄骅大左庄隋唐制盐遗址、战汉郛堤城及河北海盐博物馆。这次论坛集中反映了近年来我国盐业考古取得的成就和进展，是盐业考古走向成熟的重要标志，将对今后盐业考古以及手工业考古的不断扩展和深化产生积极的推动作用。

（陈　凯　赵宋园）

【长醴彩瓷与湖南陶瓷考古学术研讨会在湖南省长沙市召开】

2021年9月28～29日，由湖南省文物考古研究所与长沙市博物馆联合主办“长醴彩瓷与湖南陶瓷考古学术研讨会”在湖南省长沙市召开。该学术研讨会是“吉光片羽——湖南考古出土陶瓷特展”的学术活动之一，来自全国各地的40余位专家学者参会，共有18位专家学者做主题发言。此次会议通过分享新发现、新材料、新观点、新成果，促进了湖南陶瓷考古尤其是岳州窑、长沙窑、醴陵窑等湖南重要古瓷窑的相关研究，助力湖南优秀陶瓷文化遗产的保护、传承与利用。

（张兴国）

【红山文化首届牛河梁论坛——暨纪念牛河梁遗址发现四十周年学术研讨会在牛河梁遗址博物馆举行】

2021年10月11～12日，“红山文化首届牛河梁论坛——暨纪念牛河梁遗址发现四十周年学术研讨会”在牛河梁遗址博物馆举行。该会议由中共辽宁省委宣传部、国家文物局考古研究中心等单位主办，辽宁省文物考古研究院（辽宁省文物保护中心）、牛河梁遗址博物馆承办。全国各地50余位专家参加了会议，就红山文化的考古新发现，红山时代地域文明的发展、碰撞与交流，中华文明基因中的红山文化因素，多学科视角下的红山文化研究等多项内容展开了讨论。

（郭　明）

【第五届太和论坛——考古视野下的文明交流与互鉴在故宫博物院召开】

2021年10月12～13日，“第五届太和论坛——考古视野下的文明交流与互鉴”在故宫博物院召开。本次论坛由故宫博物院考古研究所、考古部与中国考古学会等单位联合主办。开幕式进行了4场主旨发言，随后在为期两天的会议中，设置“图像、建筑及历史文物所反映的文化交流”与“考古发现所反映的文化交流”两个分论坛开展学术研讨。来自国内高等院校、科研机构的30余位专家参加现场研讨。来自德国、伊朗、意大利、日本、吉尔吉斯斯坦、俄罗斯、英国、美国、越南等国家的11位研究人员以录制发言视频的形式参加了本届论坛。

（张晓玮）

【2021年度西南考古协作会暨古蜀文明与西南夷学术研讨会在四川省广汉市召开】

2021年10月14～15日，由四川省文物局、成都市文物局指导，成都文物考古研究院等单位主办的“2021 年度西南考古协作会暨古蜀文明与西南夷学术研讨会”在四川广汉召开。来自川、滇、黔、渝、桂、藏六省区市的考古文博机构、高校考古历史院系相关领域负责人和学者，以及来自北京大学、中国社会科学院考古研究所等 10 余家单位的 90 余位代表参会。该会议围绕“古蜀文明与西南夷”主题，展开 4 场学术研讨会和 2 个工作座谈会，共有 18 位学者围绕史前时期的中国西南、巴蜀考古新成果、云贵高原考古的新进展、西南地区历史时期考古的新进展进行了学术演讲，集中展示了近年来西南地区考古工作的重要成果。

（陈　剑）

【仰韶文化发现暨中国现代考古学诞生 100 周年纪念大会、第三届中国考古学大会在河南省三门峡市召开】

2021 年 10 月 17 ~ 20 日，“仰韶文化发现暨中国现代考古学诞生 100 周年纪念大会、第三届中国考古学大会”在河南省三门峡市召开。大会由中国社会科学院、国家文物局等单位联合主办。文化和旅游部、中国社会科学院、国家文物局等有关负责同志，各高校、科研院所专家学者参加会议。通过此次会议，广大考古工作者充分认识到百年来我国考古工作在展现中华文明发展脉络、灿烂成就、对世界贡献等方面发挥的重要作用，以“中华文明起源与早期发展综合研究”、“考古中国”、国家重要遗址考古等重大项目为依托，拓展了考古学研究的广度和深度。

（中国考古网）

【青藏高原东部研究暨玉树历史遗迹学术论坛在四川省成都市召开】

2021 年 10 月 18 ~ 19 日，“青藏高原东部研究暨玉树历史遗迹学术论坛”在成都市召开。此次论坛由玉树州人民政府与四川大学历史文化学院联合举办，玉树市人民政府等单位共同协办。会议共收到来自全国各地的学者提交的论文摘要 44 篇，来自故宫博物院、敦煌研究院等单位的 27 位学者发表了大会演讲。另有来自青海、西藏、四川各高校、科研机构的 60 余位特邀嘉宾和研究生出席了会议。此次学术论坛是继 2020 年玉树市人民政府与四川大学历史文化学院联合主办“青藏高原古塔研究论坛”之后，第二次合作举办的学术论坛，是高校与地方政府、地方科研机构开展学术交流与合作模式的一次成功探索。

【上古时代与青铜文明学术研讨会在重庆师范大学召开】

2021 年 10 月 21 ~ 23 日，“上古时代与青铜文明”学术研讨会在重庆师范大学召开。该研讨会由《中国社会科学》杂志社等单位主办，重庆师范大学历史与社会学院等单位承办。与会人员包括中国社会科学院、北京大学等高校的 30 余位专家学者，重庆师范大学历史学、考古文博专业教师、博士生、硕士生、本科生 150 余人。会议中心内容是探讨三星堆与古蜀文明、中国古代文明起源、中国早期国家的历史发展道路、文明与国家的定义。

【第四届中国大同北魏·云冈文化暨第六届全国青年考古学者论坛在山西省大同市举行】

2021 年 10 月 22 ~ 24 日，由首都师范大学和山西大同大学联合举办的“第四届中国大同北魏·云冈文化暨第六届全国青年考古学者论坛”在山西大同举行。此次论坛的主题为“美美与共：多元视角下中国特色考古学与北魏文化”。来自北京大学、首都师范大学、中国社会科学院研究生院等高校，四川省社会科学院、徐州博物馆等 38 家科研文博机构的专家学者 90 余人参加了此次论坛。

（钱益汇）

【2021 年河南省文物勘探技术员培训班在河南省洛阳市举办】

2021 年 10 月 25 日 ~ 11 月 3 日，由河南省文物局主办，河南省文物考古研究院和洛阳市文物考古研究院承办的“2021 年河南省文物勘探技术员培训班”在河南省洛阳市成功举办。来自河南省辖市和省直管县的 100 余名文物勘探技术员参加培训，培训班以集中授课和田野操作相结合的形式开展。此次培训通过理论与实践相结合的教学方式，帮助文物勘探技术学员队伍学习田野考古勘探基本理论知识，增加了田野经验和技术方法知识储备，对解决文物勘探职业技能人才短缺问题，提升全省行业水平，促进河南省文化遗产保护事业健康有序发展都将起到积极作用。

（邓新波）

【博物馆蓝皮书《中国博物馆发展报告（2019 ~ 2020）》发布会暨博物馆学科发展论坛在北京举行】

2021 年 11 月 4 日，由首都师范大学与社会科学文献出版社主办，首都师范大学历史学院、博物馆发展研究中心承办的“博物馆蓝皮书《中国博物馆发展报告（2019 ~ 2020）》发布会暨博物馆学科发展论坛”在北京举行。来自国家文物局、北京市文物局、北京大学等科研单位、高校、文博机构以及新闻媒体的代表共计 50 余人以线上、线下两种方式参加会议。博物馆蓝皮书《中国博物馆发展报告（2019 ~ 2020）》由首都师范大学历史学院副院长、博物馆发展研究中心主任钱益汇教授主编，聚焦近年全国博物馆事业发展状况，是中国博物馆行业第一本蓝皮书。来自文博机构、高校的领导、学者与出版界资深专家、媒体界代表等共同见证了蓝皮书的发布，并围绕“博物馆学人才培养与学科建设”“博物馆蓝皮书编纂”等议题展开了热烈讨论。

（钱益汇）

【第二届云冈学论坛在山西大学召开】

2021 年 11 月 14 日，“第二届云冈学论坛”在山西大学召开。论坛由山西大学云冈学研究院和云冈研究院联合举办。论坛邀请山西省博物院、山西省考古研究院等多家单位专家学者围绕云冈石窟、佛教考古、平城考古以及云冈学的建设与发展等主题进行演讲与交流。学术研讨分三场进行，分别对最新的考古发现与调查成果、造像碑及石窟寺的研究成果、平城碑刻书法艺术和云冈石窟的其他相关研究作了研讨。受新冠肺炎疫情影响，省内 40 余名专家学者出席会议，省外专家 10 余人通过线上方式与大家进行了交流。

【第四届丝绸之路考古与文物保护国际学术会议在线上召开】

2021 年 11 月 25 ~ 27 日，由南京大学与维也纳应用艺术大学主办的第四届“丝绸之路考古与文物保护”国际学术会议在线上召开。此次会议是“丝绸之路考古与文物保护”系列会议的第四届，来自中国、奥地利等 12 国的 44 名学者做了学术报告。此次会议的主题为欧亚草原作为文化传播的通道研究亦涉及中国陶瓷外销、阿富汗古代玻璃和印度洋香料之路等议题。

（张良仁）

【环珠江口地区先秦考古新发现学术座谈会在广东省广州市召开】

2021 年 11 月 27 日，由广州市文物考古研究院、广州市文物博物馆学会、暨南大学历史学系联合主办，国文创（北京）文物保护文化发展有限公司支持举办的“环珠江口地区先秦考古新发现”学术座谈会在广东省广州市举行。本次座谈会采用线上线下相结合的方式，来自中国社会科学院考古研究所等10余家单位的30余位专家参会。在汇报环节，10余位专家学者通过线上线下形式就黄埔陂头岭遗址、增城金兰寺遗址考古新发现和多学科合作研究成果进行了交流讨论。在专题交流讨论环节，来自广东省文物考古研究所、山东大学文化遗产学院、浙江省文物考古研究所等单位的专家进行了专题发言，线上线下学者就环珠江口地区乃至整个岭南地区先秦考古涉及的中国化、农业化与珠三角核心化问题，珠江三角洲地区古环境演变对遗址分布的影响等问题进行了交流讨论。

（罗 聃）

【安金槐先生诞辰100周年纪念座谈会在河南省郑州市召开】

2021年12月2日，由河南省文化和旅游厅、河南省文物局主办，河南省文物考古研究院、河南大学历史文化学院承办的“安金槐先生诞辰100周年纪念座谈会”在郑州市召开。安金槐同志是我国著名考古学家，国家有突出贡献专家。在50多年的考古生涯中，他为中国考古事业的发展，为河南文物考古事业，为夏商考古研究做出了重大贡献。2021年是安金槐先生诞辰100周年，特举办此次纪念会议，共同缅怀新中国河南考古第一人——安金槐先生。来自河南省直文博系统的老领导、老专家，省内高校的专家、学者，以及安先生的家属等20余人参加了此次会议，大家共同缅怀了安金槐先生留下的各方面的宝贵遗产。

（余 洁）

【2021夏文化论坛在河南省郑州市召开】

2021年12月2～5日，由河南省文化和旅游厅、河南省文物局指导，中国社会科学院考古研究所、河南省文物考古研究院等单位主办，河南省夏文化研究中心具体承办的“2021夏文化论坛”在郑州市召开。夏文化的研究与探索一直是世人关注的重大命题。为进一步深化对夏文化、夏王朝历史的全面认识，阐释夏王朝产生与发展的历史过程，加强中国早期文明研究和传播，特举办此次夏文化论坛。论坛主题为“夏文化在中华文明进程中的历史地位与作用”。来自中国社会科学院考古研究所等各科研院所和高校的专家学者以及“考古中国·夏文化研究”重大项目组的专家参加了本次会议。23位专家学者围绕夏文化或者夏商时期的相关的问题发表了演讲，会议将推动夏商文化的研究迈上一个新的台阶。

（余 洁）

【中山大学人类学系复办40周年学术活动系列：考古学论坛在中山大学广州校区举行】

2021年12月11日，“中山大学人类学系复办40周年学术活动系列：考古学论坛”在中山大学广州校区南校园举行。本次会议由中山大学人类学系主办，中山大学历史人类学研究中心协办。来自北京大学、厦门大学、暨南大学、广东省文物考古研究院、广东省博物馆、广州市文物考古研究院、南越王博物院等高校及科研机构的20余位专家学者参加了本次会议。

（周繁文）

【首届全国文物藏品保护与修复论坛在青岛市召开】

2021年12月14～16日，由山东大学、中国文物学会等单位联合主办的“首届全国文物藏品保护与修复论坛”在青岛召开。来自国内外的百余名专家学者和山东大学文保专业师生参加了此次论坛。案例分享环节，各专家依次以“山西博物院藏北齐壁画保护修复”“扬州隋炀帝萧皇后墓出土冠饰保护修复”“青海省博物馆藏纸质文物保护修复”“临安市馆藏水丘氏墓出土瓷器保护修复”“山东沂南河阳社区墓地出土丝织品保护修复”“随州叶家山墓地出土珍贵青铜文物保护修复”“重庆红岩革命历史博物馆藏纸质和纺织品文物保护修复”“江口明末战场遗址部分出水金银器保护修复”“武威市博物馆藏大藏经（藏文版）保护修复”“新疆喀什地区博物馆藏纺织品保护修复”为论题带来了精彩分享。

（龙莎莎）

【传承与保护：中国古代陵墓研究的意义学术研讨会在郑州大学举办】

2021 年 12 月 18 ~ 19 日，“传承与保护：中国古代陵墓研究的意义”学术研讨会在郑州大学举办。来自 10 个高校和科研院所的 60 余名专家学者通过线上和线下相结合的方式与会。10 余名专家学者围绕中国古代陵墓的考古新进展、特征、时代内涵、价值与保护等内容进行了专题发言。

（李　凡）

【三国两晋南北朝考古新发现交流报告会在江苏省南京市召开】

2021 年 12 月 20 ~ 21 日，由中国考古学会、南京大学主办，中国考古学会三国至隋唐考古专业委员会等单位承办，南京大学历史学院考古文物系等单位协办的“三国两晋南北朝考古新发现交流报告会”在南京召开。来自全国各地考古院所和大学考古专业的 40 余位学者通过线下、线上方式参与交流研讨。与会学者介绍了南京西营村南朝佛寺遗址、溧阳古县遗址发掘取得重要收获，苏州虎丘路新村土墩孙吴墓和墓主身份初步研究等近年来全国各地 20 多项三国两晋南北朝时期的重要考古发现，分享了最新的研究成果并进行了热烈的提问与讨论。

（方亚楠　贺云翱）

考古教学

2021 年毕业本科生人数

北京大学考古文博学院考古学专业 17 人
北京大学考古文博学院文物保护技术专业 2 人
北京大学考古文博学院文物与博物馆学专业 8 人
吉林大学考古学院考古学专业 57 人
吉林大学考古学院文物与博物馆学专业 17 人
山东大学历史文化学院考古与博物馆学系考古学专业 25 人
山东大学历史文化学院考古与博物馆学系文物与博物馆学专业 11 人
西北大学文化遗产学院考古学专业 32 人
西北大学文化遗产学院文物保护技术专业 28 人
西北大学文化遗产学院文物与博物馆专业 20 人
四川大学考古文博学院考古系考古学专业 26 人
四川大学考古文博学院考古系文物与博物馆学专业 14 人
郑州大学历史学院考古系 27 人
南京大学历史学院考古文物系考古学专业 10 人
南京大学历史学院考古文物系考古学专业（文物鉴定方向）5 人
南京师范大学社会发展学院文物与博物馆学系文物与博物馆学专业 31 人
厦门大学人文学院历史系考古学专业 9 人
中山大学社会学与人类学学院人类学系 19 人
武汉大学历史学院考古系 23 人
山西大学历史文化学院考古学系考古学专业 30 人
山西大学历史文化学院考古学系文物与博物馆专业 22 人
南开大学历史学院考古学与博物馆学系文物与博物馆学专业 26 人（不含双修）
复旦大学文物与博物馆学系文物与博物馆学专业 22 人
北京联合大学应用文理学院历史文博系文物与博物馆学专业 44 人
中央民族大学民族学与社会学学院考古文博系文物与博物馆学专业 36 人
首都师范大学历史学院考古学与博物馆学系考古学专业 14 人
河南大学历史文化学院考古文博系考古学专业 38 人
河南大学历史文化学院考古文博系文物与博物馆学专业 33 人
辽宁师范大学历史文化旅游学院文物与博物馆学专业 19 人
辽宁大学历史学院考古学系考古学专业 11 人
黑龙江大学历史文化旅游学院考古学专业 31 人
重庆师范大学历史与社会学院考古文博系文物与博物馆学专业 41 人

中国人民大学历史学院考古文博系考古学专业 13 人

西南民族大学旅游与历史文化学院文物与博物馆学专业 46 人

注：西北师范大学历史文化学院文物与博物馆学系、安徽大学历史学院考古学系、中国科学技术大学科技史与科技考古系、暨南大学文学院历史学系、中国社会科学院大学历史学院考古系未招收本科生

2021年毕业硕士研究生

北京大学考古文博学院（含同等学力，不含补授、结业、肄业）

文物与博物馆专业硕士

甘聿群：《新石器末期的北台湾——从制陶技术的角度谈起》

果志硕：《先秦两汉时期农业的植物考古研究》

指导教师：邓振华

宋怀芃：《新石器至西周时期海贝遗存分析》

指导教师：曹大志

贾晓文：《裕民文化 ^{14}C 年代与稳定同位素研究》

指导教师：张　弛

贾妮含雪：《大凌河中上游红山晚期的积石冢研究》

指导教师：秦　岭

高　勇：《中国北方长城地带中、东段龙山至夏商时期石城与房屋建造研究》

指导教师：张剑葳

陈东阳：《商周时期周原地区区域聚落形态初探》

指导教师：雷兴山

陈港娟：《乌鲁木齐萨恩萨伊墓地研究》

指导教师：陈　凌

丁　颢：《江西汉墓初步研究》

戚悦深：《平城北魏墓葬研究》

谢安琪：《安徽地区魏晋南北朝墓葬的考古学研究》

指导教师：韦　正

李睿璇：《山西太原悦龙台 M6 木椁墓出土汉代六博棋具保护修复研究》

段润宇：《弥渡县博物馆馆藏书画文物保护修复方案》

指导教师：胡东波

于保田：《汉俑的区域性研究》

指导教师：杨哲峰

梁　硕：《东汉至唐初墓主像的流传与变迁》

齐珍怡：《唐代墓志所见五姓墓葬法》

杨文悦：《泽潞地区隋唐墓葬研究》

郭　婧：《原州梁元珍墓研究》

指导教师：沈睿文

高　嫣：《泾川造像碑研究》

指导教师：李崇峰

艾沁哲：《北宋沙埠窑制瓷业研究》
袁　建：《开化龙坦窑址的发掘与研究》
张　睿：《瓶窑镇窑山窑址的发掘情况及相关问题》
指导教师：秦大树
石琬莹：《南海一号木质文物病害评估研究》
薛雅冬：《“南海一号”出水陶瓷表面铁质污染物的清洗研究》
候雨凡：《缓蚀处理铁器锈层结构稳定性作用研究》
指导教师：胡　钢
李卓朋：《宋元时期特殊品种黑釉瓷的工艺与机理研究——以景德镇落马桥、郑州东西大街遗址黑釉瓷为例》
指导教师：崔剑锋
方立阳：《福建安溪下草埔冶铁遗址冶炼技术研究》
江　磊：《盐源地区出土金属器技术研究》
陈暄甯：《欧亚大陆早期金珠工艺源流考》
指导教师：陈建立
巴天宇：《建筑遗存所见 10 至 19 世纪晋东南地方祠神信仰演变研究》
指导教师：徐怡涛
陈宇轩：《辽代首服与头饰的考古学研究》
朴俐娜：《圆明园遗址展示设计的初步研究——以舍卫城遗址展示为中心》
王艺霏：《作为资源的文化遗产：明清太原城遗产阐释与社会参与》
指导教师：杭　侃
郭　箐：《石质文物表面墨迹污染分析及去除方法研究》
指导教师：周双林
纳　蕾：《由西夏博物馆看国内考古遗址博物馆的内容阐释》
张观奇：《意犹未尽：试论引进展览的策划与阐释》
李　想：《教育理论视野下的博物馆教育规划和理念》
指导教师：黎婉欣
刘　菲：《新时代我国革命文物保护利用成就与创新——对〈关于实施革命文物保护利用工程（2018 — 2022 年）的意见〉的解读与思考》
指导教师：孙庆伟
吴　玥：《时间与空间双重维度下的月港》
袁子茗：《大西政权的遗产：古道、建筑、碑刻和战场》
指导教师：孙　华

吉林大学考古学院

专业方向：新石器时代考古
步　蕃：《晋南豫西地区仰韶早期考古学文化再研究》
胡兆辉：《西阴文化再研究——以晋南地区为中心》

陶志远:《黄鳝嘴文化研究》
指导教师:段天璟
马笑寒:《试论仰韶时代郑洛地区瓮棺葬》
指导教师:陈国庆
孔祥梅:《后套木嘎遗址新石器时代中晚期打制石器研究》
指导教师:方　启

专业方向:夏商周考古
程嫄倩:《二里头文化陶质酒器研究》
魏　铖:《山西曲沃晋侯墓地研究》
张慧荣:《山东南四湖流域东部地区西周遗存的分期及相关问题研究》
指导教师:王立新
姬美娇:《皖南两周时期土墩墓研究》
姬英杰:《商至春秋时期墓葬所见青铜水器组合研究》
指导教师:井中伟
朱冠儒:《新疆地区早期石棺葬研究》
指导教师:邵会秋

专业方向:战国秦汉考古
谭文妤:《呼伦贝尔地区早期鲜卑遗存研究》
马　博:《侯马乔村墓地战国至西汉时期墓葬研究》
指导教师:潘　玲
陈　健:《关中十六国墓葬编年及相关问题研究》
指导教师:赵俊杰

专业方向:宋元考古
高梦玲:《辽金时期祭祀建筑遗存的初步研究》
罗雅馨:《宁波奉化陈君庙山窑址的初步研究》
指导教师:吴　敬
鲁丹丹:《宋元时期的权衡器》
牟敉君:《辽宁省北镇市新立遗址一号基址出土瓦件研究》
指导教师:冯恩学
牛昊林:《唐宋建筑脊饰研究》
指导教师:宋玉彬

专业方向:陶瓷考古
邓梅格:《辽宁朝阳隋唐墓葬出土陶瓷研究》
指导教师:彭善国

罗智文：《南宋与金瓷器流通的考古学观察》
指导教师：冯恩学

专业方向：体质人类学
李佳欣：《山西大同御府墓地北魏时期人骨研究》
孙晓璠：《山西洪洞西冯堡墓地清代女性居民的缠足研究》
指导教师：张全超
李　熙：《新疆穷科克墓地人类牙齿非测量性状研究》
王师慧：《楼兰汉晋墓葬出土人类遗骸研究》
杨艺洁：《伊犁 G218 国道建设 2017 年度考古发掘出土人类遗骸研究》
詹　芃：《克里雅河北方墓地出土人类遗骸研究》
张宇亮：《沙湾大鹿角湾墓群出土人类遗骸研究》
指导教师：魏　东

专业方向：博物馆学
王一多：《达纳博物馆服务思想初探》
指导教师：张文立

文物与博物馆专业硕士

专业方向：旧石器时代考古
郭玥婷：《布尔哈通河流域石制品的发现与研究》
李　尧：《丁村早中期遗存阿舍利性质再探》
指导教师：方　启
王家琪：《天津蓟州区朝阳洞遗址的石制品分析》
指导教师：王春雪

专业方向：新石器时代考古
李忠宽：《裴李岗文化骨角牙器研究》
杨云雪：《鲁北地区龙山文化葬俗研究》
指导教师：陈国庆
孙万亮：《渭水流域仰韶时代晚期考古学文化研究》
指导教师：段天璟

专业方向：夏商周考古
李首龙：《鲁北地区晚商西周时期考古学文化研究》
指导教师：井中伟
吴雅彤：《围坊三期文化金属器研究》
指导教师：邵会秋

专业方向：战国秦汉考古

罗沅宁：《战国燕墓随葬仿铜陶礼器研究》

指导教师：井中伟

专业方向：高句丽渤海考古

高　晗：《高句丽王城变迁的考古学研究》

马庆林：《渤海王室贵族墓葬的考古学研究》

指导教师：赵俊杰

专业方向：汉唐考古

王莹莹：《唐帝陵陪葬墓研究——以皇子、公主葬地变迁为中心》

指导教师：赵俊杰

专业方向：宋元考古

穆红鹤：《宋辽金墓上设施的考古学观察》

指导教师：吴　敬

专业方向：陶瓷考古

王安琪：《东北地区出土金代瓷器的考古学研究》

王思阳：《中国境内出土长沙窑瓷器初步研究——以窑址之外资料为中心》

指导教师：彭善国

专业方向：体质人类学

崔贺勋：《2019年度山西大同华宇墓地北魏时期人骨研究》

牟萍媛：《山西洪洞西冯堡明清墓地人骨研究》

邹梓宁：《新疆沙湾加尔肯加尕墓群青铜至铁器时代人骨研究》

指导教师：张全超

刘　楠：《几何形态测量学综论：体质人类学与石制品分析视角》

指导教师：方　启

专业方向：博物馆学

程　元：《中外博物馆学研究比较分析——基于期刊文献统计的考察（1984—2019）》

苏芫娇：《伪满皇宫博物院青年观众满意度研究》

尹科逸：《英国地方博物馆当代收集问题研究》

张翼飞：《当代中国高校博物馆发展历程研究》

指导教师：张文立

李　楠：《中国近代报刊中的公众考古研究》

指导教师：方　启
　张春杰：《考古学的大众传播研究》
指导教师：段天璟

山东大学历史文化学院考古与博物馆学系
专业方向：史前考古
　张　黛：《5—4kaBP 中国东部地区灾害研究》
　秦佑鹏：《顺山集遗存的分期及其与周边同时期考古学文化的比较研究》
指导教师：栾丰实
　申慢慢：《陶寺墓地研究》
指导教师：王　芬

专业方向：商周考古
　田钟灵：《战国秦汉时期临淄经济考古初探——以市场交换为中心》
指导教师：方　辉

专业方向：汉唐考古
　郭美晴：《山东地区北朝至隋瓷器研究》
　宋艺莹：《滕州地区汉代画像石艺术创作研究》
指导教师：郎剑锋
　张颢馨：《汉代画像石璧类图像研究》
指导教师：方　辉

专业方向：动植物考古
　何曼潇：《山东定陶十里铺北遗址动物考古研究》
指导教师：宋艳波
　胡开国：《甘青地区青铜时代早期聚落的生业经济——来自青海祁连柳沟台遗址的植物考古证据》
　李晓彤：《史前制陶作坊遗址的生业经济——来自周家嘴头遗址的植物考古证据》
指导教师：靳桂云
　王冰言：《藏彝走廊早期旱作农业的南传——基于会理猴子洞遗址植物遗存分析》
指导教师：陈雪香

专业方向：科技考古
　吴　倩：《焦家遗址出土陶器功能研究——残留物分析的视角》
　蒋成成：《金寨遗址大汶口文化中晚期制陶工艺与产地分析》
指导教师：王　芬
　张　茜：《食可映人——大韩墓地东周人群饮食与社会分化研究》

指导教师：董　豫

专业方向：体质人类学
　肖雨妮：《滕州大韩墓地东周时期大中型墓葬出土人骨的研究》
指导教师：赵永生

专业方向：博物馆学
　邹文杰：《博物馆公共性研究》
指导教师：方　辉
　张　玥：《博物馆相关著作权问题初步探析》
指导教师：陈淑卿

专业方向：文化遗产保护
　黄　伟：《我国国有不可移动文物公益诉讼制度研究》
指导教师：方　辉

文物与博物馆专业硕士
专业方向：史前考古
　刘鸿丰：《江汉、淮河流域新石器时代墓葬方向研究》
　肖森蓉：《焦家遗址大汶口文化陶器的科技相关分析》
　张淑丽：《长江流域史前玉镯分析》
指导教师：王　芬
　彭　涛：《山东章丘焦家遗址出土玉器加工工艺初探》
指导教师：王　强
　鲁晓宁：《地理信息系统支持下的章丘焦家遗址 2016 年度北区墓葬形态研究》
指导教师：唐仲明

专业方向：商周考古
　韩琇莹：《东周时期南襄盆地聚落形态变迁及历史背景探析》
　宋峥嵘：《葛家庄遗址西周邢国墓地分析》
指导教师：方　辉
　吕海路：《三郑青铜器及相关问题研究》
指导教师：王　青
　董志浩：《岳石文化陶器制作工艺研究——以济南彭家庄遗址为中心》
指导教师：郎剑锋
　高雪洁：《柴庄遗址晚商至西周时期遗存的综合研究》
指导教师：路国权

专业方向：汉唐考古

刘文静：《鲁北地区汉画像石艺术风格研究》

指导教师：郎剑锋

王亚楠：《河北地区北朝佛教单体石造像比较研究——以曲阳修德寺和邺城北吴庄埋藏坑为中心》

指导教师：唐仲明

杨晨曦：《汉画像石东王公图像研究》

指导教师：方　辉

葛美芳：《南京板桥新城十一期地块汉墓出土釉陶器分析研究》

指导教师：高继习

专业方向：宋元考古

霍东升：《辽代汉文墓志研究》

汪　阳：《繁昌窑考古学研究》

指导教师：陈章龙

专业方向：动植物考古

崔晓茜：《济南大辛庄遗址 2014 年出土植物大遗存研究》

指导教师：陈雪香

王星雅：《山东高青陈庄遗址出土动物遗存研究》

指导教师：宋艳波

李　文：《生产、流通与消费视角下的石峁制骨手工业研究——基于骨针的材料》

高　瑶：《小高遗址（2017）动物遗存分析》

张新欣：《山东菏泽青邱堌堆遗址 2018 年出土动物遗存研究分析》

指导教师：王　华

专业方向：文化遗产保护与研究

王瑞阳：《山西应县净土寺建筑历史研究》

指导教师：王建波

张钾琪：《山西地区以龙祈雨习俗研究》

指导教师：高继习

专业方向：博物馆学

卜慧文：《重拾启蒙精神——基于加拿大人权博物馆的观察与研究》

指导教师：尹　凯

孔祥萍：《博物馆展览伦理问题研究》

指导教师：陈淑卿

专业方向：文物保护
王　洁：《丝绸文物中蚕丝蛋白溶解度下降现象及其解决方法研究》
指导教师：李　力

专业方向：科技考古
杨博闻：《河南郑州地区东周—两汉时期先民食谱研究》
指导教师：董　豫

文物与博物馆专业硕士（非全日制）

专业方向：考古学理论
严雯珺：《后过程考古学理论实践案例分析与探究》
指导教师：陈章龙

专业方向：汉唐考古
吕历阳：《从长沙窑瓷器茶具看唐代的饮茶文化》
指导教师：唐仲明

专业方向：宋元明考古
罗　玲：《明代湖广地区藩王墓探究》
吕晓昱：《淄博地区古代瓷窑址综合研究》
周　慧：《鲁西南地区瓷窑址考古学研究》
指导教师：陈章龙
徐　萌：《宋元时期灵岩寺土地经济研究——以石刻资料为中心》
指导教师：高继习

专业方向：植物考古
聂琪琪：《山东先秦两汉时期的植物资源及利用研究——来自济南和泰安四个遗址植物考古的证据》
指导教师：陈雪香

专业方向：博物馆学
崔　玥：《枣庄地区博物馆现状调研和展望》
指导教师：王　青
刘　鑫：《博物馆内外：弓鞋的社会生命史追踪》
张艳萍：《展示女性：探寻当代博物馆中的女性声音》
指导教师：尹　凯
周孟涵：《博物馆讲解词分众研究——以山东大学青岛校区博物馆为例》
莫水兰：《安全应急体验馆建设研究》

石雪梅：《济宁区县级博物馆发展现状研究》
指导教师：陈淑卿
扈　红：《潍坊地区市县级博物馆现状调查研究》
指导教师：王　芬

专业方向：文化遗产保护与研究
李如玉：《中国世界文化遗产地的研学旅行实践研究——以平遥古城和云冈石窟为例》
刘慧娟：《胶东乡村红色文化遗产保护与利用研究》
马　林：《济南五峰山洞真观建筑历史研究》
指导教师：王建波

专业方向：文物保护
王　楠：《出土饱水牛皮革文物的填充加固研究》
张晓楠：《羧甲基纤维素钠盐类加固剂对民国文献的保护研究》
指导教师：李　力

专业方向：科技考古
毕晓光：《菏泽青邱堌堆遗址植物遗存碳、氮稳定同位素分析——寻找农田管理的证据》
指导教师：董　豫

西北大学文化遗产学院
专业方向：旧石器时代考古
王潇玉：《中国北方旧石器时代晚期细石叶工业研究》
指导教师：陈洪海
王　赫：《新疆七角井遗址与色皮口遗址石制品研究》
指导教师：朱之勇

专业方向：新石器时代考古
李培壮：《陕西西安长安区羊元遗址龙山时代遗存资料整理与初步研究》
沈百鸣：《黄河流域史前人殉、人牲研究》
于鹏飞：《黄河中游地区史前陶斝研究》
指导教师：钱耀鹏

专业方向：商周考古
李鑫叶：《西头遗址出土商周时期骨（角）镞研究》
指导教师：豆海锋
安婷宇：《姚河塬西周墓葬研究》
指导教师：梁　云

专业方向：秦汉考古
段旭颖：《秦汉栎阳城遗址建筑材料研究——以八号建筑为例》
指导教师：梁　云

专业方向：魏晋隋唐考古
王心怡：《北朝隋唐骆驼俑及相关问题研究》
指导教师：段清波、尹夏清

专业方向：科技考古
王恬怡：《青藏高原及部分周边地区古代人群线粒体基因组研究》
指导教师：付巧妹
刘柯雨：《黄陵寨头河与史家河墓地人骨稳定同位素研究》
指导教师：凌　雪
曹　昆：《西藏阿里札达县出土早期金属遗物的科学分析与研究》
指导教师：先怡衡

专业方向：边疆考古
李　犇：《柴达木盆地公元前2000—前500年考古学文化遗存研究》
王尹辰：《公元前三至前一千纪蒙古高原考古学文化格局的演进》
指导教师：马　健
宋　瑞：《象泉河中上游早期金属时代墓葬的考古学研究》
指导教师：于　春

专业方向：文化遗产管理
段雅婷：《体验经济视域下的西汉长陵利用方式研究》
李远泊：《法国国家移民历史中心发展策略研究》
指导教师：周剑虹
张清源：《承德避暑山庄的保护利用研究》
指导教师：刘军民
田润佳：《乡村振兴战略视域下碾子坡遗址保护模式路径研究》
指导教师：刘卫红、葛承雍

专业方向：文物保护学
张一博：《吐峪沟石窟壁画病害及治理对策研究》
指导教师：周伟强
刘军麟：《甘肃省石窟赋存环境区划研究》
指导教师：孙满利

马彦妮：《大足石刻卧佛彩绘颜料分析及表面微生物研究》
指导教师：王丽琴
张杰妮：《砂岩质文物防水材料的评价体系研究》
指导教师：杨　璐
李依林：《羟基磷灰石加固脆弱骨质遗存的应用研究——以杨官寨遗址为例》
指导教师：凌　雪

专业方向：文物与博物馆
梅雨生：《认知考古学在旧石器时代考古中应用——以南非几何刻划遗存研究为例》
指导教师：王建新
黄飞翔：《东天山地区岩画研究》
指导教师：任　萌
李培壮：《长安羊元遗址客省庄文化遗存整理与初步研究》
指导教师：钱耀鹏、张翔宇
李　彤：《陕西长安五楼遗址龙山晚期遗存发掘与研究》
指导教师：翟霖林
田　洁：《陕西沣西遗址出土植物遗存研究》
指导教师：唐丽雅
孟佳倩：《西安邮电学院南区汉墓资料整理与初步研究》
指导教师：冉万里、张翔宇
张　思：《张骞墓保护利用路径研究》
指导教师：刘卫红、白海峰
孙辰爽：《新疆白杨河墓群体质人类学视角下文化因素演变》
指导教师：陈　靓
李昱龙：《秦岭地区古代朱砂采矿遗址调查与产地特征研究》
王敬仪：《唐代敦煌壁画所见珠饰使用问题研究》
冯百龄：《中国出土古代玻璃珠数据库建设与应用》
指导教师：温　睿
刘昊鹏：《生物考古所见关中地区清代居民社会生活——沣西新城墓地出土人骨研究》
指导教师：赵冬月
耿　毅：《陕西经济社会发展变迁物证征藏及展示初探——以陕西历史博物馆为例》
指导教师：尹夏清、董　理
杜雪芳：《鹤壁市博物馆公共文化服务实效性对策研究》
指导教师：徐卫民、王　梅

四川大学考古文博学院考古系
专业方向：先秦考古学
卢林明：《生产与流通：云阳李家坝遗址出土铜器的生产问题研究》

付　杰：《云南金平龙脖河遗址发掘与研究》
指导教师：李映福
王秋东：《好川墓地研究》
程一帆：《巴蜀地区墓葬所见秦文化因素分析》
指导教师：于孟洲

专业方向：秦汉至元明考古
杨雨昕：《汉代高等级墓葬出土酒器研究》
指导教师：赵德云
姜　伊：《北朝隋唐时期的墓葬天象图研究》
孙　宇：《北宋辽金画像石棺研究》
指导教师：霍　巍
余璐江：《峡江西部先秦考古学文化谱系研究》
楚啸寒：《南阳地区汉代乐舞百戏图像综合研究》
黄政鸿：《汉代多枝灯综合研究》
谢丽雯：《成都高新铜锣湾与乌龟山墓地的发现与初步研究》
指导教师：罗二虎
丁曼玉：《南方地区宋代买地券研究》
魏新柳：《四川蒲江飞虎船棺墓研究》
指导教师：白　彬
李　婕：《藏西早期金属时代墓葬的初步研究》
指导教师：杨　锋、吕红亮

专业方向：专门考古
谈北平：《四川通江唐代摩崖造像研究》
指导教师：白　彬
唐樱家：《西藏阿里地区皮央石窟 351 号窟壁画研究》
指导教师：熊文彬
李　菲：《南朝小型金铜佛教造像初步研究》
指导教师：董华锋

专业方向：文物保护与科技考古
曹豆豆：《西藏皮央・东嘎墓群人骨研究》
指导教师：原海兵、吕红亮

专业方向：文化遗产与博物馆学
张　钰：《以非遗专题博物馆为主体建筑非遗扶贫就业工坊的可行性研究》
指导教师：霍　巍

文物与博物馆专业硕士

专业方向：考古学研究

支宇石：《西藏邦嘎遗址石制品研究》

指导教师：吕红亮

董　杨：《东周秦汉家具演变与使用的考古学研究》

冉惠文：《吴晋魂瓶再考察》

指导教师：代丽鹃、赵德云

付皓田：《晚期巴蜀文化墓葬出土青铜工具研究》

王　方：《唐宋时期邛窑的初步研究》

指导教师：赵德云

杨　柳：《战国秦汉时期湖南地区泥冥币的考古学研究》

施　璐：《战国秦汉时期滇池区域青铜器上的鸟形象研究》

何枫扬：《成都新川科技园墓群出土铁器的初步研究》

杨　璇：《山东地区出土汉代铁农具研究》

指导教师：李映福

白　丽：《汉代成都城布局的考古学研究初探》

何　苓：《余姚花园新村汉晋遗址（东区）初步研究》

程潇仪：《汉代墓葬图像云气纹研究》

唐曲卓玛：《青藏高原早期人体装饰品研究》

指导教师：罗二虎

彭　慧：《汉代植物祥瑞图像研究》

指导教师：王　煜

温　涛：《四川新津大云山汉墓研究》

徐佳甜：《青白江高平村唐宋墓葬初步研究》

王昱峰：《湖北武当山回龙观遗址考古发掘与研究》

李发金：《四川成都高新区新川创新科技园东汉崖墓群研究》

指导教师：白　彬

佘　茜：《宋代绘画中的楼阁建筑》

指导教师：马晓亮、李映福

陈宏星：《江苏地区明代瓷器研究》

指导教师：陈长虹、霍巍

董　静：《新津宝墩遗址 2013 及 2015 年出土碳化植物遗存分析》

朱　梅：《贵州遵义海龙囤遗址 2012 年度浮选出土植物遗存研究》

指导教师：宋吉香、吕红亮

专业方向：文化遗产与文物保护

王　悦：《传统纸质文物清洗材料的清洗效果研究》

指导教师：罗雁冰
　董小菡：《成都历史城区地名文化遗产保护利用探析》
指导教师：李映福

专业方向：博物馆研究与管理
　冯俊佳：《符号设计在博物馆儿童教育中的应用研究》
　秦皓玥：《佛教展览中展览文本的学术与通俗》
指导教师：霍　巍
　甘宇平：《基于电子游戏的公众考古实践研究》
指导教师：原海兵、吕红亮
　周茜茜：《空间叙事视阈下升仙类题材汉画像的博物馆阐释研究》
　刘雨曦：《地方综合性博物馆通史展览的观众教育问题探讨》
　魏丹意：《泛博物馆现象发展现状研究》
指导教师：李　林、董华锋
　王　婧：《国内经济社会发展变迁物证类展览初步研究》
指导教师：周　静、霍　巍
　佘曼琦：《重庆地区三线建设遗产的展示模式与效果研究》
　朱振宇：《考古遗址博物馆休憩系统调查与研究——以成都地区为例》
指导教师：李倩倩、霍　巍

郑州大学历史学院考古系
专业方向：先秦考古
　李　博：《淮河中上游地区新石器时代中晚期文化交流互动研究》
指导教师：靳松安
　李　杰：《齐家文化与二里头文化比较研究》
指导教师：张国硕
　覃　覃：《洛阳地区周代墓葬所见丧葬仪式过程研究》
　赵　宾：《三门峡地区周秦墓葬研究》
指导教师：郜向平

专业方向：汉唐宋元考古
　温晓星：《战国时期中原地区鸟形器研究》
　赵小雨：《汉代云雷纹镜研究》
指导教师：韩国河
　陈建伊：《战国秦汉时期辽西郡与辽东郡墓葬文化变迁的考古学观察》
指导教师：赵海洲
　耿玉璠：《平顶山地区汉墓研究——以廖旗营墓地与黑庙墓地汉墓资料为主》
指导教师：李　锋

霍　倩：《宋辽金女性服饰的考古学观察》
指导教师：陈朝云

专业方向：出土文献整理与研究
李　萌：《宾组卜辞所见职官材料分类整理与研究》
杨铭洋：《宾组所见主要贞人所卜之辞的比较研究》
指导教师：王建军
陈鑫远：《黄国历史文化的考古学观察》
指导教师：田成方

专业方向：科技考古（含文物保护）
买　莹：《丙烯酸盐金属配合物凝胶对青铜文物粉状锈的稳定化研究》
指导教师：陈家昌
王　煜：《山西大同金茂园墓地人骨研究》
指导教师：周亚威

文物与博物馆专业硕士
郭　翔：《汉水中游地区仰韶文化早期遗存研究》
李名豪：《龙山文化尧王城类型研究》
赵帅杰：《河南驻马店薛庄遗址新石器时代遗存发掘简报》
李　博：《淮河中上游地区新石器时代中晚期文化交流互动研究》
指导教师：靳松安
叶　琪：《关中地区仰韶文化时期的骨器研究》
赵　阳：《榆林地区新石器至西周时期聚落的时空演变与家户研究》
雷　洁：《新石器时代至西周时期琮形器研究》
指导教师：张　莉
蔺　爽：《双槐树遗址仰韶文化人群牙齿研究》
张　爱：《考古视角下的中国古代女性生育健康》
何　昊：《山西大同太阳城墓地人颅骨研究》
高国帅：《密螺旋体疾病的古病理学初探——以西安东郊唐代人骨研究为例》
指导教师：周亚威
刘　飞：《河南伊川土门遗址新石器时代晚期炭化植物遗存研究》
崔　敏：《河南开封虎丘岗遗址龙山至夏商时期炭化植物遗存研究》
指导教师：陶大卫
郭亚丽：《陶寺文化墓葬研究》
梁笑宇：《三门峡虢都上阳城遗址人大工地 2000 年度发掘简报》
何迎新：《商系墓葬中的“异穴并葬”及相关问题研究》
指导教师：郜向平

付建丽:《龙山——二里头时代绿松石制品初步研究》
指导教师：崔天兴
聂晓莹:《嵩山东南麓龙山至二里头时代的石制品研究》
指导教师：崔天兴、魏兴涛
马怡宁:《商周时期青铜匕研究》
刘渡祥:《山东滕州北台上遗址 2019 年度发掘简报》
李文娟:《商周时期玉珏研究》
姚临涛:《地理信息系统支持下的滹沱河上游先秦时期聚落形态研究》
黄　哲:《东周壁龛墓初探》
指导教师：惠夕平
方利霞:《中原地区商周墓葬随葬生产工具研究》
刘　超:《嵩山地区龙山晚期至二里头时期祭祀遗存研究》
杨严严:《商代女性地位研究》
指导教师：张国硕
任洸月:《宾组卜辞所见的疾病及防治措施研究》
张安宁:《宾组卜辞所见女性材料的初步整理》
戚耀斐:《宾组卜辞畜牧材料整理与研究》
指导教师：王建军
白明竺:《河南地区东周墓葬出土玉器研究》
程二利:《南阳地区汉画像墓研究》
刘　晴:《汉代两京地区彩绘陶器研究》
王　涛:《河南安阳大司空东地西晋十六国墓葬研究》
指导教师：赵海洲
陈　阳:《关中及周邻地区东周秦汉时期城邑研究》
杨晓庆:《田野考古发掘虚拟仿真实验的建设、应用与思考》
陶　雪:《数字三维重建在文化遗产保护中的应用与展望》
指导教师：陈　博
尹邵君:《荥阳官庄遗址出土陶范物源及制作工艺研究》
指导教师：陈　博、许俊杰
王超永:《荥阳官庄遗址两周时期制陶原料的来源及加工工艺分析》
指导教师：许俊杰
李宜人:《洛阳地区汉代墓葬出土玉器研究》
何一昊:《考古出土东汉期间镇墓文器物及镇墓文文本研究》
指导教师：韩国河
李慧清:《鹤壁鹿台遗址西周、汉代遗存发掘简报及相关问题研究》
马青青:《辽代首饰研究》
梁彩蕊:《北方地区宋金墓葬中婴戏图像的考古学研究》
指导教师：陈朝云

郭亚菲：《河南荥阳车庄遗址西周时期动物遗存研究》
指导教师：李　凡
赵浩杰：《东周时期北方长城地带的动物纹饰研究》
刘　畅：《东周时期白狄墓葬研究》
高崇阳：《先秦时期北方长城地带鍑及相关问题研究》
指导教师：孙　危
简　敏：《鄀国青铜器及历史地理研究》
沈艳红：《汉水中游地区楚国墓地空间结构研究》
徐婷婷：《汉淮地区东周墓葬随葬品写实动物装饰研究》
指导教师：田成方
张　柯：《新郑地区东周墓葬出土玉器研究》
吴莹莹：《晋祠水利文化遗产初探》
赵　航：《唐宋压胜钱初探》
雷　雨：《清代中原金融文化遗产浅析》
指导教师：王　琳
范美琪：《新郑众康公寓两汉墓葬发掘报告》
程朝旭：《洛阳地区出土隋唐纪年墓葬再探讨——以近年新发现的纪年墓葬为主》
张力文：《河北西路与河北东路宋代墓葬研究》
牟晓琪：《钓鱼城范家堰宋代遗址的考古学研究》
指导教师：李　锋
丁洁静：《洛阳地区汉墓神仙思想研究》
夏秀玲：《洛阳西工区 C1M16090 的考古发现与研究》
指导教师：史家珍
苏海通：《汉代蒸馏器模拟实验及相关问题探讨》
指导教师：姚智辉
李海娇：《西安唐代朝议大夫王元忠夫妇墓发掘报告》
蒋团英：《西安元代茹氏家族墓整理与研究》
指导教师：陈钦龙
王骋远：《知识共享视角下国内博物馆线上服务调查》
薛羽辰：《国内博物馆商业行为探讨》
郭云鹏：《博物馆语境下的地图认知教育》
方　梅：《近十年来国内博物馆女性从业者现状调研》
冯晓濛：《近十年国内文博类影视作品现状调研》
指导教师：徐　玲
赵嘉田：《“漆古”铜镜表面富锡层分析与相关问题探讨》
指导教师：姚智辉、陈家昌
白曲紫坤：《博物馆历史人物类展览主题的表达研究》
朱佳佳：《郑州乡土建筑遗产价值分析与保护研究》

指导教师：任　伟

南京大学历史学院考古文物系

专业方向：新石器时代考古

韩　倩：《宁镇地区新石器时代考古学文化研究》

欧阳绮媚：《宁波奉化双马遗址出土石器研究》

指导教师：黄建秋

专业方向：商周考古

孙丽萍：《淳于分期及相关问题研究》

指导教师：赵东升

专业方向：战国秦汉考古

方明红：《从“悬壁”习俗看楚汉文化的继承与合流》

卢雨淼：《汉墓出土财富类遗物方步研究》

指导教师：刘兴林

专业方向：魏晋南北朝考古

丁子杰：《北朝至初唐镇墓武士俑研究》

指导教师：吴桂兵

专业方向：隋唐考古

刘　倩：《汉唐壁画墓顶星像图研究》

崔雅博：《六朝青瓷羊形器的研究》

指导教师：张学锋

买合木提江・卡地尔：《新疆唐代金属带具研究》

指导教师：张良仁

专业方向：建筑考古

张丽姣：《唐宋格子门研究》

指导教师：周学鹰

唐奕文：《胶东半岛新石器时代建筑遗存研究》

芦文俊：《环太湖及杭州湾地区新石器时代建筑遗存研究》

指导教师：马　晓

专业方向：陶瓷考古

潘子砚：《试论陶瓷高温釉下彩工艺发展》

指导教师：周晓陆、水　涛

专业方向：文物鉴定
　兰坚民：《古书画物象元素分析法初探——论目鉴的标准化及逻辑化》
　朱崇薇：《清晚期北京内画鼻烟壶研究》
指导教师：周晓陆

文物与博物馆专业硕士
专业方向：新石器时代考古
　潘致君：《宁波花园山窑青瓷科技考古研究》
指导教师：黄建秋

专业方向：商周考古
　吴文玉：《宁镇皖南地区出土商周铜矛研究》
　刘薛艳：《吴越句鑃的考古学研究》
指导教师：水　涛
　庄希成：《福建沿海史前渔业遗存研究》
　杨　新：《中原殷商城市的墙壕协作军事防御研究》
指导教师：周　言
　刘欢珍：《角山窑址分期及相关问题研究》
指导教师：赵东升

专业方向：战国秦汉考古
　方　晴：《基于墓葬值的当阳楚文化演变研究》
指导教师：刘兴林

专业方向：魏晋南北朝考古
　金　梦：《川渝地区汉晋时期崖墓的营造和使用研究》
　马　璇：《南京地区六朝时期墓葬出土瓷器研究》
　张馨尹：《南京地区魏晋南北朝时期世家大族墓葬研究》
指导教师：贺云翱
　李子贤：《两晋南北朝时期墓葬所见四神图像研究》
　王　琰：《北朝入华粟特人墓葬乐舞图像研究——以安伽墓、史君墓、虞弘墓为例》
指导教师：吴桂兵

专业方向：隋唐考古
　吴敏华：《北宋陕州漏泽园相关问题研究》
指导教师：张学锋

专业方向：外国考古
张佳杨：《伊朗纳德利遗址出土的青铜时代早期陶器研究》
张亦驰：《伊朗法尔斯省萨珊及伊斯兰早期绿松石釉陶的工艺和产地》
指导教师：张良仁

专业方向：科技考古
林芷欣：《扬州地区西汉时期出土木质文物特征及时空分布研究》
沈　卉：《扬州、南京地区汉晋时期出土玻璃制品研究》
指导教师：王晓琪

专业方向：建筑考古
杨晨雨：《时庄遗址粮仓遗存建筑考古学初探》
指导教师：周学鹰
顾田田：《南京地区建筑琉璃研究》
指导教师：周晓陆、周学鹰

专业方向：文物鉴定
冯　茜：《陈淳花鸟画鉴定研究》
蒋　超：《董其昌青绿山水画鉴定》
羊砚云：《玉堂清暇：王绂绘画鉴定研究》
指导教师：杨　休
卢彦铭：《苏南出土商至西周青铜器研究》
指导教师：周晓陆

专业方向：非物质文化遗产研究
李慧娟：《传统手工艺类非遗的博物馆化保护》
周晶星：《从文化生态角度来看传统工艺的保护》
指导教师：徐艺乙

南京师范大学社会发展学院文物与博物馆学系
专业方向：新石器时代考古
高凌艳：《太湖北部地区的良渚文化及相关问题研究》
指导教师：陈声波
张乃馨：《冀西北地区新石器时代文化遗存研究——基于聚落视角的观察》
指导教师：王根富

专业方向：历史时期考古
郭宇明：《江西地区六朝墓葬研究》

指导教师：王志高
王贞贞：《考古资料所见南北朝牛车鞍马的对比研究》
指导教师：刘可维

文物与博物馆专业硕士
杨梦洁：《黄山温泉区域摩崖石刻的资源调查与保护利用》
张倍嘉：《明代女服“披风”研究》
何华社：《江南地区明墓出土瓷器研究》
陈成坤：《车师古道线性文化遗产保护与利用研究》
王振宇：《淮安清晏园历史沿革及保护利用》
指导教师：刘可维
刘慧敏：《明代以来的大同城墙及其保护利用》
马陈城：《南京城墙石城门及其保护利用》
王　帅：《南京明故宫遗址午门区域文化遗产的历史沿革及保护利用》
姬　瑞：《南京玄武湖景区文物古迹的调查与保护利用》
指导教师：王志高
曹雨燕：《生态博物馆视域下的南京工业遗址保护——以金陵船厂为例》
党　熠：《贾湖遗址的阐释与展示》
成娟娟：《探究博物馆公共空间的优化利用——以南京博物院为例》
刘海婷：《文旅融合下南昌“红色文物资源”的保护与开发》
都晓叶：《大运河嘉兴段文化遗产的构成与保护》
指导教师：徐　峰
邹雨洁：《蓬莱阁古建筑群现状调查及保护利用》
陈　硕：《遗产廊道视角下安奉铁路沿线遗产调查与保护利用》
朱一涵：《句容古城墙历史沿革与保护利用》
敖攀宇：《吴城遗址的保护与利用》
武仪辰：《明中都鼓楼的历史沿革与价值探析》
指导教师：陈声波

厦门大学人文学院历史系
专业方向：考古学（不含同等学力、补授、结业、肄业）
阮晓根：《楚式镇墓兽新探》
柴政良：《曾国乐钟与葬钟制度》
指导教师：张闻捷
郭一波：《刘贺墓出土漆樽上的玉石饰》
指导教师：蔡保全
Tan LiHong：《闽江流域史前时期石镞研究》
指导教师：付　琳

文物与博物馆专业硕士

叶子婧:《新石器时代酿造酒的学术史研究:以科技考古为中心》

郭鲸洲:《赤塘山遗址 M3 墓葬出土陶网坠的化学成分分析》

指导教师:葛　威

唐凯纯:《华南地区周汉时期金属刮刀谱系研究》

指导教师:付　琳

刘伟华:《江西宁都宋元时期古窑址调查与初步研究》

张庐春:《明中晚期外销天主教纹饰瓷器研究》

江美琪:《明清闽南地区瓷器国内北销路线初探——以天津卫故城东城墙遗址出土材料为中心》

朱克宇:《9—17 世纪闽台菲的交往与东洋航路的形成及发展——以闽台及东南亚地区的陶瓷考古发现为视角》

王　畋:《从沉船瓷器看马尼拉帆船贸易》

沈　曲:《博物馆外销瓷陈列展览设计分析研究》

指导教师:刘　淼

李景娜:《南昌西汉海昏侯墓出土的韘形玉佩》

指导教师:蔡保全

林玉婷:《欧阳修作品版本、选本及流传接受研究》

指导教师:刁培俊

刘玮玮:《宁波西门口汉代遗存的初步研究》

指导教师:王新天

陈慧萍:《博物馆集群化运营模式研究——以鼓浪屿博物馆群为例》

指导教师:李　渊

邹　滢:《文化遗产的景观文献与优化旅游解说系统的关联性研究——以世界文化遗产鼓浪屿为个案》

指导教师:张　侃

中山大学社会学与人类学学院人类学系(无同等学力,不含补授、结业、肄业)

专业方向:考古学及博物馆学

梁云诗:《广东博罗银岗先秦窑址Ⅵ区的初步研究》

指导教师:周繁文

邓　鑫:《战国燕文化向东北地区扩张的地理环境背景研究》

郑嘉怡:《岭南地区战国遗存研究》

指导教师:郑君雷

王　玥:《尼雅遗址 95MNI 号墓地研究》

指导教师:刘文锁

尤　悦:《南朝墓葬中的佛教因素研究》

指导教师：姚崇新
　黄建彬：《广州口岸通草画颜料综合研究——以广州十三行博物馆馆藏为例》
　詹惠婕：《石峡文化陶器的文化因素分析——以石峡遗址第二期遗存为例》
指导教师：王　宏

文博与博物馆专业硕士
　李远斌：《老院遗址石制品操作链分析及有刃石器的微痕观察》
　吕　璇：《宋代闽南地区青白瓷工艺特征分析——以德化窑、永福窑、漳浦窑为例》
　陈　倩：《考古遗址博物馆临时展览研究——以西汉南越王博物馆为例》
　李伯璋：《博物馆情境化教育初探——以研学课程设计为例》
指导教师：金志伟
　何杰韵：《东下冯类型再研究》
　万文静：《浅谈广东农民协会运动下的文物价值及时代影响》
指导教师：许永杰
　柯丽乔：《“南海Ⅰ号”龙泉窑系瓷器的类型与年代》
指导教师：刘文锁
　张树鹏：《三峡地区宋代青白瓷初步研究》
　伍雯娟：《南宋白帝城军事防御体系研究》
　陈华韵：《疾疫类主题展览的研究——以四川博物院“战疫——四川抗击新冠肺炎疫情专题展为例”》
指导教师：王　宏
　葛璞龄：《越南阮朝皇陵的布局研究——兼与中国清朝皇陵的比较》
指导教师：导师组
　邓琳曦：《中山大学藏西方石雕研究》
指导教师：姚崇新
　唐　纵：《我国高校公众考古实践模式与受众分析》
指导教师：郭立新
　黄　绸：《五邑侨乡非物质文化遗产研究》
　郑丽君：《江门五邑华侨华人博物馆的社会功能研究》
指导教师：李宁利
　吴修童：《文物古迹的整体搬迁与展陈分析——并以古墓葬为例》
　钟绮林：《非国有博物馆社交媒体运营研究——以广东地区为例》
　陈　宁：《广东地区考古传播实践研究（2010—2020）》
　潘　卓：《博物馆文化扶贫理论与实践——以广西壮族自治区博物馆为例》
指导教师：刘　扬
　魏秀秀：《国内综合类博物馆线上展览研究》
　辛　悦：《河南地区汉代画像砖制作工艺与流通》
指导教师：周繁文

武汉大学历史学院考古系（不含同等学力、补授、结业、肄业）

专业方向：旧石器时代考古

王丽维：《柬埔寨史前考古学史》

指导教师：李英华

专业方向：新石器时代考古

董　伟：《双墩文化分期研究》

郭军锐：《下寨遗址新石器时代墓葬研究》

指导教师：陈冰白

专业方向：夏商周考古

李喜兰：《二里岗文化时期玉器研究》

齐晓筠：《鱼类遗存的考古学研究方法及实践——以纪王崮 M1 随葬鱼类遗存研究为例》

辛明山：《西周时期泾河流域的考古学观察》

樊志威：《关中地区商文化的衰退与先周文化的兴起》

指导教师：张昌平

专业方向：秦汉考古

宁和平：《云南汉代崖墓研究》

苏　楠：《淮河流域战国秦汉漆器研究》

指导教师：徐承泰

专业方向：隋唐宋元考古

杜倩倩：《唐代墓葬壁画中的女性形象研究》

指导教师：王　然

文物与博物馆专业硕士

专业方向：新石器时代考古

苏明辰：《庙底沟遗址陶器制作工艺研究》

指导教师：余西云

李璐瑶：《家户遗存及其研究方法初探》

张红玉：《民族志视野下的制陶与性别分工》

杨雪琦：《屈家岭文化纺轮初探》

指导教师：李　涛

专业方向：夏商周考古

刘　丹：《当阳赵家湖楚墓分期新探——兼论楚墓分期标准》

李绿雨:《陕东南、豫西南、鄂西北地区西周陶器研究》
指导教师:王　然
黎家田:《中国古代青铜器的鉴定史》
郑港繁:《中国早期铜器及其冶铸技术起源与发展》
刘文豪:《楚墓边箱研究——以江汉平原西部地区楚墓为中心》
指导教师:张昌平
张　晗:《盘龙城青铜容器的分期》
指导教师:贺世伟

专业方向:秦汉考古
陈　娜:《两汉墓葬出土人物木俑研究》
张　阳:《汉画像石乐舞百戏图研究》
李　勇:《山东地区出土两汉铜镜研究》
指导教师:徐承泰

专业方向:隋唐宋元考古
孙　晨:《中原北方地区宋墓图像所见人物服饰的初步研究》
蔡元震:《山西地区宋辽金墓葬所见建筑彩画研究》
指导教师:贺世伟
赵子琪:《隋唐长安地区墓葬出土人物陶俑研究》
熊皖川:《南朝瓷器分期分区及制造技术初步研究》
指导教师:李清临

专业方向:博物馆学
刘　畅:《细观玉轩吟——海昏侯墓出土玉器展》文本设计
指导教师:余西云

专业方向:文化遗产学
叶　彤:《UNESCO 世界遗产申报视角下的中国申遗对策研究》
指导教师:徐友珍

山西大学历史文化学院考古学系
专业方向:旧石器时代考古
李宗宇:《山西吉县陡路坡遗址动物化石的整理和初步研究》
指导教师:宋艳花

专业方向:夏商周考古
陈晓宇:《大河口墓地青铜礼器墓葬研究》

孙艺丰:《东周陶列鼎墓葬研究》
指导教师:谢尧亭
田　慧:《太保家族器物群的综合研究》
指导教师:陈小三
孙雪纯:《两周时期三晋铜列鼎研究》
指导教师:王京燕
王少迟:《白狄遗存初探》
指导教师:王　俊

专业方向:动物考古
刘凯凤:《内蒙古二连浩特清代伊林驿站出土动物遗存研究》
指导教师:邓　惠

文物与博物馆专业硕士
沈　磊:《陇山山麓地带史前彩陶研究》
指导教师:陈小三
高维婷:《荥阳青台遗址制陶工艺研究》
许朝霞:《荥阳汪沟遗址制陶工艺研究》
刘玲英:《绛县雎村西周墓地制陶工艺研究》
指导教师:王小娟
王天磊:《大同盆地的旧石器调查研究》
指导教师:李　君
郭　庆:《河津固镇瓷窑址金代四号作坊出土瓷碗初探》
刘瑞恒:《山西河津固镇瓷窑四号作坊窑具初探》
指导教师:王晓毅
郭　鹏:《郑州地区战国日用陶器墓葬研究》
指导教师:张　亮

专业方向:商周时期
谭富方:《论东周时期青铜提梁盉》
俱思慧:《东周有翼神兽研究》
彭钲博:《春秋时期铜壶研究》
指导教师:陈小三
杨童瑞:《大河口墓地玉器整理与研究》
赵慧建:《大河口墓地出土陶器的初步研究》
王　帅:《曲村墓地敛葬器物研究》
指导教师:谢尧亭
鲁云云:《云冈石窟中的忍冬纹样研究》

指导教师：张　焯
　徐　晴：《河北怀安县昭化寺大雄宝殿水陆壁画研究》
指导教师：李　君
　万小珍：《河北怀安县昭化寺大雄宝殿水陆壁画研究》
指导教师：王　炜

专业方向：历史时期
　姜　鑫：《河北黄骅郛堤城墓地整理与研究》
　杨　妍：《河北唐山滦县韩新庄墓地整理与研究》
指导教师：霍东峰
　李　啸：《莫高窟北朝佛龛研究》
　胡毓昕：《北朝石窟中莲花化生图像研究》
指导教师：李　君
　张天鸽：《从山西芮城窖藏铜钱管窥北宋晚期铜钱铸造问题》
　杨　帆：《玄中寺藏明清金铜佛教造像初步研究》
指导教师：宋艳花
　梁文学：《辽代木构墓室墓研究》
指导教师：张　亮
　沈　晔：《安徽柳孜运河遗址出土唐宋瓷器研究》
指导教师：郝军军
　刘欣娜：《北朝隋唐墓葬壁画建筑图像研究》
指导教师：王　炜

专业方向：科技考古、文化遗产
　王路平：《磁山遗址动物骨骼的 C、N 稳定同位素分析》
　邱晓甜：《后李遗址后李文化时期人和动物骨骼的 C、N 稳定同位素分析》
　吕　超：《临淄后李遗址春秋时期人和动物骨骼的 C、N 稳定同位素分析》
　光　宇：《昔阳石马寺石窟的现状及保护调查》
指导教师：侯亮亮
　张静思：《浙江仙居岩画调查与研究》
　解思睿：《大同广府角历史街区调查与研究》
指导教师：李　君
　杜奕梅：《马邑聚落变迁研究》
　郭冰倩：《太行陉（泽州段）遗产资源考察与初步研究》
　刘凯丽：《山西地区金墓壁画饮食文化研究》
　强亮亮：《兴县境内黄河渡口遗存调查研究》
指导教师：赵　杰

南开大学历史学院考古学与博物馆学系

专业方向：秦汉魏晋南北朝考古与物质文化研究

　延李超：《汉两京地区墓葬中的道教因素研究》

指导教师：刘尊志

专业方向：中国考古与古代物质文化

　冯薪羽：《五代十国墓葬研究》

指导教师：袁胜文

专业方向：博物馆学理论与博物馆实务

　段霄霆：《基于深度学习的高校博物馆虚拟展示路径研究》

指导教师：刘　毅

复旦大学文物与博物馆学系

专业方向：考古学及博物馆学

　黄一汀：《宋元时期闽清窑青白瓷研究——以国内流通为中心》

　戴若伟：《18世纪东西贸易中的图像流转——以普朗克“阳伞夫人”瓷盘为中心》

指导教师：刘朝晖

　曹　捷：《金代北方地区瓷业研究》

指导教师：朱顺龙

　周　俊：《博物馆公共文化服务空间租赁研究——以上海地区为例》

指导教师：郑　奕

　徐　洋：《资源型工业遗产价值研究——以玉门油田为例》

指导教师：杜晓帆

　黄公达：《叙事型展览传播目的设定研究》

指导教师：陆建松

文物与博物馆专业硕士

专业方向：考古学及博物馆学

　张凌童：《渭河上游仰韶文化晚期陶器研究——以师赵村遗址T9008出土陶器分析为主》

　凌悦扬：《陕西临潼康家遗址陶器研究——以T26出土陶器分析为主》

指导教师：秦小丽

　王纤清：《史前至西周时期镶嵌漆器研究》

指导教师：吕　静

　王桢楠：《甲骨卜辞的燎玉祭祀研究》

　周旭波：《战国铅钡仿玉玻璃研究》

　吴文彤：《山东滕州大韩东周墓地玉器研究》

指导教师：王　荣

陈　怡：《岳州窑研究——以窑址和产品的分期为中心》
指导教师：沈岳明
翁　倩：《杭州李家塘遗址出土六朝隋唐时期瓷器研究》
指导教师：郑建明
李鼎一：《余姚市梨洲街道花园新村汉六朝遗址（西区）发掘报告》
指导教师：潘碧华
张佳伟：《宋元时期福建瓷业研究——以青白瓷与青瓷为核心视角》
指导教师：朱顺龙
赵磊阳：《“南海Ⅰ号”沉船出水金银制品研究》
高　原：《中国博物馆进境展览研究——以“安第斯文明展”为例》
指导教师：魏　峻
杨雯雯：《海龙屯遗产地解说系统的现状评估与优化研究》
李　琪：《大明宫考古探索中心展览提升研究》
史　琪：《初中历史教科书中考古学成果应用研究》
指导教师：高蒙河
吴思怡：《明末清初景德镇瓷器叙事性人物图绘研究》
赵馨月：《数据驱动下的陶瓷研究新模式与新趋势——以龙泉枫洞岩窑址出土瓷器数据库为例》
杨佳怡：《镰仓时代日本佛教场域中的中国瓷器研究》
指导教师：刘朝晖
詹斯曼：《生宣的陈化研究》
吕畔来：《河北地区麻纸制作工艺调查与研究》
指导教师：陈　刚
谢彩华：《基于价值分析的乡村遗产展示研究——以容就庄“家文化”展览内容设计方案为例》
张瀚月：《洛阳涧西工业遗产展示研究》
宋伊琳：《乡村遗产价值与文创设计探索研究》
赖舜林：《云冈峪军事遗址价值阐释与利用研究》
指导教师：杜晓帆
沈平冰清：《云南建水古建筑调查及形制研究》
指导教师：王金华
黄莹莹：《大河村国家考古遗址公园仰韶文化博物馆基本陈列展览内容设计方案》
马晨珂：《“伟哉大禹华夏肇始”展览内容设计方案研究——大禹纪念馆基本陈列》
蒋语砚：《安阳殷墟遗址博物馆殷商史展览内容设计方案》
朱轩加：《“郎朗的艺术人生”展览内容设计方案》
指导教师：陆建松
骆云卿：《中国社区博物馆的发展研究》
许牧风：《杭州工艺美术博物馆与非遗传承人的合作研究》

李晓玲：《节目表演在我国博物馆中的应用研究——以上海地区博物馆为例》
丁旭峣：《互联网直播在中国博物馆的应用研究》
王吉安：《我国地方博物馆的展示特色提升研究——以长三角地区为例》
指导教师：郑　奕
高仕琦：《剧场在博物馆展厅中的应用研究》
王程程：《博物馆中小学教师项目研究——以上海地区为例》
熊代洁：《自然类博物馆的儿童语音导览分众化研究》
渠雨桐：《口述历史在博物馆展览中的应用研究》
叶子萌：《形成性评估在我国博物馆展览中的应用研究》
刘　雁：《我国青铜乐器展示内容体系研究》
吴天任：《基于瑞吉欧理论的博物馆学前教育活动研究》
指导教师：周婧景
牛诗乐：《中国证券博物馆纸质藏品数字化研究》
指导教师：姚一青
樊　晟：《上海非国有美术馆国际展览策划实施研究》
刘晓婷：《跨文化传播视角下进境展览教育活动研究——以长三角地区一级博物馆为例》
指导教师：孔　达

北京联合大学应用文理学院历史文博系
专业方向：旧石器时代考古
谭　琛：《广西百色南坡山旧石器时代遗址石制品初步研究》
指导教师：冯小波

专业方向：新石器时代考古
邱四平：《摩亨——佐达罗和良渚：两个早期文明中心的比较》
指导教师：韩建业

专业方向：夏商周考古
宝　迪：《东周楚国贵族墓葬相关问题研究》
指导教师：武家璧

专业方向：汉唐宋元考古
蓝云飘：《明代宦官田义墓研究》
梁　木：《元代瓷质佛教造像》
指导教师：陈悦新

专业方向：环境考古
王梦泽：《河北康保兴隆遗址剖面古环境指标分析》

指导教师：张俊娜

中央民族大学民族学与社会学学院考古文博系

专业方向：先秦考古

张锦华：《商系墓葬性别研究》

指导教师：马　赛

李　航：《南阳楚墓随葬礼器研究》

指导教师：戴成平

专业方向：汉唐宋元明清考古

赵　艳：《从考古发现看古代新疆寺院经济生活》

段姗姗：《塔里木盆地南缘古代地面佛寺布局演变研究》

指导教师：肖小勇

陈美红：《宋元时期龙窑形制特征研究》

丁慧勇：《东汉并州地区画像石图像研究》

指导教师：张薇薇

高泽康：《上党地区北朝石窟寺研究》

指导教师：刘连香

首都师范大学历史学院考古学与博物馆学系

专业方向：新石器时代考古

闫　铭：《北京地区新石器时代制陶工艺研究》

张梦彤：《北京昌平雪山遗址陶器研究》

指导教师：王　涛

专业方向：夏商周考古与青铜器研究

戢　征：《北京地区西周燕文化研究——以旧宫遗址为例》

指导教师：袁广阔

吴尘昊：《琉璃河西周燕国墓葬研究——以墓葬空间结构与随葬品摆放规则为中心》

韩帅闯：《宝鸡弓鱼国墓地铜器器用制度及相关问题研究》

指导教师：钱益汇

张　颖：《东周时期虎形玉饰初步研究》

指导教师：朱光华

专业方向：汉唐考古

郭苏惠：《建国以来宋元考古学文献资料整理研究》

指导教师：后晓荣

专业方向：宋元考古
　李若同：《物象与性别——四川两宋合葬墓性别空间研究》
指导教师：袁　泉

专业方向：科技考古
　刘云飞：《GIS 支持下的裴李岗文化人地关系研究》
指导教师：刘建国、王　涛

专业方向：博物馆学
　李奕周：《流动的生命记忆——北欧地区博物馆儿童教育初探》
指导教师：宁　强、闫　志

文物与博物馆专业硕士

专业方向：中国考古
　姜　鑫：《裴李岗文化墓葬研究》
　宋　瑞：《贾湖一期文化研究》
　王全金：《大司空文化研究》
　李　胤：《欧亚大陆金珠工艺的交流互动》
指导教师：袁广阔
　谈思成：《两淮地区先秦时期祭祀遗存初步研究》
指导教师：钱益汇
　党　瑞：《荆楚地区商代用玉制度研究》
指导教师：朱光华
　陈　刚：《东天山地区战国秦汉葬具研究》
指导教师：后晓荣
　李思瑶：《江苏地区明代纪年墓出土瓷器研究》
　陈炳奇：《宋元墓葬所见香具研究》
　余　浩：《宋金时期中原北方地区瓷器动物纹饰研究》
指导教师：袁　泉

专业方向：博物馆学
　林文雅：《新时期博物馆展览与观众关系再认识——以观众调查为中心》
　王　茜：《博物馆文创产品产业链体系研究》
指导教师：钱益汇
　张婉盈：《国内音乐类博物馆展览和教育项目研究》
指导教师：后晓荣

专业方向：文化遗产

张子璇:《威尼斯历史城市遗产旅游研究》
苏晓彤:《工业遗产的社会文化价值研究——以首钢工业遗产为例》
指导教师:范佳翎

专业方向:艺术考古
唐健博:《克孜尔石窟龙图像研究》
任　畅:《北朝墓室壁画中女性社会性别研究》
卓志云:《铸造与书写——商周金文书法艺术研究》
李　红:《过去现在未来的艺术——克孜尔第 17 窟研究》
指导教师:宁　强、钱益汇
张琼文:《高古瓷市场价格生成原因分析——以宋代瓷器当代拍卖市场为中心》
指导教师:宁　强、范佳翎

专业方向:科技考古
李兴隆:《龙门石窟东山万佛沟区第 1 窟数字化复原研究》
指导教师:刘建国、王　涛
杨雅洁:《骨锥制作方式的实验考古学研究——以河南省濮阳马庄遗址为例》
指导教师:尤　悦
崔红庆:《青海官亭盆地青铜时代考古遗址木炭遗存分析》
指导教师:朱光华、王树芝

专业方向:文物保护
刘轩成:《晋侯墓地一号车马坑遗址土体开裂治理研究》
指导教师:钱益汇、周双林

专业方向:公众考古
王玉梅:《中国公众考古学的缘起与发展刍议》
指导教师:袁广阔、王　涛

河南大学历史文化学院考古文博系
专业方向:夏商周考古
郭家瑞:《太行山东南麓龙山时代考古学文化研究》
曹婉君:《鹤壁刘庄墓地性别考古学研究》
指导教师:张立东
洪　莉:《郑州商城陶器纹饰研究》
指导教师:侯卫东
张　帆:《殷墟西北冈王陵区大墓综合研究》
张　鑫:《山东沂水纪王崮春秋墓研究》

指导教师：袁俊杰

华　铭：《两周时期安徽江淮地区墩台遗址研究》

刘　昊：《两周时期吴越地区墓葬文化辨析》

指导教师：李溯源

专业方向：文化遗产保护与博物馆学

左炜晨：《智慧博物馆生态系统构建研究》

指导教师：王运良

张俊辉：《教育功能引领下的河南省博物馆旅游发展研究》

李　平：《文旅融合背景下中国智慧博物馆建设研究》

指导教师：李竞艳

辽宁师范大学历史文化旅游学院

专业方向：辽海考古

魏欣欣：《辽西地区新石器时代人形造像研究》

指导教师：田　野

申　颖：《小河沿文化的演进及与其他考古学文化的关系研究》

指导教师：徐昭峰

专业方向：青铜器与古文字

侯骁秦：《辽西地区商末周初青铜器综合研究》

宋婷竹：《东周时期燕国青铜器纹饰研究》

指导教师：张德良

文物与博物馆专业硕士

董锦云：《燕、齐地区战国铜镜研究》

指导教师：张德良

李盈理：《10至12世纪中国出土玻璃器研究》

指导教师：徐学琳

吕金阁：《博物馆城市历史文化教育活动研究——以大连博物馆为例》

刘一璇：《融媒体时代下我国博物馆运营模式的转变研究》

指导教师：徐昭峰

辽宁大学历史学院考古学系

专业方向：史前及夏商周考古

孟　恬：《白泥窑子文化研究》

宋振民：《小河沿文化多元文化因素融合现象的功能分析》

指导教师：张星德

陈艺方：《庙底沟文化“圆点和弧边三角”组合图案研究》
指导教师：丁　辉
范佳微：《郑家洼子类型初步研究》
魏龙星：《东北地区燕式陶礼器墓研究》
指导教师：华玉冰
张　玥：《中国新石器时代至明清时期人类骨骼病理初步研究》
指导教师：陈　山

文物与博物馆专业硕士
专业方向：文物与文化遗产
石　巩：《东北地区新石器时代玉璧形器研究》
指导教师：陈　山
李一鸣：《东北地区新石器时代几何形玉器研究》
袁　红：《东周时期楚墓出土的单体龙形佩研究》
指导教师：王　闯
赵松涛：《辽代长颈瓶研究》
指导教师：华玉冰
李　冉：《沈阳地区清代满族碑刻研究》
指导教师：赵晓刚

专业方向：博物馆学
赵先志：《辽宁地区中小型博物馆陈列展览现状研究》
李孟洋：《我国博物馆对残障人士服务的研究》
指导教师：张星德
张晓飞：《历史类博物馆叙事型陈列研究——以史前时期基本陈列为中心》
指导教师：郑钧夫
郝倡冉：《博物馆书画类临展的儿童教育活动研究——以辽宁省博物馆为例》
指导教师：肖晓鸣

专业方向：考古学
石长钰：《王义沟遗址的发现与研究》
指导教师：华玉冰

黑龙江大学历史文化旅游学院
专业方向：中国考古
刘　杨：《饶河大板遗址的石片研究》
指导教师：李有骞

专业方向：专门考古
　倩　倩：《渤海虹鳟鱼场墓葬的性别考古研究》
指导教师：包曙光
　黄金玉：《东北地区金代铁农器研究》
指导教师：赵永军

补　遗：
2020年
专业方向：中国考古
　阚德刚：《乌斯浑河流域旧石器遗存的发现与认识》
指导教师：王乐文、李有骞

重庆师范大学历史与社会学院考古文博系
专业方向：先秦考古
　蹇泽研：《商周时期成都平原地区筒形器研究》
指导教师：蒋　刚
　沈　涛：《三峡地区巴蜀符号的发现与初步研究》
　秦　畅：《性别考古学视角的新石器时代墓葬与社会分析》
指导教师：杨　华
　王列成：《新疆史前社会生活演变研究》
指导教师：刘俊男
　杨　蕾：《铜钲的整理与研究》
　柯圻霖：《春秋时期徐国青铜器铭文的整理与研究》
指导教师：孔令远

专业方向：文化遗产保护
　王海睿：《汉墓出土钱币研究》
指导教师：邓　晓
　杨　愫：《性别考古视野下的中国女性考古学人研究》
指导教师：袁艳玲

专业方向：科技考古
　李明英：《杭州德寿宫遗址 T1024 探方中国耳螺研究》
指导教师：武仙竹

文物与博物馆专业硕士
专业方向：文物研究
　刘　杨：《出土两周句鑃综合研究》

王晶晶：《山东地区春秋青铜乐器铭文集注与释义》
指导教师：孔令远
何梦婷：《宋代湖州镜研究》
熊后燕：《川渝地区汉墓画像初探》
指导教师：袁艳玲

专业方向：区域历史文化研究
刘　雯：《江南地区六朝时期画像砖研究》
指导教师：邓　晓
耿浩然：《重庆云阳县新石器至春秋战国时期考古学文化初探》
王宏鑫：《大宁河流域新石器至汉代文化研究初探》
指导教师：杨　华

专业方向：文化遗产保护
蒲映竹：《云阳县文化遗产保护工作历程、现状及问题调查报告》
指导教师：蒋　刚
王昕蕊：《巴蜀古代建筑博物馆及馆藏建筑构件装饰纹样研究》
指导教师：邓　晓
华夏婕：《几种中草药精油对馆藏木质匾额杀虫抑菌性能的研究》
董永嘉：《四川阆中匾额文化内涵研究》
何　楠：《遂宁地区宗教匾额研究》
指导教师：郑利平
朱独伊：《房县汉唐古砖石雕博物馆藏砖选释及价值分析》
童　来：《重庆非物质文化遗产保护现状与创新利用研究报告》
指导教师：武仙竹
刘晓锐：《乐山市非物质文化遗产保护与旅游利用研究》
指导教师：孔令远
张慧敏：《重庆刘氏刺熨疗法的传承与保护研究》
指导教师：马江波

中国人民大学历史学院考古文博系

专业方向：北方民族考古
李思佳：《唐朝墩古城遗址出土陶器的初步研究》
指导教师：魏　坚
陈地成：《古中山国陶器研究》
指导教师：王晓琨
郝蕊玉：《新疆阿斯塔那——哈拉和卓唐墓中随葬俑研究》
指导教师：陈晓露

专业方向：先秦考古

张小宁：《聚落考古视角下的陇东地区文明化进程研究》

邢丽维：《陶寺墓地分析》

指导教师：韩建业

王懿卉：《裕民遗址出土废片初步研究》

赵一凡：《田螺山遗址 2004—2007 年发掘出土木炭遗存初步研究》

王笑寒：《河南灵宝西坡新石器时代墓地研究：权力政治的视角》

指导教师：陈胜前

张宁宁：《蔡家坟遗址西周至春秋时期文化遗存研究》

指导教师：吕学明

余官玥：《白洗沟遗址初步研究》

指导教师：仪明洁

包丽君：《安徽庐江申山双墩遗址初步研究》

指导教师：曹　斌

专业方向：汉唐宋元考古

王盼盼：《六朝武昌城城市空间变迁研究》

冯伊帆：《丧葬空间视域下的北魏墓主形象研究》

指导教师：李梅田

胡家庆：《从物到考古材料——瓷窑址考古报告的叙事模式》

指导教师：刘　未

专业方向：文博科技

曲宇蒙：《红山文化晚期的环境、聚落与社会组织——基于区域系统考古调查的地理空间建模》

指导教师：张林虎

文物与博物馆专业硕士

专业方向：考古学研究

苏　楠：《巴丹吉林弓箭岩画研究》

刘凡毓：《居延地区汉代塞防研究》

郑　玉：《阴山汪古景教石刻图像的考古学研究》

孙梦蝶：《北朝风帽俑研究》

赵一鸣：《北京地区唐代墓志研究》

孙　震：《基于 GIS 的额济纳河流域遗迹分布研究》

指导教师：魏　坚

姬鹏雅：《察吾乎沟口文化彩陶研究——以红山墓群为中心》

桑仁青格里：《切木尔切克文化研究》
指导教师：韩建业
梁雯雯：《论述酋邦理论在中国考古实践中的应用——以辽西红山文化和山东龙山文化的比较研究为例》
指导教师：陈胜前
杨 川：《陕北榆林地区龙山时代聚落考古研究》
指导教师：吕学明
高军民：《商代青铜器纹饰中的“双虎食人”纹研究》
赵肖霞：《南北朝单体佛造像中的供养人图像研究》
指导教师：王晓琨
宋路通：《西汉诸侯王列侯墓铜容器的分期断代研究》
指导教师：曹 斌
吴怡璇：《新疆博州布得格遗址植物遗存分析》
林雪英：《河湟地区汉晋木棺墓葬研究》
指导教师：陈晓露
李锐莎：《江西六朝墓葬出土瓷器研究》
张奕鹏：《武昌城与早期佛教的传播——以考古材料为中心》
黄楠茜：《鄂城六朝墓器物组合研究》
指导教师：李梅田
赵梦遥：《海河平原明代新建城址的考古学观察》
董 瑾：《明清时期山东地方城市的形态与空间结构》
指导教师：刘 未
张开亮：《GIS 支持下的清水河县明长城研究》
指导教师：张林虎

专业方向：文物与博物馆学研究
廖悦辰：《社交媒体时代下参与式博物馆的实践研究》
指导教师：张林虎

专业方向：文化遗产保护与研究
王素琦：《西藏墨脱县文物遗存调查与保护利用的初步研究》
指导教师：魏 坚

中国科学技术大学科技史与科技考古系
专业方向：科学技术史
魏建平：《藏族造纸技艺及藏纸性能的初步研究》
指导教师：龚钰轩
岳雅茹：《徐洵院士学术成长历程》

章燕辉：《李志超教授学术成长经历及其贡献》
指导教师：柯资能
赵庚培：《利用河流沉积层探讨豫西青铜矿料的开采历史及环境变迁》
指导教师：范安川

专业方向：考古学
廖静雯：《河南中西部仰韶时代酒类残留物微体遗存分析》
指导教师：杨玉璋
于　晨：《文物保护理念发展中的争议与共识研究》
胡霜晴：《淮北濉溪明清酿酒作坊群遗址的价值挖掘——基于窖池窖龄、酿酒要素的研究》
指导教师：龚德才
黄彤君：《贾湖遗址第八次发掘墓葬葬俗研究》
指导教师：杨玉璋
余智敏：《刘达和中国科大》
指导教师：熊卫民
朱奕凡：《长江中下游铜矿带古铜矿配矿技术研究》
指导教师：秦　颖

文物与博物馆专业硕士
方　媛：《β—环糊精、聚季铵盐复配剂对书画墨色防洇化研究》
于谢缘：《天龙山石窟圣寿寺唐金刚力士造像的制作工艺与保护研究》
杜文跃：《青铜器粉状锈生成及传染过程研究》
魏　岳：《氮气环境下雾化精油对纸质文物霉菌病害抑制作用的模拟研究》
兀宁香：《丝绸考古残留物的微生物矿化机理及残存状态研究》
指导教师：龚德才
金　迪：《基于科普需求的自然类博物馆文创产品的开发》
指导教师：石云里
李德金：《淮河中游淮干以南地区龙山至西周时期农业结构研究》
刘宗荣：《天津金墓鸡腿瓶内液体残留物研究——兼论金中都地区黄酒酿造工艺》
指导教师：杨玉璋
刘丽敏：《长沙汉墓出土“玉衣”的科学分析及相关问题讨论》
张　莹：《湖北襄阳柿庄南朝画像砖墓出土丸状物的分析研究》
张兆中：《庐江矾矿工业遗产现状调查与保护再利用研究》
指导教师：秦　颖

西南民族大学旅游与历史文化学院
专业方向：汉唐考古
徐仕伦：《成都新川创新科技园宋墓研究》

指导教师：乔　栋

专业方向：专门考古
　潘　浩：《营盘山遗址 2006 年度出土木炭初步研究》
指导教师：王建华

安徽大学历史学院考古学系
专业方向：新石器时代考古
　王　威：《中国史前亚腰形石网坠研究》
指导教师：宫希成

专业方向：夏商周考古
　肖　航：《漳河——大工山地区先秦时期区域系统调查与研究》
指导教师：张爱冰
　汪启航：《环巢湖地区夏商周时期聚落形态与族群变迁研究》
指导教师：周崇云

专业方向：战国秦汉考古
　徐　鑫：《皖西南地区战国—西汉墓葬研究》
指导教师：王　峰、黄　凰

专业方向：文化遗产保护
　陈如斯：《明清时期浮山摩崖石刻研究》
指导教师：江小角

文物与博物馆专业硕士
　左亚琴：《陇山地区新石器时代末期文化通道研究——基于 GIS 和聚落的分析》
指导教师：吴卫红
　高　君：《GIS 支持下的安徽沿江地区商周遗址空间形态研究》
指导教师：张爱冰
　史红妍：《邛崃羊安汉墓出土铜车马产地及矿料来源研究》
指导教师：张爱冰、魏国锋
　昌辉辉：《芜湖墩下遗址考古发掘与研究——兼论芜马地区商周文化》
　程雪娟：《高台县博物馆的地域文化展示分析》
　孙景月：《地域文化视角下的亳州博物馆展陈研究》
指导教师：周崇云
　丁　婷：《安徽出土汉代铜熏炉研究》
　李露露：《景观基因视角下巢湖北岸“九龙攒珠”式传统村落保护利用研究——以洪家

瞳为例》
指导教师：朱华东
刘杨硝：《六安地区釉陶汉墓及相关问题研究》
陈　芳：《安徽江淮地区土遗址原址保护、展示利用的调查与分析》
指导教师：王　峰
刘调兰：《磨喝乐研究》
指导教师：蒋晓春
胡　娜：《陇东南地区博物馆调查研究》
指导教师：方成军
安　昭：《武当山回龙观遗址建筑材料研究》
指导教师：魏国锋
梅　英：《时空视野下的非物质文化遗产保护研究——以祁门目连戏为例》
指导教师：陆勤毅
张　倩：《廊道视野下曹操河遗址保护与利用》
指导教师：宫希成
孙文静：《萧县白土窑专题展陈文本设计研究》
李晓梅：《岳西县革命文物保护与利用研究》
指导教师：张钟云

北京师范大学历史学院
补　遗：
2019 年
专业方向：博物馆学
夏无霜：《旧石器时代遗址博物馆的陈列设计研究》
指导教师：杜水生

2020 年
专业方向：旧石器时代考古
李三灵：《从灵井许昌人遗址石制品看旧石器时代中期中西文化交流》
指导教师：杜水生

西北师范大学历史文化学院文物与博物馆学系
专业方向：考古学史
管庆鹏：《乌江中上游地区考古史研究》
指导教师：刘再聪

专业方向：夏商周考古
赵张煜：《商周青铜罐整理与研究》

指导教师：僧海霞
王　吟：《关陇地区东周秦墓出土青铜兵器研究》
指导教师：李迎春

专业方向：汉唐考古
柯曾一：《出土先秦铜翣整理与研究》
指导教师：田　河
杨　晶：《甘肃地区汉唐时期墓葬所见鸡形象研究》
指导教师：潘春辉

专业方向：宋元明考古
杨　坤：《甘肃宋金元砖室墓砖雕壁画图像研究》
指导教师：杨　芳

文物与博物馆学专业硕士
纪　媛：《陇东南地区新石器时代至战国陶鬲调查与研究》
陈　晶：《天水市博物馆藏战国车饰件的整理与研究》
林笑雨：《河西魏晋十六国棺板画研究》
指导教师：何玉红
孙少毅：《大地湾仰韶文化遗址彩陶鱼纹分析与研究》
蒋　晶：《明清时期甘肃山陕会馆调查研究》
卓　立：《兰州金天观历史文化研究》
指导教师：连菊霞
牟星玉：《大路铺文化陶器研究》
魏　加：《常山下层文化墓葬研究》
指导教师：刘再聪
谢娟玲：《陕北东汉画像石中动物图像研究》
楚颖超：《甘肃通渭太白庙庙会文化研究》
宋嘉欣：《兰州地区明清时期军事碑刻整理与研究》
指导教师：李晓英
乔　爽：《汉代兖州刺史部画像石题记研究》
翟华君：《山东地区北朝佛教造像中龙形纹饰的调查与研究》
侯琨蓉：《洛阳地区魏晋墓葬文化调查研究》
指导教师：张　荣
任　棠：《考古出土的汉唐时期熨斗研究》
韩生旭：《魏晋时期河西走廊地区墓葬所见出行图研究》
刘　芳：《甘肃出土汉晋时期陶灯研究》
指导教师：潘春辉

李　晶：《河西地区出土汉代简牍书信研究》
刘　蕊：《兰州五泉山古建筑调查与研究》
孔　婷：《兰州白塔山古建筑调查与研究》
指导教师：郑　峰
王　彤：《关中地区出土汉魏时期神兽镜纹饰研究》
东　伟：《汪世显家族墓出土随葬品调查研究》
于　露：《甘肃现存明清时期魁星建筑调查研究》
指导教师：李建国
李　晋：《河西走廊魏晋墓壁画中的狩猎图研究》
王　元：《冀南豫北地区出土隋唐时期墓志研究》
王慧珍：《河西走廊地区出土汉晋时期陶钵研究》
指导教师：党庆兰
金　玉：《河西魏晋十六国墓葬文献、图像中服饰资料整理与研究》
指导教师：李迎春
杨　健：《高台魏晋十六国时期墓葬出土木俑整理与研究》
杨亚玲：《河西魏晋墓中的云纹研究》
朱继祖：《庄浪河水洛河流域堡寨遗址调查与研究》
指导教师：黄兆宏
赵瑞春：《炳灵寺石窟经变画调查与研究》
程毓柠：《隋唐时期炳灵寺石窟人物服饰研究》
指导教师：秦丙坤
范艳云：《凉州藏传佛教“四部寺”调查与研究》
孙超超：《河西地区钟鼓楼调查研究》
尹绵文：《河西地区佛塔调查研究》
指导教师：李顺庆
王　聪：《北宋蓝田吕氏家族墓园出土墓志研究》
拜凤英：《北宋蓝田吕氏家族墓葬研究》
指导教师：杨　芳
刘红红：《清水箭峡宋金墓孝子图研究》
魏永康：《抚河中游先秦聚落选址分析》
指导教师：张继刚
马克凡：《沂山东镇庙现存明代碑刻整理与研究》
王向向：《泾川县明清石刻与地方社会研究》
胡素娟：《济南市非国有博物馆调查与研究》
指导教师：张　嵘
刘宗永：《明代铁券整理研究》
李晨博：《甘肃永登境内明长城遗址调查与研究》
指导教师：田　河

阮丽斌：《清至民国时期豫西地区水利碑刻的整理与研究》
杨志勇：《明代凉州路军事设施调查与研究》
指导教师：偺海霞
武银军：《甘肃省抗战遗址保护与开发利用研究》
裴　羽：《甘肃省文物保护工作研究（1949—1978）》
李苜歌：《兰州水车研究》
指导教师：尚季芳
王　鑫：《西安红色文化遗址调查与研究》
刘丽梅：《秦安泰山庙古建筑及其反映的民间信仰调查研究》
指导教师：张连银

暨南大学文学院历史学系

文物与博物馆专业硕士

梁译文：《裕民文化陶器类型学研究》
刘星雨：《坝上地区西北部裕民文化遗址调查与研究》
指导教师：谢　肃
吴书敏：《雄安新区南河遗址和向村南遗址试掘报告》
指导教师：崔世平
李文婷：《坝上地区辽金元时期城址初探》
指导教师：马建春
曲　旋：《中美儿童博物馆教育活动比较研究》
指导教师：崔世平
张笑妍：《"以观众为中心"：广东省博物馆"三城记"策展理念研究》
指导教师：刘增合
程芷盈：《民族博物馆在非物质文化遗产保护与传承中的作用——以广东瑶族博物馆为例》
指导教师：梁敏玲
彭昱娴：《区域文化视野下的湖北茶经楼博物馆运营研究》
指导教师：张小贵
邵静怡：《多维度视角下海宁海塘文化遗产保护与利用研究》
指导教师：黄忠鑫
黄丽芳：《龙南市传统村落原真性保护探究——以新园村栗园围为例》
指导教师：吴宏歧
董淑情：《广佛地区孔氏祠堂遗产价值研究》
指导教师：刘正刚

中国社会科学院大学历史学院考古系

专业方向：中国新石器时代考古
李萌葳：《前仰韶文化石磨盘、磨棒研究》

林思雨：《裴李岗文化制陶工艺研究——以河南新郑裴李岗遗址为例》
指导教师：陈星灿

专业方向：夏商周考古
孙慧琴：《龙山到二里头时代的洛阳盆地——以网络分析为中心》
指导教师：许　宏
王一凡：《西周王畿的考古学观察——以关中地区为对象》
指导教师：徐良高

专业方向：汉唐考古
岳天懿：《辽金瓦当的考古学研究——以辽祖陵和辽上京遗址为中心》
指导教师：董新林
范东日：《唐代仕女服饰的考古学研究》
指导教师：汪　勃

专业方向：植物考古
郑倩男：《日照尧王城遗址 2019 年植物遗存分析研究》
易希瑶：《裴李岗遗址出土炭化植物遗存研究》
指导教师：王树芝

专业方向：冶金考古
钟正权：《洹北商城出土冶铸遗物的材料和工艺研究》
张　颖：《偃师商城出土铜器及冶铸遗物分析与研究》
指导教师：刘　煜

专业方向：体质人类学
王俞方：《内蒙古敖汉旗兴隆沟遗址出土人骨研究》
指导教师：王明辉

2021 年毕业博士研究生

北京大学考古文博学院

专业方向：考古学（中国考古学）
  乔苏婷：《考古所见汉代外来物质文化因素研究》
指导教师：韦　正
  刘　婷：《隋唐时期漕运的考古学研究》
指导教师：齐东方

专业方向：考古学（博物馆学与文化遗产）
  李　敏：《汉代高台建筑研究》
指导教师：方　拥

专业方向：考古学（专门考古）
  钟燕娣：《明中期景德镇制瓷手工业的考古学研究》
指导教师：秦大树

专业方向：考古学
  冯　玥：《马鞍山遗址细石器及泥河湾更新世末人群与社会》
指导教师：王幼平
  李　唯：《文化、环境、聚落与生业：沙颍河平原史前社会的考古学综合研究》
  高宪平：《明清景德镇民营制瓷手工业的考古学研究——以落马桥窑址发掘为基础》
指导教师：严文明
  马永超：《两湖平原新石器时代晚期的社会变迁——以城址和墓葬为核心》
  杨　菁：《新石器时期半地穴式房屋建筑技术研究》
指导教师：张　弛
  宋　殷：《夏家店下层文化的年代学研究》
指导教师：吴小红
  杜　杨：《先秦时期长江中游地区社会变迁研究》
  吴　桐：《公元前 10 至前 3 世纪东南沿海地区的文化与社会》
指导教师：徐天进
  郭士嘉：《周原铸铜业研究》
  冉宏林：《成都平原先秦时期考古学文化研究》
指导教师：雷兴山
  方笑天：《两汉之变——以帝王陵墓及中原地区墓葬为中心》
指导教师：李崇峰

达吾力江·叶尔哈力克：《汉代西域城址研究》
指导教师：林梅村
付龙腾：《东汉、魏晋南北朝陵寝制度演变的考古学观察》
指导教师：陈　凌
刘绎一：《北朝墓葬的神人神兽形象研究》
金峰槿：《中国古代土城筑墙技术研究》
指导教师：韦　正
凤　飞：《区位、选址和结构：四川南部唐宋摩崖造像的遗址分析》
指导教师：魏正中
季　宇：《明代地方城市的考古学观察》
指导教师：杭　侃
吴闻达：《14 世纪龙泉青瓷流通问题研究——以太仓樊村泾遗址出土瓷器为中心》
项坤鹏：《故宫南大库区域出土瓷器的考古学研究》
指导教师：秦大树
刘晟宇：《银器脆化机理及对策研究》
指导教师：陈建立

吉林大学考古学院
专业方向：新石器时代考古
刘　伟：《黑龙江流域新石器时代考古学文化研究》
金象晕：《朝鲜半岛新石器时代文化的时空框架及谱系研究》
指导教师：赵宾福
高云逸：《中国东北地区公元前三千年前的文化演进与社会发展》
指导教师：段天璟

专业方向：夏商周考古
李鹏辉：《下七垣文化研究》
指导教师：王立新
和菲菲：《西周王朝西北边疆考古遗存研究》
指导教师：林　沄

专业方向：宋元考古
万雄飞：《医巫闾山辽代显、乾二陵考古学研究》
指导教师：冯恩学

专业方向：体质人类学
李鹏珍：《山西大同东信广场北魏墓地人骨研究》
指导教师：张全超

出站博士后

专业方向：商周考古、出土文献

王　强：《北京大学藏汉简〈日忌〉〈日约〉整理与研究》

合作导师：王立新

山东大学历史文化学院考古与博物馆学系

专业方向：史前考古

武　昊：《山东薛河小区史前社会的文明化进程研究》

袁波文：《海岱地区新石器时代丧葬习俗研究》

穆东旭：《新石器时代中期长江中游和下游地区的比较研究》

指导教师：栾丰实

赵江运：《海岱龙山文化的扩散与传布研究——以文化因素分析为中心》

指导教师：王　青

专业方向：商周考古

姜亚飞：《先秦时期制玉作坊遗存及相关问题研究》

龙　啸：《商末周初中原王朝经略南方的考古学观察——以长江中游地区为中心》

杨　薇：《滇中湖区青铜时代农业研究——以植物遗存为重心的考古学观察》

指导教师：方　辉

专业方向：汉唐考古

陈宗瑞：《甘肃地区汉墓研究》

指导教师：崔大庸

王文灏：《山东地区汉画像石中造型艺术的发展演变》

指导教师：方　辉

专业方向：盐业考古

曹　洋：《渤海西南岸地区北朝隋唐时期盐业考古研究》

指导教师：王　青

专业方向：植物考古

杨　凡：《中原地区仰韶文化中晚期的农业与社会》

指导教师：靳桂云

出站博士后

专业方向：史前考古

姜仕炜：《家户考古视野下红山文化的社会变迁》

合作导师：方　辉

西北大学文化遗产学院

专业方向：考古学

佟建一：《新疆天山北路墓地研究》

王　茜：《印度河文明考古学术史研究》

指导教师：王建新

专业方向：文化遗产管理

李　姣：《我国博物馆藏品利用效率研究》

指导教师：陈洪海

四川大学考古文博学院考古系

专业方向：秦汉至元明考古

何元洪：《重庆云阳李家坝遗址先秦至汉初遗存研究》

何沁冰：《四川宋墓装饰图像研究》

杨天雪：《永乐皇帝与藏传佛教的互动研究》

指导教师：霍　巍

周　丽：《成都平原东周青铜器研究》

杨　盛：《战国秦汉时期西南夷地区青铜器生产问题研究》

指导教师：李映福

邓宏亚：《四川地区宋代以前道教造像研究》

指导教师：白　彬

伍秋鹏：《东汉至元代中国瓷业谱系的考古学研究》

指导教师：罗二虎

出站博士后

专业方向：中国考古

杜战伟：《喇家遗址新石器时代遗存的新发现与相关问题研究——以 2015 ~ 2019 年发掘资料为中心》

合作导师：霍　巍

郑州大学历史学院考古系

专业方向：秦汉考古

郝柯羽：《中原地区北宋制瓷业考古学研究》

指导教师：刘庆柱

专业方向：隋唐考古

夏琳瑜：《龙门石窟佛教造像的考古学研究——以北朝、唐代洞窟造像为主》

指导教师：李　锋

专业方向：宋元考古
　朱梦园：《辽文化演进的考古学研究》
指导教师：陈朝云

南京大学历史学院考古文物系
专业方向：战国秦汉考古
　吴　桐：《战国秦汉玉璧研究》
指导教师：周晓陆

专业方向：魏晋南北朝考古
　朱　棒：《三国两晋南北朝官印研究》
　张效儒：《三国两晋南北朝瓦件的考古学研究》
指导教师：贺云翱

专业方向：汉唐考古与历史研究
　张　今：《建康、三吴地区出土六朝砖铭研究》
指导教师：张学锋

专业方向：陶瓷考古
　高　姗：《长沙窑外销瓷器的再研究》
指导教师：贺云翱

南京师范大学社会发展学院文物与博物馆学系
专业方向：历史时期考古
　高庆辉：《南襄地区魏晋南北朝墓葬研究》
指导教师：王志高

专业方向：博物馆学
　钱秋睿：《大英博物馆的历史价值、文化影响与社会张力》
指导教师：周裕兴

厦门大学人文学院历史系
出站博士后
专业方向：文化遗产
　赵　芮：《海洋文化遗产保护与管理实践研究》
合作导师：张先清

中山大学社会学与人类学学院人类学系

专业方向：考古学及博物馆学

卢荣俊：《滇黔桂边区战国秦汉遗存研究》

余小洪：《川西高原石棺葬中的北方文化因素研究》

高移东：《魏晋南北朝陶俑研究》

指导教师：郑君雷

刘　騻：《汉代南方石构墓葬研究》

指导教师：许永杰

马　伟：《游移于胡汉之间——固原地区粟特裔墓葬研究》

孟霜桥：《北齐佛像风格样式来源研究——以河北、山东窖藏材料为中心》

吴　莉：《辽代金银器：社会、历史与文化交流》

指导教师：姚崇新

王艳蓉：《景德镇元代青花瓷蓝彩研究》

指导教师：刘文锁

出站博士后

专业方向：汉代考古与边疆考古、外国考古

刘汉兴：《吴哥古迹考古与文物保护史研究》

合作导师：姚崇新

武汉大学历史学院考古系

专业方向：夏商周考古

陈丽新：《周代青铜礼器制度的形成——以墓葬材料为核心的研究》

席　乐：《早期国家的社会认同研究——以考古材料为中心》

指导教师：张昌平

山西大学历史文化学院考古学系

专业方向：夏商周考古

禚孝文：《晋南周代前期考古遗存研究》

指导教师：谢尧亭

专业方向：云冈学

郭静娜：《鲁班窑石窟研究》

指导教师：李　君

南开大学历史学院考古学与博物馆学系

专业方向：秦汉考古

赵　丹：《两湖地区汉墓研究》
指导教师：刘尊志

复旦大学文物与博物馆学系
专业方向：考古学及博物馆学
牛小艳：《博物馆展陈工程造价管理体系研究》
温璧绫：《博物馆筹资模式比较分析——以英国、法国、日本及美国博物馆为例》
指导教师：陆建松

首都师范大学历史学院考古学与博物馆学系
专业方向：新石器时代考古
郭子月：《中原地区新石器时代陶器设计艺术研究》
指导教师：袁广阔

专业方向：艺术考古
GoranĐurđević：ReflectioninQin—HanandRomanArt - CaseStudy：Mirrors
指导教师：宁　强、袁广阔、钱益汇、晏绍祥、夏继果
杨程斌：《延庆元代皇家苑囿行在与军政宗教设施研究》
指导教师：欧阳启名
方　蒙：《鸠摩罗什时代的佛教艺术》
李　婷：《榆林窟第 29 窟研究》
指导教师：宁　强、钱益汇

河南大学历史文化学院考古文博系
专业方向：秦汉考古
李小彬：《汉代装饰墓图像的考古学分期与相关问题研究》
指导教师：信立祥

出站博士后
专业方向：秦汉考古
庄家会：《霍去病墓雕刻的四个基本问题》
合作导师：信立祥

专业方向：美术考古
李雯雯：《三至八世纪汉传佛像手印研究》
合作导师：马箫林
卢　昉：《丝绸之路与文化传播——以丝织品为例》
合作导师：信立祥

中国人民大学历史学院考古文博系
专业方向：北方民族
常　璐：《中国北方地区史前石城研究》
那嘎·特尔巴依尔：《阿尔泰山周边地区铜石并用时代至早期青铜时代考古学文化研究》
戎天佑：《辽金元三朝行国—城国的考古学研究——以捺钵和都城遗址为中心》
指导教师：魏　坚

专业方向：先秦考古
王红博：《辽西新石器时代家户考古研究》
指导教师：陈胜前

专业方向：汉唐宋元考古
魏　镇：《汉代官吏墓研究》
黄晓赢：《多维权利的物质表达——明清时期云南土司遗存研究》
指导教师：李梅田

中国科学技术大学科技史与科技考古系
专业方向：科学技术史
樊　婧：《书画装裱用小麦淀粉糨糊的制作工艺及改性研究》
吴　玥：《古代丝织品孔隙结构及劣化程度研究》
指导教师：龚德才
曾令园：《汉水中下游屈家岭至石家河文化陶器的生产、流通与社会复杂化研究》
指导教师：杨玉璋
郁田园：《基于多种科学分析方法的中国传统矿冶经济模式研究》
于　戈：《本源与辐射：福建地区古代瓷业的若干案例研究》
季丰收：《海岱地区大汶口至龙山文化时期白陶等特殊陶器的生产与流通研究》
指导教师：金正耀
褚宏祥：《中国现代声学的建立与发展（1922—1966）》
指导教师：胡化凯

出站博士后
专业方向：科技考古
崔启龙：《伊朗内沙布尔平原 TapehBorj 调查、发掘与研究》
合作导师：张居中、杨晓勇

安徽大学历史学院考古学系
专业方向：夏商周考古

王爱民：《皖南沿江地区青铜文化研究》
指导教师：张爱冰

北京师范大学历史学院
专业方向：旧石器时代考古
王　晶：《山西下川遗址小白桦圪梁地点石制品研究——兼论华北地区细石叶技术的起源》
慕占雄：《楼房子遗址 2018 年出土的石制品研究》
指导教师：杜水生

出站博士后
专业方向：新石器时代考古
刘　岩：《牛河梁遗址与良渚古城遗址的景观考古学研究》
合作导师：杜水生

补遗：
2020 年
出站博士后
专业方向：宋辽金元考古
任　冠：《唐代庭州军政建制调查与研究》
合作导师：晁福林

中国社会科学院大学历史学院考古系
专业方向：中国新石器时代考古
赵雅楠：《中原地区新石器时代中、晚期农业化进程的考古学研究》
指导教师：陈星灿

专业方向：夏商周考古
秦超超：《环太湖地区与中原地区文化交流的考古学观察（2500BC ~ 800BC）》
董　好：《殷墟出土工具研究》
指导教师：许　宏
盛　伟：《洞庭湖地区商至西周时期考古学文化研究》
指导教师：唐际根

专业方向：汉唐考古
史砚忻：《四至六世纪长安城及其周边陵墓的考古学研究》
王　星：《6—8 世纪中国北方地区高岭土胎陶瓷制品的考古学研究》
指导教师：朱岩石

逝世考古学家

郑绍宗

郑绍宗，河北省考古研究所文博研究员，中国共产党党员，于2021年1月26日在石家庄逝世，享年90岁。郑绍宗先生1931年8月28日出生于河北承德市，1981～1993年先后任河北省文物研究所副所长、所长。1982年以来，先后担任中国考古学会理事，河北省考古学会副会长兼秘书长，河北省历史学会、中国辽金契丹女真学会、中国长城学会、河北省地方志编纂委员会常务理事等。

郑绍宗先生1950年1月参加革命工作，1952年7月奉派在全国第一届考古工作人员训练班学习，1953～1956年调东北大区参加考古发掘实习工作。1956年，郑绍宗先生担任热河省博物馆考古组组长，1957年调入河北省文物管理委员会工作。新中国成立之初，文博事业也和其他事业一样一穷二白，既无人员又无设备，更没有办公场所，他首先面临的是艰苦创业，当时配合基本建设的考古任务很重，又缺少人手，多数情况下都是单枪匹马进行工作。在他的带领下，经过几年的创业，文博摊子筹备了起来，工作研究状况逐渐得到了改善。

郑绍宗先生曾参与满城汉墓的发掘，先后主持定州三盘山M122号中山王陵墓、西汉肥如侯蔡文（寅）墓、契丹贵族辽驸马卫国王萧沙姑墓、秦晋国大长公主墓、辽后裔金越王萧仲恭墓、宣化辽汉官张世卿家族墓、金钜鹿郡王时立爱墓等的考古发掘，其中宣化辽墓的考古发掘荣获1993年度“全国十大考古新发现”。郑绍宗先生还组织领导了1981～1987年的河北长城考古调查，并主持多部考古报告的编写，发表文物研究文章140余篇，主编的《河北出土文物选集》《宣化辽墓——1974～1993年考古发掘报告》先后荣获河北省社会科学优秀成果二等奖，主编的《明蓟镇长城1981～1987年考古报告》获第十四届河北省社会科学优秀成果“荣誉奖”和2013年度“全国文化遗产十佳图书”。

一

郑绍宗先生对河北早期文明研究贡献突出。河北的考古工作在1949年以前几乎是一片空白，可兹提起的仅有寥寥数处。新中国成立后，河北考古工作经历了从无到有，从小到大，逐渐有了翻天覆地的变化，直至在中国考古学研究中占有重要地位。这主要得益于老一辈考古人的坚持和奉献，他们之中就包括郑绍宗先生。

郑绍宗先生对早期文明研究有着浓厚的兴趣，早在1962年，他就对河北长城地区的原始文化类型进行了探讨，发表了《有关河北长城区域原始文化类型的讨论》等多篇综述和专门文章探讨河北早期文明。郑绍宗先生指出，河北古代文化的发展序列是磁山文化—仰韶文化—龙山文化—商周和夏家店文化。他认为，仰韶文化中的正定南杨庄类型属后冈一期文化类型，曲阳钓鱼台类型属庙底沟文化类型，邯郸百家村类型属大司空类型。长城内外古文化在燕山以北有兴隆洼文化、赵宝沟文化、红山文化，在燕山以南则是上述三种文化与中原磁山文化、仰韶文化的交错分布区。在从编年角度对河北新石器时代到商周时期古文化的发展进行梳理后，他认为：河北早期新石器时代至商周阶段的考古文化分区及编年比较复杂，各考古学文化又分出各种不同的类型，其分布大体与河北省自然地理环境以及古代居民的流动有着密切关系，在文化面貌上也呈现异彩纷呈的复杂局面；河北全境可分为冀中南和冀北两大区，中间大体以永定河、拒马河为接触交错地带。

郑绍宗先生对地处冀中的徐水南庄头、冀南邯郸磁山、冀北镇江营、迁西东寨、上宅以及三河孟各庄、易县北福地、迁安安新庄等各原始文化进行分区和编年研究的同时，也完成了对上述文化的系统梳理，梳理内容包括河北地区原始农业的出现问题，河北早期各考古学文化间的关系，夏商时期文化编年与发展，河北的古城、古国，燕山以北平泉的夏家店下层文化城堡带－聚落遗址等问题，并分别进行了深入的研究。

二

郑绍宗先生参加工作初期在热河，对北方民族有特殊的感情和考古研究的便利，因此，从早年开始即致力于北方考古学的研究，而且偏重于对山戎、东胡、匈奴、契丹、辽金等文化的研究。

从 1965 年始，郑先生主持调查和发掘了夏家店上层文化墓葬数百座，发表了多篇考古简报，对于山戎族文化，特别是山戎的社会性质等提出了一些有开创性的新观点。他根据《史记》中记载山戎侵燕，以致燕不能支，求救于齐，判断春秋初期山戎是燕北方的一个劲敌，是燕国的势力范围内但并不能完全被燕控制的一个有武装的政治集团。他对河北平泉东南沟石棺墓墓葬形制、内涵、族属、出土遗物等进行了研究，认为其和内蒙古赤峰夏家店上层墓葬、宁城南山根石椁墓相近，确定其时代为西周末到春秋初，首次提出了东南沟墓地属于受中原文化影响较深、长期居住于该地区的地方民族的观点。

1953 年以来，郑绍宗先生调查的平泉八王沟契丹秦晋国大长公主墓，确认为契丹萧氏族墓地，对辽史研究有重要价值。1954 年 10 月，郑绍宗先生主持发掘了辽驸马卫国王萧沙姑墓。该墓墓室规模宏大，除墓志铭外，还出土了一批文物，是重要的辽国契丹贵族墓葬，也是当年的重大考古发现。1978 年，他又主持发掘了隆化辽北安州城，调查了沽源元查罕脑行宫城址等。经他亲手调查并研究的出土珍贵文物有契丹文金银符牌、萧仲恭契丹文墓志铭、成吉思汗皇帝圣旨银牌、西夏文经幢等。

1974 ~ 1993 年，郑绍宗先生主持发掘了宣化辽墓。该墓地包括张氏和韩氏两个家族墓地，共 16 座墓葬，跨越辽金两代，延续 130 余年，已发掘 12 座，出土壁画合计 450 余平方米。张氏家族墓地前后延续了八代，郑绍宗先生领队发掘了其中的 5 座。宣化辽墓壁画属辽代美术考古的重大发现，是辽代晚期中国北方民间绘画艺术的代表，对了解与研究中华民族的艺术史、思想史、民族史、宗教史、社会史等诸多方面有着十分重要的意义。

三

河北是长城大省，郑绍宗先生对长城考古调查和研究作出了卓越的贡献。为配合文物普查工作，1981 年组成由郑绍宗先生任队长的长城考察队，其中明蓟镇长城考古调查由他亲自主持。明代蓟镇分为十二路，东起山海关老龙头，西到亓连口，田野调查从 1981 年开始，到 1987 年完成，历经 7 年。通过全面调查，摸清了明蓟镇长城的家底。考察队共调查长城主体墙、附边墙 736 374.2 米，调查敌台 2097 座，调查镇、路、关、营、堡城 201 座等，并发现了大量的碑刻，共收集到碑刻 222 方和一部分砖文，所记内容非常丰富，是研究长城极为重要的实物文献资料。他主持编写了《明蓟镇长城1981～1987年考古报告》，全书240余万字，在国家文物局和省文物局的支持指导下，于2012年1月开始出版，历时两年，直到2013年12月，10卷本全部面世。罗哲文先生专门为报告作序，给予极高的评价，认为：该报告是首次全面实地调查明蓟镇长城的大型考古报告，内容丰富，资料翔实可靠，使世人了解了作为重要世界文化遗产的中国长城，对蓟镇长城的保护与研究有很大的参考价值，对明蓟镇长城的地理、历史和军事建筑科学研究也具有重要价值。

1981年长城考察队成立时，郑绍宗先生正当壮年，报告最终交稿时他已近80岁高龄。在全体长城考古调查队员特别是郑绍宗先生的身上，充分体现了考古人的严谨求实、艰苦奋斗、敬业奉献的优良传统。

四

除以上三方面重要成就外，郑绍宗先生在其他考古研究领域也颇多建树，下面仅列一二。

战国以降，河北有三大郡国都城——邯郸赵王城、易县燕下都、战国中山灵寿故城，围绕这些大城还出现了许多郡县城址，历史上一直延续下来。郑绍宗先生对赵王城、燕下都和战国中山灵寿城三大郡国都城进行了对比研究，对部分郡县古城特别是长城以北各时代的部分城址进行了调查研究，如丰宁西汉要阳都尉城、滦平西汉白檀故城等，对河北城市考古研究也作出了贡献。

郑绍宗先生参加或主持的重要考古发掘，还有满城汉墓和定县三盘122号汉墓，及兴隆县大付将沟战国铁范遗址等。满城汉墓系凿山为陵的大型崖墓，是西汉第一代中山靖王刘胜及其妻窦绾墓。1968年，由中国科学院考古研究所和河北省文物工作队组成联合考古队，郑绍宗先生代表河北参与了发掘。满城汉墓是“中国百年百大考古发现”之一。郑绍宗先生还参加了《满城汉墓发掘报告》编写，出版了《满城汉墓》等书和发表了多篇研究文章。

此外，郑绍宗先生亲手创办了《文物春秋》杂志，并担任主编（1989～1998年），至今这个刊物仍是河北省唯一的文博考古方面的专业期刊。

郑绍宗先生是河北考古的开拓者和领军人物，他带领河北考古人展开了扎实的考古工作，对河北文物考古事业的发展、人才的培养和考古学体系的建立作出了卓越的贡献。

（韩立森）

林向

林向，中国共产党党员，四川大学考古文博学院教授，知名考古学家，因病于2021年9月15日在成都逝世，享年89岁。林向1932年9月生于上海。1949年参加中国人民解放军西南服务团，由上海来到四川。1959年四川大学历史学本科毕业，1962年四川大学考古学研究生毕业并留校任教。1965～1991年任四川大学历史系考古教研室主任，1991年任四川大学巴蜀文化研究中心主任，1996年离休。林向从事中国考古学的教学和研究工作，出版有《四川名塔》《巴蜀文化新探》《巴蜀考古论集》《童心求真集》《清江深居集》等，著有论文百余篇，论著曾获四川省重大科技成果奖、四川省社会科学成果奖等。曾应邀赴瑞士伯尔尼国立博物馆、美国哈佛大学人类学系、台湾历史语言研究所、台北故宫博物院、香港中文大学等进行学术交流。

一

林向先生于1958年开始田野考古的学术生涯，因不同的学术目的，田野工作集中在成都平原、峡江地区、川西高原、金沙江与安宁河流域四个区域。其中，成都平原是巴蜀文化的中心区，其他三个区域是民族迁徙和文化传播的通道，川西高原和峡江地区关涉蜀文化和巴文化的来源，金沙江与安宁河流域可以联系云南及东南亚。

在峡江地区，林向先生1958年参与三峡水库文物调查，发现巫山大溪和大昌双堰塘遗址；1980、1981年调查三峡地区和川南的崖葬。在川西高原，林向先生1964年赴理县、汶川调查和发掘石棺葬，以及建山寨、姜维城等新石器时代遗址；1980年赴汶川开展民族考古调查。在成都平原，林向先生1964年调查古城址、窑址和墓葬，所发现的郫县古城和温江鱼凫城在20世纪九十年代被确认为宝墩文化城址；1977年在成都地区开展地震考古调查；1982年考察彭山汉代崖墓；1984年调查蒲江碑刻与石刻造像等；1986年带领学生发掘广汉三星堆遗址，获得从史前至宋明时期的地层堆积，为研究三星堆遗址提供了年代标尺。在金沙江和安宁河流域，林向先生1975年调查史前及汉代遗址，发现“大石墓”；1988年带领学生发掘西昌东坪汉代冶铸遗址；1977～1983年在西昌、甘孜等地开展地震考古调查。林先生早期参与、开展的田野考古工作多具有开拓性。

出于持之以恒的学术信念与探索热情，林向先生任教30年后仍坚持田野工作，1990年带领学生考察大足、安岳石窟，1993年踏查温江鱼凫城，1995年再到西昌地区，1997年和2002年前往三峡，2002年率“金沙江文化研究与开发”课题组赴川南和云南，2004年组织“长江上游古代文明中心”课题组深入甘青，2005年赴滇东北。

二

四川盆地是一个相对封闭的地理单元，但又与外界一直有沟通，众多族群在此留下独特的文化遗存，研究这个区域的文化需要多维的视野和多元的理论。林向先生以田野考古为基础，融汇各种理论和方法，将考古学与文献学、民族学等相结合，展开多途径探索，研究核心为蜀文化、巴文化、巴蜀文化，涵盖各自的源流、内涵、特质、文化间的关系，以及巴蜀地区的古代民族、宗教、礼俗、葬俗和艺术等。

20世纪六七十年代林向先生研究大溪遗址并提出“大溪文化”的命名，七十年代末至八十年代前期的研究集中于四个方面。

第一是开展“早期蜀文化研究”，力图用考古材料突破传统历史观。他由周原卜辞中的“蜀”字入手，从古文字学、历史学、考古学、民族学的角度探讨成都平原、岷江上游、汉中的“早期蜀文化”，认为这是受中原文化影响的一种地域性青铜文化，与氐关系密切，而不与某一族、某一国直接对应。

第二是系统研究巴蜀地区三种重要葬俗的年代、分布、内涵。安宁河流域的大石墓为东周秦汉时期巴蜀西南徼外的邛人墓；岷江上游的石棺葬，结合羌族的原始宗教和迁徙史，应是战国至西汉时期氐人而非羌人的遗存；峡江地区的崖葬为獽、蜑民族的葬俗。

第三是收集、整理、研究羌族民间传说，对《羌戈大战》进行历史分析，发掘羌族“创世纪”神话中的历史价值。

第四是地震考古研究，考证文献和考古材料，从地质学的角度考察邛海的变迁，辨明地震并未将城址沉陷成湖。又利用文献、碑刻、第一手民间调查材料，考察西昌、炉霍等地历史上的地震。这些成果在七十年代末成为国家文物局和国家地震局开展地震考古工作的重要参考文献。此后，又据安宁河两岸遗址位置的变化考察安宁河谷的地震，通过田野调查和文献论证大渡河因新构造运动而发生的改道，阐述如何运用考古材料和考古学研究方法来考订、判读地震史料。

20世纪八十年代后期至九十年代末的研究聚焦于以三星堆为核心的古蜀文化。林向先生将三星堆出土的酒器与文献和民族志材料相结合，论述酒与巫术的关系，探讨巴蜀的“萨满式文化”，提出三星堆器物坑的形成与巫术有关。林先生开展的专题研究包括三星堆的青铜树、太阳形器、面具、玉璋，以及成都羊子山土台遗址和大墓等。他审视蜀文化的整体面貌、与中原文化的关系、生态环境，认为以三星堆为都邑的蜀即是殷墟卜辞中的“蜀”，为商之西土；具备了文明社会诸要素的蜀文化在江汉地区与二里头文化相遇、在陕南与商文化相遇、在渭水与周文化相遇。九十年代，林先生提出宝墩文化为古蜀文化的开端，宝墩文化古城、三星堆文化陶器群与牙璋、“禹”与“蜀”字的关联、三星堆遗物反映的龙崇拜，均表明蜀与夏的密切关系。

进入21世纪，林先生的研究进一步体系化，重点体现在两方面。

一方面是遗物研究。如青铜树研究专题，由三星堆扩展至西南、由商时期延至汉魏，主要观点包括：三星堆铜树表现了传说中的建木和树崇拜；西南地区战国秦汉的铜树反映的是树崇拜和太阳崇拜，“神树–树神”崇拜成为巴蜀地区民族文化的特征；汉魏时期的铜树发展为“柱铢”，表现了金钱崇拜、民间神仙崇拜、道教和佛教信仰，并演变成天梯。林向先生认为三星堆和金沙的羊首龙柱、鸡杖、太阳神鸟、岐刃牙璋，盐源的羊首虎杖和鸡杖，以及南方丝绸之路上的其他考古发现，均与古代观测日影的活动和信仰相关，这是首次在巴蜀考古中涉及天文考古。所有的遗物研究最终都指向巴蜀地区的文化系统。

另一方面是对蜀文化、巴文化和巴蜀文化的总结性认识。林向先生对相关概念和各地遗存加以辨别和归纳，提出四川盆地和三峡西部在夏商西周时期只有“蜀”，东周以前的“巴”在汉水流域和江汉平原，东周时“巴人”受楚逼迫西进与蜀地的原住民族结合形成“巴文化”，进而与“蜀文化”形成“巴蜀文化”，三峡西部李家坝和川东罗家坝的墓葬为賨人遗存。巴蜀地区古代文化分为三个阶段：以宝墩文化为代表的“先蜀文化”、以三星堆文化和十二桥文化为代表的“古蜀文化”、以巴蜀墓葬为代表的“古巴国”和“古蜀国”境内的族群文化即“巴蜀文化”。他还提出，四川盆地因特殊的人文地理条件，在中华文化的历史长河中犹如一座水库，对中国历代的政治、经济、文化、人口等都起到了流动、储存、调节、融合、扩散等“水库效应”。

上述研究在建构巴蜀古史的同时也形成了一个以巴蜀文化研究为主体的学术体系，凸显了巴蜀考古的重要意义。

三

四川大学的考古教学和研究可追溯到20世纪二三十年代。1952年全国高等学校院系调整后，四川大学的考古学学科进入新的发展时期，1958年历史系成立考古教研组，1960年考古学正式成为独立的学科教学建制单位，四川大学成为全国第三所设置考古学专业的综合大学，四川大学考古学科形成自身特色。

林向先生于1955年进入四川大学历史学专业并继承其学术传统，以后从事的教学和研究又是对传统的延续和丰富。1962年四川大学考古专业开始独立进行考古学课程教学，为系统、规范地展开教学和科研而设立课程小组，林向先生进入新石器时代考古组。此后，林向先生主要讲授夏商周考古学、西南考古学、考古学概论、田野考古等，从1964年开始带领学生进行田野调查和发掘，培养学生的田野工作和研究能力。在教学工作中，林向先生言传身教，向学生传授知识，注重开阔视野、启迪思考、激发热情，为学生打开考古学的大门，引领他们在科学研究的路上前行。

（施劲松）

杨锡璋

杨锡璋，中国社会科学院考古研究所研究员，著名考古学家，因病2021年2月24日于苏州逝世，享年86岁。杨锡璋先生1935年12月出生。原籍江苏无锡，后移居苏州。1958年毕业于北京大学历史系考古专业，同年进入中国科学院考古研究所（1978年该所改隶中国社会科学院）。1958年秋至1959年冬参加考古研究所为配合丹江水库工程发起的湖北省均县（今丹江市）七里屯和郧县青龙泉遗址发掘。1962年加入考古研究所安阳工作队。1968年参加河北满城汉墓发掘。随后返回安阳工作队。1975年任安阳工作队副队长。1976年因个人原因调回苏州并入职苏州博物馆工作。1978年再度调回中国社会科学院考古研究所，仍然从事安阳殷墟的发掘与研究。1979年第二次出任安阳考古工作队副队长。1980年任队长。随后又任考古研究所夏商周考古研究室副主任。1992年获国务院政府特殊津贴。

杨锡璋先生的研究方向以殷墟为中心，重点是商王朝考古。在殷墟工作期间，他参与过殷墟沿洹河流域考古调查、苗圃北地铸铜作坊以及多处商代居址与墓地的发掘。其中最有影响的田野工作是主持殷墟王陵区大墓M260（司母戊鼎传出此墓）和附近祭祀坑的清理，以及后来获得1990年度“全国十大考古新发现”的郭家庄160号商代墓发掘和花园庄东地H3甲骨坑清理。杨锡璋先生退休后还参与了“夏商周断代工程”的相关科研活动，为寻求我国早期王朝的精细编年作出了重要贡献。

杨锡璋先生一生的学术成果有简报、论文、专著三类。

重要的简报（含合著）有：《安阳洹河流域几个遗址的试掘》（1965）、《1969～1977年殷墟西区墓葬发掘报告》（1979）、《安阳殷墟三家庄东的发掘》（1983）、《安阳殷墟西区一七一三号墓的发掘》（1986）、《1987年夏安阳郭家庄东南殷墓的发掘》（1988）、《安阳郭家庄西南的殷代车马坑》（1988）、《1980年河南安阳大司空村M539发掘简报》（1992）、《河南安阳市梅园庄东南的殷代车马坑》（1998）、《河南安阳殷墟刘家庄北地殷墓与西周墓》（2005）。

重要论文有：《从商代祭祀坑看商代奴隶社会的人牲》（1977）、《仰韶文化后冈类型和大司空村类型的相对年代》（1977）、《安阳殷墟西北冈大墓的分期及有关问题》（1981）、《殷墟青铜器的分期》（1982）、《商代的墓地制度》（1986）、《由墓葬制度看二里头文化的性质》（1987）、《安阳殷代王室墓地》（1988）、《关于殷墟初期王陵问题》（1988）、《殷人尊东北方位》（1989）、《殷墟的年代及性质问题》（1991）、《南方古印陶与汉语南方方言》（1994）、《盘庚迁殷地点蠡测》（2000）、《夏商周断代工程与安阳考古》（2001）。

重要论著（含合著）有：《殷墟青铜器》（1985）、《殷墟的发现与研究》（1994）、《安阳殷墟郭家庄商代墓葬》（1998）、《中国考古学·夏商卷》（2003）。此外，杨锡璋先生还参与了《中国青铜器全集（二、三）》（1997）的编撰工作。

杨锡璋先生的学术贡献首先表现在田野发掘成果上。1963 年，杨锡璋等学者沿洹河流域展开考古调查，反映了我国考古学家对聚落考古的早期思考。1979 年，他与杨宝成先生合作，通过整理殷墟西区近千座商墓，以陶器编年为中心排出了殷墟墓葬的细密分期，并提出“族墓地”概念，受到学术界高度重视。1980 年，杨锡璋先生主持发掘的三家庄东地商墓，因年代早而引起研究者普遍关注，后来成为发现洹北商城的重要线索。发现殷墟西区墓葬 M1713 后，他注意到该墓多件青铜器的铭文记录了墓主人不同阶段的身份变化，认为该墓具有独特价值，整理之后单独发表。1990 年，杨先生主持发掘郭家庄 160 号商墓。该墓属殷墟第三期，对于殷墟铜器断代具有标尺性意义。杨锡璋先生还通过撰写论文对殷墟许多重要问题提出自己的看法。相对于邹衡、郑振香先生的殷墟青铜器分期与陶器同步的四期说，他认为殷墟铜器的风格演变有自身规律，因而应该分为三期。关于殷墟王陵大墓，杨先生提出可能只有八位商王葬于西北冈的观点，认为被许多学者判断为殷墟一期的大墓 M1217 和 M1500 实际属殷墟三期，推测盘庚、小辛、小乙三王的墓葬可能并未葬入王陵区。这一颠覆性观点直到今天仍然对商王朝研究有着巨大影响。杨锡璋先生还注意到商人有“尊东北方位”的现象，拓展了关于商朝人精神信仰的研究。20 世纪九十年代初，杨锡璋先生发现江南印纹陶分布与汉语南方方言的分布相互重合，并受到语言学家关注；又提出仰韶文化后冈类型早于大司空村类型的见解，对豫北地区的史前考古学文化的研究作出了重要探索。杨锡璋先生的学术贡献还反映在诸多集体科研活动中。他作为主要作者参与的《殷墟的发现与研究》和《安阳殷墟郭家庄商代墓葬》两部著作均获得中国社会科学院优秀科研成果奖。作为主编之一主持完成的《中国考古学·夏商卷》一书荣获夏鼐考古奖一等奖。

杨锡璋先生学识渊博、思维活跃、生性豁达、不争名利。在安阳任考古队队长期间，培养了安阳考古队良好的学术氛围和工作氛围，并与当地居民和政府建立了良好关系，保证了殷墟考古工作的顺利开展。1995 年，杨锡璋先生从中国社会科学院考古研究所退休，此后仍然在安阳考古队田野一线坚持工作 10 年之久。2005 年返回苏州。

（唐际根）

刘绪

北京大学考古文博学院教授、著名考古学家刘绪先生，因病于2021年9月26日0时43分在北京逝世，享年72岁。

刘绪先生1949年3月11日出生于山西省广灵县。1972年进入北京大学历史系考古专业学习，1975年毕业分配至山西省文物工作委员会考古队（今山西省考古研究院）工作，曾任考古队副队长。1980年考入北京大学历史系考古专业，师从邹衡先生攻读硕士学位，1983年毕业留校任教，历任助教、讲师、副教授，1999年晋升教授，同年被聘为博士生导师。曾任北京大学考古学系党委副书记，考古文博学院副院长、党委书记。2010年获聘首届北京大学人文特聘教授。生前任中国考古学会常务理事、夏商考古专业委员会主任。

刘绪先生一生扎根田野，在实践中探寻真知，在大地上务实致远，为中国考古学的发展作出了巨大贡献，是中国考古学者的杰出代表。他主持和参加了北京琉璃河遗址，山西天马—曲村遗址、东下冯遗址、下川遗址、方山永固陵遗址，陕西周原遗址、周公庙遗址，河南王城岗遗址、瓦店遗址，湖北盘龙城遗址等重要考古遗址的发掘和资料整理工作。这些田野工作涵盖了从旧石器时代到历史时期的考古遗址，他高超的发掘水平和判断能力，受到普遍赞誉，被视为田野考古工作的标杆。

山西天马—曲村遗址是刘绪先生工作时间最长的一处遗址。1980年研究生入学之后不久，他就前往天马—曲村遗址进行考古发掘。1983年毕业后留校任教，他作为田野实习辅导教师继续在天马—曲村进行发掘，并于九十年代主持了北赵晋侯墓地最初的发掘工作。他协助邹衡先生完成《天马—曲村》报告的编写工作，他本人负责居址部分资料的整理和撰写，该报告获得了美国东亚艺术史最佳著作“岛田奖”。

自1995年起，为配合北京大学考古系学生实习及夏商周断代工程“琉璃河西周燕都遗址的分期和年代测定”课题，刘绪先生参加了琉璃河遗址的发掘工作，为确认琉璃河遗址的文化演变序列、墓葬族属、城墙结构布局等提供了丰富的资料和可信的考古证据。2019年琉璃河遗址考古工作重新启动以来，刘绪先生多次赴遗址指导工作，并在生病治疗期间，完成了琉璃河遗址发掘资料的整理工作。

1999年以来，刘绪先生参加了周原遗址和周公庙遗址的考古发掘及教学实习工作，为周原遗址考古学文化分期、谱系研究及聚落布局研究作出了重要的贡献。

2002年以来，刘绪先生又先后参加了登封王城岗遗址、禹州瓦店遗址的考古工作，确认了王城岗大城的存在，对研究早期夏文化和中华文明的源流具有重要意义。

刘绪先生在夏商周考古领域长期耕耘，视野宏阔、学识广博，几乎在所有重大学术问题上都有深刻的分析和真知灼见，成果丰硕，贡献卓著。著有《晋文化》《夏商周考古探研》《中国考古学六讲系列·夏商周考古》《夏商周文化与田野考古》，参与编写《天马—

曲村（1980—1989）》《中华文明史》《中国出土青铜器全集》，在《文物》《中国历史文物》《中原文物》《中国国家博物馆馆刊》《文物季刊》《东南文化》《史学月刊》《考古学研究》《古代文明》《中国文物报》等各类期刊、报纸上发表论文数十篇，多收入《夏商周考古探研》《夏商周文化与田野考古》。整理出版了苏秉琦先生遗稿《战国秦汉考古》《另一个三叠层：1951 年西安考古调查报告》。成果曾获北京大学人文社会科学研究优秀成果奖一等奖、中国出版政府奖图书奖、美国东亚艺术史最佳著作“岛田奖”。

刘绪先生对夏文化、夏商文化分界、夏商周考古与历史研究等重大问题，不仅提出了可信度极高的结论，而且在考古学研究方法和学术取向上提供了示范，形成了鲜明的学术特点，极大地促进了夏商周考古研究，给学术界留下了一笔宝贵财富。

刘绪先生从多个角度区分夏、商，进一步论定了夏文化。夏商周同出一源，是传统的古史观念，虽经以顾颉刚为代表的古史辨派冲击，但仍有着很大影响，影响着考古学者对考古学文化的定性。20 世纪七十年代末，邹衡先生在全面考察黄河流域仰韶文化以来的考古学文化的基础上，指出夏商文化不同源，提出二里头文化是夏文化，夏文化源于嵩山为中心的河南中西部，而商文化源于豫北冀南的先商文化（灭夏之前商人的文化）等观点，由此引发了夏商分界之争。1980 年，刘绪先生考入北京大学，跟随邹衡先生攻读硕士学位。在邹先生指导下，他在新乡地区进行发掘，对所获夏商遗存进行了细致分析。完成于 1983 年的硕士论文《论卫怀地区的夏商文化》，以沁河为界将夏时期遗存分为两类，分属夏文化和先商文化。这就在空间上为夏文化和先商文化划定了界限。李伯谦先生评价，“其分析之深刻，论证之严密，所作论断之无懈可击，堪称考古学论文之典范”。

二里头文化是早晚期分属夏商，还是全属夏文化？二里头文化与二里岗文化是一脉相承，还是各有渊源？在当时发表资料不多、难以统计分析的情况下，学者们多凭印象笼统论之。刘绪先生则别具只眼，从墓葬出土陶器上论证，指出二里头文化早晚期墓葬出土陶器属同一文化系统，不能分属夏商；二里头文化墓葬和二里岗文化墓葬出土陶器则区别明显，应分属夏商文化。此后，他又跳出河南中西部夏商分界之争的核心区域，着眼于晋南的夏商文化，指出东下冯一至四期属二里头文化，前后不可分割；五、六期属于二里岗商文化，与前四期显著有别。这就在中心区之外对夏、商文化进行了区分。他还经过细致分析，否定晋南陶寺类型是夏文化，并从文献所载夏代各部族的分布和相互关系，推定商族的发祥地在河北中南部及邻近地区。这些研究都进一步区分夏商，完善了二里头文化是夏文化的论断。

夏商分界之争的一个核心问题是成汤亳都所在。邹衡先生曾指出，“只有确定了成汤建国的所在，才有可能进一步探索先商文化、早商文化，从而最后确定何者为夏文化”。刘绪先生在亳都问题上只“破”不“立”，并未明确支持自己导师邹衡先生提出的郑州商城是成汤所居亳都的说法（“郑亳说”），却对以偃师二里头或偃师商城为成汤亳都的“西亳说”进行了激烈批判。他当然是有自己倾向的，但是他既已通过夏商文化纵横关系的考察，着重从文化上区分了夏商，则都城“界标”就不再是区分夏商最重要的基点了。这是对邹衡先生考古学文化研究方法的阐扬，在很大程度上超越了“都城推定法”。正是在这个意义上，他对突出偃师商城在区分夏商文化中的“界标”作用的观点进行了批评。通过辩论，促使论辩双方重新审视考古学文化分期、考古学现象的解释以及与文献记载相整合等问题，推动了向考古学文化研究的回归。

对考古学文化空间分布的考察是刘绪先生区分夏商文化的重要视角，这一视角移至具体的文化中，又成了从考古学角度探讨三代疆域的方式。刘绪先生曾从黄河中下游夏商时期考古学文化的分布来推定夏商文化分界，并从文化分布的角度来探讨西周王朝疆域及周初分封问题。2000年以来，他又系统地探讨了商文化四至随时间而发生的变化，并结合最新考古发现讨论了西周王朝的疆至。考古学文化的分布并不等于王朝的统辖范围，但是夏商周考古的发现证明，朝代更替、王朝兴衰和周代分封，在考古学文化分布上都有一定体现。刘绪先生对商周文化分布及其变迁的考察，就在一定程度上揭示了商周王朝疆域的变化和政权兴衰，弥补了文献记载的不足。

以陶器为主来划分考古学文化，构建文化时空框架，是考古学研究的基础工作，因之陶器在考古中往往受到较多的重视。刘绪先生则因其长期、细致的田野工作，较早地关注了陶器之外的考古现象，进而引导了对考古所见礼俗和制度的深入研究。20世纪九十年代以来，他和同事通过对丧葬礼俗的考察，论证晋侯墓地排序，并且对墓葬等级、族群和性别差异都进行了深入总结。2000年以后，他指导多位研究生梳理商周殉人殉牲，系统对比了商周墓葬和建筑的异同；还对史前至夏商时期黄河流域“异类葬”（即考古所见对人的非正常埋葬）进行了系统梳理。前者可视为从考古学上对王国维殷周制度异同研究的延伸，后者则从“异类葬”与早期文明发展的同步性切入到了早期文明问题的探讨。从考古学文化研究到根据考古现象考察古代礼俗和制度，推动了商周考古研究的转型。

纵观刘绪先生的治学，宏观的学术视野是其突出特点。他对夏商文化的研究，不但关注夏、商文化本身，也注重对同时期其他文化的考察；不但关注中心遗址，也关注其他遗址。他之所以坚持二里头文化是夏文化，不可取消亦不可分割，很大程度上也是认识到黄河中下游远古文化发展的同步性，在龙山文化之后普遍进入了一个新的时代。他对商、周疆至的考察，也与他对商周时期周边考古学文化的谙熟不可分割。这种宏观视野使他对每一个点的研究，都有面的支撑。宏观视野的前提，是扎实、全面的知识储备。夏商周三代绵延约1800年，在中华五千年文明中占据近五分之二的时段，其考古发现之众多、遗存种类之丰富，是其他时段难以相比的。因而夏商周考古学者中，极少有能兼治三代的，刘绪先生是这极少数学者之一。有学者评价他的考古知识“从田野到书本，知识体系没有缺项，在这个知识爆炸的时代极难做到”。考古界有个说法是“说有容易说无难”，就是说，知道目前有什么发现比较容易，但要断言没有何种发现，则应看过全部资料，这是很难的。刘绪先生以其广博的学识，往往是敢于“说无”的。

古今悬隔，生活习惯和思维方式都存在巨大差异。在历史研究中如何贴近古人的生活和思维，是历史学者的潜在功夫。刘绪先生擅长活化历史场景，体察古人生活之细节，进而见人之所未见，发人之所未能发者。如考古所见遗迹多经后世破坏，但破坏多少，从来无人细致察考。刘绪先生通过长期观察，拈出袋状坑、陶窑、土窑洞房屋等几类遗迹，以其原本应有的高度推定其受破坏程度，进而复原当时地面的高度，使田野工作者“看到了”遗址中被破坏的部分。在夏代积年的研究中，他根据文献所载夏王世系，结合对当时男子婚龄的推断，指出夏代起始之年很可能没有那么早，“始于公元前18或19世纪是很有可能的”。这种融合了生活经验的研究，与他长期工作在田野一线，积累了大量的细致观察和思考有关，也与他清晰绵密的思维方式和对日常生活细处的体察有关。他多样的研究角度，也源于对历史场景的深入体察。

刘绪先生长期从事夏商周考古和田野考古的教学工作，多次指导本科生和研究生进行田野考古发掘实习，为夏商周考古、田野考古和北京大学考古专业的学科建设作出了重要贡献。他在北京大学开设“中国考古学——夏商周考古”“考古学通论”“田野考古概论”“夏商周考古研究”“夏商周考古专题”等课程，广受好评。他先后指导 30 余位博士研究生、硕士研究生和博士后。曾获国家教育委员会普通高等学校优秀教学成果国家级优秀奖、国家级二等奖、北京市普通高等学校教学成果一等奖、北京市师德先进个人、北京大学教学优秀奖等。

刘绪先生为人谦和温润，治学勤勉严谨。道德文章，誉满学林，足为后学榜样。刘绪先生的逝世，是中国考古学界的重大损失。

（张明东　郜向平）

考古学文献资料目录

考古学书目

壹　总类

一　考古学通论

中国考古学百年史：1921 ~ 2021《中国考古学百年史》编委会编　王巍主编　中国社会科学出版社　2021 年 11 月　全四卷十二册　第一卷全三册 1568 页　第二卷全三册 1928 页　第三卷全三册 2529 页　第四卷全三册 1654 页　16 开

中国考古纲要：百年发现与研究（1921 ~ 2021）赵宾福等著　吉林大学出版社　2021 年 10 月　357 页　16 开

重现中国：考古一百年　杨泓著　北京联合出版公司　2021 年 4 月　529 页　插图 477 幅　16 开

“考古中国”重大项目成果（2018 ~ 2020 年）国家文物局主编　文物出版社　2021 年 12 月　241 页　插图 421 幅　16 开

考古队长现场说：中华何以五千年　高江涛、李平编　三晋出版社　2021 年 7 月　451 页　插图 420 幅　16 开

中华文明的起源　韩建业著　中国社会科学出版社　2021 年 4 月　序、目录 9 页　文 328 页　插图 38 幅　插表 7 幅　16 开

中国文化基因的起源：考古学的视角　陈胜前著　中国人民大学出版社　2021 年 4 月　357 页　插图 52 幅　32 开

中国文明之源：史前考古发现　李伯谦、申娟著　三秦出版社　2021 年 9 月　序、目录 7 页　文 397 页　插图 299 幅　16 开

从古国到王国：中国早期文明历程散论　李伯谦著　上海古籍出版社　2021 年 12 月　236 页　插图 128 幅　16 开

溯源中国（中华文脉：从中原到中国）许宏著　河南文艺出版社　2021 年 11 月　341 页　插图 87 幅　插表 6 幅　16 开

探索考古：作为人文的考古学　陈胜前著　生活・读书・新知三联书店　2021 年 8 月　目录、序 10 页　文 291 页　插图 9 幅　32 开

考古学：实践和能动性理论　曹斌编译　上海古籍出版社　2021 年 10 月　目录、序 29 页　文 308 页　插图 22 幅　插表 8 幅　16 开

中国考古学概念的反思（山东大学东方考古研究书系）焦天龙著　上海古籍出版社　2021 年 12 月　195 页　32 开

考古学中的区域聚落人口［美］Robert D.Drennan、［美］C.Adam Berrey、［加］Christian E.Peterson 著　李涛译　武汉大学出版社　2021 年 12 月　209 页　插图 57 幅　插表 4 幅　16 开　译自 *Regional Settlement Demography in Archaeology*，2015

考古通史［英］保罗・巴恩（Paul Bahn）编著　杨佳慧译　天津人民出版社　2021 年 5 月　578 页　插图 866 幅　16 开　译自 *Archaeology: the Whole Story*，2017

浙江学人与中国近代考古学（国家社科基金后期资助项目）项隆元著　浙江大学出版社　2021 年 4 月　267 页插图 14 幅　16 开

夏鼐日记：考古编（夏鼐全集）夏鼐著　社会科学文献出版社　2021 年 6 月　全四册　331 页　344 页　318 页　336 页

16 开

考古泰斗夏鼐（温州学人印象丛书）王世民编 文汇出版社 2021 年 12 月 408 页 32 开

苏秉琦往来书信集 刘瑞编著 社会科学文献出版社 2021 年 12 月 全三册 第一册：序、凡例、目录 20 页 文 578 页 影图 60 幅 第二册：目录 17 页 文 589 页 影图、线图 64 幅 第三册：目录 25 页 文 631 页 影图、线图 94 幅 16 开

尹达传：从考古到史学的研究之路 齐素玲著 河南文艺出版社 2021 年 10 月 327 页 插图 36 幅 16 开

宿白集：宿白讲稿（上册）：汉文佛籍目录·考古发现与中西文化交流·中国佛教石窟寺遗迹：3—8 世纪中国佛教考古学 宿白著 生活·读书·新知三联书店 2021 年 1 月 376 页 插图 133 幅 插表 10 幅 图版 32 组 16 开

宿白集：宿白讲稿（下册）：中国古建筑考古·汉唐宋元考古：中国考古学（下）·张彦远和《历代名画记》宿白著 生活·读书·新知三联书店 2021 年 1 月 文 380 页 插图 271 幅 图版 8 页 16 开

考古人生：杨育彬回忆续录 杨育彬著 科学出版社 2021 年 3 月 430 页 插图 496 幅 16 开

耕耘记：流水年华 严文明著 文物出版社 2021 年 9 月 222 页 插图 29 幅 16 开

礼证中华 卜工著 故宫出版社 2021 年 10 月 319 页 插图 91 幅 16 开

二 各地考古综述

考古北京——破译地下的历史密码 郭京宁著 北京人民出版社 2021 年 9 月 245 页 插图 208 幅 16 开

考古的温度：发现山西 山西省考古研究院编著 王晓毅主编 山西人民出版社 2021 年 12 月 225 页 插图 185 幅 16 开

追迹文明：新中国河南考古七十年 河南省文物局主编 河南省文物考古研究院、郑州博物馆编著 田凯主编 科学出版社 2021 年 10 月 全二册 498 页 文物彩版 492 幅 遗址彩版 157 幅 照片 40 幅 16 开

考古浙江：万年背后的故事 马黎著 浙江省文物考古研究所编 浙江古籍出版社 2021 年 12 月 327 页 插图 220 幅 16 开

浮海阙地，百年求索：福建文物考古集萃 福建省文物局、福建省考古研究院编 傅柒生主编 福建教育出版社 2021 年 12 月 392 页 彩版 648 幅 16 开

溯本求源：广东重要考古发现概览 广东省文物局、广东省文物考古研究所编著 曹劲主编 科学出版社 2021 年 12 月 303 页 插图 637 幅 16 开

海南稽古，南海钩沉：海南考古七十年 海南省博物馆编 陈江主编 海南出版社 2021 年 10 月 136 页 插图 15 幅 彩版 58 幅 16 开

补 遗

宜春文物考古发现 宜春市文化广电新闻出版旅游局编 江西美术出版社 2020 年 12 月 241 页 16 开

三 论文集和丛刊

第二届中国考古学大会（2018·成都）会志 中国考古学会、中国社会科学院考古研究所、四川省文物考古研究院、成都文物考古研究院、四川大学历史文化学院编著 王巍、陈星灿主编 科学出版社 2021 年 10 月 398 页 插图 257 幅 16 开

考古学集刊（第二十五集）：创刊 40 周年纪念（1981 ~ 2021）中国社会科学院考古研究所主办 考古杂志社编 社会科学文献出版社 2021 年 12 月 文 226 页 插图 85 幅 插表 25 幅 彩版 32 页 16 开

考古学家眼中的中华文明起源 陈星灿主编 文物出版社 2021年10月 前言、目录8页 文376页 插图38幅 插表3幅 16开

古代文明（第十五卷）北京大学中国古代考古学研究中心、北京大学震旦古代文明研究中心编 上海古籍出版社 2021年7月 371页 插图138幅 插表90幅 16开

边疆考古研究（第29辑）吉林大学边疆考古研究中心编 朱泓主编 科学出版社 2021年6月 文375页 插图172幅 插表20幅 彩版5页 16开

边疆考古研究（第30辑）吉林大学边疆考古研究中心编 朱泓主编 科学出版社 2021年12月 文400页 插图185幅 插表42幅 彩版8页 16开

东方考古（第十八集）山东大学《东方考古》编辑部编 科学出版社 2021年12月 文368页 插图230幅 插表19幅 彩版8页 16开

西部考古（第二十一辑）文化遗产研究与保护技术教育部重点实验室、西北大学丝绸之路文化遗产保护与考古学研究中心、边疆考古与中国文化认同协同创新中心、西北大学唐仲英文化遗产研究与保护技术实验室编 冉万里主编 科学出版社 2021年10月 348页 插图451幅 插表18幅 16开

西部考古（第二十二辑）文化遗产研究与保护技术教育部重点实验室、西北大学丝绸之路文化遗产保护与考古学研究中心、边疆考古与中国文化认同协同创新中心、西北大学唐仲英文化遗产研究与保护技术实验室编 冉万里主编 科学出版社 2021年12月 359页 插图323幅 插表12幅 16开

北方民族考古（第十一辑）中国人民大学北方民族考古研究所、中国人民大学历史学院考古文博系编 魏坚主编 科学出版社 2021年6月 文372页 插图278幅 插表9幅 彩版32页 16开

北方民族考古（第十二辑）中国人民大学北方民族考古研究所、中国人民大学历史学院考古文博系编 魏坚主编 科学出版社 2021年12月 351页 插图219幅 插表13幅 16开

南方民族考古（第十九辑）四川大学博物馆、四川大学考古学系、成都文物考古研究院编 霍巍、颜劲松主编 科学出版社 2021年5月 文312页 插图138幅 插表15幅 彩版24页 16开

南方民族考古（第二十一辑）四川大学博物馆、四川大学考古学系、成都文物考古研究院编 霍巍、颜劲松主编 科学出版社 2021年12月 致辞、目录8页 文337页 插图200幅 插表12幅 16开

南方民族考古（第二十二辑）四川大学博物馆、四川大学考古学系、成都文物考古研究院编 霍巍、颜劲松主编 科学出版社 2021年10月 文339页 插图187幅 插表6幅 彩版40页 16开

南方民族考古（第二十三辑）四川大学博物馆、四川大学考古学系、成都文物考古研究院编 霍巍、颜劲松主编 科学出版社 2021年12月 文328页 插图175幅 插表15幅 彩版26页 16开

早期中国研究（第四辑）北京联合大学考古研究院编 张经主编 上海古籍出版社 2021年3月 233页 插图74幅 插表13幅 16开

东亚文明（第二辑）南京师范大学文物与博物馆学系编 社会科学文献出版社 2021年8月 383页 插图175幅 插表22幅 16开

北京文物与考古（第八辑）北京市文物研究所编 刘文华主编 北京出版社 2021年6月 文267页 插图130幅插表22幅 彩版56页 16开

邢台考古文集（二）河北省邢台市文物管理处编著 李恩玮、李军、张明主编 故宫出版社 2021年9月 文583页 插图378幅 插表21幅 彩版32页 16开

乌海历史文化研究文集 内蒙古自治区文物考古研究院、乌海博物馆编 科学出版社 2021年12月 文151页 插图24幅 插表8幅 彩版30页 16开

风雨兼程 40 年：山东省文物考古研究院建院纪念文集　山东省文物考古研究院编　张溯主编　齐鲁书社　2021 年 12 月　全二册　文 665 页　插图 280 幅　插表 25 幅　照片 32 页　16 开

考古学视野下古代泰山文明学术研讨会论文集（山东省涉水文化遗产保护研究丛书）山东省水下考古研究中心、泰安市文物保护中心编　魏泽华主编　上海古籍出版社　2021 年 12 月　536 页　插图 185 幅　插表 15 幅　16 开

泉州城考古学术研讨会论文集　中国社会科学院考古研究所、福建省文物局、泉州市“泉州：宋元中国的世界海洋商贸中心”系列遗产申报世界文化遗产工作领导小组办公室编　汪勃、吕秀家主编　科学出版社　2021 年 5 月　序、目录 6 页　文 405 页　插图 145 幅　插表 7 幅　照片 4 页　16 开

成都考古研究（四）成都文物考古研究院编著　科学出版社　2021 年 7 月　494 页　插图 243 幅　插表 42 幅　16 开

重庆文物考古论集（第一辑）（重庆文物考古研究系列）重庆市文化遗产研究院、重庆文化遗产保护中心编　白九江主编　科学出版社　2021 年 4 月　476 页　插图 238 幅　插表 22 幅　16 开

丝绸之路研究集刊（第七辑）陕西师范大学历史文化学院、陕西历史博物馆、陕西师范大学人文社会科学高等研究院编　社会科学文献出版社　2022 年 3 月　400 页　插图 239 幅　插表 16 幅　16 开

丝绸之路考古（第五辑）中国考古学会丝绸之路考古专业委员会、宁夏文物考古研究所、西北大学文化遗产学院编　罗丰主编　科学出版社　2021 年 12 月　244 页　插图 121 幅　插表 8 幅　16 开

铜川文物考古论集　铜川市考古研究所编　仵录林主编　陕西人民美术出版社　2021 年 10 月　文 455 页　插图 384 幅　图版 8 页　16 开

制器尚象：中国古代器物文化研究　练春海主编　广西师范大学出版社　2021 年 5 月　450 页　插图 322 幅　插表 7 幅　16 开

青年考古学家（第二辑）北京大学考古文博学院、北京大学文物爱好者协会编　曹芳芳主编　科学出版社　2021 年 12 月　283 页　插图 243 幅　插表 18 幅　16 开

扬帆：贵州青年考古学者论集（贵州省文物考古研究所学术丛书）贵州省文物考古研究所编著　周必素、张合荣主编　上海古籍出版社　2021 年 6 月　509 页　插图 187 幅　插表 97 幅　16 开

春山可望：历史考古青年论集（第三辑）赵俊杰主编　上海古籍出版社　2021 年 10 月　311 页　插图 210 幅　插表 47 幅　16 开

首都博物馆论丛（总第三十五辑）：建馆四十周年专辑　首都博物馆编　龙霄飞主编　北京燕山出版社　2021 年 9 月　281 页　16 开

旅顺博物馆学苑（2021）旅顺博物馆编　王振芬主编　科学出版社　2021 年 12 月　340 页　插图 234 幅　插表 11 幅　16 开

山东博物馆辑刊（2021）山东博物馆编　科学出版社　2021 年 11 月　225 页　插图 174 幅　16 开

河南博物院院刊（第五辑）河南博物院编　马萧林主编　大象出版社　2021 年 12 月　154 页　插图 99 幅　插表 12 幅　16 开

苏州文博论丛（2020，总第 11 辑）苏州博物馆编　文物出版社　2021 年 8 月　165 页　16 开

荆楚文物（第五辑）荆州博物馆编　王明钦主编　科学出版社　2021 年 5 月　文 373 页　插图 197 幅　插表 14 幅　彩版 8 页　16 开

广西博物馆文集（第十五辑）广西壮族自治区博物馆编　韦江主编　广西师范大学出版社　2021 年 7 月　234 页　16 开

陕西历史博物馆论丛（第二十八辑）陕西历史博物馆编　侯宁彬主编　三秦出版社　2021 年 6 月　文 414 页　插图 89 幅　照片 2 页　16 开

徐旭生文集 徐旭生著 中华书局 2021年10月 全十二册 文2256页 照片5页 32开

陈直著作选（西北大学名师大家学术文库）陈直著 西北大学出版社 2021年8月 全二册 目录48页 文1236页 16开 子目：一、《汉书新证》，二、《史记新证》，三、《两汉经济史料论丛》，四、《文史考古论丛》。

丹青文华：关百益遗作研究 河南省文物考古研究院编 韩凯英著 河南文艺出版社 2021年12月 202页 插图133幅 16开

王士伦文物考古文集（浙江省文物考古研究所学者文库）王士伦著 文物出版社 2021年4月 文371页 插图148幅 插表19幅 照片7页 16开

纪仲庆文集：考古卷（南京博物院学人丛书）纪仲庆著 文物出版社 2021年10月 序、目录10页 文255页 插图58幅 插表11幅 照片8页 16开

开创性的中国考古实践与成果（中国社会科学院老年学者文库）胡谦盈著 社会科学文献出版社 2021年9月 序、照片、目录10页 文392页 插图122幅 插表14幅 16开

谢端琚文集 谢端琚著 学苑出版社 2021年1月 序、目录15页 文747页 插图252幅 插表22幅 16开

杨泓文集：考古学 杨泓著 文物出版社 2021年12月 文387页 插图242幅 照片4页 16开

杨泓文集：古代兵器 杨泓著 文物出版社 2021年12月 全二册 683页 插图362幅 插表11幅 16开

杨泓文集：美术考古 杨泓著 文物出版社 2021年12月 368页 插图280幅 16开

杨泓文集：艺术史 杨泓著 文物出版社 2021年12月 603页 插图629幅 16开

杨泓文集：文物考古小品 杨泓著 文物出版社 2021年12月 604页 插图434幅 16开

汇聚与传递：郭大顺考古文集 郭大顺著 文物出版社 2021年3月 293页 插图257幅 16开

彭适凡文物考古别集（江右考古研究论丛）彭适凡著 江西省文物考古研究院编 江西教育出版社 2021年12月 序、目录17页 文640页 插图211幅 插表8幅 照片4页 16开

许智范文集（江右考古研究论丛）许智范著 江西省文物考古研究院编 江西教育出版社 2021年12月 序、目录11页 文367页 插图11幅 16开

荆楚文化考古探溯与研究：杨权喜论文选集 杨权喜著 上海古籍出版社 2021年11月 全二册 序、目录10页 文711页 插图112幅 插表14幅 16开

洛阳考古与古代文明（洛阳文物考古丛书）蔡运章著 洛阳市文物考古研究院编 三秦出版社 2021年10月 482页 插图175幅 16开

考古杂采（凤凰枝文丛）张庆捷著 凤凰出版社 2021年8月 298页 插图52幅 32开

触摸历史的感悟：四知堂愚陋斋考古学、民族学文稿选 杨群著 文汇出版社 2021年8月 275页 插图38幅 16开

穹谷寥星：魏坚北方考古文选·拾零卷 魏坚著 科学出版社 2021年9月 序、目录13页 文、照片372页 插图250幅 照片138幅 16开

稽古中原：孙新民考古文集 孙新民著 科学出版社 2021年10月 序、目录12页 文326页 插图146幅 插表5幅 16开

三水集：许永杰考古文存 许永杰著 科学出版社 2021年6月 735页 插图282幅 插表51幅 16开

考古寻路（光启文库·光启随笔）霍巍著 商务印书馆 2021年8月 306页 插图12幅 32开

江安漫笔（凤凰枝文丛）霍巍著 凤凰出版社 2021年8月 309页 插图27幅 32开

邓聪考古论文选集 邓聪著 香港中文大学中国考古艺术研究中心出版 2021年3月 全四册 第一册：港澳考古 目录11页 序36页 文、彩版807页 插图263幅 插表6幅 彩版113幅 第二册：玉器考古学 文、彩版585页 插图243幅 插表5幅 彩版148幅 第三册：玉器考古学 701页 插图374幅 插表8幅 第四册：旧

新石器及树皮布石拍 文、彩版 697 页 插图 258 幅 插表 22 幅 彩版 95 幅 16 开

尚朴堂文存（中国社会科学院学部委员专题文集）冯时著 中国社会科学出版社 2021 年 8 月 394 页 插图 71 幅 插表 12 幅 16 开

东北考古学研究（二）（吉林大学边疆考古研究中心系列学术文集）赵宾福著 科学出版社 2021 年 2 月 347 页 插图 164 幅 插表 10 幅 16 开

踏墟寻城（光启文库·光启随笔）许宏著 商务印书馆 2021 年 5 月 303 页 插图 36 幅 插表 5 幅 32 开

东学西问 张良仁著 中国社会科学出版社 2021 年 8 月 文 612 页 插图 191 幅 插表 8 幅 彩版 10 页 16 开

穷穷集：古代文物与历史文化研究 后晓荣著 中国书籍出版社 2021 年 6 月 338 页 插图 183 幅 插表 4 幅 16 开

洛阳考古与丝绸之路人文交流（丝绸之路历史文化研究书系）商春芳著 甘肃文化出版社 2021 年 7 月 序、目录 10 页 文 320 页 插图 314 幅 16 开

补 遗

荆三林文集（“中原历史文化”研究丛书）荆三林著 王星光编 中州古籍出版社 2019 年 10 月 文 600 页 图 20 页 16 开

黄启善论文集（广西壮族自治区博物馆专家论丛）黄启善著 广西教育出版社 2019 年 10 月 604 页 16 开

河南社科名家文库 韩国河卷 韩国河著 河南人民出版社 2019 年 11 月 405 页 插图 69 幅 插表 5 幅 16 开

四 博物馆藏品、陈列和展览图录

中国国家博物馆 中国国家博物馆编 王春法主编 北京时代华文书局 2021 年 5 月 224 页 文物彩版 111 幅 32 开

华夏之路：文物里的中国通史 中国国家博物馆编 俞伟超（原版）主编 王春法（修订版）主编 朝华出版社 2021 年 7 月 全六册 1861 页 彩版 1357 幅 16 开

国宝物语：山西博物院百件文物故事集 山西博物院编著 杨芸主编 科学出版社 2021 年 10 月 240 页 插图 121 幅 16 开

平阳撷珍：临汾市博物馆馆藏文物选粹 临汾市博物馆编 狄跟飞主编 科学出版社 2021 年 10 月 213 页 彩版 168 幅 16 开

黄河从草原上流过：内蒙古黄河流域古代文明 鄂尔多斯博物馆编 李锐主编 国家图书馆出版社 2021 年 5 月 239 页 插图 32 幅 彩版 287 幅 16 开

黄河珍宝：沿黄九省（区）文物精品展 郑州博物馆编 任伟主编 中州古籍出版社 2021 年 11 月 122 页 彩版 42 幅（组）16 开

蒙阴文物 蒙阴县文化和旅游局编 天津古籍出版社 2021 年 9 月 184 页 16 开

三门峡市博物馆馆藏文物精粹 三门峡市博物馆编 李书谦主编 大象出版社 2021 年 10 月 260 页 彩版 186 幅 16 开

崤函古韵：三门峡古代文明展 三门峡市博物馆编 李书谦、田双印主编 大象出版社 2021 年 10 月 324 页 文物彩版 222 幅 示意图版 118 幅 16 开

文明在宛：南阳历史基本陈列 南阳市博物馆编著 王晓杰主编 文物出版社 2021 年 9 月 270 页 彩版 262 幅 16 开

濮阳市博物馆馆藏文物精粹 濮阳市博物馆编 赵红主编 中州古籍出版社 2021 年 5 月 199 页 16 开

盛世芳华：上海博物馆受赠文物精粹 上海博物馆编 杨志刚主编 上海书画出版社 2022 年 3 月 前言、目录 13 页 彩版 234 页 8 开

纯粹江南：苏州历史陈列 苏州博物馆编 陈瑞近主编 文物出版社 2021年9月 303页 彩版161幅 16开

望亭撷粹：运河古镇望亭可移动文物精华 本书编委会编 苏州大学出版社 2021年7月 序、专论、目录22页 彩版261页 8开

常州博物馆基本陈列：龙腾中吴——常州古代历史文化 常州博物馆编 林建、邵建伟主编 文物出版社 2021年8月 147页 彩版133幅 16开

温岭文物精粹 温岭市文化和广电旅游体育局编 林俊主编 文物出版社 2021年6月 113页 彩版112幅 16开

文物安庆 安庆博物馆编 王爱武主编 文物出版社 2021年7月 216页 彩版197幅 16开

厦门大学文学院文化陈列所所藏中国明器图谱（厦门大学百年学术论著选刊）郑德坤编著 厦门大学出版社 2021年3月 影印本 前言8页 文、图版64页 图版131幅 16开

漳州市博物馆藏品集粹 漳州市博物馆编 李海梅主编 文物出版社 2021年3月 210页 插图65幅 彩版240幅 16开

光融天下：荆楚文化特展 中国（海南）南海博物馆、荆州博物馆编 辛礼学、王明钦、李东风主编 科学出版社 2021年12月 致辞、目录10页 彩版、专论289页 插图78幅 彩版205幅 16开

以物话史：历史文化陈列中的长沙故事 长沙博物馆编 王立华主编 文物出版社 2021年12月212页 插图 16开

浏阳遗珍（浏阳历史文化丛书）浏阳市博物馆编著 岳麓书社 2021年6月 338页 彩版177幅 16开

字字珠玑：广州博物馆典藏铭文刻辞类文物选 广州博物馆编著 李民涌主编 文物出版社 2021年3月 264页 彩版153幅 16开

广西文物（“文化广西”丛书）蒋廷瑜、林强、谢广维编著 广西科学技术出版社 2021年6月 198页 插图109幅 32开

宝鸡青铜器博物院珍品讲读 陈亮编著 西北大学出版社 2021年4月 118页 彩版、拓图、线图140幅 16开

漆沮挹珍：铜川考古出土文物精粹 铜川市考古研究所编 仵录林主编 陕西人民美术出版社 2021年12月 155页 彩版154幅 16开

金城揽胜：兰州文物精粹图集 兰州市文物保护中心编著 王彦群主编 甘肃文化出版社 2021年6月 目录13页 文、彩版220页 彩版189幅 16开

八千年的记忆：天水市博物馆通史陈列（天水市博物馆历史文化丛书之十二）天水市博物馆编 李宁民、刘玉璞主编 文物出版社 2021年9月 315页 彩版249幅 16开

补 遗

掇菁撷华：河南博物院征集文物图录（1997 ~ 2018）河南博物院编 大象出版社 2020年7月 317页 彩版 16开

五 考古学方法

给考古学家的统计学：一种常识性方法 ［美］周南（Robert D.Drennan）著 李冬冬、喻明玥译 中国社会科学出版社 2021年6月 序、目录20页 文365页 插图65幅 插表90幅 16开 译自*Statistics for Archaeologists: a Common Sense Approach, 2nd ed.*

2010实验室考古入门 杜金鹏著 中国社会科学出版社 2021年6月 347页 插图153幅 插表14幅 16开

考古发掘技术发展与案例研究 王培娟著 中州古籍出版社 2021年10月 194页 16开

六 科技考古

科技考古（第六辑）中国社会科学院考古研究所科技考古中心编 袁靖、张雅军、赵欣主编 科学出版社 2021 年 10 月 236 页 插图 22 幅 插表 6 幅 16 开

人类骨骼考古学［第二版］［英］夏洛特·A. 罗伯茨（Charlotte A.Roberts）著 张全超、李墨岑译 科学出版社 2021 年 11 月 序、目录 13 页 文 348 页 插图 131 幅 16 开 译自 *Human Remains in Archaeology: a Handbook*, 2nd.ed., 2018

长沙马王堆一号汉墓古尸保护 湖南省博物馆编 罗学港、游振群主编 中南大学出版社 2021 年 12 月 190 页 插图 104 幅 插表 19 幅 16 开

"南海 I 号"古沉船遗址的动物遗骸 徐润林、李亚芳、李权著 科学出版社 2021 年 3 月 前言、目录 7 页 文 272 页 插图 300 幅 插表 15 幅 16 开

古 DNA 与中国家马起源研究（吉林大学边疆考古研究中心系列学术著作）蔡大伟著 科学出版社 2021 年 6 月 129 页 插图 34 幅 插表 25 幅 16 开

考古遗址出土贝类鉴定指南：淡水双壳类 侯彦峰、马萧林编著 科学出版社 2021 年 6 月 文 199 页 插图 279 幅 彩版 160 页 16 开

辽西地区新石器时代植物考古研究（红山文化研究基地系列学术著作）孙永刚著 上海古籍出版社 2021 年 11 月 目录 7 页 文 131 页 插图 32 幅 插表 20 幅 16 开

木材考古学：理论、方法和实践 王树芝著 科学出版社 2021 年 10 月 序、前言、目录 26 页 文 483 页 插图 283 幅 插表 55 幅 16 开

中华文明探源研究中遥感技术方法与应用 于丽君、朱建峰、邓飙主编 科学出版社 2021 年 6 月 160 页 插图 130 幅 插表 35 幅 16 开

四川三星堆和金沙文明兴衰的环境考古 朱诚、徐佳佳、贾天娇、曾蒙秀、黄明著 南京大学出版社 2021 年 12 月 序、前言、目录 16 页 文 342 页 插图 171 幅 插表 40 幅 16 开

同位素视角下长三角地区先民生业模式与文明化进程 郭怡著 浙江大学出版社 2021 年 9 月 序、目录 11 页 文 243 页 插图 60 幅 插表 24 幅 16 开

哈密盆地史前居民食谱（复旦科技考古文库）董惟妙著 复旦大学出版社 2021 年 9 月 347 页 插图 17 幅 插表 13 幅 16 开

七 公共考古

国家宝藏（第一季）于蕾主编 人民文学出版社 2021 年 10 月 269 页 16 开

国家宝藏（第二季）于蕾主编 人民文学出版社 2021 年 10 月 292 页 16 开

国家宝藏（第三季）于蕾主编 人民文学出版社 2021 年 10 月 269 页 16 开

考古湖南：十堂课听懂湖南历史 湖南省文物考古研究所编著 岳麓书社 2021 年 6 月 全二册 450 页 插图 302 幅 16 开

重庆公众考古：庚子集 重庆市文化遗产研究院、重庆文化遗产保护中心编 林必忠主编 新华出版社 2021 年 9 月 553 页 16 开

补 遗

如果国宝会说话（第一季）CCTV9《如果国宝会说话》节目组编著 五洲传播出版社 2019 年 8 月 296 页 16 开

如果国宝会说话（第二季）CCTV9《如果国宝会说话》节目组编著 五洲传播出版社 2019年8月 264页 16开

八 工具书

中国考古学年鉴（2019）中国考古学会编 王巍主编 中国社会科学出版社 2021年4月 目录19页 文668页 彩版18页 16开

中国考古学年鉴（2020）中国考古学会编 王巍主编 中国社会科学出版社 2021年10月 目录20页 文713页 彩版19页 16开

补 遗

文物考古年报（2019）河南省文物考古研究院编著 大象出版社 2020年12月 46页 插图130幅 16开

贰 田野考古资料

一 调查发掘报告

单店与黑庄户：朝阳区考古发掘报告集（北京文物与考古系列丛书）北京市文物研究所编著 上海古籍出版社 2021年5月 目录8页 文169页 插图151幅 彩版80页 16开

保定容城北张遗址考古发掘报告（南水北调中线一期工程文物保护项目，河北省考古发掘报告，第十三号）邯郸市文物保护研究所编著 申慧玲、王晖、张丽、薛玉川主编 科学出版社 2021年3月 目录6页 文90页 插图66幅 彩版28页 16开

发现黄帝城：涿鹿故城及周边遗址考古工作报告（2014 ~ 2018）魏东主编 上海古籍出版社 2021年12月 文115页 插图147幅 彩版35页 16开

赞皇西高北朝赵郡李氏家族墓地：2009 ~ 2010年北区发掘报告（南水北调中线一期工程文物保护项目，河北省考古发掘报告，第十四号）北京大学考古文博学院、河北省文物考古研究院编著 方笑天、韦正主编 科学出版社 2021年9月 目录6页 文142页 正文插图25幅 附录插图57幅 彩版51页 16开

长子西南呈西周墓地 山西省考古研究院、长子县文物旅游发展中心编著 上海古籍出版社 2021年12月 目录12页 文383页 插图311幅 彩版276页 16开

吕梁考古成果集（1957 ~ 2019）吕梁市文物局编 吕文平主编 文物出版社 2021年2月 文636页 插图1068幅 插表10幅 彩版16页 16开

云冈石窟山顶佛教寺院遗址发掘报告 云冈研究院、山西省考古研究院、大同市考古研究所编著 张庆捷主编 文物出版社 2021年12月 全三册 序、目录36页 文610页 插图486幅 彩版287页 16开

庆陵：内蒙古辽代帝王陵及其壁画的考古学调查报告 [日]田村实造、[日]小林行雄著 李彦朴等译 李俊义等校注 内蒙古大学出版社 2021年11月 全二册 上册：译序17页 目录20页 序、前言、凡例17页 文580页 书影2页 插图246幅 插表22幅 中译本新增插图235幅 下册：图版、英文提要、中文提要、附录496页 图版141幅 中译本新增图版64幅 壁画摹本31幅 陪葬墓文物图版16幅 附录插图29幅 8开

金牛山古人类遗址 北京大学考古文博学院、辽宁省文物考古研究院编著 文物出版社 2021年3月 目录21页 文375页 插图204幅 彩版、图版104页 16开

锦凌水库考古发掘报告 辽宁省文物考古研究院、锦州市博物馆编著 徐政、褚金刚主编 文物出版社 2021年9月 目录14页 文338页 插图308幅 彩版57页 16开

沈阳市考古勘探资料汇编：1983 ~ 2018 沈阳市文物考古研究所编著 丛丽莉主编 辽海出版社 2021 年 6 月 目录 11 页 文 584 页 插图 95 幅 彩版 10 页 16 开

梨树县偏脸城清代至民国时期墓地考古发掘报告 吉林省文物考古研究所、吉林大学边疆考古研究中心、四平市文化遗产保护中心、梨树县文物管理所编著 Pauline Sebilland（史宝琳）、井中伟主编 科学出版社 2021 年 9 月 凡例 、前言、目录 14 页 文 208 页 插图 159 幅 彩版 32 页 16 开

无锡明清墓考古报告（一）无锡市文化遗产保护和考古研究所编著 刘宝山主编 江苏大学出版社 2021 年 6 月 文 186 页 插图 210 幅 彩版 95 页 16 开

无锡前房桥明代钱氏家族墓地 无锡市文物保护中心、无锡市锡山区文化体育和旅游局编著 李一全主编 科学出版社 2021 年 12 月 目录 13 页 文 236 页 插图 155 幅 彩版 96 页 16 开

瑶山：良渚遗址群考古报告之一［修订本］浙江省文物考古研究所编著 文物出版社 2021 年 12 月 修订说明、序 4 页 目录 21 页 文 275 页 插图 253 幅 彩版 123 页（649 幅）16 开

萧山东蜀山墓地 杭州市文物考古研究所、杭州市萧山区文物局、杭州市萧山区博物馆编著 崔太金主编 文物出版社 2021 年 12 月 目录 7 页 文 139 页 插图 159 幅 16 开

安溪下草埔遗址 2019 ~ 2020 年度考古发掘报告 北京大学考古文博学院、泉州市文化广电和旅游局、安溪县人民政府、北京大学考古文博学院（安溪）研究中心编 沈睿文、李佳胜、张周瑜、何康、方立阳等著 文物出版社 2021 年 6 月 目录 11 页 文、图 453 页 插图 147 幅 图附 120 幅 插表 5 幅 表附 26 幅 彩版 302 幅 16 开

海岱考古（第十四辑）山东省文物考古研究院编 张溯主编 科学出版社 2022 年 10 月 文 425 页 插图 277 幅 插表 8 幅 彩版 68 页 16 开

昌邑辛置：2010 ~ 2013 年墓葬发掘报告 山东省文物考古研究院、昌邑市博物馆编著 何德亮主编 文物出版社 2021 年 11 月 全四册 简介、目录 50 页 文 1436 页 插图 1264 幅 插表 27 幅 彩版 330 页 16 开

沂南古画像石墓发掘报告［增补本］曾昭燏、蒋宝庚、黎忠义著 王培勇等增补 齐鲁书社 2021 年 11 月 序、目录 11 页 文、图版 213 页 插图 41 幅 图版 105 幅（组）8 开（据 1956 年版影印，增《沂南北寨汉画像石墓研究综述》一文）

河南史前遗址（仰韶文化发现暨中国现代考古学诞生 100 周年纪念丛书）［瑞典］安特生（Johan Gunnar. Andersson）著 王涛、秦存誉、徐小亚译 文物出版社 2021 年 10 月 274 页 插图 18 幅 图版 149 幅 16 开 译自 *Prehistoric Site in Honan*，原文刊于 *Bulletin of the Museum of Far Eastern Antiquity*（远东古物博物馆馆刊）1947 年第 19 号

荥阳鲁庄墓地（河南省文物考古研究院田野考古报告，甲种第六十二号）河南省文物考古研究院、荥阳市文物保护中心编著 科学出版社 2021 年 9 月 目录 19 页 文 460 页 插图 246 幅 插表 3 幅 彩版 98 页 16 开

开封潘湖遗址考古发掘报告 开封市文物考古研究所、河南大学历史文化学院编著 科学出版社 2021 年 9 月 目录 12 页 文 142 页 插图 95 幅 插表 3 幅 彩版 68 页 图版 50 页 16 开

栾川旧石器遗址群考古调查报告（2007 ~ 2019 年度）栾川县文物馆编著 庞海娇主编 中州古籍出版社 2021 年 5 月 247 页 插图 198 幅 插表 23 幅 16 开

函谷关历史考古研究报告集 洛阳市文物考古研究院、洛阳市新安县文物局编 史家珍、严辉主编 黄河水利出版社 2021 年 1 月 438 页 插图 187 幅 16 开

洛阳邙山陵墓群考古报告集 杜鹃花、史家珍主编 上海交通大学出版社 2021 年 11 月 前言、目录 5 页 文 615 页 插图 919 幅 图版 35 页 16 开

明沈应时家族墓地 洛阳市文物考古研究院（吴业恒、史家珍、马占山等）编著 科学出版社 2021年6月 全二册 489页 插图43幅 彩版、线图、图版283组 16开

河南省许昌市考古勘探报告集（2017）许昌市文物考古研究管理所编 车飞、文春峰主编 中州古籍出版社 2021年6月 265页 插图325幅 16开

禹州崔张、酸枣树杨墓地（南水北调中线工程文物保护项目，河南省考古发掘报告，第四十五号）许昌市文物考古研究管理所编著 陈军锋、车飞主编 中州古籍出版社 2021年9月 目录39页 文521页 插图440幅 彩版15页 图版77页 16开

漯河固厢墓地（南水北调中线工程文物保护项目，河南省考古发掘报告，第三十七号）河南省文物考古研究院、漯河市文物考古研究所编著 张珂、刘晨主编 中州古籍出版社 2021年6月 全二册 目录23页 文541页 插图354幅 彩版101页 16开

淅川葛家沟墓地（南水北调中线工程文物保护项目，河南省考古发掘报告，第四十三号）南阳市文物考古研究所编著 李宏庆、曾庆硕主编 科学出版社 2021年12月 前言、目录24页 文320页 插图239幅 插表10幅 彩版20页 图版64页 16开

武昌隋唐墓 湖北省文物考古研究所、湖北省博物馆、北京大学考古文博学院编著 徐斐宏、方勤主编 上海古籍出版社 2021年12月 全二册 序、目录17页 文468页 插图447幅 插表2幅 彩版399页 16开

荆州郢城遗址：考古调查、勘探与试掘 荆州博物馆编著 科学出版社 2021年6月 目录16页 文244页 插图239幅 彩版64页 16开

曾侯乙墓陪葬坑 湖北省文物考古研究所、武汉大学长江文明考古研究院、随州市博物馆、随州市擂鼓墩文物管理处、中南民族大学民族学与社会学学院编著 科学出版社 2021年9月 目录10页 文249页 插图172幅 插表70幅 16开

湖南考古辑刊（第十五辑）湖南省文物考古研究所编 郭伟民主编 科学出版社 2021年1月 文323页 插图247幅 插表26幅 彩版32页 16开

乳源莱山六朝至唐时期墓葬发掘报告 广东省文物考古研究所编著 科学出版社 2021年5月 目录13页 文230页 插图72幅 插表5幅 彩版140页 16开

广西左江花山考古（2013 ~ 2016）广西文物保护与考古研究所编著 文物出版社 2021年7月 全三册 序、前言、目录37页 文929页 插图633幅 彩版139页 16开

龙州舍巴遗址 广西文物保护与考古研究所、龙州县博物馆编著 文物出版社 2021年11月 目录9页 文133页 插图65幅 彩版63页 16开

钓鱼城遗址考古报告集（重庆文物考古报告系列）重庆市文物考古研究院、钓鱼城古战场遗址博物馆编著 袁东山主编 科学出版社 2021年12月 文380页 插图236幅 插表16幅 彩版80页 16开

成都考古发现（2019）成都文物考古研究院编著 科学出版社 2021年12月 文483页 插图505幅 插表18幅 彩版16页 16开

成都华阳田家寺墓地 成都文物考古研究院、双流区文物保护管理所编著 颜劲松主编 文物出版社 2021年9月 目录8页 文143页 插图121幅 彩版64页 16开

成都琉璃厂窑址：2018 ~ 2019年考古发掘报告 成都文物考古研究院编著 文物出版社 2021年10月 序、目录16页 文401页 插图279幅 彩版91页 16开

别有天地：德江县旋厂遗址和覃氏墓地 贵州省文物考古研究所、德江县文体广电旅游局编著 科学出版社 2021年6月 目录13页 文265页 插图195幅 插表11幅 16开

官渡珥季路火葬墓地 昆明市博物馆、官渡区博物馆编 梁银主编 云南人民出版社 2021 年 8 月 文 269 页 插图 14 幅 线图 47 幅 彩版 48 页 16 开

建水苏家坡墓地（云南省文物考古研究所田野考古报告，第二十二号）云南省文物考古研究所、红河哈尼族彝族自治州文物管理所、建水县文物管理所编著 上海古籍出版社 2021 年 6 月 目录 6 页 文 107 页 插图 93 幅 彩版 70 页 16 开

西安马腾空村北汉唐墓葬群考古发掘报告 西安文理学院、西安市文物保护考古研究院编著 裴书研、王自力主编 科学出版社 2021 年 9 月 目录 10 页 文 159 页 插图 103 幅 彩版 40 页 16 开

宝鸡郭家崖考古发掘报告（陕西省考古研究院田野考古报告，第九十四号）陕西省考古研究院、宝鸡市考古研究所编著 科学出版社 2021 年 10 月 目录 15 页 文 305 页 插图 274 幅 插表 5 幅 彩版 100 页 16 开

龙王辿遗址第一地点：旧石器时代晚期遗址发掘报告（中国田野考古报告集，考古学专刊，丁种第一〇一号 / 陕西省考古研究院田野考古报告，第九十三号）中国社会科学院考古研究所、陕西省考古研究院编著 文物出版社 2021 年 6 月 目录 26 页 文、彩版 538 页 插图 296 幅 插表 16 幅 彩版 418 幅 16 开

戎与狄：陕北史家河与辛庄战国墓地考古报告（陕西省考古研究院田野考古报告，第九十六号）陕西省考古研究院、延安市文物研究院、榆林市文物保护研究所、黄陵县文化的旅游局、清涧县文化和旅游局编著 文物出版社 2021 年 10 月 目录 16 页 文 231 页 插图 122 幅 插表 35 幅 附表 19 幅 彩版 106 页 16 开

五凉考古资料汇编 甘肃省文物考古研究所编 陈国科主编 甘肃教育出版社 2021 年 11 月 701 页 插图 602 幅 插表 10 幅 16 开

张掖甘州黑水国汉代墓葬发掘报告（续）甘肃省文物考古研究所编著 陈国科、杨谊时、刘兵兵主编 甘肃教育出版社 2021 年 5 月 目录 10 页 文 517 页 插图 182 幅 插表 40 幅 彩版 142 页 16 开

桥村遗址调查与研究（2018 ~ 2019）北京大学中国考古学研究中心、甘肃省文物考古研究所编著 张海、周静主编 文物出版社 2021 年 9 月 目录 5 页 文 121 页 插图 69 幅 16 开

敦煌佛爷庙湾：新店台墓群 2015 年度发掘报告 甘肃省文物考古研究所编著 陈国科主编 甘肃教育出版社 2021 年 11 月 全三册 目录 27 页 文 1256 页 插图 505 幅 插表 9 幅 彩版 236 页 16 开

热水考古四十年（“考古中国”重大项目，乙编第〇〇一号）中国社会科学院考古研究所、青海省文物考古研究所编 韩建华主编 科学出版社 2021 年 9 月 前言、目录 19 页 文 626 页 插图 346 幅 插表 19 幅 彩版 4 页 16 开

固原新区南塬墓地发掘报告（宁夏文物考古研究所丛刊之三十五）宁夏文物考古研究所编著 文物出版社 2021 年 12 月 摘要、目录 15 页 文 323 页 插图 156 幅 插表 26 幅 彩版 88 页 16 开

新疆考古（第一辑）新疆维吾尔自治区文物考古研究所编著 科学出版社 2021 年 11 月 文 320 页 插图 251 幅 彩版 16 页 16 开

澳门圣保禄学院遗址发掘报告（2010 ~ 2012）（中国田野考古报告集，考古学专刊，丁种第一〇二号）中国社会科学院考古研究所、澳门特别行政区政府文化局编著 朱岩石主编 科学出版社 2021 年 6 月 目录 13 页 文 285 页 插图 76 幅 彩版 156 页 16 开

补　遗

南水北调文物保护工程·磁县北朝墓群（北段）发掘报告 任亚珊主编 河北大学出版社 2020 年 7 月 目录 4 页 文 513 页 插图 447 幅 彩版 17 页 16 开

余杭凤凰山汉六朝墓 杭州市文物考古研究所编著 李坤主编 文物出版社 2020 年 9 月 目录 15 页 文 194 页 插

图 181 幅 彩版 160 页 16 开

温县南张羌汉代墓地（南水北调中线工程文物保护项目，河南省考古发掘报告，第四十四号）温县文物管理所编著 中州古籍出版社 2020 年 11 月 目录 13 页 文 236 页 插图 155 幅 彩版 71 页 16 开

梁带村芮国墓地：2005、2006 年度发掘报告（陕西省考古研究院田野考古报告，第八十九号）陕西省考古研究院、渭南市文物保护考古研究所、韩城市文物旅游局编著 文物出版社 2020 年 11 月 全二册 目录 28 页 文 385 页 插图 425 幅 彩版 260 页 16 开

二 出土文物图录

2020 年中国重要考古发现 国家文物局主编 文物出版社 2021 年 5 月 181 页 彩版 385 幅 16 开

北京出土文物（第二辑）北京市文物研究所编 刘文华主编 北京出版社 2021 年 10 月 目录 10 页 彩版 323 页（317 幅）16 开

晋阳遗珍 太原市文物考古研究院编 裴静蓉、常一民主编 三晋出版社 2021 年 4 月 275 页 彩版 215 幅（组）16 开

古河东·考古进行时（Ⅱ）："十三五"考古成果 运城博物馆编 周文全主编 三晋出版社 2021 年 12 月 目录 5 页 彩版 163 页 16 开

盛乐遗珍：内蒙古和林格尔土城子古城遗址出土文物精品 内蒙古自治区文物考古研究院、内蒙古师范大学、内蒙古博物院、盛乐博物馆、和林格尔县文物保护管理所编 陈永志、李强、闫安主编 文物出版社 2021 年 7 月 307 页 插图 21 幅 彩版 287 幅 16 开

龙城春秋：三燕文化考古成果展 辽宁省博物馆编著 刘宁主编 文物出版社 2021 年 9 月 275 页 插图 88 幅 彩版 234 幅 16 开

疁城遗踪：嘉定出土文物 嘉定博物馆编 徐征伟主编 上海书画出版社 2021 年 10 月 142 页 彩版 104 幅 16 开

最忆是杭州：新中国成立 70 周年杭州出土文物选编 杭州市园林文物局、杭州市文物考古研究所编 浙江人民美术出版社 2021 年 1 月 249 页 彩版 437 幅 16 开

海岛之光：大榭遗址出土文物精品图录 宁波市文化遗产管理研究院、宁波大榭开发区社会发展保障局、北仑区文物保护管理所编著 王结华主编 宁波出版社 2021 年 5 月 183 页 插图 9 幅 彩版 232 幅 16 开

武昌出土文物（武昌历史文化丛书）李永康主编 武汉出版社 2021 年 4 月 目录 7 页 彩版 212 页 32 开

花开梁化弦声古：2019 年～2020 年惠东县梁化镇区域系统调查成果图录（广东省文物考古研究所公众考古丛书）广东省文物考古研究所编 岭南美术出版社 2021 年 9 月 87 页 插图、彩版 225 幅 16 开

贵州考古出土文物精粹（考古贵州之图录系列）贵州省文物考古研究所、贵州省博物馆编著 周必素主编 科学出版社 2021 年 12 月 前言、目录 5 页 彩版 332 页 16 开

秦与戎：秦文化与西戎文化十年考古成果展 甘肃省文物考古研究所、北京大学考古文博学院、中国国家博物馆考古院、陕西省考古研究院、西北大学文化遗产学院、复旦大学文物与博物馆学系编著 王辉、赵化成主编 文物出版社 2021 年 4 月 374 页 插图 96 幅 彩版 385 幅 16 开

叁 考古学分论

一 人类起源与旧石器时代考古

人之初：人类的史前史、进化与文化（当代法国思想文化译丛）[法] 伦默莱（Henry de Lumley）著 李国强

译 商务印书馆 2021 年 4 月 文 171 页 插图 87 幅 彩版 8 页 32 开 译自 *Homme Premier, Pré histoire, Evolution, Culture*, 1998

欧洲旧石器时代社会（东北亚与欧亚草原考古学译丛）[英] 克里夫·甘博（Clive Gamble）著 陈胜前、张萌译 谢礼晔、杨建华、陈胜前校 上海古籍出版社 2021 年 3 月 导言、目录、前言 31 页 文、索引 588 页 插图 124 幅 插表 108 幅 16 开 译自 *The Palaeolithic Societies of Europe*, 2006

中国古代物质文化史：石器 冯小波编著 开明出版社 2021 年 12 月 310 页 插图 756 幅 16 开

石器绘图 [日] 田中英司著 王春雪、王家琪、刘妍译 科学出版社 2021 年 10 月 103 页 插图 65 幅 16 开 译自『石器実測法：情報を描く技術』[增補改訂版]（雄山閣，2019）

郑州旧石器图录 郑州市文物考古研究院、北京大学考古文博学院编著 王幼平、顾万发主编 黄河水利出版社 2021 年 8 月 前言、目录 8 页 彩版 288 页 8 开

鱼山遗址出土石器综合研究（宁波文物考古研究丛书，甲种第一号）黄建秋、雷少、王结华著 科学出版社 2021 年 10 月 序、目录 22 页 文 288 页 插图 238 幅 彩版 236 页 16 开

中国北部之新生界（仰韶文化发现暨中国现代考古学诞生 100 周年纪念丛书）[瑞典] 安特生（Johan Gunnar Andersson）著 卢小康译 文物出版社 2021 年 9 月 序 4 页 文 102 页 插图 42 幅 图版 4 页 16 开 译自 *Essays on Cenozoic of Norhtern China*, 1923

补　遗

人类的起源 [英] 理查德·利基（Richard Leakey）著 符蕊译 浙江人民出版社 2019 年 9 月 252 页 插图 16 幅 32 开 译自 *The Origin of Humankind*

进化的咬痕：牙齿、饮食与人类起源的故事 [美] 皮特·S. 昂加尔（Peter S.Ungar）著 新世界出版社 2019 年 5 月 244 页 32 开 译自 *Evolution's Bite: a Story of Teeth, Diet, and Human Origins*, 2017

中国全新世人群下颌骨的形态变异与功能适应（中央民族大学考古与文博丛书）李海军著 科学出版社 2019 年 12 月 227 页 插图 39 幅 插表 71 幅 图版 17 幅 16 开

二　新石器时代考古

燕山南北地区新石器时代考古学文化研究 索秀芬著 科学出版社 2021 年 5 月 序、目录 7 页 文 310 页 插图 190 幅 16 开

北京地区新石器时代文化谱系研究 袁广阔、郭京宁著 线装书局 2021 年 2 月 152 页 插图 16 开

中原核心区文明起源研究（北京大学震旦古代文明研究中心学术丛书之四十一）张海著 上海古籍出版社 2021 年 5 月 序、目录 26 页 文 431 页 插图 329 幅 插表 44 幅 16 开

大仰韶：黄土高原的文化根脉 王仁湘著 巴蜀书社 2021 年 3 月 文 352 页 插图 83 幅 插表 5 幅 彩版 16 页 16 开

仰韶文化尖底瓶研究 卫雪、钱耀鹏著 中国社会科学出版社 2021 年 9 月 225 页 插图 94 幅 插表 7 幅 16 开

半坡类型墓葬人骨位置结构异常研究 王叶著 上海古籍出版社 2021 年 5 月 目录 8 页 文 112 页 插图 107 幅 彩版、图版 8 页 16 开

黄河流域史前时代 戴向明著 科学出版社 2021 年 12 月 文 476 页 插图 97 幅 插表 8 幅 彩版 16 页 16 开

与华相宜：晋南西阴文化 运城博物馆编 周文全主编 三晋出版社 2021 年 12 月 彩版 107 页 16 开

启幕江南：草鞋山遗址与环太湖地区史前文明 吴中博物馆编 陈曾路、陈小玲主编 上海古籍出版社 2021 年 8 月 182 页 插图 10 幅 彩版 206 幅 16 开

石家河发现与研究 中华文明探源研究之长江流域文明进程研究石家河遗址群研究课题组编 方勤、邓千武、向其芳主编 科学出版社 2021年8月 前言、目录10页 文774页 插图402幅 插表15幅 16开

礼出红山：红山文化精品文物 山西博物院、辽宁省博物馆、辽宁省文物考古研究院编 山西人民出版社 2021年7月 196页 彩版 16开

红山古国研究（红山文化研究基地系列学术著作）马海玉著 上海古籍出版社 2021年11月 318页 插图79幅 16开

赤峰地区的聚落形态研究 赤峰国际联合考古研究项目组著 文物出版社 2021年11月 218页 插图152幅 插表12幅 16开

生业与文明：中国南、北及西亚上古社会组织演进比较 刘俊男著 中国社会科学出版社 2021年8月 序、目录16页 文631页 插图148幅 插表28幅 16开

朔知东南风：从凌家滩到长三角的区域文明探源 吴卫红著 上海古籍出版社 2021年12月 文381页 插图157幅 插表37幅 照片、彩版10页 16开

稻·源·启明：浙江上山文化考古特展（中国国家博物馆全国考古发现系列特展）《稻·源·启明》图录编辑团队编 山东美术出版社 2021年11月 267页 插图18幅 遗址图版、示意图87幅 文物彩版178幅 16开

中国出土彩陶全集 陈星灿主编 科学出版社 2021年10月 全十册 16开

第一册：河北·内蒙古·辽宁 张文瑞、曹建恩、马宝杰主编 专论、目录8页 彩版236页（221幅）

第二册：山西·宁夏 郑媛、朱存世主编 专论、目录5页 彩版244页（159幅）

第三册：上海·江苏·浙江·福建·台湾·山东 陈杰、林留根、蒋乐平、吴志跃、郭素秋、黄运明、孙波主编 专论、目录8页 彩版242页（277幅）

第四册：河南 刘海旺、马萧林、顾万发主编 专论、目录8页 彩版242页（249幅）

第五册：安徽·江西·湖北·湖南·广东·香港·澳门·广西·重庆·四川·西藏 叶润清、柯中华、方勤、尹检顺、曹劲、张强禄、李海荣、陈以琴、邓聪、林强、白九江、颜劲松、谢丹、唐飞、李林辉主编 专论、目录8页 彩版242页（273幅）

第六册：陕西 王炜林、孙周勇 专论、目录8页 彩版242页（266幅）

第七册～第八册：甘肃 贾建威、陈国科主编 专论、目录12页 彩版488页（429幅）

第九册：青海 乔虹主编 专论、目录8页 彩版242页（268幅）

第十册：新疆 李文瑛主编 专论、目录8页 彩版242页（324幅）

大河村遗址仰韶文化房基保护修复研究（中国文化遗产研究院文物保护科技系列·2021年）中国文化遗产研究院、郑州市大河村考古遗址公园（孙延中、胡继中）著 文物出版社 2021年10月 206页 插图172幅 插表34幅 16开

佛山先秦考古与岭南文明（佛山历史文化丛书）邱立诚著 广东人民出版社 2021年11月 331页 插图189幅 16开

汉江中游新石器晚期的古环境与人类活动 李中轩著 黄河水利出版社 2021年10月 165页 插图54幅 插表28幅 16开

稻作渔猎文明：从长江文明到弥生文化（人文东亚研究丛书）[日]安田喜宪著 李国栋、杨敬娜、曹红宇译 中西书局 2021年12月 文332页 插图125幅 彩版4页 16开 译自『稻作漁撈文明：長江文明から弥生文化へ』(雄山閣，2009年)

补 遗

西辽河流域史前人地关系研究 滕海键著 辽宁人民出版社 2019 年 11 月 209 页 插图 13 幅 16 开

三 夏商周时代

夏商周考古（中国考古学六讲系列）刘绪著 山西人民出版社 2021 年 4 月 251 页 插图 108 幅 16 开

夏商考古探索文集 方燕明著 科学出版社 2021 年 6 月 序、目录 8 页 文 666 页 插图 78 幅 插表 38 幅 彩版 40 页 16 开

三代考古（九）中国社会科学院考古研究所夏商周考古研究室编 牛世山主编 科学出版社 2021 年 9 月 文 765 页 插图 348 幅 插表 49 幅 彩版 20 页 16 开

光被四表，格于上下：早期都邑文明的发现研究与保护传承暨陶寺四十年发掘与研究国际论坛论文集（中国社会科学院论坛）中国社会科学院考古研究所、临汾市文物局编 何驽主编 科学出版社 2021 年 3 月 330 页 插图 194 幅 插表 10 幅 16 开

巍巍如天：陶寺遗址考古成果精华展 临汾市博物馆、二里头夏都遗址博物馆编著 狄跟飞、高江涛主编 三晋出版社 2021 年 12 月 序、目录等 10 页 彩版、专论 171 页 插图 6 幅 文物彩版 79 幅 遗址、展厅图版 37 幅 16 开

东亚青铜潮：前甲骨文时代的千年变局（解读早期中国）许宏著 生活·读书·新知三联书店 2021 年 5 月 211 页 插图 65 幅 插表 4 幅 附表 2 幅 32 开

最早的中国：二里头文明的崛起（解读早期中国）许宏著 生活·读书·新知三联书店 2021 年 6 月 251 页 插图 278 幅 插表 5 幅 16 开

发现与推理（考古纪事本末，壹）许宏著 山西人民出版社 2021 年 4 月 247 页 插图 108 幅 32 开

郑杰祥学术文集（中原学术文库·文集）郑杰祥著 大象出版社 2021 年 7 月 476 页 插图 61 幅 16 开

亚长之谜：殷墟贵族人骨的秘密 何毓灵著 云南人民出版社 2021 年 2 月 240 页 插图 145 幅 16 开

中国北方地区夏至战国时期的殉牲研究 包曙光著 科学出版社 2021 年 5 月 序、目录 13 页 文 367 页 插图 160 幅 16 开

贸易网络中的黄土丘陵（BC1300–1050）（国家社科基金后期资助项目）曹大志著 北京大学出版社 2021 年 12 月 文 302 页 插图 81 幅 插表 9 幅 图版 133 页 16 开

冲击与调适：长江中游商代文化与社会演进的考古学观察（西北大学考古学系列研究，第一号）豆海锋著 科学出版社 2021 年 5 月 序、目录 9 页 文 498 页 插图 161 幅 插表 31 幅 16 开

江汉泱泱，商邑煌煌：盘龙城遗址陈列图录 盘龙城遗址博物院编 万琳主编 文物出版社 2021 年 7 月 228 页 文物彩版 283 幅 展区彩版 147 幅 16 开

中原王朝视角下的南方和东南方：青铜时代长江中下游地区中原化进程研究 赵东升著 文物出版社 2021 年 11 月 目录 12 页 文 399 页 插图 155 幅 插表 27 幅 附表 4 幅 16 开

商末周初文化变迁的考古学研究（考古新视野）李宏飞著 文物出版社 2021 年 4 月 专家推荐意见 4 页 目录 17 页 文 395 页 插图 391 幅 16 开

金玉·王侯：西周虢国贵族的生活 深圳南山博物馆、三门峡市虢国博物馆编 戚鑫主编 文物出版社 2021 年 11 月 196 页 彩版 107 幅（组）16 开

追寻三星堆：探访长江流域的青铜文明 薛芃、艾江涛等著 生活·读书·新知三联书店 2021 年 9 月 263 页 插图 101 幅 彩版 42 幅 16 开

发现三星堆 段渝著 中华书局 2021 年 11 月 360 页 16 开

车出中山：行唐故郡考古发现 河北省文物考古研究院、中国社会科学院考古研究所、石家庄市文物研究所、行唐县文物保护管理所编著 张春长、齐瑞普、闫炜主编 文物出版社 2021 年 1 月 彩版 202 页 16 开

王城春秋：东周洛阳文明展 大连博物馆编 姜晔、赵晓军主编 辽宁美术出版社 2021 年 3 月 131 页 彩版 112 幅 16 开

魏国历史文化的考古学研究（河南大学哲学社会科学优秀成果文库）袁俊杰、葛奇峰著 社会科学文献出版社 2021 年 12 月 267 页 插图 88 幅 插表 12 幅 16 开

早期秦文化探索（秦文明新探丛书）梁云著 上海古籍出版社 2021 年 12 月 388 页 插图 146 幅 插表 39 幅 16 开

楚文化与长江中游早期开发国际学术研讨会论文集 [中]徐少华、[日]谷口满、[美]罗泰（Lothar von Falkenhausen）主编 武汉大学出版社 2021 年 2 月 657 页 插图 145 幅 插表 38 幅 16 开

楚文化研究论集（第十四集）楚文化研究会编 上海古籍出版社 2021 年 12 月 196 页 插图 134 幅 插表 5 幅 32 开

楚族、楚国与楚文化的起源及早期发展（楚地出土文献：文本、地方社会与思想文化研究）尹弘兵著 武汉大学出版社 2021 年 11 月 302 页 16 开

九连墩传奇（荆楚考古探秘丛书）王先福、黄娟编著 武汉大学出版社 2021 年 11 月 220 页 插图 140 幅 16 开

四 秦汉及汉以后各代

秦汉研究论丛：秦汉考古遗存研究专集 中国秦汉史研究会、咸阳师范学院编 徐卫民、王永飞主编 西北大学出版社 2021 年 12 月 379 页 插图 58 幅 插表 18 幅 16 开

国际视野下的秦始皇帝陵及秦俑学研究学术研讨会论文集 秦始皇帝陵博物院编 李岗主编 西安地图出版社 2021 年 7 月 406 页 插图 174 幅 插表 40 幅 16 开

秦始皇和他的帝国宝藏 西安赤兔文化艺术传播公司编著 三秦出版社 2021 年 5 月 189 页 彩版、照片、平面图 125 幅 照片 16 幅 16 开

汉代墓外设施研究：以王侯墓葬与中小型墓葬为参考（国家哲学社会科学成果文库）刘尊志著 科学出版社 2021 年 4 月 718 页 插图 320 幅 插表 6 幅 16 开

京津冀汉墓研究 刘尊志、董雪迎、周欣、蒋赴美著 科学出版社 2021 年 7 月 摘要、目录 10 页 文 505 页 插图 276 幅 插表 15 幅 16 开

焕若列星：河北汉代王室文物展 深圳市南山博物馆编 戚鑫主编 文物出版社 2021 年 8 月 165 页 彩版 123 幅 照片 6 幅 16 开

我从汉朝来：文物世界中的汉代济南 济南市博物馆编 济南出版社 2021 年 1 月 166 页 插图 208 幅 彩版 187 幅 16 开

寻踪三国：文物里的魏蜀吴新图景 中华世纪坛艺术馆编 中信出版社 2021 年 1 月 245 页 插图 72 幅 彩版 157 幅 16 开

三国：英雄的激荡时代 吴中博物馆编著 陈曾路主编 江苏凤凰文艺出版社 2021 年 1 月 217 页 插图 16 幅 彩版 165 幅 32 开

邺城考古与文化论集 刘跃进主编 中国社会科学出版社 2021 年 3 月 351 页 插图 109 幅 16 开

葬之以礼：魏晋南北朝丧葬礼俗与文化变迁 李梅田著 上海古籍出版社 2021 年 4 月 285 页 插图 41 幅 插表 33 幅 16 开

繁华平城：4 ~ 5 世纪的北魏生活与艺术 安徽博物院编 胡敏主编 安徽美术出版社 2021 年 6 月 210 页 插图 184 幅 16 开
“都城圈”与“都城圈社会”研究文集（南京大学六朝研究所书系·乙种论集·第壹号）张学锋编 南京大学出版社 2021 年 1 月 序、前言、目录 13 页 文 415 页 插图 37 幅 插表 7 幅 20 开
从文物考古透视六朝社会（南京大学六朝研究所书系·丙种译丛·第贰号）[德]安然（Annette Kieser）著 周胤等译 南京大学出版社 2021 年 1 月 序、目录 9 页 文 198 页 插图 69 幅 插表 19 幅 20 开
六朝文明[中译修订版][美]丁爱博（Albert E.Dien）著 李梅田译 社会科学文献出版社 2021 年 7 月 序、目录 23 页 文 695 页 插图 395 幅 插表 6 幅 彩版 16 页 32 开 译自 *Six Dynasties Civilization*
六朝与百济考古论稿 周裕兴、[韩]朴淳发著 赵淑怡、陈瑾瑜校译 光明日报出版社 2021 年 7 月 前言、目录 17 页 文 489 页 插图 332 幅 插表 29 幅 16 开
唐陵的布局：空间与秩序[增订本] 沈睿文著 文物出版社 2021 年 3 月 序、目录 16 页 文 434 页 插图 58 幅 插表 11 幅 16 开
唐代长安镇墓石研究（丝路·长安国际译丛）[日]加地有定著 翁建文、徐璐译 三秦出版社 2021 年 7 月 187 页 32 开 译自『中国唐代鎮墓石の研究：死者の再生と崑崙山への昇仙』（かんぽうサービス, 2005 年）
云望长夏：洛阳博物馆藏汉唐胡风文物展 广州海事博物馆编 广东人民出版社 2021 年 6 月 142 页 彩版、图版 189 幅 16 开
宋代至清代帝陵形制布局研究（国家社科基金后期资助项目）孟凡人著 中国社会科学出版社 2021 年 11 月 目录 8 页 文 907 页 插图 443 幅 插表 15 幅 16 开
契丹映像：辽代文物精品集 赤峰文博院编著 黄文博主编 文物出版社 2021 年 12 月 327 页 彩版 344 幅 8 开
回望元朝：内蒙古元代丝绸之路文物图珍 鄂尔多斯青铜器博物馆编 窦志斌主编 故宫出版社 2021 年 2 月 219 页 16 开
明代藩王陵墓的考古学研究 刘毅著 科学出版社 2021 年 10 月 序、目录 6 页 文 589 页 插图 350 幅 16 开
明代靖江王资料汇编：考古与保护资料卷 桂林市文物保护与考古研究中心编 文物出版社 2021 年 8 月 350 页 52 页 16 开
南京明外郭遗址研究 南京城墙保护管理中心、南京大学文化与自然遗产研究所编 南京师范大学出版社 2021 年 9 月 文 186 页 图版 12 页 16 开
明清考古发现概述（1949 ~ 2000）李伟敏著 北京市文物研究所编 北京出版社 2021 年 11 月 文 452 页 插图 45 幅 彩版 16 页 16 开

补 遗

汉代物质文化资料图说[修定本] 孙机著 中华书局 2020 年 11 月 677 页 插图 1562 幅 16 开
河东汉风：馆藏汉代文物 运城博物馆编 周文全主编 三晋出版社 2020 年 12 月 187 页 16 开
齐鲁汉风（西汉南越王博物馆研究丛书）西汉南越王博物馆编 岭南美术出版社 2020 年 11 月 297 页 插图 136 幅 彩版 170 幅 16 开
她长安 西安博物院编 李燕主编 山东人民出版社 2019 年 4 月 173 页 彩版 12 开
六朝遗韵：沿着朱偰先生的足迹 王勘、邵世海编著 陕西人民出版社 2019 年 1 月 252 页 16 开
扬州历史考古探微（古代历史文化研究辑刊，二二编）余国江著 花木兰文化事业公司 2019 年 276 页 16 开
吴越国史迹遗存发现与研究学术研讨会论文集 杭州市临安区政协文史和教文卫体委员会、杭州市临安区钱镠研

究会编 朱晓东、凌亦鹏主编 现代出版社 2019年10月 116页 16开

辽金历史与考古（第十二辑）辽宁省博物馆、辽宁省辽金契丹女真史研究会编 刘宁主编 科学出版社 2021年12月 350页 插图130幅 插表10幅 16开

契丹印象：辽代文物精品展（广东省博物馆展览系列丛书）广东省博物馆、内蒙古博物院、内蒙古自治区文物考古研究所编 肖海明主编 岭南美术出版社 2020年6月 221页 16开

辽阳壁画墓 冯永谦著 辽海出版社 2020年6月 522页 插图332幅 彩版143幅 16开

西京风华：辽金元民族融合文化展 大同市博物馆编 山西人民出版社 2020年5月 298页 16开

中国古代物质文化史：宋元明清 白彬 葛林杰、赵川、黄琬编著 开明出版社 2019年11月 全二册 545页 插图630幅 16开

肆 考古学专论

一 甲骨卜辞 附：古文字研究

甲骨文与殷商史（新十一辑）宋镇豪主编 上海古籍出版社 2021年11月 614页 插图301幅 插表50幅 16开

中国甲骨学[增订本] 王宇信著 上海书店出版社 2021年12月 全二册 文、例图973页 照片、图版29页 16开

传承中华基因：甲骨文发现一百二十年来甲骨学论文精选及提要 刘钊主编 商务印书馆 2021年12月 全四册 3017页 16开

吉林大学藏甲骨集 吴振武主编 吴振武、张文立、周忠兵、崎川隆、何景成编著 上海古籍出版社 2021年11月 全二册 序、凡例、目录4页 彩版、拓本·摹本、解说·释文、附录509页 16开

河南藏甲骨集成：开封博物馆卷 曾广庆主编 张新俊编纂 河南美术出版社 2021年4月 207页 序、前言、目录等12页 彩版、拓本、摹本、索引207页 16开

殷墟甲骨文辞类编 陈年福编著 四川辞书出版社 2021年9月 全十册 序、凡例26页 正文、附录13329页 16开

殷墟甲骨文五种外记事刻辞研究 方稚松著 上海古籍出版社 2021年4月 序、前言、目录9页 文303页 插图120幅 彩版12页 16开

甲骨学初阶（河南省“十四五”普通高等教育规划教材）郭旭东主编 中国社会科学出版社 2021年12月 序、目录10页 文310页 插图231幅 16开

蔡哲茂学术文集 蔡哲茂著 花木兰文化事业公司 2021年9月 全五卷十册 第一卷（第一～三册）：甲骨文卷 目录7页 前图10页 文830页 插图587幅 第二卷（第四～五册）：殷商史卷 483页 插图217幅 第三卷（第六册）：金文卷 304页 插图125幅 第四卷（第七册）：简帛与文献卷 238页 插图50幅 第五卷（第八～十册）：书评、序文与杂著卷 671页 16开

为山覆篑：古文字、古文献与先秦史论集 王进锋著 巴蜀书社 2021年7月 355页 插图13幅 16开

印学研究（第十七辑）：莒陶文研究 莒县地方史志研究中心编 吕金成主编 文物出版社 2021年5月 195页 32开

新出古陶文文字编（国家社科基金后期资助项目）徐在国编著 安徽大学出版社 2021年7月 目录、凡例、前言14页 文638页 16开

燕京语言学（第四辑）：古文字专号 陈英杰主编 中西书局 2021年11月 277页 16开

战国文字研究（第四辑）安徽大学汉字发展与应用研究中心编 徐在国主编 安徽大学出版社 2021年12月 192页 16开

秦文字研究（秦史与秦文化研究丛书）周晓陆、罗志英、李巍、何薇著 西北大学出版社 2021 年 2 月 414 页 插图 378 幅 16 开

先秦玺印陶文货币石玉文字汇纂 白于蓝主编 段凯、马继编纂 福建人民出版社 2021 年 12 月 前言、凡例、引书表 8 页 文 899 页 16 开

辽宁省博物馆藏金石文字集萃 辽宁省博物馆编著 刘宁主编 文物出版社 2021 年 12 月 359 页 插图 12 幅 彩版 209 幅 16 开

补　遗

容庚评传（东莞历史名人评传丛书）张桂光、林颖著 团结出版社 2020 年 12 月 309 页 插图 39 幅 16 开

二　青铜器及铭文

青铜器与金文（第六辑）北京大学出土文献研究所编 朱凤瀚主编 上海古籍出版社 2021 年 6 月 231 页 插图 68 幅 16 开

青铜器与金文（第七辑）北京大学出土文献与古代文明研究所编 朱凤瀚主编 上海古籍出版社 2021 年 12 月 195 页 插图 57 幅 插表 16 幅 16 开

周亚吉金文集（上海博物馆·学人文丛）周亚著 上海古籍出版社 2021 年 12 月 339 页 插图 312 幅 插表 24 幅 16 开

拓古为图：殷墟青铜器全形拓线稿暨试拓 李默甫著 上海书画出版社 2021 年 5 月 203 页 拓图 70 组 16 开

倗金集萃：山西绛县横水西周墓地出土青铜器 山西省考古研究院、山西大学北方考古研究中心、运城市文物工作站、绛县文物局编著 谢尧亭主编 上海古籍出版社 2021 年 4 月 全二册 606 页 彩版、线图、拓图 146 组 8 开

霸金集萃：山西翼城大河口西周墓地出土青铜器 山西省考古研究院、山西大学北方考古研究中心、临汾市文物局、翼城县文物旅游局编著 上海古籍出版社 2021 年 4 月 全二册 608 页 彩版、线图、拓图 146 组 8 开

山右吉金：襄汾陶寺北两周墓地出土青铜器精粹 山西省考古研究院、山西博物院、临汾市博物馆、襄汾县文化和旅游局编著 王京燕、崔俊俊主编 山西人民出版社 2021 年 1 月 251 页 彩版 102 幅（组）16 开

山右吉金：隰县瓦窑坡东周墓地出土青铜器精粹 临汾市博物馆、隰县文物旅游局、山西省考古研究院编著 狄跟飞、王进、王晓毅主编 山西人民出版社 2021 年 9 月 290 页 插图 56 幅 彩版 75 幅（组）16 开

山东省文物考古研究院藏文物精粹：铜器卷 山东省文物考古研究院编著 郝导华主编 文物出版社 2021 年 12 月 237 页 彩版 199 幅 16 开

华章重现：曾世家文物 湖北省博物馆编 文物出版社 2021 年 3 月 303 页 插图 8 幅 插表 5 幅 彩版 183 幅 16 开

穆穆曾侯：曾国出土青铜器精品 吴中博物馆编 江苏凤凰美术出版社 2021 年 2 月 224 页 插图 20 幅 彩版 54 幅（组）32 开

汉淮传奇：䲨国青铜器精粹 上海博物馆编 杨志刚主编 上海书画出版社 2021 年 10 月 265 页 插图 66 幅 彩版 60 组 8 开

䲨国六谈：一个神秘古国的文化面孔 上海博物馆编 上海书画出版社 2021 年 10 月 181 页 插图 89 幅 插表 4 幅 32 开

高淳出土青铜器（“高淳博物馆馆藏文物精粹”丛书）南京市高淳区博物馆编著 葛鹏云主编 科学出版社 2021 年 6 月 210 页 插图 42 幅 插表 1 幅 彩版 183 幅 16 开

山高水阔，长流天际：长江流域青铜文明特展 四川博物院、中国文保科技发展（北京）有限公司编 东方出版社 2021年9月 322页 彩版 8开

四川文物精品：青铜器 国家文物出境鉴定四川站、四川大学博物馆编 王琼、霍巍主编 巴蜀书社 2021年3月 297页 插图78幅 插表2幅 彩版257幅 8开

三星堆青铜器线绘与拓片 三星堆研究院、四川广汉三星堆博物馆、四川省文物考古研究院编 巴蜀书社 2021年5月 210页 线绘、拓本、彩版96组 8开

马背上的青铜帝国 鄂尔多斯青铜器博物馆编著 窦志斌、尚二平主编 科学出版社 2021年4月 序、前言、目录17页 文、彩版360页 插图57幅 彩版484幅 16开

米努辛斯克博物馆青铜器集萃 中国吉林大学考古学院、俄罗斯米努辛斯克博物馆编 杨建华、S.A.博丽莎娃主编 文物出版社 2021年6月 302页 彩版427幅 16开

商周青铜礼器定名与自名研究 李树浪、郭凯、孙海宁、向野著 四川大学出版社 2021年7月 314页 插图42幅 插表100幅 32开

西周有铭铜器断代研究综览 黄鹤著 上海古籍出版社 2021年12月 全二册 凡例、序、目录8页 正文、检索对照表1156页 16开

时惟礼崇：东周之前青铜兵器的物质文化研究［修订本］徐坚著 上海古籍出版社 2021年5月 目录、序14页 文309页 插图290幅 16开

西周甬钟篆带云纹研究 王清雷著 文物出版社 2021年11月 361页 插图368幅 插表7幅 16开

东周青铜乐钟制度研究（厦门大学南强丛书）张闻捷著 厦门大学出版社 2021年12月 342页 插图141幅 插表36幅 16开

战国青铜器上的采桑画像研究 卢忠敏著 武汉大学出版社 2021年11月 174页 插图94幅 插表9幅 16开

吉金鉴古，丝路瑰宝：一带一路中古铜器特展图录 丽水市博物馆编 浙江古籍出版社 2021年8月 190页 16开

州学宝器：宋元复古铜器 浙江省博物馆、武义县博物馆编 傅毅强、俞珊瑛主编 文物出版社 2021年12月 159页 彩版102幅 16开

岭南地区出土汉代铜器的考古学探索（国家社科基金后期资助项目）吴小平著 浙江大学出版社 2021年9月 目录9页 文328页 插图140幅 插表32幅 16开

鉴古：乾隆朝的宫廷铜器收藏（台北）故宫博物院编印 张莅主编 2021年3月 255页 16开

歙县程氏钟鼎彝器款识：程霖生藏器 徐乃昌藏拓 郑伯象整理 国家图书馆出版社 2021年12月 目次、拓本、附录223页 8开

宋代的金文学研究（国家社科基金后期资助项目）马晓风著 商务印书馆 2021年6月 目录、引言17页 文308页 16开

补　遗

纸拓千秋：国家图书馆藏古器物全形拓题跋集 国家图书馆编 上海书画出版社 2019年6月 全二册 拓本、附录409页 拓本87组 8开

国家图书馆藏青铜器全形拓 国家图书馆编 上海书画出版社 2020年12月 全二册 出版说明、序、编例、目录22页 拓片图版949页 8开

东北师范大学藏青铜器 东北师范大学历史文化学院编 张礼艳主编 东北师范大学出版社 2020年12月 164页 彩版 16开

三　简牍、帛书、文书写本

出土文献与中国古代史（第一辑）复旦大学出土文献与古文字研究中心、复旦大学历史学系编　中西书局　2021 年 12 月　391 页　插图 51 幅　插表 16 幅　16 开

简帛（第二十二辑）武汉大学简帛研究中心主办　陈伟主编　上海古籍出版社　2021 年 5 月　302 页　16 开

简帛（第二十三辑）武汉大学简帛研究中心主办　陈伟主编　上海古籍出版社　2021 年 5 月　296 页　插表 23 幅　16 开

简帛研究（2020 秋冬卷）中国社会科学院简帛研究中心、中国社会科学院古代史研究所秦汉史研究室、出土文献与中国古代文明研究协同创新中心主办　邬文玲、戴卫红主编　广西师范大学出版社　2021 年 1 月　369 页　16 开

简帛学理论与实践（第一辑）首都师范大学历史学院、中国社会科学院简帛研究中心编　蔡万进、邬文玲编　广西师范大学出版社　2021 年 11 月　发刊词、序、目录 11 页　文 534 页　16 开

简牍学研究（第十辑）西北师范大学历史文化学院、甘肃简牍博物馆、河西学院河西史地与文化研究中心、兰州城市学院简牍研究所编　杨振红主编　甘肃人民出版社　2021 年 1 月　文 204 页　彩版 4 页　16 开

甘肃简牍（第一辑）甘肃简牍博物馆编　朱建军主编　西南交通大学出版社　2021 年 10 月　202 页　插图 31 幅　插表 6 幅　16 开

清华大学藏战国竹简（拾壹）清华大学出土文献研究与保护中心编　黄德宽主编　中西书局　2021 年 11 月　全二册　原大图版、放大图版、释文・注释、字形表、竹简信息表 235 页　6 开

清华简研究（第四辑）：纪念清华简入藏暨清华大学出土文献研究与保护中心成立十周年国际学术研讨会论文集　清华大学出土文献研究与保护中心编　黄德宽主编　中西书局　2021 年 12 月　296 页　插图 26 幅　16 开

楚地出土战国简册合集（五）：九店楚墓竹书　武汉大学简帛研究中心、湖北省文物考古研究所编　李家浩、白於蓝撰著　文物出版社　2021 年 12 月　目录、序、凡例、前言 13 页　文 99 页　图版 43 页　16 开

里耶秦简研究论文选集　里耶秦简博物馆、中国社会科学院简帛研究中心、湖南省文物考古研究所、出土文献与中国古代文明研究协同创新中心中国人民大学中心编　张忠炜主编　中西书局　2021 年 8 月　文 727 页　插图 68 幅　插表 77 幅　彩版、图版 32 页　16 开

从里耶到长沙：解码简牍中的湖湘史记　长沙博物馆编著　李历松主编　岳麓书社　2021 年 12 月　致辞、序、目录 11 页　彩版、专论 241 页　插图 17 幅　彩版 209 幅　16 开

云梦睡虎地秦简：让秦国历史“活起来”（荆楚考古探秘丛书）陈振裕、罗恰编著　武汉大学出版社　2021 年 12 月　309 页　插图 219 幅　16 开

银雀山汉墓简牍集成（贰）山东博物馆、中国文化遗产研究院编　张海波整理　文物出版社　2021 年 12 月　整理说明、凡例、目录 10 页　图版 172 页　释文・注释、附录 73 页　8 开

银雀山汉墓简牍集成（叁）山东博物馆、中国文化遗产研究院编　贾连翔整理　文物出版社　2021 年 12 月　整理说明、凡例、目录 8 页　图版 51 页　释文・注释、附录 44 页　8 开

荆州胡家草场西汉简牍选粹　荆州博物馆、武汉大学简帛研究中心编著　李志芳、李天虹主编　文物出版社　2021 年 8 月　目录、前言、凡例 5 页　彩版、释文、后记 203 页　彩版 192 幅　8 开

新出秦汉简帛丛考（武汉大学简帛丛书）何有祖著　科学出版社　2021 年 9 月　170 页　插图 16 幅　16 开

河西汉简考论：以肩水金关汉简为中心　何茂活著　中西书局　2021 年 7 月　360 页　插图 26 幅　插表 14 幅　32 开

肩水金关汉简释文合校　姚磊著　中国社会科学出版社　2021 年 6 月　513 页　16 开

马王堆帛书研究 陈松长著 商务印书馆 2021 年 5 月 440 页 插图 124 幅 16 开

吐鲁番出土文献散录 荣新江、史睿主编 中华书局 2021 年 4 月 全二册 文 606 页 索引 20 页 彩版、图版 69 页 16 开

吐鲁番出土文书新探（第二编）刘安志主编 武汉大学出版社 2021 年 12 月 266 页 插图 11 幅 16 开

补 遗

清华大学藏战国竹简［柒～玖］文字编 李学勤主编 贾连翔、沈建华编 中西书局 2020 年 12 月 字编、检索表、释文 483 页 16 开

安徽大学藏战国竹简（一）安徽大学汉字发展与应用研究中心编 黄德宽、徐在国主编 中西书局 2019 年 8 月 凡例、放大图版、释文注释、字形表、竹简信息表 335 页 8 开 附原大图版 1 袋

悬泉汉简（贰）甘肃简牍博物馆、甘肃省文物考古研究所、陕西师范大学人文社会科学高等研究院、清华大学出土文献研究与保护中心编 中西书局 2020 年 12 月 全二册 前言、凡例、目录 10 页 彩版、红外线图版、尺寸表 643 页 8 开

长沙楚帛书文字编［增订版］曾宪通著 中山大学出版社 2019 年 12 月 329 页 16 开

四 古代碑刻、墓志

新中国出土墓志：陕西（肆）故宫博物院、陕西省考古研究院编著 李明主编 文物出版社 2021 年 10 月 全二册 序、凡例 、前言、目录 39 页 图版 309 页（330 幅）释文 309 页 索引 37 页 8 开

汉魏南北朝墓志汇编［修订本］赵超著 中华书局 2021 年 11 月 修订说明 2 页 目录 37 页 前言、凡例 14 页 正文、附录 651 页 16 开

南北朝墓志集成 王连龙编撰 上海人民出版社 2021 年 3 月 全二册 总目、前言、凡例 26 页 释文、索引 1880 页 16 开

磁县北朝墓群出土碑志集释 马忠理、冯小红、崔冠华主编 文物出版社 2021 年 12 月 序、前言、目录 11 页 文、拓片 299 页 16 开

长安凤栖原韦氏家族墓地墓志辑考 戴应新编著 三秦出版社 2021 年 3 月 编辑说明、目录 6 页 文、图版 514 页 彩版 4 页 8 开

民族·盟约·边界·战争：陕西出土宋代墓志辑释 党斌著 社会科学文献出版社 2021 年 10 月 394 页 16 开

陕西出土蒙元时期墓志 樊波主编 陕西人民美术出版社 2021 年 10 月 前言、目录、凡例 10 页 基本信息、图版、录文 208 页 拓片图版 89 幅 8 开

丝绸之路沿线民族人士墓志集释 史家珍主编 上海交通大学出版社 2021 年 1 月 全二册 12 页 705 页 8 开

陕州新出墓志选编 三门峡市文物考古研究所编 郑立超主编 河南美术出版社 2021 年 10 月 257 页 拓片图版 60 幅 12 开

流眄洛川：洛阳曹魏大墓出土石楬 中国美术学院汉字文化研究所、洛阳市文物考古研究院编 史家珍、曹锦炎、王咸秋、孔震主编 上海书画出版社 2021 年 7 月 全二册 图版、注释、字形表 382 页 12 开

德州出土墓志研究 吕宏伟著 济南出版社 2021 年 9 月 238 页 插图 90 幅 16 开

碑林集刊（总第二十六辑）西安碑林博物馆编 裴建平主编 三秦出版社 2021 年 12 月 353 页 16 开

房山石经题记整理与研究 吴梦麟、张永强编著 文物出版社 2021 年 3 月 全三册 图录卷：前言、凡例、目录 27 页 插图 8 幅 图版、参考文献 802 页 研究卷：序、凡例、目录 9 页 文 693 页 插图 282 幅 插表 34 幅

题记卷 序、凡例 、目录 40 页 插图 26 幅 文 732 页 8 开

京津冀方志金石文献述论 张志勇著 社会科学文献出版社 2021 年 11 月 285 页 插表 11 幅 16 开

陇南金石题壁萃编（国家社科基金后期资助项目）蔡副全著 中华书局 2021 年 7 月 凡例 、目录 21 页 文 774 页 16 开

浯溪摩崖石刻 政协祁阳县委员会文教卫体和文史委员会、浯溪碑林风景区（陶铸故居）管理处组编 湖南大学出版社 2021 年 1 月 490 页 插图 398 幅 16 开

国家图书馆未刊石刻题跋辑录：金石题跋编（国家图书馆藏未刊稿丛书）卢芳玉整理 凤凰出版社 2021 年 6 月 序、目录、题记 12 页 文 304 页 16 开

补 遗

新出宋代墓志碑刻辑录：北宋卷 何新所编著 赵振华审订 文物出版社 2019 年 1 月 线装六册 目录 10 页 拓本图版 459 页 解题、录文、索引 251 页 16 开

新出宋代墓志碑刻辑录：南宋卷 何新所编著 赵振华审订 文物出版社 2020 年 6 月 线装八册 目录 13 页 拓本图版 569 页 解题、录文、索引 253 页 16 开

河南省文物考古研究院藏黄河碑拓精粹（河南省文物考古研究院碑帖，丁种第六号）河南省文物考古研究院编 郭冰主编 江苏广陵书社 2020 年 6 月 67 页 8 开

石经研究（第三辑）房山石经博物馆、房山石经与云居寺文化研究中心编 华夏出版社 2020 年 7 月 296 页 16 开

长沙碑刻校注 长沙市文化旅游广电局编 郭润葵、李文格主编 岳麓书社 2020 年 12 月 469 页 8 开

武威金石志（武威市凉州文化研究院文库）王其英编著 天津古籍出版社 2020 年 11 月 1282 页 16 开

五 古代玉器

美琼汇魄：河南省文物考古研究院藏玉 河南省文物考古研究院、中国科学院上海光学精密机械研究所编 胡永庆主编 广西美术出版社 2021 年 2 月 198 页 12 开

璆琳琅玕：河南古代玉器和玻璃器的科学研究 河南省文物考古研究院、中国科学院上海光学精密机械研究所编 胡永庆主编 大象出版社 2021 年 12 月 全二册 序、前言 10 页 目录 23 页 文 644 页 插图 273 幅 插表 86 幅 彩版 101 页 16 开

方圆一体：玉琮的故事五千年（中华创世神话研究工程系列丛书）王仁湘著 上海人民出版社 2021 年 6 月 239 页 插图 277 幅 16 开

琢玉成器：考古艺术史中的玉文化 苏芳淑（Jenny F. So）著 褚馨、代丽鹃、许晓东译 上海书画出版社 2021 年 9 月 186 页 插图 115 幅 彩版 12 幅 16 开

建构神圣：良渚文化的玉器、图像与信仰（杭州全书·良渚丛书）徐峰著 浙江古籍出版社 2021 年 11 月 362 页 插图 71 幅 16 开

补 遗

玉文化论丛（七）（杨建芳师生古玉研究会玉文化论丛系列之七）杨建芳师生古玉研究会编 众志美术出版社 2019 年 1 月 239 页 16 开

楚玉遗珍：长丰县出土战国玉器 长丰县文化和旅游局编著 孙朝峰主编 安徽美术出版社 2020 年 5 月 序、目录 9 页 概述、彩版 159 页 彩版 69 幅 16 开

六　古代钱币

货币与王朝：国际视野下钱币的影响与改变《货币与王朝》编辑团队编 王俪阎主编 北京时代华文书局 2021年8月 325页 插图247幅 插表24幅 16开

钱币学讲堂录 戴建兵编 河北人民出版社 2021年4月 328页 插图372幅 16开

燕明刀钱谱（中国古钱谱丛书之三）张立俊编著 中华书局 2021年2月 703页 插图17幅 彩版1253幅 16开

丝路遗珍：古丝绸之路上的货币 孔子博物馆、阿克苏地区博物馆编 文物出版社 2021年4月 170页 彩版274幅 16开

济南古钱 济南市考古研究院编著 李铭主编 文物出版社 2021年12月 127页 插图8幅 彩版164幅 16开

补　遗

三千年来谁铸币：50枚钱币串联的极简中国史 王永生著 中信出版集团 2019年1月 文600页 插图226幅 彩版16页 32开

七　铜镜

镜里千秋：中国古代铜镜文化（中国国家博物馆历史文化系列丛书）《镜里千秋》图录编辑委员会编 王春法主编 北京时代华文书局 2021年5月 369页 插图48幅 插表2幅 彩版242幅 16开

昭明：山西博物院藏铜镜艺术 山西博物院编 张元成主编 山西人民出版社 2021年11月 191页 彩版189幅 12开

济南镜鉴 济南市考古研究院编著 李铭主编 文物出版社 2021年12月 128页 插图8幅 彩版121幅 16开

无穷·镜：古代铜镜中的微观世界 金华市博物馆编 徐进主编 文物出版社 2021年9月 目录6页 彩版、拓图193页 8开

东北师范大学藏铜镜 东北师范大学历史文化学院编 余静主编 东北师范大学出版社 2020年12月 123页 彩版16开

八　玺印、封泥

吉林大学考古与艺术博物馆馆藏文物丛书：玺印卷 吉林大学考古与艺术博物馆编 唐淼主编 上海古籍出版社 2021年11月 前言、凡例、目录9页 彩版226页（218幅）16开

日本岩手县立博物馆藏太田梦庵旧藏古代玺印[精华版] 刘海宇、[日]玉泽友基编著 上海书画出版社 2021年12月 概述、凡例、目录15页 印蜕·印钮·印面图版、附录299页 16开

秦封泥集释（秦文明新探丛书）刘瑞编著 上海古籍出版社 2021年12月 全二册 1506页 16开

秦封泥概论（秦封泥与秦文化研究书系）庞任隆著 陕西师范大学出版社 2021年5月 237页 插图167幅 16开

秦封泥与官制研究（秦封泥与秦文化研究书系）李超著 陕西师范大学出版社 2021年5月 387页 插图189幅 16开

秦封泥与宫室苑囿研究（秦封泥与秦文化研究书系）徐卫民著 陕西师范大学出版社 2021年5月 278页 插图130幅 16开

汉印文字研究 石继承著 上海古籍出版社 2021年10月 328页 16开

九　瓦当

屋檐艺术：中国古代瓦当（考古与文明丛书）陈根远、朱思红著　文物出版社　2021 年 12 月　184 页　插图 243 幅　16 开

南越国宫署遗址出土瓦当选录　广州市文物考古研究院、中国社会科学院考古研究所、南越王博物院编　李灶新主编　科学出版社　2021 年 10 月　序、概述、目录 23 页　插图 30 幅　彩版 185 页　16 开

伍　美术考古

一　通论

艺术史研究（第二十四辑）中山大学艺术史研究中心编　李清泉主编　中山大学出版社　2021 年 2 月　197 页　插图 109 幅　插表 12 幅　16 开

艺术史研究（第二十五辑）中山大学艺术史研究中心编　向群主编　中山大学出版社　2021 年 7 月　文 231 页　插图 163 幅　彩版 2 页　16 开

艺术考古学研究（第一辑）：科技美术考古学　李杰主编　中国纺织出版社　2021 年 4 月　263 页　插图 128 幅　插表 18 幅　16 开

浙江大学艺术与考古研究（特辑二）：中国早期数术、艺术与文化交流——李零先生七秩华诞庆寿论文集　浙江大学艺术与考古研究中心编　浙江大学出版社　2021 年 6 月　全二册　748 页　插图 328 幅　插表 7 幅　16 开

中国艺术小史（新编历史小丛书）郑振铎著　北京人民出版社　2021 年 5 月　105 页　32 开

考宅惟型：美术史视野下的战国中山王墓　莫阳著　北京大学出版社　2021 年 11 月　266 页　插图 86 幅　插表 18 幅　16 开

图像与样式：汉唐佛教美术研究　罗世平著　文物出版社　2021 年 1 月　497 页　插图 215 幅　附图 13 幅　16 开

汉唐陵墓视觉文化研究　贺西林主编　高等教育出版社　2021 年 11 月　621 页　插图 428 幅　插表 11 幅　16 开

草原丝路史画：鄂尔多斯汉代墓室臻品图像　鄂尔多斯青铜器博物馆编著　窦志斌主编　科学出版社　2021 年 4 月　186 页　插图 9 幅　彩版 83 幅　16 开

图像、田野与研究（大足学研究文丛 · 大足学讲堂）秦臻主编　科学出版社　2021 年 4 月　158 页　插图 181 幅　16 开

西夏艺术论集　汤晓芳著　上海三联书店　2021 年 5 月　419 页　插图 313 幅　插表 13 幅　16 开

宋代墓葬装饰研究（广州美术学院学术文库）韩小囡著　中国文联出版社　2021 年 6 月　283 页　插图 59 幅　16 开

梵相遗珍：巴蜀天龙八部造（图）像研究　刘显成、杨小晋著　上海古籍出版社　2021 年 11 月　文 307 页　插图 305 幅　插表 10 幅　彩版 20 页　16 开

补　遗

相由心生：山东博兴佛造像展（中国国家博物馆国内交流系列丛书）《相由心生》图录编辑团队编　山东美术出版社　2020 年 10 月　229 页　插图 51 幅　彩版 115 幅　16 开

汪小洋学术代表作（东南大学艺术学院教授文丛）汪小洋著　东南大学出版社　2019 年 10 月　476 页　插图 53 幅　16 开

二　古代雕塑　附：画像石

极简中国雕塑史：中国古代雕塑叙要　黄文昆著　文物出版社　2021 年 12 月　203 页　插图 409 幅　16 开

六朝佛教造像对朝鲜半岛及日本的影响 费泳著 中华书局 2021年4月 517页 插图674幅 插表14幅 16开
青州龙兴寺遗址窖藏佛教造像：圆雕佛像（卷一）青州市博物馆编 王瑞霞、周麟麟、刘华国、李亮亮执笔 文物出版社 2021年10月 345页 插图50幅 彩版50组 16开
和颜悦色：陕西省出土唐代陶俑专题展 南越王博物院、陕西省考古研究院编 全洪、王小蒙主编 岭南美术出版社 2021年12月 122页 彩版70幅 16开
从灵光殿到武梁祠：两汉之交帝国艺术的遗影 缪哲著 生活·读书·新知三联书店 2021年10月 524页 插图231幅 16开
石上千秋：汉画像石赏析 运城博物馆、山西省考古研究院编 周文全、王晓毅主编 三晋出版社 2021年1月 111页 16开
汉画总录（43）：安丘 刘冠军、朱青生主编 广西师范大学出版社 2021年3月 224页 图版51组 16开
中国民间收藏汉画像砖石选集：河南汉画像石卷 信立祥主编 王四朋、陈广胜编著 河南大学出版社 2021年8月 全四册 序25页 目录35页 概述、彩版、拓本、后记995页 16开
中国民间收藏汉画像砖石选集：河南汉画像砖卷 信立祥主编 陈广胜、王四朋编著 河南大学出版社 2021年8月 全四册 序25页 目录45页 概述、彩版、拓本、后记1015页 16开
中国民间收藏汉画像砖石选集：江苏、安徽汉画像石卷 信立祥主编 陈广胜、王四朋编著 河南大学出版社 2021年8月 全二册 序25页 目录16页 概述、彩版、拓本、后记481页 16开
中国民间收藏汉画像砖石选集：浙江汉画像砖卷 信立祥主编 叶克勤、胡斐编著 河南大学出版社 2021年8月 序25页 目录20页 概述、彩版、拓本、后记265页 16开
中国民间收藏汉画像砖石选集：山东汉画像石卷 信立祥主编 王四朋、陈广胜编著 河南大学出版社 2021年8月 序25页 目录9页 概述、彩版、拓本、后记267页 16开
中国民间收藏汉画像砖石选集：四川汉画像砖石卷 信立祥主编 王四朋、陈广胜编著 河南大学出版社 2021年8月 全三册 序25页 目录23页 概述、彩版、拓本、后记701页 16开
中国民间收藏汉画像砖石选集：陕西、山西、江西、山东汉画像砖卷 信立祥主编 王四朋、陈广胜编著 河南大学出版社 2021年8月 序25页 目录13页 概述、彩版、拓本、后记295页 16开
孝堂山石祠汉画像石研究 黄凌梅著 中国戏剧出版社 2021年3月 250页 插图76幅 16开
汉画像石（砖）与汉代河南社会 王莉娜、邓攀编著 郑州大学出版社 2021年11月 200页 插图189幅 16开
汉画中的生活与精神世界（形象史学特辑）刘中玉编 华夏出版社 2021年12月 371页 插图455幅 插表5幅 16开
鲁迅藏南阳汉画像 南阳市文物考古研究所、南阳汉画馆编 王歌扬、翟京襄、胡玲玲、王建平著 河南人民出版社 2021年12月 序、目录18页 文414页 插图179幅 16开
图画众生：河西画像砖上的古人生活（中国国家博物馆国内交流系列）《图画从生》图录编辑团队编 王春法主编 山东美术出版社 2021年11月 243页 插图76幅 彩版231幅 16开

补 遗

定州白石佛像 李静杰、田军编著（台）觉风佛教艺术文化基金会 2019年7月 895页 插图73幅 插表13幅 彩版16幅 图版806幅 16开

三 石窟寺

中国石窟简史 常青著 浙江古籍出版社 2021年12月 328页 插图232幅 16开

克孜尔石窟与丝绸之路研究学术研讨会论文集 新疆龟兹研究院编 赵莉主编 上海书画出版社 2021 年 7 月 297 页 插图 258 幅 插表 12 幅 照片 26 幅 16 开

柏孜克里克石窟壁画精粹 吐鲁番学研究院编 陈爱峰主编 甘肃文化出版社 2021 年 12 月 191 页 16 开

图像及其意义：龟兹石窟佛像画研究（敦煌与丝绸之路石窟艺术丛书）苗利辉著 甘肃教育出版社 2021 年 12 月 472 页 插图 251 幅 16 开

坚守大漠，筑梦敦煌：敦煌研究院发展历程 敦煌研究院编 赵声良主编 甘肃教育出版社 2021 年 1 月 440 页 插图 724 幅 16 开

世纪敦煌：跨越百年的莫高窟影像 孙志军编著 中信出版集团 2021 年 9 月 314 页 插图 57 幅 彩版 163 组 16 开

敦煌考古与艺术研究（敦煌学研究高地建设书系）敦煌研究院编 赵声良主编 甘肃人民出版社 2021 年 467 页 16 开

敦煌壁画艺术精品 敦煌研究院、中国敦煌石窟保护研究基金会编 赵声良主编 中国书店 2021 年 3 月 213 页 12 开

敦煌石窟中的归义军历史：莫高窟第 156 窟研究（石窟考古专题丛书）梁红、沙武田著 甘肃文化出版社 2021 年 5 月 目录 13 页 文 297 页 插图 161 幅 16 开

隋及唐前期莫高窟藻井图案研究（敦煌与丝绸之路石窟艺术丛书）陈振旺著 甘肃教育出版社 2021 年 1 月 序、前言、目录 12 页 文 464 页 插图 476 幅 插表 53 幅 16 开

莲华覆海：敦煌莫高窟北朝至隋代藻井研究 侯翔宇著 清华大学出版社 2021 年 8 月 120 页 插图 141 幅 插表 43 幅 16 开

图像与政权：敦煌曹议金第 98 窟研究（敦煌与丝绸之路石窟艺术）邵强军著 甘肃教育出版社 2021 年 7 月 序、目录 14 页 文 386 页 插图 77 幅 插表 2 幅 附表 11 幅 16 开

石窟艺术研究（第五辑）麦积山石窟艺术研究所编 李天铭、孙晓峰主编 文物出版社 2021 年 4 月 239 页 插图 231 幅 插表 9 幅 16 开

炳灵寺石窟：第 169 窟・西秦（丝绸之路石窟艺术丛书）张景峰、魏迎春、郑怡楠编著 安徽美术出版社 2021 年 1 月 255 页 彩版 251 幅 16 开

陕西洞窟造像全集 白文、高明编著 陕西人民美术出版社 2021 年 10 月 295 页 彩版 91 组 8 开

纹样与图像：中国南北朝时期的石窟艺术 [日]八木春生著 姚瑶等译 上海古籍出版社 2021 年 11 月 目录、前言 8 页 文 312 页 插图 340 幅 16 开 选译自『雲岡石窟文樣論』(法藏館，2000 年）和『中国仏教美術と漢民族化：北魏時代後期を中心として』(法藏館，2004 年）

云冈石窟的考古学研究 [日]冈村秀典著 徐小淑译 四川人民出版社 2021 年 9 月 序、目录 8 页 文 328 页 插图 102 幅 彩版 4 页 32 开 译自『雲岡石窟の考古学：遊牧国家の巨石仏をさぐる』(臨川書店，2017 年）

中原东部唐代佛堂形组合式造像塔调查（石窟考古专题丛书）朱己祥著 甘肃文化出版社 2021 年 6 月 目录 30 页 文 470 页 插图 369 幅 地图 4 幅 16 开

东魏—北齐石窟造像研究（山大史学丛书）唐仲明著 科学出版社 2021 年 8 月 目录 18 页 文 677 页 插图 346 幅 插表 46 幅 16 开

河南中小型石窟（第一卷）河南省文物建筑保护研究院编 李银忠、亓艳芝主编 中州古籍出版社 2021 年 11 月 319 页 彩版、拓本、线图 84 组 8 开

水泉石窟（豫西中小石窟）余江宁、王宏涛著 上海交通大学出版社 2021 年 3 月 335 页 16 开

龙门石窟考古报告：东山万佛沟区 龙门石窟研究院编著 科学出版社 2021年7月 全三册 目录29页 文265页 插图110幅 插表8幅 附图17幅 实测图142页（102幅）彩版347页（670幅）8开

龙门百年 龙门石窟研究院编 史家珍、焦建辉主编 上海交通大学出版社 2021年12月 195页 彩版260幅 16开

石窟寺研究（第十一辑）中国古迹遗址保护协会石窟专业委员会、龙门石窟研究院编 孙英民、史家珍主编 科学出版社 2021年8月 207页 插图246幅 插表6幅 16开

石窟寺研究（第十二辑）中国古迹遗址保护协会石窟专业委员会、龙门石窟研究院编 孙英民、史家珍主编 科学出版社 2021年12月 242页 插图224幅 插表10幅 16开

龙门旧影 赵淑梅、周立、杨超杰主编 龙门石窟研究院 上海交通大学出版社 2021年12月 序、目录11页 图版、彩版223页 16开

温玉成文集：龙门石窟卷（龙门石窟文库）温玉成著 科学出版社 2021年10月 文583页 插图410幅 插表13幅 照片11页 16开

大足学刊（第五辑）大足石刻研究院、四川美术学院大足学研究院编 黎方银主编 重庆出版社 2021年11月 403页 插图 16开

空谷流响：大足石刻的发现与传承 深圳市南山博物馆编 戚鑫主编 文物出版社 2021年7月 187页 彩版126幅 16开

走近石窟 刘允东著 齐鲁书社 2021年2月 179页 插图162幅 16开

补 遗

归义军时期吐蕃遗民家窟：敦煌莫高窟第9窟研究（石窟考古专题丛书）魏健鹏著 甘肃文化出版社 2020年6月 203页 插图94幅 16开

四 古代建筑

祭祀与疆域：中国上古空间考古六题 王鲁民、范沛沛著 大象出版社 2021年6月 226页 插图76幅 插表9幅 32开

太原市文物考古研究所文集：地上文物篇 苑杰、李博、刘俊编著 三晋出版社 2021年9月 646页 插图864幅 16开

郑州城隍庙 郑州市商城遗址保护管理处编 马玉鹏主编 科学出版社 2021年6月 212页 彩版、图版、测绘图278幅 16开

四川古建筑测绘图集（第六辑）四川省文物考古研究院编 科学出版社 2021年11月 测绘图352页（362幅）彩版20页 16开

甘肃文物建筑测绘图集 甘肃省文物考古研究所编著 陈国科主编 甘肃教育出版社 2021年9月 全六册 测绘图1634页 彩版426页 16开

高昌遗珍：古代丝绸之路上的木构建筑寻踪（亚欧丛书，7）（匈）毕丽兰（Lilla Russell-Smith）、（德）孔扎克－纳格（Ines Konczak-Nagel）主编 刘韬译 王倩、方笑天审校 上海古籍出版社 2021年8月 序、目录、前言20页 文、彩版225页 插图210幅 彩版56幅 16开 译自 *The Ruins of Kocho: Traces of Woodern Architecture on the Ancient Silk Road*, 2016

五　陶瓷与窑址

中国古陶瓷研究（第二十六辑）：唐三彩窑研究　中国古陶瓷学会、河南省文物考古研究院、郑州大象陶瓷博物馆编　科学出版社　2021 年 11 月　文 404 页　插图 283 幅　插表 17 幅　彩版 149 页（221 幅）16 开

陶瓷手记（四）：区域之间的交流和影响　谢明良著　上海书画出版社　2021 年 3 月　407 页　插图 719 幅　16 开

泥火匠心：孙新民陶瓷文集　孙新民著　科学出版社　2021 年 10 月　序、目录 12 页　文 308 页　插图 196 幅　照片 8 页　16 开

故宫陶瓷馆（卷一）：新石器时代至五代　故宫博物院编　吕成龙、董健丽主编　故宫出版社　2021 年 4 月　365 页　插图 159 幅　彩版 197 幅　12 开

故宫陶瓷馆（卷二）：宋辽西夏金元　故宫博物院编　吕成龙、黄卫文主编　故宫出版社　2021 年 4 月　387 页　插图 38 幅　彩版 190 幅　12 开

陶瓷百赏：故宫陶瓷馆选粹　故宫博物院编　吕成龙主编　故宫出版社　2021 年 9 月　213 页　彩版 100 幅　20 开

吉林大学考古与艺术博物馆馆藏文物丛书：瓷器卷　吉林大学考古与艺术博物馆编　唐淼主编　上海古籍出版社　2021 年 11 月　前言、目录 6 页　彩版、专论 263 页　插图 15 幅　彩版 125 幅　16 开

邢窑　河北省文物考古研究院、邢台市文物管理处、内丘县文物保护管理所、临城县文物保护管理所编著　科学出版社　2021 年 10 月　全二册　目录 33 页　文 615 页　插图 367 幅　插表 14 幅　彩版 294 页　16 开

磁州窑冶子窑址　河北省文物考古研究院、磁州窑博物馆、磁县文物保管所编著　科学出版社　2021 年 11 月　目录 6 页　文 200 页　插图 427 幅　16 开

宋元磁萃：磁州窑冶子窑址出土器物与研究　磁州窑博物馆编著　张美芳、齐守明主编　科学出版社　2021 年 11 月　222 页　插图 89 幅　彩版 304 幅　16 开

龙门遗粹：山西河津窑考古成果展（中国国家博物馆全国考古发现系列丛书）王春法主编　北京时代华文书局　2021 年 12 月　287 页　插图 181 幅　彩版 206 幅　16 开

宋金介休窑　孟耀虎著　三晋出版社　2021 年 8 月　彩版、专论 414 页　16 开

太仓博物馆藏古陶瓷选粹　太仓博物馆编著　朱巍、徐超主编　江苏人民出版社 2021 年 4 月　232 页　彩版 106 幅　16 开

天下龙泉：龙泉青瓷与全球化国际学术研讨会论文集　故宫博物院、浙江省博物馆、丽水市人民政府编　沈琼华主编　文物出版社　2021 年 11 月　序、目录 28 页　文 647 页　插图 1461　插表 33 幅　16 开

丽水保定窑址　复旦大学文物与博物馆学系、丽水市莲都区文化和广电旅游体育局（文物局）编著　沈岳明、周雪妍、陈芳红主编　文物出版社　2021 年 11 月　目录 6 页　文 132 页　插图 46 幅　彩版 31 页　32 开

永春县古窑址　福建省考古研究院、永春县博物馆编　羊泽林、曾汉祥主编　海峡文艺出版社　2021 年 9 月　306 页　彩版　16 开

将乐窑暨中国南方地区宋元青白瓷学术研讨会论文集　中国古陶瓷学会、将乐县博物馆编　海峡文艺出版社　2021 年 12 月　354 页　插图 539 幅　16 开

瓷源集珍：德清县博物馆藏商周原始瓷精粹　德清县博物馆编　故宫出版社　2021 年 3 月　245 页　16 开

福州怀安窑研究　薛菁、杨勇主编　科学出版社　2021 年 4 月　前言、目录 12 页　文 102 页　插图 59 幅　彩版 19 页　16 开

广东省博物馆藏品大系·陶瓷卷（一）：历代陶瓷　广东省博物馆编　黄静主编　文物出版社　2021 年 12 月　335 页　插图 90 幅　彩版 181 幅　16 开

海南岛古窑址（国家文物进出境审核海南管理处“一带一路”文化遗产研究丛书）刘亭亭著　中国海洋大学出版

社 2021 年 8 月 序、前言、目录 16 页 文 169 页 插图 554 幅 插表 21 幅 16 开

邛窑系古陶瓷文化新释 陈丽琼、董小陈、董越著 重庆中国三峡博物馆编 四川美术出版社 2021 年 12 月 384 页 16 开

浮槎万里：中国古代陶瓷海上贸易展（中国国家博物馆历史文化系列丛书）王春法主编 北京时代华文书局 2021 年 1 月 303 页 插图 40 幅 彩版 181 幅 16 开

东西汇融：中欧陶瓷与文化交流特集 上海博物馆编 上海书画出版社 2021 年 9 月 345 页 插图 55 幅 彩版 230 组 16 开

东亚、东南亚制瓷工艺技术的发展与交流：第 21 届 IPPA 大会专题论坛文集 张茂林、秦大树、翁彦俊主编 江西美术出版社 2021 年 11 月 249 页 插图 322 幅 16 开

补 遗

中国古代物质文化史：瓷器 郑建明、彭晓云、张米编著 开明出版社 2020 年 8 月 全二册 目录 10 页 文 507 页 插图 468 幅 16 开

中国陶瓷器论著索引（一）杨远新、任杰编著 吉林大学出版社 2020 年 12 月 282 页 16 开

填空补白（二）：考古新发现明正统、景泰、天顺御窑瓷器 香港中文大学文物馆 2019 年 5 月 523 页 16 开

淡抹浓妆两相宜：景德镇市御窑出土弘治正德瓷特展 厦门市博物馆、景德镇御窑博物馆、景德镇陶瓷民俗博物馆编 张仲淳主编 福建科学技术出版社 2019 年 4 月 192 页 彩版 16 开

广东省第一次全国可移动文物普查成果选编：出土、出水陶瓷器与砖瓦卷 广东省文物局编 邓宏文、邱立诚主编 广东人民出版社 2019 年 5 月 305 页 16 开

六 古代绘画

马王堆汉墓帛画研究（湖南省博物馆藏品研究大系）郑曙斌著 中华书局 2021 年 5 月 160 页 插图 145 幅 8 开

将军崖岩画年代学与图像意涵研究 张嘉馨著 中央编译出版社 2021 年 3 月 303 页 插图 71 幅 插表 13 幅 附图 61 幅 16 开

左江花山岩画与相关考古遗存的关联性研究（广西文物保护与考古研究所学术丛书）杨清平著 广西科学技术出版社 2021 年 11 月 351 页 16 开

山南壁画补编 湖南省文物考古研究所、西藏自治区文物保护研究所、西藏自治区山南市文物局编著 科学出版社 2021 年 3 月 493 页 彩版、平面图 569 幅 12 开

中国古代物质文化史·绘画·卷轴画（汉地佛道）谷赟著 开明出版社 2021 年 12 月 目录 3 页 文 290 页 插图 306 幅 16 开

七 古代书法

中国古代物质文化史：书法（甲骨文·金文）金玉甫、李海亭著 开明出版社 2021 年 12 月 253 页 16 开

战国中山三器铭文图像 郝建文编撰 文物出版社 2021 年 12 月 112 页 12 开

秦封泥与中国书法艺术研究（秦封泥与秦文化研究书系）周世闻、高华强编著 陕西师范大学出版社 2021 年 5 月 332 页 插图 205 幅 16 开

持志斋旧藏北魏平城书法拓本选集 殷宪藏 堀川英嗣、殷亦玄主编 上海书画出版社 2021 年 1 月 84 页 拓本 16 组 8 开

陕西唐代元氏家族墓志录 陕西省考古研究院编著 文物出版社 2021 年 11 月 文、墓志图版、拓本 122 页 插图 21 幅 墓志图版 8 幅 16 开
唐颜真卿书罗婉顺墓志 陕西省考古研究院编著 文物出版社 2021 年 11 月 墓志拓本、文 58 页 彩版 7 幅 16 开
摩崖上的中兴颂：永州摩崖石刻拓片展（中国国家博物馆展览系列丛书）王春法、刘万鸣主编 北京时代华文书局 2021 年 9 月 231 页 图版 99 幅 16 开

八 古代工艺美术

金银曜烁，美熠四方：京冀晋豫陕五省市金银器展 河北博物院编 张立方、舒小峰、刘润民、田凯、罗文利、罗向军主编 北京时代华文书局 2021 年 8 月 329 页 彩版 305 幅 8 开
中国古代服饰文化（中国国家博物馆展览系列丛书）中国国家博物馆编 孙机、胡妍策展、统筹 北京时代华文书局 2021 年 11 月 381 页 插图 16 幅 彩版 254 幅 16 开
中国古代服饰与礼仪学术研讨会论文集 王春法主编 北京时代华文书局 2021 年 12 月 242 页 插图 231 幅 插表 7 幅 16 开
探篹雅故，格物致知：2019 中国古代服饰研究论坛文集 马胜杰、贾荣林主编 中国纺织出版社 2021 年 2 月 140 页 插图 131 幅 插表 4 幅 16 开
齐明盛服：明代衍圣公服饰展 孔子博物馆编 文物出版社 2021 年 12 月 153 页 彩版 16 开
长渠遗珍——南水北调中线工程河南省文物保护成果撷英：带钩 安阳市文物考古研究所编 孔德铭主编 河南人民出版社 2020 年 9 月 262 页 彩版 218 幅 16 开
解密古代天珠 戴君彦、巫新华著 广西师范大学出版社 2021 年 8 月 文 340 页 插图 245 幅 照片 2 页 16 开
战国秦汉髹漆妆奁研究 刘芳芳著 文物出版社 2021 年 5 月 381 页 插图 137 幅 16 开

补 遗

敦煌丝绸艺术全集·敦煌卷 东华大学、敦煌研究院、中国丝绸博物馆编 赵丰主编 东华大学出版社 2020 年 12 月 164 页 插图 22 幅 插表 1 幅 彩版 80 幅 16 开
敦煌丝绸艺术全集·旅顺卷 东华大学、旅顺博物馆、中国丝绸博物馆编 赵丰主编 东华大学出版社 2020 年 12 月 148 页 插图 20 幅 插表 3 幅 彩版 53 幅 16 开
抉微钩沉：中国古代服饰文化研究 华服志平台编 中国纺织出版社 2019 年 11 月 198 页 插图 241 幅 插表 8 幅 16 开

陆 古代科学技术

考工记：山东古代科技展 山东博物馆编著 庄英博主编 文物出版社 2021 年 5 月 207 页 插图 92 幅 彩版 85 幅 8 开

补 遗

红星乱紫烟：中国古代黄金工艺 陕西省文物保护研究院、香港中文大学文物馆、周大福大师工作室编 杨军昌、韩建武、许晓东主编 三秦出版社 2019 年 10 月 146 页 插图 209 幅 16 开

柒 古代文化生活

碎金风华：音乐文物的复制、复原研究（国家哲学社会科学成果文库）王子初著 科学出版社 2021年5月 目录28页 文463页 插图420幅 插表80幅 16开

山东音乐文物史 温增源著 齐鲁书社 2021年9月 375页 插图255幅 插表37幅 16开

武·戏：汉晋三国体育文物展 成都武侯祠博物馆编 谢辉主编 文物出版社 2021年12月 173页 插图19幅 彩版63幅 16开

补 遗

中国古代物质文化史：家具 袁进东、周京南、胡景初著 开明出版社 2020年10月 目录4页 文242页 插图324幅 16开

捌 民族考古和边疆地区考古

中国古代北方民族史：拓跋鲜卑卷 梁云、白劲松著 科学出版社 2021年8月 162页 插图19幅 16开

公元前一千纪新疆伊犁河谷墓葬的考古学研究 张驰著 科学出版社 2021年6月 目录7页 文231页 插图61幅 插表27幅 16开

环塔里木汉唐遗址 张安福、田海峰著 广东人民出版社 2021年1月 531页 插图591幅 插表81幅 16开

西域探险记 [英]奥雷尔·斯坦因（Aurel Stein）著 巫新华译 广西师范大学出版社 2021年11月 299页 插图115幅 32开 译自 *On Ancient Central Asian Tracks*

黄文弼与丝绸之路 西北大学文化遗产学院、新疆师范大学黄文弼中心、新疆维吾尔自治区博物馆编 罗丰、周珊、于志勇、姚远主编 科学出版社 2021年10月 284页 彩版、影图、照片350幅 16开

古代中国内陆：景观考古视角下的古代四川盆地、三峡和长江中游地区 [美]傅罗文（Rowan K.Flad）、陈伯桢（Chen Pochan）著 戚轩铭译 北京联合出版公司 2021年4月 致谢、目录9页 文466页 插图76幅 32开 译自 *Ancient Central China: Centers and Peripheries along the Yangzi River*, 2013

神秘的巴国：走进长江文明主题展系列（重庆中国三峡博物馆70周年馆庆系列丛书）重庆中国三峡博物馆编 程武彦主编 四川美术出版社 2021年3月 196页 彩版 幅 16开

寻找夜郎（南越王宫博物馆研究丛书）西汉南越王宫博物馆编著 林冠男、李甫主编 岭南美术出版社 2021年8月 332页 插图58幅 彩版268幅 16开

青铜井烛：滇国历史文化探微（云南省博物馆学术研究丛书）樊海涛著 云南美术出版社 2021年4月 260页 插图182幅 16开

古代云南与东南亚的铜鼓文化交流研究 董晓京著 中国社会科学出版社 2021年9月 前言、目录7页 文313页 插图230幅 16开

山宗·水源·路之冲：一带一路中的青海 青海省文物局、青海省博物馆、青海省文物考古研究所编著 文物出版社 2021年12月 323页 插图12幅 文物彩版360幅 说明性彩版50幅 16开

青藏高原丝绸之路的考古学研究 仝涛著 文物出版社 2021年4月 全二册 序、目录7页 文638页 插图628幅 遥感地图13页 16开

守望昆仑：第三极考古手记 王仁湘著 天地出版社 2021年7月 文232页 插图100幅 彩版14页 16开

览古·鉴今：历史的见证 西藏自治区文物局编 唐聪丽主编 中国藏学出版社 2021 年 3 月 222 页 彩版 134 幅 16 开

西藏的石刻考古 格旺编著 人民邮电出版社 2020 年 12 月 279 页 彩版 145 幅 16 开

玖 宗教遗迹与遗物

宿白集：藏传佛教寺院考古 宿白著 生活·读书·新知三联书店 2021 年 3 月 目录、前言 15 页 文、图版 515 页 插图 223 幅 图版 68 幅 16 开

汉传佛教与亚洲物质文明（佛教观念史与社会史研究丛书）圣凯主编 商务印书馆 2021 年 8 月 序、目录 8 页 文 333 页 插图 150 幅 插表 18 幅 16 开

北朝唐宋佛教与社会：山东临朐白龙寺遗址考古研讨论会论文集 山东省文物考古研究院、临朐县博物馆编著 李振光主编 文物出版社 2021 年 10 月 文 261 页 插图 267 幅 插表 3 幅 彩版 20 页 16 开

观妙入真：永乐宫保护与传承 山西博物院、山西省永乐宫壁画保护研究院编 山西人民出版社 2021 年 12 月 247 页 16 开

补 遗

黑水城出土擦擦整理研究（黑水城历史文化系列丛书）张震州、蔡彤华编著 甘肃文化出版社 2020 年 8 月 文、彩版 142 页 插图 21 幅 彩版 189 幅 16 开

拾 文物保护单位、文物志与历史地理

第八批全国重点文物保护单位 国家文物局编 文物出版社 2021 年 6 月 目录 12 页 文 363 页 插图 822 幅 16 开

中国文物地图集：广西壮族自治区分册 国家文物局主编 陈远璋（卷）主编 文物出版社 2021 年 12 月 全二册 前言、凡例 、目录 17 页 地图、图版 399 页 文 762 页 16 开

牧野文物（牧野文化研究）银延林、周舟、秦欣欣编著 中国社会科学出版社 2021 年 3 月 266 页 插图 329 幅 16 开

大运河文化研究论集（一）南京博物院、中国大运河博物馆编 龚良主编 科学出版社 2021 年 5 月 603 页 插图 306 幅 插表 29 幅 16 开

第八批江苏省文物保护单位 江苏省文化和旅游厅、江苏省文物局编 吴晓林主编 南京出版社 2021 年 10 月 314 页 16 开

滨湖考古 无锡市滨湖区政协学习文史和社会法制委员会编 刘宝山主编 南京出版社 2021 年 12 月 228 页 插图 150 幅 16 开

浙江通志（第九十卷）：文物志《浙江通志》编纂委员会编 李小宁主编 浙江古籍出版社 2021 年 12 月 序、凡例、目录 16 页 文 1024 页 插图 356 幅 插表 43 幅 彩版 38 页 16 开

福建文化遗产精粹 福建省文物局编 福建人民出版社 2021 年 7 月 224 页 16 开

泉州：宋元中国的世界海洋商贸中心遗产图录 泉州市“泉州：宋元中国的世界海洋商贸中心”系列遗产申报世界文化遗产工作领导小组办公室、泉州市文化广电和旅游局编著 福建人民出版社 2021 年 6 月 190 页 彩版 297 幅 12 开

泉州文物·国保篇 泉州市文物局、泉州市文物考古研究所编 九州出版社 2021 年 6 月 327 页 16 开
先秦时期的霞浦（霞浦海洋文化研究丛书）吴卫著 科学出版社 2021 年 11 月 文 159 页 插图 196 幅 图版、彩版 8 页 32 开
重庆全国重点文物保护单位名录（一至八批）（重庆文化遗产保护系列丛书）重庆市文物局、重庆市文化遗产研究院编著 重庆出版社 2021 年 4 月 307 页 16 开
邛崃文物图志：不可移动文物 成都市地方志编纂委员会办公室、邛崃市地方志编纂委员会办公室、邛崃市文物保护中心编 四川大学出版社 2021 年 9 月 全二册 1544 页 16 开
绵阳文物志 张梦珂编著 四川大学出版社 2021 年 6 月 213 页 插图 122 幅 16 开
城市的记忆：西安文物概览 西安市文物局编著 向德主编 世界图书出版（西安）公司 2021 年 11 月 312 页 插图 223 幅 16 开
神木文物菁华 神木市文化和旅游文物广电局编 刘亚功主编 陕西人民出版社 2020 年 10 月 237 页 彩版 280 幅 16 开
丝路遗迹：总论篇 陈同滨、陈凌主编 中国建筑工业出版社 2021 年 8 月 序、目录 12 页 文 144 页 插图 45 幅 插表 4 幅 16 开
丝路遗迹：城镇篇 陈同滨、陈凌主编 中国建筑工业出版社 2021 年 3 月 序、目录 13 页 文、图 269 页 插图 23 幅 区位图 61 幅 彩版 378 幅 16 开
丝路遗迹：交通篇 陈同滨、陈凌主编 中国建筑工业出版社 2021 年 3 月 序、目录 13 页 文、图 228 页 插图 23 幅 区位图 43 幅 彩版 318 幅 16 开
丝路遗迹：生产篇 陈同滨、陈凌主编 中国建筑工业出版社 2021 年 3 月 序、目录 12 页 文、图 192 页 插图 123 幅 区位图 27 幅 彩版 184 幅 16 开
丝路遗迹：宗教篇（上）陈同滨、陈凌主编 中国建筑工业出版社 2021 年 3 月 序、目录 13 页 文、图 283 页 插图 92 幅 区位图 69 幅 彩版 354 幅 16 开
丝路遗迹：宗教篇（下）陈同滨、陈凌主编 中国建筑工业出版社 2021 年 3 月 序、目录 13 页 文、图 172 页 插图 34 幅 区位图 43 幅 彩版 203 幅 16 开
丝路遗迹：墓葬篇 陈同滨、陈凌主编 中国建筑工业出版社 2021 年 3 月 序、目录 13 页 文、图 265 页 插图 65 幅 区位图 37 幅 彩版 596 幅 16 开
中国长城 2017 ~ 2018 年度保护发展报告（中国文化遗产研究院·人文社会科学系列）中国文化遗产研究院编著 文物出版社 2021 年 12 月 前言、目录 8 页 文 144 页 插图 63 幅 插表 30 幅 16 开
万里长城：第一批国家级长城重要点段图录 国家文物局编 柴晓明、闫亚林主编 文物出版社 2021 年 6 月 203 页 彩版 142 幅 16 开
秦长城研究（秦文明新探丛书）徐卫民、余熠著 上海古籍出版社 2021 年 12 月 352 页 插图 39 幅 16 开

补 遗

长沙文物保护单位概览（国家级、省级）本书编委会编 陈志主编 湖南人民出版社 2019 年 12 月 291 页 16 开
舟楫千里：大运河文化展（中国国家博物馆展览系列丛书）中国国家博物馆 、首都博物馆、天津博物馆、河北博物院编 王春法主编 北京时代华文书局 2020 年 12 月 291 页 彩版 157 组 16 开
北京志·文物志（2000 ~ 2010）北京市地方志编纂委员会编著 陈晓苏主编 北京出版社 2020 年 6 月 文 568 页 插图 126 幅 插表 63 幅 彩版 11 页 16 开

临县文物志 薛孝泽主编 山西人民出版社 2020 年 5 月 705 页 16 开

辽宁省志・文物志（1986 ~ 2005）辽宁省地方志编纂委员会办公室编 林燕燕主编 辽宁人民出版社 2020 年 12 月 文 551 页 插图 1051 幅 彩版 30 页 16 开

黑龙江省志（第十七卷）：文物志（1986 ~ 2005）黑龙江省地方志编纂委员会编 孟祥武主编 黑龙江人民出版社 2020 年 12 月 文 485 页 插图 291 幅 插表 22 幅 彩版 20 页 16 开

拾壹 中外关系与中外文化交流

丝绸之路学（西北大学考古学系列教材）赵丛苍主编 赵丛苍、张朝、赵戈撰 科学出版社 2021 年 12 月 296 页 插图 100 幅 地图 6 幅 16 开

外国文物里的丝绸之路 沈卫星主编 光明日报出版社 2021 年 3 月 317 页 插图 265 幅 16 开

十件古物中的丝路文明史 ［英］魏泓（Susan Whitfield）著 王东译 民主与建设出版社 2021 年 3 月 文 368 页 插图 34 幅 地图 11 页 彩版 8 页 32 开 译自 *Silk，Slaves and Stupas. Material Culture of the Silk Road*，2018

碰撞与交融：考古发现与外来文化（国家社科基金后期资助项目）齐东方著 科学出版社 2021 年 7 月 283 页 插图 163 幅 16 开

我在考古现场：丝绸之路考古十讲 齐东方著 中华书局 2021 年 8 月 237 页 插图 275 幅 32 开

轴心时代的波斯与中国：张骞通西域前的丝绸之路 林梅村著 西北大学出版社 2021 年 9 月 402 页 彩版 425 幅 8 开

丝路豹斑：不起眼的交流，不经意的发现（再续）冉万里著 科学出版社 2021 年 12 月 384 页 插图 668 幅 16 开

洲尾贸易场：汉代以后北部湾海上丝绸之路变迁与延续的历史见证 何守强著 漓江出版社 2021 年 7 月 242 页 插图 16 开

大海就在那：中国古代航海文物大展图录 中国航海博物馆编著 张东苏主编 文物出版社 2021 年 11 月 313 页 插图 28 幅 彩版 158 幅 16 开

补 遗

平民情怀：平山郁夫藏丝路文物（中国国家博物馆国际交流系列丛书）中国国家博物馆编 安徽美术出版社 2019 年 8 月 269 页 彩版 16 开

拾贰 文物保护、大遗址和文化遗产保护

一 文物保护工作

中国文物年鉴（2020）国家文物局编 文物出版社 2021 年 11 月 文 401 页 照片 7 页 16 开

文物工作研究：聚焦 2019 柴晓明、解冰主编 文物出版社 2021 年 12 月 文 268 页 插图 88 幅 插表 8 幅 彩版 12 页 16 开

中国世界文化遗产 2020 年度保护状况总报告（中国文化遗产研究院・世界文化遗产系列）中国文化遗产研究院著 文物出版社 2021 年 12 月 302 页 插图 141 幅 插表 33 幅 地图 8 幅 16 开

中国文物古迹保护思想史研究文集 吕舟主编 清华大学出版社 2021 年 10 月 397 页 插图 158 幅 插表 30 幅 16 开

中国文物学教程（南京大学考古文物系系列教材）周晓陆、殷洁、张晋政编著 南京大学出版社 2021 年 6 月

299 页 插图 252 幅 16 开

文物艺术品常用合同指引 李袁婕、秦博、高健编著 文物出版社 2021 年 1 月 392 页 32 开

文化遗产研究（第四辑）中国社会科学院考古研究所文化遗产保护中心编 杜金鹏、梁宏刚主编 科学出版社 2021 年 1 月 419 页 插图 334 幅 插表 74 幅 16 开

浙江文物年鉴（2021）《浙江文物年鉴》编委会编 杭州出版社 2021 年 12 月 328 页 16 开

ABC 法：一种文化遗产预防性保护的风险管理方法（中国文化遗产研究院·文物保护科技系列，2021 年）[加] 斯蒂芬·米哈尔斯基（Stefan Michalski）、[巴西] 小何塞·路易斯·佩德索利（Jos é Luiz Pedersoli Jr.）著 张亦弛等译 文物出版社 2021 年 6 月 序、目录 17 页 文 147 页 插图 19 幅 插表 26 幅 彩版 16 页 16 开 译自 *The ABC Method: a Risk Management Approach to the Preservation of Cultural Heritage*

废墟上的未来：联合国教科文组织、世界遗产与和平之梦（人文与社会译丛）[澳] 林恩·梅斯克尔（Lynn Meskell）著 王丹阳、胡牧译 译林出版社 2021 年 11 月 序、目录 15 页 文 434 页 32 开 译自 *A Future in Ruins: UNESCO, World Heritage, and the Dream of Peace*, 2018

建设项目文物影响评估实践研究（国文琰文物研究系列丛书）张治强著 故宫出版社 2021 年 10 月 147 页 16 开

文物保护单位安全与应急管理概论 李季梅、宁利君、李海鹏、张殿军等著 文物出版社 2021 年 4 月 序、前言、目录 8 页 文 265 页 插图 87 幅 插表 82 幅 16 开

被掠文物回家路：“二战”被掠文物返还的法律与道德问题 王云霞、胡姗辰、李源著 商务印书馆 2021 年 5 月 序言、目录 10 页 文 530 页 32 开

近代国宝海外流失录 [日] 富田升著 徐二红译 中国画报出版社 2021 年 11 月 序、目录 13 页 文 239 页 插图 77 幅 插表 17 幅 32 开 译自『流転清朝秘宝』, 2002 年

市场、观念与国家：近代中国文物保护制度的形成 李飞著 科学出版社 2021 年 6 月 316 页 16 开

李晓东文物考古六十年纪念集：序跋·书评·记忆 彭蕾编 文物出版社 2021 年 7 月 文 209 页 照片 20 页 16 开

补 遗

文物行政执法手册 [2020 年修订版] 国家文物局督察司编 文物出版社 2020 年 11 月 501 页 64 开

文物影响评估体系研究：以古遗址展示利用为视角 滕磊著 科学出版社 2019 年 12 月 文 323 页 插图 188 幅 插表 88 幅 16 开

鄂尔多斯文博事业五十五年 鄂尔多斯青铜器博物馆编 故宫出版社 2020 年 12 月 535 页 16 开

鄂尔多斯文博人：鄂尔多斯文博事业发展历程回顾 鄂尔多斯青铜器博物馆编 科学出版社 2020 年 12 月 282 页 16 开

秦始皇陵文化遗产管理综合实习教程（西北大学文化遗产管理系列教材）刘卫红主编 科学出版社 2020 年 12 月 213 页 16 开

二 文物保护技术与文物修复

万年永宝：中国馆藏文物保护成果 国家文物局编 周晹主编 科学出版社 2021 年 5 月 彩版 203 页 论文、附录 88 页 插图 72 幅 8 开

万年永宝：中国馆藏文物保护成果 [普及本]（首都博物馆书库，丁种第伍拾叁部）国家文物局编 周晹、龙霄飞主编 科学出版社 2021 年 10 月 242 页 彩版 227 幅（组）插表 3 幅 16 开

文物修复研究（2017 ~ 2018）中国文物学会文物修复专业委员会编 中国文联出版社 2021 年 6 月 798 页

16 开

山东可移动文物保护修复与研究（山东文物保护修复与研究系列丛书）山东省文物保护修复中心、山东省文物保护技术协会编 王传昌主编 齐鲁书社 2021 年 4 月 392 页 插图 422 幅 插表 70 幅 16 开

故宫文物保护修复文集 故宫博物院编 史宁昌主编 故宫出版社 2021 年 6 月 538 页 插图 697 幅 插表 66 幅 16 开

考古发掘文物保护技术研究 王芳著 哈尔滨出版社 2021 年 3 月 170 页 插图 3 幅 16 开

文物保护修复与鉴赏 张孜江著 四川大学出版社 2021 年 9 月 序、前言、目录 12 页 文 281 页 插图 431 幅 插表 9 幅 16 开

千石永载：潮湿环境下砖石质文物风化机理与保护方法研究 冯楠著 上海古籍出版社 2021 年 12 月 258 页 插图 81 幅 插表 62 幅 32 开

中国石质文物保护与修复技术进展研究 李建厚著 吉林文史出版社 2021 年 133 页 16 开

中国古代青铜器保护与修复（中国文物鉴定与修复丛书）张珮琛著 上海人民美术出版社 2021 年 12 月 231 页 插图 352 幅 插表 7 幅 16 开

苏派青铜文物修复技艺研究 潘炼、张江、朱黎编著 上海科学技术出版社 2021 年 1 月 190 页 插图 206 幅 插表 10 幅 附图 12 幅 16 开

浙江瓯海西周土墩墓出土青铜器修复与保护研究（中国文化遗产研究院文物保护科技系列）马菁毓著 学苑出版社 2021 年 10 月 156 页 插图 203 幅 插表 33 幅 16 开

宜昌博物馆馆藏金属文物保护修复报告 宜昌博物馆、北京鉴衡文物修复中心编著 董清丽、向光华主编 文物出版社 2021 年 10 月 234 页 插图 265 幅 插表 15 幅 彩版 172 幅 16 开

宜昌博物馆馆藏瓷器保护修复报告 宜昌博物馆、北京鉴衡文物修复中心编著 向光华主编 文物出版社 2021 年 5 月 202 页 插图 122 幅 插表 8 幅 彩版 264 幅 16 开

寿柏巧榇：沂南河阳清代棺木保护修复与研究（山东文物保护修复与研究系列丛书）山东省文物保护修复中心、沂南县博物馆编 吴双成、刘建国、吕宜乐著 齐鲁书社 2021 年 3 月 前言、目录 15 页 文 309 页 插图 364 幅 插表 18 幅 16 开

瀚海析微：新疆山普拉墓地出土纺织品保护研究 万洁主编 文物出版社 2021 年 7 月 129 页 插图 160 幅 插表 17 幅 彩版 44 幅 16 开

江西九江星子明代高僧墓壁画保护修复报告 江西省文物考古研究院、陕西师范大学历史文化遗产保护教育部工程研究中心编著 胡胜、李玉虎主编 科学出版社 2021 年 9 月 146 页 插图、彩版 159 幅 插表 31 幅 16 开

繁华刹那：佛教彩绘造像与壁画保护科技研究（中国文化遗产研究院文物保护科技系列）王乐乐著 文物出版社 2021 年 8 月 210 页 16 开

应用气相色谱 / 质谱法对文物中天然有机胶合材料的研究 [英文版] 魏书亚著 科学出版社 2021 年 8 月 序、目录 9 页 文 319 页 插图 137 幅 插表 53 幅 彩版 8 页 16 开 英文题名 *Study of Natural Organic Binding Media Used in Cultural Heritage by Gas Chromatography / Mass Spectrometry*

补 遗

出土竹木漆器类文物含水率测定失重法（WW\T0086-2018）/ 中华人民共和国文物保护行业标准 荆州文物保护中心起草 国家文物局发布 2019 年 6 月 3 页 16 开

馆藏丝织品老化程度测定傅里叶变换红外光谱分析法（WW\T0087-2018）/ 中华人民共和国文物保护行业标准 中国科技大学起草 国家文物局发布 2019 年 6 月 9 页 16 开

石质文物劣化模式图解术语表（陕西省文物保护研究院译著系列 古迹和遗址丛书）国际古迹遗址理事会－国际石质科学委员会编著 陕西省文物保护研究院、砖石质文物保护国家文物局重点科研基地译 陕西科学技术出版社 2020年 78页 16开

三 文物保护工程

中国国际合作援外文物保护研究文集：历史卷（中国文化遗产研究院国际合作文物保护研究系列）中国文化遗产研究院编 袁濛茜主编 文物出版社 2021年8月 233页 插图150幅 插表6幅 16开

中国国际合作援外文物保护研究文集：考古卷（中国文化遗产研究院国际合作文物保护研究系列）中国文化遗产研究院编 黄雯兰主编 文物出版社 2021年8月 272页 插图291幅 16开

中国国际合作援外文物保护研究文集：工程卷（中国文化遗产研究院国际合作文物保护研究系列）中国文化遗产研究院编 王晶主编 文物出版社 2021年8月 348页 插图376幅 插表5幅 16开

中国国际合作援外文物保护研究文集：综合卷（中国文化遗产研究院国际合作文物保护研究系列）中国文化遗产研究院编 刘志娟主编 文物出版社 2021年8月 281页 插图86幅 插表6幅 16开

中国文化遗产研究院援外文物保护工程项目成果集：2017～2019 中国文化遗产研究院编著 许言、王晶主编 文物出版社 2021年10月 前言、目录39页 文408页 插图464幅 插表30幅 16开

干旱环境下土遗址保护成套技术集成与效果评价研究 郭青林、裴强强、谌文武、孙满利、张景科、王彦武、赵林毅、杨善龙编著 科学出版社 2021年5月 文661页 插图641幅 插表221幅 彩版4页 16开

龙门石窟保护与地学研究 杨刚亮著 科学出版社 2021年10月 399页 16开

花山岩画保护工程报告（中国文化遗产研究院·文物保护工程系列，2021年）王云峰、刘建辉、周霄编著 文物出版社 2021年8月 158页 16开

补 遗

玉蟾山摩崖造像抢救保护研究报告 郭品武、甘志新主编 巴蜀书社 2020年10月 208页 16开

四 大遗址保护

大遗址保护规划编制评价体系研究 李长盈著 湖北人民出版社 2021年10月 235页 16开

拾叁 水下考古

水下文化遗产与国际法（上海市文物保护研究中心水下考古译丛）［英］莎拉·德罗姆古尔（Sarah Dromgoole）著 谢银玲、贾春旭、丁天、范思佳、黄金龙译 上海交通大学出版社 2021年8月 序、目录等36页 文413页 16开 译自 *Underwater Cultural Heritage and International Law*，2013

中国沉船考古发现与研究（国家文物局考古研究中心·论著系列—1）国家文物局考古研究中心编著 宋建忠主编 科学出版社 2021年9月 231页 插图172幅 16开

水下考古（第三辑）国家文物局考古研究中心主办 宋建忠主编 上海古籍出版社 2021年12月 244页 插图263幅 插表10幅 16开

考古学视野下港口与码头学术研讨会论文集（山东省涉水文化遗产保护研究丛书）山东省水下考古研究中心、垦利博物馆编 古笑雷主编 上海古籍出版社 2021年12月 446页 插图138幅 插表11幅 16开

涨海推舟，千帆竞渡：南海水下文化遗产大展 海南省博物馆编 陈江主编 江苏人民出版社 2021 年 10 月 197 页 16 开

南海钩沉：南海水下考古发现与研究（海南省博物馆出版物・丙种）贾宾、蒋斌著 江苏人民出版社 2021 年 10 月 284 页 插图 686 幅 16 开

沉舟格物：广东海陵戙船澳炮台 2020–2021 年考古调查（印象“南海Ⅰ号”）广东海上丝绸之路博物馆编著 华南理工大学出版社 2021 年 12 月 118 页 插图 139 幅 插表 7 幅 16 开

沉舟格物：海上丝绸之路文化研究（印象“南海Ⅰ号”）广东海上丝绸之路博物馆编著 华南理工大学出版社 2021 年 12 月 224 页 插图 137 幅 插表 21 幅 16 开

“华光礁Ⅰ号”南宋沉船保护（Ⅰ期）与研究（海南省博物馆・文物保护科技系列）包春磊、刘爱虹著 文物出版社 2021 年 10 月 前言、目录 8 页 文 233 页 插图 83 幅 16 开

拾肆　世界古代文明与考古

史前人类简史：从冰河融化到农耕诞生的一万五千年 ［英］史蒂文・米森（Steven Mithen）著 王晨译 北京日报出版社 2021 年 2 月 836 页 插图 24 幅 地图 6 幅 16 开 译自 *After the Ice, A Global History 20000–5000 BC*, ©2003

耀武扬威：权杖源流考 李水城著 上海古籍出版社 2021 年 4 月 410 页 插图 232 幅 16 开

中国收藏的古埃及文物 颜海英著 中国社会科学出版社 2021 年 6 月 382 页 插图 61 幅 16 开

埃及考古笔记 ［英］克里斯・农顿（Chris Naunton）编著 王硕译 华中科技大学出版社 2021 年 6 月 263 页 插图 226 幅 16 开 译自 *Egyptologists Notebooks*, 2020

寻秘古埃及：勇闯法老之国的艺术家与探险家 ［英］凯瑟琳・罗里希（Catharine Roehrig）、［英］弗兰科・塞里诺（Franco Serino）著 唐欣悦译 华中科技大学出版社 2021 年 5 月 彩绘图、铜版图、文 327 页 8 开 译自 *Ancient Egypt: Artists and Explorers in the Land of the Pharaohs*, 2003

苏美尔人（上海三联人文经典书库）［英］伦纳德・伍雷（Leonard Woolley）著 王献华、魏桢力译 上海三联书店 2021 年 1 月 134 页 插图 32 幅 16 开 译自 *The Sumerians*, 1929

蛮族世界的拼图：欧洲史前居民百科全书 ［波］彼得・柏伽基（Peter Bogucki）著 朱鸿飞译 中国社会科学出版社 2021 年 3 月 前言、年谱、目录 12 页 文 326 页 插图 63 幅 32 开 译自 *The Barbarians: lost Civilizations*, ©2017

地中海城记（新丝路艺丛）周繁文著 广西师范大学出版社 2021 年 3 月 文 173 页 插图 33 幅 彩版 16 页（22 幅）16 开

鸵鸟蛋、黑陶与铜肝：神秘的伊特鲁里亚人 ［英］露西・希普利（Lucy Shipley）著 戚悦译 中国社会科学出版社 2021 年 7 月 281 页 插图 55 幅 32 开 译自 *The Etruscans: Lost Civilizations*, ©

Scripta Minoa: the Written Doocuments of Minoan Crete with Special Reference to the Archives of Knossos 米诺斯图画文字（寰宇文献・考古系列）［英］阿瑟・约翰・埃文斯（Arthur John Evans）著 华东师范大学出版社 2021 年 1 月 影印本 全二册（卷上：文 302 页 图版 14 页 卷下：文 114 页 字表 28 页 摹本 119 页 图版 85 页）16 开

Collection of Etruscan, Greek and Roman Antiquities from the Cabinet of the Hon. W. Hamilton, His Britannick Maiestys Envoy Extraordinary and Plenipotentiary at the Court of Naples 威廉・汉密尔顿爵士藏品集（寰宇文献・考古系列）［英］威廉・汉密尔顿（Sir William Hamilton）著 华东师范大学出版社 2021 年 4 月 影印本 全六册（卷

一：文 177 页 图版 101 页 卷二：文 168 页 图版 109 页 卷三：文 211 页 图版 121 页 卷四：文 252 页 图版 120 页 卷五：文 262 页 图版 128 页 卷六：文 97 页 图版 206 页）16 开

The Archaeology of Grete: an Introduction 克里特考古（寰宇文献·考古系列）[英]约翰·彭德尔伯里（John Davitt Stringfellow Pendlebury）著 华东师范大学出版社 2021 年 4 月 影印本 序、目录 32 页 文 400 页 插图 53 幅 地图 24 幅 图版 43 页 16 开

The Mycenaean Age: a Study of the Monuments and Culture of Pre-Homeric Greece 迈锡尼时代（寰宇文献·考古系列）[希]克雷斯托斯·楚恩塔斯（Chrestos Tsountas）、[美]詹姆斯·马纳特（J.Irving Manatt）著 华东师范大学出版社 2021 年 4 月 影印本 序、目录、前言 31 页 文 417 页 插图 169 幅 16 开

Carchemish: Report on the Excavations at Djerabis on behalf of the British Museum 卡赫美士考古报告（寰宇文献·考古系列）[英]戴维·霍格斯（David George Hogarth）、[英]查尔斯·伍利（Charles Leonard Woolley）、[英]理查德·巴尼特（Richard David Barnett）著 华东师范大学出版社 2021 年 4 月 影印本 文 290 页 插图 96 幅 图版 70 页 16 开

Antiquities of Ionia 伊奥尼亚古迹（寰宇文献·考古系列）[英]尼古拉斯·雷维特（Nicholas Revett）、[英]理查德·钱德勒（Richard Chandler）著 华东师范大学出版社 2021 年 4 月 影印本 序、目录 15 页 文 183 页 图版 253 页 16 开

The Antiquities of Athens and other Monuments of Greece 雅典古迹（寰宇文献·考古系列）[英]詹姆斯·斯图尔特（Robert Koldewey）、[英]尼古拉斯·雷维特（Nicholas Revett）著 华东师范大学出版社 2021 年 4 月 影印本 文 150 页 图版 126 页 16 开

The Excavations at Babylon 巴比伦的发掘（寰宇文献·考古系列）[德]罗伯特·科尔德威（Robert Koldewey）著 [英]艾格尼丝·约翰斯（Agnes S.Johns）英译 华东师范大学出版社 2021 年 8 月 影印本 专论 5 页 序、目录 19 页 文 335 页 插图 255 幅 16 开

Nineveh and Its Remains: with an Account of a Visit to the Chaldean Christians of Kurdistan, and the Yezidis, or Devil-Worshippers; and an Enquiry into the Manners and Arts of the Ancient Assyrians 莱亚德尼尼微考古文献汇编（寰宇文献·考古系列）[英]奥斯汀·莱亚德（Austen Henry Layard）著 华东师范大学出版社 2021 年 8 月 影印本 全六册（卷一：*Nineveh and Its Remains* 专论 5 页 序、前言 30 页 文 399 页 卷二：*Nineveh and Its Remains* 491 页 卷三：*Discoveries in the Ruins of Nineveh and Babylon* 686 页 卷四：*The Monuments of Nineveh/ A Second Series of the Monumens of Nineveh* 286 页 图版 100 幅 插图 32 幅 卷五：*Early Adventures in Persia, Susiana, and Babylonia* 490 页 卷六：*Early Adventures in Persia , Susiana, and Babylonia* 511 页）16 开

欧亚之门：乌拉尔与西西伯利亚的青铜和铁器时代 [俄]柳德米拉·克里亚科娃（Ludmila Koryakova）、[俄]安德烈·叶皮马霍夫（Andrej Epimakhov）著 陈向译 生活·读书·新知三联书店 2021 年 3 月 目录、导读、序 15 页 文 457 页 插图 124 幅 16 开 译自 *The Urals and Western Siberia in the Bronze and Iron Ages*, ©2007

南俄罗斯的伊朗人与希腊人（汉译丝瓷之路历史文化丛书）[美]M. 罗斯托夫采夫（M. Rostovtzeff）著 卓文静译 商务印书馆 2021 年 5 月 目录 8 页 文 325 页 插图 23 幅 图版 32 页 16 开 译自 *Iranians & Greeks in South Russia*, 1922 Эллинствоиранствонаюге России

热土荒丘五十年：中亚考古回忆录（新丝路译丛）（乌兹别克斯坦）瑞德维拉札（Edvard Rtveladze）著 陈杰军译 广西师范大学出版社 2021 年 11 月 序、目录 7 页 文 278 页 插图 129 幅 16 开 据塔什干 SANTA 杂志社 2012 年（第一部）、2014 年（第二部）俄语版译出。

我们亚洲：亚细亚古代文明（世界古代文明系列展）湖南省博物馆编 喻燕姣策展 湖南人民出版社 2021 年 9

月 219 页 插图 52 幅 展品彩版 200 幅 遗址图版 11 幅 8 开
海东青蚨：高丽铸币 崔劲波、李廷青著 商务印书馆 2021 年 10 月 序、目录 14 页 文 212 页 插图、图表 170 幅 16 开
日本瑰宝：东京国立博物馆珍藏 日本东京国立博物馆编 [日]六田知弘摄影 乐丽君译 上海书画出版社 2021 年 4 月 311 页 彩版 153 组 8 开
王权的诞生：弥生时代—古坟时代（讲谈社·日本的历史）[日]寺泽薰著 米彦军、马宏斌译 文汇出版社 2021 年 5 月 412 页 32 开 译自『日本の歴史（02）：王権誕生』（講談社学術文庫），2008 年
犍陀罗的微笑：巴基斯坦古迹文物巡礼 北京大学外国语学院、北京大学东方文学研究中心、巴基斯坦驻中国大使馆编 张嘉妹主编 上海三联书店 2021 年 1 月 133 页 彩版 60 幅 图版 80 幅 12 开
阿富汗访古行记（走进西域丛书）刘拓著 北京大学出版社 2021 年 6 月 383 页 插图 206 幅 32 开
"叙"写传奇：叙利亚古代文物精品展 深圳市南山博物馆、中国文物交流中心编 文物出版社 2021 年 5 月 371 页 插图 86 幅 彩版 194 幅 16 开
波斯艺术（简明艺术史书系）[俄]弗拉基米尔·卢科宁（Vladimir Loukonine）、[俄]阿纳托利·伊万诺夫（Anatoli Ivanov）编著 关祎译 重庆大学出版社 2021 年 1 月 100 页 彩版 41 幅 32 开 译自 *Persian art, the Lost Treasure*, 2017
玛雅三千年 [美]西尔韦纳斯·莫利(Sylvanus Morley)著 李江艳译 天地出版社 2021 年 11 月 目录、前言 9 页 文、参考文献 540 页 插图 132 幅 32 开 译自 *The Ancient Maya*，1946
埃尔塔欣：一城一世 [墨]萨拉·拉德隆·德·格瓦拉（Sara Ladr ó n de Guevara）著 李彦译 中国人民大学出版社 2021 年 8 月 引言、目录 15 页 文 142 页 插图 54 幅 32 开 译自 *El Tajín: La Urbe que Representa al Orbe*，2010
亲密关系：动物如何塑造人类历史（启真·人文历史）[英]布赖恩·费根（Brian Fagan）著 刘诗军译 浙江大学出版社 2019 年 12 月 368 页 16 开 译自 *The Intimate Bond: How Animals Shaped Human History*，2015
沙漠与餐桌：食物在丝绸之路上的起源 [美]罗伯特·N. 斯宾格勒三世（Robert N. Spengler III）著 陈阳译 社会科学文献出版社 2021 年 11 月 388 页 插图 33 幅 32 开 译自 *Fruit from the Sands: the Silk Road Origins of the Food We Eat*, 2019
琉光溢彩：平山郁夫丝绸之路美术馆藏古玻璃器珍品 敦煌研究院编 赵声良、平山美知子、罗华庆主编 岭南美术出版社 2021 年 7 月 169 页 插图 6 幅 彩版 185 幅 16 开

补 遗

香料贸易与印度尼西亚班达群岛的陶器演化（海上丝绸之路研究丛书）熊仲卿著 中山大学出版社 2019 年 1 月 249 页 插图 96 幅 插表 91 幅 16 开

拾伍 金石学

宋刻宋拓《历代钟鼎彝器款识法帖》辑存（宋）薛尚功撰 中华书局 2021 年 9 月 全二册 彩版、专论 465 页 8 开
金石不朽：书写、复制与文化衍生 浙江大学艺术与考古博物馆、浙江大学图书馆合办 薛龙春主编 浙江大学出版社 2021 年 5 月 序、目录 10 页 文、图版 342 页 插图 67 幅 图版 121 幅（组）8 开
小蓬莱阁金石目（国家图书馆藏未刊稿丛书·金石题跋编）（清）黄易著 卢芳玉整理 凤凰出版社 2021 年 6 月 355 页 16 开

陈介祺研究 孙敬明、吉树春、黄可主编 齐鲁书社 2021年11月 全三册 弁言28页 文1536页 彩版32页 16开

长安学研究文献汇刊·考古编·金石卷（第十八辑）贾二强主编 科学出版社 2021年9月 696页 16开《金石萃编》（卷一至卷四十）

长安学研究文献汇刊·考古编·金石卷（第十九辑）贾二强主编 科学出版社 2021年9月 759页 16开《金石萃编》（卷四十一至卷八十六）

长安学研究文献汇刊·考古编·金石卷（第二十辑）贾二强主编 科学出版社 2021年11月 734页 16开《金石萃编》（卷八十七至卷一百二十）

长安学研究文献汇刊·考古编·金石卷（第二十一辑）贾二强主编 科学出版社 2021年9月 770页 16开《金石萃编》（卷一百二十一至卷一百六十）

（编辑者：张文辉）

考古学论文资料索引

（刊后第一个数字是期号，第二个是页码；2021 年）

壹　总论

一　综述

走中国道路：建设中国特色中国风格中国气派的考古学 赵宾福 考古 9：3–11

中国考古学的特色与风格 孙庆伟 人民日报 3 月 20 日 5 版

步履坚定建设中国特色中国风格中国气派的考古学 李政等 中国文物报 9 月 28 日 1 版

聚焦考古工作新时代新使命 持续推进建设中国特色中国风格中国气派的考古学 郭晓蓉 中国文物报 10 月 1 日 1 版

发扬严谨求实艰苦奋斗敬业奉献的优良传统 努力建设中国特色中国风格中国气派的考古学 人民日报 10 月 18 日 1 版

铸牢中华民族共同体意识的考古学贡献 霍巍 历史研究 1：53–60

擘画蓝图：跋《考古学研究工作十二年远景规划草案》——中国考古学发展规划研究之一 常怀颖 南方文物 4：28–41

由碎而通：中国考古的路线图 常怀颖 读书 7：104–112

问道：中国考古学的现状与未来 裴安平 齐鲁学刊 3：49–56

关于中国特色考古学的几点思考 朱凤瀚 历史研究 1：12–22

自觉地与完整的知识体系对接——对考古学学科性质和中国考古学学科发展的思考之二 宋江宁 南方文物 6：29–34

考古学是践行人民史观的重要科学 贺云翱 大众考古 6：1

考古学其实是一个学科群 贺云翱 大众考古 12：1

中国特色考古学的主要内容 韩建业 考古 4：3–8

什么是现代考古学 陈胜前 中国文物报 11 月 19 日 9 版

建设新时代中国考古学理论体系 陈胜前 历史研究 1：23–31

历史唯物论与中国考古学理论体系 余西云 中国社会科学 9：115–124

探索华夏民族与中华文明的远古根系 高星 历史研究 1：32–43

考古学的魅力 齐东方 人民政协报 12 月 13 日 11 版

认识历史离不开考古学 陈波 人民日报 4 月 2 日 1 版

中国考古学的历史传统与时代使命 霍巍 考古学报 4：463–474

以考古学构建中国上古史 徐良高 中国社会科学 9：189–203

从考古学观察历史发展的底层逻辑 贺云翱 大众考古 2：1

考古学文化阐释的理论与实践 韩建业 中国社会科学 9：142–158

历史考古的考古学文化阐释 刘庆柱、韩国河 中国社会科学 9：159–171
范式变化与考古学文化概念的发展 陈淳 中国社会科学 9：172–188
中国考古学视野下的马克思主义氏族理论再思考 杨林旭 北方民族考古（第 11 辑）191–201
生态位构建理论与考古学 杨月光 青年考古学家（第 2 辑）1–11
中国马克思主义考古学派与类型学 汤惠生 中国社会科学 9：125–141
阶级分析方法也是考古学的重要方法论 贺云翱 大众考古 3：1
度量关系的新方法：考古学中的网络分析 孙慧琴 东南文化 1：44–54
从考古学本体看学科目标的实现 桑栎 南方文物 1：239–249
人类学影响下的台湾考古教育：兼论考古学学科定位 张艺璇、甘聿群 南方文物 3：253–266
从教学研究到专业教育——高等美术院校艺术考古学科建设的思考 范淑英 美术观察 8：72–73
中国考古法律制度发展述略 李晓东、彭蕾 中国文物科学研究 4：3–10
探索未知 揭示本源——历史学与考古学研究的融合发展 杨博 中国史研究 3：19–24
中华文明起源的历史学、考古学与人类学考察 沈长云 历史研究 1：43–52
考古学与历史学的整合——从同质互补到异质互动 刘未 中国史研究 3：12–18
史学原理初认识 徐良高 三代考古（九）111–145
论医学考古学的现实意义 赵丛苍 中原文化研究 6：92–98
论情境分析法在医学考古学中的应用——以先秦时期为例 赵丛苍、祁翔 西北大学学报（哲学社会科学版）2：5–15
“景观考古学”为研究人与自然的关系开辟新领域 贺云翱 大众考古 5：1
中国建筑考古学科的渊源与展望 周学鹰 中国文物报 12 月 3 日 3 版
批判遗产研究的回顾与反思 张朝枝、蒋钦宇 自然与文化遗产研究 1：81–91
“考古”在考古资源“遗产化”过程中的行业角色 王刃馀、张高丽 南方文物 6：255–259
疫情之下文化遗产地的生存之道 施春煜 中国文物报 4 月 9 日 6 版
文化遗产网络传播现象研究 铁铮 文化遗产研究（第 4 辑）78–83
中国文化景观世界遗产价值认知与发展历程回顾 陈瑞 中国文物科学研究 3：15–24
海上丝绸之路：一个文化遗产概念的知识生产 赵云、燕海鸣 故宫博物院院刊 11：21–29
非物质文化遗产学学科建设的若干问题 苑利、顾军 东南文化 3：6–11
刘庆柱：中国考古学理应有颗“中国心”赵昀 中国文物报 7 月 16 日 1 版
中国公共考古的回顾和展望——从中国公共考古论坛谈起 乔玉 南方文物 4：42–47
比较视野下的中国公共考古现状思考 徐进、吴广 重庆文物考古论集（第一辑）435–445
立足考古学本位发展工业考古学 韩晗 中国社会科学报 2 月 3 日 9 版
前工业化的市场和市场行为：考古学视角 Gary M.Feinman 等 东方考古（第 18 集）9–37
关于城市手工业考古问题 白云翔 南方文物 2：32–37
国家文化公园初论——概念、类型、特征与建设 孙华 中国文化遗产 5：4–14
笔谈：国家文化公园的概念定位、价值挖掘、传承展示及实现途径 刘庆柱等 中国文化遗产 5：15–27
中国“大遗址考古”理论的阶段性观察 林留根 自然与文化遗产研究 S1：29–38
如何做好考古发掘领队 宋新潮 江汉考古 6：13–21
田野考古中“北”方向问题探究 曹艳朋 华夏考古 2：105–110

中英田野考古发掘记录中的“Matrix”及其相关理念的对比研究 陈珂尧 三代考古（九）723–735
土墩发掘方法史略谈 何文竞 大众考古 5：19–23
考古发掘资料图数据库的语义关联构建研究 高劲松、韩牧哲 图书情报工作 9：105–116
试论实物与文献资料在考古学研究中的运用及其应注意的问题 郑玲 文物研究 12：113 — 117
考古材料研究的新视角：人与物之间关系的纠缠理论分析 刘岩 东南文化 1：34–43
谈谈早期都邑遗址的认定标准 张国硕 光被四表 格于上下——早期都邑文明的发现研究与保护传承暨陶寺四十年发掘与研究国际论坛论文集 32–34
“特修斯之船”悖论在文物价值认知中的应用 龚钰轩等 文化遗产研究（第 4 辑）49–55
文物属性与价值、功能、效益概念链——客体与主体多重关系构建 于冰 自然与文化遗产研究 5：33–41
可移动文物翻译书写规则初探——以澧县城头山遗址出土器物为例 亓浩 湖南考古辑刊（第 15 集）268–277
如何做好文物档案资料的收集整理和利用 赵家彪、李彤 中国文物报 8 月 10 日 6 版
考古绘图师：画出文物“标准照”李迪、陈科 科技日报 8 月 13 日 8 版
基于 ICOM 提案对博物馆定义的再思考 于觐诚、钱益汇 文博 3：108–112
博物馆本性及特性析 宋向光 博物院 6：53–58
博物馆价值研究辨析 胡凯云、严建强 东南文化 1：130–137
博物馆职业主义的早期实践及其反思 张昱 东南文化 1：138–144
试论博物馆物的语境化阐释：内涵、目标与策略 毛若寒 东南文化 1：153–160
新博物馆学：基于阐释与反思的解读 尹凯 博物院 4：26–29
新博物馆学的引入、发展与未来 王思渝 博物院 4：30–33
人类学何以为能？整体观视角下的博物馆研究 杜辉 博物院 4：34–38
20 世纪 80 年代中国博物馆学研究检视 刘迪 博物院 4：10–17
1980 年代以来中国博物馆学本科专业课程的发展 刘守柔 南方文物 3：243–252
以知识与情感为着力点的未来博物馆学 王思怡 博物院 4：22–25
博物馆教育理论及其发展初探：内涵、发展和未来 周婧景、马梦媛 博物院 4：39–45
新文科建设背景下我国博物馆学的发展 黄洋 博物院 4：51–54
我国博物馆教育游戏研究综述 黄婷婷 博物院 5：51–58
北京工业遗产的价值构成 章永俊 北京文博文丛 1：103–109
工业文物阐释与工业文化传播的思考——以工业博物馆为视角 吕建昌、李舒桐 东南文化 1：174–180

补遗

建设中国特色中国风格中国气派的考古学，更好认识源远流长博大精深的中华文明 习近平 求是 2020 年 23：4–9
更好认识源远流长博大精深的中华文明 王巍 红旗文稿 2020 年 23：30–33

二 考古学史和考古学家传记

习近平致仰韶文化发现和中国现代考古学诞生 100 周年的贺信 习近平 中国文物科学研究 4：2
中国特色考古学解读：百年中国考古学史之思考 刘庆柱 考古学报 2：161–176
百年考古 踔厉奋发——中国考古学与文化遗产保护事业的发展 王巍 自然与文化遗产研究 S1：1–3

百年考古的启示 王巍 人民日报 10月18日16版
百年考古与中华文明之源——访中国历史研究院考古研究所王巍研究员 窦兆锐 历史研究 6：46–55
百年考古 寄语湖北 李伯谦 江汉考古 6：7–8
中国考古学百年成就 朱乃诚 文物春秋 1：3–25
中国考古学百年历程 朱乃诚 南方文物 1：43–54
百年考古硕果累累 贺云翱 大众考古 1：1
百年中国考古坚定文化自信 杨雪梅 人民日报 10月23日8版
百年考古学发展，千年金石学基础——中国特色考古学二元渊源论 杜金鹏 自然与文化遗产研究 S1：4–10
理论视角下百年中国考古学的回顾与展望 陈胜前 江汉考古 6：43–51
百年中国考古：学术之外的贡献举要 高大伦 文物天地 10：98–101
从东北出发：百年中国考古学的起步与进步 赵宾福 江汉考古 6：35–42
中国考古学百年回顾与前瞻 余西云 中原文物 6：26–33
中国考古学史三阶段论说 张新斌 中原文物 6：34–42
北美中国考古学的后张光直时代 翟少冬、傅罗文 中原文物 6：43–49
民族与革命——百年中国考古学的研究取向 张弛 文物 6：43–50
中国考古学的生长点：过去、现在与未来 陈胜前 中原文物 6：17–25
从古物学到古典考古学 逄群 大众考古 8：19–24
历史节点上的中国考古学 施劲松 考古 4：9–13
考古学术史的结构问题 陈胜前、王红博 南方文物 2：38–44
考古人留下的标记 何文竞 大众考古 10：19–21
1913年狩野直喜、泷精一调查英藏斯坦因搜集品之经过考补 王冀青 敦煌学辑刊 1：148–163
略说早崎稉吉在陕西等地对隋唐造像的收集 胡耀飞 乾陵文化研究（十四）356–364
德国西域探险团与德藏回鹘语文献 吐送江·依明 敦煌学辑刊 2：159–171
大谷光瑞的昭陵发掘考论 范宏涛 乾陵文化研究（十四）365–371
云冈流失造像四题 赵昆雨 克孜尔石窟与丝绸之路研究学术研讨会论文集 114–136
关于史语所第一次大司空村发掘的史迹 岳洪彬 三代考古（九）687–700
殷墟十五次发掘形成的中国考古地层学叙议（上篇）、（下篇）许永杰 边疆考古研究（第29辑）339–361、（第30辑）359–383
西北史地考察团历史考古组的任务与分工——兼谈向达与劳榦、石璋如的误会 赵大旺 敦煌研究 1：110–117
西北汉简整理的历史回顾及启示 张德芳 简帛学理论与实践（第一辑）137–148
印度汉学家师觉月1948年敦煌考察钩沉 陈明 敦煌研究 2：140–149
中国科学院考古研究所筹设考析 庞小霞 三代考古（九）631–646
六十年前的黄河水库考古工作队 汤超 江汉考古 6：296–304
西南考古协作会的前世今生 陈剑 中国文物报 11月19日10版
北京王府井东方广场古人类遗址发现记 李超荣 中国文物报 8月6日7版
“夏商周断代工程”2000年结题后的工作进展和《夏商周断代工程报告》的编写 王泽文 黄河.黄土.黄种人 14：3–7
廿年琐忆：夏商周断代工程参与史 苏辉 黄河.黄土.黄种人 18：8–12

参加夏商周断代工程 ^{14}C 测年工作的回忆 郭之虞 黄河 . 黄土 . 黄种人 6：3–5
峥嵘岁月——参加“夏商周断代工程”随想录 杨育彬 黄河 . 黄土 . 黄种人 8：3–5
技术的进步，促进学术的进步——回忆“夏商周断代工程”刘次沅 黄河 . 黄土 . 黄种人 8：6–7
参加夏商周断代工程工作的回忆 刘一曼、曹定云 黄河 . 黄土 . 黄种人 10：3–5
行走在地质年代里——寻找东亚远古人类的最早足迹 王益人 发现山西——考古的温度 1–9
手脚之下有“乾坤”——吕梁山中段史前考古调查 任海云 发现山西——考古的温度 11–17
寂静的诉说——丁村旧石器考古 3.0 王益人、袁文明 发现山西——考古的温度 19–27
一个灰坑里的战友——信义遗址发掘随笔 赵辉、刘吉祥 发现山西——考古的温度 29–33
高城墩考古记 陆建芳 江阴文博总 38：34–40
西吴壁考古发掘琐记 田伟 发现山西——考古的温度 35–45
锵锵考古行 出处有感知 白曙璋 发现山西——考古的温度 45–51
酒务头墓地考古轶事 高振华 发现山西——考古的温度 53–59
牛心山下苞麦壮 白鹅逐云考古忙 杨及耘、曹俊 发现山西——考古的温度 61–69
涑水河畔故曲沃 陈海波 发现山西——考古的温度 71–79
朔州探古抚凌云 只缘殷殷考古情——记朔州后寨战汉目的发掘 贾尧等 发现山西——考古的温度 81–93
灰烬之城 新疆轮台奎玉克协海尔古城考古记 李春长、张相鹏 大众考古 9：68–74
转型提升谋发展——泰安市西城村遗址考古发掘记 司久玉 考古学视野下古代泰山文明学术研讨会论文集 160–167
与时间赛跑、与建设抢速 —— 记小清河考古攻坚战 高明奎 风雨兼程 40 年——山东省文物考古研究院建院纪念文集（上册）226–233
从事文物考古工作的开端 朱玉德 风雨兼程 40 年——山东省文物考古研究院建院纪念文集（上册）61–64
考古札记 罗勋章 风雨兼程 40 年——山东省文物考古研究院建院纪念文集（上册）我的考古经历 吉琨璋 发现山西—考古的温度 127–137
考古不忘初心 回忆当年趣事 李曰训 风雨兼程 40 年——山东省文物考古研究院建院纪念文集（上册）134–142
蒲县曹家庄 师生不了情 田建文 发现山西——考古的温度 95–103
江陵纪南城“考古大会战”回忆录 杨权喜 荆楚文物（第 5 辑）359–372
敢问路在何方——忆齐长城调查 张溯 风雨兼程 40 年——山东省文物考古研究院建院纪念文集（上册）260–266
蓬安东汉古墓发掘侧记 张勇 巴蜀史志 1：89–92
一次邂逅 一场跨越千年的对话 武俊华 发现山西——考古的温度 105–111
喧嚣与寂静——磁窑沟考古随笔 刘岩 发现山西——考古的温度 113–119
踏步四季 瓷耀千年 梁孝、贾尧 发现山西——考古的温度 121–125
何为考古——明代晋端王陵园发掘感悟 赵辉 发现山西——考古的温度 151–157
孙承泽与清初金石学的复兴 李永 文化遗产 2：89–95
清人王昶的云南行迹及其金石活动——兼论王昶的金石学思想 赵成杰 地域文化研究 1：80–87
谢辰生与徐森玉汪庆正师生往来情谊 谢辰生、修淑清 文物天地 4：100–103
董作宾之甲骨学研究 王斐 语言研究 3：85–92
董作宾与《新获卜辞写本》及其后记 王斐 殷都学刊 1：5–12

两位考古“之父”的一次会面 袁莉芳 大众考古 10：22–24
向达与夏鼐：以敦煌考察及西北史地研究为线索 赵大旺 考古 2：109–120
何士骥与汉中文物考古 冯岁平 陕西理工大学学报（社会科学版）2：1–5
卫聚贤考古学知识体系述论 龚伟 中华文化论坛 3：130–142
我认识的安金槐先生 李伯谦 华夏考古 3：3–5
新中国河南考古第一人 王巍 华夏考古 3：6–7
兢兢业业 探索求真 责任担当——安金槐先生诞辰百年纪念 方燕明 华夏考古 3：8–14
兰薰桂馥 恩泽长留——怀念关注与支持新疆龟兹石窟研究事业的前贤 霍旭初 敦煌学辑刊 3：188–199
追忆邹衡先生 刘彬徽 荆楚文物（第 5 辑）355–358
高敏先生的简牍学研究 薛瑞泽 简帛学理论与实践（第一辑）446–470
筚路蓝缕 砥砺前行——回忆我的姥爷杨子范 吴志刚 风雨兼程 40 年——山东省文物考古研究院建院纪念文集（上册）3–10
博物馆的不变与变：致敬苏东海先生 杭侃 博物院 4：6–9
雪胎梅骨 凌寒绽放——回忆我的母亲郑笑梅 蒋群 风雨兼程 40 年——山东省文物考古研究院建院纪念文集（上册）11–25
李学勤先生的简帛学研究 刘乐贤 简帛学理论与实践（第一辑）428–445
“夏商周断代工程”培养了我——怀念李学勤先生等工程专家 江林昌 黄河 . 黄土 . 黄种人 16：3–7
童恩正学术脉络与学术贡献 范勇 南方民族考古（第二十一辑）1–10
扎根草原半世纪 心系内蒙文博情——纪念著名考古先辈田广金 郭素新先生 党郁 草原文物 2：120–122
记大冀老师 孙波 风雨兼程 40 年——山东省文物考古研究院建院纪念文集（上册）26–28
谢桂华先生的简牍学研究 邬文玲 简帛学理论与实践（第一辑）471–498
潜心燕史写志向 不负韶华自芬芳——纪念我们的父亲石永士逝世一周年 石一磊、石淼 文物春秋 5：91–94
考古学者的诗情——缅怀徐进同学 王子今 文博 2：110–112
段清波先生的秦陵考古情结——悼念段清波先生 冯锴 国际视野下的秦始皇帝陵及秦俑学研究学术研讨会论文集 403–406
石兴邦与半坡遗址 贺卫良 大众考古 11：39–43
温润如玉的考古学家卢兆荫先生 安家瑶 丝绸之路 4：38–42
西域“行脚”60 年——访王炳华先生 吴华峰 中国史研究动态 6：52–62
奋斗百年路 启航新征程 · 数风流人物——“敦煌的女儿”樊锦诗、汪正一 敦煌研究 4：93
铜鼓探索万种情——我的铜鼓研究之路 蒋廷瑜 民族艺术 1：5–11
王亚蓉：重现锦绣华裳 付裕 文物天地 2：120–123
宝岛觅遗珠 玉海探古史——臧振华、邓淑苹夫妇访谈录 臧振华等 南方文物 3：29–49
关于中国考古学的几个问题——赵辉先生访谈录 赵辉 湖南考古辑刊（第 15 集）129–160
王巍先生访谈录 王龙霄 文物天地 6：88–90
北方民族考古的探索之路 魏坚 南方文物 6：62–66
植根北疆的考古情怀——魏坚教授访谈录 魏坚、孙丹 南方文物 6：35–52
高星先生访谈录 王龙霄 文物天地 8：90–95
古 DNA 研究领域，世界正在看中国——访中国科学院古脊椎动物与古人类研究所研究员付巧妹 郭晓蓉 中国

文物报 5月11日1版
奥登堡新疆考察文物获取途径——以俄国驻乌鲁木齐领事克罗特科夫与奥登堡往来信函为中心 李梅景 敦煌研究 3：150–158
让“郧县人”走向世界——忆艾丹博士 李天元 江汉考古 5：142–144
莫洛金院士访谈录 В.И.莫洛金等 南方文物 2：70–79

补遗

荥阳娘娘寨西周城址考古亲历记 张松林 河南文史资料 2020年6：98–104
虽无伟岸身躯 但有伟大精神——悼念张忠培先生 龚振东 江阴文博总 34：58–59
一语成谶 令人哀恸——深切哀悼张忠培先生 丹青 江阴文博总 34：60–65
张忠培先生的江阴情结 唐汉章 江阴文博总 34：66–69
往事如烟 葳蕤成风——谨以此纪念张忠培先生 翁雪花 江阴文博总 34：70–74

贰　考古学分论

一　综述

考古学视野下的巴文化：概念、问题与方法 白九江 长江文明 2020年3：1–11
中国古人类活动遗址形成过程研究的进展与思考 裴树文 人类学学报 3：349–362
试论考古发现所反映的中国早期宗庙制度若干问题 胡进驻 文物春秋 6：25–37
坑状遗迹对周边堆积的两种影响模式试析 许晶晶 海岱考古（第十四辑）371–378
中国早期城址城墙结构研究 张国硕等 考古学报 1：25–56
中国古代夯头发展概述与浅析 薛程 西部考古（第22辑）77–85
传统社会“器物教化”的条件分析 韩建磊、周文清 文化学刊 6：36–38
论新石器时代晚期至周代祭祀与丧葬中的奉献饮食仪节——以墓葬材料为核心 胡进驻 三代考古（九）171–193
中国日本古代墓葬兆沟之制比较研究 吕智荣 文物研究 12：102–108
论考古发现中的毁墓与人殉 闫付海 光被四表 格于上下——早期都邑文明的发现研究与保护传承暨陶寺四十年发掘与研究国际论坛论文集 177–194
中国中古时期佛像埋藏的考古学研究 黄盼 华夏考古 5：74–84
先秦至汉晋时期珍珠的考古发现与初步研究 李斌 农业考古 1：25–33
淮南的文物与研究 沈汗青 文物研究 12：109–112
关于陶圆饼的用途和定名问题 蒋斌等 荆楚文物（第5辑）68–80

补遗

雄安先秦文化演进与社会发展 洪猛、张文瑞 河北学刊 2020年6：147–153

二　人类起源及旧石器时代

总述

中国南方旧石器时代考古：进展与问题 王幼平 南方文物 1：55–61
旧石器类型学与技术学的回顾与反思 周玉端、李英华 考古 2：68–80
旧石器时代遗址发掘与记录方法讨论 张月书等 人类学学报 2：181–193

沉积物特征与旧石器遗址的形成过程 李浩等 人类学学报 3：363–377
初论中国旧石器时代晚期至新石器时代早期墓葬 张改课 文博 5：37–46
石器时代与石器文物 杨毅璞 大众考古 8：25–28
山海之间——考古学视野下的南岛语族人群早期文化交流 周振宇 南方文物 6：1–9
中国早期人类分布的环境制约因素探讨 丁馨等 第四纪研究 5：1342–1356
旧石器时代早期石制品分析方案 Ignaciodela TORRE 等 人类学学报 4：547–567
旧石器时代早期石核分类方法试析 李三灵、李浩 人类学学报 2：194–207
中国旧石器时代石球的实验研究 卢立群等 人类学学报 4：587–599
叩石有声 石器时代的打制石器 李锋 大众考古 12：34–42
中国旧石器时代发现的骨器支媛 青年考古学家（第 2 辑）39–53
楔形石核概念内涵与细石核分类初探 靳英帅等 人类学学报 2：307–319
技术视角下西方骨器研究的理论与实践 阴瑞雪等 东南文化 5：25–34
从技术组织论视角阐释中国古人类石器技术的多样性 战世佳、董哲 人类学学报 6：1096–1107
2020 年磨制石器研究综述 翟少冬 科技考古（第六辑）162–168

人类起源

学科交叉带来人类起源与演化研究的新活力和创新突破 高星 人类学学报 3：347–348
人之初——人类的起源与早期状态 高星 文物天地 8：88–89
中国地区现代人起源研究的考古学进展 高星 早期中国研究（第 4 辑）1–11
晚更新世晚期的云贵与中原：现代人扩散和文化交流 李文成、郑喆轩 南方文物 1：119–124
从体型特征来探讨中国夏尔巴人的族源 包金萍等 人类学学报 4：653–663
早、中更新世中国古人类年代序列与区域演化特征 陆莹等 人类学学报 3：411–426
早 – 中更新世中国古人类演化及其与气候环境的关系 杨石霞等 人类学学报 3：436–453

华北地区

中国北方旧石器时代的文化交流与人群迁徙 杜水生 边疆考古研究（第 30 辑）71–83
黄河中游晋陕峡谷地区旧石器考古研究现状与思考 张改课 考古与文物 6：51–59
河南淅川坑南遗址调查发现的石制品 赵清坡等 人类学学报 1：146–156
天津蓟州区小港旧石器地点的石制品 宋家兴等 边疆考古研究（第 29 辑）15–23
天津蓟州区赤霞峪西岭旧石器地点的石器研究 王春雪等 边疆考古研究（第 30 辑）1–10
鄂尔多斯乌兰木伦河第 10 地点初步研究 刘扬等 人类学学报 4：568–574
河北泥河湾盆地油房北旧石器地点的发现与研究 赵海龙等 第四纪研究 1：164–177
泥河湾盆地板井子旧石器时代遗址的形成过程 任进成等 人类学学报 3：378–392
泥河湾百年科学探索述略 郭晓明、王法岗 文物春秋 4：3–13
泥河湾盆地后沟遗址发现记 程金辉 大众考古 11：81–85
百年周口店：中国旧石器时代考古学发展历程的见证 仪明洁、樊鑫 北方文物 6：52–58
范式推动的革新：周口店第一地点发掘方法回顾 仪明洁等 考古 5：72–79
旧石器遗址性质及史前觅食行为研究——以洞门遗址为例 王益人 文物春秋 5：3–12
试论旧大陆旧石器时代琢背刀 陈宥成、曲彤丽 北方文物 4：24–32
河北阳原泥河湾盆地籍箕滩遗址发现的新材料 关莹等 人类学学报 1：137–145

河北泥河湾盆地下卜庄遗址端刮器功能的实验分析 赵海龙等 人类学学报 4：600–610
泥河湾盆地 MIS 3 阶段以来的旧石器遗址年代序列与环境背景研究 马宁 青年考古学家（第 2 辑）54–62
怀来盆地西沟湾 1 号地点石制品的拼合研究 薛峰等 人类学学报 4：575–586
连续与断裂：重新认识下川遗址在中国旧石器文化研究上的意义 杜水生 第四纪研究 1：153–163
河南西峡仓房坡头旧石器地点发现的石制品 宋博等 中原文物 5：95–99

东北地区・华东地区・华南地区

东宁老黑山旧石器地点发现的石制品 魏天旭等 边疆考古研究（第 29 辑）1–13、378–380
黑龙江东宁市五排南山旧石器地点发现的石器研究 陈全家等 北方文物 2：3–12
东宁蔬菜村三个旧石器地点发现的石器研究 陈全家等 文物春秋 2：41–49
黑龙江省甘南县旧石器地点发现的新材料 关莹等 人类学学报 2：281–291
黑龙江下游更新世末期的奥西波夫卡文化研究 李有骞 边疆考古研究（第 29 辑）115–130
东宁道河东村北山旧石器地点的石器研究 陈全家等 北方民族考古（第 11 辑）159–173
辽宁新民羊草沟南山旧石器地点石器研究 万晨晨等 文物春秋 4：57–61
嫩江流域细石器遗存的年代框架与发展序列 李有骞 考古与文物 5：61–70
山东长岛大型旧石器时代石器制造场 张亚盟、刘长庆 大众考古 8：12–13
山东省旧石器——商周时期古遗址时空分布及其与水文地貌的关系 刘帅等 第四纪研究 5：1394–1407
宁阳史前至汉代历史文化遗存 徐承军 考古学视野下古代泰山文明学术研讨会论文集 37–45
大沽河流域旧石器时代遗存的发现与初步研究 李罡 风雨兼程 40 年——山东省文物考古研究院建院纪念文集（下册）598–607
百色盆地澄碧河库区含手斧遗址群调查及研究 李大伟等 第四纪研究 1：178–188
华南旧石器时代中期文化初步探讨 李意愿 南方文物 1：98–104
砾石工业传统与华南旧石器晚期文化 王幼平 南方文物 1：91–97
长江三角洲晚更新世第一硬土层研究进展 王辉等 第四纪研究 6：1771–1780
晚更新世末岭南及越南北部的石器工业 邓婉文 南方文物 1：134–141

西南地区・西北地区

试论贵州乌江上游地区旧石器时代遗存的年代与分期 张改课 考古 12：69–81
贵州清水苑遗址石制品初步研究 张兴龙 扬帆：贵州青年考古学者论集 1–76
四川简阳龙垭遗址出土的石制品 陈苇等 人类学学报 6：955–969
四十年来重庆考古综述 方刚 重庆文物考古论集（第一辑）16–52
云南澜沧江下游地区旧—新过渡阶段石器工业初步研究 阮齐军 四川文物 6：34–42
西藏阿里若热沟与麦多得布地点的石制品 王潇玉等 人类学学报 5：895–903
甘青地区旧石器考古的回顾与思考 慕占雄、问娜娜 文物春秋 1：26–38
新疆塔克尔巴斯陶细石器遗址石制品 朱之勇等 西部考古（第 21 辑）93–99
青藏高原冬给措纳湖畔新发现的细石器及其同周边地区的技术关系 陈宥成等 人类学学报 1：28–39

三 新石器时代

总述

中国新石器时代考古学的过去与现在 赵辉 文物世界 2：32–37

“新石器”研究方法概述 贺成坡等 江汉考古 6：268–277
考古的中国与“神性”的中国 施劲松 南方文物 2：1–5
国内有关酋邦的研究评述 李志伟 文物春秋 5：13–21
新石器时代的社会维系系统 雷广臻 丝绸之路 1：100–103
彩陶时代与前文明社会 韩建业 社会科学 6：141–149
史前中原文明的文化特质与文化观 曹建墩 中原文化研究 5：32–39
方菱额花：史前与早期文明的神性标识 王仁湘 南方文物 2：258–268
从出土图像看史前农业与上古神话的关系 叶庆兵 农业考古 4：15–22
中国史前昆虫“蜕变”和“羽化”信仰新探 李新伟 江汉考古 1：56–72
史前家户考古的操作模式研究 王红博、陈胜前 东南文化 1：23–33
家户遗存类型及其研究方法 李涛等 江汉考古 1：120–127
中国新石器时代的祀天遗存和敬天观念——以高庙、牛河梁、凌家滩遗址为中心 韩建业 江汉考古 6：90–98
中原地区史前陶窑发展演变研究 钱耀鹏、穆琼洁 考古学报 1：1–24
史前覆面葬俗探析 王鸿驰 黄河 . 黄土 . 黄种人 14：27–30
史前陶器成型技术类型的分布和演变 彭小军 江汉考古 1：73–79
中国最早城市体系研究（一）、（二）郭立新、郭静云 南方文物 1：35–42、2：14–31
鹿角靴形器与史前皮革生产 李默然 考古 6：79–92
陶器破碎度初探 张小虎 南方文物 1：250–255

补遗

新石器时代战争与早期中国文明演进 韩建业 社会科学战线 2020 年 10：99–107
中国史前舞蹈纹彩陶盆的新考释 蓝凡 民族艺术研究 2020 年 6：75–87

文明起源研究

殊途同归：夏鼐和苏秉琦中国文化起源多元说形成之比较 陈伟驹 考古学报 2：177–192
国家社会象征图形符号系统理论框架——国家社会象征图形符号系统考古研究之一 何努、武钰娟 南方文物 1：30–34
研究中华文明起源的重要内容 刘国祥 人民日报 8 月 28 日 8 版
有关国家文明起源的研究路径的反思 陈胜前 史学集刊 3：34–37
再论“最早中国”及其判断标准 何驽 三代考古（九）160–168
关于“古国”定义的理论思考 何努 文物春秋 3：42–56
谈谈“古国时代”赵辉 文物天地 9：105–111
论中国早期文化互动及华夏民族多元一体格局的早期演进 刘俊男 中原文化研究 5：20–31
中国早期文明路径与文明史观的产生 张天恩 三代考古（九）146–159
从聚落、古国到王国：郑州地区文明化进程模式探究 刘丁辉 黄河 . 黄土 . 黄种人 14：8–15
裴李岗时代与中国文明起源 韩建业 江汉考古 1：50–55
陶寺早期都市的认定以及相关的早期文明问题 王妙发 光被四表 格于上下——早期都邑文明的发现研究与保护传承暨陶寺四十年发掘与研究国际论坛论文集 26–31
长江文明简说 吴宏堂、李贝 文物天地 4：87–91
一体化，还是多样性？——长江中游新石器文化进程反思 郭伟民 江汉考古 6：79–89

解读良渚文明：中国早期国家形态特征及其研究路径 陈雍 南方文物 1：1-29

黄河中上游地区

洛阳史前考古百年收获 谷向乐等 洛阳考古 4：3-17

郑州地区黄河文化的历史演进及特征 刘涛 黄河 . 黄土 . 黄种人 22：3-5

西安新石器时代聚落遗址文化重心迁移与环境考古研究 赵晶等 干旱区资源与环境 5：87-93

磁山文化的谱系研究 蔡金英 华夏考古 1：40-48

裴李岗文化与磁山文化关系研究 李彦英 南方文物 2：194-197

裴李岗时代的“族葬”与祖先崇拜 韩建业 华夏考古 2：53-57、80

中原新石器时代考古研究之路——“裴李岗文化研究”系列论文读后 袁广阔 南方文物 2：183-187

裴李岗文化对海岱地区的影响 崔宗亮 南方文物 2：188-193

裴李岗文化聚落形态研究 陈雪飞 南方文物 2：198-203

裴李岗文化墓葬及相关问题的再认识 秦存誉 南方文物 2：209-218

裴李岗文化陶器的发生模式 郭子月 南方文物 2：204-208

略论洛阳地区的裴李岗文化 王怡然 南方文物 2：219-227

薪火相传 诠释文明——仰韶文化发现和中国现代考古学诞生 100 周年 王珏 人民日报 10 月 18 日 16 版

举世闻名的仰韶文化是如何被发现的 石耘 炎黄春秋 4：93-96

百年仰韶考古发现与研究简议 戴向明 文物世界 2：38-40

大仰韶：一个世纪的考古探索 王仁湘 人民日报 8 月 14 日 5 版

仰韶文化：孕育华夏文明核心基因 张盖伦 科技日报 10 月 22 日 8 版

百年仰韶村 侯俊杰 文物天地 6：82-87

仰韶文化时期伊洛河流域聚落形态分析 任广 黄河 . 黄土 . 黄种人 20：7-11

试论鱼化寨遗址仰韶早期聚落演变 杨菁 草原文物 1：50-57

陇东地区仰韶文化酿酒之法初探——以秦安大地湾遗址为例 赵雅楠、刘莉 中原文物 1：49-63

仰韶文化零口类型的形成及东向扩张 韩建业 文物春秋 2：3-10

对西安半坡遗址小口双耳尖底瓶的解读 李政 艺术考古学研究（第一辑）——科技美术考古学 163-167

半坡和姜寨出土仰韶文化早期尖底瓶的酿酒功能 刘莉等 考古与文物 2：110-122

陕西彩陶的发现及其文化意义 王炜林、杨利平 文物世界 2：61-68

“西阴纹”的解读 李新伟 文物世界 2：55-60

庙底沟期仰韶文化研究的几个问题 韩建业 文物世界 2：51-54

陕西高陵杨官寨考古与关中地区庙底沟文化研究 王炜林 中原文物 5：52-63

浅析杨官寨遗址镂空人面覆盆形陶器的属性 富鹏程 黄河 . 黄土 . 黄种人 22：27-30

仰韶文化庙底沟类型彩陶的鱼鸟组合图像 李新伟 考古 8：71-81

仰韶文化庙底沟类型彩陶的“对鸟”主题 李新伟 中原文物 5：86-94

庙底沟遗址出土石制品的初步研究 樊温泉等 华夏考古 4：95-108

庙底沟遗址陶器制作研究 苏明辰等 华夏考古 5：43-51

河南地区仰韶文化庙底沟期遗存的发现与研究 马萧林 中原文物 5：39-51

试论西水坡遗址仰韶早期遗存的分期与年代 宋瑞 黄河 . 黄土 . 黄种人 10：17-25

河南巩义市双槐树新石器时代遗址 顾万发等 考古 7：27-48

渑池丁村遗址仰韶文化的曲酒和谷芽酒 刘莉等 中原文物 5：75–85

郑州地区仰韶时期石环的初步研究——以郑州双槐树遗址和西山城址出土石环为例 任文勋等 南方文物 5：203–216

苏羊遗址白灰面的制作工艺研究 孙天强等 光谱学与光谱分析 6：1949–1954

郑州仰韶西山古城城址的选择及其地理条件 陈隆文 文博 5：47–53

中国新石器时代石器工业研究的回顾与思考——兼及郑州地区仰韶文化石器研究的若干问题 吴超明、宋国定 南方文物 5：18–34

早期城市化进程中石器工业的初步考察——以郑州西山仰韶文化城址出土石器为例 刘亦方等 南方文物 5：186–192

试论郑州地区仰韶文化中晚期的石刀类型与技术特征 吴超明等 南方文物 5：193–202

试析大河村遗址彩陶双连壶的来源 贺传凯、杨广帅 黄河 . 黄土 . 黄种人 2：24–26

大河村遗址仰韶文化彩陶与周边新石器彩陶的对比 戴建增 黄河 . 黄土 . 黄种人 10：26–28

大河村遗址彩陶双连壶的造型艺术与文化意蕴研究 秦存誉、王涛 中国陶瓷 9：142–146

秦王寨文化研究的回顾与思考 秦存誉 洛阳考古 3：41–49

大司空文化彩陶再分析 王全金等 黄河 . 黄土 . 黄种人 24：12–19

苏秉琦先生“Y”字形文化带的新观察 田建文、张星德 文物世界 2：41–50

黄帝文化是华夏民族雏形时期的核心基因 吴倩 黄河 . 黄土 . 黄种人 4：7–9

山西地区庙底沟文化的考古发现与研究 薛新明 中原文物 5：64–74

山西仰韶时期考古的成就 薛新明 文物世界 2：69–72

青石遗址仰韶晚期遗存分析——兼论“阳白类型”张光辉 文物世界 2：73–80

新石器时期考古出土泥抹子初步研究 陈辅泰、金凤 陇右文博 4：53–61

清凉寺墓地人殉、人牲辨析 钱耀鹏、沈百鸣 西部考古（第 21 辑）111–125

汉渭流域史前同圹并穴墓的分布和变迁 彭小军 考古 1：75–87

试论仰韶文化陶质酒器 李萌 农业考古 3：14–22

中国新石器时代的石叶技术——汉水中游仰韶文化石叶石镞 张弛 江汉考古 6：71–78

传统考古与科学技术的碰撞与融合——从商周考古到仰韶文化石器研究 宋国定 南方文物 5：180–185

嵩山北麓的石铲工业——以伊洛河流域调查为线索 李永强 南方文物 6：217–226

仰韶与龙山之间：公元前 3 千纪前半叶中原社会的变革 张海、赵晓军 中原文物 6：68–81

万邦林立 有娀乃大 许伟、卜工 中国文物报 12 月 3 日 5 版

高地龙山社会及其遗产 李旻 读书 5：121–130

陶寺遗址考古重大意义之思考 王巍 光被四表 格于上下——早期都邑文明的发现研究与保护传承暨陶寺四十年发掘与研究国际论坛论文集 99–102

新视野下陶寺文化变迁研究 闫付海、信应君 光被四表 格于上下——早期都邑文明的发现研究与保护传承暨陶寺四十年发掘与研究国际论坛论文集 103–115

中国通史视野中的陶寺文化 方新园、郑先兴 光被四表 格于上下——早期都邑文明的发现研究与保护传承暨陶寺四十年发掘与研究国际论坛论文集 116–127

试论传说时代历史重建的方法论——以陶寺遗址考古实践为例 何努 华夏考古 4：116–128

早期国家和陶寺遗址 宫本一夫 光被四表 格于上下——早期都邑文明的发现研究与保护传承暨陶寺四十年发掘

与研究国际论坛论文集 18–25
早期政治中心型都城的范例——陶寺遗址聚落与精神文化研究概述 何驽 光被四表 格于上下——早期都邑文明的发现研究与保护传承暨陶寺四十年发掘与研究国际论坛论文集 35–88
陶寺遗址考古引发的几点思考（代序）李伯谦 光被四表 格于上下——早期都邑文明的发现研究与保护传承暨陶寺四十年发掘与研究国际论坛论文集 1–7
浅谈陶寺文明的“美食政治”现象 何努 中原文化研究 4：22–28
陶寺文化早期遗存性质探析 张建、靳松安 光被四表 格于上下——早期都邑文明的发现研究与保护传承暨陶寺四十年发掘与研究国际论坛论文集 133–145
陶寺墓地葬猪现象及其习俗来源 罗运兵 光被四表 格于上下——早期都邑文明的发现研究与保护传承暨陶寺四十年发掘与研究国际论坛论文集 146–159
陶寺墓地彩绘陶器上的鸟纹 李新伟 考古与文物 4：52–60
从彩绘陶器看陶寺文化的丧葬与社会 王天艺 考古学集刊（第 24 集）102–119
从实验考古看空三足器分布扩大的背景——以陶寺遗址的分析为主 久保田慎二 光被四表 格于上下——早期都邑文明的发现研究与保护传承暨陶寺四十年发掘与研究国际论坛论文集 160–176
陶寺遗址出土“无领平唇鬲”的实验考古研究及相关问题探讨 黄磊、高江涛 黄河 . 黄土 . 黄种人 8：11–13
陶寺出土的一件口簧及其相关问题初探 高江涛 三代考古（九）194–200
中原地区出土史前平口袋足陶鬶研究 李金斗 考古学集刊（第 25 集）66–82
王湾三期文化杨庄二期类型浅议 谷向乐、盛越浦 洛阳考古 2：10–15
河南禹州瓦店遗址出土螺壳初步研究 王良智、方燕明 华夏考古 4：109–115
禹州瓦店龙山时期 WD2F1 祭祀遗存初探 方燕明、梁法伟 华夏考古 6：62–75
绿松石、海贝与红玛瑙——公元前 2000 年前后的地域间交流 秦小丽 南方文物 5：1–17
山西兴县碧村遗址聚落选址的地貌背景 王辉等 南方文物 5：138–144
晋西高原居住传统的萌芽——从德岗遗址谈起 张光辉 大众考古 6：31–34
军事信息系统视域下的夏社——石峁遗址再研究 王春政 军事历史 1：117–124
试论石峁古城的方向 武家璧 三代考古（九）216–230
芦山峁遗址与“西土类”院落建筑体系的形成 王天艺 考古 4：89–102
黄土高原早期礼制建筑群——芦山峁遗址 张华 丝绸之路 2：28–29
试论齐家文化中可能形成的早期国家 何艺培 丝绸之路 4：151–154
关于齐家文化的几点思考 韩高年 中原文化研究 4：29–36
青海齐家文化时期生业模式的构成与差异 王倩倩、甄强 青海师范大学学报（社会科学版）2：77–82
齐家文化陶盉的初步研究 卢超、郭永利 四川文物 1：33–45
柳湾墓地齐家文化墓葬三题 蒋辉等 边疆考古研究（第 29 辑）155–177
喇家遗址的考古发现与研究——关于遗存部分及农业生产方式的初步分析 戴乐 东方考古（第 18 集）38–44

黄河下游地区

先秦时期安徽淮河流域文化的开放性特征 方林 文物研究 12：73–77
墓葬头向反映的文化传承——海岱地区史前埋葬习俗之一 栾丰实 东方考古（第 18 集）1–8
泰山地区史前居民体质问题摭谈 周晓冀 考古学视野下古代泰山文明学术研讨会论文集 15–24
泰山与五帝 李继生 考古学视野下古代泰山文明学术研讨会论文集 315–326

山东烟台市北庄遗址 F16 房屋复原搭建实验考古报告 张剑葳、杨菁 北方文物 5：49–62
试论史前黄河流域随葬鳄鱼骨板现象 徐紫瑾 江汉考古 1：80–87
史前海岱地区大口尊传播路径研究 徐昭峰、王凯凯 中原文化研究 6：16–24
民俗学视野下汉水中游地区与海岱地区史前随葬猪习俗比较研究 姜仕炜 黄河 . 黄土 . 黄种人 22：23–26
泰山区域文化与泰山文化的考古学解读 刘延常 考古学视野下古代泰山文明学术研讨会论文集 1–5
泰山景区史前至近代文化遗存 邸志刚 考古学视野下古代泰山文明学术研讨会论文集 91–97
考古圣地之章丘 李彦英、张溯 大众考古 12：69–71
大汶口文化与泰山信仰的缘起 栾丰实 考古学视野下古代泰山文明学术研讨会论文集 285–289
大汶口文化对民族文化的深远影响 赵辉 考古学视野下古代泰山文明学术研讨会论文集 168–176
六千年前的大汶口文化 赵辉 考古学视野下古代泰山文明学术研讨会论文集 177–191
大汶口文化文明之光 李继生 考古学视野下古代泰山文明学术研讨会论文集 192–207
大汶口文化：黄河下游考古的重要收获 栾丰实 人民日报 3 月 20 日 5 版
大汶口遗址社会形态研究——泰山“柴、望”礼制探源 温兆金 考古学视野下古代泰山文明学术研讨会论文集 290–314
大汶口文姜台遗址调查研究——泰山文化重要历史地标 周晓 考古学视野下古代泰山文明学术研讨会论文集 149–159
山东大汶口文化酒器初探 刘莉等 华夏考古 1：49–61
太昊氏与少昊氏的考古学探索——从宁阳于庄发现的大汶口文化陶文说起 王青 中原文物 4：54–66
大汶口文化陶文缀义 孙敬明、黄可 考古学视野下古代泰山文明学术研讨会论文集 208–217
早期祭山遗存与泰山祭祀的初步探索——从宁阳于庄出土的大汶口文化陶文谈起 王青 考古学视野下古代泰山文明学术研讨会论文集 218–238
獐牙勾形器功能分析 孙浩然 黄河 . 黄土 . 黄种人 4：15–19
简论大汶口和龙山文化之间的过渡期遗存 栾丰实 江汉考古 6：52–61
沂沭河流域大汶口——龙山文化遗存分析 赵国靖、张强 风雨兼程 40 年——山东省文物考古研究院建院纪念文集（下册）608–625
泰安大汶河流域先秦秦汉文化遗址举要 马天成等 考古学视野下古代泰山文明学术研讨会论文集 6–14
淮河流域石山子文化与周边地区考古学文化关系探析 鲍颖建 河南师范大学学报（哲学社会科学版）1：129–136
徂徕山汶河景区重要文化遗存概述 张谦 考古学视野下古代泰山文明学术研讨会论文集 98–103
岱岳区汉代以前古文化遗址基本情况介绍 陈奇 考古学视野下古代泰山文明学术研讨会论文集 46–51
肥城市史前至汉代文化遗存 王新华、张毅 考古学视野下古代泰山文明学术研讨会论文集 52–58
青岛地区海洋性聚落变迁及港市发展浅析 魏超 考古学视野下港口与码头学术研讨会论文集 154–158
菏泽地区堌堆遗址考古及其收获 孙明 考古学视野下港口与码头学术研讨会论文集 255–262
刍论济水尾闾的东夷文化 宋鹤翔 考古学视野下港口与码头学术研讨会论文集 247–254
龙山文化、龙山时期与龙山时代——重读《龙山文化和龙山时代》张弛 南方文物 1：62–69
海岱地区史前“兽坑”初论 郭荣臻 黄河 . 黄土 . 黄种人 14：31–39
龙山时代日照地区的生态环境 张雪晨 南方民族考古（第二十一辑）41–48
山东菏泽青邱堌堆遗址 陈雪香等 大众考古 10：12–15

山东地区龙山文化晚期素面陶鬲问题再研究 罗诗谦 中原文物 2：47-53
龙山时代空三足器制作工艺研究 富宝财 中国国家博物馆馆刊 11：51-66
关于轮制陶器的再思考 陆青玉 黄河 . 黄土 . 黄种人 6：38-40
陶鬶：中华史前文化的独特基因 赵燕姣 中国社会科学报 6 月 24 日 7 版
济南章丘区龙山镇黑陶作坊的人类学调查 陆青玉 东方考古（第 18 集）345-358
郝家台遗址龙山文化石镞、骨镞的初步研究 贾永强 黄河 . 黄土 . 黄种人 18：23-26
山东日照两城镇遗址龙山文化的石器生产 栾丰实等 考古 8：82-91
日照苏家村遗址出土钱山漾文化陶鬶的产地研究 季丰收等 中国陶瓷 1：66-72

长江中游地区

长江中上游新石器时代的石钺及相关遗存 张绪球 荆楚文物（第 5 辑）19-32
洞庭湖区新石器时期聚落遗址时空分布与自然环境的关系 杜心宇等 经济地理 8：167-176
三峡重庆库区考古与研究综述 邹后曦等 重庆文物考古论集（第一辑）1-15
三峡库区涪陵大河口遗址发现窑址分析——新石器时期、六朝、明朝的陶窑 杨华、李大地 三峡大学学报（人文社会科学版）3：22-25
飞翔的獠牙：面目狞厉的光明使者 王仁湘 南方文物 3：230-234
油子岭文化分期与类型 王良智 湖南考古辑刊（第 15 集）161-170、171-179
大溪文化研究 杨洪 扬帆：贵州青年考古学者论集 149-219
关庙山大溪文化居民的住房安全观——兼谈红烧土建筑上的中国特色 李文杰 西部考古（第 22 辑）53-76
长江中堡岛遗址的器物坑 黄应飞 大众考古 5：27-31
屈家岭下层文化的界定、时空结构及相关问题 单思伟 四川文物 4：30-42
从陶器制法角度看屈家岭文化的扩展 李查得 楚文化与长江中游早期开发国际学术研讨会论文集 3-12
湖北襄阳凤凰咀新石器时代遗址 李宗洋等 大众考古 1：12-15
湖北石首市走马岭遗址石器原料溯源分析 贺成坡等 四川文物 6：43-51
试论邓家湾的陶制"列祖"祭祀遗存——筒形器遗迹解析 武家壁 早期中国研究（第 4 辑）12-32
鄂渝地区新石器时代至商时期龙窑的考古发现与研究 杨华、沈涛 楚文化与长江中游早期开发国际学术研讨会论文集 13-21
试析江西新余拾年山遗址火烧墓坑葬俗 沈江 湖南考古辑刊（第 15 集）180-190
邓家湾遗址陶塑牺牲沉埋祭祀遗存含义分析 何驽 荆楚文物（第 5 辑）33-49
以陶器为视角的石家河文化青龙泉三期类型发展阶段研究 何强 华夏考古 1：62-73
后石家河文化"抱鱼人偶"与祭山活动 龙啸 江汉考古 5：70-77
"后石家河文化"来源的再探讨 张海 江汉考古 6：118-134
肖家屋脊文化三题 韩建业 中华文化论坛 4：14-19
试论涢水上游地区龙山时代遗存 郝晓晓 成都考古研究（四）41-51

补遗

湖南省历史早期聚落遗址时空分布特征及其影响因素 张达等 山地学报 2020 年 5：763-775

长江下游地区

从龙游荷花山遗址东区的陶器类型谈对上山文化分期的新认识 张枫林、林森 江汉考古 1：88-96
上山遗址区沉积过程与人类活动的关系 王凤等 沉积学报 3：723-738

浙江余姚市井头山新石器时代遗址 孙国平等 考古 7：3–26
试论黄鳝嘴文化与大汶口文化的互动 陶志远 东南文化 5：100–111
安徽怀宁孙家城史前城垣结构与功能分析 吴卫红 考古与文物 3：55–67
从水田考古发现看畦田的发生 刘兴林 东南文化 5：92–99
等级与阶层：从凌家滩墓地中的 8 座墓葬谈起 钟雪 地域文化研究 6：37–45
抚河中游先秦聚落试析——以江西省金溪县为例 曾丽 东南文化 1：97–107
良渚与中国百年考古——被低估的中国新石器时代 刘斌 中国文化研究 4：1–11
长江三角洲良渚文化衰亡的多指标环境证据 贺可洋等 中国科学：地球科学 7：1107–1122
良渚文化双鼻壶形制流变初探 倪皓 中国陶瓷 7：69–82
良渚文化的蜷体鸟纹 李新伟 江汉考古 6：107–117
良渚文化四神新体系猜想 王仁湘 南方文物 1：223–226
良渚文化玉琮所蕴含的宇宙观与创世观念——国家社会象征图形符号系统考古研究之二 何努 南方文物 4：1–12
“良渚早期发展阶段的重要突破”——浙江余杭瓶窑镇北村遗址发掘取得阶段性成果 姬翔等 中国文物报 12 月 3 日 8 版
从墓葬看崧泽 - 良渚时期环太湖地区社会复杂化进程 李成、袁圣涛 西部考古（第 21 辑）100–110
平地堆烧与长江下游地区的陶器烧制技术——对浙江昆山、小兜里和新地里遗址相关遗迹的分析 秦小丽、琚香宁 故宫博物院院刊 6：44–57
江淮东部新石器时代末期社会生计个案分析——以东台开庄遗址为例 吴文婉等 东南文化 3：69–79
江苏东台开庄遗址制骨手工业试析 许晶晶等 东南文化 3：92–101
传说时代的“羲和之国”与东方之城——连云港藤花落龙山文化城址的考古学观察 仲元吉 江苏地方志 4：18–22
环太湖地区后良渚时期的文化动态 赵今 边疆考古研究（第 30 辑）145–156
钱山漾文化的发现、命名与思考 郭梦雨、赵杰 光被四表 格于上下——早期都邑文明的发现研究与保护传承暨陶寺四十年发掘与研究国际论坛论文集 318–328

补遗

良渚文化葬玉制度“钺不单行”说——四重证据法求解华夏文化基因 叶舒宪 民族艺术 2020 年 5：85–96

东南沿海地区

台湾海峡区域视野下南岛语族起源与扩散的考古学观察 吴卫等 东南文化 5：112–122
龙舟竞渡 百舸争流 原始彩陶中“赛龙舟”纹饰解读 王有为 大众考古 11：70–73

补遗

岭南地区史前时期的酿酒与农业起源 陈洪波 广西民族研究 2020 年 5：143–150

西南地区

横断山区新石器时代文化的互动——兼论西南丝绸之路形成的史前基础与文化交流 周志清 中华文化论坛 3：15–25
四川金川县刘家寨新石器时代遗址制陶工艺初识 任瑞波、陈苇 考古学集刊（第 24 集）87–101
博物馆陶器的收藏与研究——以华西协合大学博物馆为例 卢素文、谌海霞 南方民族考古（第二十一辑）21–30
渝东南地区先秦时期的考古发现 李大地等 重庆文物考古论集（第一辑）53–71

贵州北盘江流域新石器时代的石器工业及相关问题研究 张改课 扬帆：贵州青年考古学者论集 77–120
略论广西地区新石器时代晚期社会复杂化趋势 杨清平 广西博物馆文集（第十五辑）22–33
广西新石器时代遗存分期及相关问题 彭万 扬帆：贵州青年考古学者论集 121–148
云南新石器时代农业遗存研究 李培聪、夏峥君 黄河．黄土．黄种人 2：41–45
云南剑川海门口遗址陶器制作工艺的初步观察 张南金等 南方民族考古（第十九辑）107–139

西北地区

青藏高原东北部沙隆卡遗址史前人群活动和生存环境基础 王宗礼等 第四纪研究 1：201–213
从新疆阿依托汗一号墓地的发现谈阿凡纳谢沃文化 李水城 中国早期数术、艺术与文化交流：李零先生七秩华诞庆寿论文集（上）29–53

补遗

浅析甘青宁地区的马家窑彩陶文化 王璐瑶 文化学刊 2020 年 11：27–29

燕山南北、东北及内蒙古地区

内蒙古中南部新石器时代彩陶纹饰演变述论 朱彦臻 南方文物 6：82–97
内蒙古中南部先秦时期生业模式演变初探 冯宝 南方文物 6：98–105
辽西地区史前人像造型特征与功能探析 王苹 南方文物 6：227–235
前史时期辽东半岛和胶东半岛的陶器制作技术 三阪一德等 东方考古（第 18 集）160–187
后套木嘎一期文化陶器纹饰与制法研究 李鹏辉、王立新 考古 4：78–88
试论查海遗址的人口规模 涂栋栋 南方文物 5：248–254
查海遗址家户分析 马明志 文博 5：54–58
查海遗址聚落形态新论 陈醉 边疆考古研究（第 30 辑）97–113
查海遗址晚期家户空间分析 徐紫瑾 北方民族考古（第 11 辑）174–190
小河西文化生业模式初探 于昊申 农业考古 1：17–24
兴隆洼文化的聚落与社会——从白音长汗二期乙类环壕居址谈起 张弛 考古 9：69–81
兴隆洼文化"栽立式人形造像"初探 田野、魏欣欣 辽宁师范大学学报（社会科学版）5：139–144
兴隆沟遗址石器打制实验 于昊申 大众考古 11：44–47
先秦时期内蒙古地区陶甗初探 李鹏珍、曹建恩 北方文物 2：46–52
白泥窑文化火种炉及相关问题 官士刚、王峰 南方文物 6：67–81
内蒙古中南部南流黄河两岸地区龙山时代石城研究 孙金松、党郁 草原文物 1：58–66
园子沟遗址陶器分期研究 车亚风 黄河．黄土．黄种人 2：19–23
垂鳞纹彩陶筒形罐 红山文化 草原文物 2：2
中国北方新石器文化的互动与红山文明的形成 张星德、田建文 江汉考古 6：62–70
红山文化研究的百年历程与展望 贾笑冰 草原文物 1：1–4
史前萨满教研究理论与方法探析——以红山文化为例 曲枫 北方文物 2：86–91
红山文化对蚕资源的认识和利用——以出土玉蚕为中心 范杰 农业考古 1：7–16
红山文化石质农业生产工具初探 于昊申 黄河．黄土．黄种人 14：20–26
再论牛河梁遗址"女神庙"的年代 高云逸 地域文化研究 3：115–123
牛河梁遗址与热河生物群申报自然与文化双遗产的可行性与价值评估 鲁昊等 自然与文化遗产研究 5：3–16
浅析外来文化对魏家窝铺红山文化环壕聚落的渗透与影响 侯静波、陈国庆 边疆考古研究（第 29 辑）147–154

中国先秦时期热处理滑石器初探 王荣、董俊卿 东南文化 1：88–96
小珠山上层文化分期与年代研究 杜战伟、赵宾福 考古学报 3：339–364
试论哈民忙哈文化与裕民文化的关系 刘肖睿、孟庆旭 北方民族考古（第 12 辑）29–35
午方文化简论 段宏振 古代文明研究通讯总第 91 期：28–49
上宅遗址新石器时代遗存辨析 贾领 边疆考古研究（第 30 辑）115–124
漫谈“雪山文化”陈光鑫 大众考古 5：24–26
河北龙山文化研究 马明、梁中合 中国国家博物馆馆刊 5：6–18
环境视角下内蒙古中南部龙山时期石城址研究 张瑞强 地域文化研究 6：46–57
试论岱海地区老虎山文化遗存 董霄雷 北方文物 3：44–53

补遗

三江平原及黑龙江中下游新石器时代生业方式分析 赵宾福、赵娟 地域文化研究 2020 年 6：112–120
嫩江流域中下游新石器时代陶器文化特征研究 许晓春 理论观察 2020 年 10：128–131
新石器时代游牧民族包装纹饰的艺术特征 高兰英 内蒙古民族大学学报（社会科学版）2020 年 3：19–31

四 夏文化探索

“三代考古”概说 孙华 文物天地 10：88–97
洛阳夏商周考古百年收获 董鹏娟、宋雪明 洛阳考古 4：18–34
夏商周断代工程源起 朱学文、苏喜成 黄河 . 黄土 . 黄种人 2：3–10
答朱学文《夏商周断代工程源起》一文 湘江紫竹 黄河 . 黄土 . 黄种人 2：11
“夏商周断代工程：商周分界标准考古地层”发掘回望 徐良高 黄河 . 黄土 . 黄种人 18：3–7
众口纷纭说断代 江晓原 黄河 . 黄土 . 黄种人 6：6–7
20 年来洛阳夏商周考古主要收获 李德方 洛阳考古 1：10–14
论夏商文化的分界及其年代 张溯 海岱考古（第十四辑）32–340
夏、商和西周时期“东厨制度”探研 苗霞 南方文物 5：48–59
夏商时期荆南寺聚落历时性演变的考察 杜杨 古代文明（第 15 卷）17–29
夏商时期大型院落建筑探讨 李萌 黄河 . 黄土 . 黄种人 6：17–23
夏文化、夏王朝及相关问题 戴向明 江汉考古 6：135–143
早期夏文化和夏初历史 魏继印 中原文化研究 1：30–37
求事与求实：考古学何以续写夏代古史 段天璟、马永超 江汉考古 6：278–283
层叠书就的学术史：二里头考古与夏文明探索 李旻 读书 1：3–12
禹羌华夏说 易华 中原文化研究 1：21–29
二里头都邑的手工业考古 赵海涛、张飞 南方文物 2：126–131
“夏”遗存认知推定的学史综理 许宏 南方文物 5：35–41
二里头文化：华夏正统的缔造者 曹兵武 中原文化研究 3：21–26
陕西东部地区二里头时期文化因素分析 李永强、王继红 北京文物与考古（第 8 辑）111–121
关于二里头文化类型划分的若干思考 贺俊 三代考古（九）231–259
二里头文化下王岗类型及相关问题研究 庞小霞 考古 3：78–86
二里头遗址绿松石制作手工业研究述评 胡毅捷 青年考古学家（第 2 辑）12–26

试论二里头晚期中原文化对江汉地区的扩张 孙卓 华夏考古 5：52–59
试论夏商周都城宫墙及其相关问题 徐昭峰 光被四表 格于上下——早期都邑文明的发现研究与保护传承暨陶寺四十年发掘与研究国际论坛论文集 89–98
外来遗存的考古脉络：论周边地区对二里头遗址的影响 李修平 南方民族考古（第十九辑）141–173
洛阳都城考古百年收获 蔡运章、蔡梦珂 洛阳考古 4：69–85
淮阳时庄遗址与中国北方地区的早期粮食存储 郭志委 中国史研究动态 6：80–85
山西绛县西吴壁遗址的木炭窑及实验报告 田伟等 中原文物 2：67–73
干栏式粮仓二题 曹大志 考古与文物 5：71–78
二里头文化晚期墓葬与二里岗下层文化墓葬的分析与比较——兼及二里头文化墓葬随葬器物组合的性别差异 朱凤瀚 中原文物 2：54–66
从随葬三足盘类型看二里头文化器用传统 刘威 北方文物 1：38–57
二里头遗址出土的兽面纹骨匕 张溯 大众考古 4：59–60
二里头遗址考古所见的鱼形龙纹浅识 王璐等 洛阳考古 2：16–18
先商文化的考古学存在——漳河流域先商时期考古学文化及相关问题 段宏振 三代考古（九）271–287
鹤壁刘庄先商墓地亲属组织和社会组织研究 陈畅 华夏考古 1：74–81、113
试论辉卫型遗存的性质 李鹏辉 边疆考古研究（第 29 辑）179–191

五 殷商

荥阳“薄中”应与郑州的亳都无关 张立东 三代考古（九）560–565
关于郑州商城内城布局的反思 刘亦方、张东 中原文物 1：64–72
郑州商城遗址区域地貌背景浅析 陈盼盼等 黄河 . 黄土 . 黄种人 4：49–52
偃师商城遗址第一期文化遗存再考察：兼论夏商文化分界问题 谷飞 南方文物 6：189–191
都与邑——多重视角下偃师商城遗址的探究（上）陈国梁 南方文物 6：10–21
对偃师商城遗址水利设施及城址布局的新认识 曹慧奇等 南方文物 6：192–197
偃师商城遗址大口尊的原料配方与生产消费 邓玲玲等 南方文物 6：198–207
再论盘龙城的分期与年代 吴桐 中国国家博物馆馆刊 2：6–17
郑州小双桥都邑遗址再析 张冉 南方民族考古（第二十一辑）69–79
郑州古代城市考古的回顾和思考 刘亦方等 华夏考古 2：58–65
洹北商城与殷墟的水系及相关问题 何毓灵 考古 9：82–94
洹北商城庇都说 张溯 南方文物 5：60–65
武汉市黄陂区鲁台山郭元咀遗址商代遗存 胡刚等 考古 7：49–77
商代前期墓地研究 张亚莉 古代文明（第 15 卷）30–45
商代晚期的东西对峙 田伟 中国国家博物馆馆刊 2：18–32
殷墟自然环境与社会互动关系研究 杨朴 黄河 . 黄土 . 黄种人 4：43–48
殷墟考古三题 牛世山 三代考古（九）288–300
论殷墟手工业作坊遗址考古的相关问题 何毓灵 南方文物 2：132–137
安阳北徐家桥村北商代四合院建筑基址分类 孟宪武等 三代考古（九）383–400
从殷墟墓葬看商代的社会构成和性质 岳占伟 南方文物 5：66–69

殷墟戚家庄东墓地墓主身份辨识 曹芳芳 考古 4：103–114
殷墟墓葬陶觚爵随葬制度研究 胡洪琼 江汉考古 4：64–70
晚商殷墟小型墓随葬陶鬲的若干问题 常怀颖 三代考古（九）301–321
略论晚商殷墟北部邻境地区的铜容器墓 常怀颖 考古 10：60–75
殷墟出土晚商陶器所见晋陕冀地区诸考古学文化因素 常怀颖 文物 7：58–69
酒务头 M1 初论 李宏飞 三代考古（九）401–413
山西离石后石商代墓葬 赵辉等 中国国家博物馆馆刊 12：6–15
老牛坡遗址商代建筑试析 郭明 考古与文物 3：68–74
试述江苏地区的商与夷 陶思远 黄河 . 黄土 . 黄种人 12：14–18
“石北方”为“使鬼方”的考古学观察——“边地半月形文化传播带”历史与文化研究之二 路国权 文博 5：73–78
庙台子遗址商代陶器遗存辨析及相关问题研究 张博 楚文化研究论集（第十四集）2–19
论商代象尊 段西洋、苏荣誉 南方文物 1：227–238
商周器物中被“神话”的野生动物及相关问题 王林、纪倩男 文物天地 8：42–47
商末周初江、河之间交通线上的家族政体：以息邦为例 夏玉婷 楚文化与长江中游早期开发国际学术研讨会论文集 415–429
刘家文化新探——附论先周文化的渊源 尹盛平 考古与文物 4：72–78

补遗

从盘龙城商代墓葬随葬铜器看商代早期器用制度的形成与特点 曹玮《青铜器与金文》（第五辑）6–20
从殷墟葬式再看商文化与欧亚草原的联繫 杰西卡・罗森等《青铜器与金文》（第四辑）1–38
嘉陵江中下游地区商周考古遗存简述 余菀莹 长江文明 2020 年 1：16–25

六 西周

周原遗址西周“手工业园区”初探 郭士嘉等 南方文物 2：147–153
周原遗址风雏六号建筑基址年代再论 杨文昊、宋江宁 文博 6：43–48
保尊、保卣及周初的形势与对策 黄锦前 中原文化研究 2：59–67
社会学视角下的西周王年制度及其应用（者）夏玉婷著校 张经译 早期中国研究（第 4 辑）124–150
西周金文族徽的沿袭变化与商周族群的文化认同 雒有仓、黄端胜 文物春秋 5：22–30
王家、周邦与王国：理解西周文明形成的一个线索 王坤鹏 史学集刊 3：45–47
考古发现与中国古代礼乐文化 方建军 音乐研究 1：5–14
星土分野说的理论建构与礼乐文化的融合 王洪军 中原文化研究 2：32–43
从大保氏的建立探析西周早期采邑封授 叶先闯 管子学刊 2：93–105
封土于社与大合祀的祭义 曹胜高 中原文化研究 2：24–31
从战场到边疆：西周中期战争的军事考古学观察 赵丛苍、梁硕 华夏考古 2：66–70、94
丰镐手工业作坊遗址的考古发现与研究 徐良高 南方文物 2：138–146
从陶窑看西周时期丰镐的陶器生产 王迪 南方文物 5：108–117
泾水流域共人遗存的探索 王科社 陇右文博 4：12–21
西周时期密国及其贵族研究的回顾与思考 姜俊华 陇右文博 4：22–28

李崖周代遗存与嬴秦西迁研究 赵化成 国际视野下的秦始皇帝陵及秦俑学研究学术研讨会论文集 58–99
滁河流域周代文化遗存分期初探 赵慧群 文博 3：33–42
曾国世系及相关问题研究 方勤 江汉考古 6：192–196
曾国历史地位及疆域问题刍议 陈晓坤 楚文化研究论集（第十四集）20–32
曾（随）国核心区与都城变迁初探 黄建勋、后加升 楚文化与长江中游早期开发国际学术研讨会论文集 466–471
曾鄂史地二题 黄锦前 文物春秋 4：22–27
论西周时期楚国的政治中心——从宜昌万福垴遗址谈起 张昌平 江汉考古 6：172–183
周代申国考辨及其相关问题 胡子尧、井中伟 考古 3：87–96
西周成周考古发现与研究综述 刘余力 洛阳考古 2：19–24
地中、土中、天下之中概念的演变与认同：基于西周洛邑都城选址实践的考察 潘明娟 中国史研究 1：5–20
宅兹中国：聚落视角下洛阳盆地西周遗存考察 桑栎、陈国梁 考古 11：76–89
文亭山、文亭湖与郜国故城关系分析 郭立 考古学视野下港口与码头学术研讨会论文集 290–302
河南渑池鹿寺西遗址 王亮 大众考古 3：12–15
江苏常州北舍庄遗址 任林平 大众考古 9：14–17
试论西周早期贵族墓葬铜礼器的摆放规则 杨博文 黄河 . 黄土 . 黄种人 8：14–18
西周墓葬方向及相关问题探讨 郜向平 三代考古（九）438–447
试论两周时期的武舞类舞器随葬制度 杨广帅 东南文化 3：112–118
两周饰棺的考古学观察 王涛、余昌芹 黄河 . 黄土 . 黄种人 22：13–17
鱼跃拂池：周代饰棺鱼形饰研究 何晓歌 考古与文物 6：60–66
周人墓葬青铜兵器器用的礼制涵义 杨博 殷都学刊 3：26–32
华县东阳西周墓地结构研究 王洋 中国国家博物馆馆刊 2：33–43
西周诸侯墓葬青铜车马器的器用——以叶家山曾侯、北赵晋侯及法阳岭应侯墓地为例 杨博、申红宝 北京文物与考古（第 8 辑）122–147
叶家山墓地曾侯墓排序新论 张天宇 江汉考古 5：87–97
随州叶家山 M111 年代再探讨 高西省《青铜器与金文》（第七辑）121–135
孙家南头墓群周墓地分析 赵丛苍、祁翔 文博 1：45–52
垣曲北白鹅周代墓地的若干问题 牛世山 南方文物 5：42–47
山西垣曲北白鹅墓地 M5 出土有铭铜器 杨及耘等 考古与文物 3：123–129
从墓葬等级看浙北两周社会及其变迁——浙北平原中小型土墩墓的统计研究 吴桐、邹冠男 古代文明（第 15 卷）100–112
江南土墩墓与铜礼器器用的偶数用鼎 杨博 东南文化 1：120–129
再析“长子口”墓——兼谈青铜器的分组订制与几种称谓结构 王正原 三代考古（九）448–478
汉代以前墓葬馆内壁装饰考 徐倩倩、胡杨 风雨兼程 40 年——山东省文物考古研究院建院纪念文集（下册）577–589
下蔡考古发现与研究简论 蔡波涛、张钟云 楚文化与长江中游早期开发国际学术研讨会论文集 209–214
从封堵陶窑火门的陶鬲管窥商周时期烧（灰）陶观火的技术选择 王迪 三代考古（九）621–627
论西周的商、周两系陶器组合 王洋 三代考古（九）414–437

论铜鐳与陶鐳 王洋、雷兴山 江汉考古 6：197–205

七 东周

东周王城相关问题研究（上）、（下）蔡运章、蔡梦珂 洛阳考古 1：21–3、2：25–31

莱本族（团）各说 王守功、魏泽华 风雨兼程 40 年——山东省文物考古研究院建院纪念文集（下册）435–446

燕语城遗址调查研究 王丽华 考古学视野下古代泰山文明学术研讨会论文集 126–136 鲁

莱芜山地大型石墙遗迹探究 王丽华 考古学视野下古代泰山文明学术研讨会论文集 137–142 鲁

山西阳泉战国大型木构古井 韩利忠、郑海伟 大众考古 4：12–13

甘肃宁县石家墓地出土棺饰遗存相关认识 王永安 大众考古 11：56–63、98

宁县石家墓地“棺床”与“棺束”遗存初步认识 王永安 敦煌学辑刊 4：205–214

东周秦汉时期巴蜀文化墓葬形制特征的统计学分析 向明文 南方民族考古（第十九辑）175–223

春秋战国时期西戎墓葬葬俗初探 王安琪 东方考古（第 18 集）68–79

论春秋中晚期鲁中地区随葬青铜礼器组合的文化属性 印群 三代考古（九）508–517

山东沂水纪王崮春秋墓礼乐制度初探 张闻捷、梅依洁 中国国家博物馆馆刊 5：19–33

论沂水纪王崮 M1 的年代和墓主 冯峰 古代文明（第 15 卷）113–121

滕州大韩东周墓地楚文化因素及相关问题 郝导华等 楚文化研究论集（第十四集）78–87

洛阳陵墓考古百年收获 王咸秋 洛阳考古 4：86–98

洛阳周山大墓年代试探 刘贤鹏 三代考古（九）538–549

东周时期考古学文化的交流与融合——以新郑侯家台墓地出土铜礼器为视域 樊温泉、沈小芳 楚文化与长江中游早期开发国际学术研讨会论文集 42–53

南阳李八庙申伯家族墓地与申国变迁新探 曹新洲 华夏考古 3：68–72

关中战国西汉中小型墓葬形制演变探析——以长安—咸阳地区为例 何家欢、段清波 考古与文物 6：81–91

平顶山蒲城店遗址东周墓葬及相关问题 魏兴涛、单思伟 中国国家博物馆馆刊 2：44–70

“器以藏礼”——战国中山国不同等级墓葬陶器探析 王晓琨、陈地成 南方文物 6：126–143

粗陋的珍宝——乐器明器及其拼合现象研究 符桑尼、孔义龙 黄钟（武汉音乐学院学报）2：65–77

战国时期出土凹柄铁镰初探 席乐 考古与文物 2：58–64

夬韘考 冯时 中原文物 1：113–119

“偏衣”的考古学识读 王方 江汉考古 3：66–75

临淄出土战国铅釉陶罍及相关问题研究 陈彦堂 中原文物 2：111–117

出土材料与传世典籍所见“四海九州之美物”合证举隅 暨慧琳 南方文物 2：287–292

金带钩考古学研究 白宇 文物天地 8：96–101

带钩研究现状综述 包桂红 黄河 . 黄土 . 黄种人 8：24–29

虎形饰牌的时空分野 乔梁 北方文物 6：59–68

东周神怪图像研究 耿庆刚 文博 6：30–42

补遗

多钮镜的随葬方式及其含义［韩］李清圭《青铜器与金文》（第五辑）47–57

秦文化

陈仓城、陈宝祠与戴家湾 辛怡华 国际视野下的秦始皇帝陵及秦俑学研究学术研讨会论文集 111–131

雍水河与雍城选址的考察 田原曦 国际视野下的秦始皇帝陵及秦俑学研究学术研讨会论文集 132–139
秦人制陶手工业生产模式探讨——以秦雍城豆腐村战国制陶作坊遗址为例 赵丛苍、任丹 西部考古（第 21 辑）134–142
宝鸡吴山遗址考古发现的一些认识 董卫剑 国际视野下的秦始皇帝陵及秦俑学研究学术研讨会论文集 140–148
从手工业遗存看秦都咸阳城北区布局 许卫红 南方文物 2：168–174
礼县大堡子山 M3、M2 墓主再探 刘贤鹏 陇右文博 4：29–38
雍城秦公陵园研究的再思考 焦南峰 考古与文物 6：74–80
“秦东陵”相关问题初探 焦南峰、李岗 考古与文物 1：94–99
平阳秦国陵墓研究中的几个问题 田亚岐、刘明科 国际视野下的秦始皇帝陵及秦俑学研究学术研讨会论文集 100–110
秦始皇陵园北侧吴中秦墓地 王望生、陈洪 国际视野下的秦始皇帝陵及秦俑学研究学术研讨会论文集 149–172
中原地区战国时期洞室墓研究 张亮 考古 2：81–90
战国晚期楚故地秦墓考古发现与研究述评 崔秀琳 西部考古（第 22 辑）93–103
甘肃省博物馆藏礼县大堡子山出土金饰片研究 米毅 丝绸之路 1：95–99
陕西出土东周秦代金属农具论析 白冬梅、程艳妮 北方文物 5：63–70
秦地的肉红石髓与周秦时期的国际贸易 陈洪 国际视野下的秦始皇帝陵及秦俑学研究学术研讨会论文集 284–297

晋文化・韩、赵、燕文化

“新田模式”与三晋都城探讨 马俊才 三代考古（九）479–507
赵国考古学文化北进的轨迹 张渭莲 三代考古（九）518–530
辨识南吕梁白狄墓 田建文 中原文物 1：73–82
侯马乔村墓地Ⅶ区战国墓葬文化因素分析 张新凯 黄河．黄土．黄种人 24：25–28
韩城“宜阳故城”非韩都 陈长安 洛阳考古 1：39–46
再论东周燕文化铜器墓断代 王腾飞 中国国家博物馆馆刊 9：27–36
燕国量制考 李春桃 中国史研究 3：43–50

齐文化

临淄齐故城的营建年代及相关问题 魏成敏 风雨兼程 40 年——山东省文物考古研究院建院纪念文集（下册）392–404
稷下学宫考 方辉、田钟灵 中国文化研究 4：12–25
浅析东平县古代城邑聚落遗址及其文化内涵 杨浩、展亚星 考古学视野下古代泰山文明学术研讨会论文集 59–85
泰山谢过城新考 赵金凤 考古学视野下古代泰山文明学术研讨会论文集 143–148
先秦齐文化的“神守”特征及其渊源、影响 黑琨 中华文史论丛 3：47–63
新泰域内秦汉以前重要文物遗存 张勇、孙颖 考古学视野下古代泰山文明学术研讨会论文集 86–90

补遗

齐国腹心地区早期文化中心形成的考古学研究与探索——兼论东夷、齐国两个文化中心的形成和传承发展的嬗变进程 张光明等 管子学刊 2020 年 3：107–124

楚文化

楚文化考古研究的回顾与展望 高崇文 江汉考古 4：3–12

试论商业因素对楚系青铜文化的影响 裘士京 文物研究 12：64–72
“二重证据”视角下楚国式微新观察 陶治强 西部考古（第 21 辑）126–133
楚人经营湖南地区的考古学观察 袁艳玲 楚文化与长江中游早期开发国际学术研讨会论文集 73–79
An Archaeological Perspective On the Chu Economy Lothar von Falkenhausen 楚文化与长江中游早期开发国际学术研讨会论文集 116–138
论纪南城的始建年代 肖玉军等 楚文化与长江中游早期开发国际学术研讨会论文集 201–208
荆州纪南城遗址究竟是楚国的哪个郢？ 黄锡全 楚文化与长江中游早期开发国际学术研讨会论文集 185–193
从考古新发现看荆州战国楚王陵与楚都纪南城的时空关系 赵晓斌 楚文化与长江中游早期开发国际学术研讨会论文集 194–200
考古寿春城之一：“下蔡”迷踪 蔡波涛、张钟云 大众考古 1：23–27
考古寿春城之二 西圈墓冢 蔡波涛、张钟云 大众考古 9：19–26
寿春城遗址考古新发现与新思考 蔡波涛 楚文化研究论集（第十四集）52–63
Researching the Cuhural History Of Xiangyang through Archaeological Remains Glenda Ellen Chao（赵家华）楚文化与长江中游早期开发国际学术研讨会论文集 80–96
江陵九店东周墓地分析 尚如春 考古与文物 5：84–90
江浙地区“楚式墓”中的楚、秦、越文化融合 大田麻衣子 楚文化与长江中游早期开发国际学术研讨会论文集 597–610
从楚墓出越剑看江汉淮地区楚系铜器墓的分期问题 宝迪 荆楚文物（第 5 辑）90–106
试论战国时期的楚墓人殉 印群 东方考古（第 18 集）80–89
战国楚多室墓丧葬顺序初探 严辉发 南方民族考古（第二十一辑）161–168
论冯家冢的年代 张万高、田勇 楚文化研究论集（第十四集）33–42
从李家坝墓地随葬品看“楚灭巴” 邹靖才 黄河．黄土．黄种人 24：29–33
再论寿县李三孤堆楚墓的椁室形制 赵晓斌 楚文化研究论集（第十四集）43–51
河南项城战国蚌壳墓 韩严振、梁伟 大众考古 4：14–15
楚墓木质人俑早期功能试探 熊谯乔 成都考古研究（四）215–223
楚国的明器：技术、生产与传播 杜德兰（Alain Thote）著 黄莹译 楚文化与长江中游早期开发国际学术研讨会论文集 139–157
飞鸟在天：楚墓丧葬用器再探 陈珈贝 楚文化与长江中游早期开发国际学术研讨会论文集 158–165
东周楚人服上佩剑用俗考 陈美勋 南方文物 4：206–214
从出土文物试探楚国的对外交流 李会 南方民族考古（第二十三辑）147–160
战国遣策与楚地墓葬所见的赗赙现象新探 谢雅妍 古代文明（第 15 卷）122–159
楚地的大规模生产——以铜镜、丝织品为例 李建深 楚文化与长江中游早期开发国际学术研讨会论文集 63–72
Ftom Zheng to Chu：Tracing the Stylistic Origins of Hanxi Style Anilered and Tongued Tomb Sculptures Cortney E.Chaffin（柴宁）楚文化与长江中游早期开发国际学术研讨会论文集 97–115
楚“三头凤”或为高禖神形象 吴艳荣 楚文化研究论集（第十四集）291–301

补遗

楚都纪南城探析：基于考古与出土文献新资料的考察 尹弘兵 历史地理研究 2020 年 2：46–57

吴文化

“吴头楚尾”的考古学观察（之一）唐锦琼 南方文物 6：22–28

江苏溧阳蒋笪里土墩墓的发掘及相关问题的思考 高伟 中国国家博物馆馆刊 9：6–26

试论邢台葛家庄 M10 墓主身份 张玲 边疆考古研究（第 29 辑）193–201

宁波庶来遗址双孔小石刀考析 吴锋钢 农业考古 3：136–140

八 夏商周时期周边地区青铜文化

燕山南北及东北地区

史前生业经济的聚落考古学研究——以内蒙古赤峰地区夏家店下层文化为例 宋晋等 地域研究与开发 6：166–170

内蒙古东南部战国时期的农业经济及人群融合 刘晓迪等 人类学学报 5：764–775

内蒙古敖汉旗先秦石城空间分布初探 张玉坤等 中国文化遗产 6：78–85

内蒙古敖汉旗兴隆沟遗址第三地点夏家店下层文化聚落 刘国祥等 考古 12：3–21

内蒙古宁城县小塘山遗址 连吉林、格日乐图 大众考古 9：12–13、96

辽宁朝阳的陶制农具述略 白燕培 农业考古 3：130–135

边疆地带融合性社会分析——以小双古城墓地为例 郭紫烨 草原文物 1：67–75

先秦时期房址的空间分析初探——以白金宝遗址 F3004 为例 王懿卉等 北方文物 3：34–43

“平洋墓葬”之墓葬形制辨析 周海峰等 北方文物 5：28–34

北京地区战国秦汉瓮棺葬的考古学研究 白岩 四川文物 4：70–84

补遗

辽西地区青铜文化的形成与演变 郑铉承《青铜器与金文》(第四辑）163–174

西南地区

2010 年以来四川考古的拓展与创新 陈卫东等 中华文化论坛 4：32–46

三星堆文化研究四十年 许丹阳 中国文化研究 2：51–62

三星堆：夏商时期的古蜀文明 王震中 中国社会科学报 8 月 12 日 10 版

论三重证据法与三星堆的意义——饶宗颐先生三文“读后记”李学勤 中国文化研究 2：37–39

纠葛与症结：三星堆文化上限问题的学史观察 许宏 三代考古（九）676–686

浅析三星堆遗址“新二期”文化遗存——兼谈“鱼凫村文化”雷雨 四川文物 1：77–83

论三星堆文明形成的年代 朱乃诚 南方民族考古（第二十一辑）81–104

我对三星堆文化特征成因的认识 赵殿增 中华文化论坛 3：34–41

三星堆文明形成的年代和机制 朱乃诚 中原文化研究 4：13–21、129

三星堆：神权文明的内涵 段渝 中国文化研究 4：119–130

三星伴月 其源可溯 四川盆地史前文化发展格局 郭传敏 大众考古 6：24–30

川东平行岭谷西南部商周遗存的考古发现与初步研究 燕妮 重庆文物考古论集（第一辑）80–89

革新与复古——东周时期古蜀社会变革之考古学观察 王天佑 中华文化论坛 5：16–25

石寨山文化农业述略 和奇 四川文物 2：61–73

论云贵高原的“T”字形环 张强禄 南方民族考古（第二十二辑）175–203

从古城址特征看宝墩文化来源——兼谈“三星堆一期文化”与“宝墩文化”的关系 赵殿增 四川文物 1：63–76

浅谈三星堆遗址青关山 F1 的结构与功能——兼与杜金鹏先生商榷 赵殿增 四川文物 3：79–85
三星堆城址废弃年代再考 冉宏林 四川文物 1：96–106
古蜀的“神化”与三星堆祭祀坑 武家璧 四川文物 1：84–95
金沙遗址分期再研究 冉宏林 南方民族考古（第二十三辑）97–145
再论成都十二桥遗址的分期与年代 冉宏林 三代考古（九）354–382
成都平原马街遗址古洪水事件遗存考古发现与研究 朱诚等 地学前缘 2：181–201
6 座“祭祀坑”的发现意味着什么？——国家文物局副局长宋新潮解读三星堆遗址考古发现 施雨岑、王鹏 中国文物报 3 月 23 日 1 版
成都金沙遗址磨石随葬习俗研究 周志清 中原文物 4：67–75
四川凉山州钟家梁子遗址新发现两百余座商周时期墓葬 郑万泉 中国文物报 12 月 3 日 8 版
西昌新庄墓地相关问题讨论 李默然 四川文物 4：57–69
冬笋坝墓地出土巴蜀符号探析 严志斌 中国国家博物馆馆刊 9：37–46
浅析宜良纱帽山墓地第Ⅲ期遗存 田剑波、周志清 南方民族考古（第二十三辑）161–176
贵州威宁银子坛墓地分析 李飞 扬帆：贵州青年考古学者论集 220–283
三星堆祭祀坑新发现丝绸及象牙的文化意义——“玉帛为二精”三续考 叶舒宪 民族艺术 4：79–90
三星堆遗址出土石器历时性变化与制作工艺初论 徐诗雨 四川文物 1：53–62
试析三星堆祭祀坑出土刀形端刃器的制作年代 冉宏林 中国文化研究 2：40–50
金沙遗址博物馆藏小型陶器及相关问题 朱章义、吴超明 南方民族考古（第二十一辑）105–113
铜器波曲纹的构成与来源——三星堆、十二桥文化与周代波曲纹的关系 孙华 四川文物 1：107–118
十二桥文化陶器生产的若干线索 吴超明 四川文物 4：43–56

补遗

三星堆鸟形器物的造型艺术研究 张鸶鸶、卓月如 四川戏剧 2020 年 12：73–76

西北地区

骟马文化研究 李水城 丝绸之路考古（第 5 辑）17–26
公元前一千纪东天山地区游牧人群的屠宰行为 包曙光、姜一哲 农业考古 6：57–62
新疆吉仁台沟口遗址地貌背景与遗址形成过程 张云鹏等 第四纪研究 5：1376–1393
早期游牧王国的礼仪中心——新疆阿勒泰地区青河县三道海子遗址群的考古与研究 郭物 文物天地 7：34–41
新疆库尔勒玉孜干遗址 张晓磊等 大众考古 12：12–13
克里雅河尾闾遗址群序列：考察回顾与年代研究综述 张峰等 新疆大学学报（自然科学版）2：204–212
中国最古老的戏台——“灵台”考——兼说现存的甘肃省灵台县古戏台 康保成、张芳 文化遗产 1：37–44
宁夏彭阳县姚河塬西周遗址 马强 考古 8：3–22
吐鲁番洋海墓地彩陶纹饰初探 王小雄 艺术考古学研究（第一辑）—科技美术考古学 57–64
再论交河沟西、沟北墓地——兼谈吐鲁番地区战国至西汉墓葬 刘翔 丝绸之路考古（第 5 辑）57–73
苏贝希文化洞室墓研究 孙少轻 边疆考古研究（第 29 辑）215–237
酒泉干骨崖墓地出土串珠浅识 艾婉乔 中原文物 2：92–102
近年来新疆克里雅河流域下游采集陶器的研究 林铃梅等 丝绸之路考古（第 5 辑）36–57
新疆尼勒克县吉仁台沟口遗址出土金器探讨 叶采欣 文物天地 3：96–101
关于《新疆尼勒克县吉仁台沟口遗址出土金器探讨》的补充说明 叶采欣 文物天地 5：145

人神沟通的桥梁与使者——从神兽攀树纹金箔饰谈起 刘维玉 文物天地 8：82–84

黄淮下游地区

岳石文化城邑的考古学观察 郭荣臻 四川文物 5：28–39

晋中、内蒙古中南部及晋陕高原

东周时期中国北方与贝加尔地区的文化交往 权乾坤、杨建华 边疆考古研究（第 29 辑）203–213

东周时期内蒙古中南部农牧融合现象的考古学观察 曹建恩 考古 6：93–102

九 秦代

从考古资料谈秦汉家庭的分类 刘尊志 中原文化研究 2：68–75

秦汉钟官初探 徐龙国 四川文物 5：40–47

洛阳秦汉魏晋南北朝考古百年收获 严辉 洛阳考古 4：35–51

东西之争：文献与考古视野下的嬴秦族源探索 刘思源 三代考古（九）701–720

秦汉雍畤考 杨曙明 西安财经大学学报 3：102–108

雍畤文化遗存的新发现 张晓磊、范雯静 大众考古 4：37–44

泰山封禅的起源及秦汉封禅遗址调查研究 温兆金 考古学视野下古代泰山文明学术研讨会论文集 373–385

秦至西汉前期海盐县城址新探 王斌、陈吉 历史地理研究 3：101–110

秦汉时期夯头研究 薛程 考古 2：91–99

郢城遗址考古工作的收获与思考 刘建业、朱枫 荆楚文物（第 5 辑）107–114

秦代洞庭郡治辨正 郭涛 考古 2：100–108

古邔县（侯国）故址新证 王先福 楚文化与长江中游早期开发国际学术研讨会论文集 623–632

秦、两汉帝陵二元式空间结构概说 严辉 中原文物 3：79–86

秦国中小型墓葬葬式演变及秦墓渊源研究 林泽生 西安文理学院学报（社会科学版）1：49–53

论秦始皇陵“水银为海”王子今 北京师范大学学报（社会科学版）5：89–96

秦始皇陵内外城垣比值问题探讨 龙天一 国际视野下的秦始皇帝陵及秦俑学研究学术研讨会论文集 173–181

秦“族墓地”研究——以陇县店子秦墓为例 贾正言 洛阳考古 3：56–62

广西合浦双坟墩土墩墓年代及相关问题浅析 李岩 三代考古（九）550–559

秦汉家庭物品存储的考古学观察 刘尊志 中原文物 6：95–105

从帝陵、画像石与文献看被污名化的秦始皇 冯锴 西部考古（第 22 辑）104–115

再论马镫起源 李云河 考古 11：90–99

从“北宫乐府”石磬及其相关文物看秦乐府音乐 辛雪峰 音乐研究 1：39–46

“社稷永固 国泰民安”中国文字博物馆藏“海内皆臣”砖 杨涛 大众考古 1：67–73

一〇 汉代

考古资料所见汉代仓颉崇拜 刘肖睿、孟庆旭 秦汉研究论丛：秦汉考古遗存研究专集 295–299

汉长安城手工业遗存的发现与研究 徐龙国 南方文物 2：175–182

济南城市考古概论 郭俊峰、李铭 考古学视野下古代泰山文明学术研讨会论文集 104–125

关于游牧国家的理论反思——以匈奴帝国为例 张炼 北方民族考古（第 12 辑）59–75

考古学视角下的南越国饮食文化 周繁文 春山可望——历史考古青年论集（第三辑）217–232

考古视角下的古夜郎族群生活习俗探论 颜全己 农业考古 1：250–257

人地关系视角下遗址区聚落空间演变与发展研究——汉长安城遗址区聚落实证分析 辛士午等 现代城市研究 5：45–52

西汉至北朝时期长安城城郭布局的变化 张建锋 南方文物 3：71–79

汉都长安的考古历程 刘振东 中国社会科学报 9月27日5版

汉长安城与北魏洛阳城的给排水工程研究 张嘉毅 青年考古学家（第2辑）115–132

汉武帝泰山封禅史迹新考 周郢 考古学视野下古代泰山文明学术研讨会论文集 392–400

宕渠与賨城——渠县城坝遗址的考古发现与研究 陈卫东、周科华 四川文物 3：24–32

洛阳新安县汉函谷关文化遗产价值认知 张效儒 南方文物 3：267–272

新店古城与屏山遗址的年代及性质 黄荣春 福建史志 4：28–33

西汉敦煌郡的设置和敦煌城的修筑 郑炳林、张静怡 敦煌学辑刊 2：3–13

汉西域都护府遗址探索 陈凌 文物天地 7：80–86

汉代上郡龟兹故城考——兼与《晌衍抑或龟兹》商榷 王兴锋 文博 2：91–97

东冶候官考 柏宇亮 东南文化 2：101–108

阜阳侯与“阜阳侯国遗址”辨议 常泽宇 中国地方志 5：106–111

因“运”而生的宝应古城 唐华荣 大众考古 8：53–58

泰山周明堂遗址调查研究 刘丰 考古学视野下古代泰山文明学术研讨会论文集 360–368

从汉唐昆明池考古看历史考古学的文献自觉 刘瑞 中国史研究 3：5–11

尼雅古城废弃原因探析 李后强、李海龙 中华文化论坛 2：144–149

额济纳旗汉代烽燧的修建、排列布局及功能 叶楠 河北地质大学学报 3：137–140

匈奴龙城考古探索与进展 任潇、周立刚 大众考古 1：28–33

丝绸之路东天山段的三座古城 田海峰 大众考古 1：38–54

汉晋时期江西历史地位的变迁——以墓葬材料为中心 党丰 南方文物 4：127–134

规天矩地：汉墓建筑布局的典型形式与意义 姜生、马源 复旦学报（社会科学版）4：53–65

汉代“横葬制墓”的起源与发展 赵化成 古代文明（第15卷）175–208

汉代墓地祠堂研究 刘尊志 考古学报 1：57–82

帷帐居神——墓室空间内的帷帐及其礼仪功能 李梅田、赵冬 江汉考古 3：58–65

西汉杜陵建筑遗址的尺度、等级和空间初探 王书林 古代文明（第15卷）160–174

西汉高等级木（石）椁墓与崖洞墓布局的相似性研究 徐卫民、杨懿 西部考古（第21辑）155–173

关于区域性汉墓研究的几点思考 ——以三河地区为例 朱津 春山可望——历史考古青年论集（第三辑）209–216

四川地区西汉土坑墓等级序列观察 王天佑 成都考古研究（四）269–278

四川“汉代土墩墓”研究 索德浩 春山可望——历史考古青年论集（第三辑）15–35

湖南地区两汉墓葬初步研究 余静 考古学报 2：193–220

江淮地区汉代整木棺的考古发现与研究 崔秀琳 中原文物 4：76–84

试析古代墓葬邻近水道现象及其对水道的影响——以扬州地区为中心 魏旭、秦宗林 黄河．黄土．黄种人 6：30–37

汉文帝霸陵选址研究 马永嬴 考古与文物 1：100–105

汉文帝霸陵的文献流传与考古发现的江村大墓 霍巍 江汉考古 6：206–212
海昏侯墓园考古与西汉史的新知 王子今 中国社会科学报 9 月 14 日 6 版
海昏侯墓新出文献与汉代"经传合编"问题 曹景年 管子学刊 1：108–114
从海昏侯墓外藏椁出土车马饰件的工艺统计看马车类型 张红燕等 南方文物 6：248–254
海昏侯墓"孔子画像"的文本考察 何丹 上海交通大学学报（哲学社会科学版）5：84–90
海昏侯墓新出土当卢之图像学考察 罗小华 武汉理工大学学报（社会科学版）3：121–131
从海昏侯墓出土器物产地看汉代侯国的手工业生产 吴方浪 秦汉研究论丛：秦汉考古遗存研究专集 13–33
汉帝国与希腊化世界的交往——再议海昏侯墓金器中的花丝装饰 刘艳 早期中国研究（第 4 辑）161–188
汉宣帝杜陵便殿功能沿革论 刘逸鑫 黄河 . 黄土 . 黄种人 2：27–30
西汉诸侯王墓车马埋葬研究 李说 文化遗产研究（第 4 辑）375–404
西汉诸侯王崖洞墓的类型学研究 杨懿、徐卫民 文博 2：44–53
江西莲花县西汉安成侯墓墓主探讨 张艳秋 考古学集刊（第 24 集）120–133
西汉长沙国诸侯王陵墓制度研究 陈杰、石荣传 江汉考古 4：102–111
试析汉代长沙王陵墓群的价值 马代忠、赵晓华 南方民族考古（第二十二辑）217–227
马王堆汉轪侯墓地祔葬墓身份的考古学观察 郑曙斌 南方文物 4：119–126
马王堆一号汉墓漆棺"鹿形象"研究 肖仕煜 楚文化研究论集（第十四集）302–320
论西汉南越国时期的高等级墓葬 张强禄 考古学报 4：475–500
西汉霍去病墓及"马踏匈奴"石刻研究 王名峰 新美术 6：82–93
试析南阳地区汉代画像石墓之逆向发展 张卓远 华夏考古 6：80–85
论两汉洛阳地区中小型墓葬耳室之演变 王旭旭 洛阳考古 3：68–74
洛阳浅井头西汉壁画墓主人身份探微 王晓晖 中原文物 1：83–88
河南永城保安山二号墓 18 号墓室功能探析 刘超、周亮 中原文物 4：85–91
土山汉墓考古为何持续半个世纪 原丰 人民日报 8 月 21 日 8 版
河北阳原西汉墓葬的两个问题 刘尊志 文物春秋 1：47–61
试论洛阳偃师杏园 6 号墓的年代与性质 张鸿亮 中原文物 1：89–95
重庆地区汉晋墓葬出土宅房研究 黄伟 重庆文物考古论集（第一辑）144–161
重庆牌坊坡墓群 肖碧瑞 大众考古 5：14–15
重庆奉节县土寨子墓地 孙治刚等 大众考古 11：12–13
An Unusual Phenomenon at Mawangdui: A Han Burial with No Jades *Jenny F.So* 中国早期数术、艺术与文化交流：李零先生七秩华诞庆寿论文集（上）289–307
内蒙古和林格尔县小红城汉墓 齐溶青、戴昊鹏 大众考古 10：16–17、98
特克斯河流域乌孙时期墓葬的定量分析及相关问题研究 刘露露、孙危 西部考古（第 21 辑）143–154
大连营城子汉墓出土铜承旋及相关问题研究 张翠敏 北方文物 6：92–98
辽东半岛花纹砖墓考古学研究 张翠敏、范磊 东方考古（第 18 集）90–105、369–370
云贵高原汉墓所见汉夷文化交流 张勇 扬帆：贵州青年考古学者论集 336–360
个旧黑蚂井墓地"岭南移民说"质疑 吴小平 南方民族考古（第十九辑）257–270
温明文化属性探讨——从造型与装饰角度分析 阴星月 文博 3：43–54
汉墓出土案的考古学分析 彭军超、李电萍 文物春秋 5：56–61

汉魏晋墓葬出土所见叉形器功用的研判 阎焰 故宫文物月刊 465：56–69
汉代“神道”补释 齐广 春山可望——历史考古青年论集（第三辑）7–14
从汉代墓葬出土乐器看汉代礼乐制度之演变 陈艳、乔军 中州学刊 5：122–129
丹江库区汉墓陶器研究 陈代玉 江汉考古 2：89–100
关于青岛土山屯 M6 出土的两件木器——兼论扬州地区出土木握与墓主身份 李婉明 西部考古（第 22 辑）116–125
汉晋解注瓶形制研究 周静 南方民族考古（第二十三辑）235–246
信仰、时间与装饰：沂南汉墓中的莲花图像 陈轩 南京艺术学院学报（美术与设计）5：14–20
绵阳汉代摇钱树中凤鸟图像装饰类型研究 刘瑛 装饰 8：124–125
巴蜀汉陶艺术博物馆藏摇钱树座研究 韦松恒 扬帆：贵州青年考古学者论集 361–289
巴蜀墓葬中的“操蛇神怪”与早期道教 张媛 华夏考古 3：79–87
角形玉杯和来通杯 霍雨丰 文物天地 4：62–69
一座“藏”在博物馆里的东汉大墓 土山汉墓 原丰 大众考古 9：60–67
武威雷台二号墓清理记 党寿山 陇右文博 1：56–61
邙山东汉五陵考 王咸秋 考古与文物 1：106–112
洛阳孟津平乐村 C8M2249 东汉墓 李继鹏等 故宫博物院院刊 12：40–43
从涪陵区大坟坝墓地墓砖纹饰谈起——浅议重庆地区东汉墓砖的车轮纹装饰 陈东 重庆文物考古论集（第一辑）136–143
蘑菇山鲜卑墓地断代研究 潘玲、谭文好 北方民族考古（第 12 辑）36–58
试析合浦东汉三国墓中的莲花形器 谢广维 考古与文物 6：99–106
川渝地区东汉吐舌执兵操蛇俑文化内涵再探讨 陈云洪、颜劲松 南方民族考古（第二十二辑）229–243
何以安魂：“便房”再研究 郭郑瑞 故宫博物院院刊 7：71–83
试论舟形灶 陈杰、石荣传 东南文化 4：76–92
田野考古二则 孙波 风雨兼程 40 年——山东省文物考古研究院建院纪念文集（下册）462–469
乐陵市井家遗址出土石像生考述 周慧 海岱考古（第十四辑）419–425
湘赣地区汉代彩绘陶器初探 余雯晶 南方文物 5：255–269
岭南地区汉代彩绘陶器初探 余雯晶 中国国家博物馆馆刊 11：67–81
江汉地区汉代彩绘陶器初步研究 余雯晶 江汉考古 5：98–114
汉晋陶灶上的钩子图像考察 高启安 陇右文博 3：8–13
“张姬榜槊”小识 罗小华 华夏考古 6：76–79
汉代戟形饰考 蔡青 文博 1：63–69
黄金如可种 我力终不歇——中国国家博物馆藏牛造型文物漫谈 郝爽君 文物天地 2：54–6
洛阳地区汉代石砚概述 韦文嘉 洛阳考古 2：58–63
山形枝灯与钱树：考古所见汉代神仙观念的地域性表达 宋蓉 早期中国研究（第 4 辑）189–207
汉代玳瑁器初步研究 刘芳芳 东南文化 2：92–100
两汉回首式走兽纹马具试析 陈宗瑞 故宫博物院院刊 2：98–107
汉晋时期马蹄形带具的考古学研究 刘德凯 东南文化 2：109–118
汉晋时期叉形器研究 张婕妤 边疆考古研究（第 30 辑）173–191

中国北方地区出土汉晋时期鸠杖研究 朱雨薇 草原文物 1：76–84
长江上游东汉山字形陶树座的形式与内涵 苏奎 长江文明 3：1–11
王政君与西王母——王莽的神仙政治与物质—视觉制作 缪哲 中国早期数术、艺术与文化交流：李零先生七秩华诞庆寿论文集（下）375–451
Searching for the Origin of a Motifi：A Reevaluation of the Diffusionist Model by Examining the Motif of Tree Serving as a Separating Device in Early Artistic Traditions Zhang Hanmo 中国早期数术、艺术与文化交流：李零先生七秩华诞庆寿论文集（下）533–591
抽象宇宙：汉代式盘类图像的图式观察 王煜、康铁琼 春山可望——历史考古青年论集（第三辑）133–159

补遗

汉中古汉台遗址名实考 王浩远 陕西理工大学学报（社会科学版）2020 年 6：19–24
汉代积石积炭墓初探 周岳 文化学刊 2020 年 12：250–252
广西汉代陶屋明器探究 张海平、宾泉 社会科学家 2020 年 9：139–144
傀儡的起源与演变新论——兼论山东莱西“岱墅汉墓”大木偶的随葬意义 黄李娜 民族艺术 2020 年 6：117–125

一一 三国两晋南北朝

魏晋洛阳宫的形制与格局 陈苏镇 考古学报 3：381–400
晋宋时期的洛阳城与魏晋太极殿所在基址辨析 赵永磊 考古 10：98–108
邺城佛教考古的主要发现与收获 何利群 邺城考古与文化论集 13–42
论曹魏邺城遗址与铜雀三台遗迹 朱岩石 邺城考古与文化论集 1–12
曹操高陵“渠枕”考 王子今 文物 10：39–46
曹魏、孙吴墓葬比较研究——以宗室墓为中心 王音 中原文物 3：87–94
发现高平陵 洛阳西朱村曹魏墓的发掘与研究 王咸秋等 大众考古 12：20–25
洛阳西朱村曹魏一号墓墓主考 王咸秋 华夏考古 3：88–93、116
洛阳西朱村曹魏墓 M1 出土石楬所记服饰考论三则 欧佳 南京艺术学院学报（美术与设计）4：36–44
云南地区魏晋南北朝时期墓葬的考古学观察 李二超 扬帆：贵州青年考古学者论集 390–418
六朝归葬习俗述论 张科、余晓福 湖南考古辑刊（第 15 集）252–267
长江中下游地区六朝墓葬出土石砚及相关问题研究 曾宇、李映福 江汉考古 6：213–221
江苏常州孟河南杨村墓地 任林平 大众考古 11：16–17
江苏南京丁奉家族墓地 周保华 大众考古 2：16–17、98
苏州虎丘路孙吴墓及墓主身份考证 张铁军、朱晋訸 大众考古 12：26–33
组织或是协调：吴蜀丧葬的“汉制”再现——兼论“晋制”之滥觞 焉鹏飞 秦汉研究论丛：秦汉考古遗存研究专集 182–195
苏州黑松林出土孙吴石屏风画臆释 程义 黄河 . 黄土 . 黄种人 8：41–45
魏晋南北朝时期帔帛起源和流布的图像学研究 宋玉立 齐鲁艺苑 4：64–73
中国北方地区出土下颌托研究 樊青青 陇右文博 1：3–9
靺鞨文化的斜口器 武松、冯恩学 边疆考古研究（第 30 辑）193–207
关于宁波古代城市发展中的“小溪”问题 王结华 东南文化 4：93–102

探寻吐谷浑伏俟城 李琴 大众考古 5：63–70
高昌故城的发现与考古研究 刘耐冬、王龙 文物天地 10：102–106
在汉水流域寻访失落的粟特部落 李梅田 大众考古 6：19–23
泉州地区两晋南朝隋唐墓葬初探 许超 泉州城考古学术研讨会论文集 263–274
北京地区西晋墓特点初步研究 孙峥 北京文博文丛 3：72–76
论瑞昌马头“西晋”墓的年代与归属——兼谈孙吴时期的不归葬 张科 东南文化 6：77–87
荥阳西晋大墓初探 刘良超 黄河 . 黄土 . 黄种人 2：31–35
浅论狮子山西晋墓出土堆塑罐及其象征意义 戴若伟 青年考古学家（第 2 辑）133–148
西晋周处墓铝片的身世之谜 许宏 大众考古 4：19–27
郑州上街西晋墓出土晋式銙带研究 刘德凯 中原文物 4：92–100
吐鲁番出土骆驼俑塑艺术赏析及相关问题探讨 姚敏 文物天地 9：52–56
从考古发掘出土文物看两晋与西域社会往来 郭水涛 黄河 . 黄土 . 黄种人 8：46–48
早稻田大学会津八一记念博物馆收藏的晋式锊带 刘德凯 洛阳考古 1：55–59
从那竭到于阗的早期大乘佛教护法鬼神图像资料——哈达与和田出土的两件龙王塑像札记 张惠明 西域研究 2：54–72
故宫博物院藏“孙登天籁铁琴”考 严晓星 新美术 3：172–186
吐峪沟石窟的斩山崖面区段与遗址考古分期 夏立栋 考古 11：100–112
山东青州市体育场墓葬发现马具研究 王飞峰 北方文物 5：71–78
关中地区十六国墓葬的年代分析 郭东珺 春山可望——历史考古青年论集（第三辑）36–76
十六国早期拓跋部与慕容部联姻考 *——从内蒙古达茂旗出土金步摇冠饰谈起 吴松岩、赵菲 边疆考古研究（第 29 辑）299–308
Astrology in China at the Turn of the Seventh Century *Victor Cunrui Xiong* 中国早期数术、艺术与文化交流：李零先生七秩华诞庆寿论文集（下）597–619
邺城遗址出土北齐石塔及相关图像的探讨 何利群 考古 5：91–106
南京地区南朝墓葬的阶层划分及相关问题 张科 中国国家博物馆馆刊 11：6–23
再论乳源虎头岭南朝墓的年代——兼谈岭南地区六朝墓葬的断代问题 唐博豪 中国国家博物馆馆刊 5：34–41
武汉市武昌区南朝刘觊墓再研究 张科 考古 12：95–103
南北朝墓葬“树”图像研究补遗——以高士图为中心 马文真 齐鲁艺苑 4：56–63
安徽六朝时期熏炉类型及其文化特征考察 李湘 黄河 . 黄土 . 黄种人 4：26–31
杭州桐庐出土南朝舍利石函初探 王文波 南方民族考古（第二十三辑）247–260
内蒙古武川坝顶北魏阴山皇家祭天遗址 张文平、丹达尔 大众考古 1：16–17
北魏宁懋石室再检讨 李梅田 故宫博物院院刊 9：68–77
北魏洛阳城一号房址性质刍议 郭晓涛 泉州城考古学术研讨会论文集 247–254
拓跋鲜卑先祖“石室”——嘎仙洞遗址 长海、庞雷 大众考古 6：84–87
中国早期舍利瘗埋方式再思 沈丽华 南方文物 3：80–90
略论北朝陵寝制度的发展阶段 付龙腾 考古与文物 1：113–121
从平城到邺城——聚焦于墓葬文化的变迁 韦正、吴娇 故宫博物院院刊 1：4–26
四川仪陇新发现的三处画像崖墓群 陈卫东等 考古与文物 5：44–60

北魏房形葬具初探 王子煜 北方民族考古（第 12 辑）90–102
忻州九原岗北朝壁画墓墓主人蠡测 张金龙 文史哲 2：76–100
徐州地区北齐墓葬探析 胡选奇、贾飞 东南文化 4：102–112
磁县北齐周超墓的发现与研究 沈丽华、李江 春山可望——历史考古青年论集（第三辑）77–96
固原南郊发现的两座北朝墓 樊军等 中国国家博物馆馆刊 10：6–16
陕西咸阳豆卢恩家族墓园 段毅 大众考古 12：14–17、96
史君石堂 W1 图像再释 吴贇培 丝绸之路考古（第 5 辑）83–89
也谈余杭小横山墓地之归属 张科 南方民族考古（第二十一辑）245–254
西安博物院藏天和六年佛造像座研究 茹溪 南方文物 1：283–287
文物证史——北魏立国前后的河北因素 李宝才 文物天地 10：140–143
大同市博物馆藏北魏乙弗氏文物研究 白月 西部考古（第 22 辑）126–134
与佛取花和徜徉山水——北朝沁阳围屏石床研究 白炳权 考古学集刊（第 25 集）166–192
北朝隋代服饰刻画平结图像及其西方来源 李秋红 敦煌研究 2：97–111
西域植物平结图像及其来源 李秋红 中国国家博物馆馆刊 11：24–37
宋云、惠生西行考论 李小白、刘志伟 敦煌研究 5：26–33
《北方文物》1981—2020 年刊载高句丽史研究论文述要 王孝华等 北方文物 5：103–112
试析高句丽建构建国神话的时代背景与目的 李大龙 史学集刊 5：48–56
高句丽史上的外来族群问题研究 范恩实 史学集刊 5：57–66
我国境内发掘的高句丽无壁画封土石室墓 魏存成、孙颢 边疆考古研究（第 30 辑）209–221
辽宁地区考古出土“步摇”研究 曾慧等 黑龙江民族丛刊 1：80–85

补遗

曹魏铜雀台考 胡运宏 北京林业大学学报（社会科学版）2020 年 3：79–83
曹操高陵发现发掘亲历记 潘伟斌 河南文史资料 2020 年 5：94–110
南朝陵墓神道石兽造型设计分析——以萧梁王侯墓为例 何乐君、卢小慧 艺术百家 2020 年 5：164–168
高句丽青铜壶杅铭文“#”字符号初探 林银雅 南京艺术学院学报（美术与设计）2020 年 6：65–68

一二　隋唐五代

洛阳隋唐宋考古百年收获 屈昆杰、马占山 洛阳考古 4：52–68
隋唐洛阳城里坊门的形制 赖子阳 大众考古 1：74–78
隋唐东都武周天堂遗址试析 石自社 南方文物 3：91–99
河南洛阳隋唐时期仓窖遗址 潘付生 大众考古 5：16–17
略论固原隋唐时期墓葬形制 母雅妮 文物天地 10：8–14
隋代帝陵制度研究 冉万里 考古与文物 1：122–132
再读隋李静训墓及其葬仪 李梅田 华夏考古 5：85–90、112
史索岩和史诃耽墓门文化内涵 李鑫 文物天地 10：43–46
武汉市洪山区杨家湾隋代墓　曹昭等 考古 12：57–68
从墓葬出土镇墓兽看隋唐丧葬观念的变化 刘彦博 文物天地 11：43–44
试论隋唐墓葬出土的铁镜 陈灿平 中原文物 3：112–119

唐代据史德文化略考 段晴 丝绸之路考古（第 5 辑）108–114
唐代天山北麓军政体系的考古学观察 任冠 南方文物 6：144–152
唐宋时期成都城里坊格局与形态的考古学观察 易立 南方民族考古（第二十二辑）269–297
唐长安城西市考古新发现与相关研究 何岁利 南方文物 3：109–123
唐代长安城的“空地”齐东方 泉州城考古学术研讨会论文集 38–49
大明宫方乎 秦建明 乾陵文化研究（十四）338–346
唐代迁治后泉州城市空间形态和功能变化探析 刘学奎、王新天 泉州城考古学术研讨会论文集 131–139
泉州城相地选址和重要建筑中轴线及相关测绘系统 汪勃、范东日 泉州城考古学术研讨会论文集 61–71
关于泉州城市考古的几点思考 董新林 泉州城考古学术研讨会论文集 30–37
泉为大邦：读书札记四则 杭侃 泉州城考古学术研讨会论文集 17–29
唐五代泉州城规画研究 武廷海、叶亚乐 泉州城考古学术研讨会论文集 109–130
唐五代时期泉州城研究 卢嘉媛等 泉州城考古学术研讨会论文集 88–108
衙子罗翼、营建有序——唐宋泉州城沿革浅析 林瀚等 泉州城考古学术研讨会论文集 140–150
唐宋泉州城空间格局下的泉州南外宗正司、泉州市舶司遗址的考古发掘研究 汪勃、梁源 自然与文化遗产研究 3：22–39
唐代正定古城址形成时期的环境背景与人类活动 张峻凡等 第四纪研究 5：1489–1502
青岛板桥镇遗址相关考古发现的认识与思考 石玉兵等 考古学视野下港口与码头学术研讨会论文集 88–97
明州罗城遗址（望京门段）考古发掘与保护展示 林国聪等 中国文物报 12 月 3 日 7 版
早期越窑及其兴起原因略论稿 郑建明 南方民族考古（第二十一辑）215–234
岳州窑的发展变迁与跨文化设计之路 石蒙蒙 中国陶瓷 11：76–84
新疆尉犁县克亚克库都克唐代烽燧遗址 胡兴军等 考古 8：23–44
“斟酌汉魏”还是“唐承隋制”——唐高祖献陵与隋文帝泰陵的比较 张建林 考古与文物 1：133–139
对乾陵文化的再认识 丁伟、文野 乾陵文化研究（十四）25–31
唐新城长公主墓中女扮男装现象的性别考古学研究 唐晓雯 浙江艺术职业学院学报 1：108–112
唐武太墓的发现与研究 曹龙 华夏考古 5：91–98
广东四会陶塘墓地 晚唐时期中央权力对岭南地区的渗透 唐晓雯 大众考古 10：66–70
8 ~ 10 世纪墓葬中的桌椅题材与分期分区研究 金蕙涵 考古与文物 6：113–119
试论洛阳地区唐墓出土的茶具与茶文化 李萌 农业考古 5：48–54
浅谈唐代北方的民间茶具——以河南新郑出土的唐代茶具为例 宋国民 黄河 . 黄土 . 黄种人 10：13–16
巩义康店砖厂唐墓出土器物简介 刘小梅 黄河 . 黄土 . 黄种人 2：15–18
巩义丁香花园唐墓出土器物介绍 刘小梅 黄河 . 黄土 . 黄种人 12：12–13
天水伯阳晚唐壁画墓题记刍议 张弛 陇右文博 3：23–26
中国国家博物馆藏唐大中六年韩干儿墓出土器物 赵玉亮 中国国家博物馆馆刊 6：145–160
内蒙古和林格尔县土城子遗址发现的一座唐代突厥墓葬 程鹏飞等 北方民族考古（第 12 辑）1–7
唐末五代移民的考古学观察——以泉、福、漳三州唐五代墓为例 卢亚辉 泉州城考古学术研讨会论文集 275–289
宗藩玉册：9 世纪唐与黠戛斯交通的一个侧面 孙昊 春山可望——历史考古青年论集（第三辑）185–198
区域差异与塔式罐用途、起源及规格的变迁 沙琛乔 洛阳考古 1：60–67

唐代敦煌马球的文化内涵研究 陈丽娟、龙忠 丝绸之路 4：125–129
上党殊样：山西长治唐胡商骑驼俑探讨 葛承雍 故宫博物院院刊 12：44–55
唐宋石茶器 郭丹英 文物天地 9：70–75
从出土茶器看唐宋饮茶风尚 李瑞华 中国社会科学报 8 月 3 日 7 版
郑州连体柴窑：一千年前科学节能的窑炉 田培杰、田崴嵬 黄河 . 黄土 . 黄种人 22：62–63
洛阳唐代十二生肖俑 马毅强等 洛阳考古 3：93–95
葡萄、狮子和胡瓶——甘肃省博物馆藏两件唐代文物中的外来文化元素 米毅 丝绸之路 3：154–156
唐代丝绸之路上的茶与茶具 张斌 中国文物报 10 月 19 日 7 版
唐至清饮茶法流变对茶托形制、功能变化的影响——兼论其对当代茶具设计的启示 徐珩、徐千懿 农业考古 2：37–45
中国简单型佛足迹图文溯源 祁姿好 中原文物 6：114–120
洛阳博物馆馆藏汉唐丝路文物赏析 李文会、王美粉 文物天地 10：56–63
北源与南源：后蜀墓葬形制演变过程研究 倪润安 考古 1：106–120
论长沙中南工业大学桃花岭古墓的年代与墓主身份 曹昭 江汉考古 1：107–111
广州市胸科医院五代南汉大有元年李纾墓 程浩 考古 5：115–120
关于渤海早期王城坐标点的文献学定位问题 刘晓东等 北方文物 6：99–104
《北方文物》1981—2000 年渤海史研究论文述要 田索菲等 北方文物 3：107–112
《北方文物》2001—2020 年刊载渤海史研究论文述要 阴美琳等 北方文物 4：102–108
东北亚丝路视域下新中国七十年来渤海上京考古研究综述 吴博 黑龙江民族丛刊 2：57–62
1978 年以来国内学界的唐代渤海国上京龙泉府研究 杨雨舒 地域文化研究 6：58–68
唐代渤海国佛教遗存的研究回顾与思考——基于中国境内的渤海遗存 王俊铮 地域文化研究 6：69–82
渤海国铁器的考古学述论 彭善国、张凯 北方民族考古（第 11 辑）263–284
真实还是传奇？——渤海国“紫瓷盆”问题 彭善国 文物春秋 3：57–60
海曲华风——唐代渤海国文物赏析 勾海燕、张立玫 文物天地 8：56–59
南海渤海国与龙泉青瓷 钱江 天下龙泉：龙泉青瓷与全球化国际学术研讨会论文集 457–462
西昌北山火葬墓地密教因素试析——兼论“滇密”的来源和性质 唐淼、王文波 南方民族考古（第二十三辑）261–275
大理国时期出土塔模初探 王文波 南方文物 4：135–143
都兰热水一号大墓形制蠡测 康敏、韩建华 热水考古四十年 168–176
高昌回鹘金属加工业掇锁 杨富学、单超成 陇右文博 3：44–49
西藏高原吐蕃考古与象雄考古的新阶段——庆祝中国共产党成立 100 周年 霍巍、杨清凡 中国藏学 2：5–17
龟兹都城探析 闫雪梅 考古与文物 4：87–93
寻找唐代纳职城 哈密拉甫却克古城考古记 尚玉平 大众考古 11：74–80
唐纳职城寻踪——哈密市拉甫却克墓地考古记 王永强 文物天地 7：112–117
吐蕃丧葬习俗演变研究——以都兰热水 1982 血渭 1 号大墓和洛扎吉堆 1 号大墓为例 夏吾卡先 南方民族考古（第二十二辑）259–268
青海都兰县热水墓群 2018 血渭一号墓 韩建华等 考古 8：45–70
高昌、龟兹回鹘风格佛教遗址中的地狱图像 李瑞哲 敦煌学辑刊 2：87–102

德国吐鲁番探险队所获高昌天王幡的图像与样式考析 刘韬 美术研究 4：31–32、41–50
高昌回鹘时期吐鲁番观音图像的分类与年代 陈爱峰 克孜尔石窟与丝绸之路研究学术研讨会论文集 47–72
补遗
宁夏“隋长城”研究述评与新认识 王仁芳、王生岩 河北地质大学学报 2020 年 6：140–144
扬州槐泗“隋炀帝陵”的误考及其影响 王业 江苏地方 2020 年 4：20–25
江陵城、南郡城、荆州城辨正——以考古资料为中心 王红星、朱江松 历史地理研究 2020 年 2：52–62
昭陵封域寺观补考 胡元超 中国历史地理论丛 2020 年 4：142–147
成都羊子山遗址两座唐代墓葬的发现与初步研究 刘舜尧、肖碧瑞 长江文明 2020 年 3：12–17

一三 宋至明清

宋金元时代的泽州佛教：佛寺后殿遗存所见 陈豪 故宫博物院院刊 10：60–79
北宋西京西外宗正司考 石自社 泉州城考古学术研讨会论文集 172–191
泉州作为海丝城市崛起的背景研究 贺云翱、陈思妙 泉州城考古学术研讨会论文集 50–60
浅谈泉州宋市舶司务的选址 范东日、汪勃 泉州城考古学术研讨会论文集 241–246
世界遗产视野下的泉州古窑址考古与研究 栗建安 自然与文化遗产研究 3：40–47
宋元时期砖瓦窑炉技术及相关问题研究 李清临、张新秋 江汉考古 3：90–98
枕山襟水 治中为要——莆田古城历史格局的演变与文化内涵 陈双辰等 中国文化遗产 2：75–89
江苏扬州御河苑二期工程地块发现宋代农田遗址 束家平等 文物春秋 4：62–66
安徽广德发现的宋代窖藏 刘政、宋黎藜 大众考古 8：64–69
太原晋祠叔虞圣母祠庙方位及二人关系考辨 赵涛 中国文化遗产 6：105–108
宋蒙战争中的“斡腹之防”——以山城为中心的考察 李飞 南方民族考古（第二十三辑）277–307
胶东妈祖遗存的由来及传播 孙兆锋 水下考古（第三辑）174–182
汝窑性质及传承问题的考古学线索试析 陈博、程嘉芬 中原文物 4：101–107
宋六陵一号陵园遗址建筑复原研究 李松阳等 考古与文物 1：140–152
再论韩琦墓前建筑遗址的性质——也谈宋代功德寺与祠堂关系 孙宇 中原文物 5：137–144
宋代官员墓葬相关问题刍议 陈豪、丁雨 华夏考古 1：96–105
宋代多层墓葬研究 吕瑞东 四川文物 2：108–116
实物、图像与文本：宋元时期的墓葬神煞 刘未 故宫博物院院刊 11：59–80
湖南长沙香炉洲大桥宋墓 张景尧、李强 大众考古 11：14–15
陇西县博物馆新入藏“推磨图”墓室砖雕年代刍议 杨郦 陇右文博 4：69–72
太原阳曲“三馆一院”建设发现一座宋墓 姬凌飞等 中国文物报 10 月 26 日 8 版
启门的诱惑：宋金墓葬启门题材研究反思 丁雨 故宫博物院院刊 3：21–29
“复原”礼图：宋元兆域图的绘制与实践 杨逸 南方文物 4：144–151
南京北宋长干寺七宝阿育王塔所见五代至宋江南舍利装藏之变 吴天跃 艺术探索 2：54–62
南京大报恩寺北宋地宫出土舍利供奉与源流考析 阚颖浩等 博物院 5：90–96
苏州瑞光塔真珠舍利宝幢的发现及其工艺 程义 文物天地 1：118–125
赵县陀罗尼经幢涅槃变相考 赖天兵 文物春秋 4：87–92
从聊城中国运河文化博物馆藏磨喝乐透视北宋“微生活”张秀民等 黄河 . 黄土 . 黄种人 10：35–37

泰山岱庙出土宋代妙音鸟研究 赵鹏、张世林 考古学视野下古代泰山文明学术研讨会论文集 275–284
南京大报恩寺出土囊袋研究 杨汝林、邱晓勇 东华大学学报（社会科学版）2：52–57
七月七日弄化生——从衢州博物馆藏南宋金娃娃说起 郝亚婷 文物天地 4：70–73
两宋市舶的考古学观察 刘翀 泉州城考古学术研讨会论文集 220–232
“宋代石刻艺术”展品中的平民女性服饰文化 孙曦萌 中国古代服饰与礼仪学术研讨会论文集 204–22
辽上京遗址 竹岛卓一、刘辉 辽金历史与考古（第十二辑）12–21
辽代“斫冰烧酒”遗存研究 冯恩学、谷峤 边疆考古研究（第 29 辑）327–337
试析西流松花江及拉林河流域的一批辽金遗存 孟庆旭、赵里萌 北方民族考古（第 11 辑）290–297
新世纪辽金时期墓葬考古研究述论 董新林 北方文物 5：43–48
辽祖州石室谜题试解 金永田 草原文物 1：107–113
辽代显陵、乾陵考古发现述略 张桂霞、李宇峰 辽金历史与考古（第十二辑）3–11
大同辽代许从赟墓葬俗研究 王利霞 文物天地 6：54–59
朝阳县吐须沟村辽墓出土文物考述 宋艳伟 辽金历史与考古（第十二辑）159–164
辽代高嵩墓出土文物考述 刘艳 辽金历史与考古（第十二辑）165–170
辽代茶器初探——以墓葬壁画及伴出茶器为中心 陈驰 北方民族考古（第 12 辑）137–145
辽代西京道忽洞坝墓葬出土茶具的多元文化审视 张磊、李彦颉 农业考古 5：55–62
辽代围棋运动钩沉 陈晓敏 北京文博文丛 1：29–34
“四步法”释读西夏王陵遗址空间格局 张瑶、刘庭风 中国文化遗产 6：97–104
俄罗斯冬宫博物馆馆藏西夏唐卡现状考察 王雪瑞 文物天地 10：130–139
崇礼太子城遗址与金泰和宫兴废考 邱靖嘉 中国国家博物馆馆刊 11：38–49
金代长白山神庙遗址平面格局的初步研究 赵俊杰等 文物 3：58–68
肇东八里城遗址及其出土文物历史价值初探 张梅 理论观察 5：117–120
东莱明珠 威海软枣林金元墓葬群 周晓惠 大众考古 12：72–75
城四家子城址两座金代砖室墓相关问题 梁会丽 北方文物 2：53–56
沁源正中村金墓札记 郝军军 中国国家博物馆馆刊 7：82–97
从房山金陵考古发现看金朝帝王丧葬习俗的变迁 姜子强等 北方民族考古（第 12 辑）146–155
金代文物中的迦陵频伽 姜子强 大众考古 5：59–62
金元时期大同地区道教的民间传播——从“锦绣中华——古代丝织品文化展”中的“罗地丝绣仙鹤纹霞衣”谈起 黄小钰 北方民族考古（第 12 辑）190–196
日月光天德 山河壮帝居——元大都中轴线古迹调查 林梅村 文物 5：56–71
元代街市与商业空间的考古学观察 郝园林 南方文物 6：180–188
元朝帝陵葬地探索的回顾与思考 田广林、梁景欣 内蒙古社会科学 2：66–72
阴山汪古景教十字架类型与等级研究 郑玉 南方文物 6：160–166
山东济南元代郭氏家族墓地 邢琪、郭俊峰 大众考古 7：16–17
播州罗氏土官墓地研究 李飞 南方民族考古（第二十一辑）273–295
新疆鄯善耶特克孜玛扎墓地出土元代光腰线袍研究 于颖、王博 文物 7：70–82
西藏札达县洛当寺新现元代内地佛幡——兼论元代阿里与内地的文化交流 熊文彬 中国藏学 1：84–92
莫高窟北区 B121 窟出土元代丝绸研究 赵丰等 敦煌研究 4：4–16

"中国明清城墙"申报世界文化遗产的观察与思考 贺云翱、陈思妙 南方文物 2：6–13
明代地方城市中的谯楼和钟鼓楼 季宇 华夏考古 2：95–104、110
北京考古从"物"到"文"的转化趋势及考古学对于其他学科的作用 郭京宁 北京文博文丛 2：84–90
明北京城中轴线形成原因探析 陈喜波 中原文化研究 1：92–100
明代龙庆州、隆庆州（延庆州）建置考 王伯轩 北方民族考古（第 12 辑）197–215
南京牛首山周边郑和下西洋相关文化遗存 王文静 江苏地方志 1：29–31
试论明代畿辅水利营田的首次实践——以丰润、玉田县南兵营田为中心的考察 张汉青、肖立军 农业考古 3：167–170
崞县城址调查与研究 季宇等 文物世界 1：36–43
明代永宁县建置考 王伯轩 北方民族考古（第 12 辑）216–230
以"马氏源流碑记"解析古城坝遗址考古发现 杨鹏强 重庆文物考古论集（第一辑）198–204
大嵩卫相关海防设施探索与研究 张春明 考古学视野下港口与码头学术研讨会论文集 213–216
前王庄"石头寨"防御型聚落浅析 张慧敏 考古学视野下港口与码头学术研讨会论文集 303–307
明代海防与长城军事聚落时空演变比较研究——以南直隶海防与宣府镇长城为例 吴蓓等 中国文化遗产 1：101–108
明清时期连云港的海防 张勇 大众考古 12：76–84
景德镇明代"空白期"窑业遗存的考古学探索与新认知 秦大树、高宪平 中国陶瓷 9：63–77
明十三陵研究的进展与反思 刘少华 中国史研究动态 1：44–49
近百年来对明孝陵研究的回顾与反思 邵磊 中国史研究动态 1：55–60
明代湖北地区宗藩墓葬的墓室特点 白瑶瑶 大众考古 3：63–71
明代藩王陵墓 刘毅 大众考古 3：20–38
明代楚藩陵园的规制布局 刘永亮 大众考古 3：55–62
河南明代周藩王墓调查研究纪略 孙凯 大众考古 3：44–54
明代蜀王陵墓的发现 易立、谢涛 大众考古 3：39–43
西安明秦王墓墓园 陈冰 大众考古 3：72–81
定海巨擘 天文世家——明代南京钦天监副贝琳家族墓的发现 苏舒 文物天地 10：107–113
重庆巴南刘春墓地漫谈 从风水到文化景观 陈东 大众考古 5：72–77
明代品官墓葬配置要素的初步考察 张利芳 北京文物与考古（第 8 辑）148–158
明代墓葬出土獬豸补服考略 李昕 文物春秋 1：81–93
无锡鸿山明清土墩墓发掘及认识 张雷等 无锡文博 辛丑撷英：3–18
西藏那塘寺藏菩提伽耶摩诃菩提寺模型与明代中外文化交流 李帅、霍巍 西藏大学学报（社会科学版）3：120–127
明代曳撒的形制考释 宋春会 装饰 4：132–133
明代女子首服珠子箍叙考 赵文机 装饰 4：138–139
明代皇后翟衣纹饰的排布与变化 董进 中国古代服饰与礼仪学术研讨会论文集 120–129
明代宫廷朱漆皮箱探秘 朱宝力 文物天地 10：126–129
情境重构：康乐园展藏的明清铁钟研究 李宁利 博物院 6：90–98
走兽与蹲兽：文献、图像与实物的矛盾与辨析 彭明浩 春山可望——历史考古青年论集（第三辑）293–311

清奉先殿后殿祭祀布局考 卓媛媛 故宫博物院院刊 9：94–108
清朝宝泉局机构沿革新考 张安昊 故宫博物院院刊 3：67–78
“式样图”所见“伊犁九城”形态与布局 郝园林 故宫博物院院刊 7：84–95
清代海河水系沿岸市镇文化中心地角色的考察与剖析——以独流镇、胜芳镇和彭城镇为中心 范贝贝 农业考古 3：243–251
气势恢宏，俊宇雕梁 山西汾西师家沟 曹凯等 大众考古 10：72–81
陕西省镇安县古山寨调查研究——以高峰镇古山寨群为中心 赵斌、李易 西部考古（第 22 辑）293–326
清代喀尔喀蒙古地区的平房墓——以满文档案为核心 关康、张永江 北方文物 5：96–102
华东师范大学博物馆藏“太湖秋操纪念杯”及相关史事考 林丹 历史教学问题 3：72–76
淮扬镇水铁牛的视觉形式及其传播 王磊 故宫博物院院刊 10：121–131
江门市博物馆藏公益埠文物浅析 张一知 文物天地 4：80–86
清光绪十六年平凉府学制石磬 牛文楷 文物天地 9：97–99
吉林省博物院藏清代花卉主题文物赏析 孙亚晶 文物天地 11：53–56
从“熏笼”到清宫“火车暖床”的演变 王文涛 北京文博文丛 2：45–52
台湾祭孔释奠礼器研究——以台南孔庙为核心 王政皓 青年考古学家（第 2 辑）225–269
清代避暑山庄与伊犁文物史迹丛考 邓丽 北方民族考古（第 11 辑）298–307
甲午战争中的国产海防利器：地阱炮 刘文杰 考古学视野下港口与码头学术研讨会论文集 233–240
清官式造鼓制度初探 张剑葳等 春山可望——历史考古青年论集（第三辑）97–129
小碗大用——藏式木碗的起源、形制及功用研究 臧正 西藏研究 4：151–160
穿越时空的收割工具——禾剪 杨筑慧 农业考古 3：121–129
清代宫殿金砖的烧造 黄泳、范金民 中国经济史研究 5：81–94
科技与艺术相嵌的文物之彩 葛承雍 读书 8：51–59
从神性到世俗——文物中的牛形象与生肖牛民俗杂谈 阮富春 文物天地 2：4–18
吉牛纳福：文物中的“牛物”刘芳芳、刘刚 大众考古 2：19–26
试论中国古代冠蝉的演变 刘川渤 中国国家博物馆馆刊 5：57–68

补遗

宋代造物思想下的鱼藻纹陶器研究 张祥泉、张梦渝 设计艺术研究 2020 年 6：111–113
“鱼枕冠”辨正——兼与《宋代鱼枕冠考析》一文商榷 胡绍文 装饰 2020 年 12：42–44
南宋朱漆戗金莲瓣式人物花卉纹奁 杨赛 中国社会科学报 2020 年 11 月 5 日 7 版
嫩江中下游地区辽金时期考古发现述略 张凤礼 黑龙江史志 2020 年 10：23–27
契丹臂鞲：辽代文物考古中的一个认识误区 田广林等 辽宁大学学报（哲学社会科学版）2020 年 5：141–150
江阴古城布局复原研究 黄一哲 江阴文博总 36：15–28
叶赫部城寨考 聂卓慧 吉林师范大学学报（人文社会科学版）2020 年 6：41–50
景德镇明代“空白期”窑业遗存的考古学探索与新认知 秦大树、高宪平 中国陶瓷 2020 年 9：63–77
顾成、罗汝芳“文”“武”二墓探源 李玉端 云南大学学报（社会科学版）2020 年 6：78–85
清代巴蜀地区贵州会馆考述 程军 长江文明 2020 年 2：48–60
近四十年清朝陵寝研究述评 刘亚东 满族研究 2020 年 1：55–65
东方魔橱：1698 年 The China Cabinet 里的中国医疗俗物 邹赜韬 海交史研究 2020 年 3：74–91

叁 考古学专论

一 甲骨文

新时代甲骨学研究再谱新篇 张清俐 中国社会科学报 6月11日4版
从“数字甲骨”到“智能甲骨”——“殷契文渊”助力甲骨文研究的新范式 高峰等 甲骨文与殷商史（新十一辑）600–610
服务甲骨学研究的文献数字化平台建设 张瑞红、刘永革 殷都学刊2：105–110、124
利用深度神经网络进行甲骨文单字识别和检测的初步测试 莫伯峰 燕京语言学（第四辑）100–128
运用线上平台推广大连甲骨文化的可行性探析 洪飚等 长春师范大学学报9：195–197
甲骨四方风研究的新进展与反思 刘晓晗 中国史研究动态4：24–39
甲骨学的发展与胡厚宣的巨大贡献 王宇信 殷都学刊3：1–5、52
基于深度学习的甲骨文偏旁与合体字的识别研究 林小渝等 南京师大学报（自然科学版）2：104–116
符号学视角下甲骨文造型的意象特征与审美意义 薛伟明 南京师范大学文学院学报2：88–93
试论甲骨文的美学价值 陈望衡 河北学刊6：24–29
近70年西周甲骨研究的回顾与思考 许子潇 中国史研究动态1：5–13
读《甲骨叕存》札记 李爱辉 甲骨文与殷商史（新十一辑）460–469
《甲骨年表》补校 白小丽 甲骨文与殷商史（新十一辑）580–588
读《甲骨文捃》（二）郜丽梅 殷都学刊3：17–25
由一类特殊的占辞刻写现象谈甲骨刻辞的重刻——从《合集》1075中的刮刻谈起 方稚松 文献1：4–18
甲骨文所见商代乐官阶层及其乐制思想 谢炳军 中国音乐学1：83–89
从甲骨文中的动物专字看商代的农牧渔猎 周翔 安徽农业大学学报（社会科学版）3：103–109
甲骨文辞例释疑二种 章秀霞 南方文物5：132–135
论穷与㱿所贞卜辞内容的异同 康国章、杨铭洋 殷都学刊1：13–19
加拿大维多利亚博物馆藏甲骨旧释补正 蔡哲茂 甲骨文与殷商史（新十一辑）140–146
从周祭卜辞看商人灾咎义词语的使用变化 李晓晓 甲骨文与殷商史（新十一辑）292–298
甲骨文中空填置型字符研究 邓章应、张永惠 甲骨文与殷商史（新十一辑）549–557
从卜辞“娩”“毓”探析商代的生育文化 张鑫 宁夏大学学报（人文社会科学版）4：28–35
卜辞中的“丘”与商人“居丘”张兴照 殷都学刊2：1–7
卜辞所见“刍”“牧”及相关问题研究 王建军、戚耀斐 殷都学刊2：8–17
卜辞所见商代社会史料 连劭名 殷都学刊3：6–16
甲骨刻辞“大方”“小方”地望之探讨 刘新民 殷都学刊4：11–16
殷卜辞所见“奠（鄭）族”及相关问题 王建军、王雪菲 中原文物4：138–144
谈殷墟花东卜辞中湏字反映的禳祓之祭 刘源 中国史研究2：202–207
殷商政治中心名称考——以殷墟甲骨文为中心 江俊伟 甲骨文与殷商史（新十一辑）361–378
从巫乐高峰到礼乐先声：殷商卜辞所见乐舞功能的演进 王秋萍 甲骨文与殷商史（新十一辑）434–443
“伯或征邵”与晚商沚族——兼论卜辞地名地理研究在古文字考释中的辅助作用 陈絜 故宫博物院院刊4：4–19
殷墟甲骨文中所见的豕牲 刘源 早期中国研究（第4辑）33–65
殷墟甲骨征夷方卜辞与泰山文化 江林昌 考古学视野下古代泰山文明学术研讨会论文集 327–342

小屯南地甲骨大版之卜辞关系对比研究 刘风华 殷都学刊 4：1–10
由五种记事刻辞动词用法之别试析占卜龟骨之贡纳程序 方稚松 燕京语言学（第四辑）36–53
甲骨文考释二则（释“狗”、释“卢”“卢豕”）袁伦强 甲骨文与殷商史（新十一辑）249–257
甲骨文释读二则 张俊成 甲骨文与殷商史（新十一辑）258–266
图片组占辞与王卜辞中的“非王占断”现象 肖威 甲骨文与殷商史（新十一辑）393–413
谈谈甲骨田猎地名识别中应注意的问题 许世和 甲骨文与殷商史（新十一辑）215–233
殷墟甲骨文材料中整龟、整骨之统计 曲正清、刘源 故宫博物院院刊 10：110–120
国家图书馆藏甲骨新缀 刘影 文献 1：26–31
国家图书馆藏甲骨残片补考 李爱辉 文献 1：19–25
德国柏林民族学博物馆藏殷墟甲骨的著录情况 郅晓娜 甲骨文与殷商史（新十一辑）1–25
绘园甲骨著录、现藏及来源 赵爱学 甲骨文与殷商史（新十一辑）26–39
新乡市博物馆藏殷墟甲骨文介绍 王丽娟 甲骨文与殷商史（新十一辑）40–51
岩间大龟二三事 李红薇 甲骨文与殷商史（新十一辑）52–60
美国普林斯顿大学所藏甲骨整理研究 付振起 甲骨文与殷商史（新十一辑）61–139
甲骨文中“二告”“三告”“小告”小议 刘玉双 甲骨文与殷商史（新十一辑）299–307
“引吉”还是“元吉”——释“引”说再检讨 夏大兆 甲骨文与殷商史（新十一辑）308–315
由“巫”“癸”的本义说“古矩不折”史大丰 甲骨文与殷商史（新十一辑）316–324
谈谈甲骨文中同批贡纳龟甲的使用情况——以“雀入二百五十”为主要研究对象 庞苗、李发 甲骨文与殷商史(新十一辑）416–433
截锯甲骨探微 赵鹏 甲骨文与殷商史（新十一辑）500–522
甲骨卜辞涂朱方式分析 赵孝龙 甲骨文与殷商史（新十一辑）523–529
《合集》11485“刮削重刻”及相关成套卜甲的复原考察 张军涛、王蕴智 甲骨文与殷商史（新十一辑）530–548
向妇好致御祭禳除服奔之疾系列甲骨试排谱 刘风华 清华简研究（第四辑）——纪念清华简入藏清华大学出土文献研究与保护中心成立十周年国际学术研讨会论文集 213–217
《元嘉造像室藏甲骨文字》重片整理 展翔 燕京语言学（第四辑）176–184
卫国地名与甲骨文地名对读蠡测六则——以《诗经·泉水》为例 邹芙都、唐英杰 古代文明 4：77–83
巧手捻出满室华：读《缀兴集——甲骨缀合与校释》书后 张惟捷 甲骨文与殷商史（新十一辑）470–482
安阳民间收藏甲骨缀合两则 孙亚冰 甲骨文与殷商史（新十一辑）483–486
无名类胛骨新缀四组 马智忠 甲骨文与殷商史（新十一辑）487–491
甲骨缀合辨误两则 徐丽群 甲骨文与殷商史（新十一辑）492–799
21 世纪以来的甲骨缀合 张军涛 殷都学刊 4：17–20、37
无名类胛骨缀合六组 马智忠 考古与文物 4：118–121
甲骨文、金文所谓“乎”字当释为“平”字 王森 语言科学 3：318–328
甲骨文中两组义近祭名辨析 李发 古汉语研究 3：106–116
甲金文器物文字字形和词义比较研究 邹渊、刘冬梅 重庆科技学院学报（社会科学版）4：96–101、113
大维多利亚美术馆藏一片卜甲再考释 吴丽婉 文献 1：52–59
甲骨文“殸”字含义探析 方稚松 语言科学 1：87–96
甲骨文“惠”与“唯”词性再探——以《甲骨文合集补编》为依据 陈家宁、王芷璇 国学学刊 2：43–49

释"商"：柄形器立祭几上 丁哲 美术研究 3：67–70
卜辞中的"盟"地 孙亚冰 中原文物 6：137–144
殷商"伯"的分类与意义考 江俊伟 5：118–124
说"肙"胡云凤 南方文物 5：125–131
补释花东卜辞中的"觞"字 付强 殷都学刊 1：20–21、77
甲骨文"枝""条""萌""耑""倒"考辨 韩江苏 殷都学刊 2：18–29
说甲骨文中有关"𡆥"的几个字 赵嘉琪 殷都学刊 2：41–46
1899—1928 甲骨文字考释文献考述 郑春兰 语言研究 4：102–105
谈甲骨文中的两例"舌"字及相关问题 谢明文 甲骨文与殷商史（新十一辑）234–242
甲骨文"[illegible]"释"直"补说——兼论"直"字用法 吴丽婉 甲骨文与殷商史（新十一辑）
亦释"A（冄、冉）"叶正渤 甲骨文与殷商史（新十一辑）267–271
卜辞"匡"字补释 丁军伟 甲骨文与殷商史（新十一辑）267–271
甲骨文"申"字补说 刘大月 甲骨文与殷商史（新十一辑）277–279
甲骨文中以饕餮眼睛为"目""臣"的字形考 郭静云、邱诗萤 甲骨文与殷商史（新十一辑）280–291
商周喜、乐二字演变考析——兼论儒家乐教的情感基础 张小雨、曾振宇 甲骨文与殷商史（新十一辑）444–459
"五"字补说 罗小华 战国文字研究（第四辑）150–154
关于整理与研究殷墟甲骨文的方法及其它 彭裕商 殷都学刊 1：1–4、30
据甲骨文校读《山海经》一例 侯乃峰 殷都学刊 2：30–33
甲骨卜辞"在/于+时间"的差异 邓飞 殷都学刊 2：34–40
甲骨文"象"与象范畴生成的关系 李安竹 殷都学刊 3：107–116
从金文看宗妇在祭祀活动中的地位 张经 早期中国研究（第 4 辑）151–160
说"眘"与相关字 王志平 清华简研究（第四辑）——纪念清华简入藏清华大学出土文献研究与保护中心成立十周年国际学术研讨会论文集 244–260
《说文新证》所录部分古文字字形问题 普睿 战国文字研究（第四辑）178–189
基于跨模态深度度量学习的甲骨文字识别 张颐康等 自动化学报 4：791–800

补遗

新时期甲骨文应用研究述评 卢芯怡 汉字文化 21：73–78
殷商甲骨与乐学探源 何家兴 江淮论坛 6：151–156
岳石文化卜骨刍议 郭荣臻 长江文明 4：1–8
甲骨卜辞天人思维叙事透视 李巍 学术交流 11：163–170
都兰热水 M23 号墓出土的古藏文胛骨试读 阿顿·华多太 青海师范大学学报（哲学社会科学版）5：69–72
中国近代出土文献的文字学、语言学和历史学价值 史金波 中央民族大学学报（哲学社会科学版）6：13–22

二 青铜器与铭文研究

综述

先秦镈的音乐考古学断代 王友华 中央音乐学院学报 4：82–95
平行文本比较模式下中英青铜器话语对比——以国家博物馆和大英博物馆为例 田申 西南交通大学学报（社会科学版）6：10–18

铜鼓供奉寺庙习俗的检讨 蒋廷瑜、彭书琳 广西博物馆文集（第十五辑）2–9
“马式铜鼓”质疑 陈小波 广西博物馆文集（第十五辑）10–14
由为神到为人代言——广西铜鼓及其象征意义的变迁 黄国飞等 广西博物馆文集（第十五辑）15–20
广西青铜甬钟的历史与形态研究 王安潮、李玉 艺术探索 4：100–110
基于 Hu 矩和 TF-KSURF 的多测度青铜器铭文相似性度量方法 商立丽等 激光与光电子学进展 8：123–131
“涉藏金石总录”课题实施情况与涉藏金石铭文研究现状 桑丁才仁 中国藏学 3：206–212
试论铭文中反书、倒书等特殊书写形式的形成原因 张凯 文物保护与考古科学 3：127–131

补遗

谈青铜器“私名”的定名问题 陈英杰 青铜器与金文（第五辑）109–116

夏及殷商

说甗 游越、高劲松 中国文物报 10 月 26 日 4 版
安徽凤阳花园湖出土商代铜器 朱华东、唐更生 文物 4：65–69
江淮地区中商时期的青铜器 孙卓 中国国家博物馆馆刊 12：23–36
商周时期圈足铜器的三角形加强筋技术浅析 孙明 四川文物 2：38–45
林巳奈夫先生的青铜器研究管窥——读《殷周青铜器综览》第一、二卷 管文韬 青铜器与金文（第六辑）205–231
中国发现早期带柄铜镜研究 陈亚军 南方民族考古（第二十一辑）115–160
论商前期青铜双耳簋的风格与工艺——兼及早期青铜簋风格与工艺的地域性问题 苏荣誉 三代考古（九）569–609
汉中盆地商代早中期青铜器与盘龙城青铜器的对比研究 曹玮 江汉考古 3：52–57
殷墟“戎”族铜器与安阳“族墓地”辨析 王旭东 故宫博物院院刊 4：20–27
殷墟出土的“戈”铭青铜器研究 孔德铭、孔维鹏 南方文物 5：91–97
湖南及邻近地区晚商至西周时期青铜器分群研究 李朵 江汉考古 4：71–80
晚商和西周早期兽面纹大圆鼎研究 岳洪彬、王祁 南方文物 5：82–90
谈随州叶家山曾侯墓地出土的晚商组青铜器 黄凤春、蒋斌 青铜器与金文（第六辑）111–126
山东地区铜钅和分析及其用途新探 李蒙 洛阳考古 2：32–44
商周蜀地青铜尊、罍器用相关问题考述 杨博 四川文物 3：86–94
商周时期泰山的遂国、铸国、商丘与出土青铜器 梁圣军 考古学视野下古代泰山文明学术研讨会论文集 239–253
论商周之际的乳钉夔纹盆形簋——关中地区先周时期铜器群探索之三 李宏飞 四川文物 2：46–56
试论成都岷江小区遗址出土铜尊及相关问题 田剑波 黄河 . 黄土 . 黄种人 20：18–20
论三星堆文化 首有青铜尊的跪坐握手青铜人及有关问题 顾万发 黄河 . 黄土 . 黄种人 6：49–58
试论商时期长江中上游与秦岭南北的文化交流方式——从三星堆出土圆眼直喙歧冠鸟形饰说起 田剑波 江汉考古 5：78–86
三星堆遗址三号祭祀坑出土铜顶尊跪坐人像 雷雨等 四川文物 3：112–116
三星堆遗址铜顶尊跪坐人像观瞻小记 王仁湘 四川文物 3：117–120
三星堆遗址四号祭祀坑出土铜扭头跪坐人像 雷雨等 四川文物 4：104–118
三星堆“青铜鸟脚人像”与“鸡脚神”关系考论 张玉 洛阳考古 3：50–55
三星堆四号坑铜扭头跪坐人像功能与身份初识 乔钢 中华文化论坛 6：59–66

鼓权社会——谈铜鼓在滇人社会结构中的地位 周志清 成都考古研究（四）224–237
试论金沙遗址祭祀区出土的几件商代青铜容器 田剑波、周志清 文物春秋 4：14–21
青海青铜时代铜刀浅析 王玥 北方文物 4：69–76
南京大学考古与艺术博物馆藏北方系青铜器 马强 文物 10：63–67
鄂尔多斯青铜器中的多元文化元素及其交流、传播的青铜之路 甄自明等 前沿 2：111–124
商代青铜罐探析 王文轩 江汉考古 2：46–53
“牛角形器”“铜旄”二器考 李水城 中原文物 1：105–112
关于弓形器的用途和定名问题 王鹏 南方文物 5：98–105
青铜文化中的牛 田小娟 文物天地 2：24–29
作册祝鼎浅析 陈淑娟 大众考古 12：55–57
根津美术馆藏三件方盉的再考察 唐锦琼 三代考古（九）335–346
商代青铜羊尊的艺术与技术研究 苏荣誉 湖南考古辑刊（第 15 集）210–239
子觚 王元黎 中国社会科学报 8 月 3 日 7 版
中国国家博物馆藏饕餮纹提梁卣探析 苏强 中国国家博物馆馆刊 8：130–142
荥阳市博物馆藏青铜器考述 李根枝、陈芳芳 华夏考古 5：60–63、112
《青铜之道》系列论文之十 饕餮纹天帝的两千年正名史 张远山 社会科学论坛 4：4–29
《青铜之道》系列论文之十一 饕餮纹天帝的六千年演变史 张远山 社会科学论坛 5：4–24
新论饕餮的本质、商周青铜器图像意义主题及有关问题（一）、（二）、（三）——从商末周初一件青铜尊的特殊图像论起 顾万发 黄河 . 黄土 . 黄种人 10：38–63、12：40–62、16：29–64
新论饕餮的本质、商周青铜器图像意义主题及有关问题（四）——从商末周初一件青铜尊的特殊图像论起 顾万发 黄河 . 黄土 . 黄种人 18：50–63
商周青铜器呈色新探——三星堆青铜尊纹饰填朱复原例 董逸岩、苏荣誉 南方文物 3：235–242
论商后期与西周早期青铜器的人兽结合纹饰与造型 黎婉欣 江汉考古 2：54–63
研究殷周金文需要注意的青铜器分类问题 刘源 中国社会科学报 7 月 30 日 5 版
谈谈所谓宾妇丁父辛卣铭文的释读 谢明文 青铜器与金文（第六辑）19–23
罗山天湖“息”器铭文与息族相关问题探讨 孙明 文物天地 9：112–118
“无终”别解 严志斌 三代考古（九）347–353
隰尊铭文再释 付强 北方民族考古（第 11 辑）365–372
夷方无敄与古越人名 [美] 陈光宇 甲骨文与殷商史（新十一辑）325–334
我方鼎铭文与青铜器亚类族氏铭文的文化内涵 高晋南 甲骨文与殷商史（新十一辑）335–348
以“字”解“器”——三星堆器物的“字证”和“神解”骆冬青 江苏师范大学学报（哲学社会科学版）5：1–14
中国国家博物馆“镜里千秋”展览中的铜镜考古发掘品 霍宏伟 文物天地 4：4–13
殷墟博物馆藏商代青铜礼器鉴赏 申文喜、何凯 文物天地 8：32–41
吉林省博物院藏商周、春秋、战国青铜礼器 郭展鸣 文物天地 11：7–10
商周中原青铜鼎欣赏 王雪 黄河 . 黄土 . 黄种人 2：58–62
陕西历史博物馆新征集商周铜器选介 梁煜东、王博 洛阳考古 2：92–95

补遗

商代官员的仕宦——由戍嗣鼎新释引发的探讨 王进锋 史学月刊 12：5–14

削觚·觚名·觚棱——先秦礼器觚片论 阎步克 北京大学学报（哲学社会科学版）6：76–87
郑州商城铸铜遗址与出土青铜器探究 苏荣誉 青铜器与金文（第五辑）58–108
试论古代青铜器中的随葬品 吴镇烽 青铜器与金文（第五辑）21–46

西周

西周列王纪年的构拟——宣王元年即 BC826 年方案 王占奎 考古与文物 3：75–85
周代王朝大师家族器的考察 田率 青铜器与金文（第七辑）44–54
虘簋与西周“田（佃）人”的身份 谢能宗 史学月刊 2：133–136
试论西周青铜器演变过程中的“延滞”现象——以侈口圈足簋和大鸟纹为例 韩巍 中国早期数术、艺术与文化交流：李零先生七秩华诞庆寿论文集（上）55–91
论西周早期蟠龙兽首铜罍及相关问题 田剑波 北方文物 3：74–79
新见毛卣及其价值 黄锦前 文博 2：85–90
“丰丘造”戈与周初丰伯居地问题 张金桥、燕生东 中国历史地理论丛 3：145–152
（女受）鼎相关问题试析 韦心滢 故宫博物院院刊 3：45–49
作册旂组器中的地理问题与昭王南土经营策略 陈絜 楚文化与长江中游早期开发国际学术研讨会论文集 512–520
《乖伯簋》补论 刘卓异 史学月刊 11：128–132
卫鼎 杨曙明 中国社会科学报 8 月 26 日 10 版
禹鼎 杨曙明 中国社会科学报 6 月 24 日 7 版
周原出土昔鸡铜器与昔氏分封诸问题考证 王晖、姜春萌 宁夏社会科学 1：189–196
宝鸡石鼓山墓地青铜容器扉棱制作工艺研究 邵安定等 中原文物 5：100–106
试析西周时期关中地区出土的青铜明器 刘宇涵 黄河 . 黄土 . 黄种人 14：40–44
灵台县百里乡出土铜鼎年代问题讨论 黄启蒙、黄卫东 陇右文博 4：3–11
绛县横水墓地 M2158 出土铜器试析 黄锦前 北方民族考古（第 11 辑）202–216
山西垣曲北白鹅墓地出土铜盒 杨及耘、曹俊 江汉考古 2：39–45
安徽淮河以北地区出土周代青铜容器简论 朱华东 考古与文物 6：67–73
“安州六器”器主考辨 韩雪 北方文物 4：77–83
曾侯犺墓编钟的音乐考古 王子初 音乐研究 1：15–26
曾国青铜器的最新发现与研究 黄锦前 海岱考古（第十四辑）341–370
芮国铜器与芮国世系探微 薛铭博 中原文物 3：95–103
试析西周強国墓地青铜礼器来源与类别构成 韩帅闯 黄河 . 黄土 . 黄种人 4：20–25
沬司徒疑簋与卫国封建的再讨论——兼说西周诸侯身份的双重性 杨永生 古代文明 2：55–66
胶东铜器与西周纪莱 曹斌 考古 1：88–99
探寻湮没已久的周代姚国 黄锦前 东方考古（第 18 集）61–67
尹姞器及相关问题研究 韩雪 殷都学刊 2：47–50、62
西周青铜盆小议 韩文博 青铜器与金文（第六辑）170–181
西周青铜牛尊 杨曙明 中国文物报 2 月 9 日 8 版
西周王盂新解 韩雪 文博 1：53–57
莒齐联姻作器以铭 何绪军、钱建礼 大众考古 9：45–47

"旋""斡"名实考 王清雷 音乐探索 3：10–23
甬钟的音乐考古学断代 王友华 音乐研究 1：27–38
说"黄目"孔令伟、李霏 新美术 1：130–137
遣器与遣策源起 严志斌 故宫博物院院刊 10：98–109
盠驹尊的造型是代表骡驹吗？孙机 中国国家博物馆馆刊 9：136–140
试论带钮铜鍚 张天宇 中国国家博物馆馆刊 12：37–50
先秦时期中西文化交流迹象：以瓜棱纹与动物腹部圆孔青铜器为例 黄维 古代文明研究通讯总第 91 期：66–72
西周青铜器上的"重环纹"命名探讨 曹玮 文物 2：40–50
西周窃曲纹，源于太极图 张远山 社会科学论坛 1：4–24
百年金文研究之思考——以金文所见西周门朝制度为例 黄益飞 江汉考古 6：251–259
作册嗌卣铭文所见祔祭典礼 贾海生 考古与文物 3：117–122
新见封鼎小考 任雪莉、董卫剑 文物 10：68–70
利簋铭文所涉翯地地望考辨 白嘉慧 文博 6：68–73
西周"具鼎"铭文研究 王祁 南方文物 5：106–107
从史墙盘铭文看周人的治国理念 晁福林 中国社会科学 1：55–67
番生簋"金芜"考 何景成 简帛（第二十二辑）1–6
毛公鼎铭补释 寇占民 燕京语言学（第四辑）211–218
重读矢人盘 冯时 考古学集刊（第 25 集）83–104
大河口出土兑盆铭文相关问题浅议 张天恩 文物 5：52–55
大河口西周墓地 M6096 器主名补释 徐在国、滕滕霖 战国文字研究（第四辑）1–4
苏家垄墓地 M88 出土邙夫人瑚考 凡国栋 简帛（第二十二辑）7–17 曾
曾器铭文补释二则 蒋伟男、陈润楠 战国文字研究（第四辑）5–9
曾公畎编钟铭文"慎庢京社"补释 王凯 文博 3：68–71
琉璃河遗址出土西周重要铭文实证北京三千年建城史 王晶等 中国文物报 12 月 24 日 2 版
山东高青陈庄遗址所出金文与齐史新证 李秀亮《青铜器与金文》（第七辑）65–74
洛阳新见铜器铭文考跋二则 刘余力 中国国家博物馆馆刊 9：64–70
𠕋尊"宅兹中国"补议——以出土资料为中心 江俊伟 广西民族大学学报（哲学社会科学版）1：156–164
新见师同盘铭文辨疑小记 张光裕《青铜器与金文》（第七辑）3–7
从亳鼎铭文看西周早期鲁国的经略 杨坤《青铜器与金文》（第六辑）83–96
青铜编钟铭文所见周代礼乐理念暨制度 黄锦前 社会科学 8：136–152
从青铜器铭文看西周时期个人命运的转变 王进锋 社会科学 8：153–161
西周时期"啚"之称名及变化 李唐 文博 6：74–79
倗国君臣作器祭祀祖考而使夫人摄祭的原因 贾海生、袁茵 中原文化研究 4：87–91
北京师范大学藏榖甗试释——兼论彝铭"有粦""取遣"和"用事"晁福林 青铜器与金文（第六辑）1–10
金文"图室"考 刘卓異 青铜器与金文（第六辑）24–29
西周金文"五邑"及其相关问题 周博 中国史研究 4：5–22
西周金文有关"共和"史料的再讨论 董喆 殷都学刊 1：37–44
新见义器、韦卣及毳器铭文反映的周承殷制现象 刘源 青铜器与金文（第六辑）49–54

金文“亚祖”考 胡宁 青铜器与金文（第七辑）55–64
“用事”一词的使用与册命铭文的格式化 刘梦扬 青铜器与金文（第七辑）84–93
从两周金文及楚简文字谈《尚书》之“乱” 邓佩玲 楚文化与长江中游早期开发国际学术研讨会论文集 325–340
金文的“旂”王建欣、刘悦淼 汉字文化 5：40–43
（困丮）卣銘文补释 裘錫圭 中华文化论丛 1：1–16
邢侯簋“州人、重人、庸人”新释 王祁 中国史研究 1：53–56
伯極鼎铭“極”字校释与古極国探微 查飞能 文博 3：72–75
西周金文“驭方”释义辨正 王硕 殷都学刊 1：45–47
释从“兔”之字 徐宝贵 战国文字研究（第四辑）143–149
国之重器盂克双鼎将在上博国博重聚 杨亚鹏 中国文物报 6 月 15 日 3 版
国之重器毛公鼎的前世今生 杨曙明 中国文物报 1 月 12 日 7 版
上海博物馆藏京姞盘札记 胡嘉麟 中国国家博物馆馆刊 6：98–110

补遗

郳器与两周郳邦史事 张海 青铜器与金文（第四辑）110–121
宝鸡地区出土西周有铭青铜器的特点 任雪莉 中国社会科学报 2020 年 12 月 8 日 6 版
周代小型青铜罐器型设计及功用研究 邓莉丽 装饰 7：104–107
不其簋为秦器说献疑 李裕杓 青铜器与金文（第五辑）126–141
大河口墓地所见“匽侯”礼器的器用 杨博 青铜器与金文（第四辑）134–142
员方鼎的时代及“执犬”问题 黄益飞 青铜器与金文（第四辑）90–97
西周铜器铭文“毋望”含义说解 何景成 青铜器与金文（第四辑）56–65
说西周金文中的“匠”和“匠土”刘海宇 青铜器与金文（第四辑）66–75
小臣唐簋铭文与西周时期的竞射 胡宁 青铜器与金文（第四辑）84–89
胡应姬鼎铭文及相关问题再探 耿超 青铜器与金文（第四辑）76–83
新见西周金文二篇读后 朱凤瀚 青铜器与金文（第四辑）39–48
青铜乐器铭文叙事元素探析 孙思雅 青铜器与金文（第五辑）187–200

东周

鄝器与姬姓鄝国、楚鄝县 田成方 中原文物 6：88–94
春秋战国时期鸟盖瓠壶功能考辨——兼谈铜瓠壶的来源问题 苗凌毅等 文博 5：79–86
秦墓出土连弧纹镜研究 康茜 荆楚文物（第 5 辑）279–285
甘谷毛家坪出土秦“子车”戈探讨 梁云、张志丹 中原文物 3：104–107
试论西安茅坡邮电学院秦墓铜盉的文化渊源 杨瑾 国际视野下的秦始皇帝陵及秦俑学研究学术研讨会论文集 262–274
“既和且平，依我磬声”——山东出土东周时期编磬述论 温增源 齐鲁艺苑 1：22–32
从国差甔看春秋时代齐国国佐的一生 蔡哲茂 故宫文物月刊 457：20–25
山东昌乐都北墓地出土东周青铜器的分析研究 郝导华等 中国国家博物馆馆刊 6：111–121
“既和且平，依我磬声”——山东出土东周时期编磬述论 温增源 齐鲁艺苑 1：22–32
枣庄徐楼和襄阳余岗两件东周刻纹铜舟研究 盛婧子《青铜器与金文》（第七辑）165–178

泰山“东更道七器”与泰山祭祀 马纯壮 考古学视野下古代泰山文明学术研讨会论文集 343–349
邿子姜首盘及其相关问题 张明东 中国国家博物馆馆刊 9：48–55
嬭加编钟与相关曾楚世系 王学森 青铜器与金文（第六辑）97–110
加嬭编钟与楚庄王服曾 程浩 北方论丛 4：14–17
青铜瓶考识——以包山楚墓出土的“直颈平肩器”为中心 王宏 四川文物 2：74–81
枝江百里洲铜器组年代与文化特征补略 徐少华 江汉考古 4：87–92
淅川徐家岭楚国贵族墓出土青铜神兽考析 邓马林 黄河 . 黄土 . 黄种人 20：21–24
试论曾公得铺 韩炳华 江汉考古 2：76–78
曾侯乙墓一号陪葬坑出土青铜构件工艺观察 李雪婷 江汉考古 2：79–88
由曾侯宝鼎再议升鼎的有关问题 黄锦前 楚文化与长江中游早期开发国际学术研讨会论文集 230–232
中国国家博物馆藏芮太子白鼎、曾伯宫父匜考 于璐 中国国家博物馆馆刊 8：143–148
王子申盏盂的器主身份及时代 吴毅强、张卉 考古与文物 5：113–117
垣曲北白鹅墓地 M3 出土的两件有铭铜器 杨及耘、曹俊 文物世界 1：2–7
论临汾新发现的鸟虫书铭吴王剑 曹锦炎 中原文物 1：120–123
苏公鼎及相关问题考略 刘余力 江汉考古 4：93–96
南阳不见冢遗址新出州戈小考 侯乃峰、张岩 战国文字研究（第四辑）32–41
湖南郴州出土战国铜镜略探 罗胜强 楚文化研究论集（第十四集）64–77
论战国中山王响鼎及其铭的铸造 苏荣誉、李耀光 青铜器与金文（第六辑）157–169
玉皇庙文化青铜短剑研究 金东一 北方民族考古（第 11 辑）217–241
延怀盆地东周铜器群的播化与行唐铜器群的形成 张渭莲 青铜器与金文（第七辑）136–150
略论东周时期成都平原及其周边地区的双耳铜罍 刘祥宇 考古与文物 5：79–83
巴蜀文化铜器初论 孙华 青铜器与金文（第六辑）127–153
滇东黔西地区出土东周秦汉时期青铜兵器研究 史忞 扬帆：贵州青年考古学者论集 284–335
试析云南、川西高原的三叉格剑 毕洋 南方民族考古（第十九辑）225–255
“牛气冲天”的古滇青铜器 樊海涛 云南日报 2 月 12 日 4 版
横断山区出土“双圆饼首”与“T 形茎首”青铜短剑研究 郝晓晓 考古 10：76–86
由考古出土东周青铜铎谈《论语 · 八佾》篇的“木铎”侯乃峰 齐鲁学刊 4：45–52
论浑源彝器的文化因素——以鸟兽龙纹壶为例 任雁 中国文物报 8 月 31 日 7 版
论青铜小口折肩尊与无耳折肩罍的定名 吴伟、杜娟 文博 4：67–71
宕昌县博物馆藏“十八年属邦”铜戈 茹实 大众考古 5：55–58
没有自来水，古人有洗手的习惯吗 ——从战国青铜盘、青铜匜了解古人“沃盥”之礼 刘文 中国文物报 12 月 14 日 6 版
共存遗物视角下的东北亚系多纽几何纹铜镜研究 杜超 青年考古学家（第 2 辑）63–85
《青铜之道》系列论文之八 春秋蟠螭纹，微型窃曲纹 张远山 社会科学论坛 2：4–26
《青铜之道》系列论文之九 战国蟠虺纹，微型蟠螭纹 张远山 社会科学论坛 3：4–28
曾侯乙墓中的蛇纹 叶庆兵 大众考古 6：56–60
巴蜀铜戈虎纹审美特征初析 梅笑寒 南方民族考古（第二十三辑）191–198
The Pinnacle Ornament of Flowers: Quatrefoils of Early China and Their Achaemenid Parallels *Minku Kim* 中国早期数术、

艺术与文化交流：李零先生七秩华诞庆寿论文集（上）185–246
火焰形马络饰试析——从鄂尔多斯征集的青铜虎头节约谈起 曹建恩、孙金松 文物 9：66–71
从春秋述祖铭文的体例看南公的身份 陈民镇 青铜器与金文（第七辑）75–83
齐公去余鼎铭文考释 付强 楚文化研究论集（第十四集）177–181
齐侯壶铭文新探 陈斯鹏 青铜器与金文（第七辑）27–34
山东沂水纪王崮春秋墓铜盂铭文释读及相关问题 张俊成 考古与文物 2：105–109
山东枣庄徐楼东周墓出土不知名器初探 张夏等 考古学研究（十二）129–136
吴王光编钟铭“入成不赓”新考 林焕泽 中国史研究 3：187–191
苏州博物馆新入藏吴王光剑初探 姚晨辰等 中原文物 1：124–129
曾公求编钟铭文所见春秋周王赐命制度补论 杨理胜 江汉考古 2：116–118
论曾侯乍季汤嬭媵鼎铭文中的媵婚关系——兼谈春秋文献所见异姓媵问题 金方廷 文物春秋 5：31–37
试论曾国铜器铭文的纪年法 黄尚明、关晓武 江汉考古 2：64–66
文峰塔 M4 曾侯钟铭文补正 孙启灿 江汉考古 1：128–131
论曾侯乙甬钟乐律铭文中“宫调关系”的分类 宋克宾 中央音乐学院学报 1：92–101
曾国侯以下贵族的称呼方式 黄尚明 楚文化与长江中游早期开发国际学术研讨会论文集 472–482
三晋兵器人名考释三则 湛秀芳 战国文字研究（第四辑）42–48
中山王壶铭与晚周祭礼考略 黄益飞 三代考古（九）531–537
我与战国中山三器铭文 郝建文 中国文物报 12 月 14 日 8 版
邓国铜器铭文研究 先福 楚文化研究论集（第十四集）154–176
湖北枝江出土“痯父”铜器的新认识 李世佳 考古 1：100–105
河南邓州王营墓地出土二十一年戈铭文考释 李怡然、李长周 文物 4：58–59
洛阳出土铭文铜器考释二则 刘余力 中原文物 3：108–111
安徽六安出土寺工鼎铭文补述 顾岩 文物 11：63–69
东周时期南方地区“阏阅类”铜器铭文试析 黄锦前 楚文化研究论集（第十四集）182–207
嬭加编钟铭文新释及相关问题考辨 吴毅强 北方论丛 4：18–25
莆子鼎铭文考略 刘余力 文物 7：83–86
陈喜壶铭文补释 谢明文 中国国家博物馆馆刊 9：56–63
巴蜀铭文戈上的“方块字”是不是一种文字 马盼盼 江汉考古 4：139–144
读金文札记六则 王磊 战国文字研究（第四辑）10–19
定兴县文物保护管理所藏八年郾王詈戈铭文补释 杨烁 文物春秋 4：28–31
待兔轩笔记（六则）李零 青铜器与金文（第六辑）11–18
论“叔子瞉卮”的自名 何景成 青铜器与金文（第七辑）35–43
《铭三》杂识四则 滕胜霖 战国文字研究（第四辑）20–27
元年东垣卮小考 赵堉燊 战国文字研究（第四辑）28–31
从“伐”字的训释谈到相关问题 孙超杰 战国文字研究（第四辑）166–177
“宗子维城”与善鼎“宗子”解诂 陈絜 中国史研究 1：48–52
中国国家博物馆旧藏山东滕县安上村出土青铜器考释 田率 青铜器与金文（第四辑）98–109
新乡市博物馆藏历代铜镜选介 秦欣欣 文物天地 4：28–35

补遗

谈东周时期（公元前 771—前 256 年）个人卫生的社会意义 金秋月 青铜器与金文（第五辑）201–223
丽器考 李零 青铜器与金文（第四辑）49–55
河北涉县李家巷铜豆及其他问题 张翀 青铜器与金文（第五辑）159–169
谈王子申盏盖铭文及其拓本 邓佩玲 青铜器与金文（第四辑）122–133
永昌博物馆藏及周边地区出土的权杖研究 胡同庆 长江文明 2：9–19
旨扬镈与韩国世系校正 马超、邹芙都 中州学刊 10：144–148
东周人物画像纹铜器研究 张经 青铜器与金文（第五辑）142–158
中山三器铭文的叙事特点与启示 朱赢 青铜器与金文（第五辑）175–186
上海博物馆藏鑳戈 韦心滢 青铜器与金文（第五辑）170–174

秦汉及以后

铜鐎尊考 张冲、么彬 黄河 . 黄土 . 黄种人 20：12–17
狮子山汉墓出土铜镜 晁晓卫、翟晓悦 大众考古 8：60–63
西汉武安侯家错银铜壶探微 徐家骥 秦汉研究论丛：秦汉考古遗存研究专集 290–294
吉林省博物院藏汉代出土铜镜来源探析 刘肖睿、郭展鸣 文物天地 4：22–27
青铜雁足灯的考古学观察 张经 青铜器与金文（第七辑）151–164
古滇青铜扣饰的研究现状及思考 陈柏宇、田野 文化学刊 2：24–27
内蒙古地区拓跋鲜卑“毁镜”习俗研究 马颖 文物天地 4：58–60
再论汉代方形铜牌——与《汉代龙首方身铜器的类型与用途》商榷 吴小平 华夏考古 3：73–78
汉代铜镜铸造技术相关问题研究——以临淄齐国故城汉代镜范为例 赵娜、郎剑锋 江汉考古 3：84–89
甘谷县博物馆藏汉代卧羊铜灯探析 张军胜 陇右文博 1：10–14
朱提堂狼器考 吴小平、魏然 考古学报 3：365–380
东汉乳钉雏鸡纹铜镜研究 饶胜 黄河 . 黄土 . 黄种人 12：19–20
证据与推理：铜奔马若干重要问题再思考 单继刚 哈尔滨工业大学学报（社会科学版）6：121–129
东南亚地区发现的汉代铜镜 富霞 考古与文物 6：92–98
羊角纽钟初步研究 卢荣俊 边疆考古研究（第 29 辑）239–263
中国国家博物馆藏铜镜发掘品的考古情境 霍宏伟 南方民族考古（第二十一辑）189–213
汉晋时期佛像八凤镜新论 黄盼 文物春秋 4：32–41
铜鼓赛江神——东汉末至六朝《立蛙纹鼓》张莅 故宫文物月刊 458：126–127
魏晋南北朝时期的铜香炉——兼论魏晋南北朝时期的熏香习俗 韩茗 四川文物 2：90–100
中国国家博物馆藏三件六朝青铜器初探 高晋南 中国国家博物馆馆刊 8：149–160
隋唐墓葬出土“古镜”考辨 陈灿平 东南文化 6：88–104
秦王瑞兽镜铭文新证 陈晓伟 美术研究 2：22–25
关于中国響铜工艺——从院藏響铜长颈瓶出发 张琨林 故宫文物月刊 459：76–90
试论山西大同振华南街唐墓出土铜镜 陈灿平 西部考古（第 21 辑）185–197
台北“故宫博物院”藏“唐月令镜”研究 杨莹 洛阳考古 2：70–75
宋元窖藏仿古铜器研究——以长江下游地区为中心 葛林杰、曹文强 长江文明 3：71–83
宋代铜镜的物质形态、置镜方式及文化因素——以带柄镜为研究重点 邓莉丽 装饰 6：98–102

鱼纹铜镜漫谈 刘翠 洛阳考古 2：64–69

从实物看河南地区宋金时期的铜镜铸造 呼啸 文物天地 4：43–46

考古材料所见宋人对古器的误判 葛林杰 南方民族考古（第十九辑）271–283

宋代铸造的唐代年号镜——仿古和逐利影响下的宋代工艺美术个案 范淑英 故宫博物院院刊 3：30–44

大同新荣铙钹考释 侯瑞 文物天地 5：62–67

浅论辽代龙纹镜 楚天佑 黑龙江史志 4：40–44

北票市博物馆藏辽金时期铜镜简述 裴莹、王永兰 辽金历史与考古（第十二辑）215–222

曲阜孔庙旧存明代铜礼器研究 杨孝瑜 中原文物 3：136–144

明宣德时期御制铜香炉 林亚兴 中国文物报 8 月 31 日 7 版

中山市博物馆藏明嘉靖豆类器考述 徐子龙 文物天地 12：40–46

崇祯时期仿制宣德炉艺术探究 徐辉 北京文博文丛 2：35–44

北京孔庙藏康熙五十四年八卦纹鎏金编钟历史价值探析 张慧 北京文博文丛 3：41–46

“上大山，见神人”——从西汉初到东汉变动的山岳形象及人兽母题 柳扬 中国早期数术、艺术与文化交流：李零先生七秩华诞庆寿论文集（下）453–531

我国古代铜镜常见纹饰浅析——以兰州市博物馆馆藏铜镜为例 张艳玲 丝绸之路 1：141–144

牛年话牛——装饰牛纹的鄂尔多斯青铜器 王京琴 黄河．黄土．黄种人 20：58–59

试析升天主题在东汉天门铜牌上的图像表现——以重庆巫山地区出土天门铜牌为中心 周永强 南方民族考古（第二十二辑）245–258

科举文化视角下的铜镜纹饰研究 丁航、张高丽 南方文物 1：297–300

汉皎光镜铭文释考 马良民 东方考古（第 18 集）106–115

西汉蟠螭纹清质镜铭之考释——兼谈昭明镜的流行背景及时间 张昀 东方考古（第 18 集）116–122

摇钱树铭文及相关问题——兼论古代中国神仙信仰源流 张青 南方民族考古（第二十三辑）199–233

平凉市博物馆馆藏金代铜镜刻款分析及认识 陈安道、张语晨 丝绸之路 3：112–116

元代铜权编号铭文的初步研究 刘铮 文博 6：49–61

三世热振呼图克图若干史实补缀——以敦煌研究院藏下密院铜釜铭文为中心 万玛项杰、金鹏飞 敦煌研究 3：105–113

宣城市博物馆藏汉代铜镜 王爱武 文物天地 4：14–21

泰安地区馆藏历代铜镜选介及研究 马天成等 文物天地 4：36–42

邯郸市文研所旧藏宋金元明铜镜 李蔓 文物天地 4：47–57

补遗

论宋代铜器铸造制度 李合群 社会科学 10：164–173

先秦左、右分组编悬的延续——从曾侯乙墓磬匣刻文再析洛庄汉墓第五、六套编磬的编次和音列 宋克宾 中国音乐学 4：30–38

魏国青铜器记容铭文中的“虘”和“庴”郭永秉 中华文史论丛 4：93–119

承禄铍铭文小考——兼谈上古汉语中“成”的一种用法 谢明文 古汉语研究 4：94–100

其他古文字研究

关于郑州出土“亳”字陶文的一点看法 王立新 江汉考古 6：246–250

燕陶文考证十则 张振谦 战国文字研究（第四辑）91–101

新见燕“十六年十三月”陶文简说 于军 战国文字研究（第四辑）102–106
新出齐陶文拾零六则 曹磊 战国文字研究（第四辑）107–115
齐陶文札记三则 周雪洁 战国文字研究（第四辑）116–122
莒陶文的发现与研究 吕金成 印学研究（第 17 辑莒陶文研究）1–17
莒陶文刍释 印学研究（第 17 辑莒陶文研究）18–79
莒陶说“市”孙敬明、黄可 印学研究（第 17 辑莒陶文研究）80–85
莒故城出土陶文考释二则 孙刚 印学研究（第 17 辑莒陶文研究）86–88
莒刀范文字杂释六则 张振谦 印学研究（第 17 辑莒陶文研究）89–92
莒“官司空器”印记砖略说 焦新帅 印学研究（第 17 辑莒陶文研究）93–97
洛阳地区汉墓出土陶明器上谷物文字的初步研究 朱歌敏 文博 1：36–44
读陶札记——在陶瓷器上读到的片断历史 宋伯胤 陕西历史博物馆馆刊 347 — 358
战国秦汉时期的“市”“亭”铭刻考议 钱彦惠 秦汉研究论丛：秦汉考古遗存研究专集 34–42
楚国文字源流刍议 李方重 艺术考古学研究（第一辑）——科技美术考古学 71–87
沙洋塌塚楚墓漆器文字释读商榷 谭生力 简帛研究（2021 春夏卷）105–108
说战国文字中的“干”声系 蔡一峰 广州大学学报（社会科学版）1：118–124
晋系文字中的“楙”刘洪涛 简帛（第二十二辑）19–29
云贵高原出土汉晋时期砖铭的考古学观察 张晓超、赵俊杰 考古学集刊（第 24 集）168–187
扬州、海盐等地出土蜀师铭文砖再考 余国江 中国地方志 2：117–122
北京大兴出土铭文砖相关问题研究 孙泓 殷都学刊 3：79–87

补遗

石鼓发现地考证 杨曙明 西安文理学院学报（社会科学版）4：49–52

三 简牍、帛书、文书、写本

综论

中国简帛学理论的构建 胡平生 简帛学理论与实践（第一辑）1–7
简帛学的知识系统与交叉学科属性 杨振红 简帛学理论与实践（第一辑）8–16
对于简帛学建设的几点思考 刘国忠 简帛学理论与实践（第一辑）19–24
简牍学的学科归属与理论建构——简牍学的理论与实践断想之一 王素 简帛学理论与实践（第一辑）25–36
中国简帛学体系构建新论——兼谈国际简帛学体系构建的可能性 蔡万进 简帛学理论与实践（第一辑）66–78
简帛学的学科分支新论 蔡万进 简帛学理论与实践（第一辑）37–43
简牍文献学整理刍论 贾丽英 简帛学理论与实践（第一辑）164–170
简帛学的史料辨析与理论探求 孙闻博 简帛学理论与实践（第一辑）44–50
简帛理论中的分域编年 贾丽英 简帛学理论与实践（第一辑）51–57
简帛学史研究的理论价值及其意义 蔡万进、郭晴 简帛学理论与实践（第一辑）195–201
对简帛学史分期标准的思考 魏德胜 简帛学理论与实践（第一辑）202–213
简帛目录的编纂与简帛学史研究 马智全 简帛学理论与实践（第一辑）225–233
东亚简牍文化圈的形成与发展 [韩] 尹在硕 简帛学理论与实践（第一辑）58–65
2016—2019 年台湾地区简帛研究概况 蔡莹莹等 简帛（第二十二辑）231–271

2020 年中国大陆战国出土文献研究概述 何有祖等 简帛（第二十三辑）239–258
出土文献字词关系研究的回顾与展望 杜文方 汉字文化 21：52–56
论说《简牍学大辞典》胡平生 简帛学理论与实践（第一辑）214–224
考古资料所见简帛时代书籍装具 汪桂海 文献 1：166–189
由篇及卷：区位关系、简册形制与出土简帛的史料认知 杨博 史学月刊 4：5–17
出土简帛整理的若干理论问题 蔡万进 简帛学理论与实践（第一辑）102–116
流散简帛资料的整理及其学术价值 刘国忠 简帛学理论与实践（第一辑）117–126
诫子之训：出土文献训体释例与训诫制度抉微 杨家刚、田旭东 清华简研究（第四辑）——纪念清华简入藏清华大学出土文献研究与保护中心成立十周年国际学术研讨会论文集 198–212
从新出简牍看二十等爵制的起源、分层发展及其原理——中国古代官僚政治社会构造研究之三 杨振红 史学月刊 1：34–52
社会阶层与阅读趣味——从出土《日书》的使用者说起 高佳敏 宁夏大学学报（人文社会科学版）3：144–150
简牍中的“动物世界”杨先云 从里耶到长沙：解码简牍中的湖湘史记 230–241
简帛札记四则 许典琳 殷都学刊 3：117–121
楚地出土战国秦汉简牍再之鞹里的学术反思 刘国胜、王谷 简帛学理论与实践（第一辑）127–136
2019 年中国大陆秦汉魏晋简牍研究概述 鲁家亮 简帛（第二十二辑）273–299
西北文书简的编号 郭伟涛 简帛学理论与实践（第一辑）171–194

战国简

释襽 汤志彪、孙欣 语言科学 1：97–104
新时代战国简研究的特点与思考 陈颖飞 中国史研究动态 4：74–77
战国秦汉出土简帛文献所见黄帝时期的人物 姜维 黄河 . 黄土 . 黄种人 10：6–8
日书：战国秦汉时期的选择通书 刘乐贤 简帛学理论与实践（第一辑）240–315
楚国历法建丑新证 刘彬徽 江汉考古 4：81–86
番戌食田文书再探 陈伟 楚文化与长江中游早期开发国际学术研讨会论文集 341–345
关于包山楚简中所见“县”的若干认识 海老根量介 楚文化与长江中游早期开发国际学术研讨会论文集 345–352
《太一生水》9—14 简的两个疑难问题探析 孙功进 中原文化研究 4：92–97
《成之闻之》“圣人之性”章新释 梁涛 中国社会科学报 8 月 24 日 2 版
说三则古文献中从“斤”声之字的释读 颜世铉 楚文化与长江中游早期开发国际学术研讨会论文集 320–324
谈谈战国时期楚地的特殊语气词“此（些）”和“多”尉侯凯 战国文字研究（第四辑）159–165
楚卜筮祭祷简补释四则 朱晓雪 中国国家博物馆馆刊 9：72–76
慈利楚简《逸周书 · 大武》校勘 张春龙 楚文化与长江中游早期开发国际学术研讨会论文集 353–357
由清华简郑国史料重拟两周之际编年 杨博 学术月刊 8：187–194
楚卜筮祭祷简的“心疾”“腹疾”“腹心疾”贾海燕 江汉考古 2：119–122
孔门言辞观及其礼学背景——以战国竹简为考察中心 陈丹奇 西北师大学报（社会科学版）1：87–94
汲冢争讼与流失简真伪之辨 周书灿 浙江社会科学 7：136–143
由清华简看商王世系名号问题三则 蔡哲茂 清华简研究（第四辑）——纪念清华简入藏清华大学出土文献研究与保护中心成立十周年国际学术研讨会论文集 218–224

清华简与西周史研究 刘国忠 中国社会科学 1：68–82
《韩非子·外储说左下》中的“垦草仞邑”综释——兼论《清华大学藏战国竹简》中的“日邑” 刘纯、李玉平 殷都学刊 4：109–112
清华简《尹至》謄义 刘义峰 殷都学刊 4：38–42、48
清华简《尹诰》与古文《咸有一德》之关系考辨 王化平 甘肃简牍（第一辑）11–21
从清华简《保训》谈《楚辞》之“中” 李秀强 管子学刊 2：117–128
楚简《祭公之顾命》与《祝辞》新证 连劭名 文物春秋 5：38–46
清华简《楚居》之夷屯考证 笪浩波 楚文化研究论集（第十四集）116–134
清华简《楚居》之“宵”地刍议 刘甫 楚文化研究论集（第十四集）135–137
从清华简《楚居》看楚族源 笪浩波 楚文化与长江中游早期开发国际学术研讨会论文集 217–229
《楚居》记载的郢都及其迁徙 李玉洁、黄有汉 楚文化与长江中游早期开发国际学术研讨会论文集 286–289
清华简《楚居》“巫戕赅其胁以楚”再议 黄锡金 清华简研究（第四辑）——纪念清华简入藏清华大学出土文献研究与保护中心成立十周年国际学术研讨会论文集 1–10
清华简《系年》的成书与墨家学派性质 刘全志 浙江学刊 2：200–207
清华简《系年》与《史记》称引“左氏《春秋》”考 廖群 中南民族大学学报（人文社会科学版）2：115–123
清华简《系年》所载地名与《左传》合证 李煜 广州大学学报（社会科学版）1：125–128
清华简《系年》“京师”与平王东迁 杨永生 史学月刊 5：37–47
清华简《系年》与《春秋》三《传》载先蔑史事新证 王红亮 殷都学刊 1：22–30
清华简《系年》所见楚国封君小札 郑威 楚文化研究论集（第十四集）138–142
清华简《系年》第一章新解 张靖人 中州学刊 12：122–126
以清华简《系年》为中心看楚地区的历史观 小寺敦 青铜器与金文（第六辑）193–204
从清华简《系年》看三晋伐齐时楚国的反应 杨蒙生 楚文化研究论集（第十四集）143–151
《清华简·系年》的纪年模式及其撰写年代的拟测 张连航 楚文化与长江中游早期开发国际学术研讨会论文集 274–285
清华简《系年》与葛陵简楚史问题考 李锐 楚文化与长江中游早期开发国际学术研讨会论文集 279–285
由清华简《系年》补论“民可使由之不可使知之” 李锐 清华简研究（第四辑）——纪念清华简入藏清华大学出土文献研究与保护中心成立十周年国际学术研讨会论文集 11–13
由清华简《系年》论《竹书纪年》墓本和今本的体例 [美]夏含夷 简帛（第二十二辑）45–73
《周公之琴舞》补说 刘信芳 清华简研究（第四辑）——纪念清华简入藏清华大学出土文献研究与保护中心成立十周年国际学术研讨会论文集 21–33
占卜文书中的楚文化因素——基于清华简《筮法》和北大简《荆诀》的比较研究 柯鹤立 楚文化与长江中游早期开发国际学术研讨会论文集 233–242
清华肆《别卦》“泰卦”、“涣卦” 卦名研究 季旭昇 清华简研究（第四辑）——纪念清华简入藏清华大学出土文献研究与保护中心成立十周年国际学术研讨会论文集 34–42
清华简《算表》的分形认知 邢文 清华简研究（第四辑）——纪念清华简入藏清华大学出土文献研究与保护中心成立十周年国际学术研讨会论文集 289–296
《封许之命》“盘篚”补证 罗卫东 清华简研究（第四辑）——纪念清华简入藏清华大学出土文献研究与保护中心成立十周年国际学术研讨会论文集 73–81

清华简《厚父》与中国古代“民主”说 梁涛 清华简研究（第四辑）——纪念清华简入藏清华大学出土文献研究与保护中心成立十周年国际学术研讨会论文集 43–66
从语言角度看清华简《厚父》和《封许之命》的写成时代 周宝宏 清华简研究（第四辑）——纪念清华简入藏清华大学出土文献研究与保护中心成立十周年国际学术研讨会论文集 67–72
清华伍《命训》补释——兼论《命训》的政治思想及写作时代 邴尚白 楚文化与长江中游早期开发国际学术研讨会论文集 295–305
清华简《命训》与传世本对比研究——兼论清人校注的得失 张峰 简帛研究（2021 春夏卷）44–65
清华简《汤在啻门》所见人事观和宇宙观 刘涛 烟台大学学报（哲学社会科学版）1：106–114
清华简《管仲》的政治思想 汤浅邦弘 楚文化与长江中游早期开发国际学术研讨会论文集 243–248
从清华简《郑武夫人规孺子》看先秦母子关系 张淑一 河北学刊 4：91–96
关于清华简《郑武夫人规孺子》中所描绘谦逊的君主形象 小寺敦 楚文化与长江中游早期开发国际学术研讨会论文集 249–273
《郑武夫人规孺子》再读 陈伟 清华简研究（第四辑）——纪念清华简入藏清华大学出土文献研究与保护中心成立十周年国际学术研讨会论文集 106–112
清华简《子产》与子产学派 李凯 中华文化论坛 1：28–38
读清华简第六册《子仪》篇丛札 杨蒙生 战国文字研究（第四辑）123–131
清华简《子犯子余》所见“佥”字 邓佩玲 清华简研究（第四辑）——纪念清华简入藏清华大学出土文献研究与保护中心成立十周年国际学术研讨会论文集 94–105
《清华简（七）·晋文公入于晋》中的军旗考论 洪德荣 殷都学刊 1：31–36
试论先秦时期的“游民”及其社会影响——清华简《越公其事》补释 王青 中国史研究 1：35–47
《越公其事》的竹简排列和“划痕”竹天健二 楚文化与长江中游早期开发国际学术研讨会论文集 306–317
由《越公其事》与《国语》看越王勾践灭吴 黄怀信 清华简研究（第四辑）——纪念清华简入藏清华大学出土文献研究与保护中心成立十周年国际学术研讨会论文集 120–124
读清华简《越公其事》札记一则 张富海 清华简研究（第四辑）——纪念清华简入藏清华大学出土文献研究与保护中心成立十周年国际学术研讨会论文集 125–130
清华简《赵简子》初探 张少筠、代生 简帛研究（2021 春夏卷）34–43
《清华大学藏战国竹简（柒）》补释七则——兼释楚简中诸“灶”字 冯华 燕京语言学（第四辑）259–272
清华简（七）字词研究四则 汤志彪 简帛（第二十三辑）113–121
清华简《厚父》《摄命》的文字风格和抄写特征——兼谈相关文句的释读 邱洋 简帛研究（2020 秋冬卷）43–60
《摄命》首节刍议 程浩 简帛研究（2020 秋冬卷）1–5
试论清华简《摄命》伯摄身份及德教观念 左勇 简帛研究（2020 秋冬卷）6–14
清华简《摄命》篇“伯摄”身份综论 李世佳 简帛研究（2020 秋冬卷）15–24
也论清华简《摄命》体例 刘丽 简帛研究（2020 秋冬卷）61–67
清华简八《摄命》章句 刘信芳 清华简研究（第四辑）——纪念清华简入藏清华大学出土文献研究与保护中心成立十周年国际学术研讨会论文集 131–154
清华简《摄命》性质小议 陈民镇 清华简研究（第四辑）——纪念清华简入藏清华大学出土文献研究与保护中心成立十周年国际学术研讨会论文集 155–163

清华简《邦家之政》所反映的儒墨交融 李均明 清华简研究（第四辑）——纪念清华简入藏清华大学出土文献研究与保护中心成立十周年国际学术研讨会论文集 169–176

清华简八《天下之道》篇献芹 魏栋 清华简研究（第四辑）——纪念清华简入藏清华大学出土文献研究与保护中心成立十周年国际学术研讨会论文集 164–168

清华简第八辑整理报告拾遗 程浩 清华简研究（第四辑）——纪念清华简入藏清华大学出土文献研究与保护中心成立十周年国际学术研讨会论文集 177–183

清华简第八辑字词补释 石小力 清华简研究（第四辑）——纪念清华简入藏清华大学出土文献研究与保护中心成立十周年国际学术研讨会论文集 184–190

说清华八《治邦之道》中的“𨸏”字 张飞 简帛（第二十三辑）123–130

清华简《廼命》释文订补 周悦 简帛研究（2021 春夏卷）86–93

读《清华大学藏战国竹简（九）》札记 邬可晶 简帛（第二十三辑）95–112

清华简《说命（上）》校补 杨蒙生 清华简研究（第四辑）——纪念清华简入藏清华大学出土文献研究与保护中心成立十周年国际学术研讨会论文集 14–20

清华简《五纪》篇初识 马楠 文物 9：80–81

清华简《五纪》中的二十八宿初探 石小力 文物 9：82–86

清华简《五纪》中的“行象”之则与“天人”关系 贾连翔 文物 9：87–90

清华简《五纪》中的黄帝故事 程浩 文物 9：91–94

读清华简札记（三则）刘亚男、李锐 简帛研究（2020 秋冬卷）68–72

清华简读书小札一则 许文献 甘肃简牍（第一辑）3–10

也说清华简从“黾”之字 [日]大西克也 清华简研究（第四辑）——纪念清华简入藏清华大学出土文献研究与保护中心成立十周年国际学术研讨会论文集 82–93

Thinking about the Physical Heart（xin 心）in Pre-Qin Bamboo Texts *Constance A. Cook* 清华简研究（第四辑）——纪念清华简入藏清华大学出土文献研究与保护中心成立十周年国际学术研讨会论文集 191–197

读曾侯乙墓简册札记（续）许道胜 楚文化研究论集（第十四集）223–230

曾侯乙墓简所见职官考 黄尚明 楚文化研究论集（第十四集）231–243

从上博简看先秦格言的文体特征与形态演变 张阳 中国人民大学学报 3：115–127

上博简《孔子诗论》研究的回顾与反思 陈丹奇 中州学刊 5：146–153

上博《诗论》与《毛序》对比研究并论及《毛序》的作期 王洲明 齐鲁文化研究 152 — 165

试析上博简《诗说》的编联与结构 江林昌 齐鲁文化研究 143 — 151

从上博简《容成氏》篇看楚人的东方政治地理观 李禹阶、陈昆 西南大学学报（社会科学版）1：196–206

《慎子曰恭俭》简 5“䅵”字补释 贾旭东 战国文字研究（第四辑）132–135

上博竹简《卉茅之外》补释 李桂森、刘洪涛 简帛研究（2021 春夏卷）13–20

上博楚简残漶字拟补四则 张荣辉 简帛（第二十三辑）131–142

读上博简第九册小札 陈伟武 清华简研究（第四辑）——纪念清华简入藏清华大学出土文献研究与保护中心成立十周年国际学术研讨会论文集 241–243

上博藏楚简五补释三则 俞绍宏 简帛研究（2021 春夏卷）21–27

上博楚简“褎”字补说 刘乐贤 清华简研究（第四辑）——纪念清华简入藏清华大学出土文献研究与保护中心成立十周年国际学术研讨会论文集 283–288

安大简《诗经》中“[illegible]”字浅析 苏文勇 战国文字研究（第四辑）136–142
信阳楚简“乐人之器”所记编钟、钟槌名新释 范常喜 文物 12：56–60
楚墓出土卜筮祭祷简研读札记（五则）蒋鲁敬 荆楚文物（第 5 辑）255–262
新蔡楚简“婴之以兆玉”与礼书“缫藉”郭成磊 楚文化研究论集（第十四集）208–222
郦郢考 晏昌贵 楚文化与长江中游早期开发国际学术研讨会论文集 290–294
子弹库楚帛书“豸”字小议——兼说楚简读为“一”之字 林志鹏 楚文化与长江中游早期开发国际学术研讨会论文集 358–362
益阳兔子山遗址 J9 ⑦出土简牍初探 楚文化与长江中游早期开发国际学术研讨会论文集 363–373
关于葛陵村楚简所记历日地支用字“嫚”等的一点意见 李家浩 简帛学理论与实践（第一辑）234–239
荆州夏家台 106 号楚墓出土战国简《日书》田勇等 简帛（第二十二辑）31–43
荆州唐维寺 M126 卜筮祭祷简释文补正 苏建洲 简帛（第二十三辑）143–152
老河口安岗楚简文字补释 王谷 简帛（第二十三辑）153–158
一粟居读简记（十）王辉 清华简研究（第四辑）——纪念清华简入藏清华大学出土文献研究与保护中心成立十周年国际学术研讨会论文集 113–119
一粟居读简记（十一）王辉 文博 6：62–67
读书脞录三则 滕腾霖、胡孟强 简帛（第二十二辑）131–139
楚简筮法探源 冯华 华夏考古 6：100–113
释“凬”兼及物候历之“凬（风）月”刘玉环 文博 2：80–84
楚简“閔”字补释 俞绍宏、宋丽璇 语言研究 1：86–90
关于楚墓遣策所记瑟的附属物“桊”及其有关问题 李家浩 江汉考古 4：134–138

补遗

战国楚竹书与清阮本《周易》用字对比研究 张喆 青海师范大学学报（哲学社会科学版）4：128–131
出土《论语》简牍：东北亚地区行走的文化符号 裴永亮 宁夏大学学报（人文社会科学版）4：157–161
《卜居》中“卜筮”的现实探源——以《望山楚简》和《包山楚简》为例 李令 青海师范大学学报（哲学社会科学版）6：49–54
郭店楚简《老子》“绝伪弃诈”证说 宁镇疆 中华文史论丛 4：67–92
清华简《程寤》中太姒所梦“六木”的象征寓意 王志平 中国文化研究 3：1–8
也说清华简《系年》“周亡王九年”代生 中国社会科学报 2020 年 11 月 25 日 9 版
清华简所见周公史料考辨——以《金縢》和《系年》为中心的探讨 李建雄 宁夏大学学报（人文社会科学版）3：73–80
清华简《筮法》劳罗二卦与水火取象探究 何锴 周易研究 3：31–35
清华简（七）语类文献文学叙事研究 廖妙清、吕文明 管子学刊 3：97–106
试论清华简《越公其事》的思想主题及其文本性质——兼说殷周之际兵学观念的流变 谢乃和 杭州师范大学学报（社会科学版）6：102–113
清华简《摄命》与牧簋、冉盨对读 夏含夷 青铜器与金文（第五辑）1–5
由清华简《天下之道》论先秦诸子天下观 杨兆贵、陈书平 管子学刊 3：86–96
清华简又见长篇书类佚篇 邓晖 光明日报 2020 年 11 月 23 日 8 版

秦简

秦及汉初简牍中的"同产"孙玉荣 管子学刊 1：102–107

秦汉简牍所见的律典体系 陈伟 中国社会科学 1：104–121

秦汉帝国的边境：来自周边的帝国观——国际简帛学视野下的边境出土简牍研究 [韩]金秉骏 简帛学理论与实践（第一辑）92–101

论睡虎地秦简编年记的内容和性质——兼论相关以年系事类出土文献 王婧凝 秦汉研究论丛：秦汉考古遗存研究专集 80–92

睡虎地秦简《语书》中的"乡俗"研究 王准 楚文化与长江中游早期开发国际学术研讨会论文集 379–385

《日书》所见疾病问题探赜——以睡虎地秦简《日书》为例 刘伟 古代文明 3：67–75

睡虎地秦简《日书·生子篇》札记四则 方勇、侯娜 江汉考古 3：136–138

睡虎地秦简《盗者》章人名解读——兼论研究秦简干支人名数术特征对解读传世文献疑难人名的意义 李世持、张显成 简帛研究（2021 春夏卷）109–127

"皋"与"军"（稿）名和敏光 楚文化与长江中游早期开发国际学术研讨会论文集 374–378

周家台秦简 375 号医方残简校读 张显成、李志文 简帛研究（2020 秋冬卷）140–149

秦简数术资料补证二则 高一致 简帛（第二十二辑）141–146

秦代县政务申请与审批机制——以里耶秦简为考察中心 吴方基 简帛研究（2020 秋冬卷）73–96

里耶秦简 9–2289 的反印文及相关问题 张忠炜 里耶秦简研究论文选集 113–134

试谈里耶秦简所见文书简牍的再利用情况 [德]陶安 里耶秦简研究论文选集 135–164

里耶秦简所见人名"仆足"考 何有祖 楚文化与长江中游早期开发国际学术研讨会论文集 318–319

《里耶秦简（壹）》所见火烧残简及相关问题 巨正兴 简帛学理论与实践（第一辑）363–382

里耶秦简牍疑难字词校读丛札 唐强、李蓉 简帛研究（2020 秋冬卷）97–109

里耶秦简牍中的"谒"与"应"沈刚 简帛研究（2021 春夏卷）128–144

里耶秦简之道路里程书和秦郡略析 张春龙 从里耶到长沙：解码简牍中的湖湘史记 188–200

里耶秦简校读四则 谢坤 江汉考古 5：134–136

试谈三枚里耶秦简牍的复原 何有祖 荆楚文物（第 5 辑）271–275

里耶秦简缀合概览 李官丽 简帛（第二十三辑）259–293

本草考古：出土医药文书的历史文化考察——以植物药为中心 王微、郭幼为 农业考古 4：256–261

秦《发征律》蠡测——兼论秦汉"律篇二级分类说"齐继伟 中国史研究 1：57–74

《岳麓秦简（一）》字词解诂（八则）孔德超、牛海茹 简帛研究（2021 春夏卷）145–154

岳麓书院藏秦律令简集注（一）中国人民大学法学院法律史料研读班 简帛研究（2021 春夏卷）155–202

岳麓秦简"毋夺田时令"文本复原和相关问题探讨 陈伟 江汉考古 6：260–267

岳麓秦简所见秦代官方建筑的管理 苑苑 四川文物 1：46–52

史籍失载的秦始皇荆楚故地的一次出巡及其诏书析证——岳麓书院藏秦简《秦始皇禁伐湘山树木诏》新解 孙家洲 中国史研究 4：53–64

岳麓秦简《尉卒律》"削爵"考 王萍 简帛研究（2020 秋冬卷）110–119

岳麓秦简所见秦代兵器管理制度 尚宇昌 简帛研究（2020 秋冬卷）120–133

秦简《隐书》的文本考察 何家兴 湖南师范大学社会科学学报 2：105–111

《北京大学藏秦水陆里程简册》所见新邓津、洧口、西陵、攀渚考辨 叶植 楚文化与长江中游早期开发国际学术

研讨会论文集 622-622
出土秦简所见“毋害”小考 董飞 简帛研究（2020 秋冬卷）134-139
秦简牍“从人”考论 孟峰 史学月刊 4：18-25
秦简所见徒隶生活 文霞 重庆师范大学学报（社会科学版）3：14-22
南越国的兕、犀与牛 莫慧旋 大众考古 9：48-53

补遗

里耶秦简牍所见郡县订补 晏昌贵 历史地理研究 1：50-57

汉简

出土文献与《山海经》新证 刘钊 中国社会科学 1：83-103
汉简字词考释三则 任攀 语文学刊 5：52-58
近三十年利用西汉简牍研究汉郡综述 赵堉燊 甘肃简牍（第一辑）120-127
试析两汉时期“人像木牍”投稿 杨先云 楚文化研究论集（第十四集）244-265
再谈汉吴简牍中的“长沙太守中部督邮书掾”徐畅 文物 12：74-82
两汉简帛所见印章、封泥相关资料研究综述 乐游 印学研究（第 17 辑莒陶文研究）143-155
《居延汉简（一、二）》释读问题举隅 李洪财 甘肃简牍（第一辑）54-62
《肩水金关汉简（五）》简册复原刍议 姚磊 甘肃简牍（第一辑）44-53
居延新简《马建与张掾书》新考 刘乐贤 中国史研究 4：65-78
居延新简中的西汉纪时探析 邓景丽 黄河 . 黄土 . 黄种人 8：30-34
居延甲渠候官简册初步整理 熊晓曼、扬眉 甘肃简牍（第一辑）101-108
武威汉代医简校读札记（七则）方勇 甘肃简牍（第一辑）37-43
敦煌悬泉汉简三十年研究综述 洪帅、汪艳萍 甘肃简牍（第一辑）109-119
悬泉汉简与伊存授经 刘屹、刘菊林 敦煌研究 1：63-72
《悬泉汉简（壹）》历表类残册复原——兼谈“历日”与“质日”孙占宇、赵丹丹 敦煌研究 6：127-135
西汉长安通姑臧南道交通线路复原研究——以悬泉汉简Ⅴ 1611 ③：39A、B 为基础 苏海洋 敦煌研究 1：86-94
悬泉置鸡出入簿再认识 姚磊 考古学集刊（第 24 集）134-146
从马王堆 M2 墓出土单简看西汉早期的文本和仪式 曹阳、曹桂生 美术 5：108-115
马王堆汉简遣册、签牌校补 萧旭 秦汉研究论丛：秦汉考古遗存研究专集 313-332
马王堆医简《十问》“三咎”与上博楚简《子羔》“玄咎”合证 范常喜 简帛（第二十二辑）193-198
张家山汉简《二年律令》校读（一）周波 楚文化与长江中游早期开发国际学术研讨会论文集 396-406
再谈《二年律令》几条律文的归类 彭浩 荆楚文物（第 5 辑）263-270
张家山汉简《二年律令·户律》所见移徙问题探析 冯西西 江汉考古 1：132-136
《告律》章名补说 彭浩 简帛（第二十二辑）147-151
张家山汉简中的《田命籍》与《田租籍》晋文 中州学刊 3：112-118
张家山汉墓竹简《引书》零拾 翟昕 中华文化论坛 3：121-129
张家山汉简《引书》札记 蒋艳、张显成 简帛（第二十二辑）153-161
尺牍帛书：汉时边塞亲人的来信 朱建军 中国社会科学报 8 月 13 日 5 版
海昏简《诗》与西汉早期鲁诗传授 于浩 南昌大学学报（人文社会科学版）5：114-122
海昏侯墓出土简牍与儒家“六艺”典籍 杨博 江西社会科学 3：140-148

西汉海昏侯刘贺墓出土《海昏侯国除诏书》杨博 文物 12：61–73
新出扬州蜀秀河 M1 木牍的年代与形制——兼谈海昏侯奏牍的相关问题 汪华龙 简帛研究（2020 秋冬卷）218–234
《诗·鲁颂·泮水》"角弓其觩"别解——读海昏侯简《诗经》札记一则 刘刚 战国文字研究（第四辑）155–158
荆州胡家草场西汉简牍选粹 荆州博物馆、武汉大学简帛研究中心 文物 10：70
《荆州胡家草场西汉简牍选粹》读后记 何有祖 简帛（第二十三辑）3–14
《荆州胡家草场西汉简牍选粹》岁纪简初读 郑威 简帛（第二十三辑）15–33
《荆州胡家草场西汉简牍选粹》日书简管窥 刘国胜 简帛（第二十三辑）67–73
据胡家草场汉简《诘咎》"鬼取人为妻"条首句谈睡虎地秦简《诘》对应简文 蒋文 文物 3：91–94
胡家草场汉简《治水律》初识 鲁家亮 简帛（第二十三辑）35–42
胡家草场汉简《少府令》《卫官令》试析 纪婷婷 简帛（第二十三辑）43–52
胡家草场 M12 出土竹简中的"历"与"日至"初探 蒋鲁敬 简帛（第二十三辑）53–66
荆州胡家场 M12 出土"肥牛方"考释 高一致 楚文化研究论集（第十四集）266–273
荆州胡家草场西汉墓医方木牍"已痈方"初探 周琦、李志芳 简帛研究（2020 秋冬卷）150–161
天回医简"治心暴痛"祝由方浅析 周琦 简帛（第二十三辑）81–93
胡家草场西汉墓出土"病水方"补释 李志芳、顾漫 简帛（第二十三辑）75–80
胡家草场汉简《岁纪》"王入吴房"与睡虎地秦简《编年记》"韩王居□山" 曹旅宁 楚文化研究论集（第十四集）274–275
睡虎地汉简《户律》初探 袁延胜 简帛学理论与实践（第一辑）383–393
孔家坡汉简《日书》补札五则 高一致 江汉考古 5：137–141
《日书》中的鬼神 晏昌贵 简帛学理论与实践（第一辑）316–362
西汉时期乐人公职服务问题考论——以走马楼西汉简《都乡七年垦田租簿》为中心 李立 中原文化研究 3：102–112
走马楼西汉简《都乡七年垦田租簿》的年代问题 晋文 山东师范大学学报（社会科学版）3：85–94
新见西汉长沙国简牍地名读札四则 郑威 江汉考古 5：115–118
走马楼西汉简《长沙邸传舍劾文书》解析 李均明 中州学刊 1：124–128
长沙走马楼西汉古井出土简牍概述 陈松长 考古 3：97–108
长沙走马楼西汉简《宫司空令史儿等为武擅解脱易桎弗举劾案》初步考察 杨芬、宋少华 简帛研究（2020 秋冬卷）235–252
长沙尚德街 084 号东汉"诏书"木牍补征 杨小亮 文物 3：78–85
长沙尚德街东汉户口简考释 凌文超 文物 3：86–90
《长沙尚德街东汉简牍》释读商补六则 杨耀文 简帛研究（2020 秋冬卷）293–304
汉晋名刺、名谒简地名书写范式考述——由《长沙尚德街东汉简牍》184 号名刺简说起 庄小霞 简帛研究（2021 春夏卷）276–292
湖南益阳兔子山遗址七号井出土简牍述略 张春龙、张忠炜 文物 6：70–81
湖南益阳兔子山遗址 J7 ⑦：3 木牍考释 张忠炜 文物 6：82–86
遝书新论——基于湖南益阳兔子山遗址 J7 ⑥：6 木牍的考察 刘自稳 文物 6：87–92
成都天回镇老官山汉墓 M1 出土木牍考释 何有祖 考古 4：115–120

银雀山汉简《唐勒》新探——基于简文缀合的篇章结构与思想倾向的考察 王勇 管子学刊 4：98–107
西北屯戍汉简中的“居令延印”现象及其相关问题研究 周艳涛、张显成 江汉考古 3：125–135
西北汉简所见“为家私市”考 苗润洁 河北大学学报（哲学社会科学版）3：36–44
西北汉简零释三则 魏振龙 甘肃简牍（第一辑）72–78
读《玉门关汉简》札记 方勇 简帛（第二十二辑）163–166
弱水流域的两汉文明——金塔汉塞遗址和出土汉简的过去、现在和未来 张德芳 丝绸之路 4：6–7
汉简与河西社会交往史新识 王子今 中国社会科学 1：122–142
谈谈汉简草字的考释方法 李洪财 文献 1：60–77
西汉竹书《妄稽》字词释读二题 刘建民、张学城 简帛（第二十三辑）213–217
五一广场东汉简“连道奇乡受占南乡民逢定本事”文书的复原与研究 张荣强、张俊毅 简帛研究（2020 秋冬卷）305–315
东汉建初四年《序宁简》补说 下仓涉 楚文化与长江中游早期开发国际学术研讨会论文集 207–411

补遗

“君教”文书与东汉县廷治狱制度考论——从长沙五一广场东汉简牍说起 汪蓉蓉 古代文明 4：62–72
玉门花海汉简中的经济史料 李伟、晋文 中国社会经济史研究 4：75–78

三国简・唐简

关于长沙走马楼吴简前期整理方法的观察与思考 宋少华 简帛学理论与实践（第一辑）149–163
走马楼吴简“隐核波田簿”的析分与缀连——再论陂塘形制和陂田兴复 凌文超 简帛学理论与实践（第一辑）394–427
走马楼竹简酒史资料 王子今 从里耶到长沙：解码简牍中的湖湘史记 209–214
《唐惠昭太子哀册》复原研究 贾鸿源 文献 6：44–64

帛书

出土简帛四古本《老子》研究及其展望 丁四新 国学学刊 1：21–29
楚帛书创世章与良渚玉琮蕴含的创世神话比较研究 何驽 江汉考古 6：184–191
马王堆汉墓帛书《黄帝四经》“刑德”说研究述评 徐莹 简帛研究（2020 秋冬卷）162–175
马王堆帛书《易传》“子曰”问题综考——以《缪和》《昭力》为研究中心 蔡卓、蔡典娉 简帛研究（2020 秋冬卷）176–194
马王堆帛书《相马经》赋体考略 王静 简帛研究（2020 秋冬卷）195–208
马王堆帛书“卦象图”应为“龟兆图”朱赟斌 简帛（第二十二辑）199–208

补遗

马王堆帛书《昭力》解读拾遗 黄杰 周易研究 3：25–30
马王堆帛书《日月风雨云气占》补释四则 贺璐璐 古汉语研究 4：113–117
楚《帛书十二月神图》图式源流考 早期中国“图”之书探讨之一 陈镗 新美术 9：4–24

文书

敦煌遗书发现人暨敦煌学起始新论 任光宇 地域文化研究 1：54–60
新发现唐长孺先生整理吐鲁番文书笔记概述 刘莹 文物 5：89–96
俄藏 Дx02160Va 考释——兼对唐代长行坊减料制度的一点补充 管俊玮 敦煌研究 2：120–123
法藏 1078bis《悉董萨部落土地纠纷诉状》考释——兼论吐蕃在敦煌分配“籍田”（rkya zhing）的时间 杨铭、贡

保扎西 敦煌研究 4：94–102
吐鲁番所出《唐果毅高运达等请过所残文书》初探 李兆宇 西域研究 4：61–71
吐鲁番洋海 1 号墓阚氏高昌永康历日再探 田可 西域研究 4：72–79
从敦煌吐鲁番文书谈唐代的“身死”赵贞 中国史研究 4：92–109
敦煌“(亻亲)状”文书再探 王祥伟 敦煌研究 4：103–111
从敦煌文书“进奏院状”看唐代中后期的信息传递 康华、冯媛 黑龙江史志 1：58–61
敦煌西域出土古藏文契约文书的相关问题研究 贡保扎西 西南民族大学学报（人文社会科学版）9：45–53
黑水城汉文文献补考 佟建荣 敦煌研究 2：131–139
西夏文《天盛改旧新定律令名略》新探 和智 敦煌研究 1：78–85
新见法藏敦煌出土西夏文献考释 段玉泉、马万梅 敦煌研究 4：42–49
莫高窟北区 B53 窟出土元代呈状成文年代再考——兼商榷 B53 窟的使用年代下限 邓文韬 敦煌研究 1：73–77
回鹘文契约研究及其存在的问题 张铁山 西域研究 4：132–140
金代繁塔赵秉文墨书补考 周峰 文物 3：95–96
青寺村收藏的明洪武诰命解读 范鹏程 丝绸之路 4：176–179
明代山西藩王宗禄册的发现与意义 孙继民、孟月 河北师范大学学报（哲学社会科学版）4：154–156
古籍纸背文书所见明代眉批黄册的性质及其意义 张恒、孙继民 中国史研究 2：171–185
山西襄汾县西中黄村张氏契约文书中的人物关系 冯学伟 西华师范大学学报（哲学社会科学版）5：70–83
明清契约文书篇末绝止符号研究——以“行”形为中心 郭敬一 文献 1：133–150
桂林博物馆藏桂北地区民间契约文书简述 秦婕 广西地方志 1：65–68
契约文书讹字初探——以《吉昌契约文书汇编》为例 王阳 青海师范大学学报（社会科学版）2：140–145
遗折——大学士高晋的最后一份文书 郑永昌 故宫文物月刊 462：32–41
清代太仓地区卖田契研究 谢小娟、周怀东 农业考古 1：99–104
清代豫北地区乡村契约研究——以滑县 10 件契约文书为中心 张瑞强 农业考古 4：78–85
中央民族大学民族博物馆藏清代文书所见“乐和冲”考 白旭 博物院 3：70–75
解密苏州码——清华大学图书馆藏民间文书中的数字密码 马雪艳 中国文物报 12 月 14 日 6 版
中国华侨历史博物馆藏近代广东华侨出洋契约文书 罗佩玲 文物春秋 6：80–90

补遗

《珠尔墨特纳木扎勒颁发给洛扎拉隆寺之铁券文书》考释 扎洛、敖见 西藏民族大学学报（哲学社会科学版）6：44–50
东汉人形木牍与镇墓符箓 陈亮 新美术 12：51–63

写本

新见王重民致伯希和信札七通诠解——以王重民对法藏敦煌遗书的整理为中心 刘蕊 文献 5：146–158
敦煌藏经洞之谜发覆 张涌泉等 中国社会科学 3：180–203
汉唐间孔子与周公地位之嬗变——以敦煌蒙书《孔子备问书》“孔子问周公”为缘起 焦天然 浙江师范大学学报（社会科学版）3：32–41
论敦煌蒙书的教育与学术价值 金滢坤 浙江师范大学学报（社会科学版）3：19–31
《魏书》史料二则的考古学释读“造石亭”与“筑长城”张文平 大众考古 10：30–37
敦煌藏经洞所出外道口力论师文书《五百梵志经》研究 赵青山、刘淑伟 敦煌研究 5：95–102

新疆尉犁县克亚克库都克烽燧遗址出土《韩朋赋》释析 胡兴军 西域研究 2：99–104
敦煌本《刺史书仪》“俵钱去处”所涉后唐宫城诸门位置商榷 贾鸿源 华夏考古 2：81–94
敦煌遗书 P.2569V 驱傩词的几个音乐问题——兼论“赶五句”民歌的唐代遗存 孟凡玉 音乐研究 1：69–78
敦煌写本时日宜忌文书之思想主题探赜 宁宇 兰州大学学报（社会科学版）2：119–128
敦煌《算经》编撰年代及源流探析 任占鹏 敦煌研究 6：107–115
敦煌本藏文算书九九表再探 刘英华、杨宝玉 西藏研究 1：64–73
论唐代敦煌蒙书《上大夫》与后世《上大人》的关系 任占鹏 浙江师范大学学报（社会科学版）3：42–52
敦煌遗书 S.4571《维摩诘经讲经文》考论 张鑫媛、普慧 西南民族大学学报（人文社会科学版）10：58–65
华化摩尼教冥界观与敦煌本《十王经》关系索隐 杨富学、杨琛 敦煌研究 5：1–8
海内孤本周绍良旧藏《金刚经》残卷缀合记 罗慕君、张涌泉 敦煌研究 5：103–106
敦煌本《金刚经》断代研究 罗慕君 敦煌学辑刊 1：24–36
敦煌研究院旧藏两叶回鹘文《阿含经》残片研究 张铁山 敦煌学辑刊 1：6–11
敦煌藏文写本《大乘无量寿宗要经》的分类与流变关系研究 夏吾措、桑吉东知 西藏大学学报（社会科学版）3：58–64
敦煌本《摩诃般若经》残卷缀合研究 关长龙、范丽婷 敦煌学辑刊 1：12–23
敦煌古藏文《驯马经》中的驯马技术研究 谢萍等 农业考古 4：201–205
延续寿命法：《尊胜陀罗尼》吐蕃译本与流传 才让 敦煌研究 2：9–20
敦煌本《吐蕃大事纪年》部分地名及疑难词句研究 索南加 西藏大学学报（社会科学版）1：36–42
青藏高原的藏王陵与藏后陵——敦煌古藏文《松赞干布本纪》残卷人物与葬地之二 林梅村 敦煌研究 1：1–14
敦煌写本 P.3556《张庆德邈真赞并序》考释 郑怡楠 敦煌学辑刊 2：142–151
敦煌研究院旧藏一叶回鹘文《阿毗达磨顺正理论》残叶及其相关问题研究 张铁山、皮特·茨默 敦煌研究 2：28–31
日本杏雨书屋藏 737 号吐蕃天下都僧统愿文研究——兼谈吐蕃僧官制度 陆离 西藏研究 4：16–23
敦煌本《太公家教》的传播及其对中国俗文化的展现 朱凤玉 敦煌研究 6：79–92
《文场秀句》在日本的流传与影响 高静雅 敦煌研究 6：116–126
敦煌本《字宝》中的活俚语（上声）邓文宽 敦煌学辑刊 1：1–5
敦煌本《字宝》中的活俚语（去声）邓文宽 敦煌学辑刊 3：1–6
敦煌写本 P.2555 卷“马云奇诗”考辨 朱瑜章 敦煌学辑刊 2：124–141
敦煌唐写本《刘子》新识 秦桦林 敦煌学辑刊 2：152–158
敦煌《八啭声颂》藏文写卷的梵藏语法比较研究 阿旺嘉措、才让扎西 敦煌学辑刊 3：44–60
敦煌《十诵律》写本缀合研究 刘丹、王勇 敦煌学辑刊 3：61–72
敦煌藏文本 P.3288V《逐日人神所在法》整理研究 张福慧、陈于柱 陇右文博 4：62–68
日藏敦煌《道要》写卷研究拾遗 秦桦林 浙江大学学报（人文社会科学版）5：42–52
敦煌本 P.3618V《秋吟》初探 武绍卫 西华师范大学学报（哲学社会科学版）6：63–69
敦煌研究院旧藏回鹘文《悉谈章》残片研究 张铁山、皮特·茨默 民族语文 6：106–111
重庆中国三峡博物馆藏敦煌高昌汉文写经叙录 夏伙根等 敦煌学辑刊 4：86–96
高昌郡的佛典——以旅顺博物馆藏新疆出土汉文文献为中心 严世伟 敦煌学辑刊 4：97–108
敦煌回鹘语头韵诗及其格律特征 杨富学、叶凯歌 敦煌研究 2：32–40

敦煌文献同人异称研究 鲍宗伟 敦煌研究 2：124–130
重庆中国三峡博物馆藏敦煌藏文写经叙录 夏伙根等 敦煌研究 3：134–138
敦煌研究院藏敦煌文献残片续缀 王海云、梁旭澍 敦煌研究 4：112–124
敦煌诗校录析分失当举例 赵庶洋 敦煌研究 5：107–113
论四种敦煌韵书残叶之性质 丁治民、李惠超 苏州大学学报（哲学社会科学版）6：169–176
考古新发现见证韩朋故事的汉唐流变 朱利华 中国社会科学报 9 月 30 日 7 版
9 世纪中期到 10 世纪晚期后吐蕃时代的古藏文佛典［日］武内绍人著 沈琛译 丝绸之路考古（第 5 辑）212–219
于阗的黑貂皮：国图藏 BH2–28 阿拉伯语手稿解读 钱艾琳 丝绸之路考古（第 5 辑）153–159
大理所出《佛说地藏菩萨经》考述 钱光胜 石窟艺术研究（第五辑）2047–210
英藏黑水城《佛顶心观音经》相关问题考论 崔红芬 敦煌研究 3：114–125
西夏文《正道心照》考 孙颖新 世界宗教研究 3：46–57
内蒙藏西夏文《功德宝集偈》残叶考 李晓明、陈广恩 敦煌研究 3：126–133
西藏阿里札达县洛当寺新发现的 10–18 世纪经书残卷插图的调查与初步研究 熊文彬、夏格旺堆 故宫博物院院刊 2：60–82

补遗

《堂邑令刘君衣物名》杂识 罗小华 长江文明 1：26–32
《晋书》地名辨误数则 魏俊杰 历史地理研究 3：143–146
从日本东福寺藏宋本《释氏六帖》看鱼尾的形成 周浩 装饰 12：82–85
英藏黑城出土 Or.12380–1796 西夏文《百六吉凶歌》残叶考 徐阳、韦兵 宁夏社会科学 6：186–190

四　碑刻与墓志

碑刻

综述

近十年来中古碑志研究的新动向 孙正军 史学月刊 4：107–118
近四十年古代石刻文献整理出版综论 赵超、张家麟 编辑之友 10：22–27
石刻文献的多维面相与多元研究谫论 罗昌繁 图书馆 2：108–113
碑志文体关系新议 李秀敏 新疆大学学报（哲学・人文社会科学版）6：104–109
石刻的现场阅读及其三种样态 程章灿 文献 4：4–15
福建古近代渔政管理碑刻遗存（中）、（下）刘传标 福建史志 1：6–15、2：6–11
论瑶族石刻的史料价值和文学特色 石天飞 广西民族研究 2：152–160
回族历史碑刻文献研究百年历程探析 钟银梅 回族研究 3：56–61
江阴市博物馆藏历代碑刻研究（一）——“忠义”三碑考略 刁文伟 江阴文博总 38：14–20
彬县大佛寺中的历史名人题刻 常青 石窟寺研究（第 11 辑）135–157

补遗

边地土司石刻文献综论 蓝武 地域文化研究 6：68–74
碑版拓片装修与保存之探究 陈龙 江阴文博总 37：13–24
福建古近代渔政管理碑刻遗存（上）刘传标 福建史志 6：1–10
民族碑刻：社会记忆、地方志、民俗的循环——以西南地区布依族碑刻为例 吴晓梅、吴秋林 青海民族大学学

报（社会科学版）4：124–130
南宁市博物馆藏部分碑刻、拓本释考 黎文宗、贲小梅 广西地方志 4：74–80

秦、汉

从流传的诡异看现存“秦泰山刻石”的真伪 赵兴彬 考古学视野下古代泰山文明学术研讨会论文集 475–788
石鼓文“御”字释读 缪煜清 汉字文化 9：79–81
再论汉石经《鲁诗・大雅》的分什与篇次——兼辨上博藏汉石经《鲁诗》残石真伪 马涛 文献 4：16–29
东汉地方神祠的信仰形态——重读六通元氏碑刻 魏斌 中华文史论丛 1：57–100
袁安碑与袁敞碑再探 李奕青 中原文物 3：120–126
《袁安碑》《袁敞碑》篆文研究 陈建胜 秦汉研究论丛：秦汉考古遗存研究专集 333–362
东汉摩崖石刻《张汜雨雪辞》冬季祈雨考辨 王学军 北京社会科学 4：53–61
摩崖石刻《石门颂》古文体价值探析 陈思 文化学刊 3：246–248
论《郙阁颂》在宋代的流传与认知 马强 陕西理工大学学报（社会科学版）5：1–6
《韩仁铭》碑的故事 刘良超 大众考古 4：51–55

补遗

汉司马长元石门考略 徐爱娣 黑龙江史志 10：38–39
洪适《隶释》对汉魏石经之著录与研究 虞万里 南京师范大学文学院学报 4：130–138

两晋、南北朝

金毓黻的好太王碑研究与调查——兼考金毓黻好太王碑释文来源 梁启政 史学史研究 1：41–50
敦煌岷州庙塔发愿文补释 陈浩 敦煌研究 3：79–85
新昌佛教中国化系列之八 新昌大佛寺石雕弥勒像及刘勰碑记 佛教中国化发祥地的文化遗存 莫幸福 中国宗教 3：57–59
2000—2020 年北朝碑刻文献研究回顾与展望 李小瑞 文化学刊 3：240–242
代王拓跋猗卢残碑出土地及相关问题探讨 李荣辉 内蒙古社会科学 2：73–78
巩县石窟寺所见同州、河府石匠题记研究 魏文斌、张丽娜 敦煌学辑刊 3：168–177
龙门石窟所见北海王元详石刻题记再研究 王瑞蕾 敦煌研究 2：112–119
北魏“张猛龙碑”所见鲁郡兴学考 张桂芳、于芳 文物天地 8：52–55
神迹异事 丰碑妙刻 姜兴绍造佛石像碑考述 姜颖君 大众考古 1：55–61
洛阳兴国寺新发现“道安造像碑”考 王宏涛 法音 9：35–37
从青田石门洞“谢灵运诗刻”说起——兼及古代摩崖石刻研究的方法论问题 郑嘉励 泉州城考古学术研讨会论文集 255–262
北朝时期的“佛道合碑”吴闻超 中国宗教 8：68–69
甘肃甘谷叁交寺造像碑及上官洛灵造像碑考——兼论宇文建崇造像碑中的“铫国公”张驰 石窟寺研究（第 11 辑）109–123

隋、唐、五代

碑志所见唐代帝陵奉守制度 赵洋 首都师范大学学报（社会科学版）5：37–45
白鹤梁题刻的反义词聚合研究 李利芳 汉字文化 1：33–37
唐代石刻水旱祈祷祝文的反传统表达及其在地方治理中的功用 夏炎 史学月刊 5：60–72
唐鸿胪井刻石碑文断句新说商榷——基于语言文字学的视角 汪澎澜、高云海 延边大学学报（社会科学版）2：

51-58

纪实特征与文学色彩：武周时期石刻投龙纪的文本价值 李林昊、吴真 学术研究 5：160-168

龙门石窟擂鼓台中洞武周时期佛教书刻研究 刘灿辉、黄燕 中国国家博物馆馆刊 1：46-57

石台孝经——玄宗时代的纪念碑 张正原 中国文物报 10 月 15 日 7 版

唐石经碑式与中古书册制度关系探微 侯金满 文献 4：30-52

《唐韦陟构亭记残碑》考释 毛阳光、王凌虹 中原文物 6：121-128

响堂山唐代双束碑复原研究 于亚龙、武绍卫 中国国家博物馆馆刊 2：106-117

芮城广仁王庙《龙泉记》考释 牛来颖 中国国家博物馆馆刊 10：61-71

唐代地方官府水旱祈祷与水利资源控制——以泉神祠庙石刻为中心 夏炎 史学集刊 6：21-33

川渝石窟摩崖题刻中的古代瘟疫资料辑考 董华锋 敦煌学辑刊 1：129-136

川渝石窟唐宋摩崖题刻中的古代工匠资料辑考 董华锋、李菲 敦煌研究 3：86-94

陕西韩城七佛洞碑刻题记及其相关问题 王龙 法音 3：44-49

泰山无字碑考 刘丰 考古学视野下古代泰山文明学术研讨会论文集 401-407

泰山"渐入佳境"刻石考释 宋洪兵、丁海洋 中国文化遗产 5：107-109

山东灵岩寺石刻反映若干历史问题考辨 刘兰芬 长江文明 3：49-53

等慈寺碑之现状及展示 李振洲、何顺杰 大众考古 8：70-75

《韦君靖碑》考辨补遗 何江 长江文明 4：34-48

唐豳州应福寺石窟李齐夫妇题刻考 穆兴平 乾陵文化研究（十四）384-395

《唐登封纪号文大字摩崖》与《唐登封纪号文小字碑》考 郭伟 考古学视野下古代泰山文明学术研讨会论文集 408-412

唐石台孝经碑文章方位观初探 蒋志丹 艺术考古学研究（第一辑——科技美术考古学 207-231

喀剌巴剌噶孙碑文汉文版的新校订与译注 [日]森安孝夫吉、田丰著 乔玉蕊、白玉冬译 丝绸之路考古(第 5 辑) 160-211

碎叶出土残碑再考——唐伊犁道行军相关史事蠡测 白玉冬、张庆祎 敦煌学辑刊 3：147-158

吐蕃石碑形制及装饰图案研究——兼论吐蕃立碑传统由来 卢素文 西藏研究 4：58-67

叶尼塞河碑铭所见唐代黠戛斯的社会生活 罗权、李鑫鑫 中华文化论坛 1：49-58

近代以降唐石刻史料研究范式的演变——以唐石刻中的契丹史料为例 陈舒婷、姜维公 长春师范大学学报 9：52-56

唐宋五台山碑文整理与研究述论 张焕粉 法音 3：57-60

补遗

工布雍仲增刻碑调查 夏格旺堆 西藏民族大学学报（哲学社会科学版）6：123-129

唐《楚金禅师碑》研究 王连龙、王广瑞 社会科学战线 11：257-262

江阴心经碑落款考 楚海芹 江阴文博总 35：41-50

宋、辽、金、元

北宋嘉祐石经复原初探 徐炜君 文献 4：53-75

宋代碑志中的徽宗朝舍法与新学 管琴 文学遗产 6：91-104

陕西甘泉洛河流域古代崖居初步调查与研究 王天艺等 考古与文物 5：97-112

定州开元寺塔石刻题名中的北宋禁军和相关军制内容——定州开元寺塔北宋石刻军人题名研究之一 贾敏峰 文

物春秋 1：62–72
定州开元寺塔石刻题名中的北宋厢军和乡兵——定州开元寺塔北宋石刻军人题名研究之二 贾敏峰 文物春秋 3：72–79
两当县张果老登真洞两宋碑刻初考 曹建国 陇右文博 1：30–36
南宋高宗御书《孝经》刻石考论 吴雪菡 文献 4：76–91
南宋出土碑志研究刍议 魏峰 中国史研究动态 4：69–73
《郙阁颂》重刻者田克仁新考 周郢 陕西理工大学学报（社会科学版）5：7–9
家事与国事：关于贵州遵义出土《杨文神道碑》的几个问题 李飞 四川文物 3：44–54
广西现存宋蒙战史摩崖碑刻考释 覃旺 广西地方志 5：77–86
辽朝佛教宗派的兴衰及地域分布研究——以出土石刻为中心 鞠贺、杨军 北方文物 4：89–93
近十年（2010 ~ 2019 年）辽代石刻文研究综述 袁梦瑶 辽金历史与考古（第十二辑）298–310
浅谈契丹小字石刻资料引用的汉文经典 都兴智 辽金历史与考古（第十二辑）233–238
《故太师铭石记》纪年小考 尹珑 辽金历史与考古（第十二辑）244–246
西夏黑河建桥敕碑神灵信仰独特性研究 毛筱璐等 陇右文博 3：27–33
《宜州大奉国寺续装两洞贤圣题名记》碑再考 王禹浪、孙军 黑龙江民族丛刊 1：103–107
甘肃合水金代清凉禅院敕牒碑考释 张仲明 文博 1：88–91
房山灵岩禅寺元至大元年圣旨白话碑释证 马垒 文物春秋 4：51–56
元延祐二年灵岩寺执照碑再研究 张良 文物春秋 5：62–67
孔庙和国子监博物馆藏公试题名碑与元代国子监积分贡士制度 李晓（頔）文物春秋 2：23–32
元代长社县尹袁英记功碑研究 陈朝云 史学史研究 1：85–94
宁阳新见元马之贞《改修堽城坝闸记》残碑考释 高元杰 中国国家博物馆馆刊 7：115–127
章丘元代碑铭二则考 李维维等 海岱考古（第十四辑）409–418
一月万川：塔铭文本的多样性 冯国栋 安徽师范大学学报（人文社会科学版）1：25–32
泉州泰米尔、汉文双语碑铭增补考 刘震 泉州城考古学术研讨会论文集 300–311
《计筹山子昂碑文》考释 沈松琴 文物天地 1：70–73
崂山“充州小东门董师父赠云岩子《酹江月》”词刻研究 包洪鹏、郝兴霞 成都理工大学学报（社会科学版）4：83–89

补遗

宋人杨甲诗文辑佚两则 赵辉志 中国地方志 6：72–73
南宋《静江府阳朔县应诚庙敕牒碑》考述 马一博 广西地方志 5：52–57、64
《重建浮海观音殿记》考 李煜章 江阴文博总 36：35–39
泉州泰米尔文、汉文双语碑铭增补考 刘震 海交史研究 4：21–29
从康泰真碑看蒙古汗国地方治理模式特色 马德全、马宇辉 内蒙古民族大学学报（社会科学版）2：14–19
元代基督宗教的中国化石刻艺术 潘侠 中国宗教 10：80–81
白帝城《加号大成碑》考论 王志清、沈凯文 内蒙古民族大学学报（社会科学版）4：83–90

明、清

明清西北筑城碑记的形成、特征及历史地理学价值 张萍 历史地理研究 1：67–79
汉武帝茂陵发现明洪武四年御制祝文碑 张文玲 文物 5：76–78

明代内阁首辅李贤诰命碑、神道碑考 张庆华、唐新 荆楚文物（第 5 辑）165–182
明万历三年岷州卫修学记碑探析 后永乐 陇右文博 4：73–79
试论济源明代袁应泰《凿山创河记》碑 韩凯英 华夏考古 6：96–99
嘉万年间宁波地区的碑帖鉴藏 朱姗、刘晓峰 故宫博物院院刊 6：36–43
新见明代《两院抚按明文》考 刘文青 文化学刊 2：237–240
濮阳明代《国朝开州进士题名记》碑考释 邢平元 黄河 . 黄土 . 黄种人 22：31–35
云南安宁温泉摩崖石刻的历史与价值 邬振宇 文物天地 8：78–81
南京《白马庵联句》诗碑漫谈 吕明 文物天地 3：66–68
炳灵寺大明碑若干问题研究 曹学文、黄兆宏 敦煌研究 1：37–46
末法与灭法：房山石经的信仰背景与历史变迁 刘屹 历史研究 3：77–97
明代房山云居寺刻经的相关问题探究 郭雅楠、张爱民 北京文博文丛 3：1–8
《马哈只碑》的另一种打开方式 张轲风 读书 5：152–159
桂林虞山《舜庙碑》明代重刻考略 秦冬发 广西地方志 4：66–70
再论《敕赐庆王牧地重建香山碑记》仇王军 宁夏社会科学 6：208–216
武鸣狮子岩摩崖石刻简论 黎文宗 广西地方志 2：59–64
隆安县摩崖中的题诗和题记研究 黎文宗、贲小梅 广西博物馆文集（第十五辑）59–70
炳灵寺石窟大明碑注释 曹学文、黄兆宏 丝绸之路 3：55–61
谈明末偃师县《夏侯募习壮勇保城御寇碑记》赵振华、郭洪涛 洛阳考古 1：76–82
闽台“孪生御碑”之南普陀寺乾隆御制碑初探 林金昱、林靖 福建史志 3：30–34
由岱庙碑刻看乾隆帝的泰山神信仰活动 马纯壮 考古学视野下古代泰山文明学术研讨会论文集 413–422
鲁杰碑与清代县衙规条研究 王肃羽 郑州大学学报（哲学社会科学版）1：91–96
沈阳向阳寺两通碑刻考释 赵晓刚、李冉 北方文物 3：80–86
正定山西会馆遗存碑刻 刘友恒 文物春秋 3：87–96
北极阁出土清重修关帝庙碑考 张云燕 博物院 3：55–62
王铎撰《大司马元配夫人王氏墓碑铭》探析 王丽娟 文物天地 1：74–77
清代酉水流域土家族牌楼式墓碑研究 范朝辉 装饰 9：112–115
清台湾府澎湖通判张玺墓碑考 张红军、沈文生 洛阳考古 1：83–87
傅地坑“诰赠傅氏三世墓碑”考探 负有强 宁夏社会科学 1：187–193
崇左丽水龙神庙碑考述 李浚华、蔡维维 广西博物馆文集（第十五辑）92–99
海淀清代和硕庄亲王施地碑文考释 鲍晓文 北京文博文丛 1：63–71
新绛县《绛州太平会商号捐资碑》校考 丁金龙、薛野 文物世界 1：78–80
清朝维护祖国统一的历史物证 平定准噶尔勒铭碑 白旭 大众考古 9：85–88
一个清代军功贵族世家——蒙古兀鲁特部明安家族碑文释读 哈斯巴根 中央民族大学学报（哲学社会科学版）2：156–168
清代满文碑刻功能 张杰 历史档案 3：100–106
贵州榕江苗族栽岩及其文化价值述略 龙仕平、周年荣 贵州师范大学学报（社会科学版）3：108–115
清末王志修与好太王碑述考 梁启政 地域文化研究 1：61–67
清末民初洛阳大靖渠管理举措与评价——以两通章程碑为中心的考察 陈丽 洛阳考古 2：80–86

汉阴黑龙洞庙戏楼舞台题记考论 延保全、公溦溦 文化遗产 5：39–48
同样的泰山，不一样的精彩——以“渐入佳境”石刻研究为例 宋洪兵、丁海洋 考古学视野下古代泰山文明学术研讨会论文集 469–474

补遗

峄山大通岩与明代心学遗存 陈东 齐鲁学刊 6：48–53
明代高唐四新村减水回龙庙碑刻考释 胡梦飞、乔海燕 郑州航空工业管理学院学报（社会科学版）6：41–47
西安碑林博物馆藏孙应鳌教育碑刻五种述评 赵广升、赵蕙 贵州文史丛刊 4：87–93
褚峻访碑与清初金石学的复兴 赵成杰 南京艺术学院学报（美术与设计）5：37–41
乾隆“御制平定金川勒铭美诺之碑”满文碑文考析 张春阳 满族研究 3：58–62
清代北京地区满汉合璧传记类碑文体例 张杰 历史档案 4：119–127
清代盛京满文碑刻探析 吴智嘉 黑龙江民族丛刊 6：111–117
黄土高原的山水渠与村际水利关系——以《同治平遥水利图碑》为中心的田野考察 张俊峰 历史地理研究 2：26–37
江阴市博物馆藏朱臻仕碑相关史料考释 徐一民 江阴文博总 34：14–30

墓志与地券

综述

中古早期谱系、谱牒与墓志关系辨证 范兆飞 中国史研究 2：85–104
墓志词语考释十一例 杨磊 辽宁工业大学学报（社会科学版）6：65–68
洛阳墓志考古百年收获 赵振华 洛阳考古 4：99–110

汉、魏、晋、南北朝

河南新安县洛新产业集聚区出土的东汉曹魏南部君墓志砖 杨利娟、高耀伟 北方民族考古（第 12 辑）23–28
地区形势与国家宗室政策演变视角下的北魏《元朗墓志》探究 王萌 北方民族考古（第 12 辑）310–322
北魏平城时代高句丽移民史事考略——以《申洪之墓志》为线索 王连龙、丛思飞 考古与文物 5：91–96
北魏《元瞻墓志》考释与《二十五史补编》补正 段锐超 宁夏大学学报（人文社会科学版）5：112–122
《朱岱林墓志》与魏晋南北朝青齐家族再认识 夏炎 南开学报（哲学社会科学版）3：166–177
5 世纪上半叶宗教文化对南北方取名的影响——以元忠暨妻司马妙玉墓志为例 马铭悦 西部考古（第 22 辑）135–144
北魏《元纯陀墓志》考释 刘梦娜 大众考古 4：56–58
西魏陆丑墓志考释 张杨力铮 文物 11：83–89
慕容三藏墓志相关问题探析 余国江 文博 4：72–77
北齐安德郡功曹史明湛墓志考 吕宏伟 文物春秋 3：80–86
北周拓跋迪墓志所见消渴症发微 郭晓涛 考古与文物 2：65–70

补遗

汉建初买地玉券与亩积史考 褚红 科学技术哲学研究 5：91–95
《陕西省考古研究院新入藏墓志》释文校读札记 郭洪义 西华师范大学学报（哲学社会科学版）6：93–100

隋、唐、五代

中古北族复姓折娄氏之新史料——耀州新出土隋开皇三年《折娄罴墓志》疏证 李皓、周晓薇 文博 1：74–77

隋《独孤罗墓志》考释及相关史志歧异问题辨正 段锐超 陕西理工大学学报（社会科学版）1：35-42
隋代泰州小考——以《韦协墓志》为新线索 柏进波、余国江 中国国家博物馆馆刊 2：118-122
新见隋《长孙懿墓志》考释——兼以铭文作者沈警行迹看唐人小说的“史补”性 段锐超 中国国家博物馆馆刊 7：99-114
隋《明克让墓志》考释 谷圆圆、李亚辉 中国国家博物馆馆刊 10：33-44
隋韦赜及夫人墓的发现及墓志读考 李尔吾、朱连华 文博 3：23-32
隋《韦碁墓志》所见关中郡姓链接的婚姻关系 周沫如、周晓薇 文博 3：82-85
新见隋皇甫颢墓志及相关史实探析 傅清音、王其祎 华夏考古 6：86-95
固原出土的隋史射勿墓志考 徐超 文物天地 10：39-42
墓志所见唐长安城安仁坊居民葬地的地理分布 吴小龙 文博 1：78-87
唐代墓志纹饰中的十二生肖 卢亚辉 古代文明（第 15 卷）209-250
唐高宗朝先皇妃嫔安置制度研究——以唐太宗妃嫔墓志为中心 胡元超、刘向阳 文博 4：78-84
唐韦皇后从兄韦洽墓志考释 于璐 黄河 . 黄土 . 黄种人 14：45-50
《大唐故长乐公主墓志铭》考释 郭海文、远阳 乾陵文化研究（十四）396-404
新见《李浑金墓志》及其家族书法考——兼论唐代前期“弘文体”问题 张丹阳、龙成松 南京艺术学院学报（美术与设计）3：77-82
上官婉儿在墓志与史传中的政治形象 戴晓芹 乾陵文化研究（十四）109-120
墓志所见唐岭南贬谪官员家族兴替与政治和社会文化之关系——以《呼延章墓志》为例 程刚、程霞 文博 3：86-93
新出唐张思九夫人胡氏墓志考释 高博 中原文物 3：127-130
山东成武发现唐天宝九年许黄墓志 郭立 文物 5：72-75
新出《唐赵士达墓志》疏证 王亮亮等 考古与文物 2：71-78
唐《慕容智墓志》考释 刘兵兵等 考古与文物 2：87-93
唐代元大谦、罗婉顺夫妇墓志考 张杨力铮 考古与文物 2：94-100
《唐处州司马穆府君夫人孙氏墓志》考——兼及书刻与“玉册官”的讨论 杨晓萍 考古与文物 2：101-104
新出唐张参妻郑氏墓志研究 刘皓妍 江汉考古 4：112-115
唐代墓志疑难字考释七题 和艳芳 华夏考古 5：99-102
从出土唐代墓志看唐人的史学修养及其著史活动 马强 河南大学学报（社会科学版）2：66-72
新见《大周故魏州昌乐县令韦君（傑）墓志铭并序》考论——以贞观十七年齐王李祐谋反案为中心 王伟 新疆大学学报（哲学 · 人文社会科学版）2：98-103
新发现唐代宰相高璩墓志发覆 胡可先、杨琼 浙江大学学报（人文社会科学版）2：143-160
蓝田崔氏庄之“崔氏”考——墓志与杜甫母系新证 查屏球 浙江大学学报（人文社会科学版）2：161-174
新出唐建中元年《张参夫妇墓志》与唐代经史问题 杜镇等 中国国家博物馆馆刊 10：45-60
《史乔如墓志》与阿史那氏谱系诸问题考述 龙成松 中国边疆史地研究 2：136-149
唐罗何含墓志所见安史之乱后入唐吐火罗人动向 陈玮 中国边疆史地研究 2：150-161
《唐司天监翰林待诏徐昇墓志》考述 张履正 考古与文物 6：107-112
唐长孙楚璧墓志考释 刘祥辉 四川文物 2：101-107
“□堕暨妻赵氏墓志”考鉴 吕伟涛 故宫博物院院刊 1：68-81

洛阳出土三方豆卢家族墓志释析 卢青峰 中国国家博物馆馆刊 2：96–105
江苏泰州新见唐代墓志略考 张乃馨、石宇轩 文物春秋 2：71–76
从韩通墓志看陈桥兵变 周舟 大众考古 1：62–66
辽宁朝阳唐骆本墓志考 马文涛 黄河 . 黄土 . 黄种人 2：36–40
朝阳唐郝凤墓志考 白燕培、王至通 黄河 . 黄土 . 黄种人 12：24–27
唐《卢瑱墓志》与范阳卢氏家族墓地 任向坤、刘良超 黄河 . 黄土 . 黄种人 16：16–18
扬州新见唐代邢良墓志研究 魏旭等 博物院 5：85–89
出土墓志与白居易家族世系新考 苏利国 社会科学论坛 6：90–99
杜审言《王绍文墓志铭并序》系伪作考 周晓宇 安徽农业大学学报（社会科学版）6：104–109
唐代宫女墓志考 周舟 黑龙江史志 6：41–43
唐汉王李元昌墓志补考 丁伟 乾陵文化研究（十四）372–376
唐《华封舆墓志》研究——以科举、人幕为中心 盛会莲 北京文物与考古（第 8 辑）180–198
李商隐撰书《王翊元与夫人李氏合祔墓志铭》新论 刘莹、王素 故宫博物院院刊 7：96–103
试论《程袭墓志》赵超 中原文物 2：141–144
《大燕岐元囧墓志》考释 柳金福 乾陵文化研究（十四）405–410
国号、城址与葬地——《大燕游击将军赵公故赵郡李氏太原王氏二夫人墓志铭》的考释与探讨 孙勐等 北京文物与考古（第 8 辑）175–189
粟特裔汉地居民的身份与认同——以墓志为中心 秦若晨 丝绸之路考古（第 5 辑）90–105
五代时期韩通墓志考释 郭冰 中原文物 3：131–135
广州出土五代南汉李纾墓志初考 程浩 黄河 . 黄土 . 黄种人 10：29–34
广州新出南汉《李纾墓志铭》考释 王承文、罗亮 学术研究 6：111–120

补遗

文本策略与家族心性：高阳原新见韦维、韦虚心父子墓志考论 王伟 深圳大学学报（人文社会科学版）5：143–150
墓志、碑文与史传：多文本语境下的文学书写与史实考辨——以《杨执一墓志》《杨执一神道碑》为中心 韩达 浙江大学学报（人文社会科学版）6：157–167
唐代书手的出身与仕进——以出土墓志为中心 周侃 首都师范大学学报（社会科学版）5：24–32
新出李益佚文《李府君玄堂志》考索 李秀敏 学术交流 8：163–172
《唐萨孤吴仁墓志》与雁门萨氏源流考 李宗俊 山西大学学报（哲学社会科学版）6：76–86
新出土唐鄜州李玄及墓志小考 陈兰、李嘉敏 陕西青年职业学院学报 4：92–94

宋、辽、金、元

泉州清江门：北宋王刁墓记的新认识 汪华龙 泉州城考古学术研讨会论文集 290–299
北宋《舒昭叙墓志》考略 刘梦娜、张海燕 黄河 . 黄土 . 黄种人 20：25–28
北宋理学家刘绚墓志考释 罗火金等 洛阳考古 3：75–82
北宋燕介墓志及其相关问题研究 陈朝云、陈瑜 郑州大学学报（哲学社会科学版）1：97–102
新见北宋《段缝墓志》考释 芦婷婷 中国国家博物馆馆刊 10：72–84
北宋天章阁待制吴鼎臣墓志考释 张卡等 海岱考古（第十四辑）394–408
《焦守吉墓志铭》诸问题考辨 姜勇 中国国家博物馆馆刊 1：70–79

王诜撰书《樊氏墓志》之价值 陈万卿 黄河．黄土．黄种人 8：38–40
江西考古出土梅福相关的宋元时期买地券 周兴 东南文化 4：121–128
宋代买地券中"鬼母"考——兼论《太上元始天尊说北帝伏魔神咒妙经》成书年代 丁曼玉 青年考古学家(第 2 辑) 149–160
两通墓志铭反映的南宋川南社会状况 贾雪枫 巴蜀史志 2：62–67
辽耶律弘义墓志考释 司伟伟 文物 11：90–96
辽代耶律弘仁墓志考释 司伟伟 北方文物 5：79–85
辽耶律公迪墓志考 刘宪桐等 辽金历史与考古（第十二辑）239–243
辽代《故贵妃萧氏玄堂志铭》考释 王善军、王迎辉 中国边疆史地研究 1：84–95
辽代《程延超墓志》考释 唐博闻、王振芬 辽宁师范大学学报（社会科学版）1：140–144
辽代《王悦墓志》校补 常志浩、朱易兰 辽宁师范大学学报（社会科学版）3：145–149
辽代《耿公妻张氏墓志》考释 付亚洲、李玉君 辽宁师范大学学报（社会科学版）3：150–154
辽代《梁援墓志》补考 李阳、刘晓飞 辽宁师范大学学报（社会科学版）3：155–160
五代墓志所见辽代史料考 李浩楠 辽金历史与考古（第十二辑）253–261
陇县原子头 M56 金代大定二十四年买地券校释 黄文姣 辽金历史与考古（第十二辑）223–230
金代张楠墓志考释 周峰 辽金历史与考古（第十二辑）262–266
元代墓志校读札记 王阳 宁波大学学报（人文科学版）5：75–81
元代一方买地券考略 孙力楠、李想 北方文物 5：86–87
元代买地券称谓词语考释 王阳 成都大学学报（社会科学版）1：93–98
元河东廉访转运司奏差王进墓志考略 常莹 中国国家博物馆馆刊 1：59–69

补遗

辽耶律隆运墓志补考——兼论韩知古家族身份的转变 常志浩、李玉君 黑龙江民族丛刊 6：99–104
《章吉老墓志》真伪考述 张明君 浙江艺术职业学院学报 4：84–94
"土蛮子"和"搬家子""调凡"研究——以巫山墓碑为切入点 丁丹等 长江文明 4：23–34

明、清

明万历贵阳李达夫妇墓志铭考释 李峰 贵州文史丛刊 1：125–130
明天启元年"程公东泉墓志"释读 钟洪香、谭景斌 文物天地 2：70–74
明韩藩辅国将军朱徵鍪墓志考 牛文楷 陇右文博 3：39–43
明代文林郎刑科都给事中侯廷珮墓志铭考释 王琨等 图书馆理论与实践 3：131–136
成都市温江区明代梁万钟墓志铭考释 张振刚 四川文物 4：95–103
《明故荆南尚书张公二夫人丁氏墓志铭》考释 陈程、陈灵 大众考古 5：40–43
明代朱用及夫人沈氏墓志铭研究 陈钦龙、李海娇 黄河．黄土．黄种人 14：51–57
明代货币资本发展的见证 高凌烟墓志铭 张国勇、张倩 大众考古 10：38–42
明故镇国将军都指挥同知贺勇墓志铭考释 贾忠湖 丝绸之路 4：63–66
明代太学生王鸿墓志考释 张珍 北京文博文丛 1：43–50
马坊村祖可法墓碑出土及相关生平整理 张子航 北京文博文丛 1：51–56
明朝《故程母杜氏孺人墓志铭》考释 顾春军 北方民族考古（第 12 辑）345–351
明安平伯方承裕墓志考释 申红宝、张中华 北京文物与考古（第 8 辑）199–211

《慎节老人墓志》初探 王艺然 黑龙江史志 7：34–37
明保定侯梁珤墓志探析 武迪 北京文博文丛 3：26–34
明代御用监太监郭通墓志及相关研究 柳彤 北京文博文丛 3：35–40
清雍正年间王进驭夫妇墓志铭研究 刘涛 北京文博文丛 2：53–60
清代河南巡抚郑元善墓志考述 孔令琦 大众考古 11：64–66
清代南皮张端城墓志考述 徐文英 北京文博文丛 2：61–66
清毛公抑菴太先生墓志考释 陶玉乐 陇右文博 3：34–38
清代名宦张福昶墓志考述 刘涛 广西博物馆文集（第十五辑）71–79
北京地区出土清代买地券考述 李伟敏 北京文物与考古（第 8 辑）159–171
北海市普度震宫英文墓志铭初探 杜颢、邱雅玥 广西博物馆文集（第十五辑）100–105

补遗

明代戍守云南的蒙古旗军——明故帖公士弘墓志铭考 胡恩 贵州文史丛刊 4：99–105
《明故伯考大中大夫张公墓志铭》考释 袁世国、张廷良 长江文明 3：62–71

五 玉器

综述

中国玉学研究的理论建构——文学人类学视角的回顾与前瞻 叶舒宪 广西民族大学学报（哲学社会科学版）5：70–74
玉作坊、玉文化与“玉石之路”关系管窥——以甘肃为例 冯玉雷、刘海燕 宁夏社会科学 3：211–216
河西走廊地区早期透闪石玉开采年代的考古学观察 陈国科、杨谊时 敦煌研究 5：85–94
从兽面纹看先秦文化演变——以玉器、青铜器为例 李晓莉 长春师范大学学报 11：187–189
和田玉器与中国古代玉文化 阿迪力·阿布力孜 新疆地方志 2：62–64

新石器时代

中原地区史前用玉特征与进程 曹芳芳 中原文物 3：44–58
试论陕北和晋南的龙山时代玉器——以石峁、碧村和陶寺为例 栾丰实 中原文物 2：80–91
论石峁文化与后石家河文化的远程交流——从牙璋、鹰笄、虎头等玉器说起 邵晶 中原文物 3：59–66
山西芮城清凉寺墓地出土玉器分析 秦小丽 江汉考古 6：99–106
玉器起源四题——建伦鲁东南大汶口文化的族属 王永波、乔文江 风雨兼程 40 年——山东省文物考古研究院建院纪念文集（下册）329–355
牙璋探索——大汶口文化至二里头期 邓淑苹 南方文物 1：201–222
大溪文化出土玉器初探 代玉彪 重庆文物考古论集（第一辑）72–79
孙家岗遗址墓地 2017 年新出土玉器的初步研究 张婷婷等 湖南考古辑刊（第 15 集）191–209
凌家滩玉器纹样现实转换与重现路径构设 朱铁军 南华大学学报（社会科学版）3：99–106
良渚文化“神人兽面”图像的内涵及演变 李新伟 文物 6：51–61
良渚文化一类常见玉器的定名——冠徽 宋建 中国文物报 12 月 3 日 6 版
从龙与玉看辽西地区文明起步 张星德 中国社会科学报 6 月 10 日 7 版
红山文化玉器内涵的新认识 李新伟 中原文物 1：96–104
左家山遗址出土“玉龙”的相关问题 段天璟、高云逸 边疆考古研究（第 29 辑）131–145

古玉上的“鹰伴人首”造型与商祖神话 宋亦箫 美术研究 4：51–61
南宝力皋吐墓地出土玉石器研究 钟雪 边疆考古研究（第 30 辑）125–144
史前至夏时期“华西系玉器”研究（上）邓淑苹 中原文物 6：50–67
新疆若羌黑山岭绿松石采矿遗址考古工作初步认识 先怡衡等 西部考古（第 22 辑）212–218

夏、商、周

先秦至两汉时期的玉石装饰品研究综述 鞠荣坤 青年考古学家（第 2 辑）27–38
从牙璋看夏文化向南方地区的扩散 朱乃诚 江汉考古 6：144–151
牙璋：探索夏史的信物 朱乃诚 中国社会科学报 7 月 15 日 7 版
二里头绿松石龙的源流——兼论石峁遗址皇城台大台基石护墙的年代 朱乃诚 中原文物 2：103–110
试论二里头遗址的多孔玉刀 郑晓娟 黄河 . 黄土 . 黄种人 16：11–15
福建光泽走马岭玉器的形制特征、文化属性、年代及相关问题 朱乃诚 文博 4：31–41
商代“玉”字新探 杜金鹏 中原文物 3：67–78
牛年谈牛——考古发掘的商代玉牛简析 乔万宁 文物天地 5：58–61
浅析商代玉器的渊源 丁哲、叶舒宪 北京联合大学学报（人文社会科学版）2：84–92
偃师商城出土玉器的工艺研究 叶晓红等 南方文物 6：208–216
说弄——殷商玉器名实考之六 杜金鹏 江汉考古 6：152–161
辛丑玉牛贺新岁 梁冠男 文物天地 2：19–239
三星堆遗址出土大玉料溯源研究 刘建成等 四川文物 6：84–94
古蜀文化玉匠墓管窥 周志清 江汉考古 6：162–171
周代墓葬出土玉戚和玉钺及其功用考 杨广帅 黄河 . 黄土 . 黄种人 24：20–24
湖北曾国墓葬出土玉器综述 杜泽瑜 文化遗产研究（第 4 辑）361–374
规范与设计——晋侯墓地出土玉器的风格特征 蔡庆良 古代文明（第 15 卷）46–99
枣阳郭家庙墓地出土玉器的分析 杜杨 湖南考古辑刊（第 15 集）240–251
南阳桐柏月河一号墓出土玉器 丁哲、乔保同 江汉考古 2：123–133
浅析先秦两汉出廓玉璧 谢春明 楚文化研究论集（第十四集）88–106
徐州狮子山楚王墓双联管形玉构件的功用研究 左骏 考古 10：87–979
宝鸡先秦陵园博物馆藏战国玉人 景宏伟 文物 5：79–83

秦、汉及以后

秦汉礼仪中的玉人——五畤与郊祀 吕敏 中国早期数术、艺术与文化交流：李零先生七秩华诞庆寿论文集（上）353–374
血池遗址出土玉人初步研究 冯丹 国际视野下的秦始皇帝陵及秦俑学研究学术研讨会论文集 275–285
汉代玉圭的发现与研究 曹芳芳 青年考古学家（第 2 辑）86–103
洛阳纱厂路西汉大墓出土的玉器 潘付生 大众考古 3：82–86
试论西汉南越王墓出土丝缕玉衣的相关问题 许倬瑞 青年考古学家（第 2 辑）104–114
西汉楚国玉覆面的发现与研究 刘照建 南方民族考古（第二十一辑）169–187
染山汉墓出土“玉衣”讨论——也谈汉代墓葬中的“玉席”焦阳 南方文物 4：102–109
礼俗之变：汉唐时期猪形玉石手握研究 王煜、李帅 南方文物 4：86–101
尊卑有度：谈中国国家博物馆藏曹植墓出土组玉佩 乔万宁 南方文物 3：293–296

美人荧荧兮，颜若苕之荣——从南昌市博物馆藏青玉凌霄花佩论及元明时期凌霄花纹饰的特点和象征意义 谈丽娜、何莉 南方文物 2：298–301
乾隆、嘉庆款伊斯兰风格玉器辨识 黄英 故宫博物院院刊 8：82–105
德昭赐瑞：试论乾隆内府巨型玉器的制作与收藏以《大禹治水图》玉山为中心 张震 新美术 5：51–65
颐和园藏福寿文化玉器 臧辰垚 中国文物报 10 月 19 日 6 版

六 货币

综述

中国古代早期黄金与黄金货币问题研究 周卫荣、孟祥伟 中国国家博物馆馆刊 3：114–124

东周及以前

空首布 探寻铸币中国之始 肖伊绯 大众考古 10：54–59
战国秦汉时期泥质冥币的发现与研究 黄娟 考古 6：103–113
齐国“六字刀”铭文及相关问题再论 翟胜利 中国国家博物馆馆刊 3：106–113
周口运粮河畔古钱币窖藏初步认识 韩严振 黄河 . 黄土 . 黄种人 34–37
东迁白狄货币——尖首刀币研究 何艳杰 中国钱币 1：16–23
浙江安吉发现的楚金版及相关问题 刘晓 中国钱币 1：51–53

秦、汉及以后

西汉海昏侯墓出土铜钱问题祛疑 黄今言、钟宇声 秦汉研究论丛：秦汉考古遗存研究专集 1–12
汉佉二体钱新论 罗帅 考古学报 4：501–520
西汉上林三官铭文范模研究 徐龙国 考古 12：82–94
内蒙古中南部出土汉代钱币初探 周炜杰、李荣辉 中国钱币 2：53–60
蚌埠市博物馆藏新莽钱币 孟庆龙 大众考古 11：67–69
中国南方广东发现的五世纪萨珊银币［英］克力勃（Joe Cribb）著 李媛等译 丝绸之路考古（第 5 辑）127–144
中国境内萨珊银币用途研究述要 王蕻荃 丝绸之路考古（第 5 辑）
试论新疆境内出土萨珊银币的分期与分类 陈豆豆 黑龙江史志 8：56–60
高丽铸行铁钱考 李廷青 中国钱币 2：30–34
“华光礁Ⅰ号”海船出水“开元通宝”铜钱刍议 包春磊 中国钱币 1：54–58
固原地区出土的隋唐时期外国金币仿制品 曹肖肖 文物天地 10：49–52
河南宋金时期钱币窖藏的初步研究 朱宏秋 中国钱币 6：13–23
西域棉布货币研究 李树辉 敦煌学辑刊 3：7–31
端平大钱版别考 屠燕治 中国钱币 5：44–51
山东济南泉城路金代窖藏铜钱 邢琪等 中国钱币 4：56–66
山东济南梁王遗址金代铜钱窖藏发掘简报 董文斌、胡娟 中国钱币 6：52–64
大朝金合钱年代、铸造者与性质问题蠡测 周克林 南方民族考古（第二十一辑）255–272
北京右安门明墓出土银作局花银及相关问题研究 王显国 北京文博文丛 2：27–34
安南“通行会宝”钞版考论 杨君等 中国钱币 2：35–42
“贸易的猜忌”、蓝鼎元的开海论与货币的外部供给 何平 中国钱币 1：41–50
吉林永衡官银钱号及其发行的纸币 王晓光 文物天地 11：63–65

崇祯通宝背满文钱新 考佟昱、张林杰 中国钱币 1：28–32
成都博物馆藏银锭与“江口沉银”杜康 南方民族考古（第二十二辑）299–311
乾隆“叶尔启木”钱更名考证张心雨 毛智周 中国钱币 1：24–27
清宫“天下太平”年号钱小考 刘舜强 中国钱币 4：22–28
清代粤海关银锭考辨 王琪琳 中国钱币 4：36–42
清代索伦、达呼尔人货币流通考 金鑫 中国边疆史地研究 4：173–183
川省铸造光绪通宝制钱始末 马明宗 中国钱币 4：29–35
清末“宝奉”局铸“光绪通宝”制钱考 姜力华 中国钱币 5：52–54
大清银行的货币发行与清末币制改革 石涛 中国钱币 4：3–9

补遗

略论三国蜀币之犍为五铢 王鹏 成都大学学报（社会科学版）4：70–77
浅谈五铢钱的演变历史 赵倩男 文化学刊 12：191–193
江阴博物馆馆藏明清银锭 邬红梅 江阴文博总 36：9–14

七 玺印与封泥

“疋蕨啬夫”玺别解 施谢捷 印学研究（第 17 辑莒陶文研究）109–111
试释战国玺印封泥中的“祈父”赵平安 文物 8：58–61
依石山房藏战国古玺印文字考释一则 张新俊 印学研究（第 17 辑莒陶文研究）123–127
战国玺印文字中“=”符补议 李立鹏 印学研究（第 17 辑莒陶文研究）138–142
战国齐玺“敀冢”补说 孙合肥 印学研究（第 17 辑莒陶文研究）112–113
四川荥经同心 M18 出土汉字印 马春燕 文物 9：95–96
成都双元村 154 号大墓出土巴蜀文化印章研究 严志斌 江汉考古 4：97–101
“匀蜀金”玺印考 尉侯凯 四川文物 2：57–60
燕系玺陶合文考释三则 张振谦 印学研究（第 17 辑莒陶文研究）128–132
古玺札记四则 程燕 战国文字研究（第四辑）62–65
新见古玺“郑攻币鉨”献疑 田新洲 战国文字研究（第四辑）69–73
晋官玺释读一则 马超 战国文字研究（第四辑）66–68
“士氏中可”玺考——兼论三晋玺文中“氏”“力”二形的讹混现象 纪帅 印学研究（第 17 辑莒陶文研究）114–117
读印丛札（三则）徐俊刚 印学研究（第 17 辑莒陶文研究）118–122
读玺札记五则 张文成 战国文字研究（第四辑）74–79
古玺文字考释四篇 李春桃 印学研究（第 17 辑莒陶文研究）102–108
“矦”“傔”印之差异 王东明 印学研究（第 17 辑莒陶文研究）174–187
《知还印馆藏古印》综论 胡俊峰 印学研究（第 17 辑莒陶文研究）156–166
“摹印”及其印学价值摭探 陈岩 印学研究（第 17 辑莒陶文研究）188–195
秦汉玺印人名考析（续八）魏宜辉 印学研究（第 17 辑莒陶文研究）167–173
秦私印著录史略 王伟、范晓萱 国际视野下的秦始皇帝陵及秦俑学研究学术研讨会论文集 333–344
秦“丧”类印考 李超 国际视野下的秦始皇帝陵及秦俑学研究学术研讨会论文集 354–359

关于西汉皇帝诸玺的一些推测 罗小华 清华简研究（第四辑）——纪念清华简入藏清华大学出土文献研究与保护中心成立十周年国际学术研讨会论文集 266–272
谈犀牛角汉印 张贺永 战国文字研究（第四辑）80–84
湖南保靖汉墓 M77 出土官印杂识 罗小华 秦汉研究论丛：秦汉考古遗存研究专集 286–289
从“滇国三印”看西汉时期的西南边疆治理 李东红、陈丽媛 中国边疆史地研究 3：14–23
新见汉代私印考释二则 李鹏辉 战国文字研究（第四辑）85–90
《古玺印图典》释文校议二则 李琦 印学研究（第 17 辑莒陶文研究）133–137
汉印“忘人”“妄人”解 肖毅、黄萍 简帛（第二十三辑）231–237
山东东平发现晋带方侯虎符考略 魏国 中原文物 5：124–126
内蒙古凉城县出土西晋金银印蠡测 莫久愚 内蒙古社会科学 3：62–70
大顺二年“商巴长官司印”初探 李俊、刘晓东 南方民族考古（第十九辑）285–292
都兰热水 2018 血渭 1 号墓出土银制印章考辨 阿顿·华多太 西藏大学学报（社会科学版）3：26–30
托林寺佛塔出土文书所见古格王国早期官方印章形制与特征 王瑞雷 文物 9：72–79
渭南市博物馆藏金代“总领军马都提控印”考释 姚晓璐 文博 1：92–96
美国大都会艺术博物馆藏四子部落札萨克银印辨伪 徐维焱 故宫博物院院刊 4：28–39
方寸之间见精雅——南京博物院藏俞樾印章整理研究 周竑 南方文物 1：291–296
安徽师范大学博物馆藏清代官印 刘铮 文物春秋 6：91–93
历代中央政府封授达赖喇嘛印章再考 朱德涛 南方民族考古（第二十一辑）297–309
湖州出土道教封泥考 曹锦炎 新美术 1：199–202
战国封泥概说 高玉婵 汉字文化 9：196–198
秦封泥与宫室苑囿研究 徐卫民 国际视野下的秦始皇帝陵及秦俑学研究学术研讨会论文集 345–353
徐州西汉楚王墓出土铜封泥匣及其功能 周波 博物院 5：80–84
烙印文字和封泥文字“攻市”李家浩 印学研究（第 17 辑莒陶文研究）98–101
甘博大将军铜印的来历、时代及价值分析 王科社 陇右文博 1：22–29

补遗

从考古材料看明代茅山“九老仙都君印”钤印风俗 付皓田 中国道教 5：36–39
清朝前期西藏所用汉字官印及其相关问题探析 朱德涛 青海民族大学学报（社会科学版）3：20–28

八 漆器

中国古代漆器百年考古学研究述评 洪石 南方文物 4：48–54
漆性管见 胡秀姝、李明谦 美术观察 8：142–143
楚国漆文化遗存——酒具盒个案研究 罗梅 楚文化与长江中游早期开发国际学术研讨会论文集 166–184
对荆楚漆器的再考察 长北 故宫文物月刊 460：48–59
汉代漆器工艺探析 李丽 艺术考古学研究（第一辑）——科技美术考古学 154–162
从乐浪墓葬出土汉代有铭漆器谈“纻胎”与“夹纻”倪钰、陈秋荣 文物天地 8：48–51
江西出土两汉漆器金属镶嵌工艺研究 刘晗露、寇焱 南方文物 5：291–297
西汉饮酒具研究——以漆器为中心（下）洪石 故宫博物院院刊 1：27–33
中国早期动物寓言图像：三国“叱犬”故事画漆盘 周方 美术 2：109–112

兴废之鉴：三国东吴朱然墓“宫闱宴乐图”漆案探究 周方、代诗宝 美术研究 4：69–76
试析朱然墓出土漆器之儒家思想 栗泠菲 文物天地 10：53–55
龙头山渤海墓地出土漆奁纹饰解读和历史价值 冯恩学、高锄婧 地域文化研究 3：105–114
漆器“牢”、“真”铭文考辨 佘国江 考古 8：102–108
明代云南雕漆再考 周少华 故宫文物月刊 463：86–99
明清漆器上的龙纹装饰风格略谈 王晓军 文物天地 5：81–87
一套康熙御用碟的确认 杨勇、刘岳 文物 5：84–88
浅谈外来工艺及装饰对清代乾隆朝宫廷漆器的影响 邢娜 文物天地 10：64–71
沈阳故宫藏清代宫廷漆盒 张莹 文物天地 10：72–80
美国皮博迪埃塞克斯博物馆藏中国漆屏风研究 蔡青 美术观察 9：48–52

补遗

从“倭制”到“洋漆”——明清漆作的东洋风格 罗芳林 装饰 11：82–85

九 金银器

战国至汉晋时期的金珰 朱超龙、徐国栋 北方文物 2：68–75
东汉鎏金银璧形铜棺饰的图像与信仰 苏奎 四川文物 5：48–71
江宁博物馆藏“双凤双鱼纹金饰件”丁梦婷 大众考古 10：60–61
步摇冠源流考察 田立坤 北方文物 6：69–79
伴波斯银币出土的朝鲜三国时期鎏金盏——遂溪县边湾村窖藏龟背纹鎏金盏考 程雅娟 装饰 1：82–86
散落的金花——陕西出土唐代金银饰片选介 赵青、张佳 文物天地 9：62–69
河南宝丰小店唐墓出土银饰残片蠡测 王炜、吴晓彤 洛阳考古 1：68–75
固原史道德墓出土的金覆面 禹凤 文物天地 10：47–48
渤海国金银器述论 彭善国 北方文物 4：58–63
东渐摩竭纹饰于唐、辽两朝金银器的意义——以多曲长杯为例 韩天腾、李灿 装饰 3：100–103
吐蕃系统金银器研究 霍巍 热水考古四十年 501–549
论青莲寺宋塑装銮拨金工艺的时代特征 郭秋英 美术 7：138–139
阜新蒙古族自治县塔营子元代金银器窖藏（上）、（下）徐沂蒙、杨品卉 文物天地 5：72–80、6：65–73
元代钱裕墓云托日月鎏金银片研究 张帆 无锡文博 辛丑撷英：187–193
鸳鸯戏莲满池娇——江阴邹氏墓出土鸳鸯戏莲簪赏析 翁雪花 江阴文博总 38：1–4
山东金乡光善寺塔出土一批佛教文物 胡广跃等 海岱考古（第十四辑）265–278
鎏金工艺研究 蔡毓真、胡东波 考古学研究（十二）59–75

补遗

郁金为凤凰 游戏双鸳鸯——细说明代江阴夏元贞妻邹氏墓出土金银首饰 翁雪花 江阴文博总 36：1–8
香风暗动凤凰簪——江阴邹氏墓出土金嵌宝凤凰簪赏析 翁雪花 江阴文博总 37：6–8

一〇 瓷器

综述

中国古代陶瓷的初步研究 大贯静夫 光被四表 格于上下——早期都邑文明的发现研究与保护传承暨陶寺四十年

发掘与研究国际论坛论文集 288–293
中国陶瓷史上的两次误读及其匡正——兼及“釉陶”概念的源流 陈彦堂 华夏考古 3：106–116
古瓷小考四则 张小兰 考古与文物 4：111–117
历代龙泉青瓷执壶造型研究 杨程、王祉恒 中国陶瓷 6：69–79

补遗

古代龙窑形制与烧造技术的演变 陈嘉晔、王强 装饰 11：89–93

汉及以前

试论夏商时期中国东南地区原始瓷产地的发展与特点 秦超超 南方文物 1：256–263
白瓷的诞生 王星 读书 4：146–150
北方早期白瓷浅议 邓梅格 北方文物 2：76–85
宁绍平原两周时期陶瓷器生产标准化初步研究 吴桐 东南文化 1：108–119
东周秦汉时期原始瓷器的生产与交流 刘昕 考古学视野下港口与码头学术研讨会论文集 141–145
秦汉原始瓷略论 郑建明 故宫博物院院刊 12：16–26
中原地区出土西汉原始青瓷相关问题 张鸿亮 华夏考古 5：68–73
江西出土虎子的初步研究 邢琳 文物天地 1：56–59
陶瓷制唾壶型式的发展演变初探 刘翠 文物世界 1：53–58
分合皆相宜——陶瓷分格器的流变 尹青兰等 文物天地 2：61–69

隋、唐、五代

隋代白瓷的生产、流通与消费 李鑫 故宫博物院院刊 12：27–39
内丘邢窑遗址隋代细白瓷 胡强、智英豪 文物春秋 4：80–86
固原地区出土隋唐时期的白瓷器 马彩虹 文物天地 10：20–25
隋瓷拾珍 安阳小屯隋墓出土瓷器精品 申文喜 大众考古 5：44–54
山东隋唐瓷业技术来源及生产中心迁移探析 杨君谊 文博 3：55–60
跨文化语境下艺术创作中的文明互鉴 以隋唐时期陶瓷杯的造型为例 范勃 新美术 5：242–251
唐代早期白瓷的生产与流通 李鑫 考古与文物 3：92–101
谁谓古今殊——秘色瓷概念的再讨论 傅知微 南方文物 1：288–290
唐代邛窑鸭式杯的造型源流探析 詹颖 四川戏剧 7：183–188
唐五代长沙窑彩饰工艺再探讨 李建毛等 中国国家博物馆馆刊 11：82–93
黑石号沉船——长沙窑与伊斯兰教禁止像生纹饰的讨论 陈玉秀 故宫文物月刊 457：26–39
略论耀州窑瓷器的外销 陈宁宁 文物春秋 3：61–71
耀州窑刻划花装饰综述 高黎、王思茜 中国陶瓷 10：101–109
寿州窑化妆土工艺初探 刘东 黄河 . 黄土 . 黄种人 8：35–37
陕西富平银沟遗址瓷器标本与吕氏家族瓷器比较研究 叶文程等 中国陶瓷 3：77–85
东北亚地区贸易陶瓷的初兴——以渤海国遗址出土瓷器为中心 彭善国、王安琪 故宫博物院院刊 11：91–98
6 ~ 12 世纪塔基地宫、天宫奉纳瓷器 王睿 南方文物 3：100–108
延异与同构：唐代瓷质花口碗造型语汇研究 韩荣、王格佳 中国陶瓷 10：110–116
唐代剪纸贴花瓷枕探析 刘东 博物院 3：47–54
唐代宫廷用瓷源流考 项坤鹏 古代文明（第 15 卷）251–257

跨文化语境下的涵化现象——从“凤首壶”的造型演变说起 范勃 美术观察 8：55–59
唐宋时期板棚式支烧具源流考 杨宁波 四川文物 6：72–83
唐两京地区三彩制品的生产及工艺传播模式 王小蒙 考古 8：92–101
唐墓出土三彩骆驼驮囊兽首形象属性考 沙武田 文物 2：51–58
五代耀州窑与北宋汝窑及南宋官窑青瓷釉的对比 施佩等 硅酸盐学报 12：1935–1943
繁昌窑器物上文字饰纹的图像释读 胡小兵、张亚林 中国陶瓷 7：93–99
中国长江三峡出土的繁昌窑青白瓷 董小陈、李玉彬 重庆文物考古论集（第一辑）162–170
中心与两翼：五代北宋核心区越窑瓷业面貌研究 郭璐莎 黄河 . 黄土 . 黄种人 18：31–34

宋、辽、西夏、金

泉州南外宗正司遗址出土墨书陶瓷二题 黄建秋 泉州城考古学术研讨会论文集 385–397
从宋元城市、沉船等遗址中发现的墨书瓷器谈起 王睿 泉州城考古学术研讨会论文集 398–404
梁子湖青白瓷系的现状与研究方法探析——以湖泗窑址群为例 叶加贝 中国陶瓷 1：81–85
北宋海外贸易陶瓷之考察 刘未 故宫博物院院刊 3：4–20
北宋《营造法式》之银铤文——从宋元时期吉州窑陶瓷器谈起 孔妍婷 故宫文物月刊 461：62–84
北宋定窑白瓷螭纹——纹饰源流与复古之变 常樱、杨璐 中国陶瓷 9：108–115
河南三门峡地区出土宋代瓷枕赏析 高鸣 黄河 . 黄土 . 黄种人 24：53–54
广西宋代土东窑青瓷与青白瓷胎釉对比研究 吴同等 中国陶瓷 3：56–66
试论宋代龙泉窑和官府的关系 沈琼华 天下龙泉：龙泉青瓷与全球化国际学术研讨会论文集 78–84
关于早期龙泉窑青瓷的探索与研究 陈克伦 天下龙泉：龙泉青瓷与全球化国际学术研讨会论文集 71–77
扬州城遗址出土龙泉窑瓷器 王睿 天下龙泉：龙泉青瓷与全球化国际学术研讨会论文集 294–298
宁波考古发现的部分龙泉青瓷初探 罗鹏 天下龙泉：龙泉青瓷与全球化国际学术研讨会论文集 299–317
从考古资料看龙泉青瓷在山东地区的分布和流通 徐波 天下龙泉：龙泉青瓷与全球化国际学术研讨会论文集 318–326
福建古代仿龙泉青瓷窑业生产概述 羊泽林 天下龙泉：龙泉青瓷与全球化国际学术研讨会论文集 532–539
香港九龙圣山遗址发现的宋元时期龙泉窑青瓷 吴震霖、王冠宇 天下龙泉：龙泉青瓷与全球化国际学术研讨会论文集 331–347
试论龙泉青瓷在南宋宫廷用瓷中的历史地位 胡云法 天下龙泉：龙泉青瓷与全球化国际学术研讨会论文集 181–190
基于现代测试分析方法对烈山窑制瓷工艺研究 桑月侠等 中国陶瓷 2：61–69
宋代景德镇窑“半刀泥”及其线性艺术 齐彪、尹赫男 南京艺术学院学报（美术与设计）1：183–186
景德镇窑崛起的利器 ——以宋代景德镇坯车精密装置“利根”为例 程仁发 中国文物报 6 月 4 日 6 版
宋代景德镇“半刀泥”齐彪 中国陶瓷 8：124–127
宋元明时期景德镇官窑监造官考辨——兼论官窑监察制度 余金保 文物春秋 1：73–80
汝窑瓷器数量特征分析与研究 陈昀 南方文物 4：270–281
吉州窑断烧原因新探 彭志军、戴子荣 中国陶瓷 8：101–108
关于汝窑青瓷舟形杯 谢明良 故宫文物月刊 463：56–69
豆青釉名考略 王宪旅等 中国陶瓷 2：70–76
两宋民窑瓷器纹样及其内涵研究 曾智泉 美术观察 9：67–68

宋代仿古瓷器的原型与功能——以瓷簋作为主要观察对象 雷皓天 故宫文物月刊 464：70–79
宋代陶瓷中自然形态的应用研究 管家庆、朱君 中国陶瓷 11：96–100
泰安地区馆藏的几件宋代瓷枕 马天成、邢琪 大众考古 4：66–68
上海市奉贤区四团镇出土瓷器整理与研究 王建文等 水下考古（第三辑）183–216
杭州老虎洞南宋官窑的制釉技术研究 李合等 中国陶瓷 4：56–61
关于珠光茶碗 谢明良 故宫文物月刊 459：60–75
江西宋墓出土堆塑长颈瓶探析 陈艳玲 文物天地 1：60–63
以考古类型学视角观察南宋、金境内出土瓷器的互动关系 张大鹏 辽金历史与考古（第十二辑）48–60
汝窑与南宋官窑制作工艺对比 王静雪 中原文物 6：129–136
“南海Ⅰ号”南宋沉船出水瓷器阿拉伯文墨书题记考释 孙博 东南文化 2：127–135
“海上丝绸之路”——“南海Ⅰ号”——龙泉青瓷 何国卫 天下龙泉：龙泉青瓷与全球化国际学术研讨会论文集 629–639
邢台市馆藏宋金时期陶瓷枕选介 张国勇 文物春秋 1：94–97
书画的形状——宋金元时期磁州窑系瓷枕的装饰边框研究 郑以墨 文物春秋 6：38–46
宋元北方地区棕黄釉涩圈印花瓷器及相关问题 王云飞 文物 3：69–77
宋元时期广东瓷器运输与贸易的考古学观察——以窑址以外出土材料为中心 吴敬、赵东海 东南文化 4：113–120
泉州城市遗址出土的宋元时期陶瓷器 栗建安 泉州城考古学术研讨会 369–384
四川三台窖藏宋元瓷器 吴祖军等 文物天地 1：44–55
阿力麻里故城遗址发现的瓷器“瓷”遇“苹果之城”孙维国 大众考古 10：50–53
建平博物馆藏辽代鸡冠壶 张微 辽金历史与考古（第十二辑）206–214
辽阳博物馆藏辽代白釉雕牡丹提梁注壶的产地研究 丁银忠等 中国文物科学研究 3：55–59
略论金代红绿彩宗教元素瓷塑 柳青 华夏考古 1：106–113
耀州窑金代月白釉呈色机理研究 桑振等 中国陶瓷 5：75–81
山东地区金代彩瓷相关问题三则 赵冉 文物春秋 4：42–50
三门峡庙底沟 M254 出土瓷器年代商榷 郝柯羽 文博 1：70–73
论北方窑系对淮北烈山窑瓷器胎釉组成的影响 桑月侠等 中国陶瓷 6：62–68
金代山西长治窑卧虎瓷枕的背景、功能及内涵 杨涛 中国陶瓷 1：77–80
红肥绿瘦的中国娃娃 金代红绿彩瓷持莲童子像 吴咏梅 大众考古 10：62–65
吉林省博物院藏金朝瓷器赏析 程龙 文物天地 11：48–52
金元磁州窑山水瓷枕的空间表现研究 刘露露 文物天地 5：68–71
金元山西霍器工艺特征考 杨涛 中国陶瓷 10：68–74

补遗

宋代耀州窑橄榄绿青瓷呈色机理研究 桑振等 中国陶瓷 10：68–78
遂宁宋瓷的主人可能是彭祖后裔钱茂 李后强 巴蜀史志 3：77–82
“捺钵”习俗境遇下辽瓷穿带扁壶设计研究 王赫德等 装饰 7：96–99
游牧习俗境遇下西夏陶瓷扁壶设计研究 王赫德等 中国陶瓷 12：83–88
图式的传播与变迁——金元时期磁州窑瓷枕的鹰逐兔图研究 郑以墨等 装饰 6：72–75

元、明、清

元代瓷器的历史价值和文化因素初探 顾志洋 南方文物 6：276–282
元代转柄高足杯及类形器刍议 赵慧群等 中国陶瓷 3：67–76
谈国立故宫博物院藏一类白瓷兽面双环瓶 邹培姗 故宫文物月刊 456：36–47
关于灰被茶碗 谢明良 故宫文物月刊 454：62–77
元青花瓷器受西域人影响考述 熊洪、余金保 南京艺术学院学报（美术与设计）3：96–101
磁州窑《五女图》瓷枕元杂剧故事画考释 廖奔、林达 文化遗产 2：52–58
十四至十七世纪伊斯兰宫廷的龙泉青瓷器 伊夫・波特、翟毅 故宫博物院院刊 9：78–93
瓶？净瓶？“吉”字瓶？单口军持？——对元代龙泉窑一种青瓷定名的思考 吕成龙 天下龙泉：龙泉青瓷与全球化国际学术研讨会论文集 191–197
元大都出土的龙泉窑瓷器及相关问题 吴闻达、秦大树 天下龙泉：龙泉青瓷与全球化国际学术研讨会论文集 285–293
杭州朝晖路元代窖藏出土龙泉青瓷凤尾尊及相关问题探析 杜昊 天下龙泉：龙泉青瓷与全球化国际学术研讨会论文集 207–221
试论浙江龙泉东区元代瓷器标本上的几种特殊纹样——兼述部分元代瓷器的装饰 周丽丽 天下龙泉：龙泉青瓷与全球化国际学术研讨会论文集 85–97
樊村泾遗址出土的龙泉青瓷 张志清 天下龙泉：龙泉青瓷与全球化国际学术研讨会论文集 327–330
浙江省博物馆藏元龙泉窑青瓷胡人塑像 江玙 天下龙泉：龙泉青瓷与全球化国际学术研讨会论文集 198–206
元明龙泉窑凤尾瓶略论 周雪妍 博物院 2：71–83
明代早期海禁政策下的龙泉窑生产形态分析 蔡小辉 天下龙泉：龙泉青瓷与全球化国际学术研讨会论文集 134–146
明代龙泉官窑问题的思考 陆明华 天下龙泉：龙泉青瓷与全球化国际学术研讨会论文集 123–133
明晚期至清早期龙泉青瓷探索 刘净贤 天下龙泉：龙泉青瓷与全球化国际学术研讨会论文集 147–173
幻想与借用：明代景德镇陶瓷上的月宫图景 孔铮桢 南京艺术学院学报（美术与设计）1：88–94
景德镇葫芦窑技术源流的考古学观察 冯冕 东南文化 6：105–114
明代景德镇仿龙泉釉瓷器研究——以故宫博物院藏品为中心 李卫东 天下龙泉：龙泉青瓷与全球化国际学术研讨会论文集 518–531
景德镇明“洪武”瓷器的思考与分析 吉笃学 中原文物 2：125–135
中国伊斯兰风：明代正德官窑青花瓷装饰纹样研究 王爱红、罗顺仁 中国陶瓷 2：98–105
明清景德镇御窑垫烧具研究 古云鹏、朱顺龙 中国陶瓷 12：97–106
明崇祯“甲戌春孟赵府造用”款龙纹盘考 马翔宇 故宫博物院院刊 11：114–123
御窑厂遗址出土明代瓷器上的宋元文化因素浅析 江小民 天下龙泉：龙泉青瓷与全球化国际学术研讨会论文集 506–517
山东青岛市博物馆藏沉船出水青花瓷器及相关问题 许哲 北方文物 3：54–61
一类明代青花人物故事图葫芦瓶的年代考证 马丁等 中国陶瓷 11：62–67
厦门市博物馆藏日本回流明代田坑窑素三彩瓷 陈斯蓓 文物天地 9：76–82
15—16 世纪泰中陶瓷绘画中常见植物纹饰的比较研究——以泰国北部地区群窑为例 吴文轲、饶妍 中国陶瓷 4：91–97

古陶瓷中牛的形象塑造 龙霄飞 文物天地 2：30–39
明清时期瓷器海水江崖纹的图像解析 章婷 中国陶瓷 9：124–129
明清时期海水龙纹梅瓶鉴赏 董健丽 文物天地 12：47–51
移情造境：明清瓷器释道人物的欧洲流传及普龙克图式平面再现 吴若明 美术观察 2：53–56
荷兰馆藏中国明清贸易瓷风格分期及演变原因分析 钟燕娣 装饰 5：18–24
围墙内外：明清外销“西厢瓷”典型纹样图式特征研究 滕晓铂 装饰 5：44–50
清代康熙景德镇窑青花山水纹 罗海兰 文物天地 12：14–15
从碗礁一号看清康熙时期景德镇生产的外销青花瓷 杨天源 水下考古（第三辑）217–233
试论蒋廷锡花鸟绘画对清初釉上彩装饰的影响 陈宁、姚瑶 中国陶瓷 2：84–93
郎世宁新体绘画对乾隆时期珐琅彩瓷装饰的影响 陈宁、徐茹 南京艺术学院学报（美术与设计）5：48–51
景德镇民窑瓷器“同治”年号印章款年代辨析 郭磊 黄河 . 黄土 . 黄种人 4：57–60
清宫旧藏仿龙泉窑青釉瓷的历史地位及与龙泉青瓷的比较研究 董健丽 天下龙泉：龙泉青瓷与全球化国际学术研讨会论文集 489–498
清宫仿龙泉釉瓷器的生产和使用 高晓然 天下龙泉：龙泉青瓷与全球化国际学术研讨会论文集 499–505
考古学视野下清代天津港市的发展——以天津卫故城东城墙遗址出土闽南地区瓷器为中心 甘才超等 考古学视野下港口与码头学术研讨会论文集 112–131
陶瓷锔补工艺及其在清代宫廷文化中的显现 单莹莹 故宫博物院院刊 7：111–122
重庆磁器口巴渝青花瓷主要纹饰内涵 陈丽琼 长江文明 2：20–31
秀美华贵的清代粉彩瓷 陶治强 中国文物报 10 月 19 日 7 版
阿克当阿铭青花香炉残器考析——兼谈清代督陶官款供器 赵磊 文物天地 8：102–115

补遗

元明清陶瓷蕉叶纹纹饰的特征 张静等 硅酸盐学报 9：1373–1381
王城博物馆馆藏青瓷梅瓶的产源分析 吴双、任诗仪 中国陶瓷 10：63–67
清代瓷器中女性课读图的图像学解读 汤谷香、屈南 图书馆论坛 12：71–80

其他

从蜻蜓眼式玻璃珠探析域外之物的本土化 李会 楚文化研究论集（第十四集）278–290
中国战汉铅钡玻璃器刍议 冯百龄、曹诗媛 洛阳考古 1：47–54
纷纶五色“眼”惊四座 周珺、赵志强 大众考古 12：58–61
浅谈四川博物院藏的一颗战国蜻蜓眼式玻璃珠 刘舜尧 长江文明 3：90–95
南昌西汉海昏侯墓园 M5 出土玻璃席制作工艺及相关问题研究 刘勇等 南方文物 6：236–241
石之英华，铸以为器 赵志强 大众考古 1：19–22
丝绸之路与玻璃器 安家瑶 文物天地 12：87–92
宁夏固原出土的隋唐玻璃器探究 刘勇 文物天地 10：15–19
试论宋元时期新疆玻璃器皿的功用与来源 温睿、曹诗媛 西域研究 3：62–71
蕴采含章——清代套色玻璃器及其域外回响 张湘雯 故宫文物月刊 464：54–69
何家村窖藏出土兽首玛瑙杯考略 项坤鹏 文物天地 3：60–65
浅议院藏 掐丝珐琅凤耳壶尊 的组合制作时间 胡栌文 故宫文物月刊 464：32–41
乾隆朝铜胎画珐琅制作地辨别的再思考 王崇齐 故宫博物院院刊 4：40–54

狮龙共舞：晚清民国威海卫外销紫砂锡镶研究 黄忠杰、朱晓莉 装饰 5：38–43
明清时期紫砂器“价埒金玉”现象考析 刘洋、翁泽华 南京艺术学院学报（美术与设计）4：45–49
周彬寿山石雕刻艺术浅析 张金颖 文物天地 2：84–91
齐量制刍议 赵冉 文博 1：58–62
汉魏王侯墓随葬度量衡器浅论 马铭悦、韦正 中原文物 2：118–124
再论吐蕃统治敦煌时期的驮、硕、斗、升 杨铭 敦煌学辑刊 3：32–43
西南少数民族的禾剪 王宇丰 农业考古 1：110–116

补遗

大秦珊瑚、琅玕考析 赵丽云 西南科技大学学报（哲学社会科学版）4：33–39
海交史视野下的鹦鹉螺杯 何康 海交史研究 3：62–73
解读中国古代的铠甲 刘永华 东华大学学报（社会科学版）3：248–256
中国古代铠甲的形制与复原研究 温陈华等 东华大学学报（社会科学版）3：257–265
素甲日耀：中古时期明光甲的形制和应用 夏超伦、张剑光 史林 4：74–83
中国境内出土铁针初探 朱雨薇 黑龙江史志 6：55–60

肆　田野考古

一　北京市

北京市延庆区菜木沟旧石器时代遗址调查简报 于璞等 北京文博文丛 3：55–59
北京房山琉璃河遗址考古发掘取得重要成果 李瑞 中国文物报 4 月 2 日 2 版
北京房山长阳镇战国西汉墓发掘简报 北京市文物研究所（孙峥等）北京文物与考古（第 8 辑）22–36
北京延庆区西屯墓地瓮棺墓发掘简报 北京市文物研究所（丁利娜）北方文物 5：3–12
北京大兴西红门汉唐窑址发掘简报 戢征等 北京文博文丛 3：60–66
延庆夷舆故城考古调查与研究 北京市文物研究所、延庆区文化和旅游局（白岩等）北方民族考古（第 11 辑）21–36
2020 年度北京通州区潞城镇前北营村西汉墓葬考古发掘简报 北京市文物研究所（魏然、刘风亮）北方民族考古（第 11 辑）37–51
北京密云城后街东汉墓考古发掘简报 北京市文物研究所（曾祥江、刘乃涛）北京文物与考古（第 8 辑）37–55
北京市延庆区西屯墓地东汉墓 M100 发掘简报 北京市文物研究所（丁利娜等）文物春秋 2：50–60
北京房山区窦店镇东汉至西晋砖椁墓发掘简报 北京市文物研究所、北京市房山区文化和旅游局（王晶）北方文物 4：3–10
清华大学发现三座西晋墓 张利芳等 北京文博文丛 3：67–71
北京市大兴区瀛海镇石太庄村墓葬及窑址考古发掘简报 北京市文物研究所（魏然、王宇新）北方民族考古（第 11 辑）52–91
北京市大兴区瀛海镇北朝—元代墓葬考古发掘 北京市文物研究所（魏然、曾祥江） 北方民族考古（第 11 辑）92–117
北京大兴礼贤董各庄金墓发掘简报 北京市文物研究所（张智勇等）北京文物与考古（第 8 辑）63–67
故宫长信门明代建筑遗址 2016–2017 年发掘简报 故宫博物院考古研究所（李季等）故宫博物院院刊 6：58–80

北京通州张家湾古城石桥遗址发掘简报 北京市文物研究所（刘乃涛、刘凤亮） 北京文物与考古（第 8 辑）80–97

北京通州张家湾古城遗址考古及初步认识 北京市文物研究所（孙勐等）北京文物与考古（第 8 辑）98–108

北京通州水南村唐代墓葬及窑址发掘简报 北京市文物研究所（戢征等）北京文物与考古（第 8 辑）56–62

北京大学第一医院唐墓发掘简报 北京市文物研究所（胡传耸等）中国国家博物馆馆刊 10：17–31

北京房山窦店镇唐代墓葬发掘简报 王晶等 北京文博文丛 2：91–99

金中都城墙遗址考古工作取得重要成果 李瑞 中国文物报 1 月 15 日 2 版

东城区望坛项目元代墓葬发掘简报 曹孟昕、孙峥 北京文博文丛 1：88–95

北京通州后北营元墓发掘简报 北京市文物研究所（曾祥江、魏然）北方民族考古（第 11 辑）140–158

北京大兴礼贤苑南村元墓发掘简报 北京市文物研究所（张智勇等）北京文物与考古（第 8 辑）68–79

二 天津市

天津市宝坻区西河务金元墓葬发掘简报 天津市文化遗产保护中心、天津市宝坻区文化馆（戴滨）北方文物 1：15–28

三 河北省

蔚县盆地 2017—2018 年旧石器考古调查简报 中国科学院脊椎动物演化与人类起源重点实验室中国科学院古脊椎动物与古人类研究所等（马东东等）人类学学报 1：128–136

河北康保县兴隆遗址 2018 ~ 2019 年发掘简报 中国国家博物馆等（郭明建等）考古 1：3–25

姜家梁遗址调查及相关问题讨论 山西大学历史文化学院、河北省文物考古研究院（安靖等）边疆考古研究（第 30 辑） 11–25

邯郸北羊井遗址调查记 河北省文物考古研究所（段宏振）三代考古（九）3–41

河北定州市北刘家庄遗址发掘简报 河北省文物考古研究院（任雪岩）北方文物 3：3–26

河北行唐县故郡遗址东周墓 M2 的发掘 河北省文物考古研究院等（齐瑞普）考古 12：40–56

河北张家口宣化区燃料公司战国墓 M3 发掘简报 河北大学历史学院、张家口市宣化区文物保管所（刘海文等） 考古与文物 5：22–25

河北邯郸西小屯一号墓及周边墓葬发掘报告 河北省文物考古研究院、邯郸市文物保护研究所（陈伟、马小飞） 江汉考古 3：22–40

河北省滦州市孙薛营汉墓清理简报 唐山市文物古建研究所、滦州市文物管理所（翟良富等） 文物春秋 6：47–55

河北蔚县大德庄墓地 M2 发掘简报 河北省文物考古研究院等（雷建红等）北方文物 2：13–27

河北黄骅市大左庄隋唐时期制盐遗址发掘简报 河北省文物考古研究院等（雷建红等）考古 2：51–67

河北雄县州城遗址考古勘探与发掘简报 中国社会科学院考古研究所等（卢亚辉、何岁利）考古 9：57–68

河北邱县唐袁翼夫妇墓发掘简报 邯郸市文物保护研究所、邱县文物保护管理所（刘爽等） 文物 3：4–29

河北曲阳北镇定窑遗址发掘简报 北京大学考古文博学院等（李鑫等）文物 1：27–56

河北雄安新区中六东遗址的考古发现 河北省文物考古研究院、安新县文物管理所（毛保中等） 文物春秋 5：77–85

早期定窑研究 北京大学考古文博学院、中国社会科学院考古研究所（秦大树等）文物 1：57–74

磁州窑考古与研究的百年历程 北京大学中国考古学研究中心、湖南省博物馆（秦大树等）文物春秋 6：3–24
河北正定县正定新区唐代纪年砖室墓发掘简报 河北省文物考古研究院（杨丙君）北方文物 4：11–16
河北黄骅海丰镇遗址考古发现与初步认识 雷建红 考古学视野下港口与码头学术研讨会论文集 98–111
河北蔚县三关辽代家族墓地 M3 发掘简报 河北省文物考古研究院等（岳改荣等）文物 10：23–38
河北阳原玉皇阁调查简报 张家口市文物考古研究所（王雁华）文物 4：82–97

四 山西省

山西省平陆地区旧石器调查报告 中国科学院脊椎动物演化与人类起源重点实验室中国科学院古脊椎动物与古人类研究所等（杨紫衣等）人类学学报 4：685–694
山西襄汾洞门遗址发掘简报 山西省考古研究院、襄汾县博物馆（袁文明等）人类学学报 6：1072–1085
山西沁水县下川遗址富益河圪梁地点 2014 年 T1 发掘简报 北京师范大学历史学院、山西省考古研究院（杜水生等）考古 4：14–28
山西吉县柿子滩细石器遗址发掘与研究进展 西北大学文化遗产学院（朱之勇等）边疆考古研究（第 30 辑）85–95
山西夏县师村新石器时代遗址 2019 ~ 2020 发掘收获 吉林大学考古学院等（段天璟等）文物世界 2：2–7
山西离石德岗遗址仰韶中期房址 张光辉等 文物世界 2：8–22
山西襄汾小王遗址仰韶时期遗存 2016 年发掘简报 郑媛、武卓卓 文物世界 2：23–31
山西绛县周家庄遗址 2015 年春季发掘简报 中国国家博物馆等（戴向明等）中国国家博物馆馆刊 8：42–59
山西临汾桃园遗址 F1 发掘简报 山西省考古研究院等（郑媛、武卓卓）中原文物 5：15–22
山西高平西李门遗址调查简报 山西省考古研究院（赵辉、王普军）华夏考古 5：3–9、24
山西绛县东吴村商墓发掘简报 运城市文物保护中心等（钟龙刚等）中国国家博物馆馆刊 12：16–21
山西绛县西吴壁遗址 2018—2020 年周代遗存发掘简报 中国国家博物馆等（戴向明等）中国国家博物馆馆刊 8：60–78
山西黎城西关墓地 M1 与 M10 发掘报告 山西省考古研究院、黎城县文物博物馆（杨林中等）中国国家博物馆馆刊 4：6–52
山西翼城苇沟墓地东周墓葬发掘简报 山西省考古研究院（陈海波等）中国国家博物馆馆刊 6：61–96
山西洪洞南秦墓地春秋墓葬 M6 发掘简报 山西省考古研究院等（杨及耘、曹俊）中国国家博物馆馆刊 6：5–60
山西隰县瓦窑坡墓地 M17 发掘简报 临汾市博物馆等（狄跟飞等）江汉考古 2：30–38
山西闻喜邱庄墓地战国墓（M5001）发掘简报 山西省考古研究院（陈海波等）文物 6：4–22
山西大同鲁班窑石窟调查报告 山西大学历史文化学院、云冈研究院（郭静娜）敦煌研究 3：69–78
山西临汾西安坪石窟调查简报 李妮娜、杨学勇 黄河 . 黄土 . 黄种人 24：3–7
云冈石窟山顶东部北魏佛教建筑遗址发掘报告 云冈研究院等（刘建军等）石窟寺研究（第 11 辑）1–50
山西侯马虒祁北魏墓（M1007）发掘简报 山西省考古研究院（段双龙等）文物 2：16–21
山西大同北魏贾宝墓发掘简报 大同市考古研究所（侯晓刚、张海蛟）文物 6：23–37
山西大同御东新区御昌佳园北魏墓 M113 发掘简报 大同市考古研究所（古顺芳等）考古与文物 4：39–51
山西静乐县净居寺石窟考察报告 中国社会科学院考古研究所（李裕群）故宫博物院院刊 10：4–35
大足北山营盘坡摩崖造像调查报告 邓启兵、陈正菊 石窟寺研究（第 11 辑）51–79
新绛县侯庄村唐墓发掘简报 白曙璋、杨英杰 文物世界 1：8–15

山西交城磁窑村窑址调查报告 孟耀虎 文物世界 1：16–35
山西平定城址调查及复原研究 北京大学考古文博学院（刘天歌）草原文物 2：78–90
山西侯马东庄金墓发掘简报 山西省考古研究院（杨及耘等）文物 2：22–39
山西盂县泥河金代壁画墓发掘简报 山西省考古研究院等（张光辉等）中原文物 6：4–9
山西省文水县城址调查札记 王子奇 春山可望——历史考古青年论集（第三辑）277–286
山西太原两座元代壁画墓发掘简报 太原市文物考古研究所、太原市晋阳古城研究所（裴静蓉等）中原文物 6：10–16
明代晋端王墓陵园的发掘 山西省考古研究院、太原市文物考古研究所（赵辉等）大众考古 6：79–83

五 内蒙古自治区

2020 年内蒙古自治区文物考古研究所考古综述 内蒙古自治区文物考古研究所（党郁）草原文物 1：5–17
“考古中国”重大项目：新石器时代考古又获重要新发现 徐秀丽 大众考古 1：91
内蒙古化德县裕民遗址发掘简报 内蒙古自治区文物考古研究所等（胡晓农等）考古 1：26–50
内蒙古化德县四麻沟遗址发掘简报 内蒙古自治区文物考古研究所等（包青川等）考古 1：51–74
内蒙古伊金霍洛旗白敖包遗址发掘报告 内蒙古自治区文物考古研究所等（索秀芬等）考古学报 2：233–260
鄂尔多斯地区城址调查分析 鄂尔多斯市文物考古研究院（李双）草原文物 2：47–57
内蒙古赤峰市高家台子夏家店下层文化遗址 2017 年发掘简报 内蒙古自治区文物考古研究所等（连吉林等）考古学集刊（第 25 集）5–14
赤峰市喀喇沁旗西河湾子东山遗址调查简报 喀喇沁旗文物管理局（李凤举）草原文物 1：18–22
内蒙古阿拉善左旗哈喇乌沟口遗址调查简报 内蒙古师范大学科学技术史学院等（曹建恩等）考古与文物 6：3–10
内蒙古阿拉善右旗浩贝如古代绿松石矿业遗址调查简报 内蒙古师范大学科学技术史学院等（曹建恩等）考古与文物 3：23–32
鄂尔多斯市乌审旗巴音温都尔汉代墓葬发掘简报 内蒙古自治区文物考古研究所、鄂尔多斯市文物考古研究院（徐磊等）草原文物 1：23–28
乌海市三坝汉墓群发掘简报 内蒙古自治区文物考古研究所、乌海市博物馆（胡春佰等）草原文物 1：29–42
敖汉旗下洼镇敖东遗址第二地点发掘简报 赤峰学院历史文化学院等（陈永志等）边疆考古研究（第 29 辑）25–35
巴林左旗林东窑的发现与研究评述 中国社会科学院大学（研究生院）考古系（陈泽宇）北方文物 5：35–42
赤峰市巴林左旗帐房山辽代壁画墓清理简报 巴林左旗文化旅游体育局（文物局）（左利军等）草原文物 1：43–49

六 辽宁省

凌源市下台子红山文化遗址发掘简报 辽宁省文物考古研究院等（于怀石等） 边疆考古研究（第 29 辑）53–68、382
辽宁盖州青石岭山城 王飞峰等 大众考古 3：16–17
抚顺地区辽金时期不可移动文物调查报告 抚顺市博物馆、辽宁省博物馆（童海、温科学）辽金历史与考古（第十二辑）28–42
辽宁朝阳东大屯孤山子辽墓清理简报 朝阳市文物考古研究所等（刘超等）文物 3：30–38

辽宁北镇辽代耶律弘义墓发掘简报 辽宁省文物考古研究院等（司伟伟等）文物 11：50–62
辽宁朝阳市商家沟辽代 2 号墓发掘简报 朝阳市龙城区文物管理所、朝阳县文物管理所（孙航、张振军）北方文物 3：27–33
辽宁法库县叶茂台北山 2 号辽墓发掘报告 沈阳市文物考古研究所等（赵晓刚等）北方文物 5：13–20
辽宁辽阳苗圃墓地 2015 年度辽代墓葬发掘简报 白宝玉等 文博 6：15–19
辽宁昌图城楞地城址调查简记 吉林大学考古学院、昌图县文物管理所（赵里萌、王琦）辽金历史与考古（第十二辑）22–27
辽宁新宾县太子城山城考古调查简报 辽宁省文物考古研究院等（卢治萍等）考古学集刊（第 25 集）48–65

七 吉林省

2020 年吉林敦化、龙井旧石器考古调查 李萌、方启 大众考古 6：12–13
吉林汪清新兴遗址第 1 地点调查与试掘简报 中国科学院古脊椎动物与古人类研究所中国科学院脊椎动物演化与人类起源重点实验室等（徐廷等）人类学学报 5：904–916
吉林省和龙市莱营子沟遗址调查与试掘简报 吉林市文庙博物馆等（赵莹等）文物春秋 5：68–76
吉林汪清县新村遗址 2018—2019 年考古发掘简报 吉林省文物考古研究所、汪清县文物管理所（徐廷等）北方民族考古（第 11 辑）1–20
吉林抚松县大青川遗址、黄家崴子遗址发掘与清理简报 吉林省文物考古研究所等（徐廷等）边疆考古研究（第 29 辑）37–52、380–381
吉林洮南市大通乡三处遗址的调查及初步认识 吉林大学边疆考古研究中心（马晟、王立新）北方文物 1：3–14
吉林双辽大金山遗址 李萌、方启 大众考古 2：12–15
吉林省松原市那拉街城址及窑址调查简报 吉林省文物考古研究所（孟庆旭等）草原文物 2：17–25
吉林集安市霸王朝山城 2015—2016 年发掘简报 吉林省文物考古研究所、集安市博物馆（安文荣、徐廷）考古 11：20–31
吉林省伊通河、饮马河下游地区辽金时期城址的调查 吉林大学考古学院、吉林省文物考古研究所（赵里萌、孟庆旭）边疆考古研究（第 29 辑）69–113
吉林省汪清县满台山城调查简报 吉林省文物考古研究所、汪清县文物管理所（孟庆旭等）边疆考古研究（第 30 辑）53–70
吉林安图金代长白山神庙遗址 2015 年发掘简报 吉林大学考古学院、吉林省文物考古研究所(赵俊杰等）文物 3：39–57
吉林公主岭市后腰屯遗址发掘简报 吉林省文物考古研究所等（孟庆旭等）北方文物 1：29–37

八 黑龙江省

黑龙江海林小龙头山旧石器遗址发掘简报 黑龙江省文物考古研究所（李有骞）人类学学报 1：118–127
黑龙江东宁市南道口遗址发掘报告 黑龙江省文物考古研究所等（田禾等）北方文物 6：3–14
黑龙江宁安市渤海时期山城址和长城遗迹调查简报 黑龙江省文物考古研究所（赵哲夫等）北方文物 4：17–23
黑龙江大庆市九间遗址 2019 年发掘简报 黑龙江省文物考古研究所等（郭美玲等）北方文物 6：25–38
黑龙江克东县蒲峪路古城调查简记 上海博物馆、吉林大学考古学院（高义夫、赵里萌）北方文物 5：21–27
黑龙江哈尔滨市阿城区金上京城垣遗迹 2013 年发掘简报 黑龙江省文物考古研究所（刘阳、赵永军）北方文物

6：15–24

九　上海市

补遗

上海考古新纪元：1948 年金山戚家墩遗址发掘 华东师范大学历史学系（黄阿明）历史教学问题 6：80–91

一〇　江苏省

江苏泗洪雪南遗址 2017 年发掘简报 中国国家博物馆等（庄丽娜等）中国国家博物馆馆刊 8：6–23

江苏东台开庄遗址 2018—2019 年发掘简报 南京博物院、东台市博物馆（许晶晶等）东南文化 3：20–42

江苏句容城上村遗址 2014 年考古勘探与发掘简报 南京博物院、句容市博物馆（陈钰等）东南文化 1：63–79

扬州三星叶桥发掘记 扬州市文物考古研究所（孙晨、张敏）大众考古 8：84–89

江苏扬州三星叶桥墓葬群 孙晨、张敏 大众考古 7：12–15

江苏丹阳双眼墩土墩墓考古发掘简报 南京博物院、镇江博物馆（李西东、居法荣）东南文化 1：80–87

江苏金坛薛埠井头村土墩墓群 D7 发掘简报 南京博物院（周润垦等） 东方考古（第 18 集）306–323、376

江苏盱眙大云山景区连接线北区战国至两汉墓葬发掘简报 淮安市文物保护和考古研究所、盱眙县大云山汉王陵文物保护管理所（薛玲玲等）东南文化 6：14–32

江苏省溧阳市后王土墩墓 D1 发掘简报 南京博物院、溧阳博物馆（史骏、徐勇）南方民族考古（第二十三辑）29–42

江苏泗阳西汉泗水王陵墓群考古勘探报告 南京大学历史学院考古文物系（贺云翱等）中原文物 2：4–25

江苏扬州市小杨庄西汉墓葬 M28 的发掘 扬州市文物考古研究所（周赟、秦宗林）考古 4：61–78

江苏盱眙县东阳汉墓群 M213、M214 发掘简报 南京博物院 、江苏盱眙县博物馆（陈刚等）南方文物 4：55–71

江苏扬州瘦西湖新苑三期汉代墓葬发掘简报 扬州市文物考古研究所（刘刚、张敏）东南文化 4：43–52

江苏新沂前沟汉代墓地 D1、D2 发掘简报 徐州博物馆、新沂市博物馆（王庆光等）东南文化 6：42–63

南京市雨花台区西善桥刘家村汉墓发掘简报 南京市考古研究院、武汉大学（李翔等） 黄河 . 黄土 . 黄种人 14：16–19

江苏盱眙东阳汉墓群 M114 发掘简报 南京博物院、盱眙县博物馆（陈刚等）东南文化 6：31–45

南京市雨花台区凤凰村六朝墓葬发掘简报 南京市考古研究院（冯志军）东南文化 6：63–69

江苏句容宝华牡丹西路六朝墓发掘简报 镇江博物馆（李西东等）东南文化 2：45–53

揭秘三国两晋南北朝考古新发现 吴楠 中国社会科学报 12 月 27 日 2 版

江苏常州经济开发区排姆村遗址宋代墓葬发掘简报 南京博物院、常州市考古研究所（任林平、郑铎）东南文化 4：64–75

江苏连云港海州区张庄五代至宋墓葬发掘简报 连云港市博物馆（朱良赛等）东南文化 2：54–78

南京市浦口区高新路刘宋墓发掘简报 南京市考古研究院（朱中秀、王海）黄河 . 黄土 . 黄种人 2：12–14

江苏扬州市郊三座宋元墓发掘简报 扬州市文物考古研究所（秦宗林等）文物 12：4–16

苏州市皇冠山浇浆墓发掘简报 何文竞、张铁军 无锡文博（辛丑撷英）：19–24

一一　浙江省

宁波市奉化区下王渡遗址第Ⅲ发掘区发掘简报 宁波市文化遗产管理研究院、吉林大学文化遗产保护研究中心

（李永宁等）江汉考古 1：42–49
浙江海宁朱家兜遗址发掘简报 海宁市文物保护所（周建初）东南文化 3：43–51
杭州市余杭区良渚古城黄路头遗址发掘简报 浙江省文物考古研究所、杭州良渚遗址管理区管理委员会(朱雪菲、时萧）东南文化 5：64–83
杭州市余杭区良渚古城外围水利系统老虎岭水坝考古勘探与发掘 浙江省文物考古研究所山东大学考古学与博物馆学系联合考古队（郎剑锋等）考古 6：3–14
杭州市余杭区良渚古城钟家港中段发掘简报 浙江省文物考古研究所（王永磊等）考古 6：15–34
浙江德清县中初鸣良渚文化制玉作坊遗址群的发掘 浙江省文物考古研究所、德清县博物馆（朱叶菲等）考古 6：56–78
杭州市余杭区良渚古城金花池遗址发掘简报 浙江省文物考古研究所、杭州良渚遗址管理区管理委员会(陈明辉、王宁远）东南文化 5：84–91
杭州市余杭区良渚古城姜家山墓地发掘简报 浙江省文物考古研究所、杭州良渚遗址管理区管理委员会（陈明辉等）考古 6：35–55
浙江安吉窑山遗址 林成博 大众考古 5：12–13
浙江安吉县古城遗址 2017 年发掘简报 浙江省文物考古研究所、吉林大学考古学院（林森等）考古 9：43–56
21 世纪以来先秦时期印纹硬陶窑址考古新进展（上）郑建明 文物天地 6：98–107
21 世纪以来先秦时期印纹硬陶窑址考古新进展（中）胡冰青、郑建明 文物天地 12：78–86
浙江杭州萧山东蜀山西汉墓发掘简报 复旦大学文物与博物馆学系等（崔太金等）文物 7：26–41
杭州市萧山区老虎洞遗址发掘简报 杭州市文物考古研究所等（曹峻等）东南文化 5：48–63
浙江杭州萧山老虎洞遗址东吴、南朝墓发掘简报 复旦大学文物与博物馆学系等（杨金东等）文物 7：42–57
浙江绍兴江桃村孙吴“嘉禾三年”墓发掘简报 绍兴市柯桥区博物馆（王策）东南文化 4：59–63
浙江省宁波市奉化区尚桥墓地唐代墓葬发掘简报 宁波市文化遗产管理研究院等（李永宁等）东南文化 6：69–76
浙江绍兴宋六陵陵园遗址 2018 年考古发掘简报 浙江省文物考古研究所、绍兴市文物考古研究所（时萧等）考古与文物 1：85–93
21 世纪以来黑胎青瓷窑址考古新进展 郑建明 文物天地 3：86–95
龙泉窑遗址的考古与收获 沈岳明 天下龙泉：龙泉青瓷与全球化国际学术研讨会论文集 222–232
龙泉窑石隆片区窑址群考古调查的主要收获与认识 谢西营 天下龙泉：龙泉青瓷与全球化国际学术研讨会论文集 233–240
浙江龙泉东区张村窑址黑胎青瓷考察纪略 周光贵等 天下龙泉：龙泉青瓷与全球化国际学术研讨会论文集 272–277
从古窑址调查看龙泉窑的影响 冯小琦 天下龙泉：龙泉青瓷与全球化国际学术研讨会论文集 241–271
东亚同文书院京杭大运河调查初探 北京外国语大学日本学研究中心（于振冲）日本研究 4：89–96

一二 安徽省

安徽含山县凌家滩遗址第四次发掘简报 凌家滩遗址考古队等（胡平平等）东南文化 5：35–47
歙县新州遗址东区、北区的发掘 安徽省文物考古研究所（程平）文物研究 12：118 — 124
安徽芜湖计村大城子遗址发掘简报 安徽省文物考古研究所、芜湖市文物保护中心（张小雷等）文物 7：4–25
安徽阜阳古城村遗址 2020 年考古发掘收获 安徽省文物考古研究所、西北大学文化遗产学院（姚洁、袁圣涛）

大众考古 2：59–67
安徽阜阳后楚郢古城村 2020 年考古发掘收获 姚洁等 黄河 . 黄土 . 黄种人 6：24–29
安徽庐江三板桥周代遗址发掘简报 厦门大学历史系、安徽省文物考古研究所（柴政良等）东南文化 3：52–68
安徽省淮南市汤家孤堆战国墓 安徽省文物考古研究所、山东大学文化遗产研究院、淮南市博物馆（汪茂东等）江汉考古 4：32–40
安徽六安经济开发区碧桂园战国秦汉墓地发掘简报 安徽大学历史学院、安徽省文物考古研究所（胡平平、王峰）东南文化 4：22–42
安徽涡阳北平城遗址的调查 涡阳县文物管理所等（张红等）大众考古 9：75–80
安徽宿州金山寨汉代画像石墓发掘简报 安徽省文物考古研究所等（任一龙等）中原文物 1：25–33
舒城范店东汉墓 舒城县文物管理所（徐大珍）文物研究 12：141 — 144
安徽凤阳县马里岗瓷窑址调查 刘东 文物天地 6：91–97
安徽繁昌窑遗址 2020 年发掘取得重要收获 罗虎等 中国文物报 5 月 25 日 8 版
安徽淮北烈山窑址 2017 年考古发掘简报 淮北市文物局、淮北市博物馆（解华顶）东南文化 2：79–91

一三 福建省

福建浦城牛鼻山与上东坪遗址 2018 年调查简报 厦门大学历史系、浦城县博物馆（付琳等）东南文化 1：55–62
福建泉州市“市舶司”遗址 2019–2020 年发掘简报 中国社会科学院考古研究所等（梁源等）考古 11：32–47

一四 江西省

我国传统考古调查与区域系统调查比较——以江西抚河流域、鲁东南沿海地区的调查为例 吉林省文物考古研究所、吉林大学考古学院（吕斌、夏福德）文物春秋 2：33–40
江西靖安老虎墩遗址汉晋墓与器物坑发掘报告 厦门大学历史系等（张闻捷等）学报 4：583–607
江西吉安钓源村 南京大学历史学院（汤移平）文物 10：88–97
景德镇银坑坞窑址群八角湾西区窑址调查简报 江西省文物考古研究院等（严茜等）北方民族考古（第 11 辑）118–139
江西南城洪门水库水下考古调查简报 国家文物局考古研究中心等（邓启江等）水下考古（第三辑）91–131
景德镇昌江沿岸古代窑业遗迹考古调查 宁波中国港口博物馆、中国传媒大学文化产业管理学院（霍成伟、周思中）中国国家博物馆馆刊 4：53–76

一五 山东省

平度市葛家旧石器地点调查简报 山东省文物考古研究院等（李罡等）海岱考古（第十四辑）1–11
山东宁阳县张阁老旧石器地点调查简报 山东省文物考古研究院等（李罡等）四川文物 6：27–33
山东日照市两城镇遗址 2018 年发掘简报 山东大学考古学与博物馆学系、山东省文物考古研究院（宋艳波等）考古 10：16–37
山东龙口市薛家遗址发掘简报 烟台市博物馆、龙口市博物馆（杨丁等）东方考古（第 18 集）291–305、374–375
山东东营广饶县牛家村北遗址发掘报告 山东省水下考古研究中心等（孟杰、柴丽平）海岱考古（第十四辑）247–264

济南市大辛庄遗址商代墓葬 M235、M275 发掘简报 济南市考古研究院等（郭俊峰等）考古 9：12–23
山东滕州前掌大遗址考古勘探报告 滕州市文物局、滕州市博物馆（李鲁滕等）海岱考古（第十四辑）54–74
2013 年龙口归城遗址调查、勘探简报 烟台市博物馆等（孙兆锋等）东方考古（第 18 集）278–290、373
山东滕州后黄庄遗址发掘简报 山东省文物考古研究院（赵益超等）海岱考古（第十四辑）26–53
颛臾故城遗址考古勘探报告 临沂市文化旅游发展促进中心（张子晓等） 海岱考古（第十四辑）100–139
山东临淄东古城村北遗址西周墓（M4040）发掘简报 上海大学文学院、山东省文物考古研究院（魏峭巍等）文物 2：4–15
山东滕州市大韩东周墓地第一次发掘简报 山东省文物考古研究院、滕州市文物局（郝导华等）考古 2：20–50
费县故城勘探报告 临沂市沂州文物考古研究所、蒙阴县行政审批服务局(刘志标、徐西存）东方考古(第 18 集）324–344
山东临淄市徐姚墓地战国墓 M8 发掘简报 临淄区齐文化发展研究中心（王会田、房彬）考古学集刊（第 24 集）5–21
青州市邵庄镇兴旺庄战国墓的清理 青州文化发展研究中心（李亮亮）海岱考古（第十四辑）166–169
山东曲阜旧县四街窑址发掘简报 山东省文物考古研究院（董文斌、高明奎）东南文化 2：29–44
山东滕州官桥村南墓群 2014—2017 年发掘简报 山东省文物考古研究院、滕州市汉画像石馆（李慧等）海岱考古（第十四辑）200–234
山东滕州王马厂遗址发掘简报 山东省文物考古研究院等（张恒等）海岱考古（第十四辑）140–165
淄博市临淄区齐陵一中墓地 2019 年发掘简报 山东省文物考古研究院、淄博市临淄区齐文化发展研究中心（昝金国等）海岱考古（第十四辑）170–199
奉高古城与北埠古镇 陈相元等 考古学视野下古代泰山文明学术研讨会论文集 386–391
山东枣庄卓山北齐佛教摩崖刻经调查简报 山东省石刻艺术博物馆等（赖非等）黄河 . 黄土 . 黄种人 12：9–11
枣庄市山亭区东江村南画像石墓发掘报告 山东省文物考古研究院、枣庄市山亭区文化和旅游局（吕凯等）海岱考古（第十四辑）235–246
齐国故城小城北门遗址晚唐至五代墓葬发掘报告 山东省文物考古研究院、淄博市临淄区文物保护中心（董文斌等）海岱考古（第十四辑）279–309
山东淄博南万山窑址调查 淄博市博物馆（么彬等）文物春秋 2：61–70
山东烟台市芝罘夏家金代墓清理简报 山东省烟台市博物馆（王述全等） 中国国家博物馆馆刊 7：65–81
济南市历城区“张荣墓”考古发掘简报 山东省文物考古研究院、济南市历城区文化和旅游局（赵芳超）海岱考古（第十四辑）315–322

一六 河南省

河南南水北调水源地旧石器时代遗址的发现与研究 中国科学院脊椎动物演化与人类起源重点实验室中国科学院古脊椎动物与古人类研究所、中国科学院大学考古与人类学系（任文勋等）人类学学报 5：917–928
河南渑池仰韶村遗址第四次考古发掘 2020 年度简报 河南省文物考古研究院等（李世伟等）华夏考古 4：53–79、128
河南三门峡庙底沟遗址庙底沟文化 H408 发掘简报 河南省文物考古研究院等（樊温泉等）华夏考古 4：27–38
三门峡庙底沟遗址庙底沟文化 H770 发掘简报 河南省文物考古研究院等（樊温泉等）中原文物 5：4–14
河南宝丰县小店遗址仰韶文化遗存发掘简报 郑州大学历史学院考古学系等（李锋等）考古 4：29–45

河南宝丰小店遗址仰韶文化遗存 2008 年发掘简报 郑州大学历史学院等（王龙正等）中原文物 3：4–14
河南宜阳苏羊遗址下村区发掘简报 洛阳市文物考古研究院（任广）中原文物 5：23–38
河南三门峡庙底沟遗址西王村文化遗存发掘简报 河南省文物考古研究院等（樊温泉等）华夏考古 4：39–52
河南禹州瓦店遗址 WD2F1 建筑发掘简报 河南省文物考古研究院等（梁法伟、方燕明）华夏考古 6：3–38
河南舞阳张王庄遗址发掘简报 河南省文物考古研究院等（魏兴涛等）华夏考古 4：11–26
河南许昌宋庄遗址发掘简报 河南省文物考古研究院（梁法伟、王豪）华夏考古 4：80–94
郑州市高新区东赵遗址小城发掘简报 郑州市文物考古研究院、北京大学考古文博学院（顾万发等）考古 5：27–45
河南新密黄寨遗址 H1 清理简报 河南省文物考古研究院（樊温泉）华夏考古 3：50–52、72
河南宝丰小店遗址二里头文化遗存 2008 年发掘简报 郑州大学历史学院等（付江凤、刘吉森）文物 8：4–18
河南正阳铁佛寺遗址二里头文化遗存发掘简报 河南省文物考古研究院（周润山、齐雪义）华夏考古 5：10–20
河南济源新峡遗址二里头与二里岗文化遗存发掘简报 河南省文物考古研究院等（楚小龙等）华夏考古 3：15–49
河南荥阳东柏朵遗址夏商遗存发掘简报 河南省文物考古研究院（梁法伟）华夏考古 3：53–67
2016 年河南内黄县河村商代晚期遗址和墓葬发掘简报 安阳市文物考古研究所、河南省文物考古研究院（孔维鹏、孔德铭）三代考古（九）42–54
2017 年河南安阳市殷墟郭家庄东墓葬发掘简报 中国社会科学院考古研究所安阳工作队（何毓灵）三代考古（九）55–79
河南安阳市殷墟大司空东地 M123 发掘报告 中国社会科学院考古研究所安阳工作队（岳占伟、岳洪彬）三代考古（九）80–92
2008 年河南安阳市殷墟刘家庄北地 J15 发掘简报 中国社会科学院考古研究所安阳工作队（岳洪彬等）三代考古（九）93–108
河南安阳辛店商代晚期铸铜遗址 2016 年发掘简报 安阳市文物考古研究所（胡玉君等）文物 4：4–34
郑州高庄遗址商代晚期遗存发掘简报 郑州市文物考古研究院（刘彦锋等）中原文物 1：11–24
河南三门峡三座小型西周墓的清理 河南省文物考古研究院、三门峡市文物考古研究所（杨海青等）黄河 . 黄土 . 黄种人 16：8–10
河南义马上石河墓地 M18 及祔葬马坑 MK4 发掘简报 河南省文物考古研究院等（杨海青等）考古与文物 4：13–18
河南义马上石河墓地 M93、M94 发掘简报 河南省文物考古研究院等（郑立超）华夏考古 2：3–14
2017 年新郑郑韩故城南城墙发掘简报 河南省文物考古研究院（刘亚玲等）华夏考古 2：15–22
洛阳金村东周王陵考古调查与勘测的总体构想 洛阳市文物考古研究院（严辉）洛阳考古 3：63–67
河南淅川魏营墓地发掘报告 武汉大学长江文明考古研究院等（余西云、单思伟）考古学报 1：83–114
三门峡陕州区两座东周墓发掘简报 三门峡市文物考古研究所（高鸣）黄河 . 黄土 . 黄种人 10：9–12
河南泌阳东高庄遗址发掘简报 河南省文物考古研究院、驻马店市文物考古管理所（齐雪义等）华夏考古 1：3–13
三门峡市陕州区春秋空首布窖藏整理简报 三门峡市博物馆（李书谦等）中原文物 4：4–24
河南义马上石河春秋墓地 M43、M48、M66 发掘简报 河南省文物考古研究院等（杨海青等）中国国家博物馆馆刊 3：55–67

河南邓州王营墓地战国楚墓（M316）发掘简报 河南省文物局等（李世晓等）文物 4：35–40
河南淅川沟湾遗址简营南地点汉代遗存发掘简报 郑州大学历史学院、河南省文物局南水北调文物保护管理办公室（靳松安等）华夏考古 2：23–40、52
河南鲁山望城岗冶铁遗址 2018 年度调查发掘简报 河南省文物考古研究院等（孙凯等）华夏考古 1：14–39
河南新乡焦田庄黄河大堤遗址发掘简报 新乡市文物考古研究所、新乡县博物馆（郭强等）华夏考古 2：41–46
河南漯河临颍固厢墓地Ⅱ区西汉墓葬发掘简报 漯河市文物考古研究所（刘晨等）江汉考古 3：3–21
河南南阳市永泰住宅小区汉墓发掘简报 南阳市文物考古研究所（付建刚）华夏考古 5：21–24
河南三门峡后川村西汉围沟墓发掘简报 河南省文物考古研究院等（杨海青等）中国国家博物馆馆刊 3：68–86
河南郏县黑庙墓地西汉墓发掘简报 郑州大学历史学院等（李锋等）文物 1：4–26
河南淅川县双河镇汉代积石积炭墓的发掘 河南省文物局南水北调文物保护办公室、南阳市文物考古研究所（赵成甫等）洛阳考古 3：3–33
南阳市农业技术推广站家属楼工地汉墓发掘简报 南阳市文物考古研究所、北京联合大学考古研究院(杨俊峰等）黄河 . 黄土 . 黄种人 18：13–19
河南禹州酸枣树杨汉墓发掘 河南省文物考古研究院、许昌市文物考古研究管理所（陈军锋）考古学报 2：261–296
河南驻马店物价检查所东汉墓发掘简报 驻马店市博物馆（齐雪义等）中原文物 2：34–39
河南周口港区三座东汉墓发掘简报 周口市文物考古所（李全立等）中原文物 3：15–25
河南三门峡后川村东汉墓 M54 发掘简报 河南省文物考古研究院、三门峡市文物考古研究所(杨海青等）黄河 . 黄土 . 黄种人 22：6–12
河南孟津朱仓村东汉墓 M8、M9 发掘简报 郑州大学文物考古研究院（洛阳）、洛阳市文物考古研究院（李继鹏等）考古与文物 3：33–45
河南安阳市大司空村东地魏晋隋唐宋元墓葬发掘报告 中国社会科学院考古研究所安阳工作队、山东大学历史文化学院（岳洪彬等）考古学集刊（第 24 集）22–67
河南洛阳市东花坛西晋墓葬发掘简报 洛阳市文物考古研究院（李继鹏等）考古 3：63–77
河南焦作远大未来城晋墓发掘简报 焦作市文物考古研究所、焦作市博物馆（刘鑫等）华夏考古 6：54–61
河南辉县赵庄西晋墓发掘简报 陈伟等 文博 3：3–13
2018 年安阳固岸村北齐墓发掘简报 安阳市文物考古研究所等（孔德铭等）中原文物 4：25–30
三门峡唐代张归香墓发掘简报 河南省文物考古研究院等（杨海青等）中原文物 4：38–42
偃师山化 M75 唐墓发掘简报 郑州大学历史学院、洛阳市文物考古研究院（李校卿等）洛阳考古 1：3–9
河南荥阳市东北部两座唐墓发掘简报 郑州市文物考古研究院、荥阳市文物保护管理中心（魏青利等）中国国家博物馆馆刊 7：57–64
河南郑州唐郑仲淹夫妇合葬墓发掘简报 郑州市文物考古研究所、上海城建职业学院（魏青利、司红伟）文物 8：19–30
河南项城新桥姜胡同村唐墓清理简报 周口市文物考古管理所（韩严振）华夏考古 2：47–52
鲁山望城岗冶铁遗址古代墓葬发掘简报 河南省文物考古研究院（刘亚玲等）黄河 . 黄土 . 黄种人 6：8–16
河南应用技术职业学院唐墓简报 刘彦锋等 黄河 . 黄土 . 黄种人 8：8–10
郑州高新区绿梅街唐墓发掘简报 郑州市文物考古研究院（刘文科等）黄河 . 黄土 . 黄种人 20：3–6
洛阳衡山路唐墓（HM635）发掘简报 洛阳市文物考古研究院（邓新波等）洛阳考古 2：3–9

河南鹤壁集瓷窑遗址 2012 年发掘简报 鹤壁市文物工作队（司玉庆）华夏考古 5：25–42
河南新郑后周皇陵考古调查勘探简报 郑州大学历史学院等（韩国河等）考古与文物 1：76–84
郑州外国语中学宋代壁画墓发掘简报 郑州市文物考古研究院（姜楠等）中原文物 4：31–37
河南长葛张史马墓地宋代墓葬发掘简报 河南省文物考古研究院、许昌市文物考古研究管理所（杜鹏等）黄河 . 黄土 . 黄种人 4：10–14
郑州尚庄壁画墓 M1 发掘简报 郑州博物馆、郑州市文物考古研究院（张家强等）中原文物 3：38–43
河南义马锦铺佳园金代砖雕墓发掘简报 河南省文物考古研究院等（赵小灿等）中国国家博物馆馆刊 3：87–104
河南开封双龙巷明代建筑遗址发掘简报 河南大学历史文化学院、开封市文物考古研究所（曹金萍）文物 4：41–57

一七 湖北省

湖北京山大小富水流域 2019 年旧石器考古调查简报 湖北省文物考古研究所、中国人民大学历史学院（叶灿阳等）江汉考古 5：3–17
湖北松滋关洲遗址城背溪文化遗存发掘简报 湖北省文物考古研究所等（刘辉等）江汉考古 5：18–49
湖北荆门屈家岭遗址 2018 年发掘简报 湖北省文物考古研究所等（王亚弟等）江汉考古 1：5–32
屈家岭遗址土地山遗址点 2020 年发掘简报 湖北省文物考古研究所、屈家岭遗址保护中心（陶洋等）江汉考古 1：33–41
湖北随县周家塝遗址发掘简报 湖北省文物考古研究所、随县博物馆（赵军等）江汉考古 4：25–31
湖北随州叶家山西周墓地 126 号墓的发掘 湖北省文物考古研究所、随州市博物馆（张天宇等）考古学报 4：553–582
湖北随州张家寨周代遗址发掘简报 湖北省文物考古研究所等（胡刚、翟扶文）文物 5：4–23
湖北襄阳周家岗遗址周代文化遗存 2008 年发掘简报 湖北省文物考古研究所等（杨一等）江汉考古 2：3–17
湖北荆门市响岭岗墓地 2016 年度发掘简报 四川大学考古学系 、荆门市博物馆（邓宏亚等）南方民族考古（第十九辑）39–59
湖北随州枣树林墓地 81 与 110 号墓发掘 湖北省文物考古研究所等（郭长江等）考古学报 1：115–160
湖北云梦郑家湖墓地考古发掘获重大收获 罗运兵等 中国文物报 11 月 19 日 5 版
湖北黄梅刘岳墓地 M1 发掘简报 湖北省文物考古研究所、黄梅县博物馆（凡国栋等）江汉考古 4：41–63
荆州张新场楚墓发掘简报 荆州博物馆（彭军）荆楚文物（第 5 辑）185–192
荆州高家草场墓地发掘简报 荆州博物馆（孙凡）荆楚文物（第 5 辑）209–229
荆州彭家台墓地发掘简报 荆州博物馆（田勇、田亚洲）荆楚文物（第 5 辑）230–251
湖北襄阳市南漳县申家咀墓地 2016 年度发掘简报 重庆师范大学西南考古与文物研究中心等（蒋刚等）南方民族考古（第十九辑）61–74
荆州贺家草场汉墓发掘简报 荆州博物馆（刘建业等）荆楚文物（第 5 辑）193–208
湖北鄂州机场梅家塆墓群发掘简报 中国人民大学历史学院（郭东珺等）北方民族考古（第 12 辑）8–22
湖北郧西羊皮滩崖墓的发掘与研究 祝恒富等 荆楚文物（第 5 辑）115–157
湖北鄂州瓦窑咀窑址发掘简报 武汉大学历史学院、鄂州市博物馆（曹昭等）江汉考古 3：41–51
湖北襄阳市贾巷墓地两座南朝墓葬的发掘 襄阳市文物考古研究所（周婷）考古 5：63–71
湖北荆州开元观遗址发掘简报 肖玉军等 文博 6：20–29

湖北武汉二妃山明代楚藩家族墓群一号茔园发掘简报 武汉市文物考古研究所（许志斌、刘永亮）文物 12：17–33

湖北武汉二妃山明代楚藩家族墓群二号茔园发掘简报 武汉市文物考古研究所（许志斌、刘永亮）文物 12：34–55

一八 湖南省

湖南宁乡花草坪遗址新石器时代遗存发掘简报 山东大学历史文化学院、湖南省文物考古研究所（王良智等）江汉考古 5：50–69

湖南桂阳千家坪新石器时代遗址考古发掘简报 湖南省文物考古研究所等（尹检顺）湖南考古辑刊（第 15 集）1–15、17–36、324–336

湖南澧县鲁家山遗址考古发掘简报 湖南省文物考古研究所、澧县文物局（谭远辉、曹毅）湖南考古辑刊（第 15 集）37–68、337–339

湖南华容县七星墩遗址 2018 年调查、勘探和发掘简报 湖南省文物考古研究所（王良智等）考古 2：3–19

湖南宁乡市罗家冲遗址石家河文化遗存发掘简报 长沙市文物考古研究所、宁乡市文化旅游广电体育局(曹栋洋、何佳）考古 5：3–26

湖南鸡叫城遗址考古发现距今 4700 年保存最完整的大型木结构建筑基础 李政 中国文物报 10 月 26 日 2 版

湖南宁乡九牯洞遗址考古调查试掘简报 长沙市文物考古研究所、宁乡市文物局（曹栋洋、何佳）湖南考古辑刊（第 15 集）86–102、344–349

湖南常德西洞庭唐林遗址 H42 考古发掘报告 湖南省文物考古研究所等（王良智等）湖南考古辑刊（第 15 集）69–85、340–343

湖南宁乡市炭河里遗址钟家湾地点商周遗存发掘简报 湖南省文物考古研究所等（盛伟、赵亚锋）考古 4：45–60

湖南岳阳罗城遗址小洲罗地点 2020 年发掘简报 湖南省文物考古研究所、武汉大学历史学院（何晓琳等）江汉考古 4：17–24

湖南岳阳罗城遗址 2015 年度发掘简报 湖南省文物考古研究所等（盛伟等）江汉考古 2：18–29

湖南益阳兔子山遗址七号井发掘简报 湖南省文物考古研究所、益阳市文物考古研究所（张春龙、杨先云）文物 6：38–42、96

长沙市走马楼西汉古井及简牍发掘简报 长沙简牍博物馆、长沙市文物考古研究所（宋少华）考古 3：35–62

湖南蓝山五里坪汉墓考古发掘简报 湖南省文物考古研究所、蓝山县文物管理所(陈斌）湖南考古辑刊(第 15 集）103–116、350–354

湖南郴州五里牌东汉墓考古发掘简报 郴州市博物馆、苏仙区文物管理所（罗胜强）湖南考古辑刊（第 15 集）117–128、355

湖南长沙连山东晋墓发掘简报 长沙市文物考古研究所（孙明等）文物 5：24–29

湖南长沙开福区伍家岭唐墓发掘简报 孙明、何佳 文物天地 5：112–122

湖南醴陵沩山钟鼓塘元代窑址发掘简报 中国人民大学历史学院等（杨宁波等）文物 5：30–51

湖南君山明代砖官窑遗址 活态遗产 官窑遗珠 南京城墙保护管理中心（周源）大众考古 9：81–84

一九 广东省

广东广州金兰寺贝丘遗址 曹耀文 大众考古 8：14–17

广东龙川山中埂遗址发掘简报 广东省文物考古研究所、龙川县博物馆（刘锁强等）考古与文物 2：3–14
广州市胸科医院西晋永嘉七年墓 程浩 南方文物 4：72–79
2016 年新地村天主教堂遗址发掘简报 广东省文物考古研究所（肖达顺）水下考古（第三辑）40–59

二〇 广西壮族自治区

广西贺州市大宁镇湖广岭晋墓发掘简报 贺州市文物管理所（莫茜、梁冰松）广西博物馆文集（第十五辑）163–169
广西横州市故城村区域南朝隋唐遗址的调查与思考 广西师范大学美术学院（马一博）广西博物馆文集（第十五辑）145–162
广西北部湾沿海唐代窑址 四川大学考古学系等（韦莉果、熊昭明）考古学集刊（第 24 集）68–86
防城港市洲尾遗址 2017—2018 年度考古调查与试掘简报 吴付平 水下考古（第三辑）60–90
广西桂林国家森林公园摩崖造像调查简报 桂林理工大学艺术学院等（刘勇等）四川文物 3：13–23

二一 重庆市

重庆市江津区鼎锅浩遗址试掘简报 重庆市文化遗产研究院 、江津区文物管理所（白九江）南方民族考古（第十九辑）1–37
重庆市武隆区土坎遗址土坑墓发掘简报 重庆市文物考古研究院、武隆区文物管理所(范鹏等）南方民族考古(第二十二辑）1–23
重庆市云阳县塘坊先秦遗址发掘简报 四川大学考古文博学院等（罗二虎等）南方民族考古（第二十三辑）
巴文化融入汉文化进程的考古实证——重庆冬笋坝遗址考古发掘取得重要收获 代玉彪等 中国文物报 12 月 3 日 8 版
重庆丰都空洞包汉代墓群 2018 年发掘简报 重庆师范大学西南考古与文物研究中心等（蒋刚等）文物 9：38–65
重庆市巴南区窑堡墓地、马桑溪崖墓考古发掘简报 重庆市文化遗产研究院、巴南区文物管理所（陈东等）长江文明 1：1–5
重庆市合川区猴清庙墓群发掘简报 重庆市文化遗产研究院、合川区文物管理所（杨鹏强等）长江文明 1：6–14
重庆市北碚区黑房子墓群发掘简报 重庆市文化遗产研究院、北碚区文物管理所（白九江等）长江文明 2：5–19
重庆市武隆区土坎遗址东汉墓葬发掘简报 重庆市文化遗产研究院、武隆区文物管理所（李大地等）四川文物 2：15–29
重庆云阳塘坊南朝唐宋遗址 四川大学考古文博学院等（罗二虎等）南方民族考古（第二十二辑）61–102
重庆丰都县壕沟遗址 2017 年发掘简报 重庆市文化遗产研究院等（白九江等）四川文物 6：52–59
重庆市铜梁区河嘴墓地发掘简报 重庆市文化遗产研究院等（燕妮等）长江文明 1：15–23

补遗

重庆市九龙坡区磨滩嘴墓地考古发掘简报 重庆市文化遗产研究院、九龙坡区文物管理所（李大地等）长江文明 4：18–22
石柱县古城坝土司遗址考古调查勘探发掘收获与认识 重庆市文化遗产研究院、石柱县文物管理所（杨鹏强等）长江文明 1：1–15

二二 四川省

四川甘孜藏族自治州旧石器时代遗存 2019 年调查简报 四川省文物考古研究院（郑喆轩等）四川文物 6：17–26

四川眉山市东坡区坛罐山遗址2020年发掘简报 四川省文物考古研究院等（陈苇等）四川文物6：4–16

四川攀枝花市回龙湾洞穴遗址1987年发掘石制品整理简报 四川省文物考古研究院、首都师范大学历史学院(郑喆轩等）四川文物4：4–13

四川新津宝墩遗址朱林盘地点2016年发掘简报 成都文物考古研究院、成都市新津区文物保护中心（江章华等）四川文物5：4–16

四川金川县刘家寨遗址2011年发掘简报 四川省文物考古研究院等（陈苇等）考古3：2–17

成都市郫都区星火村遗址先秦时期遗存2012—2013年度发掘简报 成都文物考古研究院、郫都区文物保护所(刘雨茂等）四川文物1：19–32

三星堆遗址考古取得重要收获 李瑞、张丽卉 中国文物报 3月23日1版

三星堆遗址祭祀区三、四号坑阶段性重大考古成果发布 遗产编辑中心 中国文物报 9月10日1版

三星堆遗址考古获重大成果 曾江、朱娜 中国社会科学报 9月13日1版

太阳神鸟三千年 金沙惊世二十载 中国文物报 10月01日4版

四川茂县城关粮站石棺墓葬地发掘简报 四川省文物考古研究院等（陈卫东、万靖）考古11：3–19

四川盐源县八家村西汉墓葬发掘简报 四川省文物考古研究院等（刘化石等）四川文物3：4–12

成都市双流区双合村汉代家族墓地发掘简报 四川大学考古文博学院等（索德浩等）考古学集刊（第25集）15–47

四川广元千佛崖摩崖造像崖面遗迹调查简报 西南民族大学民族博物馆等（雷玉华等）文物11：70–82

四川安岳县永清镇佛耳岩摩崖造像调查报告 四川大学考古学系、安岳县文物管理局（郭振新等）南方民族考古（第十九辑）75–105

四川盐亭县龙门垭隋唐摩崖造像调查简报 四川省文物考古研究院等（王婷等）四川文物3：64–78

川渝地区石窟及摩崖造像调查研究综述（2011—2020年）北京大学考古文博学院、四川省文物考古研究院（李飞）四川文物5：83–103

四川成都琉璃厂五代至明瓷窑遗址发掘简报 成都文物考古研究院（易立、王瑾）文物8：31–57

四川安岳木鱼山摩崖造像调查简报 四川大学考古文博学院等（白彬等）文物8：81–96

四川巴州平梁城城防设施调查简报 西华师范大学区域文化研究中心、西华师范大学历史文化学院（罗洪彬、李修正）西华师范大学学报（哲学社会科学版）2：50–57

云顶城军事遗迹的调查与初步认识 西华师范大学历史文化学院等（符永利等）长江文明1：24–38

四川省安岳县华严洞石窟考古报告 四川大学考古文博学院、安岳县文物保护中心（白彬等）南方民族考古（第二十三辑）43–95

宋蒙战争时期四处蒙军山城遗址调查简报 安徽大学历史系、南部县文物保护所（蒋晓春、赵敏）西华师范大学学报（哲学社会科学版）2：29–38

四川理塘县麻通寺元末塔殿壁画调查简报 四川大学中国藏学研究所、四川大学考古文博学院（卢素文等）四川文物4：14–29

四川青川县阴平道考古调查简报 青川县文物管理所（李蓉等）四川文物5：17–27

四川通江松溪乡圆顶寺摩崖造像调查报告 四川大学历史文化学院、通江县文物局（魏新等）石窟寺研究（第11辑）80–89

四川绵阳市涪城区松家湾墓地发掘简报 四川省文物考古研究院等（郭富等）四川文物6：60–63

补遗

四川冕宁县关索城遗址调查简报 四川省文物考古研究院等（匡汉斌等）中华文化论坛6：137–142

二三　贵州省

贵州省沿河土家族自治县洪渡古墓发掘报告　贵州省文物考古研究所、贵州省博物馆（程学忠）南方民族考古（第二十二辑）25–59

二四　云南省

云南鹤庆龙潭旧石器遗址 2019—2020 年度发掘简报　云南省文物考古研究所等（阮齐军等）南方文物 1：105–118

云南剑川县海门口遗址 2017 年墓葬发掘简报　云南省文物考古研究所等（李帅等）考古 5：46–62

昆明市晋宁区金砂山墓地 2015 年发掘简报　云南省文物考古研究所等（蒋志龙等）考古 3：18–34

二五　西藏自治区

西藏拉萨曲贡新石器遗址 2011 年度考古调查报告　北京市文物研究所等（张中华等）北京文物与考古（第 8 辑）3–21

西藏定结县江嘎镇次多村岩画调查报告　四川大学考古文博学院等（李帅等）边疆考古研究（第 30 辑）27–51

2013 年度西藏日土县洛布措环湖遗址石沟遗迹考古调查简报　陕西省考古研究所等（张建林等）西部考古（第 21 辑）67–82

西藏阿里地区普兰县萨朗石窟调查报告　浙江大学艺术与考古学院汉藏佛教艺术研究中心（梁云云）故宫博物院院刊 9：42–53

补遗

近年来青藏高原吐蕃时代考古新发现及其意义　霍巍　中华文化论坛 6：5–12

二六　陕西省

陕西泾河流域 2019 年旧石器考古调查简报　西北大学文化遗产学院、安徽省文物考古研究所（战世佳等）人类学学报 1：157–164

陕西旬邑西头遗址南头村地点 2019 年仰韶文化遗存发掘简报　刘斌同等　文博 5：3–14

陕西吴起李拐沟遗址调查简报　翟霖林等　文博 5：29–36

陕西神木寨峁新石器时代遗址发掘报告　陕西省考古研究院、榆林市文物考古研究所（吕智荣、宋远茹）考古学报 3：401–424

陕西高陵马家湾遗址 2015 年发掘简报　陕西省考古研究院（马永嬴等）考古与文物 4：3–12

陕西府谷寨山遗址庙墕地点居址发掘简报　邵晶等　文博 5：15–28

陕西西安老牛坡遗址 2010 年夏时期墓葬发掘简报　陕西省考古研究院（岳连建等）考古与文物 3：17–22

西安老牛坡遗址聚落范围调查简报　陕西省考古研究院（李彦峰等）中原文物 1：4–10

陕西旬邑县西头遗址鱼嘴坡地点商周时期遗存发掘简报　西北大学文化遗产学院等（豆海锋等）考古 12：22–39

陕西岐山县孔头沟遗址西周墓葬 M10 的发掘　陕西省考古研究院、北京大学考古文博学院（王洋等）考古 9：24–42

陕西宝鸡旭光西周墓葬发掘简报　宝鸡市考古研究所（胡望林等）文物 9：4–37

甘肃清水李崖遗址周代墓葬发掘简报　早期秦文化与西戎文化联合考古队等（张寅等）国际视野下的秦始皇帝陵

及秦俑学研究学术研讨会论文集 1–34
陕西凤翔雍城秦公一号大墓一号坑考古发掘简报 陕西省考古研究院等（田亚岐等）考古与文物 6：11–20
陕西凤翔雍城秦公一号大墓二号坑 2019 年考古发掘简报 陕西省考古研究院等（杨武站等）考古与文物 6：21–31
陕西宝鸡太公庙秦公大墓考古调查勘探简报 陕西省考古研究院等（焦南峰等）考古与文物 1：3–7
陕西咸阳严家沟秦陵考古调查勘探简报 陕西省考古研究院、咸阳市文物考古研究所（焦南峰等）考古与文物 1：8–21
陕西高陵米家崖秦墓发掘简报 陕西省考古研究院（焦南峰等）考古与文物 4：19–38
陕西长安神禾原战国秦陵园大墓发掘简报 陕西省考古研究院（张天恩等）考古与文物 5：26–43
秦始皇帝陵防洪堤渠调查简报 秦始皇帝陵博物馆（张卫星、陈治国）国际视野下的秦始皇帝陵及秦俑学研究学术研讨会论文集 35–44
秦始皇陵兵马俑一号坑西门道勘探简报 秦始皇帝陵博物馆（张卫星等）国际视野下的秦始皇帝陵及秦俑学研究学术研讨会论文集 45–50
秦始皇帝陵园东侧道路勘探简报 秦始皇帝陵博物院（张卫星、陈治国）国际视野下的秦始皇帝陵及秦俑学研究学术研讨会论文集 51–57
陕西三原天井岸汉代礼制建筑遗址调查勘探简报 西北大学文化遗产学院等（何家欢等）西部考古（第 22 辑）18–33
汉阳陵东区陪葬墓 M3 之外藏坑考古发掘简报 陕西省考古研究院、汉景帝阳陵博物院(侯宁彬等）考古与文物 1：22–39
汉宣帝杜陵考古调查勘探简报 陕西省考古研究院等（焦南峰等）考古与文物 1：40–52
西安南郊缪家寨村 M37、M39 发掘简报 郑州大学历史学院、西安市文物保护考古研究院(郭永淇等）中原文物 2：26–33
陕西西安南郊上塔坡村西汉墓发掘简报 张小丽等 文博 2：12–28
陕西宝鸡西秦村汉墓发掘简报 陕西省考古研究院等（陈钢等）文博 2：3–11
延安洛川黄章田尧科汉墓清理简报 杨军等 陇右文博 4：47–52
陕西西咸新区摆旗寨西魏陆丑墓发掘简报 陕西省考古研究院（许卫红、张杨力铮）文物 11：4–30
陕西西咸新区朱家寨北周墓发掘简报 陕西省考古研究院等（李明等）文物 11：31–49
陕西咸阳韩家村北周墓发掘简报 赵旭阳等 文博 3：14–22
西安香积寺村十六国墓地发掘简报 西安市文物保护考古研究院（张小丽等）中原文物 1：34–48
隋文帝泰陵考古调查勘探简报 陕西省考古研究院（张建林等）考古与文物 1：53–64
隋唐长安城东北角夹城及十王宅遗址 2020 年度发掘简报 西安市文物保护考古研究院（辛龙等）文博 1：15–20
唐敬宗庄陵陵园遗址考古勘探发掘简报 陕西省考古研究院、三原县文化和旅游局（张建林等）考古与文物 1：65–75
陕西永寿县和平遗址考古调查简报 西北大学文化遗产学院（于朋飞、豆海峰 ）西部考古（第 21 辑）1–13
陕西咸阳唐代元大谦、罗婉顺夫妇墓发掘简报 陕西省考古研究院（许卫红等）考古与文物 2：39–51
西安市长安区唐戴胄夫妇墓发掘简报 西北大学文化遗产学院、西安市文物保护考古研究院（赵晶等）考古 10：38–59
西安韩森寨唐张思九夫人胡氏壁画墓发掘简报 西安市文物保护考古研究院（张翔宇等）中原文物 3：26–37

陕西西安月登阁村唐杜华墓发掘简报 陕西省考古研究院（袁明等）考古与文物 6：32–50
陕西西安唐韦旷夫妇墓发掘简报 张小丽等 文博 4：3–12
陕西西安唐元不器墓、元自觉夫妇墓发掘简报 许卫红等 文博 4：13–30
陕西西安西北大学长安校区唐墓（2003CXDM17）发掘简报 西北大学文化遗产学院、陕西省考古研究院（冉万里等）西部考古（第 21 辑）83–92
陕西西安西北大学长安校区唐墓（2003CXDM22）发掘简报 西北大学文化遗产学院、陕西省考古研究院（冉万里等）西部考古（第 22 辑）44–52
陕西宜川北宋贺家沟佛爷洞石窟调查与初步研究 西北工业大学文化遗产研究院等（石建刚等）敦煌研究 2：50–62
陕西富县梨树窑子观音殿石窟调查简报 洛川县博物馆、延安市文物研究所（杨军等）四川文物 2：30–37
延安葫芦河平水沟文殊菩萨石窟调查 杨军等 无锡文博辛丑撷英：25–32
陕西省延安市张家湾石坊头石窟调查研究 延安市洛川县博物馆、延安市洛川县文化馆（杨军、夏金菊）草原文物 2：26–34
陕西富县庙沟罗汉堂第 1 窟调查与初步研究 石建刚等 石窟艺术研究（第五辑）46–59
陕西西安马腾空北宋墓发掘简报 陕西省考古研究院（王志友等）考古与文物 3：46–54
陕西铜川陈炉镇 铜川市考古研究所（任筱虎）文物 10：77–87
陕西西安明永兴恭定王及王妃墓发掘简报 王自力等 文博 6：3–14
西安明辅国中尉朱惟爍夫妇合葬墓发掘简报 郑州大学历史学院、西安市文物保护考古研究院（王艳朋等）洛阳考古 3：34–40

二七　甘肃省

甘肃玉门火烧沟四坝文化墓地发掘简报 甘肃省文物考古研究所等（张学正等）考古与文物 5：3–21
甘肃省永昌县青口顶岩画调查与初步研究 西北大学文化遗产学院（丁升鹏、于春）草原文物 2：7–16
甘肃宁县遇村遗址西周墓（M5、M20）发掘简报 甘肃省文物考古研究所、南京大学历史学院（杜博瑞等）文物 10：4–10
甘肃宁县石家东周墓地 2016 年的发掘 甘肃省文物考古研究所（王永安、张俊民）考古学报 3：425–463
敦煌旱峡玉矿遗址发掘简报 甘肃省文物考古研究所（陈国科等）敦煌研究 5：74–84
天水市玉泉镇王家磨东汉墓葬 天水市文物保护和考古研究中心等（王太职）西部考古（第 22 辑）34–43
麦积山石窟寺壁画调查与研究 项一峰 石窟艺术研究（第五辑）130–4–149
麦积山石窟第 74、78 窟干预史调查 徐祖维 石窟艺术研究（第五辑）211–220
炳灵寺新发现石窟群遗迹调查简报 敦煌研究院炳灵寺文物保护研究所（王玲秀等）敦煌研究 4：84–93
甘肃武周时期吐谷浑喜王慕容智墓发掘简报 甘肃省文物考古研究所等（陈国科等）考古与文物 2：15–38
甘肃天水中梁师家湾金墓发掘简报 天水市博物馆、天水市文物保护和考古研究中心（王太职、王焕新）文物 10：11–22

二八　青海省

青海玉树州参雄尕朔遗址 2013 年发掘简报 青海省文物考古研究所等（吕红亮等）考古 10：3–15
回顾与求索——喇家遗址 2013—2019 年田野考古概述 甄强等 南方民族考古（第二十一辑）49–67

青海民和县寺沟峡岩画调查简报 青海省文物考古研究所等（乔虹等）四川文物 2：4–14

二九 宁夏回族自治区

宁夏明长城黄羊滩壕堑调查试掘简报 宁夏文物考古研究所（柴平平等）考古与文物 2：52–57

宁夏隆德渝河流域新石器时代遗存考古调查简报 宁夏文物考古研究所、隆德县文物管理所（杨剑等）考古与文物 3：3–16

宁夏彭阳姚河塬遗址Ⅰ象限北墓地 M4 西周组墓葬发掘报告（上）宁夏回族自治区文物考古研究所、彭阳县文物管理所 考古学报 4：521–552

宁夏固原杨家庄汉墓发掘简报 周赟等 文博 2：29–432

三〇 新疆维吾尔自治区

克拉玛依市乌尔禾区石器调查简报 北京大学中国考古学研究中心等（马宁等）古代文明（第 15 卷）1–16

文脉流传数万年——新疆吉木乃县通天洞遗址考古发掘收获 于建军 文物天地 7：8–14

实证多元一体格局 拓展边疆考古纵深——“十三五”时期新疆重要考古收获 李文瑛 文物天地 7：4–7

新疆哈密七角井遗址 2019 年调查新发现 北京大学考古文博学院等（冯玥等）人类学学报 6：1086–1095

新疆吉木乃县—和布克赛尔县国道 219 线萨吾尔山墓葬考古新收获 阿里甫江·尼亚孜、刘玉生 文物天地 7：67–70

新疆温泉县阿敦乔鲁遗址与墓葬 丛德新 文物天地 7：20–27

新疆温泉县呼斯塔遗址发掘的主要收获 贾笑冰、王鹏 文物天地 7：28–33

新疆尼勒克吉仁台沟口遗址的发现与收获 阮秋荣 文物天地 7：48–58

新疆巴里坤海子沿遗址考古发掘收获与思考 西北大学文化遗产学院等（任萌等）西域研究 4：141–148

2017、2019 年度新疆巴里坤海子沿遗址考古发掘 西北大学文化遗产学院等（任萌等）文物天地 7：42–47

新疆伊吾托背梁南山顶遗址调查发掘报告 西北大学文化遗产学院等（习通源等）西部考古（第 21 辑）47–66

阜康市白杨河上游墓群考古发掘简报 新疆文物考古研究所、新疆博物馆（闫雪梅等）新疆考古（第 1 辑）31–78

新疆伊犁州 G218 沿线（新源段）墓葬考古发掘简报 新疆文物考古研究所等（阮秋荣等）新疆考古（第 1 辑）200–242

阜康市四工河墓地发掘简报 新疆博物馆考古部（鲁礼鹏、贺婧婧）新疆考古（第 1 辑）79–152

新疆巴里坤石人子沟岩画调查简报 西北大学文化遗产学院等（任萌等）西部考古（第 21 辑）14–46

新疆巴里坤石人子沟遗址Ⅲ F4 发掘简报 西北大学文化遗产学院等（任萌等）西部考古（第 22 辑）1–17

阜康市泉水沟墓群考古发掘简报 新疆文物考古研究所（闫雪梅）新疆考古（第 1 辑）153–163

新疆洋海墓地研究 河北省文物考古研究院（孙少轻）考古学集刊（第 25 集）105–165

宝从何来——新疆两处古代绿松石矿业遗址的发现与认识 先怡衡等 文物天地 7：59–62

新疆阜康市黄山河水库墓地考古发掘简报 新疆文物考古研究所、新疆博物馆（阿里甫江·尼亚孜）新疆考古（第 1 辑）153–199

长河落日圆——白杨河畔的千年记忆 闫雪梅 文物天地 7：15–19

新疆奇台县石城子遗址考古发掘及收获 田小红 文物天地 7：71–74

新疆奇台县石城子遗址窑址和墓葬考古发掘简报 新疆文物考古研究所（田小红等）新疆考古（第 1 辑）1–30

新疆轮台卓尔库特古城考古收获 陈凌等 西域研究 2：105–112

新疆轮台县奎玉克协海尔古城遗址考古发掘的新收获与初步认识 新疆文物考古研究所(张相鹏等) 西域研究 2：113–118

新疆轮台县奎玉克协海尔古城遗址考古发掘简述 党志豪等 文物天地 7：63–66

新疆若羌县瓦石峡墓地考古发掘简报 新疆文物考古研究所（胡兴军等）文博 1：3–14

新疆察布查尔县阿布散特尔墓群发掘简报 新疆文物考古研究所、南京大学历史学院（张杰等）新疆考古（第 1 辑）269–292

吐峪沟石窟瘗窟的新调查 吐鲁番学研究院、龙门石窟研究院（吾买尔·卡得尔、杨超杰）中原文物 4：114–118

2018 ~ 2019 年度新疆喀什汗诺依遗址考古收获 中国社会科学院考古研究所、新疆文物考古研究所喀什文物局等（艾力江·艾沙）西域研究 4：149–154

哈密地区烽燧的调查与初步研究 陕西省文物局等（张坤等）文博 1：21–35

新疆塔什库尔干县石头城遗址考古发掘 艾涛 文物天地 7：75–79

新疆尉犁县克亚克库都克烽燧遗址考古发掘收获 胡兴军 文物天地 7：98–103

传说中的疏勒王庭——喀什汗诺依古城遗址的考古发现 艾力江 文物天地 7：87–93

龟兹故城考古发掘及收获 吴勇 文物天地 7：94–97

瀚海天山北庭风 郭物 文物天地 7：104–111

2018 ~ 2020 年唐朝墩古城遗址考古发掘的主要收获 任冠、魏坚 文物天地 7：118–121

斯城与斯民——达勒特古城考古 侯知军、刘玉生 文物天地 7：122–125

呼图壁县呼图壁河Ⅱ号墓群发掘简报 新疆文物考古研究所、新疆大学历史学院（刘维玉等）新疆考古（第 1 辑）293–302

新疆鄯善县一棵桑墓地考古发掘简报 新疆文物考古研究所（刘维玉、丽娜）新疆考古（第 1 辑）303–320

清代伊犁卡伦的考古调查与初步研究 天津师范大学历史文化学院（郝园林）北方文物 1：58–67

新疆伊犁九城的调查及初步研究 天津师范大学历史文化学院、中国人民大学北方民族考古研究所（郝园林等）中国国家博物馆馆刊 1：6–20

补遗

北庭故城遗址考古新进展 郭物 中国社会科学报 2020 年 11 月 27 日 12 版

伍 科技考古

总述

科技考古——助力中国考古学进入黄金时代 袁靖 江汉考古 6：222–228

也谈自然科学、现代科技手段与考古学的关系 徐良高 科技考古（第六辑）223–236

科技美术考古学的理论建构 李杰 民族艺术研究 3：114–123

中国考古科技史及几点思考 潜伟 南方文物 3：10–18

实验室考古研究综述 刘勇 科技考古（第六辑）177–214

年代测定

放射性碳素测定年代报告（四七）中国社会科学院考古研究所科技考古中心 ^{14}C 实验室、兰州大学西部环境教育部重点实验室加速器 ^{14}C 实验室 考古 7：78–82

中国古人类遗址年代学的研究进展与问题 葛俊逸等 人类学学报 3：393–410
泥河湾盆地三棵树遗址 ESR 年代学 姬昊等 人类学学报 3：427–435
贵州毕节韦家洞古人类遗址年代测定及人牙的形态学意义 郭林等 人类学学报 6：931–942
再论“华南早期新石器 ^{14}C 年代数据引起的困惑”问题 陈伟驹 文博 4：42–50
新砦遗址 2002 年 CT1 骨样品 ^{14}C 年代数据相对早晚排序及启示 李维明 三代考古（九）260–264
闽江下游黄岐屿遗址的光释光测年 李姝童等 热带地理 4：790–800
四川广汉三星堆遗址四号祭祀坑的 ^{14}C 年代研究 谢振斌等 四川文物 2：117–120
从釉的配方角度论故宫博物院藏传世宋代官窑瓷器中“高钾低钙”类瓷器的烧制年代 李合等 故宫博物院院刊 12：113–120
甲骨 C–14 测定二十年工作回顾 原思训 黄河 . 黄土 . 黄种人 4：3–6
青海都兰县哇沿水库坝址 2014 年发掘墓葬出土木材分析与树轮定年 王树芝等 西部考古（第 22 辑）241–251

成分分析

X 射线光谱在文物无损分析中的研究进展 周越等 光谱学与光谱分析 5：1329–1335
基于 X 射线谱学和操作链分析的煤山遗址出土陶器综合研究 臧雅帆等 光谱学与光谱分析 5：1355–1359
X 射线衍射技术在烧骨实验研究中的初步应用 黄超、张双权 人类学学报 3：513–525
X 射线荧光分析在文物分析中的应用 张欣睿 考古学研究（十二）244–254
甘肃地区先秦时期铜器检测分析资料的整理与研究 董小帅、李秀辉 南方文物 3：219–229
新疆温泉县阿敦乔鲁遗址出土早期铜器的初步科学分析 谭宇辰等 西域研究 3：54–61
陕西甘泉县阎家沟墓地出土晚商青铜器的科学分析研究 刘成等 文物保护与考古科学 5：31–38
济南市刘家庄遗址出土商代青铜器的铅同位素分析 王庆铸等 考古 7：106–120
石鼓山商周墓地出土青铜容器的科学分析与研究 邵安定等 文博 2：98–107
湖南望城高砂脊遗址出土青铜器科技分析 马江波等 考古 10：109–120
安徽枞阳陈家山遗址青铜渣初步研究 李延祥等 考古与文物 2：123–128
湖北黄梅刘岳墓地 M1 出土青铜器的科学分析研究 张吉等 江汉考古 4：126–133
咸阳龚西战国秦墓出土铜壶制作工艺研究 郭苗苗等 文博 1：104–112
临淄齐故城小城西门西侧夯土遗址出土冶金遗物初步研究 代全龙等 有色金属（冶炼部分）10：139–148
山东滕州大韩东周墓地第一次发掘出土青铜器的科学分析研究 代全龙等 南方文物 3：174–183
分水岭东周墓地铜器材质、工艺及矿料特征的再认识 南普恒等 南方文物 3：191–199
山东半岛所见青铜器及炉渣的矿料产地问题试析 崔春鹏等 南方文物 3：184–190
山东新泰周家庄墓地出土薄壁青铜容器制作特征分析 蔡友振等 四川文物 3：104–111
徐楼出土红铜铸镶青铜敦的腐蚀特征研究 刘婕等 考古学研究（十二）172–179
徐楼出土青铜舟红铜铸镶蝠形纹饰 CT 成像解析 刘百舸、胡钢 考古学研究（十二）120–128
广富林遗址出土周代青铜器合金成分与金相分析 顾雯等 文物保护与考古科学 1：88–96
杭州萧山老虎洞遗址出土青铜工具的金相分析及腐蚀探讨 张凯等 文物保护与考古科学 4：61–70
辽宁建昌县东大杖子墓地 M11 出土铜器的科学分析 柏艺萌等 3：200–208
科技视野下“异族同俗”现象的观察——以巴蜀青铜器为例 黎海超等 考古 12：104–115
西北地区青铜时代早期的金属使用——从技术与资源角度探讨 蔺诗芮 文博 5：59–72
基于标准差分析的秦始皇陵青铜马车零部件生产工艺研究 杨欢等 文物保护与考古科学 4：52–60

江西海昏侯墓主椁室出土青铜器制作工艺初步分析 胡毅捷等 南方文物 3：209–218
甘肃武威出土铜奔马铸造工艺初探 王琦 文物保护与考古科学 2：30–35
科技分析揭示历史时期豫西南矿冶经济模式及其对青铜时代金属资源考古的启示 郁田园等 南方文物 3：153–161
唐幽州节度使刘济基出土部分铜器的科学分析 杨菊等 北京文物与考古（第 8 辑）254–267
广西玉林市博物馆馆藏七件铜鼓的初步分析研究 黄伟等 文物保护与考古科学 3：71–80
昌宁出土铜镯的工艺及合金成分分析 王晓婷等 文物保护与考古科学 5：39–49
X–CT 技术透视皿方罍制作工艺 丁忠明等 江汉考古 4：116–125
先秦时期复合材质铁器的制作工艺及相关问题研究 李晓敏、陈建立 文化遗产研究（第 4 辑）343–360
鲁山望城岗冶铁遗址出土燃料鉴定与研究 王树芝等 华夏考古 1：82–87
集安洞沟古墓群山城下墓区出土铁器的初步科学分析 郭美玲等 北方文物 2：57–67
一把汉代铁锁结构的无损解析 叶琳等 文化遗产研究（第 4 辑）415–419
鄂尔多斯北魏鎏金牌饰字迹形成工艺的科学分析 王嘉堃等 考古学研究（十二）113–119
云南东川玉碑地遗址出土炉渣初步研究 李硕阳等 文化遗产研究（第 4 辑）288–308
白城市博物馆部分馆藏铁器的初步科学分析研究 郭美玲等 北方民族考古（第 12 辑）178–189
济源市王虎遗址出土唐代铁质文物分析检测研究 闫海涛等 草原文物 2：96–103
故宫珐琅缠枝莲纹冠耳三足炉的科学分析 张雪雁等 故宫文物保护修复文集 517–523
探索明代鋄金熏炉的工艺 黎永辉、邓汶慧 文物保护与考古科学 3：118–126
现代科学技术在古陶瓷中的应用研究 龚钰轩、李谦 中国陶瓷 4：49–55
21 世纪以来古陶瓷科技考古研究新进展（中）、（下） 鲍怡、郑建明 文物天地 1：104–110、2：96–99
岩相技术在中国陶瓷器考古研究中的应用 王恩元 考古学集刊（第 25 集）193–209
陶器岩相学及其在考古学中的应用 陆青玉等 江汉考古 2：109–115
热膨胀法判定建窑黑瓷烧成温度的应用研究 丁银忠等 中国陶瓷 1：60–65
青海民和县出土马家窑文化彩陶的科学分析研究 杨真真等 文物保护与考古科学 3：81–92
牛河梁遗址红山文化陶器成分分析与研究 高守雷等 北方文物 6：80–91
晋南新石器末期制陶黏土微量元素组成分析 王小娟 光被四表 格于上下——早期都邑文明的发现研究与保护传承暨陶寺四十年发掘与研究国际论坛论文集 218–230
古代制陶所用黏土及羼和料——兼及印纹硬陶与原始瓷原料的区别 李文杰 文物春秋 1：39–46
安阳殷墟出土原始瓷的产地与工艺 李文静等 华夏考古 3：94–105
焦作马村汉墓和白庄汉墓出土彩绘陶仓楼的科技分析 刘鑫 文物保护与考古科学 1：97–102
四川汉源麦坪遗址出土陶器成分分析与研究 郭富等 四川文物 3：95–103
唐长安城太平坊出土白瓷残片的相关研究 齐菲、温睿 华夏考古 5：113–118
上林湖后司岙窑址晚唐五代秘色瓷的显微结构研究 李媛等 故宫博物院院刊 12：121–127
景德镇宋元时期米黄釉瓷器的科技分析 李其江等 文物 1：86–96
龙泉大窑青瓷釉色特征 侯佳钰等 天下龙泉：龙泉青瓷与全球化国际学术研讨会论文集 580–586
龙泉青瓷胎釉成分特征研究 李合等 天下龙泉：龙泉青瓷与全球化国际学术研讨会论文集 592–598
龙泉大窑叶乌邸窑址青釉的显微分析 李媛等 天下龙泉：龙泉青瓷与全球化国际学术研讨会论文集 599–606
宋元明时期龙泉窑青瓷胎釉成分和烧成温度的测定研究 丁银忠等 天下龙泉：龙泉青瓷与全球化国际学术研讨

会论文集 570–579
宋代龙泉叶坞底窑冰裂纹釉的形态观察及形成分析 贾翠等 天下龙泉：龙泉青瓷与全球化国际学术研讨会论文集 587–591
宋代吉州窑不同类型复合装饰瓷的制瓷工艺对比 徐嫦松等 硅酸盐学报 9：1957–1963
茶洋窑黑釉瓷器的科技分析研究 于戈等 中国国家博物馆馆刊 2：150–160
明弘治、清康熙黄釉黄彩的无损分析对比研究 侯佳钰等 中国文物科学研究 1：74–79
科技考古探索“鼎州窑”“柴窑”千年之谜 陕西省文物勘探有限公司 中国文物报 10 月 12 日 4 版
长治分水岭墓地出土战国器物研究三题 张吉 古代文明研究通讯总 91 期：1–27
一件淮北市东汉“木侠纻”耳杯的测试分析 陈华锋、钟博超 文物保护与考古科学 6：114–123
南京大报恩寺北宋地宫出土诸圣舍利分析研究 马清林等 文物 7：87–96
山东邹城邾国故城西岗墓地一号战国墓茶叶遗存分析 路国权等 考古与文物 5：118–122
元上都与元中都遗址出土琉璃瓦胎体的检测分析 温睿等 故宫博物院院刊 4：95–103
元代都城琉璃瓦釉层的 EDXRF 和 SEM–EDS 分析 石若瑀等 光谱学与光谱分析 12：3808–3814
河南明代藩王墓建筑琉璃成分分析及相关问题 辛革等 华夏考古 6：114–120
鲁国故城遗址出土蜻蜓眼玻璃珠的科学研究 郭思克等 文物保护与考古科学 1：64–72
湖南里耶麦茶战国墓地出土玻璃制品的检测与分析 赵志强 湖南考古辑刊（第 15 集）288–301
故宫藏清代挂屏镶嵌玻璃饰件的科学分析 张瑜等 文物保护与考古科学 1：73–80
湖北宜昌万福垴遗址出土费昂斯珠科技分析与研究 陈天然等 文物保护与考古科学 1：51–63
养心殿宝匣内五色珠饰的科学分析 段佩权等 文博 4：92–97
洛南河口遗址出产绿松石产地特征研究 先怡衡等 第四纪研究 1：284–291
古代玉器科技考古研究概述 叶晓红 科技考古（第六辑）126–137
淅川申明铺遗址仰韶文化玉石礼器的科技分析 岳超龙、宋国定 南方文物 5：236–247
三星堆遗址出土玉石器的成分检测及相关问题分析 鲁昊等 故宫博物院院刊 9：123–142
河南固始侯古堆一号墓出土东周玉器的科技分析 袁仪梦等 光谱学与光谱分析 4：1306–1313
紫檀木边座嵌玉人瀏鵜木山水图插屏的科学检测分析 段佩权等 故宫文物保护修复文集 532–538
石器残留物分析与研究述评 李升韬等 南方文物 5：217–226
郑州小双桥遗址出土方孔石器的 ICP–AES 分析 刘效彬、宋国定 黄河 . 黄土 . 黄种人 18：27–30
故宫养心殿后檐窗罩明瓦的分析研究 陈雪琦等 考古学研究（十二）12–29
我国传统镁质石灰初步研究 周月娥、戴仕炳 文物保护与考古科学 1：43–50
郑州地区仰韶文化中晚期石器表面红色彩绘的无损科技分析 金锐等 南方文物 5：227–235
氢氘交换用于古代皮革胶原蛋白微观结构的研究 龚德才等 文物保护与考古科学 5：1–8
古乐器五弦筑的材料分析研究 訾威等 中国音乐学 2：49–55
陕西西头遗址十六国时期墓葬出土枕头的材质研究 马志坤等 微体古生物学报 4：377–388
故宫院藏一件紫檀木边嵌牙骨珐琅大吉葫芦挂屏中彩色象牙色粉的微损分析研究 刘瀚文等 故宫文物保护修复文集 524–531
红漆镂雕绣球式庆成灯的制作工艺研究 张彤等 博物院 4：128–136
广元千佛崖韦抗窟造像彩绘颜料及胶结材料分析研究 姜凯云等 中国文化遗产 6：71–77
广元千佛崖石窟石刻彩妆颜料的分析 贺翔等 光谱学与光谱分析 3：967–972

木雕彩绘菩萨立像的科学分析 李广华等 考古学研究（十二）91–108
红外光谱结合 PCA–LDA 对嘉峪关戏台文物建筑彩画胶料种类的判别 杨璐等 光谱学与光谱分析 3：796–800
墓葬壁画胶结材料的探讨分析 马珍珍等 考古与文物 5：123–128
基于可见光谱的古代壁画颜料识别与颜色分析 李森鑫等 激光与光电子学进展 6：403–410
甘肃泾川罗汉洞石窟壁画及制作工艺研究 何静、周伟强 文物保护与考古科学 2：13–22
吐鲁番吐峪沟石窟壁画制作工艺研究 周伟强等 西部考古（第 21 辑）287–295
道县竹王庙壁画颜料分析研究 邱玥 湖南考古辑刊（第 15 集）309–321
文物建筑色彩面层的视觉性质与材料做法初探——以传统矿物颜料“石青”（蓝铜矿）为例 李路珂等 故宫博物院院刊 4：65–94
养性殿西暖阁佛堂唐卡颜料研究 方小济等 故宫博物院院刊 7：131–138
陕西三原县天井岸汉代礼制建筑遗址中颜料的科技分析 温睿等 西部考古（第 22 辑）229–240
湖南江永上甘棠村古建筑灰浆成分分析 邱玥、张晓英 文化遗产研究（第 4 辑）309–316
元上都穆清阁夯土墙体材料特性研究 孙满利等 西部考古（第 21 辑）296–305
北京市圆明园舍卫城遗址夯土城墙盐分调查研究 周华等 北京文博文丛 1：110–114
周原遗址西周墓葬板灰的初步研究 周逸航等 考古学研究（十二）30–43
湖北江陵九店战国墓出土墨的科学分析 姚娜等 光谱学与光谱分析 11：3418–3423
通州路县故城遗址土壤矿质元素研究 吕砚等 北京文物与考古（第 8 辑）248–253
红外光谱的煤精类文物材质判别方法 郭靖雯等 光谱学与光谱分析 5：1424–1429
新疆吐鲁番胜金店墓地出土煤精制品的科技分析 孙诺杨等 文物保护与考古科学 4：44–51
稳定同位素生物考古学的概念、简史、原理和目标 胡耀武 人类学学报 3：526–534
HT–IRMS 测定有机物氧同位素过程的影响因素及方法改进 柏雪等 第四纪研究 1：146–152
哺乳动物牙釉质碳氧稳定同位素揭示早期人类演化与环境关系 徐哲等 人类学学报 3：454–468
广西更新世早期吹风洞的古环境——来自巨猿动物群牙釉质 C、O 同位素的证据 李大伟等 第四纪研究 5：1357–1365
河北徐水南庄头遗址动物骨骼的稳定同位素分析 侯亮亮等 考古 5：107–114
桂林市甑皮岩与大岩遗址人和动物骨骼的碳氮稳定同位素研究 刘晓迪等 考古 7：83–95
大连市广鹿岛小珠山遗址出土动物遗骸的锶同位素比值分析 赵春燕等 考古 7：96–105
稳定同位素视角下淮北地区新石器时代家猪的饲养策略研究——以安徽渠沟遗址（约 6700 ~ 4000 BC）的分析为例 戴玲玲、张义中 第四纪研究 5：1455–1465
黄河流域出土龙山时期扬子鳄骨板的多种同位素分析 张兴香等 人类学学报 1：75–86
中原地区新石器时代生业经济的发展与社会变迁：基于河南境内碳、氮稳定同位素研究成果的思考 陈相龙 南方文物 1：179–190
磁县南城墓地先商文化时期人群来源多元化的锶同位素证据 侯亮亮等 第四纪研究 1：235–246
陕西周公庙遗址人和动物骨骼的 C、N 稳定同位素分析 李楠等 南方文物 5：173–179
河南淇县宋庄东周墓地人骨稳定同位素分析——东周贵族与殉人食谱初探 周立刚等 人类学学报 1：63–74
刘家洼遗址春秋时期芮国先民生活方式初探——基于人骨稳定同位素分析 魏潇洋等 第四纪研究 5：1466–1474
黑龙江绥滨东胜明代墓地人骨的稳定同位素分析 侯亮亮等 边疆考古研究（第 30 辑）251–266
食性分析研究简史与新动向 陈相龙 科技考古（第六辑）111–125

新疆吐鲁番加依墓地人类迁徙与饮食结构分析 吴晓桐等 西域研究 3：83-92

新疆阿敦乔鲁遗址人类迁移行为与食物结构的初步研究 丛德新等 江汉考古 6：233-239

榆林地区新石器时代晚期杂草的利用及碳、氮稳定同位素研究的反思 常经宇 文博 4：51-58

中国有机残留物分析的研究进展及展望 杨益民 人类学学报 3：535-545

炉烟袅袅 余姚巍星路窖藏鬲式熏炉内的香灰 任萌等 大众考古 12：49-54

古 DNA 解析东亚人群形成史 文博中国 大众考古 3：90

补遗

陕西汉中出土商代四足铜鬲的科学分析 长孙樱子等 有色金属（冶炼部分）12：102-108

重庆合川出水宋代钱币成分和金相分析 李敏、袁泉 长江文明 1：52-56

秦始皇陵出土青铜马车活性连接工艺研究 杨欢 自然科学史研究 4：439-452

论秦始皇陵铜马车系驾构件中軜的结构和作用 周默轩 自然科学史研究 4：453-466

原始瓷科技考古新进展 刘昕 中国社会科学报 12 月 11 日 8 版

福建芦花坪珠光青瓷的化学组成及其呈色研究 王芬等 中国陶瓷 12：61-68

长江上游出土宋代黑釉瓷工艺特征的科技研究 任智颖、张茂林 长江文明 2：20-30

用多元统计分析研究黄冶窑白瓷的原料特征 赵维娟等 原子核物理评论 3：791-796

应用红外摄影研究木梯寺烟熏壁画 张遥等 光谱学与光谱分析 11：3628-3632

基于光谱降维与 Hu 矩的壁画颜料层脱落区域提取方法 曹鹏辉等 图学学报 6：930-938

基于拉曼光谱鉴定世界遗产大足卧佛颜料及相关研究 王丽琴等 光谱学与光谱分析 10：3199-3204

基于稳定同位素分析的拉巴特墓地先民生活方式 刘柯雨等 中国科学：地球科学 11：1611-1617

数字考古

智能时代遗产信息的分析与应用 黄松 中国文化遗产 2：58-62

数字考古研究进展 刘建国 科技考古（第六辑）15-20

基于 ArcGIS 地理信息系统分析的中国石窟时空分布特征研究 弓雨晨等 南方文物 4：256-263

城市考古研究中空间分析的理论与实践——基于遥感与地理信息系统 任冠、魏坚 河南大学学报（社会科学版）1：77-82

浅谈考古勘探中平面地图数字化校准及应用 孟杰、王月 考古学视野下港口与码头学术研讨会论文集 428-440

考古勘探中数字化技术的综合运用——以 2016 年桓台县史家遗址考古勘探工作为例 陈宗瑞等 东方考古（第 18 集）359-368

考古发掘虚拟仿真实验的建设与思考——以体素模型应用为中心 陈博、杨晓庆 文物保护与考古科学 5：93-101

遥感影像中所见隋唐大运河永济渠沁河故道遗迹 陈东川、黄晓东 黄河 . 黄土 . 黄种人 18：42-45

陇东先秦遗址多光谱遥感与遗址预测模型研究 张海等 遥感学报 12：2396-2408

点分布建模和可视性分析在长城研究中的应用——以燕长城赤峰段为例 李泽浩 南方文物 6：115-125

无人机航拍在皖南土墩墓考古研究中的实践 钱静轩 东南文化 5：123-132

考古测绘 100 年 刘建国 江汉考古 6：229-232

RTK、CASS 及 CorelDRAW 在田野考古绘图中的应用 何凯 三代考古（九）736-747

考古绘图由传统到现代 张蕾 科技考古（第六辑）152-161

新型测绘技术在双槐树遗址地形图编绘中的应用 赵向莉、孙晓飞 黄河 . 黄土 . 黄种人 24：48-52

多种测绘技术综合应用的考古发掘信息记录——以闻喜酒务头墓地为例 高振华等 中国文化遗产 1：66–73
制作考古器物图，先检视自身 甘创业 黄河.黄土.黄种人 24：44–47
三维几何形态测量方法在石制品分析中的应用 雷蕾等 人类学学报 6：970–980
石窟遗址的多视角三维重建 刘建国 克孜尔石窟与丝绸之路研究学术研讨会论文集 224–235
三维数字化技术在龙门石窟考古中的应用 李兴隆 洛阳考古 1：88–95
敦煌莫高窟第 45 窟彩塑高保真三维重建方法研究 余生吉等 文物保护与考古科学 3：10–18
岩画数字化和数据化研究现状及发展趋势 苏胜 中国文化遗产 5：86–91
基于 Agisoft PhotoScan 的石器三维建模与应用 赵海龙等 人类学学报 1：40–48
陕西周原贺家遗址出土车马器工艺调查及数字化复原 黄晓娟等 西北大学学报（自然科学版）5：797–806
基于三维扫描模型的兵马俑足踝有限元分析 兰德省等 文物保护与考古科学 3：19–26
秦陵文物数字化及虚拟复原研究综述 耿国华等 西北大学学报（自然科学版）5：710–721
小型文物摄影测量三维建模主体对象识别 牛文渊等 遥感学报 12：2409–2420
基于激光点云的三维建模技术在文物保护中的研究与应用 吴广、徐进 重庆文物考古论集（第一辑）331–345
“华光礁 I 号”海船的复原设计及三维模型建立 包春磊 博物院 2：130–136
试论木质文物三维断层扫描图像处理 刘静 材料保护 2：184–185
河南博物院藏辉县琉璃阁甲、乙二墓玻璃底片价值分析 崔晓琳 博物院 3：76–82
海底百年英魂的浮光掠影——甲午沉舰考古调查中的水下摄影技术 黎飞艳 自然与文化遗产研究 2：80–91
基于广域 X 射线荧光扫描成像技术（MA-XRF）的文物科学分析 段佩权等 文物保护与考古科学 1：81–87
同步辐射 X 射线技术在中国文物分析上的应用 关明等 文物保护与考古科学 3：98–107
云南曹溪寺华严三圣的 X 光照相检测及初步研究 相建凯等 文物保护与考古科学 2：23–29
高光谱成像技术对宜宾市博物院藏族谱印记的分析 巩梦婷等 文物保护与考古科学 5：78–84
传统翻模与 3D 打印复仿制工艺的比较研究——以李崇之印、中国大宁铜镜为例 张鹏宇、李洋 中国文物科学研究 2：53–59
3D 打印技术在金属文物复制中的应用——以中国国家博物馆馆藏鎏金铜观音造像、双兽首三轮盘的仿制为例 张鹏宇 博物院 4：123–127
颅面复原技术在体质人类学中的应用 税午阳等 人类学学报 4：706–720
SPSS 在瓦件研究中的应用 张效儒 大众考古 4：28–36
时间序列 SAR 图像不可移动文物水域淹没监测 吴樊等 遥感学报 12：2431–2440
数字人文视阈下文物信息可视化发展路径研究 张婧文、郭美廷 东南文化 5：162–168
面向国土空间规划“一张图”的文物资源信息化管理体系建构层次研究 徐磊、田林 中国文物科学研究 3：33–41
馆藏文物描述元数据方案探讨 黄明玉 文物保护与考古科学 2：98–104
基于对象——事件的文物时空数据模型构建研究 高劲松等 现代情报 6：88–96、148
荆州大遗址的信息化建设 王红星等 荆楚文物（第 5 辑）343–352

补遗

计算机辅助青铜器纹饰特征线识别方法研究 宗立成、王娜娜 图学学报 6：1018–1023

动物考古

缘起：中国动物考古学的多学科之路 吕鹏 南方文物 1：173–178

十年来中国动物考古学中动物次生产品开发研究 李志鹏 科技考古（第六辑）93–102
驯化和自我驯化的动物考古学观察 吕鹏 科技考古（第六辑）103–110
浅谈田野考古动物遗存采集 侯彦峰 华夏考古 1：122–127
数据库建设为动物考古学研究提供新的着力点 ——写在“中国动物遗存数据库”建成之际 吕鹏等 中国文物报 11 月 19 日 9 版
中国考古遗址出土黄牛骨骼的分子考古学研究初探 赵欣 科技考古（第六辑）138–151
原始牛的历史地理分布和古 DNA 研究进展 张乃凡、蔡大伟 边疆考古研究（第 30 辑）297–327
中国古代孔雀饲养技术研究 李伟良 农业考古 1：187–193
中国山羊的起源与扩散研究 蔡大伟等 1：191–200
多维视角下的家猪起源与驯化研究 王永笛、蔡大伟 边疆考古研究（第 30 辑）329–340
史前人类对动物骨骼油脂的开发和利用 戴静雯等 人类学学报 3：503–512
泥河湾盆地早更新世山神庙咀遗址动物群及其时代意义 同号文等 人类学学报 3：469–489
山东宁阳早更新世哺乳动物化石 张兆群著 于勇、周璐译 考古学视野下古代泰山文明学术研讨会论文集 25–36
广西扶绥岩亮洞与巨猿伴生的鼠亚科及其动物群的层序对比 王元等 人类学学报 6：1041–1054
渭河盆地西缘三门组腹足动物化石及其古环境意义 肖良等 第四纪研究 6：1596–1606
陕西洛南龙牙洞发现中更新世马陆化石 李永项等 第四纪研究 1：304–307
山东沂源扁扁洞遗址出土动物遗存研究报告 宋艳波、孙波 海岱考古（第十四辑）12–25
中国北方地区更新世晚期到全新世早期动物生业研究综述 高瑶、王华 东方考古（第 18 集）263–277
重庆巨梁沱遗址旧石器晚期啮齿类及其利用策略与环境意义 王运辅等 第四纪研究 5：1425–1437
重庆巫山玉米洞遗址 MIS 2 阶段的鼹科动物化石 庞丽波等 第四纪研究 5：1366–1375
华南地区新石器早中期动物骨中羟磷灰石的污染鉴别及机制——以广西桂林甑皮岩遗址为例 刘晓迪、胡耀武 第四纪研究 1：189–200
河南邓州八里岗遗址出土仰韶时期动物遗存研究 王华、张弛 考古学报 2：297–316
黄帝淳化虫蛾与双槐树牙雕蚕 陈隆文 中原文化研究 3：13–20
汉水中游地区先秦时期生业经济探索——郧县大寺遗址出土动物遗存研究 刘一婷等 江汉考古 3：116–124
庙底沟遗址动物遗存的鉴定与研究 刘一婷等 华夏考古 5：103–112
河南新乡前高庄遗址龙山时期动物遗存分析 左豪瑞等 中原文物 2：40–46
豫北地区龙山时期生业经济的考古学观察 秦存誉 文博 2：61–68
动物遗存反映的关中地区史前至秦汉时期生业经济发展状况——以西安弓背崖遗址为例 宗天宇等 第四纪研究 5：1445–1454
陕西动物考古研究的形成与发展 胡清波、袁靖 南方文物 4：189–197
陕西榆林地区新石器时代晚期动物资源的获取和利用 常经宇 考古 8：109–120
陕西木柱柱梁遗址出土鸟类遗存初探 杨苗苗 中原文物 6：82–87
陕西扶风案板遗址的动物资源利用方式研究 侯富任等 文博 2：54–60
有关陶寺遗址竹鼠遗存的若干问题 孟鑫 三代考古（九）201–215
宁夏隆德县沙塘北塬遗址出土家养黄牛的 DNA 研究 赵欣等 南方文物 5：167–172
济南张马屯遗址出土动物遗存研究 宋艳波等 东方考古（第 18 集）246–262、372
安徽淮北渠沟遗址出土动物遗存的初步分析 戴玲玲、张义中 边疆考古研究（第 30 辑）267–282

西河遗址 2008 年出土动物遗存分析——兼论后李文化时期的鱼类消费 宋艳波等 江汉考古 1：112–119
玉溪遗址 2004 年度出土小型哺乳动物的分析与研究 李凤等 重庆文物考古论集（第一辑）289–296
重庆大河口遗址出土鼯鼠骨骼及意义 王运辅等 第四纪研究 1：224–234
江苏东台开庄遗址动物遗存研究报告 乙海琳等 东南文化 3：80–91
河姆渡文化的渔猎策略：生物分类生境指数在动物考古学中的应用 张颖 第四纪研究 1：292–303
黑龙江齐齐哈尔洪河遗址出土的骨器 梁琪瑶等 人类学学报 5：751–763
中国西北早期马匹骑乘的证据 李悦等著 吴祎等译 丝绸之路考古（第 5 辑）27–35
小议商马 周雪艳 黄河 . 黄土 . 黄种人 8：19–23
商周马学考 王格格、董杰 农业考古 1：180–186
环渤海南岸商周时期肉食消费情况研究 丁方婕、古笑雷 考古学视野下港口与码头学术研讨会论文集 50–60
陕西旬邑枣林河滩遗址出土商周时期骨制品研究 黄泽贤等 南方文物 4：183–188
陕西凤翔雍山血池遗址 2016 ~ 2018 年祭祀坑出土三牲骨骼研究 胡松梅等 考古与文物 4：122–128
东周秦汉时期齐都临淄的环境、农业与工匠生活——以阚家寨遗址动植物遗存为核心 陈雪香等 南方文物 2：162–167
黑龙江嫩江县铁古拉遗址出土动物骨骼研究 戴静雯等 北方文物 3：62–73
雄安南阳遗址动物资源消费策略初探 邓惠等 南方文物 4：160–166
柏人城遗址 2018 年出土动物遗存研究 梁琪瑶等 边疆考古研究（第 30 辑）283–295
新乡市汉墓鼢鼠动物遗骸研究 王照魁等 第四纪研究 1：276–283
西安曲江唐故博陵郡夫人崔氏墓出土动物遗存分析 杨苗苗 文博 4：59–66
动物考古揭示戍边将士别样的闲情逸趣 新疆大河古城出土马髋骨 王照魁等 大众考古 4：62–65
杭州市德寿宫遗址宋代烟管螺科（Clausiliidae）标本研究 周浩等 第四纪研究 1：247–254
河南省淅川县单岗遗址宋代动物骨骼研究 刘天洋等 洛阳考古 3：83–92
2018—2019 年崇礼太子城遗址出土动物遗存研究 李文艳等 文物春秋 6：56–63
开城安西王府遗址出土动物遗存研究 侯富任、王仁芳 南方文物 4：167–172
贵州遵义海龙屯遗址出土黄牛、家马等动物骨骼及生业意义 王运辅、李飞 南方文物 4：173–182

植物考古

近年木材和木炭分析综述 王树芝 科技考古（第六辑）31–44
考古木材的吸湿性能及其内在影响机制 郭娟等 文化遗产研究（第 4 辑）265–274
家养食草动物粪便中的花粉及菌孢子类型及其对人类活动的指示意义 张雅平等 人类学学报 5：879–887
广西邕江流域早全新世贝丘遗址的生业形态和定居模式分析：来自植物遗存的综合证据 张烨昆等 第四纪研究 5：1408–1424
我国古代葛的种植栽培及葛织品利用 徐昀徵、朱宏斌 农业考古 3：177–184
河南舞阳张王庄遗址仰韶早期先民食物的淀粉粒分析 易文文等 人类学学报 5：867–878
陶寺文化中、晚期遗址先民对木材的利用 王树芝等 光被四表 格于上下——早期都邑文明的发现研究与保护传承暨陶寺四十年发掘与研究国际论坛论文集 206–217
河济地区先秦时期植物考古初探 钟华 科技考古（第六辑）1–14
北辛文化晚期至大汶口文化早期生业模式初探——山东定陶何楼遗址浮选出土植物遗存分析 钟华等 南方文物 1：164–172

湖北石首走马岭遗址史前植物遗存鉴定与研究 唐丽雅等 江汉考古 3：109–115

杭嘉湖平原腹地新石器早期夹砂陶片水稻植硅体化石发现及环境意义 顾延生等 第四纪研究 5：1438–1444

从进化论视角重新评估上山文化在稻作农业起源中的地位 赵志军 中国文物报 12 月 3 日 5 版

论“稻”上山 听这十位学者怎么说 张小筑 中国文物报 12 月 3 日 6 版

上山文化水稻植硅体研究的几点思考 邱振威 考古 9：109–120

江苏泗洪雪南遗址植物资源与环境景观初探 邱振威等 中国国家博物馆馆刊 8：24–41

太湖以东地区的史前稻作农业与人类适应 生膨菲、周宜静 农业考古 6：47–56

马家浜文化生业模式初探——来自杨家遗址和马家浜遗址的植物考古学证据 郑晓蕖等 江汉考古 5：119–127

青海化隆沙隆卡遗址生业经济研究——来自淀粉粒的证据 赵珍珍等 考古与文物 6：120–125

涪陵古坟坝遗址出土植物遗存分析 马晓娇等 重庆文物考古论集（第一辑）278–288

河南鄣邓遗址浮选碳化植物遗存分析 刘焕等 人类学学报 6：1063–1071

出土饱水云南松的超微构造特征 李光浩等 文物保护与考古科学 2：68–73

植硅体分析揭示成都平原先秦农业发展及其环境背景分析——以宝墩和三星村遗址为例 吕颖等 第四纪研究 5：1475–1488

山东青岛龙泉河东遗址西周时期炭化植物遗存研究报告 魏娜等 海岱考古（第十四辑）75–99

植硅体和木炭遗存揭示陕西进步遗址西周时期陶窑燃料利用情况 马志坤等 西部考古（第 22 辑）219–228

北京地区西周及金元时期农业状况初探 尹达等 北京文物与考古（第 8 辑）231–247

多样与转变——北京大兴旧宫遗址浮选结果及分析 尹达等 南方文物 5：145–154

公元前一千纪新疆巴里坤地区的农业生产：农田杂草视角 田多等 西域研究 3：72–82

新疆东天山地区巴里坤石人子沟遗址储粮坑分析 马志坤等 第四纪研究 1：214–223

基于基因组高通量测序方法精准鉴定植物遗存——河南崔寨遗址案例 牛帼豪等 第四纪研究 5：1503–1512

慈利白公城遗址出土木材种属的鉴定研究 张晓英、杨先云 文物保护与考古科学 6：106–113

秦汉时期的植物考古学观察 郑晓蕖 南方文物 4：154–159

鲁山望城岗冶铁遗址汉代植物大遗存浮选分析 刘殷茗等 华夏考古 1：88–89、105

湖南青竹寺窑遗址出土木炭的种属鉴定研究 张晓英、杨宁波 湖南考古辑刊（第 15 集）302–308

汉晋时期湘西地区农业初探——以官田遗址为例 吴瑞静等 农业考古 3：23–30

汉魏时期三江平原农业生产的考古证据——黑龙江友谊凤林古城遗址出土植物遗存及分析 赵志军 北方文物 1：68–81

太原唐代郭行墓出土植物遗存的鉴定与分析 葛利花等 农业考古 6：63–70

新疆吐鲁番哈拉和卓晋唐古墓群出土植物遗存研究 张元等 农业考古 4：7–14

新疆米兰遗址吐蕃时期的植物遗存 赵美莹等 人类学学报 6：1055–1062

丝瓜在中国的引种和传播 张雨晴、王思明 农业考古 6：178–185

寒瓜与西瓜辨析——“寒瓜”概念的传承、演变和认知 刘启振 农业考古 4：166–173

“华光礁 I 号”沉船木材降解评价及硫铁化合物分析 包春磊 文物保护与考古科学 5：60–70

明末赣、陕两地道地枳壳之兴替与江西“枳种”入川 冯玮 农业考古 6：212–216

古代山西枣地位变迁——以明清山西地方志为中心 杨幸、高升荣 农业考古 6：186–193

明清时期河南地区的红花种植 曹孟菲、卫丽 农业考古 6：205–211

沈阳清墓木质葬具的树种鉴定及生态环境的指示潜力 李俊霞等 应用生态学报 10：3687–3698

荷兰豆传入中国初探 利梓淇 农业考古 4：161–165

补遗

中国河西走廊东灰山和西灰山作物遗存研究 魏益民等 麦类作物学报 11：1327–1333

人类骨骼考古

近十年古代人类迁徙研究的成果与展望 赵春燕 科技考古（第六辑）21–30

中国古人种学研究的回顾与反思 王明辉 科技考古（第六辑）45–62

中国古代人骨体质人类学的研究进展与展望 何嘉宁 人类学学报 2：165–180

人类骨骼考古学是探讨人自身历史的重要领域 贺云翱 大众考古 4：1

人类骨骼考古中的行为重建 张晓雯等 东南文化 3：12–19

有关人类骨骼考古学研究的几点思考 张雅军 科技考古（第六辑）215–222

全面开花，共同推进人类骨骼考古发展——2020 年人类骨骼考古研究盘点 王明辉 科技考古（第六辑）63–80

门齿孔位置在中国古人类化石与现代人群的表现及其演化意义 刘武等 人类学学报 5：739–750

晚更新世东北亚现代人迁移与交流范围的初步研究 崔哲慜等 人类学学报 1：12–27

辽宁建平古人类肱骨形态结构分析 魏偏偏等 人类学学报 6：943–954

浅析考古所见多个体混合人骨遗存的分类 曹豆豆、原海兵 黄河．黄土．黄种人 6：41–44

西安鱼化寨史前婴幼儿乳齿的特征 雷帅等 人类学学报 2：208–225

郑州孙庄遗址仰韶文化居民的颅骨形态 周亚威等 人类学学报 4：611–627

郑州汪沟遗址仰韶文化居民的牙齿磨耗及口腔健康状况 周亚威等 人类学学报 1：49–62

河南平粮台和郝家台遗址龙山文化的颅骨形态学分析 孙蕾等 江汉考古 5：128–133

山西临汾下靳墓地出土颅骨的人类学特征 雷帅等 文博 5：103–112

太湖地区新石器时代的拔牙习俗 张旭 科技考古（第六辑）169–176

江苏兴化蒋庄遗址良渚文化墓地的古人口学 侯侃等 人类学学报 2：239–248

四川会理县猴子洞遗址 2017 年出土人骨研究 张燕等 四川文物 6：104–116

内蒙古哈民忙哈遗址房址内人骨埋藏原因辨析 杨月光 考古 11：113–120

济南大辛庄遗址商代居民的牙齿疾病 申亚凡等 人类学学报 4：628–643

生物考古所见两周时期官庄聚落的人群与社会 陶大卫等 人类学学报 2：320–327

北方地区戎狄人群的装束复原研究——以玉皇庙墓地为例 张文珊、邵会秋 草原文物 2：35–46

云南祥云红土坡墓地出土人骨颅面特征研究——兼谈“昆明”族属问题 赵东月等 第四纪研究 1：255–266

成都市新一村遗址十二桥文化人骨的勘验 原海兵等 黄河．黄土．黄种人 4：32–34

新疆吐鲁番加依墓地青铜—早期铁器时代人群体质量研究 李鹏珍等 草原文物 1：114–119

新疆且末县加瓦艾日克墓地人骨研究 张雅军、张旭 人类学学报 6：981–992

新疆萨恩萨伊和洋海墓地不同时代人口规模估算初探 刘依等 第四纪研究 1：267–275

中国西藏拉托唐古墓地古代居民线粒体全基因组研究 丁曼雨等 人类学学报 1：1–11

黑水国遗址汉代人群的上颌窦炎症 熊建雪等 人类学学报 5：776–786

宁夏隆德县周家嘴头汉代墓葬人骨研究 李鹏珍等 边疆考古研究（第 30 辑）243–250

内蒙古察右前旗旗杆山东汉晚期鲜卑墓葬颅骨研究 胡春佰等 文物春秋 2：11–22

北魏平城时期星港城遗址的人种类型 周亚威等 北方民族大学学报 1：112–117

齐国故城小城北门遗址晚唐至五代墓葬出土人骨研究 赵永生等 海岱考古（第十四辑）310–314

辽代西域胡人形象微探——以考古资料为中心 潘晓暾、张星瀚 草原文物 2：70–77
山东广饶县中南世纪城墓地出土明代人骨的初步研究 肖雨妮等 人类学学报 6：993–1003
北京东坝明清墓葬人骨鉴定小记 以骨识人 张玉妍 大众考古 4：69–73
天津蓟县桃花园墓地明清时期缠足女性足骨的形态观察 邱林欢、李法军 人类学学报 5：787–800

纺织考古

纺织考古学发展概述 刘大玮 草原文物 2：91–95
便携式近红外光纤光谱在纺织品文物纤维无损检测中的应用 丁莉等 文物保护与考古科学 4：128–136
纺织品类文物材质与染料分析方法 刘帅等 文物保护与考古科学 2：110–119
防染剂“蜡”与蜡染在古代织物中应用减少关系再识 汪训虎等 南方文物 4：251–255
复制的纹理——从战国织锦看中国交织的早期原理 罗茜尹、王亚蓉 南方文物 4：198–205
马王堆一号汉墓素纱禅衣研究与复织 王继胜、赵娜 南方文物 4：215–225
中国古代多综多蹑织造技术研究——以“人文天下山水之中”铭文锦为例 王越平、杨然 南方文物 4：247–250
连璧以通天——从馆藏织锦袖子残件看汉晋时期流行的连璧锦 徐铮 丝绸之路考古（第 5 辑）74–82
Pémīnai thau：古代于闐的毛织布 朱丽双 西域研究 2：87–98
隋唐时期入华粟特男子世俗服饰与中华文化认同——以隋唐时期入华粟特人墓葬资料为中心 曾丽荣 西域研究 2：155–165
宋代缂丝工艺考辨——兼论馆藏《莲塘乳鸭图》缂丝画工艺特征 于颖 南方文物 4：226–234
福建南宋黄昇墓服饰初探 谢玻尔 美术观察 9：70–71
江苏地区明代浇浆墓出土女性服饰研究 郭正军 中国国家博物馆馆刊 5：80–89
七十年来明代墓葬出土服饰研究回顾与展望 李昕 中国史研究动态 1：27–35
浅谈明宁靖王夫人吴氏墓出土织金凤纹云肩通袖襕夹袄 高丹丹等 南方文物 4：235–246
明代品官朝服探析——以孔府旧藏衍圣公朝服为例 徐冉 文物天地 12：34–39
传世戏服的检测与研究——以一套牛戏服为例 王丹 文化遗产研究（第 4 辑）252–264
织锦中的宗教文化 刘晓彬 中国宗教 7：62–63
从考古资料谈汉代服饰色彩的变化及其原因 宋歌 中原文物 5：119–123
6—12 世纪扎经染色织物纹样及其东西方交流 王可、刘元风 装饰 8：78–81
清代西洋呢绒考析 宋文 故宫博物院院刊 4：55–64
清代宫廷服饰中蕾丝的使用 苗荟萃 东华大学学报（社会科学版）3：66–72

补遗

宋代女子首服“盖头”考释 张彬 装饰 6：68–71
秦始皇兵马俑一号坑出土弓韬表面纺织品残留物的红外光谱及显微分析研究 杨璐等 光谱学与光谱分析 11：3623–3627

天文考古

曙光之城——从天文考古学看陶寺城址的择向与历法 曹慧奇 南方文物 3：1–9
陶寺天文观象台“天地之中”内涵及相关问题初步研究 顾万发 光被四表 格于上下——早期都邑文明的发现研究与保护传承暨陶寺四十年发掘与研究国际论坛论文集 195–205

对陶寺观象台春秋分日出偏离观测缝的解释 武家壁 光被四表 格于上下——早期都邑文明的发现研究与保护传承暨陶寺四十年发掘与研究国际论坛论文集 231–242
石家河城址天文考古与历史地理研究 武家壁 荆楚文物（第 5 辑）50–67

冶金考古

“金道锡行”：中国青铜时代铜原料的南方之路 方勤 楚文化与长江中游早期开发国际学术研讨会论文集 30–35
中国古代青铜器失蜡法铸造之辩论 徐得娜等 东方考古（第 18 集）224–245、371
铸型材料及制作工艺研究体系的建立、现状及问题 钟正权、刘煜 科技考古（第六辑）81–92
中国青铜文明锡铅铜合金技术可能自创发明于楚地 郭静云等 楚文化与长江中游早期开发国际学术研讨会论文集 22–29
黑河流域铜冶炼技术起源与发展初探 万有文等 丝绸之路 4：67–70
张掖西城驿遗址新石器时代晚期－青铜时代人类冶金活动的元素地球化学记录 陈国科等 人类学学报 1：87–96
安徽安庆地区早期采矿与冶金遗址考察研究 崔春鹏等 有色金属（冶炼部分）1：89–97
皖南地区的早期矿冶遗址以及三种合金技术 崔春鹏等 有色金属（冶炼部分）2：114–122
有关先秦青铜铭文密码的破译与证明——论中国古代铸造工艺“漏铅法” 李志伟 荆楚文物（第 5 辑）289–296
湖北阳新炼铅遗址群调查与初步研究 李延祥等 江汉考古 2：101–108
试析郑州小双桥商代铸铜作坊 钟朗然 黄河 . 黄土 . 黄种人 22：18–22
商代中期青铜容器铸造技术传播蠡测 何毓灵《青铜器与金文》(第七辑）97–120
殷墟苗圃北地铸铜遗址出土大型方鼎底范及其附着铜片的研究 刘煜等 南方文物 5：70–81
三星堆出土青铜器铸造工艺补议 郭建波等 南方文物 3：145–152
周代青铜原料集散中心“繁汤”补论 易德生 楚文化与长江中游早期开发国际学术研讨会论文集 36–41
周原庄李铸铜遗址西周銮铃的范铸模拟实验研究 宋江宁、董子俊 三代考古（九）610–620
西周时期鄂东南铜矿业初步观察 陈树祥、王定兴 南方文物 3：19–28
块范法与中原式失蜡法——春秋世变下青铜技术的本与末 苏荣誉 中国早期数术、艺术与文化交流：李零先生七秩华诞庆寿论文集（上）93–183
山西绛县西吴壁遗址东周遗迹出土冶铜炉渣研究——兼叙复杂文化堆积中冶金遗物时代特征的判别方法 崔春鹏等 中国国家博物馆馆刊 8：79–87
大英博物馆馆藏侯马青铜器：技术研究 王全玉等 东方考古（第 18 集）208–223
临淄齐故城冶铸业考古的收获与进展 杨勇 南方文物 2：154–161
楚国铜矿冶业历史进程的考古学观察 陈树祥等 楚文化与长江中游早期开发国际学术研讨会论文集 53–62
河南荥阳官庄遗址铸铜技术与金属资源变迁初步研究 张吉等 南方文物 3：162–173
熔合吉金：论陕西出土五件青铜器的铸接 苏荣誉 东方考古（第 18 集）188–207
铁与火之歌——记桑植官田遗址冶金考古模拟实验 张钊等 大众考古 2：38–48
广西兴业龙旗顶古代铸造遗址初步调查 黄全胜等 有色金属（冶炼部分）11：128–136
上海青龙镇唐代铸造作坊遗址出土陶范的分析研究 廉海萍等 文物保护与考古科学 5：19–30
冶炼条件与冶炼品：铸铁炉发展的实验观察 伊维特·马克斯、奈克·格罗特著 张倩、唐邦城译 北方民族考古（第 11 辑）352–364

中国早期铁器及冶铁技术 华道安著 张梦逸译 南方民族考古（第二十二辑）323-336
安溪青洋下草埔冶铁遗址的几点初步认识 沈睿文、易曙峰 自然与文化遗产研究 3：48-58
吉林集安北头东南冶铁遗存 孙立斌等 大众考古 4：16-17
物质的生产与“存在”的逻辑：冶金考古实验室的田野考察 胡甦、章梅芳 自然辩证法研究 8：63-69
京山苏家垄出土青铜器室内考古清理的探索与实验 方勤、张吉 文化遗产研究（第 4 辑）120-123
早期金银器制作锤锻技术的实验考古研究 李泽琨 大众考古 10：43-48

补遗

也论大克鼎铭文的制作方法——兼议西周中晚期泥条法的普遍性 石安瑞《青铜器与金文》（第四辑）143-162

其他

玉石器管钻技术的动态模拟实验研究 黄可佳、王雪 早期中国研究（第 4 辑）208-220
牙齿微痕研究在古食性重建中应用的简述 华李成、Peter S UNGAR 人类学学报 2：292-306
陶寺玉钺 8 字形孔制作技术及含义管窥 邓聪 光被四表 格于上下——早期都邑文明的发现研究与保护传承暨陶寺四十年发掘与研究国际论坛论文集 243-251
殷墟玉器孔道内部微痕分类辨析 杨露雅等 人类学学报 2：249-260
浅析正定开元寺龟趺断面人工凿痕的功能 周双林等 考古学研究（十二）109-112
四川省成都市新津区宝墩遗址土壤微形态特征及其环境指示意义 李兰等 南方民族考古（第二十三辑）309-325
江西抚州千金陂世界灌溉工程遗产价值研究 黄细嘉等 南方文物 2：279-283
千年遗址梁武堰 董一峰 江阴文博总 38：21-25
清代黔东南苗疆的水利开发与管理 舒斯强 农业考古 1：141-146
干支五行骨筹浅论 崔晓东 文物春秋 5：47-55
救难与驱邪 第 72 回正仓院展的药物与武器 冯慧 大众考古 2：27-37
中国古代航海火器的演进历程 陆伟 大众考古 4：45-50
色度测量在文物考古中的应用 周辉等 文物保护与考古科学 1：125-132
丁观鹏《莲座大士》像轴综合复制研究 王赫 中国文物科学研究 1：67-73
四川博物院藏清道光拓西汉扬量买山记拓片探微 胡蔚 四川文物 2：82-89
偏振光显微镜在木斯塘档案纸张纤维检测中的运用 蔡梦玲 文物保护与考古科学 2：52-60
西藏手工纸的光稳定性和荧光效应研究 贾明浩等 考古学研究（十二）180-191
先秦时期毛笔书写的考古学观察 刘余力 洛阳考古 1：15-20
湖南简牍书法品鉴五则 陈松长 从里耶到长沙：解码简牍中的湖湘史记 222-229

补遗

湖南益阳兔子山遗址出土竹筒浸泡液可培养细菌的分离鉴定及部分功能特性 张潇月等 应用与环境生物学报 6：1418-1425

陆　美术考古

一　通论

商周造物设计艺术的发展模式研究 王娜娜、宗立成 西部考古（第 22 辑）86-92

Matter interpretation of Chinese art archaeology *Li Jie* 艺术考古学研究（第一辑）2–21
音乐图像类文物在史学研究中的价值判断与使用 朱迪 兰州文理学院学报（社会科学版）1：116–122

补遗

龙文化与龙纹饰 邢平元、王海涛 黑龙江史志 10：33–35
美术考古："他者"的美术史 刘文锁 美术观察 11：20–22

二　雕塑

画像石・画像砖

汲古而泽今——汉画像艺术的传承与创新 厉相帅 美术观察 8：158–159
汉代画像板与画像石产生背景及特点初析 颜张奕、刘松林 楚文化研究论集（第十四集）321–354
汉代"鱼龙曼衍"图像新证 朱浒 南京艺术学院学报（美术与设计）1：112–119
汉画像石中的鱼纹与黄泉 王龙 风雨兼程 40 年——山东省文物考古研究院建院纪念文集（下册）590–597
汉画像石中的山体树木与山水画萌发探微 侯颖慧 美术 10：140–141
汉画像石形象造型的装饰语言探究 王文灏、孙嘉怡 美术 12：134–135
汉画像石舞图考辨 彭春艳 考古学集刊（第 24 集）147–167
汉画像石车马题材图像学研究 冯保荣 艺术考古学研究（第一辑）32–42
汉晋"舍利"图像考 朱浒 美术研究 3：59–66
滤清图——石刻画像研究劄记 张道一 南京艺术学院学报（美术与设计）1：1–4
关于力士申博身份的推测 罗小华 长江文明 2：1–4
"竭家所有示子道"——汉代祠堂画像石题记所见汉代孝亲观念 王海玉 文物天地 2：78–83
山东沂水大官庄发现汉画像石 宫德杰、耿涛 文物 10：71–76
从汉画石图像看汉代滕州地区的庶民地主经济 狄小卜 中国文物报 10 月 26 日 4 版
邹城卧虎山 M2 南石椁画像新探——兼议汉画中子路与西王母的组合关系 戎天佑 故宫博物院院刊 8：51–61
徐州汉画像石中的兰锜图——兼论东汉兵器使用情况 刘姝妹 中原文物 5：107–118
徐州铜山区吕梁山一汉画像石所见乐舞图像解析 刘冠 北京舞蹈学院学报 1：12–18
武梁祠汉画像石"曾母投杼"献疑——兼论"曾子质孝"的文化意义 李同恩 秦汉研究论丛：秦汉考古遗存研究专集 275–285
大街汉墓《粮囤画像》研究 李建雄、李洁 艺术考古学研究（第一辑）43–56
萧县汉画像石研究 苏肇平 文物研究 12：78 — 80
安徽省淮北市相山发现"永元八年"汉代画像石祠堂 朱永德、解华顶 东南文化 4：53–58
南阳汉画像石中舞姿形象的梳理与辨析 郑亚萌 北京舞蹈学院学报 1：19–25
略论鲁迅所藏南阳汉画像拓片中的音乐图像 王歌扬 中国音乐学 4：37–44
安阳西高穴 M2 出土几件画像石图像考索 庞政 故宫博物院院刊 1：42–51
汉代陕北画像石题记整理与文化特征 谢娟玲 兰州文理学院学报（社会科学版）3：34–41
陕北汉代画像石工艺初探 高疏寒 艺术考古学研究（第一辑）90–104
陕北汉画像石所见"双头连体人面兽"寓意考 张维慎 黄河 . 黄土 . 黄种人 2：56–57
论陕北汉画像石中荆轲刺秦王故事的隐喻与象征 刘向斌、刘国伟 中原文化研究 5：93–98
"汉巴郡朐忍令广汉景云"碑额画像辨识——兼论川渝地区汉代画像所反映的升天过程 范鹏等 重庆文物考古论

集（第一辑）126–135
四川南朝石刻“罐生莲台”图像研究 董华锋、闫月欣 考古学集刊（第24集）188–214
稽前王之采章 成一代之文物——陕西潼关税村隋墓画像石棺的视觉传统及其与宫廷匠作的关系 贺西林 故宫博物院院刊 12：56–73
考古的画像砖与艺术史的画像砖 李小红 新美术 5：259–263
秦汉时期九尾狐画像砖的图像学研究 赵识 地域文化研究 2：118–123
试论陕北汉画像中的“仙人六博”式东王公及相关问题 庞政 考古与文物 3：86–91
河南长葛出土汉代“文山”画像砖及其相关问题 沈辰、徐婵菲 故宫博物院院刊 1：34–41
四川地区汉代花纹砖上的玉璧纹图像小考 张晓超、赵俊杰 南方文物 4：110–118
河西画像砖上的风物 李重蓉 人民日报 8月14日5版
河西画像砖上的魏晋风度 李重蓉、孙祥 文物天地 9：44–51
浅谈魏晋时期河西地区农业发展——以嘉峪关魏晋墓“农耕图”画像砖为例 孙花 丝绸之路 3：108–111
襄阳南朝墓董永行孝画像考释 李琴 文博 3：76–81
材质、题材与图像：“竹林七贤与荣启期”画像砖渊源考 李若晴 艺术探索 1：6–18

补遗

汉代画像石（砖）中的读书图 兰钰嵛等 图书馆论坛 12：63–70
从徐州汉画像石中探析早期道教思想 杨山知 中国道教 5：8–13
巴蜀汉砖写意佛造像艺术的新探索 林峤 四川戏剧 9：179–182

造像总论

大像有形：从中亚到中国 ——关于大佛像的几个问题 陈晓露 春山可望——历史考古青年论集（第三辑）
对坐图像在藏传佛教美术中的演变 杨艳丽 陇右文博 1：51–55
六朝佛教造像对海东的传播路径探析 费泳 南京艺术学院学报（美术与设计）6：89–94
定州与邺城北朝隋代单体思惟像序列研究——兼旧金山亚洲艺术博物馆藏造像鉴别 刘洪彩 南京艺术学院学报（美术与设计）6：100–106

金铜造像

陕西咸阳成任墓地出土中国最早金铜佛像 李明、赵占锐 中国文物报 12月10日2版
东晋阿育王像研究——以长干寺阿育王像为主 祁海宁 东南文化 2：119–126
平凉市博物馆藏北朝铜观音五尊像赏析 王丽蓉、牛文楷 黄河 . 黄土 . 黄种人 12：36–39
平凉市博物馆藏北朝铜观音五尊像赏析 王丽蓉 陇右文博 3：14–18
试论早期佛陀、菩萨像名实不符的现象——以早期金铜佛像为中心 何志国 中原文物 1：130–138
再论甘肃泾川铜器窖藏出土金铜佛像的年代及相关问题 朱棒 美术观察 2：49–52

补遗

重庆中国三峡博物馆藏摩利支佛母铜像浅析 梁冠男 法音 9：33–35
早期纪年释迦多宝佛金铜像类型分析 何志国 艺术探索 2020年5：37–53

石造像

益州佛教文化交流与丝绸之路河南道的关系：以僧侣、义理、造像为考察中心 曹中俊 陇右文博 1：37–50
浙江新昌千佛岩南朝龛像——南朝忏法流行的实物例证 李裕群 文物 2：59–71
炳灵寺169窟第3龛造像题材再认识 王玲秀 石窟寺研究（第12辑）77–85

饰耳佛像 李静杰 敦煌研究 1：15–28
龙门石窟北朝造像中装饰雕刻的艺术格调 张成渝、张乃翥 西部考古（第 22 辑）156–198
北朝基层社会中的造像活动——以盂县地区为例 魏永杰 华夏考古 2：71–80
北朝菩萨立像中的“X”形帔肩 孙清泮 石窟艺术研究（第五辑）150–159
对龙兴寺遗址窖藏出土一种菩萨头冠的考证 付卫杰、王谨霞 南方民族考古（第二十一辑）235–243
青州及周边地区北朝佛教造像的思考 宫德杰 海岱考古（第十四辑）379–393
塑绘之间——从青州造像和新疆壁画看佛教造像的源流与回传 孙岱婵 克孜尔石窟与丝绸之路研究学术研讨会论文集 161–186
甘肃华亭出土的北朝造像题材内容及相关问题探讨 孙晓峰 石窟艺术研究（第五辑）30–45
武山拉梢寺大佛造像记考释 李振宇 敦煌研究 4：50–58
论豫北地区北魏石刻造像的地域特征 王景荃 中原文物 6：106–113
陕西中部北魏晚期至西魏石刻佛像造型分析 黄文智 石窟寺研究（第 11 辑）90–108
含贝周遭见化城——《法华经·化城喻品》与宝顶山大佛湾造像之关系 李小强 长江文明 3：22–38
响堂山石窟东魏至北齐石刻佛像造型分析 黄文智 艺术探索 4：42–54
西魏大统三年比丘法和造像碑图像考释 张聪、耿剑 美术观察 12：47–52
河北北齐石刻文化遗产衍生设计研究——以龙树背屏式造像为例 刘洪彩、崔雨萌 社会科学论坛 2：181–187
北齐“曹衣出水”式佛像考辨 赵玲 南京艺术学院学报（美术与设计）6：114–120
古邺城地区出土北齐造像中的异域因素 王敏庆 邺城考古与文化论集 65–106
耀州窑博物馆藏邑子八十人等造像考 陈宁宁 文物天地 9：57–61
三件新出犍陀罗浮雕造像述论 李静杰、何平 敦煌研究 5：34–47
洛阳龙门与彬县大佛寺石窟初盛唐地藏菩萨像及相关文献分析 王德路 石窟艺术研究（第五辑） 60–89
龙门石窟卢舍那大佛武则天相貌说再检讨 王龙霄 文物天地 5：123–127
河南省浚县千佛洞 1 号窟阿弥陀佛五十二菩萨像研究——兼谈龙门石窟诸例与阿弥陀佛五十二菩萨像的流布 黄夏 敦煌学辑刊 2：72–86
敦煌莫高窟 275 窟和 130 窟主尊造像面部特征研究 李惠东、张舒 敦煌学辑刊 1：103–114
莫高窟第 285 窟西壁两侧龛内人物身份研究 于向东 敦煌学辑刊 3：85–96
桂林唐代摩崖观音像初步研究 刘勇、胡小玉 敦煌研究 4：72–83
四川仁寿千佛岩、石佛沟石窟新发现地藏十王造像及相关问题 张亮 敦煌研究 1：57–62
四川仁寿牛角寨石窟“西方净土变”造像龛考古调查报告 张媛媛等 南方民族考古（第二十二辑）103–155
四川内江翔龙山摩崖造像内容总录 符永利等 石窟寺研究（第 12 辑）1–76
巴蜀石窟唐宋如意轮观音造像研究——巴蜀密教美术研究之三 邓新航 石窟寺研究（第 12 辑）185–210
殊胜大足——大足石刻造像赏析 冯朝晖 中国文物报 10 月 19 日 6 版
平山县博物馆所藏《大唐西临山石龛像记》初探 冯金忠、张伟娜 中国国家博物馆馆刊 2：81–94
延鼐夫妇供养人像辨析 陈菊霞、马兆民 敦煌学辑刊 3：97–107
桂林金山第四龛彩绘造像若干问题考辨 尹文军、蒋桂英 广西地方志 4：76–80
唐宋时期三佛、四佛造像分析 李静杰 石窟寺研究（第 12 辑）125–184
川渝地区唐宋石窟中的千手观音研究 许国军 扬帆：贵州青年考古学者论集 419–446
龟兹石窟佛衣所见东西文化交融 陈悦新 克孜尔石窟与丝绸之路研究学术研讨会论文集 32–46

洛扎吐蕃摩崖石刻中的历史人物、地名及其相关问题 阿贵、罗丝措 西藏大学学报（社会科学版）1：43–49
解冤释结：川渝地区解冤结菩萨造像研究 谈北平 敦煌研究 6：49–58
杭州烟霞洞吴越国罗汉造像题记的新发现及初步研究 魏祝挺等 敦煌研究 6：59–70
麦积山石窟宋代佛像着衣类型 陈悦新 文物 2：72–84
新发现拉萨杰丁噶石刻造像群艺术图像考 武维臣、格桑多吉 西藏大学学报（社会科学版）2：128–134
“钱塘”款造像的年代和风格初探（下）黄春和 文物天地 3：102–107
陕西神木明代高家堡万佛洞善财童子五十三参浮雕图像辨识 王龙 西部考古（第 21 辑）327–346
杭州烟霞岭满觉陇摩崖造像 赖天兵 石窟寺研究（第 11 辑）158–168
乡村振兴视域下湖南石窟摩崖造像遗存考述 张辛欣 湖南社会科学 5：166–172

补遗

从龙门石窟造像题记探析北魏女性佛教信仰特征 徐婷 宗教学研究 3：126–131
安岳石刻健美力士造像的文化渊源 魏勇 四川戏剧 7：181–185
清福陵隆恩殿须弥座石雕艺术初探 白鑫、王崧百 满族研究 1：103–106

木雕・其他造像

故宫博物院藏辽代木雕菩萨立像修复研究 谢扬帆 文物天地 12：108–116
梵像金装从何来？——中国早期佛像饰金探源 李婧、张晶 南京艺术学院学报（美术与设计）3：128–135
新乡市博物馆藏古代精品佛造像 秦欣欣 黄河 . 黄土 . 黄种人 6：45–48
成都万佛寺药师佛像与南北朝药师佛信仰 常青 故宫博物院院刊 7：4–23
北朝维摩诘造像形态的演变 叶原 美术 8：116–121
泾川大云寺两例出土佛像的年代断定及造像因素分析 赵瑜 法音 8：39–42
浅议天龙山石窟的佛教造像艺术 蔡晓菁 中国宗教 3：72–73
地域传统与文化融合：北朝伎乐天边饰背屏式佛教造像之考察——以河北定州和邺城地区为中心 刘洪彩、崔雨萌 河北学刊 3：221–226
《杜鲁清等造像记》辨伪 孙颖、邓章应 中国国家博物馆馆刊 2：72–80
陕西泾阳太壶寺藏北周如来立像调查与研究 于春、郭峰 考古与文物 4：94–100
莫高窟第 420 窟法华造像再探——以窟顶北披涅槃图为中心 杨文博 法音 8：33–38
兴平唐代玉石老君造像初识 刘嘉尘 中国道教 2：56–57
唐宋安岳石窟菩萨像瓔珞艺术特征探析 卓克难 美术 9：134–135
菩萨骑牛为哪般？“解冤结”信仰初考 肖伊绯 大众考古 2：54–58
帝制国家的神祇服制：以晋祠圣母像为中心的讨论 梁韵彦 装饰 7：96–100
传统与时尚：“罗睺罗授记”造像辨 李翎 宗教学研究 2：155–162
青莲寺宋塑妆金工艺的历史人文价值 郭秋英 晋阳学刊 3：130–134
开百卷以刊谬 发七问以正源——对易县三彩罗汉的再认识 王鹤 艺术探索 3：72–89
富平南张村金大定二十一年铁佛像考察 李静杰 中原文物 1：139–144
中国闽台缘博物馆藏佛造像撷珍 肖月萍 大众考古 8：90–92

补遗

广西桂林唐代摩崖造像风格样式与来源 胡春涛 艺术探索 6：41–53
元代杭州宝成寺麻曷葛剌神像考 邵建春、吴红云 文化学刊 12：232–234

陶俑

秦人服饰浅析——从泾渭秦墓出土的陶俑出发 王欣亚、曹龙 考古与文物 4：79–86
秦汉帝陵仪卫性雕塑俑像艺术研究——以秦陵汉阳陵为例 李晶 艺术考古学研究（第一辑）256–263
秦始皇帝陵 K0007 陪葬坑出土陶俑应为导引俑——兼论导引术的起源与发展 张济琛、张涛 山东体育学院学报 2：56–61
秦汉兵俑首服的类型与演变——以秦始皇陵和汉阳陵出土兵俑为中心 王方 中国古代服饰与礼仪学术研讨会论文集 176–184
兵马俑：中外文化交流的友好使者 田静 中国文物报 12 月 7 日 3 版
北洞山西汉楚王墓彩绘仪卫俑身份考辨 刘蕾、孟强 南方文物 3：288–292
河南地区中小型汉墓出土乐舞百戏俑初探 徐呈瑞 北京舞蹈学院学报 1：26–37
贵州汉代墓葬出土陶俑艺术探论 颜全己 浙江艺术职业学院学报 1：102–107、133
巴蜀地区汉代陶俑浅议 王纯婧 长江文明 3：12–21
巴蜀地区东汉三国佩兵器俑 彭波 大众考古 11：48–55
川渝地区胡人吹笛俑研究 宋蓉 边疆考古研究（第 29 辑）265–281
汉代墓葬出土鹿角偶人初探 郑克真 洛阳考古 2：53–57
北朝胡俑类型研究 王毅 艺术考古学研究（第一辑）125–138
关中十六国陶俑研究——以陶俑群的形成为中心 林泽洋 中国国家博物馆馆刊 5：42–55
隋唐墓葬中的人面鸟俑形象辨析与功能研究 史浩成 黄河 . 黄土 . 黄种人 18：35–41
唐史道洛墓出土陶俑简述 李海平 文物天地 10：34–38
唐代“不倒翁”百戏俑 刘呆运、赵海燕 大众考古 6：61–65、98
甘肃山丹收藏的“胡腾舞俑”辨析 葛承雍 文物 6：62–69
蒙古国巴彦诺尔墓、仆固乙突墓中的随葬俑对比研究 徐弛 草原文物 1：85–97
唐宋微缩随葬俑与陶瓷玩具的差异性研究 李鹏、张贤富 美术观察 9：64–65
江西宋墓出土的墓主人俑简析 赖金明、丁航 文物天地 1：64–69
试析辽代的俑 彭善国 草原文物 1：98–106
陕西历史博物馆藏明秦简王墓仪仗俑 韩诣深 西部考古（第 22 辑）336–357

补遗

人型镇墓俑发展演变原因探析 杨雯等 新疆师范大学学报（哲学社会科学版）6：131–137

陵墓雕刻

东汉墓葬石刻的民间宗教表征 杨子墨 齐鲁艺苑 3：58–64
重庆中国三峡博物馆藏巴蜀地区汉至六朝时期石雕简析 夏伙根 长江文明 4：1–11
泸州宋墓石刻武士“虎头盔”形象试探 王文波 江汉考古 3：99–108
盛唐时期陵墓石雕造型特征初探 姚若琳 艺术考古学研究（第一辑）115–124
王处直墓出土彩绘散乐浮雕艺术探赏 王晓阳 黄河 . 黄土 . 黄种人 20：60–62
传统母题与中古变相——唐李寿墓室石刻兽面图像溯源 范淑英 美术研究 4：77–84
李茂贞夫妇墓乐伎图像再考 李宝杰 音乐研究 6：48–54
门扉胡人：中古墓葬石门上的别样艺术 葛承雍 美术研究 4：24–30
柳州张翀墓石刻雕像调查研究 闫少朋、唐奇文 广西博物馆文集（第十五辑）136–144

其他

洛阳北魏石刻艺术中银杏树样式的确立及其影响——兼论北朝以后佛教石刻及绘画艺术中的树木形象 冉万里 西部考古（第 21 辑）198–286

形制、图像与布局：云冈石窟浮雕塔的流变 赵晋超 南京艺术学院学报（美术与设计）5：112–120

大足石刻孝文化图像探究 胡南、苟双晓 美术 8：138–139

融合变通，因石施刻：四川石渠石刻艺术特征的成因分析 李隽 装饰 8：142–143

唐代涅槃图式中的独特表达——安岳卧佛院涅槃变试析 王春 长江文明 1：39–46

宋代彩塑妆金工艺的审美思考——基于青莲寺宋塑的田野观察 郭秋英 山西大学学报（哲学社会科学版）2：157–160

草原丝路视域下辽代燕乐发展的历史传承——以辽上京博物馆藏青砂岩石刻浮雕散乐图为例 蔡敏 北方文物 1：82–89

11–15 世纪佛教艺术中的神系重构（三续）——星曜佛母与周边神祇 廖旸 故宫博物院院刊 1：52–67

“非遗”保护视角下的嘉那嘛呢石刻文化研究 琼英 青海民族大学学报（社会科学版）3：132–138

清末山陕商人的崇文情结——以社旗山陕会馆建筑装饰石雕为例 李波 装饰 3：124–125

荆州石雕文物艺术探析 王新生 荆楚文物（第 5 辑）325–339

补遗

清泰陵“石五供”的图形纹饰研究 魏航 满族研究 3：110–114

三 石窟寺

石窟寺考古的多重意义 贺云翱 大众考古 11：1

拓展石窟寺考古研究方法 段锦航 中国社会科学报 7 月 19 日 2 版

十六国时期的甘肃佛教石窟艺术 胡同庆 长江文明 4：12–33

炳灵寺第 169 窟西秦塑像与壁画风格渊源 常青 美术观察 1：43–51

天梯山石窟的开凿背景及洞窟早期形制研究 朱晶 丝绸之路 1：91–94

试探民乐县童子寺石窟艺术的题材内容 胡同庆 石窟艺术研究（第五辑）14–29

莫高窟第 275 窟的年代方案 韦正 敦煌研究 5：48–60

莫高窟北朝忍冬纹样的艺术特征 张春佳、赵声良 敦煌研究 6：19–35

礼仪的空间：敦煌莫高窟第 285 窟石窟造型与空间布局再考 李银广 装饰 7：84–87

云冈石窟沉浮史 纪念云冈石窟学术发现 120 周年 于春、卢继文 大众考古 11：20–38

从穹顶到殿堂——漫谈云冈石窟洞窟形制变迁和有关问题 杨泓 文物 8：62–80

日本学界 21 世纪以来的云冈石窟研究述评 常钰熙 四川文物 3：33–43

云冈石窟维摩诘图像研究 赵昆雨 故宫博物院院刊 7：39–53

昔日云冈 文明记忆 ——云冈石窟善本珍品惜存文脉 张华 中国文物报 12 月 10 日 6 版

昙曜五窟的营造次序和理念 韦正 大众考古 3：91

麦积山石窟第 74、78 窟研究史综述 冯学斌、张铭 石窟艺术研究（第五辑）221–232

西胡化风潮下的北齐佛教艺术 李聿骐 文物 10：47–62

弗利尔美术馆石棺床与响堂山石窟皇帝陵藏 李梅田、黄晓赢 美术研究 1：45–51

北周时期的水帘洞石窟群 臧全红 石窟艺术研究（第五辑）90–103

陕北安塞大佛寺石窟第 4 窟天井图像解读 张朝阳 艺术工作·鲁迅美术学院学报 2：85–90
克孜尔石窟“弥勒菩萨”图像的重新认识 赵莉 中原文物 5：127–136
克孜尔石窟主室前壁说法图主尊之再思 满盈盈 南京艺术学院学报（美术与设计）4：137–140
克孜尔石窟艺术的当代角度再现延展与馆藏克孜尔石窟壁画源考 曹元琪、雷宛萤 克孜尔石窟与丝绸之路研究学术研讨会论文集 195–204
“中心塔柱”还是“山窟”？——克孜尔中心柱窟“中心柱”形制源流及意义探析 马诚、雷启兴 南京艺术学院学报（美术与设计）5：107–111
试论克孜尔中心柱窟后室王者立像 任平山 克孜尔石窟与丝绸之路研究学术研讨会论文集 137–160
试论克孜尔石窟第 38 窟的佛舍利崇拜主题 杨效俊 文博 4：98–106
陇东地区佛教遗存的考古学研究 张驰 丝绸之路 1：157–161
对河南林州泰山圣母殿石窟的调查和相关问题刍议 杨东昱、朱晓宁 黄河 . 黄土 . 黄种人 18：20–22
行走的力量——滕固两次龙门石窟考察中的新艺术史眼光 韦昊昱 读书 7：121–130
龙门古阳洞窟主蠡测 韦正、马铭悦 中原文物 4：108–113
敦煌隋代洞窟分期及存在的问题 王惠民 石窟艺术研究（第五辑）3–13
敦煌莫高窟唐前期正卷立体化莲瓣纹样分析 高晏卿 敦煌研究 4：59–71
敦煌莫高窟第 4 窟于阗供养人像研究 陈菊霞、李珊娜 西域研究 2：80–86
“龟兹风”的延续与变迁——森木塞姆第 44 窟研究 徐汉杰、杨波 敦煌学辑刊 4：144–157
吐峪沟西区中部高台窟院的功能空间 夏立栋 敦煌研究 5：67–73
吐鲁番吐峪沟 10 号窟新发现之回鹘文题记考释 李刚、张海龙 西域研究 1：152–164
太原龙山道教石窟第五窟主像身份探析 葛海江、张万辉 文物 6：93–96
道教石窟建筑艺术浅析 以山西龙山石窟为例 陈启新 中国宗教 2：60–61
安塞樊庄石窟取经图像初探 于硕 华夏考古 1：90–95、105
榆林窟第 33 窟营建年代与功德人辨析 陈菊霞、李珊娜 敦煌研究 1：29–36
跋陕西铜川玉华寺石窟及其相关问题 冉万里 西部考古（第 22 辑）145–155
通江石窟中的独特现象 李白练 石窟寺研究（第 11 辑）124–134
四川眉山能仁寺“降魔变窟”简考 肖伊绯 石窟艺术研究（第五辑）160–169
西州回鹘佛教石窟寺院的营造 夏立栋 春山可望——历史考古青年论集（第三辑）249–276
宋代宝顶山石窟空间视像的艺术表达 张乃千、肖梦非 美术观察 10：61–62
朝阳千佛洞发现辽代经幢与石函考 刘志勇等 辽金历史与考古（第十二辑）247–252
西夏瓜州佛教洞窟营建的时代特性 沙武田 中原文物 4：119–130
关于敦煌莫高窟西夏前期洞窟的讨论——西夏石窟考古与艺术研究之五 赵晓星 敦煌研究 6：1–18
图像的层累与《观世音菩萨普门品》的完整再现——莫高窟第 395 窟研究之一 张善庆 敦煌研究 4：17–31
西夏时期华严修行体系的图像演示——莫高窟第 464 窟修行礼佛窟功能的义理诠释 李志军 南京艺术学院学报（美术与设计）5：129–135
礼佛窟·藏经窟·瘗窟——敦煌莫高窟第 464 窟营建史考论（上）、（下）沙武田 故宫博物院院刊 7：24–38、8：39–50
榆林窟第 2 窟正壁普贤行愿图像定名考——兼论榆林窟第 2 窟营建背景 袁頔 南京艺术学院学报（美术与设计）1：126–133

榆林窟第29窟图像配置研究 李婷 法音4：58–65
甘肃瓜州榆林窟第29窟西夏男性供养人再考 刘维栋 北方文物6：105–110
明清石窟给孤独长者与关羽图像组合解析 李静杰 中原文物4：131–137
莫高窟所见清代敦煌四月八行事探析 段鹏 敦煌学辑刊2：40–50
论清代佑顺寺伎乐飞天石刻图像的辽金特征 李虎 乐府新声（沈阳音乐学院学报）4：17–25
西藏象泉河流域石窟寺研究 王瑞雷 中国社会科学报 12月8日7版

补遗

20世纪中期民族美术研究所的敦煌考察研究 金成辉 美术观察12：45–51
模仿与引导——敦煌石窟牢度叉斗圣变和维摩诘经变关系探讨 顾淑彦 兰州大学学报（社会科学版）6：154–160
须弥山北周第51窟的造像空间组合研究 王艳 艺术百家5：148–157
“石窟研究”美术史方法论提案——以敦煌莫高窟为例 巫鸿 文艺研究12：137–146
敦煌石窟密教经变功德天与辩才天图像初步研究 张聪、耿剑 南京艺术学院学报（美术与设计）5：110–115
试述甘肃地区迦陵频伽分布与演变 靳艳、何瑞 社科纵横11：124–127
民乐童子寺石窟“真武大帝”和“悟杵成针图”考 胡同庆、王义芝 长江文明4：40–47
吐蕃四大石窟修行院初探 德吉卓玛 西藏大学学报（社会科学版）3：29–38
龟兹王身份的神圣构建——以克孜尔第205窟为例的分析 满盈盈 宗教学研究3：132–135
克孜尔石窟“中心柱”及源流献疑 何志国 民族艺术6：99–112
保护石窟艺术瑰宝 彰显巴蜀文化特色——乐山、大足共建中国南方石窟艺术世界遗产研学旅游长廊的思考 陈永毅 巴蜀史志6：48–51
浅谈龙山石窟的开凿原因及其研究价值 高丁丁、车环宇 黑龙江史志11：41–43

四 古代建筑

综述

《营造法式》筑基、筑城、筑墙之制初探 裴强强等 敦煌研究5：145–158
两宋时期两浙路地区的建筑形制演变及区域互动关系研究 王书林等 故宫博物院院刊10：36–59
汉代庭院建筑信息解读 李亚利 春山可望——历史考古青年论集（第三辑）235–248
明清“苗疆边墙防御体系”文化景观遗产价值剖析 李昌佐等 中国文化遗产3：101–107

专题研究

建筑陶瓦起源与早期发展研究 李亚利、唐艺伟 边疆考古研究（第30辑）157–172
东北地区出土秦汉瓦当的类型学考察 王俊铮 国际视野下的秦始皇帝陵及秦俑学研究学术研讨会论文集 241–261
福建出土瓦当的类型学研究 梁源 泉州城考古学术研讨会论文集 352–368
甘肃环县发现的东汉纪年记事瓦当铭文考释 沈浩注、马孟龙 文物4：60–64
成都出土南宋铭文城砖的性质、产地与烧制背景 易立、李涛 四川文物4：85–94
明初城墙包砖问题试析 吴闻达、季宇 故宫博物院院刊3：58–66
“天下第一砖”：苏州御窑金砖 叶志明 江苏地方志5：4–9
黄花营段汉长城早期玉门关城的空间考古初步研究——兼论斯坦因对于T.XLII.d烽燧作为关口位置的猜测 王心

源等 西北大学学报（哲学社会科学版）2：16–26
明内三关长城遗产资源整合策略研究 解丹、毛伟娟 中国文化遗产 3：58–65
龙纹建材映显着秦汉的根脉情节与影响 王学理 国际视野下的秦始皇帝陵及秦俑学研究学术研讨会论文集 224–240
延边边墙及相关问题研究 卢成敢等 边疆考古研究（第 30 辑）223–232
关于中国阿育王塔称谓与形制关系的再考察——以吴越王金涂塔为中心 王敏庆 社会科学战线 4：120–131
伊朗喀山与我国新疆吐鲁番坎儿井对比研究（上）——莫高窟覆斗顶与晋墓顶 段媛媛 敦煌研究 2：85–96
敦煌莫高窟唐前期藻井宝相花中对叶形纹样分析 高晏卿 佛学研究 1：292–303
铜雀高台何所依——从铜雀台遗址出土螭首看中古时期螭首的使用与流变 沈丽华 邺城考古与文化论集 43–64
魏晋南北朝时期建筑构件上的“鬼脸纹”初探 吴忧 北方民族考古（第 12 辑）76–89
渤海釉陶建筑构件的几个问题 李含笑 边疆考古研究（第 29 辑）309–325
墨煤染脊与泥脊白道——兼论宋元时期的屋脊脊身装饰 王子奇 考古 6：114–120
晋南地区宋金元建筑铺作之翼形横拱研究 徐新云、王书林 文物 4：70–81
晋城博物馆藏石柱础鉴赏 张晋锋 黄河 . 黄土 . 黄种人 14：61–63
意匠纵横——试论应县木塔斗的艺术价值 温静 中国文化遗产 1：45–54
川渝地区传统建筑中的木雕云墩刍议 李盛虎 长江文明 3：39–48
宋元时期地方城市中的谯楼和钟鼓楼 季宇 四川文物 3：55–63
辽代楼阁塔构造问题初探——基于田野考古发掘的观察 汪盈 南方文物 3：130–141
忆江阴南城门之往昔 车导明 江阴文博总 38：41–44

补遗

纳西在汉藏之间：丽江大宝积宫藻井核心符号研究 木仕华 西藏民族大学学报（哲学社会科学版）5：20–30
明洪武无锡县烧制南京皇城转略考 袁志洪 江阴文博总 37：9–12

调查与研究

华北地区

石经山金仙公主塔再研究 魏来 石窟寺研究（第 12 辑）106–124
山西元以前木构建筑分布及区域特征 李会智 自然与文化遗产研究 1：1–28
宗教融合视域下的双林寺——以第一进院落两厢殿宇塑像配置为中心 吴昌明 南京艺术学院学报（美术与设计）2：117–122
辽中京大明塔的年代、形制、佛像布置新探 郎智明、王玉亭 辽金历史与考古（第十二辑）171–190
四圣宫舞楼创建年代考 杨阳等 文化遗产 2：66–72
河北省沧州文庙勘察报告 李博 太原市文物考古研究所文集：地上文物篇 319–324
西村关帝庙勘察报告 郭守俊 太原市文物考古研究所文集：地上文物篇 385–392
明清大高玄殿建筑沿革续考 杨新成 故宫博物院院刊 7：54–61
清代皇家赐园与北大校园 何瑜 故宫博物院院刊 2：44–59
北京天坛圜丘坛建筑尺度研究 李忠义 北京文博文丛 1：35–42
晋东南村庙与聚落空间组合关系研究——以高都一村多庙模式为例 杨童舒 中国文化遗产 4：102–107
“乔家大院”建筑布局特点及其成因探析 薛航 文物世界 1：71–77
清徐县徐沟文庙、城隍庙勘察报告 李博 太原市文物考古研究所文集：地上文物篇 356–375

东北地区

辽宁朝阳辽代大宝塔建造形制与特征 王冬冬 北方民族考古（第 11 辑）285–289

奉国寺窥探溯源——奉国寺大雄殿建造 1000 年纪念 王飞 辽金历史与考古（第十二辑）269–275

华东地区

东汉孝堂山石祠的观者及其他 郑岩 美术研究 2：15–21

山东长清神宝寺考及其相关研究 刘丽丽、郝素梅 中国国家博物馆馆刊 1：33–45

泉州开元寺殿塔天盘缝针与泉州城及重要建筑的营建 汪勃、梁源 南方文物 3：124–129

考古视角下——闽系红砖建筑的起源及演变 楼建龙 泉州城考古学术研讨会论文集 312–326

泉州真武庙建筑形制及其修缮发现 黄明珍 泉州城考古学术研讨会论文集 327–343

浙江仙居高迁古民居建筑群 张静思 大众考古 4：74–81

福建泉州府文庙的建筑文化特征浅谈 何振良 泉州城考古学术研讨会论文集 344–351

探析福建泉州天后宫建筑文化特征 何振良 自然与文化遗产研究 3：71–79

浮梁县北宋双峰塔调查及保护 陈新 文物天地 12：27–29

基于游客视角探索苏州古典园林遗产价值——以拙政园为例 张柔然等 中国文化遗产 5：80–85

南京北门桥唱经楼的相关问题 马陈城 江苏地方志 2：36–37

景德镇英溪古牌坊考察与研究 何菁 南方文物 3：281–283

济南长清灵岩寺千佛殿建筑研究 王晶 考古学视野下古代泰山文明学术研讨会论文集 254–274

瓦楞间的明月——吴汀鹭故居访旧 唐健 江阴文博总 38：5–13

南京甘熙故居宅向考 潘彬彬、范健泉 大众考古 4：82–86

闽中地区防御性乡土建筑的代表——尤溪县“大福圳”民居建筑探讨 宁娟 南方文物 6：296–300

基于史学和建构视角的建筑遗产价值评估——以鼓浪屿八卦楼为例 李渊等 中国文化遗产 6：86–96

华中地区

承流宣化：中原儒学的“活化石”郑州文庙 周洪宇、赵国权 江汉考古 3：139–144

登封冯沟中岳行宫道教建筑文化研究 宋文佳 黄河 . 黄土 . 黄种人 20：52–53

江南贡院的历史地位 夏维中 文物天地 1：4–8

华南地区

活态传承视角下传统村落建筑的保护与再利用探讨——以广西灵川县江头村古建筑群为例 覃华 文物天地 3：8–12

传统村落民居建筑风貌的延续保护探讨——以广西灵川县江头村古建筑群为例 覃华 文物天地 3：25–27

浅析梧州明代三总府及总府的地理位置及其内部建筑布局 潘俊杰 广西博物馆文集（第十五辑）80–90

燕窝楼之国保档案 廖文丽 广西博物馆文集（第十五辑）106–118

武宣庄园建筑保护策略初探——以武宣郭氏庄园为例 张学全 文物天地 3：28–31

西南地区

西藏日普寺塔群陶饰调查报告 张中亚 南方民族考古（第二十二辑）157–174

西北地区

陕西神木高家堡镇 魏唯一 文物 2：85–96

犍陀罗地区与塔里木盆地周缘佛教寺院形制布局的比较研究 李肖、廖志堂 敦煌研究 3：13–23

塔里木盆地佛塔的类型及相关问题 宋立资 敦煌学辑刊 1：137–147

灵塔与法脉传承——青海玉树杂多吉日沟塔群初探 廖旸 西藏研究 4：47–57
河湟地区传统寺庙堡寨研究 王绚等 中国文化遗产 3：94–100

五 绘画

岩画

原始岩画的叙事画语特征 隋立民 四川戏剧 2：60–64
中国岩画舞蹈新论 蓝凡 文化艺术研究 1：27–45
从对顶三角形岩画看中国新疆和中亚地区的史前文化交流 肖波 民族艺术 1：44–58
西辽河上游乌尔吉伦河流域索贝山脉古代岩画调查 吴甲才 北方文物 6：39–51
内蒙古岩画的分布与特征 张文静 北方文物 2：36–45
锡林郭勒岩画的类型与区域特征研究 张文静 南方文物 6：106–114
祁连山岩画研究现状综述 王玉芳、李晗 丝绸之路 4：101–106
西藏改则县岩画田野调查 罗延焱 艺术考古学研究（第一辑）· 科技美术考古学 192–206
阿穆尔河（黑龙江）沿岸地区古代岩画与宗教的早期形态 扎比亚科 · 安德烈 · 帕夫洛维奇著 王俊铮译 北方民族考古（第 11 辑）315–331
花山岩画中骆越先民原始宗教信仰与仪式探赜 张明学、吴柄铄 宗教学研究 1：153–158
云南文山岩画的多样性风格研究 王永军、邹沁园 四川文物 5：72–82
永昌十五里沟岩画调查报告 蒠礼峰 陇右文博 3：3–7
从沧源崖画探索舞蹈艺术的起源 雷红莲 云南日报 4 月 17 日 7 版
闽台岩刻风格比较研究 黄亚琪 东南文化 3：102–111

补遗

左江岩画两种图像的文化内涵 梁玥亮、肖波 艺术探索 5：66–73
西藏定结县金龙普岩画调查与研究 余小洪、王蔚 西藏民族大学学报（哲学社会科学版）6：136–140
岩画图像语言的生成机制——以巴丹吉林沙漠岩画为例 王毓红 艺术探索 6：54–65

壁画

墓室壁画

“过渡礼仪”——解读墓室壁画的一个视角 李梅田 南方文物 4：80–85
“帝王谒见西王母”母题墓葬绘画的“图说”形式及其在场性研究 王诗晓 广西民族大学学报（哲学社会科学版）5：95–101
西汉时期墓室壁画浅析 席奇峰等 黄河 . 黄土 . 黄种人 4：35–42
汉墓壁画题材分布考察 刘娜祯 艺术考古学研究（第一辑）· 科技美术考古学 244–255
汉代壁画中“羊酒”考——从汉画中的“日月”榜题谈起 张宣逸 农业考古 4：206–211
新密打虎亭汉墓壁画中的服饰探析 柴秋霞、叶丹妮 中原文物 2：74–79
汉代卜千秋壁画墓中升仙图的艺术特点研究 樊钢亮 黄河 . 黄土 . 黄种人 20：38–41
The Seat of Taiyi 太一（Grand One）and New Light on an Old Problem：How Did Daoist Religion Happen? Donald Harper 中国早期数术、艺术与文化交流：李零先生七秩华诞庆寿论文集（上）309–351
安岳 3 号墓和德兴里壁画墓铭文新说——兼论 4 世纪朝鲜半岛的汉人遗民与移民 杨军 史学集刊 5：67–74
南京宫山墓竹林七贤砖印壁画与五世纪丝绸之路 王汉 故宫博物院院刊 12：74–86

墓葬中的石窟：邢台姜石堂壁画略论 马伯垚 故宫博物院院刊 11：81–90
集安禹山墓区古墓壁画所绘托梁力士探析 张宇晴、郑春颖 长春师范大学学报 7：52–54
洛阳古代壁画墓考古百年收获 徐婵菲 洛阳考古 4：111–123
黄泉下的“红框”——唐代墓室壁画的空间建构与观念演变 洪枫、王小松 南京艺术学院学报（美术与设计）6：107–113
唐墓壁画《乐舞图》歌者图像考辨 于静芳 交响（西安音乐学院学报）1：55–60
“吾将终老乎其间”——唐韩休墓北壁“山亭图”与园林文化 沈伟棠、李毓菲 装饰 10：74–79
唐代梁元珍墓墓室壁画赏析 武瑛 文物天地 10：26–33
五代十国壁画墓图像研究 李馥瑀 北方民族考古（第 12 辑）116–136
呼和浩特市清水河县塔尔梁五代壁画墓补正 党郁 草原文物 2：58–69
辽庆陵东陵人物壁画契丹小字墨书的复原与考释——兼论东陵圣宗陵说 李思齐 北方文物 3：87–97
论辽金墓壁画中髡发人物的性别 毕德广、乌云花 南方文物 6：153–159
巴林左旗官太沟辽墓壁画分析 石艳军 辽金历史与考古（第十二辑）199–205
关山萧和墓驼车出行图研究 魏聪聪 辽金历史与考古（第十二辑）191–198
大同地区元代墓葬中的山水人物画 王利霞 大众考古 6：49–51

补遗

性别视角下的汉代胡人形象探究 宁强、贾晓贝 北京联合大学学报（人文社会科学版）4：38–43
汉代墓室壁画中的修改与涂覆 练春海 南京艺术学院学报（美术与设计）5：159–164
陶魂铸魄：桂阳刘家岭宋墓的南北二斗图像与宋代炼度观念 庄程恒 宗教学研究 3：60–67

寺院壁画

饮酒、癫狂与重生——大昭寺兽首鎏金银壶反弹琵琶图像考源 祝媛超 艺术工作 2：75–80
大昭寺早期壁画调查报告 罗文华、宋伊哲 故宫博物院院刊 9：4–24
繁峙岩山寺文殊殿金代佛传壁画新考 侯慧明 法音 8：47–51
高平开化寺壁画《清凉图》研究 王赞 新美术 1：203–230
高平开化寺“立机子”图像探微 伊宝等 自然辩证法通讯 2：64–72
山西宋辽金时期佛教壁画叙事背景的本土化呈现——以高平开化寺、繁峙岩山寺壁画为例 任济东 南京艺术学院学报（美术与设计）4：150–153
蓟县独乐寺观音阁十六罗汉壁画 范丽娜 美术研究 2：26–32
扎塘寺壁画法华图像与 11—14 世纪中国多民族艺术史的重构——文殊弥勒、释迦文殊与藏汉佛教义理的图像形成史 谢继胜 文艺研究 11：130–146
山西晋南寺观壁画艺术价值探析 叶磊 美术观察 2：61–62
阳高云林寺水陆壁画图像考 伊宝、史宏蕾 美术 4：138–139
吕梁归化村宝峰寺壁画考 伊宝、史宏蕾 文物世界 1：44–52
马尔康市新门底寺佛塔壁画调查简报 李勤学 故宫博物院院刊 9：25–41
北京法海寺明代佛教壁画中的服饰文化 杨松立 中国宗教 11：68–69
西藏昂仁曲林贡萨寺罗汉殿东墙上部壁画考——绿度母、文殊菩萨、观音菩萨及不动明王、马头明王五尊组合 闰博君 北京文物与考古（第 8 辑）212–227
汉式善财童子和汉式童子在明代藏传佛教艺术中的流传与演变 熊文彬 考古学报 2：221–232

青海瞿昙寺西厢廊佛传壁画揭钵图初探 黄婷婷 法音 3：24–29
古蜀华彩 梵相遗珍——四川新津观音寺《香山全堂》明代壁画考论 颜斌等 石窟寺研究（第 11 辑）169–181
明代道教民俗文化的图像解读 以湖南江永水龙祠壁画为中心的考察 彭迪 中国宗教 10：58–59
山西清代遗存寺观壁画中民俗图像语言的人文解读——以河曲岱岳庙为例 李蕾 晋阳学刊 6：111–115

补遗

稷山青龙寺立佛殿水陆壁画中的华严图像考 伊宝、史宏蕾 法音 8：38–47
古代西藏寺庙壁画上的体育竞技 丁玲辉、张艳红 西藏大学学报（社会科学版）3：77–85
图像与文本：瞿昙寺瞿昙殿壁画图像程序解读 伯果 青海民族大学学报（社会科学版）3：127–134
瞿昙寺瞿昙殿上师壁画人物身份考述 伯果 青海民族研究 4：161–165
浅论五台山公主寺壁画服饰的文化和艺术特征 陆玉叶 山西青年职业学院学报 3：98–100
河北正定隆兴寺摩尼殿佛传壁画内容辨识 孔蓓 南京艺术学院学报（美术与设计）5：124–135

石窟寺壁画

北齐徐显秀墓菩萨联珠纹探源 沈雪、郑炳林 敦煌学辑刊 3：73–84
河西石窟寺壁画中的两类中土乐器形象及其内涵分析 任宏 中国音乐 4：103–110
佛母图传：克孜尔石窟壁画中的摩耶夫人 任平山 艺术探索 4：55–74
克孜尔壁画“挽弓试力金地王”释读 任平山 西域研究 4：124–131
克孜尔石窟壁画流失的历史回顾与现状调查及复原研究 赵莉 克孜尔石窟与丝绸之路研究学术研讨会论文集 2–31
克孜尔石窟“说法图”题材分类及相关问题研究 杨波 克孜尔石窟与丝绸之路研究学术研讨会论文集 73–113
克孜尔石窟诸王皈依类说法图研究 杨文博 敦煌学辑刊 2：103–113
丝路石窟壁画飞天之舞蹈形态考——以麦积山石窟为例 袁莉 四川戏剧 9：131–135
魏晋至隋唐时期莫高窟经变画的世俗化 曹暇 民俗研究 4：142–147
光与色的旋律——敦煌隋代壁画装饰色彩管窥 赵声良 敦煌研究 3：1–12
冷门绝学：敦煌壁画外来图像文明属性的新课题 葛承雍 中国文物报 10 月 15 日 3 版
敦煌绘画中手持花卉图像的类与型 马莉、史忠平 美术 1：113–118
敦煌石窟“迦陵频伽”图像的认定与来源 刘璟 美术 4：116–121
S.0259V《弥勒下生经变画稿》研究——兼论敦煌石窟弥勒经变图像的制作 龙忠、陈丽娟 艺术探索：63–73
敦煌壁画中的反弹琵琶舞姿溯源 高德祥 北京舞蹈学院学报 3：1–17
唐代敦煌壁画中女性形象及其舞台造型启示 阮婷 陕西理工大学学报（社会科学版）4：61–64
唐代莫高窟经变画乐舞图像述略 朱晓峰 敦煌研究 6：36–48
莫高窟第 98 窟《劳度叉斗圣变》探究 邵强军、李婷 敦煌学辑刊 1：91–102
敦煌壁画中两种于阗历史传说故事画新考 张小刚 西域研究 2：73–79
唐代敦煌壁画色彩的观念体现、视觉呈现与情感表达 杜星星 敦煌学辑刊 1：115–128
唐敦煌壁画三种乐舞仪式中的音声人及其音声功能 杨瑞静 丝绸之路 4：130–135
莫高窟第 23 窟法华经变画面内容及构图再识 张元林 石窟艺术研究（第五辑）107–119
敦煌石窟维摩诘经变所见讲经说法仪式研究 焦树峰 石窟艺术研究（第五辑）120–129
敦煌执扇弥勒菩萨图像考 郭俊叶 敦煌研究 2：72–84
敦煌飞天乐舞图像数据库建设路径初探 陈瑞瑞、黄鸣 北京舞蹈学院学报 3：27–34

敦煌莫高窟壁画中的民族融合图像研究 李玉福 艺术考古学研究（第一辑）· 科技美术考古学 65–70
古代敦煌龙王信仰及其图像研究 张小刚 敦煌研究 3：57–68
神格与世相 敦煌壁画中的罗汉像例说 王霖 新美术 6：94–107
敦煌毗那夜迦图像及其演变研究 张家毓 法音 11：60–65
佛法身在敦煌经变画中的体现——莫高窟第 31 窟研究之一 张景峰 敦煌学辑刊 4：121–131
炳灵寺石窟千臂千钵文殊图像考 赵雪芬、吕晓菲 石窟艺术研究（第五辑）170–179
龟兹壁画乐舞形象从静态到动态呈现研究 王泳舸 克孜尔石窟与丝绸之路研究学术研讨会论文集 187–194
多元文化融合的新疆佛教石窟壁画 任文杰、王月月 中国宗教 11：66–67
甘肃瓜州东千佛洞第 7 窟西夏壁画的净土主题研究 贾维维 美术研究 2：54–60
阿尔寨石窟壁画反映的历史文化变迁 李雨濛 南方文物 6：167–179
阿里地区象泉河流域石窟壁画所见供养人的考古学观察 王文轩、郭萌 西藏民族大学学报（哲学社会科学版）1：81–86

补遗

南北朝时期敦煌壁画忍冬纹样探析 吴卫、向静雯 装饰 6：124–125
敦煌画中的回鹘神祇——对 P.4518（24）纸本的再讨论 周晓萍 兰州大学学报（社会科学版）6：140–153
刍议盛唐时期敦煌壁画乐舞发展的特点 韦亦珺、何卫 乐府新声 4：11–18
承佛界天神风骨 融汉土道儒仙韵——云冈石窟的飞天乐舞 吴巧云、姬乐 黄钟（武汉音乐学院学报）3：130–143

其他

昆仑与阊阖、天门：长沙汉初漆棺图像整体考察 王煜 江汉考古 3：76–83
马王堆一号汉墓帛画三题 韦正、谢安琪 故宫博物院院刊 12：4–15
马王堆汉墓出土 T 形帛画“人首蛇身”人物形象考——兼谈楚地与燕齐升仙信仰于帛画中的表现 王传明 四川文物 6：64–71
阿斯塔纳 Ast.iii.4 号墓屏画碎片的修复性研究——兼唐代绘画“树间叙事”与“树下人物”源考 程雅娟 南京艺术学院学报（美术与设计）3：120–127
略谈肇源古建筑彩绘 吴琼 黑龙江史志 6：44–46
明清传统村落建筑壁画的文化功能——以桂东南为例 程新元 社会科学家 7：145–150
广州传统建筑壁画《渔樵耕读》胡晓宇 中国文物报 12 月 14 日 8 版
紫禁城东、西六宫脊部彩画调查研究 曹振伟 故宫博物院院刊 10：80–87
清代公主园寝建筑彩画调查研究 曹振伟 北京文博文丛 1：57–62
鼓浪屿清代古厝民居外檐灰塑彩绘初探 成丽、漆诗征 文物 1：75–85
明清时期瑶族道教神像画的空间含义——以大道桥画像为例 韦俊平、黄建福 美术观察 8：69–70
天水棺床墓、墓主人及石棺床屏风画相关问题新论 高世华 敦煌研究 1：47–56

补遗

水德：秦始皇的符应和蓬莱药——汉代画像“泗水捞鼎”释读 刘天华 鲁迅研究月刊 8：73–75
舟楫往来：晚清韩江流域水运的图像记忆——以粤东北客家建筑彩画为考察点 胡军 历史教学问题 6：52–57

柒 中外交流与世界考古

中外交流

早期东西文化交流的三个阶段 韩建业 考古学报 3：317–338

全新世亚欧大陆的三大文化圈 韩建业 考古 11：64–75

魏晋南北朝时期西方金银器的传入与中西文化交流 付承章 内蒙古社会科学 4：74–80

唐初伊斯兰教先贤沿海上丝绸之路来华之再考 赵哲昊 水下考古（第三辑）163–173

潍坊区域与唐五代时期东方海上丝绸之路的繁荣 徐晓宁、王伟涛 考古学视野下港口与码头学术研讨会论文集 179–187

海上丝绸之路的考古发现与研究 姜波 考古学视野下港口与码头学术研讨会论文集 11–35

论北方海上丝绸之路 朱亚非 考古学视野下港口与码头学术研讨会论文集 36–49

成山头与北方海上丝绸之路 张云涛 考古学视野下港口与码头学术研讨会论文集 159–167

广东与海上丝绸之路 顿贺 天下龙泉：龙泉青瓷与全球化国际学术研讨会论文集 620–628

海上贸易与宋元时期漳州外销瓷业 林海南 大众考古 8：38–43

泉州：宋元中国的世界海洋商贸中心——系列遗产整体价值及要素构成研究 傅晶等 自然与文化遗产研究 3：5–21

南宋至元代中国青白瓷外销情况管窥 丁雨 古代文明（第 15 卷）299–319

从吉林省辽金时期考古遗存管窥对外交流情况 孟庆旭、吴辉 辽金历史与考古（第十二辑）43–47

交流互鉴视域下的东西方外销商品 宾娟 大众考古 8：30–37

从海外出土元代瓷器看龙泉窑外销的地位及相关问题 秦大树 天下龙泉：龙泉青瓷与全球化国际学术研讨会论文集 40–70

天下龙泉——龙泉青瓷与全球化 王光尧、沈琼华 天下龙泉：龙泉青瓷与全球化国际学术研讨会论文集 1–7

13 世纪至 14 世纪龙泉青瓷的全球化 李民举 天下龙泉：龙泉青瓷与全球化国际学术研讨会论文集 8–13

中国工业复合体系下的龙泉瓷器 *Chapurukha M. Kusimba* 等 天下龙泉：龙泉青瓷与全球化国际学术研讨会论文集 472–481

丝绸之路上的粟特、回鹘民族与茶叶在亚洲腹地的传播 刘军丽 农业考古 2：56–61

永乐皇帝的麒麟——海外考古调查札记（四）王光尧 故宫博物院院刊 7：104–110

韩国扬州水钟寺浮屠塔出土龙泉窑青瓷特征与编年 方炳善 天下龙泉：龙泉青瓷与全球化国际学术研讨会论文集 392–400

韩国发现龙泉窑瓷器初探 申浚 天下龙泉：龙泉青瓷与全球化国际学术研讨会论文集 415–422

中国青瓷对日本陶瓷的影响 森达也著 胡一超译 天下龙泉：龙泉青瓷与全球化国际学术研讨会论文集 556–562

关于日本江户时代江户地区出土的龙泉青瓷 德留大辅 天下龙泉：龙泉青瓷与全球化国际学术研讨会论文集 385–391

东部欧亚大陆巨大坟墓的调查与认识 黄晓芬 国际视野下的秦始皇帝陵及秦俑学研究学术研讨会论文集 182–196

霍尔木兹岛所见中国瓷器及该岛在中伊贸易中的作用 唐内希浦 天下龙泉：龙泉青瓷与全球化国际学术研讨会论文集 423–429

古代中国与伊朗南部地区陶瓷贸易管窥——以安德鲁·乔治·威廉姆森的调查为中心 翟毅、张然 天下龙泉：

龙泉青瓷与全球化国际学术研讨会论文集 463–471
规模小却拥有完善的体系架构？伊朗小型遗产地的可持续发展 *Masood Khodadadi* 等 中国文化遗产 6：109–110
从定制到仿制——试论明初龙泉青瓷在中东地区的外销及其影响 胡朝辉 天下龙泉：龙泉青瓷与全球化国际学术研讨会论文集 401–407
13 世纪—15 世纪伊斯兰地区对龙泉青瓷的房址 奈杰尔·武德、克里斯·多赫蒂著 闻雯译 天下龙泉：龙泉青瓷与全球化国际学术研讨会论文集 540–555
丝绸之路沿线所见金属下颌托葬俗再考察——以中亚、新疆及固原三地出土金属下颌托为中心 马伟 边疆考古研究（第 29 辑）283–297
东南亚发现龙泉青瓷的考古学观察 项坤鹏 天下龙泉：龙泉青瓷与全球化国际学术研讨会论文集 430–442
中国东南沿海及东南亚地区沉船中的明清贸易瓷器 杨天源 博物院 2：84–95
从泰国班考遗址看华南与大陆东南亚新石器时代文化的关系 赵春光 江汉考古 1：97–106
故宫浴德堂浴室建筑文化源头考察——海外考古调查札记（六）王光尧 故宫博物院院刊 11：49–58
珍珠与景教——以十字架图像为中心的考察 姚崇新 西域研究 1：81–100
Celadon: A Cultural Bond in Indo-Chinese Maritime Relationship *Preeta Nayar* 天下龙泉：龙泉青瓷与全球化国际学术研讨会论文集 353–364
曼达与其古代贸易伙伴 周牧宸 天下龙泉：龙泉青瓷与全球化国际学术研讨会论文集 482–488
苏美尔文明与中原文明的比较探索 何驽 早期中国研究（第 4 辑）221–231
从中国瓷器看古代中阿经济文化交流 白野 中国穆斯林 1：80–84
阿尔泰地区早期游牧文化实用性马衔和马镳研究 包曙光、王禹夫 北方文物 4：33–41
中国早期莲花类型及其与印度的关系 何志国 广西民族大学学报（哲学社会科学版）1：128–144
中国与南亚之间的丝绸之路——以唐代取经僧人的记录为中心 孟宪实 敦煌研究 3：24–31
从佛典识“玻璃”——兼谈古代印度宝石学对中国的影响 郑燕燕 西域研究 1：101–113
印度河上游地区的佛教岩画及其与古代新疆佛教艺术的关系 赛丽娜·奥佚罗、郑燕燕 西域研究 1：114–128
记三处印度出土龙泉青瓷的遗址 冀洛源 天下龙泉：龙泉青瓷与全球化国际学术研讨会论文集 408–414
西印度洋地区发现的龙泉青瓷——龙泉窑青瓷在西印度洋繁荣原因管窥 张然 天下龙泉：龙泉青瓷与全球化国际学术研讨会论文集 443–456
萨克森宫廷藏亚洲陶瓷及欧洲硬质瓷的烧制 吴若明 故宫博物院院刊 11：99–113
Celadon Ware and Durham University's Oriental Museum *Craig Barclay* 天下龙泉：龙泉青瓷与全球化国际学术研讨会论文集 348–352
Martabani: Import and Reception of Chinese Celadon ware in the Islamic Courts, 14th–17th c. *Yves Porter* 天下龙泉：龙泉青瓷与全球化国际学术研讨会论文集 365–384

世界考古

万年前后“亚洲东南海洋地带”土著文化的延续性 吴春明 南方文物 4：13–27
1826–1840 年帕里斯环球舟船调查与舟船民族志的诞生 谭玉华 水下考古（第三辑）146–162
在冲突后恢复重建阿拉伯国家文化遗产的必要措施 Sultan Barakat、赵毓 中国文化遗产 5：110–111
历史·理念·策略：日本民俗文化财保护的传播实践研究 沈思涵 中国文化遗产 3：66–69
马文化在东亚的东传进程 诹早直人著 张嘉欣等译 菊地大树校 北方民族考古（第 11 辑）338–351
中日韩出土九九表简牍及其基层社会的数学学习 戴卫红 简帛研究（2021 春夏卷）343–387

国际简帛学视野下的日本古代木简 王元林 简帛学理论与实践（第一辑）79–91
执行坂窑址——生产刻划中国吉祥图案陶罐的日本陶窑 ［日］山口博之著 范佳楠译 南方民族考古（第十九辑）293–304
朝鲜半岛考古学的发端 成璟瑭 边疆考古研究（第 29 辑）363–375
朝鲜王朝后期的白瓷青花构图论 章婷 中国陶瓷 5：98–104
咸安城山山城遗址出土的文书木简与劳役调遣的文书行政 ［韩］李在院、方国花 简帛研究（2020 秋冬卷）351–369
高勒毛都 2 号墓地 M10 发掘记 周通 大众考古 6：74–78
蒙古国后杭爱省高勒毛都 2 号墓地 2017 ~ 2019 年考古发掘简报 河南省文物考古研究院等（周立刚等）华夏考古 6：39–53
从中亚到漠北——蒙古国巴彦诺尔墓出土金币中的西突厥文化意涵 徐弛、茆安然 丝绸之路考古（第 5 辑）115–126
蒙古国吉尔嘎朗图苏木艾尔根敖包墓地 2018—2019 年发掘简报 中国人民大学北方民族考古研究所、蒙古国国家博物馆（戎天佑等）考古 11：48–63
青陶勒盖城址陶窑的初步发掘成果 A. 恩赫图尔等 草原文物 2：112–119
哈拉帕文化珠子研究 王茜、王建新 考古与文物 4：61–71
最大熵模型的巴基斯坦遗址预测分布研究 吴瑞婵等 测绘科学 3：96–103
基于 GIS 的巴基斯坦北部文化遗址时空分布特征及保护对策 姜纯等 中国科学院大学学报 4：467–477
暹罗瓷币考 李骏 中国钱币 2：64–73
龙城春秋 越南升龙皇城中心区的考古工作 裴春松、赵五正 大众考古 5：78–90
越南中北部青铜时代遗址调查简报 四川省文物考古研究院、越南国家历史博物馆（陈卫东等）四川文物 1：4–18
菲律宾水域水下考古研究、调查与发掘管理指南 菲律宾国家博物馆著 周昳恒译 水下考古（第三辑）234–242
柬埔寨吴哥古迹茶胶寺 2011 ~ 2014 年度考古发掘简报 王元林等 中国国际合作援外文物保护研究文集（考古卷）127–144
吴哥古迹茶胶寺 2015 年考古发掘简报 王元林 中国国际合作援外文物保护研究文集（考古卷）145–168
柬埔寨吴哥古迹王宫遗址调查简报 余建立、王元林 中国国际合作援外文物保护研究文集（考古卷）169–183
柬埔寨吴哥古迹崩密列东神道考古简报 黄雯兰、Chhean Ratha 中国国际合作援外文物保护研究文集（考古卷）201–218
柬埔寨考古发掘与古迹参观之行 梁婷婷 大众考古 6：66–73
阿帕萨拉的诱惑——吴哥窟仙女浮雕初探 梁玥亮 美术观察 6：87–89
《真腊风土记》之吴哥城的考古学注解 王元林 中国国际合作援外文物保护研究文集（考古卷）238–252
缅甸蒲甘王朝壁画语言的本土化嬗变 孔超 美术 11：128–133
中亚河中地区青铜时代以来绿洲农业的演化与文明的交流 陈冠翰等 人类学学报 6：1108–1120
论北巴克特里亚的月氏文化 梁云等 考古 9：95–108
古代两河流域早期王衔的沿革与国家形态的演变 国洪更 史学集刊 3：37–41
拉施塔城堡镇：一处从中国引进蚕养殖业的伊朗遗迹——基于文献、地理考察和考古遗存的推论 乌苏吉等 故宫博物院院刊 11：30–48

伊朗纳德利土丘考古调查简报 张良仁等 考古学集刊（第24集）215–227
亚述帝国王宫出土脏卜报告中的卜师 刘健 殷都学刊3：53–60
开合之际与内外之间：新亚述帝国浮雕纪功门的空间阅读 贾妍 文艺研究3：142–156
托勒密王朝治下的巴勒斯坦地区 王欢 大众考古7：72–83
古叙利亚埃卜拉城的考古发掘与埃卜拉学研究 刘昌玉、朱方云 西北大学学报（哲学社会科学版）6：79–88
大月氏、贵霜、帕提亚、萨珊靴扣传统比较研究——贵霜王朝源出大月氏再证 米小强、杨富学 敦煌学辑刊1：62–76
阿富汗法罗尔丘地出土公元前三千纪末银器上可见的两河流域苏美尔艺术东渐 覃春雷 丝绸之路考古（第5辑）1–13
阿富汗迦毕试地区的弥勒菩萨图像及其信仰 [日]打本和音著 蔺君如译 石窟艺术研究（第五辑）180–193
哥诺尔(Gonur)遗址"羔羊之墓"出土银针饰——关于青铜时代中亚音乐与宗教礼仪的研究 N.勃罗夫卡著 昌迪、张弛译 北方民族考古（第12辑）252–261
乌兹别克斯坦苏尔汉河流域考古工作的主要收获——月氏与贵霜文化的考古学观察 唐云鹏、王建新 西北大学学报（哲学社会科学版）3：80–92
赞丹尼奇误读辨正 [英]尼古拉·辛姆斯-威廉姆斯等著 尤小羽译 中山大学学报（社会科学版）1：159–166
纳格尔久那孔达巨石文化遗存试析 朱延平 北方文物4：42–57
吉尔吉特和中亚地区出土铜釜（鍑）研究——兼论塞人和达尔德人及相关问题 [俄]鲍里斯·A.李特文斯基著 邱四平译 文物春秋2：77–96
印度早期祇园布施图像研究 邢逸菲 南京艺术学院学报（美术与设计）1：134–141
关于印度早期佛塔象征含义的思考（二）王云 世界美术2：87–94
涅槃圣地：二十世纪初印度伽西亚佛寺的发掘历程 邹飞、高晶晶 敦煌学辑刊2：114–123
从伐由到乌悉帕卡：中古祆教风神的印度风 张小贵 敦煌研究3：32–39
布兰托尔姆墓葬 Ч.阿穆尔图布欣、О.巴图朝日格著 特尔巴依尔译 北方民族考古（第11辑）332–337
斯杰布斯卡Ⅰ号遗址出土的民族大迁徙时代的阿尔泰游牧人腰带具 A.A.提什金等著 王禹夫译 潘玲校 北方民族考古（第12辑）262–279
工业遗产话语变迁的模式、成因及演化分析——以英国世界遗产铁桥峡谷为例 曹福然 东南文化1：181–190
浅析文化遗产的保护与科技化展示——以法国拉斯科洞穴为例 张博、高霄旭 中国文物科学研究2：24–32
地中海东部折返式研磨石器的初步研究 李成 考古5：80–90
青铜时代晚期二段的迦密海岸：东地中海的转运中心 米哈尔·阿奇著 李一亮译 黎海超校 南方民族考古（第二十一辑）311–334
古代近东的家户考古 凯瑟琳·福斯特（Catherine P.Foster）著 王红博译 陈胜前校 北方民族考古（第11辑）308–314
叶尼塞河流域的旧石器时代晚期文化 高磊 重庆文物考古论集（第一辑）459–470
宗教的起源：东欧平原可移动艺术中动物崇拜的产生 A.П.扎比亚科、王俊铮 草原文物2：104–111
俄罗斯阿穆尔州奥西诺沃湖村址中靺鞨陶工的陶器 涅斯捷罗夫 C.П著 盖莉萍译 北方民族考古（第12辑）280–286
西伯利亚李斯特文卡遗址的大缺齿鼹化石 武仙竹等 人类学学报6：1032–1040
宗教的起源：西伯利亚可移动艺术中的动物崇拜 A.П.扎比亚科、王俊铮 西伯利亚研究5：83–96

米努辛斯克盆地青铜时代人群古遗传学初探 A.B. 帕列科夫著 特尔巴依尔译 北方民族考古（第 12 辑）231–251
成为玛雅人：从“头”开始 由森 大众考古 5：32–39
俄罗斯图瓦波尔巴任遗址考古发现与研究 史砚忻、张建林 考古与文物 3：102–116
特佩西墓群塔加尔文化墓葬新探 余肖肖、邵会秋 边疆考古研究（第 30 辑）385–400
论室韦与米哈伊洛夫卡考古学文化 王俊铮 北方民族考古（第 11 辑）242–262
奥库涅夫文化的考古发现与研究 王鹏 三代考古（九）647–675
塞伊玛—图尔宾诺遗存发现与研究 刘翔 西域研究 1：129–140
关于塞伊玛—图尔宾诺遗存的几点思考——从《塞伊玛图尔宾诺文化与史前丝绸之路》谈起 邵会秋 西域研究 1：141–151
俄罗斯境内漠北匈奴地发现的汉式宫殿主人考释 张景明、马宏滨 北方民族大学学报 5：105–109
俄罗斯文化遗产保护与利用现状考察 汪伟 重庆文物考古论集（第一辑）471–474
杀戮还是皈——14 世纪锡耶纳圣方济各修道院议会厅壁画的中心与边缘 郑伊看 美术研究 4：127–134
古希腊瓶画中的神祇与竞技 唐晓义 浙江体育科学 5：102–106
克里特国家的起源及特征 晏绍祥 史学集刊 3：28–34
塞琉古王朝阿波罗型钱币研究 王杨 西域研究 4：106–116
古典时代雅典的节日空间与历史记忆——以雅典绘画柱廊为核心的探讨 邢颖 殷都学刊 3：61–69
可视性与象征性——帕台农神庙中楣浮雕饰带研究 徐志华 装饰 7：92–95
意大利庞贝古城出土新遗址 韩硕 人民日报 1 月 15 日 16 版
意大利海洋文化遗产科学调查方法概论 詹长法、陈桉 自然与文化遗产研究 6：85–91
拜占庭皇室女性的政治角色刍议——基于铸币的历史考察 孙思萌 殷都学刊 3：70–78、87
普陀山出土西班牙银币窖藏与海上“丝银之路”探究 贝武权 中国国家博物馆馆刊 3：125–137
自然与城市历史的缠绕——草海之城堪萨斯城的变迁 侯深 史学集刊 2：72–85
文化比较视野下的古埃及和古中国 贺云翱 大众考古 7：1
古埃及五花八门的宗教活动 令狐若明 大众考古 1：80–87
埃及考古两百年 金寿福 大众考古 7：19–27
图写权力：希拉康波利斯第 100 号壁画墓的“暴力”图像研究 黄庆娇 世界美术 1：67–82
《金字塔铭文》与古埃及人的“洁净”观和“洁净”仪式 马智博 古代文明（第 15 卷）337–352
古代埃及的修道院 田明 大众考古 7：90–95
世界历史上最早的图书馆 亚历山大图书馆 汪世超 大众考古 7：84–89
埃及考古屡获重大发现 黄培昭 人民日报 5 月 10 日 19 版
来自亚洲的埃及统治者 喜克索斯人 徐昊 大众考古 7：45–52
黑人法老们的埃及梦魂 探秘努比亚金字塔 王晗、郭丹彤 大众考古 7：63–71
文本、图像与仪式——古埃及神庙中的“冥世之书”颜海英 古代文明 1：11–24
追寻逝去的千年 丹德拉考古 戴鑫 大众考古 7：28–35
从盗掘到解读 阿马尔那泥板的涅槃重生之旅 袁指挥 大众考古 7：53–62
于精微处见深意 卡尔纳克大多柱厅考古 李晓东 大众考古 7：36–44
阿拜多斯的朝圣 郝仁娜 古代文明（第 15 卷）353–371
祭祀仪式与身份表达：中王国时期贝尼·哈桑地方贵族库努姆霍泰普的墓葬祠堂 黄庆娇 世界美术 4：86–96

拉姆群岛：跨族群多元文化交流交融的活化石 马和斌 西北民族大学学报（哲学社会科学版）3：61–69

补遗

越南东山铜鼓类型、年代与渊源述略 李昆声 广西民族大学学报（哲学社会科学版）5：11–18

泰国铜鼓类型、源流族属与文化传承 卫彦雄等 广西民族大学学报（哲学社会科学版）5：26–31

缅甸铜鼓类型、源流族属与文化传承 欧江玲等 广西民族大学学报（哲学社会科学版）5：19–25

印度尼西亚铜鼓类型与源流考辨 李富强等 广西民族大学学报（哲学社会科学版）5：2–10

犍陀罗宝冠供养图及相关问题研究 李雯雯 南京艺术学院学报（美术与设计）5：101–109

阿穆尔河（黑龙江）沿岸西部地区中世纪古代城址研究 C.П. 涅斯捷罗夫、盖莉萍 西伯利亚研究 6：56–64

维多利亚时期金银器技术变迁与大规模生产——以两依藏博物馆相关馆藏为例 付少雄 装饰 12：78–81

捌 文化遗产保护

文物保护事业

文化遗产保护的理路遵循——习近平新时代中国特色社会主义思想文化理论体系探析 刘卫红、吕赵祎 文化遗产研究（第 4 辑）14–23

浅析文化遗产保护理念的发展历程 尤欢欢 黄河 . 黄土 . 黄种人 16：23–28

文化遗产概论（下）——文化遗产的保护与管理 孙华 自然与文化遗产研究 1：66–80

中华人民共和国成立以来中国文化遗产管理思想的演进与创新 王京传 文化遗产研究（第 4 辑）36–44

考古学与文物保护 梁宏刚 自然与文化遗产研究 S1：11–19

考古学与文物保护规划设计 刘卫红、杜金鹏 自然与文化遗产研究 S1：20–28

新时代考古文保新思考 杜金鹏 文化遗产研究（第 4 辑）1–13

配合大型基本建设文物保护工作程序的初步探索 张建鑫 黑龙江史志 3：41–44

文物预防性保存发展略述 岩素芬 故宫文物月刊 461：4–11

文物保护修复中对最小干预原则的理解与思考 杜树志 中国文物报 12 月 7 日 6 版

关于文物保护修复科学技术的一些理论思考 梁宏刚 文化遗产研究（第 4 辑）56–68

浅谈文物保护修复档案的建立 王茜 中国文物科学研究 3：42–44

田野考古发掘中的文物保护技术要点探讨 祝延峰 考古学视野下港口与码头学术研讨会论文集 421–427

中国世界文化遗产 2020 年度保护状况总报告 罗颖等 中国文化遗产 5：64–79

修复好文物，才能让我内心平静 王征 中国文物报 1 月 5 日 1 版

我国文物保护单位保护规划公布实施的几个问题——以世界文化遗产为例 王芳、张玉敏 中国文物报 10 月 22 日 6 版

“十四五”文物保护和科技创新规划 中国文物报 11 月 2 日 3 版

国家文物局印发《大遗址保护利用“十四五”专项规划》中国文物报 11 月 19 日 4 版

关于《大遗址保护利用“十四五”专项规划》的解读 中国文物报 11 月 19 日 5 版

文化遗产事业治理现代化的实现路径建构——以法治保障为核心 黄墨樵 中国文物科学研究 2：8–14

水下文化遗产法律保护简析 王晶 南方文物 5：270–274

法治与规范：中国的文物进出境政策和展望 许凯、周诗琪 中国文物科学研究 3：10–14

历史时期全国重点文物保护单位时空分布特征及影响机理 田小波等 经济地理 1：191–201

保护地发展中若干法律问题研究 刘学彬 自然与文化遗产研究 1：92–100
浅论文物保护公益诉讼制度 彭蕾 中国文物科学研究 1：2–7
文物执法“三破解”提升执法效能 陈哲 中国文物报 1 月 5 日 3 版
欧洲返还纳粹劫掠文物特别委员会机制研究——兼论对我国追索日掠文物的启示 胡姗辰 中国人民大学学报 4：99–109
追索二战期间日本掠夺中国文物：问题与对策 王云霞 文物 12：83–93

补遗

加强考古和历史文化遗产保护 刘玉珠 求是 23：18–23
早期盗墓及相关法律问题 熊贤品 长江文明 4：9–17

金属器的保护

关于金属文物腐蚀成因及其保护修复技术的理论探索 梁宏刚 江汉考古 6：240–245
新型复合缓蚀剂对青铜文物的防腐蚀研究 周浩等 中国腐蚀与防护学报 4：517–522
化学方法和原理在青铜文物保护中的应用 顾文婷 黄河 . 黄土 . 黄种人 20：49–51
结合 3D 打印铸造的青铜器可拆卸式修复研究 张珮琛 文物保护与考古科学 3：1–9
基于激光诱导击穿光谱的青铜文物清洗评价试验研究 于隽雅等 应用激光 1：71–76
中国出土青铜器腐蚀状态与埋藏环境关联研究现状 胡毅捷、陈建立 文化遗产研究（第 4 辑）198–208
良渚文化钺杖的复原 夏勇 大众考古 9：40–44
故宫博物院藏兽面纹青铜斝的保护修复研究 王有亮等 故宫文物保护修复文集 71–81
故宫博物院藏商代父乙鼎的二次修复 吕团结等 故宫文物保护修复文集 82–87
随州叶家山出土青铜器价值与保护修复研究 李玲等 文化遗产研究（第 4 辑）217–240
张家坡西周墓地出土青铜器的科学保护与修复 杜平 文化遗产研究（第 4 辑）168–197
中国国家博物馆藏“陈侯”铜壶铸造工艺及科学保护研究 李沫等 中国国家博物馆馆刊 1：146–160
河南义马上石河春秋墓地出土铜器的锈蚀物分析 郑立超、金锐 黄河 . 黄土 . 黄种人 22：36–40
春秋晚期青铜敦的保护修复 易新博 湖南考古辑刊（第 15 集）278–287
昌宁大甸山墓地出土部分青铜器制作工艺与锈蚀成因研究 胡毅捷等 考古学研究（十二）76–90
秦始皇帝陵出土二号青铜马车彩绘夔龙纹复原方法研究 马琳娜等 文物保护与考古科学 1：17–25
江西海昏侯刘贺墓出土凤鸟纹提梁卣的修复保护研究 王有亮、金大朝 南方文物 3：273–280
南昌西汉海昏侯墓车马坑出土车马器研究性保护修复 黄希、张红燕等 南方文物 6：242–247
海昏侯墓车马坑鎏金青铜器腐蚀现象研究 蔡毓真、胡东波 考古学研究（十二）44–58
浅析破碎残缺青铜器的支撑、展陈与保存系统——以合浦文昌塔出土青铜提梁壶为例 刘彦琪 博物院 4：116–122
一面唐代鹦鹉纹铜镜的保护修复 董博 大众考古 2：49–53
唐虎纹铜镜的保护修复 吕团结 故宫文物保护修复文集 99–102
故宫博物宋代铜凤凰的制作工艺研究 金大朝等 故宫文物保护修复文集 103–114
故宫博物院藏宋代父癸鼎的再次修复 尚素红等 中国文物科学研究 2：90–96
使用多种分析技术对故宫藏人面纹牌饰（面具）的综合研究 曲亮等 故宫文物保护修复文集 470–487
故宫博物院藏明代掐丝珐琅缠枝莲纹朝冠耳三足炉的修复保护研究 高飞、张雪雁 故宫文物保护修复文集 88–98

承德避暑山庄博物馆藏清代铜镀金三人打乐钟的修复研究 杨晓晨、亓昊楠 文物天地 5：128-134
清斋戒铜人的科学修复及其工艺研究 宋建祥、吕团结 中国文物科学研究 1：80-84
清宫掐丝珐琅铜缸的原位分析及其保护处理 曲亮等 故宫文物保护修复文集 488-503
馆藏青铜器科技保护修复——以金昌市博物馆馆藏文物为例 周贤婧、韩鉴卿 陇右文博 4：80-84
广州造紫檀框玻璃插屏钟机芯的修复研究 杨晓晨 故宫文物保护修复文集 157-165
“如五升器大，变化为天地”——铜镀金葫芦转花钟的修复研究 刘潇雨 故宫文物保护修复文集 166-173
故宫博物院藏木楼三角形三套钟的修复保护与研究 向琬 故宫文物保护修复文集 174-189
故宫藏几件英国钟表的维护与研究 王津 故宫文物保护修复研究 132-146
故宫藏英国铜镀金转水法三面人物打乐钟的修复与研究 亓昊楠 故宫文物保护修复文集 147-156
故宫博物院藏英国铜镀金水法转花钟的保护研究探讨 刘瀛潞、王津 故宫文物保护修复文集 190-198
氢等离子体还原法在铁器保护中的应用研究综述 张有才等 文化遗产研究（第 4 辑）160-167
铁质文物表面超疏水修饰及性能 胡沛、胡东波、胡钢 考古学研究（十二）235-243
固原王大户春秋战国墓地出土铜柄铁剑的工艺研究及保护修复 宋晶晶等 荆楚文物（第 5 辑）297-305
氟硅聚硅氧烷涂层体系在玉泉铁塔表面修复保护中的应用研究 刘雪刚等 涂料工业 7：10-17
故宫室外铜质文物评估系统的初步建立及应用 盛崇珊等 考古学研究（十二）153-171
故宫室外铁质文物封护剂评价方法研究 张英蓉、曲亮 文物保护与考古科学 4：118-127
镇安寺铁牛腐蚀产物及腐蚀机制研究 吴磊等 文物保护与考古科学 2：84-91
当阳赵家湖楚墓出土锡簋的保护修复 董清丽 文物天地 2：116-119
新疆塔城地区博物馆藏明代锁子甲的保护修复 牛功青 大众考古 1：34-36
陕西西安昆仑公司隋唐墓葬 M2 出土冠饰的实验室清理与保护 张全民等 文化遗产研究（第 4 辑）141-159
成都蒲江飞虎村出土错金银带钩保护修复 刘晓彬等 文物保护与考古科学 6：75-82

补遗

新型封护材料 ZS-922 对青铜文物保护效果的评价研究 田兴玲等 材料保护 9：32-38
铁质文物的腐蚀机制及防护策略 夏琦兴等 材料保护 12：101-105
江阴市博物馆清代铁炮的保养和维护 唐雷霞 江阴文博总 34：37-39

石质文物的保护

石质文物封护材料研究综述 王鸿驰、秦德宁 黄河 . 黄土 . 黄种人 16：9-22
纳米材料在石质文物生物病害治理中的应用研究进展 黄晓霞等 中国文化遗产 1：92-100
草酸钙材料在石灰岩文物保护中的应用研究综述 刘妍等 西北大学学报（自然科学版）3：390-396
中国古代砖砌体力学性能研究综述 夏倩等 文物保护与考古科学 5：113-124
二氧化钛纳米材料在石质文物保护中的应用及研究进展 何静、胡东波 考古学研究（十二）255-267
微波技术在砖石质文物含水率检测中的应用 黄继忠等 文物保护与考古科学 1：8-16
冻融作用对古青砖宏观性能及微观结构劣化的影响 张道明等 文物保护与考古科学 4：9-15
海洋环境中石质文物腐蚀研究 涂元葳等 考古学研究（十二）137-152
水下石质文物原址保护空化射流清洗实验研究 王昊、张碧健 中国文化遗产 3：82-87
室外镶嵌展示对石刻文物保存的影响分析 刘佳旭等 文化遗产研究（第 4 辑）209-216
地震作用下馆藏石碑稳定性分析 秦立科等 文博 6：90-97
隋栖岩道场舍利塔碑的科学分析与保护修复 南普恒等 文物保护与考古科学 6：83-93

承德避暑山庄永佑寺后序碑热应力分布特征模拟及易损性评价 许东等 西北大学学报（自然科学版）3：353-359

乾隆石经现状调查及保护措施 王琳琳 北京文博文丛 3：112-122

虚拟修复技术在石造像文物保护中的应用 王乐乐 北方文物 4：64-68

基于原位无微损测试方法的砂岩摩崖造像表层风化特征与程度研究 张景科等 西北大学学报（自然科学版）3：379-389

洛阳偃师石桥造像龛现状调查与保护 赵淑梅、赵军军 石窟寺研究（第 12 辑）218-229

北冶石窟摩崖佛像病害调查及保护对策初探 卫婉英、刘轶 石窟寺研究（第 12 辑）230-240

石质文物表层工程性能保护材料适宜性评价——以羊山造像及摩崖题刻为例 汪永祥等 中国文化遗产 4：74-81

重庆大足卧佛造像砂岩表层风化现场试验测试 马雨君等 中国国家博物馆馆刊 12：126-137

洪江古建筑群石质文物现状调查及保护修复研究 何静、胡东波 青年考古学家（第 2 辑）192-204

故宫建福宫花园石子地面图案复原与探源 王俪颖、何川 中国文物科学研究 3：25-32

广西宁明花山岩画本体表层岩体开裂机制分析 陈嘉琦等 复旦学报（自然科学版）2：157-165

补遗

商业文化遗产价值及其保护研究——以晋商会馆碑刻为中心 杨波、张继焦 贵州民族研究 12：156-162

古建筑的保护

梁思成先生建筑遗产保护思想研究 李芃芃 自然与文化遗产研究 2：38-49

鼎足之喻——中国建筑遗产保护学科框架再讨论 刘畅、赵鹏 自然与文化遗产研究 5：42-52

中国建筑遗产预防性保护再思考 李爱群等 中国文化遗产 1：13-22

古建筑修缮技术要点和工程管理措施研究 韦婷孜 文物天地 3：55-57

古建筑修缮工程预算编制的流程 唐利勤 文物天地 3：58-59

天然药用植物防虫技术在古建筑裱作技艺中的应用 王敏英 文物天地 5：135-139

上下椽头尾搭接的木构古建筑受力性能的简化计算方法研究 淳庆等 文物保护与考古科学 1：34-42

神道务静：浅析唐代陵庙损坏与修缮问题 吴凌杰、王振辉 乾陵文化研究（十四）221-225

四川广汉龙居寺中殿建筑热湿环境特征研究 赵凡 文物保护与考古科学 1：110-117

平顺县九天圣母庙修缮、保护工程 范彦东 太原市文物考古研究所文集：地上文物篇 535-541

宗教文物的文物属性和保护边界刍议——基于福鼎早期佛教建筑遗存调查的讨论 王刃馀、张金德 中国文物科学研究 2：15-23

开元寺建筑遗产特点及保护管理 黄明珍 自然与文化遗产研究 3：59-70

不可移动文物安全稳定风险防控现状与思考——以应县木塔为例 葛家琪等 中国文化遗产 1：4-12

应县木塔科学价值、倾斜变形与保护路径探析 永昕群 中国文化遗产 1：23-38

应县木塔变形监测的技术与方法 周俊召等 中国文化遗产 1：39-44

地震与风作用下应县木塔结构响应及监测 邓扬等 中国文化遗产 4：40-46

清徐县清源文庙文物保护工程 廉恒耀 太原市文物考古研究所文集：地上文物篇 595-597

砖石古塔结构特点及防震减灾对策刍议——以德阳孝泉龙护舍利宝塔抢险支护为例 永昕群 自然与文化遗产研究 1：38-53

太原市阳曲县范庄大王庙修缮勘察报告 柴琳 太原市文物考古研究所文集：地上文物篇 284-288

太原市天龙山白龙庙修缮勘察报告 李秀峰 太原市文物考古研究所文集：地上文物篇 409-413

白云寺天王殿勘察报告 郭守俊 太原市文物考古研究所文集：地上文物篇 289–292
长子崇庆寺修缮工程 曹红霞 太原市文物考古研究所文集：地上文物篇 551–558
汾阳市禅定寺修缮勘察报告 李秀峰 太原市文物考古研究所文集：地上文物篇 414–423
晋中市法宝寺悬塑保护修复工程 郝月仙 太原市文物考古研究所文集：地上文物篇 624–629
山东省平度市城隍庙大殿修缮勘察报告 曹红霞 太原市文物考古研究所文集：地上文物篇 393–397
太原大关帝庙文物修缮工程 郭守俊 太原市文物考古研究所文集：地上文物篇 518–529
霍州观音庙修缮、保护工程 廉恒耀 太原市文物考古研究所文集：地上文物篇 559–566
武乡县会仙观修缮、保护工程 李博 太原市文物考古研究所文集：地上文物篇 542–550
龙光塔己亥（2019）保护修缮工程 金石声 无锡文博 辛丑撷英：174–184
太原市永宁堡修缮、保护方案 李博 太原市文物考古研究所文集：地上文物篇 330–335
明秀寺过殿、观音殿勘察报告 郭守俊 太原市文物考古研究所文集：地上文物篇 311–318
太原市唱经楼修缮、保护工程简述 郭守俊 太原市文物考古研究所文集：地上文物篇 530–534
太原府城文物建筑修缮工程 郭守俊 太原市文物考古研究所文集：地上文物篇 602–609
太原市晋源区明太原县城修缮工程 范彦东 太原市文物考古研究所文集：地上文物篇 610–615
沁水县湘峪古堡修缮工程 李秀峰 太原市文物考古研究所文集：地上文物篇 616–622
基于 CGB 技术的文物建筑监测——以故宫养心殿为例 程枭翀 中国文化遗产 2：44–51
大芦村古建筑群木结构糟朽劣化问题及维修探讨 张进和 文物天地 3：53–54
古建筑避蠹研究初探——以故宫养心殿内檐糊饰为例 纪立芳等 自然与文化遗产研究 1：29–37
毓庆宫原状陈设复原研究 张燕芬 故宫博物院院刊 9：109–122
文殊寺中殿整体抬升浅谈 廉恒耀 太原市文物考古研究所文集：地上文物篇 268–271
太原市普光寺修缮勘察报告 柴琳 太原市文物考古研究所文集：地上文物篇 351–355
潞城沟北村关帝庙修缮勘察报告 曹红霞 太原市文物考古研究所文集：地上文物篇 398–402
上庄东岳庙保护探略 杨帆 北京文博文丛 3：107–111
汾阳市齐圣广佑王庙修缮勘察报告 李秀峰 太原市文物考古研究所文集：地上文物篇 424–430
汾阳市五岳庙修缮勘察报告 李秀峰 太原市文物考古研究所文集：地上文物篇 431–441
万荣县稷王庙修缮工程 张绣棠、张禀茂 太原市文物考古研究所文集：地上文物篇 567–571
万荣县东岳庙修缮工程 张禀茂 太原市文物考古研究所文集：地上文物篇 581–587
运城市解州关帝庙修工程 张禀茂、张绣棠 太原市文物考古研究所文集：地上文物篇 572–580
太原市阳曲县大盂镇慈仁寺修缮勘察报告 柴琳 太原市文物考古研究所文集：地上文物篇 325–329
太原市迎泽公园藏经楼局部保护、修缮方案 李博 太原市文物考古研究所文集：地上文物篇 345–350
曲阜三孔实施预防性保护的实践与思考 孔祥民 中国文物报 10 月 12 日 3 版
故宫古建筑环境调查研究——以乾隆花园为例 马越 故宫文物保护修复文集 436–441
故宫南薰殿古建筑预防性保护探索与实践 曹晓丽 中国文物科学研究 1：8–13
玉林清代民居的保护与再利用策略初探——以庞村古建筑群 146 号（将军第）为例 严康妮 文物天地 3：19–24
翁丁村大火对我国古建筑保护的启示 周学鹰、郭玉菱 中国文物报 11 月 12 日 3 版

壁画的保护

结合迁移学习和底层特征的古代壁画分类模型 曹建芳等 系统仿真学报 5：1095–1103

改进 DeepLabV3+ 模型在壁画分割中的应用 曹建芳等 计算机应用 5：1471–1476
增强壁画图像艺术性的超分辨率重建 曹建芳等 计算机工程与设计 8：2291–2298
块核范数的 RPCA 分解与熵权类稀疏的壁画修复 陈永等 哈尔滨工业大学学报 8：72–80
数字壁画病害提取与修复算法研究 张子迎等 计算机应用研究 8：2495–2498
基于边缘重建的多尺度壁画修复方法 张豪远等 图学学报 4：590–598
壁画加固材料的研究进展 顾文婷 草原文物 1：120–124
方波激励红外热像法在墓室壁画上的检测研究 王从嗣等 光学学报 16：83–92
考古现场墓葬壁画信息提取方法探讨 严静等 文物保护与考古科学 5：9–18
颜料层微观形貌对古代壁画褪色及显现影响 郑丽珍、胡道道 光谱学与光谱分析 5：1493–1498
最小噪声分离变换与 Haar 小波变换结合的壁画线状特征增强方法 曹鹏辉等 文物保护与考古科学 1：26–33
壁画起甲修复材料性能评价指标体系的构建初探 张化冰等 文物保护与考古科学 6：12–19
基于边缘缺失重构和改进优先权的壁画图像修复 陈永等 激光与光电子学进展 24：231–240
秦陵建筑基址壁画材质及制作工艺的初步研究 张尚欣等 文物保护与考古科学 6：20–27
麦积山石窟第 32 窟内外温湿度比较研究 胡军舰等 干旱区资源与环境 6：66–72
敦煌莫高窟烟熏壁画的数字化色彩复原研究 付心仪等 敦煌研究 1：137–147
莫高窟第 88 窟西夏壁画病害分析 李娜等 文博 6：80–89
莫高窟第 196 窟壁画可溶盐分析及相关问题研究 张亚旭等 敦煌研究 1：148–155
仿爱夜蛾排泄物对敦煌莫高窟壁画损害过程的模拟研究 马赞峰等 敦煌研究 4：125–132
太原北齐壁画博物馆藏代唐郭行墓等六座壁画墓保护修复取得阶段性成果 晋文 中国文物报 11 月 2 日 2 版
壁画《菩萨像》的画面赏析与修复 巨建伟 故宫文物保护修复文集 394–399
蒙山连理塔壁画的抢救性保护工程 张惠明 太原市文物考古研究所文集：地上文物篇 641–645
懿德太子墓白虎图壁画展柜环境监测分析研究 杨文宗等 文博 4：85–91
唐韩休墓玄武图颜料表面特征及加固材料对其色度的影响 孟元亮等 文物保护与考古科学 6：28–36
富平李道坚墓壁画保护与研究 严静等 文博 5：93–102
西藏桑耶寺壁画表面烟熏污染物的分析研究 王永进等 文物保护与考古科学 3：93–97
太原市太山龙泉寺八角亭塑像、壁画勘察报告 刘俊 太原市文物考古研究所文集：地上文物篇 501–514
太谷县净信寺塑像、壁画勘察报告 许涛 太原市文物考古研究所文集：地上文物篇 452–460
广汉龙居寺中殿墙体壁画载体结构安全调查研究 赵凡等 四川文物 5：111–118
辽宁义县奉国寺主殿壁画彩绘胶料的气相色谱质谱联用分析研究 黄建华等 文物保护与考古科学 5：85–92
奉国寺元代壁画裂隙病害的初步调查与成因分析 刘成等 文物保护与考古科学 4：1–8
太原汾河二库吉祥寺壁画搬迁保护工程 樊柯柯 太原市文物考古研究所文集：地上文物篇 630–635
邯郸金代墓葬壁画保护性搬迁及后期修复 李蔓、申慧玲 文物保护与考古科学 5：133–140
繁峙县公主寺塑像、壁画、悬塑现状勘察报告 淡玉龙 太原市文物考古研究所文集：地上文物篇 461–480
忻州广济寺塑像、壁画勘察报告 刘俊 太原市文物考古研究所文集：地上文物篇 481–500
长治县东呈古佛堂壁画揭取保护工程 范兴全 太原市文物考古研究所文集：地上文物篇 636–640
内蒙古美岱召壁画制作材料分析 李鑫等 中国文化遗产 2：68–74
青海瞿昙寺瞿昙殿壁画制作材料与工艺初步分析 牛贺强等 文物保护与考古科学 6：94–105
山西大同观音堂观音殿壁画制作材料与工艺分析 李娜等 敦煌研究 1：128–136

补遗

基于序贯相似性和布谷鸟寻优的敦煌壁画修复算法 陈永等 激光与光电子学进展 20：194–203

基于 Gabor 变换和组稀疏表示的敦煌壁画修复算法 陈永等 激光与光电子学进展 22：175–184

对流失海外的克孜尔石窟壁画的数字化复原探索 赵莉等 浙江大学学报（理学版）6：651–659

永泰公主墓壁画病害机理研究 郑志华 自然灾害学报 6：158–163

石窟寺的保护

“十四五”石窟寺保护利用专项规划 中国文物报 12 月 10 日 3 版

石窟寺文物的数字化保护与利用 李敏等 遥感学报 12：2351–2364

关于石窟寺保护的几点思考 李宏松、何正萱 中国文化遗产 4：47–59

石窟寺保护关键科学问题及关键技术探讨 王金华、霍晓彤 东南文化 1：6–13

基于常态条件的石窟寺监测数据预警应用初探 安程、吕宁 文博 1：97–103

石窟寺受地震影响下的应急处置方案 张兵峰 中国文化遗产 4：36–39

甘肃砂岩石窟浅表层风化区域特征研究 孙满利等 西北大学学报（自然科学版）3：333–343

甘肃瓜州榆林窟东崖体水分分布特征研究 王彦武等 兰州大学学报（自然科学版）2：238–243

庆阳北石窟寺砂岩表层风化特征与地层岩性的关系研究 张景科等 西北大学学报（自然科学版）3：344–352

甘肃庆阳北石窟寺水环境特征研究 王彦武等 西北大学学报（自然科学版）3：360–369

莫高窟第 85 窟温湿度分布特征及湿度对降水的响应研究 陈海玲等 敦煌研究 5：134–144

莫高窟第 276 窟可溶盐测定与环境监测分析 苏振妍等 兰州大学学报（自然科学版）2：226–232

麦积山石窟保护性窟檐修复可能性探讨 董广强 石窟艺术研究（第五辑）233–238

利用 BIM 技术对麦积山第 44 窟虚拟复原初探 陈月莹、魏文斌 华夏考古 2：111–120、128

超声波无损检测技术在世界文化遗产地云冈石窟保护中的应用 任建光等 工程勘察 6：68–73

云冈石窟砂岩水汽扩散特性研究 黄继忠等 西北大学学报（自然科学版）3：370–378

科技引领，传承经典——云冈石窟的开凿与保护 杭侃 自然与文化遗产研究 6：1–7

云冈石窟保护面临的困境及解决途径 杜之岩等 自然与文化遗产研究 6：8–16

云冈石窟盐类析出物与石雕表面风化破坏形式的关系研究 任建光等 文物保护与考古科学 6：47–51

云冈第 1、2 窟保护实验工程之启示——基于 1960 年初保护维修图纸的记忆 王恒 自然与文化遗产研究 6：17–34

云冈石窟第 3 窟后室顶板加固治理与监测 范潇等 文物保护与考古科学 2：1–6

世界第一例可移动 3D 打印复制洞窟彩绘工程——云冈石窟第 12 窟 3D 打印作品彩绘 董凯 石窟寺研究（第 11 辑）182–191

“学术实践 科技弘扬”——云冈石窟第 14 窟的研究保护历程 员小中 中国文物报 12 月 10 日 5 版

关于吐鲁番石窟保护与利用工作的几点思考 李刚等 中国文物报 9 月 10 日 7 版

龙门石窟的文物数字化发展与挑战 黎毅 克孜尔石窟与丝绸之路研究学术研讨会论文集 264–272

从艺术品到石窟寺古迹——1913—1914 年龙门石窟事件对文物保护工作的意义 周孟圆 自然与文化遗产研究 6：35–44

烟渍对石窟造像的影响探究——以通江千佛岩石窟为例 韩明等 四川文物 5：104–110

西藏普兰县石窟寺数字化保护前期调研日记 夏国芳、游家皓 中国文物报 12 月 7 日 3 版

山西灵石资寿寺彩塑病害的分析研究 李娜等 中国国家博物馆馆刊 7：151–160

龟兹石窟数字化保护的技术与成果简述 张晓迁 克孜尔石窟与丝绸之路研究学术研讨会论文集 255–263
阿尔寨石窟保存现状与保护对策研究 孙满利等 西部考古（第 22 辑）252–273
阿尔寨石窟价值阐释及保护利用现状调查研究 刘卫红等 西部考古（第 22 辑）281–292
甘肃云崖寺石窟五方佛洞彩塑病害调查及成因分析 鲁苡君等 石窟寺研究（第 11 辑）192–205

补遗

基于多光谱成像和随机森林算法的石窟表面风化智能评估方法 曹赤鹏等 光学学报 22：201–211

漆木器的保护

γ–巯丙基三乙氧基硅烷对饱水木质文物的脱水定型机理研究 周逸航等 文物保护与考古科学 6：1–11
跨湖桥遗址考古木材的二次保护 刘东坡等 文物保护与考古科学 1：1–7
太赫兹飞行时间成像在漆盒上的应用 李晨毓等 激光与光电子学进展 6：101–106
考古出土半饱水漆器漆膜加固材料的筛选研究 何秋菊等 荆楚文物（第 5 辑）306–324
四川绵阳双包山汉墓出土部分漆器的制作工艺及老化程度分析 杨海艳等 文物保护与考古科学 5：50–59
以描金漆器类文物为例浅谈传统囊匣的制作技艺 刘天奇 中国文物科学研究 1：89–96
填漆戗金夔龙纹长桌工艺分析与修复 王陆伊等 中国国家博物馆馆刊 12：138–155
填漆夔龙纹长方桌的保护修复研究 张彤等 故宫文物保护修复文集 265–274
紫檀木雕花纹宝座的修复与研究 李敬源 故宫文物保护修复文集 199–213
故宫紫檀木嵌檀香木夔龙福磬纹宝座的修复研究 谢扬帆 故宫文物保护修复文集 231–246
紫檀嵌珐琅玉雕人物带鱼缸插屏的修复与研究 刘恺 故宫文物保护修复文集 214–230
故宫养心殿藏“紫檀木边座碧玉云龙纹插屏”的修复探讨 孙鸥 中国文物科学研究 4：67–73
紫檀木边嵌牙骨珐琅大吉葫芦春屏彩胜的工艺分析及保护修复 罗涵等 故宫文物保护修复文集 314–324
故宫藏紫檀木雕夔龙纹罗汉床的修复研究 谢扬帆 中国文物科学研究 3：65–71
故宫重华宫内“吉云持地”匾联的修复研究 王陆伊 中国文物科学研究 3：79–86
剔红缠枝莲纹开光山水鹤鹿图铜兽耳圆瓶的保护修复 张军 故宫文物保护修复文集 247–253
剔红云龙纹天球瓶的修复研究 王凯飙等 故宫文物保护修复文集 275–285
剔红海棠式柿子盆景的工艺研究与修复 王陆伊等 故宫文物保护修复文集 254–164
泉州湾宋代海船适宜保存温湿度环境条件研究 费利华、吴耿烽 文物保护与考古科学 2：61–67
太仓半泾河古船难溶盐脱除效果研究 袁雨等 文物保护与考古科学 3：37–46
福建平潭大练岛西南海域沉船文物环境腐蚀性监测与评估 张际标等 应用海洋学学报 2：312–323
强风作用下木拱廊桥的风振响应分析——以文兴桥为例 韩宜丹、淳庆 文物保护与考古科学 5：102–112

补遗

江苏丰县梁寨古船发现与保护修复研究 吴双成等 海交史研究 3：102–115

纸质品的保护

关于考古出土纸质文物保护利用的若干思考 何伟俊 东南文化 6：6–13
铁基与铜基颜料对纸质文物的化学腐蚀降解 于一平等 文物保护与考古科学 6：52–60
纸质文物上真菌产生的污渍和色素综述 张诺 文物保护与考古科学 2：120
纸质文物油渍清洗材料的筛选及评估 柳凯等 文博 3：94–100
乙基纤维素与纳米 SiO_2 复配液加固古籍纸张的可行性研究 欧秀花等 中国文物科学研究 1：61–66

书画修复中可替代明矾的施胶沉淀剂筛选研究 何秋菊等 文物保护与考古科学 2：41–51
书画文物修复用纸老化性能的研究 徐文娟 中国文物科学研究 2：68–72
王献之行书《中秋帖》卷的保护性复制 王天凤 中国文物科学研究 3：72–78
西藏博物馆馆藏板结藏经《松赞干布遗训》的修复 吕晓芳等 文物保护与考古科学 4：89–100
浅谈无锡博物馆藏《宋无款四喜图轴》及其修复 陈珵 无锡文博（辛丑撷英）：214–219
书画文物原装裱保护性修复——以《宋艳艳女史草虫花蝶图卷》为例 沈骅 文物保护与考古科学 5：71–77
故宫藏《永乐设色纸本山水屏》修复技法探究 周海宽、陈文佳 故宫文物保护修复文集 20–30
上海博物馆馆藏唐寅山水图的修复 邰真 文物保护与考古科学 3：65–70
明《屠隆草书诗轴》“小托心”修复探讨 单嘉玖 故宫文物保护修复文集 9–19
一件 15 世纪藏文写本插图绘制颜料的原位无损分析检测 吴娜等 中国文化遗产 4：87–93
荆州博物馆馆藏明清刻本纸张原料及制作工艺分析 方媛等 文物保护与考古科学 4：80–88
蒋懋德《青绿山水图》及其接笔修复 张蕊 故宫博物院院刊 6：98–106
《蒋懋德山水贴落》修复材料研究 马越等 故宫文物保护修复文集 31–36
符望阁原存《蒋懋德山水贴落》修复纪实 喻理等 故宫文物保护修复文集 37–47
故宫养心殿燕喜堂裱糊纸调查研究 马越、纪立芳 文物保护与考古科学 6：61–68
清代同治时崇保书法对联的再修复 张文军、许佳羽 丝绸之路 2：155–158
院藏《得胜图》卷局部修护纪实 郭仓妙 故宫文物月刊 461：30–41
《陈奕禧临苏轼书寒食帖卷》修复记 王红梅 文物天地 6：116–118
养和精舍原存周本绘《菊花山石图贴落》修复纪实 喻理 故宫文物保护修复文集 48–62
燕喜堂槅扇心的修复与探讨 李沛恒等 故宫文物保护修复文集 63–70

陶瓷器的保护

古陶瓷修复——全色材料表面强度与耐候性研究 温建华、胡东波 考古学研究（十二）192–206
古陶瓷修复——补配材料硬度与对陶器破坏性研究 温建华、胡东波 考古学研究（十二）207–221
新时期陶质彩绘文物保护若干问题的思考 李斌 南方文物 5：280–284
秦始皇帝陵兵马俑一号坑遗址表面絮状物及其中真菌的现状研究 罗强等 文博 3：101–107
从一件唐三彩仗马的修复谈展览文物的保护修复 申桂云等 中国文化遗产 2：63–67
福建晋江宋代磁灶窑出土铅釉陶的腐蚀研究 姜帆远等 文物保护与考古科学 4：71–79
馆藏彩陶的保护及修复 朱新选 丝绸之路 2：107–110
西夏陵瓷质和琉璃建筑构件的工艺特点研究 石若瑀等 文物保护与考古科学 6：37–46
菏泽元代沉船出土钧窑杯保护修复及窑口研判 白广珍等 中国文物科学研究 4：92–96
一件明代青花方碟的修复 周庆、杨振鑫 大众考古 11：86–87
景德镇御窑遗址出土青花绣墩的考古修复新方法研究 杨蕴等 文物保护与考古科学 6：69–74

遗址的保护

基于原真性保护的建筑遗址“设计性修缮”理念探讨 吴建勇 中国文化遗产 2：38–43
推动大遗址保护利用融入现代生活——《大遗址保护利用“十四五”专项规划》出台 李瑞 中国文物报 11 月 19 日 5 版
大遗址保护理论方法与研究框架体系构建思考 刘卫红、田润佳 西北大学学报（哲学社会科学版）1：54–62
大遗址保护与旅游利用模式的解析框架建构 李志勇、阎珺琪 湘潭大学学报（哲学社会科学版）3：181–186

大遗址有大未来 薛帅 中国文化报 2月4日8版
夯筑遗址加固中楠竹锚杆应力分布变化规律研究 毛筱霏等 应用力学学报 1：345-353
高强无机纤维材料在古遗址保护和展示中的研发与应用 苏媛等 中国文物科学研究 3：91-96
洪涝灾害下的古遗址脆弱性影响因素分析 孙延忠 中国文化遗产 4：19-23
植物覆盖技术保护潮湿地区土遗址探讨 孙满利 文物保护与考古科学 5：125-132
新型土遗址修复加固材料试验研究 李鑫等 中国文化遗产 4：82-86
考古遗址公园的过去、现在与未来 郭萨 自然与文化遗产研究 S1：39-49
考古遗址公园规划的反思与建议 郭萨 文化遗产研究（第4辑）24-35
文旅融合视野下文物保护利用与创新路径研究——以黄河流域为例 石培华、翟燕霞 广西师范大学学报（哲学社会科学版）4：114-128
济南黄河文化遗产构成体系及保护策略研究 赵虎等 中国文化遗产 1：74-81
国土空间规划中线性文化遗产的保护利用研究——以咸阳市为例 刘军民等 城市发展研究 3：7-13
郑州市生态保遗的实践与经验研究 吴倩等 黄河．黄土．黄种人 22：53-59
城头山遗址城墙剖面科技保护试验与实施 张涛等 文化遗产研究（第4辑）93-119
持续推进三星堆考古发掘和遗址保护 吴晓玲 四川日报 9月2日6版
金沙遗址博物馆大气污染特征研究 蒋璐蔓等 文物保护与考古科学 1：118-124
国家考古遗址公园社会治理格局构建模式——以鸿山国家考古遗址公园为例 逯俊宁 无锡文博 辛丑撷英：163-167
沙河古桥遗址保护利用策略研究 周剑虹、段雅婷 西部考古（第21辑）322-326
多尺度视域下的大遗址治理模式研究——基于汉长安城遗址的实证分析 陈稳亮等 城市规划 4：48-56
基于环境适应性理念的遗址博物馆潮湿土遗址保护研究探索——以河南内黄三杨庄汉代聚落遗址为例 陈家昌等 文化遗产研究（第4辑）69-77
江西出台南昌汉代海昏侯国遗址保护办法 赣文 中国文物报 1月8日1版
基于定量分析的克孜尔尕哈烽燧遗址本体病害特征研究 陆继财、赵海英 文物保护与考古科学 1：103-109
智城城址外城墙保护工程施工的相关思考 韦友贝 文物天地 3：45-52
从“古今重叠型”城市的考古谈泉州城的考古与保护 韩建华 泉州城考古学术研讨会论文集 72-87
河南濮阳古澶州城的考古发现与保护利用的几点认识 袁广阔 黄河．黄土．黄种人 22：49-52
作为“中间体”的南宋皇城遗址：媒介学视野下地方复现与遗产传承 董卫民 中国地质大学学报（社会科学版）5：149-156
共生——华林造纸作坊遗址的保护与传承 杨一帆等 南方文物 2：273-278
大运河泰安段遗产保护及文化带建设思考 邢向前、魏国 考古学视野下港口与码头学术研讨会论文集 335-340
炮台和炮楼修缮技术探讨——以广西连城要塞遗址和友谊关岩应炮台、炮楼修缮工程为例 苏继明 文物天地 3：32-37
淮安板闸遗址的结构安全评估与保护设计研究 张承文等 文物保护与考古科学 3：27-36
北京先农坛清代耤田（一亩三分地）文物保护展示工程 孟楠 北京文博文丛 2：111-116
日照市涉海文物古迹保护与研究概述 李玉 考古学视野下港口与码头学术研讨会论文集 171-178
长城保护维修工程中考古工作的方法与对策研究 张保卿等 中国国家博物馆馆刊 1：21-31
甘肃境内长城遗址遗存性质及保护对策 刘文洁等 丝绸之路 1：133-136

河西长城的存续与保护 谢羽 丝绸之路 1：137–140

河北迁安多举措加强长城保护工作 冀文 中国文物报 12 月 3 日 2 版

遗产防灾减灾视角下的土遗址防洪——三关口明长城环境整治工程设计分析 刘临安、彭亮 中国文化遗产 6：63–70

关于文物保护与乡村振兴建设的探讨——以浙江省开展古井水源保护为例 张硕 中国文物科学研究 2：39–42

通过实验手段分析和复制遗物在文化遗产保护中的应用——以行唐故郡二号车马坑 5 号车辆实验室考古程序为例 李存信等 自然与文化遗产研究 S1：50–62

气密展储空间内温湿度稳定性分析——以秦始皇帝陵博物院内气密展柜为例 郭晓光等 文物保护与考古科学 2：92–97

西汉南越王博物馆的预防性保护实践 崔亚平 中国文物科学研究 4：40–48

“历代政府对唐昭陵保护措施及其对文化遗产保护的启示”——以昭陵博物馆藏品为例 董朝霞 中国文物报 11 月 12 日 7 版

乾陵东一翁仲裂隙调查及稳定性分析 甄刚等 文物保护与考古科学 2：7–12

唐代原始墓室本体保护与修复——以《乾陵永泰公主墓原始墓道天井、壁龛抢险加固》项目为例 侯晓斌 乾陵文化研究（十四）347–355

韩城盘乐村宋代整体搬迁壁画墓评估与研究 严静等 文化遗产研究（第 4 辑）124–132

方山于成龙故居及墓地修缮工程 李博 太原市文物考古研究所文集：地上文物篇 588–594

补遗

青岛地区全新世聚落遗址空间分布及其影响因素研究 张丽娜等 干旱区资源与环境 11：72–77

“后申遗时代”良渚古城遗址保护与发展的治理之道 骆威、金晓伟 文化艺术研究 2：13–19

血池遗址保护展示模式研究 田原曦、郁菁 地域文化研究 6：121–126

重庆古城墙的价值认知与保护思路 胡征 长江文明 3：80–93

土遗址保护材料的应用与效果研究——评《土遗址保护材料探索——非水分散体材料研制及土遗址加固研究》范岩 材料保护 9：156–157

其他

文化遗产解说：遗产意义与价值的建构与传承 冯淑梅 中国文化遗产 6：58–62

文化遗产保护中空间信息技术应用研究 熊友谊等 文化遗产研究（第 4 辑）405–414

博弈论视角下的城市历史文化遗产保护 张颖岚、刘骋 中国文物报 11 月 12 日 6 版

作为“遗产线路”的文物南迁与“遗产线路”概念再认识 夏才艺、段勇 故宫博物院院刊 3：50–57

初探文物保护领域的科学问题 龚钰轩等 中国文化遗产 3：45–50

公众对文物保护与修复的认知模式探析 刘逸堃 文博 3：61–67

文物的保护研究和价值实现——兼论方兴未艾的文物旅游 张钟云 文物研究 12：81–88

文物保护单位名录汇总情况分析与规范化探讨 丁燕、于冰 中国文化遗产 3：51–57

全国重点文物保护单位统计特征分析与研究 一言、陈昀 东南文化 4：6–15

于其心不于其迹：一种古迹保护传承的本土价值观念 严少飞等 城市规划 2：73–74

考古遗址采集和处理海洋贝壳遗存指南 Greg Campbell、王娟 华夏考古 2：121–128

电子游戏考古：一种数字文化遗产的发掘与保护 甘宇平 大众考古 2：68–72

文物保护传承事业的新时代——见闻的感奋感想感言 费平 中国文化遗产 6：53–57

文物日常管理体制特征与制度成因 国有文物资源资产运行层级流程再造与实体化改革 于冰 中国文化遗产 1：55–65
文物保护工程总承包制管理模式初探 李宏松 中国文化遗产 1：82–87
重庆市基本建设工程文物保护工作初步分析与研究 刘华、林必忠 重庆文物考古论集（第一辑）446–458
福建组织开展可移动文物预防性保护项目检查调查 闽文 中国文物报 2月2日2版
新疆地区文物资源的有效保护和利用 姚敏 丝绸之路 1：149–152
从“活化历史建筑伙伴计划”看香港城市更新中的文物保育措施 刘莉 中国文化遗产 2：18–24
浅谈民族地区博物馆文物保护与管理的有效措施 李建志 丝绸之路 2：124–127
直面现实的高校国保单位保护管理工作机制转型——以上海交通大学及相关高校为例 安康 中国文化遗产 2：52–57
灾难记忆与新冠疫情纪念空间构建理路 肖波、黄晶莹 东南文化 2：16–22
Monument 的纪念碑含义及其对不可移动文化遗产保护的影响 陆地 中国文化遗产 3：33–44
不可移动文物自然灾害风险管理研究 乔云飞 中国文化遗产 4：4–11
不可移动文物自然灾害风险管理体系研究 李宏松 自然与文化遗产研究 2：50–59
基于历史自然灾害研究的不可移动文物自然灾害风险管理与预防思考 赵夏、乔云飞 中国文化遗产 4：12–18
地铁振动对博物馆建筑影响及控制措施分析 任巍 博物院 2：124–129
从“7·20”郑州特大暴雨文物热点反思文物舆情的应对 世笑瑾 黄河.黄土.黄种人 18：46–49
中原地区几种常见考古现场文物保护技术的应用 李蔓 黄河.黄土.黄种人 24：38–43
基于多粒度剪枝的水下遗迹实时目标检测 张有波等 激光与光电子学进展 14：286–295
基于物联网技术的文物安防系统研究——以故宫博物院为例 王波 中国文物科学研究 1：40–45
博物馆计算机技术虚拟修复与复制文物方法初探——以德国美因茨博物馆为例 侯改玲、Guido Heinz 华夏考古 1：114–121
无机纳米材料在文物修复与保护中的应用研究 杨雯等 无机化学学报 8：1345–1352
红外技术在文物科学保护中的应用 张悦、黄继忠 自然杂志 3：217–224
近红外光谱在文物保护中的应用 王春燕 国际视野下的秦始皇帝陵及秦俑学研究学术研讨会论文集 395–402
便携式高光谱感应器在有机胶料无损分析中的应用初探 王聪等 光谱学与光谱分析 9：2886–2891
热裂解-气相色谱质谱在文物有机胶结材料检测中的应用 王娜 故宫文物保护修复文集 413–426
基于光谱分析的彩绘文物照明光源损伤度评价方法 赵楷卿、党睿 光谱学与光谱分析 6：1886–1890
GIS 在文化遗产保护领域的应用综述 朱睿等 中国文化遗产 4：31–35
遥感技术对不可移动文物的灾害监测 唐韵玮等 中国文化遗产 4：24–30
制图软件在绘制文物病害图中的应用 黄嘉晨 广西博物馆文集（第十五辑）125–133
樟木用于文物防虫的效果及安全性探讨 谷岸、王方 中国文物科学研究 1：85–88
藏品害虫小档案——衣鱼 杨若苓 故宫文物月刊 456：100–105
三种植物精油对博物馆空气霉菌的抑菌活性研究 田双娥 文物保护与考古科学 4：33–43
7种植物精油对霉菌的抑制作用研究 田双娥、赵晶 中国文物科学研究 3：60–64
羟基吡啶酮衍生物用作文物硫铁化合物脱除螯合剂的分析 刘东坡、郑幼明 文物保护与考古科学 4：16–21
薄荷醇石膏复合体系用于考古发掘现场临时固型提取的可行性研究 陈秀秀等 文物保护与考古科学 6：124–131
激光清洗技术在文物上的应用 李晨毓等 中国文物科学研究 1：52–60

文物加固剂 Paraloid B72 表面增深效果原因分析及其应用 杨璐等 西部考古（第 21 辑）315–321
界面处理对水泥灌浆治理渗水的影响 方世强等 文化遗产研究（第 4 辑）317–327
浅谈文物库房管理及库藏文物保存环境——以甘肃省文物考古研究所为例 任芳 丝绸之路 1：153–156
嘉峪关长城博物馆文物库房温湿度检测分析及调控策略初探 刘妍妤 中国文物科学研究 3：87–90
四川区域中心馆藏文物保存环境监测平台常见故障分析与改进措施 雷淑 文物保护与考古科学 4：101–108
论不同区域环境下考古发掘现场的文物保护问题 闻豪等 文化遗产研究（第 4 辑）84–92
打开天窗说“亮”话——文物的照明探讨 张琳 故宫文物月刊 457：116–121
“多功能文物除尘布”在文物保护中的应用 王允丽、王春蕾 中国文物科学研究 2：60–67
羟基磷灰石材料在文物保护中的应用述评 杨富巍等 文物保护与考古科学 2：105–109
文物保护中使用非典型丙烯酸酯类材料的应用述评 龚欣等 文物保护与考古科学 3：108–117
微区光谱分析技术在文物颜料保护中的研究进展 郑利平等 光谱学与光谱分析 8：2357–2363
一种油画颜料层裂纹的修复技术分析 江勤等 文物保护与考古科学 4：109–117
现代商业背景下的历史城市保护与发展模式探讨 陈雳等 中国文化遗产 2：34–37
原真性视角下历史街区风貌更新的困境、根源与实践——基于南京、苏州、杭州、福州五个历史街区的比较分析 丁少平等 东南文化 1：14–22
世界文化遗产地文化生态保护与发展——以杭州为例 金明磊 中国文化遗产 3：21–26
城市进程中不可移动文物保护利用对策——以广州市天河区为例 余彦 中国文化遗产 3：76–81
文物保护“西安模式”行稳致远 张哲浩、杨永林 光明日报 1 月 8 日 5 版
基于城市历史景观（HUL）的历史城区保护策略——澳门历史城区案例的启示 梁智尧等 中国文化遗产 3：4–12
太原城市遗产时空演进特征与历史性景观价值评价 雷泽鑫等 中国文化遗产 3：27–32
山东涉水文化遗产保护研究的实践与思考 刘延常 考古学视野下港口与码头学术研讨会论文集 1–10
浅谈城市化进程中涉水文物的保护利用 ——以日照沿海为例 刘红军等 考古学视野下港口与码头学术研讨会论文集 168–170
聊城运河文化保护利用工作浅析 吴明新 考古学视野下港口与码头学术研讨会论文集 328–334
重庆：三峡文物保护丰富长江文化内涵 王征 中国文物报 6 月 11 日 2 版
地下文物资源的保护困境及探索——以上海为例 郑秀文等 文化遗产研究（第 4 辑）45–48
传世纺织品文物支撑加固方法浅析 崔筝 中国文物科学研究 4：85–91
针线修复法在馆藏纺织品类文物修复保护中的应用研究 曲婷婷 故宫文物保护修复文集 359–372
无损检测技术在纺织品文物保护中的应用 杨海亮等 无损检测 3：10–16
拉曼光谱和色差法在丝质文物色彩损伤评估中的比较 谭慧姣、党睿 光谱学与光谱分析 8：2474–2479
清代宫廷戏曲服装的保护修复方法研究 陈杨 故宫文物保护修复文集 345–358
院藏清皇帝胄盔织品之修护纪录 蔡旭清 故宫文物月刊 461：42–55
穿戴衣饰的修复考量——以院藏清《象牙璎珞衣》为例 蔡旭清 故宫文物月刊 454：110–122
19 世纪西方绸面阳伞修复研究 陈娜等 文物保护与考古科学 3：47–57
浅谈唐代联珠团窠猪头纹锦缘马面饰的保护修复 赵喜梅 丝绸之路 3：157–160
让文物重获“新生”——简述吉林省博物院藏古旧书画文物的修复 刘彬 文物天地 11：112–115
馆藏书画文物的保护与修复 胡琰 丝绸之路 2：138–141
国家与地方：文物保管的合作与冲突——敦煌土地庙遗书的发现与保管权争议史实探微 田琳 敦煌研究 1：

118–127
清代莫晋绢本书法立轴的科学分析 徐文娟等 文物保护与考古科学 2：36–40
《弘历骑马像轴》的科学分析与保护 王茜 博物院 6：120–125
《浙江宁波府属地理舆图》修护纪实 郭仓妙 故宫文物月刊 456：92–99
《智行佛母画像轴》的染料分析 张云等 故宫文物保护修复文集 442–451
《智行佛母》装衬织金锦清洁方法研究 方小济等 故宫文物保护修复文集 385–393
从《智行佛母》窥见古建筑中唐卡的预防性保护 张蕊等 中国文物科学研究 2：73–78
《智行佛母》唐卡装衬织物加固修复研究 方小济等 中国文物科学研究 2：79–89
探析纺织品补配材料的预处理方法——以《吉祥天母画像轴》唐卡镶边为例 周倩等 中国文物科学研究 4：59–66
《吉祥天母画像轴》唐卡的病害研究 周倩等 故宫文物保护修复文集 400–412
预防性保护理念在原状唐卡保护中的应用探索——以养心殿西暖阁佛堂唐卡为例 张蕊、宋纪蓉 故宫博物院院刊 7：123–130
聚醋酸乙烯酯乳液的表征、性能及其在彩绘类文物保护中的应用 李燕飞等 文物保护与考古科学 4：22–32
彩绘类文物灭菌方法的回顾与展望 彭博等 文物保护与考古科学 6：132–141
彩绘泥塑文物修复材料的筛选应用——以阿斯塔那古墓群出土彩绘泥塑为例 姚敏 中国文化遗产 3：88–93
青州龙兴寺遗址出土佛像的数字化保护利用 周麒麟等 中国博物馆 1：17–22
徽州彩画多尺度高分辨率生成修复方法 周玮 长春师范大学学报 12：170–174
考古出土脆弱复杂遗存的整体提取与保护——以海昏侯墓园五号墓玻璃席为例 刘勇等 文化遗产研究（第 4 辑）133–140
概述故宫博物院镶嵌文物的保护和修复 孔艳菊 故宫文物保护修复文集 286–299
黑漆嵌螺钿料石山水云蝠二层海棠式套盒的修复与研究 孙鸥 故宫文物保护修复文集 300–313
宫廷传统囊匣制作技艺简述 张晶晶 故宫文物保护修复文集 452–460
清代麝香囊匣的科学分析 屈雅洁等 故宫文物保护修复文集 461–469
彩漆描金云蝠纹管髹毫抓笔匣的保护修复研究 张晶晶 博物院 5：130–136
银镀金累丝长方盆穿珠梅花珊瑚盆景的修复研究 展菲 故宫文物保护修复文集 325–331
浅谈一件清宫宝座的保护修复研究 张潇 故宫文物保护修复文集 332–344
叠光掠影 穗遗拾珍—— 一件宫灯穗的保护修复与研究 崔筝 故宫文物保护修复文集 373–384
液相色谱质谱联用对一件金银丝花纹缎嵌蓝宝石櫜鞬的染料分析 魏乐 故宫文物保护修复文集 427–435
现代化学材料在骨角质遗物保护中的应用 李依林等 高分子材料科学与工程 2：168–175
“我在南汉二陵博物馆修文物” 肖洵 大众考古 6：52–55

玖 盐业考古

晋南盐业资源与中原早期文明的生长：问题与假说 戴向明 中原文物 4：43–53
夙沙国在昌阳考 辛岳洲 东方考古（第 18 集）133–138
库库滕与四川盆地的盐业遗存：一个跨地域的考察 施劲松 南方民族考古（第二十一辑）31–39
寿光北部沿海地区十年来盐业考古成果综述 王德明 考古学视野下港口与码头学术研讨会论文集 80–87

从鲁北到殷墟——夷式簋、盔形器与晚商海盐的流通 陈雪香 三代考古（九）322–334
浙江海宁市（古盐官县）的盐业史料及相关遗存 周建初 东方考古（第 18 集）139–159
黄骅大左庄隋唐制盐作坊的制盐工艺及生产性质初论 曹洋、雷建红 考古 3：109–120
浅析明清利津海防、海运及盐运——以铁门关遗址为中心的考察 杨小博、马绪红 考古学视野下港口与码头学术研讨会论文集 191–200

拾 水下考古

考古学与中华航海精神 贺云翱 大众考古 8：1
中国水下考古发展的序章——以《夏鼐日记》为线索 丁见祥 水下考古（第三辑）132–145
沉船考古——水下考古学理论的一点思考 聂政 水下考古（第三辑）1–11
水下考古研究的海洋文化取向探讨——基于海洋文化遗产的角度 薛广平 水下考古（第三辑）12–21
从沉船考古看海洋全球化在环中国海的兴起 吴春明 天下龙泉：龙泉青瓷与全球化国际学术研讨会论文集 14–39
南海水下文化遗址考古合作机制探寻——基于法学与博物馆学双重视角 李宁、聂洪涛 中国博物馆 4：14–18
航行的聚落——南海 I 号沉船聚落考古视角的观察与反思 李岩 水下考古（第三辑）22–39
南海 I 号——昔日的贸易商船今天的文化方舟 李剑、陈燕娜 中国文物报 12 月 14 日 7 版
“南海 I 号”研究中历史文献与考古资料的相互补证——对现有研究史料和路径的检讨 黄纯艳、冯辛夷 海交史研究 1：1–11
“南海 I 号”沉船木材的微束 XRF 面扫描分析 黄可佳等 光谱学与光谱分析 9：2930–2933
南海 I 号的船体木材树种鉴定 周逸航等 考古学研究（十二）1–11
甲午战后日本对定远舰的打捞 周 强 考古学视野下港口与码头学术研讨会论文集 217–232

补遗

“南海 I 号”出水部分铜器的科学分析 王荣等 有色金属（冶炼部分）10：105–116

拾壹 交通考古与古迹

地理及地图

黄河流域文物古迹空间分布特征及其影响因素研究 李建辉等 干旱区资源与环境 10：194–201
商周鄩、寻、谭诸地的纠葛及相关历史问题之检讨 田秋棉、陈絜 史学集刊 1：84–91
考古学视域下的邓国地望新探 王先福 江汉考古 2：67–75
河南正阳两处遗址的调查分析与周代江国的地望 周通、李雅楠 华夏考古 5：64–67、98
“昭王迁都”之“都”地再议 高崇文 荆楚文物（第 5 辑）3–8
泗水变迁与春秋晚期、战国时期泗水流域内外的大国趋势——兼论泗上十二诸侯之宋、薛、邳的灭亡 郝导华 东方考古（第 18 集）45–60
楚国都城生态环境简析 笪浩波 荆楚文物（第 5 辑）9–15
楚早期居地再探 高崇文 楚文化与长江中游早期开发国际学术研讨会论文集 441–446
从几批鄀器的出土地看古鄀国的位置——兼论楚夷屯、京宗的区域范围 徐少华 楚文化与长江中游早期开发国

际学术研讨会论文集 447–457
从新见唐国铜器铭文再谈曾随之谜——兼谈姬姓唐国的地望问题 黄凤春、蒋斌 楚文化与长江中游早期开发国际学术研讨会论文集 458–465
战国时期重丘、垂沙地望考 李元芝 楚文化研究论集（第十四集）108–115
从水资源利用看秦汉都邑布局变迁 付建 陇右文博 1：69–77
东汉海陵县存废考略 周金波 文博 5：87–92
北魏柔玄镇地望新考 张文平 北方文物 5：88–95
金代移里闵斡鲁浑猛安地望考 赵里萌、文璋 春山可望——历史考古青年论集（第三辑）287–292
明代荆州惠城位置考辨 陈程、谢春明 荆楚文物（第 5 辑）158–164

交通・交通工具

丝绸之路申报世界遗产视野下的道路遗迹 李尔吾、姚逊 中国文化遗产 4：94–101
考古学视野下的黄河改道与文明变迁 袁广阔 中国社会科学 2：123–143
对黄河水利文化及黄河国家文化公园建设的思考 李云鹏 中国文化遗产 5：58–63
黄河考古的概念、定位与课题 张立东、李立远 华夏考古 5：119–128
大运河聚落文化遗产生成与分布规律研究 李永乐等 江苏社会科学 2：182–193
可持续发展视野下的国家文化公园主体功能区研究——以大运河为例 李雪、赵云 中国文化遗产 5：37–43
茶马古道的概念、研究瓶颈与开拓方向——历史学科的视角 宋时磊 农业考古 5：228–233
周代琅邪邑与中国古代早期近海航线 郭长波、杨易 考古学视野下港口与码头学术研讨会论文集 132–140
海上交通与“乘桴浮于海”新证 王进锋 中原文化研究 5：99–105
东周时期江汉地区交通线路初探 尹弘兵 荆楚文物（第 5 辑）81–89
菏泽境内古“四泽”考 马静 考古学视野下港口与码头学术研讨会论文集 263–275
考古发现与汉代长江下游的海上之路 吴小平、魏然 厦门大学学报（哲学社会科学版）1：69–77
长虹卧波：常州古桥一瞥 肖宇 大众考古 2：73–81
集体记忆与大运河原生性景观的认知与描述 邱冰、张帆 东南文化 2：23–28
考古学视野下的聊城大运河文化遗产 杨燕、张召刚 考古学视野下港口与码头学术研讨会论文集 321–327
柳孜隋唐大运河遗址的考古成果及其意义 阚绪杭 文物研究 12：89 — 92
浅谈苏禄文化与大运河文化的融合 艾激光、刘天宇 考古学视野下港口与码头学术研讨会论文集 315–320
沉睡在东平湖底的隋唐著名桥梁——清水石桥 赵苹 考古学视野下港口与码头学术研讨会论文集 362–366
康县段“茶马古道”历史地位 冯渊 陇右文博 3：58–61
克亚克库都克烽燧与唐代焉耆交通研究 党琳 敦煌学辑刊 1：77–90
论吐蕃时期蕃尼古道文化内涵 边雄・达瓦琼达 西藏大学学报（社会科学版）1：50–61
通济渠永城段的考古发现 包伟柯 大众考古 8：44–52
河南通济渠永城段文化遗存 包伟柯 大众考古 6：14–17
宋元时期泉州港与沿海港口关系的考古学观察 吴敬、王玙 边疆考古研究（第 30 辑）233–242
宋元时期泉州港功能布局初探 吕秀家 泉州城考古学术研讨会论文集 151–164
浅析宋元以来泉州多元社会结构对海洋贸易的贡献——以安平桥为个案 吴金鹏、陈思 泉州城考古学术研讨会论文集 165–171
大运河上的重要榷关遗存——宿迁关坝台史考 李庚善 江苏地方志 5：32–35

东平段京杭大运河与“东平运河文化” 杨浩、刘桂林 考古学视野下港口与码头学术研讨会论文集 341–361
京杭大运河济宁段文化记忆的载体 张中华、王京传 考古学视野下港口与码头学术研讨会论文集 367–380
京杭大运河山东段码头初步研究 吴志刚 风雨兼程 40 年——山东省文物考古研究院建院纪念文集（下册）527–553
世界文化遗产中国大运河清口枢纽的价值解读与阐释 陈春华、胡兵 南方文物 4：264–269
泇运河的历史渊源——兼议大运河中河台儿庄段的水文化遗产 尹秀娇 考古学视野下港口与码头学术研讨会论文集 381–390
德州运河考古回顾与展望——以大运河德州段为例 张立明 考古学视野下港口与码头学术研讨会论文集 308–315
文物考古维度下的青岛航海文化浅析 薛广平、尹锋超 考古学视野下港口与码头学术研讨会论文集 146–153
单县黄河故道文化遗存的调查与研究 曹广法 考古学视野下港口与码头学术研讨会论文集 276–289
敦化境内的清代驿路和驿站 高峰 地域文化研究 1：138–146
商周时期的马车 党士学 国际视野下的秦始皇帝陵及秦俑学研究学术研讨会论文集 197–217
机械之变——论秦始皇陵铜车马 郑岩 文艺研究 3：126–141
秦陵二号铜车润滑考略 吕劲松 国际视野下的秦始皇帝陵及秦俑学研究学术研讨会论文集 218–223
吐鲁番阿斯塔那唐墓出土的交通工具 孙维国 大众考古 9：54–58
吐鲁番阿斯塔那墓地出土的唐代交通工具 孙维国 陇右文博 3：19–22

古迹

上街卢医庙考析 朱晓宁、申珺 黄河 . 黄土 . 黄种人 24：63–64
千年古镇——薛城 汪峥、小芳 巴蜀史志 4：12–17
从当阳关陵与玉泉寺看集体记忆的轮回 张正秋 中国文物报 11 月 16 日 8 版
唐长安城圣善寺考 林梅村 考古与文物 4：101–110
唐代洛阳安国寺略考 孙章峰 石窟寺研究（第 12 辑）97–105
唐代洛阳龙兴寺的历史考察 孙章峰 黄河 . 黄土 . 黄种人 8：53–57
神德寺与神德寺塔 仵录林 西部考古（第 21 辑）174–184
贵阳马家寺的兴建与毁灭 李峰 地域文化研究 3：98–104
Myth,Prayer,and Social Integration in Popular Chinese Religion: Lingqiu Temple in Zhangzi County,Shanxi,and the Cultof Jingwei,Daughter of Yandi *Robin McNeal* 中国早期数术、艺术与文化交流：李零先生七秩华诞庆寿论文集（下）621–652

拾贰 学术简讯

一 学术会议

中国考古学百年百大考古发现 大众考古 10：88–92
纪念中国考古学百年笔谈 江汉考古 6：22–34
百年心语 续写华章——在《中国考古学百年史》首发式上的致辞 王巍 江汉考古 6：9–12
2020 年度全国十大考古新发现初评结果揭晓 中国文物报 3 月 2 日 1 版
2020 年度河南省五大考古新发现 刘亚玲、余洁 华夏考古 3：117–125、128

2020 年度全国十大考古新发现入围项目 中国文物报 4 月 16 日 6 版
2020 年度全国十大考古新发现揭晓 张宸 中国文物报 4 月 16 日 1 版
2020 年度全国十大考古新发现解读 大众考古 4：90–92
2021 年国际古迹遗址日主题确定 大众考古 3：91
第三届中国考古学大会在三门峡举行 王征、郭晓蓉 大众考古 10：87
仰韶文化发现暨中国现代考古学诞生 100 周年纪念大会在三门峡举行 王征 中国文物报 10 月 19 日 1 版
纪念“中国考古百年”系列活动启动仪式暨仰韶村遗址与中国考古百年座谈会在三门峡举办 张小筑 中国文物报 4 月 20 日 2 版
“百年百大考古发现”揭晓考古遗址保护展示优秀项目公布 李政等 中国文物报 10 月 19 日 1 版
考古界齐聚仰韶 共话考古百年 纪念“中国考古百年”系列活动启动 中国文物报 5 月 14 日 5 版
第 44 届世界遗产大会开幕 将审议泉州项目 郃晓安、张逸之 大众考古 8：95
见证 交流 面向未来——第 44 届世界遗产大会印象 赵昀 中国文物报 8 月 3 日 4 版
泉州究竟是怎样的与众不同，究竟具有怎样的世界性——2020 年“泉州城考古学术研讨会”会议综述 王睿、吕秀家 泉州城考古学术研讨会论文集 9–13
“考古中国”重大项目重要进展工作会在京召开 徐秀丽 中国文物报 9 月 28 日 1 版
国家文物局在京召开“考古中国”重大项目重要进展工作会 徐秀丽 中国文物报 12 月 17 日 1 版
国家文物局召开“考古中国”重大项目重要进展工作会 李瑞 中国文物报 12 月 3 日 1 版
北京市发布 2021 年度重要考古成果 李瑞 中国文物报 10 月 12 日 2 版
第 10 届亚洲旧石器考古学年会在郑州召开 考文 中国文物报 12 月 7 日 2 版
“考古中国”重大项目重要进展工作会召开 聚焦旧石器时代重要考古发现和研究 徐秀丽 中国文物报 9 月 28 日 2 版
“考古中国”发布 5 项重要考古成果聚焦新石器时代重要考古发现和研究 李瑞 中国文物报 12 月 3 日 2 版
从文化到文明化——仰韶文化百年历程及其文明化成就 魏兴涛 华夏考古 4：3–10
仰韶村遗址与中国考古百年座谈会发言摘要 中国文物报 5 月 11 日 6 版
世界文化遗产保护的“良渚答卷”徐秀丽 中国文物报 12 月 24 日 1 版
纪念牛河梁遗址发现 40 周年学术研讨会暨首届红山文化牛河梁论坛举行 辽文 中国文物报 11 月 9 日 1 版
“茂县营盘山遗址与古蜀之源”学术研讨会会议综述 向导等 南方民族考古（第十九辑）205–310
探索华夏之根，追寻民族之魂——“古国时代的中原”学术研讨会综述 柴小羽、姜维 华夏考古 3：126–128
第四届全国甲骨文整理与研究暨首届安阳民间甲骨文收藏论坛纪要 甲骨文与殷商史（新十一辑）611–612
纪念金沙遗址发现 20 周年国际学术会议综述 陈剑、郑漫丽 文物天地 12：71–77
“周代汉淮地区列国青铜器和历史、地理学术研讨会”综述 王鑫 江汉考古 2：134–136
“刘平国刻石与西域文明学术研讨会”综述 刘长星 西域研究 4：155–159
2021 广西平果市甘桑石刻文学术研讨会综述 覃彩銮 广西民族研究 2：186–188
“敦煌晚期石窟的分期与断代研究工作坊”会议在莫高窟召开 闫珠君 敦煌研究 4：41
“克孜尔石窟与丝绸之路研究”学术研讨会综述 沙娜 克孜尔石窟与丝绸之路研究学术研讨会论文集 274–277
保护好、传承好、利用好全人类的文化瑰宝——习近平主席致第 44 届世界遗产大会贺信在全国文物系统引起热烈反响 徐秀丽、赵昀 中国文物报 7 月 20 日 1 版
第 44 届世界遗产大会“海上丝绸之路遗产的保护与研究”主题边会在福州举办 赵昀、徐秀丽 中国文物报 7

月 20 日 2 版

第 44 届世界遗产大会“城市历史景观保护与可持续发展”主题边会在福州举办——“北京中轴线”申遗开启城市历史景观保护“北京模式” 赵昀、徐秀丽 中国文物报 7 月 20 日 2 版

《“十四五”文物保护和科技创新规划》人民日报 11 月 9 日 2 版

科技支撑文化遗产保护利用 文物科技创新论坛在重庆举办 李瑞 中国文物报 6 月 15 日 2 版

“新时代石窟寺保护研究与实践”学术研讨会发出《天龙山倡议》李瑞 中国文物报 7 月 27 日 2 版

公布最新石窟寺调查结果国家文物局召开“十四五”石窟寺保护与考古工作会 李瑞 中国文物报 12 月 28 日 1 版

2021 年全国古籍保护工作座谈会召开 冯朝晖 中国文物报 12 月 10 日 1 版

探索出大遗址保护“牛河梁模式”朱忠鹤 辽宁日报 10 月 12 日 9 版

中国文物学会法律专业委员会 2021 年年会在京召开 赵昀、文冰 中国文物报 5 月 28 日 2 版

中国文物学会第八届理事会第四次会议召开 物文 中国文物报 6 月 1 日 2 版

2020 年“中国玉学理论构建学术研讨会”综述 刘梦媛 故宫博物院院刊 4：104–107

2020 年“故宫学学术研讨会”纪要 张剑虹 故宫博物院院刊 5：102–106

“纪念藏经洞发现 120 周年学术研讨会暨中国敦煌吐鲁番学会会员代表大会”会议综述 祁晓庆 敦煌研究 2：63–71

再谈“行百里者半九十”——纪念莫高窟藏经洞发现 120 周年 柴剑虹 敦煌研究 4：1–3

第三届中国边疆考古论坛在京举办 郭晓蓉 中国文物报 12 月 28 日 2 版

“铸牢中华民族共同体意识理论与实践”暨中国考古学会边疆考古专业委员会成立学术研讨会会议纪要 李倩、包桂红 草原文物 2：123–124

根植研究实践，推进简帛学理论构建——“第三届简帛学的理论与实践学术研讨会”述要 郭晴、王风利 简帛学理论与实践（第一辑）499–508

东亚简牍文化与历史——“通过简牍材料看古代东亚史研究国际论坛”综述 尹在硕 简帛学理论与实践(第一辑）509–521

韩国木简与日本木简的对话——“韩日木简学会学术会议”综述 金秉骏 简帛学理论与实践（第一辑）522–534

二 文博机构介绍

中国考古学会考古教育专业委员会成立 张小筑 中国文物报 5 月 18 日 2 版

北京海淀区文物局挂牌获批 朱玉京 中国文物报 7 月 13 日 2 版

初心如磐 奋楫笃行——吉林省博物院的 70 年 李刚 文物天地 11：4–6

浙江省各市县相继挂牌成立文物局 姚杰 中国文物报 9 月 3 日 2 版

浅议景德镇中国陶瓷博物馆的专业功能与社会职能 邵红 文物天地 12：30–33

继往开来谱新篇——纪念山东省文物考古研究院成立 40 周年 张学海 风雨兼程 40 年——山东省文物考古研究院建院纪念文集（上册）29–31

筚路蓝缕四十载，踔厉奋发再启航——为山东省文物考古研究统建院 40 周年而写 常兴照 风雨兼程 40 年——山东省文物考古研究院建院纪念文集（上册）101–105

三峡文物科技保护基地揭牌暨三峡文物保护成果展开展仪式在重庆举行 李瑞、王征 中国文物报 6 月 15 日 1 版

助力人文湾区建设 南越王博物院挂牌成立 中国文物报 9 月 3 日 4 版

海南省文物局挂牌成立 海南发布 中国文物报 6 月 18 日 2 版

三星堆文物保护与修复馆正式开馆 川文 中国文物报 12 月 28 日 1 版
聚焦古 DNA 研究 探寻中华文明起源——访河南首个生物考古实验室主任、中国社会科学院学部委员王巍 何薇 中国文物报 1 月 15 日 2 版
中国－希腊文物保护技术“一带一路”联合实验室共建启动仪式在故宫博物院举行 张怡 中国文物报 12 月 28 日 1 版

三 其他

中国的世界文化遗产绽放光彩 徐秀丽 中国文物报 8 月 3 日 4 版
二里头遗址考古和保护工作迈上新征程 曹琥 中国文物报 3 月 16 日 1 版
三星堆遗址的全面勘探和重点发掘 宋豪新 人民日报 10 月 6 日 7 版
神秘三星堆 考古再解谜 杨雪梅等 人民日报 3 月 22 日 12 版
三星堆遗址考古再“上新” 杨雪梅等 人民日报 3 月 21 日 2 版
三星堆祭祀坑发掘：科技含量最高的考古 储舒婷、吴金娇 文汇报 3 月 24 日 7 版
三星堆遗址考古新发现实证中华文明多元一体 李瑞 中国文物报 3 月 23 日 1 版
守护三星堆 徐秀丽 中国文物报 6 月 1 日 2 版
西安机场扩建发现 3500 余座古墓葬“秒变”考古现场 郭晓蓉 中国文物报 2 月 19 日 2 版
多学科合作探索未知 热水墓群 2018 血渭一号墓田野发掘 杨雪梅 人民日报 4 月 17 日 8 版
走出一条具有示范意义的石窟寺保护利用之路——文化和旅游部副部长、国家文物局局长李群就《“十四五”石窟寺保护利用专项规划》答记者问 薛帅 中国文化报 12 月 8 日 1 版
“莫高精神”与敦煌文物事业历程 廖士俊等 敦煌研究 5：114–124
2021 年江阴文博大事记 王晓燕、钱蓉 江阴文博总 38：79–83
无锡文博大事记（2020.7—2021.6）无锡文博（辛丑撷英）：267–271
“本刊特稿——中国特色、中国风格、中国气派的考古学”编后记 考古 4：28
中国公众考古展示的实践历程 杨颖、高蒙河 南方文物 2：228–233
成都文物考古研究院公众考古新思路新实践 廖丽 南方文物 2：239–245
宾鸿堂朱鸿达与《大众考古学》——大众提倡“公众考古学”的早期范例 麻赛萍 南方文物 2：253–257
“考古中国”重大项目重要进展工作会召开 三项长城考古新发现公布 徐秀丽 中国文物报 6 月 11 日 1 版
跨越百年 天龙山佛首含笑而归 李瑞 中国文物报 7 月 27 日 2 版
国家文物局发布《中国石窟寺考古中长期计划（2021—2035 年）》赵昀 中国文物报 9 月 18 日 1 版

拾叁 书刊评介

一 总述

《2020 中国重要考古发现》简介 肖文 考古 7：82
城市与文明的璀璨华章——读《匠人营国：中国历史上的古都》刘昌宇 中国文物报 10 月 15 日 7 版

二 史前考古

《兰坪玉水坪》简介 伊铭 考古 1：25

《中国出土彩陶合集》（全十卷）简介 伊铭 考古 11：63
追祭仰韶先民 致敬考古前辈——《河南史前遗址》译后记 王涛 中国文物报 10 月 15 日 8 版
《石家河发现与研究》序言 严文明 江汉考古 1：3–4
从长河沃野到大漠朔风——跨越阴山的学术追求 毕德广 南方文物 6：53–61
海岛考古调查的典范之作——《澎湖群岛的考古学研究》李博 南方文物 3：50–56

三 夏商周考古

关于夏商考古学研究的几点思考——许宏教授《夏王朝考古：学术史、新动向、新思考》读后感 谷飞 三代考古（九）265–270
铜陵师姑墩——夏商周遗址考古发掘与研究 安徽省文物考古研究所等 文物 6：61
《铜陵师姑墩——夏商周遗址考古发掘与研究》简介 肖文 考古 2：67
《安阳郭家湾新村》简介 雨珩 考古 4：88
《安阳孝民屯（三）——殷商遗存、铸铜遗物》简介 肖文 考古 7：26
《安阳北徐家桥——2001 ~ 2002 年发掘报告》简介 肖文 考古 7：77
与汝金针开生面 展卷披读入坦途——评《殷墟甲骨学大辞典》李双芬 殷都学刊 2：121–124
海外青铜器的整理与研究——《赛克勒收藏商代青铜礼器》读后 张翀 青铜器与金文（第七辑）181–186
读《洛阳古代青铜器研究》有感 吴然、戴茜 中国文物报 10 月 15 日 6 版
董作宾未刊稿《甲骨丛编》述略——并附录序文 胡辉平 甲骨文与殷商史（新十一辑）558–579
一部百科全书式辞典——评《殷墟甲骨学大辞典》韩燕彪 殷都学刊 2：116–120
《西周成周研究》评介 周要港 中国史研究动态 3：89–90
跨越时空的对话——《赛克勒收藏西周青铜礼器》的贡献 郝丽君 青铜器与金文（第七辑）187–190
青铜文明灿烂夺目 晋史研究再启新篇——观《山右吉金：襄汾陶寺北两周墓地出土青铜器精粹》有感 石磊 中国文物报 10 月 15 日 6 版
《襄阳沈岗东周墓（西区）》（全二册）简介 励悟 考古 3：108
二十世纪西方学界对中国古代铜器研究最高水平之作——《赛克勒收藏东周青铜礼器》导读 杨博 青铜器与金文（第七辑）191–195
百工铸明镜 兢兢分秋毫——《临淄齐故城冶铸业考古》读后 常怀颖 南方文物 2：66–69
《昌邑辛置——2010—2013 年墓葬发掘报告》简介 肖文 考古 12：56
《保定容城北张遗址考古发掘报告》简介 雨珩 考古 4：44
战国文字研究的一把利器——读《战国文字形体研究》王挺斌 战国文字研究（第四辑）190–192
新疆拜其尔墓地——2004 ~ 2005 年度发掘报告 新疆文物考古研究所等 文物 3：38
《新疆拜其尔墓地——2004 ~ 2005 年度发掘报告》简介 肖文 考古 2：50
补遗
《新甲骨文编》（增订本）校勘 雷缙碚 古汉语研究 4：106–112

四 秦汉及以后

一部高水平的长沙简牍研究文集——读王子今《长沙简牍研究》王承乾、晋文 简帛研究（2021 春夏卷）388–392

《丝绸之路与秦汉文明——丝绸之路与秦汉文明国际学术研讨会论文集》简介 肖文 考古 2：80
《荆州郢城遗址——考古调查、勘探与试掘》简介 丰秣 考古 8：22
帝国与陵墓——《秦陵——尘封的帝国》读后 冯锴 中国文物报 10 月 15 日 8 版
《山东沿海汉代墩式封土墓考古报告集》简介 肖文 考古 2：99
汉代区域性考古学文化研究力作——读《京津冀汉墓研究》郑佐一 文物春秋 5：95–96
考古学名著《洛阳烧沟汉墓》的价值与学术影响——纪念著名考古学家、洛阳文物事业的奠基者蒋若是先生诞辰一百周年 赵振华 洛阳考古 2：45–52
中国历史时期金银器冶炼成形工艺与社会文化史——评《中国古代物质文化史·金银器》张汉中 铸造 10：1254–1255
《晋系玺印汇编》评介 刘大月 中国史研究动态 2：87–88
《北朝唐宋佛教与社会——山东临朐白龙寺遗址考古研讨会论文集》简介 肖文 考古 12：39
《龙门石窟考古报告：东山万佛沟区》（全三册）简介 伊铭 考古 11：89
《胡汉中国与外来文明（宗教卷）》读后 张小贵、曾翊健 丝绸之路考古（第 5 辑）235–240
敦煌吐鲁番文献“最后的宝藏”——《旅顺博物馆藏新疆出土汉文文献》评介 吴华峰 西域研究 4：160–166
“前修未密，后出转精”青出于蓝而胜于蓝——读《敦煌碑铭赞辑释（增订本）》敏春芳、张黎 敦煌学辑刊 2：194–206
我国龟兹语研究的里程碑之作——《龟兹石窟题记》评介 陈菊霞 敦煌研究 4：150–153
《宝丰清凉寺窑》（全二册）简介 雨珩 考古 4：77
考古材料的主观与客观——读《白沙宋墓》罗丰 读书 8：43–50
《元氏南白楼墓地》简介 冶思 考古 3：96
《天下龙泉》内容简介 中国文物科学研究 2：72
人文蔚起：《广西富川石刻集》所见历史与文化 江田祥、黎家志 广西地方志 5：73–76
《回望元朝——内蒙古元代丝绸之路文物图珍》内容简介 中国文物科学研究 2：38
《古埠遗珍：周口关帝上城出土瓷器标本》评析 孙锦 黄河·黄土·黄种人 12：34–35
《单店与黑庄户——朝阳区考古发掘报告集》简介 伊铭 考古 6：102
《心城：南京城墙记忆》作为“集体记忆”的古代城墙 陈筱 大众考古 1：88–89
《澳门圣保禄学院遗址发掘报告（2010 ~ 2012）》简介 雨珩 考古 9：11
《明代官窑瓷器研究——以御窑厂遗址出土遗物为中心》江建新 文物 5：83
《通州田家府村——通州文化旅游区 A8、E1、E6 地块考古发掘报告》简介 伊铭 考古 1：50
《容美土司遗址》简介 雨珩 考古 4：114

补遗

“更想工人下手难”——《中国金银器》导言 扬之水 贵州文史丛刊 4：1–13
苍龙日暮还行雨，老树春深更著花——读《邛窑系古陶瓷文化新释》曾海龙 长江文明 3：94–96

五 科技考古

The Bioarchaeology of Mummies 评介 孙晓璠、张全超 人类学学报 5：929–930
《临淄齐故城冶铸业考古》（全 3 册）简介 伊铭 考古 1：74

六 美术考古

刘敦愿先生著《美术考古与古代文明》于保田 文化遗产研究（第4辑）335-342

“无名艺术史”的概念与引喻——评刘淳著《实证与寻根：教育部西北艺术文物考察（1940-1944）》杨天宏 四川师范大学学报（社会科学版）4：199-204

关于《中国石窟寺考古中长期计划（2021-2035年）》的解读 何利群 中国文物报 12月14日1版

国家文物局发布《中国石窟寺考古中长期计划（2021—2035年）》大众考古 9：91

《须弥山石窟考古报告【壹】圆光寺区》（全二册）简介 伊铭 考古 6：113

四川古建筑调查报告集（第一卷）成都文物考古研究院 文物 3：94

《新疆库车苏巴什佛寺遗址石窟调查报告》简介 伊铭 考古 1：99

七 其他

跨越八十年的硕果——夏鼐《埃及古珠考》的写、译、编 李淼 中国文物报 10月15日5版

《夏鼐日记·考古编》（全4册）简介 文耀 考古 8：70

捕捉火花——“苏秉琦学术思想”研读笔记 郭大顺 文物 3：77

山海为伴——考古随想录 郭大顺 文物 6：69

汇聚与传递——郭大顺考古文集 郭大顺 文物 12：60

《湖南考古辑刊》第15集简介 雨珩 考古 4：120

《甘肃省基本建设考古报告集》（一）简介 肖文 考古 2：19

《鄂尔多斯文博事业五十五年》内容简介 中国文物科学研究 2：48

《故宫陶瓷馆》内容简介 中国文物科学研究 2：59

“透物见人”的得与失——评《印度—伊朗人的起源》王鹏 读书 10：107-114

（编辑整理：庞小霞 许匀馨 常新蕊）

新发表古代铭刻资料简目

（原形字用“□”号代替。期刊名称后的数码依次为期和页）

一　甲骨文

卜骨

正面有 2 字刻辞：“□□”。

（1991 年河南新密黄寨遗址 H1 发现，华夏考古 3：51—52）

骨铲

肩胛骨正面残存刻辞 1 行 5 字：“曰：由稼稷卜”。

（2017—2020 年宁夏彭阳县姚河塬西周遗址发现，考古 8：19、21）

二　金文

殷商

觯

盖内壁铸铭 1 行 3 字：“舌父癸”。

（2016 年 1—7 月郑州高庄遗址商代晚期遗存发现，中原文物 1：19—20、22）

爵

鋬下腹壁铸铭 1 行 2 字：“□己”。

（2001 年凤阳县公安部门查缴现藏凤阳县博物馆，文物 4：65—68）

鼎

内壁铭 1 字：“戈”。

爵

鋬下铸铭 1 字：“天”。

觚

圈足内壁铭 1 字：“天”。

爵

鋬下铸铭 1 字：“戈”。

（2016 年 5—7 月河南安阳辛店商代晚期铸铜遗址发现，文物 4：22、26、27、29、31）

鼎

内底铸铭族徽 1 字：“□”。

爵

鋬内腹外壁铸铭族徽 1 字：“▼”。

（以上 2010 年 6—12 月济南市大辛庄遗址商代墓葬 M235、M275 发现，考古 9：19—20）

戈

内后端铸铭 1 字："丙"。

（2019 年山西绛县东吴村商墓发现，中国国家博物馆馆刊 12：19—20）

西周

鼎

内壁铸铭 4 行 27 字："丁亥，王易（赐）□□□，易（赐）□，易（赐）贝五朋，用乍（作）父乙□（尊）彝。六八六七一一，黾（？）"。

尊

内底铸铭 3 行 15 字："麻于□（启）畜马，□□（积），用乍（作）父戊宝彝。□册"。

尊

内底铸铭 1 行 3 字："戈父癸"。

卣

盖器对铭，3 行 15 字："麻于□（启）畜马，□□（积），用乍（作）父戊宝彝。□册"。

卣（2 件）

盖内铸铭 2 行 7 字："木索乍（作）父庚宝彝。"内底铸铭 2 行 8 字："木索乍（作）父庚宝□（尊）彝"。

爵（2 件）

鋬内铸铭 2 行 3 字："□父戊"。

爵

鋬下铸铭 1 行 2 字："且（祖）己"。

爵

鋬下铸铭 1 字："□"。

觯

内底铸铭 1 行 3 字："□父己"。

（以上 2013 年湖北随州叶家山西周墓地 126 号墓发现，考古学报 4：556—569）

鼎

腹内铸铭 4 行 20 字："隹（惟）十又二月初吉丙申，在井，中（仲）易（赐）封贝，□（用）乍（作）宝□（尊）彝"。

（20 世纪 80 年代初征集现藏宝鸡市陈仓区博物馆，文物 10：68—69）

簋

盖背面残存铭文 6 行 19 字，可辨 15 字："册□先王唯申就□较朱虢□金甬马对扬王□"。

爵

尾下器腹内壁铸铭 2 行 7 字："尚作□（郭）公宝尊彝"。

觯

颈内壁局部铸铭 4 行 10 字："册□（师）井皇且（祖）考秉明□（德）且（祖）"。

（以上 2007 年 3 月至 2008 年 5 月陕西岐山县孔头沟遗址西周墓葬 M10 发现，考古 9：27—29）

觯

内底铸铭 2 字："父辛"。

（1976 年从洛阳市瀍河回族区北窑村村民手中征集，现藏于洛阳理工学院文物馆，中国国家博物馆馆刊 9：65）

春秋

甗

后腹内壁铸铭 3 行 11 字："虢季为匽姬媵甗永宝用享"。

簋（2 件）

1 件盖器对铭，1 件器有铭、盖无铭。盖铭 12 行 94 字、器铭 10 列 94 字："唯正月初吉，王才（在）成周，庚午□（格）于大室，井叔内（入）右夺，即立，王乎（呼）内史微册令（命）夺曰:令（命）女（汝）□（司）成周讼事罘殷八（师）事，易（赐）女（汝）赤□市□（銮）旂用事。夺□（拜）□首，敢对扬天子丕显鲁休令（命），用乍（作）朕皇且（祖）中氏朕文考（釐）□孟宝尊簋，夺其万年，眉寿永用，子子孙孙宝"。

（以上 2020 年山西垣曲北白鹅墓地 M3 发现，文物世界 1：2—4、6）

鼎（3 件）

下腹铸铭 2 行 8 字："湛之行鼎，其永用之"。

鼎（2 件）

盖铸铭 2 行 8 字："湛之行緐，其永用之"。

簋（4 件）

盖铸铭 1 行 8 字："湛之行簋，其永用之"。

簠

盖铸铭 3 行 8 字："湛之行□，其永用之"。

鬲（4 件）

口沿铸铭 8 字："湛之行鬲其永用之"。

壶（2 件）

下腹铸铭 1 行 8 字："湛之行壶其永用之"。

戈

胡铸铭 1 行 6 字："曾叔孙湛之戈"。

（以上 2018—2019 年湖北随州枣树林墓地 81 号墓发现，考古学报 1：117—133）

鼎（3 件）

腹内壁铸铭 3 行 10 字："湛作季嬴飤鼎其永用之"。

簋（4 件）

器盖内壁、器内底各铸铭 3 行 10 字："湛作季嬴□簋其永用之"。

簠（2 件）

盖铸铭 3 行 10 字："湛作季嬴□□其永用之"。

鬲（4 件）

口沿铸铭 1 周 9 字："湛作季嬴鬲其永用之"。

壶

盖捉手下及肩各铸铭文 1 行 10 字："湛作季嬴尊壶其永用之"。

匕

匕首阴铸铭 2 行 7 字："曾叔孙湛之□匕"。

（以上 2018—2019 年湖北随州枣树林墓地 110 号墓发现，考古学报 1：141—156）

鼎

内壁铸铭 4 行 16 字："虢季氏子虎父作宝鼎子子孙孙永宝用"。

（2018 年 4—8 月河南义马上石河墓地 M93、M94 发现，华夏考古 2：4、7—8）

鼎（2 件）

后腹内壁铸铭文 4 行 24 四字："太保匽（燕）中（仲）作为尊鼎太保匽中其万年无疆子子孙永宝用享"。

鼎（5 件）

后腹内壁铸铭文 5 行 29 字："太保匽中作尊鼎用享用孝于其皇祖考用祈万年无疆子子孙永宝用享"。

鬲

颈内侧铸铭 1 圈 22 字："匽中太保其作旅尊彝其万年无疆子子孙孙永宝用享"。

鬲

颈内侧铸铭 1 圈 13 字："□为其鼎彝用享用孝于其皇祖"。

簋（4 件）

内底铸铭 2 行 7 字："匽大（太）子作为行簋用"。

盨（2 件）

盖器铸铭 3 行 16 字："太保匽中作为宝盨，子子孙其永宝用之"。

匜

内底铸铭 3 行 12 字："太保匽中作为尊匜，子孙永宝用"。

盘

内底铸铭 3 行 14 字："□保匽中作盘，子子孙孙□宝用。华"。

壶（2 件）

内壁近口沿处铸铭 3 行 18 字："周（琱）射作尊壶，其子子孙孙永宝用享于中辛□"。

（2020 年 4—12 月山西垣曲北白鹅墓地 M5 发现，考古与文物 3：123—127）

鼎

盖内及内壁均有铭文，已锈蚀不可辨。

钘

颈外侧有铭文，但已锈蚀不可辨。

盘

盘内底铸铭 5 列 42 字："惟正月初吉，辰哉庚午，郳大司马彊择其吉金，为其□盘。故寿其身，眉寿无疆，配飤无期。子子孙孙，永保用之"。

匜

内底有铭文，但锈蚀不可辨。

（以上 2017 年 10 月至 2018 年 1 月山东滕州市大韩东周墓地发现，考古 2：24—29、40、42—43）

镈钟

鼓部铸铭 5 行 15 字："曾侯宝择其吉金，自乍（作）行钟，其永用之"。

甬钟

钲中部和鼓部右侧铸铭 4 字："曾侯宝择"。

（以上近年山西公安机关追缴，东方博物 81：39—41）

战国

戈

内上刻铭 1 行 2 字："阳仿"。

（2004—2005 年陕西高陵米家崖秦墓发现，考古与文物 4：23—24）

匜

外底刻铭 15 字："私官二斗十五斤十五两二斗今中府"。

器座

铺首背面、铜环上均刻铭 1 字："师"。

背面刻铭 1 字："卅"。

环上凸榫刻铭 1 字待考。

内底刻铭两处："阳四"、"士"。

外底一角刻铭 1 字："阳"。

（2004—2008 年陕西长安神禾原战国秦陵园大墓发现，考古与文物 5：32—35）

鼎

口沿刻铭 1 行 6 字："白易安邑大官"。

（1977 年洛阳市小屯村战国墓葬发现、现藏洛阳理工学院教育博物馆，中原文物 3：108—109）

剑

中脊两侧各铸铭 1 行 5 字：

"工□王者返"。

"□自乍（作）用鐱（剑）"。

（近年山西省临汾市文物部门收缴现藏尧都区博物馆，中原文物 1：120—121）

鼎

盖顶刻铭 1 行 4 字："莆子□（半）齋"。

腹近左耳刻铭 1 行 2 字："高□"。

（传为山西临汾出土洛阳理工学院教育博物馆收藏，文物 7：83—85）

戈

内部有铭 4 行 18 字："廿一年陈为邦刃，析戈命（令）匄、工师□、冶欶为之"。

（2010 年 3 月至 2011 年 2 月、2017 年 11 月至 2018 年 6 月河南邓州王营墓地战国楚墓发现，文物 4：37、39—40）

汉

戈

刻铭 2 行 14 字："□年相邦吕不韦造□丞王我工周"。

（2017 年 6 月—2018 年 9 月河南淅川沟湾遗址汉代遗存发现，华夏考古 2：38—39）

钮钟

钟内铸铭 1 行 2 字："十目"。

（2014 —2016 年汉阳陵东区陪葬墓 M3 之外藏坑发现，考古与文物 1：35）

鼎

口沿刻铭 1 行 9 字："安居穌公鼎二斗二升"。

（2009 年洛阳市宜阳县三乡镇西王村发现，江汉考古 4：93—94）

钫

颈部刻铭 1 字："昜"。

圈足一侧刻铭 1 行 4 字："宜取敏氏"。

圈足另一侧刻铭 1 行 2 字："宜寂"。

（1977 年洛阳市邙山镇汉代墓葬发现，现存洛阳理工学院教育博物馆，中原文物 3：110）

壶（2 件）

底边刻铭 1 行 4 字："巨庄廿斤"。

（以上 2018 年 5 月江苏扬州市小杨庄西汉墓葬 M28 发现，考古 4：65—67）

鍪

腹部刻铭 2 列 11 字："赵大官容三斗，重八斤一两"。

盖边刻铭 1 行 10 字："赵大官重一斤三两六朱（铢）"。

（2018 年 8—11 月河南三门峡后川村西汉围沟墓发现，中国国家博物馆馆刊 3：82—83）

鼎

腹上刻铭 1 行 16 字："高宛侯家□（鼎），容二斗，并盖重廿一斤，第一"。

盖近口沿刻铭 1 行 13 字："高宛侯家□（鼎），并盖重廿一斤，第一"。

（1998 年洛阳市文物交流中心征集，现藏于洛阳理工学院文物馆 中国国家博物馆馆刊 9：67）

附：金银器铭

战国

扣

背部刻铭 1 字："北（？）"。

（2004—2008 年陕西长安神禾原战国秦陵园大墓发现，考古与文物 5：31—32）

唐

银杯

足内底刻铭："泰"。

（2020 年 6 月西安市唐元自觉夫妇墓发现，文博 4：26)

三　玺印

（凡未注明质料者均为铜质）

东周

敬

（2006 年河南淅川上集乡魏营村魏营墓地发现，考古学报 1：106）

丞印（封泥）

（2016 年甘肃宁县石家东周墓地发现，考古学报 2：438—439）

成信

（2014 年 6 月—2015 年 1 月陕西西安南郊上塔坡村西汉墓发现，文博 2：21—22）

战国

内史之印（封泥）

（2004—2008 年陕西长安神禾原战国秦陵园大墓发现，考古与文物 5：42）

印文不清

□（玉）

□

（2007 年 3 月—6 月河北邯郸西小屯一号墓及周边墓葬发现，江汉考古 3：33—37）

汉

庄山树（木）

（2009 年宁夏固原杨家庄汉墓发现，文博 2：38—39）

吴莫如印

（2019 年 1—3 月浙江杭州萧山东蜀山西汉墓发现，文物 7：35、40）

妾亲

（2018 年 5 月江苏扬州市小杨庄西汉墓葬 M28 发现，考古 4：68—69）

夏侯楚印（木）

（2011 年 10—11 月至 2013 年 12 月江苏盱眙东阳汉墓群 M114 发现，东南文化 6：32、39）

榱仁私印

（2011 年 10 月至 2013 年 12 月江苏盱眙县东阳汉墓群 M213、M214 发现，南方文物 4：65—66）

十六国

奉车都尉

（2017 年西安香积寺村十六国墓地发现，中原文物 1：46）

吐谷浑

双峰骆驼图像和藏文组成，藏文可译为“外甥阿柴王之印”。（银金合金）

（2018 年青海都兰县热水墓群 2018 血渭一号墓发现，考古 8：60—61）

明

武绳祖印（石）

顶面刻铭：“上”

水云居士

物外山人

（2017 年 2 月河南开封双龙巷明代建筑遗址发现，文物 4：48、51、55）

清

正红旗蒙古二甲喇八佐领图记印

边款："乾隆十五年正月日""乾字二千九百四十六号""礼部造"。

镶白旗蒙古二甲喇八佐领图记印

边款："乾隆十五年二月日""乾字三千九十四号""礼部造"。

（20 世纪 50 年代安徽师范大学博物馆藏，文物春秋 6：91—92）

四　墓志

南北朝

北魏砖墓志（有盖）

无盖称。

首题："后魏河东裴君讳经字仲略之铭"。

熙平元年（516 年）正月五日卒。

（2014 年 9 月—2015 年 7 月山西侯马虒祁北魏墓 M1007 发现，文物 2：20—21）

西魏陆丑墓志（无盖）

首题："魏故使持节都督雍州诸军事车骑大将军仪同三司雍州刺史都督乐陵县开国子陆公墓志铭"。

大统四年（538 年）卒。

（2017 年 3—7 月陕西西咸新区摆旗寨西魏陆丑墓发现，文物 11：28—29）

北周□□墓志（有盖）

无盖称。

首题："大周故开府枹罕公墓铭"。

建德六年（577 年）卒。

（2017 年 4 月陕西西咸新区朱家寨北周墓发现，文物 11：46—48）

北周砖墓志（有盖）

无盖称。

志文 3 行，共计 17 字。

刻铭："建德六年（577 年）十二月廿一日纥干莫何弗墓铭"。

（2015 年 6—7 月宁夏固原南郊北朝墓发现，中国国家博物馆馆刊 10：12—13）

隋唐

隋韦赜夫妇墓志（有盖）

无盖称。

首题："隋故建安县开国公韦公墓志铭并序"。

开皇十三年（593 年）六月十二日卒。

其妻郑氏显庆二年（657 年）八月二十三日卒。

麟德元年（664 年）十一月八日与夫韦赜合葬。

（2014 年 10 月安市南郊上塔坡村隋韦赜及夫人墓发现，文博 3：25—26）

唐戴胄墓志（有盖）

盖称："大唐故民部尚书赠尚书右仆射武昌郡公戴府君墓志之铭"。

贞观七年（633 年）六月三日卒。

贞观八年（634 年）正月廿四日改葬。

唐戴胄夫人菀氏墓志（有盖）

无盖称。

贞观十二年（638 年）四月十二日卒。

同年五月十九日祔葬于戴胄之旧茔。

（2014 年 9—11 月西安市长安区唐戴胄夫妇墓发现，考古 10：50—51、57—58）

唐袁翼夫妇墓志（有盖）

盖称："袁君墓志"。

首题："大唐故人袁君墓志铭"。

文明元年（684 年）五月十三日卒。

光宅元年（684 年）十一月廿六日与其妻合葬。

（2018 年河北邱县唐袁翼夫妇墓发现，文物 3：24—27）

吐谷浑喜王慕容智墓志（有盖）

盖称："大周故慕容府君墓志"。

首题："大周云麾将军守左玉钤卫大将军员外置喜王慕容府君墓志铭并序"。

天授二年（691 年）三月二日卒。

其年九月五日迁葬于大可汗陵。

（2019 年 9—12 月甘肃武周时期吐谷浑喜王慕容智墓发现，考古与文物 2：35—37）

唐韦旷夫妇墓志（有盖）

盖称："大唐故韦府君墓志铭"。

首题："大唐故豫州郾城县丞京兆韦君墓志铭并序"。

通天二年（697 年）六月十五日卒。

开元六年（718 年）七月廿日与夫韦旷合葬。

开元十八年（730 年）十一月十六日迁葬。

（2014 年西安市南郊上塔坡村北韦旷夫妇墓发现，文博 4：10—11）

唐郑仲淹夫妇墓志（有盖）

盖称："大唐故郑府君墓志铭"。

首题："大唐故滁州司马上柱国郑府君墓志铭并序"。

神龙元年（705 年）卒。

其妻卢氏长安四年（704 年）卒。

神龙二年（706 年）与其妻合葬。

（2017 年 8—10 月河南郑州唐郑仲淹夫妇合葬墓发现，文物 8：27—29）

唐元自觉夫妇墓志（有盖）

盖称："大唐故元府君墓志铭"。

首题："大唐故游击将军左司御率元府君墓志铭并序"。

元自觉开元十七年（729年）卒。

其妻崔氏开元二十一年（733年）卒。

唐元不器墓志（有盖）

盖称："大唐元府君之墓志"。

首题："大唐故宣义郎前南郊斋郎吏部常选元府君墓志铭并序"。

开元廿二年（734年）四月廿日卒。

开元廿七年（739年）八月廿四日迁葬。

（2020年6月西安市唐元不器墓、元自觉夫妇墓发现，文博4：17—18、27—29）

唐元大谦墓志（有盖）

盖称："大唐故元府君之墓志"。

首题："大唐故朝议郎行绛州龙门县令上护军元府君墓志铭并序"。

开元六年（718年）三月十三日卒。

开元二十七年（739年）迁葬。

唐罗婉顺墓志（有盖）

盖称："唐故龙门令元府君夫人罗氏墓志之铭"。

首题："大唐故朝议郎行绛州龙门县令上护军元府君夫人罗氏墓志铭并序"。

天宝五年（746年）卒。

天宝六年（747年）与其夫合葬。

（2020年6月陕西咸阳唐代元大谦、罗婉顺夫妇墓发现，考古与文物2：47—50）

唐张归香夫妇墓志（有盖）

盖称："大唐故张君墓志之铭"。

首题："大唐张君墓志铭并序"。

景云二年（711年）七月十三日卒。

夫人杨氏粤天宝二年（743年）十二月四日卒。

天宝四年（745年）十月二十五日与其夫合葬。

（2021年4月至5月河南三门峡唐代张归香墓发现，中原文物4：41—42）

唐韦陟构亭记残碑改制墓志盖（墓志不见）

额称："大唐故卢府君墓志铭"。

天宝七年（748年）立石。

（近年发现于洛阳偃师，中原文物6：122）

唐张思九夫人胡氏墓志（有盖）

盖称："大唐故夫人胡氏墓志"。

天宝五年（746年）十一月十三日卒。

天宝六年（747年）二月三日迁葬。

（2018年西安胡氏墓发现，中原文物3：35—36）

唐许黄墓志（无盖）

首题：“大唐济阴郡成武县许君墓志”。

天宝九年（750 年）十二月卒。

（2015 年 6 月山东省成武县九女集镇申楼村发现现藏成武县博物馆，文物 5：72—75）

唐张参夫人郑氏墓志

盖称：“大唐故郑夫人墓志铭”。

首题：“尚书户部郎中张参亡室荥阳县君郑氏墓志铭序”。

永泰元年（765 年）二月卒，同年八月葬。

唐张参墓志（有盖）

盖称：“大唐故张府君墓志铭”。

首题：“大唐故朝散大夫国子司业张府君墓志铭并序”。

大历十四年（779 年）十一月卒。

建中元年（780 年）二月十四日与其妻合葬。

（以上 2019 年 3 月 22 日陕西省西安市东北国际港务区新寺村新陆小学建设工地发现，中国国家博物馆馆刊 10：46—50）

唐故左清道率府仓曹参军卢公墓志（志盖未见）

首题：“唐故左清道率府仓曹参军卢公墓志铭并叙”。

大历十年（775 年）十一月卒，同年十二月葬。

（2014 年江苏泰州市发现，文物春秋 2：71—73）

唐毕子瑜夫妇墓志（无盖）

无首题。

建中二年（781 年）卒。

其妻贞元六年（790 年）卒，同年四月四日与其夫合葬。

（2017 年 2 月 10—25 日河南项城新桥姜胡同村唐墓发现，华夏考古 2：51）

唐杜华墓志（有盖）

无盖称。

首题：“唐前河中府解县尉苏顺故夫人京兆杜氏墓志铭并叙”。

贞元十四年（798 年）二月四日卒。

（2020 年 12 月陕西西安月登阁村唐杜华墓发现，考古与文物 6：48—49）

唐郭令岩夫人张氏墓墓志（有盖）

盖称：“故郭府君夫人墓志铭”。

首题：“大唐成德军冠军左金吾卫大将军员外置同正员兼试殿中监骑都尉太原县开国男食邑三百户故太原郭府君夫人清河张氏陇西李氏合祔墓志并序”。

郭令岩大和三年（829 年）十二月廿四日卒。

大和四年（830 年）六月十二日与两位夫人合葬。

（2014 年 6—9 月河北正定县正定新区唐代纪年砖室墓发现，北方文物 4：14—15）

唐邢良墓志（有盖）

志盖残碎，仅存“府君”二字。

首题：“大唐故邢府君墓志铭并序”。

大中十一年（857年）十月五日卒。

（近年扬州发现，博物院5：85—86）

唐郑严墓志（有盖）

盖称：“荥阳郑府君墓志铭”。

首题：“唐故试太常寺协郎荥阳郑府君墓志铭并叙”。

乾符二年（875年）五月廿有四日卒。

乾符三年（876年）八月十日葬。

（2017年3月河南荥阳市东北部唐墓发现，中国国家博物馆馆刊7：62—64）

唐墓志（有盖）

志文漫漶不清。

（2012—2015年河南安阳市大司空村东地魏晋隋唐宋元墓葬发现，考古学集刊24：47）

唐墓志（3盒砖质有盖）

志盖漫漶不清，疑为“赵君墓志”，墨书志文，无法辨识。

志盖漫漶不清，疑为“赵君之志”，墨书志文，无法辨识。

志盖漫漶不清，疑为“齐□墓志”，墨书志文，无法辨识。

（2019年8月至9月新绛县侯庄村唐墓发现，文物世界1：11、13）

唐墓志罐

器身刻铭18行152字。

武义二年（920年）二月七日卒。

（20世纪80年代安徽宣城宣州区狸桥镇东云村南窑冲张村发现，东方博物81：91—92）

五代南汉李纾墓志（无盖）

首题：“大汉太中大夫守御史中丞兼尚书兵部侍郎上柱国赐紫金鱼袋陇西李府君墓志铭并序”。

次题：“集贤殿学士文林郎守尚书户部郎中史馆修撰赐紫金鱼袋薛绛撰”。

南汉大有元年（928年）四月十四日卒。

（2018年11月至2019年5月广州市越秀区五代南汉李纾墓发现，考古5：116—117）

宋

宋圹志

正文竖17行，约400字。

碑额：“有宋孺人陈氏圹志”。

咸淳癸酉年（1273年）二月二十八日卒。

（1979年6月浙江兰溪西山下村发现，东方博物80：57—59）

元

元谢君墓志（无盖）

首题：“承直郎中书省右司都事谢君墓志并序”。

延祐七年（1320年）八月十二日卒，十一月十五日葬。

张楷撰文。

（2012—2015 年河南安阳市大司空村东地魏晋隋唐宋元墓葬发现，考古学集刊 24：63—64）

元墓志（砖）

一面零星朱砂痕迹，字迹漫漶不清。

（2018 年江苏扬州市郊杨庙社区果园村元墓发现，文物 12：15）

辽

辽耶律弘义墓志（有盖）

盖称："左千牛卫大将军耶律公墓志"。

首题："大契丹国故左千牛卫大将军漆水耶律公墓志铭并序"。

重熙戊子年（1048 年）十一月葬。

（2018 年 7—9 月辽宁北镇辽代耶律弘义墓发现，文物 11：57、61）

明

明王原清墓志（无盖）

多有漫漶不清处。

宣德丁未（1427 年）九月七日卒。

（2017 年 10 月苏州市皇冠山浇浆墓发现，无锡文博 22—24）

明镇国将军朱季墓志（无盖）

无首题。

额称："镇国将军圹志"。

成化七年（1471 年）二月初一卒。同年十二月初六日与其夫人合葬。

夫人潘氏墓志（无盖）

无首题。

额称："夫人潘氏圹志"。

天顺七年（1463 年）十一月十七日卒。

天顺八年（1464 年）十二月十八日葬。

（2007 年 9 月至 2008 年 1 月湖北武汉二妃山明代楚藩家族墓群一号茔园发现，文物 12：24—30）

明辅国将军朱均钵墓志（无盖）

额称："辅国将军圹志"。

无首题。

正德三年（1508 年）七月二十五日卒。

正德四年（1509 年）十一月二十六日葬。

奉国将军朱荣涌墓志（无盖）

额称："诰封奉国将军墓志铭"。

首题："皇明楚宗室奉国将军墓志铭"。

嘉靖十九年（1540 年）九月初九日卒。

嘉靖二十二年（1543 年）九月十有三日葬。

奉国将军朱荣漱墓志（无盖）

额称：“诰封奉国将军墓志铭”。

首题：“皇明楚宗□奉国将军墓志铭”。

嘉靖二十年（1541年）三月二十八日卒。

（以上2007年9月—2008年1月湖北武汉二妃山明代楚藩家族墓群二号茔园发现，文物12：49—52）

明卢道明墓志铭碑

嘉靖三十年（1551年）卒。

（2020年6月福建漳州长泰发现，福建文博1：30—35）

明吴氏墓志（有盖）

盖称：“大明□李□□氏孺□墓志□”。

首题：“□母吴氏孺人墓志铭”。

嘉靖丙寅（1566年）十一月二十一日卒。

（2014年10月重庆市铜梁区河嘴墓地发现，长江文明1：21—23)

明永兴恭定王及王妃墓志（2合）

首题：“大明秦府永兴王谥恭定圹志 ”。

万历二年（1574年）正月十八卒。

万历四年（1576年）十二月二十七日葬。

王妃王氏墓志

首题：“大明秦府永兴王妃王氏安葬祖原圹志”。

嘉靖四十四年（1565年）六月初六日卒。

隆庆元年（1567年）二月十六日葬。

（2015年7—10月西安明永兴恭定王及王妃墓发现，文博6：13—14）

清

清贵州安笼等处地方总兵官林儒墓志

额称：“皇清荣禄大夫、镇守贵州安笼等处地方总兵官、左都督、世职拜他喇布勒哈番，致仕七十二翁凤山林公墓志铭。”

首题：“皇清诰授荣禄大夫、镇守贵州安笼等处地方总兵官、左都督、世职拜他喇布勒哈番，仍记余功二次，军功纪录二次，致仕七十二翁凤山林公墓志铭”。

康熙四十九年（1710年）卒。

（福建安溪县湖头镇竹山林氏大宗祠发现，福建文博2：35—36）

附：买地券

宋孙氏买地券

墨书券文，字迹漫漶。

券主宣和七年（1125年）卒。

（2018年5月四川成都琉璃厂五代至明瓷窑发现，文物8：36、44、54）

金买地券（砖）

正面朱书，券文大多模糊不清，可辨别共 10 列：“二十三日，今有大金国□南 ……池县中初□□利□……钱九万九千九百九……父后土社礼十二边，买……二十六岁六分计地全一亩……西至白虎南至朱雀……下至黄泉，四至分明……天地神明。保人张隆、李□，见人……天，读契人入□□……急如律令”。

（2015 年 12 月河南义马锦铺佳园金代砖雕墓发现，中国国家博物馆馆刊 3：93）

明买地券（4 方）

奉国将军朱荣澔买地券

券文 16 行，凡 278 字。

券主嘉靖十九年（1540 年）九月初九日卒。

嘉靖二十二年（1543 年）九月十三日立券。

奉国将军朱荣漱买地券

券文 18 行，凡 366 字。

额称 1 行 8 字：“立此券志永镇墓堂”。

背面阴刻 2 行 8 字：“长命富贵金玉满堂”。

背面刻饰八卦符号，震卦、坤卦上下分别阴刻：“丑”“未”。

嘉靖二十年（1541 年）三月二十八日卒。

嘉靖二十二年（1543 年）九月初五立券。

夫人张氏买地券

券文均已脱落。

淑人□氏买地券

朱书券文，字迹辨认不清。

（以上 2007 年 9 月—2008 年 1 月湖北武汉二妃山明代楚藩家族墓群二号茔园发现，文物 12：45—48）

五　碑刻

碑

北魏

贾宝墓石碑

刻铭：“唯大代太和元年岁次丁巳十月辛亥朔十日庚申凉州武威郡姑藏县民贾宝铭”。

太和元年（477 年）立石。

（2017 年 5—6 月山西大同北魏贾宝墓发现，文物 6：32、35）

宋

宋“新修隋文帝庙碑”

额称：“大宋新修隋文帝庙碑”。

首题：“潞州屯留县崇仁乡李高管重修灵贶王庙记”。

碑身漫漶严重，无法释读。

碑阴下段漫漶不清，上段内容多为参加祭祀的扶风县官吏人名。

（2010 年 5—6 月陕西省杨凌区五泉镇王上村隋文帝泰陵发现，考古与文物 1：59—61）

元

元《改修堽城坝（闸）记》残碑

首题：”□□□□□□□记”。

大德二年（1298 年）立石。

（2007 年 9 月山东省宁阳县京杭大运河元代堽城坝（闸）遗址发现，中国国家博物馆馆刊 7：116—118）

元碑

额称：“宣赐果园圣旨之碑”。

碑阴额题：“谷积灵岩禅寺地土园林之记”。

背面额间铭：“碑阴题额之记”。

元武宗至大元年（1308 年）立石。

（2014 年北京房山区灵鹫禅寺发现，文物春秋 4：51—52、54—55）

明

明“御制祝文”碑

额称：“御制祝文”。

洪武四年（1371 年）立石。

（2012 年 8 月汉武帝茂陵发现现藏茂陵博物馆，文物 5：76—78）

明宋漳节推始祖壶山王公墓碑

碑铭：“明万历三十一年癸卯孟春吉旦，宋漳节推始祖壶山王公墓，赐进士出身户部四川司员外郎，十三世孙一范偕宗孙承祚”。

万历三十一年（1603 年）立石。

明五世祖仕杰公墓碑

万历三十一年（1603 年）立石。

明东渠杨忞生义立军装田碑

首题：“东渠杨忞生义立军装田碑记”。

万历十一年（1583 年）立石。

清嘉庆二年（1797 年）重镌。

（以上均 2020 年 6 月福建漳州长泰发现，福建文博 1：30—35）

清

清土地碑

清嘉庆六年（1801 年）立石。

（以上 2020 年 11 月四川青川县发现，四川文物 5：18、22）

清碑

额题：“照示勒石”。

乾隆三十一年（1766 年）立石。

（安吉县章村镇河垓村广福庵遗址发现，东方博物 81：103—105）

清廖氏开基碑

额称："开基"。

同治二年（1863 年）立石。

清碑

额称："本县宪李讞断石碑"。

嘉庆二十四年（1819 年）立石。

清太老爷陈明断轮水碑

额称："太老爷陈明断轮水碑记"。

乾隆二十年（1755 年）十一月立石。

（以上均 2020 年 6 月福建漳州长泰发现，福建文博 1：30—35）

清重修关帝庙碑

碑阳首题："重修关帝庙碑记。"

碑阴额称："万古流芳"。

碑阴首题："多罗宁郡王重修关帝庙碑"。

乾隆十五年（1750 年）五月立石。

（2011 年北京市东城区建国门附近北极阁三条胡同发现，博物院 3：56—57）

石刻

宋"政和辛卯"年款石刻

刻铭："才保弟子王迁敬造石桥一所，上答四恩，下资九有，政和辛卯十二月志。"

宋"政和壬辰"年款石刻

刻铭："当山僧元亨谨抽净石，铺梵轮头路及横石板，用答四恩九有者，政和壬辰正月日志。"

（以上均 2015 年 11 月至 2016 年 9 月太姥山国兴寺遗址发现，福建文博 1：11—12）

明清城门题刻

门外石额刻铭："景明"。

右侧竖书："万历二十七年（1599 年）岁次己亥孟秋吉旦巡抚山西都御史魏允贞"。

东墙内嵌长方形碑，下部漫漶，尚可辨识："奉院道明文包□城□案委总理□……崞县知县袁应春……□……振武卫经历□……崞县县丞□……万历二十七年己亥孟秋吉旦"。

（2020 年山西崞县城址发现，文物世界 1：36—37）

清"道光戊申"款楹联石柱

刻铭："尘寰历劫红羊换。道光戊申年建。寺创自唐废有年□今始复，守纯师乞撰楹联，书以应之，秋塍陈式铭。"

清"咸丰元年"年款楹联石柱

刻铭："法界从新白象驯。咸丰元年六月榖旦，住持守纯□□沁敬谨泐石。董事：王圣保、曾□震、陈式铭、高□光、王□望、施浩然"。

（以上均 2015 年 11 月至 2016 年 9 月太姥山国兴寺遗址发现，福建文博 1：11—12）

附一：摩崖刻石

五代吴越摩崖刻铭

石佛洞西南崖壁铭："莲花洞"，"莆洪珠"。上部铭："少林"，"攻婣"。

石佛洞东壁三尊龛（K1）题记 4 行："嘉靖壬辰春，芹泉姚文炤、苏山范永銮、白泉汪文盛、磨溪熊荣、瑶湖王臣、体斋陆冕同游"。

石佛洞北壁大龛（K2）题记 12 行："忽忽南迁又北征，恍然梦里是平生。飞腾自合同云鸟，流落犹怜有姓名。老去壮心终不改，年来华发半多更。山青云白归何日，暂对西湖月满城。时守杭方四月，奉改调命，当北上，息此数日。嘉靖十四年四月既望，阆山丁洪识"。

石佛洞南壁下部大龛（K4）题刻："寰中天室"，"钦差总督军务太子太保兵部尚书胡宗宪，钦差户部主事杨□□，工部主事杨守伦，南京户部主事黎元"，"嘉靖辛酉仲夏之吉仝题"，"苍谷题"。

（以上 2021 年杭州净慈寺后山摩崖龛窟发现，东方博物 78：63—70）

唐摩崖造像

11 号龛二菩萨头光之间刻铭："造观世音菩萨大世至菩萨"。

14 号龛外龛左壁中部题记 1 则："佛道二教龛"。

15 号龛外龛左壁中部刻铭题记 1 则，"□师记"。

21 号龛外龛左壁下刻铭"贞元元年""观音菩萨一躯"。

（2015 年 6 月四川安岳木鱼山摩崖造像调查发现，文物 8：84—86、90—91）

唐摩崖造像

正壁中央阴刻题记竖写 12 列："弟子……□业十一年岁次乙亥□月三日乙未戌弟子□□□长儿郎绪东都□户尊为天地六道四□就此龙门山发心敬□天尊一龛弥勒佛一□老君一龛观世音菩□一龛并金刚狮子防□文字等同供养□儿元祥三儿子诜□儿圆满弟五儿盘陀"。

（2009 年四川省盐亭县龙门垭摩崖造像发现，四川文物 3：72—73）

唐摩崖石刻

第 1 龛右侧龛外浮雕碑形题记框，由碑额、碑身、碑座组成，字已无存。

第 2 龛右侧龛外有不规则四边形的题记框，字已无存。

第 3 龛右壁浮雕碑形题记框铭："维大汉国乾和十一年岁次癸丑十二月丁未十八日为国重镌造题记监寺比丘惠果寺主僧义聪僧义光僧咸正僧师镜僧惠钦僧师训僧义真僧道钦弟子昭武步阙副指挥使管甲勾当三十里铺御侮校尉左监门卫率府郎将同正员武骑尉赐紫涂万雄"。

下方题记框刻铭："弟子十将勾当龙□□□□□弟子中军十将□□从众二弟子讨□十岭状和展 / 弟子防城都十将刘森弟子康师进女弟子王十四娘同妻女弟子孙氏二十五娘"。

第 5 龛龛底外侧题记："如来具足大神通所得大悲无能胜以佛功德严十方我今敬礼无与等无□智慧无有边善解众生三世事一心能知无量心是故稽首礼无上 /"。

下层有题记框，其上所刻题记漫漶不清。左侧记施田年月及僧人姓名，右侧记俗众的官衔及姓名。

（2017 年广西桂林国家森林公园摩崖造像发现，四川文物 3：15—17、20—21）

金代造像

袈裟前摆下端铸铭："大定二十一年二月二十日，功德主武义将军李富、李宜人、尉氏。崔智诠、崔智禧、杨□专、王氏、□氏。金火匠人祁忠，□□祁圆、王禧。塑□雷冲"。

仰莲台座上面前方刻铭："……祁法师、韩四法师等。冯坚、赵永坚、韩吉、吕录事。三石山深法师"。下段："朝散大夫、行富平县令、弘农县开国男、食邑三百户、赐紫金鱼袋杨思聪"。

八边形基盘左侧上面铸铭："□义军行富平县尉、骁骑尉……承务郎、行富平县主簿、云骑尉……"。

（以上 2007 年 7 月陕西富平南张村实地调查发现，中原文物 1：143—144）

金代崖刻

香林寺崖居群

石室东壁、北壁上刻铭：“史”、“有”。

门道左侧刻铭：“贞祐元年十月初十日工立，治主许密、许吉、李顺，匠人党锋”。

东南壁刻铭，字迹漫漶不清，题记内容为：“唯大金贞祐二年二月二十日，西贼犯界，至□□同到□完颜党平□□□□□□□计二□□钞□□□□□□□四月工毕，□□史□□史□史□□史□□□史□史□□”。

东北壁刻铭：“卅占”。

瞭望口右侧刻铭：“杨可文”。

门道左侧刻铭，字迹潦草：“维大金国贞祐三年三月二十日打造，到八月二十日了毕。石匠同到□□□终□□靖十□戊戌党平，室主北□李顺”。

石门崖居群

竖井入口刻铭：“四月初□下手谨记”。

竖井内壁上刻楷书：“王演、王寅”。

门外东侧刻铭：“皇统四年三月十三日下手，至五月十七日造成，打造人杨政、任甫，出粟人……”。

题记右侧刻铭：“七十五石物”。

（以上均 2011—2014 年陕西甘泉洛河流域古代崖居发现，考古与文物 5：101—103、108—109）

金经幢铭

前五面记述墓主生平及立幢之因，首面刻铭：“大金登州福山县洪福寺寿公法师灵塔铭并序”。

后三面刻有《佛顶尊胜陀罗尼经》经文。石幢刻文风化损坏严重，文字漫漶不清。

（2008 年 4—5 月山东烟台市芝罘夏家金代墓发现，中国国家博物馆馆刊 7：75—80）

北宋石窟题记

前部 4 号像北壁后部上方铭：“宣和五年四月三日陈上村曹嵩男曹全同法心作观音殿子并十六罗汉上报四恩下资三有愿帝王万岁永超千秋施主父亲曹松施主母亲雷氏施主男曹全妻子李氏男僧喜弟曹□（縠）曹广处士史□（存）”造像题记 13 行 78 字。

后部 4 号像降龙罗汉像下方铭：“至顺元年八月”造像题记 2 行 6 字。

罗汉像右侧上方铭：“□年四月”墨书题记 4 字。

（2018 年 10 月陕西富县梨树窑子观音殿石窟发现，四川文物 2：33—35）

明摩崖刻铭

内侧原崖壁铭：“邓艾过此”，1964 年修建青唐公路时损毁。此处现新刻“邓艾过此”。

（以上 2020 年 11 月四川青川县发现，四川文物 5：18、22）

附二：墓室题刻

汉椁室朱书

木椁后壁左上方朱书文字，字迹模糊，难以辨识。

（2020 年下半年内蒙古自治区乌海市三坝汉墓 M2 发现，草原文物 1：31—32）

西晋墓室题刻

南壁西侧铭："元康五年"。

南壁东侧铭："孟仲□"。

（2006 年 8 月至 2007 年 1 月河南辉县赵庄西晋墓发现，文博 3：6—7）

金墓室题记

墓门上方青砖墨书："大吉利"。

东壁北障水版阴刻："第六孝，王祥者，陵川人"。

东壁南障水版阴刻："第十六孝，孟宗，字"。

（2016 年 7 月山西侯马东庄金墓发现，文物 2：23、25—26、28—29）

金墓室题刻

墓壁西壁石板刻铭："犬子马沔"。

（2008 年 4—5 月山东烟台市芝罘夏家金代墓发现，中国国家博物馆馆刊 7：70）

辽墓室题记

南壁西侧倚柱上墨书："蔚州灵仙平宁村至之□□廿八□才各有分"。

（2017 年 11 月河北蔚县三关辽代家族墓地 M3 发现，文物 10：27、29）

北宋墓室题刻

墓门外两侧书："祖"。

（2018 年 5 月四川成都琉璃厂五代至明瓷窑发现，文物 8：36）

宋代墓室刻铭

顶部石质匾额题刻："寿山"。

（2013 年重庆市合川区猴清庙宋墓发现，长江文明 1：12—13）

附三：壁画题记

元代壁画题记

诸佛菩萨题记

Ⅱ壁右侧莲座前方墨书藏文题记："夏尔□□□巴钦波（原文转写为：shar g［tsa］□□□ pa chen po la na mo/）"。

左侧莲座前方墨书藏文题记："稽首克□□□贝瓦（mkha［s］□□□ dpal ba la na mo）"。

Ⅲ壁左侧上师身侧墨书藏文题记："稽首全知□噶坚赞□□□（tham［s］bcad mkhyen pa □［d］gav rgya［l m］tsha［n］□□）"。

右侧上师身侧墨书藏文题记："稽首根本上师赞邦巴（tsa bavi slo［b d］po［n］rgyal mtshan vbum pa la na mo）"。

顶部 8 位上师莲座下墨书藏文题记：

"稽首圣功德光（vphags pa yon tan vod la na mo）。

稽首全知世亲足下（kun mkhyen d［byi］g gnyen zhabs la no mo）。

稽首圣无著足下（vphags pa thog med zhabs la na mo）。

稽首饱腹经论的法称（rigs［rig］pavi dbang phyug chos kyi grags pa la na mo)

稽首□□光（□□ vo［d］）□□ na mo"。

十六罗汉坐像题记，多残缺或脱落

左侧 5 身罗汉，因揭陀身前侍立罗汉题记："□□□冈底斯□□□因揭陀□□□□□□（□□□ ta [ti] sa [si] na/ □□□ [yan] lag vbyung □□□□□□）"。

阿氏多尊者题 "仙□□□阿氏多□□□（drang □□□ ma pham pa na □□□）；" "稽首锡居在仙人山的圣尊者阿氏多（drang srong r inga [o] gs nags na/ vphags pa gnas btran ma pham pa la na mo/）"。

伐那婆斯尊者 "□□□七叶□□□尊者伐那婆斯□□□（[lo] ma bdun pa □□□ [brtan] na [gs] na [gnas] □□□）"。

迦里迦尊者 "稽首锡居□□□赤铜洲圣□□□尊者□□□（□□□ zangs [gling] na/ vphgs pa gnas b [rtan] □□□ na la mo/）"。

主尊像右侧的 5 身罗汉边框题记：

"稽首锡居北俱卢洲的圣巴沽拉尊者（byang gi sgra mi snyan ni/ vpags pavi gnas brtan ba ku la na mo/）"；"稽首锡居在青蓝洲的圣罗睺罗尊者（pri yang ku yi [gling] na ni/vpags pavi gnas brtan sgra gcan vdzin [la] na mo/）"；"稽首□□□□□□（□□□□□□ na mo/）"；"稽首锡居□□胜身洲的圣尊者宾度罗跋罗堕阇（□□ lus vphags gling na ni/ pa ra dhaw tsha bsod snyoms len la na mo/）"；"□□□圣□□□尊者（□□□ [vphag] s pavi gnas brtan □□□）"。

（以上四川理塘县麻通寺发现，四川文物 4：18—20）

元代壁画题记

墓顶底部朱书："长久厂□"。

墓门顶部西侧墨书："维大元元统三年岁次乙亥三月"，东侧墨书 "初十日 □□□之墓"。

（2018 年 10 月山西省太原市晋源区明太原县城砖室墓发现，中原文物 6：12—13、16）

宋代壁画墓题记

西壁屏风墨书 5 行行草，最后 1 行为 3 字具名。

（2010 年 11—12 月郑州外国语中学宋代壁画墓发现，中原文物 4：34—35）

六　有铭砖

汉有铭砖（2 件）

砖铭："六十"。

（2008 年 10 月至 2009 年 11 月北京市延庆区西屯墓地东汉墓 M100 发现，文物春秋 2：58—59）

汉有铭砖

砖铭："至造人"、"□历四十一年"、"五月初一日"。

（2006 年 2 月至 5 月重庆武隆区土坎遗址东汉墓发现，四川文物 2：27—28）

东汉有铭砖

砖铭："永平"。

（2015 年 8 月 1 日湖南郴州五里牌东汉墓 M1 发现，湖南考古辑刊 15：119—120）

东汉至六朝有铭砖

砖铭："富贵"。

（2009 年 10 月至 11 月重庆市巴南区窑堡墓地发现，长江文明 1：3）

三国孙吴有铭砖

砖铭："嘉禾三年立高祖冢墓"。

砖铭："永兴钟家冢三年九月造"。

砖铭："吴平"。

砖铭："大吉"。

砖铭："五十五十"。

砖铭："田"。

（以上 2020 年 2 月浙江绍兴江桃村孙吴墓发现，东南文化 4：60—61）

三国有铭砖

砖铭："太元五年八月五□□"。

（2018 年 5 月至 7 月浙江新昌山头里古墓群发现，东方博物 80：45—46）

西晋有铭砖

砖铭："永嘉七年癸酉永保休祥"。

砖铭："永保子孙皆寿考宜君子"。

（2017 年 4 至 8 月广州市胸科医院西晋墓发现，南方文物 4：73—74）

东晋有铭砖

砖铭："永和十二年八月十日作"。

砖铭："永和十二年九月六日"。

砖铭："升平元年□月"。

砖铭："太和五年八"。

（2018 年 5 月至 7 月浙江新昌山头里古墓群发现，东方博物 80：45—46）

南朝有铭砖（12 块）

砖铭："宋景平元年（423 年）太岁癸亥七月许作"。

南朝有铭砖

砖铭："会稽永兴西乡相藏里许督自书之"。

（2013 年 3—7 月浙江杭州萧山老虎洞遗址东吴、南朝墓发现，文物 7：43—44，46，49）

南朝有铭砖

砖铭："王"。

砖铭："盖"。

砖铭："宋大明五年造作□"。

砖铭："南阳宗"。

砖铭："胡"。

（以上 2013—2015 年湖北襄阳市贾巷墓地两座南朝墓葬发现，考古 5：64—67、69—70）

六朝有铭砖

长边一侧砖铭："万岁不败"，短边一侧砖铭："万岁"。

（2017 年 8 月至 2018 年 2 月浙江安吉县古城遗址发现，考古 9：51、53）

六朝有铭砖

砖铭："利砖一千大埒六十"。

砖铭："卅"。

（2020 年 4—5 月江苏句容宝华牡丹西路六朝墓发现，东南文化 2：49）

唐有铭砖

砖铭："天宝八载二月二日上谷郡容城县□□□德义里□风礼□□□□地埋在此□□"。

（2018 年 5—6 月河北雄安新区中六东遗址发现，文物春秋 5：81）

唐有铭砖

砖铭："官匠丁相洛"。

（2014 年 9—11 月西安市长安区唐戴胄夫妇墓发现，考古 10：39—40）

唐有铭砖

砖铭："大中二年刘家新样"。

砖铭："王上之"。

砖铭："唐明州"。

（2012—2013 年浙江省宁波市奉化区尚桥墓地唐代墓葬发现，东南文化 6：74—75）

宋有铭砖

砖铭："(监)造市舶亭蒲□□"、"□舶亭蒲□□"。

（2019—2020 年福建泉州市"市舶司"遗址发现，考古 11：45—46）

宋有铭砖

砖铭："萧府君墓铭河南郡阳曲县永安乡郑村北社外茔萧清 父萧翰 长男再昌再友再思再广 孙男怀保怀諫怀聚怀展怀真六哥有福 曾孙兴哥重哥去 元祐五年岁次庚午三月一日朔丙寅二十日乙酉围内一丙穴为尊次壬穴次甲穴次乙穴迁奉已后家庄第二等其围地四至如后者东至萧赡 西至郭清南至广 北至官道共计地一倾一十数共围地七山俱备四面自已地故志元祐五年三月二十日迁葬已后愿家卷安铭记"。

（2020 年 10 月太原阳曲"三馆一院"建设施工发现，中国文物报 2021 年 10 月 29 日第 008 版 1—2）

明有铭砖

砖铭："孔礼"。

砖铭："武昌中护卫杨保儿"。

（2007 年 9 月至 2008 年 1 月湖北武汉二妃山明代楚藩家族墓群一号茔园发现，文物 12：19、22—23）

明有铭砖

砖铭："洪武二年造"。

（2020 年 11 月四川青川县青溪古城发现，四川文物 5：21）

七　陶文

周

陶片

刻铭疑为："周"。

（2016 年 4—7 月湖南宁乡市炭河里遗址钟家湾地点商周遗存发现，考古 4：48—49）

战国

豆

豆盘内有 1 个刻划符号，字不可辨。

盆

沿面上戳印 2 个陶文，字不可辨。

（以上 2017 年 9—11 月新郑郑韩故城南城墙发现，华夏考古 2：18—19）

壶

腹部刻铭 6 字："私官中"、"□□□" 待隶定。

壶

肩部刻铭 3 字："卌五斗"。

壶

颈下戳印 2 字："栎市"。

肩部刻铭 4 字："五十卌斗"。

壶盖

盖面刻铭 2 字："私官"。

罐

颈部刻铭 2 字："五升"。

腹部刻铭："今宜春""厨"。

底外刻铭 2 字："五升"。

颈部"五"右侧刻符意义不明。

（以上 2004—2008 年陕西长安神禾原战国秦陵园大墓发现，考古与文物 5：40—41）

汉

缶

肩部阴刻 4 字："有播□有"。

（2020 年 3 月陕西宝鸡西秦村汉墓发现，文博 1：8—10）

缶

肩部铭刻 4 字："毕里李氏"。

肩部刻划文字："木"、"赵"。

（2014 年 6 月至 2015 年 1 月在陕西西安南郊上塔坡村西汉墓发现，文博 2：17、19）

仓

外壁粉书："黍粟萬石"。

外壁粉书："小麦萬石"。

外壁粉书："小豆萬石"。

外壁粉书："大豆萬石"。

外壁粉书："粱粟□□"。

（2000 年 2—8 月河南南阳市永泰住宅小区汉墓发现，华夏考古 5：22—23）

罐

器表残存："…下墓…生…央祸注…汝身…丹书…"。

（2009 年初河南孟津朱仓村东汉墓 M8、M9 发现，考古与文物 3：37—38）

罐

肩部刻划符号："米"。

罐

肩部刻铭 4 字："手陈长□"。

罐

肩部刻铭 2 字："倀少"。

（2003 年 11 月 6 日—12 月 2 日长沙市走马楼西汉古井发现，考古 3：38—40）

壶

腹部戳印："久禾"。

（2017—2018 年江苏盱眙大云山景区连接线北区发现，东南文化 6：19、25）

晋

陶帐座

一角刻铭："啬"。

（2011 年 7 月河南焦作远大未来城晋墓发现，华夏考古 6：57—58）

北齐

釉陶罐

盖口墨书："廿九"。

（2018 年安阳固岸村北齐墓发现，中原文物 4：28）

唐

塔式罐盖

背面边缘墨书："瓶"。

（2020 年 6 月西安市唐元不器墓、元自觉夫妇墓发现，文博 4：16）

陶盆

盆内底墨书："真"。

（2014 年 6—9 月河北正定县正定新区唐代纪年砖室墓发现，北方文物 4：13—14）

釉陶器口沿残片

外壁墨书："张"。

（2016 年 9 月 2 日至 16 日北京大学第一医院唐墓发现，中国国家博物馆馆刊 10：27、29）

元

陶罐

肩部正面铭 1 字："张"。

（2012—2015 年河南安阳市大司空村东地魏晋隋唐宋元墓葬发现，考古学集刊 24：55、57）

瓦底

顶面刻铭：“国”、“五”。

瓦底

顶面刻铭：“立”。

（以上 1982 年、2018 年山东淄博南万山窑址发现，文物春秋 2：67、69）

火照

内壁刻铭：“向记”。

板瓦

内壁刻铭：“元”。

（2015 年湖南醴陵沩山钟鼓塘元代窑址发现，文物 5：42、43、47、50）

明

象棋子

两面刻铭：“帥”。

两面刻铭：“砲”。

（以上 2017 年 2 月河南开封双龙巷明代建筑遗址发现，文物 4：45—55）

清

象棋子

正反两面刻书：“士”。

（2017 年—2019 年海南岛大坡村窑、福安窑发现，福建文博 1：27）

瓦

正面墨书模糊无法识读。

附一：瓷器文字

（2018 年 5—6 月河北雄安新区中六东遗址发现，文物春秋 5：85）

五代瓷碗

底部墨书：“马”。

五代瓷砚

背面草书刻划文字，漶漫不识。

（以上 2018 年 3 月 29 日至 12 月 13 日江苏连云港海州区张庄发现，东南文化 2：61、71、74）

唐白瓷碗

碗底刻铭：“官”。

（2019 年 5 月、12 月北京房山窦店镇唐代墓葬发现，北京文博文丛 2：94、97—98）

宋瓷铭

北宋褐釉瓷碗

腹部墨书模糊不清，似为“周百方”。外底似墨书“周”。

（2018 年 5 月至 7 月浙江新昌山头里古墓群发现，东方博物 80：52—53）

瓷印模

外壁刻铭："赵二"。

（2009 年 9 月至 2010 年 1 月河北曲阳北镇定窑遗址发现，文物 1：37、42、49）

北宋瓷粉盒（2 件）

外底模印："□家合子记"。

（2018 年江苏扬州市郊宋墓发现，文物 12：5—7）

瓷碗

圈足内墨书："施三三"。

圈足内墨书："□宅"。

碟

圈足似有墨书痕迹。

盏

外底有墨书痕迹。

（2020 年 4—8 月江苏常州经济开发区排姆村遗址北宋墓葬发现，东南文化 4：71—73）

瓷罐

外底墨书："黄石"。

（2017 年 3 月至 4 月泉州市东海石头街发现，文博学刊 2：35）

瓷枕残片

底部刻铭："巩县李"。

花盆残片

背面刻铭："巩县李"。

（以上 2017 年安徽淮北烈山窑址发现，东南文化 2：83、86—87）

元瓷铭

碗

器芯褐彩书："净"。

器芯褐彩书："道"。

器芯褐彩书："刘"。

盂

器表残存褐彩书："平"。

碗

器芯褐彩书："鹤"。

器芯褐彩书："光"。

碗（4 件）

器芯褐彩书："花"。

（以上均 2012 年 9 月河南鹤壁集瓷窑遗址发现，华夏考古 5：27—28、33—34）

碗

外壁近底绕圈足墨书 1 周 12 字："□安阳县司空村□□贵同□"。

（2012—2015 年河南安阳市大司空村东地魏晋隋唐宋元墓葬发现，考古学集刊 24：55—57）

金瓷铭

瓷碗

外壁墨书2字，漫漶不清，似为“蘸□”。

（2016年7月山西侯马东庄金墓发现，文物2：29、31）

瓷瓶

肩腹部刻铭：“李乂”。

瓷碗

碗底墨书：“元”。

（2018年1月天津市宝坻区西河务采集发现，北方文物1：16—18、26—27）

明瓷铭

碗

圈足内模印：“范皿”。

盏

圈足内模印：“利”。

杵

表面刻铭：“王吉大利”。

（2018年5月四川成都琉璃厂五代至明瓷窑发现，文物8：45、48—49、51）

碗

碗底有款：“富贵佳器”。

盘

碗底有款：“大明嘉靖年制”。

（以上2015年7—10月西安明永兴恭定王及王妃墓发现，文博6：7—10）

碗

碗底残存：“大明成化”。

碗底残存：“堂宝□珹”。

碗底残存：“器”。

碗底残存：“魁”。

（2019—2020年福建泉州市“市舶司”遗址发现，考古11：34）

碗（6件）

外底单圈内有款：“大明成化年制”。

碗

外底青花单圈内有款：“大明崇祯年制”。

碟

外底有款：“隆庆年制”。

碟

外底单圈内有款：“大明宣德年制”。

杯

外底单圈内有款：“大明成化年制”。

（以上 2017 年 2 月河南开封双龙巷明代建筑遗址发现，文物 4：45—55）

碗

外底楷书：“天顺年置”。

（2007 年 9 月至 2008 年 1 月湖北武汉二妃山明代楚藩家族墓群一号茔园发现，文物 12：23—25）

明瓷铭

碗残件书：“福”“三房”“白玉斋”。

窑具残损书：“□顺□□”。

清瓷铭

碗（2 件）

碗残件书：“康熙年制”、

碗（2 件）

碗底残书：“若深珍藏”。

盏（25 件）

盏心底部书：“士”“七”“大”“元”等。

瓶（3 件）

瓶残件书：“神丹”“□堂许氏”。

碗底残书：“永乐堂记”。

盘（3 件）

盘底残存嘉庆款、道光款。

碗（3 件）

碗心书：“福”。

碗 同治年款

窑具瓷钵内底有书，不可辨认。

窑具试料书：“上”。

贴塑：“恩”。

碗底残书：“白玉斋”“福”“大明成化年制”“大清光绪年制”。

窑具试料书：“郑老助”“廿八名达”等。

（以上 2017 年秋景德镇昌江沿岸古代窑业遗迹发现，中国国家博物馆馆刊 4：59—73）

碗底墨书或刻划款识：“常住”“住”“净供”“供”“太姆”“国兴”。

（2015 年 11 月至 2016 年 9 月太姥山国兴寺遗址发现，福建文博 1：11—12）

清炉

外壁墨书：“永”，内心墨书：“福”。

碗

外壁绘：“喜”。

（2019 年 7 月福建上杭县湖洋上迳窑发现，福建文博 1：18 22—23）

附二：简牍

汉代竹简

简牍共2392枚，有字简2302枚，简牍内容多为西汉前期益阳县衙署公文文书，具体记录了当时长沙国辖下益阳县、乡、村、里行政运作以及官民日常生活。

（2013年湖南益阳兔子山遗址七号井发现，文物6：42，71—80）

西汉简牍

有字简牍2191个，内容为长沙国当时使用的行政文书，简文所载皆为对各类行政事务的发生、报告、处置、结果这一过程的即时记录。

（2003年11月6日—12月2日长沙市走马楼西汉古井发现，考古3：44—60）

汉木签牌

正面凹槽下墨书："梅一笥"。

（2018年5月江苏扬州市小杨庄西汉墓葬M28发现，考古4：74）

唐木简

两面墨书，正面书写："八月十九日临河烽送马铺烽"，背面书写："第四排交"。

唐木简

一面墨书："十七日第一牌送沙堆"。

唐木简

两面墨书，正面书写："临河烽状上当烽四面罗截一无动静"，背面书写："及烽子五人并得平安开元四年八月十日烽帅蒋果"。

唐纸文书

单面墨书，8列共计77字。

"□□防备者，依前各牒界内所由仰加远藩探候，如有动静，火急走报，并牒榆林镇准状者。□各牒讫，牒至准状，故牒。开元四年八月四日典李儿牒判官张怀眯六日入藏□守捉□□□十一日守捉官觉容"。书上盖有朱印两方无法辨识。

唐纸文书

单面墨书，3列共计24字。

唐纸文书

单面墨书，4列共计31字。

唐纸文书

两面楷书墨写，6列共计89字。

背面2列共计27字："马宾间元节辛崇福张思训□正月廿七日掩耳□□先天三年正月"。

（以上2019—2020年新疆尉犁县克亚克库都克唐代烽燧遗址发现，考古8：31—33）

藏文木简

墨书文字，漫漶无法辨认。

（2018年青海都兰县热水墓群2018血渭一号墓发现，考古8：66）

后周竹简

"维显德六年岁次己未十月癸酉朔十二"。

后周竹简

“日甲申哀子嗣皇帝臣宗训谨再拜”。

后周竹简

“世宗元妃刘氏殂谢于东京旧邸”。

后周竹简

“贞惠皇后恭以礼肃克诚事遵”。

（2018 年 12 月至 2019 年 10 月河南新郑后周皇陵发现，考古与文物 1：80）

附三：杂器铭

纺织品

汉织锦

铭文织锦残片：“子孙”“万”。

（2016 年 10 月新疆若羌县瓦石峡墓地发现，文博 1：11、12）

玉石器

战国玉璧

侧缘阴线刻铭 1 行 3 字：“□□百”。

战国玉圭

一面刻铭 1 行 3 字：“甲卌一”。

战国石磬（17 件）

刻铭 1 字：“卫”。

战国石磬（10 件）

股下刻铭 4 字：“北宫乐府”，鼓上刻铭 4 字 “大吕□左”。

（2004—2008 年陕西长安神禾原战国秦陵园大墓发现，考古与文物 5：36—40）

汉石磬（32 件）

鼓上刻铭辨识不清有：‘左上商”、“右上宫”、“右上□”、“左□□”、“左□□□”、“一十一”、“左□”、“又□”。

（2014 —2016 年汉阳陵东区陪葬墓 M3 之外藏坑发现，考古与文物 1：37—38）

漆耳杯（5 件）

耳下朱漆髹铭文，内容不明。

漆耳杯（24 件）

内底墨书：“袁氏”。

漆案

中部墨书：“袁氏”。

砚盒

残存墨书，内容不明。

（以上 2011 年 10 月至 2013 年 12 月江苏盱眙县东阳汉墓群 M213、M214 发现，南方文物 4：57、59 66—68）

西晋朱书漆皮

残存朱书："十年九月李五上牢"。

（2014 年 12 月至 2015 年 1 月河南洛阳市东花坛西晋墓发现，考古 3：74—75）

西魏漆案

底部朱书："合"。

（2017 年 3—7 月陕西西咸新区摆旗寨西魏陆丑墓发现，文物 11：26、28）

宋漆盘

外底朱漆竖向草书 1 行 11 字："己丑温州□□□（作盘子？）谢家上牢"。

宋漆板

墨书文字，漫漶不清。

（2018 年江苏扬州市郊杨庙社区宋墓发现，文物 12：6—10）

宋漆盒

外侧腹壁朱书："己酉杭州真大施□□牢"。

（2020 年 4—8 月江苏常州经济开发区排姆村遗址宋代墓葬发现，东南文化 4：74—75）

明匾额

有："首藩名郡"。

有："秀州古治"。

有："天下为公"。

（2018—2019 年浙江省嘉兴子城遗址发现，东方博物 78：2）

清末民国瓷板画

全文共 1142 字，内容为朱云扉先生传。

民国十九年三月十五日卒。

瓷板画印章（6 方）

朱文："翰秋"、白文："王申"。

朱文："叶大"、白文："小安"。

朱文："大吉羊（祥）"、白文："丽华公司"。

（2021 年 3 月江阴市博物馆征集发现，无锡文博：194—196）

（整理者：黄益飞　宋希瑶）